国家重点档案专项资金资助项目

大同市档案馆　编

大同市馆藏晋察冀抗日根据地档案汇编

1

中華書局

抗日战争档案汇编

图书在版编目（CIP）数据

大同市馆藏晋察冀抗日根据地档案汇编．1 / 大同市档案馆编．－北京：中华书局，2021.7
（抗日战争档案汇编）
ISBN 978-7-101-15235-7

Ⅰ．大…　Ⅱ．大…　Ⅲ．晋察冀抗日根据地－历史档案－汇编　Ⅳ．K269.506.3

中国版本图书馆CIP数据核字(2021)第111762号

书　　名　大同市馆藏晋察冀抗日根据地档案汇编 1
丛 书 名　抗日战争档案汇编
编　　者　大同市档案馆
策划编辑　许旭虹
责任编辑　李晓燕
装帧设计　许丽娟
出版发行　中华书局
（北京市丰台区太平桥西里38号　100073）
http://www.zhbc.com.cn
E-mail:zhbc@zhbc.com.cn
图文制版　北京禾风雅艺文化发展有限公司
印　　刷　天津艺嘉印刷科技有限公司
版　　次　2021年7月北京第1版
2021年7月第1次印刷
规　　格　开本889×1194毫米　1/16
印张28¼
国际书号　ISBN 978-7-101-15235-7
定　　价　450.00元

抗日战争档案汇编编委会

大同市馆藏晋察冀抗日根据地档案汇编编委会

总　序

为深入贯彻落实习近平总书记“让历史说话，用史实发言，深入开展中国人民抗日战争研究”的重要指示精神，国家档案局根据《全国档案事业发展“十三五”规划纲要》和《“十三五”时期国家重点档案保护与开发工作总体规划》的有关安排，决定全面系统地整理全国各级综合档案馆馆藏抗战档案，编纂出版《抗日战争档案汇编》（以下简称《汇编》）。

中国人民抗日战争是近代以来中国反抗外敌入侵第一次取得完全胜利的民族解放战争，开辟了中华民族伟大复兴的光明前景。这一伟大胜利，也是中国人民为世界反法西斯战争胜利、维护世界和平作出的重大贡献。加强中国人民抗日战争研究，具有重要的历史意义和现实意义。

全国各级档案馆保存的抗战档案，数量众多，内容丰富，全面记录了中国人民抗日战争的艰辛历程，是研究抗战历史的珍贵史料。一直以来，全国各级档案馆十分重视抗战档案的开发利用，陆续出版公布了一大批抗战档案，对揭露日本帝国主义侵华罪行，讴歌中华儿女勠力同心、不屈不挠抗击侵略的伟大壮举，弘扬伟大的抗战精神，引导正确的历史认知，发挥了积极作用。特别是国家档案局组织有关方面共同努力和积极推动，“南京大屠杀档案”被联合国教科文组织评选为“世界记忆遗产”，列入《世界记忆名录》，捍卫了历史真相，在国际上产生了广泛而深远的影响。

全国各级档案馆馆藏抗战档案开发利用工作虽然取得了一定的成果，但是，在档案信息资源开发的系统性和深入性方面仍显不足。正如习近平总书记所指出的：“同中国人民抗日战争的历史地位和历史意义相比，同这场战争对中华民族和世界的影响相比，我们的抗战研究还远远不够，要继续进行深入系统的研究。”“抗战研究要深入，就要更多通过档案、资料、事实、当事人证词等各种人证、物证来说话。要加强资料收集和整理这一基础性工作，全面整理我国各地抗战档案、照片、资料、实物等……”

国家档案局组织编纂《汇编》，对全国各级档案馆馆藏抗战档案进行深入系统地开发，是档案部门贯彻落实习近平总书记重要指示精神，推动深入开展中国人民抗日战争研究的一项重要举措。本书的编纂力图准确把握中国人民抗日战争的历史进程、主流和本质，用详实的档案全面反映一九三一年九一八事变后十四年抗战的全过程，反映中国共产党在抗日战争中的中流砥柱作用以及中国人民抗日战争在世界反法西斯战争中的重要地位，反映国共两党“兄弟阋于墙，外御其侮”进行合作抗战、共同捍卫民族尊严的历史，反映各民族、各阶层及海外华侨共同参与抗战的壮举，展现中国人民抗日战争的伟大意义，以历史档案揭露日本侵华暴行，揭示日本军国主义反人类、反和平的实质。

编纂《汇编》是一项浩繁而艰巨的系统工程。为保证这项工作的有序推进，国家档案局制订了总体规划和详细的实施方案，明确了指导思想、工作步骤和编纂要求。为保证编纂成果的科学性、准确性和严肃性，国家档案局组织专家对选题进行全面论证，对编纂成果进行严格审核。

各级档案馆高度重视并积极参与到《汇编》工作之中，通过全面清理馆藏抗战档案，将政治、军事、外交、经济、文化、宣传、教育等多个领域涉及抗战的内容列入选材范围。入选档案包括公文、电报、传单、文告、日记、照片、图表等多种类型。在编纂过程中，坚持实事求是的原则和科学严谨的态度，对所收录的每一件档案都仔细鉴定、甄别与考证，维护档案文献的真实性，彰显档案文献的权威性。同时，以《汇编》编纂工作为契机，以项目谋发展，用实干育人才，带动国家重点档案保护与开发，夯实档案馆基础业务，提高档案人员的业务水平，促进档案馆各项事业的发展。

守护历史，传承文明，是档案部门的重要责任。我们相信，编纂出版《汇编》，对于记录抗战历史，弘扬抗战精神，发挥档案留史存鉴、资政育人的作用，更好地服务于新时代中国特色社会主义文化建设，都具有极其重要的意义。

《抗日战争档案汇编》编纂委员会

编辑说明

大同历史悠久、文化灿烂，曾是两汉名郡、北魏京师、辽金陪都、明清重镇，是国务院首批公布的二十四座历史文化名城之一。在抗日战争时期，雁北地区是晋察冀和晋绥两大抗日根据地的重要组成部分。1993年原雁北地区和大同市合并后，原大同市档案馆和原雁北地区档案馆合并为新的大同市档案馆。大同市抗日战争档案内容丰富，主要反映了晋察冀边区政权巩固建设、晋察冀边区教育、大生产运动、减租减息运动、雁北地区党支部的发展、抗战损失调查等。这些档案生动鲜活地反映了雁北地区抗日战争的历史。由于各县区抗战档案数量较少，大同市、县档案馆决定联合编辑《大同市抗日战争档案汇编》。

本书选用大同市档案馆、浑源县档案馆、灵丘县档案馆、广灵县档案馆馆藏关于晋察冀边区政权巩固内容，书稿包括政权工作、民主政治、民政工作三个部分，每个部分分别按时间排序。选稿起自1941年5月，迄至1945年8月。

本书选用档案均为原件全文影印，未做删节，如有缺页，为档案自身缺页。

档案中原标题完整或基本符合要求的使用原标题；对原标题有明显缺陷的进行了修改或重拟；无标题的加拟标题。标题中人名使用通用名并以括号标明原档案写法，机构名称使用机构全称或规范简称，历史地名沿用当时地名。档案所载时间不完整或不准确的，作了补充或订正。档案无时间且无法考证的标注“时间不详”。只有年份、月份而没有日期的档案，排在本年或本月末。

本书使用规范的简化字。对标题中人名、历史地名、机构名称中出现的繁体字、错别字、不规范异体字，予以径改。限于篇幅，本书不作注释。

由于时间紧，档案公布量大，编者水平有限，在编辑过程中可能存在疏漏之处，考订难免有误，欢迎方家斧正。

编　者

2017年11月

目　录

三、民政工作

一、政权工作

晋察冀边区政权当前的任务与工作（1941年5月印）

2

边区政权当前的任务与工作

目录

边区政权當前的任務与工作

（宋主任在30年四月廿九日高干会议上的报告提纲）

第一部分　边区政权当前的任务：

（一）当前的政治形势，聂司令已有明确指示：

甲、世界正处在战争与革命的新时代，帝国主义战争向着世界的範围扩大着，革命运动也在澎湃的发展着；苏联是世界和平的支柱，革命的灯塔。

乙、在国内抗日与投降反共的斗争，在开展着，全中国的广大人民，广大武装，都要求坚持抗战团结进步，反对分裂内战。

丙、在边区，敌人对我们这个抗日根据地，继续进攻是不会放鬆的，现在正进行着所谓"强化治安运动"，但我们边区党政军民，在四年来的斗争中，已经打下了牢不可破的基础，其次，敌人企图用封锁、挖壕沟、筑堡垒等方法来分割边区，企图打断我们平原与山地的联系，企图由点线扩大到面的占领，但敌寇的企图是绝不能实现的（冀中平原广大地区已成为巩固的根据地，我们是[illegible]面的占领）。再次，这个斗争是複杂的斗争，它不只是军事方面的斗争，也是政治、经济、文化，各方面的斗争，靠了部队，靠了政权，靠了群众，一句话，靠了统一战线的继续巩固与开展，靠了複杂的斗争，才能取得胜利。

（二）我们的任务：　我们当前的重要任务是：

甲、更广泛的团结各阶层的人士，更进一步的巩固与开展统一战线，更好的建设抗日民主的社会秩序，检查政策法令推进各种工作，党政军民更进一步取得有机的配合,政策法令更具体化。

乙.巩固巩固区,发展游击区的工作,缩小敌占区,突击游击区,克服工作上的严重的不平衡现象——地区上的不平衡,与部门工作的不平衡。

丙.更進一步的依靠群众,深入工作,建設政权,特别是建設村政权。

丁.有計劃有組织的進行財政经济建設。

(三)我们的工作:

甲.当前最重要的工作,是建設財政,建設经济。

乙.建設抗日民主的社会秩序(胡副主任报告)

丙.建設政权,特别是村政权

丁.開展游击区的工作(二中徐副主任报告)

第二部分 当前財政经济建設的重要问题

(一)关於统一累進税的调查统計、總结征收諸问题。

这些问题並不是全部都談,我只談談当前所存在的问题。关於这一部分报告,有的是提出问题的解决办法,有的是提出商榷,供大家討论。我们在这些问题上顾及到下面的几個原則:

第一,边区的经济非常穆杂散漫,各地区有其特殊情形,在这样情形之下,要找非常合理的科学的税收制度不很可能。我们的统一累進税是合理的,但是相对的,不是绝对的,是比过去的合理負担合理。在实践当中,許多事情存在着矛盾,这些矛盾,我们主張小的问题服从大的原則,小的矛盾,服从大的原則,局部,服从全面。大的原則基本上没有问题的話,一些小的问题,应該服从於它第二．关于统累税我们曾提出要求公平合理易行，关于易于执行也要充分的顾及到在不违背原则条文的前提下要给下级以执行的方便． 5

第三．在原公布的办法上已规定关于土地的计标单位、一般垧，今仍不再改变．在全边区一般的都须一致．它是与全边区减租减息问题密切关联着的．边区的钱租问题和喇嘛地问题都存在着，我们不改变统一累进税的单位，这些问题由减租工作上解决．要积极解决钱租问题等土地方面的问题，现在提出下面几个问题：

甲、关于工商叶合作社家庭副叶的征税问题．

(1) 处理这一问题的几个原则：

A．工商叶合作社家庭副叶的负担，应该比农叶上自营土地的负担轻一些，但是不能太轻，我们所说的自营包括雇工经营在内，我们把工商叶当做资本主义的经营，自营土地也当做资本主义的经营，应该使工商叶合作社家庭副叶负担轻一些，使它适当发展，但不应太轻，否则会发生农民放弃土地从事工叶或其他事叶的经营的可能，商叶的负担应该比照自营土地的负担，不能比自营土地轻，大体上应平衡．

这里顺便提到蒙中提议把家庭副叶一律免税，这个意见我们觉得不妥当，因为这次征税，有百分之三十至五十的贫农一般是要负担的，同时家庭副叶的情形也很复杂，如果把家庭副叶一律免税，对于贫农不好解释，在政策上是不够妥当的．

B．应该根据各种工商叶合作社家庭副叶的

3

具体情况——剥削关系，资本大小，资本流转速度，利润的大小，被雇人数等々分别处理。根据各地区的反映我们觉得工商业合作社家庭副业的情形不同，样子很多，因此拿同一原则去处理，是不妥当的。我们规定收入按40元折一個富力，这是一個标准，但是简单的一個标准，不能适应这许多複杂的事实，因此我们对于这個问题也主张和土地的标准亩折富力一样，把工商业合作社家庭副业的收入也规定为在某一种情况下以多少收入折合一个富力，在某种情况下，又以多少收入折合一個富力，根据具体情况来分别处理。

C. 免税点是不变更的，我们规定的免税点是1.5富力，会中提议把工商业合作社所除消耗改变一下，把商业消耗每人除120元，合作社每人最高除180元，这样即等于把免税点变更了，〔变成除消耗〕影响到农业计标因为农业是不除消耗的。

（2）根据现有材料，工商业合作社家庭副业大体可分为四類：

A. 第一类：是用自己的劳力经营，为了维持自己的生活，他每的本钱是小额的，这小额的资金，是靠了不断的蓄积得到的，这样的经营，流转速度很大，利润率也相当高，这些人大半是农村中的半无产阶级或小资产阶级（例如陈庄有一人贩卖油條，四元本钱，他每天到炸油条的那裡去买，一元十三個，卖时一角一個，一元钱可赚三個，一天可赚小2元，他家中还有一口人，像这样情形，计标不来，他每年有400余元的收入，40元一个劳力，即折十个多劳力，负担是相当重的，又如牛庄有弟兄二人打铁为生，收入相当多，去年总收入约赚四五百元，如按40元一个劳力，那么他们的负担是相当重的）

B. 工业与工业性质的生产合作社，一般的是用资本主义的方式经营的，他的资本一般的说，固定资本大一些，可变资本小一些，流转速度小，每两月流转一次，也是困难的，利润率也比较低，因此它的负担应该轻一点。

C. 商业与商业性质的合作社贸易局：今天的商业与营利的合作社贸易局一般说，资本的最大部分是流动资本，流转相当快，根据贸易局的统计一些材料，平均每月约流转一次；有些是半个月流转一次，他们的利润率相当高。

D. 跑敌区的商人，大部份没有店铺，利润顶大，过去一些大的商人，今天做这样买卖的相当多，多是给部队、机关买东西，获利最多。不过来往敌区，也有危险性，易遭损失。

（3）工商业合作社家庭副业的负担，按原办法是轻是重？

A. 有三种反映：

a、在冀中冀西大部分都反映重，（例如平山就普遍反映比农业重）b、第二种反映是比较轻，税下来比农业轻，这同时联系到游击区与巩固区的物价问题，游击区与巩固区物价不同，如统按一个标准计税，游击区就便宜，（一专区的反映）。c、第三种反映是也不轻也

18 不重。理由是工商业要想调查清楚，在今日是困难的，有些商业因填报不服，尽经过一次一次的提高，但仍与实际相差很远，因此主张照原案执行。他们也并不吃亏（见专会工作队的意见）

B 上面三种反映，都反映了事实一面。

a. 第一种反映如果像上述第一类所指者，则商业未免负担的较重，并且太重。

b. 如果拿商业与自营土地比较，商业负担可能碰到轻的情形，试来计算一下：

边区一个人的劳动假定可以经营十五亩地，（标准亩）每年能产谷十八石（市斗），一个工的消耗按一般工资算，算上十石谷（合三大石米），平均用三斗种籽，肥料包括在劳力里边，农具不好计算也不算进去，那么十五个标准亩除去一个人的消耗与种子，可以得到七石七斗谷。假定土地方面的不变资本是1500元，劳力资本是300元，大体算，经营这十五亩地，所代表的资本是1800元，盈余七石七斗谷合231元，十五个标准亩合十五个富力。

再从商业来看：800元资本的生意现在一个人可以做得了，（因货物购买力低）它的资本流转速度不要估计得太快了，假定大体上两个月流转一次，每年贸易额按5000元计，假定利润率是百分之十，可赚500元，一个工的消耗除去300元，纯盈余是200元，在这样情形下，按我们的标准，资本算四个富力，收入算10.5富力，合计16.5富力。

以上两个例子相比照，商业是吃一点亏，但也会说明下列事实。

6

……的实价低於180元，則商叶負担比农叶輕。

ii）如果农叶每人实际消耗（工資）高於300元，肥料农具開支也比較大，商叶每人消耗300元不变，致使自营农叶十五个标準畝的实际收入小於180元时，則商叶負担比农叶輕。

iii）如果一个人经营的商叶資本越大，流轉速度越快，利润率越高，消耗越省，則商叶負担越輕。

c、第三种反映說負担差不多，是因工商叶調查困难，為其主要理由，但这不能成為解决问题的理由。

C、根据以上考查，工商叶合作社收入，每40元折一个富力，一般說負担嫌重。

④工商叶合作社家庭副叶征税办法拟改定為：

A、折合富力分為三种：資產部分不变更，收入方面，如上边所說的第一类情形，收入按100元标一个富力。有人提出应該免税，我们認為不妥当，因為今天貧农是纳税的。按100元标一个富力，再除1.5富力（150元）的免税点比起农叶方面所除的已经高了。下餘的征些税，还是应該的，在这一类中，譬如卖油条、打鉄、编蓆、编筐、木匠（自己一个人，有工具，給人做工，是雇傭工人，有时也揽活做，收入是自己的）泥水匠等，关於这些人的收入都按100元标一个富力。計标时，应将工价除去以后，再标收入，因為工匠的工价是免税的，家庭副叶在六個富力以下的，与其家庭財產合标，如果超过六个富力，仍应分标。

B、上边所說的第二类情形工叶与生產合作社每80元收入标一个富力，林木、药材、皮毛的收入也都按这一原則来标。

C、商叶及商叶性质的贸易局合作社，放賬所得利錢每60元称一个富力，我们不主张把商业性质的合作社予以优待，今天这样的合作社发财主义很厉害，因此应与一般商人同。我们对于跑敌区的商人，其收入也按60元称一富力。

⑤在工商业合作社称纯盈余，那么什么叫作消耗？

A.所谓消耗，是指一个商店或工厂所有的经理人员的吃饭花费，这就是说有的商号或工厂，运输原料商品所花的运输费，和染坊煮染料所烧的柴，是资本的组成部分，当计称消耗时，是不能计入的。

B.具体讲如运输费，燃料，到敌区买货运货的运动费，与出入口税等，都不能称消耗。（因为一个商人从200里外运回来，假定他是500元买的，再100元的运费即是花了600元，如果卖成700元，即只能认为他赚了100元，那100元运费是应该称作资本的）

⑥合作社贸易局经理人员计人口的问题：

A.关于这个问题，五专区主张：合作社贸易局经理人员与一般工商业经理人员实质上不相同，不像一般工商业那样分红，有人分也很少，并且合作社贸易局人员与政权干部差不多，如果不在其家中计人口，即会影响其家中负担，因此主张计入其所属之户并计其收入。不过这也有矛盾，因为他应该负担的税已经称在他所在的合作社贸易局征收了，如再在其家计收入，即成重征。

B.我们主张贸易局合作社的经理人员，如果与一个店员一样，没有顶人力股子，应在其家与其他工人店员一样处理。如果顶着人力股子，也分红，这样无论其分红多少，性质与工商业经理人员同，事实上是有许多人在分红的，而且分的红是不小的，

8

(当然也有小的)因此决定原則不变更。

乙、关於土地所有权使用权轉移后的登記問題：

①問題的提起：

A.土地所有权使用权转移后的登記問題，在統一累進税解釈疑义原案以阳曆元旦日作一個分水嶺，元旦日存在什么形式即歸誰来登記，这个原則确定之后，各个专区在進行実驗中间，三专区首先提出元旦日以前轉移的是登記新地户，元旦日以后轉移的是登記舊地户，感到不合適。因此边委会又改成以舊曆元旦日為标準，元旦日以前轉移的登記舊地户，以后轉移的登記新地户，理由是統一累進税是根据上年收益調查登記的。

B.公布之后，有人反映还是不妥当，五专区认為舊曆元旦日也不妥当，因土地轉移多在元旦日以后春耕以前，如寿义村在調查过程中发現有的地主於今年把地典出，典价很輕，期限很短，这是為了避免負担，因此即想改為以四月一日作标準。我们覺得可以，所以当时即允許試办。近几天五台也反映，認為登記舊的不妥当，应該登記新的。理由：从去年秋收到現在卖地的很多，大体上是中农買地，地主卖地，地主卖地之后，今天已經没有地，如再登記负数負担会重，更促成地主的大々卖地，因此五台主張今天地归誰有，即登記誰。

C.第三种主張：登記新的也登記舊的，这也是五专区提出的，因為我们前提上已經确定了是征收今年的税，所以主張春天征錢，根据去年的舊户征；秋后征粮的新户征。

②处理的原則：

A.統一累進税一年只能調查一次，这已很費力，如調查二

12　　　　　　　　　　　　　　　　　　　　　　　　　　　　　　　16

次或多于二次，是不可能的；調查一次的分数要固定下来，一年内不变更，不然太麻煩，違背易行的原則。

B、今年征收今年的税，基本上根据去年的资产收入登記計分，工商业农业都是一样，如根据現在計分，农业上还没有收入，也不曉得能收多少，計分是不可能的。工商业也是按去年的計标，因此說，税是征今年的，登記按去年资产收入标準。

C、資产收入的形式经常在变化着，这就要看怎样解决缺点，我们就怎样解决。土地所有权与使用权，一年之中轉移很多，但轉移后，一般均有其他的資産補充，只是所有物或使用物形式上的轉移，並不是财产权或使用权的喪失，因此無論那个吃虧或佔便宜，也是有限的。

D、防止作弊：假典假当，会造成分数的减少，应防止作弊。

③我们主張登記前的所有者与使用者。理由上面已經提到，至於困难与毛病，都是可以解决的。这些困难与毛病，今年必然会存在，不过到了明年即不会再有了。

丙、关於調查工作的公平合理问题：

①统一累進税的征收单位是分，因此要求全边区的調查，每一个分所代表的東西，基本上要一致，我们要求户与户、村与村、区与区、県与県之间公平，反对村本位，区、県本位也存在着，也要克服。如何使一分等於一分，不能分成大一分，小一分，在今天还是一大问题。

A、是随时檢查的问题：区对村，県对区，专区对県，边区对专区，各级都须加紧檢查工作（灵寿某村50余户无調查只20分，第二次調查是20.0分还小，还須再作）有人說：檢查很困难，譬如某村纳税人口到达全人口百分之八十，某村到达百分之七十五但他的一分比百分之八十的那一村的一分大，在这种情形下，檢查自感困难，但我们如能加紧檢查，及时纠正，仍是可以解决的。因此县区要加紧对村的檢查，专区要加紧对县的檢查，边区要加紧对专区的檢查。县裡如能抓得紧，经常召集区干部，討論问題，及时解决，毛病必能克服。現在目前的是县与县之间的问題。今天有的县已经提出說：我们确实，其他的不确实，是不是我们要吃虧？答案是肯定的，是吃虧，这個问題很值得研究，我们主張专署，边委会派人檢查县与县交界的調查工作，使县与县之间力求公平。

B.調查时要把握緊原則　原則问題，不能隨便变更，譬如关於单位，那些征税与免征，計人口除免税点等等都是原則问題，不能变更，有问題有意見应向上反映，以免发生不一致的情形。今天区级干部把握原則上还差，例如X区干部說「林木收入不計税」这是把原則变更了。又如有的县僱工在雇主家裡除免税点，也是把原則变更了，这是不对的。

14

②关於評議問題

A.評議工作基礎是在村，区縣評議成了次要，村里評議好完成了評議工作的最大部分。因為評議离開了調查工作是不能進行的。而加强村評議工作，会提高村民代表会的威信，是有很大力量的。因之在評議中，区对村代表会的领导，特别值得注意。

B.应該把評議的責任提高，特别指出，在規定办法原則之下，在一些具体问題上，因各地情况不同，处理是会有些出入的。（如工商业收入折合富力的标准是高是低？合适不合适？該定多少？……）处理妥当与否，是評議的一个内容。村代表会须要照顧各方面。我们应該在这个工作中，检查村代表会，把它提高，使能充分发挥統一战線民主政治的作用。

丁.关於統計總結工作：

①統一累進税的宣傳調查統計總結是為了征税：

A.对於負担面的考查：按実际人口計林，外村土地在本村只有土地無人口者不統計人口。工商业按經理人員与雇工雇影等実际人口計林。

B.統一累進税分数，要求早一点把分数報回来，没分数即不能分配。各位同志可以考慮，統計分数什么時候可以報回来，什么時候可以征税。

②在統一累進税工作当中，要特别注意加强研究性，把法規提高到科学理論的水平，使它建設在科学理論的基礎上。我们的統累税是根据合理負担的經驗制定的，許多原則问題还没有系統化，因此应特别注意加强研究性。

A.研究各阶級关係：統累税是根据各阶級各

12

阶层的关係、来斫定的。我们应該衡量征税分12等是否合乎我
民族民主革命的要求？每等的累進率是否妥当？負担最高率应
多大？第十二等每一富力以2.6分計标是否妥当？这些东西
次總結当中，应特别注意到。

B、关於在这次工作当中，調查的斫実，作風的
以及調查的方式方法，都值得總結出来，对於今后勝利
展这一工作，关係很大。

C、教訓：　以往總結教訓較少，今天須着重指
这一工作中，必然有許多錯誤，也会走許多冤枉路，都应該總
来，对於今后用处很大。这次進行統累税，与合理負担作比
民的反映是怎么样？对边区統一战線的变化影响是怎么样
应該總結出来。

戊、征收问題：

① 幾個原則：

A、根据条例，統一累進税每年征收一次，分錢、粮
三种形式交納，因此我们要一年征收一次，一次分配，老百
以分二次交納。关於这个原則，也許有人說，今秋究竟能打多
粮食，現在不能判断，預先分配是否合适？我们說，按条例規
一年征收一次，並且今年夏天也需要征收一部分麦子，如不
配，即行征收，是会有人說间話的。今年秋天的粮食的收
現在固不敢断定，但有一件事情可以判断，就是吃飯的人
会減少，这是可以断言的。我们固应照顧民食，但也需照
需，这样才是对的。

B、这次統累税是要征收民國三十年度的，我们主
張以往已征收的無論粮食款項，都不再改标。这个问題

个县处理也不一致：北中去年的公粮田赋已经征收，路 16
田赋，有的已经征了，有些已宣佈免征，有的将已征的田赋
为预收统累税款，将来再行扣回。在公粮方面，有的是
的，有的是借的，将来清理償还。我们主張不管怎么样
了的就算了，没有征的要補征，一律不再改算。為什么
统累税本来去年要征收，但因種種原因，没有征收成
年来征统累税，人民交纳公粮田赋同往年一样是
並且统累税的負担面是比前扩大了，扩大到百分之八十，而
的負担面顶多也不过百分之五十，如果再清算，即会有
么卅的人向外餘粮食，这会影响到边区的社会秩序，纠
多，当然不清理也会有纠纷的，不过纠纷較小。此外，我
如果是征收1940年的税，要不改算，会使老百姓发生疑
改算是对的，但我们是征收1941年的税，即不需要改算。

C，每一分的負担量，全边区应該基本上一致，这就是
在北中北西北北晋東北每一分的負担量不能差得太远，差
定要差的，因為要等到全边区的分数都餘回来再分配，那
到八月裡去了，因此我们在今年只要求每一分的負担量
不太遠

D，边区各個地区按需要徵收足够的粮秣，原则上
收富餘的，不再從北中运粮解决，写食在北中，人民可以交纳
分棉花布匹代替粮食。或者多征一部分钱。如果征钱有
也可以征成粮食，拨出一部分来办理平粜。在这個问题
格的矛盾很多，按粮食講，冀中粮多，路西粮少，按吃粮的
，北西多北中少。按钱講，北中钱少，路西钱多，游击区粮多
，巩固区粮少钱多，我们要照顧财政金融写需民食而予

14

以适当的调剂。我们不能依靠些中运粮来解决问题，这次些中运粮不足二万石，花了运费很多，太不上算，而沿铁路的群众疲累不堪，损失甚大，这是由於我们把群众的工作变为用行政力量来解决，以致如此，这是一个教训。

E. 有粮出粮，有钱出钱，有草出草。（有柴出柴一些中）去年征收公草，发生許多问题，因為减租减息条例规定，柴草是副产物，佃户不交地主，而我们却要地主交草，納草的没草，以致草价大涨，其次是有的将草分配到游击区，运输没办法，纵然把草运回来，却比吃白麵还贵，所以我们今年征草是要向有草的人征收，根据有草人的分数来酌量分配，可以单独使他交草。有些人既无粮又无草，（如商店）可以单独征钱。

F. 粮以小米為本位，钱以边幣為本位，草以谷草為本位。三者可互相折合，（主要以使用价值折合），交换价值与使用价值兼顾。去年征公粮，问题相当多，今年攪上边幣，问题更多。去年征公粮所定折合比例，因為交花料吃虧，所以老百姓不願意交花料，使得牲口没得吃。前年征收公粮，因為交玉蜀黍便宜，結果只能吃玉蜀黍。以小米為标準，因為粮食有麥子玉蜀黍高粱莜麥等种类，各地市价也不同，所以折合比率很难规定。去年征收公草是只按市价折合的，大家嚷嚷馬不够吃，而在買草時却是够吃的。这个问题值得研究。征粮多的地方，就得少征錢，征草多的時候，征粮就得少，因此这三种要能互相折合，但不能只按使用价值征收，因為老百姓会不願意；而我们如果只按交换价值征收，即不够吃，影响预标。粮钱草三者既可互相折合，就需要定个折合比例，不过定也不能一致，全边区不能只有一个比率，边区只能有一个基本

18

上一致的比率，由各县再具体化。

G.边区具体分配到县：每一县要多少粮食，多少草是固定数；钱是活动数，因为在折合上是要用钱来作伸缩的。

16

19

② 分配问题：

A. 分配要依靠了分数，分数是征收单位，一般应根据各地区分数规定每一分的负担量，可使边区各个地区的负担量基本上一致。公平要求冀中、冀北、北岳区每一分的负担量基本上一致。只有小的困难，因为征收的时间不同，冀中现在即可征收，冀北要到七月份才能征收。过去征收公粮分配有缺点，去年有些县份分配过大，（如灵寿区）结果未完成任务，因为不合于实际情况。去年灵寿平山对比起来，平山太轻，又如阜平大家都晓得这个县穷，结果负担倒很轻。（唐县等村的所以不愿意到阜平来，基本上是因为在阜平负担轻）。这就是说，以往分配没有民主科学的依据，一般只靠估计，今年我们要克服这一缺点。当然小的不平衡还会有的。

B. 游击区被灾区每一分的负担量可以酌量减轻一些。我们所谓游击区是指我们的工作能够到达的地区，不过在这个地区因受敌人的勒索很大，我们的负担要比较减轻一些，特别是修了汽车路、据点附近的地方，在整理时是负担过重了的，所以在征收时，每一分的负担量要适当减轻一些，这样是符合于使游击区人民团结在我们周围的原则的。一些被灾区域，（如曲阳□□）如果与其他地区一样负担，过于重，因此要减轻一些。减低负担，不是以地区作标准，而是以行政村为单位来规划的，因为遭受敌人蹂躏和被灾情形有不同。其次，减轻不是豁免，因为有的游击区人民仍因敌人勒索不重和

17

20

验的。或因某些地区被灾而全部不以验的，是不妥当的。入岁的征实也是公的义务。第三、每一县的分配负担量基本上一致，因此对被灾区的负担减轻，是要把减低的数字适当平均到其他地区的。关于改灾区或某些遭受的灾区，怎样减轻的，县区要具体按情况分配，要能合乎实际情况。第四、某一个行政村减去负担多少，由县政府规定范围，承认在县级批准，地区不大的（像浙、崞代等县）也须以个村为单位，须经过专署批准。有的同志提出这样一个问题，我们的累进税，规定收入到百分之七十的村庄，可以降为1.2，超过百分之九十的村庄可以提高，在这些降低累进税的村庄，和其一般村庄负担一样，基本上要求太一些，因此主张在把累进税降低的村庄每一分的负担量，应适当的减低。在把累进税提高的村庄，也就在一分的负担量上应适当的提高。这样的意见在理论上是正确的，但事实上有困难。在把累进税降低的村庄，今年有一部分人是不负担的，但因为提高到百分之七十，他们要负担上了，因此可以减轻是对的，同时还有一种可能，统累税实行后，因为负担的关系，老百姓可能发生搬家的现象，如果搬的不远，还没有很大关系，如果搬到另一个地方，可能发生放弃生产的现象。但是这中间有很多的困难，是因为累进税由1.2到1.8或1.9以上伸缩性很大，这个伸缩可能是一村一个样，因此关于每一分的负担量，须要每一村都一样，无论不足或有余，都须要把其他村庄多少联系一下，这样一来，对执行简易行的原则不很符合，而且区干部困难太多，因此我们主张每一分。

18

的负担重还是不变更的，这样做固然有些发生上面所说的现象，不过这样的村庄为数很少，而且因係依照统一累进税负担上的人，其负担是很小的。因此我们不主张变更。同志们可以再研究。

C.关于折合比率，我们要求各地照过去每一个具体情况，尽可能使它适合上面所说的原则，粮食是固定的，钱是伸缩的。关于粮食折合比例，去年冀中完全是根据使用价值折合的实行了一年，基本上没有什么问题，因此冀中主张完全按使用价值折成。我们考虑为什么这样做在冀中不发生问题呢？是因为冀中产粮麦子不是大宗，麦子在市场上的价格，常年比小米价低（现在冀中白面是一元四斤，我们这里到不了二斤。）因冀中麦低於米，所以老百姓愿意按我们的规定交粮，而且喜欢交麦子，至於我们根据比小米价低折合不来，老百姓也不吃亏，所以没问题。这边即不同，麦子在麦秋虽较低，以后到年底是逐渐上升，要比小米贵，过个年更贵，今天的事实很显然。因此我们如规定一斤六两米交二斤麦子，老百姓就不愿意交，以致吃麦子感到困难。因此说，完全按使用价值作标准，在路西是做不通的，因此我们考虑这一问题，即按一个固定一个比例，则困难的应该是一个是一个比例。其次，这样的折合比例，应该是在麦秋时一个比例，秋收时另是通用一个比例，应该有两个比例，一个是不妥当的。不过该於何具体规定

究竟

22

还须要大家研究。

D. 边区分配要具体到县，县要具体到村，这就是说到一村要认分配多少粮、多少钱、多少菜，都要具体分配。

E. 今年县长要征收一部分麦子，具体数字另研究。

③ 征收动员与事务：征收是一个复杂的组织工作。

A. 这个征收也必须发了政治动员、宣传解释。以往各项工作当中，宣传解释都作得很差，往往把政治动员，被简单的行政方式代替了。今年征收的数字相当大，同时三年来还没有征收过大量的钱，因此征收的政治动员是特别重要的。（尤其是区干部）。

B. 过去征收工作中的缺点很多，我们今年的征收对于过去所有的缺点、甚至错误，必须纠正，以往的缺点是：

i) 征收公粮成色很差，质量很差，一般的粮食都有谷有糠，好些都有砂子，（阜区参议长出来说："有的家的米不好吃，再推一次就好吃了。"）至于米里的砂子淘上三次都淘不完。（法政学院讲：一些量的米有的够吃，有的即不够吃，这是因为米有好坏，好米做得饭多，坏米做得饭少，一般说来，老百姓总是拣坏的粮食交公家）因此，今年不仅要对数量上注意，对于质量上更要注意提高，争取没有砂子，不要和砂子，不要带谷带糠（有的今天曾亲眼看见一个老太婆在米里和砂子）须要很好的注意检查，这里边的事情也很多。

20

23

ii)去年征的草，毛草很多，不够吃，谷草没上水的几乎是例外，以往買草吃，一天十斤，没有説不够的，今天却没有不喂不够吃的，今年我们征收谷草，必須保証是乾草，不然征收数量即須增加。

iii)在过去征钱時，手続非常清楚，使人民很放心，能做到这样条件的县份还很少。27年發行的200万元公債賬一直到今天还没有清理下來。过去征收田賦使每一交钱人都能得到一張收據，也没有保証，有的得到了，有的得不到。今年分配時要給老百姓每戸一張通知本，註明应交什么多少，应交什么多少，把東西收回來以后，每戸要給一張收據，这样的手続很必要，不能够少。老百姓把一個收據看得很重要，常貼到墙上，証明他对於国家一年应納的税已納完，如果没有給他收据，他就很不放心。不过發通知本与收据的工作很複雜，統一累進税是決区征收的，通知本与收据，应該由边区發，但数目太大，办不來，因此決定本据式样由边区統一規定，發交县府代印代發，这要把每一戸的应納税数目袮好，填寫通知本，發給每一戸。这是很複杂的組织工作，只能由县政府做，区干部怕做不过來，这是县府应負的任务，不能怕避麻煩。过去征田賦時，有經征处，常設七八个人，这次征統累税，没有了經征处，只有靠县区政府負責任。每一戸交來東西，我们应開給收據，並且老百姓不一定三种東西都有，他零星交來，也不能説不收，这事本可依靠村政权，但今天一般不能依靠，因此主要由区負責任，这個收据

24

由县府代印，并盖县印，以每一个行政村为单位，订一本收据，和通知书一样。（通知书与收据上预先都要把某户应交钱粮秣的数量都填好并把号码编好，印也打好）老百姓交到东西，就撕下一张给他，另留存根备查，这就等于这张收据用完了，也就是征收完了。假如人民不能一次交完，这时即可由村代收交区，由村公所打给临时收条，待正式收讫，区再制给正式收据，我们希望把这样的制度建立起来，这对于老百姓是很重要的。

IV）以往征收钱，经常有假票子，这次要提起县区干部注意，不要再收假票子，同时更要防止丢。丢钱固有客观原因，但主观上的不经心，也是主要原因。

V）要清楚报解，以往执行得很差，只有分配的过程，没有报解的过程，这次要求把报解手续搞得很清楚，关于这些事务，可以讨论，原则确定之后，我们再另定办法。

④交库结账：

A、钱要交金库：今天我们的金库只有边区金库分库与专区银行办事处的支金库，县里大部分没有，金库办法已脩正，大家可放心。这就是说，所有征收回来的钱，一律交金库，署县经费一律根据支付命令从金库提取，不准坐支留支，先花后报，所有收到的钱一文不差都要交金库。

B、所有粮秣要交粮库：粮库主要在村，粮库要做到同金库一样。我们的干部今天对粮食的重视，还赶不

22

25

上錢，今天粮庫对於保管粮食要保証不丢，去年丢的粮食比前年少，这是很大的進步，今年应接受过去的經驗教訓对於粮食的保管更加注意起來。

C、所有征收回來的錢，專署，县政府，区公所，与任何理由能動用一文錢，都要交庫，坚持各清各款的原則，与全不准動用。

D、要求随征隨解，要求每天的賬要結淸。征收期间，要求有日報表，这个征收工作，要很快結束了。要求在一个月当中做完，結束之后，要有征收彙报。

⑤几个小付帶的问題：

A、关於游击区的征收问題，有一些村莊根本没有我们的工作，在这样的村莊，我们主張今年不調查也不估計，一般講，不实行统一累進稅。等到这个村莊的工作開展了，什么時候能做再做，什么時候能征收再征收，征收時一般应报告專署批准，县政府不要决定这个问題。

B、关於群众团体吃粮食，在去年因为初次做，所以也有許多毛病，今年我们主張要真正成为向自己的会員征收，絲毫不要和统一累進稅的征收相混合。

C、有些地区边幣很少，有銀洋現洋，在这些地区征边幣很困难，是不是可以征收其他貨幣呢。我们說边幣是本位幣，我们只征边幣，不征收其他貨幣，这固然有困难，但要求用其他方法解决，絶对不得破坏貨幣政策。

26

D、按各个专区估计，统一累进税工作，大体上在五月底有许多地方完成不了，有的地方六月份也完成不了，但县款困难，村区款更困难，因此拟预借一部分钱。但预借不好，大家考虑看不借钱有没有其他好办法。

E、斗秤问题：去年经济会议决定要统一度量衡，但对自己的力量没有很好的估计，今天估计度量衡的统一恐怕三年也做不到，一时不易实现，因此只能在此次提起注意，一般每27斤一斗来分配，秤按老秤计（冀中用新秤）因为今年统一到县，还是做不到的。

F、县经费问题供市场调剂问题，随后报告。

24

(二) 关於村财政建設

甲. 村财政建设是财政建设的基礎工作，是建設根据地的重要工作之一.

1. 村财政建設是检查村政权建設的重要組成部分及民主政治的一個很好的測量器.

A. 村财政关系到村里每一個老百性的利益，统一战线的民主政权，必然最关心民众的利益. 凡村财政健全的村莊，村政权必然健全，必然是统一战线的民主政权. 村财政不健全的地方，必然是豪绅地主所把持的或都是不民主的，不是真正的统一战线政权.

B. 在聶司令的报告里特别指出，一切事情如果成了僵儒，那就糟糕，一切事情成了僵儒，所谓政治觉悟，政治责任心，即都被自私自利的观念所代替. 村财政做得好的地方，村政权的政治责任心即高.

C. 村财政是複雜的，一环一环，都在牵涉着每一笔开支，都和边区的党政军民联系着. 因此一项一项都须要和党政军民取得很好的联系配合，不然问题即不好解决.

D. 边区经济发展，与边区政治的发展，在今天还不相适应，边区经济的发展，还赶不上政治的发展. 事实要求边区政治的实践大大的影响与边区经济的发展. 政治的要求和经济的要求，往小一点说，和财政上的要求，常常发生矛盾. 村中每一個小的问题，都常常表现出来. 文化教育，优抗，支差……都表现得很清楚. 因此要使政治要求适合於发展着的经济条件，并推

28

动经济的发展，就要從村民，特别是村干部对於这個问题有很好的了解，这是村政权臻於健全的决定條件。

E.村财政的健全，要求有严格制度，村政权的工作很多，而管理财政是一件很重要的，如果把财政制度健全起来，村政权必然是好的村政权。

2.村财政建設是財政建設的基礎工作：

A.先从数目字上看：（材料不全）村公所開支，优抗与小学教育都不計算在内，每村每月平均估計四百元。（游击区数目特别大）每一村按400元計，全边区有17046村（行政村还未报来）一年下来，村開支约8182万元，这個数字相当可怕，边区粮食款項的征收，比这個数字差得远了，从这個数字上可以看出边区財政建設的基礎是在村。

B.从与敌伪的斗争上看：凡与敌伪斗争尖锐使人民不支应敌伪的地方，已经使游击区变成了鞏固的根据地。（如北中的许多地区都如此）有些地区对于敌人没有斗争，人民经常支应敌人（数目很惊人）一般说，与敌伪没有斗争，或者说，怕与敌伪斗争，在这些地区，如果不想办法，使人民脱离敌人的压榨，要想使这些地区变成我们的地区是困难的，掌握游击区的财政是很重要的。

3.村財政建設是一個很艰鉅很複杂的工程。（今天依然很艰鉅）。

A.村財政中的任何一個小问题，都关联到各方面，（如动員新战士之后的代耕，关係到军政民各方面）

B. 村财政的混乱是农民意识的反映。建设村财政是一个艰苦的斗争与教育过程。(当村里一个人花几毛钱作旅费之后，如果在其他的人出差时不照数给他钱，那他一定不满意。又如会议费，在今天已非個別情形，只要有机会能不花钱吃一顿饭，大家要吃一吃的)

C. 战争关系：因为战争的关系，常常发生许多複杂的问题，使制度受到影响。

? D. 区干部的认识问题：村财政的重要性，还没被区干部普遍的认识。(五专署反映，在五专区有三分之二的区干部了解很差)须要使全体区干部都了解这一工作的重要意义，才能做得好。

E. 是一个不断斗争的过程：工作是发展的，问题是发展的，制度是发展的，一个新工作，发生了新问题，就需要建立新的制度。一劳永逸的事，是不会有的。因此我们对于每一个问题，都须抓紧，这是一个不断的斗争过程。(譬如进行统累税，本规定村干部不得在村吃公饭，但是雁北有的村庄已发生过了。)

4. 村财政建设的有利条件：

A. 村政权已经改造过三次或四次，一般已打下了基础。

B. 统累税的实行，负担面的扩大，使关心财政的人关心村财政，今天扩大到百分之八十的人口负担，那么大大增加起来，过去只有百分之四十的人负担款项，因此也只有百分之四十的人关心财政的人是会大大增加的。

C. 我们的县干部，和一部分区干部对建设根据地的认识提高了。

30

D.关於村财政制度已在陆续建立或建立起来，大家都在从实践当中理头绪。

乙.村财政的现状：

1.从地区上看：

A.巩固区的村财政，在去年高干会议后，一般都整理过了，有他相当的成绩。今天在巩固区，对於已经建立起的制度要加以检查，并坚持下去。同时要把必要的制度再建立。

B.游击区村财政很乱，制度没有建立起来，开支很大，干部浪费也大，区村级干部游击习气很严重，贪污腐化的情形也有存在。

C.工作进步地区村财政做得还好。

D.工作落后地区，有许多普遍性的事存在着，各村仍有书记村警等，村长也有任的，还需要下很大功夫积极整理。

2.从开支项目上看：根据现有材料分为四大类：

A.应付敌伪开支，有十一种。

B.各种赔偿捐款慰劳摊用费，有廿一种。

C.优抗教育建设费，有八种。

D.村公所开支，有十八种。

列表如下。

31

3.村概算及其他制度

A.村代表会对村财政建設，一般注意还不够。村財政預决算的批准，是村民代表会的职权，但今天有大部地区对此还相当馬虎。

B.在游击区落后区村民对於村財政是敢怒不敢言的，满肚子氣不敢講話。在巩固区進步地区好一些，不过講話的人也只是少数的，真正成为广大人民起来監督村財政，还是差的。

C.定期公佈賬目，有些村莊已經做了，但对於賬目的審查，一般还只帶有突击性，不經常。或只在清算斗爭中抓几个不好的例子清算一下。

D.村財政委員会的工作，一般只擱在少数人身上，委員会的作用，还很小，村財政委員会的工作，各种制度一般还没有建立起来。（如預决算制度，会計制度等）

E.游击区落后区的村莊，一般有三本賬，有的地方至少有两本賬，一本賬对付敌人，一本賬对付我们，一本賬是比較真实的，还有些地方，因支应部隊与团体的開支不能报銷，也另有一本賬。

丙.怎样建設村財政？

1几个原則问题：

A.村財政統一於边区，短期間不可能，据我们估計，要把村財政完全統一於边区，恐怕五年以内也做不到。关於村開支，有些個别项目，可逐渐統筹，但必须經边委会批准。理由：______

32

i) 根据边区的经济条件，一些開支，村裡管理使它走上軌道，比較容易。如果提到边区，由边区統一征收，統一開支，不容易管理好，因为在村裡開支，老百姓最关心知道的最清楚，監督方便。

ii). 村裡的開支数目很大，如果由边区統一征收，数目字会很大很大，而且有些项目，隨着工作的发展（如小学教育费，只就现状来說，每年即不下一千万元）如由边区統筹，開支还須加大，征收实有很大困难。这是边区性的問題，不是某一个地区的問題。

B. 整理村财政的焦点，是要使每一个老百姓真正掌握财政，才能把貪污浪费的现象肅清。自下而上的民主，是主要的。

C. 要求每一个同志对建設村财政的意义有深刻的認識，对各地区具体情况有深入的了解，在不同的地区，应在边区规定的原则下，根据各地区不同的情况，可以有不同的具体办法。制度是要有彈性的。

D. 整理村财政是一个各方面的不断的斗争，一下子不会做好。

E. 統一累進税实行之后，一律用統一累進税的方法征收，取締一切非法的摊派摊款。

F. 村财政要整收零支，根据预标，量出為入，花多少征多少。

30

2，村财政制度：

A.关于村开支项目、开支数目，由上级政府规定，村财政预决算的审核批准，由村代表会负责任，区公所对预决算的审核，是看它是否合于上级的规定，合则准予备案，不合，可予批驳。这与村代表会的批准，是不相违背的，是民主集中制的具体运用。

B，关于村财政，我们觉得如果把预决算每年造一次，马上还作不到。同时村财政在继续整理期间，变动也大；因此我们主张按季来做预决算，每季征收一次，每季决算一次。（关于征收预算，村代表会批准之后，区公所要审查，如不违背上级规定，可以备案，违背是要批驳的。）预算以季为度，不过一月终了，分月预計算，还是要报的。

C，每月公布账目，贴清单。这个账目，村里边每一个老百姓都可以检查。游击区不好公布的，可以不公布，不过每月的計算，也须要有，可以通过村民代表，使全村人民都能看到。

D，会計制度：村中账簿还是混合账簿，很乱（东黄泥的清单，就是很好的例子）会計组织和一般小商店的流水账一样，所有的收入与开支，都是在一个账上滚的。我们觉得应该是：

i）村公所每三个月征收一次，这是一种收入；村公产也是村中一种收入。（钱和粮食）现在有些村

33

34

莊有这种情形：工作人員或部隊到村吃飯給他留下的粮票柴菜金，他是当作一种收入記在賬上的。关於这样的情形，村里应該有两种賬，一是暫記賬，一是総賬，不混在一起，像吃飯后所留粮票柴菜金是应該記在暫記賬上的。不过村中建立这几种賬簿有困难，怕一下做不到。其次村中一般只有一个人管賬，而且必然是財政委員会的委員，我们应該根据具体情况研究一个人够不够，再次村公所的会計，根据五專区的經驗，採用单式簿記是可以做得到的，用新式簿記簡单明瞭。

ii）我们主張粮与钱的收入和開支，要分開注賬，攪在一起，不好計祘，还要把村公所的經常收入与開支，同临時收入与開支分開，不可混到一起。村公所的賬分作兩類：一類是屬於村財政範圍的，这是村財政委員会的工作。一類是屬於粮秣範圍的，（如吃飯留粮票等）是村粮秣委員会的工作。关於他们的分工与相互間的关係，值得研究。区級財政助理員与粮秣干事的分工，一般还乱，也值得研究。

E、报告制度：　村財政情形，我们主張每月給区里作一次彙报，关於这些情形，村財政法規裡都要規定。

35

3. 村财政收支项目

A. 村财政收入：有两种：

i 根据统一累进税征收的收入。

ii 村公產公物的收入。（公地公樹等）。

关於村公款的收入，由村财政委員会管理村公產的整理，由村财政权聘請一些人組織保管委員会管理之，現在村公產大部分变成了学田，組織学田保管委員会也是可以的，以在村財政委員会領导之下較妥，村公產的收入归村开支，不足多少，根据統累税征收補足。

B. 要取締的开支：

i 应付敌偽开支：要坚决取消，不过這是一個不簡单的事情，是各方面的複什的斗争，有些地方不能一下子取消的，要逐渐取消，此中有很好的經驗，以往村中应付敌偽的开支很厉害，我们的干部下了苦心，發動人民與敌人尖銳对立，展開斗争，於是大部取消了。如果我们对敌人的每一残暴行為都能抓得紧發动人民起来斗争，是很有办法的，今天有些干部怕把斗争挑起来，是不对的，我们应該使老百姓與敌偽尖銳的对立起来進行斗争，在斗争当中，鍛鍊與教育老百姓。

ii 关於賠償撫款慰劳雇用費部分：

a 作鞋賠償：鞋價一般不够，是否还需要再增加：增加到不賠錢的程度（隨物價的上漲，隨時增加鞋價？）我们認為：如把鞋價提高，就須要統

33

36

收錢，有困难，当然使老百姓賠得太多，也是不對的。新公佈的抗战勤务動員办法我们规定做一双鞋袜五個工，但一双鞋实际上费三個工就够了，剩下的那两天，以每日二元工資計，即可省四元錢，因此做鞋还是便宜的。縱然賠一些，也是可以弥補的，所以我们主张鞋價不再提高，而且村中也絕對不賠價，袜子是由部隊自己做，没有问题。

b. 柴草菜蔬賠價：這是個麻煩問題，前提上不再增加柴菜金並要求取締柴草菜蔬賠價，這個問題的發生是由於边區燃料不够，我们要想法解决燃料問題，其次是由於运输困难，不能互相调济，所以有些地区物價很貴，這須要解决运输問題。至於吃菜問題，只要燃料問題解决了，我们即可省下錢来吃菜，目前各地如能规定公平價格一角二分錢，用六分錢来吃菜，还是够的。以后部隊不要再叫老百姓运输菜蔬、油盐等物，村中也不得再有菜蔬賠價。

c. 换便衣費：要取消，無論任何地区，任何村庄老百姓一律不給换便衣，需要穿便衣的部份，便衣完全自備。

d. 馬槽簾子等賠價取消，損坏了，应由借用机关賠償，这種情形是由於村中不肯講話造成的，以后可逐级上报解决。

e. 代購物品賠价一律不准，只可代購，不許賠价。如果是從游击区買东西，事实上用偽钞購買是要便宜些，購買机关在付價时，应按照偽幣在当

34

37

地的比值折合清付，不能使村中賠償区半部应帮助村中解决困难。

f.村公所的炉灶一律取消，一律不招待客人招待費一律取消，工作人員或部隊在村中吃飯不得不出或少出粮票及柴菜錢，不能因吃得比較坏或吃得少，從而不給或少給。（派飯制度要檢查）

g.賃被子費一律取消，部隊有被子沒问题，如係動員新战士应早日設法領錢縫製，在必要時可以向老百姓借用被子，但村中不許賃借被子后一定要保証归还

h.团体捐募，应於人民自動自願的，政府不过问，但不得通过村公所募捐。

i.区派捐款一律禁止。

j.慰劳費，自動自願的慰劳是可以的，应該依靠政治動員而不是靠了摊派，慰劳費一律不准由村款開支。

k.雇兵費，在实行義务兵役制后，即可以沒这個问題，堅持兵不許僱的原則，一些变相的雇用費（如安家費之類）应該取締。

l.伤病员掉隊开支，不准由村款开支，村裡应該找他的所在部门索帳，如有困难可逐級上报代要。

m.民兵装備費，一律不准开支村款，願自做者可以自己作。

n.民兵修理武器費，一律不准由村款开支，由

俢械所俢理.不收費.

o.賠償損失費：村款不許开支.誰損坏了.由誰賠償。

P.民兵战斗粮一律取消.民兵配合部隊作战在一日内者自带給养.在两日以上者由部隊供給伙食此項粮食由部隊正式报銷.报銷单据，应須由該部隊營長以上長官與民兵所在地之区武委会主任共同署名盖章.否則無效.民兵自動打游击一律自带粮食。

ℓ.支差费一律取消。（抗战勤务动员办法已公布坚决执行.）

Y电桿賠價一律取消。現在电桿費已改為九角至二元.是够用的。部隊動員电桿，軍区通过本会，軍分区通过专署、代為發動，款由本会撥发.如係小部隊臨时架設線路.所用电桿.应通过区或县.由区（县）統一分配，不过那一部份用了桿子都須照價付錢.由当地政府開給正式收据，部隊憑条子作报銷.由边委会統一发給。

s）新战士路費及欢送費： 我们主張放到村公所臨時費項下開支，完全取消不可能。

t）伤病員死亡棺木費： 也取消，查清其所屬部门，向之索要。此外村公所開支经費裡边，也有一部份要取消：

a）县干訓費已有規定，故受訓費一律取消，

b）交通站经費，由县统支，因此村開支要一律取消，

c）村群众团体津貼一律取消．

d）会餐費一律取消，吃自己的可以，

e）不貼标語，不准送旗，不准搭牌樓，所有这种費用一律取消，

f）超欵結賬吃飯一律取消，

g）村干部津貼，一律取消，在免税点以下的貧苦村長（只限村長）可酌予補助，但不能超过免税点，超过者应減至免税点．

h）旅費： 村政权干部到区開会或工作，一律不開支，村長各委員会主任到县一天回不来的，可以支給旅費，但不能超过一天一斤六两米一角二分柴菜金。

i）路条費： 20里以内開路条太形式化，同时也限制人民自由，因可以研究别的办法，由县印製通行證發用，（此问題交大会討論如果村仍需要開通行証即由村欵開支。）

j）村武委会与除奸小组津貼，崗房油柴等費： 都在村公所经費項下開支，由各地根据具体情况适当处理，至站崗所需大衣毛鞋，一律不准開支村欵。

C.关於村財政保留的項目与開支方法：

40

i) 村公所要規定一定的公雜旅費。第一次高干会議的決定，是把村分為甲乙丙丁戊五种，今天因為編了行政村，可以改成甲乙丙丁四种。同时因為各地区物价不相同，季候冷热也有差别，生火不生火，因此在規定村公所公雜旅費时，各個地区（平原和山地，巩固区和游击区）要有伸缩性，冷天热天，也要有分别。属於经常性的开支，都要放在公雜旅費項下开支。至於一些临时的开支，就都放到临时費項下去。我们認為村公所应該开支而且必然要开支的項目是：

a）灯油柴炭紙張筆墨費，需要开支，但不准購買茶、盐及其他非必需品。

b）旅費。（照規定的）

c）村武委会除奸組崗房所必需的灯油紙張筆墨費，由村公所经費項下开支，由区公所和村商量具体决定。

d）开会招待抗属費用，可由村公所临时費項下开支。

e）購置担架費：这是属於临时的开支，不是经常的。根据边区武委会的材料，百户村並備置八付，五十户村並備置四付，八元一付，每年付需修理費一元，此項修理費由村临时費支出，購置担架費由購置費項下开支。

f）修桥造船等費，属於建設費，可由临时費項下开支。

g）民兵弹药費：今天还有相当大的浪費，須要确定制度，此中已有制度，路西不是全区的都有，我们主張民兵弹药費在临时費項下开支。

所有以上各項开支，一种是公雜旅費，一种是临时費，属於什么性质的花費，即由什么項下开支，关於公雜旅費和

38

41

臨时費的比例,我們希望有这样一个總的原則:边区每一大村两項合計每月最多不超过一百二十元,五十户村莊每月最多不超过六十元。

ii)关於优抗与教育經費:

a)小学教育費:根據各地区具体情况,重新分别厘定,(教育处提出一个方案討論)

b)冬学或民校用費,識字班用費,应統一開支,一律統一為社教費数目另定,大家研究。

c)貧苦兒童入学補助費:过去有些村莊,一律予以補助,不妥当。凡能買得起書的,都要自己買書,村中不予補助。在免税点以下的貧苦兒童,可由公家供給課本,不过不由村中開支,而是由边区印发供給。

至於入高小的学生,我們已規定高小可設公費生,每区三个人,由公家供給書籍伙食,其餘一律自費,因此也不由村中開支。

d)优抗費用:根據新頒优抗办法,在統一累進税執行过程中,完成任务,堅决依照办法执行。(抗属所受优待的粮食数量,应根據此次調查的經驗審查是否妥当)

这样下来,村財政的收入只是統一累進税与公產收入两項,開支方面只是公雜旅費臨时費与教育費優抗費四項。

4.区財政助理員的任务:

A.目前区財政助理員的工作,一般的关於財政部門的工作,做的还很少,如何領導村財政委員会開展工作,建設村財政,还没有很能好的注意到。

42

B.我们要指出来，财政助理员的中心工作是掌握村财政（领导村财政委员会掌握村财政）。

C.上级赋予的其他任务：（如统一累进税的工作）。

D.建立自己的工作制度：一个助理员对区公所内部的财政收支要管，对各村的财政也要管，自是相当忙碌，因此须要建立各种工作制度，关于会议、汇报、检查等制度，如何建立与健全，应该经常考虑。

丁.要突击落后区游击区：今年建设村财政的工作中心，要放在游击区落后区，要把它作为村政权建设的重要部分，抓紧中心项目，与敌伪展开尖锐的斗争，与贪污腐化展开尖锐的斗争。

40

三、关于边区市场

甲 关于边区市场的一般情况及其问题

1. 出入口商品

A. 边区入口货的大宗：根据贸易管理局统计，最大宗是洋纱，其次是食盐，再其次是煤油火柴纸张文具，军需品佔很小的比例数字。

B. 边区出口货的大宗：

(1) 根据贸易管理局的材料，战前是棉布粮食（晋西北粮食输出多，其中粮食输出较现在为少，因从前种棉多）为大宗，其次是羊毛羊皮，猪毛鬃，甘草，杨木板，鸡，山货药材，水累、素葉，猪羊小肠，佔次要地位。

(2) 去年营业状况（晋西晋东北各贸易局）最大宗是山货药材，其次是毛皮猪鬃，羊，菸叶纸碱，下半年是四百五十万元，总计出口货价格不过佔一半。

C. 从以上情况中可以看出：

(1) 入口货消耗品佔一半以上（洋纱食盐等必须品所佔数也不小）军需品很小，全部入口货无统计数字，不过有些东西是可以想办法找代用品的。

(2) 并不是粮食没出口，出口货有许多是粮食，不过没有管理起来，粮食实际上是出口的大宗，边区的粮食一年可出多少？估计全边区一千万人，每人平均二亩地，有二千万亩地，每亩年产米平均一石五斗（市斗）全边区可有三千万石米，一千万人的消费，假定平均一人每月十五斤小米计算，每年一千三百二十万石，下余二千六百八十万石，以平均价格四元钱一斗，约值十万万元，这就是说除自用外，其余尚值十万

41

万元，这样多的商品有很多出了口，特别是冀中，晋东北忻縣崞縣定襄大量出口，因此禁粮出境政策值得从新加以检讨。

(3)因太平洋风云紧张，山货药材出口将困难，与日价格比已在同时期都低，花椒多输入东北，现在敌人已视作消耗品[illegible]禁用了，大枣核桃出口多走美国，今后寨山货出口有些困难。

(4)並非出口像少，生产还是有的，问题是如何处理商品。

2.货币

A.边币与伪钞的比值：

(1)据银行的材料，五专区每元合伪钞五角左右，三专区三、四、五角不等，[illegible]水低，曲阳每元七角，井陉八角，正定六角，冀中一般二角，（有平的地方）靠近边缘地区还有大些，二、三、五、七……

(2)工作弱的地区，伪钞还在流通着，冀中冀游击区伪钞流通数量还不少。

(3)游击区实际上本位币是伪钞，特别在雁北晋东北表现得最明显，伪钞支配市场。

B.物价

(1)边区冀西粮价与平津粮价的比较如下表所列，均较敌区高，冀中相反，比平津低。

附：北平市二三四月份粮价表（依据伪新民报所载）

边区冀西市场粮价表（依据贸易管理局

表报）。

（2）物价规律：在边区市场上，大体存在着这样一些规律，上半年萧条一些，下半年繁荣一些，一二月是比较最闲的月子，三四五月稍忙，六七八一般在雨季商业停滞一些，九、十月最忙，十一月十二月市面又弛缓一些，商品在阴历年以后出口大宗是猪毛羊绒，土布也上市，不过价格比年前高，三四月份粮价高，必需品渐贵，出口货减少，五六月杏仁上市，六月底麦收，市场又形活跃，九十月粮食药材都上市，这是最活跃的时候。

（3）今年粮价入春高涨，一度稍跌，一般还稳定，这里基本上是因为去年秋收成好，还有存粮，人民见今年春色好，麦子的收成有把握，同时平粜粮也起了很大的作用。

C、从以上情况可以看出：

（1）并不是货币发行额大，而是对商品管理的经验少，贸易工作还远落在需要之后。为什么平津粮价比路西低，比北中高？这是因为敌人要吸收粮食，所以将粮价抬高，吸引粮食大量流出，在北中泊镇，敌人把粮价提高，搞布匹换老百姓，大部份粮食流向敌区去，有这样多的粮食流出去，为什么边区的购买力赶不上货币？这是因为我们以往对这问题注意不够，缺乏管理，大量粮食出口，不是主动的，而是被动的。

（2）生产的东西多，贸易工作好，货币数量少的地区，我们的货币购买力就强；工作差些的地区，掌握得不好，东西少，货币购买力就弱。四五专区在比值上不比三

4-3

专区好，原因是三专区从共中搞了一批东西过来，四五专区是直接从敌区搞来的，这样就更吃亏了。

(3)我们的入口货，一般的讲都通过奸商，贩买东西的人没有组织，还在相竞争，给奸商极方便的机会，受其操纵（在做边币同伪钞兑换的买卖上，利是很大的）。

(4)市场调济的焦点是在贸易上，不过关于货币在市场上流通的数量，根据马克思的公式，假若流通手段和支付手段的流通速度为已知的，则货币流通总额＝（待实现的商品价格的总额＋到期的支付的总额）－（互相抵消的支付总额＋同一枚货币时而当作流通手段时而当作支付手段的流通次数）。待实现的商品越多，货币需要量越大，定期支付越多，货币需要量也越多；定期支付全部所必要的支付手段量与支付期间的长短成正比例，货币充当支付手段的机能越是发展，蓄积货币以待总支付日期的需要越是增强，可是，全边区每一年商品价格的总和是多少？不知道，不过今天边区由于自给自足的经济，商品经济不只是没有发展，有些地方还在衰退着，其次还由于信用贸易的减少，信用支付也大大的减少，定期支付也大大减少了。因此，关于市场调济主要々从贸易上想办法.

D.在我们货币的发行上，也存在着矛盾：出中需要多，发行少，路西需要少，发行多，巩固区东西少，货币发行得多；游击区东西多，而货币发行少，这中间都存在着矛盾。

3.敌我市场的交错：

A.敌我市场方面，大体可以分为三层市场，一层是敌据点的市场，如东冶、豆村、古之河、砂河、大营、灵邱、洙源、樹翻嶺、大王庄、西北、鸣凤镇、唐县、辛庄、曲阳、蔡趙、家寨、朱食、刘家庄、賈素、石家庄等。第二層是游击区的市场，如宏遒、新庄村、东河南、门头、曲庄、横河、坡口、鹰湖、金山、石头村、走马驿、龙堡、北罗镇、柔河、韩路、城西、大営、南橋、五高等，这二層市场商业最活躍，敌我贸易是在第二層市场作的，城西每個集市貿易總額都在十万元以上，我们对这些市场研究不够，搞鬼都在这里，这些市场的大部份，我们是被动的，敌人是主动的。第三層市场是巩固区的市场（是拿山货换了一部必需品纸張之類，与大量的消耗品）是在我们手裡。

B、在游击区市场上流通的货币，有的是伪钞，有的是边币，有的是伪钞与边币都有，买卖上许多也是逢法伪钞計标的。我们的貿易局合作社多競々於换了山货换些货物回来。

C. 今天開展貿易，掌握游击区市场是争取市场胜利的关鍵，在这些市场上，敌人交通方便，实践的控制，有它有利的条件，我们也有有利的条件，广大群众是我们的，但我们的工作不够。

4. 边区内部贸易概况

A. 内部貿易自由还存在着许多障碍

(1) 行政方面的障碍：对政策掌握的不够（如有些[illegible]下令禁止羊出口，其实这样并不見得就能繁荣。前些[illegible]老百姓不喜欢养羊，这不是個别的问题，应从基本上解决）许多干部不把问题全面观查，只看到很小一点。行政方面對貿易有限制

48

(2) 公安局的限制。(如雁北规定公安局负责贸易局找二家铺保才准出入敌区，在四专区如无公安局证章即被扣押)游击区，公安局检查，更加留难。

(3) 合作社贸易局的垄断。贸易局合作社排斥商人小贩(如走马驿村干部决定禁粮出村。去年山货上市时，有的地方据说只能卖给合作社，五台人民不愿卖给，合作社就用强迫收买，砖坊因为合作社的关系，村干部把个商号拆塌了，奥山关村干部禁止店户开店，说去年赚了钱，今年你不应该开了，这些例子多得很)基本上是有些人想发国难财，有个合作社的负责同志喊出"肃清商人"的口号，这是完全要不得的。贸易局也想垄断，在批准对外贸易上，想欺负合作社，同时互相排挤，很厉害，灵寿某合作社不准贸易局修水碾，灵寿某合作社有一次说老百姓运输偷了点东西，合作社就罚了五百元钱，后来县政府说583退还，这些问题都是很严重的。

(4) 自卫队的留难。最值得研究的是"戒严"，下令检查行人，每临时"戒严"路条就扣押，还有检查行人的俏皮捣蛋，沿站转来转去就误事情很多，这些对贸易自由限制很厉害。

(5) 税局的过境乱税，以前曾经严重过一个时期，自改组以后，已克服了，个别的还有。

(6) 交通运输困难。货物走不得路，物价一地与一地相差很远。(如平定的煤一元钱一百斤，到了洪子店二十斤，郭苏十八斤，再到口头，一元钱就只能买八斤，运输上很困难)调剂不过来。

46

B.贸易与合作社严重的机关化与发财主义

(1)贸易与合作社资本的流转，平均一月一次（有的一月二次或两月一次）平均百分之五的利润率（但在卖东西上，利相当高，不只百分之五，有的是百分之百，甚至二百，曾经听过一个同志从曲阳合作社买了一瓶酒精要花十五元，同一个时候，其他地区不过四元）一般的讲，合作社的东西比小贩贵，大体可以断定利润率是超过百分之五，原因可能是办理出口贸易不赚钱，甚至赔钱，找上一点货换回些必需品来，敲机关部队，高价出售来发财。

(2)贸易与合作社组织的庞大，人力物力的浪费，吃的吃得好，组织分科分股架子摆得很大，县合作社有多至三十余人者，给商人做去恐怕连一半人都用不了。

(3)贸易与合作社机关化，把自己想变成一个行政部份，总想强迫命令一下，人民叫它官字号，合作社运输货物，有的当作支差运输的。

(4)排挤商人，花样很多，有一个专区，商人卖得东西便宜，合作社欺负他，说你不能卖这样便宜，去年贸易与合作社争取山货，凡出产山货的地方常常发生纠纷，都想发财。当然不能否认三年来贸易与合作社起了很大的调济商品的作用，不过毛病是多得很。

C.从以上情形看出：

这些都是货畅其流开展边区贸易的最大障碍，基本上是从自私自利发财主[illegible]观念来的，这关联到许多方面，克服这些毛病要下最大的力量。

50

5.摆在我们面前的严重问题

A.我们知道乡村能够战胜城市，但边币不如伪钞高，出口货不如入口货多能够战胜吗？敌占区（主要是张家口的）的粮价比我们低，伪币比值比我们高，是不应该的。我们有信心，一定能够战胜城市，但用什么方法实现这个方针呢？

B.当前要争取出入口贸易平衡，争取边币的购买力提高，超过伪钞。

C.边区内部贸易在不违背政策法令的条件之下，绝对自由。

D.要克服货币流通的不平衡现象。

E.要适当的管理粮食

乙.发展边区贸易

1.管理出入口贸易

A.内部贸易是自由的，出入口贸易还是要严格管理，管理调剂做不好，即不会战胜敌人（在贸易上）。已往出入口贸易的批准权，政府是责成贸易局办理的，但有排挤的事实，只注意了巩固区，对游击区贸易管理也没有力量，今天关於出入口贸易的管理应该採用什么方法？第一，批准权是归行政权，以县区政府比较好一些，不过我们的县区干部对贸易都是些外行。第二，批准权交出入口税局管理如同海关管理对外贸易一样，缺点是干部的了解差一点，组织也不很有力。第三，是仍交贸易局管理内行，不过营业与行政混合起来，毛病是很多的。究竟怎样才好呢？同志们可研究。

B.管理外汇的问题，已往管理得不好，我们主张，所有外边的汇票一律交银行，兑给他钱，兑给多少，按市场情况决定，目前晋东北存在着一种关系，银行也应管理，通过行政力量

49

強迫收兑，不准在市场上流通，建立与敌佔区滙兑的关係。

2、内部贸易在不違背政策法令的条件之下绝对自由。

A、我们主張把边区的商人都登記一下，登記了的商人都发给一張貿易証，領得貿易証，在边区内部貿易，可以通行无阻（当然会发生其他毛病，因此，关於时期、使用、印发、等办法，还值得研究，照像是不可能的，叫他不要丢或转借也很困难，如用找保等办法也許毛病少一些，具体办法大家討論）对边区贸易是有利的。

B、内部貿易限制一律取消，使大家競争，各地物价自然会平衡些，上面所講的所有障碍必須取締。首先，各級专区县各机关任何一個法令限制貨物出口，保證商人不能看見人家发財眼紅，（如有汗奸嫌疑，那是另一问题）其次，对犯法的事情不能放縱，這是建設根据地的问题，不是一個人的问题，合作社处罰人，除退回款外，要予以处分，總之，对一切非法的事情要主动的取締。第三，公安局盘查行人是可以的，但不能当难，假如发现有可疑之点，可以依法扣押，但在未判明以前，不能处理商人的一点東西。第四，我们就要求边区党政軍民主动地通过各种組織糾正這些錯誤。第五，自卫隊戒严一律停止，現在正規定戒严法，只有軍事最高机关如軍区司令部，軍分区司令部有下令戒严的权，其他一概没有。県公安局為逮捕犯人，可在局部临时断絶行人檢查，但不要超过半天。第六，关於路条的问题，也不方便，怎样规定才好，大家考慮。第七，税局乱税要取消，问题已简单了，我们还要講，讓大家了解这样的问题。第八，交通运输的困难，只要把抗战勤务的动员工作做好，就自然好解决了。

52

C.我们对全边区贸易局合作社，要通过各方面组织加以检查，如有各团体会员，应各自加以教育，行政上对非法的予以必要的处罚。

3.开展集市，掌握游击区集市，保护集市

A.边区市场问题的焦点在管理第二层市场（变为我们支配的市场），要用最大力量研究第二层市场，由研究而一点一滴的进行工作，对供给人民必需品加以研究，如不能供给游击区人民以必需品即设法使游击区市场同巩固区市场连接起来。

B.人民经济生活是吃饭穿衣住房行路问题，因此要关心群众利益，只有与人民切身利益联系起来才能掌握，因此掌握粮食是重要的。

C.在接近敌佔区或敌佔据点的集市是有法掌握的，（是开展游击区工作的问题）此中有很好的经验，集市只有村长知道，到时向村长即去赶集，敌人不知道，游击小组配合了这个工作，以武力保护集市，团聚了广大人民。

4.边区内部汇兑

以往内部汇兑关系少，显然是由于做买卖的少，要把边区贸易活跃起来，汇兑上予以方便也很重要，路西向此中汇找，据银行说三年来只有一次，我们要求大量向此中汇款，要求巩固区向游击区汇款应给以方便，一律不收汇费，此中汇路西，游击区汇巩固区，我们主张多少收些汇费，收多少由银行研究。

5.公营事业社会化

A.要求贸易局合作社（不是公营事业）要同工商业竞争，反对垄断，反对机关化，与一般工商业一样，一切依靠群众，使它社会化，从此中油粮即是很好的例子，只有群众的力量才是大的，除水贸易局

50

53

利用"賽葛村"的关係运过很多東西，是对我們有害呢？还是有利？在这种场合就要考慮是利多呢害多？利多就可以干。

B.銀行应深入群众依靠群众，並不是将銀行机構立即佈置到村，而是要健全办事处，銀行要了解市场，关於貨幣流通規律，商品流通規律要很好研究了解，对老百姓生产分配交换等过程的情形要了解，以往只做了一些銀行行政工作。

C.調剂晋中晋西市场，晋中布匹粮食要运过这边来，对这边買布買粮的人要予以必要的帮助，晋中晋西交换的東西很多，晋中一元錢買四斤白面，一过路一元錢才買一斤十二两，為什么没人販来呢？这里有他很多的困难，再如硝鹽棉布都应調剂，由徐主任与各专員商定具体的办法，打通晋中晋西貿易，今天不是個理想方向，要即刻变成实践，对活躍边区貿易有很大的意义。

D.游击区与巩固区貿易，隨着統一累進税公粮的征收，巩固区粮價会高起来，但晋中与游击区粮價会跌，如敌佔区粮價高，粮食就要流去，巩固区高就会向巩固区来流，只要有利，老百姓是会运输过来的，把以往靠行政力量的运输变為群众力量的運输，不过行政力量要与老百姓配合起来，為活躍貿易。此外貨幣发行上的調剂，当然亦是重要的。

6.建立经济会議或研究委員会

A.专门研究经济問題向政府建議，不是执行机关，目前只在边区专区两级建立，县有困难，必须专门有一人負责。

B.由銀行貿易局粮食局政府的財政部门共同组织，如討論到或有必要时工矿业农林业部门也可参加，研究一個时期对经济問題有很大注視。

丙.掌握游击区粮食

51

54

1、几個原則問題

A. 開展游击区工作，為游击区广大人民解決切身問題，輸送游击区人民的必需品到游击区去，換回糧食回来，使巩固区与游击区的市场交流起来。

B. 争取出入口貿易平衡，必需時要以必需品換必需品（要具体規劃）

C. 貿易自由与活躍運輸事业对这一工作有重大的作用，行政方面要注意解決困难。

2. 这个任务，要靠各方面的力量来担負

A. 要求貿易局合作社把工作重心放到調節巩固区与游击区的市场（使它交流起来）上来，同时应該发动商人小販做这个買卖。

B. 今年進行着的平糶工作，因為初做，缺乏經驗，执行上有錯誤与缺点，但在平抑粮價与調剂公粮上是起了很大作用的。敌偽对於掌握粮食花很大力量（敌人在徐水車站建立粮食庫，讓老百姓把自已的餘粮都交庫，声言隨时可以自由提取，但是不准卖給我們，这比較敌偽以往用过的方法是厉害的。）我們在吸收餘粮的工作上还得継續下工夫，吸收游击区的粮食主要不能依靠了平糶工作，义倉也办不到；不过同平糶工作密切联繫是重要的。

C. 吸收餘粮調剂粮食对於活躍市场調節軍食民食的关係很大，各級政府对於掌握粮食的問題，要經常提到議事日程之上。

3. 関于物价問題

A. 統一累進税征收时，必然的会造成巩固区与游击

52

55

区的物價懸殊，必須主动的用各种方法（錢粮秫的分配上要很好的照顧到）去調剂，当然这会遇到許多困难，事先要有足够的注意，不要因征税而使民众生活感受不安。

B、貨幣随着商品的流通而流通，活躍商业活躍市场是調剂物價的基本方法。

四、关于法幣問題

（这个問題搜集到的材料很少，不能下判断，这里只大略的談到。）

甲、对于法幣跌价的認識

1、由于反共頑固派的长期亲日的状况，法幣的膨胀是必然的。

A、根据馬寅初先生講战前法幣发行額是十四万万元，平均每個人民三元錢，在去年馬先生发表文章的时候，法幣发行額达四十四万万元，比战前增加了三十万万元，到今天发行的必然会更多，但是法幣流通的地区，是大大減少了（像上海，南京，天津，汉口，等許多城市偽鈔佔据了市场还有敌后由于抗日根据地的建設地方鈔票的发行，也佔据了一部份市场）法幣发行額大增，市场減少，发行額平均到每个人民身上，估計达二十元，所以法幣落价是必然的。

B、因为皖南事件，对新四軍的迫害，法幣馬上就落價（由港幣与法幣的比值上就可看清楚）。根据八中全会看，政治經济上絲毫没有進步的影子，我們可以肯定的說，法幣继續膨胀是必然的。

2、法幣同河北鈔以及其他过去的地方鈔是不同的。

A、它与国际市场有关联，特别是与英帝国主义有联系，因此不能把它当作"灰色"鈔票看。

53

56

B.反共派顽固派纵然投降反动，也会找办法（例如最近的平準基金）维持法幣的，不然还受广大人民的反对，促成其早日垮台，如果时局能有些好转，法幣是会维持得好一点的。

C.在边区曾经有三年的功夫，法幣在敌我斗争中，成为边幣的依靠，边区民商存了许多法幣，它跌价，我们不能跟着它去吃亏，贬值是正确的，应该的，但应照顾到我们的金融，不使造成紊乱现象，给敌伪以可乘的机会。

乙、法幣贬值后的一般情况

1.在我们市场上的情况

A.在我们停止兑换以前，法幣大量的流入边区，我们没有办法兑换，所以停止兑换，随着市场上就发生不愿使法幣的现象（人民因有河北钞的经验，不敢收要）不过天津字的法幣比边幣还高一些，上海字的法幣与边幣一般比值相等。

B.宣佈八折行使以后，北岳市场，随着逐渐安定起来，北中，晋东北，恢复的晚几天，人民有一个短时的不安情形，但是八折兑换以后，人民到银行兑换的很少，只有阜平兑换较多一些，银行估計尽量兑换，每天能有三千元（北岳区）兑换的，都是杂法幣，没有地名的多。

C.按八折老百姓一般还是不愿予收受

D.路西市场上流通的法幣不多見。

E.天津字上海字的还往外流。

从以上情形看来，问题是存在着許多矛盾的。

2.在敌据点的情况：

A.听说（还未証实）平津、保定、敌商，奸商亂嚷中收買法幣，法幣对伪钞，八折七折不等，上海字、天津字的价较高，平津收買的价較高，保定、石家庄收買价較低。

54

57

B、完唐一带敌据点，也有商人收买法币，大量的向敌区走，怎样收买，没有弄清楚，在敌据点，收买天津字的法币兰修（？）够七角，上海字的差一点，其他杂法币没有人要。

C、根据华中报告，天津金价跌落最近一月来，由四百八十元，跌到三百八十元，上海天津间汇兑每百元汇水贴三十元。（上海一元到天津须七角），华中上海字、天津字的法币也在外走，杂法币敌据点不要，敌人宣布法币不用，这些情形也存在着矛盾，如果敌人不收，法币那里去了？如果收，怎样收法？晋东北市场上也看不见，法币那里去了呢？（有人说到晋西北去了，那里有这样快？怎样流过去？）有人说老百姓还在储存法币，但事实上老百姓又不愿意要，也是矛盾的。因此还须再搜集材料，很好的研究。

3、统一累进税是否收法币

A、按八折可收法币，所有公私收，法币均按八折收。

B、破烂钞不收，因为拿到别的地方都不好化，到中央行也不兑给我们，要根据银行规定的条件来执行。

五、关于财务行政

甲、在政策法令确定之后，财政建设的胜利决定于财务行政的健全，财务行政就是实现统收统支，整收整支，量入为出的制度与技术。当统累税实行之后，财务行政要有较大的变更。

1、财务行政的现状

A、预决算制度还十分不完整，或者说基本上还没有建立起来。

1）聂司令员说：我们的财政制度太不严格，这是事实，一直到今天，财政上没有一个完整的数字，都是片断的。去年一般的都没有预算，今年已到四月底，只有一二三四五专区有，出中平西各县的预算还没有送来。二十九年度的决算送来的更少（一至五专区也是少数县

58

份有）

ii）不过，关於预决算制度，去年高干会議以后，已有很大的注意，对其重要性，已有較好的了解，不管预算真实性多大，終於送上来了，這是很大的進步。

iii）从今年预算中可以看出：首先是县本位主义，去年十月以后吃了公粮，錢數大大減少，可是今年预算多是比照去年预算數造的。（有的县预算三十万元，二十万元，几乎是一般的，只有三四个区的县份，也在十万元以上）预算不只比去年不小而且大，說這预算时忘記了是吃公粮。第二，表現一种精神，反正征統累稅，同樣这么多的錢，够我（县本位）花就成，不知統累稅是要解决全边区问题的，不能只照顧一個县。第三，去年高干会議上决定的編制，有些县没有严格执行，对整頓編制理解还差，特别是基游隊发生问题最多。第四，花錢不經过批准，（甚至有些县份怎样收錢，怎样花錢，从不报告）还有個別县有打埋伏的現象，还有得了錢作这个那个也不报告，錢也何来的，边委会不知道，区公所仍有罰款的現象，县也概未报告。

iv）对於管理財政的技術还没有足夠的重視与注意，当然，我們的会計人員不是那样多，但主管的同志們注意不够，甚至有的討厭技術，没有很好的把握財政制度与技術和建設根据地联系起来了解。

v）藉口游击区困难，发展自由主义，滥罰与貪污腐化的現象还在某些地区严重的存在着。

3.关於县議会区代表会批准预决算的问题

i）县議会区代表会去年刚々建立，因此对於怎样工作，经驗很少，有的县里有一筆开支，明知这预算批不准，於是就返交县区代

56

表机关通过一下，就成为合法的，这是由于对民主集中制的政体
了解不够所致。今天县的收支已统一于边区，县款基本上不存在了
已确实达到统一，关于决定的编制经费都须执行，代表机关对预
算的批准与决算的审核应在上级政府政策法令规定范围内
核准，不能超越。

ii）有许多区"机动"的精神很大，自己搞了许多的钱，县政府都不知
道，区财政不是一個单位，是统一于县的，除它本身经费（由县发给）
外，没有收入，不能向老百姓要一個铜板，县议会也没有权批准征
收任何小的，我们是民主政府必须关心人民利益，对财政抓紧。

C、关于会计制度

i）会计组织还很乱，各個地区不一致，有中式账西式账日记
账分类账乱搅着，一般说，还未从账上看到结论，从数目上提高
警觉性还未做到，

ii）干部经常调换，今天下级政府还轻易调动干部，（有一個县
政府关于抚恤费的小竟差了几千元，前后打来几个电报，说经
手人已经数次更易了，反正马马虎虎了，这是不对的）

iii）有些地区乾脆没制度，老小谁也可以批，讲人情的事也
有（如法币贬值后西元差二角今天以法币换边币讲人情的事
情还有）有的地方，一個残废军人就领了四个残废证，有的县份三
年来连账都没有，这些都是很严重的不应该有的现象。

D、关于金库制度，过去一般没有建立起来，当然，我们对这个制
度的重视与规划还不够，银行组织也赶不上需要，不过现在就要
求有一個管用的制度。

三、今天正在青黄不接的时候，各县开支困难，靠了借钱过日子，
互相借也借不来了，统累税短期还不能征收，不过总是要花钱，我

61

后，完全交金庫，不能动用。以往准坐支抵解，今天要取消。

ii）個别県份距離銀行办事处較远，解交不易，銀行应解决这个困难，設立营业所。（現在不要每県都設，可在适当地区設营业所）

iii）各県每月用錢須預算，上級见不到預算不撥。如困难，可照上月經費数字借一半，每月都是如此。

iv）有一些环境困难地区到专署領款不便，可以提前一個月或兩個月到专区領款，如兩个月也解决不了，必要时，一次可領三个月的，但不是普遍如此，而是個别的。

v）行署办事处可提前三个月或半年領款，由行署办事处掌握交给各県，北西晋東北雁北均按月直接向边委会領款，本月十五以后交给。

vi）銀行对金庫制度要很好的研究，並指示下級。

D. 健全彙报制度，取消四柱清冊。关於政府彙报，各方面都很差，財政方面也差，要求边委会能真正掌握真实数字，需要各県及专署建立定期的彙报制度，每月收入要列一張表，如能做到旬报或半月报更好。財政部门每旬或半月，应将財政征收情形、県区財政情形很扼要报告一下。四柱清冊太老太麻煩，决定取消。

E. 健全会計組織，一律改用新賬，用单式簿記，每天要结賬。

i）賬本根據銀行的經驗，最大部份的賬本都用日記本，一県有五六個日記本就行，在任何困难的环境下，都可以隨身帶走。

ii）关於单据，时间長了積累很多，带起来很麻煩，取消也很困难，按年度换成總收據，就減少了累贅。

iii）关於新式簿記，会計人員比較少，如果每県能找到一個，馬上送来，訓練一批也是必要的，如果不能，关於会計事務，也应經常

62

给下级以指示，每一個会計人员無論怎样忙，支了錢，要立刻記賬，（有的熟練的会計员總是先記賬后付錢，这样不会丢賬）

iv）提高打算盘的技術，要保証数字算对今年各署报来的数字零數，打起来不合總數的还是常常有。

F.坚持預决算制度超过預算的開支，未经批准过，这样的事情今天还存在着，有些同志是先花后报，以为做事情總得要花錢，反正我没有贪腐色，这种精神是不对的，我们要坚持这个制度。

G.節餘经费和截旷分别处理，節餘经费可留存各机关截旷要按月解庫。

H.行署办事处和边委会的财政关係

i）行署办事处要代边委会負责管理所属各署県局之收支，並催收催解，关於财政方面的数字，在这个条件之下，各署県局收入各种欵项，均应按月解送各分金庫，將解欵副收据报送行署或办事处，再由行署或办事处備具解欵書連同收據彙解边委会，这就需要各署県局將每月各种收入填造月报表，送行署或办事处審核后再彙總列表报告边委会。这样可以使边委会了解並掌握全边区的财政数字。

ii）行署办事处对边委会的收入，不能留支。

iii）行署办事处未经批准不能征收任何錢粮等，关於财政方面的单行法規如果和边委会所頒佈的法規有抵触者需经过边委会批准。

iv）关於預决算方面，行署办事处所属各署県由行署或办事处根据規定原則審核批准彙报边委会，行署办事处的預决算由边委会批准，預算批准后分月預計算完全由行署或办事处批准，边委会提前发三個月的经费，每三月彙报边委会

60

63

一次，关於渠预備费的開支，在预标範围内，行署或办事处有批准权。

V）关於民国二十九年以前各署県收支款項，应逐漸清理，全部総结清楚彙报边委会。

Vi）关於行署办事处与边区銀行的关係，我們主張各有其行政系統，可以有領導关係，主要的是政治領導，关於銀行制度話分行要服从総行的指揮，行署办事处為了解銀行的情形，分行可定期向行署或办事处做彙报。

Ⅰ. 这里所没有談到的問題仍照用第一次高干会議的決定。

（財务行政法規的修正集已印发，請参看）

乙、当前与財政有关的几個具体問題

1. 关於教育經费問題

A、关於中学經费 有些中学感到边委会发少不痛快，此地要特别指正，有些地方高小招不到学生，因為住高小的人都住了中学，因為中学是公费，我們曾指正中学要正規化，一定要招收高小畢业的学生，没有高小生，抓紧培养高小学生，因此，中学增加班次的前提要看当地有无高小学生，关於这些問題，在校長会議上解决，中学逐漸的基本上要变為自费。

B、关於設立高小的前提首先看小学畢业生有多少，第二看教员是否有，第三还要看財政力量能不能达到，一般的確定県高小由県統一計劃開支，实際上就是由边区開支，增設高小要拟計劃，經过边委会批准。

C、中心小学，两級小学，原則上由村款開支暫不統一，已統一的跟它統一，因為这是一筆大的開支，統一起来没办法。

2. 关於优抗問題

61

A、自优抗条例修正公佈之后，正在与统累税工作配合进行，不过有些原则问题还值得研究，如中反映，纳税人口，我们争取到百分之八十，下餘百分之二十不会恰々都是抗属，结果要不到优待的就佔已往的十分之九。过去免税点合24市斗谷，现在成为18市斗，抗属在免税点以下的就更少，关于这个问题要找材料研究，原则上，优待要把人数放宽一些，但不能太宽（因为抗战是长期的发展下去最大部份的人家，都可能成为抗属）

B、关于这個工作，还是一個很费力的工作，需要很好的教育說服，在这次調查工作之后，要很好總结。

C、关于优抗属费用及粮食，决定仍由村统筹，以后（最早是明年的事）試驗提高到县，在今天並不知道需要多少粮，因此，在公粮中不能征收这一部份，已经由县统筹的，必须要标出数字报告批准，在分配统累税时把这部份加进去，仍由县统筹。

3、关于交通站的经费问题

A、关于交通站过去的经费应清理，过去各地搞交通站，没有备过案，边委会乃至各署县都不知道。过去那些区有交通站？設过几个？收支过多少钱？怎样收支的？都要清理，如何解决，等清理后来看情形决定，新公佈的抗战勤务动员办法从五月十五日起就要执行，要有新的交通站，这与过去不同，由各县預标，由边委会开支，至于如何設置、設置多少？下面談。

4、关于地方电話经费问题

A、县到区架設电話线，当然对工作上是[illegible]的，但不架設，也受不到很大的影响，要知不单是电話线的问题，还有电料及电話人员等问题，敌人破坏后，又是一笔开支，财政力量达不到，因此确定已经建立了的听其存在，没有建立的一律不設。

62

65

B.专署通县,原则上可以建立,根据以前的命令计划。

C.电线的问题,现在很贵一斤一元钱,自卫队割回来的也很贵,我们主张割回电线,给以奖励,每斤两三角钱,自卫队破坏电线是义务,交回电线是光荣,应该是奖励,而不是政府收买他的。这个问题,也附带改变一下。

5.关于抚恤费问题

A.残废军人抚恤问题,成了各县民政部门的一个苦恼问题,以前的抚恤办法有毛病,使残废军人只愿坐着吃,不愿意做事,以往残废军人抚恤费是一笔相当大的开支,因此从新改变了一下,改变的基本原则:

i)能回家的都回家,改为抚恤金制,分三等发钱,一等每年二百元,二等每年一百二十元,三等八十元,每年分四季发给。

ii)不能回家的在荣誉军人学校,统一管理,给以教育,采取一般学校的办法,仍用供给制,每月发零用费二元,每人每天小米一斤四两,菜金一角二分,每年单衣两套,棉衣一套,五年发一条被子。

iii)参加工作的,每人每月除本机关生活费外,发给六元。

iv)关于这个抚恤费要建立预决算制度,同家的,按期领款,根据现有人数,荣誉学校单独造预算。

B.关于自卫队的抚恤问题 第一次高干会议曾经讨论过办法,现在还没有公布,北中反映,在这个环境里,自卫队伤亡数字很大,照这个办法开支数字很大(我们也考虑过好久,未敢公布)北中主张原则上抚恤费由村款开支,抚恤要低一些,其他更具体的办法还没有,大家可以讨论。

6.各级政府各部门医药费问题

63

66

A、医药费，每人每月增到五角，按人数合计预算，是经常费之一种。（中学々生，高小，训练班等均不发。）

B、保健方面，专署，县可成立保健委员会，发保健费对于身体弱的，可予以补助，保健办法，参照军区的规定条件（如加工作年限，工作之重要次要都是条件）怎样划级？按年限是否妥当？一般的保健费每人每月发给三元至五元。

7、关于县财政的清理

A.各县上年度征收了多少？开支了多少？盈余或不足多少？借了多少？关于这些数字的统计要求真实，它关系到今年补助多少？上年以前的虚空原则上要把田赋尽量清理，公营事业与公产亦尽量全面整理，这样是否能补充起来，不行的话，由边委会补助，不分边区县地方，全面加以清理，去年借了多少，借款要归还。

B、有些县份已经统筹的优抗费教育费，当统一累进税分配下去的时候，把这一笔附加进去征收，如果统筹以后的，是以公产收入公营事业收入开支，分配时就不要增加，加是加那不足的部份。

C、去年以前决算的数字，没有报的要补报。

D、关于没收汉奸财产逃亡地主□□的收入，罚款都要报告。

E、关于今年预算的改造问题

ⅰ）基干队自五月一日起，归军区领导，完全由军区统一预算，五月一日以后的这项预算应删去。

ⅱ）因划区关系，区数减少，按新区数字改算。

ⅲ）增加医药费。

67

Ⅳ）把过去公杂费临时费项目改变一下，过去临时费大部份提到经常项目之下，各项数字怎样规定，可以考虑，原则上经常费与临时费合计不能超过已往的数目。

Ⅴ）根据结预决算的经验，制出一些应用的对数表，一查就可以，省许多计算的手续。

F、县财政清理，专署对县财政方面的日常工作应加强领导。

丙、粮食行政

1. 制度、

A、掌握数字，以往粮食分配数字清楚，一般征收数字，到发粮票数字，总结数字是差得太远，今后粮食行政还得大大的加强，四个数要尽量合了口，要求平。

B、关于储存支付的问题，耗损相当大，非常值得注意。（征收时粮是湿的，征存以后，一天一天的乾，也是耗损很重要的原因。）

C、关于调度的问题，第一次高干会议决定游击区与巩固区调度粮食，执行得不好，今年要提前调度，征收时即应考虑到，免得太忙时，影响了其他工作。

D. 粮票问题，今天粮票已经发现很多缺点，首先是印刷困难，我们的印刷局规模很大，但印三个月的粮票就需要花二十天的工夫，而且纸张消耗亦相当大，有些地方不拿票可以取粮，已经失掉粮票的作用，其次一张一张数起来也很困难，这个制度需要改，有人主张用支票，或支付命令，但都感到不够成熟，应考虑，拟出办法。

2. 定量方面的问题

65

36 68

A、每人吃粮数量重新規定之后，有些人是减少了，残廢軍人减到一斤四两，説不够吃，警卫隊学生都是一斤四两，是够吃的，軍区直屬隊是一斤四两，供給部工作人員一斤四两都没有问题，残废軍人不够吃，问题是过去要换好的吃，根據各方面的材料，定量是够吃的，需要很好的解释。

B、反对浪费，要使同志们都了解到，為抗战建国的事业負責任，為坚持根據地負责任，（我们听到某個地方以五斗米换了一口猪，米是那里来的？一方面喊不够吃，一方面浪费）消除浪费还很重要。

C、客飯问题，一般規定出差均自帶給养，但难免還有開客飯的，关於県政府預系多少粮食，县预备的数字已有規定，已往，过往客人都有粮票，没有什么困难，餘下粮食，仍应繳回来。

3、对粮食局領导问题　粮食局是政府的粮食专管部门，是政府的一個組成部份，就與各級政府的各科一样，不过他本身有上下级的系统，各級政府依然应加强对粮食局的領导，帮助計劃了解粮食局的工作，但也不应該削弱他的積極性机动性使工作受到影响，大的原则確定之后，要大胆的交給粮食局办理，关於粮食調度運輸保管，粮食局有全权，各県区要克服本位主义。

66

67

（六）关於抗战勤务与运输问题

甲.有力出力与节省人力畜力

1.边区抗战勤务动员办法是比较科学的办法，是三年半来党政军民努力的结晶之一。

A.有力出力与节省人力畜力必须统一起来，有力出力反对雇佣观念，反对浪费人力畜力，这是办法的基本精神。

B.边区经济是散漫的，战争是频繁的，不能有很科学的办法。

C.胜利的解决抗战勤务问题，会促进运输事业社会化。

抗战勤务大大减少不甚不平衡的现象，还存在着人力畜力的使用上，还有许多浪费

2.自去年以来关于抗战勤务动员办法的实行，一方面是依靠党政军民领导上抓紧，一方面对广大人民不断教育。

A.有人说抗战勤务问题非常严重；我们说不平衡是事实，问题已并不严重。据考查四专区运输最繁忙的县、每自卫人服抗战勤务多到二十二天，与此相联接的一些县上还不到一天，二十多天的只是个别的突出的县，严重不在线，更不在面，是在点，只是某些不平衡的问题，不是全面的严重问题。

B.浪费是事实，根据武乡县考查，第一有许多不合规定的运输（县县有用担架抬猪的，运酒柴菜盐皮毛巾牙膏等用品的，现在仍有）第二，不合勤务范围的勤务也不少（如推碾推磨，砍柴喂马挑水修炕，帮会搭棚，赶集驮运东西，过路军队剩余行李要区去等。）第三，不合规定的机关也动员，（如合作社军民饭馆，区公所群众团体等）第四，对於时间不能很好计算抓紧，（交通站候差，每站有六七人，有的失联差，运输的东西等不到，形成浪费，有的伤养好的伤病员，抬来抬去，仿效了都市里的作风，不是出诊，有的村

67

70

公所也设叫差的，信件零星东西的转送就不少，总之这些现象是存在着，并且相当厉害。

C. 因此，关于抗战勤务的整理建立一套新的办法就需要各方面抓紧，使各方面都有很好的理解，不要自私自利，使老百姓受到损失，反对本位主义思想，一律取消浪费。

乙. 抗战勤务工作中的几个具体问题。

1. 交通站的问题，第一次高干会议决定取消，现在又要建立普遍设立，这是武委会经过长期的考虑、有计划的设立，总的方面看是经济的，当然要靠了有计划。

A. 交通站的设置：

(1) 分甲乙丙三等，甲等设一个脱离生产的干部，给办公费，乙等不设脱离生产的干部，给办公费，丙等不设脱离生产干部也不给办公费。

(2) 甲等交通站，根据各地需要与不浪费的前提之下而设，四五两专区，甲等站以每专区不超过四十个为原则，一三两专区，甲等站，以每专区不超过三十个为原则，二六两专区，以不超过十五个为原则。

(3) 乙等交通站，补助办公费，由县计划，专署批准，数目以当地情形决定，丙等此地不规定。

(4) 交通站的开支，在甲等交通站除脱离生产干部的饭费外，要有办公费，以县为单位统一领取报销，甲等站办公费用煤油纸张等，一般的不超过三元至五元，乙等每月补充三元。

B. 交通站干部由武委会选派

C. 交通站重新布置，防止浪费（一般都不要叫差）

68

71

2.调剂配合与领导问题。

A.这是一个複杂的组织工作，首先要把人力畜力的册子造齐；第二要布置交通站；第三，把要抗战勤务之优办法教育广大人民，使大家熟悉这一套办法，例如承担的重量问题，不会过重，只大约估计）第四，各方面配合的问题主要是民队与管理抗战勤务机关配合的问题，把人力畜力时间都组织到一块。

B.运输队与自卫队交通站配合调济问题，运输队在繁忙的点线上，由粮食局领导；交通站是自卫队系统运输队的站与交通站怎样配合，那些点运输特别忙，什么时候调济，怎样使用这个力量？这些都需要很好的组织。

C.做鞋缝纫担架的调剂问题。

(1)做鞋勤务，过去有缺点，分配时一般不是根据有力出力而根据合理负担的原则，有的地方，一个月一个女人派十几双；按我们的鞋数和劳力，每个妇女一年做五六双鞋，即可解决问题，今天做鞋勤务，每双鞋顶五个工，但一个妇女每月只能分配一双鞋，事实上一双用不了五个工，这里扣一点材料，也不差什么。

(2)缝纫方面，必需在供给部被服厂所在地村，因此，关于缝纫要有一定的范围一般的不超过二十里，在这范围里，不要再摊派到其他勤务，把握住每人每日只能限五个工的原则，担任了缝纫做鞋勤务可以不分配，如做够五个工，还未缝完，供给机关要自己解决。

(3)关于担架是卫生机关所在地最忙，担架勤

69

务的浪费必需要克服。在担架勤务繁忙的地区，做鞋勤务可以不派，运输勤务也可以少派或不派。

(4)今天还有一些人不喜欢劳动，如有些绅士大学生不愿抬担架，运输，不必勉强，可分配做鞋的勤务，雇用人五个工也可以。

D.领导问題

(1)运输勤务由武委会负责，由政府指挥，不要妨碍到自卫队组织的独立性，

(2)做鞋勤务由妇救会负责，县区政府须给以最大帮助。

(3)做鞋担架运输三种勤务互相调济，各级政府在开始时，必须抓紧，找具体材料，很好研究。

3.縣交界的运输问題

A.抗战勤务动员办法上没有提到，但这是個必然会发生的问題，交通路不能越界指挥，因而要分段，而且我们的运输线，常常会有变动，马上找不出一個好办法

B.这個问題，希望各级政府，武委会从实事当中找寻解决办法，在再是上运输可能成为一個单独系统，目前要找过渡的办法。

4.这個工作开頭会碰到的困难

A抗战勤务证已开出去，五月十五日开始执行，有些机关必然就找政府要求动员，临时有的[illegible]抓瞎，因此要加紧准备，困难还有，因为大家都生疏。

B.过去支差，下级是被动的，临时想办法派差，今天要求主动的计划（人力畜力，各部门运输量，

73

距离，时间等。）可是这些材料都没有，会遇到困难。

两．代耕问题

1. 代耕已成为相当费功夫的一件事情，也相当麻烦，我们反对村干部也要老百姓代耕。

A. 有人主张把代耕规定成为抗战勤务，是不妥当的，代耕是政治上号动的工作。因此没有规定，不合理的代耕，必须取消，它本身是自动自愿替抗属工作，不带有行政强制的精神。

B. 在此次办法的规定，仍有村干部除过个别特殊经县批准的以外，都要服勤务，这个精神很好，过去村干部有找老百姓代耕的，今天要取消，因为这与资本主义思想是不可分的。（一个工换时俩值两天钱）

2. 关于代抗属耕耘的问题，此中提出一个办法，一般的在全边区可以用。

A. 享受代耕土地优待者，须有下列条件。

(1) 合于边区优待抗日军人家属暂行办法第十条之规定者。

(2) 抗属平均每人不及三個劳力（不除免税点）有土地而缺乏人力或畜力以及人力畜力全无者。

(甲) 有人力而无畜力者，予以畜力之协助。

(乙) 有畜力而无人力者，予以人力之协助。

(丙). 人力畜力俱缺者，予以人力畜力之协助。

B. 代耕以经营土地为限如拉粪，拉土，耕地，种地，锄地，收割打场等。

71

C. 凡十八岁至四十五岁之青年壮丁以及有户之牲畜均有代耕之义务，於代耕时，不得接受任何报酬。

D. 具有边区优待抗日军人家属暂行办法第十一条所列情事之一者停止代耕。

（以上办法，大家先搜集材料研究讨论）

丁. 保护牲畜

1. 牲畜是我们最重要的运输力量，同时也是最重要的生产力量。

A. 过去三年，边区牲口减少了很多，其主要原因是：

(1) 事变后敌人抢走了老百姓的很多牲口，大军退却时拉走了也不少，已往支差对养牲口的人，太吃亏，把牲口卖了。（现在听到政府雇骡子成立运输队，老百姓又愿意买骡子）

(2) 过去的两年，人民的生产情绪，赶不上现在高，对养牲口的兴趣不大；现在冀中区一个好骡子要一千元钱，去年这个时候，每头才不过二百元，这是好现象。

B. 我们奖励养牲口，抗战勤务动员办法中是贯彻了这一精神，从条文上可以看出来，每人每日服勤务不超过五日，有一个驴子一人三天就够了，一个骡子跟一个人两天半就够了，二套大车两天，三套大车一天半就够了，在办法公布后，会有大量牲口吸收进来，牲口多了，又会促进生产与运输。其次，规定能够使用牲口才派差（比如一个小驹，就不能派，牛也不能派差，因为他习惯上不驮东西。）这在执行上也是要注意的。

75

2.爱护我们的驮骡队

A.带领驮骡不容易

(1)带领驮骡要想很好的办法，要抓紧，要研究。（草料，饲养，鞍具，掌，病疫……）

(2)现在买的骡子将近两千头，这是很宝贵的力量，这里放了很多不费的，必须爱护，假如有损失，再找很不容易。

(3)在今天，边区各机关或多或少养一些驮骡，不过在使用方面有很大的浪费，一般的骡价是老百姓的四分之一；今天要把这些驮骡集中起来是不可能的；把运输组织好，对这批驮骡还可以抽一部份集中起来。

戊.开展运输业是活跃市场的重要条件

1.开展人民运输事业

A.过去的教训很明显，只靠行政力量解决不了运输问题。（如运粮工作，只要搞过的，没有一个不说苦的）

B.教育干部，不要怕养牲口的人赚钱，要利用一切可能利用的力量促进运输之开展（如利用游击区的人）。

C.行政上对开展运输事业随时注意，予人民以最大的帮助，对于妨碍运输事业的人，必须予以干涉。

2.必要的修路

A.比较平坦的地区，可修大车路，小车路，敌人汽车坦克车跑不进来就行，对内部的破路应很好修

73

查，必要的加以修理。

B. 开展运输工具，把大车及手推小车的使用范围扩大。

3. 开展运输时，活跃市场对于生产有刺激作用，对于物价能起很大的调济作用。

七、继续开展反浪费斗争

甲. 人力物力财力的正当使用，是建设根据地的重要问题，是一个经常工作，不是消极的暂时的，要从积极方面去了解。

1. 那个人都有惰性（如组织编制缩小，过一个时期又扩展了）因此，关于反浪费斗争是经常的。

2. 关于浪费的问题，要从全边区整个生产关系生产事业来了解，一个小的浪费，看起来没有什么，但成了全边区的话，就很严重，这在劳力方面看得更明显。

乙. 在政权部门中几个具体反浪费的问题。

1. 纸张问题 浪费纸张很严重，这与文牍主义是关联着的，区公所里也摆着一架油印机，事实上用不着，如果一个文件需要份数多的话，县政府可以多印几份发下去，因此决定把区公所的油印机一律取消，有的可以集中到县，有的可以分配到学校，不要印刷空洞的缺乏内容的东西，印刷品印刷以前要经过審查，要有保证。

2. 煤油问题 煤油入口的数量很大，浪费也很多，（就拿洪子店一个村说，去年冬学一共二十八个班，就点廿几盏灯，仅燃油费就花钱不少）减少灯头，节省煤油，我们要普遍的注意。

3. 开会送礼送幛子一律不要（当然特别隆重的有意义的会是可以的。）过年也有送拜年片的，这也应该取消，开会绝不铺张，各级政府召开会议，一律不准招待开支。

4. 浪费时间，越到下级越严重，不能很好的做到"不误农时"浪费的情形相当多（有人曾经看到在县、一个村办理合作社，对时间估计的不够，老百姓上一个钟头的课，前后要花三个钟头，结果会使老百姓不高兴。）祁林院进行村选就选了一天，主要的是排了队，耽误时间很大）我们要在一定的时间做了最多的事情，反对浪费时间，特别是老百姓的时间。

5. 爱惜公款，要和爱惜根据地一样，"反正为了做事多花钱也没有什么"的想法是不对的

78

第三部分 当前政权建設的重要问题

一.村政权建設

甲.一切工作在於村,一切複杂的问题,都发生於村,村政权是政权的细胞组织.

1."政治是经済的集中表现",不过政治又但大影响於经済,在鄉村裏发生的每一個问题,都是複杂的生産关系的反映.

2.一切政策法令到村要完全具体化.

3.我们要建設一個革命的三民主义新中国,新中国的建設要從村建設起?從村政权的不断的建設中可以看到新中国的雛形,建設村政权是一個長久的过程.

乙,当前村政权的一般情形.

1我们的村政权,已经有过三次或四次(北嶽区已经四次)的选举.在巩固區或進步地区的村政权基本上已经改造了,這是三年以来政权建設的最大的成績.

2.今年的村选中有許多缺点,主要的原因是許多同志以為村选已经進行过三次,当作是通常的工作,当然也因為其他工作分散了時间与力量,没有將过去村选中的经驗教訓,很好的有計劃的普遍的運用到今年的村选中来.

3.村代表会的作用,一般的很差,村代表对公民小组及每個公民应負責任,怎样把公民的意見帶到代

79

表会，怎样把代表会的决議传达到公民，还没有建立起制度。向主任代表制，一般的还很生疏；村公所輪流值日制，建立起来的比較是少數；已经建立起值日制的，健全也很还差。村公所各委員会的工作，大体講，財政委員会，粮秣委員会最忙，其他委員会一般的没有什么工作。

4. 统一战线的民主政权，基础要看村政权，我们的村政权，有些地区，还在地主豪绅地痞流氓手裡把持着，有些地区的村政权，依然还是拿钱僱村長村警村书記，有的地区的人民，不願意当村長，逃避当村長，也有的地区村政权，没有很好的吸收各方面的進步人士，成为一切抗日阶層联合專政的政权。

5. 今年編行政村时，有些地区，人民了解为过去编村的恢復，了解为小村編成大村，大村欺負小村，編行政村对区村幹部教育不够，区村幹部对此了解得差。

6. 村政权工作制度，领導制度，所建立了的，是刚刚開始，最大部分还没有建立，村政权工作还很紛乱。

丙. 经过三次或四次村选，我们得到的經驗教訓，没有很好的总結回来，在公民小组的組织問題上，有的地區是按照年岁大小组织，有的顧到最好按户口组织，有的按团体会員组织，究竟怎样组织，应根据实际材料，再作研究；公民小组從15人到45人，有人說对民主精神不很合适，究竟怎样编好，值得研究，

—77

80

自然村编行政村后，村子大了，人数怎样编组应根据具体情况研究。

2. 村公所产生问题，现在村公所村长副、各委员会主任，都是由代表会产生，不是由村民大会产生，有人提出村公所应该（或更好些）是直接选举，不应间接选举，究竟怎样选举好，需要根据实际材料研究。

3. 村公所所设各委员会，有人提出，民政调解委员会不需要，究竟那些可以、要可以不要，那些需要增加，各个委员会做什么与怎样做工作，都需要根据具体情况来研究，使政策法令在村完全实现，对这些问题的研究，以往做得很少。

4. 划闾的问题，是今年村选中的新问题，有的选举代表前划闾，有的选举代表后划闾，有的在村民大会上选代表，有的选出代表后开村民大会，究竟那个好？闾代表与村公所，与代表会的关系，村务会议的决定与代表会的决定，怎样使人民知道，用什么方法使工作加强，这是要很好的研究的。

5. 关于工作制度问题，村民代表会应该怎样工作，各个委员会应该怎样工作，互相关系怎样，村中政民联席会有无必要，如必要时，如何正常的建立，不必要时怎样停止，村政权本身怎样产生，作什么工作，增加的森林委员会做什么工作，与财政委员会的分工关系怎样，这些问题的实际材料在总结中，都很缺乏，这也是要研究的。

81

丁、深入檢查村政权.

1.檢查组织与檢查工作不能分离,在檢查工作中檢查健全组织,檢查组织,整理组织,要抓住一两個中心工作進行,没有健全的组织,工作是不会做好的,同時也不会有不做工作的健全组织.檢查村政权要与各方面的工作联系起来,过去政府工作对于动員性質(人力,物力,財力的动員)的工作抓得紧,其他工作抓得鬆(如租息、劳資关係等)中心工作有督促,日常工作一般忽視,進行各項工作注意多,健全组织注意少,这是要在檢查村政权中必須严重注意,並找有效办法糾正的..

79

82

2.检查村政权，必须联系到检查区公所，对于村的领导，区公所对于村公所的领导，对于代表会的领导，区公所部门工作对村部门工作怎样建立领导关系，这是建设村政权中急待研究解决的问题。

3.在今年统一累进税工作告一段落，普遍展开村政权的检查，检查到有不能担负任务者可以进行改组，深入了解具体情况，切实健全村政权。

二、一般问题

甲、部门工作的建设。

1.县区政府的部门工作建设，一般的都很差，要有计划的建设部门工作，根据三年来的经验，逐渐整理部门工作的成文条例已有可能（当然是必要的），希望各署县研究并提供材料。

防止部门工作（由自上而下的组织系统的）与同级领导的脱节。

2.以往中心工作布置的多，影响了日常工作，中心工作和日常工作有机的配合十分重要。这是今后要研究解决的一个问题。

乙、领导上的问题。

1.加强领导工作的研究性，深入检查，组织具体材料，提到理论原则的水平。今天在县级，研究分析具体材料与学习理论联系起来还很差（区就更差了），关于民意机关如何做工作，做什么工作，与政府的具体关系应该怎

80

83

样，这还是一个新问题，值得深刻研究。

2. 掌握政策，加强干部教育。（县区级干部了解政策太差）要有计划的对县区干部在政策方面进行教育，提高干部的组织能力，克服事务主义也是十分重要的。

3. 克服本位主义，本位主义在区在县在专署都存在着。

4. 克服工作的不平衡现象，对落后区游击区的工作要专门研究，组织工作团突击检查。

5. 领导特别抓紧区，健全公所，健全区干部，是健全村政权很重要的条件，提高区干部的质量对工作深入有决定意义。

6. 关于干部调动，需要上一级政府批准，干部尽可能做到比较固定，调动频繁，干部对工作生疏，工作就会受到很大的影响。

7. 工作环境困难的地区，干部牺牲的很多，这显示着我们的干部勇敢积极，对民族对革命有无限的忠诚，我们表示无限敬爱与悲痛，不过有些干部牺牲是因为冒险主义（像寿阳、定襄、新乐的例子）"知己知彼，百战百胜"要勇敢但不要轻敌，不准大家着重这一点，要多加教育，保存干部是很重要的。

8. 要使县区干部，学习政治家的风度，要大方全面有远见，克服狭隘的作风。

第四部分 关于七、八、九三个月的工作。

81

84
45

一、統一累進税完成時間

甲、北中六月底可以征收完畢(除秋收后的公粮征收)

路西各专個区,七月底都能征收完畢。

平西調查較晚約在七月半可調查完畢。

乙、統一累進税工作結束期不一,因此在這三月中不單独佈置其他工作,在這三個月中要檢查與健全各項工作,以健全村政权、村財政為中心(在北中平西編村划界村选,沒有進行的,要在這一時期中進行)在整理組織工作过程中要以其他工作(如檢查小学教育、減租減息、拡兵等)配合進行。

二、此次会議討論的工作,除財政經部分,当前要進行的決定之后传达進行外,有些是要在檢查七、八、九三個月的工作中才能進行,一下子做不了這样多。

——全报告完——

82

勘誤表

頁数	行数	誤	正
1	5	王	主
1	14	封鎖	封鎖
3	2	执行也	执行上也
3	17	事工叶叶或	事工叶或
4	24	+2元	卜2元
5	7	每两月	每两個月
6	5	事实一西	事実的一面
9	19	地,如再	地,如再
14	11	纠	纠
17	3	分的的负	分的负
18	5	轻,県区	輕各県区
21	17	代表	代收
23	2	食比	食比
23	15	一般太报告	一般应报告
25	9	或都	或者
25	21	边区治政	边区政治
25	21	影响角边区	影响於边区
26	3	严格制度	严格的制度
26	4	如果把	如能把
27	25	認提高	認識提高
32	11	分開注賬	分開註賬
34	9	增加,柴菜金	增加柴菜金

86

46

頁数	行数	誤	正
34	21	講語造	講話造
35	17	沒這個	沒有這個
37	19	因可以	因此可以
41	13	猪鬃、羊、	猪鬃，羊、
42	7	有○困难	有了困难
42	12	估為鈔	貼為鈔
42	13	不等、×水貼	不等，徐水貼
42	17	此游	北游
44	4	还在相競争	还互相競
44	5	利是很大的	利是很大很大的
45	4	横向	横向
46	7	牌坊	牌坊
46	18	沿站	沿站
47	2	一日一次	一月一次
47	7	東西比小販貴	東西都比小販貴
47	16	(4)排济	(4)排挤
48	23	已經管	已往管
50	6	市坊，尋	市坊）尋
51	24	期对	期、会对
57	13	警覺性	警覺性
58	17	批准	边区批准
58	24	手据	收据
58	25	等机关	某机关

2

47 87

頁数	行数	誤	正
67	1	(六)	六
67	19	等用品	等日用品
[illegible]7	24	修养所	休养所
[illegible]8	1	就不	仍然不
68	23	補充	補助
71	4	百性	百姓
72	1	之春年	之青年
[illegible]2	6	性畜	牲畜
72	10	很多性口	很多牲口
[illegible]3	6	这里花了很多不	這是花了很多錢
[illegible]4	11	期子开	期又发
[illegible]6	9	一均	一切
76	17	三年以来	三年半以来
77	2	生疏	生疏
78	4	都是有	都是由
78	8	各委員会	各個委員会
78	20	至於关	互相关
79	11	効	效
8[illegible]	11	经部	经济部

3

灵丘县政府关于贯彻简政改进领导肃清官僚主义传达提纲

（1943年9月4日印）

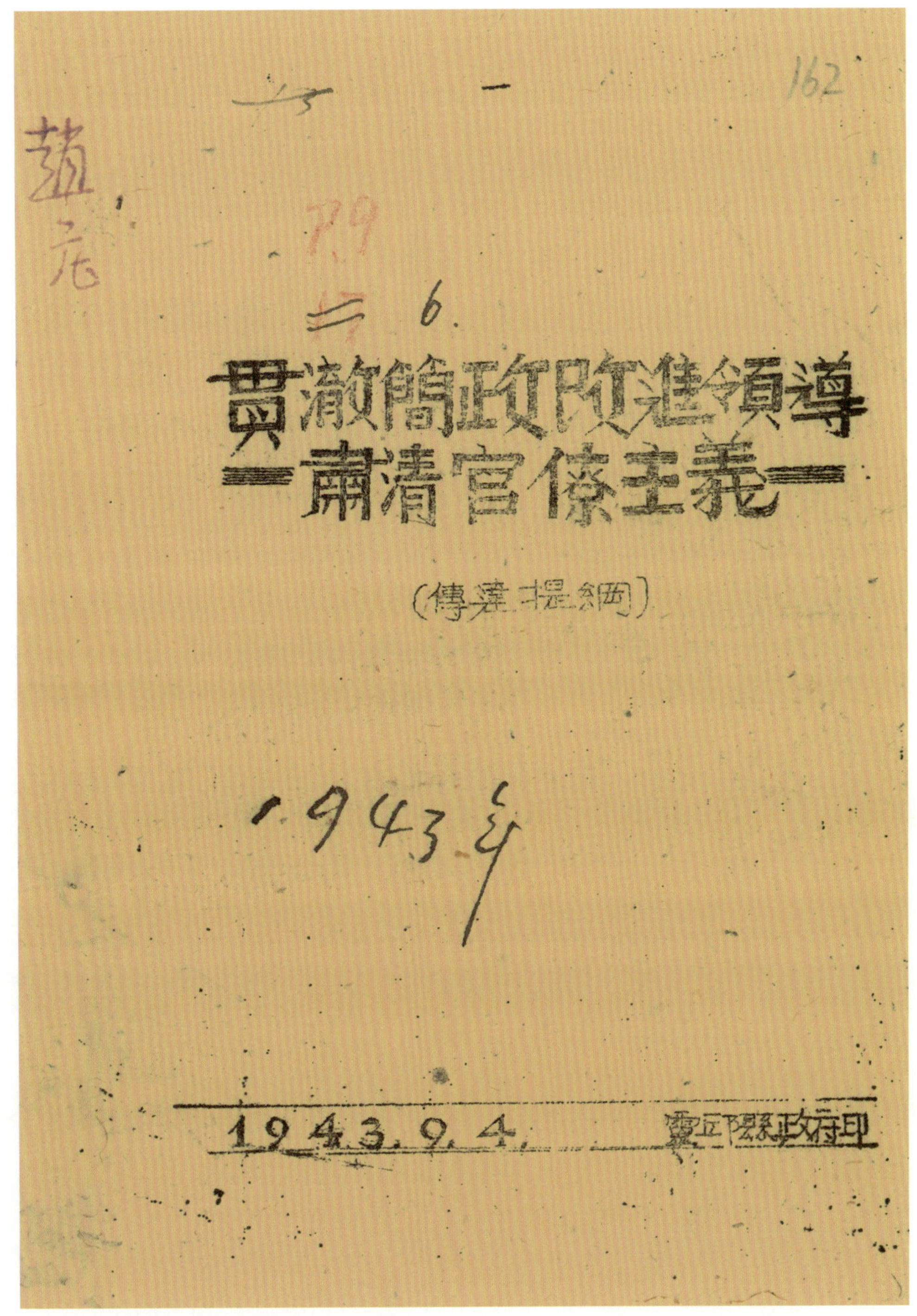

一

二 6.

贯澈简政改进领导

——肃清官僚主义——

（传达提纲）

1943年

1943.9.4. 灵丘县政府印

163

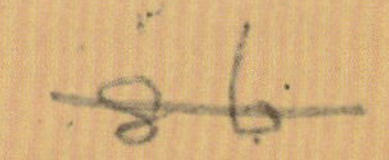

目錄

貫徹簡政改進領導肅清官僚主義

I. 貫徹整風精神，澈底進行反省檢查開展反不良傾向的鬭爭

（一）幾年來边区抗日民主政权的建設是有着伟大的成就，特别在民主建設与经济建設与改善人民生活等工作上更有輝煌的成績。边区第一届参議会的胜利召開，使边区民主政治建設又進了一個新的階段——民主制度臻於完整，边区各階层人民更進一步团結，人民抗日与生产情緒更加提高，改善人民生活更進一步的提起各级政府的注意。本县五年的建政中也曾收到很大的成就，粉碎了敌人的历次扫荡与蚕食，以及以白寿沂为首的顽固派進行分裂的陰謀，胜利的渡过了一九四零年空前严重的灾荒，而從去年的統累税征收以至今年整理后，開闢着游击区的工作，巩固了各级組织，特别是發揮着村级組织的作用，貫彻着統一战线的各种的政策，巩固了各階層的团結，提高了人民斗争与生产的情緒，開展了群众游击战争与爆炸運動；這都說明了根据地的建設是更加巩固了。但是我們的工作不是没有缺点的，為了改進我們的領導，使今后工作得到更大的成就，就不能不着重指出缺点並澈底進行反省檢查，以『懲前毖后』『治病救人』。

官僚主义作風在政权部门曾長期的存在与發展，成為目前政权工作的主要傾向，（也是主观主义的主要表現形式）；甚至直到今天在個别地区与部门还佔統治地位。其次，自由主义与宗派主义在政权部门也嚴重的存在着。

165

一、官僚主义的实质就是脱离群众。怎样才叫脱离群众呢？过去我们的了解一般的比较简单。有些人或机关高高在上，不愿与下级和群众接近，对人民痛苦漠不关心，在工作中不说服解释，对群众强迫命令，甚至有的把老百姓看作天生的奴隶脑袋，不打骂不压迫不行，这是显而易见的直接脱离群众的官僚主义。另外有些人或机关表面上看起来好像没有脱离群众，每天工作很忙碌，在会议上文件中也许把"关心群众"喊得很高，但是实际上他们有的为了一些日常琐事而忙，办事都处于被动应付，事不分大小轻重缓急，花费同样的精力与时间，很少思考研究。有些会议也完全是一种形式，事前没有准备，到了开会的时候大家坐倒谈东，坐倒谈西，而会后则毫无结果。有的为形式的公事而忙，好表面铺张，摆空架子，无益的"正规化"，不问实际情况如何，终日忙于订计划，发指示，做决定，作各种表格；（某县仅村政一种表就要村填报三百四十多种数字）计划订得多，应有尽有，企图面面俱到，但结果往往一事无成，拖拖拉拉，领导上缺乏检查，形成自流；有些指示决议的规定，还不是根据群众的需要与实际可能而发，或不能认真去组织实现；对于上级只求报告的好看，不管实际工作，对于下级的检查是只看报告，不问实际情形；关在"衙门"里凭空估计，或向下级逼要不能调查统计的数字，下边干部也就不得不应付"差事"，制造数字，结果这种数字，不但不能说明与解决问题，反而害人误事；公事来了照抄照转，每天在文件里兜圈子。只知给下级布置工作，交付任务，到时候只要这要那，可是对下边或老百姓的问题，则漠不关心，不给解决。至于如何深入研究并组织与人民切身利益有关的各种政策的实现，如何选择典型进行调查研究，了解具体情况；许多领导中的重大问题，反而没有进行，结果许多指示决定往往失于主观，

不少政策法令不能貫徹执行。像这种事务主义文牍主义平均主义形式主义的工作作風更是很有害的被外表忙碌所掩蓋着的脱离群众的官僚主义。

二.在調查研究掌握政策方面：

1.缺乏有系統的調查研究，統累稅調查虽然有系統但研究是很不夠；工作中許多宝貴的經驗未能很好研究與吸收。对区村情况只有比較模糊的一些概况與印像，或了解一些瑣碎的現像，缺乏典型的深入調查與研究。而对游击区情況的了解就更差了，因之工作中还存在相当严重的主观主义的毛病。由於对情况了解不夠，所以及時适当解决工作中所发生的問題具体帮助下级很差；特别对游击区工作，經常注意了解不断变化的情況及時提出工作方向與办法，做的更差。(特别是縣)

2.有不少干部对法令重視的不夠，走馬观花，隨便看看，甚至有的"連看也不看"，便丢在一边，一直没有人理，不討論不研究，更談不上具体执行。有的法令区長看到了，有关部门的助理看不到；有的助理員看到了区長看不到，公文保管的制度不健全也影响干部对法令的了解。有些問題法令上已有明文規定，自己却找不到解决的办法，甚至有時处理問題違背法令。至於不能很好的掌握法令的精神與实质还是相当普遍的現象。片面的純統一战线观点，不了解广大群众不發动起来即無所謂統一战线的可言，不是從正确的掌握法令的精神出發的"照顧各阶层利益"的錯誤观点，机械的片面的了解法令的某些条文，如法令上規定了租佃契約的自由，但也規定了保障农民的土地使用权，發生纠纷还可以從照顧地主农民双方的生活進行仲裁調解。政权干部由於对劳苦群众的生活接觸與体驗的少，听到上層的

167

反映多，有時处理某些问题失之过左，这是值得注意的。

政府对武装斗争、除奸政策、游击区政权建設、反敌伪勒索、农業生產的研究很差。

3.关系群众切身利益的政策法令，貫彻执行的还很不够。例如在土地租佃方面，根据整理组织時的调查材料，四五区五十個村中，即有一百七十户根本未实行减租，伴种地大部对半分粮，不减租；有的租佃地因原租额过高，虽已二五减过，但仍高於三七五；在換约工作中，县将契约發到区，区有的發到村，租佃双方自填，有的租额不是三七五者，也添足三七五，其他还有不少问题急待予以解决。其次在婚姻政策方面，根据六十六個村的材料统计（恐还不只这樣数字），买卖婚姻四十件，童养媳四十三個，早婚廿几对，媳妇受虐待者十七個，溺婴十七個，结婚不登记是普遍的现象。优抗工作根本没有按照規定經常的進行，形成年節送一次礼算完事，每逢扩兵補軍，便向群众宣傳优抗，群众不相信，影响很不好。在劳动政策上，伙食物工资多未执行。

三、工作上的集体领导，坚强得还不够：

1.集体领导的制度不健全，就容易造成组织领导上的散漫性；手工业式的领导方式，好像管家婆似的，一天忙到晚，都是琐琐碎碎。不了解通过会议领导是集体领导主要方式之一，会议不能定期召開，事前缺乏充分準備，臨時商量一些琐碎的事情，报告多，讨論少，内容不够充实。工作佈置多，檢查少，具体帮助少。报告總结不够深入，缺乏实际内容。一般的經常工作没有什麼計划，来一件处理一件。

二 2.对统一元化的领导認识执行的不够。统一领导不是统一管轄处处都管，也不是乾脆不管；统一领导

168

不是统筹干部。一元化不能经过组织机构的领导，一元化是统一政策，齐一步调在一个指导方针或计划之下执行统一的任务。表现在工作上的缺点是对县委公安机构（税局）的缺乏领导，缺乏对这些重要部门工作的研究。

3.部门工作，机关内部工作不健全，为了去完成中心工作，干部完成"完成"中心工作来了几个干部全部下乡，家里连看门的人也没有。区里提出问题不能及时的答复，甚至三番五次的催问也得不到反响。在部门工作上对经济建设工作（农业生产）的注意很差，有的区长熟悉哪一部门的工作或对哪一部门有兴趣则对哪一部门帮助多，反之则注意很少。

4.对边沿区工作缺乏领导（或领导不够）近半年来边沿区工作虽有很大的成绩，但县政府对加强边沿区工作的重视上，情况的了解与研究上是十分不够的。县级干部很少到边沿区去，区干部下乡也多是搞动员工作，伸手向老百姓要东西（动员财粮）多于领导群众对敌斗争（改造与整顿村政权反动派）。

5.地区分工与部门分工（主要在区）的矛盾还没有在双方兼顾的要求下求得统一。有的干部常在一个地区或长期在乡，去下部门工作无人负责；而干部到区村工作直接代替了，没有通过组织领导与督促检查村级组织与干部的作用，还没有得到应有的发挥，组织在某有了进步，干部对各项工作的注意与了解差。同时下乡没有很好的计划（具体的规定工作任务），回来也很少汇报与检查，形成领导上的自流现象，以致干部下乡虽然发现与解决的问题都不一定多，忙忙碌碌，不深入，而工作不深入，官僚主义。　三

（四）文牍主义与事务主义方面：本县文牍主义不太多，但对

文件的保管注意很不够。有些带着文件到各村开会活动，不知丢到那里去了。战时不得不坚壁，一时找不回来，等到需要找根据时就碰到困难。有时某些问题虽已有明文规定，但不得不再请示上级，结果费时误事，影响工作效率。上级对下级的工作时间缺乏有计划的考虑，往往干部已下乡，或正在突击某种工作时又临时提出新的任务（不一定都是紧急的），结果使下级感到某些困难。对日常事务工作的组织研究很差，缺乏主动的解决问题，每天到区里打官司的事情或来请示的都很多，形成区公所赶集，感到应付不暇，有些事情就不得不简单处理，能过的去就算了，对机关内部的事务工作多半管理的不够好，影响工作与干部情绪，甚至影响团结。

五、对干部的掌握与干部的不良作风：

1.对干部缺乏有系统的了解与经常的教育，不能及时纠正干部的缺点，调动频繁（提拔少），对干部各方面的关心很不够。

对村干部的地位和作用認識不够。他们不脱离生产，因公废私，为了工作坚苦奋斗，甚至不惜牺牲自己，他们是最值得钦佩的。他们是一個伟大的革命力量，没有他们各种政策法令是无法实现的，没有他们根据地的建设与坚持也是不可想像的。但是我们对村干部往往只看到他们的缺点（如强调他们不积极、对我们的工作不满意等），对他们的教育帮助他们进步以及了解解决他们的困难注意得更差，甚至不尊重他们，好像当作自己的差役使唤自己（恐怕还有个别打骂村干部的），没有以平等的态度去对待他们。这是一個很大的毛病。

2.干部不良作风的表现：

(1)宗派主义：有的同志对不同意见的同志表现在不

若公安部门）或者表面上还好，但实际彼此的互相关心，互相尊重，互相帮助，互相学习，互相联系的精神都不够（总务部门）为因吃饭用东西一类的小事情，争吵不休，影响团结，彼此都对自己的检查，对别人的批评接受人严格自责，在对群众工作的路线上表现不够，不主动找团结，对待党外人士争论问题，甚至轻视团体工作，但对政民关系搞得不协调，处理问题意见不一致，双方互相推翻，三番五次的不能做最后决定，互相降低在群众中的威信，影响很坏。在团结党外人士上表现得欠缺些，待人接物上夸张，对上级干部的尊重不够，缺乏革命友爱热情（如有事县某科长由县骑病回抬到×区时，恰遇严冬，区公所用空担架送回，路途受寒，致病加重，最近×区某区政助理员因病抬到×区所在地，我区公所不理，没办法把病员放到村公所的土炕上过了一夜）二专署县太专署实署去各县的干部，均不愿到区公所。

（四）自由主义：尊重组织的精神差，组织性纪律性差，不讲究政策法令，不看上级指示甚至不理，工作态度不严肃，拖拖拉拉，老大油腻，漫不在乎，执行任务不坚决。对上级不尊重，态度傲慢，任意对别人批评，作过失的指摘，不按行政组织提意见。有一位同志为住房的事情写信指责×科长：你老先生不要太主观了！有的助理在村干部或群众面前，背后乱批评区长，区长批评助理；但在正面对原则问题应该进行批评的，却放任不管，情面观点害怕把关系搞坏，不能正确的运用自我批评，有的同志不择言语，不管在什么时间地点，好随便乱说，反认为自己是心地直爽，（9）有个别干部情绪低落，丢下工作脱离岗位，假期回家一去不想回来，这都是自由主义的表现。 四

（三）官僚主义看气：部份干部强调群众落后（被

×××统治惯了，好像非统治不可）村干部不起作用，不知道提高群众与干部的积极性，需要经过艰苦的发动与团结教育的过程，忽略了积极发动与教育群众，工作中不耐心的做教育动员说服解释工作，单纯行政方式，甚至强迫命令。个别干部下乡工作，总是向老百姓要好东西吃，吃饭不给老百姓粮票，用公粮票换东西，不按法定手续随便处理没收的物品，违背财政经济制度。

以上的缺点与倾向是在进步中产生的，它不能掩盖或否认我们工作中的优点与伟大的成就，只是为了改进我们的领导与作风，偏重于对过去缺点的坦白赤诚的揭发。是对事而不是对人，不要集中注意力去寻找谁是官僚主义者，因为在我们边区政权系统中典型的官僚主义者是不多见的，主要从每个部门每个同志的工作中，肃清官僚主义的残余思想，改进作风与方式方法。

（二）领导上缺点与倾向产生的根源：

一、官僚主义产生的思想根源是由于对民主政治的认识的不够明确，对政权与群众的关系这些基本问题在思想上还很模糊。不了解今天边区的政权与旧日的政权基本的区别是：他已经不是少数人压迫多数人的统治机关，而是一切抗日阶级阶层的人民意志与力量集中的体现，各级政府是为这些人民服务的办事机关，工作人员是人民的公仆，"人民为主人"，一切须依靠广大人民，群众力量是伟大的，离开了群众就一无所有。因之，仍自觉不自觉的把政府与人民的关系形成统治者与被统治者的关系，政府机关或政权干部不是站在人民之中，而是站在人民头上发号施令。官僚主义者自以为是老百姓的老子，（父母官）老子可以随便打孩子，觉得自己是管人的，老百姓是挨管的，有些自觉不自觉的实质上成为老百姓的上司官儿们，虽然口头上喊着"依靠群众"，但打骂老百姓，压迫老百姓，怎能得到老百姓的擁護呢？不了解法令也是人民的法令，不是政府憑自己的願望制定出來的，只要領導的正確人民會自願的積極的執行的；所謂領導人民，便是依靠人民，根據人民自身的經驗和自己的覺悟與能力，啟發與教育人民自動執行法令，保護其自身和民族的利益。因之，一切工作，只知用自上而下的行政方式，不知走自下而上的群眾路線，不深入動員，工作到下面變成單純的工作任務，好像是下邊的一筆債務。因為不能從政治上提高幹部的責任心與自覺的積極性，所以發生工作上的疲倦，甚至感到是一個很大的重壓，且因此而任務本身常是變質。工作任務的完成以為這是自己的功勞，工作失敗便打擊下級，抱怨群眾落後村幹部不負責任。在惡劣的環境中，更形成光桿機關和幹部在那裡裸體跳舞，得不到廣大群眾的掩護，這樣必然是幹部一批一批的損失，工作一天一天的垮台。

此外也不了解抗日民主政權所依靠的社會基礎，已經不是少数特權階級，而是各個抗日階級階層的廣大群眾。特別是基本群眾是新民主主義政權最雄厚可靠的力量。因而不去組織與發動他們在統一戰線中的優勢，反而與他們隔離疏遠，不關心他們的疾苦，不注意他們的呼声，以為發動群眾是群眾團體的事與己無關。另一方面對於某些少数上層份子的片面意見，却往往不加考慮的採納，以致形成目前政權幹部執行政策中存的偏向，例如許多地區沒有普遍徹底實行減租，有的減了仍超過千分之三七五，或地主曲解政府法令，欺騙群眾設法加租奪佃，政權幹部不加注意，或為遷就某些上層利益而強令農民作過大的讓步。

二 政權幹部的成份多是小資產階級知識分子，實際斗爭的鍛鍊與經驗比較差，對下層的接觸與體驗少（特別是縣以上）對群眾的革命力量認識不足，對民主集中制個人與集體上級與下級的關係認識不

173　　　　42

足；個人主義，不肯把眼睛向下，不願老老實實的從實踐與斗争中鍛鍊等劣根性作怪，即容易發生主觀主義與自由主義的毛病。

三 要認識政權机関是最容易產生官僚主義的地方，因為我們的政權是建立在舊的政權廢墟之上的。舊政權是一种十足的官僚机関，是統治人民的，統治思想已有多少年的歷史，在今天社會上還有其深厚的影响。同時新政權也抄襲過舊政權的一套辦法；加之政權的政令多帶有強制性；在戰爭環境動員工作頻繁，任務繁重；而我們的幹部又都没有享受過民主生活；缺乏民主習慣，因之官僚主義容易產生。

（三）怎樣進行檢查與反對不良傾向：

一、关於領导上官僚主义的几点認識：

1. 应該認識抗日民主政府與舊的官僚政府有基本的不同，自從設立以来就是人民自己的政府，官僚主义不佔統治地位，我们所执行的政策法令，一般是正确的，是合於根据地和人民的需要的，官僚主义的表現主要的不是在政策方面，而是在我们的作風與方法方式上，存在着官僚主义的倾向。但也必須了解这种倾向在各個地区各级政权中是相当普遍而严重的存在着，只有程度上的不同。有些地区有些部门與干部，縱然今天还檢查不出官僚主义的倾向来，还須要繼續深入檢查，因為官僚主义常常是自覺不自覺的發生的。上面报告中所举的例子只是為了說明某些問題，不能認為举例的就有官僚主义，没有举例的就没有官僚主义。並且所举的例子縱然與事实稍有出入，我们应該抱有則改之，無則加勉的態度。 2. 老干部特别是地方干部待的時间長了，对地方情况了

五 解固然多，可是也不因為了解多就不犯官僚主义的毛病。一些老干部在本地区工作已有相当久的歷史，正因為一般的都比较熟習什麽都不

觉的新奇，自己也就麻木下来，丧失了对新颖事务锐敏的感觉，就使得在干部对群众的密切联系上差一些，对新发生的问题的感觉就不敏锐，工作上拖拖拉拉，“老太爷”气象，不虚心学习，不积极研究创造，因而形成经验主义与官僚主义。

3.文牍主义与事务主义是官僚主义的表现形式，但反文牍主义与事务主义并不是主张取消文牍事务工作，因为二者有根本不同。文牍主义与事务主义不是为政治服务，不能解决实际问题的东西，而文牍工作是政府行使职权的一种重要工具，事务工作是政府实现政治任务的具体内容，如果取消文牍事务就等於停止政府的活动。同时上级政府对下级政府的书面领导（法令指示等）必须尊重，不应以自由主义的态度对待他，借口反文牍主义把上级法令都看成是文牍主义的，不研究，不认真执行。反文牍主义与事务主义需要加强对文牍事务工作的科学管理，不然会助长其发展。克服事务主义要在领导上该放手的放手，但不是什么都推给别人，自己完全不管，必需研究组织事务；克服文牍主义不只是要在数量上减少公文，主要是从实际出发，解决实际问题，不然只发一件公文也仍然是文牍主义。

二、官僚主义与自由主义是相互关联的，由於官僚主义的存在，可以助长自由主义的发展，而自由主义的存在与发展，也可以助长官僚主义的发展。但不能片面认为“上级都是官僚主义”，“因为上级有官僚主义，才产生了自己的自由主义”，反对以自由主义反对官僚主义。另一方面也不能说“下级都是官僚主义”，“下级的自由主义助长形成了自己的官僚主义”，反对以官僚主义反官僚主义。上下级都应该自我检查，並互相检查，实际上每一级政府官僚主义与自由主义的毛病一般都同时存在着的。在开展反不良倾向的斗争中反对以歪风整顿歪风。

三、怎樣反省检查：

1.反官僚主义是一個比较長期的思想斗争的过程，不是開一個会講一講就算完事，必须深刻的認識官僚主义，揭发官僚主义。因之要多看几篇文件或報告，多討論，多作自我反省检查，互相检查，自觉酿成反官僚主义的浓厚空气。大家不要太爱面子，不要害怕代官僚主义的帽子，因為如果确实有官僚主义的毛病还是代上这项不光荣的帽子好，这樣可以激动麻痹着的精神，促使人們加深反省工作改進。当然也不能乱代帽子。肃清官僚主义要發扬民主，展開自我批評，不要害怕揭发錯误和短处，把严重的錯误和缺点輕輕放过；不要喜欢人家恭維，而不愿人家指责；不要只怨别人，更要反省自己。不但上級要正确的批評下級，下級更要正确的批評上級。不但要傾听你所喜欢的拥护你的干部和群众的意見，更要隨時听取你所不喜欢的甚至反对你的人民和干部的声音。因此在此次反省检查中，一方面要反对粗枝大叶，不着实际而誇誇其談的作風；口口声声的說自己的官僚主义是如何如何的严重，实际都抓不到痒处，不肯揭发自身有失"体面"(?)的具体事实。另一方面也要反对輕描淡寫，一般化；講什么"做的不够"，"还比较差"，"要继续努力"一套"八股"文章；好像老太婆道家常，講半天不知问题的所在，找不出病源。反省检查要從自己的具体工作日常生活中，特别是從了解情况，组织群众，人民切身利益有关的各种政策法令之实現，幹部政策，工作的组织性紀律性，從这些工作的检查中深入反省找出思想根源。特别是负责干部应起模範作用，成為有勇气揭发及小资産阶级情绪观点的模範。

2.这次会傳达报告与文件的精神做思想上的动

员矣準備並对縣区領导作比較全面的檢查。这次以三天的時間進行討論反省與檢查，区裡來的同志分兩單位，縣級以部门為單位進行，從具体的工作檢查上，看看那些工作佈置下去沒有反响，是什么原故，如有反响則應檢查执行的程度如何，發生些什么問題，原因在那里，这是第一步的檢查。

㈢第二步開区长聯席会后召集全体区級干部会（包括大队部、銀行、管理所、交通站、治安员等），傳达報告（增加本区的具体材料），並細心的鑽研報告文件與整風業务学習結合（報告及附件諸文件是為二期整風学習，特别是業务学習的主要学習材料），科長区長以上干部应着重報告及第一個附件的学習，科員助理员着重第二個附件，附件中屬於那一部门的則做為那一部门的業务学習材料，一面学習，一面個人反省檢查，並做反省檢查筆記或提綱，準備召開会議集体檢查（十月前完成，各区自行确定，什么時間傳达報告，什么時間看完文件，什么時間準備好提綱）。区長切實檢查，（主要檢查縣对区、区对村領导上存在着的問題，区的工作方法與工作制度是否健全，区对村領导好坏的关鍵），更应深一檢查。縣級科長以上干部具体組織進行。檢查会議对每個人的發言者應詳细記錄，最後要有結論，如記錄詳细就不再做檢查總結，将記錄报縣即可。

㈣第三步是对村的檢查，主要是以根据地的生产貿易政策（主要是土地政策）為中心（内容見報告第三部分），附帶發現與解决村裡存在的其他問題。九月十五日至月底進行（必要時区可延長一個時期利用征收前的空隙），每村三天至五天（根据村子的多少，村子的大小，問題的多少，干部條件等由区具体决定），政民共同負責，最低政权抽三個干部，团体抽两個干部，各区干部可先做一典型示範村取得經驗，然後分头普遍進行。進行一村總結一

177

村(填总结表县另制)并随时将总结表报县。

征收后如有时间,可利用空隙选择典型村,检查村政权检查如何改进村级领导,特别是区对村与村干部领导群众的方式方法。以后另有布置。

(续接下页)

Ⅱ 進一步認識民主政治、貫徹簡政、改進領導與作風。

（一）進一步認識民主政治：

一、民主是從斗爭中得來的，民主與抗戰是不可分離的，將來與現在是不可分離的。當前所進行着的世界戰爭是為爭取民主自由和平的反法西斯的戰爭，中國進行了六年，現在還正繼續進行的反日本法西斯的戰爭是民族民主革命的戰爭，沒有抗日戰爭，沒有武裝斗爭，就不會有邊區抗日民主根據地，與抗日民主政權的建立，則也就不會有廣大人民的民主自由幸福的生活。我廣大游擊區敵佔區人民仍在日本法西斯奴役壓榨姦淫，燒殺下過着牛馬不如的生活；因此堅决反對敵寇的奴役和統治，加強游擊區的工作，建設與掌握游擊區村政權（堅持與發展抗日一面，鞏固抗日兩面，爭取中間與親日兩面）解救人民於水火，這是我們政治建設的戰斗任務。但是要反對敵人的奴役和統治建設與掌握游擊區村政權，以及打破敵人時刻企圖破壞我根據地民主政權的陰謀，就需要更加廣泛的開展人民武裝斗爭，從更充分的發動群眾中組織群眾武裝群眾，更廣泛的開展群眾游擊戰爭。（過去政權對掌握武裝注意的很差，今後應有所改進）。

此外，今天中國的大地主大資產階級反動派提倡法西斯主義，企圖實行大地主大資產階級的專政；這個中國式的法西斯主義和希特拉主義一樣的公開的反對共產党，剝奪人民的民主自由，因此為了抗戰的勝利，為了將來民主共和國的建設，加緊進行反法西斯的民主教育是一個嚴重的任務。現在與將來不可分，抗戰與民主不可分的意義即在於此。

二、民主政治與改善人民生活是不可分離的，不能單純的認為民主政治是民主制度的建立，選舉開會等。必須認識今天民主政治的中心問題是組織人民的經濟生活和文化生活（特別是經濟生活）。也就是我

179

們的中心任務是建設特別是經濟建設，發動人民積極勞動生產，改善人民生活，解決戰斗需要。改進學校教育與社會教育，加強群眾生產教育，民主教育以及政策法令的教育。由於長期戰爭的消耗與敵人殘酷的掠奪與破坏，特別是游擊區敵偽勒索苛重，發生一些社會不安，因貧荒逃亡窃盜、離婚等嚴重現象。抗日民主根據地如果在財政經濟上不想出办法，其他政策無論怎样正確是很難貫徹，群眾的生活問題不能適當解決，也就不會有美滿的民主生活。所以組織人民的經濟生活與文化生活是目前民主政治建設的中心任务。

三、從思想上真正的認識到政府與人民的關係，政府是為人民服務的办事机關，以人民為主人，自己是人民的公僕。認識政權所依靠的社會基礎是各個抗日階級階層的廣大群眾，特別是基本群眾，並真正關心群眾的疾苦與要求，解決群眾的切身問題，組織與發動基本群眾在統一戰線中的優勢。

四、民主與集中是統一的，政府是統一的，上下是一体的。民主的範圍越大，則集中的範圍越大，集中的力量越強，也就是只有一切「從群眾中來」集中了大家的意見，大家才會擁护這一集中了的意見，並堅決執行。民主範圍如果小，搜發別人的意見少，那麽集中的力量也就比較小。因之需要更廣泛的發揚民主（精神與作風）而虛心的傾听別人的話，不只是听自己喜歡听的，而且也要听自己不喜歡的，听了之后冷靜考慮，是否正確。民意机關的決議，是人民意志與要求的集中表現，政府必須尊重，並堅決執行，但民意机關閉會期間政府是全權的執行机關。政府是統一的，公安、工商、武裝都是政府的工作部门，今後在認識上、領導上發揮統一個心力。因為統一領導力量容易集中。上下是一体的，上下級的关係是非常密切的；上級多听取下級的意見，关心下級，具体幫助下級，及時解決下級所提出的問題，上級從群眾中培養下

180

級的威信（縣幹部在群衆面前給區政權建立威信，區幹部在群衆面前給村政權建立威信）；下級必須尊重上級，在群众中建立上級的威信。

五、當前實行簡政的中心已不是減人，而是從思想上組織上貫徹民主精神，改進領導與作風，以提高行政效率與工作質量，加強對敵斗爭與游擊區政權建設，組織人民的經濟生活節省民力，減輕人民負担；切實深入幹部教育與國民教育。（當前本地的具体國民教育工作是繼續整理小學校，提高教師質量與社會地位，動員兒童入學；準備今年的冬學教育，事前籌備課本校址等）。

（二）改進領導與作風：

一、加強調查研究，深入了解具体情況：

1、調查可分為專門問題與基本材料的調查，基本材料的調查要全面，把縣區村的人口，勞動力，土地，產量，牲畜，主要出產，副產等基本材料掌握起來。各部門應掌握其不同的基本材料與數字，如民政部門的幹部登記，抗屬及代耕救濟的開支等；財政部門的財糧收支抗勤動力等；教育部門的教員登記，學校學生學齡兒童統計數字等。司法公安部門做案件分類統計，可分析研究司法條例政策執行情形。搜集這些材料，主要是由各部門整理與統計既有的材料，特別是統累稅調查的材料，其次是從日常工作中不斷一點一滴的積累。專門問題的調查（如反敵偽蠶食的調查）按問題提出要求選擇典型進行之，先擬定好計劃（寫比較詳細的調查提綱）配備幹部討論好調查方法再進行。

2、調查的方法首先是眼睛向下，耐心細心不厭倦的向別人听人的話（要有打破砂鍋問到底的精神）向老百姓，村幹部向周圍其他的人向团体学習調查；到處听會報，幹部下鄉交付任務回來會報；重要的听了

121

記了要整理。其次是召開調查會議，事前有準備，召集了解某種情況的人參加。今後全面的調查表只由區印發，專區縣一律停止。

3.調查與研究是不可分的，研究的步驟是搜集材料、整理材料（材料分類）、分析材料（研究事物的內在聯系）、作結論。對區村只有一般情況的模糊的了解，沒有深入的調查研究，就容易犯主觀主義的毛病。縣要深入的了解區，並了解重要的村，負責幹部最低要了解三個以上的典型村（分游擊區、鞏固區等）。區要深入了解到村。每個幹部要養成隨時隨地搜集整理分析材料的優良習慣。

二、要貫徹執行各種政策法令：

1.縣區幹部都須要重視政策法令的學習研究，注意保管文件，由秘書負責組織公文的傳閱（如：區長、民、財、教、實或張、王、李、趙傳閱，閱過了的自行劃一"×"做記號，傳閱的次序可先由區長與有關部門開始，下鄉的幹部隔時去區來再看），保證每個幹部（縣級是部門負責幹部，一般部門幹部分別了解本部門的法令）都看得到上級的法令與指示，區長秘書切實負責督促檢查。確定邊政導報為每個幹部必讀的文件，但其內容很多，每個人都全部閱讀，時間來不及，可選讀有關的重要文章，由縣民政科負責，於每期邊政導報出版後，具體指定那些文件是全體幹部必讀的，那些是某一部門必讀的（民政科與有關部門商量確定），除必讀者外，每個人有時間時可自由選讀。對重要的法令與邊政導報上的文章，需要組織領導討論，必要時須利用召開會議的空隙，舉行測驗。

2.要想把各種政策貫徹到村，首先必須把重要的政策法令

九 為村幹部所掌握。向村幹部進行教育，除了每年一次的村幹部訓練，更重要的是經常注意教育，可利用開會的空隙報告某些重要的法令，可能時也以小區為單位，專門做報告，或進行短期訓練。區幹部下鄉也可以隨時利用餘暇時間就所在村向村幹部進行教育。上級政府

今後不時編印关於政策、領導方法與幹部修养的通俗教材，區幹部要很好的自我学習，並参照之教育村幹部。每個區幹部不僅要指導村幹部的工作，並要做村幹部的教員。

3、貫澈政策法令不僅須要把政策法令為村幹部所了解掌握，更重要的還必須要為廣大群眾所了解掌握。很明顯的如果各種政策法令不能為群眾認識，群眾便不會自覺的去積極的執行。政策法令不能為群眾所掌握，某些自私自利隱匿落後的份子便有可能抓着空隙曲解政策法令，欺騙群眾，甚至損害群眾利益。因之如何把重要的政策法令深入的傳播到群眾中去，使之為群眾所有，是貫澈政策的重要關鍵。要使區村政權，团体，小学與民校成為貫澈政策法令的三個基本組織，有系統的有計劃的（有分工）向群眾講解政策法令，並組織保証其实現。今後上級政府編印有关政策的民眾讀物，做宣講的材料。某些重要的政策法令與工作佈置的傳達，不能完全依賴村幹部，必須區幹部利用群眾大會等方式直接宣讀，或通過团体的組織教育，民校小学教員進行之。今后頒佈新的政策法令或重要的工作佈置，都需要指明傳達到村的方法，這是很重要的。

三、肅清事務主義文牘主義，負責幹部要抽出時間考慮、研究問題：

1、減少事務手續加強對事務的管理。如公粮代粮統一征收與管理，团体粮由政府補助，停收會粮；加強村的調解工作，區幹部下鄉與區公所都可進行調解，不受行政村調解條例的限制，減少小官司；但調解必須出於當事人雙方的自願，不可有絲毫強迫；通行証（包括商人通行証）由中心村代填；結婚與兩願離婚登記由區代辦；関於栄軍糧票及經費開支，改為按季彙報，並可與牺牲将士遗族抚恤合作贝报，小学课本费统筹，不再收价，其他如财粮预计算手续也有很大改革。（详见减少事务手续的补充决定）秘书室改组为总务室，废设事务员，加强对事务工作的管理。交通要道的区公所设[illegible]馆招待来往干部。

2.减少文牍手续，注意对文件的保管，各部门密切联系，各部门有关的工作与问题，争取以一件工作、一个问题为中心，统一指示，统一解决问题。一般有规定的例行公文，可以采用原件批回的办法。收发文要规定，只经过一次登记手续即可。处理要快，一般公文不得超过三天，便函、电报及其他急要件，争取当日处理。健全收发与交通。

3.建立[illegible]制度，[illegible]村干部与村民的时间，保证不[illegible]，减少[illegible]，以区为单位的大会尽量少开。（[illegible]以村为单位的大会[illegible]保证春[illegible]除[illegible]一般[illegible]）布置工作尽量少开、不开。

四、加强集体领导及计划性

(15,30日) 1.健全集体领导的制度，务通过会议领导，健全会议制度，县区务会议一般每半月开一次。县务会议一次检查与布置一个月的工作，另一次讨论有关政策执行，组织领导等专门问题或某一部门的工作。县级部门会议原则上十天一次（1.15.29日）传达县务会议决定，并检查布置本部门工作。会议事前应充分准备（除全面的大问题，一般由部门负责人准备），会议要有记录以备查考。汇报中心工作[illegible]各部门工作通讯县每月（月底）一次，县每三个月上报一次。干部下乡回来做口头汇报，负责人要找出检查其工作与执行情况。县区负责干部了解全面工作的方法，主要是听汇报，看材料，有重点的检查，找下级干部谈话。县级三个月检查总结工作一次。

2.建立与计划工作的制度，领导上发挥一元化的精神，公安、工商、武装是政府的组成部分，有关全面的工作布置与指示，统一经过负责人往下发，关于本部门业务上、技术上及其他具体问题，可以自己发。区公所与大队部的关系，应由县对此[illegible]武装部商定后再作具体指示。 3.加强[illegible]工作，[illegible]思想统一认识[illegible]工作的重要。县应有一定的干部了解[illegible]的工作并随时讨论研究[illegible]工作。

4、中心工作与部门工作以及地区分工与部门分工的结合：①健全部门工作，要有定期的部门工作计划，定期讨论与检查部门工作，发挥部门工作干部的最大积极性，不要把科员助理员当成傀儡；让部门工作干部勇于提意见，多采纳他的意见，多商量多帮助。除对政策方面组织方面工作执行方法带原则性的重大问题，一般日常工作不加干涉。（当然必要商量与会报还是应该有的）通过部门工作配合中心工作，需要集中一定的力量，抽调一定数量的干部来配合（上级布置工作时具体指明）但也需要照顾部门工作，与配合地区时也可争取便利进行部门工作。②通过组织领导，发挥组织领导的作用，上级干部时抓紧督促检查，具体帮助。发挥协助员在中心工作中的作用。③加强集体领导，提高部门干部（各助理员）对全面工作的注意与了解，下乡之前不但讨论与布置中心工作，同时还需要交付部门工作的任务，分工负责，回来时集体汇报检查。同时需要健全留守，代办下乡的助理员的日常工作，与下乡干部取联系（传达工作）。

五、在领导上不同地区，不同部门要掌握不同的工作重点：

1、游击区以武装斗争，锄奸工作，反敌伪勒索，掌握两面政权为重点；巩固区的边沿地带以反蚕食为重点；巩固区以深入建设民主教育，减轻人民负担，巩固村政权为重点。

2、民政工作以掌握政策，掌握组织与干部为重点；财政以掌握人民负担（人力财力）反敌伪勒索，掌握粮食为重点；实业工作以掌握农业生产为重点；司法工作要与调解工作结合，帮助区解决问题，从案件中研究问题为重点；公安工作以内线工作与游击区及巩固区边缘地带的侦察工作为重点。

十一

185

六、在掌握干部方面：

1.要明职责实行考核奖惩制度，统一干部管理。由民政部门负责（各部门负责在业务上了解干部）详见任免考核奖惩办法。2.干部的使用：科员应有适当的分工，让科员自己计划自己的工作，（在统一指导下）划定科员独立解决问题的范围。区的助理员相当于科长，在县是一个部门工作的负责人，因此要高度发挥助理员工作的积极性，健全集体领导个人负责制。保证干部相对的稳定性，少数高的调动。

3.加强干部教育，理论学习由学委会负责任，业务学习由行政上负责任（民政部门），行政负责干部应把干部学习成为经常工作之一，定期讨论检查学习。助理员可分别参加专区的轮流训练。

4.加强思想领导，发扬自我批评，打破不好意思的观点；自我检查，深刻反省，对自己展开思想斗争，不要只说别人长短，不检查自己；要体谅别人（特别在个别问题）严于自己。负责干部要启发下级对自己进行批评，使下级干部敢于畅所欲言，要欢迎下级批评，批评的对与不对都要很好的答复；不要碰回去，不睬不理。

在我们的作风上要发扬强有力，雷厉风行，坚决执行任务，紧张活泼的作风。

七、要想把一个地区或一个部门的工作领导好，就必须有好的领导方法。首先必须以这个地区或部门的行政负责人为核心去团结少数几个最积极的份子形成一个团结一致的领导骨干。并使这一骨干去团结全体干部与全体干部群众相结合。例如在一个区必须以区长为核心去团结区政权中的几个最积极的干部（假如说是大队长治安员，或某一两個助理员）然后通过这一層干部團结推動全体人員。如果不能这樣做或做的程度差（团结一致與團结的程度）则这一地区或部门的工作就很难动，甚至推不动。少数人或個人空忙，推動不起整個组织。其次正确的领导就是必須给示正确的主意（正确的工作計划）但正确的主意一定是吸收了干部群众的意見，集中起来而又由幹部给到实际中坚持执行的主意，不是主观主义的自作聰明的不切实际的夸夸空論。而在一個工作計划给去执行的時候除了進行一般的普遍佈置外还必須选择几個点（几個村莊）直接具体指导，深入实施，突破一点吸取经验作新的指示（主意）普遍指导各地区各单位执行。每一個重要的工作佈置下去，負责干部必須親自参加一两個村实际去做，向下级向具体事件学習，不然么不能作大普遍的指导工作。只有这樣才能考驗工作計划是否合乎实际，才不致使工作計划落空。

（三）調整組織：

一、調整組織的幾個原則：

1、縣級主要是改進領導當前組織工作的重點，是健全區的組織幫助區改善工作方法。

2、工作執行重點，民政放在區，教育放在縣，財政掌握政策放在縣，掌握糧庫放在區，農業生產放在區，公安放在縣（游擊區還應當加強區的執行權）。

3、為便於統一領導，區級部門工作適當合併，加強對机關工作的管理。

二、縣級組織，没有多的变更，只有机關工作專設總務室管理，使秘書真正成為行政負責人的助手。秘書的工作重點是整理材料，彙集材料，

187

研究、分析問題，發現、總結經驗，一以供領導上之參考，一以彙報上級，彙報制度之健全與否，秘書應負主要責任。縣區秘書與科長助理是同級的；同受縣區負責人的領導。但在日常內部工作上，秘書可指導各部門。

三、區的組織：

1、鞏固區設區長、秘書、民教助理員（四、五區民教分設）財政助理員、實業助理員各一，民教幹事一至二人，財政幹事一至三人，分區領導與掌握部門結合，設事務員一人管理收發、伙食、招待、區公所內部賬目等事務。

2、游擊區設區長、秘書、民教助理員、財經助理員各一人，民教財經各設幹事一至二人。

3、半鞏固區半游擊區的區公所，人數要增多一些，幹部須按游擊區與鞏固區分工（配合以掌握部門）

4、一般鞏固區區公所，地方幹部應佔2/3，知識份子佔1/3。

5、各區編制人數：區長、秘書、民教助理員（四五區民政助理員）財政助理員（六區財經助理員）民教幹事（四五區教育助理員）各區各一人，實業助理一至五區各一人，財政幹事（六區是財經幹事）一、二、六區各一人，三四區各二人，五區三人。事務員一至五區各一人。

广灵县政府关于运销、减租、冬学示范总结

（1944年1月21日印）

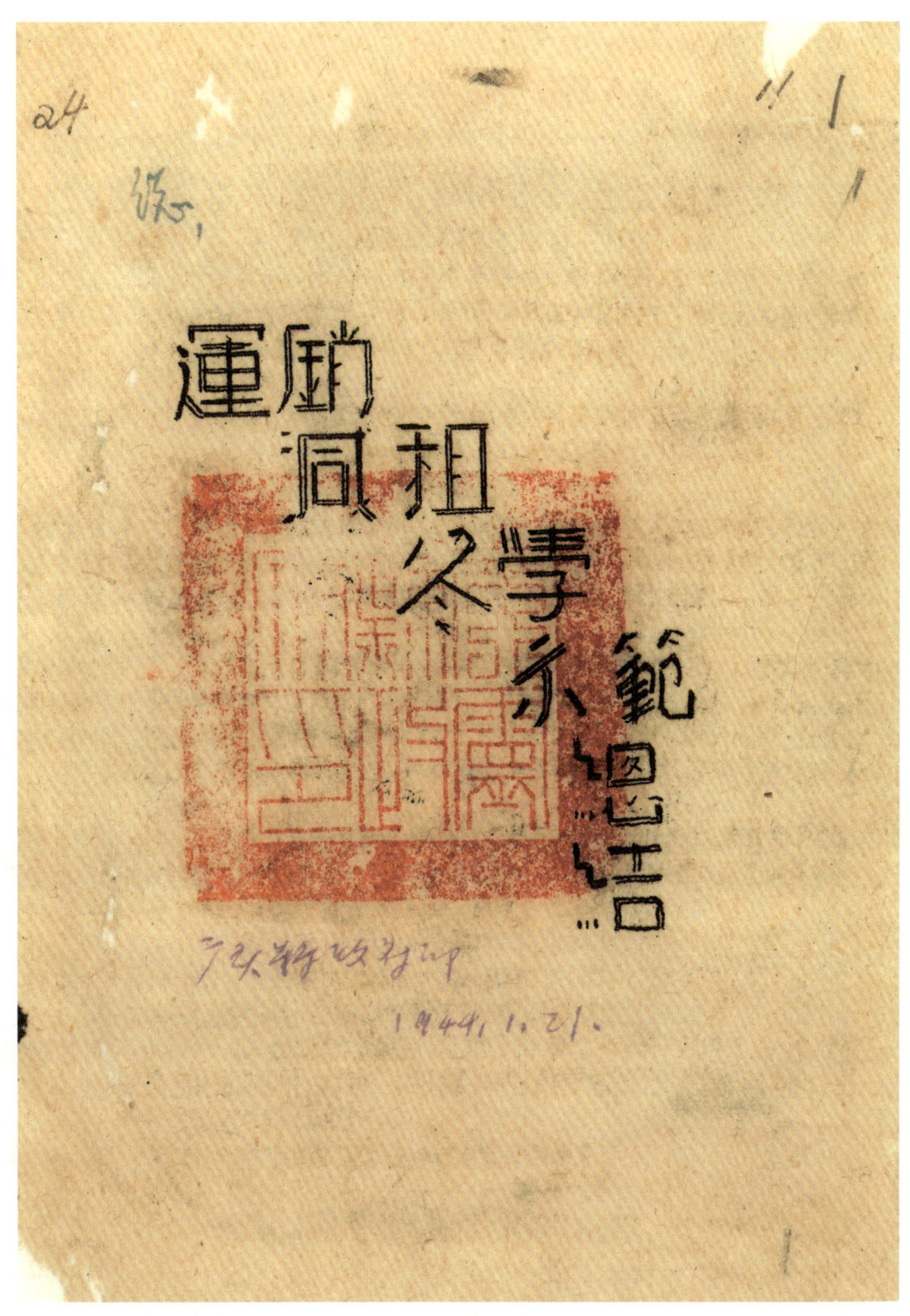

運銷減租冬學示範總結

广灵县政府印

1944.1.21.

2.

運銷，減租，冬學示範總結

第一部份：示範前的準備工作

救灾運銷，減租減息和冬學這三個工作同時結合進行，是一個新的示範，特別是運銷合作救灾工作。因此我們決定先在高庄進行示範試驗，突破一点，吸取經驗，以便在各区全面開展。

一、目的任務：

這三個工作都經过一翻調查，了解具体情况后，再決定这三個工作進行的办法，提出切合实际的工作任务来。

甲、这三個工作本身要求做到：

1.運銷合作救灾，在募集互助中解决赤貧群众和抗属的一些急待解决的生活問題，在組織運銷中成立合作社，在合作集股中資本發展運銷，解决灾荒，因之須募集粮食衣服，鞋襪，成立合作社，組織運銷小組。

2.土地政策檢查中了解抗战前后的租佃关係及租額，今年換家逐户檢查后还有些什麼問題，租額，應定如何切合具体情况，發現問題解決時召集地主佃户座談会，召集佃户專門解釋对这一政策应有的認識和態度，会后的自發斗爭和要求（是保証政策貫澈，群众運動的發動方法）

3.冬學運動創造，糾正过去冬學中不正規的現象，今年要求普遍深入的教育，必須產生一套完整的組织机構，在組织領導机关与教员的选擇都能尽适合於今年冬學工作任务。

乙、要找求那些經驗呢？

执 1.各部门如何配合，如何把这三個工作互相結合，同時完成，今后在執行这三個三個工作時有個範例与準繩。

2.在工作中要找到抗勤負担，群众生活水平究竟下降到什麼程度，灾民有多少，困难到什麼程度，使我們更加認識与了解如何解决这些問題，提出群众的要求。

3.这三個工作各怎样開展及其方法。

二、工作方式：

1.先進行普遍了解調查具体情况。

3

2

2、典型調查与調查会④如結合懸如租典問題等都是先找到積極忠实的群众進行考查再開調查会議更加充实要搜集的材料总样得搜集的材料真实，且搜集起来也容易。

3、号召，動員，使群众切实了解后再進行組织。

4、每天開会交换意見求得認識一致，对工作任务及進行方式与步驟得到全面了解，共同解决問題，確定進行方式，佈置商討次日工作。

三、進行步驟：

共五天結束做出總結（一月二日——六日）

第一天下午到達高庄，先召集各部門干部会説明，動員，確定次日講話对象。次日講話（土地運銷等）冬學委員会教員联席会（小教，冬教，組教）的召開。第三日土地，運銷等继續調查舉行冬學成立典礼，運銷救災剏（創）開典礼会進行解釈。第四日發動救災，集股，組织運銷小組，把個材料整理后召開地主個户座談会。第五日正式办理貸粮，總結工作

第二部份這几個工作的分别進行情形：

一、关於運銷合作救災試驗總結：

甲、对運銷救災有关問題的調查。

1. 勞動力，

（一）牲口：{抗战前（民国十五年后）騾子五十一，驢32牛122，共205。
（抗战后（現在的）騾3，驢13（三個小驢在内）牛43共59。

（二）人力方面：1、男，青年21，壮年47，老年5共73=
2、女，青年8，壮年34，老年10共52=

男的人数是指能勞動的而言。

女的算着内有壮年三個老年8個不能勞动。

其次勤务負担據不完全的統計，每人每月。

1. 男的站崗送信10天其他雜工9天（包括背粮打柴担架）

作勘小组比一般的要多另一些時間。

2. 妇女據十二月的大概統計每人六個工。

3. 干部方面：

政权干部支日五天，站崗送信5天雜勤六天開会两天共18天。

团体干部站崗送信10天雜勤8天，到区开会1天共19天。

以上的这些勤务問題，只是把經常負担的工統計出来，在村的

2

開会就無法計算,如果算上每次的開会,(群众大会不継的开)這個負担更是驚人的了。

為什麼這村的勤務這样重呢!

1.這村的处置與其他村子有不同的地方,這個村是東西山的四通八達的中心路口,过往的信件和人員比其他村都多,另外的由于四週的村庄的距离很远(青五沟十里,楊大人沟十里,永寧庄十里,冷水岔十里,北坑土塔三里)每天單独站岗送信的就经常三個人,晚上也是三個人,还有到通屬村的一個坐探,如遇情况紧急还要增加一個山頭哨。

2.区縣級的政府抗联人員和区队的人員,都未很好的执行政府条例的規定,仍是乱推一氣,例如送信每天規定二次送信,但实际上送的遍数無数,形成隨到隨走,如果两個送信的都走了,有信来了馬上还得另外派人(這不是村中不照每天两次执行,而是我机关部队上的同志不准許,說是自己的東西紧急,形成輕重不分)还加勤員民夫必須有政府的勤員証,能才動員,实际勤員証成了有無都可不起作用的東西了,这不是群众不坚持,而是我们自己不坚持,如果你们机关部队未有勤員証,勤員時群众提出要求,那就要遭到謾駡和处分,這裡舒下面一個例子,未有勤員証乱动員的數目可以看出我们执行政府法令的情形如何。

十二月份運菜20個工,磨麦([illegible]和面)30個工,送大米五個工,共55個工,這裡还未有算上零時过往的人員动員。

3.村中負担不公平和混乱,

全村負抗勤年令的人是68個人,負抗勤的39人,原因是村干部不負抗勤務的人太多,和一些狡猾的逃避,

村中不負勤務的是村長,粮秣,抗勤,中队長,指导員,三個分队長,四個情报站上的送信員,13個游击小組,(不負站岗放哨)這是25個人不負整工的,另外村公所村副,民財教與抗联小区委員不負抗勤的工,這样總起来共有29人不負。

有些狡猾的輪到他時他装病走親戚逃避过后不補,还有的是村干部的親戚家屬,行过却过了,這样算起来真正數負勤務的不过25,6個,因此不隔三天站崗一次是有原因的。

二、群众的生活情形。

抗战前群众生活都未改善,而且一年一年的生活下降,這是一般根

地很少見的例如在这村五十余戶人家裡边就有十個人到現在沒有穿上棉衣有的好些家到現在沒有吃的了(这個有几戶同時間的关係沒有摘录)我們親自看到老鄉蒲麻楷子磨着吃。

这种群众生活下降的原因很多,主要是敌人的破坏掠夺,再一個土地問題几年来没有适当解决(土地問題另詳)再一個因為人力浪費很严重,這一点是需要我们每一個同志高度警惕和去加深認識反省的。

三、運銷貿易問題

1、抗战前作生意的全村只有三個,內有買賣葯菜的一個,開豆腐舖子的有一個,担八股绳的一個,另外还有三户到冬天当脚户的。

2、抗战后特别是去年果子開绿以后作生意運銷的增多了,例如現在作運銷的有三户(内二家 駝用的一家背用的)贩牲口的一户,開店的十余户,開了八座店,賣豆腐的一户。

現在運銷貿易开店的營利是很大的,據大概的調查,每一家裡一晚上如果留十五個人就可以賺到三百元的边区票,揹用粮食每人一回从川下揹二斗小米到回回賣了再换回货品来(像棉花等)来回四天的功夫就可賺到八升小米,除去消耗还可賺到五升小米(每天一升二合半)駝運一個毛驢来回脚走四天可賺1.2斗粮米(净赚)贩賣牲口如果順利的一次一個牲口就可赚到几百元以上這些營利实事証明了誰勞動誰就能有飯吃有錢花有衣穿(如楊达在才干的時候衣服非常破爛,揹運粮食以后現在穿上了新棉襖)誰不勞动誰就受飢受冷,(如XXX一類的人類)身体很好沒有劳动力,就連棉衣穿不上,有的連粮食吃不上)因此現在还有好多民众積極要求作以上的事情賺錢維持生活度关,有的積極的找伙伴有的正在忙輸借資本有的要求公家帮給补。

新合作社現在还未成立起來在大扫荡以前集过一次股,不到二百元还未曾总计,須要又存着。

以上說明了和数明了急需有貿易工作是群众目前最迫切的要求,同時也是我們当前改善民生的好办法,但有好些群众因生活困难致身体不好,衣服頂不住寒,急又缺了我們开展急需工作,以很大阻碍另外由于劳動力異進民多群众抽不出相当時間来進行这一工作,因此在時間上又受了很大限制,同時也說明了如要开展運銷必須解决群众的当前生活和劳動問題。

乙、根據以上調查了解的材料如何進行本村的救災工作呢?

6.

1、首先是建立合作社，组织运销组。合作社是群众的经济互相生（？）组织，只有在合作社的组织领导下，才能发动群众广泛的互助，同样的没有合作社的组织领导运销工作，也不易组织起来，就是组织起来也是形式的自流。

（一）合作社的组织：七个社员以上者就可以成立合作社，由□任营业，会计由社员大会选举之。

社员：凡向合作社集股者均算为社员，每股洋一元，最少也要一股，多者不限。

社员的权利义务：每个社员有享受合作社买卖货物的权利和选举本社干部的权利，以及借贷之权利，同时也有对合作社的帮助、督促、检查的义务。

入股问题：钱、粮、实物都可。

营业是以消费为主，供给社员的日用品、必需品（如火柴、盐、棉花等），同时也可起运销的作用，但不是主要的，因为没有这样大的资本。

干部问题：村合作主任是村抗联委员，亦可以兼抗联会委员会，同时又有他单独系统的领导关系（县社领导村社等）

（二）运销组问题：

1、小组的组织：

(1) 三人到七人自由组合，过去强调与抗联小组结合是不妥当的。

(2) 老脚户带新脚户，

(3) 驮运背运分编。

2、资本问题：以互助和私人资本为主，如还自己解决不了资本的贫苦抗属、工属、村干部、模范游击小组，可从公粮种粮中抽一点借给。

子、借贷的规定和手续：

1、借贷的对象是贫苦的村干部、抗属、模范游击小组、组长、劳动英雄、合作社的社员，非社员不贷给。

2、贷款的数目最多不超过二斗，一般的可在一斗上下（背运）

3、手续：社员借粮先经过村合作社、抗联、政权审查，再经区抗联政权审查（如有区联社也参加审查），由抗联介绍到合作社领粮（如区联社未有，县联社委托区抗联会代办之。

4、保证：社员贷粮立契约，个人借粮时要以小组联保在社員總責。另外保証所借貸的粮食一定要用在運銷工作上，不然合作社可以隨時抽回。

五、归还期，以4，5，6，7月份分批归还每月1/4交还。

根据以上的規定全村組织了四組，20人內有一組(五個人)是貧苦的村干部抗属没有劳動力只入資本到合作社不背運。

二、营业方式有两种：

第一种是合作領导合作經营大家集股到合作社来由合作社統一經营利用有劳動缺資本的人背運講好条件(如甲从村在揹上米麦到固固去賣合洋灰以回来是講如給布或棉花棗仁折交以銭)营利入資本的来分。

第二种合作領导小組形式的個人經营編成小組，用私人的資本和借公粮資本結合起来入到合作社的一部份資本(如背一三入一外)余剩自己進行营业。

根據以上两种营业形式第一种組合有五個人第二种有15

(三)救災工作：

救災是於運銷工作是有連系的一個工作開展了運銷就等於救济了大部災民，但在開始運銷前單靠運銷是解决不了現實問題的，因此除去在運銷工作以外又採取了以下办法：

1、募捐，向全村动員全体群众山药錢破鞋子破衣服發給当時没有棉衣的没食的經过动員共募集了八升麦和麦、一身棉衣一個毡帽，二双鞋子九元边区币以和十余斤山药蛋。

2、重新編組，屬于小組把一切些無办法無劳动力的人組織起来固定他们属于組织時以户為單位。

3、借公粮入合作社的資本分紅。

(四)抗勤問題：

从調查項目裡边可以看出抗勤負担是一個很大問題，如果抗勤問題解决不了其他工作也無法進行，因此回縣討論前也提出了暫時如何解决的办法。

1、坚持动員証，發动群众向那些無有动員証而乱动員的人作斗争。

2、坚持每天送信两次的制度，崗哨取消個人。

8.

3、村里整理混乱现象，坚持出门回来劳动的制度。

四、缺点教训

过去建立工作的时候只一般的号召了，没有能够在各团体去抑当动员，因此造成了抗队会干部劝也不动的现象。

在进行借粮时不要强迫借给公粮，如果强迫借会形成群众的借粮不满现象，同时在借的时候，只是有粮的去借，如果一般的贫苦的去借也不好接受。

（二）关于减租政策的检查与贯彻

一、过去执行减租政策的概况

1.过去租佃情形：在抗战以前，总的看村的土地经营条件是很好的，那时全村有二百头牲口（牛驴骡均在内），比较好些的地每年每亩数要施肥，每亩种大豆要15到20斤，虽然从民国十八年就没有了羊群，但每年均有川下羊群到村里卧圈，50到60天，耕地因为施肥多，故长的很旺，常因风雨而翻到在地，因此除川下地主少数出租外，一般地主的土地多是自营或半种，出租者多是荒山田地，抗战以后，由于敌人的抢掠摧残，牲口死亡减少，更加上人力的缺乏，经营条件就一年不如一年了。在这种情形下，伴种地有时不如出租，因而出租地逐渐增多，现在因为没有劳动力，而将土地出租或半种给别人的地主，约占全村地多的61.6%。

2.自1938年实行减租以来，对二五减租的宣传是普遍的，大多数群众都知道租佃地实行二五减租，但由于我们对群众的教育极不深入，在实际执行上是很差的，有地主根本不实行减租，或因减租而加租，如佃户刘汪生租种胡存地10亩，原租二斗，在1941年时不减租，1942年因为佃户要求减租而加为二斗，减后租额提高至二斗二升五。几年来地主提高租额后减租的情形是普遍的。（详见抗战前后租额的数字）更没有照顾三七五

3.此地山高天寒，十年九灾，有时风吹雹打，有时天气寒冷，收获不能熟，特别是大部份的山地，都是新开垦地，第一年种板荞麦，第二年就一定要种莜麦、蔓豆，而莜麦豆的产量极低，有时连籽种也收不回来。在过去这样的年头，都没有按歉收的规定减租，佃户的

租子多半是每年交不了，有到次年才清的。

4、由於年景降低（全村土地本來一般降低，尤其到今年荒山坡地平均都減產六七成，租佃地多半是這類的），實際租額提高，歉收顯得更為嚴重的年景，又不能照顧佃戶情形減租，佃戶即在种不了的情形下放棄某些土地的租种。因此本村土地的變動是很大的。除外籍地主的土地外，據這租种的是極少數，全村廿五家租种本村地主土地的當中，僅有五家是連种三年的。（三年的）

二、1943年貫徹減租政策的程度。

1 四三年二月間在鞏固組織當中，徹查發現了執行減租政策的缺點，主要是二五減租後沒有照顧三七五，行到的根本不減租，當時對目前租額比戰前為低的沒有檢查。在發現了不照顧三七五的情形以後，縣政府在村長、民政委員訓練班裡，抗聯會也在代表大會與村干部會上，都普遍說明地主收租或租額不能超過收獲的百分之三十七五的問題，普遍進行講述。但那時只有個別干部能了解，大多數干部與群眾還弄不清楚。

十月份以後縣政府、區公所與縣區抗聯會都曾注意檢查，每個村子縣政府檢查過一次，區抗聯會檢查過一次，在檢查中都照顧教育干部群眾，指明代替佃戶計算租額，有时召开大會講解，共开過兩次村干部會、一次佃戶會。现在全村村公所干部有71%、佃戶56%、地主有38.5%懂得了解租額不能超過三七五。

2 存在的問題。

(1) 雖說在檢查當中只注意了租額是否超過三七五，沒有注意到現在的租額比戰前高低，縣政府雖檢查一次，也沒有弄清那些地該繼續減租，那些地應該減也弄不清，因此對于地主索取提高租額（變相租額減租）問題沒有及早揭發糾正。佃戶感到租地种沒有利，自動退地。四二年佃戶退地的共□家，四三年九家，當然沒有好好种，勞力也是一個主要原因。

(4) 今年新订了十二份契约，都是依据[illegible]的平均产量定租的，租额都比战前高，在契约上都写着减租和不减的两个租额，且有些土地当中必须退埃或产量还减租额又高，实际上对佃户是不利的。

(5) 有的佃户代替地主交纳统累税，还有个别的佃户把地转租给别人半种地，另家只有一家实行二五减租，租种好些地主的地[illegible]年不交租，土地面积已缩小但租额还照旧数收交租超过三七五等问题。

~~3.1942年与1943年减租情形比较~~：

户数	亩数	租形	减租情形	
			[illegible]	
5	8	半种地		
26	30	租种		

三、贯彻减租政策：

1. 抗战前后租额的检查，

⑴ 抗战前高庄村一般土地的原租额，

a. 胡程另租[illegible]地廿五亩，战前能打一斗五升，原租五升，每亩原租二升，收一斗粮食合1.33升租子，即是13.33%，二五减租后租额为3.75斗，每亩租额是1.5升，收一斗粮食合一升租，即10%。

b. 伊老[illegible]租村公所的地6亩，战前能打二斗，原租二斗，每亩原租3.3升，收一斗粮食合1.6升租子，即16%，二五减后租额为一斗五升，每亩租额是2.5升，收一斗粮食合1.25升租，即12.50%

c. 伊老[illegible]租北石河的20亩，战前打一斗，原租6斗，每亩原租2.2升，收一斗粮食合2.2升租，即22%，减租后租额是4.5斗，每亩租额是1.66升，收一斗粮食合1.66租，即16.60%。

d、赵明租刘记南咀平地七亩，战前能打1.2斗，原租3.5斗，每亩原租五升，收一斗粮合3.84升租，即38.4%，减后租额是2.62斗，每亩租额是3.75升，收一斗粮合2.57升租，即26.7%。

②现在租额、

a、贺虎租刘记桃沟背地7亩，现在每亩平均打一斗，原租额4斗，每亩原租5.7升，收一斗粮合5.7升租，即57%，减后租额三斗，每亩租额是4.28升，收一斗粮4.28升租，即42.8%。

b、杨元租刘记桃沟背地18亩，战前1.5斗，去年收大豆三斗，谷子1.2石，豌豆4斗，共1.9石，每亩打1.05斗，今年种了10亩（压青了六亩）收谷子8.4斗，豌豆二斗，共1.04石，每亩打8.6升，两年平均每亩产量是9.55升，原租6斗，每亩原租3.3升，收一斗粮合3.48升租，即34.8%，减后租额4.5斗，每亩租额是2.5升，收一斗粮食合2.6升租即26.1%

c、刘玉金租胡存地10亩，租三斗，前年收谷子4.6斗，今年收谷子7.7斗，两年平均6.6斗，每亩平均6.6升，减租后租额2.25斗，每亩租额是2.25升，收一斗粮合2.61升，即26.1%。

d、阎福租胡徵地9亩，租4斗，去年、今年都收9斗（每年种半谷子一半荞麦）平均每亩打一斗，减后租额3斗，每亩租是3.33升，收一斗粮合3.33升，即33.3%。

2、现在租额怎样规定。

①照条例规定，减租是照原租额减低25%，规定减后租额不能超过正产物千分之三百七十五，三七五是最高租额，减租后租额不到375者不能提高到375，我们的政策是减租不是加租，同375看齐是不对的，由于各村土地肥沃不一，产量多寡也不同，各村地主佃户，应按不同情形的是否租不同租额，也不能一律规定为减去佃户所出籽种后地主收租不能超过三

[illegible]1942与1943年减租情形比较

家数 1942	家数 1943	租佃形势	减租情形 1942 已减	1942 未减	1942 已交	1942 未交	1943 已减	1943 未减	1943 已交	1943 未交	备考
15	9	半种地	—	5	5		1	7	7	1	今年伊志吉半种胡生[illegible]地未收没有交，去年种[illegible][illegible]的减者交租的也都没过三七五，川下地不减不交者七家，今年减租不彻底的15家，没有减因产量不够超过三七五者三家，因[illegible][illegible]未[illegible]地主要全部收为地租者一家，按三七五交租者一家，代[illegible][illegible][illegible]者一家，因产量太少，减法[illegible][illegible]半分者一家，川下地不减不交者七家
26	30	租地	13	3	16		14	1 折	13	2	

七五。

3.④抗战前打斗半粮食的地，抗战后因了人力和肥料的缺乏，一般土地的产量降低了，现在打一斗粮食的地（即抗战前打斗半的地）减租后租额最高也不应超过28.4%（战前最高租额根据战前租额的调查，打一斗到一斗半的粮食地，其中常租额应是15%到20%。（减租后租额）

2.启发教育群众贯彻减租政策

①由政府根据在此村检查规定的租额，召集了地主与佃户联席会，说明了战前战后租额的变化，并将检查出来的问题详细解释，并说明这样提出是照顾地主和佃户双方利益的。因为租额提高比数之下佃户负担太大，佃户种不起劳力，将土地荒芜，这样对双方都是不利的。

②农联会根据以上精神在会员佃户中进行动员启发群众自动的争取按以上租额订立新契约和彻底肃清一切不合规定的现象。

3.几项具体规定：

①契约期限改为三年到六年，有很多应青地只能有二三年打粮食较多，在这二三年内，地主为不能降低租额，将契约的年限过长，最后几年佃户吃亏太大，但是有些调植地又是订四年到六年的期限较为适宜，因此我们决定一般的应为三年到六年。

④旱年租种的地，因退坝等土地面积缩小者应按现有土地面积重新订立新约。

四、应注意的几个问题：

1.关于租额等的规定都是根据在高庄的检查提出的意见，还不是完全完整的材料，因为各村的租额都多少有些不同，三区个别村等可能还低于这个租额，二区西部各村及二区的部分村庄也可能比这个租额高，各区应多注意搜集材料以便研究。

2.执行减租政策以来地主与佃户的变化情形

还没有调查清楚，总是粗糙也必须把这個问题弄清楚，全区搜集这方面的材料加以补充。

（三）冬学示范进行情形：

一、对过去民校的概略的考察：

1.民校的情形：

甲、应入学的 18—45岁男子60名

其中识300字以上的编为两班，共19人，这些人是不经常入学的，对政治课和组织课也不感什么兴趣。

18—35岁女人23名——愿不愿意学习的七八名。

因之经常入学的男子24.5名，女人17.6名。

乙、学校的课程：政治课（时事读报）每星期平均一次，组织课（讲减租息、生产等的教育）每月三次（平均十天一次），识字课隔两天一次。

政治课男女合上，组织课以抗联为单位上，识字课，男子晚间（下午饭后）女的上午饭后。

丙、学校的设备，房子一间大放不下应入学的男女，因之有男子上学时极多都院里，天冷就不上了，如劳动多有时也就不上了。房無桌子，黑板，又無粉笔，就以黑石磨出的白土代替，更無点名册子，也無课程表与教堂校规，虽然在初开学时讲过一些制度，可是不执行的無纪律制裁，晚间上课無灯油，用麻干子也不济于事。

总之太简单了。

2.组织领导：

甲、两個系统两种领导，村里無统一的联席会议形式，抗联会员特别是妇女入学有教育队长，男子有的人借口的召集（村公所值日的）教育委员感到無学生入

（見接下页）

学也办法，抗战总结会员觉到不进步，多半的教员也办法，以后学校村公所未很好去处理，他们中也不联系。或教授的，也未给他去处理。

乙、抗战来检查儿童入学的情形，未从组织上去保证，教校未明确的去分工，只是口头上组分工作，也未提出什么更加健全的意见。

丙、制度坚持上，当时没有认真的意思，一开始也有个别组长去请假的，但组长也都不很好，后来不去请假也可自由行动，所以自今几个月来，都没去请假的，然而也未追，所以也放弃。在制订例外问到民校教员，他不知道应入学的有多大，18到45男子应该三个不同的数字，32个，继说55个，结果查是女子是60个；政治课上否？他说上呀！上什么呢？说[illegible]。现在呢？不知道了。违反了纪律的也未受任何教育，未[illegible]批评过一次。

3、现在群众对民校入学的情绪。

甲、从目前入学来看，不受任何处罚，一般仍坚持上学，就形成群众有了习惯。

乙、所是民主意和学习的组织，四年来（除今年后民校外，过去都是冬学）每年四个多月，至现在还不到50个学的，仍有百分之五十以上，特别是35以上的男子、家庭的女子。

丙、目前纪律性很小，可是群众有了每年上学的习惯，同时也认为应该公事不执行不行，所以群众中都见未真正认识他积极的意义，更未体会到他的益处，因而又是应行公事的一种态度。

二、目前基本的缺点和整理的经过。

1、缺点：

甲、组织领导上：不健全不统一，村公所未有很好的当做一个工作系统的进行检查与督促，各委员内无具体的分工，各个组织都未能自动的进行过检查和协商解决问题。

乙、制度不明确，不执行无纪律保障；如学员请假无[illegible]

16.

的負責人，向小組長請假后，民校不檢查請否假均可以，点名未执行，規定的一次無故不到課批評，二次警閱教室裡設字，三次動学，均未执行。

丙、群众認識不够，以為例年年上，真正的目的是要求不懂得，因之無進步，也照例習慣成規，干部不負責檢查督促，应行公事。

丁、學校設置太簡單，無家当校地，課程表值日的，对教員不尊重，抗勤过重，浪費多，每人浪費6—7個勤务人民生活的，情绪不高。

2、整理过程：

首先在示範村小組決定分工及如何整理，決定說話对象，次日即進行談，了解各方面工作情形基本缺点及其根据，召集各委員会提出討論，指示各任务，第三天準備开学工作，下午即舉行开学典礼

三、召集成立各学委員會及工作佈置。

1）各學委員會由教員校長各教中隊部指导員、及对各學熱心的一人共成立之。

甲：教[illegible]与各学的任务、

A 自秋后开學至明年三月底

B 課程中政治課以及法西斯教育為中心

組织課以生产教育为中心。

教字課、不久後不的教多課本

教員分工：政治課（小教）組織課[illegible]教員[illegible]字課学校教員。 C 今年運動及学什条件、

子 接[illegible]課程表[illegible]教[illegible]引紀律

每天识字一3個生字每月學新歌子一個

丑 學什条件：150生字三個新歌[illegible]什么是中國法西斯反共[illegible]明年生产運動方針，有什么困难及解决办法

乙、次日的準備工作及开学典礼

A 先册子分组编班[illegible]（指壮年）女

17

B 找校址

C 参加教员上课分工

丙 参观团到社员分工.

社总：负责社联系员小组长负责保证带去及东部非社员入学.

教委：选好子弟编班、(照顾到未住部近)及管理等事[illegible]灯油纸张、分工及收费细则.

中政：负责情报及警戒岗哨、战斗勤务及决明天找校址、补路修日打扫.

参教：负责住宿地写信接待材料联址、准备书籍(不担任勤战斗义务)

2 举行开学典礼

甲 点名：男女人数、工作人数、缺席者不到处

乙 向教员致礼

丙 介绍参观团及参教的分工、全部自动社员选出的人员制度及纪律条例、教员及参会委员及学员中互相关系条件.

第三部份：进行中的缺点及今后执行整的几个问题

一 事先的准备不很够、任务和计划确定的项目规定不具体、因之在示范时费了很大的时间，并就是中挑选一部份去研究和做了、而且在讨论中仍得不到统一的意见如合作社组织、组织合作社集股后社员领导结果做成了[illegible]、组织了合作社形式的领导思想不够、结果后来表现不够又要组织起来主要是因为原来意见未取得一致、进行中时间缺少、在进行细致讨论的政策方针中又遇到我们土地政策执行是否应当给剥削者分配土地的问题、因为我要研究地主负担生活水平下降的具体办法、结果没有时间了

二 对时间掌握的不够，本来出发时预定了各个工作进程的时间和步骤的问题、结果是袖手旁观，在第二次[illegible]

就是总结不集中时间分配,分别谈话上有些混乱(如一二联系会晚上开检讨会,而得到的只会结果不稳定的大致意见),群众或干部在等待,往往把时间找谈话的对象,放松了找了不能把材料很好的系统的搜集下来、

三、在编写上互相熟悉不够,只是我的工作我有个计划,很少因把别人研究自己工作进行研究,正确地发现别的问题也很少提出意见,总是反映给了大家说明各种问题不听结果不落实。

四、很少吸取群众的意见,有些问题解决不澈底,例如拉勤务报酬(每人每月10元)也找干部澈底反映,光靠群众团结,结果只是个别人的意见,澈底检讨,以后工作中要注意,提高,同时有大部分群众什么减少的信心,很大问题就是这样忽视。

五、新的工作很不熟悉,因之不断进行中发现不少问题,特别今后注意接受中发现问题,解决问题来使全意一工作。

晋察冀边区行政委员会第十四次委员会议决定

（1944年2月5日）

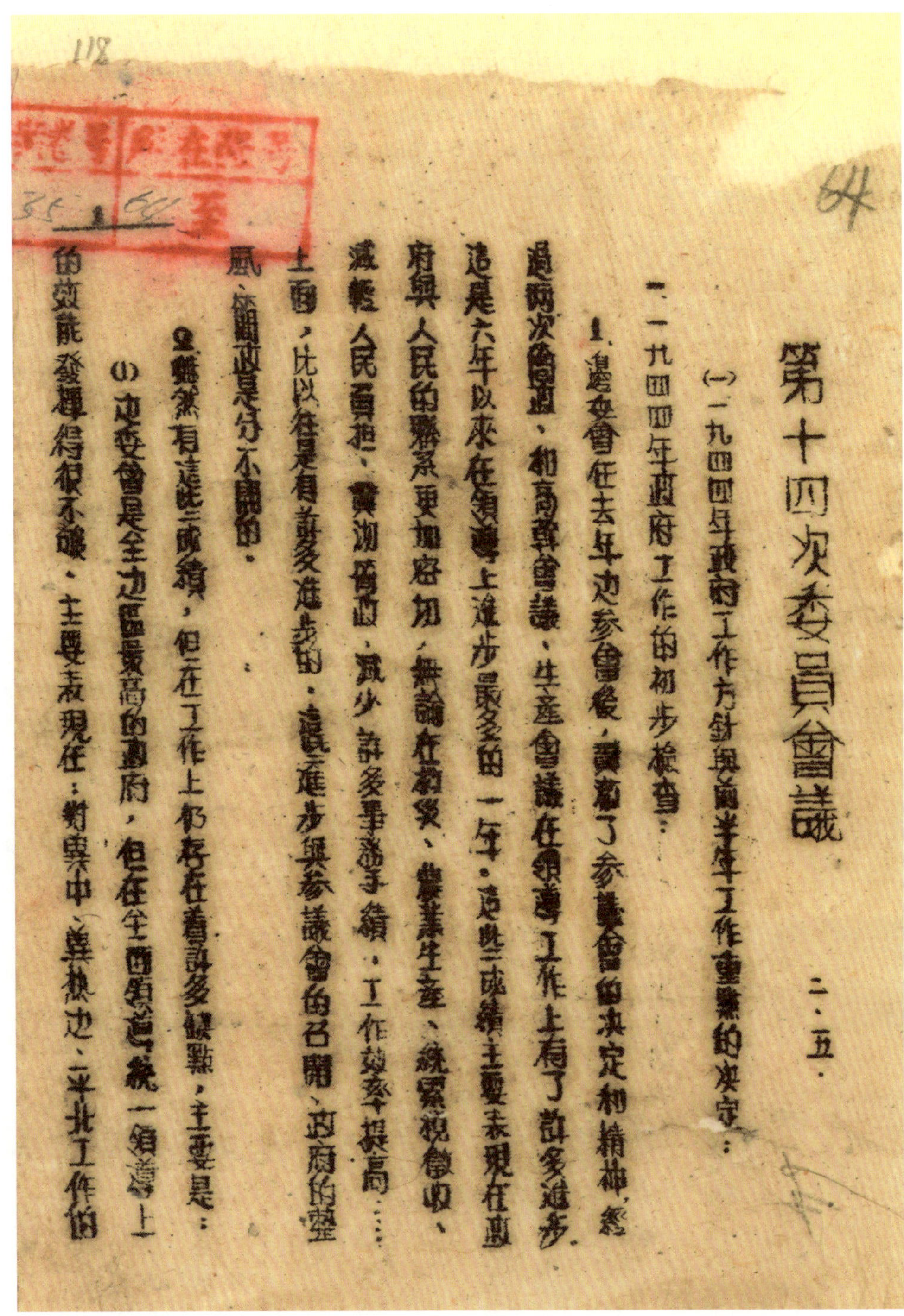

第十四次委員會議

二・五・

(一)一九四四年政府工作方針與前半年工作重點的決定：

一、一九四四年政府工作的初步檢查：

1.邊委會在去年边参會後，貫徹了參議會的決定和精神，經過兩次會議、和高幹會議、生產會議在領導工作上有了許多進步。這是六年以來在領導上進步最多的一年。這些成績主要表現在政府與人民的聯系更加密切，無論在救災、農業生產、統累稅徵收、減輕人民負担、貫徹簡政、減少許多事務手續：工作效率提高……上面，比以往是有着許多進步的。這些進步與參議會的召開、政府的整風、簡政是分不開的。

2.雖然有這些成績，但在工作上仍存在着許多缺點，主要是：

(1)边委會是全边區最高的政府，但在全面領導統一領導上的效能發揮得很不夠，主要表現在：對冀中、冀熱边、平北工作的領導非常少。對北岳區的領導，基本上還只是照顧了巩固區。對游击區的照顧比以往強一些，但基本上還很弱。在領導思想上，基本上仍停留在和平環境的領導思想，而不是尖銳的對敵鬥爭達到游击區的思想。比如對敵情的了解很少，對游击區情况系統的了解很少，說明我們在領導思想上的老一套沒有從基本上打破，雖經兩次簡政，有許多改正，但徹底轉變很不够，因此表現在工作上很片面很瑣碎，事務主義還很厲害。在統一領導方面：對政權的統一性照顧得不够，表現在边委會各處工作的連系與結合上很差。對公安工作相當忽視，在佈置工作時，很少考慮到敵探奸細特務的破壞，展開尖銳的對敵鬥爭，相當的麻痺了自己。對組織人民的經济生活，去年雖有不少成績，但所化力量比起實際需要來還是很小的。從以上諸點說明我們在全面領導統一領導的效能上發揮得很不够。今後在領導上應該照顧全面，不要僅僅放在北岳区巩國區，更要把主要精力放到游击區，今後了解情況考慮問題，要更多的考慮到游击區。正因為此，對一些項事要擺脫開，騰出大的時間考慮大的問題，我們在領導思想上，應有此轉変。

⑵領導上缺乏堅強的群衆觀點。去年在工作上從群衆出發，先從前進步，不過成為堅強的群衆觀點還不够，主要表現在佈置工作與處理問題靠了系統的從群衆中來的東西領導還是十分不够的。因此官僚主義傾向還相當嚴重的存在着。自去年高幹會議提出反官僚主義問題，要有群衆觀點問題以後，有了許多成就，但認識上仍然不够，從群衆出發有系統的檢查我們的工作，還很不够。今後要把關心群衆利益，堅強的群衆觀點貫徹下去。政策的是否普遍，是考慮領導機關是否有群衆觀點的主要標幟。再即每一块地，應與人民有切身利害關係。

⑶簡政政策的貫徹還很不够，特別在與中五一標準後緊密

—十一—

上人員減少了，但還基本上未簡了多少，仍停留在五一掃蕩前的領導思想，未能根據新的環境改變領導思想與方法，還有許多繁瑣的制度，使得重要工作佈置不下去，深入不到村裡去。在北岳區則上簡下未簡，上級簡了不少，而縣區基本上未減少，同時還委會簡政也不夠澈底。

（四）工作上強調部門工作，但對地區工作比較忽視，很少對某一地區作全面的專門的指導。對不同地區的思想領導與政治領導也很不夠。政府工作的組織性紀律性群眾性還很差。（工作佈置後緊接着檢查與究責難，以往作得很差）。今後除部門分工外還須有地區分工，指定專人來着重研究某一地區的工作。

因有以上缺點，所以在領導上雖是對敵鬥爭、組織人民的經濟生活，進一步團結廣大人民，就作得很不夠，形成片面偏碎。造成以上嚴重缺點的原因，主要在委員會的領導思想沒有澈底打破老一套，整風深入思想領域很不夠，以致工作上還有不少地方存在着主觀主義（了解下情不够，了解敵情更不够）官僚主義（人民的政府與人民的密切联系很不够）文牘主義事務主義（政還不够簡，制度方面還有許多不合实際的「正規化」，不僅冀中有，北岳區也仍不少）。

二、一九四四年边区形势與政府的工作方針：

1、一九四四年的边区形势：

(1)國際形勢對我空前有利，而且有利形势在日益增加着，惟華北為敵寇「兵站基地」，敵對華北絕不輕易放手，因此今年敵對边区掃蕩清剿蠶食掠夺搶掠破壞等更加劇，凡国区的游击性增大，同時敵人總結了掃蕩蠶食清剿敵後各抗日根據地的經驗，今年敵人對我政策又發展提高了一步，因此我之一切設施，特別是在方式方法上要創造新的，以適應新的環境。

071

6

(2)我們在政治上的絶對优勢，一九四四年越能充分發揮，廣大游击区人民抗日情緒越高漲，邊区人民對敵鬥爭情緒越高漲，敵偽越動搖。

(3)由于敵之兵力不足，點碉政策基本上失敗了，（表現在敵撤退了許多崗樓）因此游击區空隙更增大，有利于我之工作伸展。但敵之突击清剿將更頻繁。

(4)人民生活困难，敵奸特務活動會更加強。

2、針對邊區形勢與我們工作上的嚴重缺點，今年政府工作總的任務是：

(1)進一步建設民主政治，摧毀及瓦解敵偽政權，團結全边区的人民，克服困难，強化對敵鬥爭，坚持根據地，蓄積力量，準備反攻，迎接勝利。

(2)貫徹簡政（不只是事務上的簡政，更重要的是交付下級任

124　　67

7

務上的精簡）改進領導（發揚自下而上的批評，發動下級檢查上級）肅清官僚主義，建立幹部的堅強的群眾觀點，與人民建立血肉的联系。

⑶我們的工作方針：團結全民、加強對敵鬥爭，開展大生產運動，鞏固與擴大經濟陣地，建設游擊區，高度發揮民主政府的效能。

在這一總的方針下，各個地區的中心任務是：

⑴北岳區：積極進行反掃蕩反蠶食反清剿鬥爭，深入了解敵情，開展群眾性的除奸保衛運動，深入展開大生產運動與對敵經濟鬥爭，徹底轉變領導思想，進一步依靠群眾，強化各級幹部的群眾觀念，建設游擊區，變游擊區為游擊根據地，變敵佔區為游擊區游擊根據地。

⑵冀中區：徹底簡政，改進領導，整合幹部，加強對敵鬥爭，

125

070　8

組織人民經濟生活，建設游擊區，巩固與擴大游擊根據地，

(3)冀熱邊：發動群衆建設廣泛的民主政治，团結對敵，教育幹部，肅清幹部對群衆的統治思想。在山地巩固與擴大抗日政權，在平原巩固與擴大抗日兩面政權，改造與建設村政權。

除此之外，各個地區各個專區縣亦有確定本年工作方針之必要，惟因各專區情况不同，須再詳加考慮。至各縣方針，可由專署規定，報會審核。

三、根據以上方針，提出我們前半年的工作重點：

1、全面掌握情况，加強對敵鬥爭，貫徹主要政策，加強思想的政治的組織的領導，貫徹整風，教育幹部。再次進行簡政，不急之務不舉，充分發揮幹部力量，避免在事務上兜圈子。領導上：在北岳區要加強縣，加大其機動權，在冀中要加強專署與區，提高專署與區的權限。

2、在以上總的要求下，各部門的工作重點是：

(1)秘書處：

A、掌握全面的敵情與工作情況（帶有綜合性的，不屬於各部門的，供給委員會考慮問題，敵情由公安部門多負責任）

B、機關精簡，機關建設（事務手續，文牘手續須大大減少）

C、機關生產，勝利完成解決一個半月給養的任務。

D、編輯導報，報導工作經驗，進行對外宣傳。

(2)實業處：貫徹經濟委員會的決定，組織大生產運動的實現（主要是恢復組織勞動力，不悞農時）打通主要貿易路線，在內部建設主要運輸幹線，建設模範村合作社，掌握經濟情況（敵情、工作情況）建設實業行政。

(3)民政處：以村政權建設為中心（從政策是否貫徹，來考察村政權的健全與否）貫徹減租、堅壁清野、医療、救災、優抗等工作（

069

10

圍繞着大產生（與對敵鬥爭進行）研究游击區的土地問題、村政權問題，有重點的進行村選（不全面展開）研究並改進区公所的工作（区公所如何工作，連系區政問題，與中心大區的權限問題。）建立幹部制度。

(4)財政處：清理並總結去年統累稅工作（與大的建設工作連系着的）有重點的研究並指示解決游击区人民負担問題（反搶粮反抓夫反勒索、提出游击区人民負担辦法）精簡財政制度（與中区及北岳區游击区）調剂抗勤，有重點的清查糧庫，佈置統累稅調查工作。

(5)教育處：佈置生產教育（學校與大生產運動結合）加强反法西斯教育，檢查冬學，建設游击區教育，加强對敵政治攻勢。

(6)公安管理處：克服神秘化、孤立主義傾向，開展社會化的偵查工作（要求除奸保衛工作與目前中心任務及各個工作相結合）

調整幹部（北岳、冀中）研究並強加村的除奸工作。

(7) 法院：改善司法制度（初步轉變司法工作作風）總結研究破壞、偷盜、繼承、婚姻等案件（土地案件由民政處，除奸由公安管理處研究）。

6、以上各項工作除村選及統累稅佈置到村外，餘均由各級政府辦理，但應注意到我們主觀的力量與時間，避免影響中心任務的完成。

5、（略）

4、幾個工作與內部組織上的問題：

(1) 一九四三年工作總結問題：每一個部門執行幾個中心總結：

財政處：人民負担，統累稅徵收。

民政處：救災、優抗、貫徹土地政策。

教育處：與學校教育、冬學。

於三月十五日前交到委員會。

(2) 村選有重點的進行，即佈置，要與大生產運動結合，須領導武裝鬥爭、堅壁清野不力的，根庫管理不好的，除奸保卫工作不好的，以反

129

068 12

村政權把持在壞分子手裡的才改選，此外概不改選，

(3)今年的統累稅，在不損生產的前提下進行，一般不重行調查，故在進行時間上不要求一致，大体在四、五、六月份內進行，由各縣找適當時間抓緊空隙去作。基本數字於七月十五日前報會。今年边区不另開會佈置，由各專署自行召開。

(4)冀中工作研究委員會的工作與處結合，冀中幹部來作報告時，各處要派幹部來听，搜集材料。

(5)機關生產：本會機關生產，已組織生產委員會，為加強領導，由張省三任主任，盧錫三任副主任。為領導各專署縣及各機關的機關生產，另組設边区機關生產委員會，由劉鐵風、劉定庵、張蘇、張省三、王斐然担任委員，以劉鐵風、劉定庵分任正副主任，該會一切事項，為由農業處承辦。

(6)通報編輯計劃，由秘書處擬定。對外宣傳工作，由秘書處統

一掌握。

四、本決定在本月七日召開本會幹部大會，由宋主任報告傳達，各處要擬就擬定本部門前半年具体工作計劃，於本月十五日前完成，交到委員會核定。

(二)內部幹部調動配備的決議：

一、吳秘書長調任財政處副處長。安志成調任民政處秘書主任，劉介愚任民政處秘書。

二、秘書處分作總務室（秘書室）兩部份，原歸總務室管理之文書、電訊、警衛等部門，改由秘書室管理。秘書長一職暫缺，秘書室暫由民政處張副處長代管。調李劍秋為秘書處秘書主任，李前為秘書室秘書，管理文書股、電訊隊、警衛班。調李琴柯為編輯。總務部門仍由總務主任劉錫三負責。宋主任領導總務部門的工作。

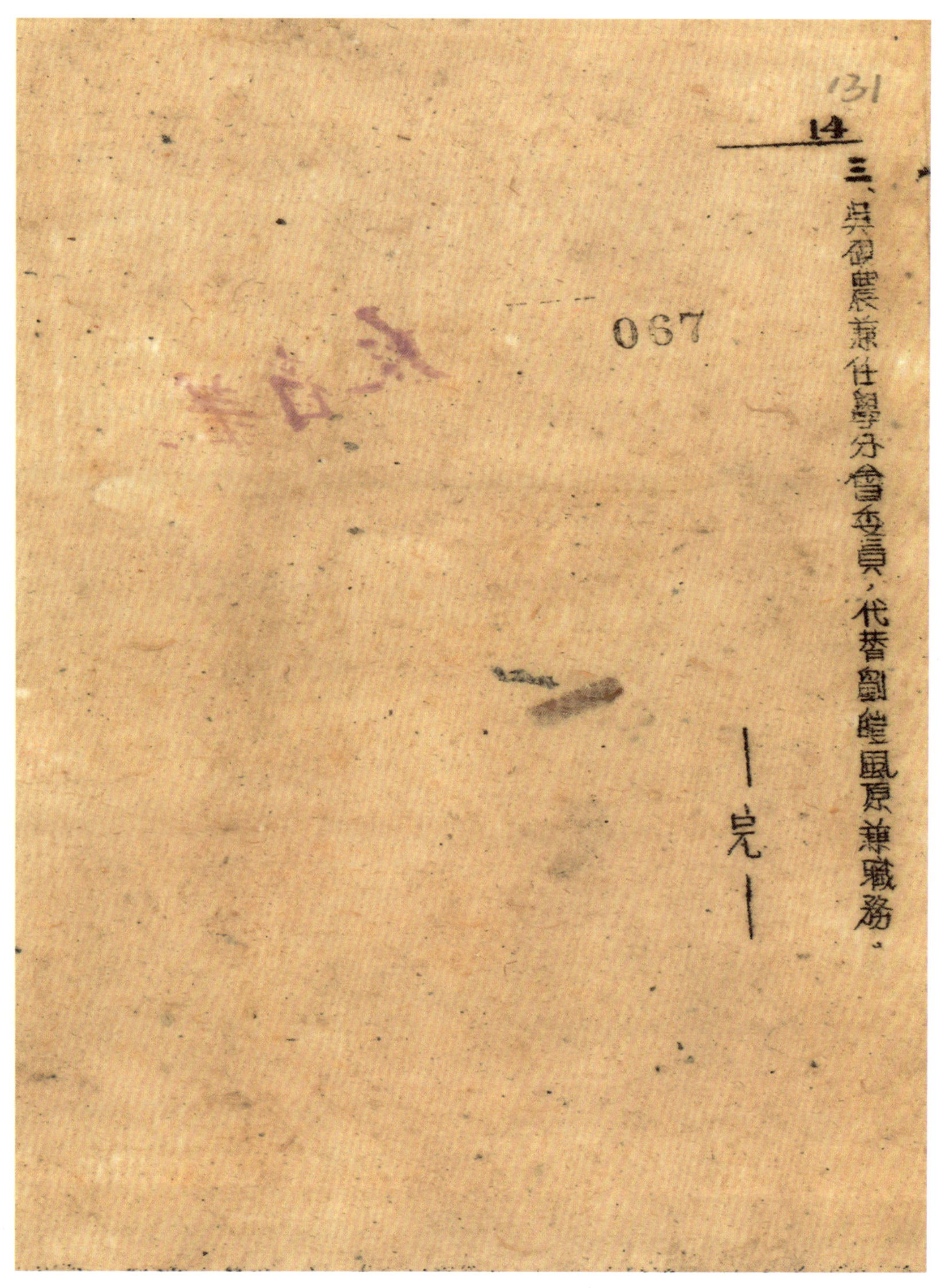

131

14

三、吴砚农兼任学分会委员，代替刘能风原兼职务。

——完——

067

晋察冀边区行政委员会对1944年边区形势与政府工作方针的决定

（1944年2月14日）

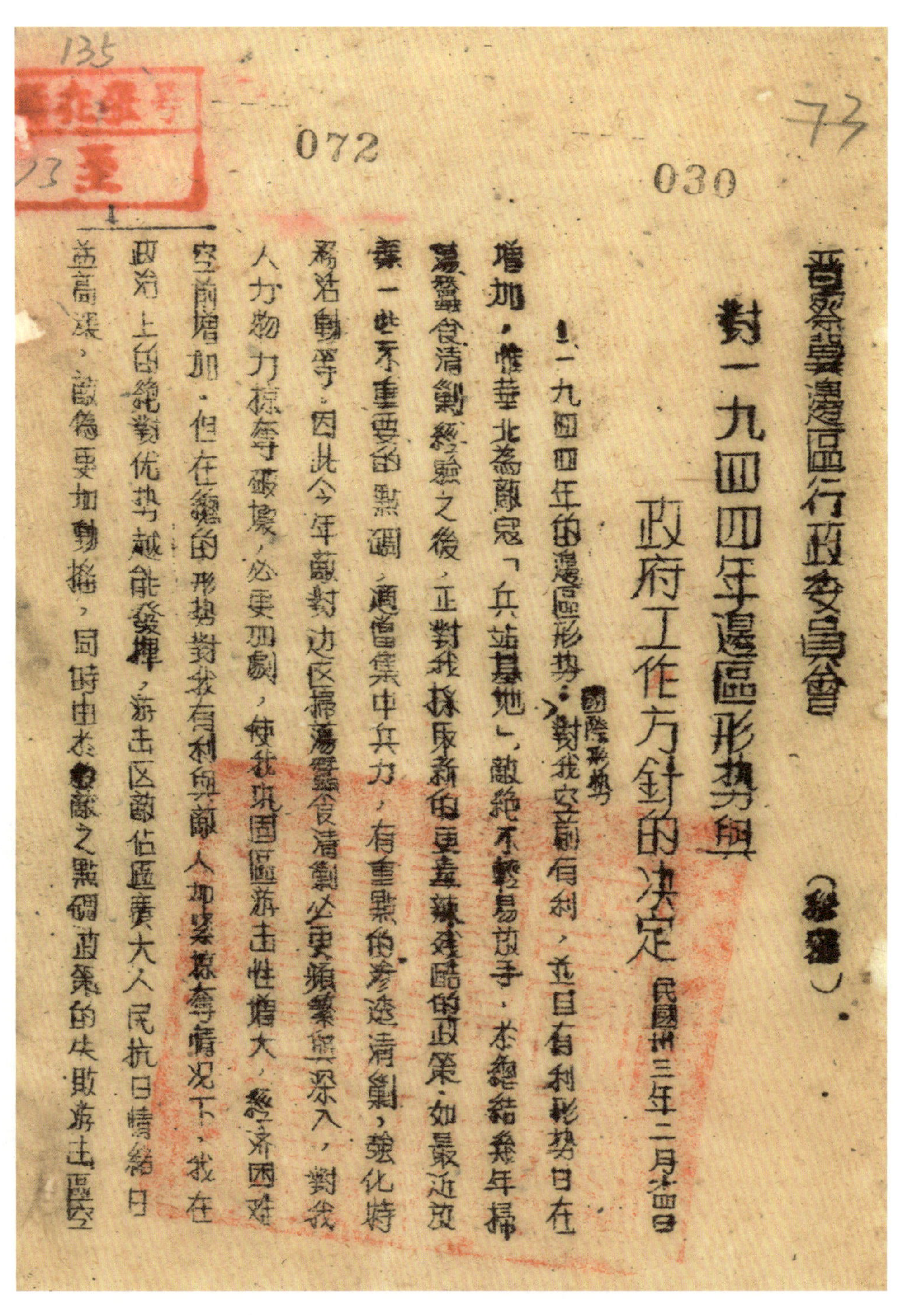

晉察冀邊區行政委員會（秘密）

對一九四四年邊區形勢與政府工作方針的決定

民國卅三年二月十四日

一、一九四四年的邊區形勢：（國際形勢）對我空前有利，並且有利形勢日在增加，惟華北為敵寇「兵站基地」，敵絕不輕易放手，去年總結幾年掃蕩蠶食清剿經驗之後，正對我採取新的更毒辣殘酷的政策，如最近改變一些不重要的點碉，適當集中兵力，有重點的滲透清剿，強化特務活動等。因此今年敵對边区掃蕩蠶食清剿必更頻繁與深入，對我人力物力掠奪破壞，必更加劇，使我鞏固區游击性增大，經济困难空前增加。但在總的形勢對我有利與敵人加緊掠奪情況下，我在政治上的絕對优势越能發揮，游击区敵佔區廣大人民抗日情緒日益高漲，敵為要加動搖，同時由於敵之點碉政策的失敗游击區空

2

隙更增大，並有利於我之工作伸展，只要我能抓紧這一有利條件，積極進行對敵鬥爭，堅持巩固区進一步巩固與擴大游击根據地變游击區為游击根據地，變敵佔区為游击區或游击根據地完全是可能的而且是必需如此的。

2.根據以上形势，今年边区的中心任務是強化對敵鬥爭，開展大生產運動，深入整風與反法西斯教育，為實現這三大中心任務，政府的工作方針是：团結全民，進一步建設民主政治，積極摧毁及偽敵偽政權，具体的組織領導大生產與對敵經济鬥爭，巩固與擴大經济陣地，建設游击區（肃清殖民地思想殘餘）高度發揮抗日民主政府的效能，認真做到以絕大力量解決群众的切身問題，以極小力量用在向群众動員人力物力上，實現這一方針的關鍵，在於深入整風改進領導嚴澈簡政，肃清官僚主義，建立幹部的堅強群众觀點，進一步發動與組織廣大群众。

3

在這一方針下，各個地區的中心任務是：

(1)北岳區：積極進行反掃蕩蠶食清剿抓夫搶糧的鬥爭，深入游擊區（游擊根據地在內）的工作與積極開展敵佔區的工作，具体的組織大生產運動與對敵經濟鬥爭，開展群衆性的除奸保衛運動。為實現此任務，必須貫徹去年高幹會議精神，徹底轉變領導思想（轉變忽視對敵鬥爭，忽視游擊区與脫離群衆的思想）提高縣区級的領導效能，進一步發動群衆，改造與健全村政權。

(2)冀中區：強化反清剿反搶奪反特務的鬥爭，進一步逼近敵之點碉，粉碎敵之地下活動，組織人民經濟生活，鞏固與擴大游擊根據地。為實現此任務必須深入整風徹底簡政改進領導，克服某些脫離群衆與領導自流傾向，認真解決與群衆困難，進一步發動群衆，與团結各階層擴大政权的民主氣圍與群衆基礎，建立與鞏固隱蔽的抗日秩序。

(3)冀熱邊：在团結對敵的原則下積極發動群衆，建設廣泛的民主政治，特别以改造與健全村政權為中心，擴大與鞏固抗日政權，改造中間與親日的政權。為此必須加強幹部的群衆觀點，肅清某些幹部中統治民衆的思想。

各專署、縣，應根據以上方針及自己地區的具体環境，確定圍繞着強化對敵鬥爭，大生產運動，整風及民主教育三大中心任務，自己地区的工作方針與半年或全年的工作計劃。至於與本年工作方針有關之幾個重要工作，將另有指示。

十一 完

晋察冀边区行政委员会关于民政部门贯彻简政的通知

（1944年5月15日）

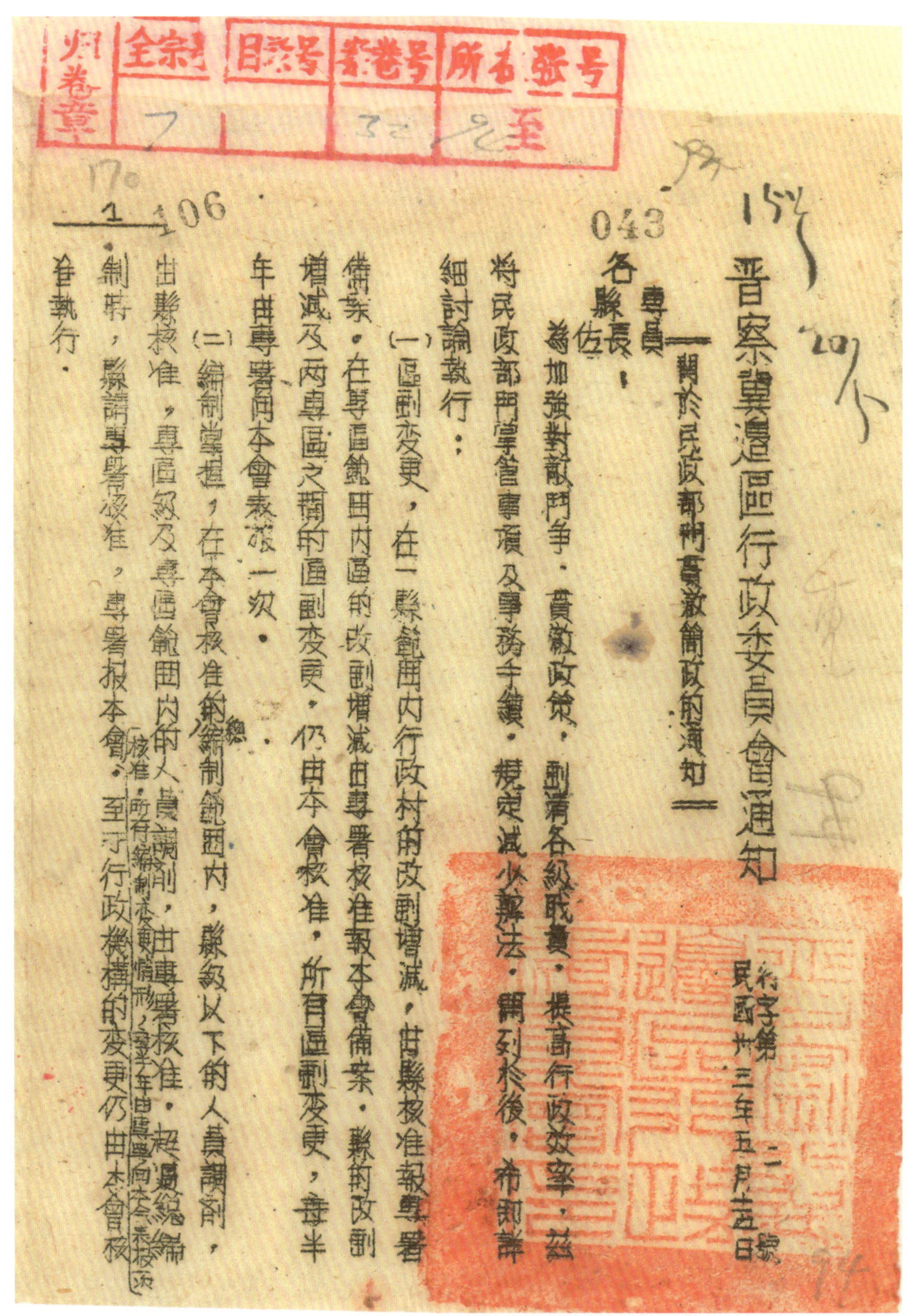

晉察冀邊區行政委員會通知

行字第二號　民國卅三年五月十五日

—關於民政部門貫徹簡政的通知—

各專員、縣長、佐：

為加強對敵鬥爭，貫徹政策，劃清各級職責，提高行政效率，茲將民政部門掌管事項及事務手續，規定減少辦法，開列於後，希即詳細討論執行：

（一）區劃變更，在一縣範圍內行政村的區劃增減，由縣核准報專署備案。在專區範圍內區的區劃增減由專署核准報本會備案。縣的區劃增減及兩專區之間的區劃變更，仍由本會核准，所有區劃變更，每半年由專署向本會表報一次。

（二）編制掌握，在本會核准的總編制範圍內，縣級以下的人員調劑，由縣核准，專區級及專區範圍內的人員調劑，由專署核准，超過總編制時，縣請專署核准，專署報本會〔核准，所有編制變動情形，每半年由專署向本會表報一次〕。至于行政機構的變更仍由本會核准執行。

2

(三)幹部的調動任免，考核奬懲，本會掌握一、二級幹部，三級幹部授權專署掌握，但須即報會備案，三級以上幹部的損失，也須及時報會，以後各級行政幹部除專員縣長由本會發委任狀，區長由專署發委任狀外，餘均免發。一、二級幹部由本會登記，三級幹部之準備提拔為二級幹部者，由專署報本會登記。

(四)幹部家屬補助保健，縣級以下由縣核准報專署備案，專區級由專署核准，所有幹部家屬補助，保健情形，每半年由專署向本會表報一次。

(五)各級武器配備與彈藥補充，在規定範圍內，縣級以下由縣核准，報專署備案，專區級由專署核准。

(六)縣府的文卷損失及更換縣長時的接交表冊，均報專署備案，專署遇有損失或辦理交接應報本會備案。

(七)榮軍陣亡將士遺族及民兵傷亡撫卹，填証、審查殘廢等級及應發糧款，由專署縣民政部門掌握，總的人數及糧款數，由民政部門列入定期工作報告，彙總逐級上報。專署每半年向本會表報一次，糧款開支由總務室經管，糧款核銷統一于財政部門。

(八)抗屬調查統計，优抗糧的預算分發，由署縣民政部門掌握，總的人数及糧数，由民政部門列入定期工作報告，呈總逐級上報，專署每半年向本會表報一次。每年所需优抗糧預計算，由民政部門通知財政部門編造，并由財政部門逐級列入計算經費上報核銷。

(九)關於乘單优抗及傷亡撫卹各種證書按照本會所定統一式样，由專署印製，由縣填發。存根由專署存查，不再报會。

(十)乘單按何制撫卹，亦由專署最後決定，不再報会備案。

(十一)工作月報：村幹部成份統計表，乘單增減變動情形报告表，均免報。今後報告制度規定：①隨時報告，於緊急情况及工作中發生重大問題時為之。②中心工作報告。（如报告村选，貫徹土地政策等）於工作佈置檢查及總結時，及轉分别為之。③季報，於一、四、七、十月為之。主要內容包括對敌鬥爭、組織領導、村政权建設。關於社会政策編制、區劃、幹部、衛生等事項，則分别列入定期季報。表格都附在報告內。

173

4

（十一）今後各種報告、請示、總結均要逐級負責，專署無权核准之事件，亦要提出具体意見再行報會。各種工作季報及總結專署要彙總報會，但各縣的季報及各種工作佈置，檢查及總結，除報專署外，仍須直送本會，以為了解及檢查各地工作的參考，特此通知。

主任委員 宋劭文

副主任委員兼民政處長 胡仁奎

民政處副處長 張明遠

發給縣議會、抗联各一份

灵丘县各界抗日救国联合会关于1944年灵丘县群众运动简要总结（1944年）

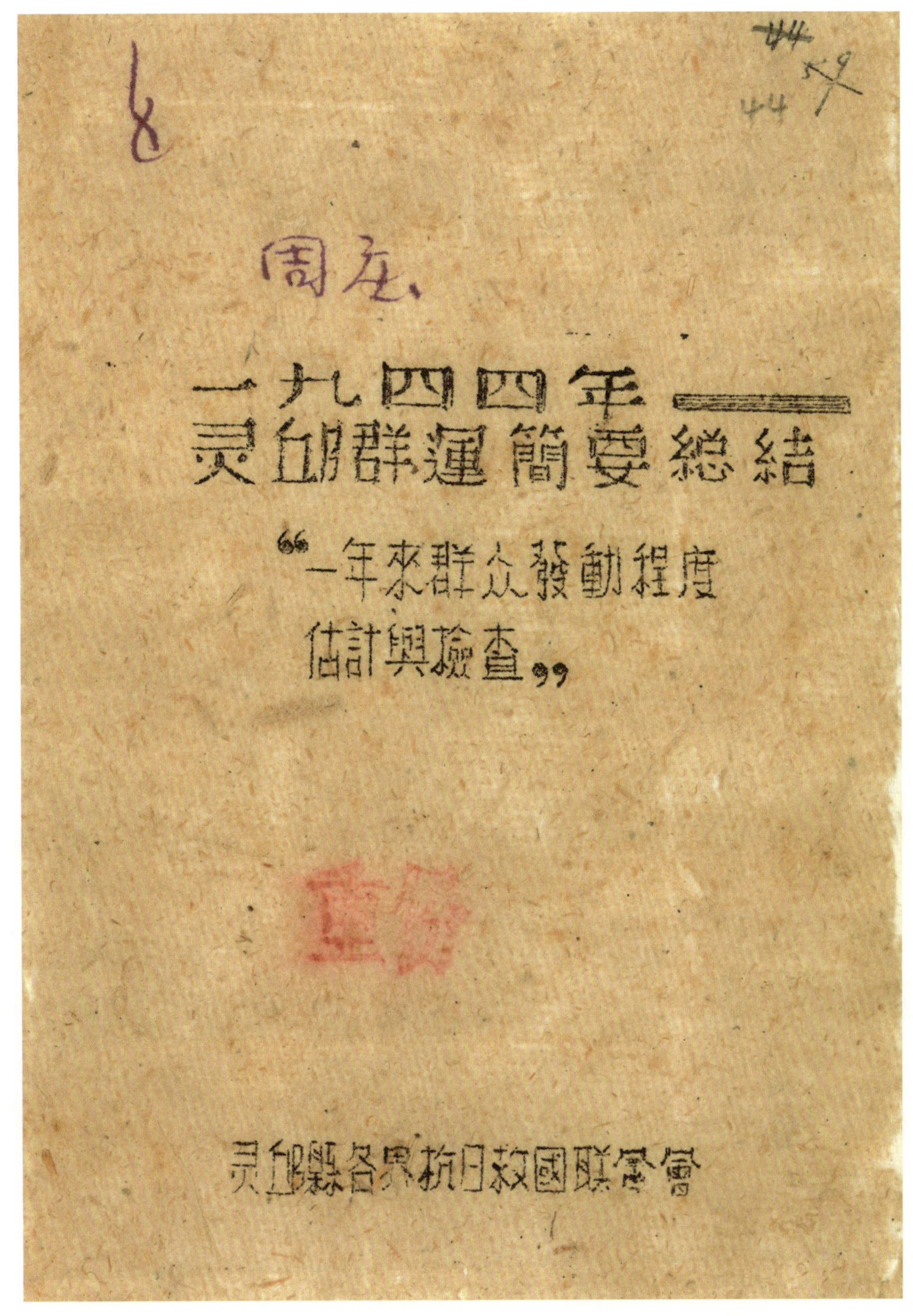
一九四四年——
灵邱群運簡要總結
“一年來群众發動程度估計與檢查”

灵邱縣各界抗日救國聯合會

45

一九四四年靈邱群運簡要總結

——一年來群众發動程度估計與檢查

一

二月區主任联席會議佈置一九四四年全年工作時，根據上級指示指出：今天進一步發動群众開展群運的環節是：大生產、反掃蕩斗爭、教育貫徹政策、發展組織，而又以大生產運動為中心環節。一年來，我們執行這一方針，已獲得不少成績，基本上達到了進一步發動群众開展群運的目的，予靈邱群運以新的面貌：

（一）在帶領會員群众開展全年大生產上，我們一方面強調一元化領導，一方面又指出在一元化領導下如何發揮我抗联組織的特殊作用，指出我抗联的領導重點及其領導方法，領導重點是放在組織群众生產——組織勞動力上面；主要領導方法是：做計劃、互助變工、勞動競賽、培養英雄，並以此向會員群众指出「四大號召」，作組織工作努力的方向。我抗联提出的「四大號召」成為今年靈邱生產運動中人所熟知開展的四大法寶，不但為群众所掌握，而且為各級

1

~~45~~ 60
46

生產委員会所掌握，三月会議又强調指明“统一领导不是混合领导，要強調一致不是放弃系统”，从思想上打通了“放弃组织互作”的大問题，而又从实际上解决“组织互作与生产互作结合”的问题。指出了具体结合办法：①生產会议与组织会议在时间上与步調上結合。②强調团体委员与小组長联席会议，以小組为作战单位，配備坚強能起作用的小組長；③生產組织与团体组织适当结合；④在划分小區上与生產委員会的划分地區相结合，⑤把小區委員的力量组织起来，使用起来。⑥加强组织系统的领导与反映。总之结合问题上的中心环节：“带出去，带回来”（三专署區级的口号）。生產一阶段结束，第二阶段開始時，又及時提出“培养模範，突击落後”的工作方针，这个方针也不但受到群众所掌握，而且受到各级生產委員会所注意，（自春至秋全縣培养模範村二十个，突击落后村——有頭遲的——四個，即执行各階層有成效的例證）这是今年大生產能够深入群众性是对在领导上的重要原因。

第二，生產完成的開展，（根据数目字详见本縣生产委員会总结）雖然今年年成不好，但群众生活大为改善，平均每人增加粮食三斗——五斗。往年冬季約有二分之一老鄉不夠一年吃的，要靠借贷或要求政府救济，今年則差不多每户都能维持一年生活，個别户还達到耕一餘一

2

（青年卜、道人寺村）。由于这一原因，数年来由于灾荒（1939年大水灾，1940年大饥荒，群众普遍逃荒）敌祸（1940年白支沂叛变，1941年敌占上兜下关，以及历年的疯狂扫荡）所加于群众工作（发动群众）的主要障碍（群众生活困难）业已消除，群众从困难中抬起头来，在实际的斗争生活中，发挥了各方面的创造性、积极性及群众英雄主义——灵邱群众即循此道路而得到进展。

（二）带领群众开展对敌斗争，较以往任何一年有成绩，在川下由于执行"兼顾伸展"，变"敌占区"白色为对三十一个白点（三月份统计）已经消灭大部，我们的群众工作打进到敌人的心脏——城关车站，大部伪青年团在我掌握之中，以变敌之前哨为我之前哨，如一区十二个伪青年团被我控制者九个，二区河南十个伪青团被我控制者八个（剩二个），六区四个伪青团全部为我控制，在我控制下的伪青团大部有我青救组织，川下群众（大部为我青救会员）建立我党，二、三区川下已基本上建立了小组，六区游击小组直接[illegible]铲除敌探奸细[illegible]，破坏[illegible]，埋地雷，收割青苗，各种[illegible]斗争[illegible]今年一年内我们打破了敌人的[illegible]政策，把点变在有利我的条件下[illegible]。

在山内，九十一個行政村有游擊小隊，皆起作用，民兵戰斗情緒更為高漲。

四天反"掃蕩"中，民兵單獨作戰共斃傷敵偽一百三十余名，開展了

民兵戰史新記錄。群众游擊戰爭，已由各村游擊小隊戰斗活動發展

到小隊與游擊隊聯合作戰，民兵獨立自主的下川活動（如東溝河、关

溝等村），打擊敵偽，捕捉奸細，十二月底，一區民兵118名攻入敵

門頭據点，繳獲槍彈，奪回糧食二千余斤，非常勇敢，出人意外，

全縣現在已有這十個模範游擊小隊，和一個模範爆炸組，群众一般已

去了恐怖（害怕武裝斗爭，輕視游擊小組，認為埋了地雷又是惹禍等），

熱愛自己的武裝，做母親的不再阻擋自己的兒子參加游擊隊，作人

妻子的不再拖自己丈夫的後腿，（因民兵誤了生產，群众已開始幫助），

我們各級抗聯在今年民兵建設史上都起了很大作用，開始認為這只是

武裝部的事情，組織会員積極到武裝斗爭去，幹部親自下去

領導民兵戰斗，身先士卒，殺敵者很多，如四區南坡青聯主任

吳明，郭彥抗聯主任張先，下寨農会主任李務，二區水泉、

抗聯主任胡連，三區关河抗聯主任□□弟等，基本上都參

加了武裝，也掌握了武裝，認識武裝斗爭為群众斗爭的最

高形式，自覺地掌握了這個形式。

李落成

49

在对敌斗争的另一条战线——反奸特战线上，群众也同样表现高度的斗争情绪，五区二千余人的反奸特大会，继续了多天以上，群众情绪空前高涨，某部落以往不敢言「斗不斗和平共居」思想极盛，今天这种思想基本上已经扫消，从反奸特斗争发动起群众来的，有下庄 上堡 大辛庄三村，即是说：这三个村的群众，今年在反奸特斗争中抬起头来，取得了自己的优势。

如果说，以往群众对敌斗争情绪不高，成绩不大，是我们过去发动群众不够的主要缺点之一，那末今年恰巧表现了相反的现象，因此，也就得出了相反的结论。

（三）在进行群众文化教育工作，巩固群众思想阵地方面，今年也曾出了气力，收得了效果的，读报小组成为今年组织群众文化生活，进行全面群众教育的主要形式。这种比较新的较具规模性的群众教育组织形式，是适应大生产运动群众「组织起来」的新形势，为「组织起来」服务的，各合作互助小组设置宣传员，实行「小先生制」，这批宣传员及小先生在今年大生产运动中所起的作用是「教育军」的作用，这支「教育军」今年攻克了无数顽固思想堡垒，扩大了思想阵地，将群众从愚昧和落后中解放出来（详情见「这一年来群众文化生活」——专栏已有总结材料）。这

5

傳小組的形式，成為今年冬學運動的組織形式，即是說，成為更普遍的更具規模性的群众教育組織形式，這種形式事實證明是民办公助的最好形式，也適合於「長期建設」的群众教育方針的，為今後開展群众文教運動開闢了廣闊的道路。

兒童教育的建設，今年和去年相較，也完全是一個新氣象，過去老鄉不願办學，認為办學是一種負担，今年則完全不同了，許多如潘家嶺、夢羊等村也紛紛要求辦學，要求上級派教員了，全縣的小學數目已由去年的三、四十座（而且是極不穩固的）增加到今年的七十座，群众願意自己的子女受「八路軍的教育」，可見群众对八路軍共產党認識的提高的一般。

群众对自己的报紙：日报群众数，信仰遠比往年增高，都認為「是真事兒」，各種懷疑的心理漸次消除了。群众相信报紙上所宣傳的事情，這是群众認識上的一大提高，群众不但相信报紙，愛看报紙，而且還自己動手办报——縣生產小报已出到第二十期，村黑板报已有五個村子很有成效的開展起來。

群众的文藝（詳情見「十二月文藝代表大会記錄」）這次運動經过十二月文藝代表大会，群众的文藝生活更進一步的組織起來。

衛生工作，開始被群众所重視，大生產中，有几個村子（如

51

堂、刘庄、上屯、下关等）的群众卫生工作做得很有成效，定期大扫除，定期检查，骯髒污穢的环境和懒汉懒婆一样地受到社会的斥责，而进行督促改造。六区羊山沟，抗联主任所领导的模范组，创设“集体养病室”，更是群众卫生一个新的组织形式。

群众性的反迷信工作，也被提到群众教育日程上来，这工作上级没有提倡，群众自动的做了，有的采用艺术形式，如罗庄村剧团演出“打神婆”，大辛庄村剧团演出“反迷信”，教育效果都很好。潘家庙的八個“馬公”，及村青年群众的日夜监视，捉弄，现在都已棄邪归正了。

抗联组织教育，一年来强调工农阶级教育，又根据群众斗争提高广大基本群众觉悟性斗争性，更有决定意义的。

一年来由于群众文艺工作的开展，群众思想阵地業已进一步巩固，群众更加相信共产党，跟着共产党走。坚信只有共产党才能替他们开辟一条活路，只有八路军的政治才能救他们。群众的“变天”思想（前天地还要回复）、“正统”思想（認閻锡山的统治為正统）業已渐次扫除，谣言欲楔入群众的思想阵地，已大感不易，這就造成一切顽固落後、奸细、特务分子思想上的恐慌。

（四）在各项政策的贯彻上，今年“减租退租·保佃”三位

47 52

一、停止了減租運動以後，群眾要求群眾自己起來斗爭進行，這個群眾斗爭的規模是很廣大的：由幾個重点村（如岸底、王家堡、袁家灣、東長城、車河灣）擴大到全縣；由鞏固區擴大到游击區；由減租、退租，係個擴大到併於土地租佃形式的轉变（普遍性的）；由一個村的斗爭擴大到幾個村的聯合斗爭（如一區的反対地主孫定的群眾大会）。群眾及幹部的思想観念基本上清除了。群眾由斗爭中得到实惠，从而更堅定了斗爭的信念。游击區減租工作经过長期的醞釀，经过农民自発的要求和行动（如一區农民的抗租行动），自縣十一月擴幹会後，也在若干地區（如三區）獲得開展，其開展的順利情形說明了証実縣对游击區減租形势已經成熟的估計是正確的。农民群眾在減租斗爭中進一步発动起来。

婚姻政策在执行上雖然有不少毛病，如妇女自殺、受打罵，婦女婚姻被包办等現象，但截止下半年，這種現象基本上已经停止発展，十二月下旬二千余人的反虐待大会，是群眾起来埋葬這種現象的開始。（据四區一個區的统計：今年共處理离婚15件、退婚四件、早婚3件，家庭不和十件，其他5件。）。

財經政策的执行，今年主要是一般增加了生产——3斗.

8

53

(去年工資一般均在一石上下，今年則一般在一石二、三斗上下)一部份提到一石五斗左右，個別的提到二石。工人待遇得到改善，如工人生病僱主給医治、工資照給(二〇寺、大区、三区，均有实例)，劳動政策执行，工人生産積極性提高。如道八村六個工人一面放羊一面开荒三十余畝。十一月擴幹会後，政府的《保護鄉村雇工的決定》正在各村積極推行中(如三區的工資又普遍提高一步，已達二石上下——双市斗)。

其他如农貸政策、優抗政策，其执行程度雖尚落在实际需要之後，但也不能否認較往年進了一步。如今年的農貸貸款的確解决了群众一部份困难；大生產運動中实行代耕，也帮助抗属解决不少困難問題。

我们的各種政策不但進一步為幹部所掌握(县現已有四十九個村的村幹部其政策水平已達到區幹部的程度)，而且也為大部份群众所掌握，今年和去年相較，貫徹政策上一個顯明的差異是，今年群众打官司比往年少得多，上級(區和縣)直接處理問題也少得多，部份村里經过群众自己調解說合而解决了。這是群众進步掌握了政策的明證。

五)、群众組織，我们在根據地的領導上：鞏固中求發展，一年来、

7

54

我们执行了这個方針，與领導生產組織技工相結合，根據地內不少村子的群众組織經过了彻底整理，如岸底、青羊口、大辛庄、龍王池、和庄、王家營、东風灣、王匠村等村，会員重新審查，小組从新編制，小組以上的幹部均重新配備，团体組織與各种生產組織相結合，各团体小組討論領导生產計划，大部份村莊的組織都是經过逐步整理，（如谢子坪、麻地等村整理妇救会，下关、東岗等村整理青联会，道八、青羊口等村整理工会），从会員群众中新发現和提拔了大批積極分子当幹部（如郑秀花、刘先英、王涛，六区为新解放區，各团体都是今年从新建立的。已拥有新会員三322名，根據地内，会員数目亦有增加，如四区二十五村，去年拥有会員5579名，今年則達5919名，新增了340名（其中农会增124，妇会增172，青会增44。）岸底减租以後新增会員九名。执行"巩固中求發展"方針的另一個重要措置，是這些村幹部自己"擦洗油膩"（小組長以上）厉行獎懲制度，并發動競賽相結合，一、二、五区進行較具規模性而且有成效，因為"擦洗油膩"，改造幹部思想（主要是对抗戰工作的態度）幹部作风（主要是反對油膩不負責任自私自利）。一、二、三區的

12

55

群眾已有新氣象，特別是二區。因幹部換洗、調職，使村工作由落后村而轉為模範村時，有二區紙廠。其次，小區委員的配備使用，也是執行「鞏固中求發展」的重要措置之一。縣節現在用有能以期下鄉解決問題以及群眾擁護的小區委員出去，這樣不脫離生產幹部的培養起作用（八月小區委員訓練班完成這一工作）是抗聯組織的一大鞏固和一大發展，全縣今年從這批幹部中提拔脫離生產幹部共達十六名之多。由於組織的整理，幹部的教育，領導的加強，使抗聯一年來在群眾中的組織威信大大提高，會員群眾的組織觀念大大增強，特別是村一級的幹部的組織性和紀律性大大增強。發動了組織競賽（六月全縣的村抗聯主任聯席會議），培養了組織模範（十二月二區進行選拔模範——模範村、模範個人、模範幹部、模範會員等，召開了抗聯模範會議），如龍王池、甘河溝、冉莊、王家窑、郝家莊、大辛莊等模範村抗聯的出現，即一方面標誌着組織的鞏固，一方面又標誌着組織的發展。

發展組織，我們在以下的方針是「發展中求鞏固」，一年來我們也執行了這個方針，與軍事鬥爭，政治攻勢，開展民兵，領導減租，反併村，反自首，反貪污，反搶糧，等相結合。其主要的三個

18

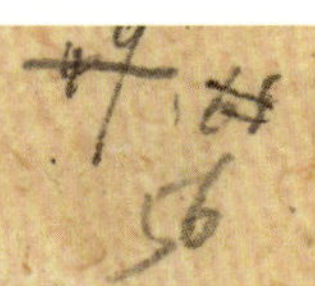

阶段：三月至五月为准备阶段，将释放之俘村及回首收买；六月至八月为普遍伸展、消灭白点阶段，与军事政治攻势、除奸互相结合；九月至十二月为"巩固提高、发展"阶段，和救济工作开展宣传、领导减租、反贪污、反抢粮相结合。从秘密活动转向公开与组织（如一区高家庄从领导农民换组中组织起农会），以个别介绍方式吸收会员（实际是普遍登记会员的方式）。如六区川下九个村去年秘密组织和会员仅有个别关系，今年则有组织者六个村（其中三村村共发展会员75名），有关系者三个村。三区川下十一个村，有组织者[illegible]个村，共会员258名；二区一年来川下工作较薄弱，组织没有开展起来，那里只有个别关系，唐河以南八个村子有组织，[illegible]会员1[illegible]8名（女救会员未在内）四个游击区的区指，以一区游击区的工作较[illegible]有成效，这个区去年十四个白点，今年则剩三个，河南几个村今年新发展会员六十九名，连去年共一一一名；河北十六个村（城内五村在内）今年新发展会员一一三名，去年没有。群众发动大大提高一步（见下表）。一般说，这些今年经过从新审查，从新吸收或新吸收的会员，都是质量较好，觉悟程度较高，且能执行一定任务的，和去年用普遍登记方式吸收的会员质量相较，有一定的差别。

12

57

二

根據以上例舉情形，這裏可以作出一個估計和一個比較，這個估計就是今年根據群眾發動程度的估計，這個比較就是今年群眾發動程度和去年群眾發動程度的比較，茲列表於下：

(A)根據地群眾發動程度　（去年和今年比較）

類別＼村數＼區別	一區		二區		三區		四區		五區		六區		合計	
	去	今	去	今	去	今	去	今	去	今	去	今	去	今
充分發動村	2	3	2	4	2	5	9	13	3	15	0	4	18	44
基本發動村	2	8	4	4	6	4	14	12	15	10	5	10	41	43
初步發動村	2		2		3	2	2		7		7	2	16	4

說明：①六區是今年新解放區　②四區今年劃归六區三個村未統計入表內。

B、游擊區群眾發動程度（去年和今年比較）

區別 村數 類別	一區		二區		三區		四區		五區		六區		合計	
	去	今	去	今	去	今	去	今	去	今	去	今	去	今
基本發動村		3		4	2	4						2	2	13
初步發動村	2	4	2	2	1	1						1	5	8
開始發動村	3	10	5	3	3	4					2	2	13	19
模[illegible]係村	6	5	3	7	3	1					1	3	13	16
白點	14	3	7	1	2	1					6	1	31	6

說明：①去年三十一個白點村，有四區二個白點村（上下北泉）表內未列入。

在根據地，群眾發動程度我們一向不作過高估計，一向不以為基本地區就認為就發動地區，三月會議時如此，今天還是如此。

5-9

基本地区内九十一個村莊，群众彻底発动的村，三月会议时估計十八個，今天則估計四十四個，根据实情，却是不算过高的，自然也不算过低，过高过低对工作都没有好处。这三种不同程度的村莊，其特点各如下：

一、彻底発动的村莊，其特点是：①実行二五減租，彻底取消了一切超经济剥削，高租、明减暗不减等現象消除，租佃形式租佃关係单纯，农民保証交租交息。

②充分発动了广大基本群众掌握了武装政权，基本群众既得利益相当巩固，婚姻劳动政策也得到了[illegible]贯彻。

③群众拥軍生産对敌斗争情绪高涨，並表現於行动，群众英雄主義大為発揚，開展了竞赛，培养出模範。

④群众的思想陣地相[illegible]巩固，对共产党八路軍及其政权有了充分的認識，表示拥護，反法西斯，反特务已成为群众運动，迷信思想已是残余，謠言已不能動[illegible]群众胜利信念。⑤群众百分之八十到百分之组织起来。

基本発动的村莊，其特点是：①実行了二五減租，基本上废除了超经济剥削，但個别高租，明减暗不减的現象还存在，地

15

五等四區改的事情還有 過去貫徹政策多採用自上而下的恩賜方式（群衆未充分發動起來）。

②基本群衆尚未充分發動起來，鬥爭的自動性還差，群衆既得利益不夠鞏固，群衆情緒（積極性）還不夠高漲。群衆英雄主義還不夠發揚，其他政策也未能徹底貫徹（如婦女自救等現象還有）。

③群衆思想陣地不夠鞏固，教育不夠開展，迷信和謠言還能夠在其中潛行。

④有百分之七十到八十的群衆被組織起來。

初步發動的村莊其特點：①．抗日政策已提出但還處於初步執行（因接敵區或長時爲敵佔領）。

②．高租，明減暗不減現象，相當普遍，租佃關係複雜。

③．有組織的群衆甚百分之五六十到七十。

④．基本群衆優勢還談不到鞏固，生產未能造成運動。

⑤．迷信思想和一切謠言還能流行，並且起一定作用。

在新區，所謂基本發動的村莊，是指抗日兩面村，形式政能貫徹。抗日政策（土地，優抗等）能基本執行，抗聯組織較健全，基本群衆有發言權。能掌握政權。並開始武裝或

61

或要求武装，群众对共产党八路军有认识，相信共产党的主张和政策。初步发动村，是指倾向于抗日的两面村或中间村庄，使敌伪政策部份能实行，抗联组织能起作用，基本群众敢发言，政权为我方掌握，群众对共产党八路军的望很好。一般发动村是指亲日两面村，抗联已建立组织，村公所若干部份青年群众已暗中行动起来，我方政策开始在村中酝酿，政治攻势能发挥作用，一切奸细分子慑于我方声威不敢公然作恶活动。

冀热察解放区、游击区，今年群众发动程度均较去年大大提高一步，今年群众进一步发动，表现如下特点：

(一)晋察冀南山地区为老区老根据地之一，一九三八——四〇年群众已普遍发动起来，大部份达到基本发动程度，但一九四〇年以后，即停滞不前，甚至有的村子（如五区杨庄、岗河，四区蔡井、刘庄，二区良庄等）还有倒退现象。除了领导上的原因（如干部思想右倾，贯彻政策和发动群众脱节，群众教育空洞，不敢放手进行阶级教育，工作不深入——居民高度分散是原因之一）和敌我斗争形势转变的原因（如敌伪修北堡后，我之领导甚至撤出到区）而外，还要是由于严重的天灾敌祸（一九三九年大水灾，是

17

成了一九四〇年的大飢荒，群众大批外出西走口，社会秩序無法維持，群众情绪一落千丈。再加上白志沂的叛变，敌人深入内地上息、下关，接設据点，進行瘋狂扫荡），群众生活陷入高度困难，即使元氣一时無法恢復之故。並非如過去一部份人所設想：「僻地群众落後，群众落後、愚昧」等等之故。所以，發动群众问题，首先是恢復群众的元氣問題，即解决群众的衣食問題。「群众元氣恢復，群众情绪才能提高，群众英雄主义才能發揚」。這個發动群众的首要問題，今年在某种程度是适当的解决了。（並未彻底解决，因為群众还未达到豐衣足食，即使足衣足食，即使新解放區難維持）

（二）但大生產運動本身，对發动群众来說，這是一付壯药，只解决發动群众的基本問題，還解决不了發动群众的全部問題，還有两個問題，一個是貫彻政策和發揚民主（反法西斯在内）問題，一個是群众文教和群众武裝問題。

貫彻各種政策，特别貫彻减租政策，不但是生產運動的先决条件，而且常常成為發动群众的中心环節。是即今年群众進一步發动的村莊，大部份都是由於進一步貫彻了政策，典型村莊如崖南街、王家堡、東長城等，這些村莊政策貫彻，生產和發动

63

一切工作随之带动起来。发扬民主也是一个重要问题，想要进一步发动群众，这个问题一定要解决。发扬民主的先决问题，是扫除民主障碍物——进行群众性的（不是光除奸部门的）反奸特斗争，今年大华庄 下关 上寨 甘河沟群众之所以能进一步发动，就是由于开展了斗争这个，群众取得了胜利（基本群众在政治上占了优势）；发扬民主的第二个问题，是改变领导作风，一切不走群众路线，不根据群众需要和自愿，强迫命令，应该彻底废除，我们今年干部积极贯彻了这点，即改变领导作风的工作，因为干部作风改变了，废除了自私自利，负责任，强迫命令，因而将群众带动起来发扬了群众积极性的典型例子，有二区銀廠（这个村由去年的初步发动提高[illegible]发动）。

开展群众文教工作，也是发动群众的一个重要环节，去年贯彻了生产搞起来了，民主发扬了，群众就需要文教工作，要求思想阵地的改善，文教工作在生产和民主的基础上开展，群众发动程度就大大进步的提高，如[illegible]北洞文教是真村，情形也如此，王家寨 龍王池 下关 [illegible]是代表。这些村的村干部们今年都发挥了教育工作的力量。因为村里有许多一向被村干部们认为没有办法的落后分子，在今年民校实际小组，村

19

到困苦教育之下，而意外的改变已来了，在村里一切工作都好推動了，群众一致赞好领导了（村干部语），这就是为什麽今年村干部们这样那样热心於文教工作的理由。至於群众武装斗争的开展，更是鼓动群众劳动的重要标誌，大生产运动中，以武装斗争的开展标誌着群众进一步劳动热潮的典型村庄是关河，雁翅（这两个村子都是去年处於基本劳动，能提到充分发动的雁翅村群众劳动情形可参看去年十二月十五日报上的通讯）。

这些问题的解决，并非排成固定的次序，而是根据各村具体情况，或前或后，互相联系，以及互为因果的。然而无论解决那个问题也好，一个共同之点，是必须从基本群众的利益出发，造成基本群众的优势，发扬基本群众的积极性，忘记了这个出发点，就不能达到发动群众的目的，就会徒劳无功。

（三）川下县开展的情形与特点：川下多少村庄（如一、二、三区大部份村庄）都是自1938年——40年期间经过初步发动的，有的经过基本发动（如水泉、鹅鸭泉、上中下野窝、高渠沟等），这个初步发动或基本发动，群众对共产党八路军抗日政府与团体都有过很好的认识，亲身体验和享受着民主自由的生活，基本群众（以农会为代表）曾处于优势地位。但1940年以后由于敌我斗争形势的转变，敌人在军事上估较的相对优势，我之领导大踏步后撤，基本群众优势被打落，乡村政权重复。之后由于对敌斗争存在偏差思想，（另一方面是根据地的保守思想）的滋长，领导上逗留不前，群众没有能够从新发动起来，有时领导上进行不连续的冷热病似的攻势（群众里某得我们的攻势的）每次攻势中群众抬一抬头，但攻势一过，情形仍然照旧（如川下好些村子的群众组织都是经过好几次的恢复好几次的摧毁的）整个一九四三年就是处于这种停滞徘徊的情况，但今年一年来，情况又有了变化：一方面由于敌人的困难增加，兵力减少，一方面又由于敌人的掠夺有加无已，群众痛苦与负担激增加，敌人弄到无法再维持下去的地步，群众到无法再生活下去的地步，就构成一个有利条件的领导向前跃进一步，特别自六月里了县委以后，我之连续攻势造成连续攻势（一区做得较好，二区做得较差）群众开始普遍起来或进一步发动起来。但今年要依靠政武装与群众，开展对敌斗争与生产（领导群众直接）和减租（如高以后领导群众救）租，以武装民兵斗争开辟道路，以领导生产貫徹結果（從而開展反霸及反貪污）修築路基，使我們領導轉變，路更向前進。目前開闢道路的成績已有可觀，而修路基的工程尚待開始。這就是今年吳堡川下群眾運動的情況和特點。

二.

一年來的群眾運動證實了這一點：吳堡工作基礎雖然差一些，（主要由於嚴重的天災敵禍再加上領導上的毛病），但群眾條件並不是差，群眾並不落後，其積極性、創造性和接受新鮮事物的能力強。一部份人的論調以為吳堡群眾鬥爭性差，特別是武裝鬥爭更以前差，但一年來的民兵戰績很強烈的反駁了這種論調，該縣民兵不但能夠以武裝保衛生產，保衛家鄉，如吳堡、草山溝、東溝河、……和座道人、王良村、下關、上關等村都有範例，都創造了模範戰例，而且能夠獨立自主的襲敵，攻打據點（如……溝、東溝河民兵經常下川活動，該區民兵強襲自己據點，找回糧食二千斤）。以往工作說吳堡群眾也並不特別落後，特別愚昧，即以今年生產運動中，從模範……的工作成績等……運動成績的總和，群眾設立200——300擔……數，……

22

67

教育的成绩更超过历年冬学运动成绩的现象，和群众的文艺创作天才更是出乎一般人意料之外。所以劳动群众是有条件的，群众是可以组织发动的，还是在领导上缺乏耐心的注意，克服若干缺点。今年群众劳动程度都不止此，这些毛病就是：

(一)、思想上的毛病，一种是右倾思想，不敢放手大胆的发动群众。误解统一战线，对基本群众与其他群众"平等"看待，某种程度，（一部分人）的先照顾基本群众立场而不照顾群众利益，这种思想特别表现在对于执行群众政策，认为不去作自我牺牲，迎来前展，打开新局面，只走上旧路线，不走下层路线，认为非不能执行减租政策；在贯彻政策上将贯彻政策与发动群众脱节，孤立的执行各种政策。甚至有认为减租政策是农民的，婚姻政策是妇女的，劳资政策是工人的，因此就是孤立的发动群众。造成"脱离群众"（农民、妇女、农民、工人）的现象也就因此而生。另有的对劳动群众"不平现象"，不提高警惕性，一个斗争胜利后就放松大意，不去进一步巩固基本群众优势，结果招致"反攻"遭受损失（典型例子是双鹿一区韩家庄问题，这问题现已纠正）五区的妇女自杀案件一年发生过五六件之多，四区的普遍打骂妇女现象，都没有能够及时纠正。这些东西的根源都是右倾思想，这种思想在一月扩干会上[illegible]曾经

23

68

以提写，但并未进行彻底检查与纠正，这是不应当的；十一月扩干会上加以揭发，并进行彻底检查与纠正的工作，除右倾思想而外，存在着组织工作上的“取消”现象，认为组织工作可以取消，说中心工作完成了，组织工作做不做都可以了；认为在完成中心工作中，组织工作是一种额外负担，一种工作累赘，没有当[illegible]权代表痛快，开代表委员会，就不如开开抗联委员会，还不是那么一套？理想气直！！有些干部，甚至一些负责同志，对组织工作没有信心，因此也就不肯多用脑，不肯多想办法，搞不来了搁起，责任推诿，这些现象其实是“取消现象”，这种取消现象一直到现在，尚未得到清算。

（二）作风上的毛病：主要是不走群众路线，就是官僚主义作风，而其主要是包办代替，浮皮潦草（不深入）简单命令主义。例如，我们当然有很成功的群众斗争（如龙王池、崖底）但就是这些村子，干部一走，还未除心胆怯，还要上头来的“压”。干部下乡，先不集中群众意见，根据群众的意见和上级的决议，而是原套不动的一般决议搬下去（当下[illegible]）工作不深入，不主动发现群众中的事，也不主动解决群众的问题。不做周密的调查工作，研究具体材料[illegible]就去调查，将须问题拿到开会大会来，群众当场提意见[illegible]自己所能解

2.4

比群众聪明，有办法，因此不是启发指导，而是简单命令，只顾当群众的领袖，不愿当群众的学生，就是部门与部门之间，也不肯好好的商量，这种作风是妨碍群众的发动的，这种作风的思想根源是 官僚主义"恩赐观点"，这种作风存在一部份同志（当然不是全部，而且有程度上的不同）身上，已经十一腊议决算，但至今未曾克服或未曾彻底克服。

（三）组织领导上的毛病：在组织领导上，有些问题，今年是注意到"生产运动"一条，在生产领导一元化原则下，三月会议开展"领导部门工作与生产工作结合"，并解决结合上的若干问题，第四"四大号召"，提出积蓄；六、七月二县抗联主任（村）会议，号召广大的[illegible]，表扬一个模范村抗联（龙王池）模范小区委员（刘王）模范抗联主任（李保），进一步贯彻三月决议。七月会议，又提出"模范、突击落后"方针（为求得群众工作发展的平衡），在此下提出"通俗易懂是巩固"方针，作为关于组织工作的十项决定（建立县小、副组小区委员，逐级提拔干部，[illegible]实施）宣教工作决议（加强宣传组领导，开展反封建教育运动等，也同时实施）。十一月会议，进行深入的思想领导检查，开展批评与[illegible]会议以后，各级抗联会举行"模范会议"总结一年工作交换群运经验，选举抗联模范（模范村抗联、团体、小区委员、干部、会员等），这工作逐级举行，截止十二月，区级会议业已完成，成绩都不错（如四区村级抗联干部人人意的会议上，彻底弄清了抗联与政权的不同，从彼此交换经验中知道了如何进行组织工作，以组织工作保证中心工作的完成，这些问题以前有许多村干部是搞不清楚的，因此对组织工作是放弃了的，这次大家都觉悟过来，情绪都很高涨）。其他如历次抗干部座谈会，各区的宣传小组长联席会，各个村的青联主任和群众干部大会全县文抗代表大会，都得到一定的成绩，部门工作开始建立起来。

但检查起来，毛病还是不少。首先是集体领导与部门分工，还没有做得好。这是一个老问题了，但还是没有很好解决，包括县区村各级（关键在区级）。县一级是委员会不够健全，缺乏经验，研究工作少，经常深入村情况，只停留在到时汇报。于是有些人的部门工作就搞起来，没有人的，就听之任之。区级委员会也同样是不健全的，有些书记认为主任才是领导者，部门工作同志是处于服从执行地位，领导上的主动性自动性因此失掉。工作既抓不紧，也就不开展，多谈一番还是把问题搁起来——。（这毛病特别表现在五区）。

2-5

71

其次是中心工作來了，組織工作不能全盤帶了去，也不能全盤帶回來，如何帶？始終是一個問題（既不能組織時間，又不能組織力量）。當然整個領導有時對部門工作照顧不夠，但主要是自己對群眾工作的態度問題，責任心問題。再其次是上下級不通氣。這不通氣是上述二個毛病引起的。差不多除了一些會議，上下級（特別縣區）就隔膜了，一些制度都沒有能夠很好堅持下來。這個不通氣，一個時候成為組織領導的主要危機。七月會議以後，始逐漸糾正（基本經驗是自下而上發揚民主，打通上下通氣）。

組織領導上再一個較嚴重的毛病，是幹部政策的掌握發生偏向。縣十月常委會指出：今天領導問題，中心應該轉移到幹部問題上去了，正確掌握幹部政策，解決幹部問題，成為今後領導的重要日程。這是工作碰到大大小小無數釘子以后，得出來的結論。這個幹部的問題，這問題不能正確解決，組織領導機構便會解體，組織領導便會落空。這些所謂幹部政策上的偏向，例如：強調政治，強調能力，不從聯系群眾及群眾觀點着眼，缺少對工農幹部提拔與培養，只看見工農幹部的缺點，不看見工農幹部的長處，使一些工農幹部灰心喪氣，消極。不解決幹部家庭困難（有的是完全不解決），幹部要照顧家庭，便說是落後，扣大帽子，甚至故意為難

（下級幹部偏重的使用常常忽視一些人）不照顧幹部的家庭生產，也不給以照顧，生病的幹部得不到補助甚至連慰問也得不到。新幹部到來便要求其立即要当一個"老工作員"，交以同樣任务，加以同樣責備，使其工作信心喪失。尤有甚者，对個別同級的同志，不从自己領导上來檢討，只加以"動搖""叛變"的帽子，一叫不理，二叫不回，便請警衛隊員，游击小組，用繩子押來，用繩子綑來！押來、綑來之后，加以斗争，交以工作，对其本人或其家屬的困难問題仍不帮助解决。尚有新幹部与老幹部之間，地方幹部与外來幹部之間，知識份子中与幹部之間，關係也不夠正常，多未正確處理，这些幹部問題，因為幹部政策掌握上發生偏向（或者說变质，革命的變成小資產階級的）所以總是悬案未剷除，積案如山，一波未平，一波又起，領导者日夜在幹部問題上打圈子，問題解决不了，便用解決不了的办法：一是"調"，一是"不理"——調有什麼用？不理也無補於事。於是幹部不力，發動不動群運工作。最后吃虧的还是群众——应該獲得的利益沒有獲得，能夠劳動的地方沒有劳動。

所以說：領导上的毛病如不糾正，群動群众的工作就受到直接阻礙。

这就是一九四四年灵邱群運工作的基本總結。

一九四五年一月灵邱抗联

28

浑源县政府关于浑源5至6月工作布置（1945年5月30日）

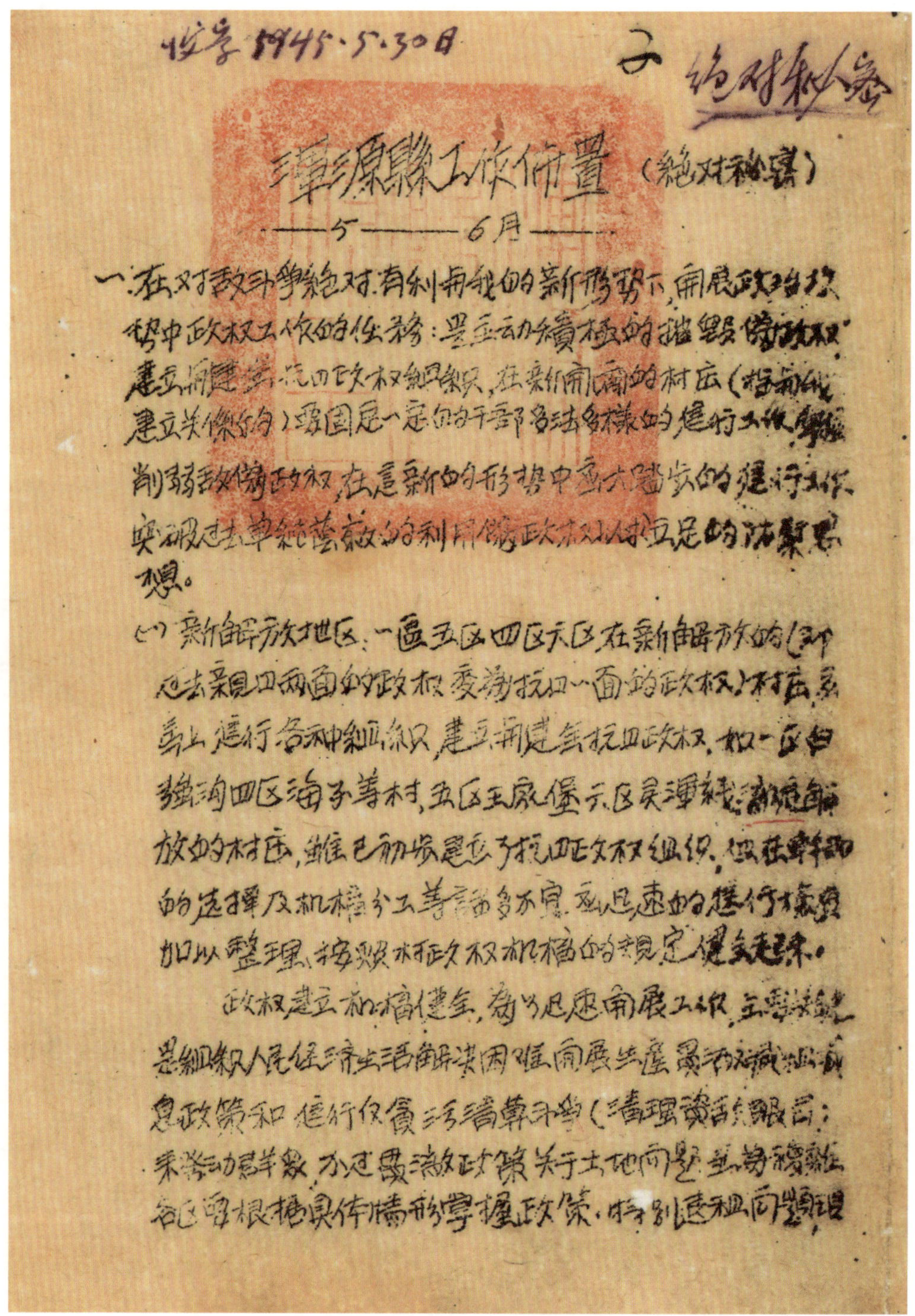

收字1945.5.30日　子　绝对秘密

浑源县工作布置（绝对秘密）

——5——6月——

一、在对敌斗争绝对有利于我的新形势下，开展政治攻势中政权工作的任务：是主动积极的摧毁伪政权，建立开建抗日政权组织，在新开辟的村庄（指前线建立关系的）要团结一定的干部多法多样的进行工作，削弱敌伪政权，在这新的形势中要大胆的进行工作，突破过去单纯隐蔽的利用伪政权以站足的防御思想。

(一)新解放地区：一区五区四区六区在新解放的（即过去亲日两面的政权变为抗日一面的政权）村庄要马上进行各种组织，建立开建全抗日政权，如一区白坊沟四区海子等村，五区王家堡六区吴滩等新解放的村庄，虽已初步建立了抗日政权组织，但在干部的选择及机构分工等尚多不实，应迅速的进行整顿加以整理，按照村政权机构的规定健全起来。

政权建立机构健全，为了迅速开展工作，主要的就是组织人民经济生活解决困难开展生产，贯彻减租减息政策和进行反贪污清算斗争（清理贪污账目：来发动群众，贯彻减租政策，关于土地问题，要马上发动各区要根据具体情形掌握政策，特别是租佃问题，在，在新解放区斗争最烈，我们应本着掌握原则一贯的精神，照顾到租佃双方生活情形和租额负情形进行处理，不能一般化的进行，至于租佃的定租的期限定为几年，不管地主佃户双方经济生活的具体情形，而机械的执行，这不但没有掌握政策精神，更会影响到政策的执行。今后定租问题原则上，定租一年到三年，主要的根据租佃双方情形及租额负情形详细调查，发动群众我们掌握处理之。

（六）新开辟地区（指离四个道据点较近与我建立关系有工作的村庄）如一区许村、武村、东辛庄、岸台铺等。五区杨庄、沙河坨、龙凹等，四区星土坡、南土岑、北土岑、镇泉等，三区花疃、毕村、仁和号、石家庄、水磨疃等，七区楼子口、西坊城、耿庄、羲家寨等，以上村庄，各区在六月份做到掌握全数伪村长、甲长、闾长及其他伪组织人员，我们抗日工作人员他们负责保证安全，所进行的抗日工作，这些人要是不开会法的，他们要坚决执行，并加强，逐步向我们定期做报告。

对建立关系之村庄除将伪组织人员全数掌握外，要突破圈子，设法接近群众，团结群众，密切群众关系。

遵循党三大任务的方针，我们今后工作要向北开展配合北山工作向前推进，在六月份一区要突破张家庄、谢家城头镇、伍庄等。五区突破黄麦川、西庄、塔村（一区原来关系）黑林沟等，三区突破宝峰寨、傅家坡等，七区突破田村、镇关等，这些村庄在六月份各区以大的力量发展去，将这些村庄发展起来和山下地区连成一片，对开展工作在总结和配合上就要加强领导协助。

在六月份要求各区这样多的发展村，但对于开辟村庄关系要用大力去掌握和深入工作，切莫把开辟当作顾此失彼的错误偏向，要加紧进行下层组织工作，积极参加政权人员在成份上有所改善，四区工作已全面开展，主要力量应放在进行掌握伪政权，扩大关系，达到削弱和摧毁的目的，建立起抗日政权，有条件的改善负担办法，做到合理，特别要掌握到对敌负担。

二、加强根据地建设工作：

（一）政权建设：为了进行将要到来的民主大选举工作，各区行政村在划分上，如有领导不便的可以急速重划，没有多大问题的则不必轻易变更，如有的区对村庄仍依自然村领导者，则可抓紧划行政村工作，特别是一区要用大力将本区的村庄根据实际情况便于领导的原则下，注意进行这一工作。

5

村政权幹部以及練戰都可以進行審查，必要時可以抽換。領導上加強和健全各种制度，嚴格堅持村務会議，貫徹民主精神討論工作，幹部要明確分工，徹底實行集体領導、各個負責的領導原則；

（六）總結第一階段的生產工作，佈置夏季階段的生產工作。

第一階段的檢查總結內容

各种作物的播種面積和去年播種的比較。

勞動力的組織情形及經驗

各种基礎数字的補充

宣揚模範勞動英雄的办法和經驗報告

領導工作的方式方法及收穫

耕三余一執行的程度。

第二階段的佈置：

進一步組織勞動力：

已組織起来的進行檢查鞏固其組織進一步擴大，

沒組織起来的進行組織，做到勞動力組織的要求。

夏鋤：达到細鋤多鋤的要求：

穀麥要求鋤二回

山藥要求鋤三回

豆田要求鋤二回

6

抓緊時機進行淤地打壩、修梯田（另發計劃），各区根據實情提出具体要求，

發展工業及運輸業

整理發展硫磺的出產，大量發動群眾开採，

六区東北部煤窯要設法推廣煤炭銷路，提倡大車運煤，修理通九山寺以西的大車路

（三）文化教育：

二区六区和各区抗日、兩面政權村莊以行政村為單位要求普遍建設學校，如果自然村群眾有条件要求建立者可以幫助之。

各区川下村莊根據情形建立，將偽小學和私塾進行改造。

發現农村智識份子团結他們，設法動員出來充當我們的小學教師，条件不要求过高，動員出來後我們加強領導和幫助培養改造他。

為了開展教育，區内擬于六月下半月七月初举办師資訓練班，各区大量的動員知識份子（責成各個干部的責任）準備受訓具体日期以後通知

举办偽組織人員訓練班，已通知各区有積極的动員偽組織人員如期來區，來時区内可組織一下，着專人送來。

二、民主政治工作

晋察冀边区行政委员会发村选委员会组织大纲及村政权概况调查表等希遵照的令（1942年4月2日）

附：晋察冀边区1942年度村选委会组织大纲、村政权检查大纲、村选总结大纲

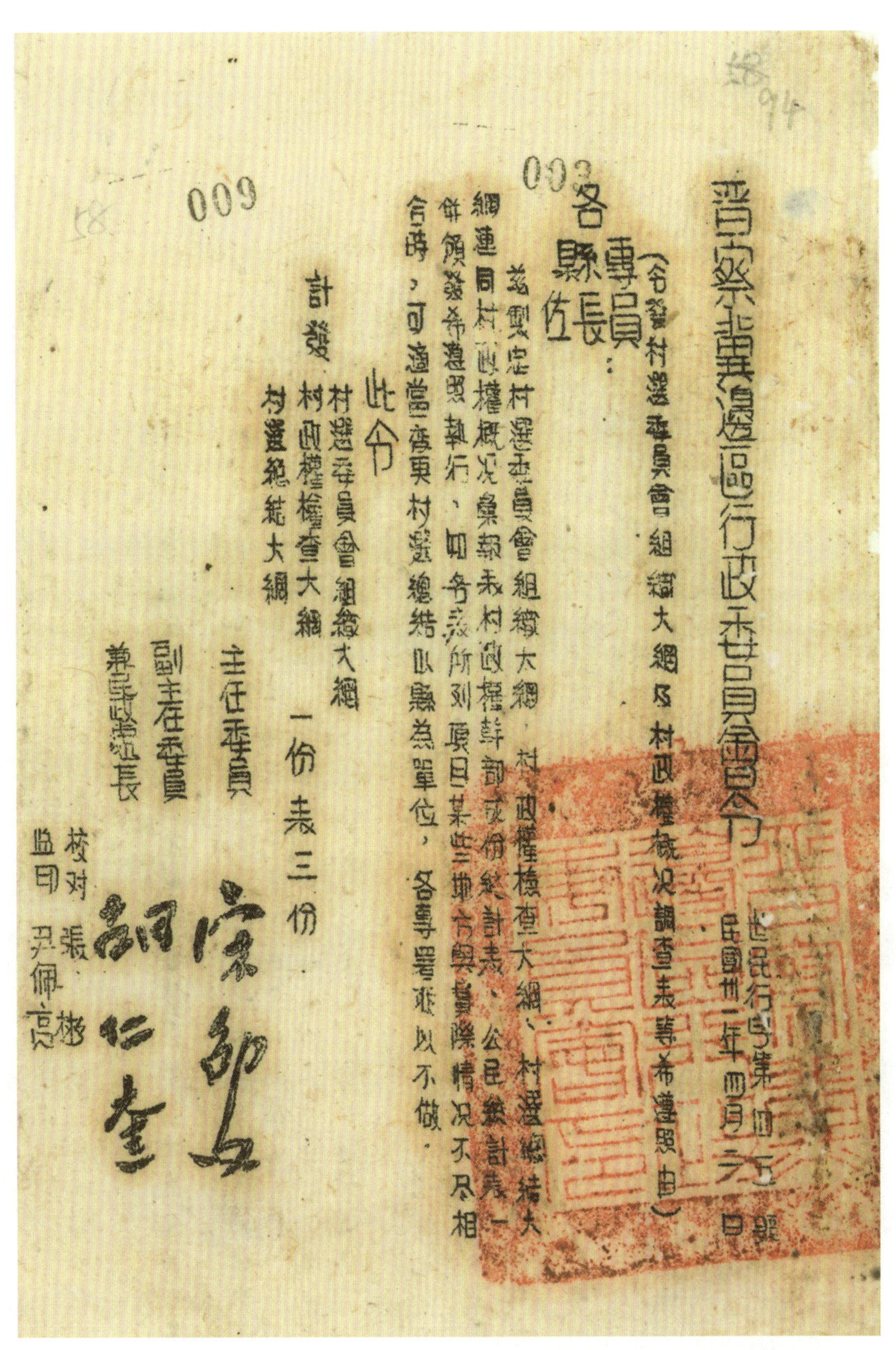

晋察冀边區行政委員會令　边民行字第四五號　民國卅一年四月二日

（令發村選委員會組織大綱及村政權概况調查表等希遵照由）

各專員、縣長、佐：

茲製定村選委員會組織大綱、村政權檢查大綱、村選總結大綱連同村政權概况彙報表、村政權幹部成份統計表、公民統計表一併頒發，希遵照執行。如各表所列項目某些地方與實際情况不盡相合時，可適當修更，村選總結以縣為單位，各專署亦以不做。

此令

計發　村選委員會組織大綱
　　　村政權檢查大綱
　　　村選總結大綱　一份　表三份

主任委員　宋劭文

副主任委員　胡仁奎

兼民政處處長

校对　張掖

監印　吳佩亮

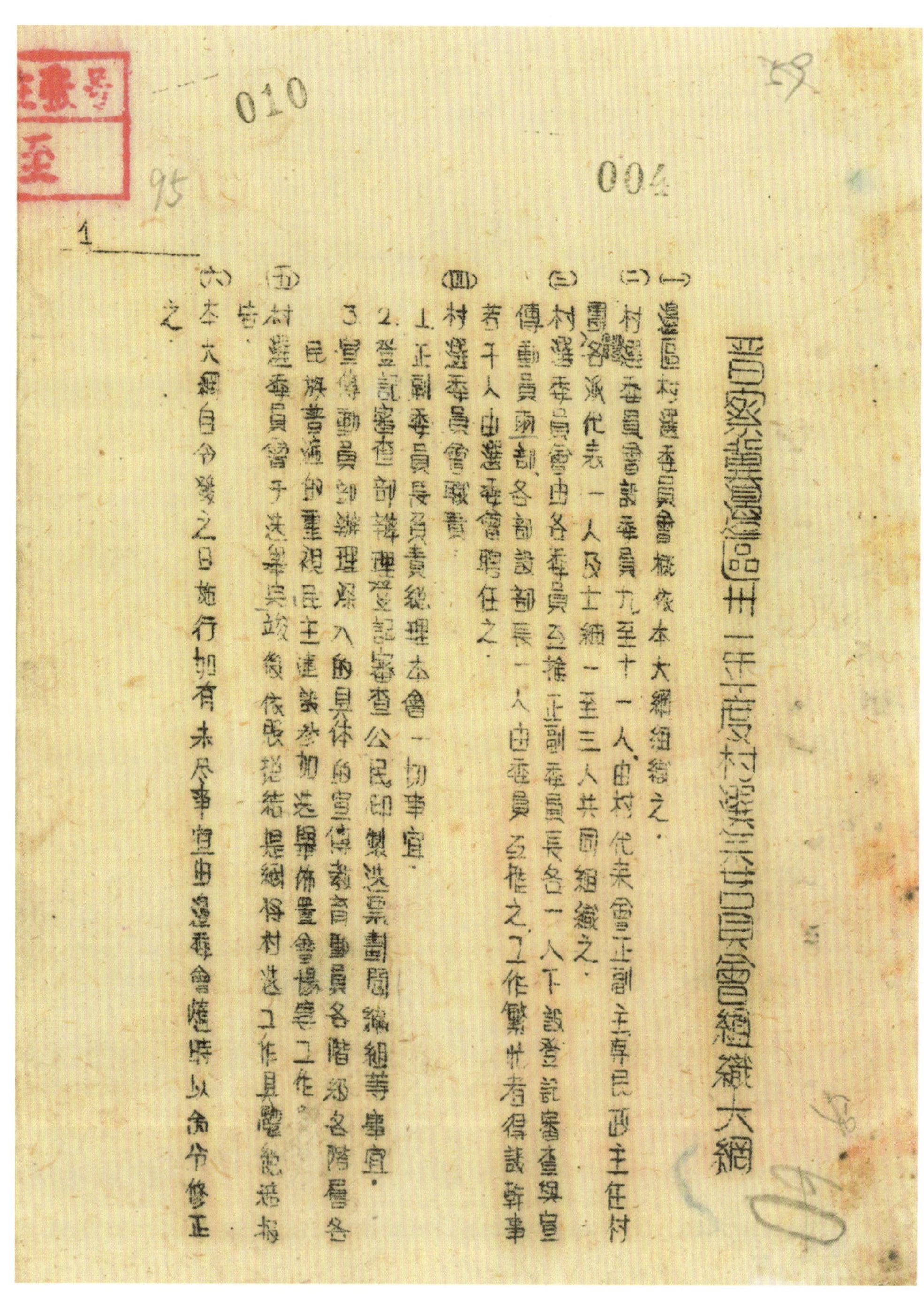

晋察冀边区卅一年度村选委员会组织大纲

(一)边区村选委员会概依本大纲组织之。

(二)村选委员会设委员九至十一人，由村代表会正副主席、民政主任、村团各派代表一人及士绅一至三人共同组织之。

(三)村选委员会由各委员互推正副委员长各一人，下设登记审查与宣传动员两部，各部设部长一人，由委员互推之，工作繁忙者得设干事若干人，由选委会聘任之。

(四)村选委员会职责：

1. 正副委员长负责总理本会一切事宜。
2. 登记审查部办理登记审查公民、印制选票、划区编组等事宜。
3. 宣传动员部办理深入的具体的宣传教育，动员各阶级各阶层各民族普遍的重视民主建设，参加选举，布置会场等工作。

(五)村选委员会于选举完竣后，依照总结提纲将村选工作具体总结报告。

(六)本大纲自令发之日施行，如有未尽事宜，由边委会随时以命令修正之。

村政權檢查大綱（村選時用）

（一）怎樣進行檢查

1. 去年高幹會議後各縣均進行了典型村的調查與研究，對有問題的村莊更進行了整理與檢查但大體是由上而下的，在這次村選中要進行更深入普遍的檢查普遍到每一個進行村選工作的村深入到不是只有少數幹部（縣區村）來做，而是要發揚高度的民主精神，由各階層的廣大人民來檢查自己的村政權，因為只有這樣，才能真正提高人民參加政治活動與關心愛護自己政權的熱誠，而村政權才真正能鞏固．

2. 這一工作不是村選的配合工作，而是村選工作的一部份，因而在進行中，不應該得由於進行檢查工作使村選工作力量分散影響或了草的結果，它在組織與領導上，與村選工作是統一的，不要單獨的建立組織，村由村選委員會領導進行，县区對這一工作應該是站在指導與輔助的地位，在力量的使用上也正如在整個村選工作上一樣，不是平均的使用，而是要看那一地區需要投下多少力量，那一地區那一些問題是更重要的來決定，作基礎好的問題簡單的村，則可由幹部與群眾自己來進行，基礎差問題複雜的村縣區要用最大的努力領導這一工作．

3.檢查中的宣傳動員工作應該是村選工作宣傳動員工作中重要的一部分，它必須要以深入的動員工作，來保證這一任務的完成使每一個幹部成為檢查工作的模範，不僅肯深入認真的檢查別人而且也要以同樣的精神檢查自己，動員與號召各階層每一個人民都踴躍積極的參加到村政權檢查工作中來，使人人能夠暢所欲言，言無不盡（自然也要提防乘機破壞的行為）的來說自己心裡的話，使能發現一切，存在着的問題，在村選工作的傳達佈置中，一切宣傳動員與組織的場合中，均應時刻提出這一點，並且要由村選指導委員會（縣區村委員會）與群眾團體取得密切聯系，各團體要動員每一個幹部與會員爭取這一工作的模範，更要動員與影響群眾積極參加這一工作。

4.檢查的方式方法，一般在鞏固區工作基礎好的地區先由村公所召開全體幹部會議（軍政民聯席會）檢查並做出結論及提出問題，然後向村代表會報告，經過代表會補充修正後得出結論，再由代表傳達到每個公民，再召開村民大會，由代表會主席或副主席提出報告由全体公民盡情的提出意見（討論或批評）與新的問題在游擊區（能進行檢查的地區）無基礎或基礎差的地區，先召開村民大會（或閭民大會）或村幹部會，或個別採訪幹部與村民發現問題，可酌情而定，但必須得出使每一個公民均了解檢查出來的每一個問題，並且他們有意見均能有機會無限制的說出來。更須深入調查了解各村具体情况決定對敵鬥爭策略。

5. 在進行檢查中，不要只是指出工作上的缺点，更須發揚工作上的優點。

(二)檢查內容：

1. 組織機構及工作制度

a. 公民小組，代表會，村公所（村長副各委員會）以及閭的機構是否健全？它們相互的工作关係是否正常？有何優缺點？表現在那裏？原因在那裏？

b. 有些什麼工作制度？堅持情形怎樣表現在那裏？

c. 區鄉村與行政村的關係如何？

d. 今後在組織機構與工作制度上應如何改進？

2. 村財政制度的建立與堅持怎樣？

a. 是否能按照政府法令執行？還有那些不正規？原因在那裡？

b. 有無貪污浪費情形？有什麼具體事實？

c. 整理中的困難在那裡？

d. 全年開支項目數目（敵我兩方）及分配的原則。

3. 幹部的工作作風與方法

a. 在大眾民主作風上表現怎樣？有無強迫命令不准或限制人提意見的情形？

b. 對政策法令的了解與執行上怎樣？

C.刻苦為公的精神怎樣？

D.在工作方法上是耐心研究？还是直接了當一切均求簡單化呢？

E.是否有貪污腐化與形成新的把持操縱黑暗勢力的傾向？

F.幹部中團結互助精神怎樣？

G.那些幹部是最好的？那些最[illegible]　具体的表現在那裡？

H.各階層人對幹部的反映

4.政策法令的執行：

a.政府頒佈的各項政策法令傳達的深入性如何？是否都達到[illegible]運執行了？那些執行的好？那些執行的差？那些執行錯了？理在那裡？原因在那裡？（鞏固區和游擊區[illegible]各提出意見）

b.今後應樣怎改進（包括政策法令本身的問題與執行中的問題）

5.對縣區領導上的意見

a.對下層的了解怎樣？領導是否具体？解決問題是否迅速？

b.對村政權建立制度上的幫助與檢查怎樣？

c.縣區領導對集体領導個別負責的原則運用怎樣？

D.上下級的聯系怎樣？

E.對村幹部工作作風的糾正上做的怎樣？

6.敵我爭鬥村政權之變化過程怎樣？原因怎樣？現狀如何？

(三)呈报總結標準

1.縣政府將每一村檢查所得材料做詳細的審查以備，除一般的納入村選工作總結以內外，並在全縣選擇需要專做檢查工作總結者一至三個村明確總結呈報選委會，更要在全縣村幹部中選擇最好與最壞者各三個呈報專署，專署再由各縣村幹部中選擇最壞者三個，連同各縣所報三個最好的幹部一併詳報邊委會以便分別獎懲。

村選總結大綱（以縣為單位）

一、村選的準備。

甲、調查工作

1.各村具體情況。2.分等分類。

乙、村政權組織形式的確定。

丙、村選委員會的成立。

丁、宣傳鼓動工作。

戊、公民登記，劃選編組

己、發動競選組織當選。

二、村選的進行

甲、選舉大會

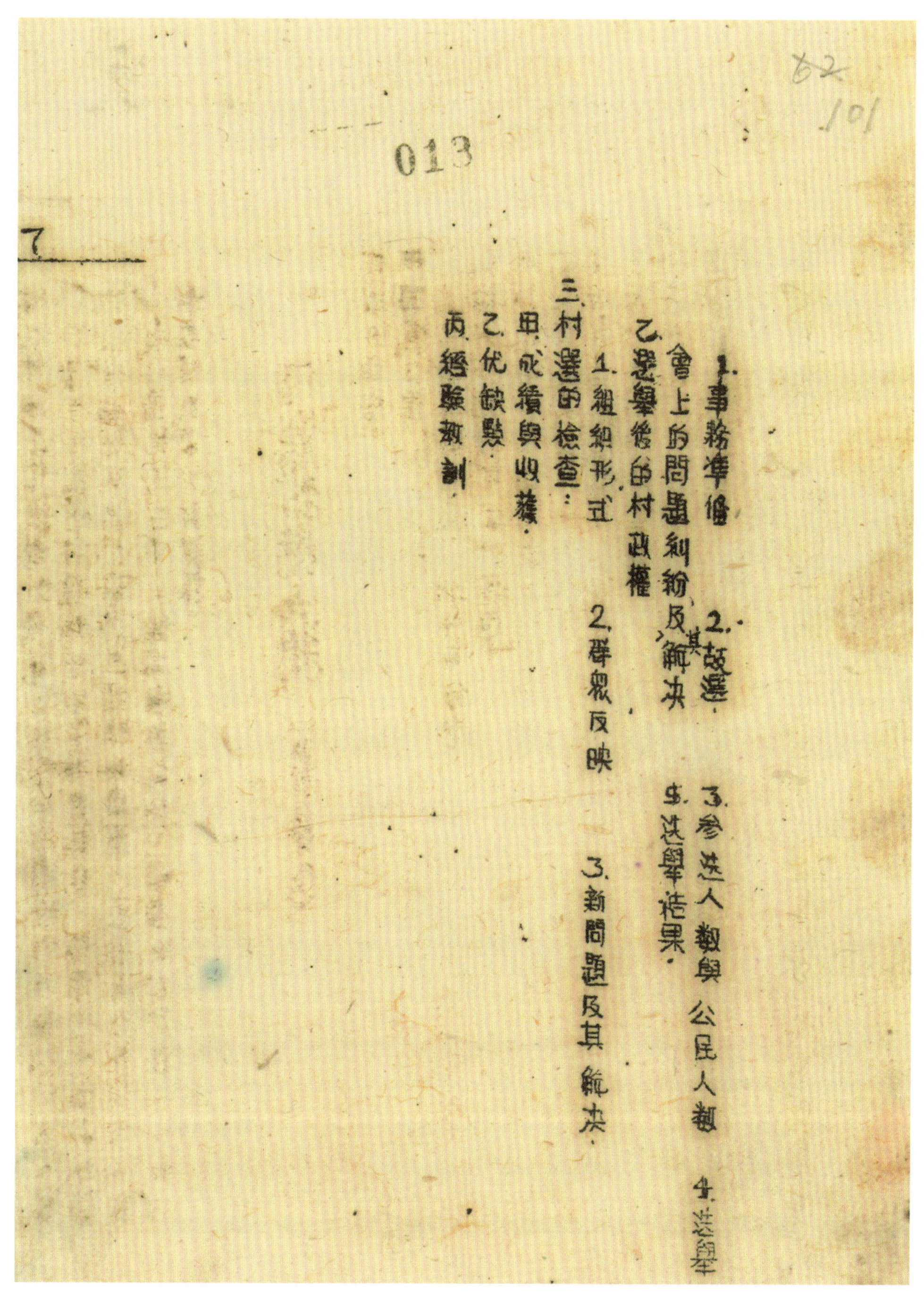

101

013

1.事務準備　2.改選　3.参選人數與公民人數　4.選舉

會上的問題糾紛及其解決　5.選舉結果

乙.選舉後的村政權

1.組織形式　2.群衆反映　3.新問題及其解決

三.村選的檢查:

甲.成績與收穫

乙.優缺點

丙.經驗教訓

晋察冀边区行政委员会为发行行政村检查大纲及区检查大纲等的函

（1942年12月25日）

附：行政村检查大纲、区公所工作检查大纲

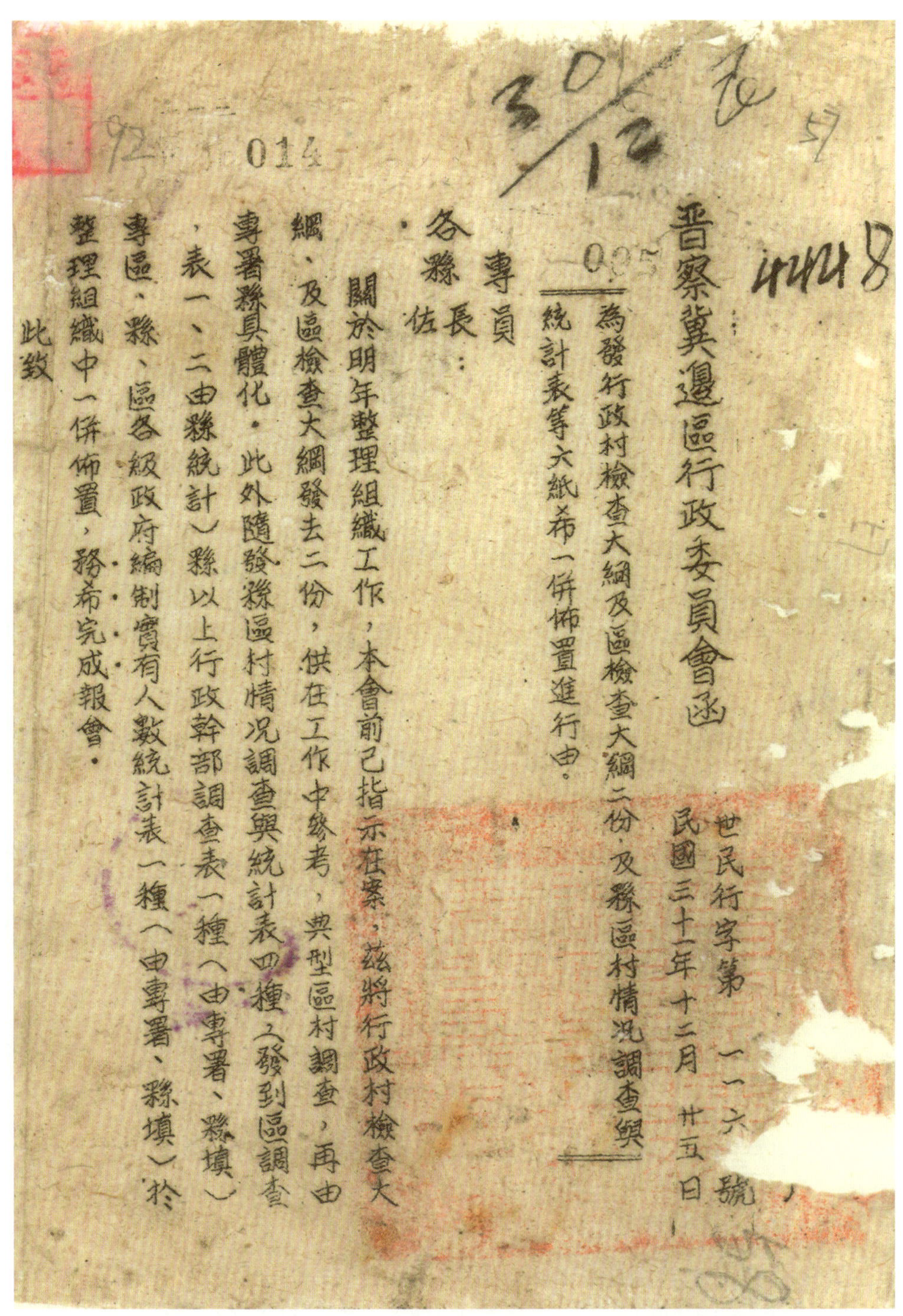

晉察冀邊區行政委員會函

為發行政村檢查大綱及區檢查大綱二份，及縣區村情況調查與統計表等六紙希一併佈置進行由。

世民行字第一一六號

民國三十一年十二月廿五日

專員

各縣長：

佐

關於明年整理組織工作，本會前已指示在案，茲將行政村檢查大綱、及區檢查大綱發去二份，供在工作中參考，典型區村調查，再由專署縣具體化。此外隨發縣區村情況調查與統計表四種（發到區調查，表一、二由縣統計）縣以上行政幹部調查表一種（由專署、縣填）專區、縣、區各級政府編制實有人數統計表一種（由專署、縣填）於整理組織中一併佈置，務希完成報會。

此致

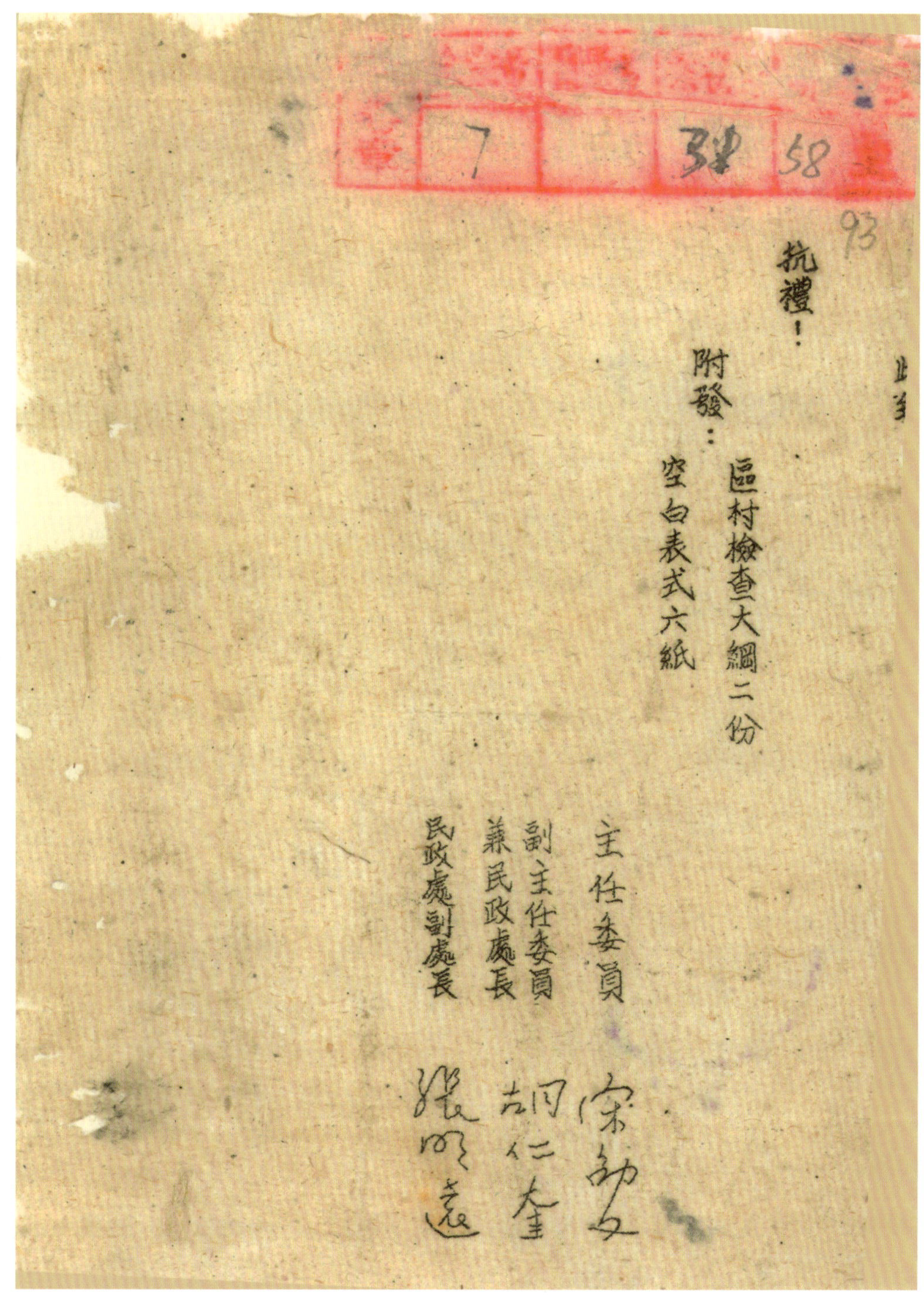

抗禮！

附發：區村檢查大綱二份
空白表式六紙

主任委員 宋劭文
副主任委員兼民政處長 胡仁奎
民政處副處長 張晌遠

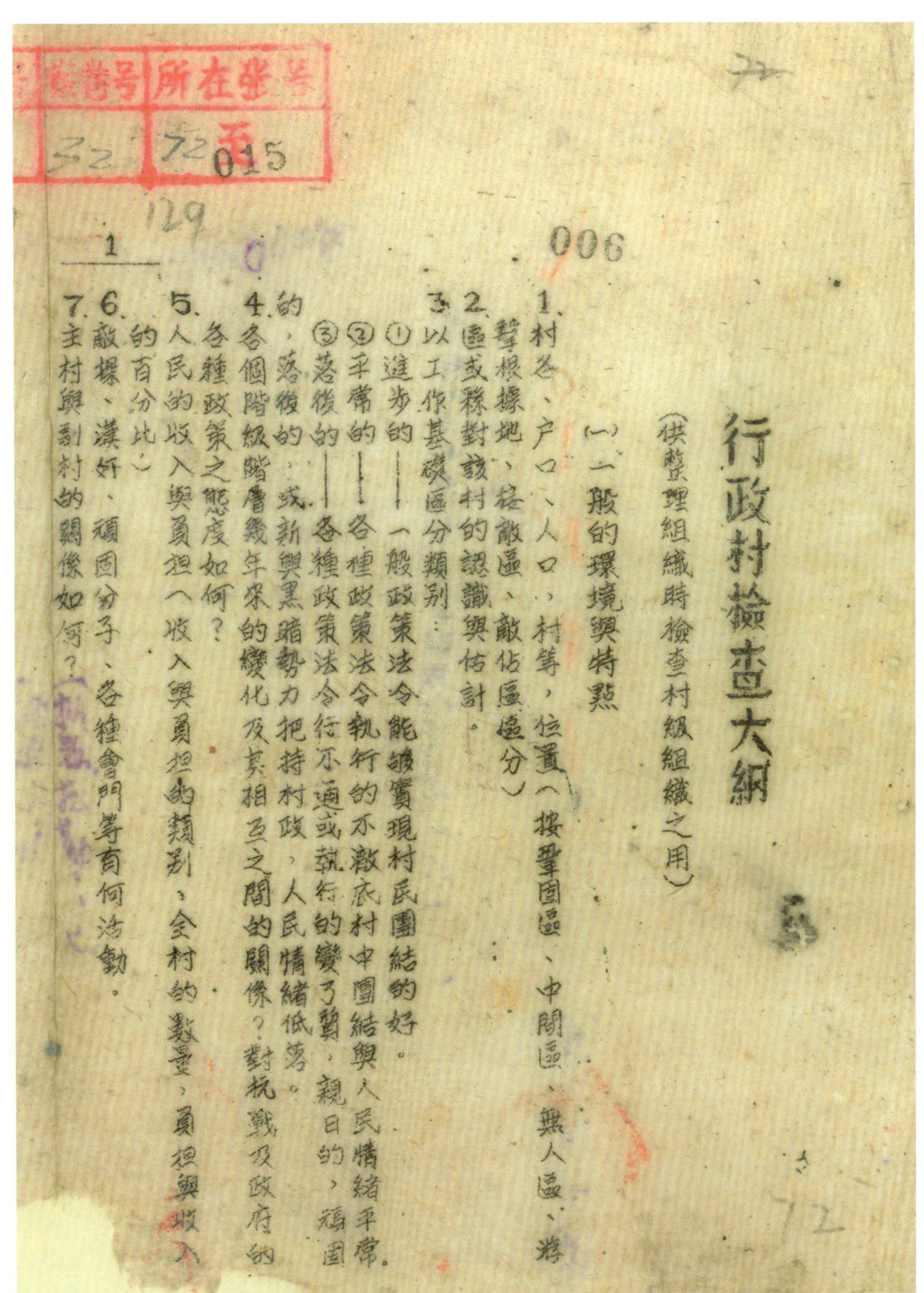

行政村檢查大綱

（供整理組織時檢查村級組織之用）

（一）一般的環境與特點

1. 村名、戶口、人口，村等，位置（接鞏固區、中間區、無人區、游擊根據地、接敵區、敵佔區區分）
2. 區或縣對該村的認識與估計。
3. 以工作基礎區分類別：
   ①進步的——一般政策法令能夠實現村民團結的好。
   ②平常的——各種政策法令執行的不徹底村中團結與人民情緒平常。
   ③落後的——各種政策法令行不通或執行的變了質，親日的，頑固的，落後的，或新興黑暗勢力把持村政，人民情緒低落。
4. 各個階級階層幾年來的變化及其相互之間的關係？對抗戰及政府的各種政策之態度如何？
5. 人民的收入與負担（收入與負担的類別，全村的數量，負担與收入的百分比。）
6. 敵探、漢奸、頑固分子、各種會門等有何活動。
7. 主村與副村的關係如何？

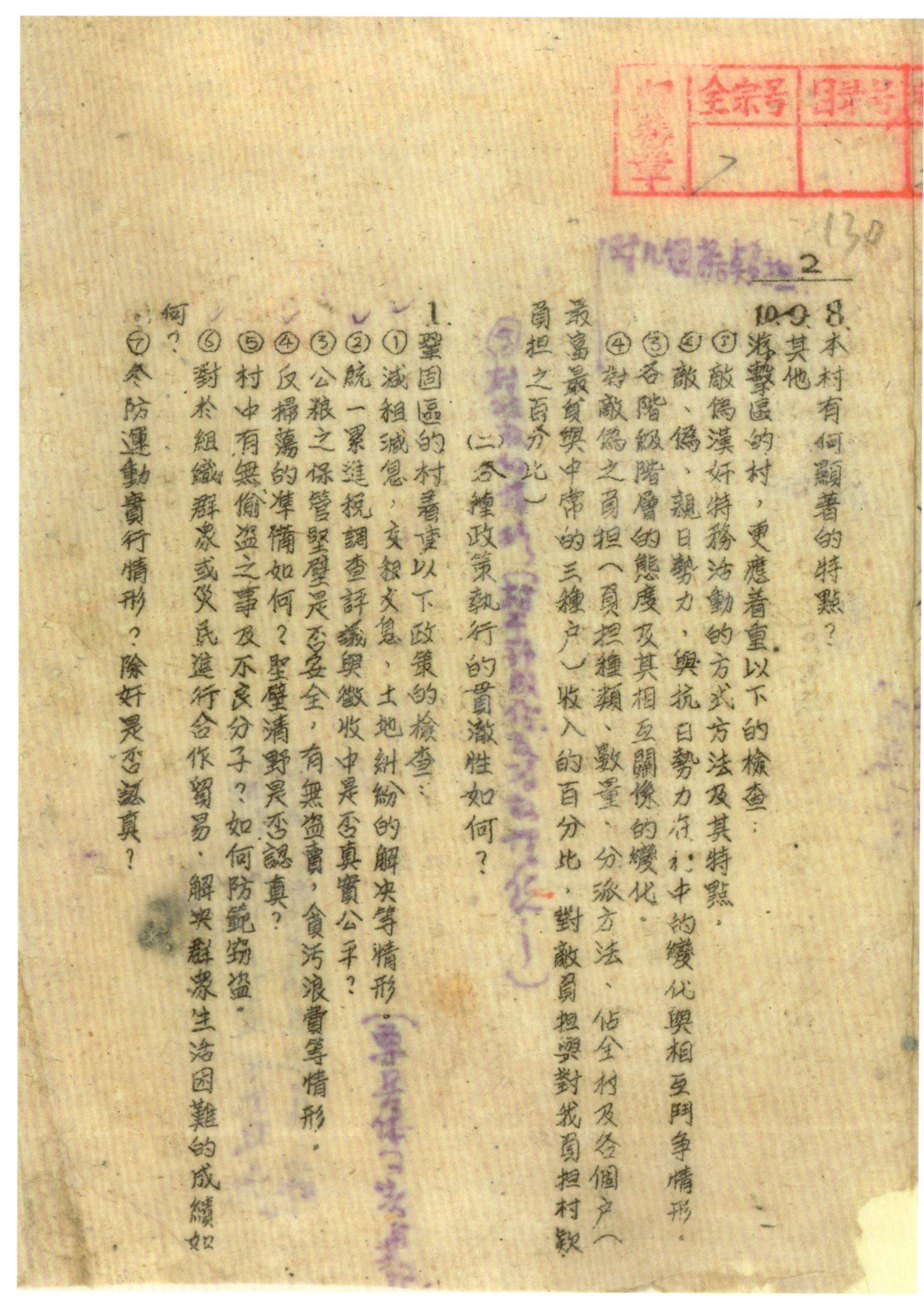

2

8、本村有何顯著的特點？

10、9、其他

游擊區的村，更應着重以下的檢查：

①敵偽漢奸特務活動的方式方法及其特點。

②敵、偽、親日勢力，與抗日勢力在村中的變化與相互鬥爭情形。

③各階級階層的態度及其相互關係的變化。

④對敵偽之負担（負担種類、數量、分派方法、佔全村及各個户（最富最貧與中常的三種户）收入的百分比，對敵負担與對我負担村款負担之百分比）

（二）各種政策執行的貫徹性如何？

1.鞏固區的村着重以下政策的檢查：

①減租減息，交租交息，土地糾紛的解決等情形。

②統一累進稅調查評議與徵收中是否真實公平？

③公粮之保管堅壁是否安全，有無盜賣，貪污浪費等情形。

④反掃蕩的準備如何？堅壁清野是否認真？

⑤村中有無偷盜之事及不良分子？如何防範竊盜。

⑥對於組織群眾或災民進行合作貿易，解決群眾生活困難的成績如何？

⑦參防運動實行情形？除奸是否認真？

016

3

⑧冬學上課情形？

⑨村中各派勢力互相團結與鬥爭情形如何？有無不顧團結抗戰互相攻擊，自私本位，偏左偏右的情形？

⑩村款開支有無貪污浪費情形？

⑪人民參加生產的積極性如何？

2、游擊區，着重以下政策的檢查：

①民兵游擊小組活動的成績如何？

②對於反抗敵人徵調青年，動員青壯丁參加我軍的成績如何？

③除奸的成績如何？對村中敵探漢奸如何控制與肅清。

④對敵偽各種統治的反抗與破壞的成績如何？

⑤村中團結對敵，保持抗日優勢，爭取親日的或中間的政權為抗日的一面或兩面的成績如何？

⑥對偽組織偽軍如何控制掌握？對此工作開展的成績如何？

⑦支敵的村莊，對我抗日政府與軍隊的態度及其忠實程度如何？

⑧揭破敵偽宣傳，進行我們的宣傳展開政治攻勢的成績如何？

（三）村政權的組織與幹部

1. 鞏固區主要檢查以下內容：

①組織機構與工作制度是否健全（代表會、公民小組會、村務會、各委員會的會議，工作等）

132

4

②村代表與公民小組的關係經常否？村民是否敢說話？、

③村幹部在村民中威信如何？是否有欺壓村民、違法瀆職等行為？

④村公所，各委員會，對於完成上級任務如何？

⑤村政權幹部與村民及其他幹部的團結如何？

⑥村幹部辦事是否認真工作是否積極？

⑦村政權中那種勢力（地主、富農、工農基本群眾）佔優勢？

⑧區公所怎樣領導這個村。

⑨村對區、縣有何意見？

⑩檢查者對該村的評定與意見。

2. 游擊區主要檢查以下内容：

①根據該村執行政策與工作成績，確定是那種政權？（抗日一面或兩面，中間兩面、親日兩面或一面）

②抗日兩面政權，怎樣組織的？怎樣進行工作？

③中間兩面政權，怎樣組織的？如何進行抗日工作？

④親日兩面政權怎樣組織的？我們如何進行工作？

⑤村幹部對我對敵僞的態度如何？忠實的程度如何？

⑥抗日幹部當了僞幹部如何監督與掌握？

⑦區對該村如何領導？

⑧該村對縣區的意見

⑨檢查者對該村的評定與意見。

（說明）這個檢查大綱，只能作為區以上的幹部在整理組織時的參考之用，實際檢查時，不必一定按這個大綱的條文，逐項進行，應根據各村具體情況的不同，將檢查項目更加具體化或變通使用之。

區公所工作檢查大綱（供縣或工作組對區檢查之用）

1、檢查者對該區一般環境的了解：

(一)村庄、人口、户數、土地、富力、出産、有何顯著特點？

(二)各村工作基礎如何？（進步的、平常的、落後或頑固的。）

(三)本區各種不同村庄的分佈與種類（鞏固的、中間區、游擊根據地與人區、接敵區、敵佔區等）。

(四)敵偽蒙奸活動的方式方法？

(五)本區階級關係及變化情形？有何著名人物（士紳、地主、知識分子商人等）

(六)人民的情緒與負担的狀況如何？

(七)生産貿易合作事業的發展情形如何？

(八)一年來各村工作基礎及敵我力量變化情形？

2、區公所及幹部的工作：

(一)組織機構，工作制度（會議、分工、檢查報告、生活——伙食、作息學習等）是否健全？

(二)區公所幹部簡單調查，（姓名、年齡、籍貫、任職年限，文化程度、工作表應，一年來幹部調動的情形等）

(三)對區環境了解之深入性如何？是否經常到村，帮助解决問題？

(四)與各村公所的關係如何？如何領導各種不同的村。

134

6

(五)對上級的法令指示等研究與執行的貫徹性如何？

(六)與群衆關係及威信如何？

(七)與各部門幹部的團結互助，及對於民主作風如何？有無脫離或壓迫群衆、貪污浪費違法瀆職情形？

(八)簡政後對工作之影響如何？

(九)幹部對於政治文化等學習如何？對協助員如何領導？工作與政治的情緒如何？

3. 游擊區着重以下檢查：

(一)對敵武裝鬥爭的成績如何？

(二)對偽軍偽組織兩面份子之控制掌握如何？

(三)對敵政治攻勢進行的成績如何？

(四)對各種兩面政權的掌握如何？

(五)破壞敵偽各種設施的方法及成績如何？

(六)一年來在恢復工作或開展工作上的成績如何？有何缺點？

(七)一年來區村幹部傷亡、被捕、叛變、逃亡等統計。

4. 縣對區的領導：

(一)區對縣有何意見？

(二)縣對區如何領導？

(三)縣對本區在檢查前及檢查後有何不同的認識？

5. 檢查後對該區的意見與認定，及該區有何最嚴重的問題？

6. 其他特殊問題之發現與研究！

晋察冀边区行政委员会关于1943年度村选的指示

（1943年1月15日）

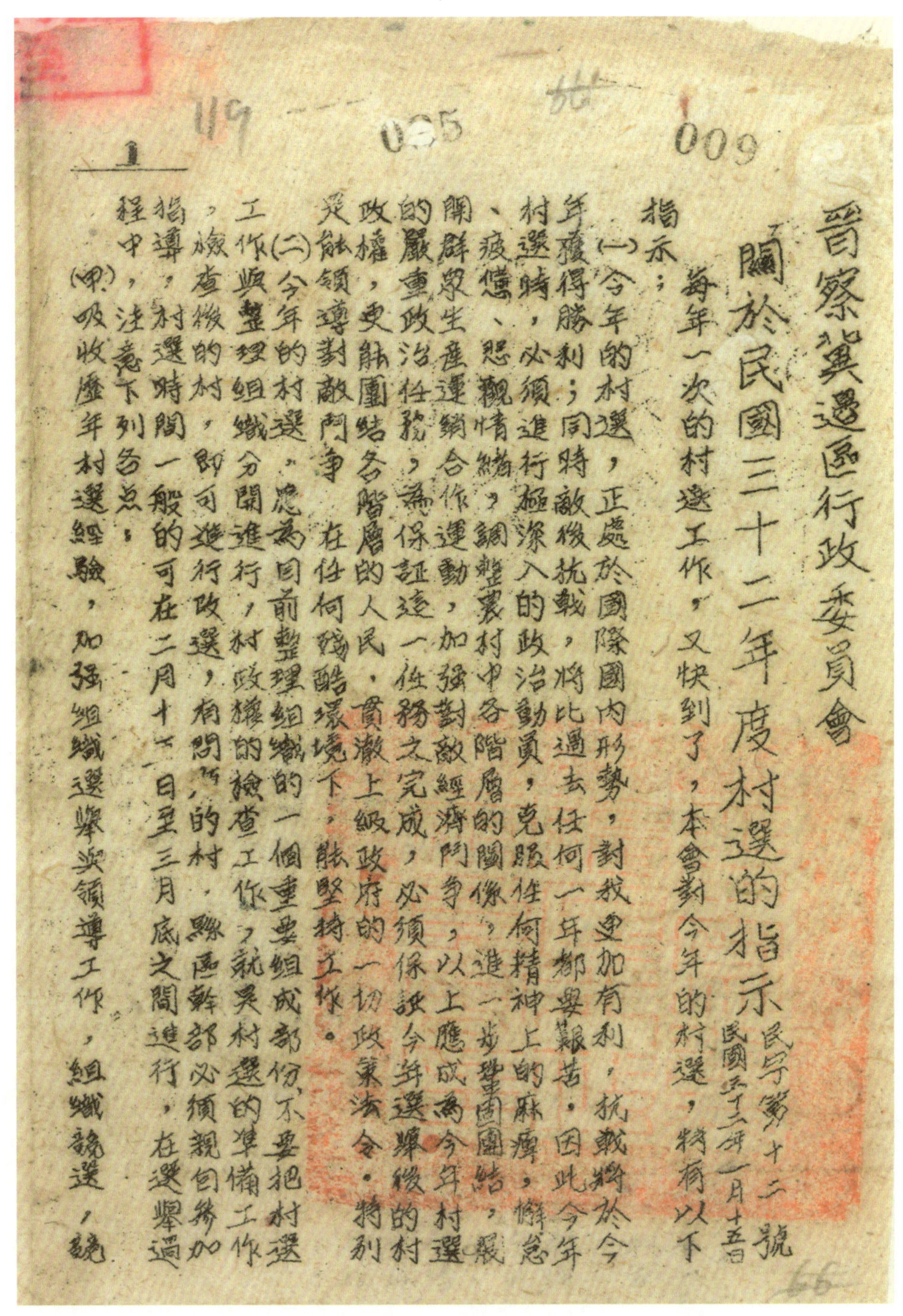

晉察冀邊區行政委員會

關於民國三十二年度村選的指示　民字第十二號　民國三十二年一月十五日

每年一次的村選工作，又快到了，本會對今年的村選，特有以下指示；

(一)今年的村選，正處於國際國內形勢，對我更加有利，抗戰將於今年獲得勝利；同時敵後抗戰，將比過去任何一年都要艱苦。因此今年村選時，必須進行極深入的政治動員，克服任何精神上的麻痺，鬆懈、疲憊、悲觀情緒，調整農村中各階層的關係，進一步鞏固團結，展開群眾生產運動合作運動，加強對敵經濟鬥爭，以上應成為今年村選的嚴重政治任務，為保証這一任務之完成，必須保証今年選舉後的村政權，更能團結各階層的人民，貫徹上級政府的一切政策法令，特別是能領導對敵鬥爭在任何殘酷環境下，能堅持工作。

(二)今年的村選，應為目前整理組織的一個重要組成部份，不要把村選工作與整理組織分開進行，村政權的檢查工作，就是村選的準備工作，檢查後的村，即可進行改選，有問題的村，縣區幹部必須親自參加指導，村選時間一般的可在二月十六日至三月底之間進行，在選舉過程中，注意下列各點；

(甲)吸收歷年村選經驗，加強組織選舉與領導工作，組織競選，競选，可根据本村情况提出对村民的保证，如当选后，使村中不发生窃盗，统一筹统调查公平，节省村开支，等等。启发人民敢说话，深入检查村代表会村公所的工作。

（乙）在检查工作中发现凡为群众所信任的份子，应保证其当选；为群众所畏惧不满的份子，应注意其抑制民意把持选举。

（丙）检查与整理村财政，开展反贪污浪费斗争。在村财政尚未走上正规的村庄，尤应抓紧村概算制度之建立。

（丁）制定村公约，检举与肃清汉奸特务之活动及窃盗行为。

（戊）选举后充实村代表与各委员会的工作，切实健全会议与分工制度，克服目前村代表会形式化的现象。为此，今后县区必须加强对村代表会的组织领导，经常检查其工作及时给以指示。

（三）切实发动群众解决其困难，真正的团结各阶层的人民在自己周围，这是目前与健全村政权的中心关键。因此目前必须加紧对生产运销的合作运动之领导，进行春耕工作的准备，在灾区今年春荒的互助合作与渡荒救济工作等，都要在村选过程中，具体讨论与布置。

（四）在游击区，今年一般的可不必进行村选，但各地可依具体情况及需要进行改造或整理，而两面村敌人如何进行选举，我们应加以掌握。应将巩固与扩大抗日一面的村政权，争取亲日或中间两面为抗日两面或抗日一面的政权，为目前整理村政权的中心任务。在进行中，抓紧下列各项工作：

3

026

(甲)通過與運用各種方法，改造村幹部的成份，肅清漢奸特務份子把持村政權改造流氓成份，使之掌握在抗日份子手中。特别要加强各階層的團結，在村政權中吸收各階層人民的代表參加，如果各階層的關係不協調，對敵鬥爭是不能取得勝利的。

(乙)利用合法與非法，和平與武裝各種鬥爭方法，打擊敵人之徵粮搶粮掠取物資的鬥爭，以期能切實保護群众的經濟利益，减輕人民的負担。

(丙)適當的進行反貪污浪費的鬥爭。在游擊根据地及我工作基礎好的游擊地區，要肅清應付敵偽的人員及偽組織人員舞弊漁利，並逐漸肅清錢薪金的現象。

(丁)加强村中除奸工作，展開群众除奸運動，秘密訂立村公約或實行五家聯保，互相保証不給敵偽服務，發現漢奸特務活動，即時檢舉，肅清密偵密諜，挖掉敵人的耳目。

(五)今年村選的重点，必須放在從當前實際工作與鬥爭中來進行，根据不同地區，不同村庄的特点，確定不同的中心内容，反對任何只圖表面，形式主義，以及把這一工作與其他工作孤立起來的現象。

以上工作希即參照整理組織工作的指示，具體佈置執行，於四月十五日以前總結報告上級！

主任委員　宋劭文

副主任委員
兼民政處長　胡仁奎

民政處副處長　張(?)

晋察冀边区行政委员会关于县议会改选与县议会工作的指示

（1943年3月9日）

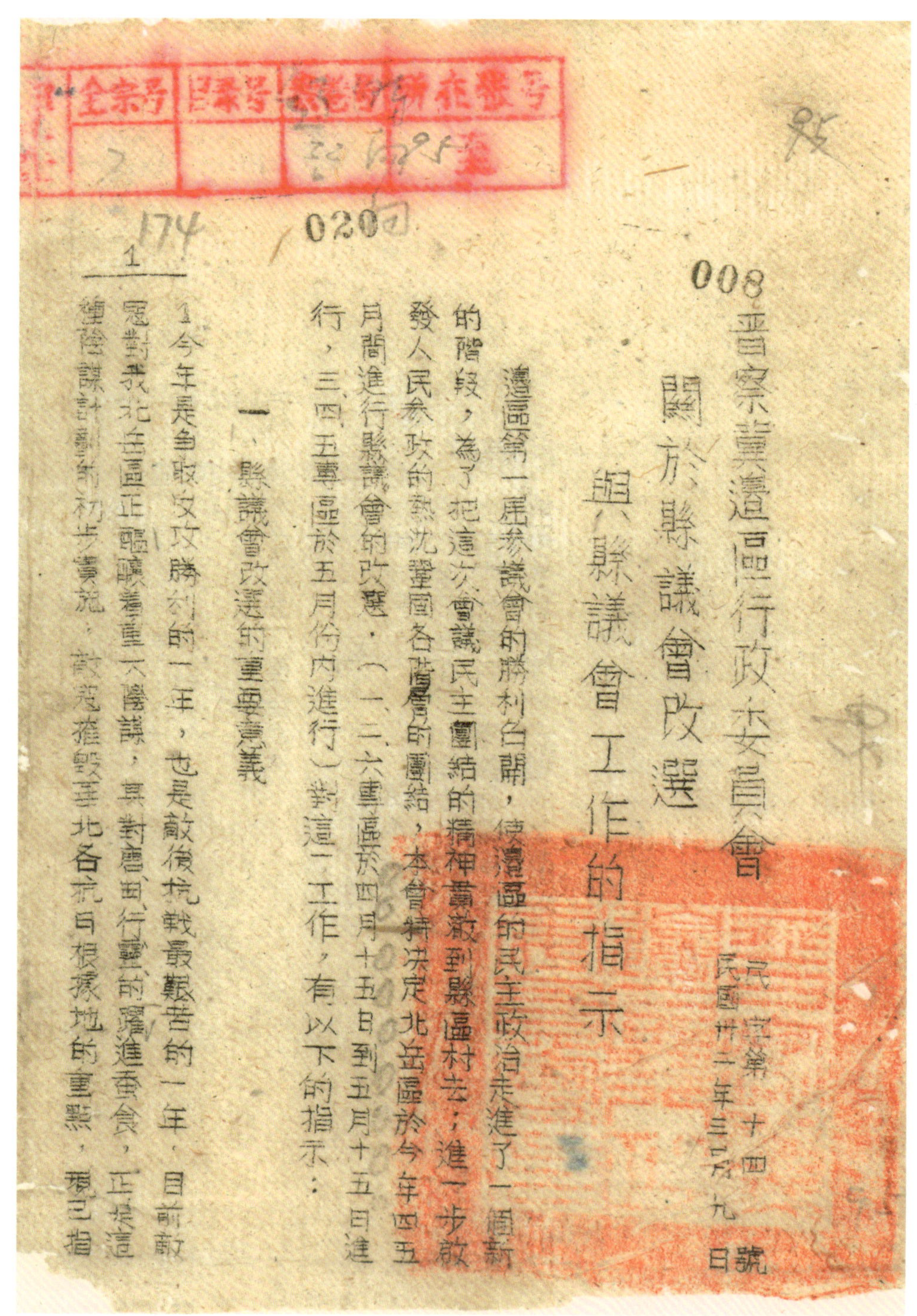

008

晉察冀邊區行政委員會

關於縣議會改選

與縣議會工作的指示

民字第十四號

民國卅二年三月九日

1

邊區第一屆參議會的勝利召開，使邊區的民主政治走進了一個新的階段，為了把這次會議民主團結的精神貫徹到縣區村去；進一步啟發人民參政的熱忱鞏固各階層的團結，本會特決定北岳區於今年四五月間進行縣議會的改選。（一、二、六專區於四月十五日到五月十五日進行，三四五專區於五月份內進行）對這一工作，有以下的指示：

一、縣議會改選的重要意義

1今年是爭取反攻勝利的一年，也是敵後抗戰最艱苦的一年，目前敵寇對我北岳區正醞釀着重大陰謀，其對唐曲、行唐的蠶食，正是這種陰謀計劃的初步實施，敵寇摧毀晉北各抗日根據地的重點，現已指向我北岳區，這必須提高共全體幹部與人民高度的警惕……為了動員[illegible]够的力量以戰勝行将到來之前残酷的局面；和克服經濟上的困難，亟需進一步鞏固各階層的团結，高度的發揚民主，使邊區每個人民都能自覺的積极的團結對敵，與参加經濟建設，縣議會的改選與加強縣議會的工作就是達到這個要求的重要實施。

2、卅九年縣議員的選舉與縣議會成立以來，特別是卅九年的大選運動，對於邊區的民主建設，實有其不可磨滅的成績，然而由于當時對這一偉大選舉運動，尚係創舉，以致表現了不少缺點，縣議會成立後因缺乏經驗，一般成績不大，亦發生許多缺點，主要的表現在：

(甲)在選舉時形式主義與錦標主義，只為表面熱鬧；或強迫人民参加選舉，或則遺漏公民的登記；尤其不少地區隨意将某些落後的或比較頑固一些的份子公民權取消，發生種種違反民主行為。

(乙)當選的議員絕大部份為在職幹部，對於吸收各階層人民的領袖到議會來，使議會成為各抗日階層的代表機關，作的很不够，甚至個別的議員不成為人民的表率。兩年以來，議員的變動很大，離職的極牲的以及個別叛國投敵的，使議會殘缺不全，議員與人民的聯系很差，有些縣分雖曾聘請一部份以補缺額，然而有些被聘請的不孚眾望，反引起某些上層人士之鄙視，有的游擊區遺失聘請書名單，使縣議員遭受危害，影響很壞。（性質任務及其工作範圍，模糊等認識錯誤，把縣議會）

（丙）縣議會的工作極不健全，不少幹部對縣議會看成可有可無形同虛設的機關，議會開會往往形成士紳座談會，幹部會，聽訓會，鬥爭會；會議既無充分準備與中心，所討論與所作的決議，又往往大而無當，不研究上級政府法令每與上級政府的法令相抵觸；對於本縣人民痛苦與若干迫切待決之具體問題，則反漠不關心；至對於組織決議之實現，更是很差。

（丁）縣議會及駐會議員與縣政府的關係，模糊不清，有的駐會議員成為縣政府的上級，對政府行政處處干涉，形同第二政府，使政府感到工作掣肘，遇事牽掣遲緩，影響行政效率極大，有的駐會議員等於政府內部的科長科員，在縣長指揮之下配合工作，一般的議會駐會的經常工作，常未能建立起來。

（戊）選民選出自己的代表為縣議員後，縣議員與其選區的人民之聯系很差，大部縣分是自當選為議員後即與選民無聯系，因之議員代表人民意見到議會，傳達議會決議與政府法令給選民是極差的。人民自選出議員後，對縣議會與議員即漠然視之。

3、為了克服上述缺點，使縣議會真正成為一縣人民的權力機關，並將此次選區參議會的精神與決議，貫徹下去。使選區民主建設更加完善，縣議會進行改選與健全其工作，實為當前的重要工作任務。

二、縣選的中心任務

1、在縣議會改選工作中，要做到進一步提高人民參政熱情，改進與調整各階層間的關係；對於違法或投敵的議員應該提交政府依法懲辦。以提高議會在人民中的威信。

2、要選舉各階層人民的領袖，能夠代表各階層人民的利益的人做議員為此各級政府與選舉機關就需要進行調查研究，動員人民的領袖與代表人物進行競選，或由選舉機關提為候選人。使改選後的議會，在議員的組成上，更能代表全縣各種人民的利益。不能選舉的地區，聘請時，尤當注意此點。

3、在縣選中，要將邊區參議會民主團結的精神在幹部與人民中進行傳達，肅清幹部中一切強迫命令等不民主的作風。

4、在縣選中，必須與人民當前的切身問題，密切联系，對於人民的困難與迫切需要解決的問題，要切實的求得解決，如救災，春耕，負担之減輕，發展生產合作，解決糾紛，統累稅調查不公，游擊區反敵偽掠奪鬥爭等，應該成為縣議會討論的中心。如果人民吃飯問題不能予以適當解決，則人民參政是沒有實際內容的。

三、縣選的準備工作（這一工作應該成為縣選工作的重點）

1、根據這次邊區參議會的精神，由縣議會總結兩年來縣議會的工作，總結要根據本縣的具體環境，確定重點，如災區着重於民生問題，游擊區着重於敵人蠶食問題等，要反對大而無當泛空洞的結論。

2、由縣政府負責協同縣議會及各群團體調查民間痛苦及急需解決的問題，研究解決辦法，準備議會提案，對某些問題的縣單行法規之起草等。

3.選舉的政治動員要確守宣傳重點，要以加強民主團結邊區參議會通過的施政綱領實施重點為中心，特別是加強關於民主參政與對敵經濟鬥爭根據地經濟建設相聯系的宣傳。

4.對於這次邊區參議會通過的選舉條例，縣議會組織條例，（見縣區村組織條例），詳加研究，並吸取過去縣選及縣議會工作經驗，要進行切實周密的計劃，組織縣區村各級選舉委員會，劃分選區，配備與訓練幹部，調查與提出候選人，這些工作都要做充分的準備。

四、縣選的組織與領導

1.根據選舉條例組織縣區村選舉委員會，辦理公民之調查登記，召集會議，監選，印發選票宣傳動員等，在公民登記中，必須嚴防隨便取消公民權的現象發生。

2.選舉區的劃分，在一個行政區內劃分的越小越好。（三五個行政村一個選區）這樣可以吸收更多的選民參加，候選人的提出，應當包括各階層人民的代表，每個行政區盡量提出當地人作候選人。

3.在選舉過程中，要充分發揚與尊重人民的民主，任何違反選舉法的行為要堅決反對，其犯妨害選舉罪者，應依法究辦。對於敵探漢奸破壞選舉的言行，必須嚴加防範與制裁。

4.選舉步驟一般的可以前半個月為組織與動員，公民調查登記訓練與配備幹部之時間，後半月即可分區突擊選舉，選舉完竣即應由第一屆議長召集第二屆縣議會。

5.選舉票由縣政府印發，（參考過去式樣，費用由預備費項下開支，寫書抄錄）發票與收票須由選委會切實負責檢查。

五、游擊區的縣選

游擊區因環境所限，一般的不進行縣選，但必須進行下列各項工作：

1.總結縣議會的工作，調查縣議員的現狀，局部改組縣議會，除原有之議員外，該類應聘請對抗戰有所貢獻為人民所擁護愛戴之人士補充之。聘請時縣政府須調查確實，按照聘請手續辦理之，但切要注意保守秘密，免受無謂損失。對於不稱職或掛名的議員，經過議會或該區人民罷免或撤消之。

2.環境比較好的游擊地區，於五六月間應召開。局部改組後的參議會一次會議以傳達參議會的精神及如何進一步團結對敵減輕人民負担為主。臨近鞏固區之縣，可到鞏固區開。但必須充分準備抓緊時間，不能像鞏固縣那樣開法。在環境殘酷的游擊地區則不必召開，但應盡可能將參議會的精神，向人民傳達宣傳。

3.為了瓦解與爭取偽軍偽組織人員，鎮壓罪大惡極的敵探漢奸，本會正在草擬偽軍偽組織人員登記辦法及組織特別法庭審判罪大惡極的漢奸辦法，這一工作應在縣選過程中審查公佈施行配合春季政治攻勢，積極的展開為一個群眾運動，以進一步爭取我之優勢，打擊敵偽「蠶食」「肅清」的陰謀。

六、縣議會的工作

1.縣議會的性質任務組織，工作範圍，權限，及其與縣政府的關係，在新頒之縣區村組織條例內已有明白規定，縣議會與縣政府應該加研究遵照進行，縣議會不得作與上級政府政策法令相抵觸的決議，縣議會討論此種議案時，縣長應堅持與解釋上級政府的政策法令，不應恐得罪議會卸却責任，致作成錯誤決議後又加改變，影响議會威信。

2.開會要有以心有準備，除議長向作議會工作報告外，縣長應作行政工作報告，報告內容力求簡短扼要，多予議員以發言討論時間，會場佈置與招待等均應周到，但反對浪費鋪張。

3.對於違法失職的村區幹部，提出彈劾，警告，以增強縣議會在群眾中的威信。

4.縣議會不是行政執行機關，故不能出佈告，（對人民可以出公告通告）它的一切決議均通過政府去執行，議會閉會後，縣議員應利用各種集會（如群眾大會村民大會，村代表會等，但不需單獨召集，）向自己所代表選區的人民傳達與解釋縣議會的決議，並經常徵求人民意見向議會或政府反映，今後議員與自己所代表的人民保持密切的联系，是非常重要的；

5.縣議員的權利與義務應在議會上確定，（可以參考邊區參議員的權利與義務之規定）縣議員應當處處為人民表率，開會期間，議員不能代表議會。

6.縣議會是全縣人民的權力機關，縣政府是縣政執行機關，縣議會駐會人員不是議會常委，它的權限與工作重點，應當是督促縣政府執行縣議會的決議，與縣議員保持聯系，搜集民意，解釋政府的政策法令。對於縣政府的行政，不能加以干涉，有意見只能提出建議，無強制執行權（縣議會的決議要強制執行）；但縣政府必須尊重駐會議員，不得視為政府的附屬，當作政府內部的幹部使用。駐會議員只限於議長一人。

各縣縣選工作進行情形應及時報會，並於六月十五日以前（一、二、六專區於五月底）作出總結報會。

晋察冀边区行政委员会关于县议会改选与县议会工作的补充指示

（1943年6月2日）

附：县选须知

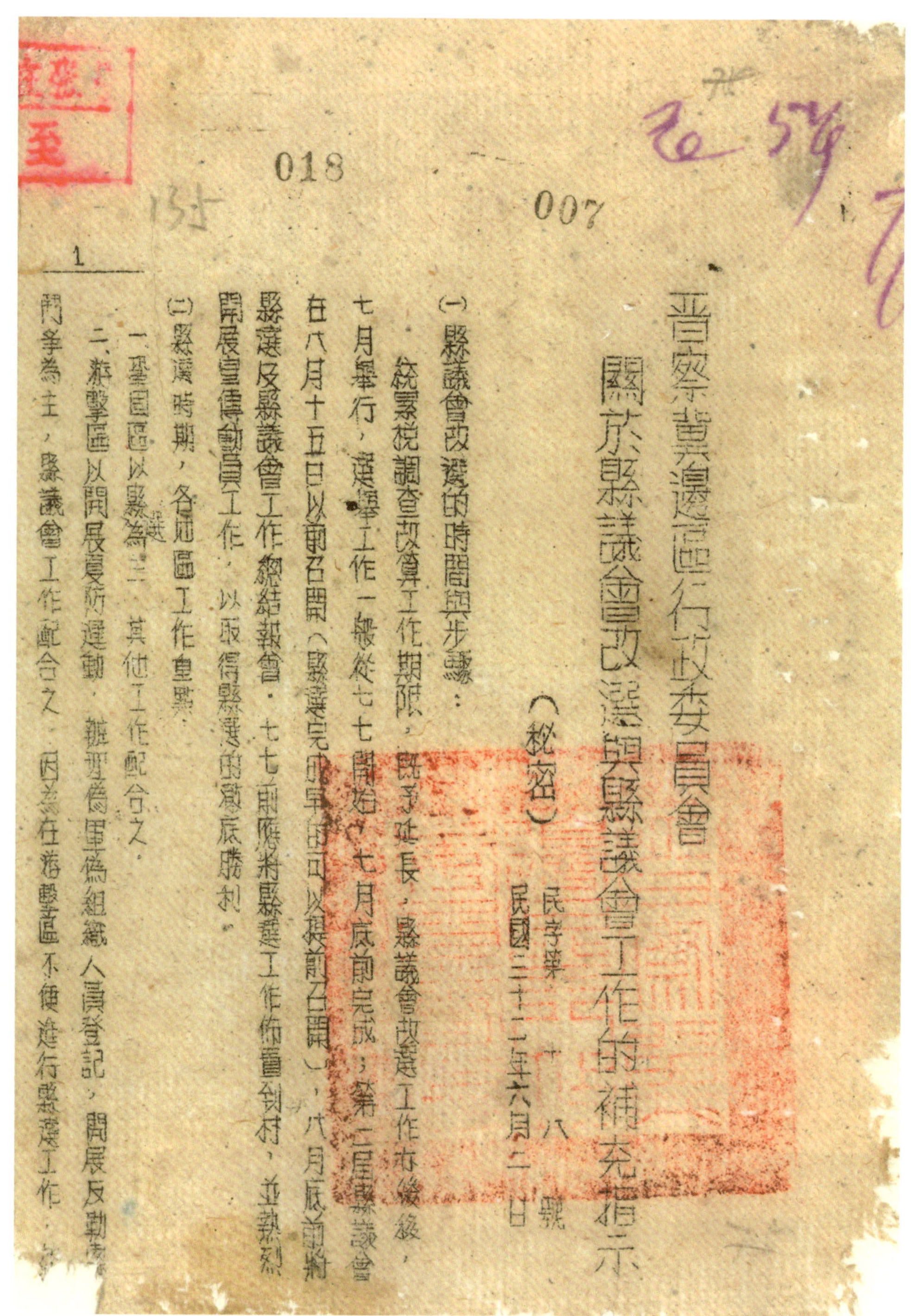

晋察冀邊區行政委員會

關於縣議會改選與縣議會工作的補充指示

（秘密）

民字第 十八 號

民國三十二年六月二日

(一)縣議會改選的時間與步驟：

統累稅調查改算工作期限，既予延長，縣議會改選工作亦後移，七月舉行，選舉工作一般從七七開始，七月底前完成；第二屆縣議會在八月十五日以前召開（縣選完成早的可以提前召開），八月底前將縣選及縣議會工作總結報會。七七前應將縣選工作佈置到村，並熱烈開展宣傳動員工作，以取得縣選的徹底勝利。

(二)縣選時期，各地區工作重點：

一、鞏固區以縣選為主，其他工作配合之。

二、游擊區以開展夏防運動，辦理偽軍偽組織人員登記，開展反勒索鬥爭為主，縣議會工作配合之，因為在游擊區不便進行縣選工作，果能够召開縣議會，也應短小精幹，議員以聘請為主，縣議會在其工作的比重，不能太大。

(三)縣選及縣議會工作的重點：

縣選及縣議會工作的重點，在於發揚民主精神與民主教育，進一步鞏固團結，增強抗戰力量，因之在縣選及縣議會開會前後，應以廣泛徵求民意，解決人民疾苦為第一要務，在縣議會上主要應解決以下問題：

一、傳達邊區參議會的精神與決議。

二、鞏固區生產合作救災及租佃糾紛等問題的具体商決。

三、游擊區以如何使各階層團結一致反對和減輕對敵負担保存人力物力問題為討論中心。

(四)普選與聘請

鞏固地區一律進行普選，游擊區一般的不選，部分環境與基礎好的地區可酌量進行以村為單位的直接選舉或間接選舉，這種地區之決定，可由專署或縣政府具体計劃之，不選的地區，除在本縣之現有縣議員外，缺額一律由縣政府聘請，聘請時須注意。

137
3
019
76

一被聘人員必須是在人民中有威望的領袖，聘請前應詳加調查，切勿濫竽充數，以致有損議會威信。

二、在職的人員少聘，政府行政幹部不聘。

三、實行三三制，共產党員佔三分之一，其他抗日党派與無党無派人士佔三分之二。

四聘請人數也以公民人數比例規定，但為短小精幹起見，應減少全縣應選議員總人數五分之一至三分 之一。

至於新開闢的地區和剛在被侵或環境惡劣的地區，則不必進行以上工作，但為傳達參議會精神與決議，加強團結，開展對敵鬥爭，可召開小規模的士紳或各界代表的座談會，不能就地召開的，可酌量移至環境較好地區召開，一律由縣政府主持之。

(五)關於選舉的組織領導與應注意事項，另附縣選須知。

(六)縣議會的開法：

一、第一屆議長應將三年議會工作作有中心有重點的報告，總結經驗教訓，提供二屆議會事先尤須廣泛的徵求議員意見，政民工作人員

138

4

的意見以備改進。縣長應准備自上次縣議會閉會以來的行政工作報告，並先經縣務會議討論通過，事先準備工作要特別加強，會須開得精幹。切忌大而無當，沒有中心，要能夠解決當前的迫切問題。

二、犁園區：第一屆與第二屆縣議員可以合開，會期不超過四天；游擊區：能到犁園區開會的可以到犁園區來開，如到鄰縣，經事先通知後，應予開會以便利，為了總結縣議會工作，第一屆議長應出席報告，第一屆議員不必到會，會期不超過兩天。如果不能到犁園區開會的，可就地尋找妥善地點開會，會期不超過一天。不能開全体會的，可以採取由縣政府主持分組召開的辦法。但分組召開的議會應作為臨時座談的性質，其所作之決議與正式議會之決議不同，只能提交縣政府採納，不能強制其執行。

附：縣選須知（另發）

二署縣司字令二一四二

附：县选须知

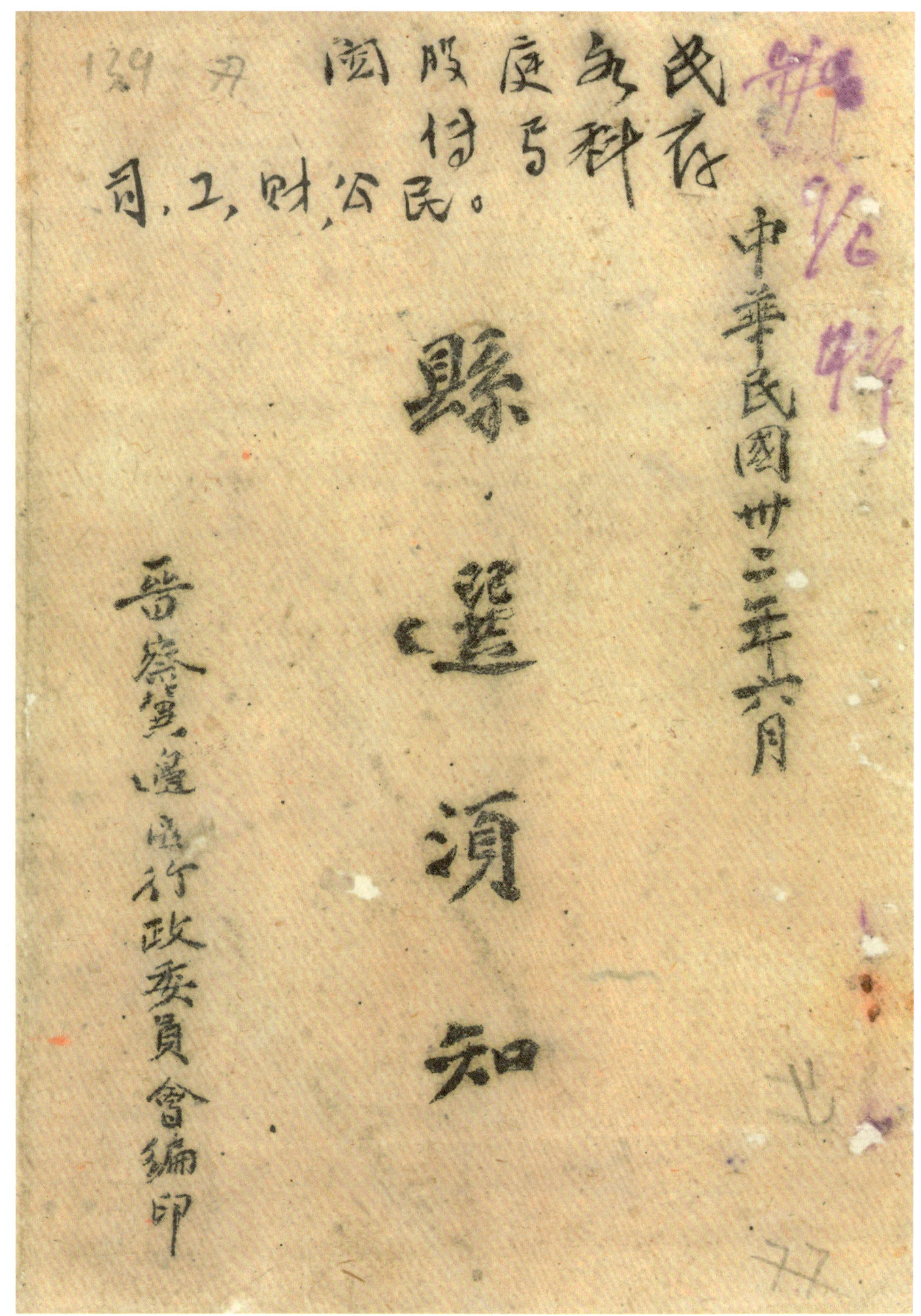
中華民國卅二年六月

縣選須知

晉察冀邊區行政委員會編印

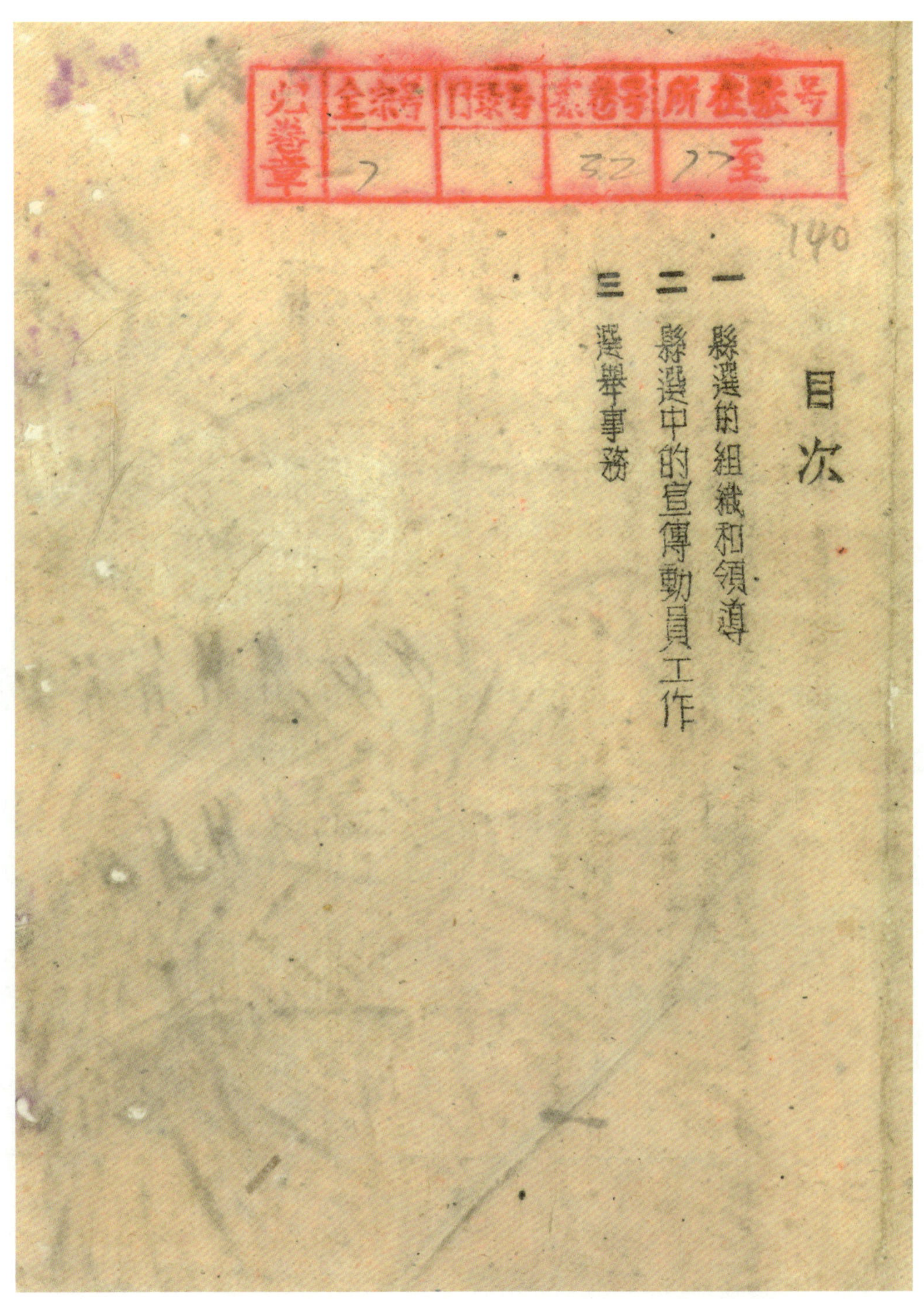

目次

001

縣選須知

（供縣區幹部參考）

(一)縣選的組織與領導

一、縣選的領導機關——選舉委員會

1.縣設「××縣選舉委員會」，區設「××縣選舉委員會第×分會」，村設「××村選舉委員會」。

2.選舉委員會的組織和分工：

主任、副主任——負責領導全會推動督促各部工作，召開會議，總結工作，各設一人。

組織部：負責調查統計選民數字，審查選民資格，辦理選民登記以及選出的縣議員的登記調查統計等工作，設部長一人，幹事數人。

宣傳部——負責宣傳動員工作：如編印宣傳品、小報、通訊，領導舉行大會，組織各種宣傳工作，設部長一人，幹事數人。

秘書——負責會議記錄文書庶務、選票印發等工作的領導，得設幹事數人協助之。

以上各職由各委員互推分任

3.選舉委員會的人選：

(1)縣選舉委員會委員由議長、副議長、縣長、民政科長、抗聯會代表（二人）共五人担任，幹事由政府機關現職幹部中抽調，但因工作繁忙臨時聘請非在職幹部亦可。

(2)區分會委員由區長、民教助理員、抗聯會代表三人或五人担任，三人時可不設副主任，只設秘書，如設幹事，由政民幹部或士紳中選聘。

(3)村選舉委員會委員由村民代表會主席副主席，民政委員，抗聯會代表及村中士紳各一人担任。

(4)選舉委員會的委員，幹事，最好在縣選期間暫時固定起來，脫離原有工作，縣長應當適當分配時間，於一定時間內處理其他問題。

4.各級選舉委員會的關係：

(1)各級選舉委員會受各該級政府領導，但上級對下級在工作上有指導關係。

(2)上級選舉委員會須經常派人到下級督促檢查幫助工作，下級應定期向上級做報告，反映問題和意見。

(3)上級選舉委員會有權糾正下級在選舉中所發生的各種錯誤，下級對此種糾正應即執行。

二選舉委員會在縣選期間的工作制度：

1.會議制度：

(1)委員會十天一次，部務會五至七天一次。

(2)區分會村會議席會原則上在縣選過程中兩次，佈置一次，總結一次，(區範圍内村議席會不便召集的，可按小區分別召集。

2.彙報制度：村向區，區向縣彙報日期次數與方法，由各縣具体規定。

3.檢查制度：

(1)上級對下級工作指示或佈置後，為了瞭解下級佈置執行前情形，須隨時檢查。

(2)下級報告發生了問題的地方，應派人去檢查。

(3)組織對本會本部内部工作的檢查。

4.總結制度：

佈置準備完了，選舉完了，二屆縣議會開罷了，可以合起總結，但進行過程中須要注意搜集的材料，縣應事先佈置給區，區不再佈置給村，材料不能濫要，項目要扼要，目的要明瞭，縣區幹部親自搜集整理。

三、組織選舉與保衛選舉。

1.具體計劃切實檢查：本地區環境如何，敵偽活動，幹部和群衆情緒，農事忙閑，甚至雨水天時，都應盡可能估計到，把縣選工作適當分開階段，運用組織力量，分開地區，分開時間去進行。

2.組織競賽，創造模範：

(1)競賽條件：

a.不僅強迫依靠說服宣傳使選民佔公民的百分比，一般的可定

144

為百分之八十。

b.按期完成，不打折扣。

C.動員深入程度——方式方法運用是否靈活。

(2)競賽單位：

因為地區基礎程度不平，縣與縣區與區可不舉行，村與村競賽由縣評定。

(3)模範幹部（民區村幹部）獎以書籍文具，模範區村，獎以獎旗，獎品費在每縣五百元範圍內由縣從選舉費開支。模範條件及幹部由縣擬定。每縣一個區兩個區幹部，五個到十個村幹部，每區一個村。

3.發動競選：發動群眾運動提候選人，選舉前在不妨礙社會秩序，選舉時在不妨礙選舉會場秩序的情形下，可以利用各種方式，倡宣競選，能夠發動起競選來，選舉便會更加熱烈。

4.創造各種方式方法，進行選舉；如接近敵新蠶食地區、新區鞏地區，以及游擊區須特別注意。

(1)能夠選的儘量選。

(2)能用票選儘量用票選。

(3)不能集中選，可以分組選。

(4)不能白天選，可以黑夜選。

(5)不能直接選，可以間接選。

5.「武裝保衛民主」無論鞏固區與游擊區，必須提高警惕實施覆行運動，制止敵寇漢奸的活動，打擊敵寇破壞選舉的陰謀。

(1)在鞏固區：縣選動員工作中，選民登記工作中，可以進行户口検查，開會時，應注意防空警戒。

(2)在進行選舉的游擊區：實施夏防運動，開展武裝鬥爭，隨時注意武裝保衛選舉，武裝保衛縣議會！

二）縣選中的宣傳動員工作

一、幹部動員：用召開會議（包括參加與不參加選舉委員會的幹部）進行縣選工作的報告討論或給以短期的訓練，等方式進行。

二、群衆動員：通過群衆团体的組織，號召和動員群衆，在準備階段，登記，競選；在選舉階段，參選，競選，利用各種機會（民校，午校、群衆集會）進行民主教育，小學教師和小學生鄉村知識分子都能成為動員群衆參選的一支生力軍。

三、宣傳注意事項：

1、以時事教育堅定群衆民主勝利的信心。

2、以除好教育提高群衆縣選中的警惕。

3、把縣區村組織條例，選舉條例，編印通俗讀物，研究大綱，製定標語傳單漫畫等等，貫徹到群衆中去。

4宣傳動員在縣選各個時期中應各有重點，要與群衆實際生活相聯

146

6

系，並照顧群衆利益，必須深入群衆根據縣選當時的形勢，群衆的要求，而把群衆組織起來，歌詠隊，村劇團，牆報，識字牌等。

（三）選舉事務

一、選舉前（準備時期）

(4)各級選舉委員會成立後，便進行以下工作。

甲、辦理選民登記，由村組織部負責。

1、準備選民登記簿（由縣統一印發，樣式附後）成立選民登記處（地點要便於人民登記）

2、選民登記最好以五天為限。

3、選民登記注意事項：

a、登記時要審查來登記的人是否有選民資格，有的便准登記，沒有的不准登記，並說明原因。

b、爭取不遺漏一個公民，不准隨便剝奪公民權，

c、登記期間，登記處要常有一個人負責，人民隨來隨登記。

d、縣區幹部應當把邊區選舉條例第二章詳細講給村幹部。

4、本村選民登記完了，要統計一下，多少男女，多少老年壯年青年，一共人數，報告區分會。

乙、則選民榜，由村選委會在選舉前五天貼出：

147

7

004

1.選民有遺漏可以填補並報區。有錯誤，可以更正。

2.沒有登記的公民，應調查出來寫在選民榜的後邊，非公民（年齡不足的，被褫奪公權的）都可以不寫。

丙、公告選期：由縣統一計劃，排列各區選舉順序，由區具体各村選舉日期後，村選委會公告給選民，由村民代表傳達給各組公民也可，縣區村須注意，公告選期，最好在選舉前三天辦理。

丁、審查競選：由縣選委會辦理。

1.連署人名單，內容包括：

a.姓名

b.性別

c.年齡

d.住址

e.簽名蓋章

2.提出候選人，須附具候選人的詳細履歷，內容應包括姓名、性別、年齡、籍貫、現住址、現任工作、家庭狀況、文化程度、過去簡歷、對抗戰供獻等。

3.審查完畢，如無不合條件，應予登記，並同通知連署人。

戊、準備選票，確定各區議員名額，由縣選委會辦理。

1.按各區選民数，加臨時增加的人数（約五十或四十分之一）印製選票。（票式附後）

2.選票上不編號，只蓋選委會鈐記，紙料大小要一致。

3、（選舉票）由縣區掌握，不向村發，選舉時當場發票，數字要切實準確，數票要細心耐[illegible]

4、根據全縣公民的總數確定應選議員的數目，根據各區公民數，確定各區應選議員數，通知區村。

己準備票匭，選舉會場，由村選委會辦。

1、票匭可借用群衆的小錢櫃。

2、選舉會場原則上一個行政村一個，能由幾個行政村組織一個[illegible]場更好。要選適中地點，便於防空警戒，便於避雨，避暑的蔽蔭最好。

(2)縣議會準備三年來議會工作報告，縣議員應廣泛征求民意，準備提案，準備對縣議會工作的意見，但主要應注意人民的切身利益問題的解決。

(3)縣政府準備行政工作報告從上次到這次議會期間的，如果是新成立的議會，應把從縣政府成立以來的行政工作情形都報告一下，但着重於最近工作與今後工作。

(4)準備實行間接選舉的地區，由縣擬定報專署批准，報告內容：

1.實行間接選舉之原因，包括區村人口。

2.擬定名額。

3、選舉方法（一般的可由公民小組選出縣選代表一人由各代表選議員，代表人數過多，開會不便可分組開。）

4、選舉步驟。

二、選舉：

(1)各村準備會場的一切用具，佈置會場（會場應按圖附後）

1.劃定選民入場順序，會場位置，排列投票先後次序。

2.防空警戒的準備。

3.擬定會議程序。

(2)選舉應注意：

1.開會時間不要太長，最長五小時。

2.村選舉委員會主席報告選舉方法，及發票準備。

3.競選：對候選人的介紹。

4.指定監票人（選委會委員為當然監查員）說明監票的職責，除村選委員會派代表二人參加外，任人參觀。

5.發票、寫票、投票，票好隨發隨寫隨投（選票一律要寫自己的名字）選民領票後在選民登記簿自己名下按指印或蓋章，以示鄭重。

發票順序：主席、監查員、寫票員、一般選民（按座位人順序）依次進行。

6.票匦在發票前：，應使選民看清匦內空無，然後加鎖，投票完了封口選民未用選票，選民登記簿一併送區。

(3)票匦交區，檢票：

1.將各村票匦逐一檢查，對照票數與選民登記簿選民按指印或蓋章數，然後檢查每張票的真偽，村選委會派代表負責本村的監票，進由區分會主持帶頭之。

2.唱票和記票：推出唱票人和記票人，唱票人專門負責讀選人姓名條，記票人便把被選人姓名記在黑板上，並在他的名字下面記一筆劃（或一「正」字代五票），不要記錯人，每張票上寫幾人，寫幾人便算幾票，規定。

3.統計和總結：每一票區的票寫清記完畢後，應統計每一被選人的得票數，廢票數，總登記選票數和實選票數是否相符（廢票是用複記名投票法，每張票上不只寫一個被選人，是寫幾個被選人，和票數相乘之積，是應有票數，票上實寫人數是實有票數，但寫的人數超過規定應選人數時，以廢票論）總結出被選各人的票數，票多的當選，次多的候補（當選人數按規定本區應選的人數，候補人數不得超過當選人數三分之一）。

(4)宣佈選舉結果：區把各村公民數，公民登記人數，參選人數，統計和總結的票數，應有票數，實有票數，作廢票數，當選人候補姓名和他們的票數，連同選票報縣，由縣選委會將全縣公民數，公民登記人數，參選人數，當選及候補議員姓名作全面檢查，然後統計總結之，緊全縣選舉結果印出公佈各區村。

(5)定期召開縣議會：事務仍由縣選委會籌建，直到縣議會開會後結束。

1.將開會日期、地點，通知各當選縣議員出席，候補議員列席。

2.準備開會一切食宿供給事務。

006

11

3.準備選舉議長、副議長選票（格式附後）。

（6）縣議會的舉行

1.預備會：

A、推舉大會主席團（三至五人），推舉秘書。

B、選舉議員資格審查委員會的人選——由選委會負責亦可，須發議員登記表，每一議員填寫。

C、推舉提案審查委員會的委員，三人或五人。

D、通過議事程序。

2.正式會：

A、縣議會三年來工作報告及討論。

B、縣政府行政工作報告及討論，質問及答復。

C、提案討論。

D、臨時動議。

E、選舉議長、副議長、縣長。

F、議長副議長及縣長宣誓就職。

3.縣議會開會時注意事項：

A、人數審查：每次會議開會前應當首先查出席人數是否够法定人數，足法定人數不能開會，遇有表決時也是如此，主席[illegible]實人數。

B、維持秩序：宣佈開會後，任何人不得隨便出入，隨便發言，議員發言或退席，須經過主席之許可，最好不吸煙，不隨便談話，不攜帶武器，以示莊重。

C、注意警備防空：劃分防空區域，設置警報，以免意外。

D、飲食娛樂：力求適宜，不可鋪張，但對少數民族，宗教的議員，須從其習慣，給以必要的方便。

三、選舉的經費：

甲、選舉經費：包括縣選舉委員會[illegible]文具、印製選舉票、選民登記簿、選民榜及其他宣傳品的開支（縣議會的開支在外，其數目照現行規定）

乙、選舉經費數額：縣選舉委員會的經費，按區劃多少，直接或間接選舉規定：直接選舉每個區一百元，間接選舉每個區五十元，由縣統一支配，大部份為縣選委會經費，小部份補為區級籌備費開支報銷。

丙、村選舉委員會不開支經費，選民登記簿、選民榜統，可從縣區選舉經費內領用。

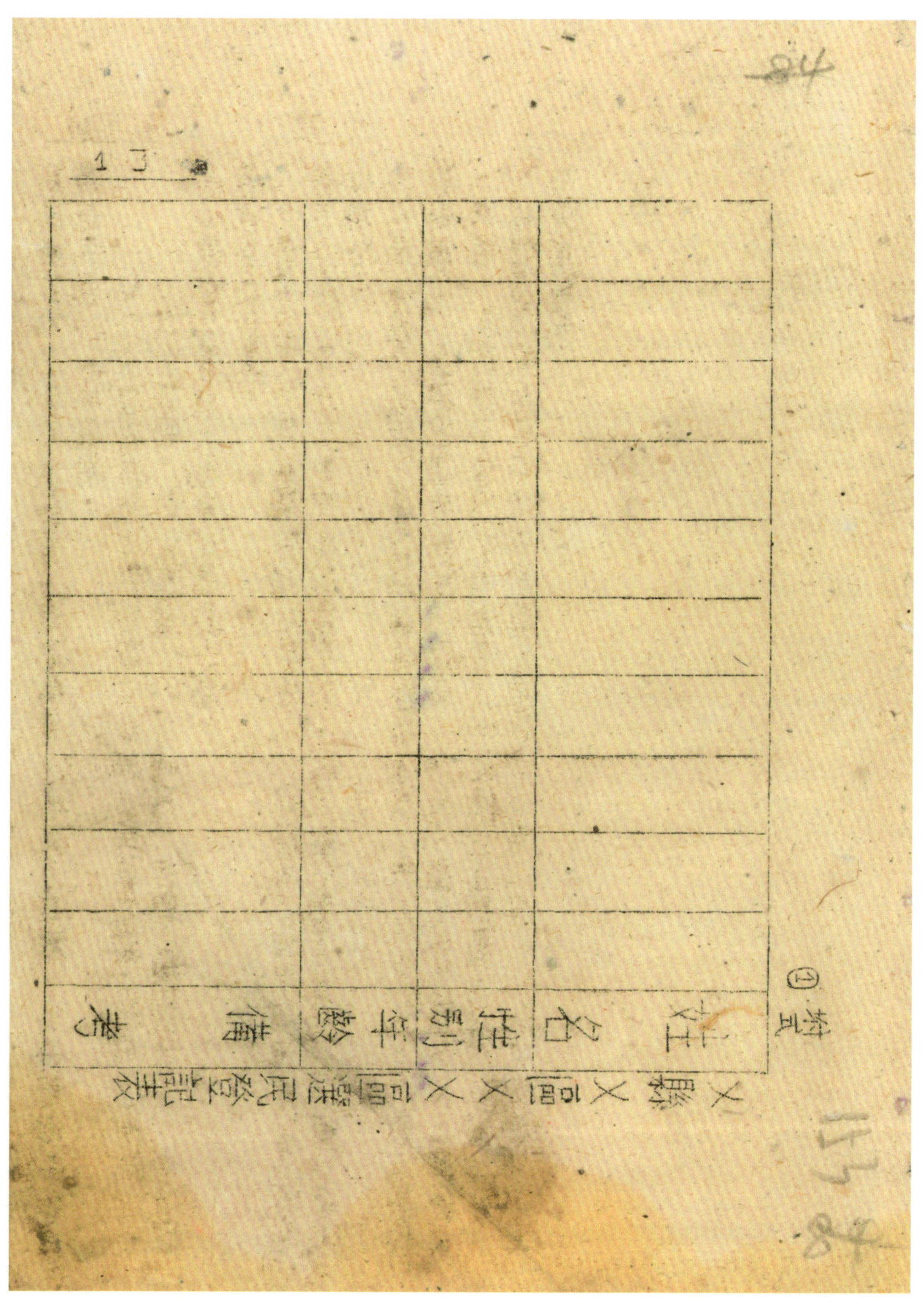

樣式①

X縣X區X鄉選民登記表

姓名	性別	年齡	備考

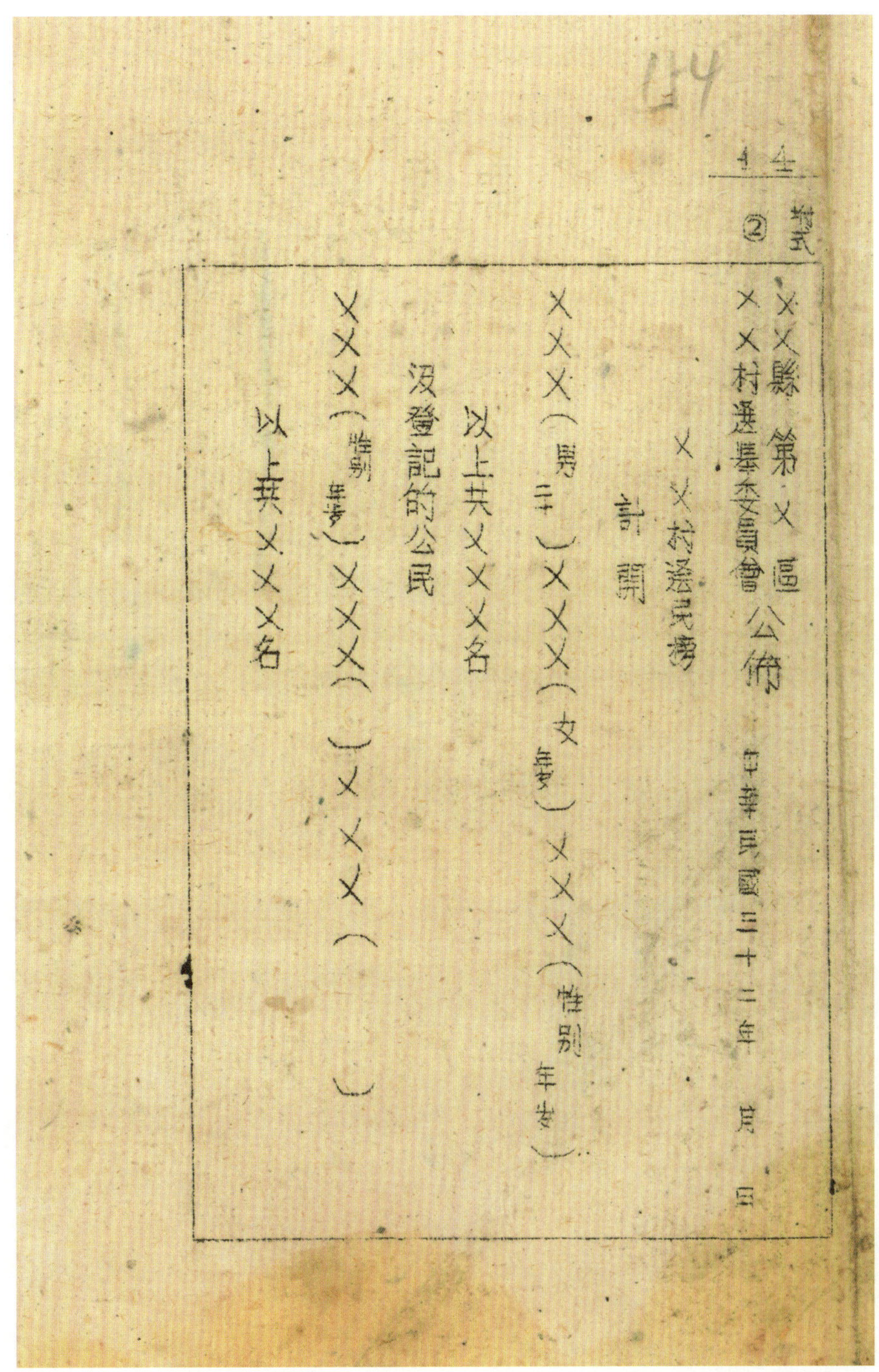

44

樣式 ②

××縣第×區

××村選舉委員會公佈　　中華民國三十二年　月　日

××村選民榜

計開

×××（男 年歲）×××（女 年歲）×××（性別 年歲）

以上共×××名

沒登記的公民

×××（性別 年歲）×××（ ）×××（ ）

以上共×××名

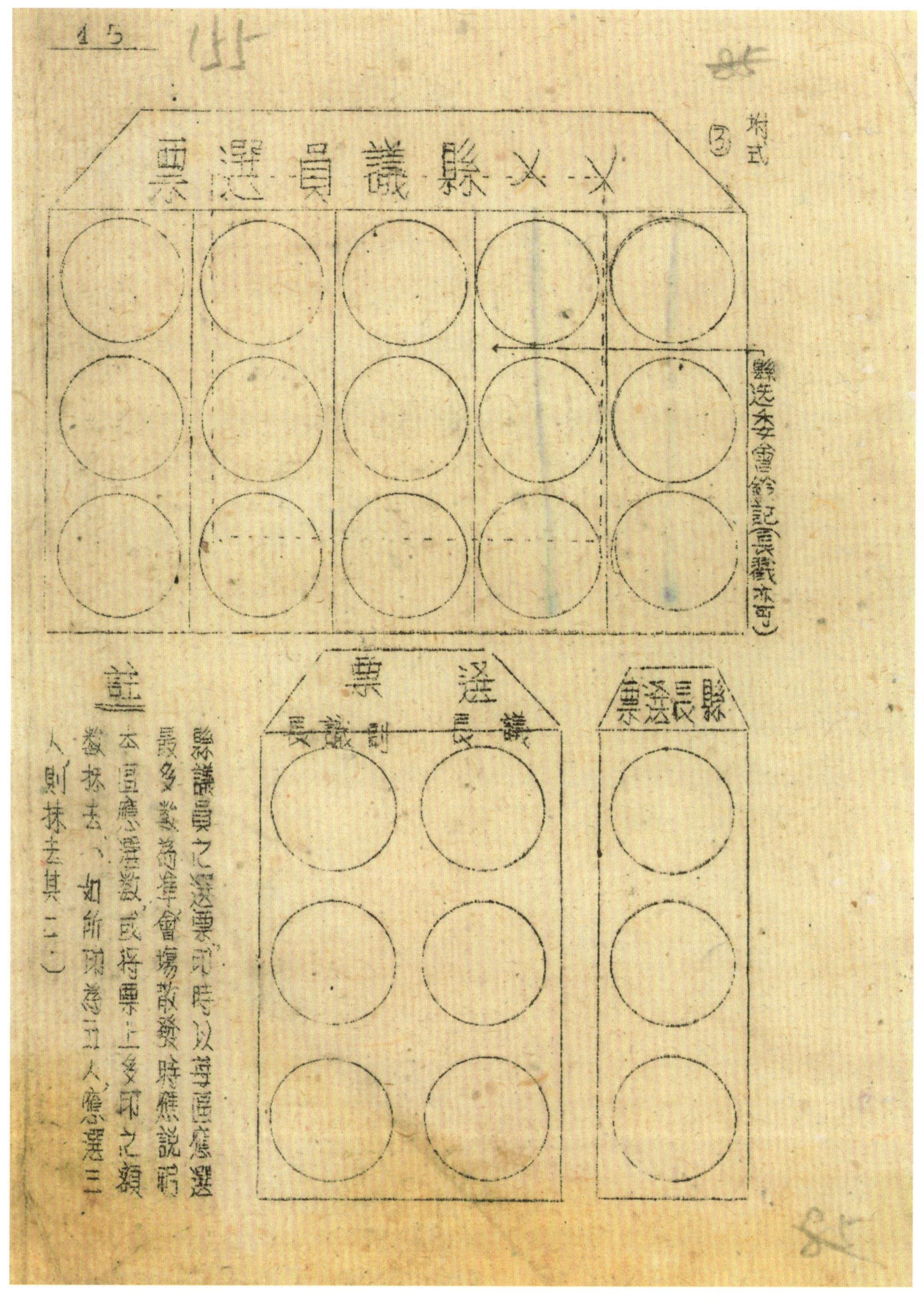

15

附式③

×××縣議員選票

縣選委會鈐記（長戳亦可）

議長 副議長 選票

縣長選票

注：

縣議員之選舉票印時以每區應選最多數為準，會場散發時應說明本區應選數，或將票上多印之額數抹去（如所選為五人，應選三人則抹去其二）

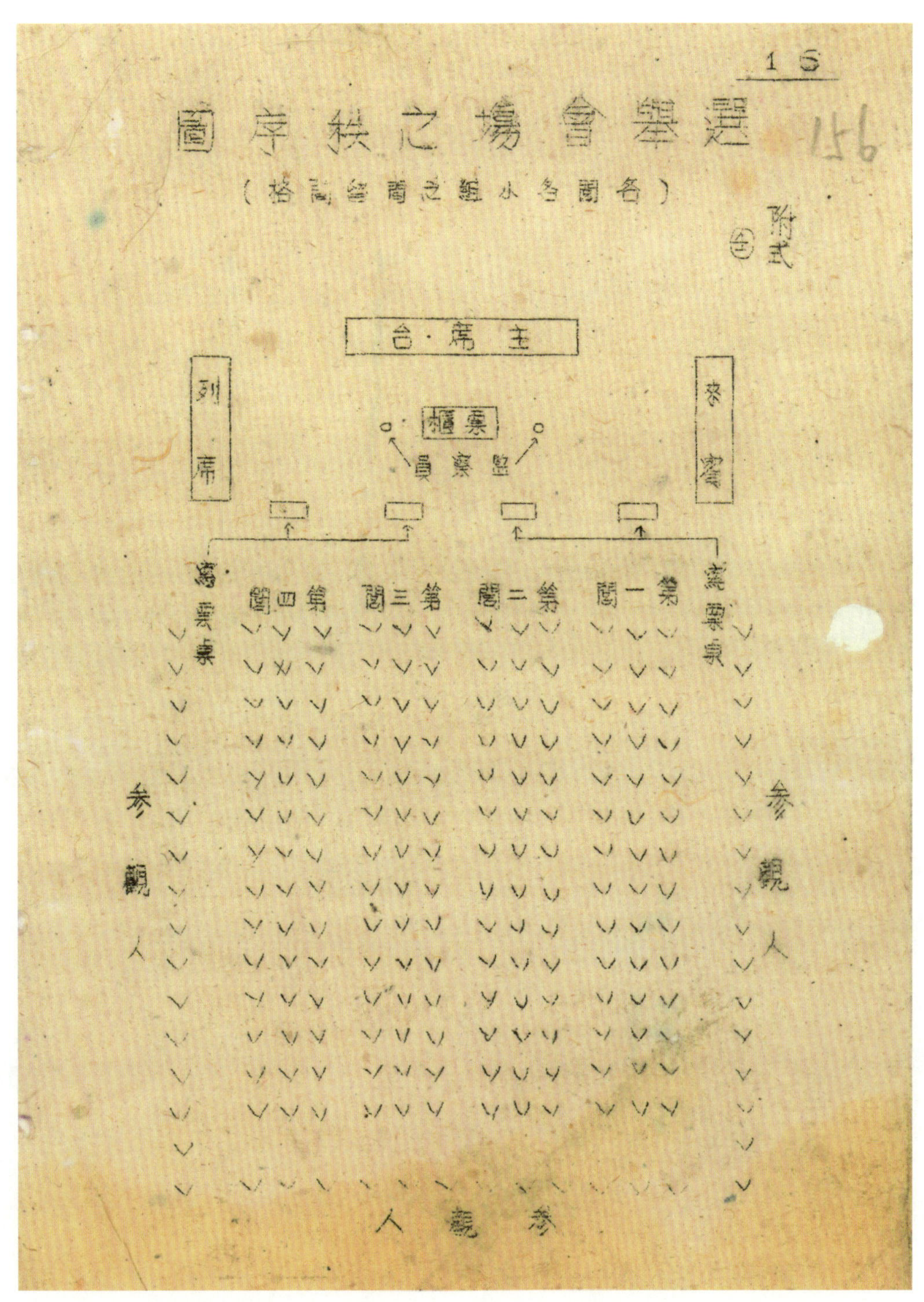
16
156
選舉會場之秩序圖
（各閭各小組之開會局格）
附式㈢
主席台
列席
來賓
票匭
監察員
第一閭
第二閭
第三閭
第四閭
寫票桌
寫票桌
參觀人
參觀人
參觀人

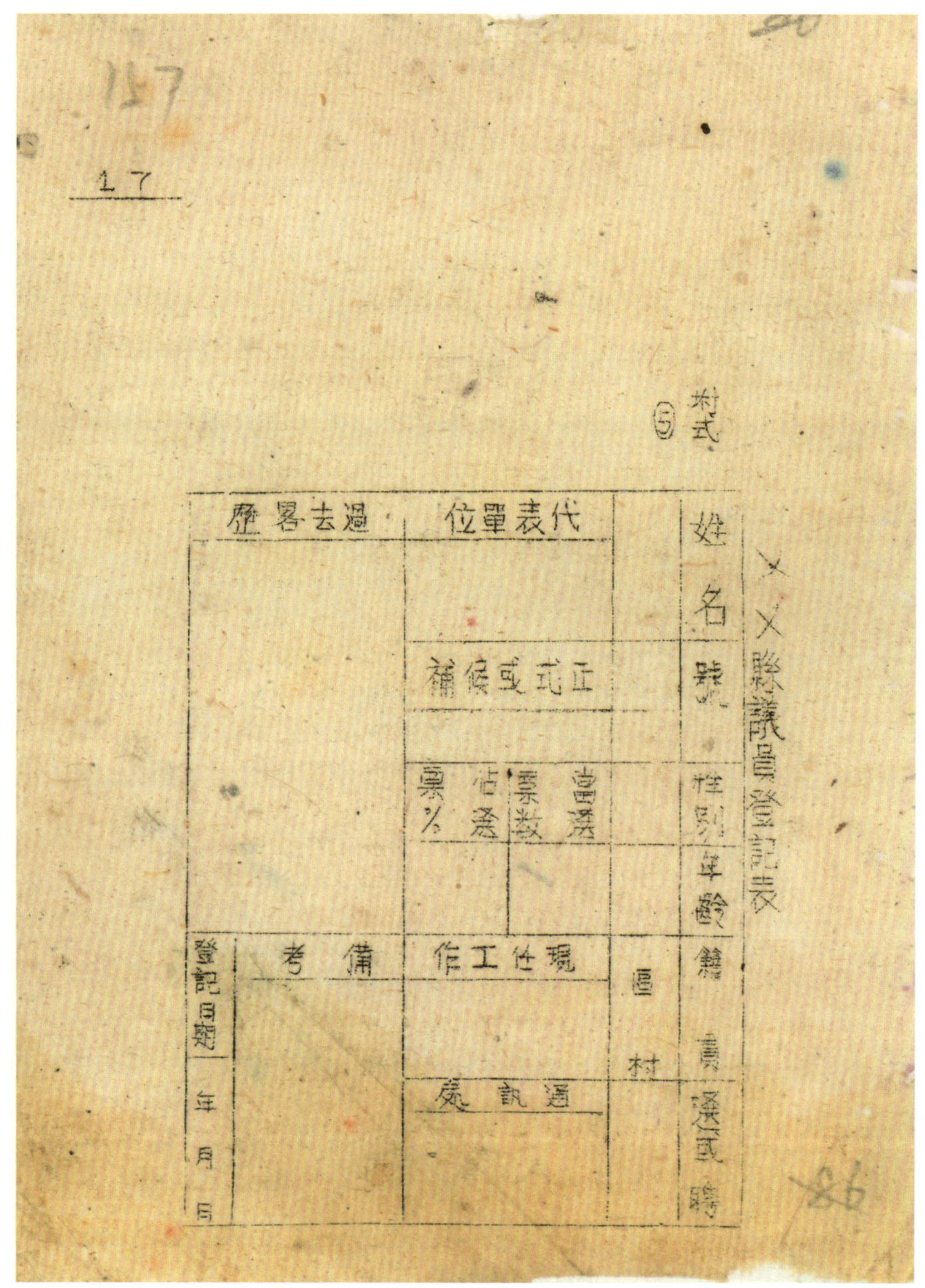

17

⑤村式

××縣議員登記表

姓名

號

性別

年齡

籍貫

區 村

選區

代表單位

正式或候補

當選票數

佔選票%

過去略歷

現任工作

通訊處

備考

登記日期 年 月 日

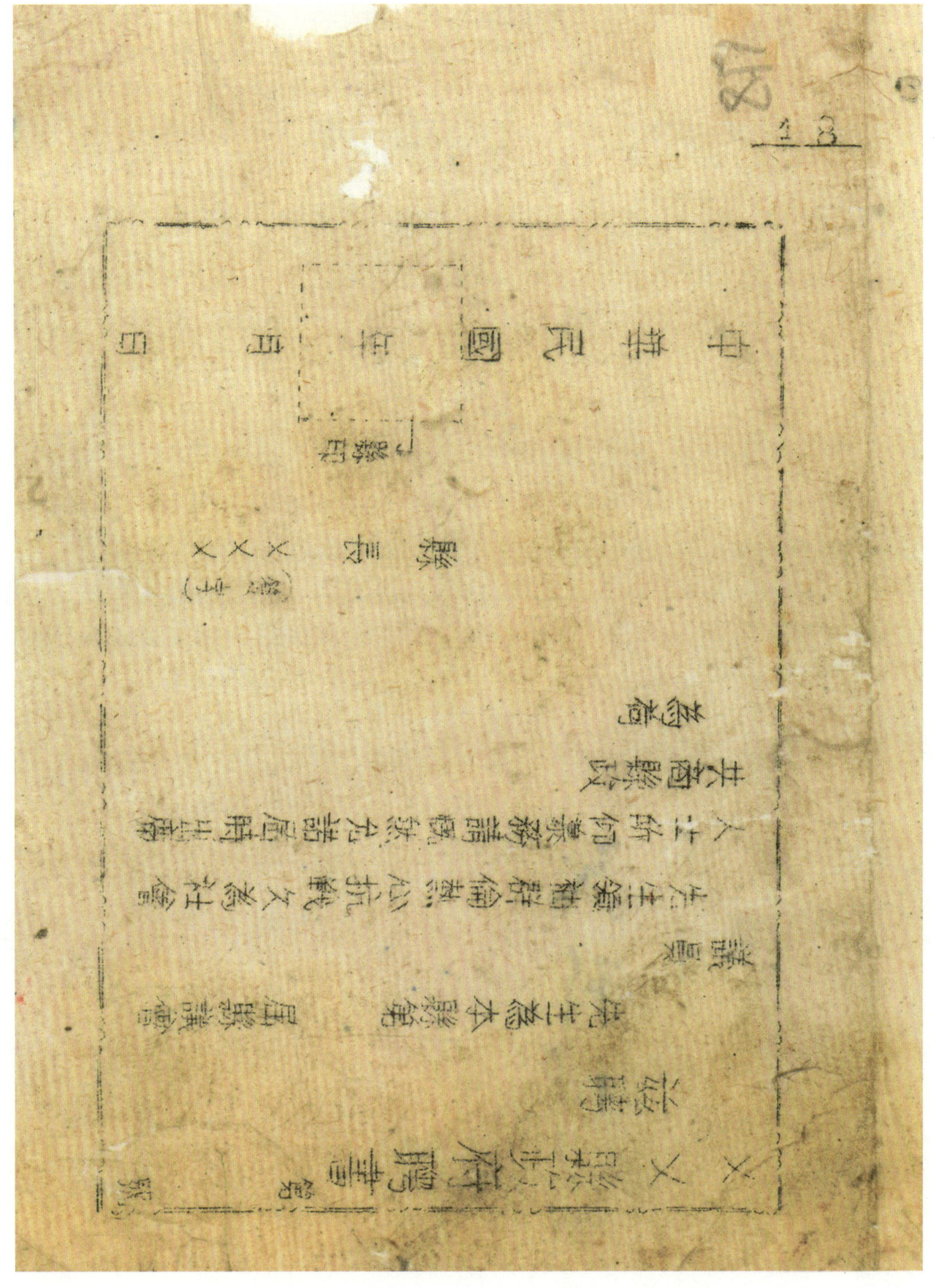

××縣政府聘書　字第　號

茲聘

先生為本縣第　屆縣議會

議員

先生德高望重熱心抗戰久為社會

人士所仰素務請俯就允諾屆時出席

共商縣政

為荷

縣長　×××（簽字）

（縣印）

中華民國　年　月　日

晋察冀边区行政委员会关于1944年改造与健全村政权工作的指示（1944年2月25日）

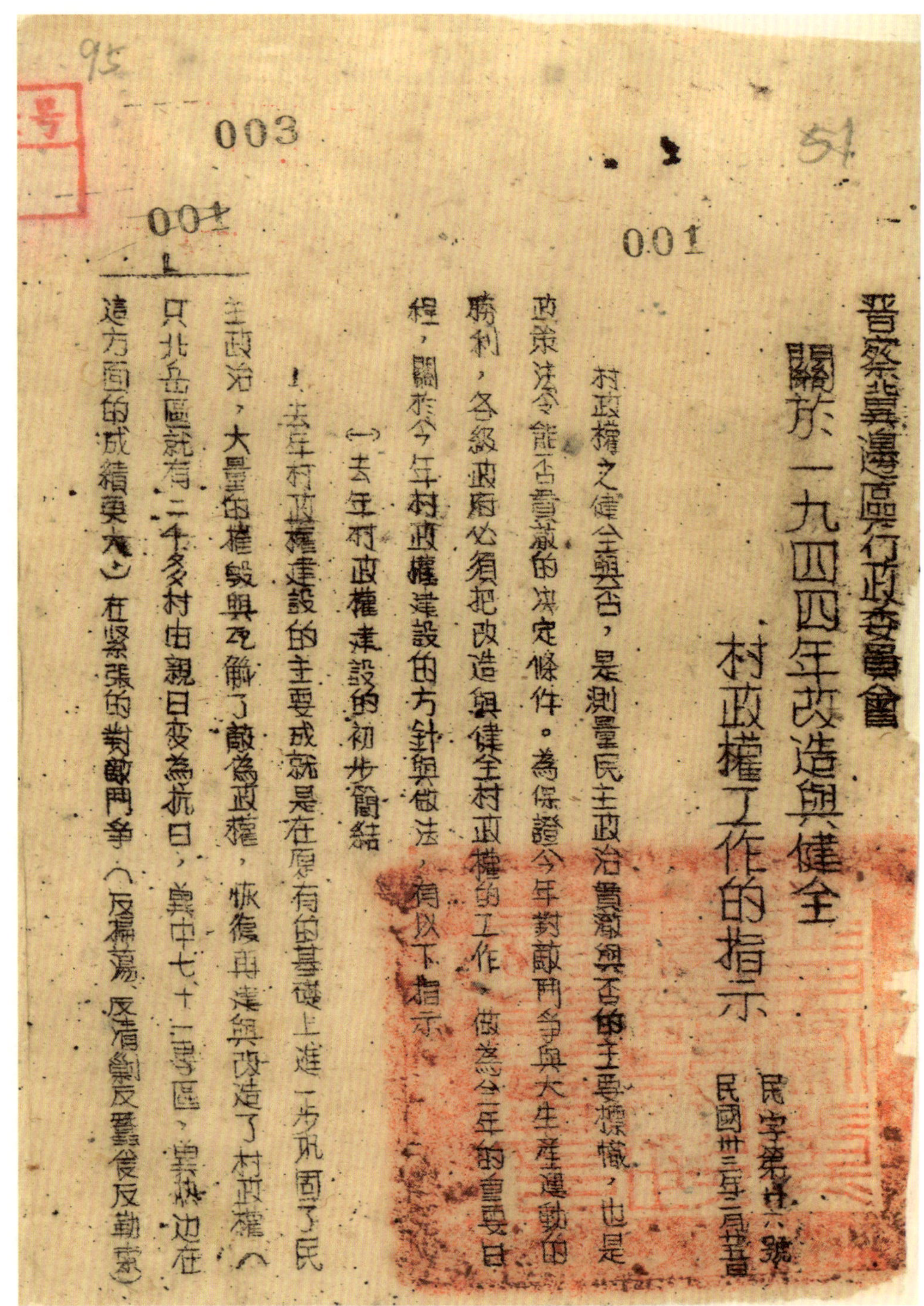

晋察冀邊區行政委員會

關於一九四四年改造與健全村政權工作的指示

民字第廿六號

民國卅三年二月廿五日

村政權之健全與否，是測量民主政治貫徹與否的主要標幟，也是政策法令能否貫徹的決定條件。為保證今年對敵鬥爭與大生產運動的勝利，各級政府必須把改造與健全村政權的工作，做為今年的重要日程，關於今年村政權建設的方針與做法，特以下指示：

（一）去年村政權建設的初步簡結

1、去年村政權建設的主要成就是在原有的基礎上進一步鞏固了民主政治，大量的摧毀與瓦解了敵偽政權，恢復再建與改造了村政權（只北岳區就有二千多村由親日變為抗日，冀中七、十二專區、冀熱边在這方面的成績更大）在緊張的對敵鬥爭（反掃蕩、反清剿反蠶食反勒索）

與實施各種政策中（整理組織、與村選縣選、生產、救災、減租、反貪污浪費、改定對敵負担辦法等）大大的提高了村政權的效能與村幹部的質量，群衆基礎得到進一步的巩固與擴大，村公所的戰鬥力顯著的增強，成萬的村幹部在敵人捉捕毒打逼降慘殺面前，表現了無比的英勇堅定創造了無數可泣可歌的史蹟，這些都說明我們的政權有了更加巩固的基礎。

2、由於各地環境發展時期與工作基礎之不同，我們的村政權還存在着許多嚴重問題，最主要的是：

甲、民主精神民主制度與民主作風貫徹的還很不够，在有村民代表會的村莊，代表會、公民小組太多數起得作用不够，村政權、工作往往局限在幾個村幹部身上，許多村莊政民聯席會仍然是代替了代表會，對於進一步發揮廣大民衆的積極性做得很不够。

乙、在工作落後與工作差的游击區，約有不少的掌握在封建勢

97

52

003

3

甚或就是地痞手中，甚至有個別的被漢奸特務投降反共份子所把持。

游擊區和敵佔區與中間地區兩面派的村政權，還佔很大數量，未得到應有的改造；就是抗日政權，也有的是群衆基礎脆弱，抗日工作局限在少數先進份子或上層份子身上。

丙、村公所工作繁重，不少的村公所絶大部分時間作了支應工作，形成簡單的支應機關，對於組織村民經濟生活，解决其困難，貫徹政策法令等重要工作，則是忽略了的。

丁、目前游擊區村政權存在的嚴重問題主要表現在：

a、對於敵人强化下層工作與地下活動以摧毀腐蝕我村政權的政策，缺乏應有的警惕與對策，致使某些抗日村政權變質了，兩面化，特務化。

b、脱離群衆傾向的存在。不敢大胆的發動群衆與廣泛的發揚民主。滿於現狀，有的村長，政權的擁護面很小，抗日工作與抗日政權不敢在群眾中公開，形成少數分子的活動。或停留在中間兩面份子的聯絡工作上，這些份子一有變化，工作隨之垮台。

C、由於村幹部不良成份，在某些村莊还佔相當數量，因而發生嚴重的貪污浪費。浪費在游击區（連游击根據地在內）村政權中是比較普遍的。

戊、由於人民生活的困難，村政權工作繁忙，游击區對敵鬥爭的尖銳，許多人不願當村幹部，有的故意選坏人、懶人。

3、村政權這些嚴重問題的存在，主要是由於各級政府對村政權建設的重要，認識不夠，缺乏系統的全面的研究與經常工作，往往只交付任務，限期完成，「要形式」的領導，把對於村政權更重要的工作，如健全組織，教育幹部，檢查政令如何貫徹等，則反而忽視了。

以上就是去年村政權工作的初步簡結。

（二）今年村政權建設的方針與要求

1.總的方針是：在強化對敵鬥爭開展大生產運動與反法西斯的民主義的三大任務下，進一步巩固與擴大村政權的群衆基礎，發展與巩固廣大工農群衆在村政權中的優勢，團結各階層人民，繼續摧毀與瓦解敵偽政權及其他不法活動。巩固與擴大抗日政權，爭取與改造中間的和親日的村政權。

2.村政權建設的最高要求與標準：

甲、能團結全村為全村各階層的人民服務，特別是能將佔全村人口絕大多數的農民充分發動起來，使之成為村政權的基本力量。並能有健全的民主制度，發動村民都能積極的參政。

乙、能領導對敵各種鬥爭，特別是能掌握武裝鬥爭除奸工作與抗日兩面政策（巩固區不允許執行抗日兩面政策）在反掃蕩蠶食清剿與反敵偽搶糧抓人鬥爭中，能保護人力物力，使村中不受損失。

丙、能具体的組織村民經濟生活，領導生產，解決群衆困難肅清貪污浪費，澈底區建立嚴格的村財政制度，由裁員減薪，逐漸做到村幹部義務職。

丁、能將政府的重要政策（如武裝、除奸、生產、財政、減租、優抗、村安等）貫徹到每個村民身上。

戊、村政權的幹部，真正是村民所擁護信仰的積極抗日份子，肅清漢奸特務投降反共份子，有步驟地策略地清除流氓地痞、黑暗勢力。

以上是今年村政權建設的最高要求，各地必須根據不同村庄不同的工作基礎，定出各種不同的要求與標準，不要不從實際出發僅根據主觀願望，一律机械的要（能具体實現的）求達到這個標準

（三）今年村政權建設的做法：

1、通過對敵鬥爭與組織村民的經濟文化生活建設村政權，加強對村的領導，精兵簡政，使村政權幹部有充分的時間精力為村民服務，為

此必須：

甲、專署幫助縣，縣幫助區，根據不同類型的村庄，訂出全年或半年改造與健全的計劃，實現計劃的步驟、方法與工作重點。各專員縣長要親自下手，並指導其他幹部，選擇各種典型，進行深入的調查研究，與建立示範村的工作。今後建設村政權的工作，必須成為各級行政首長的重要職責，各級民政部門應以改造與建全村政權為全年的工作重點，民政部門的其他工作要圍繞着這一工作進行。

乙、健全區公所對村的領導，增強村的民主活動，是目前建全村政權的關鍵，因此區公所要從事務主義中解放出來，區長與各助理員要經常與幹部研究這一工作，經常幫助村解決問題，培養村有獨立工作的能力；一切工作與問題解決應由村政權多用民主方式為之，區只加以幫助和指導，徹底克服包辦代替與不給村解決問題『要賬式』的領導兩種偏向，凡有村代表會者，必須找有效的辦法，使它健全起來，提

高它在村民中的威信，

丙、區村簡政，不少地區尚未開始，各專署縣應即調查典型，研究現行的政令制度，力求簡便。

丁、強化對村領導的重點，要放在掌握組織（村政權的群眾基礎、組織、民主制度等之健全）掌握幹部（村幹部之審查考核訓練獎懲）及檢查村政權對各種政策法令之執行情形方面。

2、有重點的改選與改造：

甲、已往不少地區重視村選，忽視選舉後的建設工作，使村選與村政權建設脫節。因此今年除個別地區外，不以村選為村政建設的重點，凡政權比較健全的村莊，經過村民大會或村代表會表決一般的今年可以停止改選，對下列各類村政權則應進行改選，因環境惡劣工作基礎弱不能改選者則予以改造。

a、村政權把持在漢奸特務反共投降分子之手或不合三三制的精

神者，

b、在敵人誘降逼降腐蝕政策下，村行政幹部表現及嚴重的貪污浪費者，

c、抗日工作開展群眾發動起來的中間兩面與親日的莊村

d、村行政幹部軟弱無能，工作不力或脫離群眾為村民大多數所反對者，

e、領導對敵鬥爭保護公私財物與生產工作不力者。

f、對糧庫管理不好及除奸保衛工作不力者。

乙、改選與改造的辦法：

a、由縣幫助區，根據平時對村的了解，確定改選或改造的村莊，

北岳區在五月以前完成（集中區與集中區接近可以延長時間）這一工作一般的由民政部門掌握，縣區幹部親自到村指導與大生產運動反奸清算、反清剿反抓丁反搶糧等鬥爭密切結合進行之。

b、改選時一般的召開村民大會，不能開者可開閭民大會公民小組會等選出代表，公民小組在自願原則下，盡量與生產小組（如合作小組、經濟小組、變工小組等）統一起來。

c、在新開闢或恢復再建群衆尚未發動起來，以及其他環境惡劣的游擊區，尚未具備建立村民代表會的條件者，村政權不應機械搬用此種形式，應根據環境與主觀力量許可的條件下，發揚民主團結精神，創造各種不同的組織形式。

d、在進行改選或改造時，必須充分發動群衆，檢查自己在村政，在團結對敵，不究既往，一般的不算舊賬，勸人改邪歸正的原則下，對把持村政的壞份子應進行教育與適當的鬥爭，對危害鄉里罪大惡極爲群衆所痛恨的個別奸特份子，應予檢舉依法嚴懲。

e、爲了保證積極抗日爲村民所擁護的份子當選，對於村幹部的困難必須適當解決，本會所頒之村幹部獎懲辦法，適當減免工作特別繁忙的幹部的抗戰勤務與貧苦村長補助辦法，應在村民中進行宣傳，並應切實檢查執行情形。

6、不進行改選的村政權，亦須有重點的檢查，對村公所個別不稱職的幹部由村代表會實行罷免。

7、從與群眾的關係中、貫澈政策中、完成任務中審查村幹部，加強對村幹部的教育訓練，認真執行對村幹部的獎懲。訓練辦法：可將需要村中執行的各種重要政策法令，編成通俗教材，進行教育；中心區與鞏固區的游擊根據地集中主要幹部（如村長付、中隊長、生產委員等）到縣或區受短期輪訓，開聯席會，游擊區開三五人的流動訓練班或個別教育等等辦法。

4、打破老一套，徹底轉變領導思想

甲、過去只是不敢大胆發動群眾，不發展廣泛的民主；忽視村政權的重要，把它當成單純的支應機關，對敵人分化政策腐蝕政策

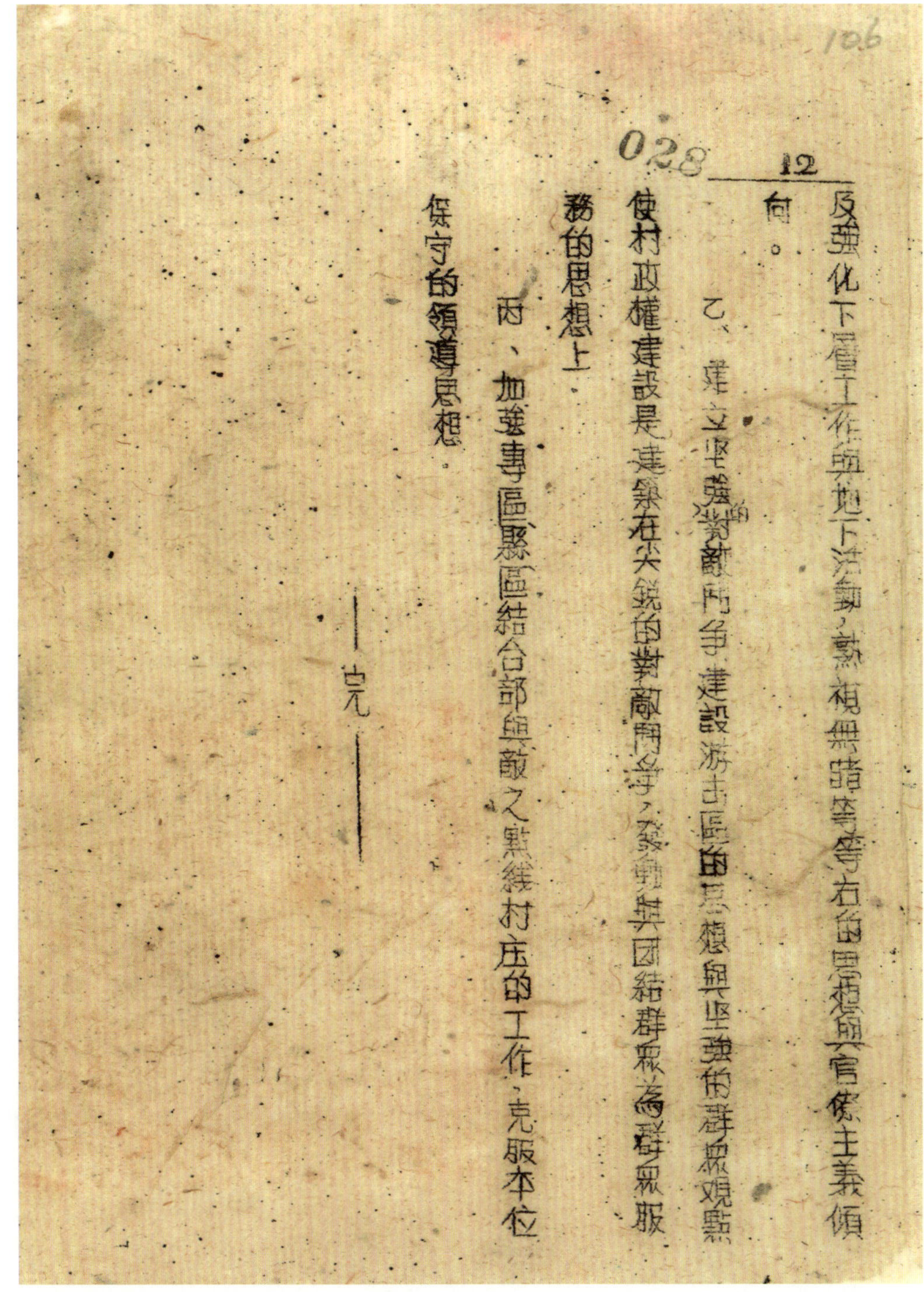

反強化下層工作與地下活動，忽視與輕視等等右的思想與官僚主義傾向。

乙、建立堅強的對敵鬥爭、建設游擊區的思想與堅強的群眾觀點使村政權建設是建築在尖銳的對敵鬥爭，發動與團結群眾為群眾服務的思想上。

丙、加強專區、縣區結合部與敵之點線村庄的工作，克服本位保守的領導思想。

——完——

晋察冀边区行政委员会关于各县选择典型村社、用大力帮助其发展并定期总结报会的通知（1944年7月27日）

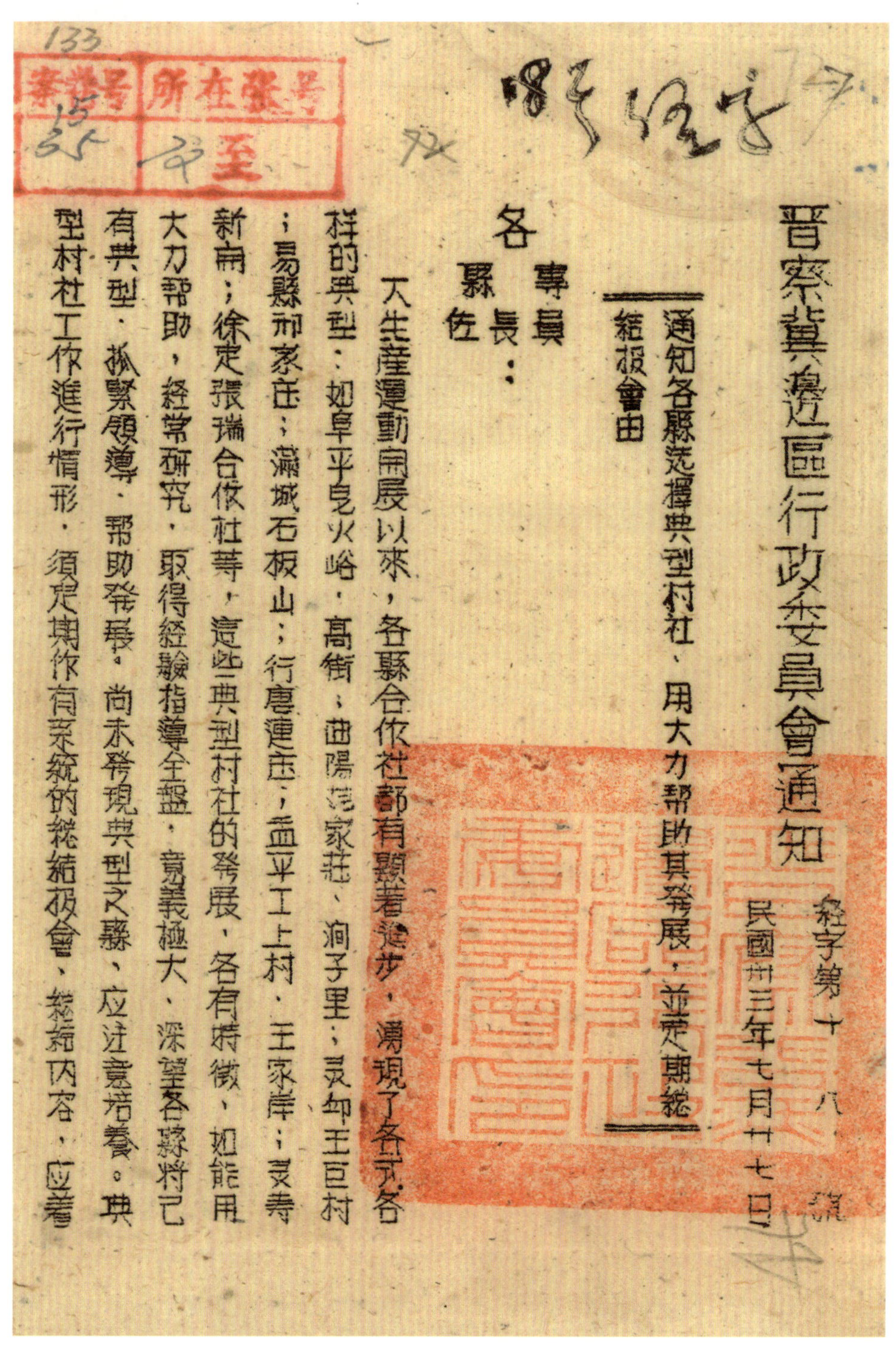

晉察冀邊區行政委員會通知　經字第十八號

民國卅三年七月廿七日

通知各縣選擇典型村社、用大力幫助其發展，並定期總結報會由

各專員、縣長、縣佐：

大生產運動開展以來，各縣合作社都有顯著進步，湧現了各式各樣的典型：如阜平皂火峪、高街；曲陽范家莊、澗子里；靈邱王巨村；易縣祁家莊；滿城石板山；行唐運莊；盂平工上村、王家岸；靈壽新開；徐水張瑞合作社等，這些典型村社的發展，各有特徵，如能用大力幫助，經常研究，取得經驗指導全盤，意義極大。深望各縣將已有典型，抓緊領導、幫助發展。尚未發現典型之縣，應注意培養。典型村社工作進行情形，須定期作有系統的總結報會，總結內容，應着

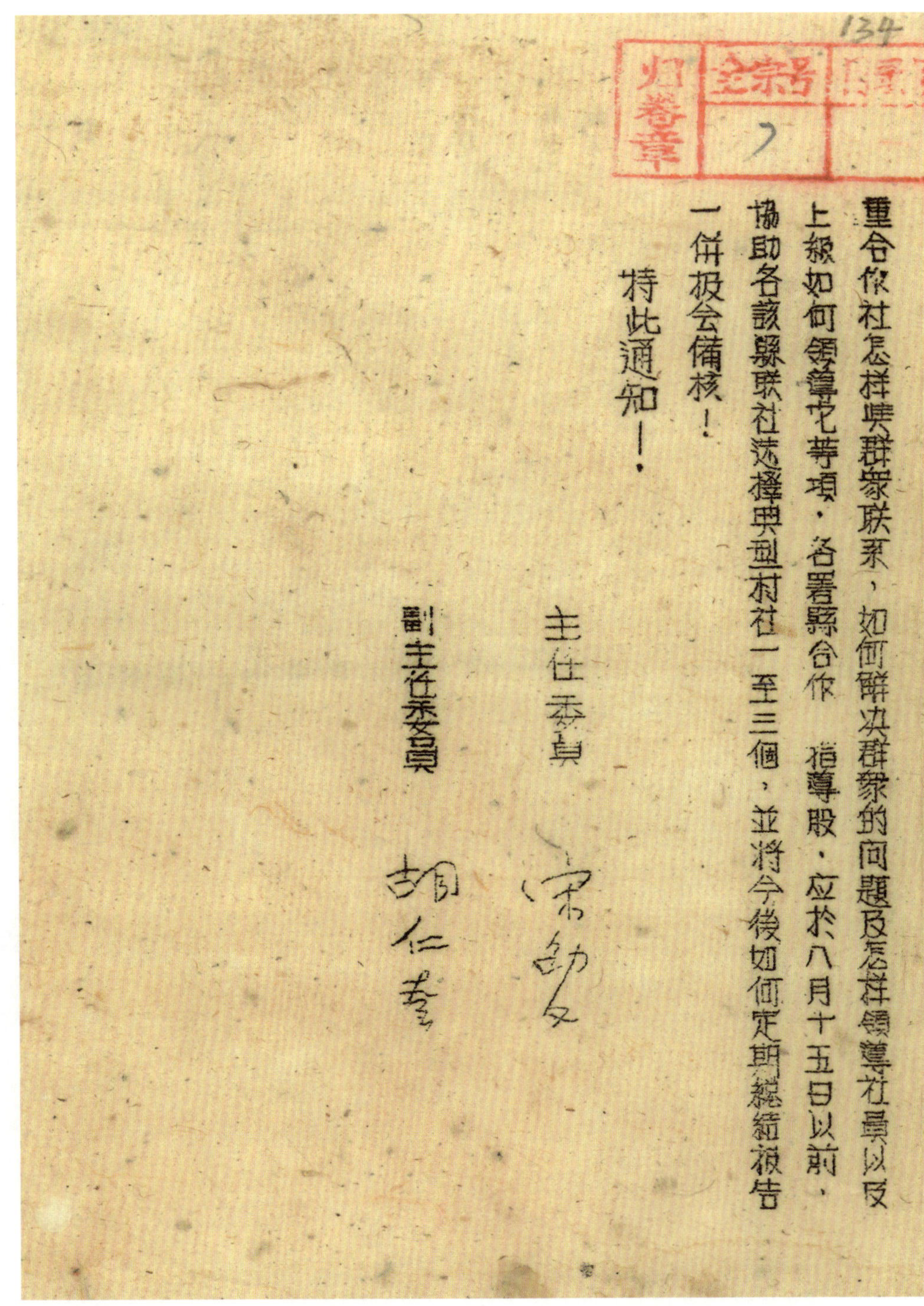

董合作社怎样與群衆联系，如何解决群衆的問題及怎样領導社員以及上級如何領導它等項，各署縣合作 指導股，應於八月十五日以前，協助各該縣联社選擇典型村社一至三個，並將今後如何定期總結報告一併报会備核！

特此通知！

主任委員 宋劭文

副主任委員 胡仁奎

晋察冀边区行政委员会、冀晋区行署关于民主选举需要材料希搜集具报的通知（1945年4月16日）

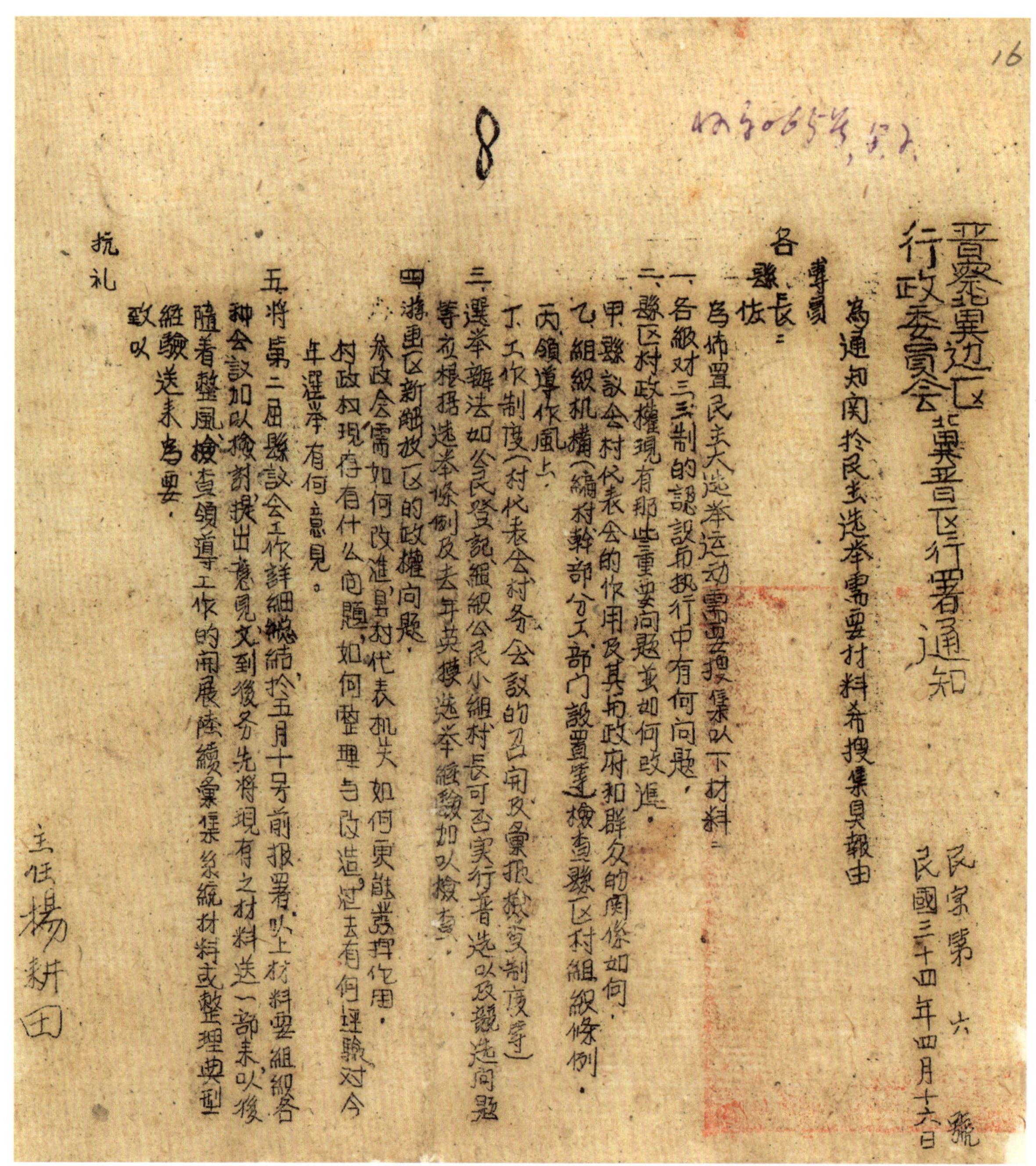

16

8

晋察冀边区行政委员会 冀晋区行署通知

民字第　六　號

民國三十四年四月十六日

為通知关於民主选举需要材料希搜集具報由

專員
各縣長
　佐

為佈置民主大选举运动需要搜集以下材料：

一、各級对三三制的認識和执行中有何問題，

二、縣区村政權現有那些重要問題並如何改進。

甲、縣議会村代表会的作用及其和政府和群众的関係如何。

乙、組織机構（編村幹部分工部门設置等）檢查縣区村組織條例。

丙、領導作風上，

丁、工作制度（村代表会村务会議的召开及彙報数变制度等）

三、選举辦法如公民登記組織公民小組村長可否实行普选以及競选问题等，应根据选举條例及去年英雄选举經驗加以檢查。

四、游击区新解放区的政權问题。

六、参政会需如何改進？县村代表机关如何更能发挥作用。

村政权现存有什么问题，如何整理与改造，过去有何經驗对今年選举有何意見。

五、將第二屆縣議会工作詳細總結，於五月十号前报署。以上材料要組織各种会議加以檢討提出意見文到後务先將現有之材料送一部来，以後隨着整風檢查領導工作的开展陸續彙集系統材料或整理典型經驗送来為要。

此致

抗

礼

主任　楊耕田

晋察冀边区行政委员会、冀晋区行署关于准备民主大选举运动的通知
（1945年4月16日）

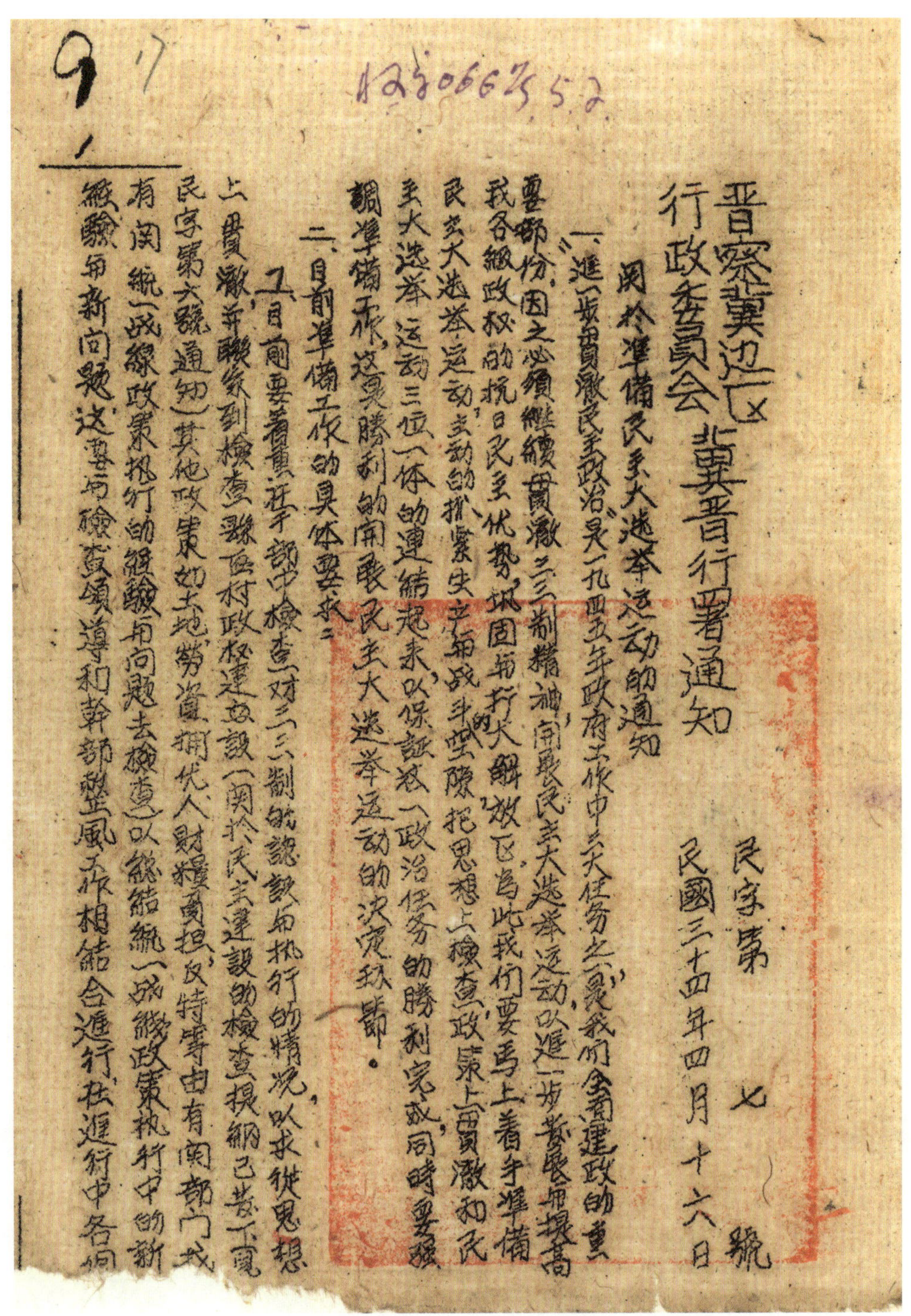

晋察冀边区
行政委员会 冀晋行署通知

民字第 七 号

民国三十四年四月十六日

关于准备民主大选举运动的通知

一、进一步贯彻民主政治，是一九四五年政府工作中之大任务之一，是我们全面建政的重要部份，因之必须继续贯彻三三制精神，开展民主大选举运动，以进一步发展和提高我各级政权的抗日民主优势，巩固和扩大解放区，为此我们要马上着手准备民主大选举运动，主动的抓紧实际斗争的实际，把思想上检查，政策上贯彻和民主大选举运动三位一体的连结起来，以保证政治任务的胜利完成，同时要强调准备工作，这是胜利的开展民主大选举运动的决定环节。

二、目前准备工作的具体要求：

1、目前要着重干部中检查对三三制的认识和执行的情况，以求从思想上贯彻，并联系到检查县区村政权建设（关于民主建设的检查提纲已发下（见民字第六号通知））其他政策如土地、劳资、摊派人财粮负担及特等由有关部门或有关系统（战线政策执行的经验和问题去检查）以总结系统（战线）政策执行中的新经验和新问题，这要与检查领导和干部整风工作相结合进行，在进行中各

部门要找出不同重点，分工整理和研究材料，民政部门要主动组织这一工作的进行。

在群众中要和反特坦白运动配合，开展民主教育，以准备开展民主大选举。

2、六月一日行署召开专员县长会议，布置民主大选举工作，因之以上所准备的材料，要在五月廿日前送来，现在各署县现有之材料要先送一部来，六月会议时各专员县长要将选举中所要研究与解决的问题和准备的材料一定带来。

3、从现在起到大选工作开始前这一阶段，各署县要固定专人组织与领导这一工作，在六月会议前准备工作要做出一定成绩来，六月会议期间和直至大选工作开始，各地仍要继续深入检查与研讨，并要由干部到群众进行充分的准备。

三、如何进行准备：

1、自一九四〇年第一次全边区的民主大选举运动以来，几年来边区在民主建设上是有了不少新的成就与发展，但也存在着不少新的问题需要用新的经验去补充与修正，为了总结这几年来民主建设的工作，以便开展今年的民主大选举运动，这就不单只是政府民政部门的任务，而是我各级政府中今年全面任务之一，也是党政军民为了进一步建设根据地应共同进行的一件工作，民政部门不只一般要负责任，而且要去組織政府各部门和党政军民各种力量，抓紧生产和战斗的空隙，和目前進行的整風和檢查領導相結合，積極的分工進行这一個准備工作。

2.目前各地区継續進行整風和檢查領導，各級政權幹部应以檢查統一戰線政策和民主作风为中心，聯系研究文件，反省檢查，本"知無不言，言無不尽，言者無罪，聞者足戒"的精神，搞通思想，並找出各种政策执行中存在的主要问题和經驗，随檢查随找尋，反映整理目前現有之材料要首先送上。

3.由于時间短以和要集中力量于生产战斗工作上，因之必須找重点找典型去進行總結各种民主政策，各地縣议会、縣务政会要速作出總結送上，每個專区要總結一至二個縣议会（或縣务政会）工作的典型材料，每個縣要總結一至三個不同類型的村代表会和村公所的典型材料，各個部门在總結各种政策整理日常材料時，有关統一戰線部份的材料，單独整理出来，迅速报来。

總結要用多种多樣方式，如参加各种会议（縣议会、縣务议員座談会或彙报会）召集各种小型的專门问题座談会，或派專人指定搜集專门材料……等

4.这一工作要貫徹逐級負责的精神，以期坚持進行，防止自流。

以上希研討執行

此致

敬礼！

主任 楊耕田

晋察冀边区行政委员会关于民主大选举准备阶段工作的指示

（1945年5月25日）

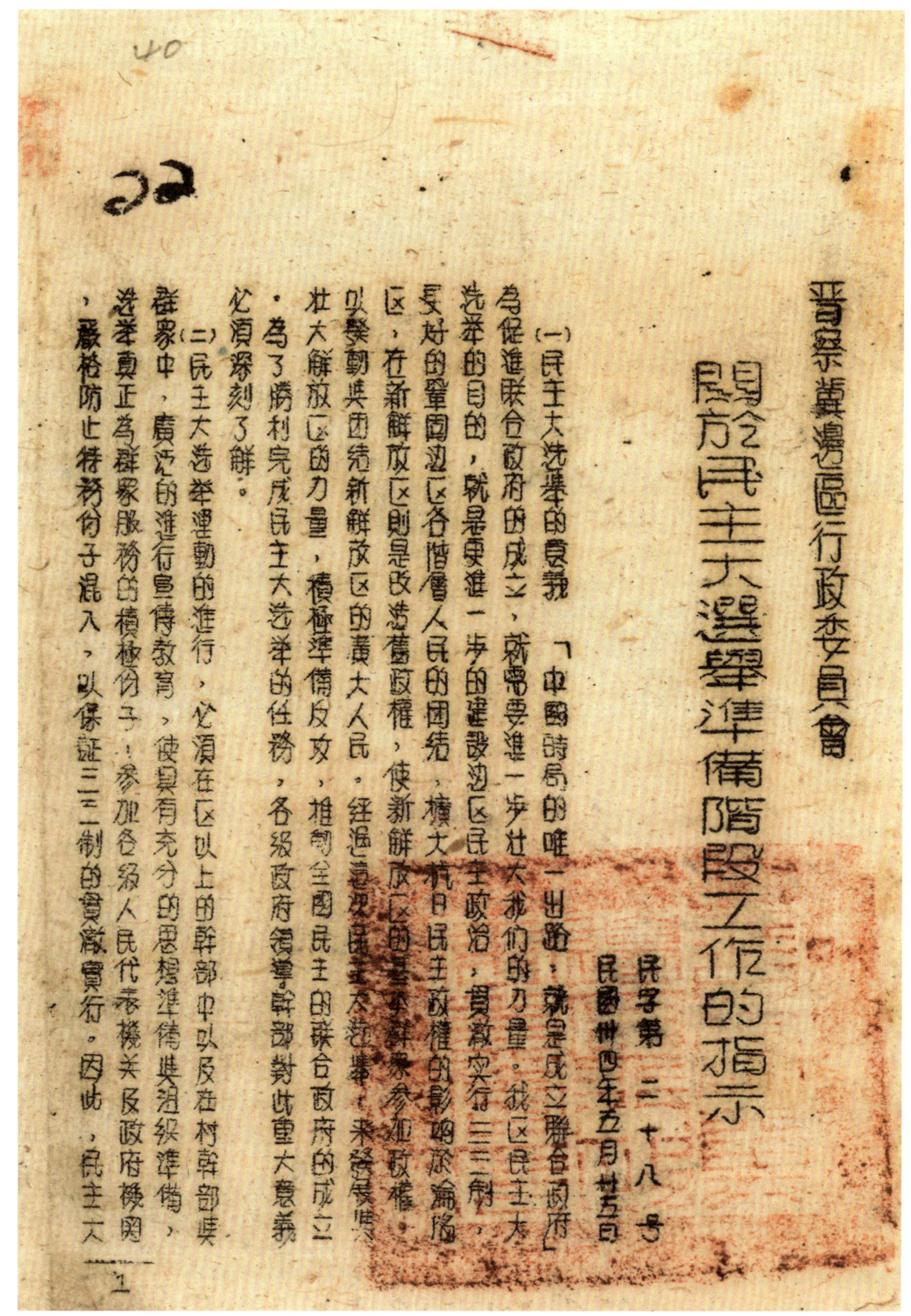

晋察冀边区行政委员会

关于民主大选举准备阶段工作的指示

民字第二十八号

民国卅四年五月廿五日

（一）民主大选举的意义　「中国时局的唯一出路，就是成立联合政府」为促进联合政府的成立，就需要进一步壮大我们的力量。我区民主大选举的目的，就是更进一步的建设边区民主政治，贯彻实行三三制，更好的巩固边区各阶层人民的团结，扩大抗日民主政权的影响于沦陷区，在新解放区则是改造旧政权，使新解放区的基本群众参加政权，以发动与团结新解放区的广大人民，经过这次民主大选举，来发展与壮大解放区的力量，积极准备反攻，推动全国民主的联合政府的成立。为了胜利完成民主大选举的任务，各级政府领导干部对此重大意义必须深刻了解。

（二）民主大选举运动的进行，必须在区以上的干部中以及在村干部与群众中，广泛的进行宣传教育，使其有充分的思想准备与组织准备，选举真正为群众服务的积极份子，参加各级人民代表机关及政府机关，严格防止特务份子混入，以保证三三制的贯彻实行。因此，民主大

—1—

41

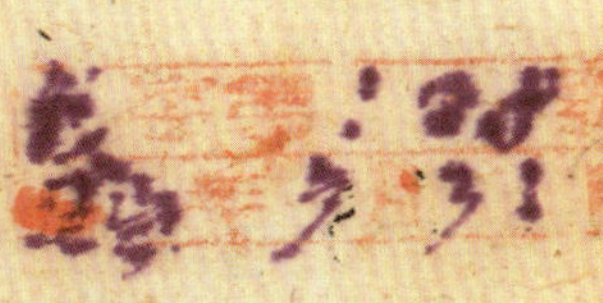

選舉運動應分為兩個階段進行，準備階段所花的力量與時間要佔三分之二，選舉階段佔三分之一，村、縣、邊区三級選舉中，村選是決定的環節，因此我们在力量使用上、調查研究總結村政權要花最大的力量，在時間支配上，村的研究總結放在前邊，縣與边区的研究總結放在後面。

（三）思想準備的基本問題是從边区到村、所有幹部都徹底認識民主大選的意義，確实掌握三三制的精神实質、基本政策、民主制度、民主作風。為此必須用整風精神、精讀文件、坦白反省、檢查偏向、揭發事实，開展討論、以達到思想上的統一。

1.「三三制政策是使各界人民都有說話机會、都有事做的政策」（毛主席在陝甘寧边区参議会的演說）三三制的精神與实質就是民主团結，三三制的認識貫徹與我们各種基本政策的正確执行及民主作風的發揚有極密切的联系。因此思想準備的第一件工作是檢查總結民主制度的執行情況，各專署、行署應有重點有計劃地帮助縣調查三個典型村，一個三三制執行較好的，一個群众充分發動村並三三制执行較差的，一個群眾發動很差沒有貫徹三三制的。調查總結内容要包括村政權的成份、村幹部與村民（各階層）联系，村民团結情況、主要政策貫徹情形、與各階層人民反映、村幹部作風等。縣以上各級政府應有計劃地召開各種小型的座談會，如士紳座談會、地主座談會、佃户座談會、僱工座談會、工商業者座談會等，貫徹「言者無罪、聞者足戒」

的精神，使大家真正做到「知無不言，言無不盡」我們傾听各階層人士对我們的批評、各種政策各方面的意見，使我們進一步熟習各階層人士的脈膊，以達到加強團結、改進工作的目的。

以上調查材料除隨時報告外，行署應於七月底前總結報告本會。

2、三三制的精神與實際貫徹到我們的政策法令制度之中，就是民主政策、民主制度。因此我們必須總結幾個主要政策，來測量我們執行三三制的情况，為縣議会、邊区參議会的召開、做有效的準備工作。主要總結土地政策、勞資政策、負担政策、除奸政策等。總結方法着重分析典型與一般相結合說明問題，大体上每個縣要調查三個典型村，了解几年来我的几個主要政策的執行情形、當前存在的問題、執行中的偏差，特别各階層人民对我們的政策及其執行的真實意見，有那些問題他們表示欢迎，有那些問題他們對我不滿。這些調查材料，望在七月以前陸續送到，九月底行署總結報告本會。

3、三三制的精神，貫徹到我們的作風上就是民主作風。因此我們必須調查總結我們的作風（工作），着重檢查对各階層人士的民主、確定任務，解決問題，是否從群众中来。調查總結要與總結政策相联系，檢查我們的會議制度，是否傾听各階層人民意見，參加政權的每一個人員是不是有職有權，這一問題的總結方法與報告時間與第二個問題同。

（四）在組织準備上，主要應調查研究村、县政權機構。

3

在村政權方面，應研究公民小組代表會、編組、選舉办法、鄰村公所組織、編村、市鎮組織等應行改進之處，這些問題，必須依靠仔細的調查研究總結，不能只靠先前的材料，驟下判斷，縣以上政府應找典型村進行調查研究，然後作出總結，提出改進意見。因為村選在先，村組織須及早確定，各行署務於七月十日前將調查研究材料及意見整理報告本會。

在縣政權方面，應研究縣議會與選民的聯系，駐會議員與縣政府關係，縣政府組織、制度，每一個專区調查一個到兩個縣，主要總結最近兩年的經驗教訓，提出今後改革意見，行署於八月十五日以前整理報告本會。

（五）大選與選舉運動的準備工作，主要是調查研究與整風工作。這一工作的進行，應與大生產運動密切結合起來。縣以上須使用一定的力量進行典型村的調查工作，但不要過多的影响区對村大生產的領導。

（完）

發到縣級（縣政府、縣抗聯、縣議會各一份）

（冀热遼發到專署）

杨耕田在冀晋区专员县长会议上做的关于贯彻三三制进一步建设民主政治的总结报告（1945年6月15日）

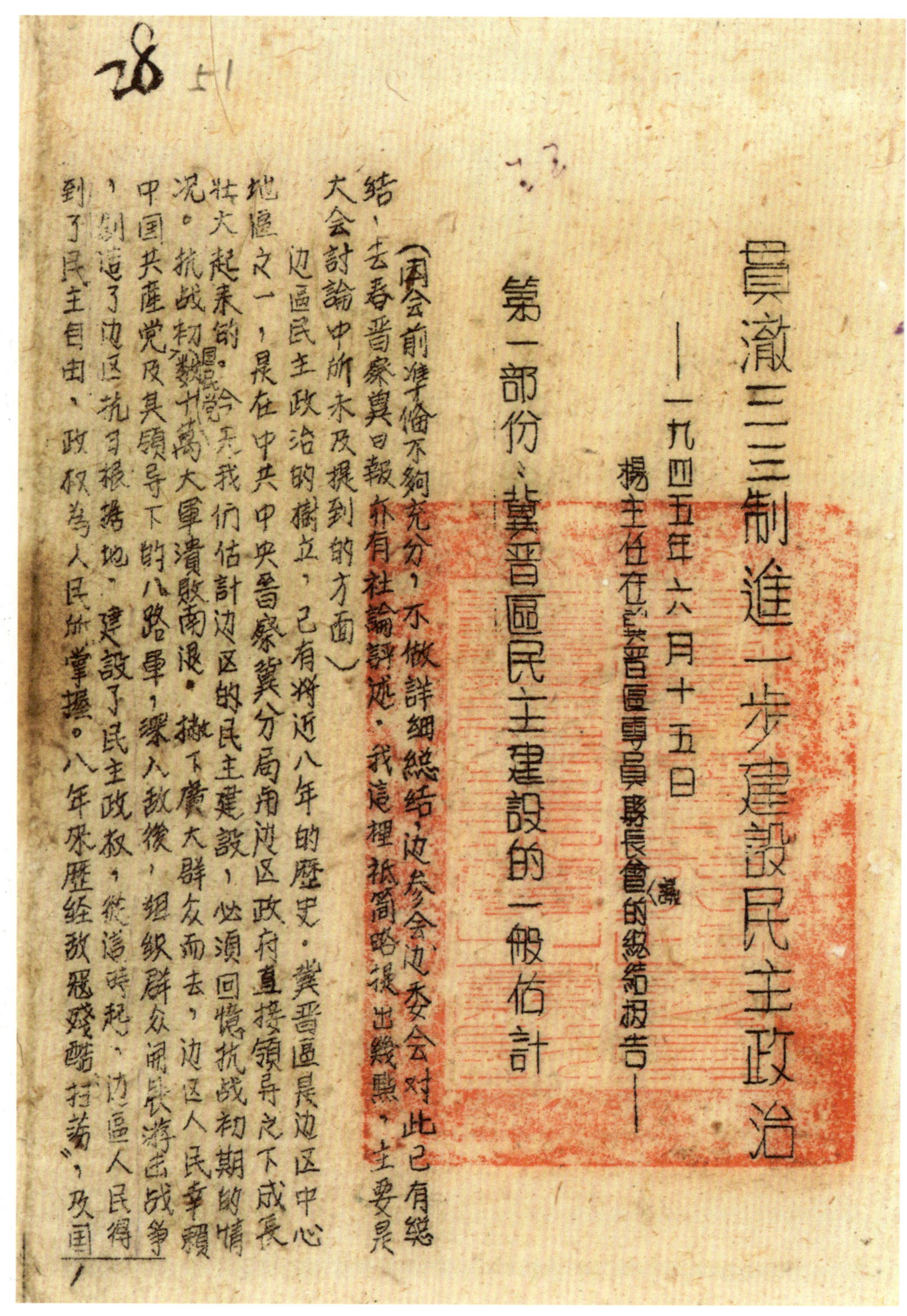

貫澈三三制進一步建設民主政治

——一九四五年六月十五日楊主任在冀晉區專員縣長會議的總結報告——

（因会前準備不夠充分，不做詳細總結，边参会边委会对此已有總結、去春晉察冀日報亦有社論評述，我這裡祇簡略提出幾點，主要是大会討論中所未及提到的方面）

第一部份、冀晉區民主建設的一般估計

边區民主政治的樹立，已有將近八年的歷史。冀晉區是边区中心地區之一，是在中共中央晉察冀分局和边区政府直接領导之下成長壯大起來的。今天我们估計边区的民主建設，必須回憶抗战初期的情況。抗战初，數十萬大軍潰敗南退，撇下廣大群众而去，边区人民幸賴中国共產党及其領导下的八路軍，深入敵後，組織群众開展游击战爭，創造了边区抗日根據地，建設了民主政權，從這時起，边區人民得到了民主自由、政权為人民所掌握。八年來歷经敌寇殘酷掃蕩，及国民党特务份子的陰謀破坏，而边区政权在共產党的正确領导，八路軍的強力支持和廣大人民的積極拥护下，不但未被顛覆，反而日臻巩固，我们的版図，亦日漸擴大。今年毛主席提出擴大解放区以来，冀晋区又收復了灵邱，攻克了許多點碉，解放人口数十萬。北線部隊活躍在大同川及平绥路東及以北。這些都是伟大的成績，這種形勢將使边区民主政治飛速的発展和進步。

去年我们開展了大生產運动和反奸特斗爭，由此，一方面边區人民的物質生活得以改善，一方面人民的政治警惕和政治覺悟也大大提高了，边区民主政治的基礎，已進一步巩固無疑的，今年民主大选举之後，边区的民主政治必更將提高一步。

边區民主政治的特點是什么呢？

主要的特點是：边区民主政治的旗幟，是在共產党領导之下，按照毛主席所指示的道路，堅持抗日民族统一战線的方針，实现了人民自己的新民主主義的三三制政权。至其具体特點：

第一、边区民主政权是在中国共產党領导之下的。過去有些人存在着一種糊塗思想，好像边区政权既是统一战線的，就不能說是共產党的領导，今天我们必須清楚地的指出這一點，假如没有共產党的領导，就不会有敌後抗日根据地，也不会有人民的翻身，更談不到三三制政权。這是誰也不能否認的。

第二、边区一切抗日人民，和国民党统治区根本不同，獲得了真正

2

的民主自由和民主权利，因此，边区的人民有着高度的参政積極性和对自己政府的热誠拥护。一九四〇年的大选，参选公民，一般在80%以上，有的達到90%—100%。這是中国有史以來所没有的現象。

我们已建立了各級人民代表机関及人民自己的政府——政权機構的完整体制。

冀晋地區大部份巩固区和游击根据地村庄的群众是發動起來了，基本群众取得了优势。

根据十九個縣的統計

發動程度	年度	村數
充分發动	1943	459
	1944	1040
基本發動	1943	624
	1944	950
初步發动	1943	727
	1944	1097
尚未發动	1943	734
	1944	937
合計	1943	2544
	1944	4024

說明：

由此可見，至一九四四年底冀晋区的這十九個縣中充分發动和基本發動的村，為全部村庄的49%強，將及半数。初步發動的和尚未發動

3

所以尚為數不少，主要是新解放区各村尚在開始時期所致。這說明群众已經翻身或正在翻身的形勢，由於群众発动，政权干部的大部份（特别是下層幹部）是從人民中生長起来的，這就是人民自己管理了国家大事，這是最真实不過的事。

第三、人民政府的各级工作人員，大多数是土生土長的本地人。八年来的艰苦斗爭，這些干部都経过了鍛鍊，工农干部与群众关係很好，知識份子出身的干部，也与抗战初期不同而与群众発生着密切連系。幹部地方化的成份加強了，這顯然說明，我们的民主政权是在人民手裡，八年来在与人民共同战斗中，有許多政权幹部為人民而光荣犧牲，這証明政府工作人員与人民的血肉联系。

專員縣長籍貫統計表

職別 \ 籍貫	本縣人在本縣工作	百分比	本專區人在本專區工作	百分比	本冀魯豫區人在本專區工作	百分比	外區外省人在本區工作	百分比	共計
專員			2	50%	1	25%	1	25%	4
縣長	14	48%	19 (5)	65%	21 (3)	72%	8	27%	29
共計	14	42%	21	63%	22	66%	9	27%	33
附註	一、全区四個專区，三十個縣，一個縣暫無縣長。 二、外籍幹部五专七人，二专三人。 三、本专人在本专工作的十九人中，包括前項十四人在內，本区人在本区工作的二十一人中，包括前項十九人在內。								

二專在去年八月縣長会時十一個縣長，外来干部（非本縣人）九人佔總数 81%，現八個縣長本縣人在本縣工作即达五人佔全数 62% 強。

全縣科区長以上政府幹部均為本县人者有五台、崞代、建屏、曲陽、平山、吳寿之科長區長幹部都是本縣人。

三專六個縣科區長以上一〇二個，干部中统計：本縣人七十三人佔全数 72%，非本縣人廿三人佔全数 22%。（未填者五人）

第四、從政权的施政纲领与具体政策来看，沒有一件不是為了群众利益的。抗战以来，我们就接受共產党的領导，以后在边参会中又通過了中共中央北方分局的双十綱領為政府的施政纲领。而在政府的对敌斗争，財政經济，减租减息，大生產与救济灾荒的政策法令中，無一不是從群众利益群众需要出發，無一不代表各革命阶级的利益。自去年大生產以来政府工作人員領导人民生產組织人民經济生活的思想已開始樹立起來。

第五、正因為得到了真正的民主权利，人民的抗日生產積極性就大大提高了。人民勇敢地開展武裝斗争，保衛家鄉，青壮年踊躍参軍，壮大了边区子弟兵，廣大群众热烈参加民兵作战，有効地配合子弟兵打击敌人，边区人民不仅掌握政权而且也掌握了武裝，他们是边区的政权与武裝的真正主人，在經济生活中，人民愉快而紧張的活躍在生產战線上，以变工互助劳动合作的方法，開始擺脫了貧困，改善了自己的生活。在政治自由与经济改善的基礎上，边區人民湧現出战斗生產的各種英雄模範，這是边区更加發展壮大的有生力量。

一切這些，在国民党統治区，是根本不同的。

第六、從三三制的执行來看，各級人民代表机关是真正執行自己的权利，起了很大的作用，边区参議会討論並通過了边区根本大法的十四種條例，各縣議會討論了本縣的大政方針，並提出了許多從各階層中來的議案。如阜平二届議会就提出一三〇二件議案，五台議會提出一三九件綜合性的議案，灵寿議会提出四三件綜合性的議案。這些包括各方面问題，代表各階層利益的議案，都得以通過並被政府接受执行了。

議会本身的民主精神的發揚上也日益有所進步，如阜平在最近的座談会上批評領导，提出許多意見。定唐、五台的士紳議員提出扰抗的許多意見。五台經過議員反映民意一百廿一件。這都可以証明，議会是有职有权的。

平定、繁峙的一〇五名縣議員中、（一九四三年材料）

工人	貧農	中農	富農	地主
1	28	31	29	16
09%	26%	30%	28%	18%

地主富农議員佔40%以上

這証明我们的代議机关是基本上是三三制的。

57 31

在政权机关中，大批非党幹部参加工作，平山村幹部中将近7%的数目是非党干部。而各级政府的工作人员中，虽無詳細统計，但非党幹部是很多的。

以上材料可以充分有据的說明，我们的政权是完全符合於三三制的精神的。政府所推行的各种政策法令都是照顾到各阶级的利益的。

有些人侮蔑我们边区為共產党一党專政，這是完全沒有根据的胡說。一党專政，衹有在大後方，在国民党统治区才会発生。那裡国民党外的任何人民，沒有参政权利，而国民参政会則在国民党包办下根本不能代表民意，作出任何積極性的能夠被執行的决議。它与我们边区的人民代議机关，存在着基本原則的区别。

边区民主建設的收穫，不是很短時间可以說完的。但肯定的講，我们是有成績的，而且這一成績是歷史的創舉。如果没有民主的实施，将不会有今天的根据地，也不会有人民的地位。任何对此估計不足，或認為我们没有实行三三制，或強調某些制度上不夠健全，抓風上不夠民主而孤立片面的來估計我们的民主政治是不正確的。而我们政权干部中的一些主要同志有意無意的跟着一些反動份子或不滿我们的人來譏諷边区民主政治的建設是不对的。

在大會討論中，大家都赤裸裸的坦白的進行自我批評，反省檢查我们工作中的缺點是很好的，正確的自我批評，还应継續發揚。自然，我们是有缺點的，有些缺點还很严重，我们也應該深刻檢討。

7

究竟在我们的工作中作風中还有些什麽缺點呢？

第一、对三三制的認識还有偏差，还不明确：

三三制的抗日民主政权中並不能包括特务份子，而由於过去对国民党的罪悪，了解不足，因而在選举中選進不少特务份子。如边区特务頭子郝勝符，唐縣特务赵子恩等，被聘為参議員。盂陽縣議員卅一人中，上層（主要是地主）就佔了十八名，而這十八人中至今為止，有四名投敌，十二名被揭露出特务面目而坦白。這些人並不開明，但却佔了全部議員的半数以上。

灵邱三十八名縣議員中，上層佔廿三名現在知道的有九個是口特。盂平卅八名縣議員中，上層佔十八名，現知有六個是口特。

這可以明顯看出，我们在執行三三制政策中的錯誤並不是什么左，而是严重的右傾。有些縣為了实行三三制，動員群众選举国民党的特务份子。群众不願選，我们却帶助国特份子擴大宣傳。一九四〇年，口民党正積極進行反共活動，而我们却在群众中大講口共合作，团結抗战，如何如何！這是对三三制的錯誤了解。

第二、議員的成份，真能代表人民意見的工农幹部太少，婦女議員也很少。這就不能不影响議会的工作，使議会很難起其应有的作用。這样的議会，与我们希望应成為全縣最高权力机関的要求是不相称的。

由於封建统治的多年影响，我们的民主習慣与民主作風是不足的。

32

工作方式簡單化，而对議會認識也有偏差。有的縣區是統一戰線的上層連絡机關，有的認為議会可有可無，有的縣，議会開会很少，（灵邱二屆議会没有開成立会，虽有客观困难，然絕非不能開。）有的縣聘請議員認為祇是湊數。這都是应當糾正的。

在職幹部的調動多，以及議長的調動等，也影响議会的健全，但在战爭期間，這是不可避免的。

這裡必須指出：

有些同志，把領导方式的缺點，誇大為根本錯誤是不对的。如縣議会開会，應當有準備应当有領导，誰能說共產党在議会上提出自己的意見、主張，請大家討論、採納、執行是不对的？如果没有共產党的領导，没有共產党的主張，祇靠他人在議会漫談，是絕不会得出較共產党的領导与主張更為團結的結果的，自然某些簡單化的方法，应当注意克服。

這裡又必須指出：

有些同志看到議会的駐会工作不夠健全，就認為我们没有執行三三制，因而忽視我们的基本成功，也是不妥当的。（這主要原因是对議行合一了解不夠的結果，下面講）

議会主要在其会議期間在会議上施行職权，而不在駐会工作。議会閉会之後，職权即轉交政府。這是我们民主政治的特點，有些同志在議会工作与駐会工作之間混淆不清，因而發生許多懷疑。

第三、在作風上的不民主，有些主要干部，自以為是，独斷專行

，还是最严重的。（這是指政府作風的統持影响）对党外人士的協調
融洽还作的不好，对非党干部的培养还非常不夠。某些机関中非党干
部少並処於有職無权的地位，或下去檢查工作，不能解決问題，而对
群众的官僚主義依然还很严重，這在領导上是該負責任的。這都是應
當克服的缺點，而且必須克服。（一般作風问題下面説）

对以上缺點，我们同样應有深刻的認識，絕不能滿足現狀，絕不
能簡單的以為是進步中的缺點（什么缺點，都是应当克服的）。

一九四五年的整個形勢，國际国内民主高潮的發展，对於我们的
民主建設都是有利的，加以敵後形勢的急剧变化，我們的解放区
將日益擴大。為了準备反攻，必須進一步建設我们的民主政治，使冀
晋区的政权建設得以更臻完善，成為在中共晋察冀分局与边区政
府直接領导之下的一個更好的抗日民主根据地。

第二部份：有関民主政治的幾個思想問題的檢查和意見：

第一：政權建設是革命的基本問題也是根据地建設的首要問題（在武裝支持和群衆發動基础上）我们要認識到：

（1）新民主主義的政权是各革命階級联合專政的是抗日和革命斗爭的重要武器，我们必須使用這個武器以保衛中華民族和一切革命人民的利益。

過去滿清時代是封建势力的專政民國以来實際上是大地主大資產階級（軍閥政客）專政，在今天大後方担當大的地区还在國民党蒋介石一党專政之下，這些反動階級是緊緊的抓住這個武器以壓迫人民，使人民不能翻身的而我们有些幹部，却不愿善於使用它和重视它！

（2）我们的政權同樣是統制的权力机関但它和國民党的統制是基本不同的他们是少數人統治大多數，我们是在廣大群衆基礎之上統治嫉鎮压極少數汗奸特務、反動份子，我们依靠着廣大群衆，所以我们的政权是不能被摧毀的

（3）我们的政权是在共產党領導之下的：政府的政權沒有共產党的領導（八路軍的支持、人民的發動）是不能出現的，只有共產党的

領導，才能真正實現人民的政權，得到廣大人民的擁护，最近毛主席在七代大會上「論聯合政府」的報告已成為全國一切人民革命的行動方向、另一方面幾年来的事实也已証明國民党已成了全國抗日民主的障碍，因此我們政权工作者（不論共產党員與非党員）必須承認與擁护共產党對政府的領導。

共產党對政权的領導是通过自己的党員和各階層民主合作来实現自己的主張和政策。又經过自己党的路線保証其貫徹的。這和國民党一党專政是根本不同，在本質上共產党是為了大多数人民，而國民党只為了自己的小集团。

共產党領導的政權是人民的政府，在人民中应有高度的威信，在同一根据地内政令应普遍貫徹不打折扣，也不应有二元化或多元化的領導，政令不統一將削弱我們革命事業的發展，所以我們的政权在全区應是統一体，是有职有權的而不是軟弱的東西；

④由於對以上問題認識不足和對一元化執行的偏差便表現而下了面一些偏向：

⑴人民代表机关不少形式化的成份有些政府实际上没有成為在群众中有高度威信的权力机関只起了支差派款的作用（区村更差更）對領導與組織人民的經济文化生活所起的作用不够，有些縣政府同样也有此缺点。

⑵上下級領導不够統一執行上級的決定不堅決、如有的区不

執行縣的命令，自己另發命令甚致誤縣執行他的命令，在財政問題上該報的不報，該解的不解，各自為政，有些區級人不報縣，縣該請示的不請示，以及相信個人不相信組織等現象，各地都或多或少的存在。

四、有些幹部特別是主要幹部由於個人的英雄主義官僚主義及工作上的自由主義，形成缺乏工作上的主動性創造性，甚致有一部份幹部存在着對工作的不安心消極等待思想。

今後要求所有政府幹部特別是主要幹部重視自己的工作以對人民負責的精神對民主建設盡最大的努力時時刻刻為人民着想，為了實現共產黨所提出的各種主張及政府的各種法令而努力，只有這樣才能把政府的威信提高，工作才能勝利。

第二：對「三三制」的認識：

五、為什麼要實行「三三制」，為什麼政權形式是各革命階級聯合專政？毛主席在「論聯合政府」中指示：

「在消滅日本侵略者及建設新中國的大前提下，在中國現階段上我們共產党人在這樣一個基本点上和全中國人民最廣大的成份相一致的這就是：第一中國就不應該是大地主大資產階級專政的封建的法西斯的、反人民的國家制度……第二中國也不可能因此就不應該企圖建立一個純粹自由資產階級舊式民主主義專政的國家……第三在中國現階段上在中國人民的任務還是反對民族壓迫與封建壓迫在中國社會經濟的必要條件還不具備時中國人民也不能因此也就不應該企圖實現社會主義的國家制度、那麽我們的主張是什麽呢？我們主張在徹底消滅日本侵略者之後，建立一個以全國絕大多數人民為基礎的統一戰線的民主聯盟的國家制度，我們把這種制度稱之為新民主主義國家制度。

「這是一個真正適合於中國人口中最廣大成份的要求的國家制度，因為第一，它取得了與可能取得幾百萬產業工人、幾千萬手工工人、與僱傭農民的同意；其次也取得了與可能取得佔中國人口的百分之八十即佔四萬萬五千萬人口中佔三萬萬六千萬農民階級的同意，又其次也取得了與可能取得廣大的小資產階級自由資產階級開明士紳及其他愛國分子的同意。」

「自然這些階級之間也有其不同的要求……這種不同要求與這種矛盾可以獲得調節……可以共同完成新民主主義國家的政治經濟與文化的各項建設。」

毛主席這個正確的指示在抗戰初期即提示了。「為實現國防政府」（十大綱領）「民權政治」（國共合作宣言）「抗日統一戰線的政府」（新民主主義論）與現在提示的「聯合政府」，各時期口號雖然不同，但政權的性質都是一樣的。

「三三制」政策是新民主主義政權組織形式上一種政治規定，這是共產黨為了誠懇的與各黨派階級實行民主合作，在自己領導的地區所執行的政策，這個政策已經成為邊區參議會通過的施政綱領之一，即也不僅共產黨員要執行，政府一切工作人員都要對這個政策負責，三三制的實施，是為了使各革命階級都有說話的机會，都有工作做的政策，這個政策如果滿意执行則會作到更大的团結，实現更好的民主作风，發揮更大的力量，這就更便於完成打倒日本侵略者和建設新中國的任務。

2.對三三制的錯誤了解和認識：

①在三三制內容上如有人說「共產党一份、國民党一份、汪派一份」，(有人說)「共產党一份、國民党一份、無党無派一份」，有人說：「無產階級，小資產階級，中產階級各一份」，這些都與共產党提出的不同，都是錯誤的。(有人說貧民中农富农各一份，有人認為進步力量中間力量落后份子各一分)

②对执行三三制的困难，估計过高，如有人認為三三制「議会能执行，政府不能执」；「上級能执行，下級不能执行」；「村容易，縣裡难」；「风區區容易，游擊区困难」，怕提拔不出幹部影响工作等，都是強調困难思想上未搞通。

③把形式與內容分開机械的了解，如有人強調實質不會形式，認為只要政策是統一戰線的，即使政权机內裡都是共產党員也可以，还有人強調組級上三三制，認為無論在議會裏、政府裏全体人員中都应不折不扣三三制，這种机械的看数观点也是不對的。

3.有関三三制幾個问題的解答：

①三三制包括那些成份？一般的說三三制就是各革命階級民主聯合專政（包括工、農、小資產階級、自由資產階級、開明士紳等）

15

共産党員不超过三分之一、其他党派及無党派人士佔三分之二（甚本雅家在内）

三三制不包括特務、已坦白的特務應按其坦白情形及具体表現予是否享得公民权而决定其是否有参政权，不能一般的規定、對我們真正坦白的特务自然是按团結之方針保留其工作、予以自新之路的寬大政策。

政权机关中除了正确的执行三三制之外、还应强調工农干部、（不論党員與非党員）参政，因為今天政權中工農幹部还是少数，过去認為非知識份子不能作政權工作的观点应纠正。

三三制的具体在各級同政权机関中（議會與政府）均应执行，我們也須了解群衆中有各种优良的人才我們应该網羅與培養及三三制主要表現在領導机関方面（人民代表会和政府委员）机关全体人员应贯彻這一精神，但不一定机械的凑数在机关中如果共産員負主要責任，更应尽量吸收三分二的非党人士参加工作。

②实行三三制形式與实質那個重要？形式與实質是一致的不可偏廢，形式是实質的具体表現，离开形式实質就会發生变化（如党員佔多数或清一色党員，則易發生党政不分及簡单化的作風）但是形式也不是凑数而是為了具体的貫徹政策發揮民主。

③执行三三制的条件：有三個：甲、共産党的領導這是决定的条件，事实証明離開了共產党的領導那一件事也作不好，有人認為

没有共產党員的地方也能實行三三制、工作甚至會作的更好……這是錯誤的了解不對三三制是共產党的主張、只有共產党領導的地区才能實現、(国民党及敌偽地区根本不可能實現)乙、基本群众翻了身群众有相当的覺悟、生活改善了並有自己的組織和領袖，同時已打垮了封建的統治。丙：基本群众的优勢已經確定取得工農生活適当改善之後，階級的関係上適当的調整了。

總之在我們冀晋区政权建設已有了八年的歷史，除新解放区外實行三三制的一切条件都已具備，我們必須争取完全實現這一方針，這就須要我們更好的鍛鍊自己，提高自己，以發揮更大的作用。

第三：三三制政权的政体問題：

1.我們的政權是議行合一的不是三權鼎立也不是兩权半鼎立(立法、行政及司法半独立)只有議行合一才能表現出人民代表机関的作用，人民代表机関只是監政不親自掌握執行就不會發揮政權机構的最高效能，有人只看到議會駐會机関不起作用，「有职無權」便認為議會不起作用這在認識上是錯誤的，我們不应把权能分开，議會閉会期間，縣政府就是最高權力机関也是接受民意執行民意的机関，至於監政工作，应該發動起来普遍做，特别是村更应如此。

2、我們的政权是民主集中制的，集体領導，少数服從多数，下級服從上級，过去政府中集体領導还很不明確，負責幹部民主作风不够，首長個人包办形成別的干部積極性不高，這是因為集体領導要

-7-

形式上首長制不相違也就是組織形式（縣長科長不是委員制）強調了民主集中制的實現。

強調首長負責，忽視部门工作，和集体領導不健全，把集体領導共同負責與分工負責看成是對立的兩個方式，這是今天政府領導上的基本缺点。

但另一方面自從接管領導後，行政紀律鬆懈，下級對上級指示不認真執行，及一部份幹部片面強調民主化的思想發展也是不對的，政府的名科不是委員制的，科內科長負責，科內也強調少數服從多數是錯誤的，但科長应儘量征求科員意見及整理科內意見，科內应有分工，大家在工作上都是對首長負責，都是有職有權的，不过我们今天檢查民主作风主要的还是在領導方面，進一步正確的發揮民主。

六、政府內部領導一元化，集体領導分工負責的正確運用：

(1)司法處工作過去司法獨立是資產階級的假民主，邊区司法工作一開始就糾正這個傾向，今天要繼續開展這個思想，主要幹部应切實負責貫徹這一工作，認真的檢查，克服不问不向的自流傾向。

司法工作的內容在加強調解仲裁，提倡馬錫五審判方式，也須與民政工作抗聯工作相結合，司法處的名義對外仍存在，在政府內部領導上歸各科相同。

(2)公安工作，公安工作是政府保障人权防奸反特之主管部门，是不可缺少的，但公安工作不可离開政府領導，主要幹部對公安工

69

作个间不问是不對的、公安科本身猶恐他們傾向還要維護克服，工作中的一般问題（公除其他緝察技術问題外均应在署縣務會議討論、必須切實執行還擁手續及處置好待之新方針

㈦人民武装組織，武委會成立之後他與政府的關係和过去是有变动的，他是群眾性的獨立組織但他也接受政府的領導，各級武委会主要干部，可参加同級之行政會議，執行一般的政治任務與中心工作但其日常工作，如民兵武装建設，教育訓練，組織幹部等完全自己管理各級政府应協助之、村公所與武委会更应密切结合。（特別是游击区）使民兵活動與抗戰的執行均需在統一領導之下進行。

㈧政府其他部门之合併或分開，除財安部门已有决議可適當分開外，其餘暫不決定，不过合科以后中心是應有專人負責、不应因合科而形成取消某一部门的工作的現象！

㈨秘書和秘書主任工作、他不是第二首長（在行政会議成員之一）是全面領導的助手，其日常工作，除各科主管工作外，協助縣的領導、掌握情况調查研究，联系各科以及机関建設机関生产等。

4．下級服從上級，逐級負責，（一个）

⑴要掌握政令的貫徹，任何況違反政令及制度者均不允許，切實遵守單位的法制精神。

⑵必須實際承認專署及區是一級政權組織，貫徹逐級負責的精神任何工作上的包办或推諉的現象都均要克服。

19

70

⑤最近以來政府行政效率降低、主要是執行上級指示認真性不夠，對上級負責與對群眾負責的是統一的、單純的認為是為群眾服務不管上級的指示、是錯誤的、

第四、貫澈政策問題：

1.民主政府不僅是確定民主制度及進步政策法令的頒布它應是農民的發動組織群眾政策法令的實現，過去有人把貫澈政策認為是抗戰的任務，這是錯誤的想法、

2.政策的階級性，我們的政策是統一戰線的，但統一戰線的階級性是在維護基本群眾利益的文上要顧各階層利益，必須認識政權是建築在基本群眾文的上我們是為群眾服務的，工農被統治了幾千年我們應當加以扶植，因此有人認為抗戰偏於農民，政府似乎不公平。這是超階級的平均主義工想法。

但是維護工農利益是狹隘的當前統一戰線的政策、也還必須顧全大局，因此也必須照顧各階層利益。

3.對法令的掌握：離開了法令的階級性和本質談法令是不對的法令不是教條、有其原則性、在不同情況下與原則不相抵觸加以不同的處理是必要的。但離開了現階段的具體政策來掌握法令，也是不對的，如三專今年過去的減租，及個別縣區把負擔縮小到少數人身上都要防止與糾正。

4.如政策法令主要是為對群眾保持群眾的情緒提高群眾的覺悟，

是拉債的態度，而不是包办恩賜观点。

4、三三制的政府必須發動群众與保障人权地權財权及其他民主自由與民主权利，今年大选中应進行檢查政策，並根据毛主席的报告總結我们的主要政策如土地政策、合理政策、負担政策及其他，以準備二屆參議會上修改。

第五：作風向題：

1、檢查我们的作風不是拿我们的作风和國民党及敌偽的作风来比，因為這是不能相比的，我们的作风一般是為人民服务的但作的不够，因此必須根据毛主席一九四五年在論聯合政府最後一段（或者完成党的任務）及高崗同志的時時刻刻為人民與利除弊，改造我们的作風等报告。

2、我们作风上現存的缺点：

①對人民不負責的態度，如大會發言中各案都提到蠻压的案子很多沒有及時的處理，對群众處罰多於教育有的縣扣押犯人甚多，甚至押錯了的現象個别还不斷的發生，這種統治的官僚主義思想是要不得的，另一方面領導群众生產過日子很差有些不慣於為群众解决瑣碎事務的官僚主義作风要糾正，將邊区幹部出生入死，不怕艱苦但為公群众日常生活很差，對人民負責的精神不够。

②不民主的作风，強迫命令如合作社攤派貨款用行政方法組織勞工（不組織起來不發会）今年工商業征收有人只管收到數不管方式

群众不满在文化娱乐上有的村一年支钱千万以及乱罚款，有禁闭、打骂人等现象，各地都有。

③自私自利贪污腐化不事生产等二流子作风，如动员给抗属低地，有的干部自己种好的，劣的给抗属中自己污贪等。

④两家派争权利不团结影响工作的现象很普遍。

⑤落后区干部吃口唱口的打击士气也不小。

5、我们作风差的根源：

①、大部干部是小资产阶级出身。为群众服务的思想不明确。统治观念未肃清，形成群众的上司不是群众的勤务员。

②受旧政府的影响，要尊上官僚主义、任务观点少、工作作风不深入。

③对行政方法的误解！有人认为行政上有强制性便什么都要强迫是不对的、规定法令条例出布告下命令……这是必要的但执行前必须就经过说服教育的民主方式，这才不是执行上的强迫命令：

4、政民关係：

①我们政民关係一般是好的但还不够，具体表现在：

(1)由于有些干部本身的缺点在执行工作立场、观点、方法有时不一致，像互相意见但还不是完全干部不对，不过政府干部犯的毛病较多。

22

39 73

(2)工作方法上政民不分，互相包办代替、互争威信、有的都有了互不服氣，都是不對的。

(3)生活上政府與團体不够、對己負對人民不負責的態度

(4)上級的方法都不對政府干部应很好的檢查。

(二)不協調的原因：

(1)政府有的幹部對人民不尊重的組织，對團体包办的統治思想作怪，而團体有的干部對政权認識也有偏差。(見程政委群英会的講話)

(2)生活上不互相了解解决問題(如財政開支)工作方式簡单易引起誤會。

(3)無原則的山頭主義而成見。

(三)政民關係不好、政權幹部應多的檢查自己以對人民的態度對待抗联，双方幹部均應從思想上去整风，在工作上应互相主動的聯系交換意見逐級就地解决。

5.軍政關係：

(1)人民的政府一定要認識到部隊是人民的武裝是边区民主政治的支持者及人民的保護者，因此政府幫助子弟兵解决困难是应尽的義務和責任。

(2)對戰士的態度不少幹部都是不好的，對長官都对士兵要、公舊各人員的作風应切实糾正。

(3)檢查擁軍優抗文執行並切實軍政關係，並教育人民愛护軍隊

23

74

6、今在在大选中要：

①开展群众性的批评运动。联系政策之执行、检查作风，区村干部要作自我反省，必要时在群众大会上自我批评，反省要与竞选相结合，当然在批评时要防止奸特份子的有意破坏。

②、大选中政府须颁布布告要申重、保障人权民主自由法令，规定区村不准打人骂人及扣押人，发动群众监督干部作风，在继续反特斗争中也要尊重人权对嫌疑份子不应随便侮辱，应进行深入的教育。

③领导干部整风由加强群众观点。是贯彻一切决议由先决条件，区村干部秋后根据检讨计划、进行训练、把时时刻刻为群众打算的精神，贯彻到日常工作中去。

24

40 75

第三部份：一九四五年民主大選的执行问題：

第一、一九四五年民主大选的意义和任务：

(1)边委会五月廿五日的指示指出「中国時局的唯一出路就是成立联合政府，为促進联合政府之成立，就须要進一步壮大我们的力量，我区民主大选举的目的就是更進一步的建設边区民主政治，貫沏實行三三制，更好的巩固边区各阶層人民的团结，扩大抗日民主政权的影响於沦陷区，在新解放区則是改造旧政权使新解放区的基本群众参加政权，以发动与团结新解放区的基本群众参加广大人民，經过这次的大选举来发展与壮大解放区的力量，積極準備反攻，推动全国的民主联合政府的成立」。該指示接着又写到「为了勝利完成民主大选举的任务各級政府領导干部对此重大意义必须深刻了解」。

(2)我们怎样了解边委会的指示：

1.宣传毛主席关於建立联合政府的指示，把我区民主政治進一步建設和促進联合政府，建立新中国連繫起来，用進一步民主建設壮大我们的力量，巩固我们的团结以促進联合政府之建立。

2.扩大新解放区开展城市工作是孤立敌人，发展根据地，準備反攻的重大任务，因此大选应与此任务联系起来，扩大民主政权的影响於沦陷区，聘請城市中赞成抗日的上層人士为縣議員，或臨時組織

25

76

参观团等々，另外把民主建設推广到新解放区，以貫沏政策发动人民政造政权，实行民主以团結新解放区广大群众，使基本群众翻身参政以壮大整个抗日民主力量。

3.因此我们必须認识这次大选的意义，絕不能当做一般的例行选举一样，必须从思想上検讨，从行动上、作風上转变，以达進一步貫沏三三制，建設民主政治，推动全国民主的联合政府实现的目的。

(3)今年大选的具体任务：

1.巩固区：進一步貫沏思想教育，包括反对中国法西斯专制独裁，揭穿国民党偽装民主欺騙人民的陰謀，宣传毛主席"論联合政府"，指出民主革命必然勝利，人民一定勝解放，提高人民覚悟，並且从組织上，作風上，执行政策上提高民主的实質，巩固扩大人民的基本优势。

2、新解放区：把政权工作積極的赶上去，（一、軍事的政治的進攻是很快的）从貫沏政策发动群众改造旧政权建立新政权着手，达到基本群众掌握政权，取得并巩固其优势，奠定下民主政治的基礎，

3.游击区以及接近交通要道及敌佔城市附近村庄：積極的深入我们的工作，在政治攻势武装斗争進攻下联系到人民日常生活问題的适当解决（发动群众）摧毁削弱敌人統治，打击与取得我之統治，要抗日两面为抗日一面，使敌伪两面親日一面中间两面为抗日一面或抗日两面，在絕大部份地区争取完全消滅白点（每个别关係为抗日組织

3、扩大与巩固抗日民主优势。

以上三种地区的任务必须结合，究竟以那一地区为重点应视各县具体情况决定。但由于游击区建政经验较少应以大力进行。总之今年民主大选的要求绝不能只看成是一般的组织工作和技术工作，而是根据地建设中一个最中心的政治任务，而这一任务的总要求是进一步巩固扩大抗日民主优势，巩固与扩大边区人民团结，壮大我们的力量，准备反攻，以推动全国联合政府之实现。

第二，关于村政权建设问题：

(1)、村政权建设的任务：首先应说明民主政治的基础及一切工作的基础在村，村政权组织的基层是村政权，因此确定村政权的改造及村选是大选的重点环节，据冀晋区二十六个县有三分之一以上村是抗日一面，在此地区百分之八十的地区是完全由我掌握之抗日一面或抗日两面，在此地区群众已经充分发动基本发动或初步发动取得了优势，同时也呈现着不平衡性，有这个优势有的是巩固了，有的尚不巩固，特别是在目前扩大解放区，政权是赶不上去的，在雁北政权落在整个形势后面，这点必须引起注意，要根据具体情况确定不同方针、不同办法，应用百分之八十的力量放在村选上。

(2)巩固区村政权建设：

1、村政权组织机构：根据大家讨论提出以下几点：

A、建政的原则：

27

78

讨论决定

a.議行合一：村政权过去是执行了这一点的，但是了解不深刻，在討論当中提出許多疑问，必須加以解釋，如村专付直接选举村長付与代表会的关係问题、如村专付与代表会意見不一致時怎么办？代表会能否罢免村专付，这一連串问题的提出，説明对議行合一認識是不明确的，正确的了解首先是村代会閉会後村政委員会是最高权力机关，另外村专付直接选举是村政委員又是代表会正付主席，在代表会中少数服从多数，那么他必須执行代表会决议，不会发生矛盾，即是村政委員会内部村专付也不是独断專行的。

b.用一揽子的形式更能吸收各阶层各种不同的群众領袖参政，使政权真正成为代表群众政治要求及经济利益的权力机关，因此主張取消公民小組，扩大代表选举範围，以便吸收各方人才，过去覺得公民联席会解决问题好像不民主一样，其实那真正民主，我们今天應接受这个经驗並進一步改造之。

c.合乎精简原則：統一步調，統一領导，提高工作效能因工作須要而設置，不同村庄可有不同設置，大小村不必一律，如村公所部门設置編制等。

B.組织机構与选举办法中的新意見：

a.公民小組取消与村代表会选举问题：

(a)公民小組过去只是选举時临時凑合，只起了选举代表的作用，与人民的經济利益结合不起来，范围太小不能網罗所有人

28

42 29

才，另外公民小組范围小，选区代表只能代表一部份人的意見，不能充全代表该小組公民意見，因此大家一致意見取消公民小組。

(b)公民小組取消后，大村划几个选举区选举，自然村多的行政村以自然村为选举单位，代表人数由公民多寡决定，公民一五至七五人选代表一人，但是如代表会人数太多开会不方便，故一般规定代表不超过四五人，代表由公民直接选举，且限於本选区以内公民当选。

(c)村长付及各委員选举问题：村長付即代表会正付主席在各选区之村代表中由公民直接一票选举，村政委員会委員由代表会选举，或由村公民大会直接选举，不限於代表当选，如非代表当选即为当然委員代表。

b、村代表会、村政委員会的組織关係问题、

(a)代表会是全村公民大会闭会后之最高权力机关，主席付主席即村公所村长付村長，其权力责任照前不変。

(b)村政委員会是村代表会闭会后之最高权执行机关，村政委員会委員按工作須要由七至一五人組成，执行村代表会决議，对代表会和村公民大会负責，村政委員会对外用村公所名义。

(c)村政委員会之下设民財教实粮抗调解等委員，按村具体情况可以合併或分设或建立委員会或聘请干事，一般小村不设委員会，委員可以选举或聘請，村公所不设秘书，以加强各委員責任，特大需要時可设秘书幫助村长保管文件整理材料，或者以村长付分工来

28

解决，较大之集镇村庄有市公所者村公所应与之联系配合；無市公所者村公所設專门委員管理集市。

此外可取消、分散之自然村設村主任加强其責任心，大村可分先分街設街長等，但不是村公所下之一級，街長或村主任須好是村政委員会委員或代表会代表，否則須吸收他參加村政委員会。

四公民資格过去規定不変，特务嫌疑份子弄不清的不能剥夺公民权，剥夺公民权必須經縣批准，已坦白的不是罪大惡極的仍可参加选举，不到年岁之兒童不能参加选举，村政委員会討論有关童子軍工作之教育问题時童子軍中隊長可以列席。

2新解放区选举问题：

A新解放区过去有基礎的，完全使用巩固区办法，但是須联系到貫彻政策，深入动員加强民主教育。

B、过去没有工作基礎的新解放区目前不一定选举，最主要的是摧毁舊政权，实行逐个改造整理，貫彻政策发动群众準备明春选举。

3.巩固区建政的重点及应注意的几个问题：

A新恢復区、大约複雜村庄与偏僻小村应多用力量。

B.建政中心内容是发扬民主作風，啓发群众批評領导檢查政权，以达干部之团结，进行民主教育，揭穿口民党假民主之陰谋，反对法西斯專制，宣傳毛主席之论联合政府。

C.整理村財政，組织人民經济生活，克服浪費，加强干部对群众之責任心。

4樹立新的制度：

A、樹立集体領导，健全会议制度，代表会三月一次，村政委員会一月一次，（村公所日常工作村長付協同有关委員共商处理，健全輪流值日制度，值日干部主要是村長付及各委員，兼有其他部门工作之委員可不值日。

B、适当幫助村干部解决困难，以提高干部積極性，即使是大的村庄也不設脱离生産之干部。

C、改進区領导方法，訓練村干部，多鼓励，少批評。

(3)游击区村政建設问题：

1、目前敌我斗争形势是处在急剧变化中，我之对敌攻势軍事的政治的積極展开並継續扩大战果，加上国际国内的形势日趋死亡迫近，敌僞动摇人心向我，对这个新的形势必須有新的認识，必須用新的观点新的方法去开展工作，任何陳旧的老一套的看法必須克服，一切消極等待或右傾合法思想必須肃清，任何对我之有利条件估計不足都是有害的，对过去之經驗与条件的保留和搬运也是不对的，但是反对盲目性。

X專区言同志对新解放区形势之估計（群众恥笑我们吃苦）基本上是錯誤的，这只反映了片面的上層或地痞流氓的意見，或者是政治上对我们有成見的人的胡說，相反的广大群众是贊成我们的樸实的，情绪是很高的，凡崎城附近村庄群众自动停止给敌人送情报，到处流行着"汽車没油火車没头汗奸发愁"的民谣，伪组织人員动摇不安，桑乾河川裡武工隊自由活动，群众欢迎，伪軍假装不知、不敢抵抗，大同城内可以進行抗日宣傳。

二專区總结了过去一些經驗是好的，有一些仍可使用於今天、同样也有着一些右傾的缺乏積極進攻的精神也必須指示。

2.在新的形势下必須採取新的方針新的斗争方式，对过去游击区一般的原則必須作新的了解。

A.積極的大刀阔斧的配合軍事、政治、經济行动打击削弱敌伪統治；建立抗日民主秩序，在有工作基础的地区一切伪组织尽力打垮，有条件改造的必須改造，过去逐步前進的方式在条件成熟時須變為跳躍的前進，特别是老敌佔区的新解放区，必須放手的去发动群众破坏封建统治，建立新的民主政权。

B.在一切游击区把抗日行动变成对广大群众的公开活动，扩大抗日工作的合法面，缩小对敌人的合法、扩大对敌人的非法活动、发展武装斗争，把武装斗争与群众其他利益相结合；怕刺激敌人不治、把抗日与隐敌伪尖銳的对立起来，将一切汗奸伪人員在群众中孤立起来，所謂公开与隐蔽的向題也必須了解对广大群众应是公开的宣傳，公开的活动，对敌人是隐蔽的，以抗日氣焰压倒敌伪情绪，造成广大群众情绪上的轉变，在民族矛盾知日本必亡的前提下是可以完全孤立敌伪造成抗日的团结的。

44

83

C.在组织领导上适应斗争环境提高警惕性随时防止敌人的突袭袭击，反对不顾一切的盲目性。

D.对交通要道及敌占城市附近村庄工作方法仍然是隐蔽的，但又应是灵活的，在敌我短时间内不能发生变化的地区还同样应当采取深入踏实的方法，由点到面，自下而上发动群众，在统一领导下从解决群众实际问题作起，建立各种不同的组织形式，即使是过渡的只要对我有利。

三、几个问题的解答：

A.大乡制问题：一切伪组织的存在都是对敌有利对我不利的，故一律采取摧毁办法，过去利用掌握大乡制的经验是失败的。

B.村保甲制不能搬用，（如将保长变成代表）它是旧的封建统治的工具，为了应付敌人保留名义是可以的。

C.对敌斗争委员会，原则上不建立两套组织、在敌占优势与我占优势时也不必经过两套组织的对立过程，应采用打入干部逐渐掌握的方法，我占优势的村更不必两套设置）有支敌工作不是两套组织的并立，支敌工作完全在抗日领导之下，二分区几个村庄的联合组织是临时的，是为了完成一定任务而组织的，它也不是政权性质，一般村中为了统一对敌力量而建立对敌斗争委员会也不必需要，可以用联席会的形式解决。

D.游击区村政权建设之具体问题：

203

群众

A、组织形式：敌占区之抗日两面或小块之抗日一面只要是4
是有较巩固之优势即可采用巩固区原则，但由于敌我形势不同在人数上3
分工上各期可以灵活确定，

较差的抗日两面及有一定基础的中间两面村庄可以建立人民代表机关（不一定用代表名义）吸收各不同阶层特别是不同群众领袖参加。村公所工作人选不是少数人包办原则进行、组织不要太大、太乱、（简单些）

还有一些敌人伪优势的、目前尚是打入干部、改造转变其实质进行长期斗争。

新開闢村莊是改進政权配备基本群众参政、以行政的扶持群众的力量打击少数人的专政。

B、选举方法：能普选的尽量的普选不能即向接选举、或分片选举集中開票，有些村庄群众发动不够、工作基础差可以指名举手表决、根本不能进行选举的不要进行。可宣传我之选举、深入的逐渐的进行改造工作。

C、游击区建政当中应注意的几个问题：

a、從領導上重视游击区政权建设工作、這是今年大选的重要、而且要有经常的组织建设工作、不是一时突击观点的去建设村政权的各种组织制度减少财政開支克服游击主义思想、作长期打算。

b、贯彻政策发动群众是改造村政权的關鍵、按合各地群

84

45 85

众中最迫切要求的一环、如反污贪、清算账目，反对恶霸改造对敌负担办法反动会等等，但是决定的一环是土地政策之贯彻，农民之发动，认为游击区不能减租的思想是不对的，特别在新解放区是首先进行的的工作之一，不能迟缓以达发动群众之目的。

C 整理村财政，对敌负担有些地方采用了办法改造，也有些地区是自流的，改造对敌负担办法是为基本群众解决困难，使之合理，不是代替或是帮助敌人征款，另外游击区对我的负担也是很大的，定唐八区新店子去年村公所经费三六〇〇〇〇元、小学教育费六〇〇〇元、打洞六〇〇〇〇元，中队部三〇〇〇〇元余、部队及地方干部吃饭赔偿九万余元共六十多万元、村款开支主要是干部，部队吃饭赔偿、村干部吃喝募集费另乱销费。

D 作风问题：游击区作风问题要丢掉一些，必须深入的进行民主教育，使广大群众了解敌我之分，了解抗日的前途，提高其觉悟，教育干部关心群众日常生活、（组织群众生产是转变我们工作之关键）县区干部应深自检查反省，把对敌斗争与群众服务统一起来。

第三：县政权的选举问题：

1.实行三三制健全人民代表机关：

① 县议员的成份问题：

不规定在现在议员的比例数，原则上应适合各阶层阶级的政治、经济要求，工农、小资产阶级代表应占多数，注意吸收劳动英雄、战斗英雄及各级机关之当选为议员，每廿议员亦应适当注意，在职干部的议员数可以适当的减少。

议员的竞选，任何抗日组织与抗日党派都可进行，共产党提出自己的党员、提出自己的主张与工作争取竞选，并通过自己的组织去布置是完全应该的，抗联系统提出自己的竞选人与竞选、纲领，并通过会员来保证竞选人的当选也是完全可以的，如果大家同意而群众又乐于去选都是应该被允许的，

2议长不兼任县长、科长，但可作县政委员，参加县政委员会，也可兼政府工作以外其他职务，（政委或抗联主任）如不能脱离其原来工作，则驻会工作可由议会秘书或其他议员代理。

3、全冀晋区除阳曲，大同、阳高、怀仁、山阴、五县设参政会外，其他县均设议会，议员之选举方法（直接或间接）与聘请对象，由各县自定但应尽可能争取选举与直接选举、聘请议员各县应报专署批准。

接近城市者（如太原、石家庄及其他县城）可聘请城市议员或请出来列席议会，以扩大我之民主政治影响，促进对我之了解，同时尽可能通过各种关系城工关系、组织三五人的小型参观团来参观、

4、县设县政委员会、由县议会选七——十一人组织之可包括不在政府工作的及在籍议员、不限于议员（最好是议员）现任科长不一定是县政委员、（最好是县政委员）。

46 87

县长召集县议会时，会同各抗团。

各区区长村长（副县长副科长）

县政委员会召集县务会议，应设法健全县政之集体领导。县政委员会之会议期间，暂不作规定，县政会议后，县长与主管部门（县府内部）负责贯彻其决议

5 县议会开会一年一次，于必要时可召开临时会、

6、争取在秋收前各县召开县议会成立之会，如果来不及，可推迟到秋收后、

以上决定边区如有改变（将区示各县）即依上级意见执行，现可依会议决定执行。

第四、民主大选的组织领导及进行步骤问题、

1.传达问题——中心是干部整风、打通思想、

⑴、县政府首先组织讨论与政府的学习结合起来讨论的以检查群众观点、领导作风、对三三制的认识为主（检查三三制的重点是民主立场、依靠基本群众与各阶层民主合作等）检查立场、应与干部反省结合、

⑵由县召开区干部扩大会，由区召开村干部扩大会（或分小区召开）参加人员可吸收党政军民各系统干部及一部宣教人员工作参加以达到统一步调一齐动员之效、

⑶传达时间及进行时间由各县自己规定，但均争取秋收前结束

37

88

选举工作。

2.宣传动员问题：

宣传动员教育广大群众认识今年大选之意义，其中心内容应连系反法西斯，反对国民党独裁专政，加强民主教育，相信必然胜利，肃清对国民党的幻想，（二五分区肃清对阎锡山的幻想）克服变天思想，并进行批评领导，检查政策之深入贯彻，以达到发挥起群众的积极性改造干部作风，改造领导，加强村工作之目的。

这是大选胜利的关键，而这一工作之胜利系区干部深入整风，搞通思想，切实改变思想，深入领导，又是动员教育群众的关键，各级干部必须认真执行遵循。

3.建立选举委员会（专区、县、区、村均建立）

选举委员会之成员应包括党政军民之人员，及其他民主人士与当地有声望者，至其人选（选区分区意见可供参考、、4个

选委会须有专人进行工作，可设秘书（在各机关部干中抽）负责掌握，工作进行中建立汇报，（区对县，县对专署，专署对行署均十天一次）会议（按工作进行阶段由县决定）与检查制度以加强领导及时发现问题及时解决。

在批评领导检查政策与选举进行中强调区县干部分头下乡，亲自主持（当然不是包办）并动员区不脱离生产之[illegible]执委与区公所协助员，在附近村协助。

38

4、选举事务：

选票（县议员参议员的选票）准备公民登记、宣教材料之编印、均由县选委会分工进行、公民登记必须逐级统计上报以便总结、这次大选中一定要掌握准确的男女人口及民数字及村区户数等数字。

经费之开支每县不超过六万元、并限于选票印制、（村选票由村区开支）小报或临时通告之编印等，实报实销、由专区务处掌握、节制。

粮食开支，特别负者确须补助之个别情形，可以适当补助一些。

投票、宣票等大家可根据过去经验进行、选举方法参考去年前春选举、创造更适合群众要求的民主新方法。

村选中、竞选是动员群众重要内容、村干部在竞选中应自我反省、提出今后改进意见。

5、进行步骤：

先村选动员（发区及县选）接着就村选，后进行县议员、区参议员的选举、村选与县选分两次进行、如能总结了村选（须接查一区参议联系进行）再县选最好。县选及参议员选举可作一次大会、分两次投票进行。村选是大选的重点、村选必须完成、大选就是百分之八十以上的成功。

在专区范围内能规定统一的进行步骤最好、

6、典型示范、

09

在進行方法上，各縣領導机関，務要經过調查研究選擇村庄、作民主大选举之典型示範，吸收区干部参加，並組織附近村干部参观、這一工作最好于待太前完成、總結經驗、以完成以前偏僻的研究典型的任務。

（供于干会参考在大选中如寺区最立照編）

六、與各种工作結合问題：

今年的中心工作是很多的，各縣必須很好組織力量，有步驟的進行。

⑴目前回去檢查工商税及麦秋征收、注意護麦斗争、護麦是較長期的斗争、發動民各种方法（如禿麦高價收買）、应注意檢查領導、於麦征麦要與護麦結合起来。

⑵防旱備荒：下雨后必須集中一切力量突击播種，要是旱象已成，兪有小雨但絕不能因此而麻痺，必須認真防旱荒、備荒工作。

⑶鋤苗、區縣肥的工作絕不可誤，各地应抓緊季節、組織力量去進行。

⑷加強防奸反特保証大选勝利：

⑴一九四〇年大选中特务企圖把持政权、竊據活动、與选、大肆造謠（對知識分子說：文盲不会办事，对富有的說，窮小子不保護村中利益，对老年則說青年办事昔勤，要选老年办事有經驗的）。

一九四三年大选則曲解三三制、恐嚇群众在游击区向沟線外特务則公然設法全部摧毀破坏我村政权。

48 91

在目前大生產的逼諾說，剩三余一是白費，剩余下粮食準備救濟大城市突民個人落不上。

（2）大党中防奸反特工作应着重以下幾点：

a.首先是進行九条方針與寬大政策的學習，尤透前要求縣以上干部搞通思想、①思想上应糾正干部（尤其领導干部）的自由主義提高警惕，使從蔑視要略，遵不內心变為明確清明亮親自動手，②在政策上要從过去片面的鎮压、民片面的寬大転变為寬大為主鎮压為付的寬大政策轉变為，但不殺大部不捕。（要遵守捕人不得超过懷疑份子百分之三的原則）的爭取失足者為革命服务的爭取方針、③在方法上從依靠几個少数保卫人員転变為專門机関（公安局）與普遍机関（政民合等机関）及农村安大群衆相結合的群衆路線、根据這個原則以坚风的精神去發者死份去年反特中某些地区主观主義、普遍供訊的严重錯误，總結經驗，打下今年無例外的開展。群众性坦白运動。又基础

b.在去年突破地区，群衆已經發动，但由於特务的反坦白，胡供乱咬誣陷好人，加上有些地区群衆的过火行動，有些好人是被特务誣害，因之在這個地区開展，甄别，工作，首先將被反正的懷疑份子失足份子分清是非輕重，對反错者的取，一平反，將被誣害之好人应摘下特务帽子，恢復其人格，每什么场合戴的在什么场合摘去，只有來迠群不離作到应該這当迠（平反了好人也是成績）

在大党前应組织一定力量去搞反特向題多的村進行典型，甄别等工

吸取經驗、在大选后推广進行、在已開始點別之縣應總結經驗推至全面、

C.在未突破之地区首先強化調查研究，收集材料政据選擇典型、有計劃有目标的实行突破、吸取經驗接受去年反特的教訓，以便在大选后普遍開展。

(3)在大选中上两縣地区均應廣泛的進行反特法西斯教育（以毛主席两条政治路線报告、和新批評国民党六次代表大会為基本材料）揭露口民党蔣介石的独夫专制腐敗無能配合当地具体材料說明特务活動的种々陰謀，提高群人的警惕・

在选举上警惕特务搗乱，但要防下級干部不從政治上斗爭將取低級的護罵行為和过分刺激有碍民主、只有正確的貫徹寬大政策才能保障公人权、保護好人、保但民主大选的勝利・

各縣应根據当地具体环境與公安科共同討論計劃執行、

8、大选組織與报导向題、

(1)数年来級有組織各种基本政策、為了切实檢查各种政策之貫徹、在选举領導中应組织一定干部分工組織統一戰線政策（包括三三制）土地政策（劳資政策農負担政策（回去即送来些典型村材料、並研究村負担中各种具体向題、財政会議上曾決定每個专区至少有一——三個典型村材料、以備今年征收中决定向題的根据，這必須於征收前送来）反特防奸政策等其他如婚姻政策等、何縣材料多向題多由何縣總結、

42

47　13

2.大选總結务於选举后半月内完成报行署。

3.选举中的领導工作、分兩工作進行附设與过程随時报導、一面报上、一面对外通訊、領導干部应親自負責、掌握這一工作。

45

幾個向題的補充說明

第一、大会総結中幾個向題：

人在統一战線及三三制政策向題：有人認為這次大会的結論，強調了群众觀點及对平均主義，是否会傳达后影响到干部掌握政策，「過左」的現象，我們的答覆「不会的」，只有從基本群众利益出發而照顧到各階層的利益，領导干部掌握的穩，不会發生左傾的現象，即使有也是由於干部小資產階級不穩定性所產生，而不是群众的左，這一點須深刻了解。

去年反特後，在三三制的執行上，干部思想上是較混亂的，甚至有的对三三制是否執行發生怀疑，因此在干部配備中有些掌握不穩的地方，但這还不是左，實際上右傾思想还是存在的。如有的干部不相信我們的力量，怕提拔不出好人，不敢和党外人士团結，虽然是「左」的形式，實際上还是右的表現，今天的形勢为大革命及十年內战的時期情況还不同，毛主席湖南农民运動的報告、總的精神和立场都应該學習，但如果机械的搬運，則会脫离群众。

2，对敌斗爭方針：在新形勢下要大胆的貫彻積極進攻的精神，但也要防止盲目性，這兩者是一致的。沒有認識目前敌後形勢有利於我，而不積極的進攻是不對的，但不估計敌後的斗爭仍是艰苦長期的，也是錯誤。所以我們強調進攻，防止盲目，這就需要靈活的掌堅策略了。

3、选举中的具体问题：

⑴縣政务員会可以增至九——十五人，由各縣自己決定，是否設付縣長俟边区答覆，不过我意增設付职对集体領导没有坏处。

⑵大村設街長，自然村設村主任，其名称仍依原報告不变。如有些地区認為仍以闾主任名字較好亦可，不過此後無論以什么名義，应吸收他参加村政会議，為村公所集体領导中的一員，才不会形成一级。

⑶村代表会正副主席由公民直接选举，兼村長付（不是村長副兼代表会主席）這样加強村代表会的作用。

⑷治安員原則上能选举的地方可选举，這個问题主要是看群众発动情形，在群众未発动的地方為了使工作作的好，暫行委任亦可。

4、选举的傳达与步驟：

⑴选举原則上仍分兩阶段進行，先進行村选總結一定的經驗，再佈置与進行縣选工作。（不一定全縣都總結起来再佈置縣选）

⑵傳达時观點立场应明確，但口吻要注意。

5、大选貫彻的中心：

⑴思想问题：為群众服务（主要為基本群众）反省我们的群众的观點，特别從对群众的負担、組織群众生産和群众生活问题去検查。

51 86

②作風問題：也是思想問題，要自上而下的貫沏下去，廣泛的宣傳，不准打人罵人，及隨便扣押。問題的關鍵，還在縣的領导，克服領导上"不強迫命令辦不了事"的思想。

③行政系統的統一問題：上級指示不要堅決執行，上下級关係要密切，特別要克服財政上各自為政的現象。干部下鄉如果是代表集体領导的意見，無論是誰下級均应服从。如果是個人的意見，則該級政府首長後決定权。（不同的意見双方向上反映）

6、政民关係：過去檢查一些是不夠的，但可能有的同志感到对抗联檢查的少，而不能自覺的接受。今後双方都要再進行檢查，今後在工作中也不是消極的怕得罪人，而应該積極的互相联系，主动解決問題。

7、政府內部領导中的兩個問題：

第①司法處：它是政府中執行革命的法治精神，保護基本群众利益，調解各阶層关係的重要部门，过去有些人認識不足，採取自流的态度是不对的，司法干部不參加署县务会議，不了解政策，自然很難正确的掌握政策，今後应注意糾正。至於干部成分不好，則是适当調整的问題。

②公安科：這個问題在認識上基本上取得了一致，以后領导幹部要重視与研究這一工作。多要些文件，多学些知識，对這個工作不敢領导是不对的。

46

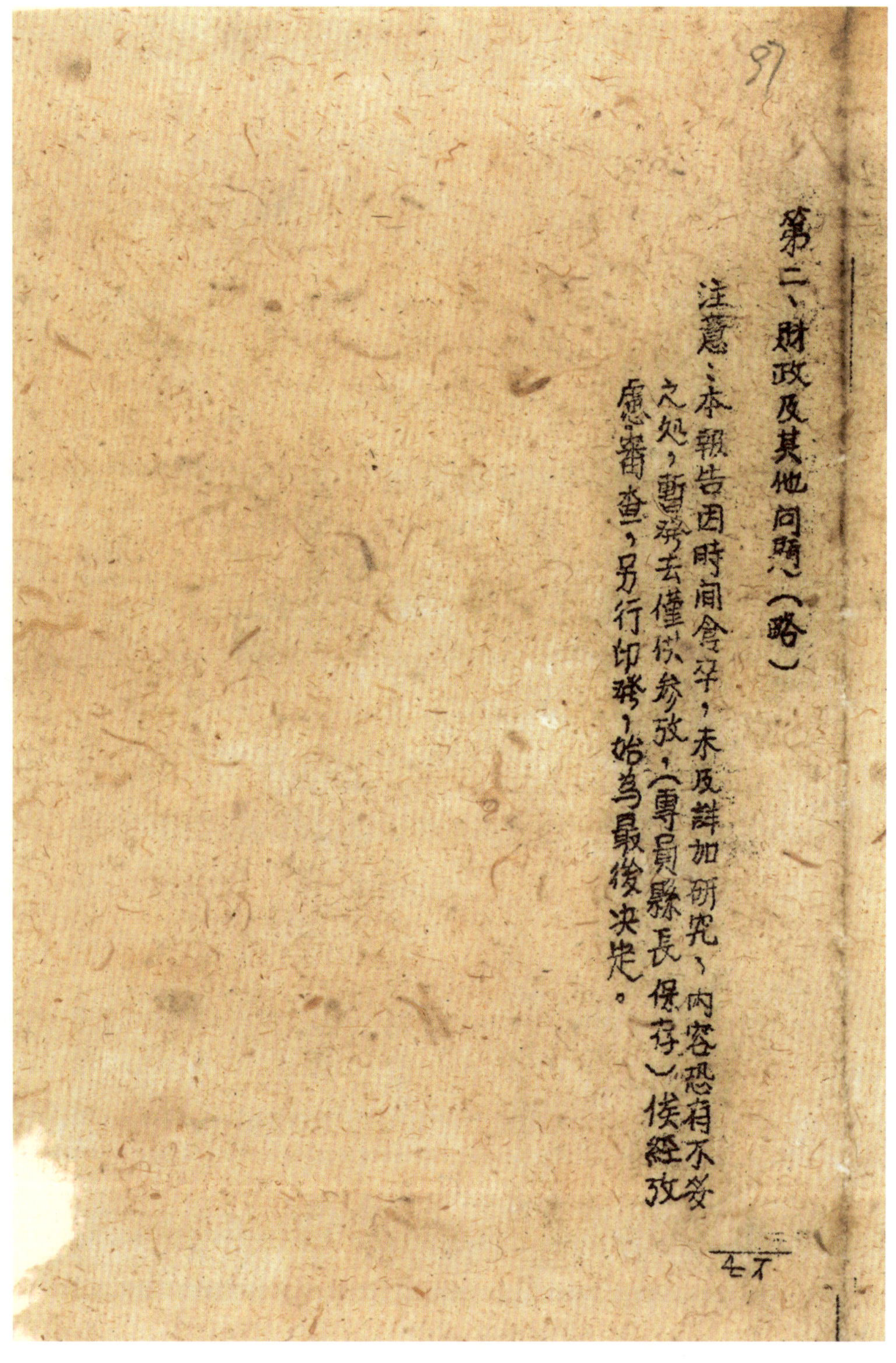
97

第二、财政及其他问题（略）

注意：本报告因时间仓卒，未及详加研究，内容恐有不妥之处，暂发去仅供参考，（专员县长保存）俟经改应审查，另行印发，始为最后决定。

七不

晋察冀边区行政委员会、冀晋区行署关于民主大选举运动的指示
（1945年7月19日）

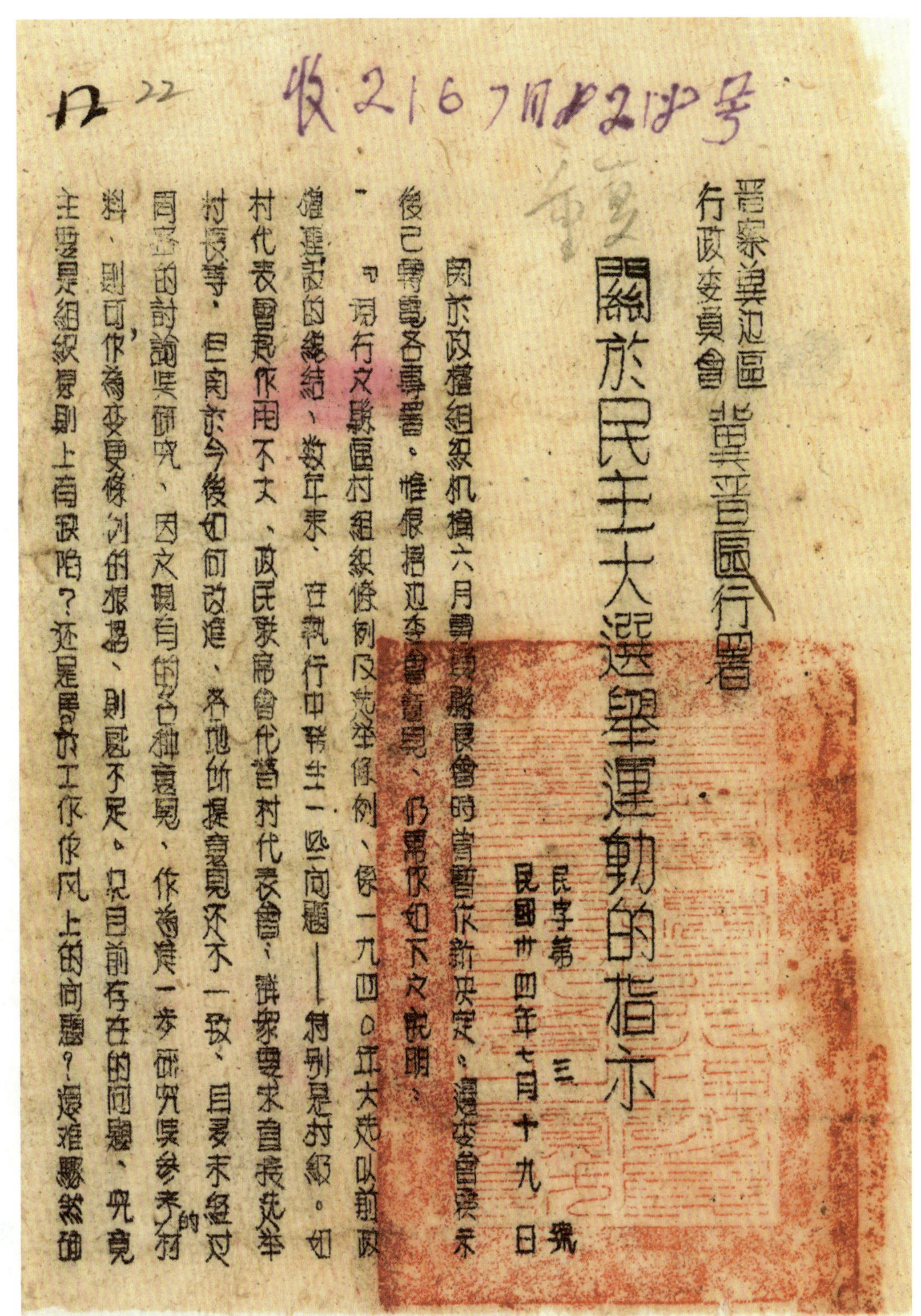

晋察冀边区行政委员会 冀晋区行署

关于民主大选举运动的指示

民字第 三 号
民国卅四年七月十九日

关于政权组织机构六月边区联席会时曾暂作新决定，边委会决示后已转电各专署。惟根据边委会意见，仍需作如下之说明：

一、『现行之边区村组织条例及选举条例，系一九四〇年大选以前政权建设的总结、数年来，在执行中发生一些问题——特别是村级。如村代表会起作用不大、政民联席会代替村代表会，群众要求自选选举村长等。但关于今后如何改进、各地所提意见还不一致、且多未经过周密的讨论与研究、因之现有的各种意见，作为进一步研究与参考的材料，则可作为变更条例的根据、则感不足。况目前存在的问题、究竟主要是组织原则上有缺陷？还是属于工作作风上的问题？还难骤然确

定。至少领导作风与工作作风是重要原因之一……。因此，边区参议会意见，今年各级选举仍照原条例执行。六月行署专员县长会议时所为之决定、凡与此抵触者即停止执行，各级政府在此次大选中应加强研究调查、细心总结经验，随时提出意见，以便二届边区参议会有充分根据修改现行组织与选举条例。

六月会上关于组织形式与选举办法提出的新意见，主要是取消公民小组，副选区选代表，集中直接选举村公所委员与村长，同时非代表亦可当选，如此新的代表会即成为一选举会。村的执行机关则先选举成立村政委员会，代表会会议期间三月一次（边区规定一月一次）等。县则设县政委员会，遵照边区参议会意见，以上决定即停止执行，但在执行中应掌握六月会议的精神：第一：新的代表会应使之实际上成为集中各阶级群众领袖的一个选举会，克服某些人不尊重代表会、不愿遇事就找代表的现象，从各方面对代表会加强领导，加强教育与帮助。第二：贯彻六月会议上进一步建设民主政治的精神，充分发扬民主，大胆开展批评与自我批评。认真贯彻三三制，实现政权体制的民主集中制。

從七月下半月起至八月底止是民主大先運動全面展開時期、縣至村的傳達結束後、應即全力動員群眾批評領導、檢查工作並審查幹部為大先作充分之準備、因之必需組織大部幹部於這一階段的工作為進一步建設我區民主政治、付以足夠之努力、進行中應強調以下幾個問題：

一、政民密切結合、動員群眾批評領導、檢查工作、充分發揚民主、務使各階層群眾勇敢提出意見、知無不言、言無不盡、為了啓發群眾的積極及熱烈批評、並帶領村幹部反省缺點、承認錯誤、在群眾監督與批評下轉變作風、改進領導、縣區幹部應轉變思想、以身作則，從具体問題出發、在群眾面前展開對自己的群眾觀點、工作態度等方面的自我批評。在群眾普遍的批評運動熱烈展開後、下級幹部應仔細分析各階層人民的要求：情緒、意見及我們現行政策制度、現有作風等應注意改進的方面，並以群眾意見作為審查幹部的主要根據。

發動群眾性的批評、[illegible]放手大胆、至於正確領導運動、糾正偏包、應在批評檢討展開后所發生的具體問題中貫徹、而這也必須依靠群眾、從群眾中來，必須了解廣大群眾是我們一切工作、政策、制度、條例以及幹部的最好的與最后的鑑定人，堅決克服一切輕視群眾意見的思想偏向、是順利展開群眾性的批評與自我批評的先決條件，專區及縣必須認真進行思想領導與組織保証。

二、在領導方法上亦顯得十分必要、現所組織力量兩者兼顧村的工作、尤其是今年來大批的新幹部文字的情況更顯得從典型示範中取得經驗、指導運動的重要性、必須從領導工作中、使經驗較少、能力較低的幹部及新的工作團體樹起信心，至於業務不夠熟悉、則應翻印一些必要的文件（如組織條例、選舉條例及關於工作作風問題等）供給工作中組織學習來補充。

三、反對片面性要照顧到工作、應了建立健全組織一定幹部一定時間進行、努力發動政治問題、便利大選進行。

四、準備縣選執行政策的總結，及今年縣議會上政府工作報告之重要部份，現在注意團結幹部分工總結、照顧典型並與大選的總結報告結合起來。

五、受報制度、自村到行署的報告必須有效的樹立起來，對行署報告須定十日一次、依照專署及縣外各專業部門提供專門報告，今后要克服、現在存在的、步驟計劃等首先擬行署。

晋察冀边区行政委员会关于民主大选举工作的指示

（1945年7月20日）

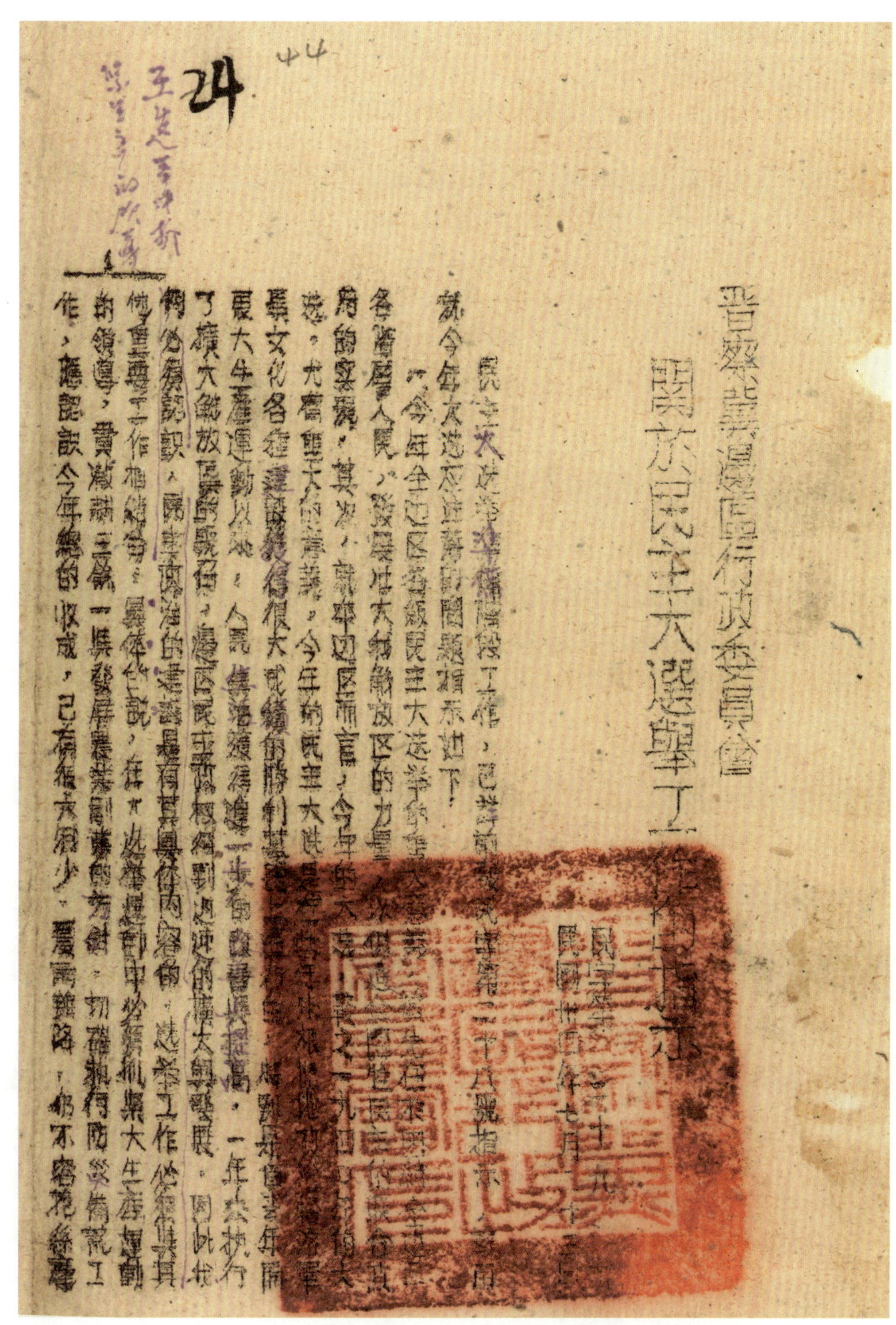

晉察冀邊區行政委員會
關於民主大選舉工作的指示

45

2

总帐估算，其次，应继续进行扩大解放区，加紧军事、政治、经济各方面的斗争，在新解放区尤应于发动群众，贯彻各种基本政策，开展群众性的反恶霸斗争，解决当地群众迫切需要解决的问题。

二、深入宣传今年民主大选举的重大意义，为大选的胜利而努力，应动员广大人民积极参政，发动和组织各阶层人民的竞选，展开热烈的参选热潮，为保证选举的彻底胜利，在大选中，必须贯彻执行“三三制”，加强对“三三制”政策的研究，克服在执行中的一切偏向。在贯彻三三制的精神下，应重视与模范在边区各种建设中的伟大作用，使各级人民代表机关不仅有各阶层的人士参加，并有各实际斗争中产生的典型人物和劳动英雄领袖参加，其次应重视妇女的政治地位，深入发动妇女公民，要认识自己的民主权利，积极参加选举，使一定数量的优秀的广大妇女所密切联系及在抗日工作上有成绩的妇女领袖到各级政权中，边缘地区除应将边区民主建设深入宣传到游击区，以推动开展游击区工作外，还应争取游击区进步的抗日人士，吸收到县议会及县参政会及边区参议会。在边区参议员之选举须提出具体意见报告会讨论。

三、在大选中各级政府应发扬民主，开展群众性的批评与自我批评运动，首先，各级政权干部，特别是县区干部，应本为人民服务、一切为了人民、对人民负责的精神，深入反省自己思想上执行政策上

[illegible]作風上存在的一切缺點與錯誤，坦白的進行自我批評。縣区干部在準備选举中，應切实幫助領導村干部進行檢查工作，開展批評與自我批評，在选民大会、村代表会、縣議会上，政权干部應認真的檢討工作，進行自我批評，克服以往只提成績不提缺點的辦法，只有在干部自我批評的基礎上，才能發動並開展群众性的批評運動，在批評運動中，應高度發揚民主，使人民能够做到「知無不言，言無不尽」，領導上應採取「言者無罪，聞者足戒」的態度，傾聽人民對政府的一切意見並發現群众中存在的一切問題，只有如此，才能真正揭發政权工作中的官僚主義與主觀主義，才能改進我們的領導與工作。也只有如此，才能使人民識別誰好誰坏，暴露與清除在政权中一切違反人民利益的份子，大大地提高人民的參政参选情緒與政治覺悟，進一步鞏固抗日民主政权，加強政权與人民的密切联系，各地区群众防奸運動能與此結合進行者可結合進行，如尚未到達進行時期時，亦可打下基礎，便利今後的進行。

四、認真的健全村代表会及縣議會或縣參議会，尊重並重視各級人民代表机関，村代表选出後應馬上召開村代表会，討論中心內容，應在為人民興利除弊及有利团結抗日的大前提下，根據各地不同的情况及人民迫切需要具体確定，一般的應着重大生產，對敵鬥爭，村負担，文教工作及政策执行等問題。具体的說，凡国区應注意克服村財政相當浪費的現象，救濟春季大生產具体的步驟與做法，如何貫徹耕三餘一反發展副業，健全合作社、勞工組織及生産中一切具体問題，與開展文教工作的具体辦法；游击區及新解放區應注意對敵鬥爭，反敵偽搶索，改造負担辦法，并貫澈土地政策等，並根據不同工作基礎，討論組織人民經济生活的辦法，縣議員選出後，亦應抓緊時間，召開本屆第一次縣議会，着重討論問題與村代表會同。但，必須事先注意準備工作，除開会與一切事務組織的準備工作外，特別重要的是總結過去的議會工作及本縣全面工作，其中着重總結边参会通過之施政綱領中的實施重點即對敵鬥爭、經濟建設（即大生産）、精兵簡政（主要是組織領導，特別是縣對区村的領導）及貫澈政策，文教工作、保障人权等方面，新收復城市及擴大了解放区之縣，應很好總結管理城市擴大解放区工作中的經驗，關於建立相當於縣、区的市公所問題各地可進行研究提出意見。各級領導机關，應認真的健全村代表會及縣議会，進一步發揮人民代表机關的偉大作用，克服一切看輕與不尊重人民代表机關的心理，縣以上，特別是專區以上政权干部应在大选中加強各級政权組織建設與政策的研究，廣泛的搜集材料，正確的分析研究，一般調查與典型研究相結合，以為下屆参議會開會的確定修正各種條例的實际根據。以上各種總結材料，本縣选後边参会開会前逐級報本會。

五、大选工作的領導與具体進行

〈一〉建立各級选举委員會。根據晉察冀边区選举條例第七章第十六、十七、十八條之規定，建立各級選举委員會，行署專署亦应建立選

5

委會，皆冠以地區名稱，選委會的性質，是在各級政府領導之下動員組織黨政軍民力量，統一步調並辦理一切選舉事務的机関，其職权完全依照條例規定執行。各級選委会有上下級領導関係，上級選委会對社會人民可發通告，對下級可發通知，下級選委会應及時對上級彙報，至屬政策法令的解釋或頒佈，則屬於政府。其他関於選委会工作，詳見边区選委会第一次通告，選委会的工作，應貫徹民主作風，不直接組織競選，應根據政府法令慎重審查選民資格，對無選舉权及被選权之人民，應報經政府宣告，選委会不能直接代替政府進行宣告。

（二）不同地区應根據不同情况採用不同方式。在鞏固区群众已經發動起來或基本上已發動起來，應普遍實行直接選舉，以民主大選為中心，與開展大生產工作密切結合，一切競選宣傳活動应與推動生產会議結合，選舉時間应和生產实際及農閒時間進行。在游击区及新解放区，如群众已基本上發展起来，基本群众已佔优势，在環境許可之下，尽可能進行普遍直接的選舉，選舉時应提高警惕，武装保卫選舉。新解放区，群众尚未發動起來，可根據人民迫切需要，選舉行政造舊政权，执行減租政策及政治負担清算賬目等工作。大選可採取間接選舉、推選或聘請方式。

（三）大選步驟及日程，因各地区情況不同，不易統一具体規定，原則上規定边区参議員選舉一律在十一月十五日以前選舉，至遲十一月底將選舉結果及選舉総結逐級报告边区選委会，縣選村選視各地具

41

6

体情形决定。

（發到縣級、抗聯一份）

——完——

灵丘县政府关于灵丘县1945年民主大选
（1945年7月20日）

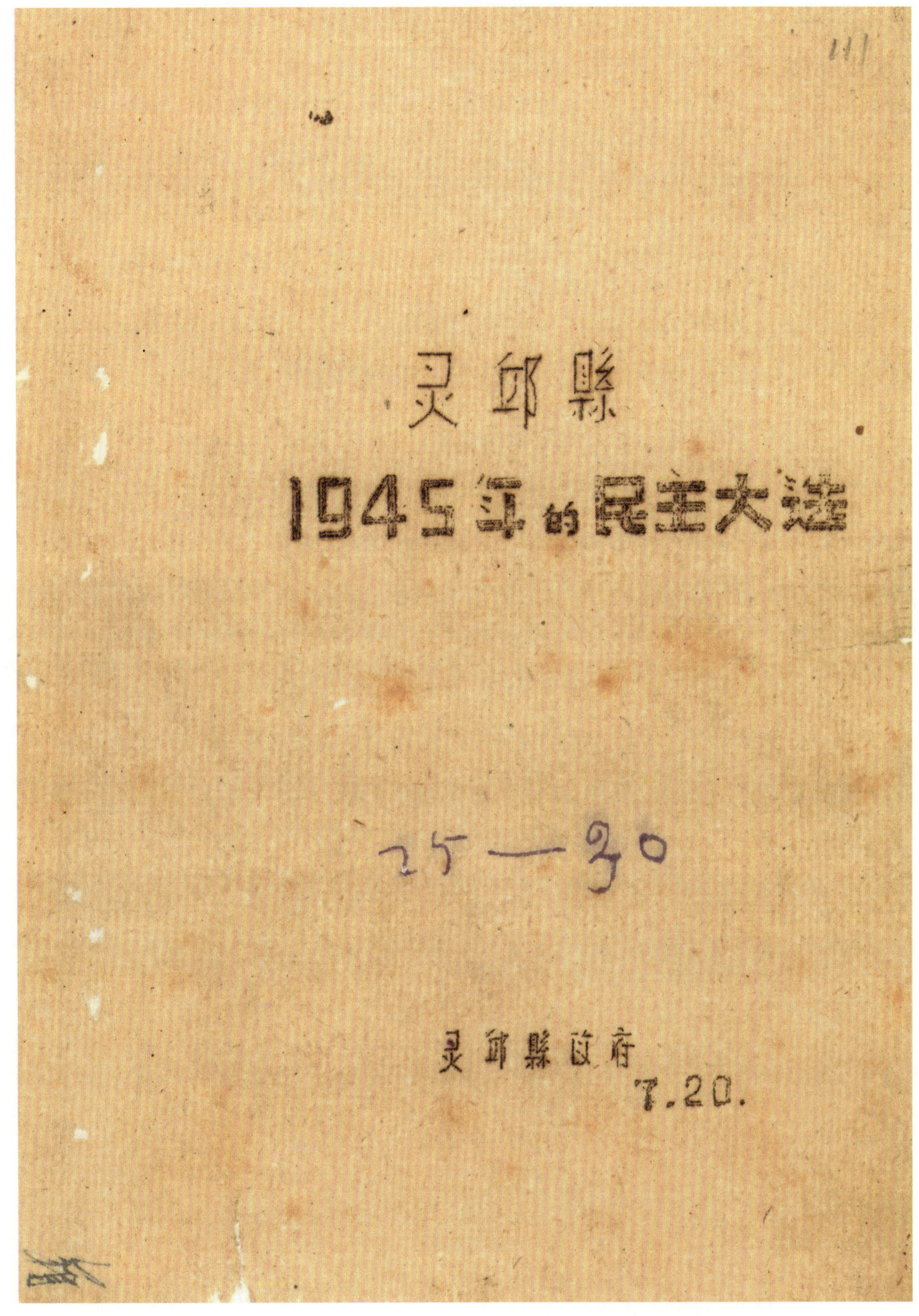

111

灵邱縣

1945年的民主大选

25—30

灵邱縣政府
7.20.

112

目録

113

第一部份　关於过去民主建設的一般檢討

一.过去發生的偏向：

1.對三三制的錯誤了解與認識：

三三制的抗日民主政权中.並不包括特务份子.而由於过去對國特的罪惡.了解不足.因而在各级选举中.选举出不少的特务份子.如边区特务头子郝腾甫.被聘为参議員.某縣議員中上層份子十八名.現知有六個是國特.這可以明显的看出我们过去执行三三制政策中的錯誤.並不是"左"而是严重的"右"傾.

在三三制内容上如有人說：共產党一份.國民党一份.汪派一份"有人說：共產党一份.國民党一份.無党無派一份."有人說：無產階級.小資產階級、中產階级各一份".还有人說："貧农中农富农各一份""進步力量、中间力量、落后份子各一份".这些都與毛主席所說的新民主主义政权不同.都是錯誤的，共產党所提的是共產党員不超过三分之一.其他党派及無党無派人士佔三分之二.

对三三制执行的困难过高的估計、如有人認为："議会能执行.政府不能执行.""上级能执行.下级不能执行"."村容易、縣裡难"."巩固区容易.游击区困难".都是強調困难思想上未搞通的表現.

把内容与形式分開机械的了解.如有人強調实質不管形式.認为政策是统一战線的.即使政权机关里都是共產党員也可以.还有人強調组织上的三三制.認为在議会里、政府中、区里全体人員中都应計数来了解.这种机械的凑数观点也是不对的.

2.議員的成份：

真能代表人民意見的工农干部太少.妇女議員也很少、这就不能

114

048

015

不影响議会的工作，使議会很难起其应有的作用，这样的議会與我们希望应成為全县最高权力机关的要求是不相称的。

由於封建统治的多年影响，我们的民主習慣與民主作風是不足的，工作方式简单化，对議会認識也有偏差，有的看議会是统一战線的上层連系机关，有的認為議会可有可無，有的县議会開会很少，灵邱二届議会没有開成立会，有的認為聘請議員是為了湊数，这都是应当纠正的。

3.作風问題：

对人民不負責任的态度，如积压案件很多，不及時处理，有的区扣押犯人达十余個，時間四五十天之多，打人罵人，有的区干部被群众呼之為"第二郝克瑞"这种统制的官僚主义思想是要不得的。

自私自利貪污腐化，不事生産，看不起弄針弄線，舞鍋舞锹的生産，向积極生産者説泄氣話，这完全表現了二流子作風，闹宗派本位，極端民主，平均思想事务包办，还有的油賦，疲塌，地位观念老干部看不起新干部，尤其是剛提拔上来的农村干部更看不起，这虽説是個别的部门，或少数干部的表現，現在仍严重的存在着。

某些区干部早晨不起晚上不睡，大吃二喝，與上层份子拉攏，希圖人家的東西，小恩小惠感情用事，这完全表現了立场的不穩。

村中几個主要干部包办，群众不敢説話，特别是对村干部的意見，村財粮制度紊乱，村長付與治安員，武委会主任关係不够調协，村干部有時不顧及群众的接受程度，把群众接受不了的東西硬往下搬，遭到群众的反对，对政策了解还差劲，如有人説："自由结婚可以，自由離婚不可以"，"寬大政策是法不治众"，等等，並西一县提示女十八男二十结婚是优待妇女。"

川下解放之后，部份的干部表現盛氣凌人，趾高氣揚，横冲直

2

115

撞，乱跑乱跳的不虚心的作風。

有的干部特别是主要干部，英雄主义、官僚主义、及工作上的自由主义，形成缺乏工作上的主动性、创造性，甚至有一部份干部存在着对工作的不安心，消極等待，萎靡不振，說的是群众观点，实际是恩賜观点。

4. 村政权干部成份问題：

村干部的好坏是对村中工作起着决定作用，那村闹不团结，村干部不关心群众利益，政策不能貫澈，村干部成份一般均在中农以上。（过去的河浙村）反之就進行的很好（如一区边台村）目前財粮干部多為富农及中农以上的成份，结果到处時發生问題，发現貪污浪費現象，这一方面是由於財粮工作手續的繁複，限制了工农干部担任这一工作，另一方面是我们对提拔与培养工农干部到这一工作里来很不够。

5. 村代表会：

除在选举后，前一次開会較好外，以后即一般的不健全，有些村開过些会，起了些作用，但一般的没有成為村政权中真正的最高权力机关，村代表会上多是討論派粮派款或上级佈置工作，决定或传达一些工作叫代表去作，如此村代表感到参加代表会没有興趣，代表在代表会上的發言，不是由小组收集的，是代表個人的意見，政民联席会代替代表会是普遍現象。

有些村的代表，根本忘了自己小组的公民是誰，小组会上没有内容，主要原因是公民小组和老百姓的经济生活脫節，區干部很少帮助公民小组和代表会使其健全。

6. 过去的村选方法：

村选中，是由小组產生代表，再由代表中產生村長付各委員，所以就障碍了积極份子的当选，能干的為群众所拥护的积極份子不

047

116

一定分配到各组都有，这样对於纲罗人材上是有限制的。

一般群众对誰当选为村長是很关心的，因此对间接投票不满意。因为村干部都是直接关係到他切身利益问题，不讓他直接投票他对所选出之村干部就往々不大满意。

二、边区民主建設的特点与收获：

1. 边区民主政权是在共産党领导之下的。过去有些人存在着一种糊塗观念，好像边区政权既是统一战線的就不能就是共産党的领导。今天我们必须清楚的指出这一点，假如没有共産党的领导就不会有敌后抗日根据地，也不会有人民的翻身，更談不到三三制政权，这是誰也不能否認的。

2. 边区一切抗日人民与國民党统制区根本不同，获得了真正的民主自由与民主权利，因此，边区人民有着高度的参政积極性，与对自己政府的热誠拥护。一九四〇年参选公民一般的在80%以上，有的达到90%，这是中國有史以来所没有的现象。

灵邱南北两山百余村庄的群众大部份是発动起来了，新解放区经过善委会的领导赈济，经过大生産，防旱备荒的推动，特别是经过六七月份的発动群众，扶植了部份的基本群众的抬头，奠定了基本群众在鄉村的优势。

3. 边区人民政府的各级工作人員大多数是土生土長的本乡人，八年来的艰苦斗争，这些干部都经过了鍛練，工农干部与群众关係很好，知識份子出身的干部也与抗战初期不同，与群众発生着密切联系，这是就説明我们的民主政权是在人民手裡，八年来在与人民共同战斗中，有許多政权干部为人民光荣牺牲，这証明政府工作人員与人民的血肉联系。

4

4. 從政权的施政綱領與具体政策来看，沒有一件不是為了群众利益的。抗战以来，我们就接受共產党的領导，以后在边参会中又通过了中共中央北方分局的双十綱領，為政府的施政綱領，而在政府的对敌斗争、財政经济、减租减息、大生產與救济灾荒的政策法令中，無一不是為群众利益、群众需要而发，無一不代表各革命阶级的利益。自去年大生產以来政府工作人員領导人民生產，組织人民经济生活的思想已開始樹立起来。

5. 正因為人民得到了真正的民主权利，人民的抗日生產积极性就大大提高了。人民勇敢的開展武装斗争，保卫家鄉，青壮年踊跃参軍，壮大了边区子弟兵，廣大群众热烈参加民兵作战，有效的配边区子弟兵作战。边区人民不仅掌握了政权，而且也掌握了武装，他们是边区政权與武装的真正主人。在经济生活中人民愉快而紧张的活跃在生產战线上，以变工互助劳动合作的方法，開始摆脱了貧困，改善了自己的生活。在政治自由與经济改善的基础上，边区人民湧现出战斗生產的各种英雄模範，这是边区更加发展壮大的有生力量。

6. 從三三制執行来看，各级人民代表机关，是真正执行自己的权利起了很大作用，边区参議会討論並通过了边区根本大法十四种條例，县議会討論了本县大政方針，並提出了從各阶层中来的議案。

边区民主建設的收获不是很短時間可以說完的，但肯定的講我们是有成绩的，而且这一成绩是历史的創举。如果沒有民主的实施將不会有今天的根据地，也不会有人民的地位。任何对此估計不是認為沒有实行三三制，或強調某些制度上不够健全，作風上不够民主，而孤立片面的估計我们民主政治是不正確的。而我们政权干部中的某些同志有意無意的跟着一些反动份子或不满我们的人譏諷边区民主政治的建設是不对的，这完全是錯誤的。

118

046

第二部份　我们对於民主政治教育的認識

一、政权建設是革命的基本问题，也是革命根据地建設首要问题（在武装支持和群众发动基础上）我们须要認識到：

新民主主义政权，是各革命阶级联合專政的，是抗日和革命斗争的重要武器，我们必須使用这個武器，以保卫中华民族，和一切革命人民的利益。

过去满清時代是封建势力的專政，民國以来实际上是大地主大資產阶级（軍阀政客）專政，在今天大后方相当大的地区，还在國民党蒋介石一党專政之下，这些反动阶级是紧紧抓住这個武器，以鎮压人民，使人民不能翻身，而我们有些干部，却不善於使用他，重視它。

我们的政权同样是統治的权力机关，但他和國民党的統制是基本上不同的，他们是少数人統治多数的，我们是在庞大群众基础之上統制與鎮压極少数汗奸特务，反动份子，我们依靠着庞大群众，所以我们的政权是一天比一天壮大了，我们的政权是在共產党領导之下的，敌后的政权没有共產党的领导（八路軍的支持群众的發动）是不能而現的，只有共產党的领导，才能真正实施人民的政权。

二、对"三三制"的正確認識：

為什么要实行"三三制"，為什么政权形式是各革命阶級联合專政，毛主席在"論联合政府"中指示"在彻底消滅日本侵略者，及建設新中國的大前提之下，在中國現阶段上，我们共產党人，在这样一個基本点上和全國人民最庞大的成份相一致的，这就是：第一、中國既不应該是大地主大資產阶级專政的封建的法西斯的反人民的國家制度

6

119

第二，中国也不可能因此就不应该企图建立一个纯粹的资产阶级旧式民主主义专政的国家。第三，在中国现阶段上，在中国人民的任务，还是反对民族压迫，与封建压迫，在中国社会经济的必要条件还不具备时，中国人民也不能因此也就不应该企图实现社会主义的国家制度，那么我们的主张是什么呢？我们的主张在彻底消灭日本侵略者之后，建立一个以全国绝大多数人民为基础的统一战线的民主联盟的国家制度"，我们把这个制度称之为新民主主义的国家制度。

"三三制"政策是新民主主义政权组织成份上一种政治规定，这是共产党为了诚恳与各革命阶级实行民主合作，在自己领导的地区已执行的政策。

"三三制"的目的是为了使各革命阶级都有说话的机会，都有工作作的政策，这个政策如果彻底执行，则会作到更多的团结，实现更好的民主作风，发扬更大的力量，这就便于完成打倒日本侵略者和建设新中国的任务。

三三制包括那些成份？不包括特务，已坦白的特务，应按其坦白的情形及具体表现，及是否取得公民权，而决定其是否有参政权，不能一般的规定，我们对真正坦白的特务，自然是採取团结、教育、保留其工作予以自新之路。

执行"三三制"的三个条件：

甲、有共产党员的领导，这是决定条件，事实証明，离开共产党的领导，那一件事也作不好，有人认为没有共产党员的地方，也能实行"三三制"工作也会作好，这是错误的了解，不知"三三制"是共产党的主张，只有共产党领导的地区才能实现。（国民党及敌伪统治区根本不能实现）

乙、基本群众翻了身，群众有相当的觉悟，并有自己的组织和领导同

7

120

045

67

时已打垮了封建统治。

丙、工农生活适当改善之后，阶级关系也适当的调整了。

总之，在我们政权建设已有八年的历史，除解放区外，实行"三三制"的一切条件都已具备，我们必须争取完全实现这一方针，这就需要我们更好的锻炼自己，提高自己，以发挥更大的作用。

三、"三三制"政权的政体问题：

我们的政权是议行合一的，不是三权鼎立，人民代表机关只是监政，不亲自掌握执行，就不会发挥政权机构的最大效能，我们不应把权能分开，议会闭会期间，县政府就是最高权利机关，也是接受民意执行民意的机关，至于监政工作，应该发动群众起来作，特别是村更应该如此。

县区政权领导的一元化，集体领导分工负责的正确运用。

司法工作，过去司法独立是资产阶级的假民主，边区司法工作一开始就纠正这个倾向，今天要继续肃清这个思想，主要干部要亲自负责掌握这一工作，认真的检查克服不闻不问的自流倾向，司法工作的关键，在加强调解仲裁，必须与民政工作、抗联工作相结合，司法处的名义对外仍存在，在政府内部领导上和各科相同。

公安工作，是政府保障人权、除奸反特之主要部门，是不可缺少的，不可离开政府领导，主要干部对公安工作不闻不问是不对的，公安部门神秘化的倾向，还在继续克服，工作中的一般问题（除具体线索、技术问题外）均应在县区务会议上讨论。

人民武装工作，武委会成立后，他与政府的关系和过去是有变动的，他是群众性的独立组织，但他也应接受政府的领导，各级武委会主要干部可参加同级之行政会议，执行一般的政治任务与中心工作，但其日常工作，如民兵武装建设、教育训练、组织干部等完全自己处理。

8

121

各级政府应协助之，村公所与武委会要密切结合，民兵活动与抗勤的执行均需在统一领导之下进行。

政府其他部门是合併或分开，除财实部门已有决议适当分开外，其余暂不决定，不过合併之后，中心是有专人负责，不应因合併形成取消某一部门工作的现象。

秘书工作，他不是第二首长，是行政会议成员之一，是全面领导的助手，其日常工作除部门主要工作，协助总的领导，掌握情况调查研究，联系各部门，以及机关建设机关生产等。

以上各部门工作的领导关係，完全是根据民主集中制的领导原则确定的，少数服从多数，下级服从上级，逐级负责，严格政令的贯彻，任何违犯政令及制度者均不允许，切实遵守革命的法制精神，必须实际承认专署及区是一级政权组织，贯彻逐级负责的精神，任何工作上包办、推诿的现象均要克服。

最近以来，执行上级的决议与坚持制度，各区都有进步，但有的区是差的，主要是上级贯彻指示认真性不够，要知对上级负责与对群众负责是一致的，单纯的认为是为群众服务不顾上级指示是错误的。

四、贯彻政策问题：

政策是有阶级性的，我们的政策是统一战线的，但统一战线的阶级性，是在维护基本群众的利益、照顾各阶层利益的，必须认识政权是建筑在基本群众之上的，我们是为基本群众服务的，工农被统治了几千年，我们应当加以扶植，使其翻身解放。

新民主主义政权，必须发动群众与保障人权、地权财权及其他民主自由与民主权利，今年大选举中，应进行检查政策，根据毛主席报告总结我们的主要政策，如土地政策，婚姻政策，负担政策等，准备

122

044

二届参议会上修改。

三.作風问题：

検查我们的作風.不是将我们的作風和国民党及敌偽的作風来比.因为这是不能相比的.我们的作風一般是为人民服务的.但作的不够.因此必須根据毛主席的思想来検查我们的作風.我们应当与群众密切联系.理論与实际結合.發揚自我批評的精神等々。

第三部份　我们怎样進行今年的大选举

一.今年民主大选的意义和任務：

边委会指示我们."中国時局的唯一出路.就是成立联合政府.为促進联合政府之成立.就須更進一步壮大我们的力量.我区民主大选的目的就是更進一步的建設边区民主政治.貫彻实行三三制"更好的巩固边区各阶层人民的团结.扩大抗日民主政权的影响於淪陷区.在新解放区則是改造前政权.使新解放区的基本群众参加政权.以發动与团结新解放区的庞大人民.经过这次的大选举来發展与壮大解放区的力量.积極準備反攻.推动民主联合政府的成立."

因此.我们县区每個干部对此重大意义必須了解，絕不能当作一般的進行选举一样.必須從思想上検討.從行动上作風上轉变.以达進一步貫彻"三三制"建設民主政治.推动全国民主的联合政府实現.

今年大选的具体任务：

巩固区：進一步貫彻思想教育.包括反对中国法西斯專制独裁.揭穿国民党偽装民主欺騙人民的阴謀.宣传毛主席"論联合政府"指出民主革命必獲勝利.人民一定解放.提高人民觉悟.並且從組织上.作風上.执行政策上.提高民主的实質.巩固扩大人民的基本

10

123

优势.

新解放区：把政权工作积极的赶上去，從貫彻政策發动群众、改造旧政权、建立新政权着手，达到基本群众掌握政权，取得並巩固其优势，奠定下民主政治的基础。

村政权建設的任务 首先应説明民主政治的基础及一切工作的基础在村，政权组织的基层是村政权，因此改造村政权的改造及村选是大选的重点环节，我们过去的村政权，總起来說是薄弱的，新解放区更表現了这一点，我们当以百分之八十的力量放到村选與村政权的改造上。

二、我们怎样進行村选县选及边区选举：

1.巩固区村选的進行：

A.公民資格：依边区选举條例規定：

"在边区境内年满十八岁之中华民国人民，不分性别职业、民族阶级党派信仰文化程度、居住年限，经选举委員会登記后，均有选举权與被选举权"

有下列情事之一者，无选举权與被选权：

甲、有汉奸行为，经判决确定或充偽軍偽组织人員者。

乙、经边区司法机关、軍法机关褫夺公权尚未恢復者。

丙、经边区行政机关通緝有案尚未撤消者。

丁、有精神病者。

前项第一款所称偽軍偽组织人員，係指甘心事敌，执迷不悟或現仍繼续充任者而言，其已经反正，或往予自新或确係被迫参加已宣佈脱離者不在此限。

除以上規定者外，特务嫌疑份子弄不清的，不能剥夺公民权，剥夺公民权必須经县批准，已坦白的不是罪大恶極的仍可参

124 043 49

加选举.

B.公民小组是公民政治权利的组合.在闾范围以内.以公民自由组合为原则.划闾时要照顾到闾内的公民数.以便划组.反对干部代替包办.强行编组.反对编妇女组男子组,老头组青年组进步组.顽固组的狭意思想与本位主义.也反对以户为单位编组的封建主义.一般要发动各阶层的群众与人士自由组合.在工作基础差的村庄,应有計划的進行混合编组.

根据组小便於開会.一等村二十五人一组.二等村公民二十人.三等村与準三等村公民十五人编一小组为原则.特等村得酌情增加.

小组编成后.由小组公民推选组長一人.負责召集開会.搜集整理意見.與提案.至代表选出時為止.(组長不是代表)

公民小组按規定人数组合后.所余人数如在規定人数的三分之二以上.可另成一小组.如在規定人数的三分之二以下.則分编到其他小组內.公民小组的人数不一定是單数.双数也可以.要看具体情形决定.

编组時.公民不在本村.原則上不能登記.但有証明文件者例外.出外回家的公民.经过一般的公民審查登記手续后.是在选举后亦可参加公民小组.在外村的公民,一般可在所在村.履行公民登記手续.参加公民小组.但願回本村参加公民小组者也可以。

C.閭的性質設置與閭主任代表:

閭是村政执行的輔助机構.他不是一级.一等村劃閭十個到二十個.特等村最高不超过二十五個為原則.二等村以五个到十个為原則.三等村与準三等村以二到五个為原則.準三等村没有自然村的可以不設閭.

12

125

一等村闾设闾主任代表一人，视工作繁简，並得設付主任代表一人至二人，二等村闾設闾代表一人，工作繁忙之闾得設付主任代表一人。三等村闾設闾主任代表一人，闾為自然村者，得設付主任代表一人。

闾代表為村政执行人員，他的任务是在传达村公所之决定與上级政府交办事項到各代表到各户，並保証法令與决定的执行。闾主任代表得列席村务会議，得召集闾範围内村代表開会，討論村政执行事項。

在闾的範围内村民代表冨在三人以下，仍設闾主任代表，以專职責。

一般行政村均以二十户到五十户编一闾，各闾编列，以便於村政之領导，按村民之住区或街道為之，四十户以下之自然村都编成一個闾，闾主任代表由闾内村民代表互选之。

闾主任代表可召集本闾内村民代表举行工作会議，传达並計劃村公所所交付之工作任务，無决定村政與革及其他事項之权。9

D、村代表会由村民选举之代表组织之，村代表会設主席付主席各一人，主席付主席由公代表用無記名投票法互选之，必要時可設秘書，由正付主席聘請之。

村代表会代表以公民小组為單位於村民大会用票选举之。

村代表在村代表会閉会后，為村政执行人員，這一执行是帮助闾主任传达政令到户，並帮助其推动檢查，使政令实现，這一执行不是通过公民执行的。

村代表会之职权如下：

a.选举並罷免村代表会主席付主席，及村公所各委員。

b.制定村公约。

c.審議概称决称。

d.議决村公産经营及处分事項。

13

126 042 70

e.議决村政興革事項.
f.審議村公所及各方請議事項.
g.督促並検查村公所工作.及其对村民大会村民代表会决議案之执行.

主席付主席职权如下:

a.召開常会臨時会,開会時為主席.
b.召開村民大会.
c.对外代表村民代表会.

主席付主席故去职時应即補选.

E.村公所:

村代表会主席付主席兼任村長付.報請区公所轉請县政府加委.

村公所各委員由村代表会选举之.各村貿易管理員同時选举出来.治安員武委会干部另行决定.

村公所职权如下:

a.执行县政府区公所交办事項.
b.执行村民大会村民代表会之决議事項.
c.公佈村公约.

村公所除村長付.設委員三人至五人.治安員一人.武委会若干人貿易管理員一人.

村等:

三百户以上者為一等村(特大者為特大村)
101户到300户為二等村
100户以下者為三等村.
40户以下的小行政村為準三等村.

一等村(及特等村)設五個委員会,民政.財政.教育.生産.粮

14

127

秫养委员会，今年选举时增添贸易管理委员会。各委员会的人数連主任在内，視委員会的繁简村公民多少决定之。

二等村設三到五个委員会，按实际情形合併，委員会人数連主任在内，依实际情形决定。

三等村設三个到四个委員会，各委員会人数以实际情形决定。

準三等村，由七人到九人内包括村長付，民教、财实，粮秣、貿易各委員，連治安員武委会在内，组织村公所，不設委員会。

F. 村政权部门之关係：

村民大会、村民代表会之决议交付村公所执行，與上级政府法令抵觸時，服從上级政府之法令。

村代表会主席，付主席，对於村代表不是领导关係，但須在政治上負責，帮助村代表把公民小组建立健全起来，並檢查村代表的工作对代表会决議的传达，與公民意見的听取。

村代表会與村务会都是民主集中制的组织，村公所执行村代表会的决定，村長付执行村务会的决定，村長付領导各委員会，各委員会不直接領导閭主任代表，村政执行，统一的由村公所通过閭主任代表到达户。

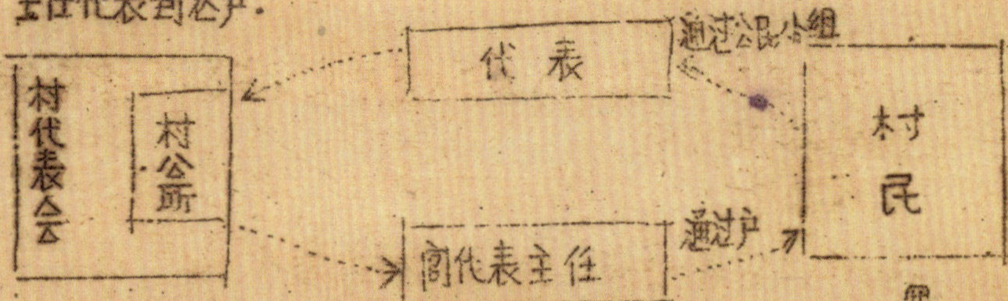

村代表被选為正付主席，各委員会主任，或閭主任，代表后，公民小组如欲罷免該村民代表，須先提交村民代表会，或該閭範圍内的各村民代表討論决定。公民小组應服從村代表会，或該閭範圍内的

128

041

各村民代表俩决定.

村民代表会正付主席、各委员会主任、战勤主任代表、为原选举之村民代表会或该同范围内的各村民代表罢免后,如其所代表之公民小组仍拥护其继续为该公民小组之代表时,仍保留其村代表资格.

村代表会是村民大会闭会后之最高权力机关.村务会是村民代表会闭会后之最高权力机关.

2.新解放区选举问题:

新解放区的选举问题,视群众的发动情形来决定.如过去工作有基础群众也动员起来了,就依照山上的选举办法进行.不然就实行改造整理.贯彻政策,发动群众,准备明春选举.

以往的村选中,最易发生的问题,对登记公民不认真,了草从事.在选举时形式主义.老婆病了担架抬到会场,妇女就要生小孩,也硬逼人家去选举.随便褫夺公权,不敢叫人家竞选,限制人家发言.登记公民改名子,预先不好好的动员,不深入的准备,选举结果不好,就要段坏.这些偏向要在这次选举中,不论在山上川下,都要严格注意起来.

3.县议员及区参议员选举:

县议员的成份问题:

不规定在职在藉议员的比例数,原则上应适合各革命阶级的政治经济要求,工农小资产阶级代表应估多数,注意吸收劳动英雄,战斗英雄,及各种模范人当选为议员,妇女议员应适当注意,在职干部的议员数可以适当减少.

议员竞选、任何抗日组织与抗日党派,都可进行,共产党提出自己的党员,提出自己的主张,与工作事实来竞选,并通过自己的组织去布置是完全应该的.抗联系统,提出自己的竞选人与竞选主张,并通过会员来保证竞选人的当选.也是完全可以的.

16

128

縣議員以区為单位选举之，二万公民以下之县，选举县議員二十名，二万公民以上之县，每增加二千五百人增选县議員一名，所增尾数超过一千五百人者亦得增选县議員一名。各区应选县議員名额，依其公民比例定之。（选举條例）

边区参議員之选举，各抗日党派群众团体、工厰、部队、学校，及公民自由组合均可提出后选名单，在不妨害选举秩序下自由競选—（选举條例）

边区参議員以县市為单位选举之，其名额之分配，依下列規定：

三万公民以下之县选举参議員二名，三万公民以上之县，每增加三万公民增选参議員一名，所增尾数超过一万五千人者，亦得增选参議員一名。（选举條例）

当选及被选：

各县市当选之边区参議員不限於本县市公民，各区当选之县議員不限於本区公民，边区参議員县議長均以得票較多者為当选，次多者為后補，后補人在每一选举之单位内，不得超过当选人之三分之一，边区参議員县議員，因死亡或其他原因去职時，由后補依次遞補，無后補者立即補选。

三、民主大选具体的進行步驟：

1. 山上進行的步驟：

A. 七月底县扩大干部会结束，八月五号前各区扩干会结束。

B. 八月六号——八月廿日是宣传动員階段。

a、组织选举委員会　b、進行公民登記，登記白洋，剩饭，编组。

c、進行批評領导，保証群众信任的份子当选。

d、检查各种政策，財政上反貪污浪费，禁用白洋。

e、检查干部作風，检查备战工作。

130

040

f. 進行思想的宣传教育，宣傳群众防奸。

g. 县議員提出競选，進行醞釀。

h. 边区参議員發出綱提網，各区干部代為执列宣传。

C. 八月十八号——八月二十号三天各区進行典型示範村，全区干部、各村代表会正付主席，抗联主任、村長、民政委員、选委会主要負責人都要参加，設置要完善，如棚、牌楼、光荣花、標語、漫画、音樂隊、秧歌舞、霸王鞭、剧团、開会鳴砲、献旗、选举票，都要預先準備完全，选举过程要清楚。最后一天總结将经驗告知各村干部。

D. 八月二十一号——九月五号為选举阶段。

a. 全区劃分若干个小区，县区干部分头下鄉領导進行，各村在选举的头一天，即将会场所用的一切設置，如选举票、棚、桌凳、大会群众喝水的鍋，及示範村所準備的一切文艺活动和東西都預備好，每村進行三天。

第一天，開扩干会宣佈進行的程序，及小组為单位选举的村代表全村劃分的闾，都要一一說明，然后选委会干部分头到各闾组領导群众進行討論，誰能当选村代表，誰能当代表会正付主席作充分準備。晚上各村选委会干部開会準備明天進行选举。

第二天，召開全村公民大会，分組　好，由前村長總结过去村中各种工作的执行，提出干部中过去一般的坏作風、执行政策中的严重缺点。

村公民進行競选，然后開票选举。

宣佈选举结果后，村代表到会场前面，再由村代表中选出正付主席、村公所各主任委員，以闾為单位选举闾主任代表，並宣佈选举结果，作樂献旗，鳴砲慶賀。晚上区干部要帮助新选的正主席（即村長）决定今后施政方針，貫彻政策、改造作風等等的报告。

18

131

第三天，召开全村公民大会，县议员边区参议员大会上竞选，或区干部代替县议员边区参议员竞选，进行选举县议员边区参议员分开选举、选定唱票，罢后把选票封好，欢迎新村长上台报告今后施政方针，及今后村政权工作制度。

一村完后，马上总结经验，记下选举情形，（主要是区县干部掌握）进行下一村，保证半月内完成，县干部回县时将全区选举结果，写一全面总结带来。

2. 川下进行的步骤：

A. 县扩干会结束后，回区干部马上召集区政民联席会，决定那些村实行选举，那些村实行改选，将详细办法决定，於区干会上传达，区扩干会也要八月五号前结束。

B. 八月六日——八月廿日：

实行选举的村庄完全是宣传动员，具体工作如前。

实行改选的村庄，一方面实行宣传动员、进行思想教育，完成公民登记，一方面实行改选，改选完后，村长报告今后工作方针及工作制度。

C. 八月廿一日——九月五日：

选举村庄完成村选县边区选举。

改选村庄进行县议员边区参议员选举，选举完结县干部回县时带来总结。

D. 村选后的工作：

选举后的工作，最重要的是健全村政权，充实村代表会与各委员的工作，树立村政权的正轨制度，这有待於各级政府加强组织领导，並不断的调查研究，克服村代表会形式化的现象。

a. 公民小组会半月一次，村民大会每半年开会一次，经村公民五分之一以上之请求或村民代表会之决议，得召开临时会。

19 20

132 039 75

b.村民代表会、每月開常务会一次.经村公民十分之一以上或村公民代表五分之一以上.或村公所之請求.淂召開臨時会.

村民大会村民代表会之常会臨時会.非有过半数之公民或代表示席.不淂開議.非有示席公民或代表过半数之通过不淂决議.可否同数時取决於主席.

c.閘主任代表 召開代表及公民会議不定期.

d.村公所的各制度:

値日制度:各委員会主任輪流値日.要了解全面工作.

会議制度:村务会議.各委員会.均半月一次.会議要有準備,時間要短要解决问题.村务会議有村長付.各委会主任.治安員.武委会主任.貿易店理員組织之.少先隊長兒童团長列席.

彙報制度:委員会向村長付彙報.村公所向区公所彙报.時间每半月报告一次.

e.村政权的檢查制度:

村民要檢查代表的工作,村民大会要檢查代表会的工作.代表会要檢查村公所的工作.一般两月檢查一次.村务会要檢查村長付各委員会的工作.村長付檢查閘主任的工作.除经常從工作上檢查外.每月總檢查一次.

3.開县議会:

A.九月六日——九月十二日.

B.各区县議員来县開会.另有通知.開会的具体工作,及县政权的组织机構及选举法另行决定与頒發.

4.完全结束時间.九月十五日.全面總结保証九月廿日报專署行署.

四.有关选举的几個工作问题:

1.宣傳工作:

120

宣传动員教育廣大群众認識今年選举之意义，其中心内容，連系反法西斯，反对國民党独裁專政，加强民主教育，相信必然勝利，肃清对國民的幻想，对閻錫山的幻想，克服変天思想，進行批評領导，検查政策，検查干部作風，以达啟發群众的积極性，改造干部作風，改造領导，加强村干部之目的。

这是大选勝利的关鍵，这一工作的胜利，县区干部要深入整風，搞通思想，切实轉変思想，深入領导，又是动員與教育群众的关鍵，各级干部必須認真進行。

县区各个宣教部門，及村小学教員，都要組织到民主大选工作里来，在各级选委会領导下，進行宣传工作，各级选委会内，可設一宣传股負專責進行。

宣传中所採取的方式：

A. 在各种会議上，群众会或是会員会，小組会，座談会等々依宣传大纲進行宣传。

B. 在小学民校里边，議民主选举，唱选举一个好村長的歌子。

C. 進行民主大选的文艺工作，霸王鞭，進行民主选举的内容，秧歌舞唱民主大选的小調，戏剧编民主大选的内容，音樂隊唱民主大选的歌曲。

D. 宣传品：製定宣传提纲；製定小型的每塊纸只一二十个字的宣传品，红黑油墨间製。

E. 高小以上的学校訓練班，組织宣传隊進行口頭宣传，利用集市或庙会進行口头宣传或是小型宣传品散發。

F. 县示“灵邱大选”小报一份，交换经驗。

总之，在各种场合里边都要抓紧机会進行民主大选的宣传。

2. 选举委員会：

134　　74

038

选举委员会.县、区.村都要設立.选委会成員应包括党政軍民之人員及其民主人士.当地英雄模範都可参加.互推正付主任各一人.选委会[他]須有脫離生產之專人負责工作.可設秘書(在各机关中抽或是在选举期间找定專人)負责掌握.設登記審查.宣传动員兩部.分負以下責任:工作制度在县製定选举票.督促印發宣传品.經費開支.印發公民登記簿的样式.分發有关民主选举的文件.

在区負责轉送各民选文件.组织推动选举工作.

在村.登記審查部办理登記審查公民.印發选票.劃閭编组等.宣传动員部办理具体的宣传教育.动員所有人参加选举.佈置会场等.

3.各种制度:

A.彙报:区向县报告每五天一次.各小组向区报告每天一次.

宣传动員阶段.选举阶段完了都要寫一總结性的报告.

区级隨時發生问題隨時上报..

B.会議:县区选委会例会半月召開一次.村里一週開会一次.臨時有工作问題臨時召集.

C."灵邱大选"小报.每五天發一次、每村發给一份.

4.各级力量的组织:

A.县党政軍民干部都组织到这一工作里来.在川下進行村政权改选期間.县将大部份力量放到川下,進入选举阶段县干部大部份力量放到山上.為了将宣传动員工作進行的热烈與深入.高小学生及專署師範班.也投到民主大选舉的浪潮中.

B.区干部全体干部参加.政权與抗联的协助員要将全力参加此工作.商店合作社干部也要就所在区.抽出干部帮助進行.

C.村政民干部外.小学教員是進行协助选举的骨干.從组织上進行配備外.個人要参加村选举委員会.英雄模範要起带头兒

92

作用.

5.选举事务：

县：印发县议员、边区参议员选举票，印发公民登記簿样式，宣教材料编印，掌握全县大选的经费的开支，传送有关选举文件，开县議会的事务設置。

区：轉发选票、公民登記样式簿，选举文件宣传品等。

村：公民登記，登記后一律榜示通知，会场設置，划開编组，審查公民，製定选举票，票上打村公所戳記。

县区选委会秘書如机关团体找不到适当的，須在选举期間，聘請專人負責，其粮食开支，可由县报銷，其他所用粮食一概不准开支。

6.與各種工作的结合问題：　　干部

在民主大选阶段中，要求配合完成的工作是多的，每个同志每个领导人要掌握住中心，勝利的完成民主大选举，也圍绕着民主大选完成了配合的工作。

圍绕進行的工作主要有四个，一是大生産，二是群众防奸，三是財政工作與禁用白洋，四是備战工作。

大生産（包括備荒）群众防奸、備战工作已有具体佈置，不詳談，嚴格財政制度，與扩大边鈔市场，禁用白洋此次会議上進行传达，可不加解釋，主要談到的是完成民主大选举的过程中怎样结合此四大工作的進行，主要是時間问題，玆將县决定意見写在下面：

A.大生産（包括備荒工作，山上整理合作社）在宣传阶段中除开会時群众大部份時間放到生産上。

在选举阶段、在每一个小区里進行选举時、这一村选举、其他几村進行生産。

主要工作，川下是修渠修灘，山上是积肥，整理合作社。

136 75

037

B. 群众防奸：在宣传阶段广泛宣传，材料是群众反奸读物。在选举阶段，那村选举那村密切结合防奸工作，由区村治安员负责。

C. 严格财政清理打击白洋：

县财政清理在民主大会前清理完竣。

区财政清理同时进行，多由秘书事务员负责，没收未交的东西会后回区马上交县。

村财政清理，主要是粮库，在宣传动员阶段，检查政策中附带进行。

严格检查清理对象，在县区主要是小钱粮柜，村是粮库，以便建立今后的财政制度。

打击白洋，在县区干会上，打通县区村干部思想，要深入检讨，在宣传动员阶段配合民主选举进行宣传，与公民登记结合逐户登记白洋，在登记前要好好的动员解释，就是没有人登记，也给了群众一个禁用白洋的教育。

财政与白洋问题要提到原则政策的高度，来认识这两个问题。

D. 备战工作：（积极准备反扫荡）

八月五日前，在宣传动员阶段开始时结束夏训工作。

宣传动员阶段：配合检查备战工作。

以上宣传动员阶段，工作的结合是很多的，要将实际动手作的工作，在半月内分开进行，如公民登记与白洋登记可在宣传动员阶段的前一週，检查政策作风、备战、粮库，可在后一週，其他用口头文字着重大会小组上宣传的，如民主大选的意义、县议员、参议员选举、群众防奸、打击白洋，是在整个宣传动员阶段进行的，不分前一週或后一週，但在以区为单位或以小区为单位的检查宣传

137

重点要確定．民主大選意义要强調．其他工作的宣传是附帶結合進行的．不要把几個工作平列着宣传．

這次民主大选的整個精神的貫徹是：在思想问題上，為群众服务（主要為基本群众）反省我们的群众观点．特別对群众負担组织群众生產和群众生活问題上去檢查．在作風问題上，当然也是思想问題．要自上而下的貫徹民主精神，广泛的宣传．不准打人罵人及隨便扣押．问題的关鍵在於县区領导．克服領导上"不强迫命令办不了事"的思想．在工作问題上，上级指示要坚决执行，上下级关係要密切．特別克服財政上各自為政的现象．干部下鄉如果是代表集体的意見，会說是誰下级为服從．如此在我们今后政民工作効力上定会提高的．

wanliao

晋察冀边区、冀晋区选举委员会关于民主大选举中村选工作的指示（1945年8月1日）

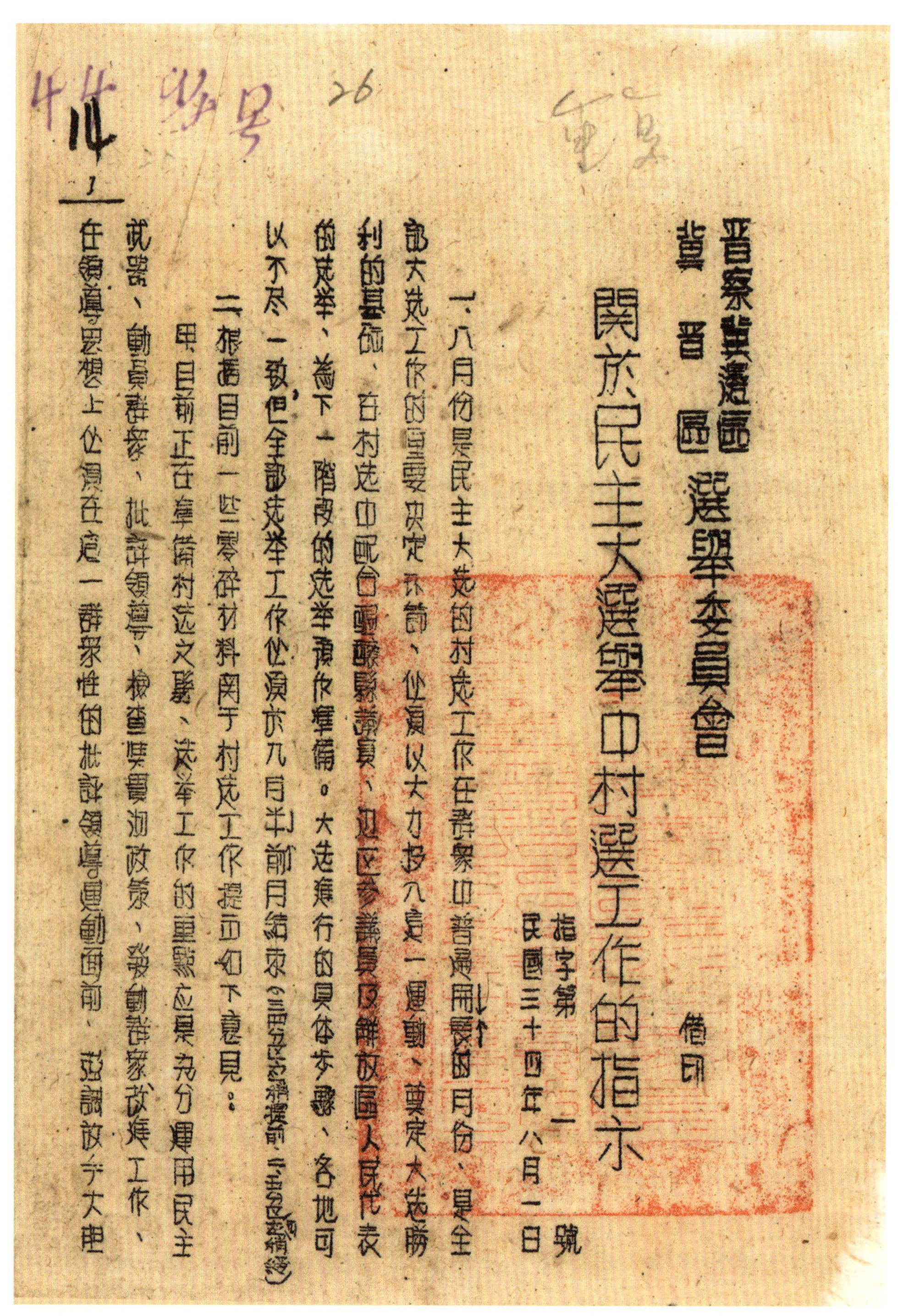

晋察冀边区
冀晋区 选举委员会

關於民主大選舉中村選工作的指示

倍印

指字第 一 號

民國三十四年八月一日

一、八月份是民主大选的村选工作在群众中普遍开展的月份，是全部大选工作的重要决定环节，必须以大力投入这一运动，奠定大选胜利的基础。在村选中配合酝酿县议员、边区参议员及解放区人民代表的选举，为下一阶段的选举预作准备。大选进行的具体步骤，各地可以不尽一致，但全部选举工作必须于九月半前月结束（三分区应稍提前、二专区应稍缓）

二、根据目前一些零碎材料关于村选工作提出如下意见：

甲、目前正在准备村选之际，选举工作的重点应是充分运用民主武器、动员群众、批评领导、检查贯彻政策、发动群众放手工作、在领导思想上必须在这一群众性的批评领导运动面前、应该放手大胆

27

（尤其在個別村莊）至於對別有居心的破壞分子、企圖利用批評領導打擊中傷忠實抗日積極的干部而進行陰謀活動、則应在批評領導運動中（而不是在不許手發動批評中）提高警惕、從具体事實中团結群衆、教育群衆、配合反奸特斗爭、同時批評領導中、某些群衆、將可能發生報復、惡意攻擊、非原則糾紛等傾向、但寔也不应畏懼、而应從組織批評、動員干部、教育群衆中去貫徹領導。

發動群衆、批評領導、檢查政策、改進工作、是一個十分切要的工作、也是培養民主習慣、建設民主政治的一個十分重要的方法、群衆是[illegible]最現實的、這個批評領導的現实、會大大啓發群衆的參政熱情、帮助群衆具体了解民主政治、提高群衆的民主認識、如此群衆就會具体了解掌握、運用民主政治武器的重要而大大增加這個政權的力量。

乙、個別已完成村選之縣（如正定）與其他縣完成村選以后、应抓緊依靠群衆、接受群衆意見、改進村干部的工作作風、實現在村选中、競選中村干部的諾言、健全村中民主制度與村代表會、村公所向选民負責的習慣與制度、同時应抓緊整理、解決批評領導中群衆的提自的问题、总之、村选完成不等于民主建设完成、应在群众彻底翻身的基础上、把民主政治的建设推前一步。

丙、如何发动群众、批评领导？

首先、县区干部要彻底转变思想、培养健全的民主习惯、要坚强的群众观点。如果单靠群众力量、认为非强迫命令不行、如果畏畏缩缩不敢放手大胆、发动群众批评、如果不甘放下臭架子、虚心接受群众批评、如果缺乏勇气不敢正视错误、纠正缺点、那就绝不会动员起群众的力量、那就一定要影响村干部的作风、而使批评领导陷于无力，轻描淡写之村场面、不起作用、因之动员县区干部——尤其某区干部的思想、是展开群众性的批评领导的第一关。

其次深入村心动员村干部、转变村干部的思想。

群众批评领导的大部份意见将直接集中表现在于对村干部的意见、大部份尤其是来自主要村干部将首当群众批评领导之冲、村干部在领导群众批评领导中处于极重要的地位、如果不能把村干部动员起来、诚意虚心接受群众意见、勇敢而正直地承认与改正错误、则

4

一切發動群众的號召將变為空談、將引起群众的怀疑、冷淡、沉默、观望、等待、在批評領導面前表示消極、因之為了使群众能知無不言、言無不尽、必須從思想上教育村幹部使村幹部認為接受意見改正錯誤是政治上的光荣品格、是建立民主政权威信的必要條件、平山東黄泥由于村幹部思想上接受了批評領導的政治意義、故群众性的批評就展開了、而平山蘇家庄的不够好、却正因與此相反。

其三、醞釀是動員組织批評。

村民大會之召開、必須是從事而不要單純行動、事前必有很好的醞釀與成熟的準備、設法通過大小形式的各種集會、把紛乱的群众零碎意見組织起來、集中在幾個重要的有全村性的問題上、引向一個明確的目標、並求得問題的解决、同時在大會上不必左右限制、而必多方設法引導群众發言、村幹部做解釋說服、一般必說服禁止。

其四、村民大會的批評后、必須速集合村干部、根據群众意見、深刻檢討、並善用干部间单角交誼的互相批評、打下村干部民主思想的基礎。

其五、負責群眾避免以行政方式、行政力量、而必須以說服為主、通过群眾自己的組織來動員。因為我們領導、不是我們去恩賜而是民主政治下群眾应有的权利。

三、不同地区应有不同重點：

各村情况、不尽一致，所有問題亦不相同、因之領導方式、注意方面亦应從具体分析、仔細調查中去娶活而正確的對策。千篇一律、老一套的經驗主義应避免。如在新恢復区应把批評領導、改進作風、貫徹政策與整理村財政結合起來、而在新解放区與游擊区則应全面抓緊解決群眾切身痛苦、改造舊的村政权。

四、典型與一般：

切勿使典型孤立。而必須重視與一般的結合、為了解決領導與群眾相結合的問題、領導机關必須於附近村庄、派強力幹部進行試驗以便影响他村並傳播經驗、同時通訊報導工作、目前作的很差、应注意其時間性。

五、工作結合問題：

八月是個忙月、群衆忙、領導亦忙其中心是民主大選举、但选举又要以生産為基礎、把防旱備荒與耕三餘一、組織人民經済生活、作為民主大選的真正內容。因之不能影响生産、選举活動一般不要在侵佔群衆的勞動生産時間、此外節約勞動、在某些縣尚未引起足够的重視、必須在大選中注意與節約的結合。

冀晋区第五专区选举委员会通知第一号（1945年）

附：民主大选举各县汇报内容

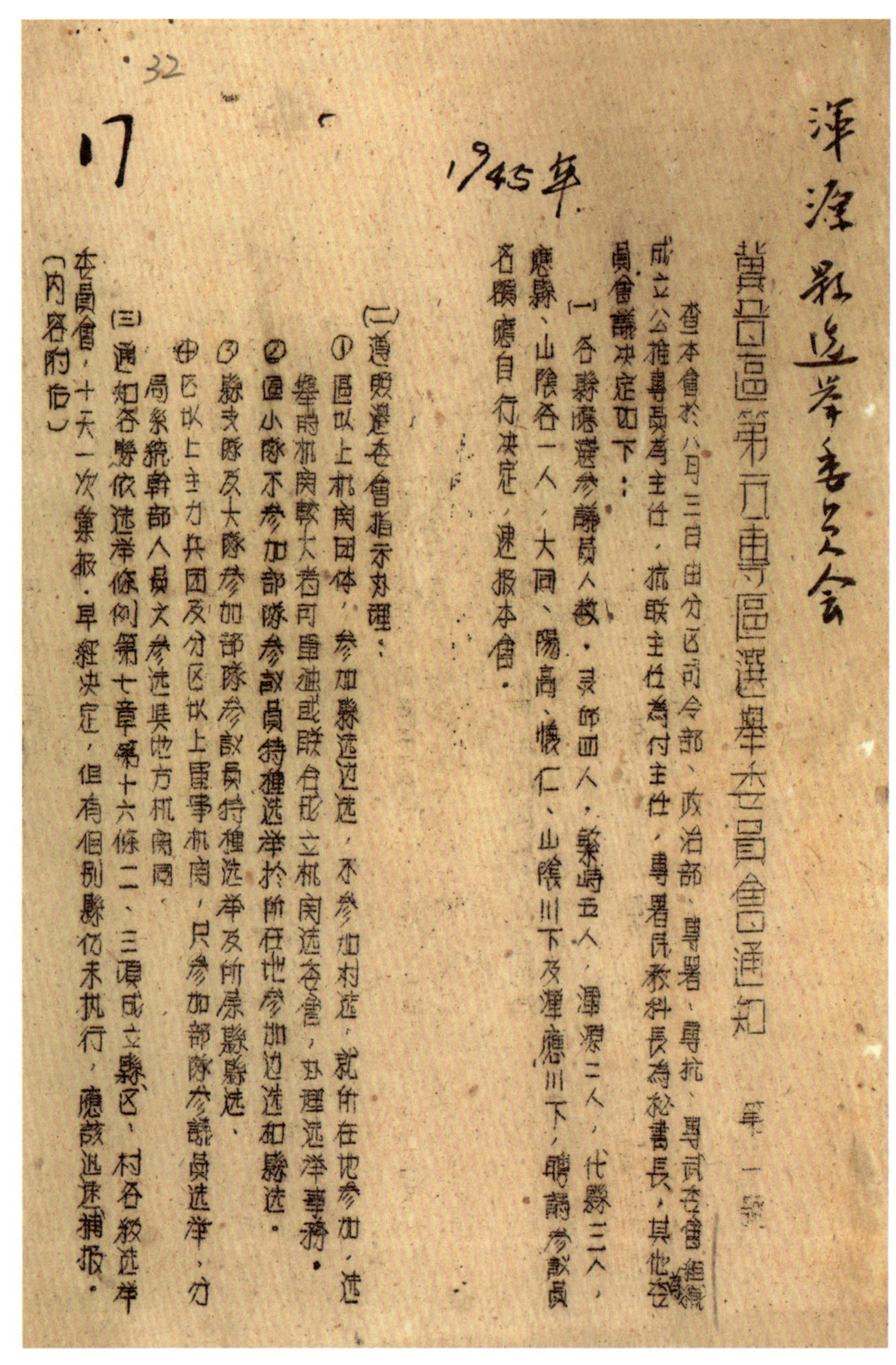

32

17

1945年

渾源縣選举委員会

冀晉區第五專區選舉委員會通知 第一號

查本會於八月三日由分区司令部、政治部、專署、專抗、專武委會組織成立，公推專員為主任，抗联主任為付主任，專署民教科長為秘書長，其他委員會議决定如下：

(一)各縣應選參議員人數：朔縣四人，繁峙五人，渾源二人，代縣三人，應縣、山陰各一人，大同、陽高、懷仁、山陰川下及渾應川下，聘請參議員各縣應自行决定，速报本會。

(二)遵照選委會指示办理：

①區以上机関团体，参加縣选边选，不参加村选，就所在地参加，选举时机関較大者可单独或联合成立机関选委會，办理选举事務。

②區小隊不参加部隊参議員特種选举，於所在地参加边选和縣选。

③縣支隊及大隊参加部隊参議員特種选举及所属縣縣选。

㈣区以上主力兵团及分区以上軍事机関，只参加部隊参議員选举，分局系統幹部人員又参选與地方机関同。

(三)通知各縣依选举條例第七章第十六條二、三項成立縣、区、村各级选举委員會，十天一次彙报。早經决定，但有個别縣仍未执行，應該迅速補报。

(內容附後)

收 2.5.20/8

33

（四）專區級机関選举（除分区司令部政治部参加部隊参議員特種選举）

①民運部及其所屬部门，專署、專抗、專武委會成立一個選举單位，縣選参加灵邱三区作為一個村進行边選参加灵邱縣，举行办法，集合各單位在一起投票封好送縣開票。

②各單位務依下列附表將公民登記，於八月二十日前報會（但附設部门如距本單位太远，可通知参加所在地縣、区進行縣選边選）

③本会各單位（包括附設部门距本單位較远者）参加縣区進行縣選边選，在未選前須將選举公民册报到参選机関。

④選举日期，候選人均依照所参加縣区佈置執行。

⑤各單位在選举之前，應各自進行宣傳教育，特别要着重对勤雜人員的宣傳教育。

（五）本會日常工作由正付主任、秘書負總责，但有问题或各單位提出问题，須要研究的可召開委員会討論解决，每次会前秘書可將每一階段工作經过向會报告。

以上决定除~~本會各單位~~有関外各縣~~本會各單位~~布即知照执行為荷

此致

抗禮

附 彙報内容一份

18　34

民主大选举各县宣传内容

（只供选举地区在村选这一阶段的参考，切勿受其拘泥）

一、宣传动员阶段主要思想反省

第一、这一阶段重点应放在

1. 动员干部在工作上向群众进行自我检讨，来带动群众起来批评村政权的领导。

2. 从这两方面收获的具体材料，一个就是村干部民主作风，一个就是各种政策贯彻的情况。

第二、提出一些抓住重点来做的方法

1. 组织　2. 宣传　3. 记材料

甲、动员村干部进行自我检讨，利用区县干部与政民干部打成一片开会检讨村各部门工作用启发动员方式。

首先说明村干部向群众面前检讨工作，指出缺点，承认错误是非常光荣的事，因为这样才真正做到干部是群众的勤务员，群众是干部的主人，干部才是真正为群众服务，另一方面群众对干部这样诚恳揭露缺点的精神是最受感动的，会增进干部与群众的团结，会加强群众对村政权的信心和联系。

其次，区县干部可先提出某年某月某日我在你村对某件事处理对

35

群眾对幹部有那些不合式的地方，都清白的說出来。

這样，是能引動村幹部說出許多问題的，縣区幹部就可記下来。

乙、帶動群眾批評村政權的領導：

將村内抗属、佃户、搂工組、青年男女，分別組成小組开会，縣、区、村幹部分別参加檢查优抗、减租、土地使用权、优先权、大生產、婚姻、民校、小學、異赦振等。

首先可將村幹部或縣区幹部所檢討出的錯誤事實（要具体）向小組宣傳。

其次充分解釋群眾向村幹部们提意見不是打擊和不信任，而是為了帮助犯錯誤的幹部改过，来给没有犯过錯誤的新幹部的警戒，就是為了改進今后的工作。

用這样啟示也一定能帶動群眾批評对村政权的領导，縣、区幹部可將事實記下来。

第三、根據重点和做法就能得到以下要調查的基礎数字和材料：

甲、各縣属区行政村政权性質、户口、人口、土地以区為單位列表統計及屬的村政权幹部，（包括村長村副、民、財、教、實、糧秣、治安、武委会、合作社）成份表（以村為單位）

乙、土地方面。

减租：每区找一個佃户多的村統計民二十六年至現在的減租經过要具体数字，減过多少户，減了多少粮，目前租佃関係怎样。

土地轉移：每区找一個每年土地買賣較多的村莊，發生过什么問題，村政权村抗联或农会怎样执行二五減租，三七五計标，以及佃户租種及購買优先權。

丙、婚姻問題：以村為單位找典型將結婚離婚、早婚，買賣行為，父母包办童养媳，最好統計些一年或二年三年的数字，还可注意青年婦女離婚是否立即嫁給縣区幹部，或部隊同志的情形，还有通姦情事及成群。

丁、劳資方面：工人数（三年或五年的比較）工資分配等，实物还是貨幣，雙方関係和反映。

戊、負担：分中农、富农、地主对統累税負担的意見。

巳、優抗：全区抗属据户口、人口，全区受优待抗属户口、人口，發扭多少优抗粮，怎样帮助抗属建立家務。

庚、全区怎样防旱備荒，有具体数字更好。

辛、村幹部作風：有無強迫命令打罵、鬧感情，不公平的現象。

這些材料要將不相同的一件一件寫出来，相同的可以避免重複，至於這些材料，我們除用上面的方法还用了什么方法搜集来的也要寫出来。

二、第二階段進入選舉活動中去主要掌握情況

37

（一）公民：登記、審查、統計（数字一出来立即报区轉縣，這一工作要察）寫公民榜，自由編組（十五人至四十五人）這些数字都要留府做报告，参加的縣区幹部要記下帶回。

（二）醞釀選舉：群眾醞釀中識別村中好坏人，提出候選人，組織競選。

（三）有計划有步驟定出選舉程序：

甲、製选票

乙、佈置會場

丙、幹部分段召集公民到會参选。

丁、定出选舉程序（除一般儀式外主要如下）

1、舊政权报告工作（自我批評式的）公民進行批評

2、提出候選人進行競选。

3、选舉：要檢查到會选民公数目，通过选舉法（如每人一票权與記名无記名投票法，可以有代筆人。病人要选，代筆可到病人前寫，自由放棄选舉权亦可等） 推定監选人寫票人、发票人、收票人、唱票人、開票、統計結果、宣佈当选慶祝。

（四）新當选代表向群众宣誓。

（五）村选委會在区幹部協助下，立將所选代表姓名、性別、年齡、家中

（甲）經濟情況（人力、勞力、土地、付叶）文化程度、成份、过去做过什麽

38

20

工作，（抗戰開始到現在）当选票数分別列表交給区幹部．

（六）縣区幹部帮助开代表會，根据当地具体情況，提出一些急需要做的工作，如生產方面，合作社組織勞力方面和当前為民興利除害的方面．

這一階段主要报告选举前选举中的活動以及我们怎样掌握了這些活動．如果中间发生了问題，用什么方法解决的，把一次一次磨练出来的办法总結出来，並且說明為什么用這样办法就将這個问題解決了．

附註：

這個（彙报内容）如有的縣已經進行选举，其彙报材料，只要能包括民主大选总的佈置精神和一些基礎數字，也可以得！

三、民政工作

晋察冀边区行政委员会公布：晋察冀边区婚姻条例

（1941年7月21日）

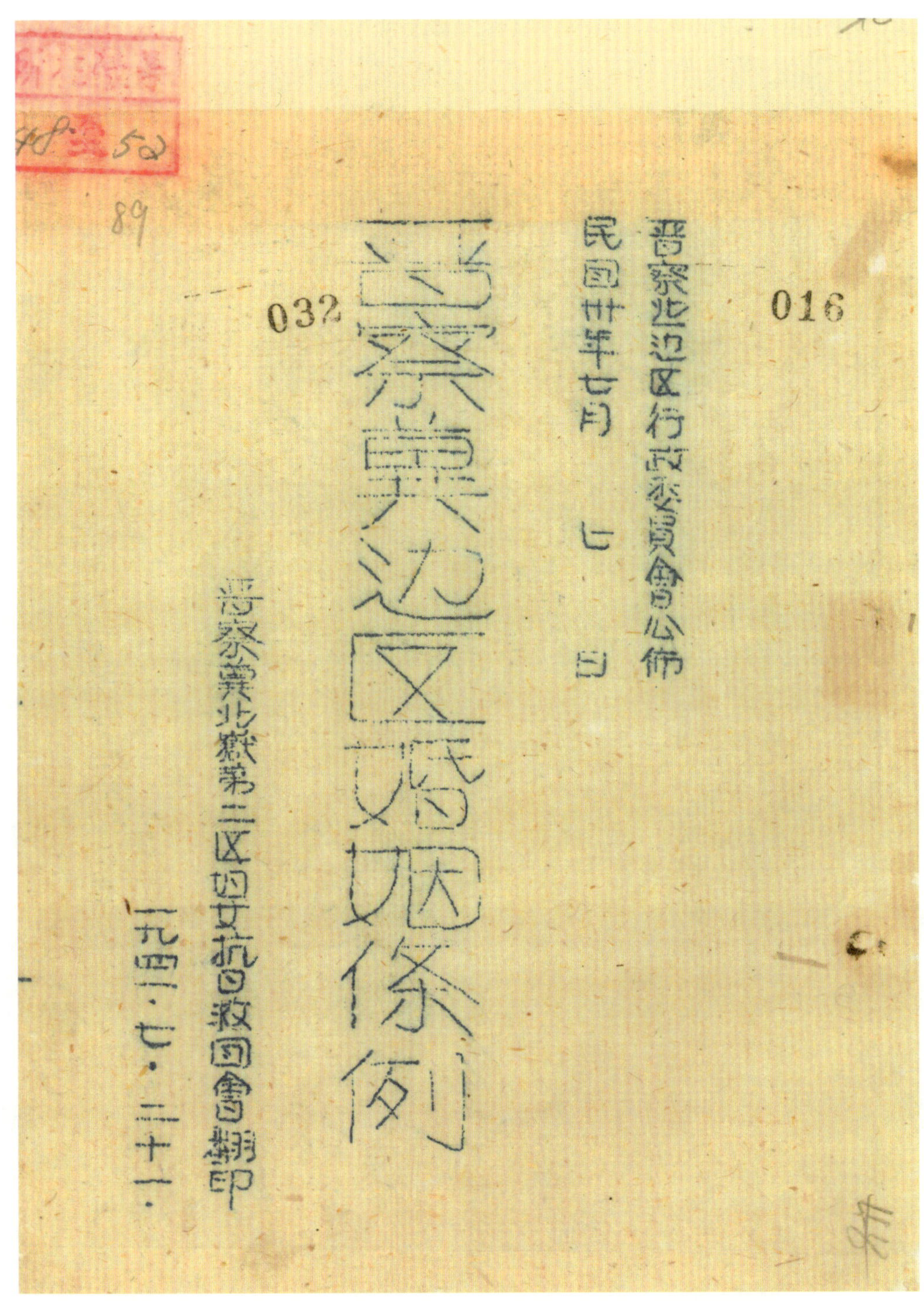

016

晋察冀边区行政委员会公佈

民国卅年七月 七 日

晋察冀边区婚姻條例

032

晋察冀北嶽第二区妇女抗日救国會翻印

一九四一·七·二十一·

晋察冀边区婚姻條例

第一章 总则

第一条 本条例根据民法親属编之立法精神及本边区之实際情况制定之。

第二条 男女婚姻須双方自由自主自愿，第三者不得干涉，废除一切強迫包办、买卖婚姻陋習，禁止蓄婢童养媳，入贅早婚及奶婚，童养媳在本条例頒佈后，任何一方均得向所在地县政府請求撤消。

第三条 严格实行一夫一妻制，严禁納妾、代娶、兩双挑及类似一夫多妻或一妻多夫之各种形式。

第二章 结婚

第四条 男女结婚年令定为男满廿岁女满十八岁。

第五条 男女结婚于结婚前须向住在地区公所请求登记登记后即为有效。婚姻不以订婚为必经之手续

第六条 有下列情形之一者禁止结婚。

一、男女原直系血亲，直系姻亲，和八亲等以内的旁系血亲者。

二、患花柳病，神经病，重痲病，疯癫病等不治之恶疾者但经医生证明可以结婚者不在此例。

三、生理缺陷不能人道者。

第七条 有配偶未经离婚者不得与第三者结婚。

第八条 寡妇改嫁他人不得干涉。

第三章 离婚

第九条 夫妻双方自愿离婚者须向住在地县政府请求登记。

第十条 夫妻双方之一方有下列情形之一者他们得向司法机关提出离婚请求经审核属实后依法离婚。

一、充当汉奸或有危害抗战行为者。

二、有重婚行为者。

三、感情意志根本不合无法继续同居者

四、与他人通奸者。

035

五、虐待他方不堪同居者
六、以恶意遗弃他方在继续状态中者。
七、图谋陷害他方者
八、依本条例第六条之规定禁止结婚者
九、生死不明逾三年者(抗日军人不在此例。)
十、被处三年以上之徒刑者或因犯不名誉之罪被处徒刑者。

第十一条 抗日军人生死不明四年以上者 他方得请求离婚* 须得
他方之同意但不能人道经医生证明者不在此例。

第十二条 因抗日而残废者 其一方请求离婚*

第十三条 凡女方在怀孕及生育期间男方不得提出离婚具有离婚

三

93

条件者亦须于各居后五年始得提出但女方有本条例第十条第二、三、四、五、六、七各款规定情形之一者不在此例。

第四章 夫妻之权利和义务

第十四条 夫妻有同居之义务夫妻之生活费用家务之处理由双方共同负担责。

第十五条 结婚前夫妻双方之各自财产及结婚后夫妻一方以各自劳力所获得之报酬均为各自持有产财

持有财产结婚后得各自处理但以共同契约或双方自愿变为共同财产或要更其财产所有权者不在此例。

第十六条 夫妻一方对他方之特有财产处理时须先征得他方之同意

94

034

第十七条　结婚后夫妻双方共同经营所获得之财产为共同财产处理共同财产时须互得同意。

第十八条　结婚后夫妻之一方既无职业又无土地财产共同居住生活之子女所需之费用应由他方负担但其财产所有权及管理权得由所有者自行决定

第十九条　结婚前双方所有债务应各自负责但经双方双方同意转为共同债务者不在此例。

结婚后夫妇经营共同生活所负债务为共同债务由双方共同负责但离婚后女方无劳动力及特有财产者则由男方单独负担。

第廿条

第廿条

一、离婚后一方无过失而未再婚者并无职业或财产缺乏之劳动力不能维持生活者得由他方给以相当之赡养费但以三年为限倘确实无力支出此项费用者不在此内。

第廿一条 男女未离婚前所生子女离婚后尚未断乳者由女方抚养已满五岁者应尊重子女之意思随父随母不得强迫但女方未再婚前无力维持生活且缺乏劳动力者男方须给女方以抚养子女之生活费，至女方再婚时为止。

第廿二条 女方再婚后所带之子女由女方及新夫共同负责抚养。

第廿三条 子女满六岁者其教育费由父母双方共同负担。

第廿四条 子女姓氏随父随母由子女自行决定。

第五章 附则

第廿五条　本条例公佈后凡有買賣婚姻之行為者除将買賣身價没收外并处以六個月以下之有期徒刑。

第廿六条　禁止結婚之一方与他方結婚者处以六个月以下之徒刑或科以百元以下之罰金。

第廿七条　略誘和誘重婚以及違犯本条例而本条例并無处罰規定者均依照刑法之規定处罰。

第廿八条　略誘和誘強姦抗属者依照刑法之規定加重处断。

第廿九条　挑撥抗属離婚者处一年以下之徒刑。

第六章　附則

第卅条　違犯本条例者無論是否系于親告罪範圍任何人均得

告訴告发。

第卅一条　民法親展編与本条例不相抵触者仍得引用之。

第卅二条　本条例修改解釈权屬于晋察冀边区行政委員會。

第卅三条　本条例有未尽事宜得隨时修改之。

第卅四条　本条例自公佈日起施行。

一九四一·七·廿一日翻印。

97

五

晋察冀边区行政委员会为公布《关于女子财产继承权执行问题的决定》的令（1943年6月15日）

附：《关于女子财产继承权执行问题的决定》

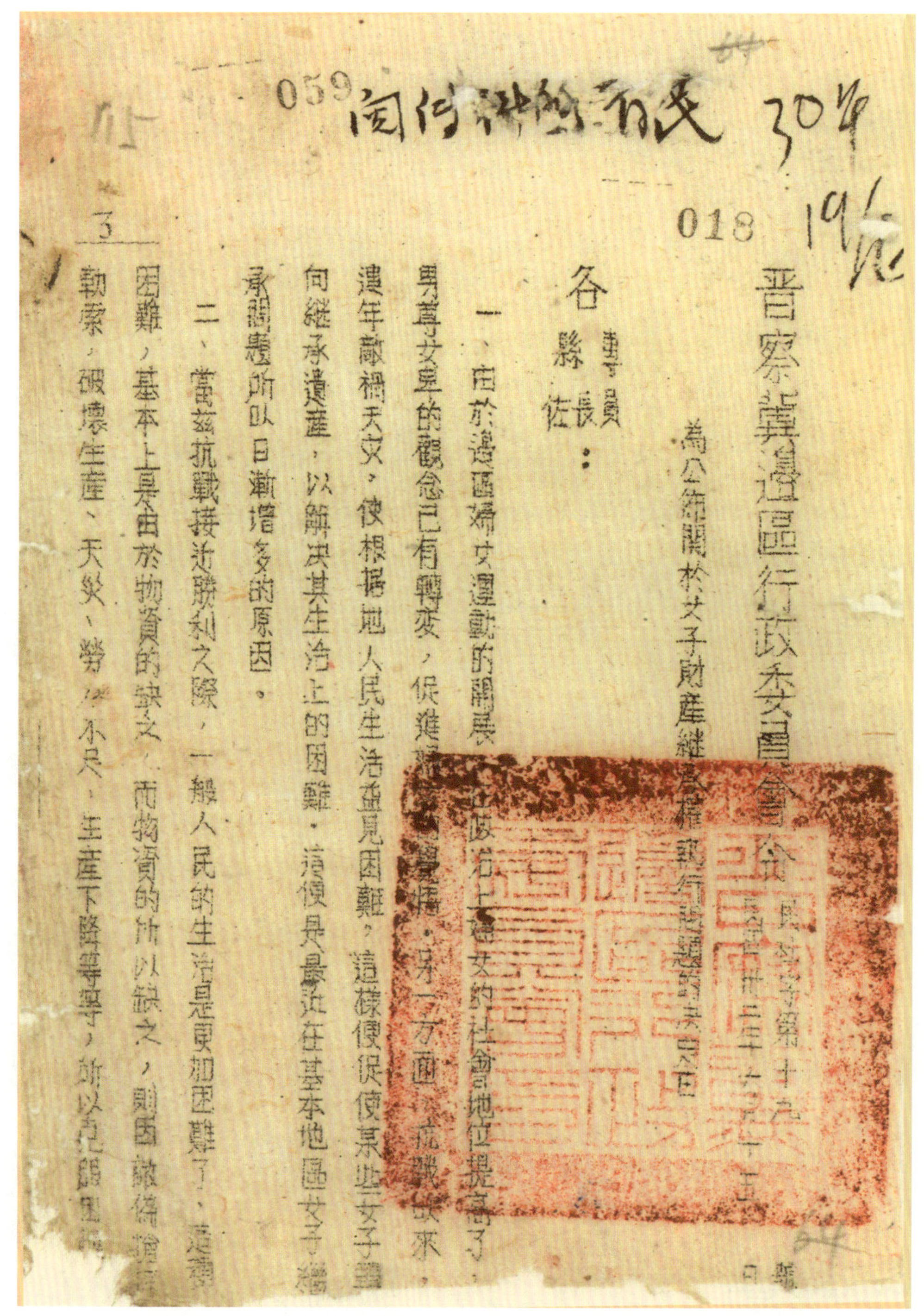

晋察冀邊區行政委員會令　民政字第十九號　民國卅二年六月十五日

為公佈關於女子財產繼承權執行問題的決定由

各專員、縣長、縣佐：

一、由於邊區婦女運動的開展，[illegible]政治上婦女的社會地位提高了，男尊女卑的觀念已有轉變，促進[illegible]覺悟。另一方面，抗戰以來，連年敵禍天災，使根據地人民生活益見困難，這樣便促使某些女子要向繼承遺產，以解決其生活上的困難。這便是最近在基本地區女子繼承問題所以日漸增多的原因。

二、當茲抗戰接近勝利之際，一般人民的生活是更加困難了，這種困難，基本上是由於物資的缺乏，而物資的所以缺乏，則因敵偽搶[illegible]勒索，破壞生產、天災、勞力不足，生產下降等等，所以[illegible]

基本辦法，須加強對敵鬥爭，增加生產。女子繼承只是某一部分人對原有財物重行分配，消耗如故，所以這並不是克服困難的基本辦法，關於女子繼承問題，過去雖有明文規定，但並未實行，如一但实行，人民不明真義，牽涉既廣，追溯又遠，更加處理不當，可能發生以下現象：

(一)凡家有外姓女子的，都想去繼承別家財產，丈夫逼妻，公婆逼媳，凡有姊妹出嫁的，都怕姊妹來分家，也有兒子逼母親，甚至六七十歲的老太婆，娘家弟兄早已分家，還要和娘家兄弟姪子分家，直鬧到吵嘴打架打官司，夫妻不和，家庭不和，親戚斷絕來往，家族親屬変成對頭，影响一村甚至幾村不團結。

(二)有些人繼承財產後，感到是意外之財，形成不事生產任意揮霍，而有些被婦女繼承去的人，則感到家業凋零破產，生產情緒低落。顯然這對於生產，對於抗戰是不利的。

三、因此，我們對於女子繼承問題應有正確的認識：

（一）女子繼承在反對以男性為中心的男尊女卑的觀點上是有相當意義的，在帮助女子爭取經济独立上也有一定作用，但這既非根本辦法，也不是主要辦法。

（二）打破男尊女卑的觀點，实現真正的男女平等，必須使女子在在經济上独立自主，而女子在經济上独立自主，就非要女子参加生產，有独立的生產能力不可。

（三）敵後抗戰，要鞏固團結增加生產是最重要的，強調女子繼承，以女子繼承，誤認為婦女運動的主要内容，或者不加限制，机械的執行條文，這都是有碍團結和生產的，於抗戰是不利的。

因此，我們對於女子繼承問題，特作關於女子財產繼承權執行問題的決定，望與民法繼承編對照研究，切实執行，茲再將執行注意事項列後：

（1）須通過群众團体，政民幹部，加強對群众的教育，從『自得一份財產」，轉到『團結抗戰增加生產』上去，提出『好男不吃分家飯，好女不穿嫁裝衣』，強調『自力更生，參加生產』，『不傷家族親戚的和氣』，『團結對敵』等口號。

(二)加強調解工作，使各村儘量少發生這一複雜的社會問題，使群眾為了爭產問題少打官司不打官司。

(三)處理女子繼承問題的爭執時，應緊掌下列原則：

1.為了不影響團結抗戰不算老賬。

2.從男女平等出發，凡不致引起過多糾紛的合法繼承，予以保障。

3.照顧並適當解決貧苦群眾的生活。

4.鼓勵婦女參加生產，團結抗戰。

此令

附：『關於女子財產繼承權執行問題的決定』一份

主任委員 宋劭文

副主任委員兼民政處長 胡仁奎

民政處副處長 [illegible]

關於女子財產繼承權執行問題的決定

中華民國卅二年六月十五日
晉察冀邊區行政委員會公佈

本邊區自婦女運動開展以來，婦女在社會上、政治上的地位，已提高很多，婦女在經濟上的積極性也在逐漸提高。民法關於女子財產繼承權的規定已在執行着；但在執行上因流弊過遠，滋生許多糾紛。為正確執行民法關於女子財產繼承權的規定，提高女子經濟地位，減少民間糾紛，鞏固團結，集中力量對敵，本會特作如下之決定：

一、被繼承人生前有女無子，在他死亡後，他的全部遺產，均由其女（不論一女多女，已嫁未嫁）繼承，任何人不得過繼嗣子，以分絕他的遺產；但是被繼承人生前所養的養子或嗣子，得依民法養子之規定，取得其應繼分的繼承權。

二、在本決定施行前，被繼承人在世時，已把他的財產實行分給或贈與一部份給承人的，其他繼承人在被繼承人死亡後，只能就被繼承人死亡時所留下的未曾分給或贈與其他繼承人的財產，與其他繼承人有同等之繼承權。對上項已經分給或贈與其他繼承人的財產，不能請求回復繼承權。

三、被繼承人死亡後，他的財產已由繼承人之一部實行繼承，且已於本決定公佈以前對財產分割各自營業者，其他繼承人不能對已決定之財產請求回復繼承權。但於分割遺產時由於參加抗戰或經營其他事業，背井離鄉，消息隔絕，致繼承權被侵害者，不在此限。於分割遺產時，繼承人因年小無知，而繼承權被侵害者，亦不在此限。

四、被繼承人僅有一子一女，或一子數女，於其男子在他死亡後，就佔有他的財產，而有繼承權的已嫁女子，截至本決定公佈之日止，並未提出分割遺產的要求者，其繼承權視同拋棄，不能要求回復。但由於參加抗戰或經營其他事業，背井離鄉，不知被繼承人死亡，雖已知死亡而事實上不能返歸本籍實行繼承者，不在此限。

以上視同拋棄繼承權之已嫁女子，生活確係窮困者，得要求其兄弟[illegible]給其一部生活費用，遇有爭議，得由區公所及抗聯會調解之。

058

114

五、有繼承權的寡婦，得携帶她應繼份內之財產再嫁，但夫家確貧困者，得少帶或不帶。但是寡婦本人的財物，任何人不能阻止其走。

遇有爭議，得由區村公所或司法機關調解之。

六、本決定於民國三十二年六月十五日生效，今後及現在涉訟的子財產繼承案件，依照本決定處斷。本決定所未規定者，完全適用法的規定。

本決定施行前已判決確定的繼承案件，及未經涉訟已經取得的承權，都不予變更。

～～完～～

=署縣抗联會各一份=

晋察冀边区行政委员会关于北岳区优抗工作的指示
（1943年9月19日）

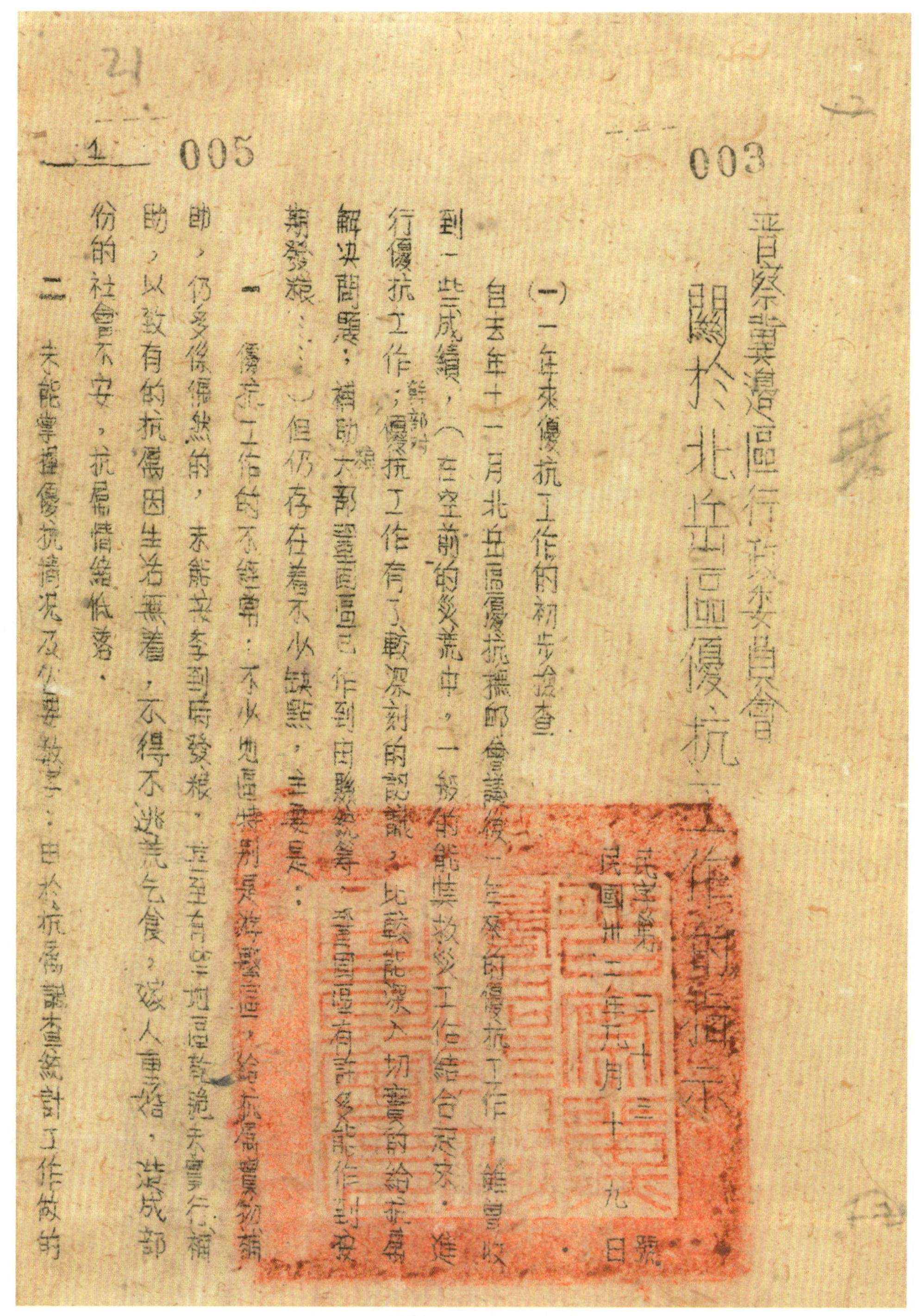

晉察冀邊區行政委員會

關於北岳區優抗工作的指示

民字第二十三號
民國卅二年九月十九日

(一)一年來優抗工作的初步檢查

自去年十一月北岳區優抗撫卹會議後，一年來的優抗工作，雖曾收到一些成績，(在空前的災荒中，一般的能與救災工作結合起來，進行優抗工作；優抗工作有了較深刻的認識，比較能深入切實的給抗屬解決問題；補助大部份地區已作到由縣統籌，各區還有許多能作到按期發糧……)但仍存在着不少缺點，主要是：

一、優抗工作的不經常：不少地區特別是游擊區，給抗屬買物補助，仍多係偶然的，未能按季到時發糧，甚至有些地區乾脆未實行補助，以致有的抗屬因生活無着，不得不逃荒乞食，嫁人重婚，造成部份的社會不安，抗屬情緒低落。

二、未能掌握優抗情況及必要數字：由於抗屬調查統計工作做的

2

不精確，致抗屬究有多少？那些抗屬需要實物補助？補助後能否維持最低限度生活？那些不需要實物補助，只在其他方面予以幫助即可？……缺乏周密的了解，因此有該補助的未予補助，不該補助的倒受到補助的情形。同時對補助糧的征收及保管分發，亦缺乏周密計劃及檢查，形成自流，以致糧食數字混亂，不能掌握，本來估計可敷秋季前之用，但糧食早早的便沒有了；或因征收及調度不善，造成到期無糧可發，無形停頓的現象。

三 對優抗工作認識不足，了解成簡單的實物補助：一提到優抗，便認為需要糧食，從政治上精神上予抗屬以尊重，優待，提高抗屬的社會地位做的很差；更未能進一步關心抗屬的利益，組織抗屬的經濟生活，有計劃的發動抗屬進行生產與組織耕耕，造成群眾的優抗運動。

四 優抗組織不健全：優抗撫卹委員會有的根本未建立，有的雖建立起來了，但多未發生作用，致優抗計劃不能貫徹。

這些缺點的存在，說明我們的優抗工作還未能深入貫澈下去，還未能使優抗撫卹會議的決議完全實現，需要我們今後在思想上、組織上動員起來，改進與加強優抗工作。為使今後各級政府對優抗工作有所遵循，特制定優抗辦法與此指示，希即討論並組織其實現。

(二)優抗辦法的補充解釋

一 辦理優抗工作，首先要認清優待的對象。享受優待的抗屬是有限制的，不是抗日軍人的所有家屬都可享受優待，其限制條件：第一、必須是和抗日軍人同居一家共同過活（就是沒有分家的）的親屬，才能享受優待，其雖和抗軍同居一家但非抗軍親屬者，不予優待。第二，必須是抗軍的配偶或直系親屬或靠養抗軍成人長大或必須賴抗軍扶養才能生活的其他親屬，才能享受優待，凡不合於這些規定的，均不予優待。這在調查時必須弄清楚。

二 優抗辦法第四條規定的優先權，須在租典佃等法令規定不抵觸時才得行使，此有的土地出租或出典於私人時，抗屬能有承租承買的優先權，但此地如原來即由私人租種，或用其他方式（如承典等）使用，按租佃債息條例的規定，原承租人或其他原土地使用人有承租承買的優先權，因此抗屬的優先權便和租佃優先權的規定發生衝突。在此種情形下，只有當原承租人或其他原土地使用人放棄其承租承買的優先權時，才得行使。餘依此類推。

三　由於抗日軍人離家到前方殺敵，有許多抗屬失去勞力，或勞力不足，以致生活困難，需要勞動耕作；但在另一方面，由於準主戰爭，人民勞力也大為降低，需要在節省民力的原則下，適當組織勞力發動助耕，而不能漫無限制。因此不能不關於助耕問題規定了限制的範圍。只有有土地無勞力，或勞力不足，而又無力僱人耕作的抗屬才得請求助耕，且其請求助耕的土地只限於維持其最低生活所需要的土地。比如某家抗屬有三口人，假定有六畝地的出產即足維持生活，則其請求助耕的土地，至多不能超過六畝。縱另有土地，亦須自行設法。又抗屬請求助耕的勞力，應只限於抗軍離家所失去的勞力。比如某家抗屬有一抗軍，這一個抗軍在家時只能耕種十畝地。則其家請求助耕的勞力，就不能超過種十畝地的勞力，縱另有土地，並且這十畝地的出產還不夠維持生活，亦須自行設法，不能再請助耕。

關於組織助耕的問題：

各行政村應組織助耕團，由村公所配合群衆团体發動群衆組織之。所有合於自衛隊年齡的男子除殘廢病弱不能耕作者外，都可動員其入團；所有飼養能耕作的牲畜的人家，也可動員其入團，為本村抗屬助耕。為助耕便利計，村公所可與助耕團協商，把抗屬需要助耕的土地，（事前要調查清楚，經過村民代表會討議，具體決定。）適當分配給參加助耕團的人畜，各就一定的土地負責助耕。比如某村有抗屬五家，需要助耕的土地共有五十畝，參加助耕團的共有廿五人，十個牲畜，便可按每人助耕二畝，每個牲畜助耕五畝，適當分配到各抗屬家助耕。（勿犯平均主義，要照顧抗屬及助耕人生活及其勞動力情形）或者把人畜分編成組，把土地分配給各組助耕，怎樣作才好，由各村自行商定。但在分配時要注意到助耕人與抗屬間的關係，要儘量把彼此居住鄰近感情接近的人家組織在一起助耕。如果分組，各組要推舉一個組長，負責領導檢查督促，要保証把助耕地耕種好。助耕團設团長一人，負總的領導責任。在工作上要與村公所密切聯係。其因助耕所費人力畜力過重的村，可以請求區公所批准酌

26

量減免一部抗戰勤務，以資調劑。發動他村人民到外村助耕的辦法，毛病很多，應廢止。關於助耕的問題是幫助抗屬解決生活問題的經驗，（對於办法，各縣應很好的研究組織，創造新的

四 關於實物補助問題：

1.在北岳区免稅點都是一．五富力，如果某家抗屬一無所有，則每人每半年補助小米六十斤。又如某家人多，每人平均一．○四富力，比免稅點依着．四六富力，其中．四五富力等於．○五富力的九倍，下餘．○一富力也按．○五富力計算，合起來便是．○五富力的十倍，每依一個．○五富力每人每半年補助小米二斤，現在這家依着十個．○五富力，每人每半年應補助小米二十斤，如此家不能自養的人口共五人，全家每半年便應補助小米一百斤。餘類推。但因統累稅調查富力與實際富力並不完全一致，（因為有些資產收入是免稅不計富力的）所以辦法中規定富力雖在免稅點以下而實际生活比較寬裕的抗屬，可減少或免予補助，由村酌辦。關於各種富力和不能自養人口不同的抗屬，每半年各應補助的小米斤数，可查閱抗屬補助糧對数表甲。（表附發）

2.沒有進行統累稅調查的地區，抗屬全年收入和維持全年最低生活所必須的費用相較，每差一個月的費用，每人每半年補助小米六斤。比如某家抗屬全年收入三千七百五十元。而其全年最低生活必須費用是九千元，相差五千二百五十元，這家一個月的費用是七百五十元，每差之七千二百五十元等於七個月的費用，每人每半年便應補助小米四十二斤，如這家不能自養的人口是三人，則全家每半年便應補助小米一百二十六斤。餘類推。關於各種收入和不能自養人口不同的抗屬每半年各應補助的小米斤數，可查閱抗屬補助糧對數表乙（表另發）

3.抗屬補助糧款，每年隨統累稅分數由邊區一次分配徵收。因此各縣每年應在統累稅調查時，附帶進行抗屬調查一次。並將全年所需補助實物造具預算，於統累稅征收前逐級審核統計上報邊委會備案，以便隨統累稅分配徵收。為適應變動着的情況，須備給新增抗屬發補助糧，各縣在造報補助糧預算時，可預將新增抗屬所需實物補助數之估計進去，但不得超過預算總額的百分之五。

（三）優抗工作的執行問題

一優抗工作的勝利，決定於了解抗屬情況與確定掌握抗屬數字，因此對抗屬進行切實深入的調查研究，是貫徹優抗工作的關鍵。因此對於抗屬調查，必須認真進行。

關於抗屬調查問題：調查時不要把不是抗日軍人的其他工作人員（如政權、团体工作人員等）的家屬混做抗屬，也不要把抗日軍人全家的人一律都當做應受優待的抗屬，對於受實物補助的人數與每人應受補助的數量，更應依照規定嚴格審查，各村調查結果要填造抗屬調查及補助糧預算表（兩份）（見附表一），村不能填表者，可開單交區，或由区到村調查填報）送區審核確定後除將表一份留區，一份發還村中存查外，縣幫助區將各村表列數字加以統計，填造抗屬統計及補助糧預算表（附表二）兩份，一份存區，一份送縣審核，再加統計填造縣抗屬統計及補助糧預算表三份，一份存查，兩份送專署審核分別存查與轉報本會備案，這是每年進行抗屬正式調查時應辦的手續，只有各級政府都依照這些手續認真辦理，我們對於優抗的各項確實數字才能掌握起來。

27
009
9

二 其次、關於補助粮的徵收保管分發報銷，也要切實掌握起來。

1從今年十月份起，以後北岳區抗屬補助粮一律由邊區統一徵收，此後補助粮的征收和保管一律視同公粮；完全由財粮部門負責，至於補粮的分發報銷，仍由民政部門負責，財粮部門辦理撥粮抵銷等手續。

2、補助粮的分發。今後改為每年兩次，一次在陰曆十二月份，一次在陰曆五月份（正當鋤苗時期）每次各發半年的，分發前，縣民政部門應依據边委會批准之補助粮預算數通知財政部門就各區村所需粮數通知各區照撥。（補助粮以就地撥付為原則。因此在公粮徵運中，應把抗屬補助粮預算酌留一部粮食，以免調運之煩）區再通知各村照發，（如果撥粮的和用粮的不是同一區村時應分別通知雙方）村接到撥粮通知後，民政委員即開具領條向粮秣委員領粮分發，為便利計，如果是本村撥付本村，民政委員便可通知抗屬直接向粮秣委員領粮，由粮秣委員直接分發，民政委員予以協助，無須領導，即可減少事務手續，且可免斗秤折耗、民政委員又應於事先佈置抗屬補助粮

16

30

·40

分發報告表（見附表三。）一面可以按表發糧，不必另外記賬，一面於每户領糧後隨即使其在表上蓋章或按指印，即可做為報銷的根據，不必另開收條，（不會使用本表之村，可開發糧清單或由各抗屬户出收條，但應尽可能具備表列各項目，以便查對）

3、分發完畢後民政委員將稿聯糧分發報告表（或留底稿）一份，呈由區縣專署逐級彙製報告表上報本會。這是民政部門應辦的報銷手續。至於財糧部門應憑村民政委員領糧條，依照公糧報銷手續，逐級上報。（領糧條據報到縣府審核無誤後，即存縣備查，三個月後自行銷毀，不再報送專署）

4、辦法中規定要在一般區折價發款，游擊區一般發糧。不能發糧者亦折價發款。那些區域需要發款發糧，由各縣根據具体情形決定，所發款額要按各該縣區當地當時糧價折算。並要抓緊時間，保證如期發到抗屬手裡，使抗屬能够在當地市場買到必須的糧食。關於上面的領發款銷手續，可比照前單辦理，即責成領發款銷手續辦理。但專署以下可只由民政部門辦理。財政部門無須經手。縣府於決定發款之區村發款即與各該區村所需數須編造抗屬補助糧折款預算表（見村表四）報告專署核，轉本會頒撥，款項由專署、縣、區、村依照預算逐級分發，并於時之糧價如比預算時有漲落，應按發款時之糧價發放，其比預算多需之數，於□□被會核銷時清算，有餘交回，不足補發。村發給各戶前，同樣要備妥補助糧分發報告表（不能使戶家長之村，同樣可用單據等代替之）於各戶領取時預先算好，並在各該戶名下備考欄註明「系領款人××（某某）」，於各戶領款後同樣使其蓋章或按指印，分發完畢後由村彙報上報本會，（區以上彙製報告表同樣要把各村、區、縣按領款數在備考欄內註明）報銷手續與發糧同。（一部分發糧一部分發款之縣區在報告時須將糧款彙列一表，不要分報，以便查對。）

丙、分發補助糧是否一種應該注意的問題，就是抗屬的正式調查與補助糧的分發並不是同時辦理的，為求補助糧分發的公平合理，必須按照當時的抗屬需要來發給，所以在分發補助糧之際須臨時由區作一次調查，（為便利計，暫可暫按原來預算，發糧款到區以後再按補助的抗屬由上次調查（指前次的一次的調查——正式調查或臨時調查））

後的增減情形詳加調查，發放糧款與原預算增減之差數，由區負責審查掌握，發放後逐級報銷。如與預算數有出入，由區負責清算有餘交回，不足補領。為免受實物補助抗屬增加過多，影响補助糧預算計，除新增之戶（如新入伍抗軍的家屬或新從外處搬來的抗屬）應受補助人數和原受補助戶新增應受補助的人口（如抗軍的新生小孩新娶媳婦等）可算做新增受助補人數外，其他當調查時原確定不受補助的人（除個別特殊困難經區批准者外）一律不得列入，各戶每人應受補助糧數亦以維持原定數額為原則（非特別困難經区批准的，不得提高）至於受補助抗屬減少人數（如因抗軍退伍全戶停止補助的人數，或被定的死亡的原定受補助的人數等）應一律查明扣除，又縣以上發放補助糧款時在每年度的第一次，應以縣抗屬統計及補助糧預算表所列數額做為預算，第二次便應以第一次分發後區縣所報分發報告表所列實發數做為預算，以免與實需數出入過巨，

6、不能按照以上手續辦理的落後全區村庄，區縣部應盡可能幫助辦理，手續亦可酌量從簡，放進簡便易行的辦法，但抗屬數字與實物補

33

43　　011

助教字。則必須切實掌握起來，要把保證糧款，及時發到抗屬手中，不能絲毫馬虎。

三　健全優抗機構。組織健全，才能順利推行工作，因此未建立優抗總分委員會者，要很快依照決定建立起來；已建立而未發生作用者，要重新調整，使它健全起來。過去這一組織所以未起作用，原因雖多，而委員人選大都係在職幹部工作繁重，難以兼顧，亦係原因之一；因此今後要注意聘請不脫離生產的真正熱心公務，關懷抗屬的人士，（最好是抗屬或開明士紳）參加這一組織，進行工作。區級亦應吸收協助員參加，指定他們協助某些村莊辦理優抗事務，（如抗屬調查統計，分等補助糧等）並幫助區檢查優抗執行情形，搜集各方意見，共同研究改進。總之，要使這一組織真正成為協助政府民政部門進行優抗工作的機構。過去形同虛設的現象，不容再繼續下去。

四　能夠做到以上幾項，在檢查中所指缺點，即能克服掉。此雖多係事務手續，但要貫徹優抗方針，是離不開這些事務的。輕視它的觀點，應從認識上來糾正。

（四）防止可能發生的偏向

根據以往的經驗，由於本位主義的作祟，在補助糧實行村統籌時，所費較少，甚至有些地區無形停發。達到區縣統籌所費便多。自今年十月份起補貼糧由边區統籌，很可能發生無原則的大方，情面主義，濫發糧款的偏向。因此縣區（尤其是區）必須特別注意防止。首先要對各村的抗屬調查工作切實幫助，深入檢查，不要只靠村幹部，其次對各村調查結果要嚴格審查，問題多的要令村重行調查，或有区幹部直接調查，為保証補助糧預算不至過於龐大起見現特規定預算的標準如下：

甲、抗屬每人每半年受補助的最高額（連特別補助在內）不得超過小米六〇斤。（游擊區未做負擔分的不得超過七十二斤）

乙、抗屬受實物補助的人數以不超過抗屬總人數的一半為原則。

丙、所有受補助抗屬每人每半年受補助的平均數以不超過小米三〇斤為原則。

上甲項標準在村調查預算時即須嚴格遵守。乙丙兩項在村調查預算與區縣行署審查時都須力求符合，如有特殊情形不能強令時應說明情由請上級審核，到縣核定預算時一定要做到與三項標準完全符合，各級幹部要加強責任心，切實掌握這一工作，澈底肅清本位主義，堅決反對照顧情面，無原則的大方，對邊區財糧大計人民負担漠不關心的自由主義官僚主義的態度，這是應防止的主要偏向。

其次由於邊區環境的更加艱苦在优抗中執行，一般地區都存在着以下的兩種偏向，一方面有些抗屬由於生活困難，往往強調优待，要求過高，另一方面一般人民由於戰爭與災荒關係，多感負擔不輕，同時認識不够，因而對抗屬漠不關心，這都是不對的，須極力克服，防止其繼續發展。一方面要教育群眾尊重與關心抗屬，多方予以幫助，解决其困難；一方面要教育抗屬力求自力更生，積極参加生產，不要自若特殊心存依賴。

再次，補助糧改為半年發一次後，可能有的抗屬在領得糧票後，大吃大喝，任意浪費，不應注意教育與糾正。

（五）今年九月份以前補助糧的清理問題：補助糧既已改為邊區全年統

，前此補助糧無論是由縣或區或村統籌，都應徹底清理以資結束，清理的辦法，以各清各賬為原則，本年的已經分配尚未征收者停征，已經征收而未徵齊者應繼續征完，對確係貧困無力交納者經縣審核准予免納，九月份以前分發之抗屬補助糧係可能如數發清，所征之糧不敷分配時可按比例減發一部，有剩餘時應即掃數交歸糧庫，村或區或縣統籌的由村或區或縣清理，各級應切實負責督促檢查，一律爭取於本年十二月底以前清理完畢，清理情形列入工作報告逐級上報，堅決反對拖泥帶水延不清理，甚至某些混水摸魚從中揩油的情形。

～～～完～～～

晋察冀边区行政委员会关于婚姻登记问题的通知（1943年）

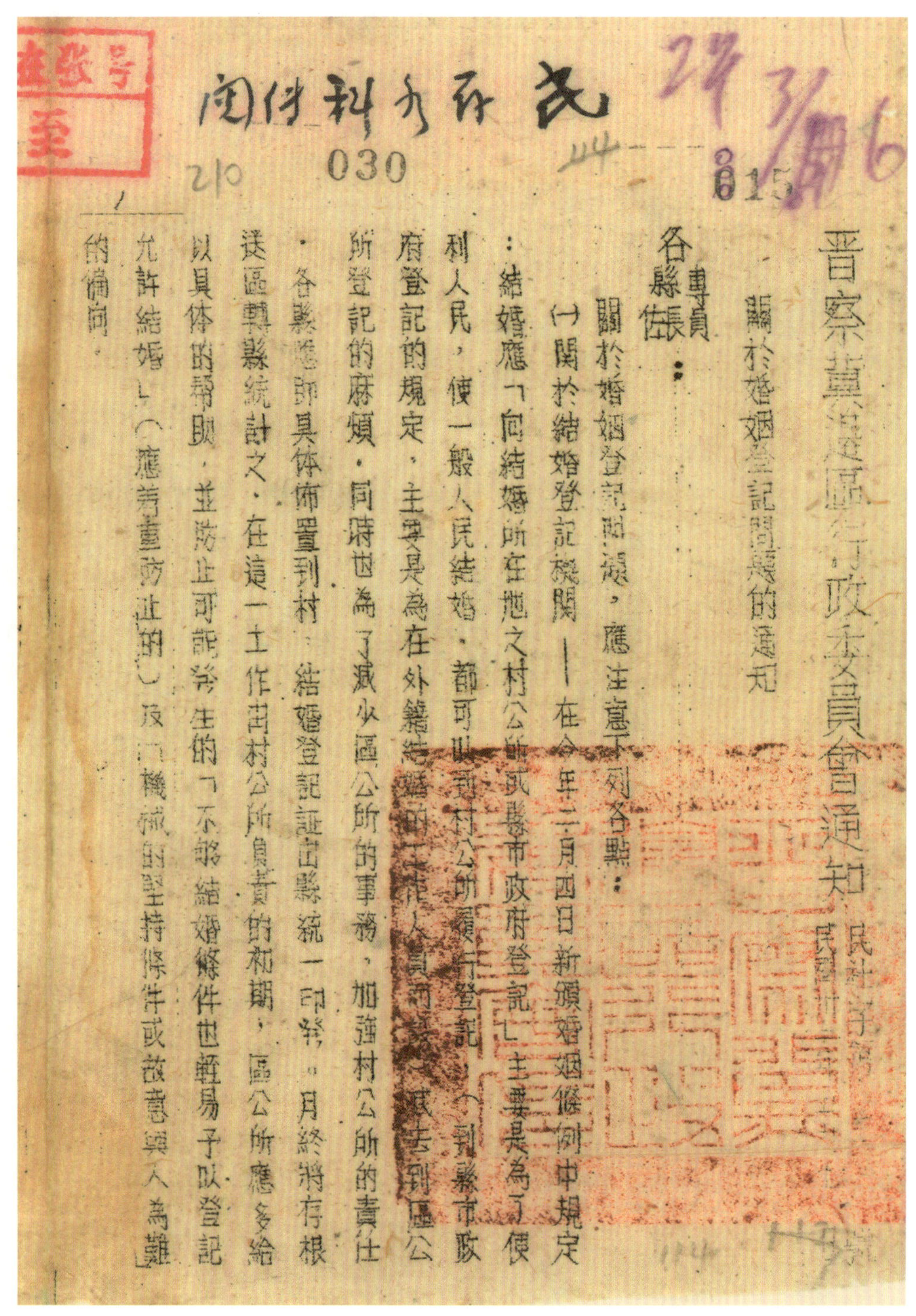

晉察冀邊區行政委員會通知 民社字第

關於婚姻登記問題的通知

各專員
縣長：

關於婚姻登記問題，應注意下列各點：

㈠關於結婚登記機關——在今年二月四日新頒婚姻條例中規定：結婚應「向結婚所在地之村公所或縣市政府登記」主要是為了便利人民，使一般人民結婚，都可以到村公所履行登記，（到縣市政府登記的規定，主要是為在外縣結婚的工作人員而設）減去到區公所登記的麻煩，同時也為了減少區公所的事務，加強村公所的責任，各縣應即具体佈置到村，結婚登記證由縣統一印發。月終將存根送區轉縣統計之，在這一工作由村公所負責的初期，區公所應多給以具体的幫助，並防止可能發生的「不夠結婚條件也輕易予以登記允許結婚」（應着重防止的）及「機械的堅持條件或故意與人為難」的偏向。

（二）關於婚姻登記的效力（結婚與離婚應有區别）

（1）結婚登記的效力——結婚登記是為了防止男女關係的混乱和不能够結婚條件的男女隨便結婚，因此特别規定男女在結婚前應「向結婚所在地之村公所或縣市政府登記，領取結婚証書」這是必須履行的手續。但如果在結婚前或結婚後不登記的是否影响婚姻的效力呢？這應根據實際情形分别處理：A未經舉行公開結婚儀式的不登記不生婚姻的效力；並應由縣按「妨害風化治罪」。因這種婚姻，很易使男女關係混乱，且會給敵人與破壞份子以造謡的口實，所以應視為無效。B已經举行公開的結婚儀式且合乎結婚條件的應承認其婚姻有效。因這種婚姻既合乎結婚條件且由於舉行了公開的結婚儀式，在社會習慣上已取得合法地位，所以應視為有效，但仍應加以教育，使他們遵守婚姻條例的規定向結婚所在地的村公所或縣政府補行登記，取得法律上之合法地位。C已經舉行公開的結婚儀式但不合結婚條件的，應根據實際情形正确適當的處理（如男女不到結婚年齡的可令暫時分開，等到達結婚年齡，再行同居，違犯婚姻條例第七第八第九

212

031

3

三條的規定的可強令拆散。）反對「一律強令拆散」和「置之不理」的两種偏向。

⑵離婚登記的效力——為了防止男女因一點小事即隨意離婚的現象，以免影响家庭生活和社會秩序，関於兩願離婚的登記應做為離婚成立的必要條件，不登記的，其離婚不生效力，如兩願離婚後不經登記又與第三人結婚的，應按重婚治罪。

㈢関於婚姻登記的辦法：

⑴結婚登記辦法：A結婚登記事項除結婚登記証上所列項目外並須注意下列各項：①男女雙方有無親屬関係？是什麽親屬。②雙方有無疾病缺陷。③以前結過婚没有？如果結過婚的現在是否已經離婚？審查双方是否合於結婚條件。B、男女結婚向所在村公所進行登記時，其住於別村的一方（一般是女方）得用書面登記由當事人與住在村民政委員簽名並按指印交由結婚所在村村公所審查其住於結婚所在村之一方（一般是男的）應當面說明結婚登記事項，並在結婚登記証上簽名按指印或由一方先就他方向結婚所在地之村公所登記

213

4

後，再行結婚，村公所對聲請結婚的男女双方。應就其登記事項詳細審查合於結婚條件者即准予登記，不合結婚條件者不予登記（關於結婚年齡在游擊區及早婚習慣很深的晉東北一帶不必強調非達法定年齡不可，但在十四歲以下的一定要禁止。已結婚的也要強令分開，到達適當年齡，再准同居）

⑵離婚登記辦法：A離婚登記机關為所在縣之司法机關，在游擊區縣政府得授權區公所代為辦理離婚登記。B離婚登記以男女親自到場為原則，並應有[住在村]村公所之介紹信和証明人之書面証明，村公所對兩願離婚的男女不得拒絕開介紹信

布討論執行。特此通知。

著縣級群眾團体各一份
希轉給為要

主任委員　宋劭文

副主任委員
兼民政處長　胡仁奎

民政處副處長　張明遠

晋察冀边区行政委员会为改定抗战伤亡军人及民兵等各项抚恤费与政民干部伤亡褒恤，政权干部保健及家属补助各费数额并改以小米作计算标准希遵照执行的通知（1944年5月5日）

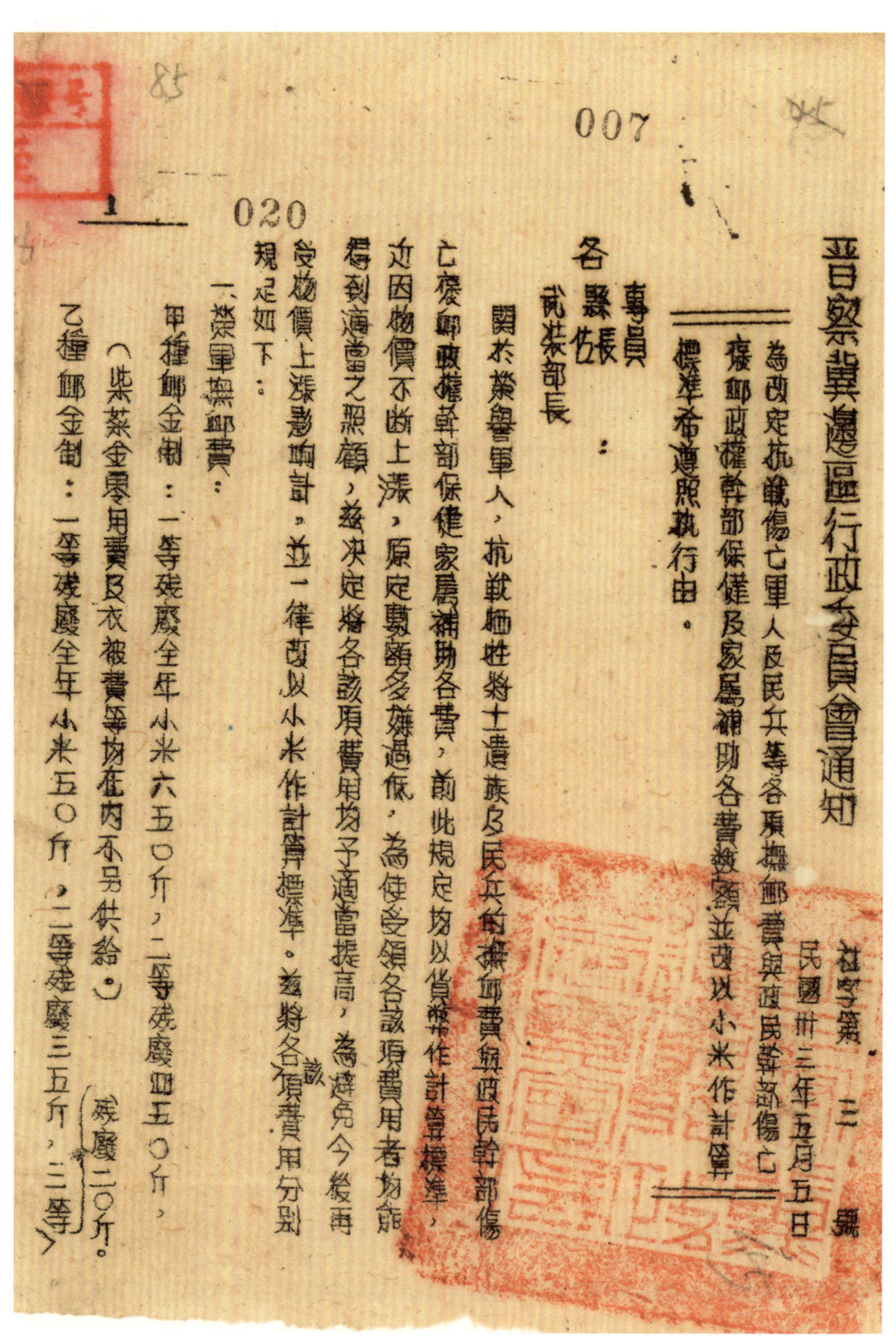

晉察冀邊區行政委員會通知

社字第 三 號

民國卅三年五月五日

為改定抗戰傷亡軍人及民兵等各項撫卹費與政民幹部傷亡褒卹政權幹部保健及家屬補助各費數額並改以小米作計算標準希遵照執行由。

專員
縣長：
武裝部長

關於榮譽軍人，抗戰犧牲將士遺族及民兵的撫卹費與政民幹部傷亡褒卹政權幹部保健家屬補助各費，前此規定均以貨幣作計算標準，近因物價不斷上漲，原定數額多嫌過低，為使受領各該項費用者均能得到適當之照顧，茲決定將各該項費用均予適當提高，為避免今後再受物價上漲影響計，並一律改以小米作計算標準。茲將各該項費用分別規定如下：

一、榮軍撫卹費：

甲種卹金制：一等殘廢全年小米六五〇斤，二等殘廢四五〇斤，

（柴菜金零用費及衣被費等均在內不另供給。）

乙種卹金制：一等殘廢全年小米五〇斤，二等殘廢三五斤，三等殘廢二〇斤。

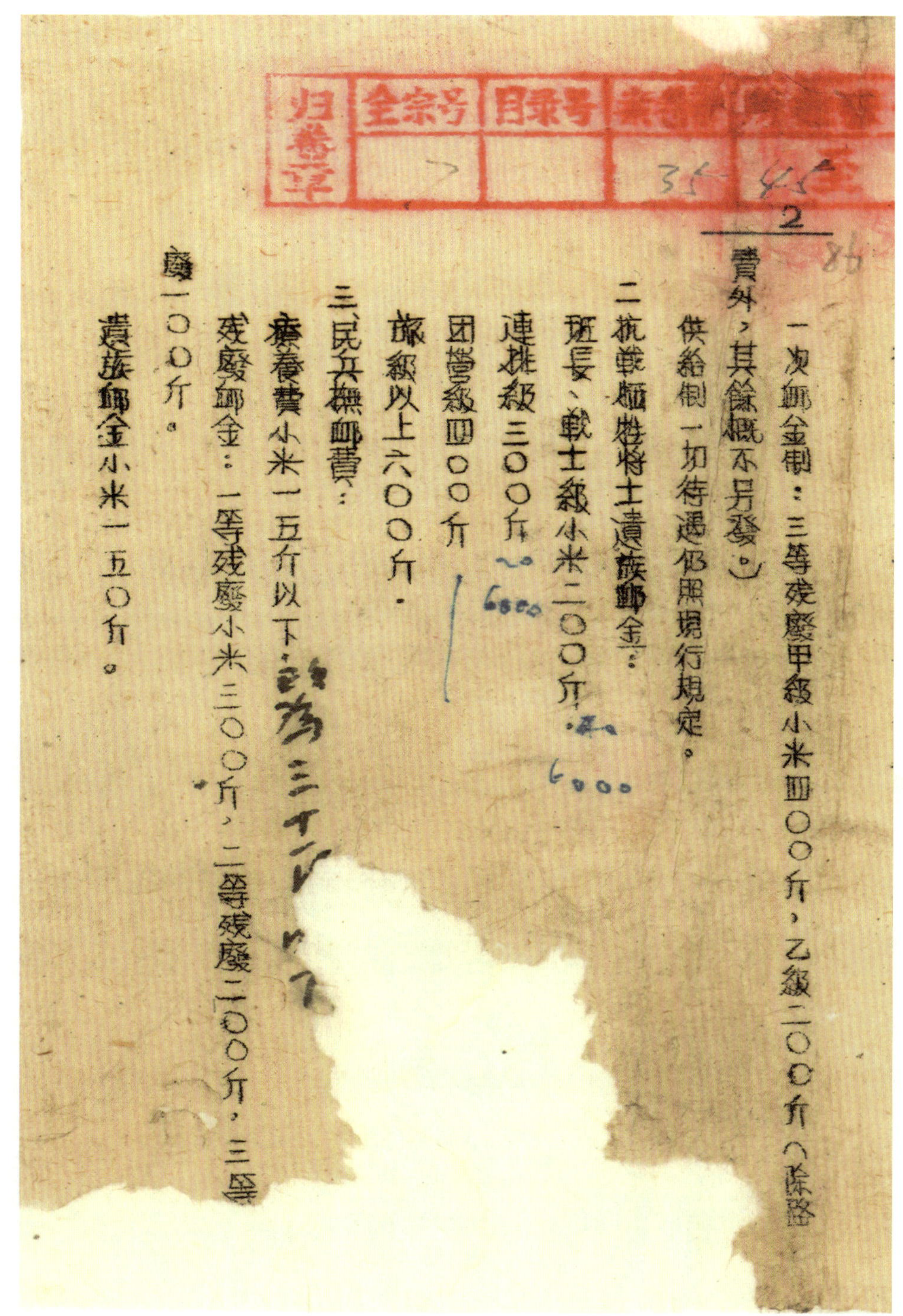

2

一次卹金制：三等殘廢甲級小米四〇〇斤，乙級二〇〇斤（除路費外，其餘概不另發。）

供給制一切待遇仍照現行規定。

二抗戰犧牲將士遺族卹金：

班長、戰士級小米二〇〇斤，

連排級三〇〇斤，

团營級四〇〇斤

旅級以上六〇〇斤。

三民兵撫卹費：

療養費小米一五〇斤以下，

殘廢卹金：一等殘廢小米三〇〇斤，二等殘廢二〇〇斤，三等廢一〇〇斤。

遺族卹金小米一五〇斤。

棺木費小米五〇斤以下，一〇〇斤至二〇〇斤

四、政民幹部傷亡優恤費：

療養費小米三〇斤以下 五十斤以下

殘廢恤金一等殘廢全年小米六〇〇斤，二等殘廢四〇〇斤，三等殘廢二〇斤。

遺族恤金小米一〇〇斤至三〇〇斤

棺木費小米七〇斤以下。五〇斤至二五〇斤

五、政權幹部保健費，每月小米二斤至四斤。

六、政權幹部家屬補助費：家屬只有一人者每月小米一〇斤以下，二人者一八斤以下，三人以上每增一人最多增米七斤，每一幹部之家屬補助費最多每月不得超過四〇斤。

關於上列規定尚有應加說明者數點：

一、關於民兵及政民幹部療養費之發給，均以不能送医院療養者為限。其能送医院療養者所有在療養期間之医藥與生活費用，均由医院供給（政民幹部須將在本機關應領糧食菜金及医藥費交給医院）。不另發療養費。民兵療養費的發給，並以確因參加戰鬥負傷者為限。其

非因參加戰斗負傷者，不得援例發給。但為表示對民兵之優待，其能到医院医治者，医藥費仍可由医院供給。（生活費應自備）

二、關於民兵與政民幹部療養費與棺木費所定數額均為最高額，核發時應視實際需要在規定數額範圍內，斟酌伸縮，实報实銷。

三、關於政民幹部殘廢恤金，所定數額一二等殘廢恤金，均只適用於退職之一二等之殘廢幹部，三等殘廢恤金則只適用於在職之三等殘廢幹部。三等殘廢傷勢均屬輕微，無碍工作，無退職之必要，故關於退職三等殘廢幹部之撫恤無須另做規定。至關於在職之一二等殘廢幹部究應如何撫恤，前此疏未規定，玆特補充規定如下：一等殘廢全年小米四〇斤，二等殘廢三〇斤。關於退職幹部與在職幹部殘廢恤金之發給，可比照榮軍甲種恤金與乙種恤金發給辦法辦理。

四、關於供給制撫恤今後只適用於在榮校休養之榮軍，自文到之日起，各縣一律不得再收受供給制撫恤之榮軍，遇有此等榮軍應一律介紹到榮校休養，其不願或不便到榮校者，可按甲種恤金制撫恤。所有各縣前已收容之受供給制撫恤之榮軍，亦務限自七月份起改按甲種恤金制撫卹。關於退职而不能回家之一二等残廢幹部，前定按其在职時之生活待遇供給辦法自文到之日起亦即作廢。今後一律與能回家之退职残廢幹部同樣待遇。其前已領各費者亦限自七月份起，一律改按新規定待遇。

五、關於專区以下政權幹部保健及家屬補助費，今後統由專署掌握核發，為掌握財政預算，避免開支過於龐大計，特規定各專区各該費每月總開支不得超過之最高額如下：保健費：一專区小米二〇〇斤，二專区二五〇斤，三專区一五〇斤，四專区二〇〇斤，五專区二〇〇斤，六專区一五〇斤。家屬補助費：一專区小米一七〇〇斤，二專区一一〇〇斤，三專区一四〇〇斤，四專区二二〇〇斤，五專区一九〇〇斤，六專区一四〇〇斤。各專署於核發各該費時應隨時檢查，如因請領者多，限定最高額不敷分配時，應即嚴格審查，擇其最需要者優先發給，不得超過最高額，亦不宜平均分配。（關於家屬補助費最高額只係政權幹部請領之額，团体幹部家屬補助費最高額決定後另通知）。

六、各費與發時，均按當時米價折款發給，發給辦法及期間與開支

90

6

款項及報銷辦法在未有新規定前，均各照舊不變。

七、以上各項規定，除已有特別規定者外，一律自文到之日起施行。但按規領發各費，已預領者，概不追補。所有政權幹部保健及家屬補助等費俱已批准尚未到期者，除已領之部不再追補外，其餘可照原批准數與原定各該費最高額之比例，折米計發。各請領人，無須再作声請。

希即遵照執行為要！特此通知。

主任委員 宋劭文
副主任委員兼民政處處 胡仁奎
民政處副處長 張明遠

（冀中区司参攻执行）

晋察冀边区行政委员会关于解释现役抗日军人解除婚约等法令三则致第五专署陈专员及平山封县长的函（1944年5月21日）

附：平山县政府请示

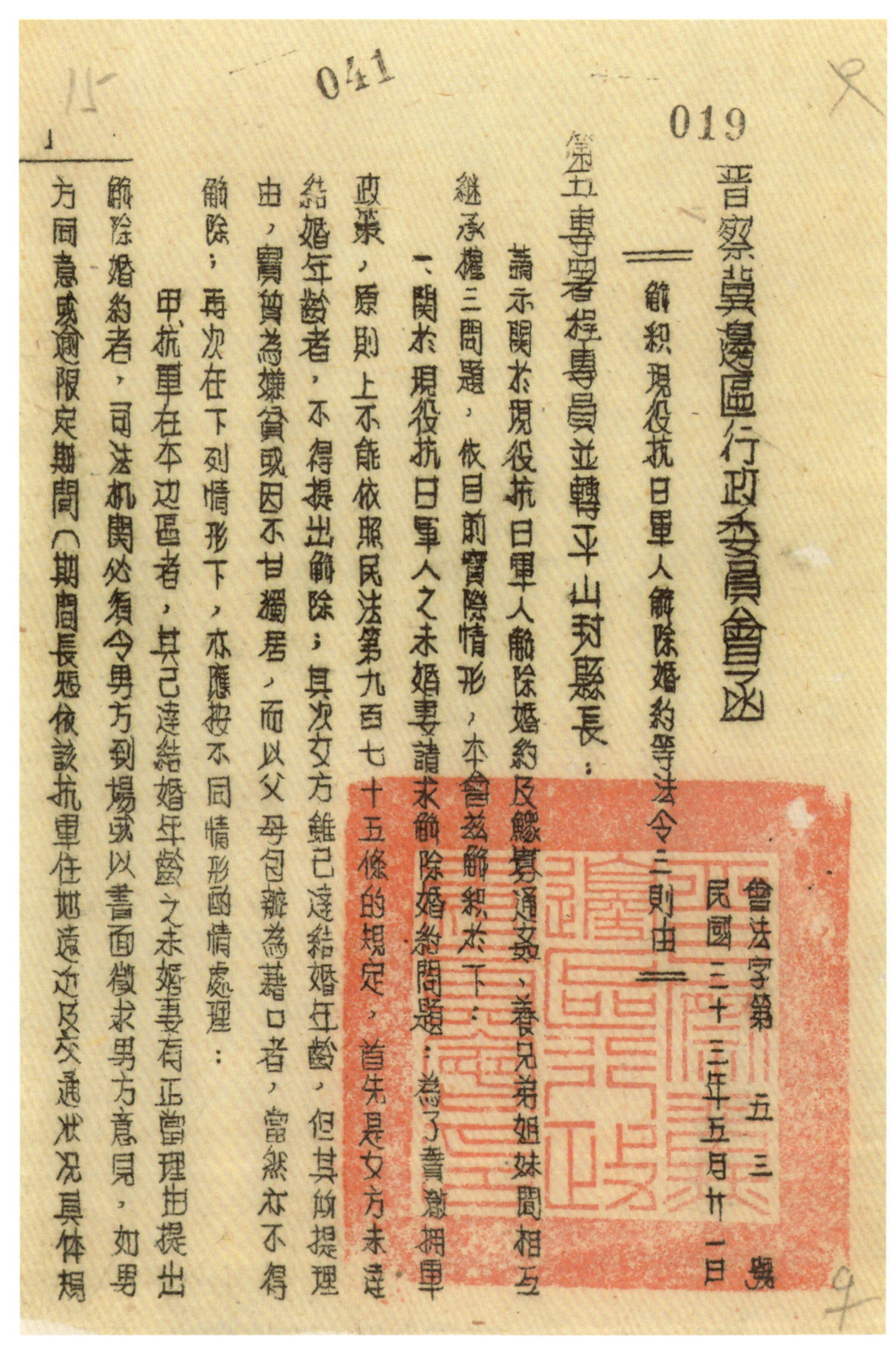

019

041

晉察冀邊區行政委員會函

會法字第五三號

民國三十三年五月廿一日

＝解釋現役抗日軍人解除婚約等法令三則由＝

第五專署程專員並轉平山封縣長：

請示關於現役抗日軍人解除婚約及鰥寡通姦、養兄弟姐妹間相互繼承權三問題，依目前實際情形，本會茲解釋於下：

一、關於現役抗日軍人之未婚妻請求解除婚約問題：為了貫徹擁軍政策，原則上不能依照民法第九百七十五條的規定，首先是女方未達結婚年齡者，不得提出解除；其次女方雖已達結婚年齡，但其所提理由，實質為嫌貧或因不甘獨居，而以父母包辦為藉口者，當然亦不得解除；再次在下列情形下，亦應按不同情形酌情處理：

甲、抗軍在本边區者，其已達結婚年齡之未婚妻有正當理由提出解除婚約者，司法机関必須令男方到場或以書面徵求男方意見，如男方同意或逾限定期間（期間長短依該抗軍住地遠近及交通狀況具体規定）不表示意見，始准解除婚約。

乙、抗屬在边區外者，由司法机関通知抗軍徵求意見，其不能通知或無法通知，而女方均提理由又確係正確者，始准解除。

二、関於鰥寡通姦及一般男女通姦問題：現行刑法對鰥寡通姦無明文處罰，一般男女通姦亦係告訴乃論，但為防止敵人淫風侵入邊區，自不能仍拘成規。今後此類案件規定為「告發得論」，即不論何人，均得告發，告發之後，應視具体情形，依照下列原則適當處理之：

甲、着重教育，勿偏重於單純的打击；

乙、處分也是教育，但須选擇典型，依妨害風化或妨害婚姻及家庭罪適當判處。

丙、寡婦以改嫁為適當者，尽可能教育她與帮助她改嫁，建立正常的夫婦関係，以達成家立業之目的。

三、関於養兄弟姐妹間的継承問題：為了不使發生算舊賬的糾紛，應切實遵照「関於女子財産継承權执行問題之决定」的精神，尽可能採取調解方式解决之，其實無法調解者，依下列規定辦理：

17
3

042

甲、在被收養人未宣告終止收養關係以前，其養父母所生之子女，應互有繼承之權，與胞兄弟姐妹，則無此關係。

乙、被收養人雖未宣告終止收養，但被收養人與其胞兄弟姐妹雙方間有一方死亡後而無其他繼承人時，可依習慣互為繼承。

希即知照！

其他各署縣如有同類問題發生，亦可參照以上解釋執行。

附請示一件。

主任委員 宋劭文

副主任委員 胡仁奎

平山縣政府請示

法字第 92 93 號

民國三十三年四月廿六日

條例規定之精神，採婚姻自由自主自願，任何人不得包辦代替或強制

一、最近本縣關於未婚妻對現役抗軍提出解除婚約事件很多，查晉察冀邊區婚姻以往父母包辦，從小即予兒女訂下婚，今天一般婦女不滿意，聲請解除，這在法律上，第三人代訂婚約，根本無效，本人無遵照履行義務，自然得聲請撤銷，這種案件本為非訟事件，一經一造聲請撤銷，法律上自應允准，這是原則問題，至今天有的男造係現役抗日軍人女方提出解約，男方即不滿意，立向隊伍負責人提意見，其負責人為了鼓勵抗軍情緒，馬上向政府提出意見，請政府以擁軍精神適當處理，否則影響抗軍情緒於抗戰不利等語，一方強調擁軍一方強調女權，政府在執行上發生了許多糾纏不清的困難，的確在今天一般婦女不願與抗軍結婚，大概的情形是「抗軍作戰頻繁，容易犧牲或殘廢，再則經常不在家，有夫常守無夫寡」，另外更難免漢奸特務從中蠱惑挑撥，有意降低抗軍的抗戰情緒，這也是事實（骨子裡是這樣東西），法律上的理由為父母包辦，但擁軍的原則上，是否有不准撤銷婚約之時權？當然對女方是先進行勸告，但勸告不聽，又當怎樣？若堅持法律原則，一概准婦女撤銷婚約，抗軍因抗戰娶不到媳婦，政府是否也應負其責？二者不可得兼，特報請核辦！

二、鰥寡通姦，法無治罪明文，不處罰在反淫亂的鬥爭下，影響不

姦，處罰又於罪刑法定主義之原則不合，若說要活用，運文怎樣靈活，請指示。

男女通姦，刑法規定為告訴乃論，曾記边區前擬婚姻草案明文規定（或係其中有此規定？）「男女通姦不適用告訴乃論之規定，任何人均得舉發」，可是公佈時將該條刪去，現在執行上也不一致，應明確指示，以為法律根據。

三、養兄弟姐妹間，有無相互繼承權？查民法繼承編的精神，除配偶外，以血統為原則，照此則養兄弟姐妹間無相互繼承權，再在民法親屬編採擬制主義，民法第一千○八十三條「養子女自收養關係終止時起，回復其本姓，並回復其與本生父母之關係，但第三人已取得之權利不因此而受影響」依該條反面解釋「在收養關係未終止前與本生父母無關係」，依類推解釋「與本生父母無關係時，同時與其同胞姐妹亦無關係」才為合理，這兩個解釋大相矛盾，依前者為養子女者，生前並未終止收養關係，但其死後之遺產，有同胞之兄弟姐妹時，應由同胞之兄弟姐妹繼承，而養兄弟姐妹為準姻親關係，應無繼承權；依後者為養子女者，生前並未終止收養關係，其死後之遺產，與兄弟姐妹無親屬關係，應無繼承權；而養兄弟姐妹，有親屬關係，應有繼承權。

實際例子——某甲前有生女乙，又收養丙，甲前數年死，乙不知女子有繼承權，甲之全部財產由丙繼承，丙亦去年死，無配偶及子女，乙未繼承，而丙之親兄弟丁也未要繼承。乙的主張是：該財產原是我親父之財產，因不知女子有繼承權，才由養弟丙繼承了，我常來去住家上，與親兄弟無異，今養兄死，為何不要我繼承呢？難道把我姓×的財產反歸姓○的嗎？丁之主張是：該財產是丙之財產，我是丙之親兄弟，她不是親的，依法我應繼承各等語。

以上實例，一般輿論，多同情將丙之財產由乙繼承，而不同情歸丁，但也有的主張歸乙或歸丁，莫衷一是，案關統一法律解釋問題，特提請明確規定。

（送給司法處、縣議會、抗聯各一份）

縣長　封雲甫

晋察冀边区行政委员会变更在游击区分散活动派饭之食粮定量的令（1944年3月4日）

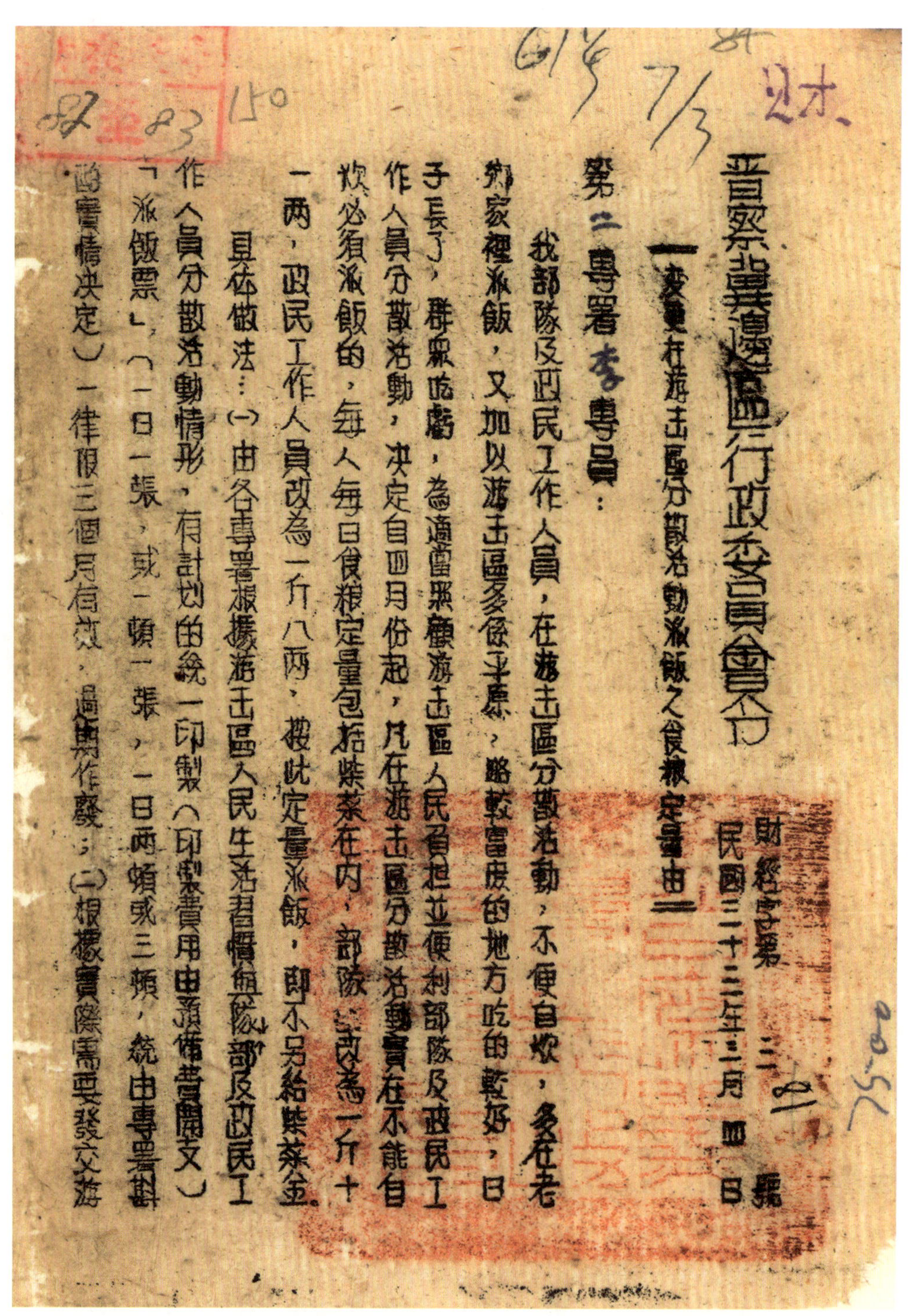

晉察冀邊區行政委員會令

——變更在游擊區分散活動派飯之食糧定量由——

財經字第　號

民國三十三年三月四日

第二專署李專員：

我部隊及政民工作人員，在游擊區分散活動，不便自炊，多在老鄉家裡派飯，又加以游擊區多係平原，略較富庶的地方吃的較好，日子長了，群眾吃虧，為適當照顧游擊區人民負担並便利部隊及政民工作人員分散活動，決定自四月份起，凡在游擊區分散活動實在不能自炊必須派飯的，每人每日食糧定量包括柴菜在内，部隊改為一斤十一兩，政民工作人員改為一斤八兩，按此定量派飯，即不另給柴菜金。

具体做法：(一)由各專署根據游擊區人民生活習慣與部隊及政民工作人員分散活動情形，有計划的統一印製（印製費用由預備費開支）「派飯票」（一日一張，或一頓一張，一日兩頓或三頓，統由專署斟酌實情決定）一律限三個月有效，過期作廢；(二)根據實際需要發交游

151

击區縣政府負責掌握，需要「派飯票」之部隊机関，事先須向縣政府報預算，用時以原份糧票柴菜金向縣政府換領，一般可規定為一月換一次；(三)月終縣政府將換入糧票柴菜金專案報專署抵銷原領之派飯票，專署除將換入糧票負責銷毁，收回柴菜金悉數備庫外，每三個月（與飯票有效期吻合）結算一次，報告边委會；(四)管飯以後，老鄉可憑票向村公所抵交公糧或領取糧食，各級糧庫接到派飯票時，應視同糧票逐級上報抵銷，報至專署由專署負責銷毁。

在執行中必須嚴格掌握：派飯票，只限於游击區分散活動不能自炊在老鄉家吃派飯用，才能換領；非游击區以及雖在游击區而能自炊者，均不得援例，望由專署具体佈置執行，并將佈置情形（主要須將各縣游击區，需要派飯票的數量先掌握起來）於三月底以前報會備案。

此令！

主任委員　宋劭文

副主任委員　胡仁奎

財政處處長　戎子龢

晋察冀边区行政委员会关于今后动员群众代部队捺鞋底拆缝军服等完全给价希与分区商讨具体规定的通知（1944年6月22日）

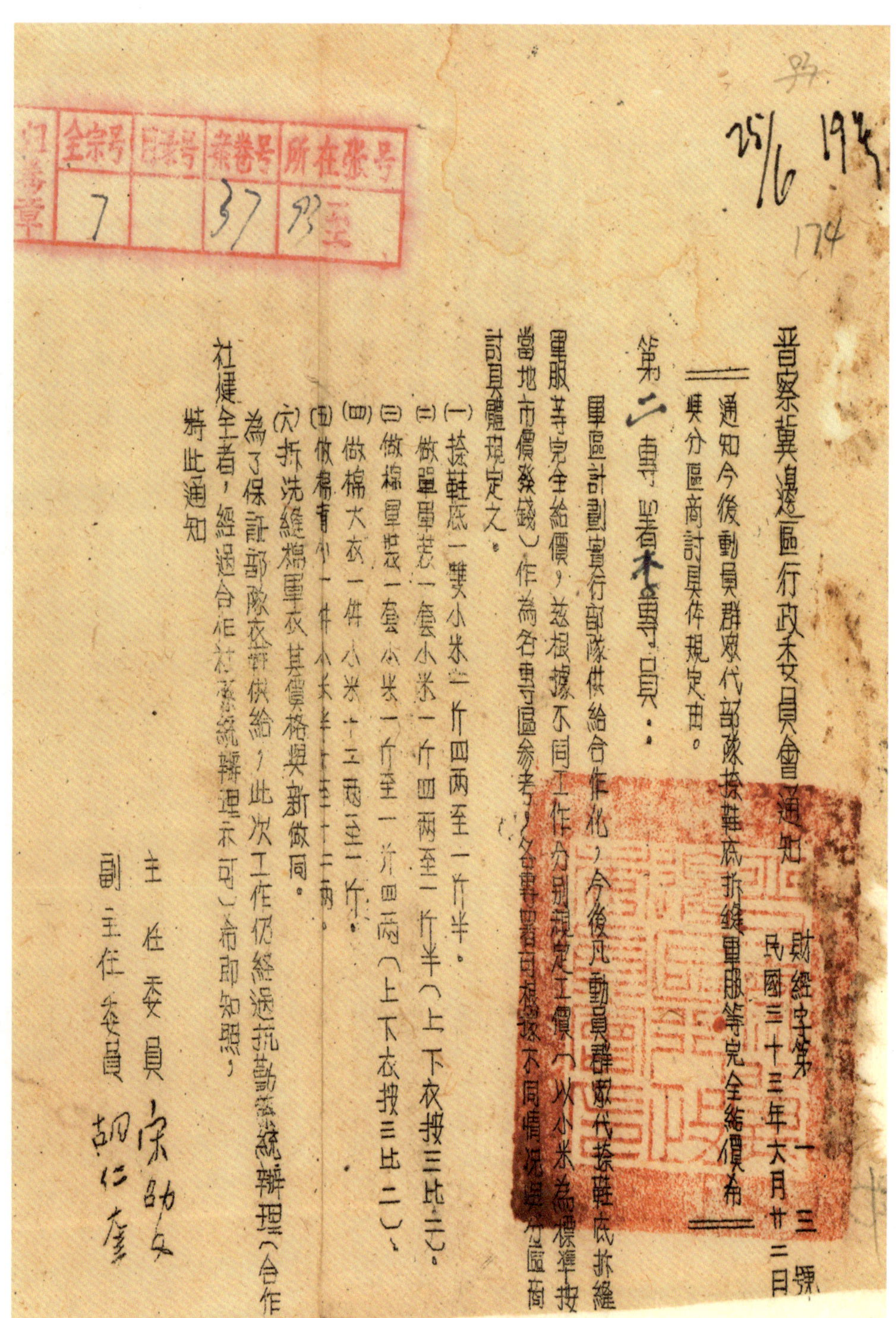

晋察冀邊區行政委員會通知　財經字第一三號

民國三十三年六月廿二日

——通知今後動員群衆代部隊捺鞋底拆縫軍服等完全給價希與分區商討具体規定由。

第二專署李專員：

軍區計劃實行部隊供給合作化，今後凡動員群衆代捺鞋底拆縫軍服等完全給價，茲根據不同工作分别規定工價（以小米為標準按當地市價發錢）作為各專區參考，各專署可根據不同情况與分區商討具體規定之。

(一)捺鞋底一雙小米二斤四兩至一斤半。

(二)做單軍装一套小米一斤四兩至一斤半（上下衣按三比二）。

(三)做棉軍装一套小米一斤至一斤四兩（上下衣按三比二）、

(四)做棉大衣一件小米十二兩至一斤。

(五)做棉背心一件小米半斤至十二兩。

(六)拆洗縫棉軍衣其價格與新做同。

為了保証部隊衣鞋供給，此次工作仍經過抗勤委統辦理（合作社健全者，經過合作社系統辦理亦可）希即知照，

特此通知

主任委員　宋劭文

副主任委員　胡仁奎

灵丘县政府、县抗联会、县合作社关于1945年前半年军鞋分配指示信（1945年）

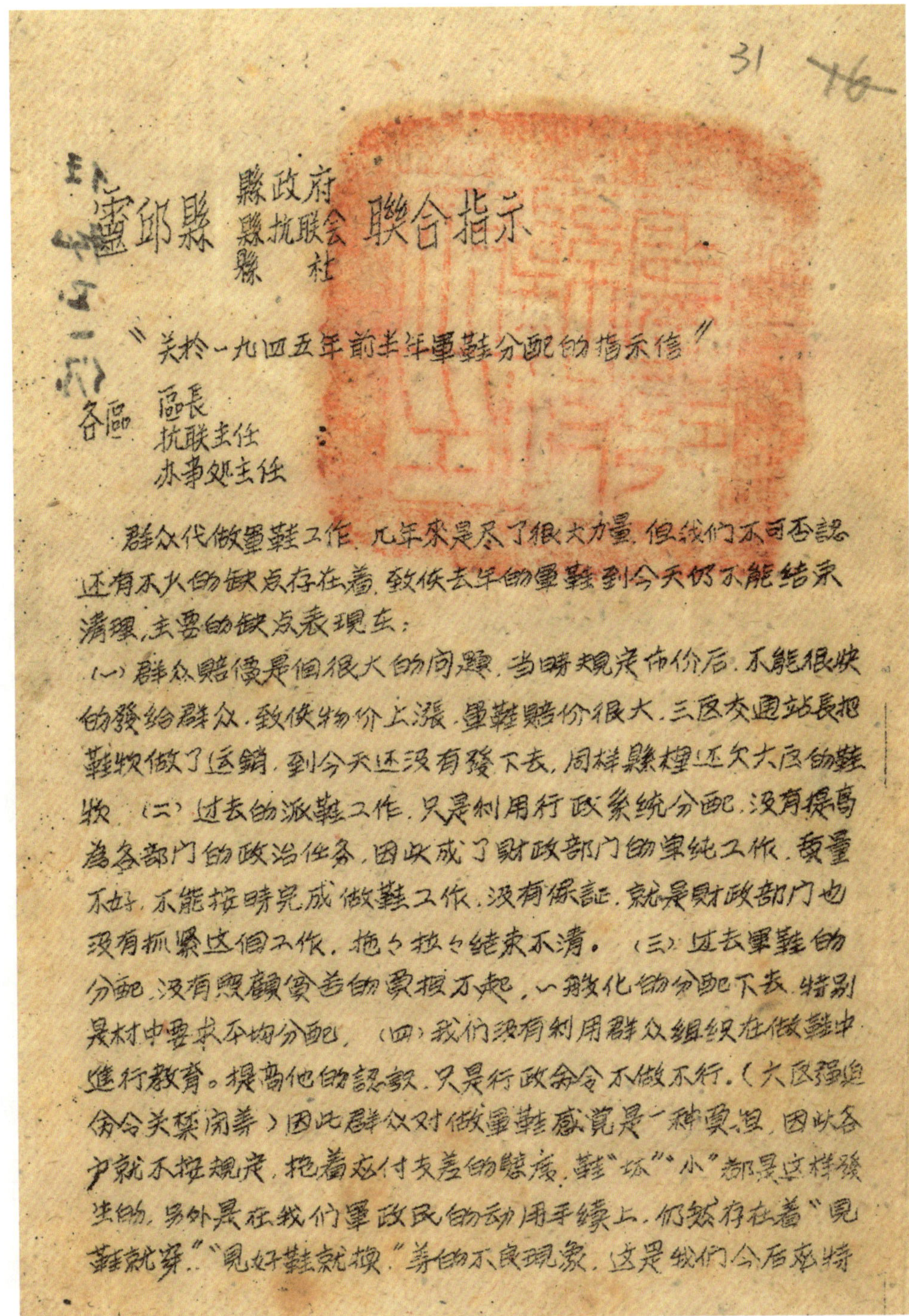

灵邱县 县政府 县抗联会 县社 联合指示

"关於一九四五年前半年軍鞋分配的指示信"

各區 區長
抗联主任
办事处主任

群众代做軍鞋工作，几年来是尽了很大力量，但我们不可否認还有不少的缺点存在着，致使去年的軍鞋到今天仍不能结束清理，主要的缺点表現在：

（一）群众賠償是個很大的問題，当時規定佈价后，不能很快的發給群众，致使物价上漲，軍鞋賠价很大，三区交通站長把鞋款做了送銷，到今天还没有發下去，同样縣裡还欠大区的鞋款。（二）过去的派鞋工作，只是利用行政系统分配，没有提高為各部门的政治任务，因此成了財政部门的单纯工作，質量不好，不能按時完成做鞋工作，没有保証，就是財政部门也没有抓紧这個工作，拖拖拉拉结束不清。（三）过去軍鞋的分配，没有照顧貧苦的負担不起，一般化的分配下去，特别是村中要求平均分配。（四）我们没有利用群众组织在做鞋中進行教育，提高他的認識，只是行政命令不做不行。（大区强迫命令关禁閉等）因此群众对做軍鞋感覺是一种負担，因此各户就不按規定，抱着应付支差的態度，鞋"坏""小"都是这样發生的，另外是在我们軍政民的动用手續上，仍然存在着"見鞋就穿""見好鞋就换"等的不良現象，这是我们今后应特别注意的几点。根据专署與冀抗联的通知，我们把一九四五年前半年的军鞋，具体指示如下：

一、今年度的军鞋是政府、抗联、合作社分工负责的一個政治任务：

各部门分工负责按期完成，保証质量。我们要把今后的军鞋工作，看做是我们的一种政治任务，具体规定各部门的职责：(一)政府负责分配（不顶抗勤）调度保质按付掌握数字，以行政系统督促按鞋完成任务。(二)抗联会负责组织动员，保証提高质量按期完成。(三)合作社负责领發材料，發米收鞋，并要组织社员集体做鞋，按時完成任务。各部门要切实担负起自己的任务，推諉逃避都要受到上級的指责。

二、做鞋中的具体问题：

(一)鞋价：在澈底肃清军鞋赔价並防止物价日涨决定為完全依小米為标準。派一双鞋發給裡布二尺四寸白的，面布一尺六寸黑的灵秀布，另外發給工資小米五斤，其余破布、麻、草纸等由群众自備，折發小米十一斤半。分配鞋時小米就由合作社發給（也就是發給四尺布，小米十六斤半就要交一双鞋）。

(二)完成期限三月十五日前全部完成，争取二月底结束。具体规定一月底每個妇女完成一双（十五号前材料可發到村）也就是完成三分之一，争取二月底全部结束，是有充分的条件。（每個妇女平均不到两双鞋，各部门的步調一致共同负责，與往年是根本不同的）因此我们把二月做為"做鞋突击月"。

(三)各区分配的数目。今年我们分配的重点是，在巩固区，游击区不分配，做鞋已取消了赔償並可挣五斤小米，因此個别妇女多做一双也無大问题，具体分配係区（一区 600

33 ~~17~~

二区800 三区1000 四区2600 五区2100
六区900 合計 双）

三、式样與质量：

鞋的样式仍以过去灵丘的鞋样為标準，鞋帮子花搽也可以，便搽更好，鞋帮裡面布都是新布，不准偷换，顏色發去什么布就做什么样的，偷换者令其賠賞，底子要结实，一律要"地包天"的，為了统一各区可找一個标準样子，各区依照去做，鞋的大小具体规定：頭号底尺九寸，二号底尺八寸五分，三号底尺八寸，各区头号的百分之二十，二号的百分之五十，三号的百分之三十，各区在分配時具体规定那村做头号的，那村做二号或三号的，就是説每村做一样的尺寸，不混乱分派。各区要很好的掌握尺寸與质量，尺寸要大些不能小了，小鞋一律不收，在收鞋時要很好检查，在做鞋時也要随時检查。

四、分配時应注意的问题：

（一）根据维纫勤务的年令為原则，但要照顧到刚满十八岁的妇女，少分配，或不分配，特别貧苦残疾患病者亦应注意。

（二）分配時我们这次特别要尖锐的提出来，一個妇女不許分派一隻或三隻，以免做起后样式大小不一，必要時一定須要两個妇女合作者，应当具体分工，一個搽底子，一個做帮子，上鞋由一人負责，坚决反对两個人各作一隻的現象，去年未克服，今年分配時要提起各村注意，如果两個做者，搽鞋底上鞋得工資米三斤，做帮者二斤，两人做一双鞋问题很多，最好不採取这种形式。

（三）区政民办事处，共同商討分配各村，村要召開扩大的政民合作社干部会議進行分配，並要召開群众大会進行深

34

八的动员，發动競賽挑战，特别要抓住英雄模範，典級概份子要提示“做的好”“完成的早”等口号，分派鞋時每個妇女要提出交鞋的日期，領上材料后，每双鞋最遲不准超过半月為原則，因此我们争取全縣做鞋模範，為“做的好交的早”

五、各种手續：

(一)材料的領發，分配你区一区面布 960 裡布 1440

二区面布 1280 裡布 1920 三区面布 1600 裡布 2400 四区面布 4160 裡布 6240 五区面布 3360 裡布 5040 六区面布 1440 裡布 2160

由区办事处從商店領出动用抗勤轉發各区办事处，根据各村的分派数目，轉發各村合作社，各户到村合作社領材料與小米村社註賬，小米由区根据各村分配鞋数向村開撥条，經过村社由庫取粮，这样村社要建立單鞋收派賬，賬的样式由区統一規定，村社掌握。(二)鞋子的收集撥付：

(一)村中做鞋收鞋發材料都由村社掌握，收起后交給粮秣委员送区，区再轉縣，~~政府仍~~粮秣委员給村社開收据，村社拿粮秣委员的收据與办事处结賬，办事处拿村粮秣委员的条子與区公所実收鞋数对照，完成后即将条子退回，就算结束了。

(二)鞋子的撥付动用手續與过去一样，没有縣政府的撥条，一概不准私自借用，乱劳和借的现象，要严格肃清，区級同样的也要经过一定的手續。

(三)損失报銷：損失材料不准报抵銷，应由各户負責(特殊者报請解决)鞋子完成一批，即很快送縣，或向指定地点集中，妥為保存尽量避免損失，在接收撥付的手續上，要很好注意，以免支付不一，各区完成任务后，即依派鞋数目向縣抵銷公粮。

4

35

六、做鞋步骤与领导

(一)鞋子分配下去后，各区要进行检查，督促，解决各村发生的问题，并将各村分派的情形与数目汇报到县。

(二)一月底区要召开各村会议检查半月来做鞋的结果，纠正各种偏向，准备开展二月份的"做鞋突击月"检查情形汇报到县。

(三)做鞋任务结束后，区要开总结会议，很好的总结，找出经验，好者奖励，坏者给予适当的批评或处分。

(四)县级各部门下乡时督促检查，收集材料，除与区提出外，并将材料报告到县，旧历年前县级要开一次检查会议，有问题时再做指示。

军鞋的供给工作，是我们的政治任务，我们要防止分工负责，互不负责，互相推诿的现象，我们一定要做到有领导核心，推举出专人负责，按期开会检查。

此致

抗礼！

县长　刘铭山
抗联主任　王庚川
县社主任　郭文祥

抗属调查及补助粮预算表填表说明（时间不详）

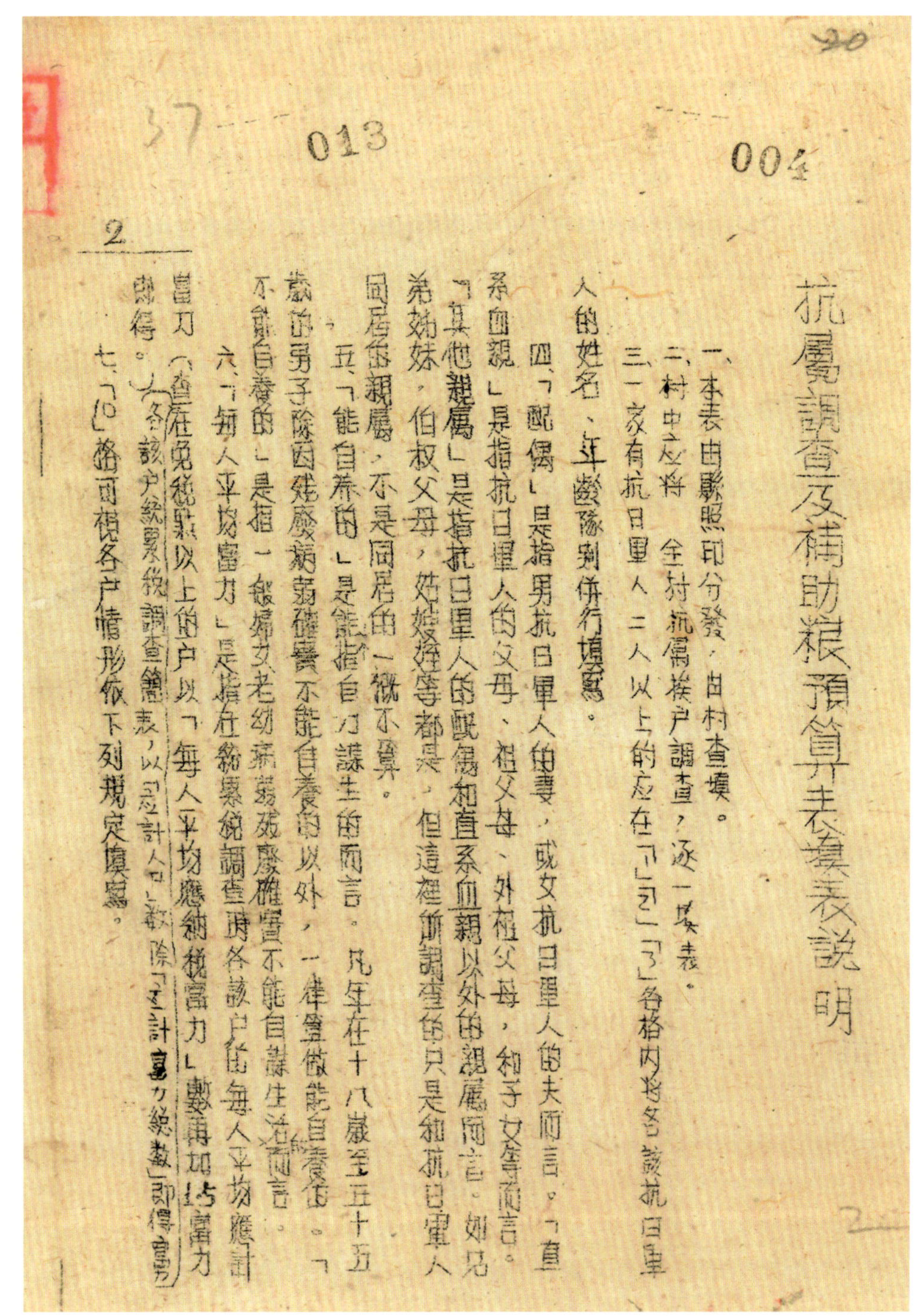

抗屬調查及補助粮預算表填表說明

一、本表由縣照印分發，由村查填。

二、村中应将全村抗屬按户調查，逐一填表。

三、一家有抗日軍人二人以上的应在「丁」「己」「了」各格内将各該抗日軍人的姓名、年齡隊別併行填寫。

四、「配偶」是指男抗日軍人的妻，或女抗日軍人的夫而言。「直系血親」是指抗日軍人的父母、祖父母、外祖父母，和子女等而言。「其他親屬」是指抗日軍人的配偶和直系血親以外的親屬而言。如兄弟姊妹，伯叔父母，姑姨侄等都是，但這裡所調查的只是和抗日軍人同居的親屬，不是同居的一概不算。

五、「能自养的」是能指自力謀生的而言。凡年在十八歲至五十五歲的男子除因残廢病弱確實不能自養的以外，一律當做能自養的。「不能自養的」是指一般婦女老幼病弱残廢確實不能自謀生活的而言。

六、「每人平均富力」是指在統累稅調查時各該户的每人平均應計富力（查在免稅點以上的户以「每人平均應納稅富力」數再加15富力即得。）（各該户統累稅調查簡表，以「应計人口」數除「应計富力總數」即得富力）

七、「匕」格可視各户情形依下列規定填寫。

38

3.

1.無論富力在免稅點以上或以下而實際生活能維持不須實物補助的可填一「甲」字。

2.富力在免稅點以下而實際生活不甚困難可減少其照一般規定應得的補助的，可填一「乙」字。

3.富力在免稅點以下實際生活困難須照一般規定給予補助的可填一「丙」字，

4.富力在免稅點以上而實際生活困難，或富力在免稅點以下而實際生活特別困難，只按一般規定給予補助仍不能維持，須給予特別補助的可填一「丁」字。

八、在不須實物補助的户，「11」格不用填寫，可在格內劃一斜綫，以下各格同。

九、在其他親屬中沒有需要補助的人的户，「12」格不用填，可在格內劃一斜綫。「13」格應仍將「11」格所填人數填入，否則應將經村民代表會評定的該户其他親屬中應予補助的人數填入「12」格，而於「13」格暫空不填。

十、「14」格應將每半年每人按一般規定應補助小米斤數，(可由抗屬補助標對數表查得)填入。

十一、「15」格在不須特別補助的户，不用填寫，可在格內劃一斜綫，在需要特別補助的户，應將經村民代表會評定應予補助的斤數填入。

十二、「16」格在需要按一般規定補助而不須特別補助的户應依將「14」格所填斤數填入，在生活較好，可按一般規定減少補助的户，應將經村民代表會評定實須補助的斤數（減少後所餘應補助的斤數）填入，在需要特別補助的户可暫空不填。

十三、「17」在其他親屬沒有需要補助的人，又不須特別補助的户應將「16」格所填斤數與「13」格所填人數相乘的積數填入。否則可暫空不填。

十四、在其他親屬需要補助與需要補助特別的户應分別將其理由在「18」格說明。

十五、「20」「21」兩格應將本頁抗日軍人數與抗屬户數分別填入，末頁應另設一格將全村抗日軍人數與抗屬户數分別填入，以下自「22」至「27」各格均應將本頁內各該項總數填入，末頁亦應於另設一格內將全村總數填入，「28」「29」「30」三格都應暫空不填。

十六、在沒有進行統累税調查的區域，「9」「15」兩格都不用填寫而於格內畫一斜線，而於「10」格依下列規定填寫：

1、生活能維持的可填一「子」字

2、全年收入只足維持十一個月的生活的可填一「丑」字。

3、全年收入只足維持十個月的生活的可填一「寅」字。

4、全年收入只足維持九個月的生活的可填一「卯」字。

5、全年收入只足維持八個月的生活的可填一「辰」字。

6.全年收入只足維持七個月的生活的可填一「巳」字。
7.全年收入只足維持六個月的生活的可填一「午」字。
8.全年收入只足維持五個月的生活的可填一「未」字。
9.全年收入只足維持四個月的生活的可填一「申」字。
10.全年收入只足維持三個月的生活的可填一「酉」字。
11.全年收入只足維持二個月的生活的可填一「戌」字。
12.全年收入只足維持一個月的生活的可填一「亥」字。
13.全年毫無收入的可填一「無」字。

「14」格將經村民代表會評定應補助的分數填入。「16」「17」兩格都暫空不填，等區公所將「12」格所填人數與「14」格所填分數審核確定後再行補填。

十七、在村按以上規定將表填竟後應即送區審核。

十八、區公所應先對「12」格所填人數與「15」格所填分數參照「18」格所註理由詳加審核，認為不合時可以酌量變更，或畫去其數字，而於每格旁邊後加蓋小章，以資證明，然後再將表上空白各格按核定結果逐一補填。

十九、本表應填兩份經區審核確定後一份留區備查，一份發村保存。

015

抗屬統計及補助粮預算表填表說明：

一、本表縣區均適用之。區用時「全年應加預備粮數」與「全年補助粮預算」兩欄都可省去；

二、由區先就各村抗屬調查及補助粮預算表所填各數加以統計，照表填造兩份，一份送縣，一份與各村留區之一份抗屬調查及補助粮預算表合訂成冊，存區備查。

三、由縣再就各區抗屬統計及補助粮預算表所填各項統計數加以統計，照表填造三份，一份與各區之抗屬統計及補助粮預算表合訂成冊，留縣備查，兩份送專署審核後自留一份，以另一份轉送本會備案。

41

42

7

抗屬補助糧對數表　乙（游擊區用）

全年收入情形	半年全家應補助小米斤數								
	一口人的	二口人的	三口人的	四口人的	五口人的	六口人的	七口人的	八口人的	九口人的
毫無收入的	72	144	216	288	360	432	504	576	648
能維持一個月最低生活的	66	132	198	264	330	396	462	528	594
能維持兩個月最低生活的	60	120	180	240	300	360	420	480	540
能維持三個月最低生活的	54	108	162	216	270	324	378	432	486
能維持四個月最低生活的	48	96	144	192	240	288	336	384	432
能維持五個月最低生活的	42	84	126	168	210	252	294	336	378
能維持六個月最低生活的	36	72	108	144	180	216	252	288	324
能維持七個月最低生活的	30	60	90	120	150	180	210	240	270
能維持八個月最低生活的	24	48	72	96	120	144	168	192	216
能維持九個月最低生活的	18	36	54	72	90	108	126	144	162
能維持十個月最低生活的	12	24	36	48	60	72	84	96	108
能維持十一個月最低生活的	6	12	18	24	30	36	42	48	54
能維持十二個月最低生活的	0	0	0	0	0	0	0	0	0

說　明

A 按抗屬全年收入情形和全家需要補助實物的人數（以合於規定或經核准的為限）就表查对，就可直接查得該户半年應補助的小米斤數，例如某家抗屬全年收入能維持三個月的最低生活，需要實物補助的人是八口，就可查得他家應補助的小米是432斤，某家抗屬全年收入能維持六個月的最低生活，需要實物補助人是五口就可查得他家應補助的小米是180斤。餘類推。

B 抗屬需要實物補助的人數在十口以上時可按下列辦法求出應補助之小米斤數：①需要實物補助的人恰是十口從表上查得一人應補助之米數後在後面添寫一個"0"即得。②超過十口的，先求出十人應補助之米數，再從表上查出其餘人數應補助的米數，將兩數相加即得。

1

43

（附表一）　　县　　区　　村抗属调查及补助救济预算表　　年　月　日填

项目			号											合计	
抗日军人	姓名		1											合计	
	年龄		2											户数	20
	队别		3											人数	21
可靠家属人数	配偶及直系血亲	能自养的	4											22.	
		不能自养的	5											23.	
	其他亲属	能自养的	6											24.	
		不能自养的	7											25.	
	全家人口数		8											26.	
每人平均富力			9											╱	
实际生活情形			10											╱	
需要实物补助人数	配偶及直系血亲		11											27.	
	其他亲属		12											28.	
	合计		13											29.	
每年每人应补助小米斤数			14											╱	
每年每人需要特别补助小米斤数			15											╱	
每年每人实须补助小米斤数			16											╱	
每年每家实须补助小米斤数			17											30.	
备考			18												

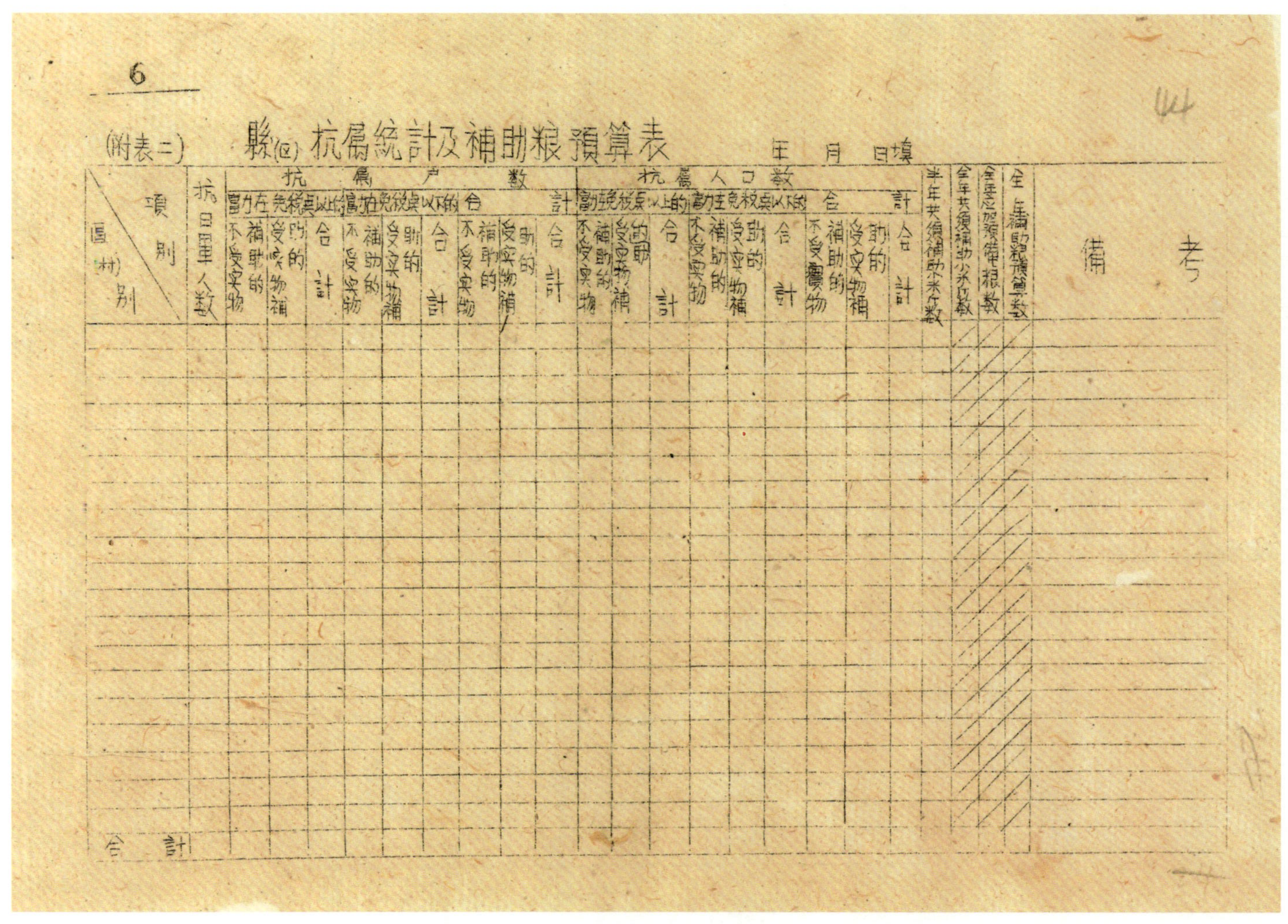

6

(附表二) 縣(區)抗屬統計及補助糧預算表　　年　月　日填

項別 區(村)別	抗日軍人數	抗屬户數									抗屬人口數									半年共須補助小米斤數	全年共須補助小米斤數	全年應加預備糧數	全年補助糧預算數	備考
		富力在免稅点以上的			富力在免稅点以下的			合計			富力超免稅点以上的			富力在免稅点以下的			合計							
		不受实物補助的	受实物補助的	合計	不受实物補助的	受实物補助的	合計	不受实物補助的	受实物補助的	合計	不受实物補助的	受实物補助的	合計	不受实物補助的	受实物補助的	合計	不受实物補助的	受实物補助的	合計					
合計																								

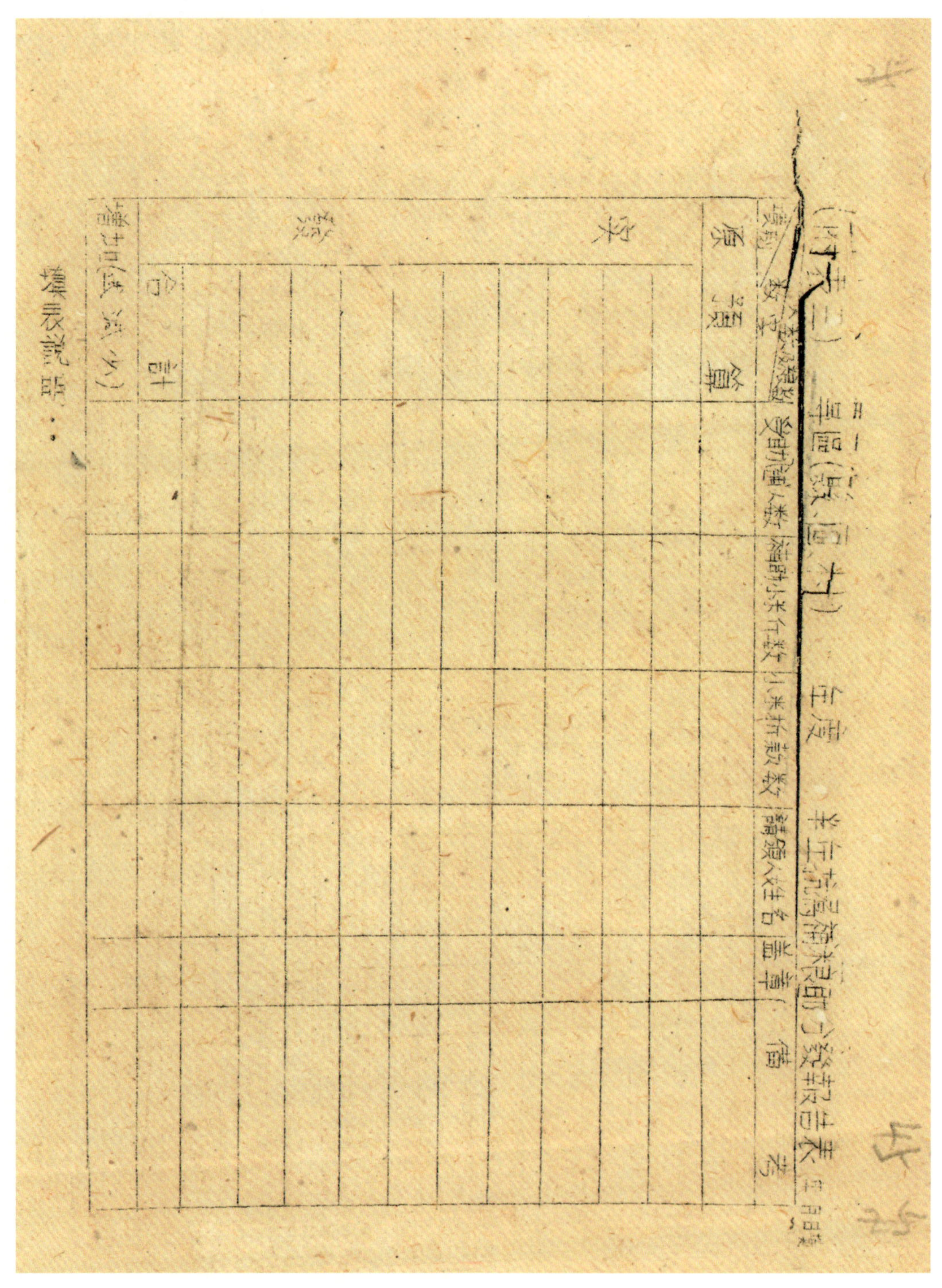

（附表三） 专区（县、区、村） 年度 半年抗属补粮助分发报告表 （年 月 日填）

项别 数字 人数及粮数		受助补人数	补助小米斤数	小米折款数	请领人姓名	盖章	备考
原预算							
实发							
	合计						
增加（或减少）							

填表说明：

46

8

填表説明：

一、本表専区、县、區、村均適用之。

二、原預算受補助人数與补助小米斤数在每年第一次領発補助粮時，在村应将抗属調查及補助粮預算表所列「需要实物補助人数」與「实需补助小米斤数」及全村合計数填入。在区縣專区应将抗属統計及補助粮預算表所列各該区縣受实物補助的人数與半年共須補助小米斤数（在县本应須将預粮加入，以求與人数一致）填入。在第二次領発補助粮時在村區县專区均应将第一次抗属補助粮分发報告表所列各該村區县專区实在受補助人数與補助小米斤数填入。

三、「实発」一栏各格，在村以户為單位，在區以村為單位，在縣以區為單位，在專区以县為單位，分別填報。（在村填户名時应按抗属逐名填寫。一户有抗属二人以上者应一併填列）其受補助人数與補助小米斤数应将各該户（村區县）实在領補助粮的人数與实発小米斤数填入。

四、增加（或減少）受補助人数與補助小米斤数应将「实発」一栏各該項合計数比原預算数增多（或減少）之数填入，為管事計可只将各該項合計数增減数填寫，餘可從略。

五、「請領人姓名」一栏只在以户為單位填報時应填各該户負責人姓

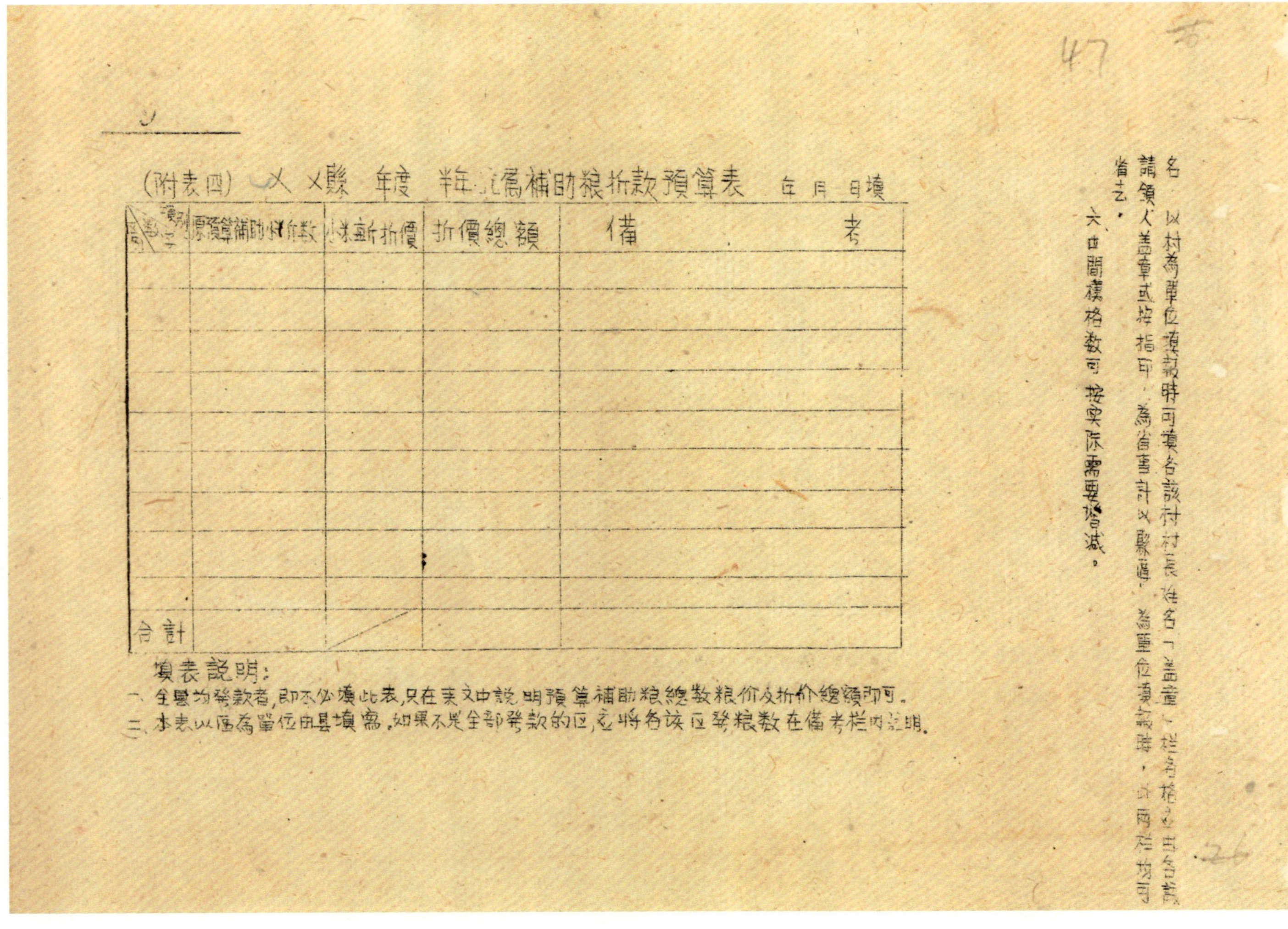

（附表四）××縣　年度　粮[illegible]為補助糧折款預算表　　年　月　日填

數字 區別	原預算補助糧斤數	小米新折價	折價總額	備考
合計				

填表說明：

一、全縣均發款者，即不必填此表，只在来文中說明預算補助粮總数粮价及折价總额即可。

二、本表以區為單位由县填寫，如果不是全部發款的區，应将各該區發粮数在備考栏内説明。

名，以村為單位填報時可填各該村村長姓名「蓋章」，栏名格也由各該請領人蓋章或按指印，為省事計以縣為單位填報時，此兩栏均可省去。

六、中間欄格数可按实际需要增减。

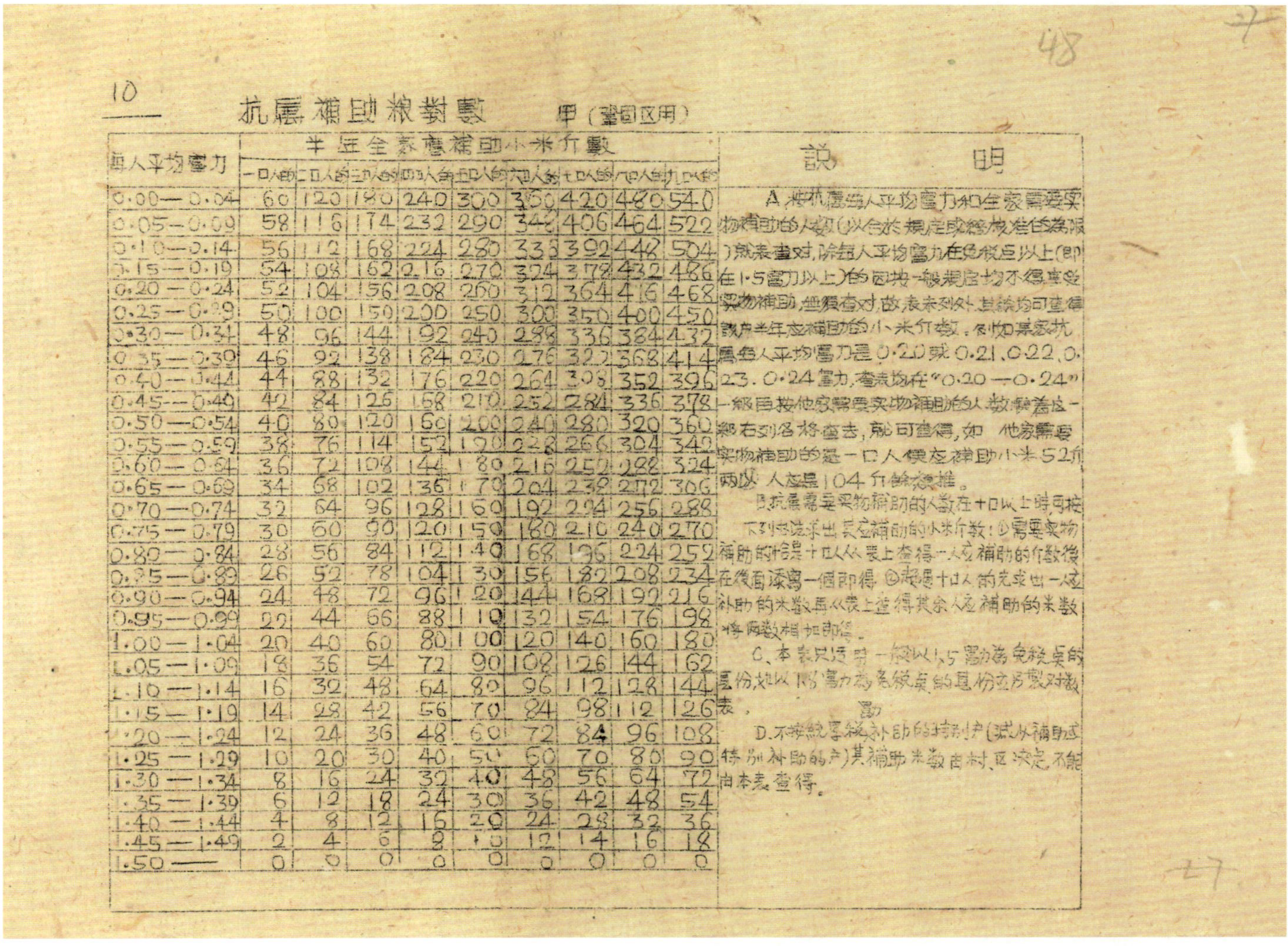

10

抗屬補助糧對數　甲（𥁕固区用）

每人平均富力	半年全家應補助小米斤數								
	一口人的	二口人的	三口人的	四口人的	五口人的	六口人的	七口人的	八口人的	九口人的
0.00—0.04	60	120	180	240	300	360	420	480	540
0.05—0.09	58	116	174	232	290	348	406	464	522
0.10—0.14	56	112	168	224	280	336	392	448	504
0.15—0.19	54	108	162	216	270	324	378	432	486
0.20—0.24	52	104	156	208	260	312	364	416	468
0.25—0.29	50	100	150	200	250	300	350	400	450
0.30—0.34	48	96	144	192	240	288	336	384	432
0.35—0.39	46	92	138	184	230	276	322	368	414
0.40—0.44	44	88	132	176	220	264	308	352	396
0.45—0.49	42	84	126	168	210	252	284	336	378
0.50—0.54	40	80	120	160	200	240	280	320	360
0.55—0.59	38	76	114	152	190	228	266	304	342
0.60—0.64	36	72	108	144	180	216	250	288	324
0.65—0.69	34	68	102	136	170	204	238	272	306
0.70—0.74	32	64	96	128	160	192	224	256	288
0.75—0.79	30	60	90	120	150	180	210	240	270
0.80—0.84	28	56	84	112	140	168	196	224	252
0.85—0.89	26	52	78	104	130	156	182	208	234
0.90—0.94	24	48	72	96	120	144	168	192	216
0.95—0.99	22	44	66	88	110	132	154	176	198
1.00—1.04	20	40	60	80	100	120	140	160	180
1.05—1.09	18	36	54	72	90	108	126	144	162
1.10—1.14	16	32	48	64	80	96	112	128	144
1.15—1.19	14	28	42	56	70	84	98	112	126
1.20—1.24	12	24	36	48	60	72	84	96	108
1.25—1.29	10	20	30	40	50	60	70	80	90
1.30—1.34	8	16	24	32	40	48	56	64	72
1.35—1.39	6	12	18	24	30	36	42	48	54
1.40—1.44	4	8	12	16	20	24	28	32	36
1.45—1.49	2	4	6	8	10	12	14	16	18
1.50—	0	0	0	0	0	0	0	0	0

説　　明

A、按抗屬每人平均富力和全家需要實物補助的人數（以合於規定或經批准的為限）就表查對，除每人平均富力在免稅点以上（即在1.5富力以上）的同共一般規定均不得享受實物補助，無須查對，故表未列外，其餘均可查得該户半年應補助的小米斤數。例如某家抗屬每人平均富力是0.20或0.21、0.22、0.23、0.24富力，查表均在"0.20—0.24"一級，再按他家需要實物補助的人數順着這一級右到各格查去，就可查得，如他家需要實物補助的是一口人，便應補助小米52斤，兩口人應是104斤，餘類推。

B、抗屬需要實物補助的人數在十口以上時，可按下列兩法求出其應補助的小米斤數：①需要實物補助的恰是十口人，從表上查得一人應補助的斤數後，在後面添寫一個〇即得。②超過十口人的先求出十人應補助的米數，再從表上查得其余人應補助的米數，將兩數相加即得。

C、本表只適用一般以1.5富力為免稅点的區份，如以1.8富力為免稅点的區份，应另製对數表。

D、不按統一標準补助的特别户（試行補助或特別补助的户）其補助米數由村、区决定，不能由本表查得。

后　记

本书编纂工作在《抗日战争档案汇编》编纂出版工作领导小组和编纂委员会的具体领导下进行。

本书编者主要来自大同市档案馆、浑源县档案馆、灵丘县档案馆、广灵县档案馆。

本书在编纂、修改过程中，中华书局对本书的编纂出版工作给予了鼎力支持，在此致以诚挚的感谢！

编　者

国家重点档案专项资金资助项目

抗日战争档案汇编

广元抗战宣传档案汇编

广元市档案馆 编

中華書局

图书在版编目（CIP）数据

广元抗战宣传档案汇编 / 广元市档案馆编 . －北京：中华书局，2022.3
（抗日战争档案汇编）
ISBN 978-7-101-15572-3

Ⅰ . ①广… Ⅱ . ①广… Ⅲ . ①抗日战争－历史档案－汇编－广元 Ⅳ . ① K265.063

中国版本图书馆 CIP 数据核字 (2022) 第 026446 号

书　　名	广元抗战宣传档案汇编
丛 书 名	抗日战争档案汇编
编　　者	广元市档案馆
策划编辑	许旭虹
责任编辑	徐麟翔
装帧设计	许丽娟
出版发行	中华书局 （北京市丰台区太平桥西里38号 100073） http://www.zhbc.com.cn E-mail:zhbc@zhbc.com.cn
图文制版	北京禾风雅艺文化发展有限公司
印　　刷	天津艺嘉印刷科技有限公司
版　　次	2022年3月北京第1版 2022年3月第1次印刷
规　　格	开本889×1194毫米 1/16 印张29¼
国际书号	ISBN 978-7-101-15572-3
定　　价	500.00元

抗日战争档案汇编编委会

编纂出版工作领导小组

组　长　陆国强

副组长　王绍忠　付　华　魏洪涛　刘鲤生

编纂出版工作领导小组办公室

主　任　常建宏

副主任　孙秋浦　石　勇

成　员（按姓氏笔画为序排列）

李　宁　沈　岚　贾　坤

编纂委员会

主　任　陆国强

副主任　王绍忠

顾　问　杨冬权　李明华

成　员（按姓氏笔画为序排列）

于学蕴　于晓南　于晶霞　马忠魁　马俊凡　马振犊

王　放　王文铸　王建军　卢琼华　田洪文　田富祥

史晨鸣　代年云　白明标　白晓军　吉洪武　刘　钊

刘玉峰　刘灿河　刘忠平　刘新华　汤俊峰　孙　敏

苏东亮　杜　梅　李宁波　李宗春　吴卫东　何素君

张　军　张明决　陈念芜　陈艳霞　卓兆水　岳文莉

郑惠姿　赵有宁　查全洁　施亚雄　祝　云　徐春阳

郭树峰　唐仁勇　唐润明　黄凤平　黄远良　黄菊艳

梅　佳　龚建海　常建宏　韩　林　程潜龙　焦东华

童　鹿　蔡纪万　谭荣鹏　黎富文

四川省抗日战争档案汇编编纂出版工作机构

编纂出版工作领导小组

组　长　陈念芜

副组长　张辉华

成员单位　省委办公厅档案管理一处
省委办公厅档案管理二处
省档案馆档案编研处

编纂出版工作领导小组办公室

主　任　王秀娟

副主任　付　劲

成　员　万　军　林　莉　王晓春　蒋筱茜　官　明
刘　勇

编纂委员会

主　任　陈念芜

副主任　张辉华

成　员　王秀娟　付　劲　张晓芳　万　军　米晓燕
蒋筱茜　官　明

广元抗战宣传档案汇编编委会

组　长　袁　俊

副组长　孙尚奇　王永强　刘昱君　舒金文

成　员　王　斌　杨　烨　范海蓉　刘玉华

何蓉华　任晓毛　余长江　凌存森

总序

为深入贯彻落实习近平总书记「让历史说话，用史实发言，深入开展中国人民抗日战争研究」的重要指示精神，国家档案局根据《全国档案事业发展「十三五」规划纲要》和《「十三五」时期国家重点档案保护与开发工作总体规划》的有关安排，决定全面系统地整理全国各级综合档案馆馆藏抗战档案，编纂出版《抗日战争档案汇编》（以下简称《汇编》）。

中国人民抗日战争是近代以来中国反抗外敌入侵第一次取得完全胜利的民族解放战争，开辟了中华民族伟大复兴的光明前景。这一伟大胜利，也是中国人民为世界反法西斯战争胜利、维护世界和平作出的重大贡献。加强中国人民抗日战争研究，具有重要的历史意义和现实意义。

全国各级档案馆保存的抗战档案，数量众多，内容丰富，全面记录了中国人民抗日战争的艰辛历程，是研究抗战历史的珍贵史料。一直以来，全国各级档案馆十分重视抗战档案的开发利用，陆续出版公布了一大批抗战档案，对揭露日本帝国主义侵华罪行，讴歌中华儿女勠力同心、不屈不挠抗击侵略的伟大壮举，弘扬伟大的抗战精神，引导正确的历史认知，发挥了积极作用。特别是国家档案局组织有关方面共同努力和积极推动，「南京大屠杀档案」被联合国教科文组织评选为「世界记忆遗产」，列入《世界记忆名录》，捍卫了历史真相，在国际上产生了广泛而深远的影响。

全国各级档案馆馆藏抗战档案开发利用工作虽然取得了一定的成果，但是，在档案信息资源开发的系统性和深入性方面仍显不足。正如习近平总书记所指出的：「同中国人民抗日战争的历史地位和历史意义相比，同这场战争对中华民族和世界的影响相比，我们的抗战研究还远远不够，要继续进行深入系统的研究。」「抗战研究要深入，就要更多通过档案、资料、事实、当事人证词等各种人证、物证来说话。要加强资料收集和整理这一基础性工作，全面整理我国各地抗战档案、照片、资料、实物等……」

国家档案局组织编纂《汇编》，对全国各级档案馆馆藏抗战档案进行深入系统地开发，是档案部门贯彻落实习近平总书记重要指示精神，推动深入开展中国人民抗日战争研究的一项重要举措。本书的编纂力图准确把握中国人民抗日战争的历史进程、主流和本质，用详实的档案全面反映一九三一年九一八事变后十四年抗战的全过程，反映中国共产党在抗日战争中的中流砥柱作用以及中国人民抗日战争在世界反法西斯战争中的重要地位，反映国共两党「兄弟阋于墙，外御其侮」进行合作抗战、共同捍卫民族尊严的历史，反映各民族、各阶层及海外华侨共同参与抗战的壮举，展现中国人民抗日战争的伟大意义，以历史档案揭露日本侵华暴行，揭示日本军国主义反人类、反和平的实质。

编纂《汇编》是一项浩繁而艰巨的系统工程。为保证这项工作的有序推进，国家档案局制订了总体规划和详细的实施方案，明确了指导思想、工作步骤和编纂要求。为保证编纂成果的科学性、准确性和严肃性，国家档案局组织专家对选题进行全面论证，对编纂成果进行严格审核。

各级档案馆高度重视并积极参与到《汇编》工作之中，通过全面清理馆藏抗战档案，将政治、军事、外交、经济、文化、宣传、教育等多个领域涉及抗战的内容列入选材范围。入选档案包括公文、电报、传单、文告、日记、照片、图表等多种类型。在编纂过程中，坚持实事求是的原则和科学严谨的态度，对所收录的每一件档案都仔细鉴定、甄别与考证，维护档案文献的真实性，彰显档案文献的权威性。同时，以《汇编》编纂工作为契机，以项目谋发展，用实干育人才，带动国家重点档案保护与开发，夯实档案馆基础业务，提高档案人员的业务水平，促进档案馆各项事业的发展。

守护历史，传承文明，是档案部门的重要责任。我们相信，编纂出版《汇编》，对于记录抗战历史，弘扬抗战精神，发挥档案留史存鉴、资政育人的作用，更好地服务于新时代中国特色社会主义文化建设，都具有极其重要的意义。

抗日战争档案汇编编纂委员会

编辑说明

广元地处四川省北部，为川陕甘三省结合部，素有「川北门户」「蜀门重镇」之称，自古为入川交通要道。全市辖苍溪、旺苍、剑阁、青川四县和利州、昭化、朝天三区。民国时期，广元、昭化均为独立设置的县，一九四二年八月分广元县东部建旺苍设治局，一九四五年九月撤设治局建置旺苍县，一九五九年三月昭化县并入广元县。一九八五年撤广元县建广元市。

上世纪三四十年代日本帝国主义发动的侵华战争，给中国人民带来了极大的苦难，身处大后方的广元地区也受到日本飞机多次轰炸，造成大量人员伤亡和财产损失，日本帝国主义的暴行激起了广元人民的极大愤慨。抗日战争全面爆发后，在国共合作、全民抗战的大背景下，广元人民抗日热情高涨，广泛开展抗日宣传活动，积极担负起「大后方」支援抗日前线的责任，在人力、物力、财力上为争取抗日战争的最后胜利做出了不可磨灭的贡献。据不完全统计，抗日战争期间，广元地区各种捐献达二十二亿元（法币），累计投入民工十二万余人次。广元青年踊跃参军，奔赴抗日前线杀敌，从军入伍三万六千余名，牺牲在抗战前线的有名可查的抗日英烈九百二十六人。

《广元抗战宣传档案汇编》收录了广元市和下辖苍溪、旺苍、剑阁三县档案馆馆藏有关抗战宣传动员内容的档案一百三十余件，包括抗战时期广元各县开展抗战宣传教育、兵役征集宣传、捐款捐物宣传、征集抗战史料、周年纪念和胜利纪念活动等方面的公函、训令、电文、呈文。选用档案形成的时间起自一九三七年八月，迄至一九四七年七月，按照「组织机构—时间」体例编排。

本书据馆藏档案原件全文影印，未作删节；如有缺页，为档案自身原缺。为了完整保持历史原貌，本书将广元县和昭化县的档案分列，并保留了旺苍设治局这一历史机构档案原貌。档案中原标题完整或基本符合要求的使用原标题，原标题有明显缺陷的进行了修改或重拟，无标题的加拟标题。标题中的人名使用通用名，机构名称使用机构全称或规范简称，历史地名沿用当时地名。

档案形成时间一般以发文时间为准，少数无发文时间的采用收文时间，并加以注明。档案所载时间不完整或不准确的，作了补充或订正。档案时间只有年份和月份的，排在该月末；只有年份的，排在该年末。档案无时间且无法考证的标注「时间不详」。

全书使用规范的简化字，对标题中的繁体字、不规范异体字等予以径改。限于篇幅，本书不作注释。

由于时间紧、档案公布量大，加之编者水平有限，在编辑过程中可能存在疏漏之处，考订难免有误，欢迎方家斧正。

编　者

二〇一八年十一月一日

目录

二、剑阁县

四、旺苍设治局

五、昭化县

六、其他

后　记

一、广元县

四川省政府及广元县政府关于检发抄发四川省各界抗敌后援会市县分会简章及民众抗日宣传办法的训令（一九三七年八月）

四川省政府致广元县政府的训令（一九三七年八月六日）

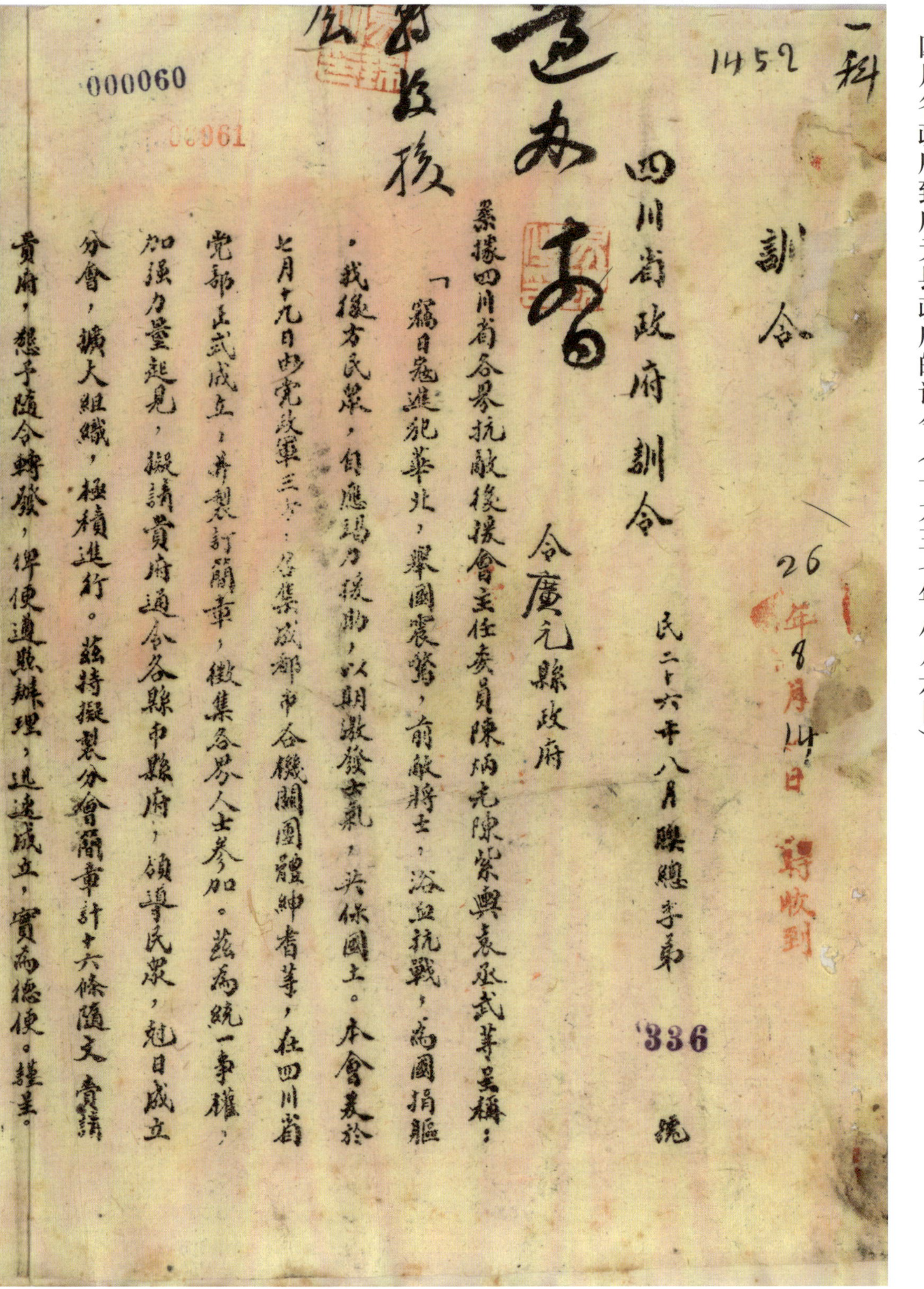

一科

1452

000060

訓令

四川省政府訓令　民二十六年八月　驟總字第 336 號

令廣元縣政府

案據四川省各界抗敵後援會主任委員陳炳光、陳紫輿、袁丞武等呈稱：

「竊日寇進犯華北，舉國震驚，前敵將士，浴血抗戰，為國捐軀。我後方民眾，自應竭力援助，以期激發士氣，共保國土。本會爰於七月十九日由黨政軍三方召集成都市各機關團體紳耆等，在四川省黨部正式成立，並製訂簡章，徵集各界人士參加。茲為統一事權，加強力量起見，擬請貴府通令各縣市縣府，領導民眾，尅日成立分會，擴大組織，極積進行。茲特擬製分會簡章計十六條隨文賚請貴府，懇予隨令轉發，俾便遵照辦理，迅速成立，實為德便。謹呈。」

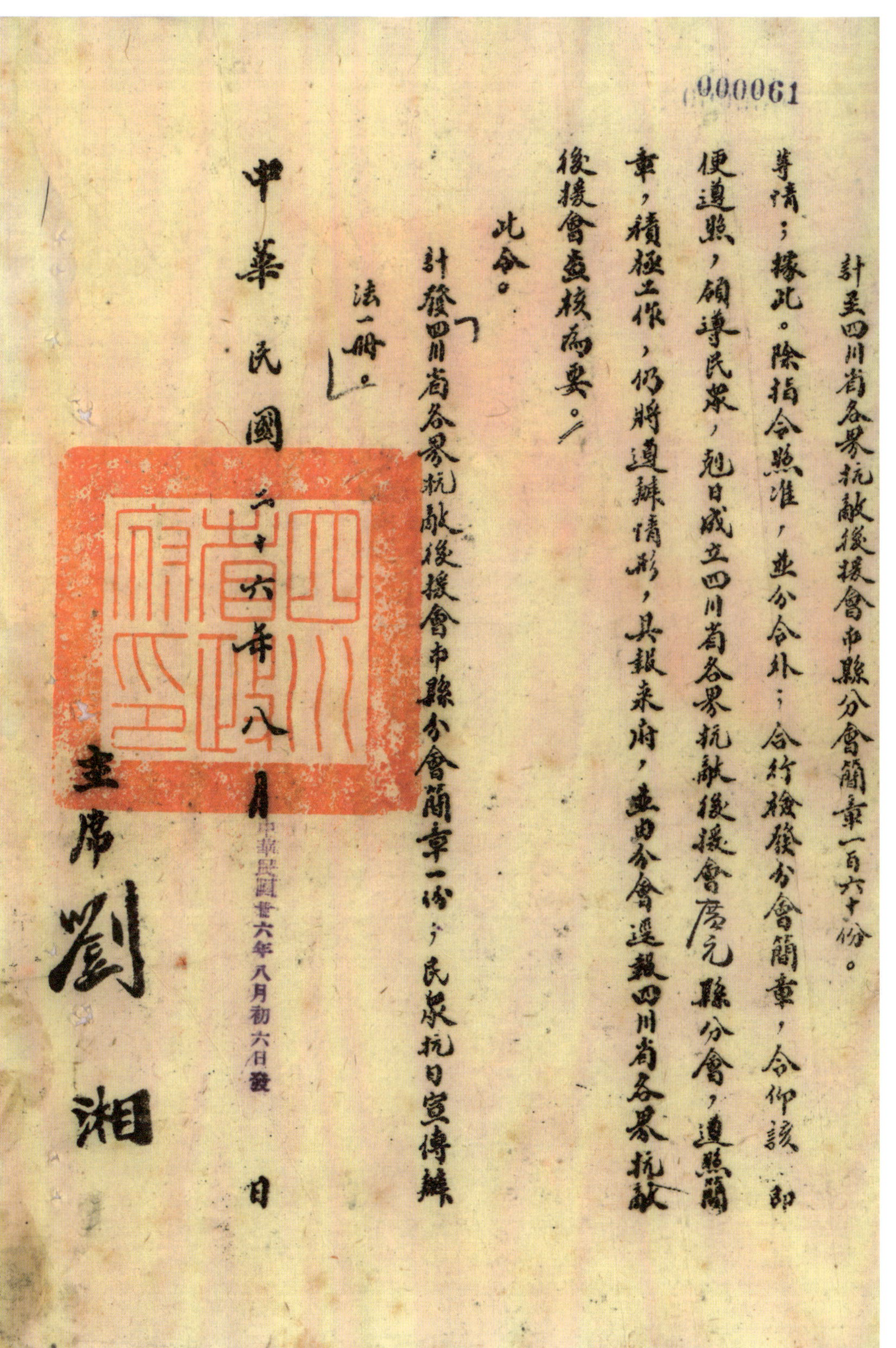
000061

計呈四川省各界抗敵後援會市縣分會簡章一百六十份。

等情；據此。除指令照准，並分令外；合行檢發分會簡章，令仰該縣即便遵照，領導民衆，尅日成立四川省各界抗敵後援會廣元縣分會，遵照簡章，積極工作，仍將遵辦情形，具報來府，並由分會逕報四川省各界抗敵後援會查核爲要。

此令。

計發四川省各界抗敵後援會市縣分會簡章一份，民衆抗日宣傳辦法一册。

中華民國二十六年八月　日

主席　劉湘

中華民國廿六年八月初六日發

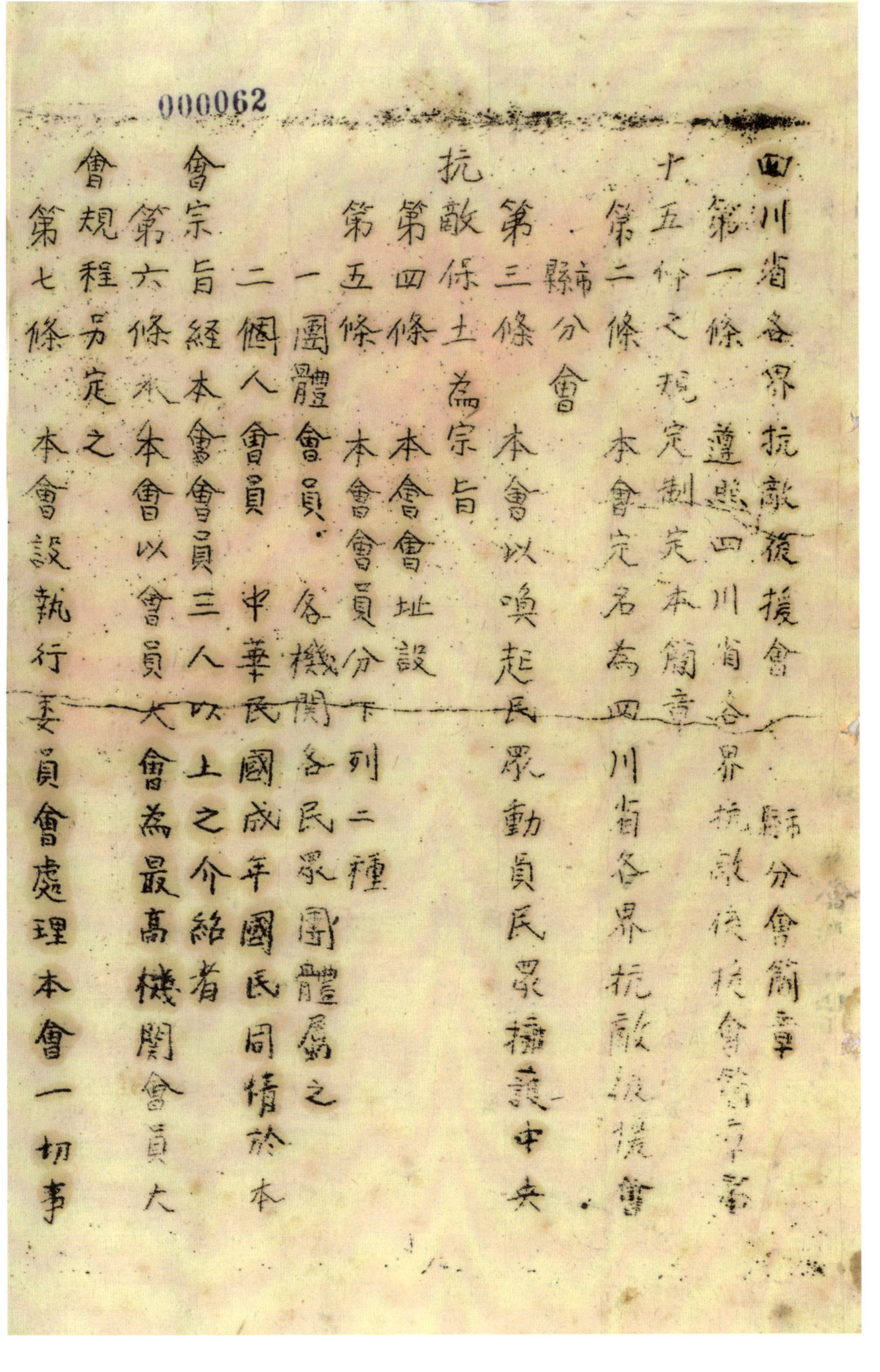

四川省各界抗敵後援會
縣分會簡章

第一條　遵照四川省各界抗敵後援會簡章第十五條之規定制定本簡章

第二條　本會定名為四川省各界抗敵後援會　縣分會

第三條　本會以喚起民眾動員民眾擁護中央抗敵為宗旨

第四條　本會會址設

第五條　本會會員分下列二種

一　團體會員：各機關各民眾團體屬之

二　個人會員　中華民國成年國民同情於本會宗旨經本會會員三人以上之介紹者

第六條　本會以會員大會為最高機關會員大會規程另定之

第七條　本會設執行委員會處理本會一切事

務以本會會員代表組織之

第八條 本會設常務委員會代表執行委員會行使職權由各執行委員互推常務委員人組織之

第九條 本會常務委員會設主任常務委員三人由党政軍三方各推負責代表一人處理日常事務並對常務委員會負責

第十條 本會設下列各組每組設正組長一人副組長二人幹事若干人分辦所負事務

一 總務組 辦理一切文電庶務及事務事宜

二 組織組 辦理一切組織事宜

三 宣傳組 辦理一切宣傳事宜

四 調查組 辦理調查聯絡於舉漢奸清查仇貨及一切特務事宜

第十一條 本會會議分下列二種

一 代表大會即執行委員會每月舉行一次

二　常務委員會每週舉行一次

三　遇必要時得召集臨時會議

第十二條　本會經費

一　經常費　辦公費由党政軍分担事業費臨時籌募

二　會員會費　會員會費分：

甲　團體會員　一元至五十元

乙　個人會員　二角至一元

第十三條　本會為適應特種需要得成立各種特種委員會其規程另頒之

第十四條　本會於區或鄉鎮設立支會其簡章由本會另頒之

第十五條　本會刊木質圖記壹顆文曰四川省各界抗敵後援會縣市分會之印

第十六條　本簡章經省常務委員會議決後頒行

附（二）民众抗日宣传办法

民衆抗日宣傳辦法

一·宣傳指導　各縣政府旨奉省府命令後，即會同各法團，組各界抗敵後援會，負指導責任，各區設分會，各聯保設支部，各保甲設宣傳幹事若干名，由後援會指派，所有抗日宣傳之人事材料，及一切關係事件，統受縣政府之指揮監督。

二·宣傳方法

甲·利用當地劇園，電影園，茶館，及一切公衆息遊地點，實行宣傳。

乙·刊布抗日小册子及通俗歌詞，頒發民衆。

丙·由總分會商由當地報社，通訊社，增設「抗日特刊」，或臨時增刊，無價贈閱。

丁·組織民衆抗日宣傳隊，分班講演。

戊·籌設抗日宣傳壁報，壁畫。

己·定期講演，（例如星期及法定紀念日）。

庚・臨時講演，（例如外來貴賓名流及當地聞人，可由總分會臨時商請講演）。

辛・抗日座談會，（除庚項人物外，本地學校教授專家，亦可以座談方式，宣傳抗日，任民衆入內旁聽）。

壬・抗日演說競賽，（以露天集合聽衆爲便）。

癸・利用民間香會，私人堂會，及農民趕場機會，實行各種宣傳。

前舉十項辦法，由總會斟酌本縣情況，商同當地教育文化機關，分別實行。

三・宣傳材料　一切宣傳材料，由總會審查頒發，茲舉選材標準如下。

一・中日外交小史。（或節用大公報出版之『六十年來中國與日本』一書）

二・國恥小史。（採坊間通行本或另編簡本）

三・關於「九一八」「一二八」事變之刊物。

四・上海協定塘沽協定何梅協定之概略。

五・大陸政策，與我民族復興之根本衝突，（參考田中奏摺，說明日人侵略野心之可畏）。

六·蘆溝橋事件之遠因近因。

七·民族抗戰之意義。

八·現代戰爭之特性，與新兵器破壞力之偉大。

九·東北義勇軍抗日悲壯史。

十·高麗亡國慘史。

十一·日本走私與農民商民之損失。

十二·就當地之日貨勢力指出剝削農民之殘酷。

附抗日宣傳標語舉例

一・中國是日本文化的恩人，日本是中國文化的叛逆。

二・中國是愛和平的民族，願與日本和平的民衆攜手，不能與日本萬惡軍閥妥協。

三・不還我東北四省，不能談中日親善。

四・我們願以最後一滴血，保我領土主權。

五・禦侮不是排外，自衛不是侵略。

六・四萬萬民族的中國，决不畏七千萬島民的日本。

七・我七千萬民衆的四川，足以抗日本而有餘。

八・抗敵是我們民族生路，屈服是我們民族的坟墓。

九・古今有可亡之國家，無可亡之民族。

十・地球一日不毁滅，中國决不會滅亡。

十一．我們一方要自救，一方要救日本被壓迫的民衆。」

十二．打倒外欺世界，內騙民衆的日本軍閥。

十三．新聞界應設法將日本軍閥在華北横暴眞象，達到日本民衆。

十四．我民族擁護和平的誠意，已經得到世界同情。」

十五．我們要在抗戰中求生存，不要在妥協下求苟安。

十六．我們應有對日抗戰到底之決心。

十七．我們有自力更生之把握。

十八．日本所謂親日派，即是變相漢奸。

十九．日本所謂恐日病，是對我全民之大侮辱。

二十．和議是日本的緩兵計。

廿一．四萬萬人不買日貨，就可以制日本死命。」

廿二．凡是購買日本私貨的人，即是幫助敵人殺同胞。」

廿三・我們在抗日中，應保護外僑，毋作越軌行動。

廿四・我們要嚴防漢奸反宣傳和挑撥離間。

民衆抗日宣傳辦法

八

抗日口號舉例

一·我們不挑戰，亦不畏戰。

二·侵略的都是驕兵，抵抗的都是哀兵。

三·決心抗戰到底，勝利終在我們。

四·世界同情我國抗日，即是判明戰爭戎首。

五，以全民鐵腕，打破日本大陸政策。

六·不戰則亡，抗戰必不亡。

七·我們軍民同心，敵人軍民離心。

八·自衛是人類本能，侵略是人類罪惡。

九·全國軍民應在蔣委員長領導指揮下，統一意志，努力抗敵。

十·擁護蔣委員長廬山二次談話。

十一·全民抗戰發動，決無妥協機會，（蔣談話中語）

十二・川省軍民，應擁護劉主席在蔣委員長領導下共赴國難。

十三・川省軍民，應擁護劉主席三年建設計劃，作對日抗戰準備。

十四・川省軍民，應努力担任後方的勤務。

十五・努力建設，即是努力抗日。

十六・能經濟自給，纔能持久抗日。

十七・嚴防各種漢奸。

十八・實行節約，即是儲備抗日實力。

十九・破銅濫鐵，也不許敵人收買。

二十・民力即是國力。

廿一・謹守秩序，即是增加抗日力量。

廿二・誰放棄寸土，誰就是千古罪人。（蔣語）

廿三・誰締結賣國條約，誰就是我們民族的公敵。

廿四・驅逐敵兵出境，纔算抗戰勝利。

广元县政府致该县抗敌后援分会的训令（一九三七年八月十九日）

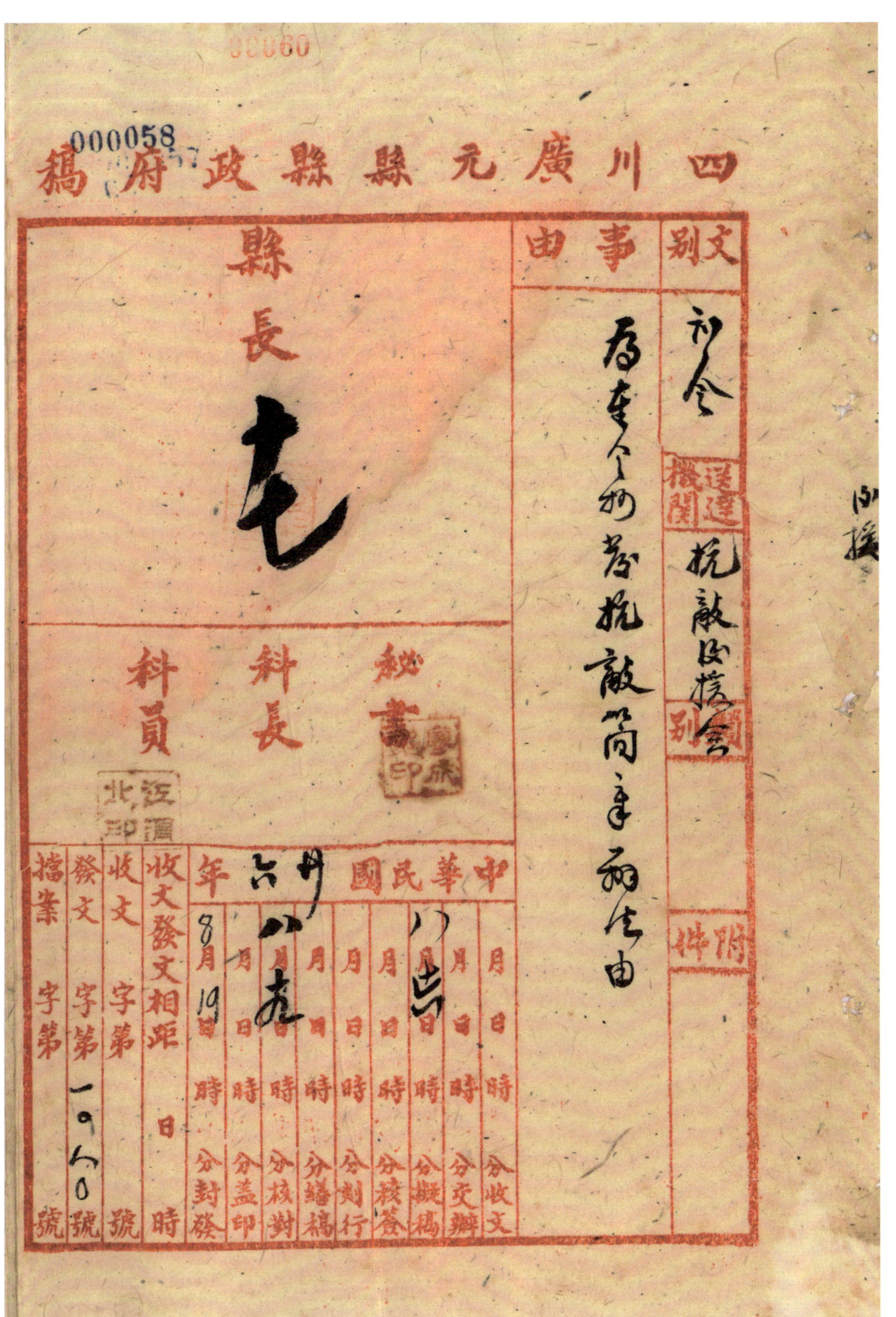
000058

四川廣元縣政府稿

文別 訓令

送達機關 抗敵後援分會

事由

縣長

秘書

科長

科員

附件

中華民國 年 月 日

收文 字第 號

發文 字第 號

檔案 字第 號

收文發文相距 日 時

分收文 分交辦 分擬稿 分核簽 分判行 分繕稿 分核對 分蓋印 分封發

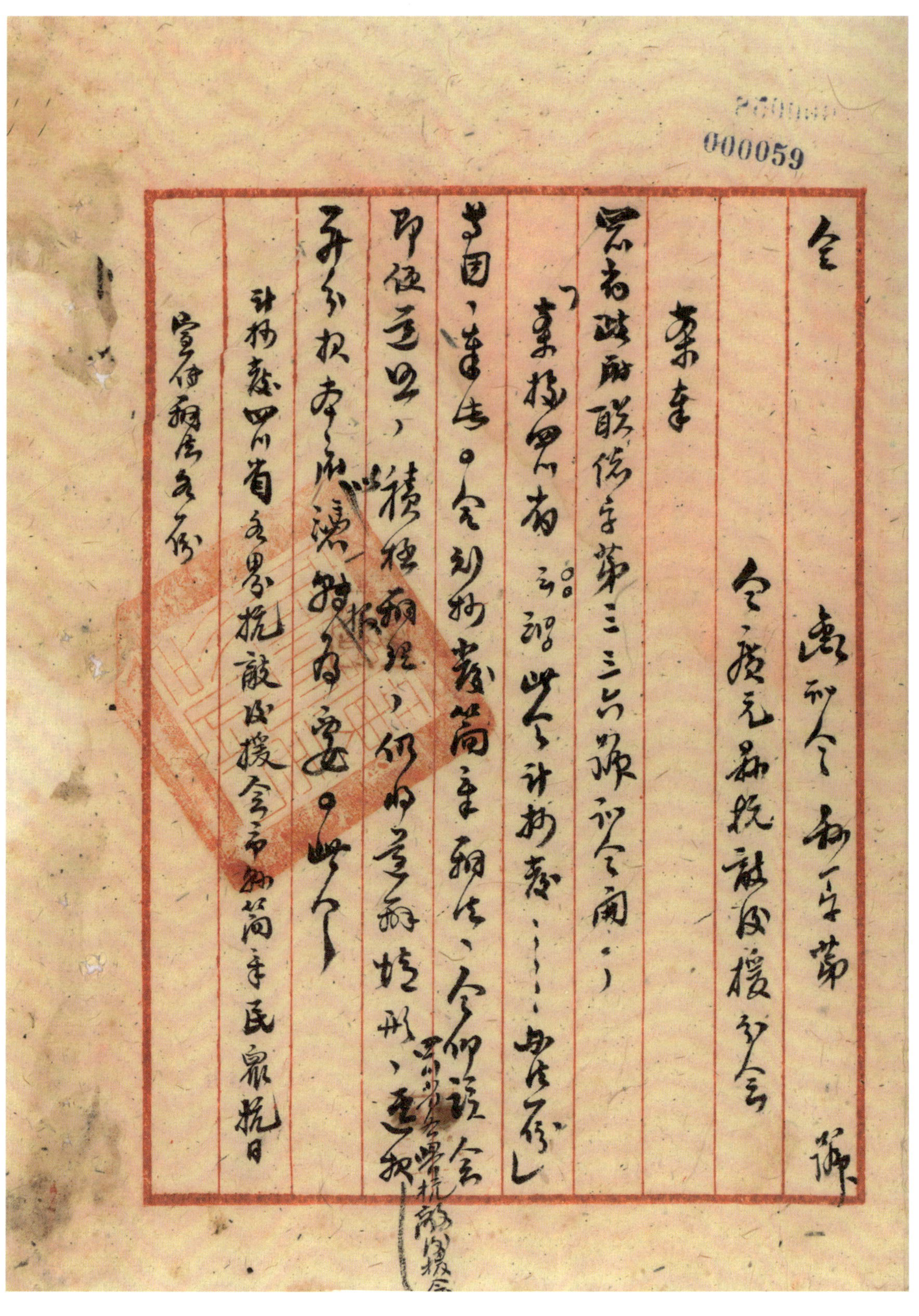

令

處秘令 秘一字第　　號

令廣元縣抗敵後援分會

案奉

四川省政府皓代電第三三六號訓令開：「

案據四川省 [illegible] 謂：此外計抄發…………等情」

等因，奉此，合行抄發簡章，令仰該會（四川省各界抗敵後援會）

即便遵照，積極辦理，仍將遵辦情形，具報

再分抄發 [illegible] 為要。此令

計抄發四川省各界抗敵後援會分會簡章暨民眾抗日

宣傳辦法各一份

四川省政府及广元县政府关于检发转发民众抗日宣传办法的训令、公函（一九三七年八月）

四川省政府致广元县政府的训令（一九三七年八月六日）

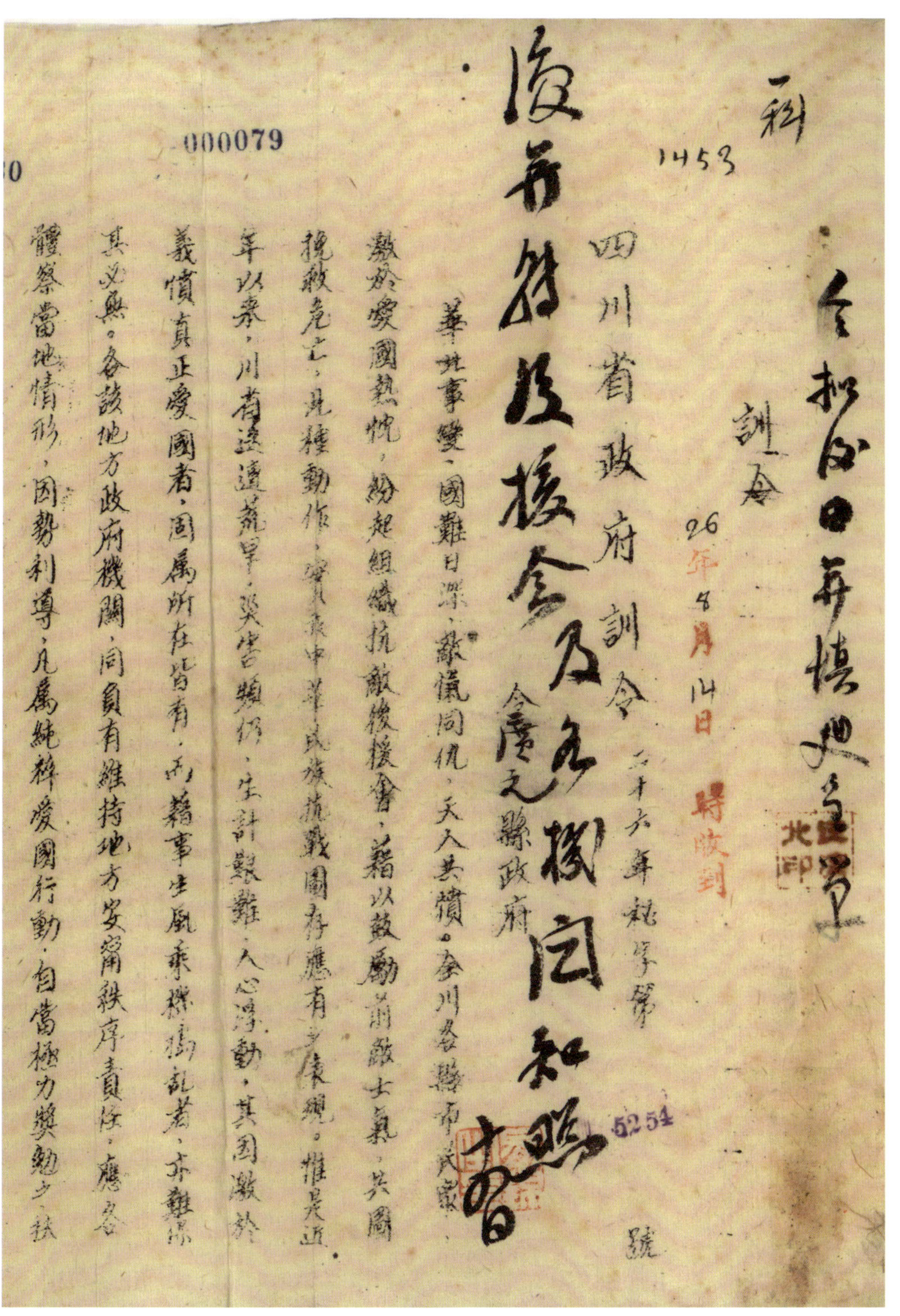

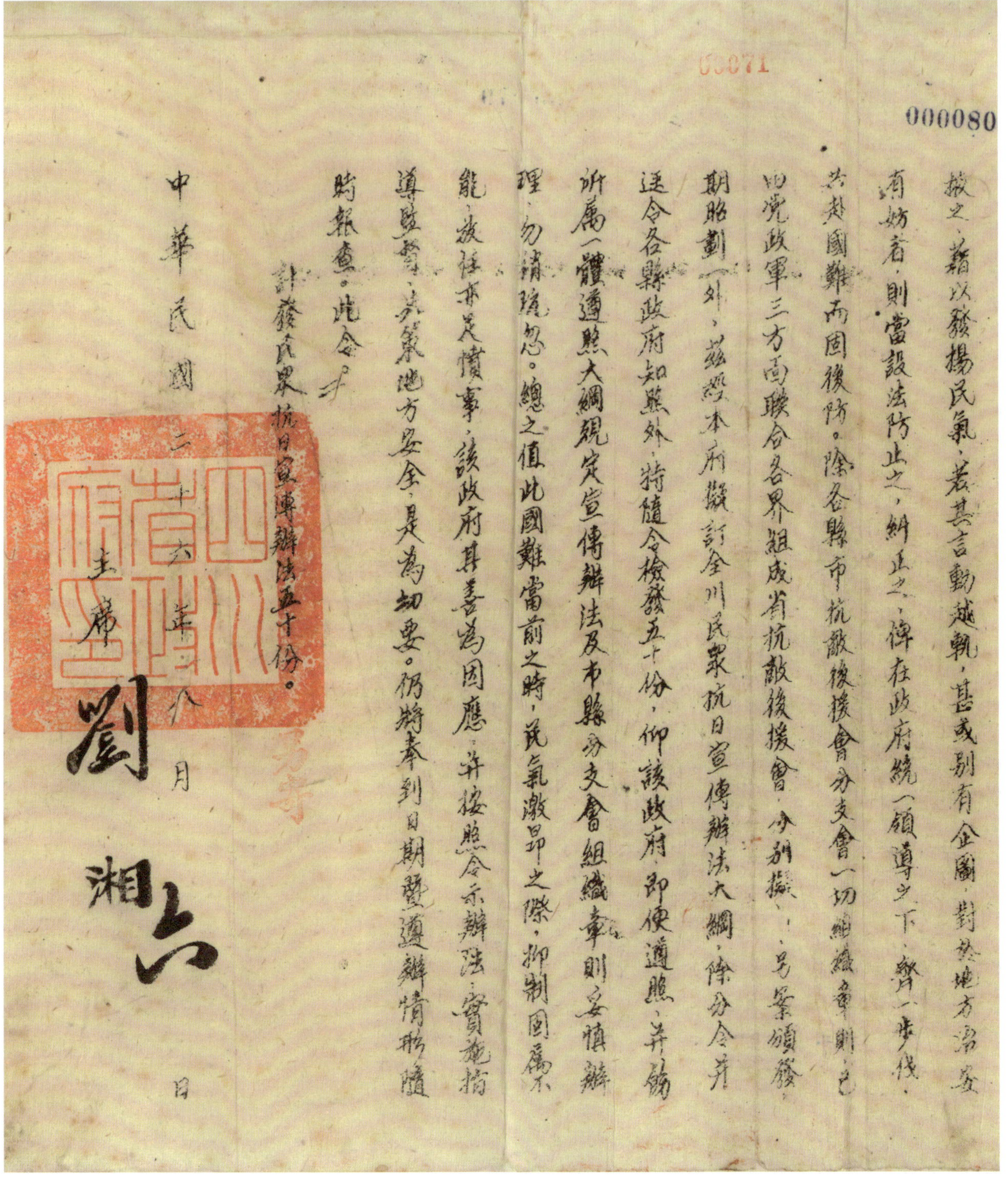
撥之，藉以發揚民氣。若其言動越軌，甚或别有企圖，對於地方治安有妨者，則當設法防止之，糾正之，俾在政府統一領導之下，齊一步伐，共赴國難，而固後防。除各縣市抗敵後援會分支會一切組織章則，已由黨政軍三方面聯合各界組成省抗敵後援會，分别擬訂，另案頒發，期臻劃一外，茲經本府擬訂全川民衆抗日宣傳辦法大綱，除分令并飭送令各縣政府知照外，特隨令檢發五十份，仰該政府即便遵照，并飭所屬一體遵照大綱規定宣傳辦法及市縣分支會組織章則妥慎辦理，勿稍疏忽。總之，值此國難當前之時，民氣激昂之際，抑制固屬不能，放任亦足僨事，該政府其善爲因應，并按照令示辦法，實施指導監察，兼策地方安全，是爲切要。仍將奉到日期暨遵辦情形隨時報查。此令。

計發民衆抗日宣傳辦法五十份。

中華民國二十六年八月　日

主席　劉湘

广元县政府致该县抗敌后援分会等的训令及致该县党务指委会等的公函（一九三七年八月二十二日）

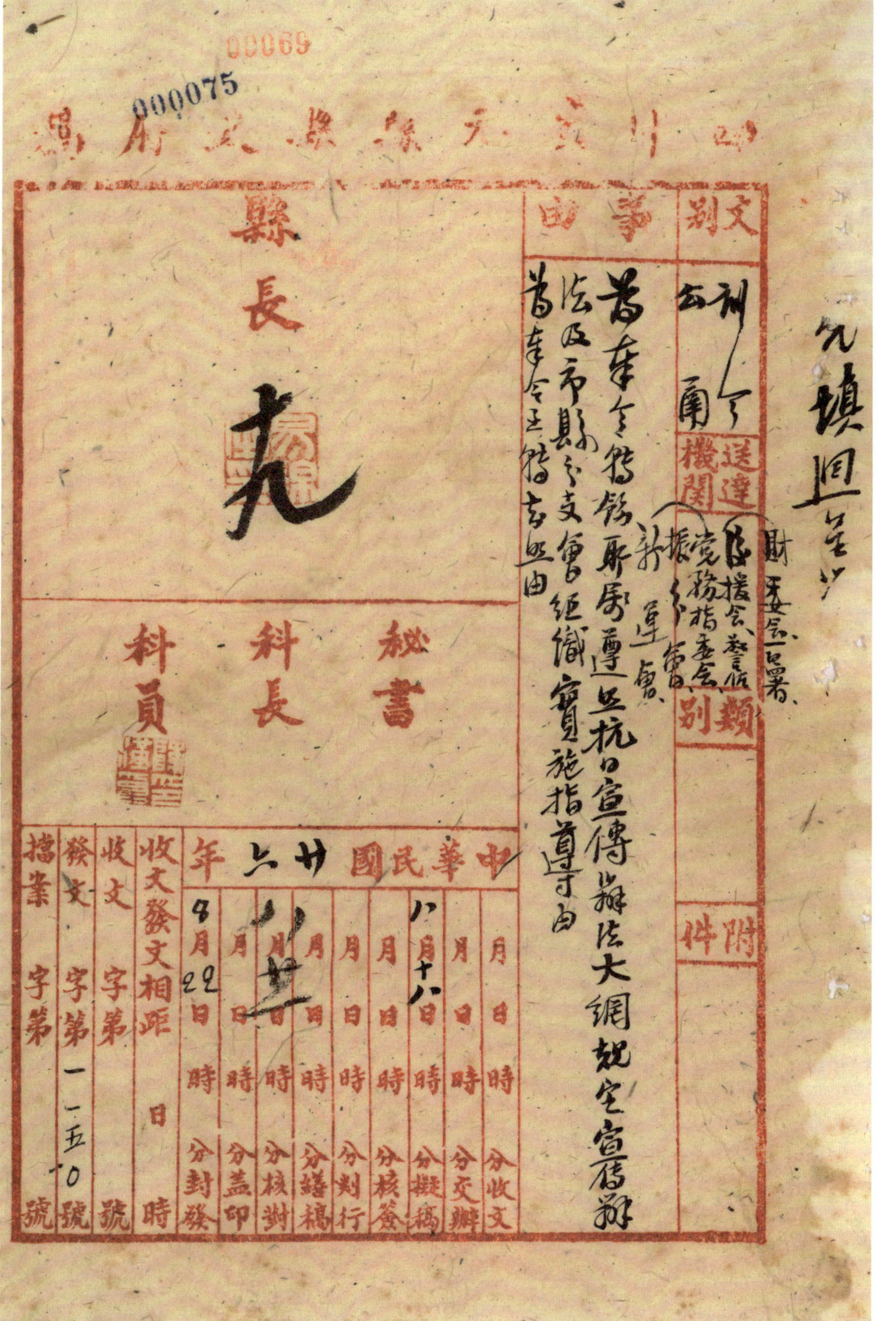

全

銜訓令縣字第　號

令 抗敵后援會 財務委員會 警佐辦事處 第各區區署

廿六年八月十四日案奉

四川省政府二十六年秘字第4254號訓令開：

「華北事變國難日深云云此令」

等因，奉此，除呈復並分別函令外，合行令仰該會、處、署即便遵照令示辦法，實施指導，共策地方安全，是為至要。

此令。

計發民衆抗日宣傳辦法五十份　縣長

中華民國二十六年八月　日

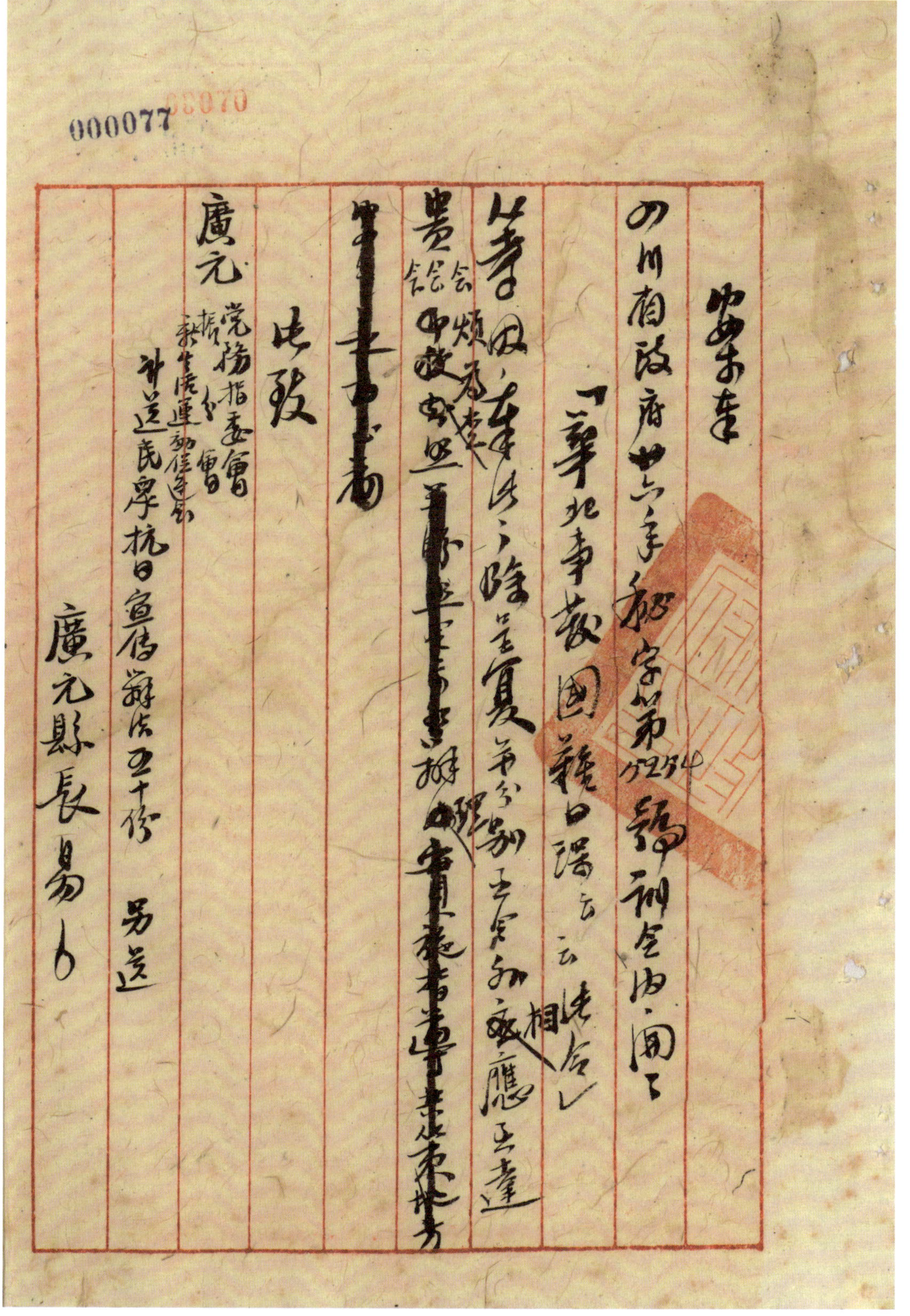

案奉
四川省政府廿六年秘字第45234号训令内开：
「华北事变国难日深」云云，「此令」。
等因，奉此，除呈复并分别函令知照外，相应函达
贵会查照

此致
广元党务指委会
　　抗敌后援会
补送民众抗日宣传办法五十份　另送
广元县长易

四川省政府及广元县政府关于抄发抗敌口号的训令（一九三七年八月）

四川省政府致广元县政府的训令（一九三七年八月十六日）

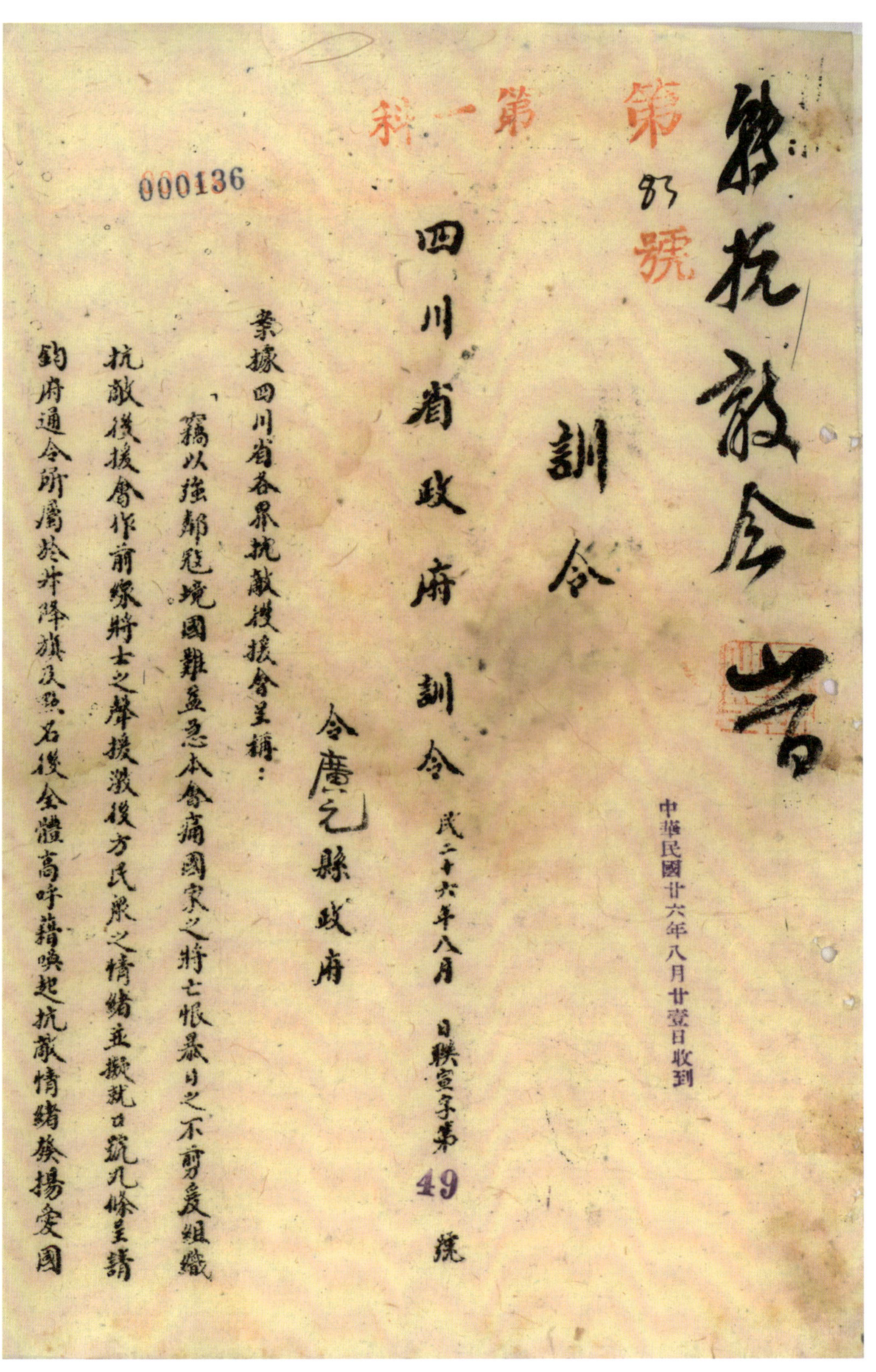

第一科

第83號

000136

四川省政府訓令　訓令

民二十六年八月　日　聯宣字第49號

令廣元縣政府

案據四川省各界抗敵後援會呈稱：

竊以強鄰壓境，國難益急，本會痛國家之將亡，恨暴日之不剪，爰組織抗敵後援會，作前線將士之聲援，激後方民眾之情緒，並擬就口號九條，呈請鈞府通令所屬，於升降旗及點名後全體高呼，藉喚起抗敵情緒，發揚愛國

中華民國廿六年八月廿壹日收到

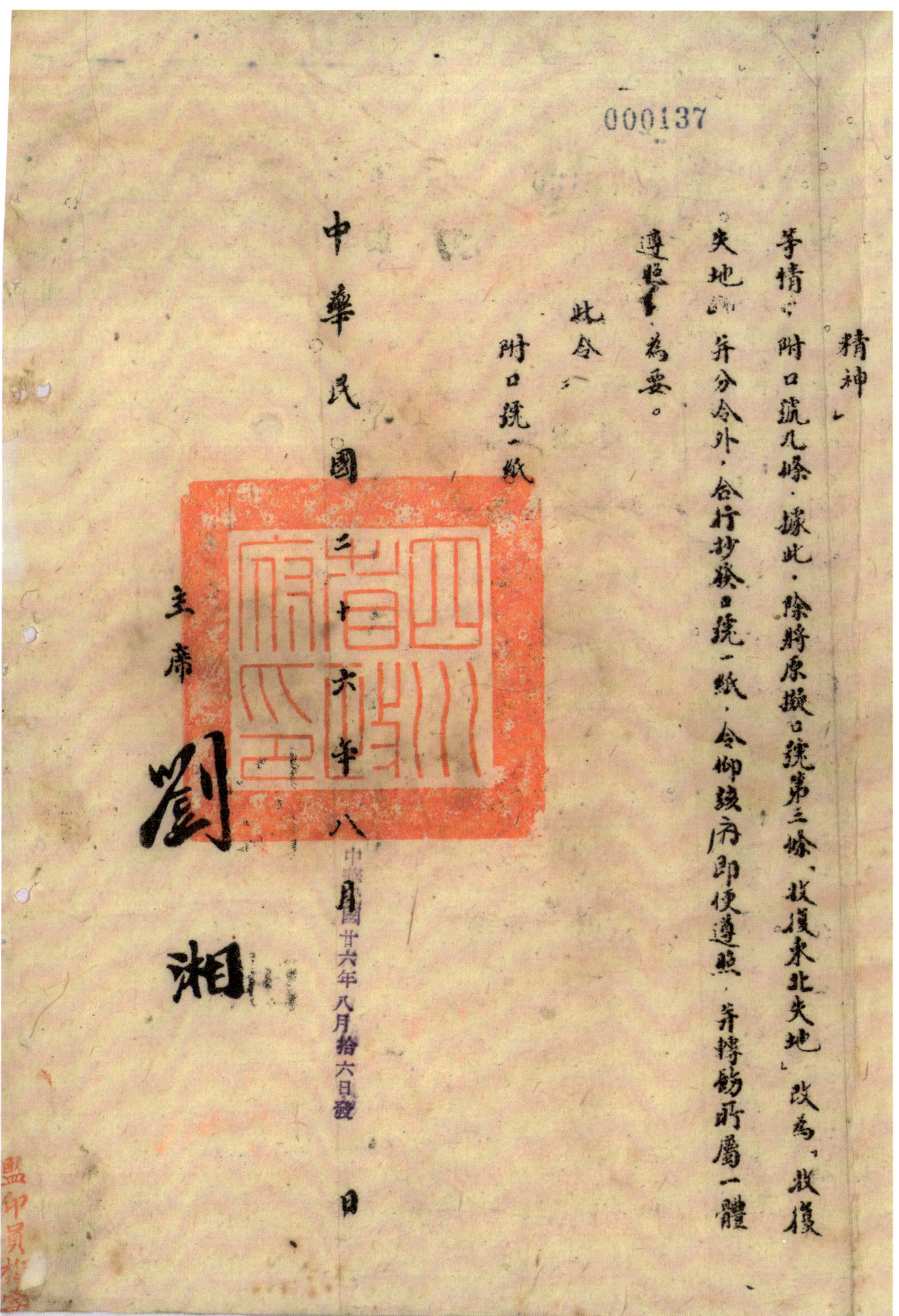

精神」

等情，附口號九條。據此，除將原擬口號第三條「收復東北失地」改為「收復失地」，並分令外，合行抄發口號一紙，令仰該府即便遵照，並轉飭所屬一體遵照為要。

此令。

附口號一紙

主席 劉湘

中華民國二十六年八月 日

中華民國廿六年八月拾六日發

附：口号

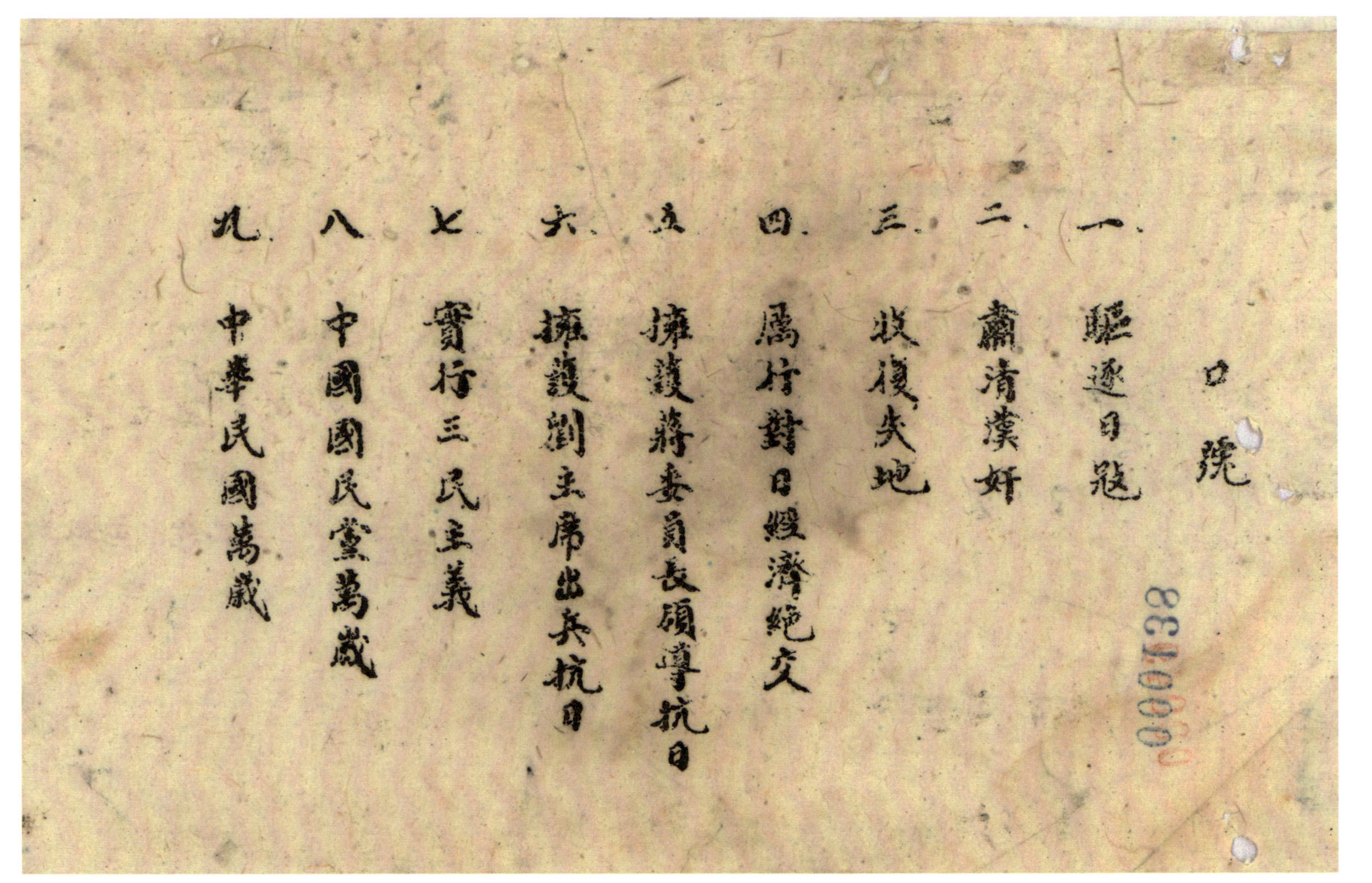

口號

一、驅逐日寇

二、肅清漢奸

三、收復失地

四、厲行對日經濟絕交

五、擁護蔣委員長領導抗日

六、擁護劉主席出兵抗日

七、實行三民主義

八、中國國民黨萬歲

九、中華民國萬歲

广元县政府致该县抗敌后援分会的训令（一九三七年八月二十六日）

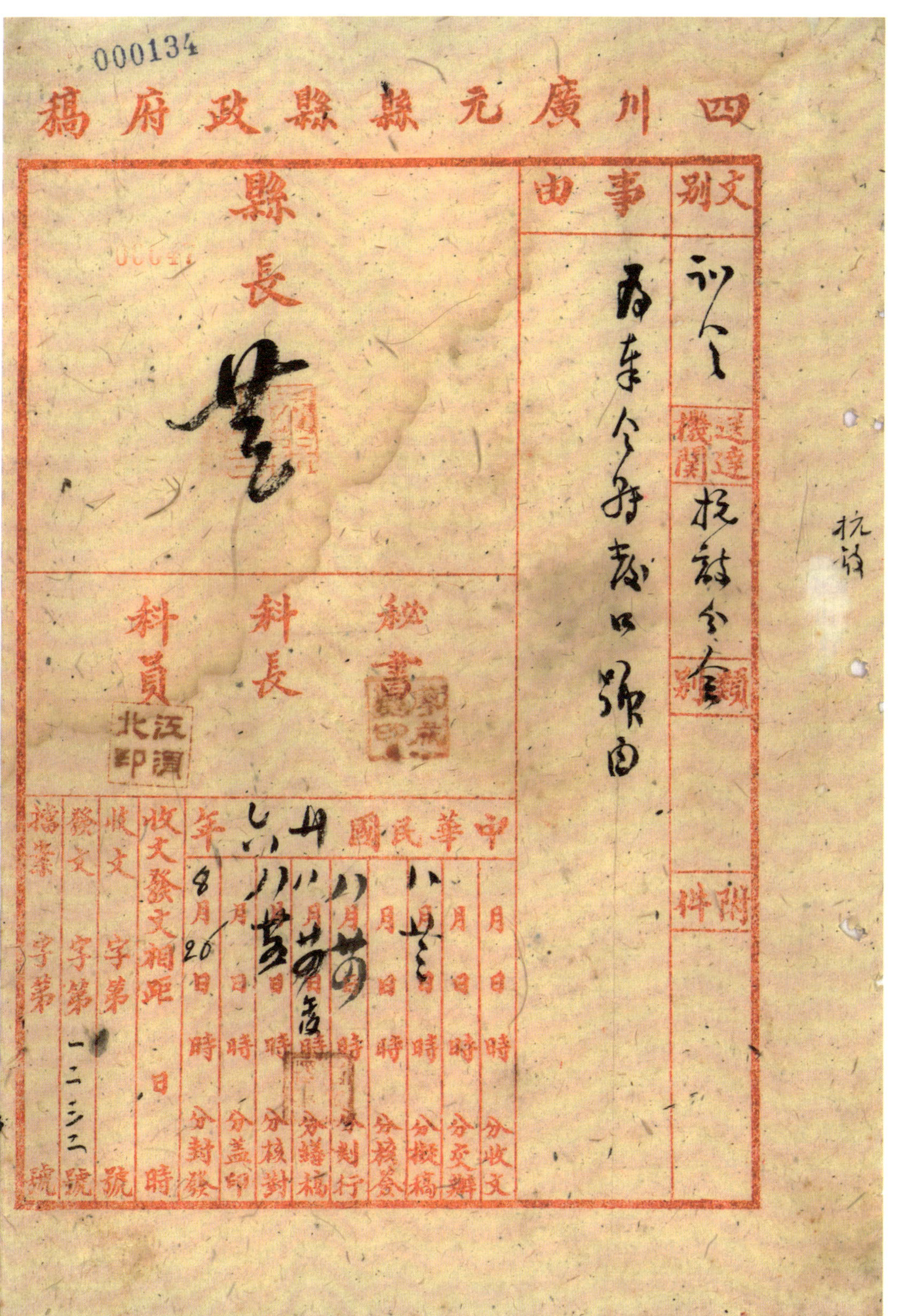

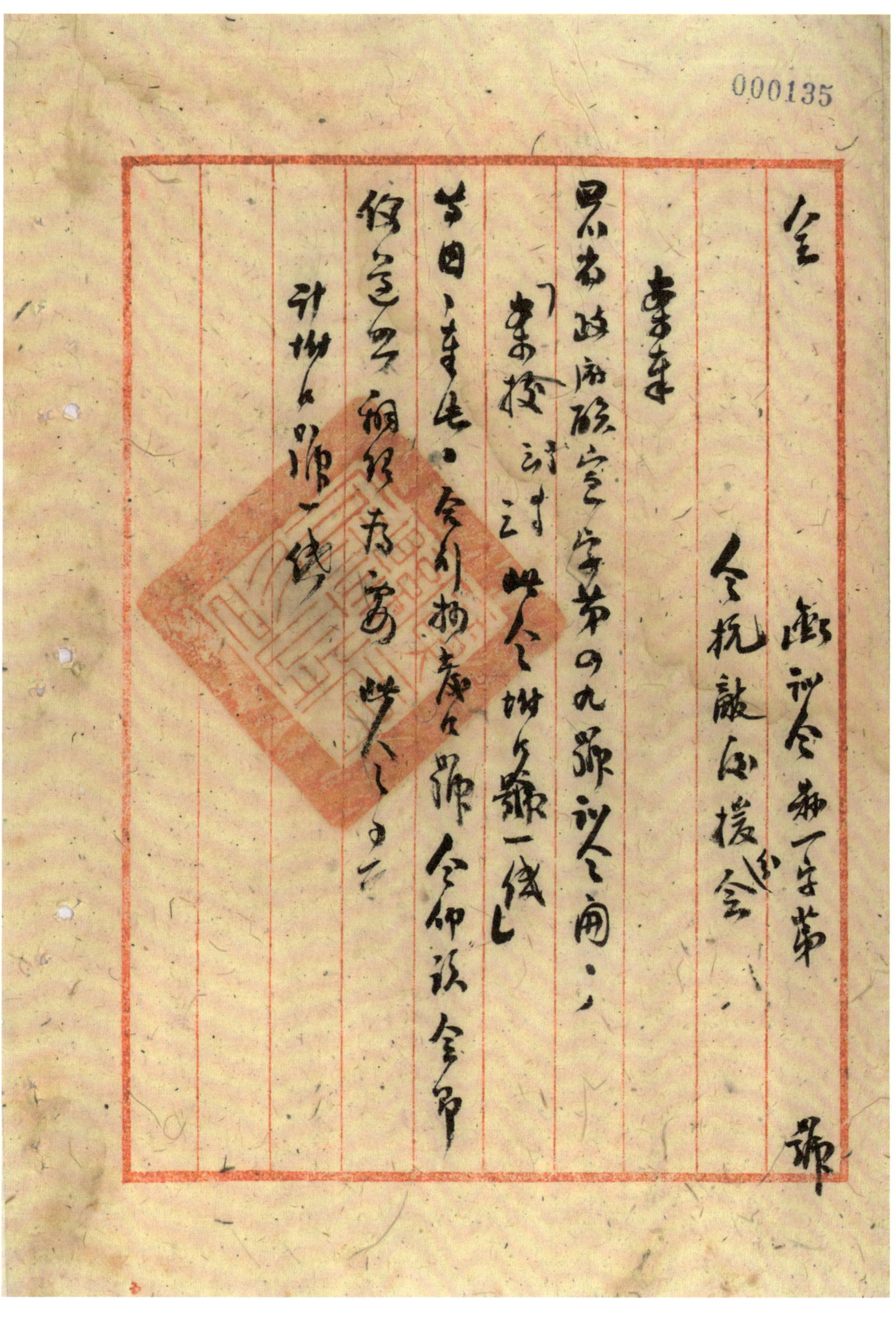

令　　衡司令第一千 第　號

令抗敵后援會

案奉

省政府秘字第四九號訓令開：「

案據討　討　此令。附件一紙」

等因。奉此，合行抄發原件，令仰該會即

便遵照為要。此令。

計抄原件一紙

四川省政府及广元县政府关于转饬努力宣传激励民众共救危亡的训令、公函（一九三七年九月）

四川省政府致广元县政府的训令（一九三七年九月四日）

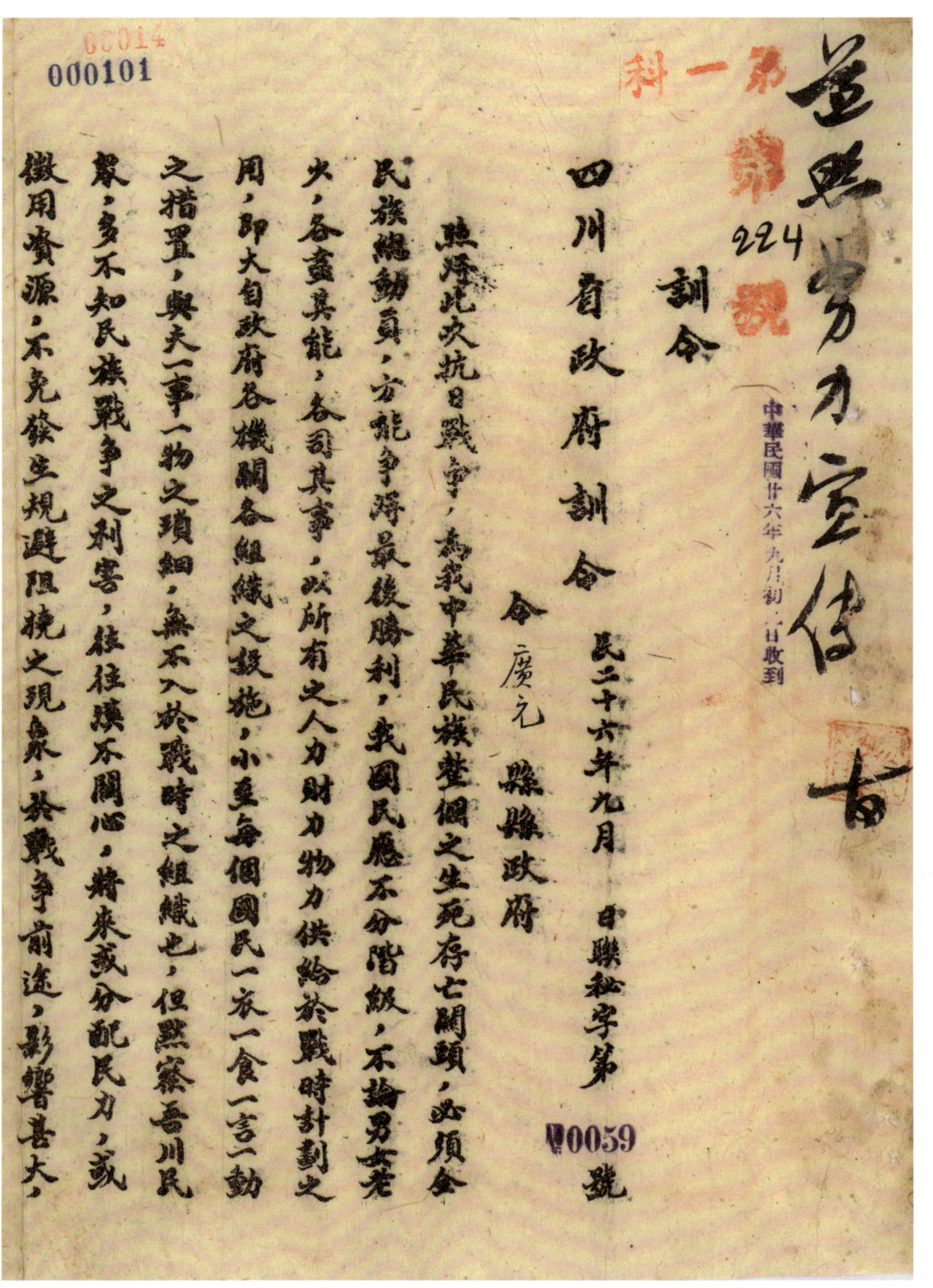

遵照努力宣傳　存

第一科

224

中華民國廿六年九月初□日收到

四川省政府訓令

訓令

民二十六年九月　日聯秘字第 0059 號

令廣元縣縣政府

照得此次抗日戰爭，為我中華民族整個之生死存亡關頭，必須全民族總動員，方能爭得最後勝利，我國民應不分階級，不論男女老少，各盡其能，各司其事，以所有之人力財力物力供給於戰時計劃之用，即大自政府各機關各組織之設施，小至每個國民一衣一食一言一動之措置，與夫一事一物之瑣細，無不入於戰時之組織也，但默察吾川民衆，多不知民族戰爭之利害，往往漠不關心，將來或分配民力，或徵用資源，不免發生規避阻撓之現象，於戰爭前途，影響甚大，

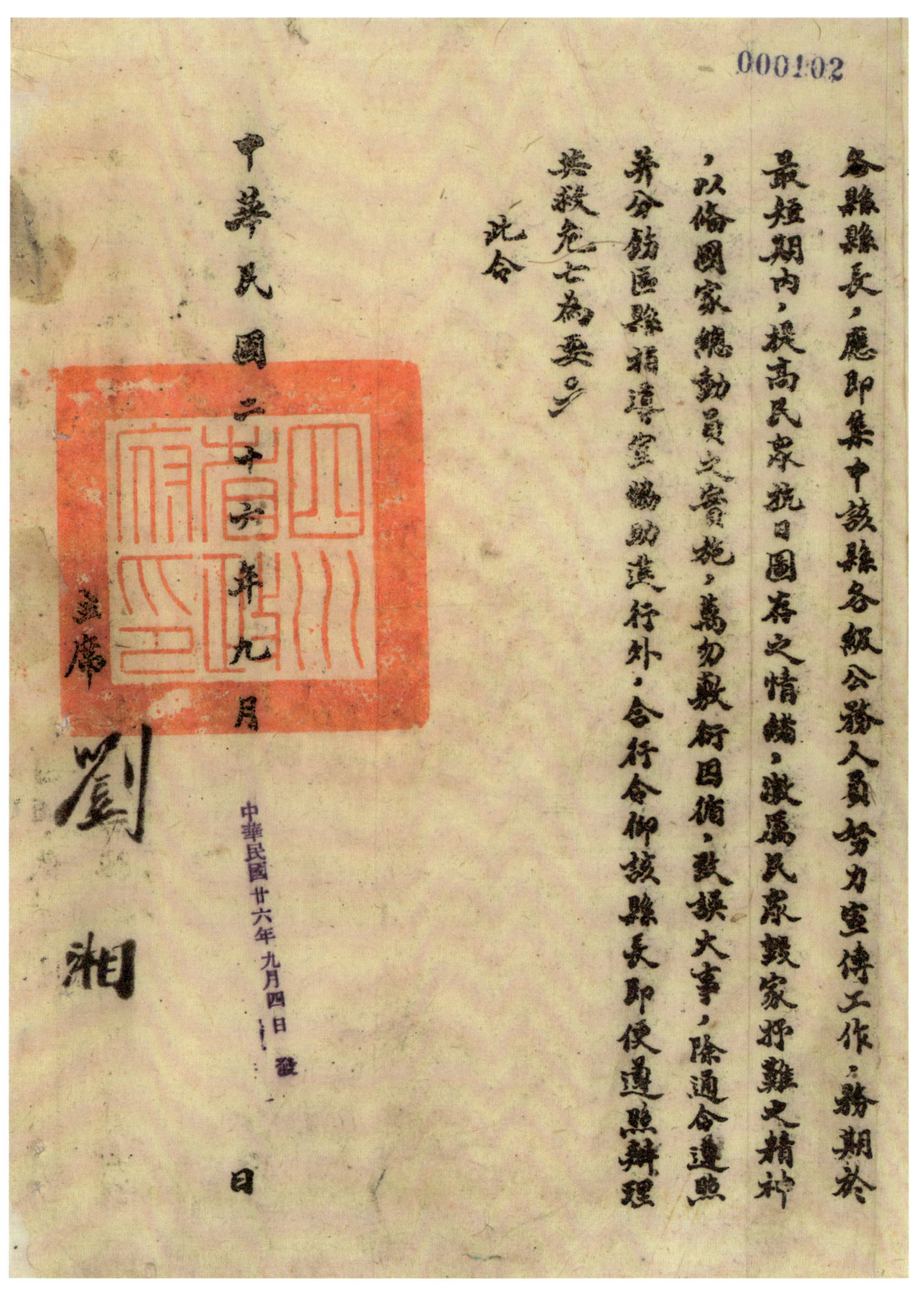

000102

各縣縣長，應即集中該縣各級公務人員努力宣傳工作，務期於最短期內，提高民衆抗日圖存之情緒，激厲民衆毀家紓難之精神，以倫國家總動員之實施，萬勿敷衍因循，致誤大事，除通令遵照并分飭區聯福導室協助進行外，合行令仰該縣長即便遵照辦理，共救危亡爲要。

此令

中華民國二十六年九月　日

主席　劉湘

中華民國廿六年九月四日發

广元县政府致该县抗敌后援分会的训令及致该县新生活运动促进会的公函（一九三七年九月十六日）

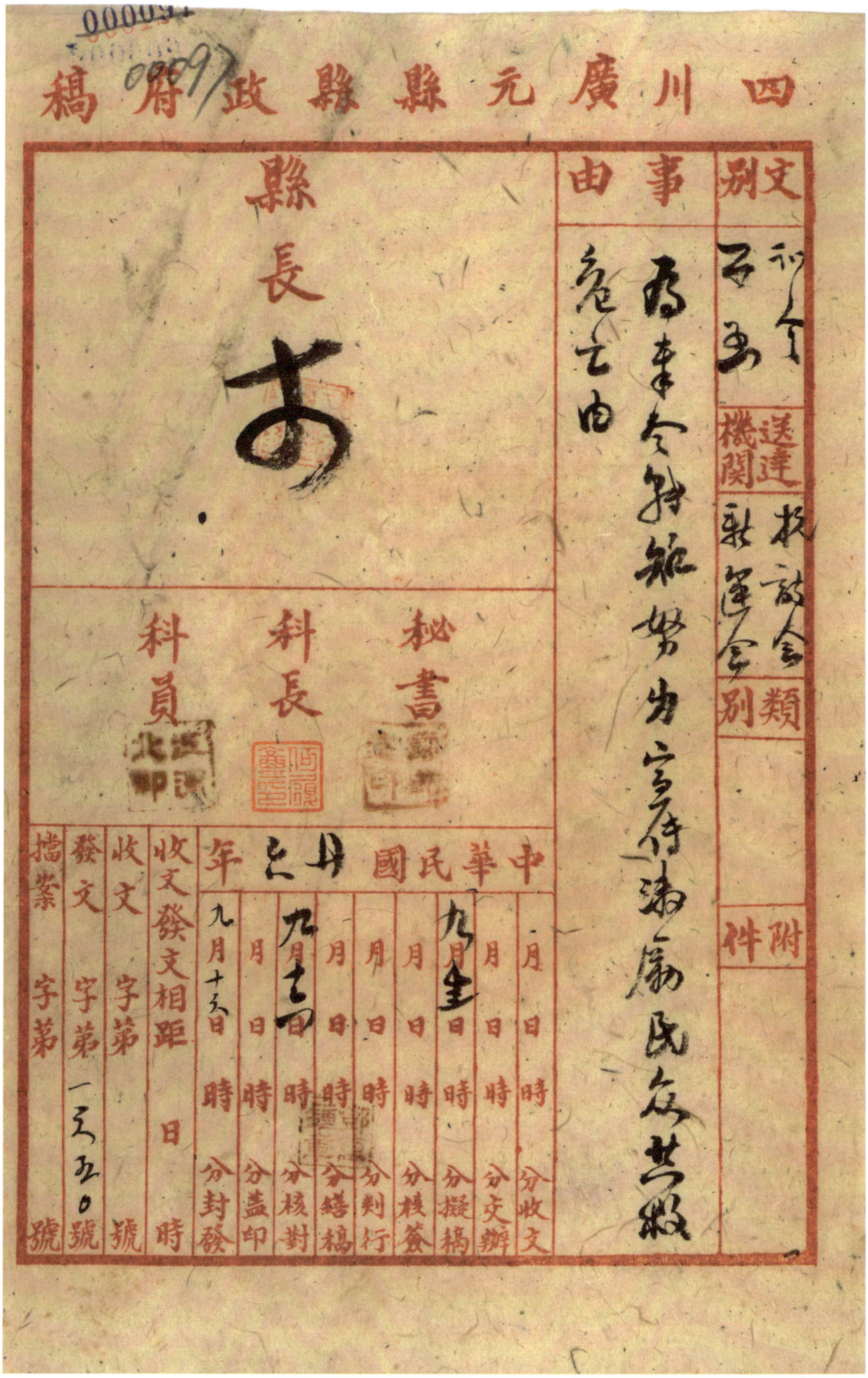

四川廣元縣縣政府稿

文别

事由

送達機關

類别

附件

縣長

秘書

科長

科員

中華民國　年　月　日

收文發文相距　日　時

收文　字第　號

發文　字第　號

檔案　字第　號

月　日　時　分收文

月　日　時　分交辦

月　日　時　分擬稿

月　日　時　分核簽

月　日　時　分判行

月　日　時　分繕稿

月　日　時　分核對

月　日　時　分蓋印

月　日　時　分封發

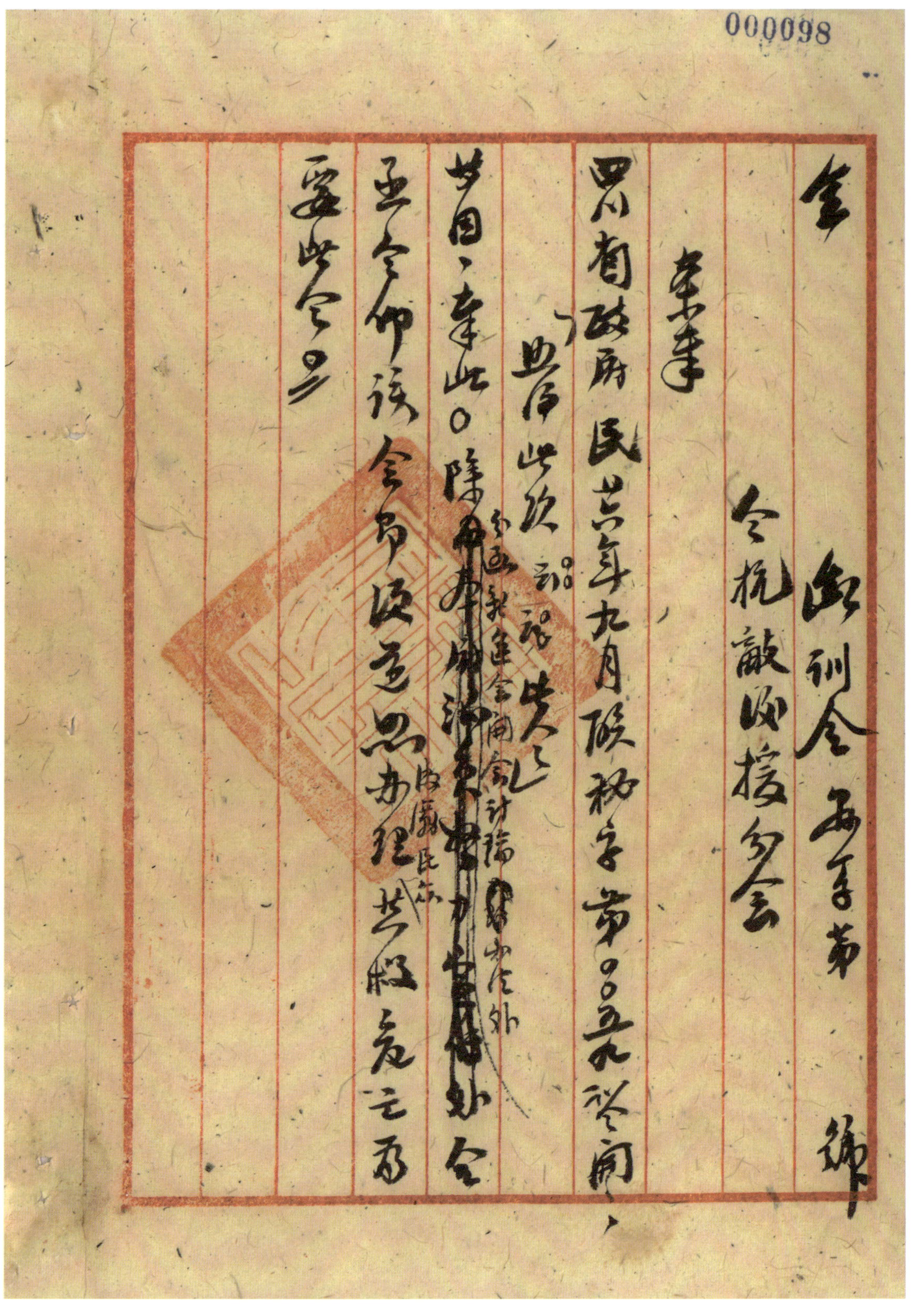

令

縣訓令 字第 號

令抗敵後援分會

案奉

四川省政府民廿六年九月陝秘字第○○五九號密令開：

「……」等因。奉此。[illegible]

等因。奉此。除分令外，合

亟令仰該會即便遵照辦理，并飭[illegible]

為要。此令。

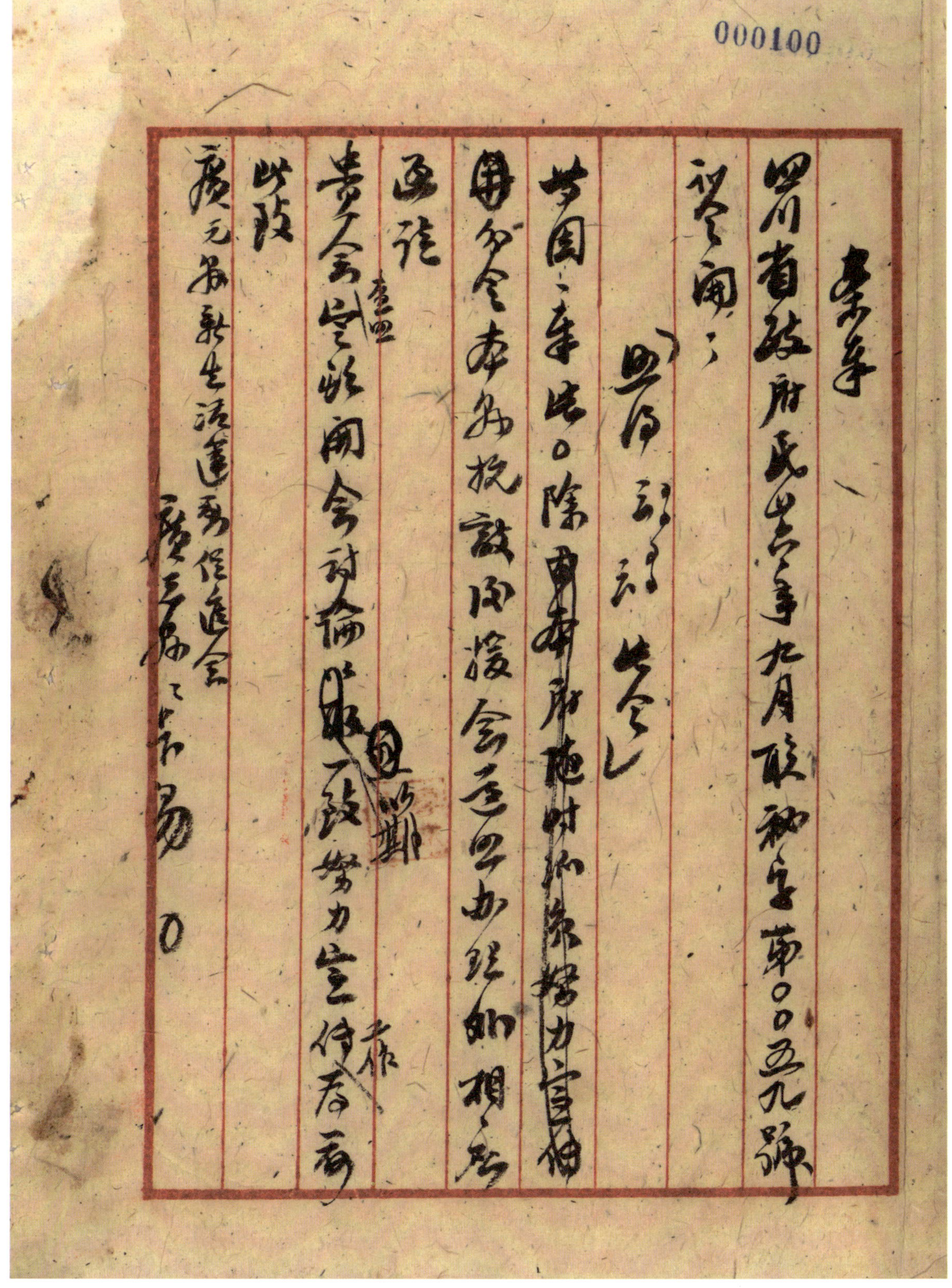

000100

案奉

四川省政府民廿六年九月联秘字第〇〇五九号

训令开：

「略」等因。

奉此，除由本府随时加紧努力宣传

外，合行令本县抗敌后援会遵照办理，相应

函达

贵会查照，开会讨论，以期一致努力宣传为荷。

此致

广元县新生活运动促进会

广元县县长[illegible]

广元县政府关于转发为民族救亡抗战告四川各界人士书致该县各区署、学校等的训令（一九三七年九月十六日）

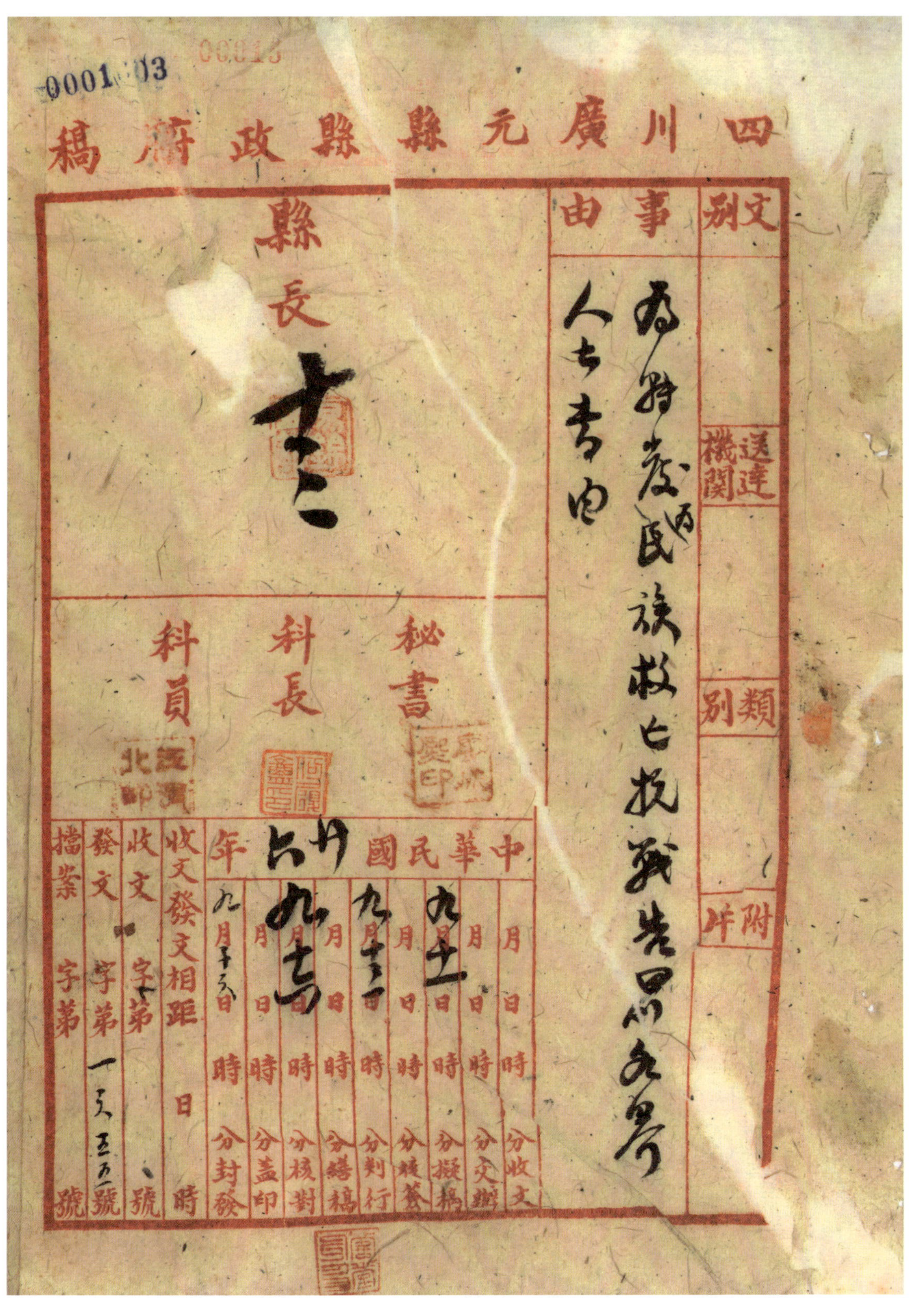

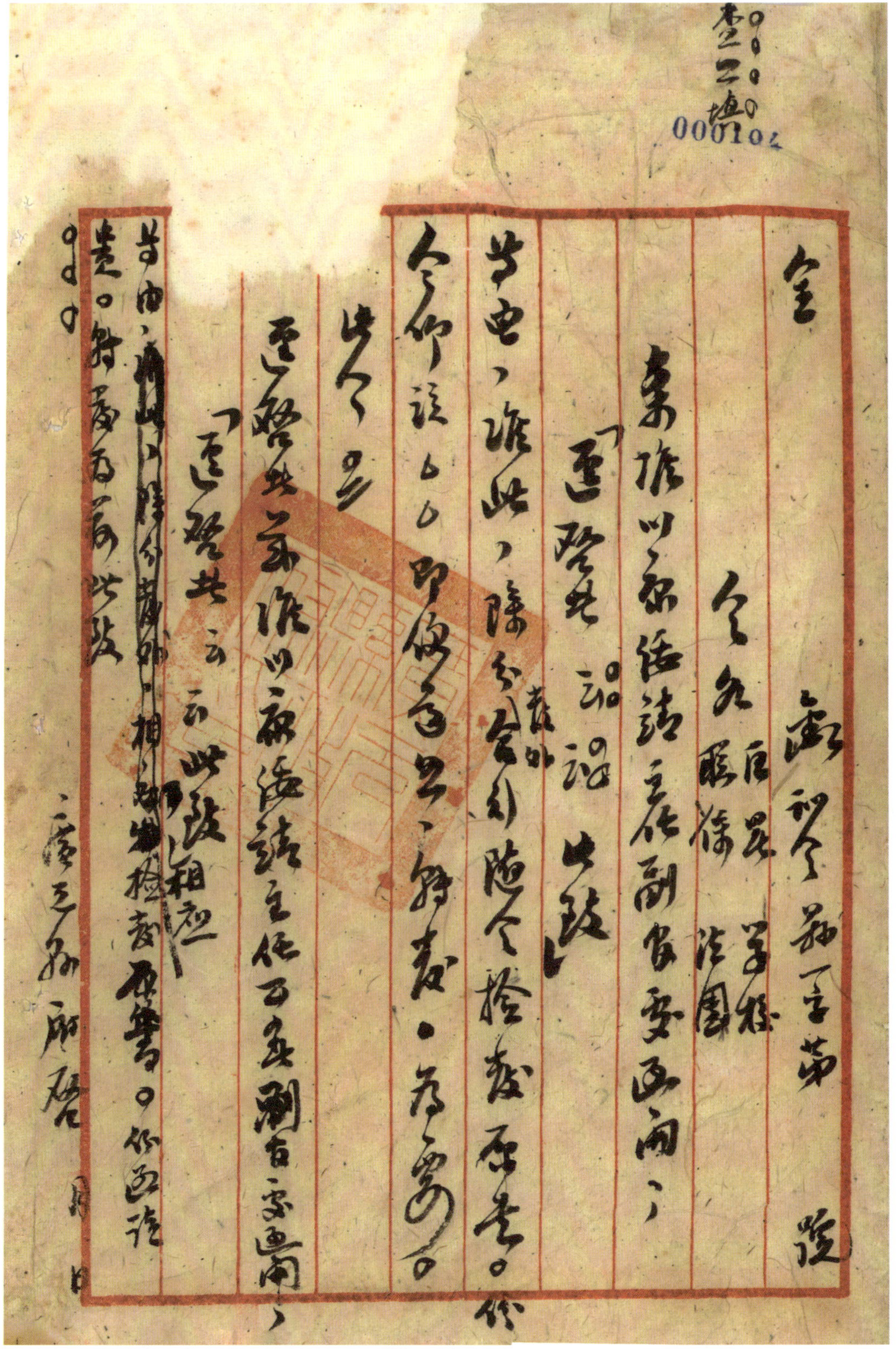

四川省政府及广元县政府关于协助抗敌后援分会及支会加紧抗敌工作的训令（一九三七年十一月）

四川省政府致广元县政府的训令（一九三七年十一月十日）

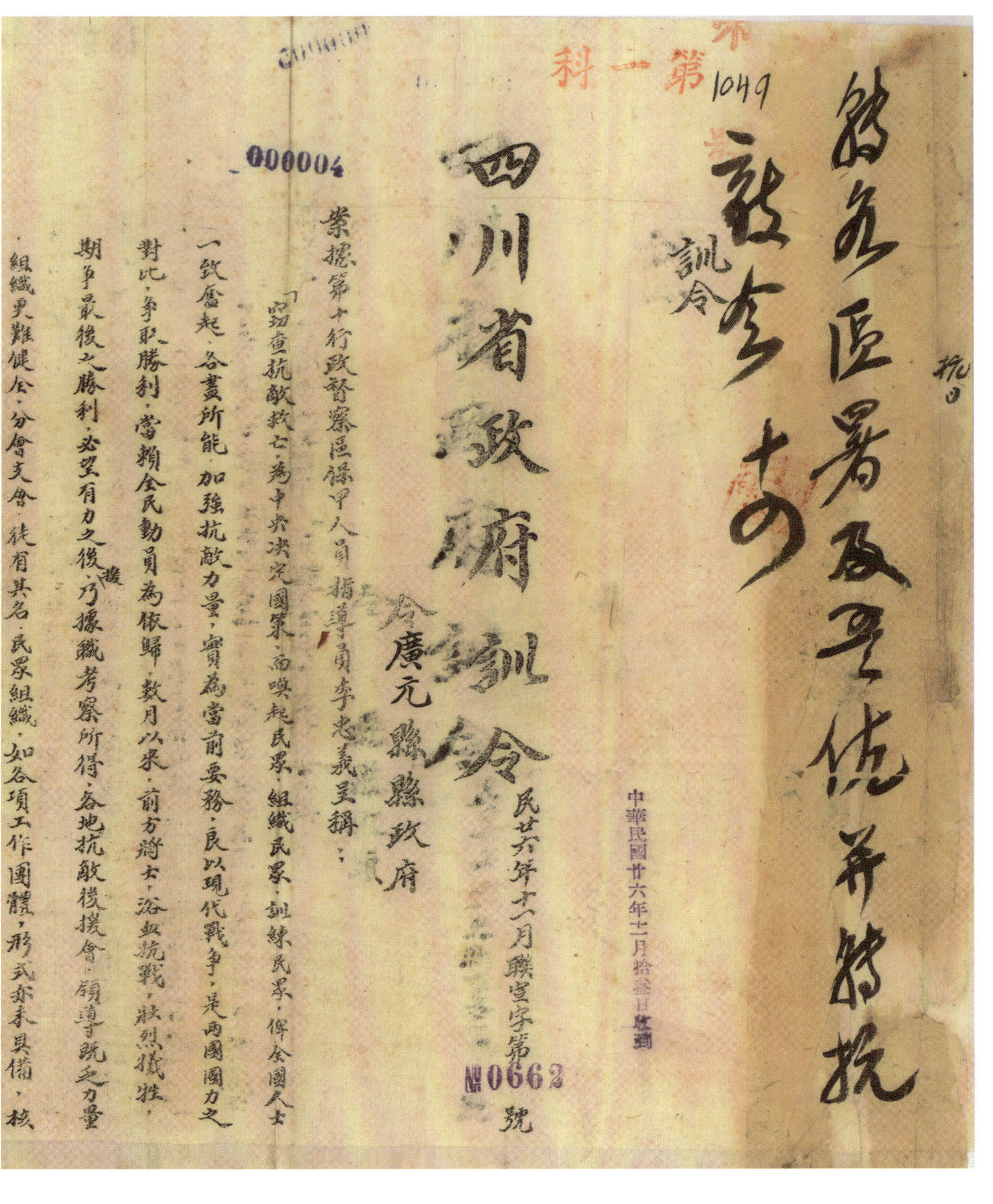

第一科 1049

000004

飭各區署及縣府并轉抗敵會 十四

抗日

四川省政府訓令　民廿六年十一月聯宣字第 No0662 號

令廣元縣縣政府

中華民國廿六年十一月拾叁日發

案據第十行政督察區保甲人員指導員李忠義呈稱：

「竊查抗敵救亡，為中央決定國策，而喚起民眾，組織民眾，訓練民眾，俾全國人士一致奮起，各盡所能，加強抗敵力量，實為當前要務。良以現代戰爭，是兩國國力之對比，爭取勝利，當賴全民動員為依歸。數月以來，前方將士，浴血抗戰，壯烈犧牲，期爭最後之勝利，必望有力之後援，乃據職考察所得，各地抗敵後援會[illegible]領導既乏力量，組織更難健全，分會支會，徒有其名，民眾組織，如各項工作團體，形式亦未具備，核

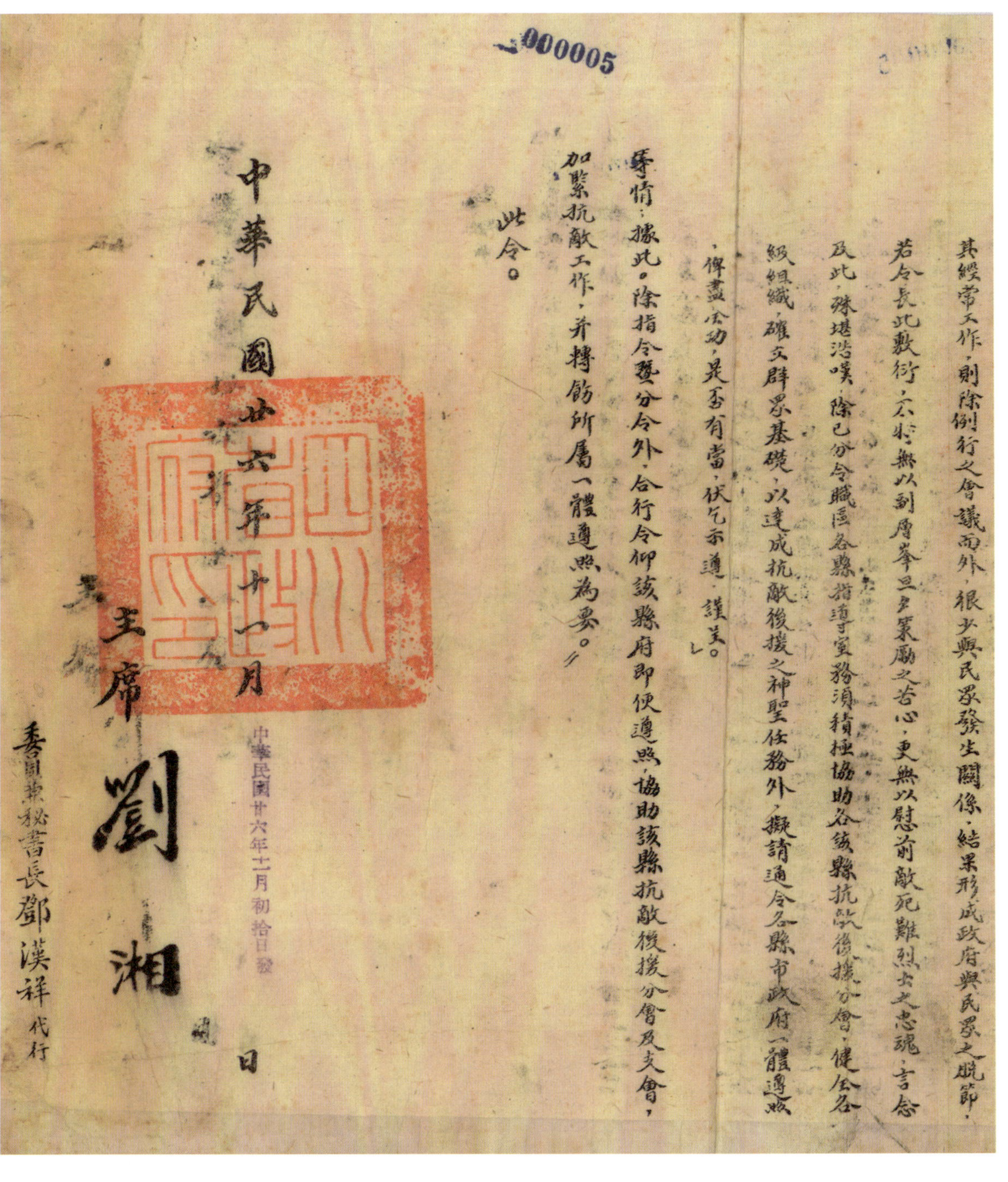
其經常工作，則除例行之會議而外，很少與民眾發生關係，結果形成政府與民眾之脫節，若令長此敷衍，不特無以副層峯旦夕策勵之苦心，更無以慰前敵死難烈士之忠魂，言念及此，殊堪浩嘆。除已分令職區各縣指導實務須積極協助各該縣抗敵後援分會，健全各級組織，確立群眾基礎，以達成抗敵後援之神聖任務外，擬請通令各縣市政府一體遵照，俾盡公助，是否有當，伏乞示遵。謹呈。」

等情。據此。除指令暨分令外，合行令仰該縣府即便遵照，協助該縣抗敵後援分會及支會，加緊抗敵工作，并轉飭所屬一體遵照為要。

此令。

中華民國廿六年十一月　日

主席　劉湘

委員兼秘書長鄧漢祥代行

中華民國廿六年十一月初拾日發

广元县政府致该县各区署、抗敌后援分会等的训令（一九三七年十一月十九日）

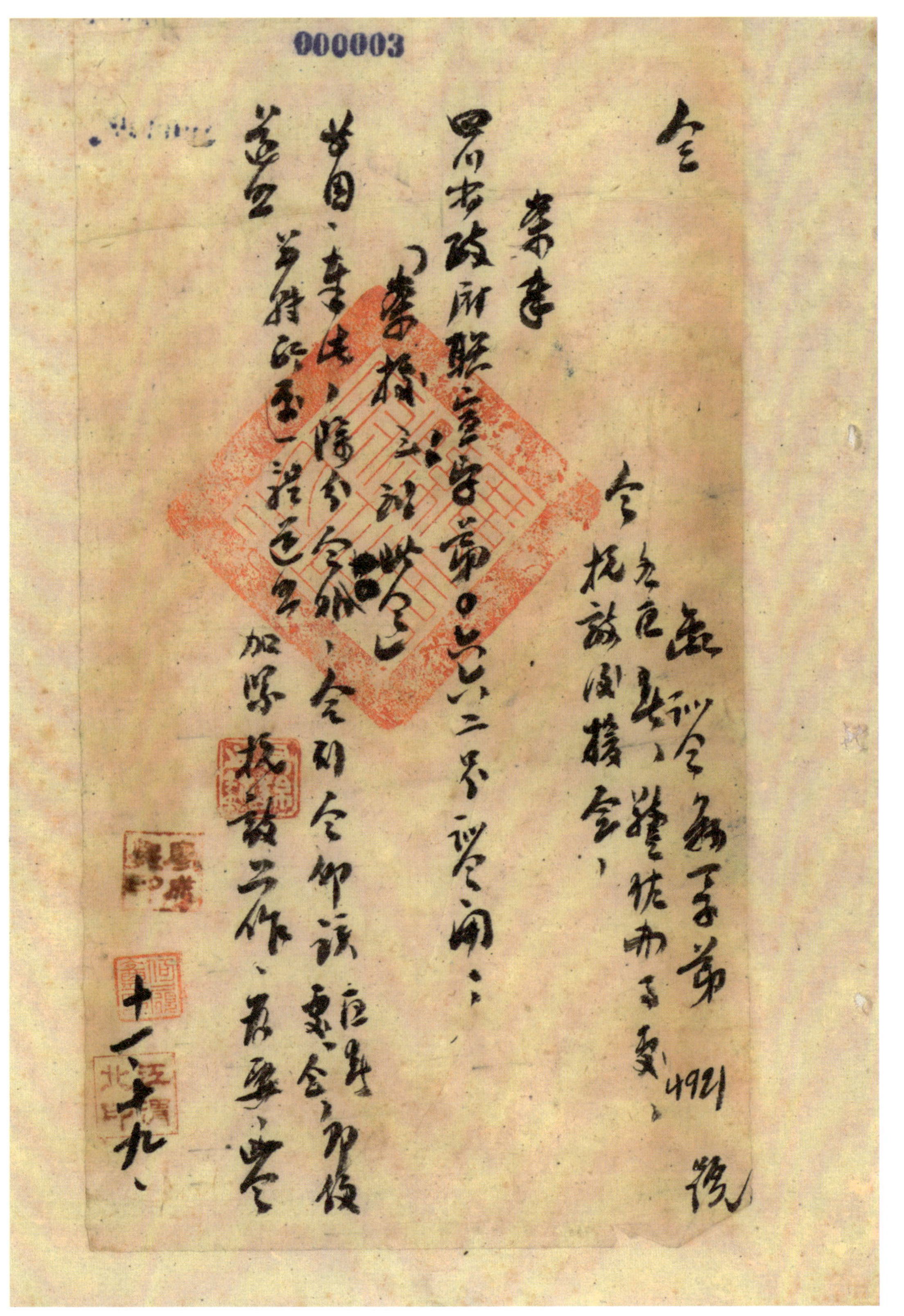

四川省政府及广元县政府关于检发转发四川省抗战救亡宣传纲要的训令（一九三七年十一月至十二月）

四川省政府致广元县政府的训令（一九三七年十一月二十五日）

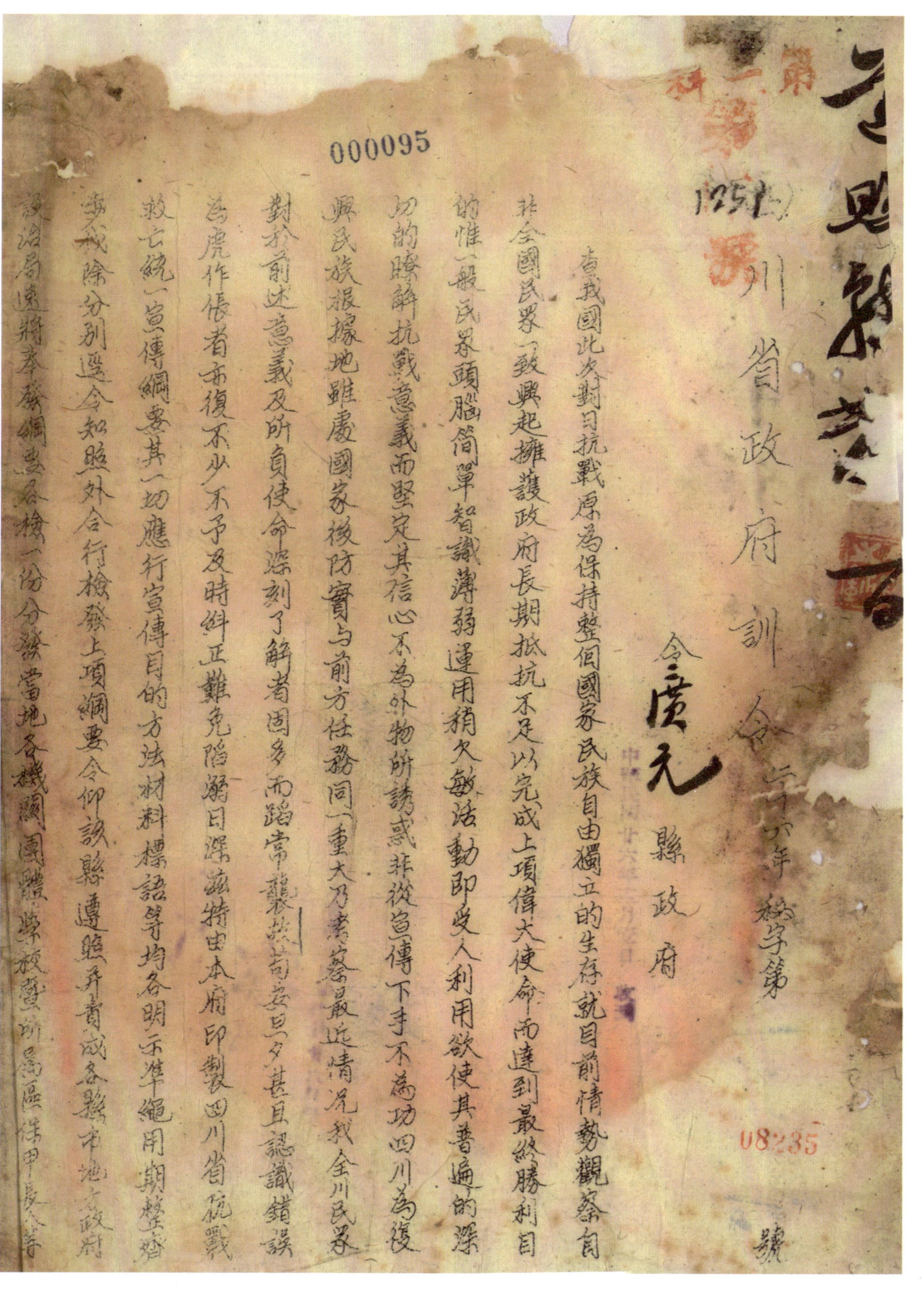

四川省政府訓令 廿六年秘字第　號

令廣元縣政府

查我國此次對日抗戰原為保持整個國家民族自由獨立的生存就目前情勢觀察自非全國民衆一致興起擁護政府長期抵抗不足以完成上項偉大使命而達到最終勝利目的惟一般民衆頭腦簡單智識薄弱運用稍欠敏活動即受人利用欲使其普遍的深切的瞭解抗戰意義而堅定其信心不為外物所誘惑非從宣傳下手不為功四川為復興民族根據地雖處國家後防實與前方任務同一重大乃察最近情況我全川民衆對於前述意義及所負使命深刻了解者固多而蹈常襲故苟安旦夕甚且認識錯誤為虎作倀者亦復不少不予及時糾正難免陷溺日深茲特由本府印製四川省抗戰救亡統一宣傳綱要其一切應行宣傳目的方法材料標語等均各明示準繩用期整齊步伐除分別遵令知照外合行檢發上項綱要令仰該縣遵照并責成各縣市地方政府設治局遵將奉發綱要各檢一份分發當地各機關團體學校暨所屬區保甲長人等

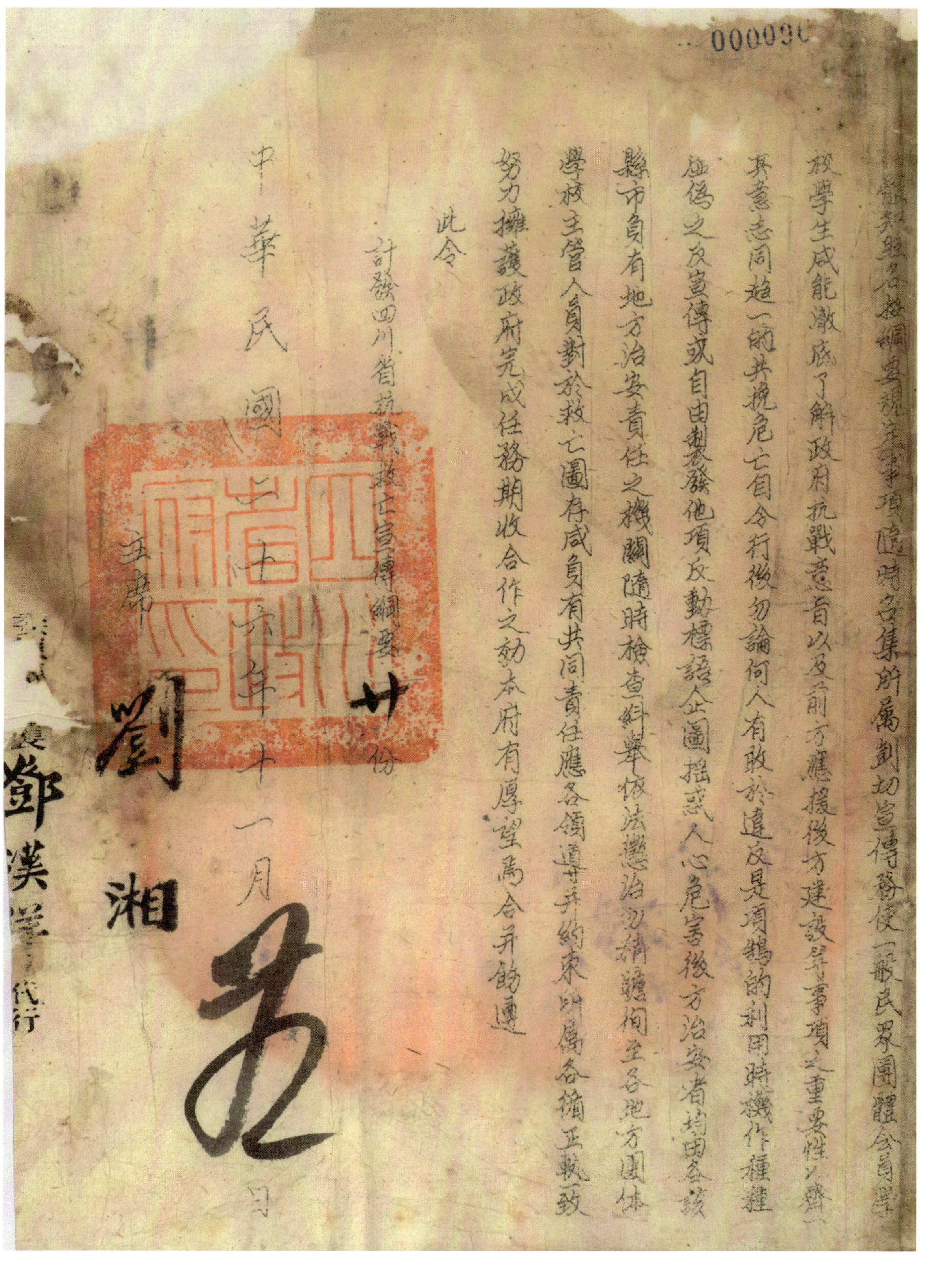

綱并照名抗綱要規定事項隨時召集所屬剴切宣傳務使一般民衆團體公務學校學生咸能澈底了解政府抗戰意旨以及前方應援後方建設各事項之重要性，一齊一其意志同趋一致共挽危亡自令行後勿論何人有敢於違反是項綱的利用時機作種種幽俗之反宣傳或自由製發他項反動標語企圖搖惑人心危害後方治安者均由各該縣市負有地方治安責任之機關隨時檢查糾舉依法懲治勿稍寬徇至各地方團体學校主管人員對於救亡圖存咸負有共同責任應各領遵并約束所屬各循正軌一致努力擁護政府完成任務期收合作之効本府有厚望焉合并飭遵

此令

計發四川省抗戰救亡宣傳綱要廿份

主席 劉湘

秘書長 鄧漢祥 代行

中華民國二十六年十一月 日

广元县政府致该县抗敌后援分会的训令（一九三七年十二月七日）

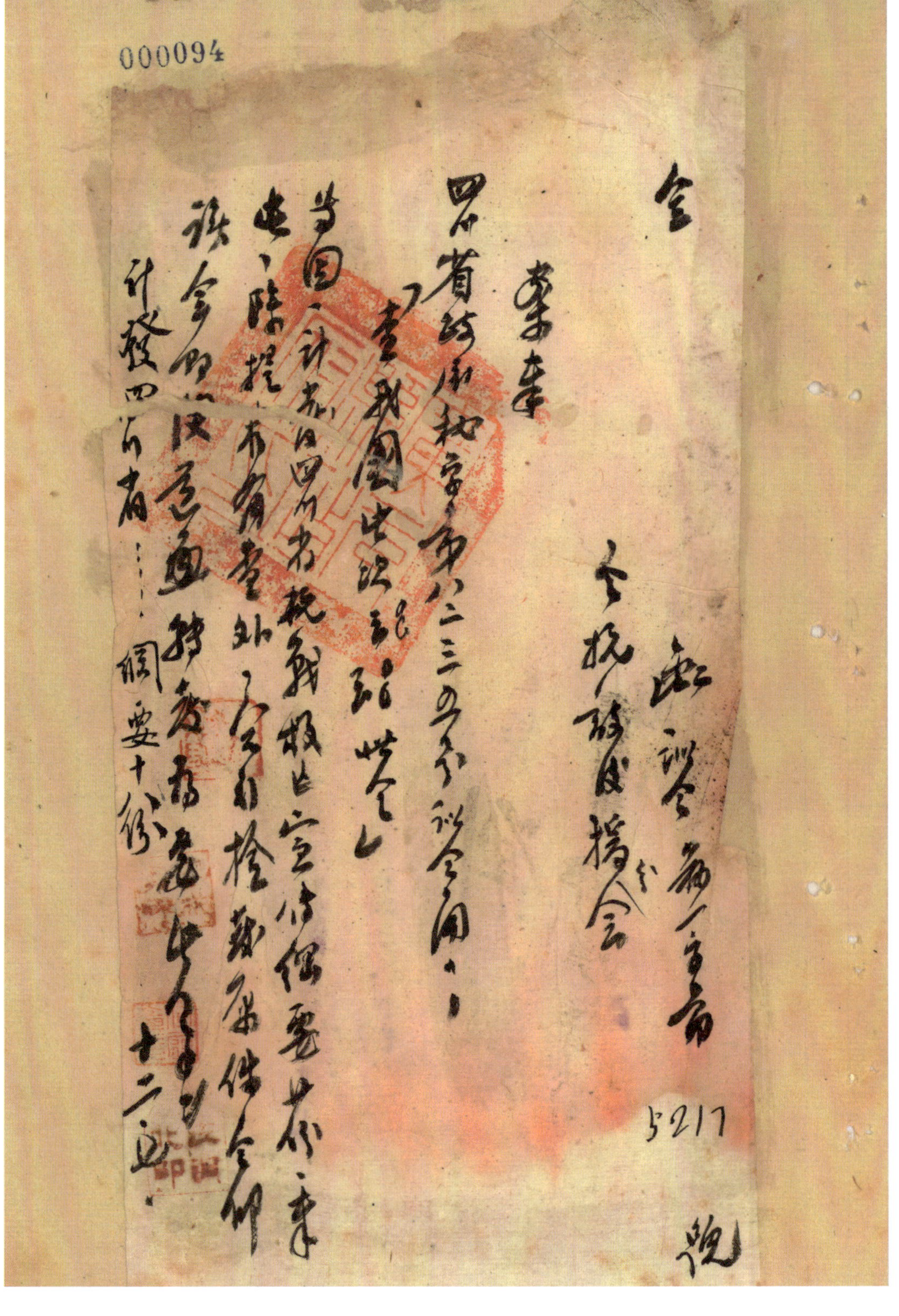

广元县政府关于奉电为「七七」抗战建国纪念设柜献金的牌告（一九三八年七月七日）

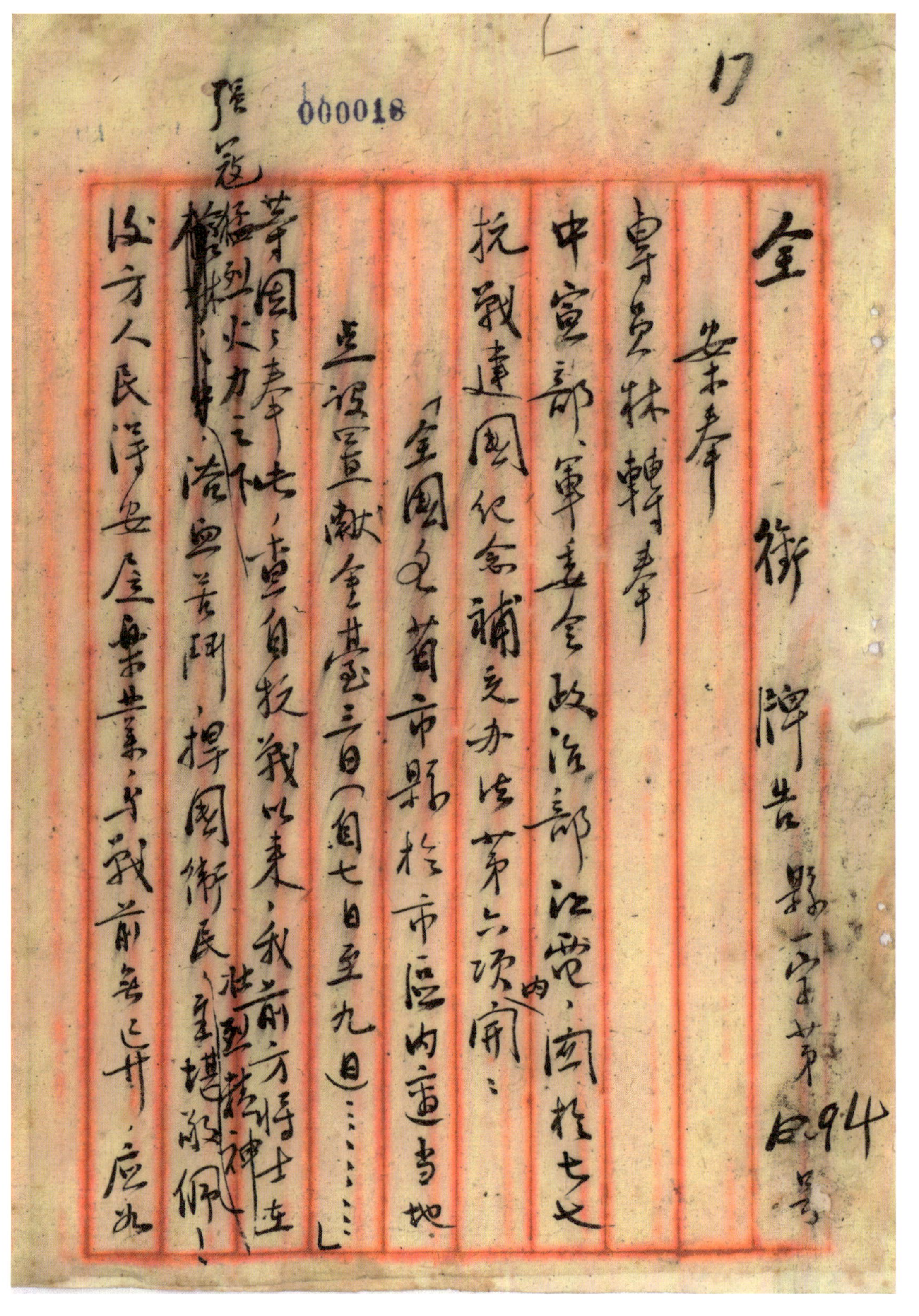

000018

衔　牌告　县一字第94号

案奉

专员林转奉

中宣部、军委会政治部江电，内开七七抗战建国纪念补充办法第六项开：

「全国各省市县于市区内适当地点设置献金柜三日（自七日至九日）……」

等因；奉此。查自抗战以来，我前方将士[illegible]精神，浴血苦斗，捍国卫民，至堪敬佩！

后方人民得安居乐业，与战前无[illegible]，应[illegible]

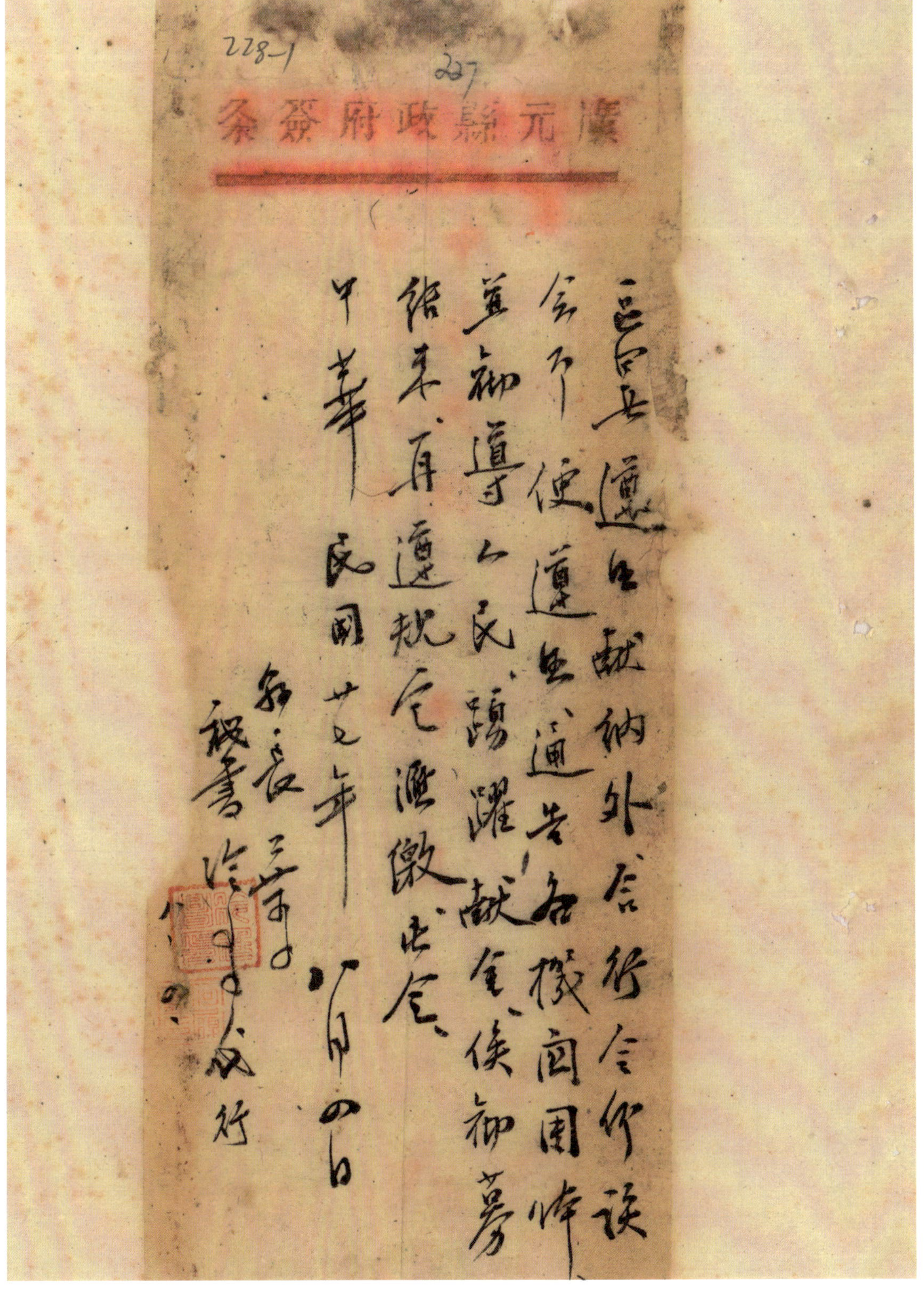
228-1

227

廣元縣政府發令

應即遵照獻納外，合行令仰該
會即便遵照，通告各機關團體、
並勸導人民踊躍獻金，俟勸募
結束，再遵照獻金匯繳為要。此令。

中華民國二十七年八月四日

縣長 [illegible]

秘書 [illegible] 代行

广元学生假期救亡宣传团关于新剧开幕恳请当期指导致该县县长的函（一九三八年八月二十二日）

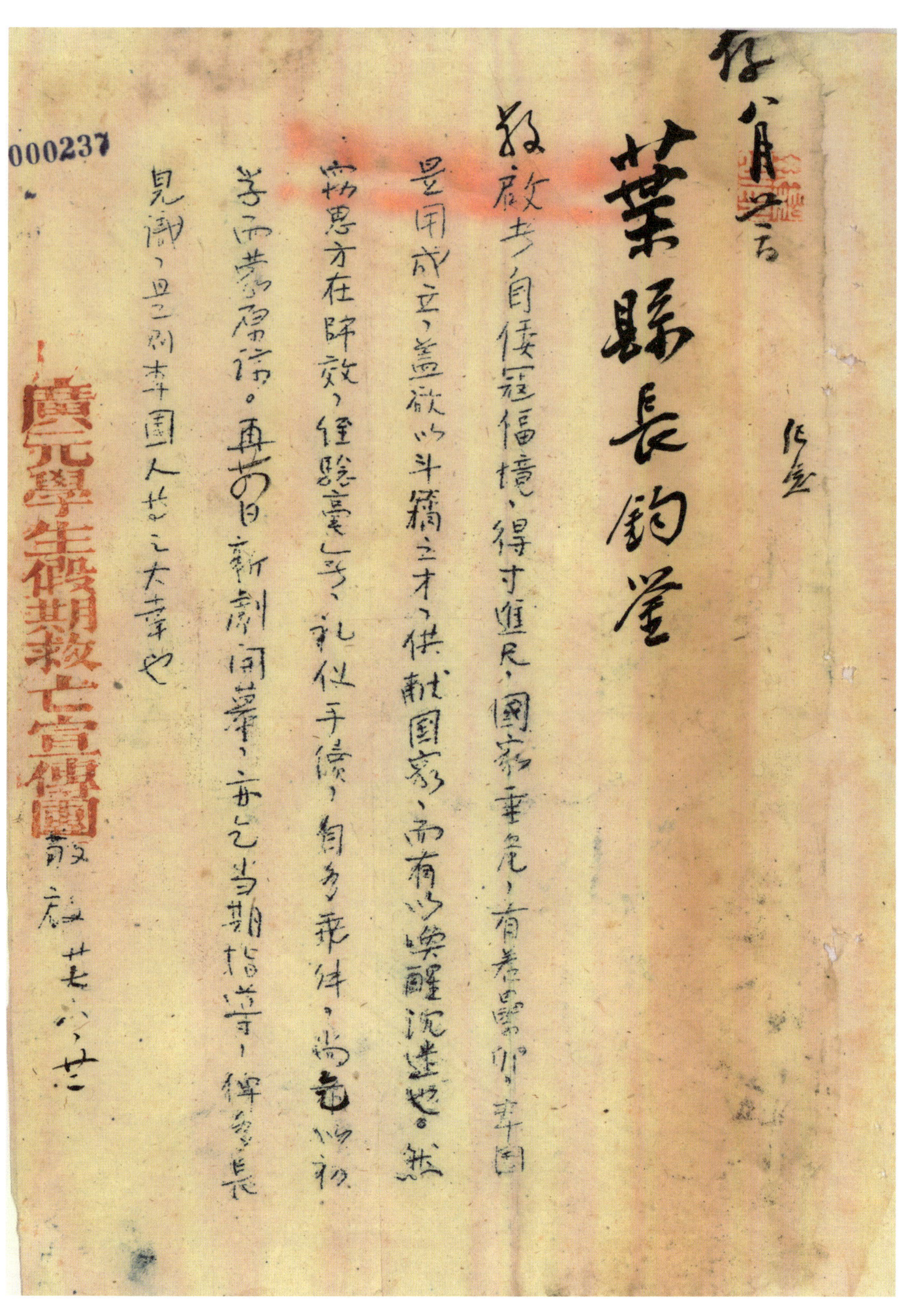

存　八月廿二日

葉縣長鈞鑒：

敬啟者，自倭寇偪境，得寸進尺，國家垂危，有若累卵，本團是用成立，蓋欲以斗筲之才，供獻國家，而有以喚醒沉迷也。然竊思方在肄業，經驗毫無，雖似手續，自多乖舛，尚希惠加教導而資厚誼。再本月廿日新劇開幕，亦乞當期指導，俾多長見識，且亦本團人員之大幸也。

廣元學生假期救亡宣傳團敬啟　廿七、八、廿二

广元县第二区区署关于遵令办理「九一八」纪念并分组宣传情形致该县政府的呈（一九三八年九月二十日）

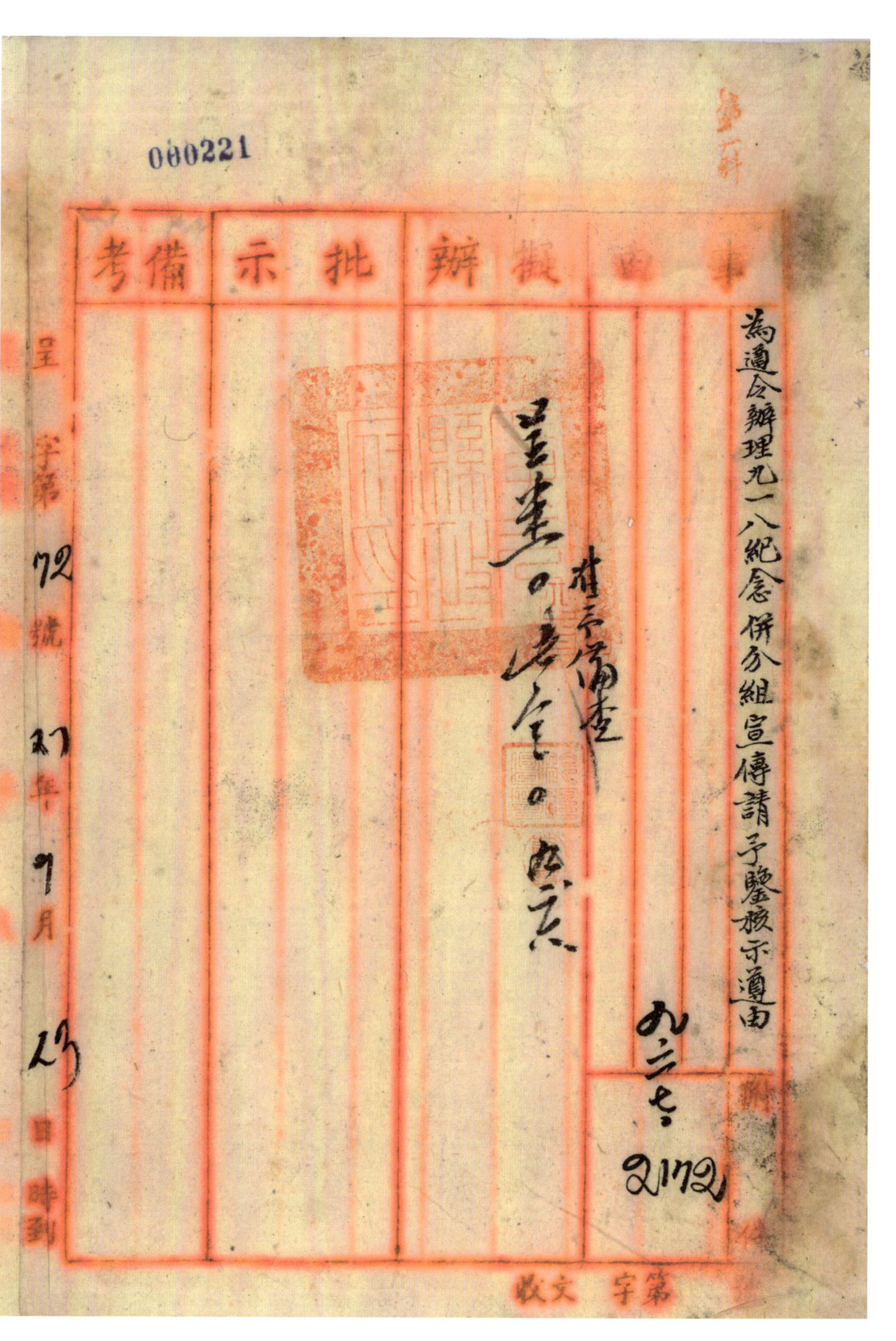

000221

事由：為遵令辦理九一八紀念併分組宣傳請予鑒核示遵由

擬辦

批示

備考

九二七 2172

呈 字第 72 號 27 年 9 月 23 日 時到

收文 字第

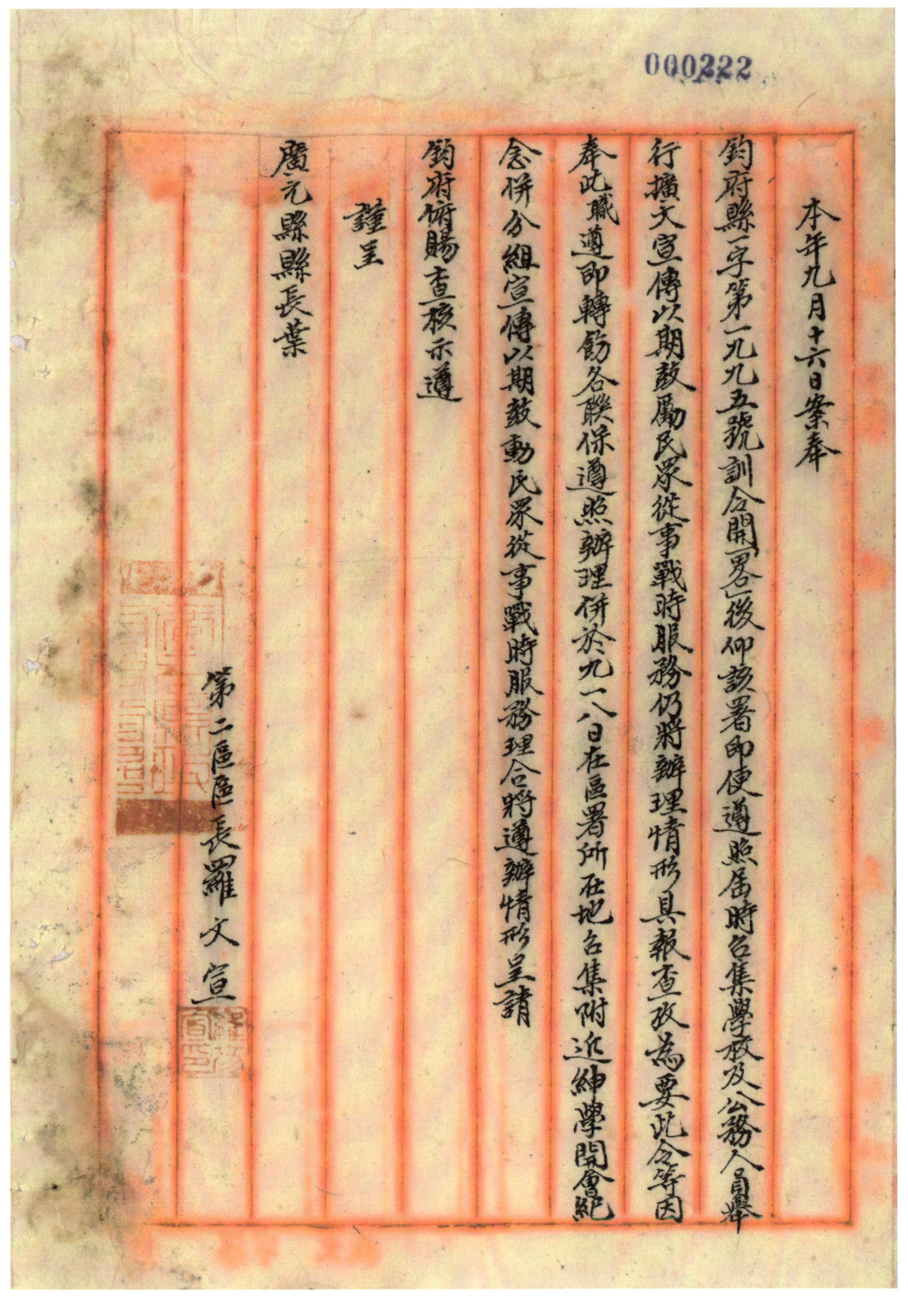

000222

本年九月十六日案奉

鈞府縣一字第一九九五號訓令開「略」後仰該署即使遵照屆時召集學校及公務人員舉行擴大宣傳，以期鼓勵民衆從事戰時服務，仍將辦理情形具報查考爲要。此令。等因。

奉此，職遵即轉飭各聯保遵照辦理，并於九一八日在區署所在地召集附近紳學開會紀念，并分組宣傳，以期鼓動民衆從事戰時服務。理合將遵辦情形呈請

鈞府俯賜查核示遵。

謹呈

廣元縣縣長葉

第二區區長羅文宣

000224

中華民國廿七年九月二十日

四川省第十四区行政督察专员公署及广元县政府关于奉电于「九一八」纪念日举行大规模征募寒衣及慰劳品运动的电令（一九三八年十月）

四川省第十四区行政督察专员公署致广元县政府的代电（一九三八年十月二日）

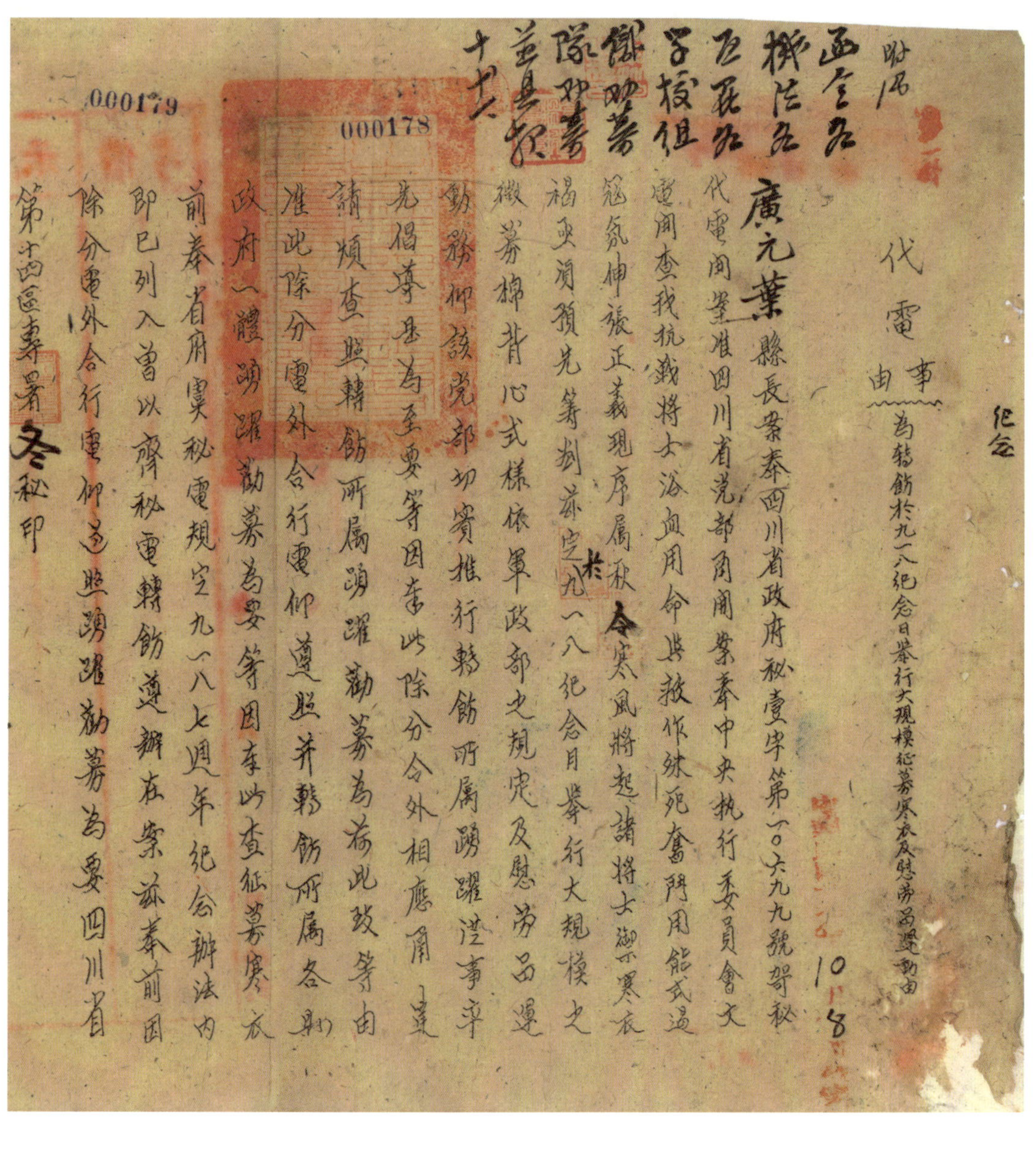

事由：為轉飭於九一八紀念日舉行大規模徵募寒衣及慰勞品運動由

代電

廣元葉縣長：案奉四川省政府秘壹字第一〇六九九號哿秘代電開：案准四川省黨部商開：案奉中央執行委員會文電開：查我抗戰將士浴血用命，與敵作殊死奮鬥，用能式遏寇氛，伸張正義。現序屬秋令，寒風將起，諸將士禦寒衣裾，亟須預先籌劃，茲定於九一八紀念日舉行大規模之徵募棉背心（式樣依軍政部之規定）及慰勞品運動。仰該黨部切實推行，轉飭所屬踴躍從事，率先倡導，是為至要。等因。奉此，除分令外，相應函達，請煩查照，轉飭所屬踴躍勸募為荷。此致。等由。准此，除分電外，合行電仰遵照，并轉飭所屬各縣政府一體踴躍勸募為要。等因。奉此，查徵募寒衣前奉省府寘秘電規定九一八七週年紀念辦法內即已列入，曾以齊秘電轉飭遵辦在案。茲奉前因，除分電外，合行電仰遵照踴躍勸募為要。四川省第十四區專署冬秘印

广元县政府致各区署、机关等的训令（一九三八年十月十五日）

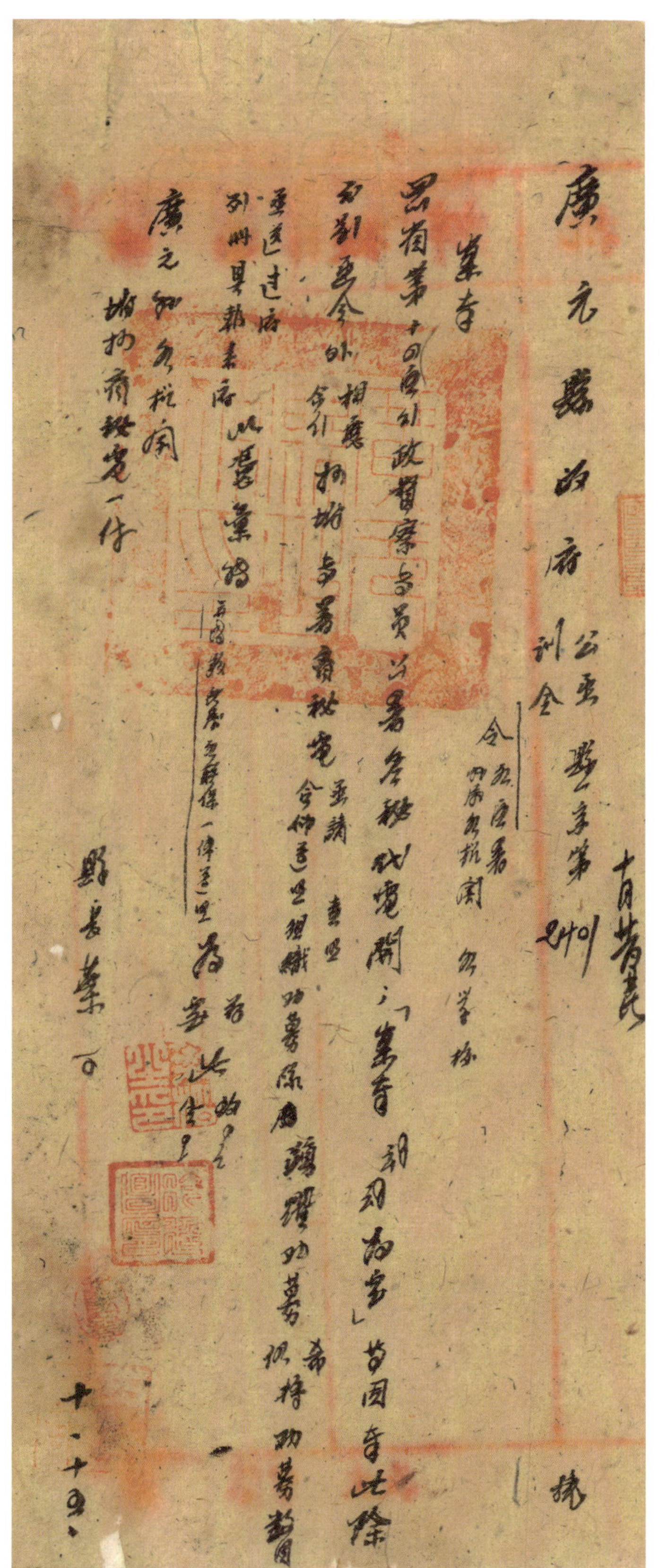

四川省政府及广元县政府关于奉发抗战特殊忠勇官兵表扬与宣传实施细则的训令（一九三九年九月至十月）

四川省政府致广元县政府的训令（一九三九年九月）

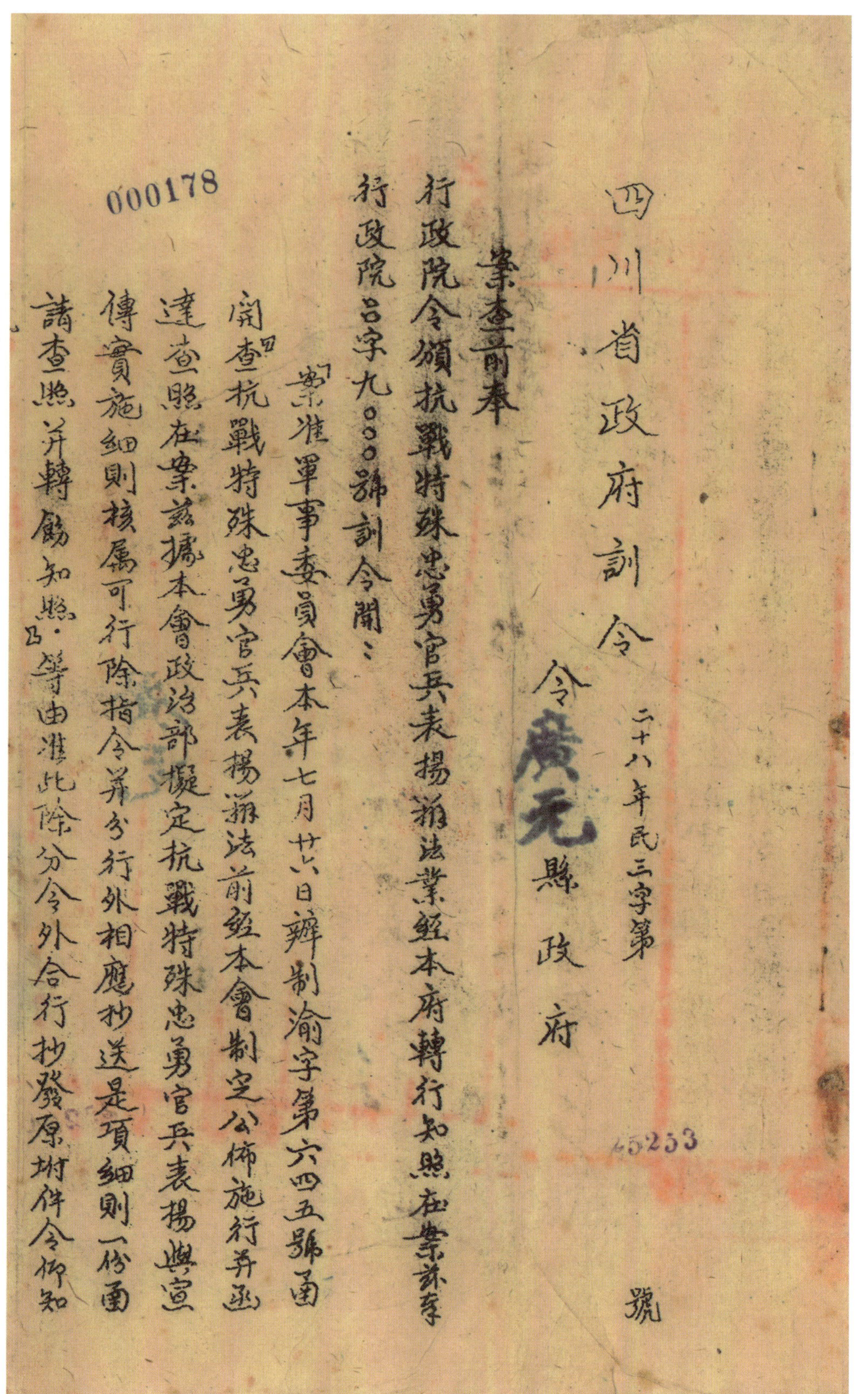
四川省政府訓令　二十八年民三字第　號

令廣元縣政府

案查前奉

行政院令頒抗戰特殊忠勇官兵表揚辦法，業經本府轉行知照在案。茲奉

行政院呂字九〇〇〇號訓令開：

「案准軍事委員會本年七月廿六日辦制渝字第六四五號函開：查抗戰特殊忠勇官兵表揚辦法，前經本會制定公佈施行，并函達查照在案。茲據本會政治部擬定抗戰特殊忠勇官兵表揚與宣傳實施細則，核屬可行，除指令并分行外，相應抄送是項細則一份，函請查照并轉飭知照。』等由，准此，除分令外，合行抄發原附件，令仰知

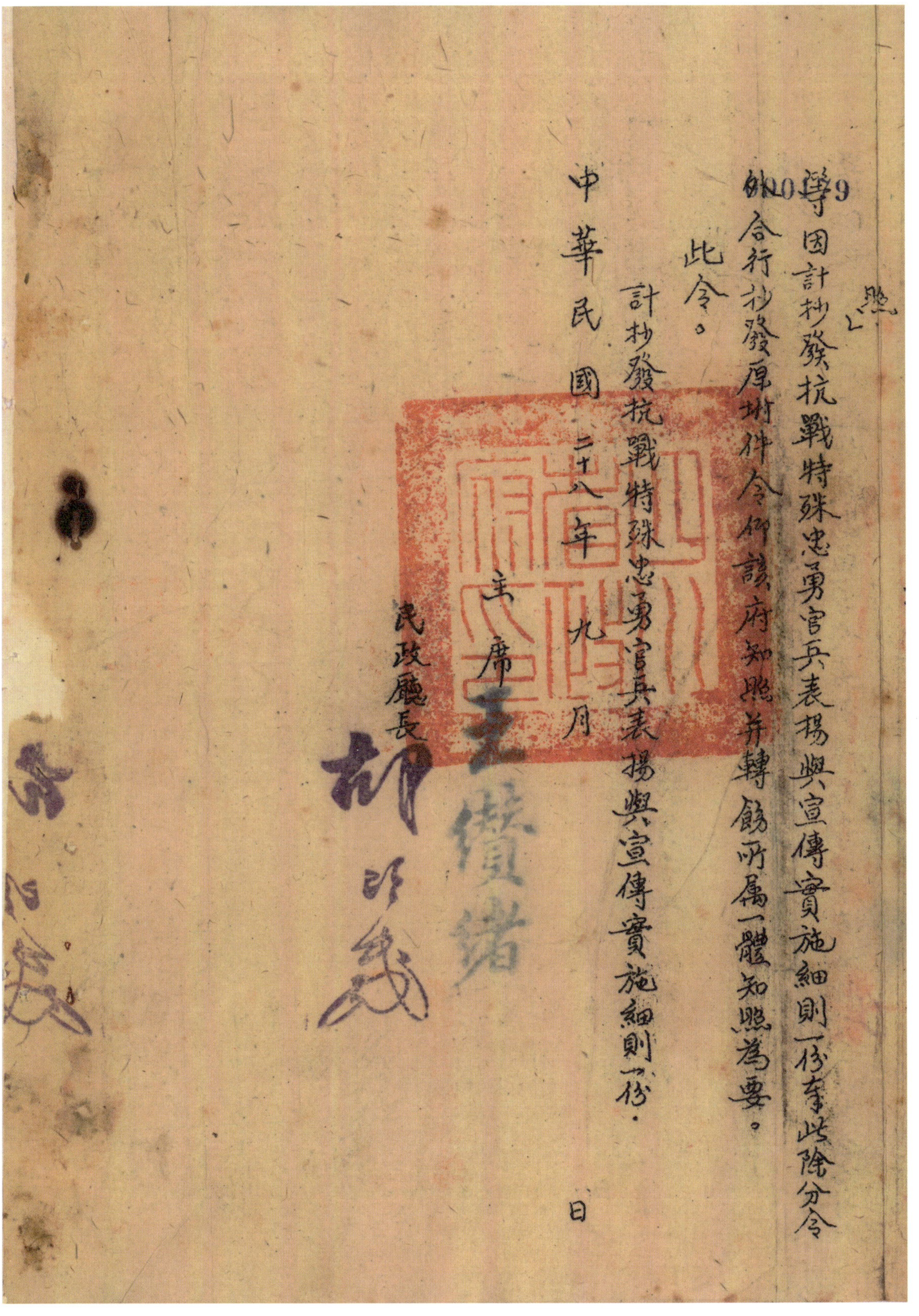

等因，計抄發抗戰特殊忠勇官兵表揚與宣傳實施細則一份，奉此，除分令外，合行抄發原附件，令仰該府知照，并轉飭所屬一體知照為要。

此令。

計抄發抗戰特殊忠勇官兵表揚與宣傳實施細則一份。

主席 王纘緒

民政廳長 胡次威

中華民國二十八年九月　日

抗戰特殊忠勇官兵表揚與宣傳實施細則草案

第一條　本細則係根據抗戰特殊忠勇官兵表揚辦法第十條訂定之。

第二條　應予表揚宣傳之官兵或部隊以合於抗戰特殊忠勇官兵表揚辦法第三條所規定為限。

第三條　請求表揚宣傳之件應由各該部隊層報戰區長官轉送政治部辦理。

第四條　請求表揚宣傳之件請求者應將下列各點從詳報告。

一、職別、階級、姓名或部隊名稱。

二、隸屬番號部隊長官姓名。

三、忠勇作戰之詳細事蹟。

四、過去歷史。

五、本人照片及其他足資證明之附件。

第五條　表揚宣傳之辦法依抗戰特殊忠勇官兵表揚辦法第四條之規

000181

定應照左列各項辦理。

（甲）送通訊發表者以忠勇作戰之事蹟作為新聞稿依下列兩辦法送列之。

一、送由中央通訊社發交全國各地報紙列載。

二、政治部直轄之掃蕩報及陣中日報應闢忠勇將士史實欄經常刊載本條之新聞稿及其他簡表傳記等。

（乙）送登軍事各定期刊者以本會所屬各部會所辦之定期刊物為主其送稿件分下列各種：

一、傳記

二、忠勇作戰事蹟

三、忠勇將士事蹟簡表（表附後）

四、忠勇官兵傾受勛獎表（表附後）

（丙）編定事蹟或傳記印發前後方或發售者分下列各辦法：

一、編入英烈故事蹟

二、在本鄉或作戰地建坊立塔

三、編印傳記

四、在抗戰史鑑中列入忠勇將士表

（丁）建坊立塔者分下列各辦法：

一、賜題匾額

二、在本鄉或作戰地立塔

第六條 前條（甲）（乙）（丙）各項之表揚宣傳由政治部辦理之（丁）項之表揚由政治部會同本會銓叙廳及撫卹委員會辦理之。

第七條 第五條（丁）項匾額之傳達及坊塔之建立由所在地之軍隊政治部會同地方政府辦理其經費由主辦地方政府籌措之

第八條 經政治部予以表揚宣傳之忠勇官兵事蹟各級政治部應以之為經常宣傳材料向部隊及民衆宣傳以激起官兵忠勇作

戰精神民衆踴躍從軍之情緒

第九條 凡予以表揚宣傳之件其所隸屬單位之政治部應召集全體官兵舉行慶祝如本人已成仁者舉行追悼并應向其家屬弔慰

第十條 政治部辦理表揚宣傳案件應作為經常業務并在其工作報告中列敘之

第十一條 應予表揚宣傳之官兵除依照抗戰特殊忠勇官兵表揚辦法及本細則所規定者辦理外其應予發表登刊編輯表揚宣傳之材料由政治部查照各戰區長官轉送之案件并向各級政治部與本會有關主管業務之各部會廳切取連繫搜集之

第十二條 本細則自呈奉軍事委員會核准之日施行。

000184

（附表一）

忠勇將士簡表

軍事委員會政治部製

民國　年　月　日

隸屬部隊名稱	階級	姓名	年齡	籍貫	忠勇作戰事蹟			備考
					日期	地點	經過情形	

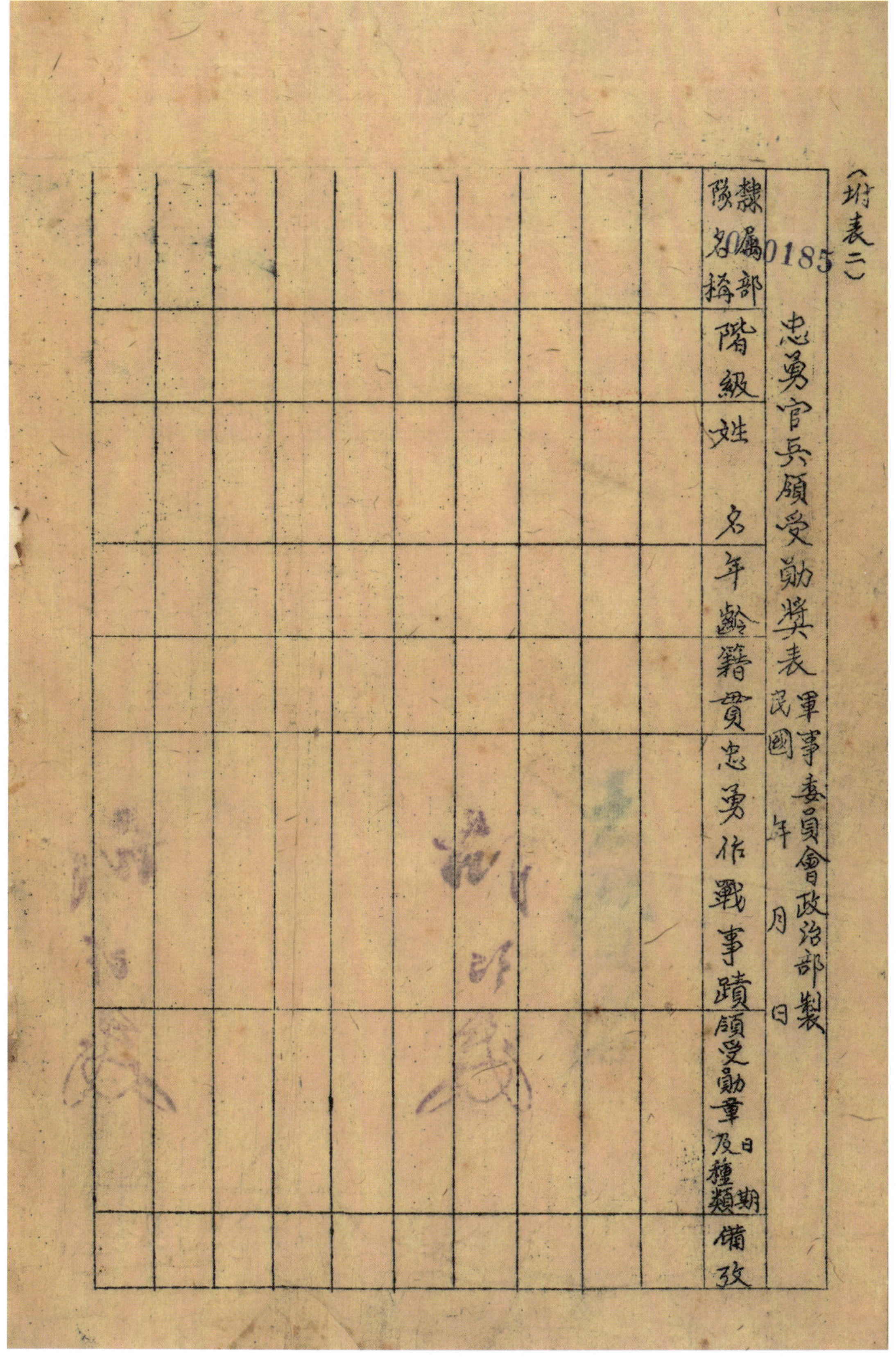
（附表二）

0185

忠勇官兵頒受勛奬表

軍事委員會政治部製

民國　年　月　日

隸屬部隊名稱	階級	姓名	年齡	籍貫	忠勇作戰事蹟	頒受勛章日期及種類	備攷

广元县政府致该县各区署的训令（一九三九年十月十日）

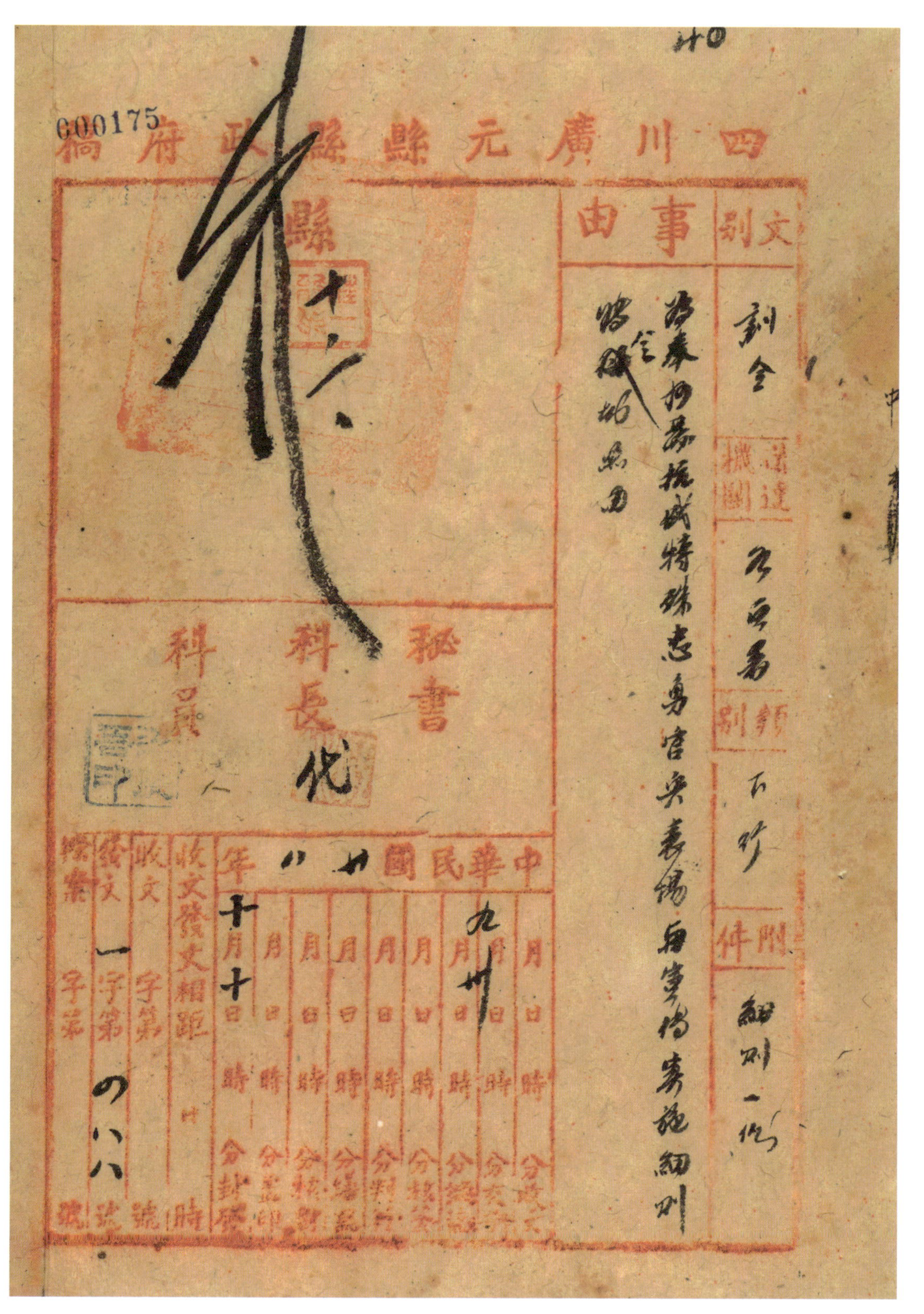
四川广元县政府稿

文别	训令
送达机关	各区署
类别	下行
附件	细则一份

事由：为奉颁抗战特殊忠勇官兵表扬实施细则令仰知照由

秘书　科长　科员

中华民国廿八年

九月卅日　十月十日

收文 字第　号
发文 一字第〇八八号
档案 字第　号

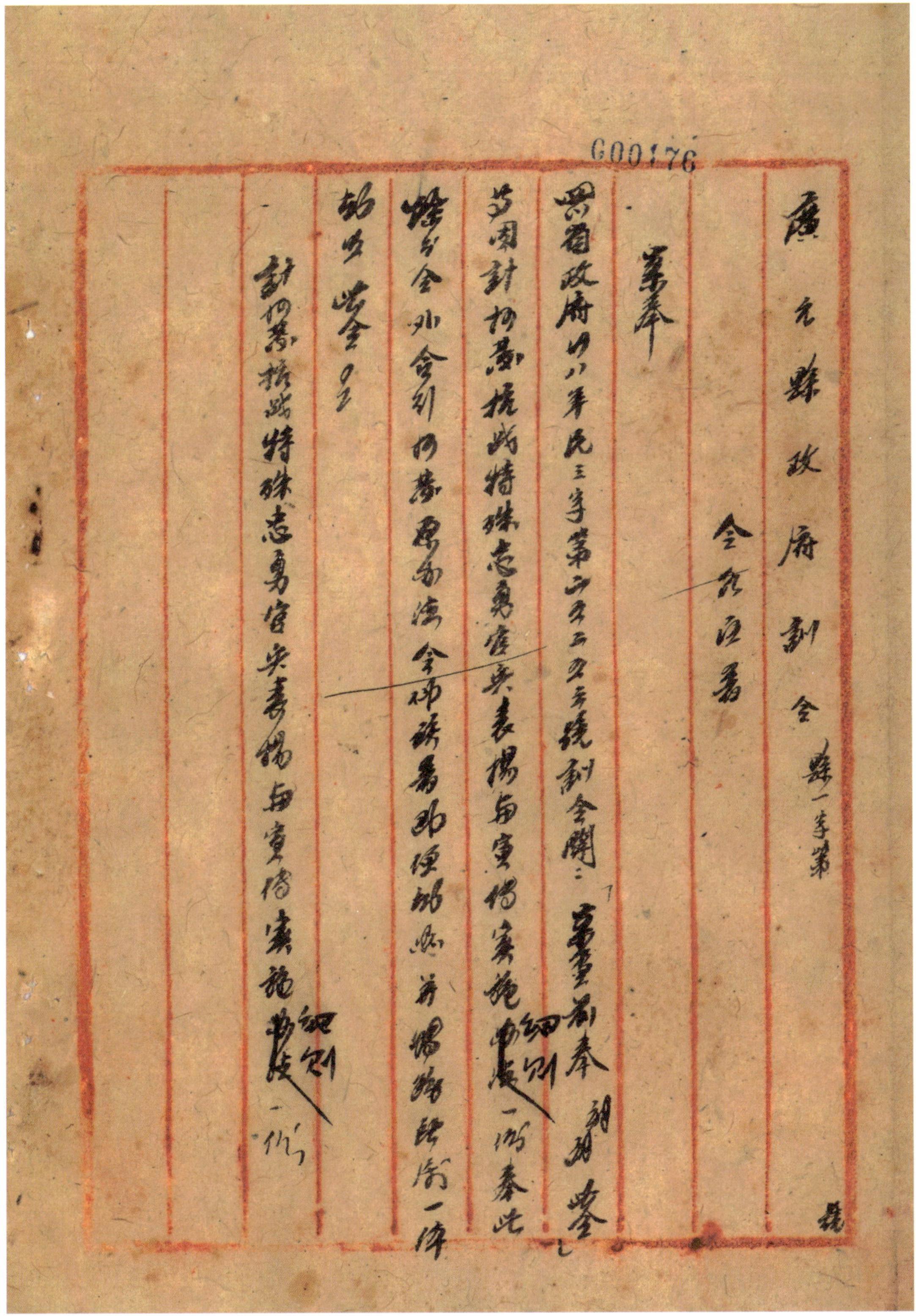

G00176

廣元縣政府訓令　縣一字第　　號

令各區署

案奉

四川省政府廿八年民三字第二五二五號訓令開：「案查前奉　副司令鑒
並頒發抗戰特殊忠勇官兵表揚與宣傳實施細則一份，奉此，
除分令外，合行抄發原細則，令仰該署遵照，並轉飭所屬一体
知照。此令。」

計抄發抗戰特殊忠勇官兵表揚與宣傳實施細則一份

四川省第十四区行政督察专员公署及广元县政府关于抄发中央宣传部会发第一〇四次宣传要点的训令（一九四〇年七月至八月）

四川省第十四区行政督察专员公署致广元县政府的训令（一九四〇年七月十五日）

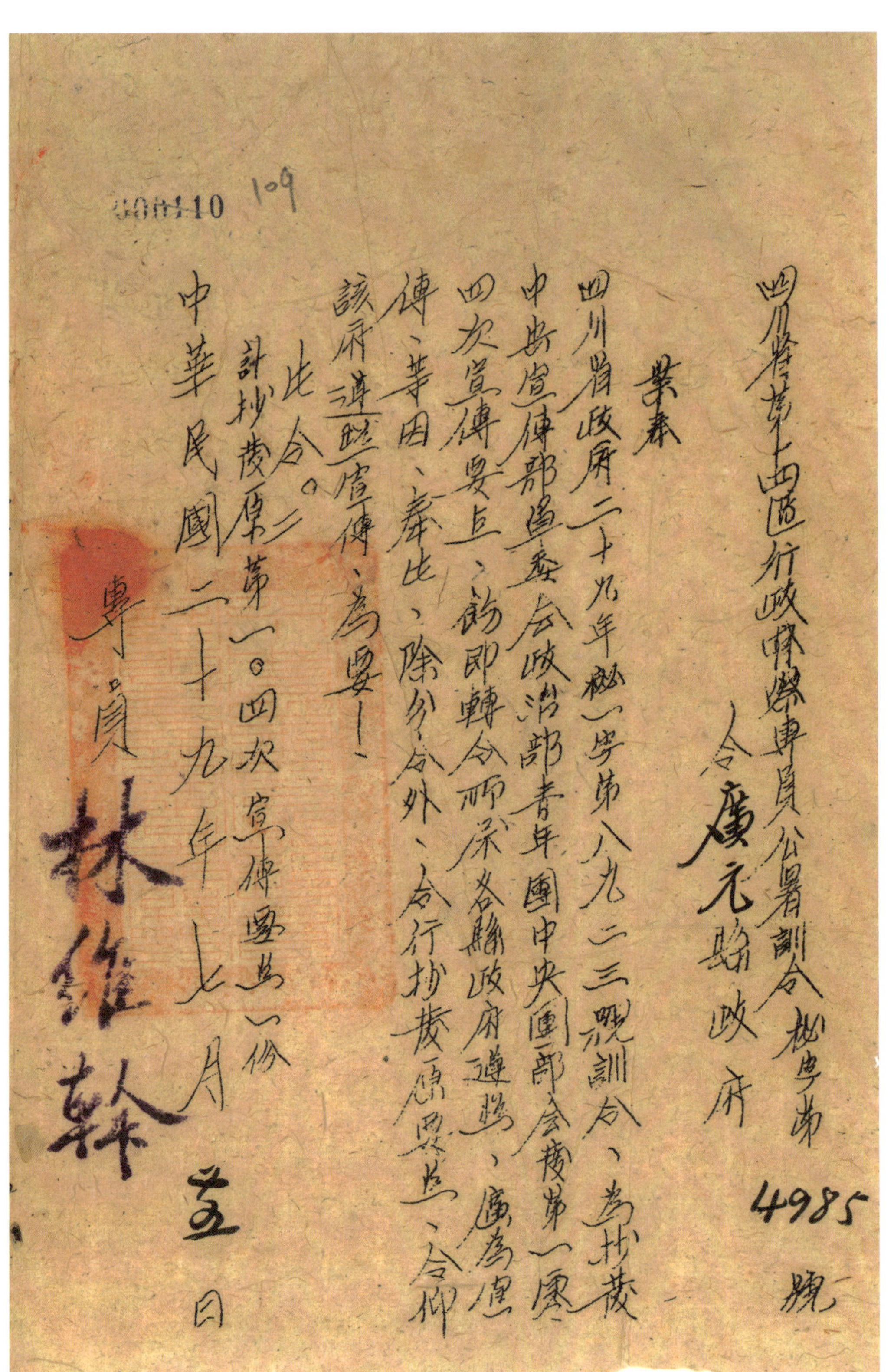

四川省第十四区行政督察专员公署训令 秘字第4985号

令广元县政府

案奉

四川省政府二十九年秘一字第八九二三号训令，为抄发中央宣传部、党政委会政治部、青年团中央团部会发第一〇四次宣传要点，饬即转令所属各县政府遵照，广为宣传，等因，奉此，除分令外，合行抄发原要点，令仰该府遵照宣传，为要！

此令。

计抄发第一〇四次宣传要点一份

专员 林维干

中华民国二十九年七月 五 日

附：中央宣传部、军委会政治部、青年团中央团部颁发第一〇四次宣传要点

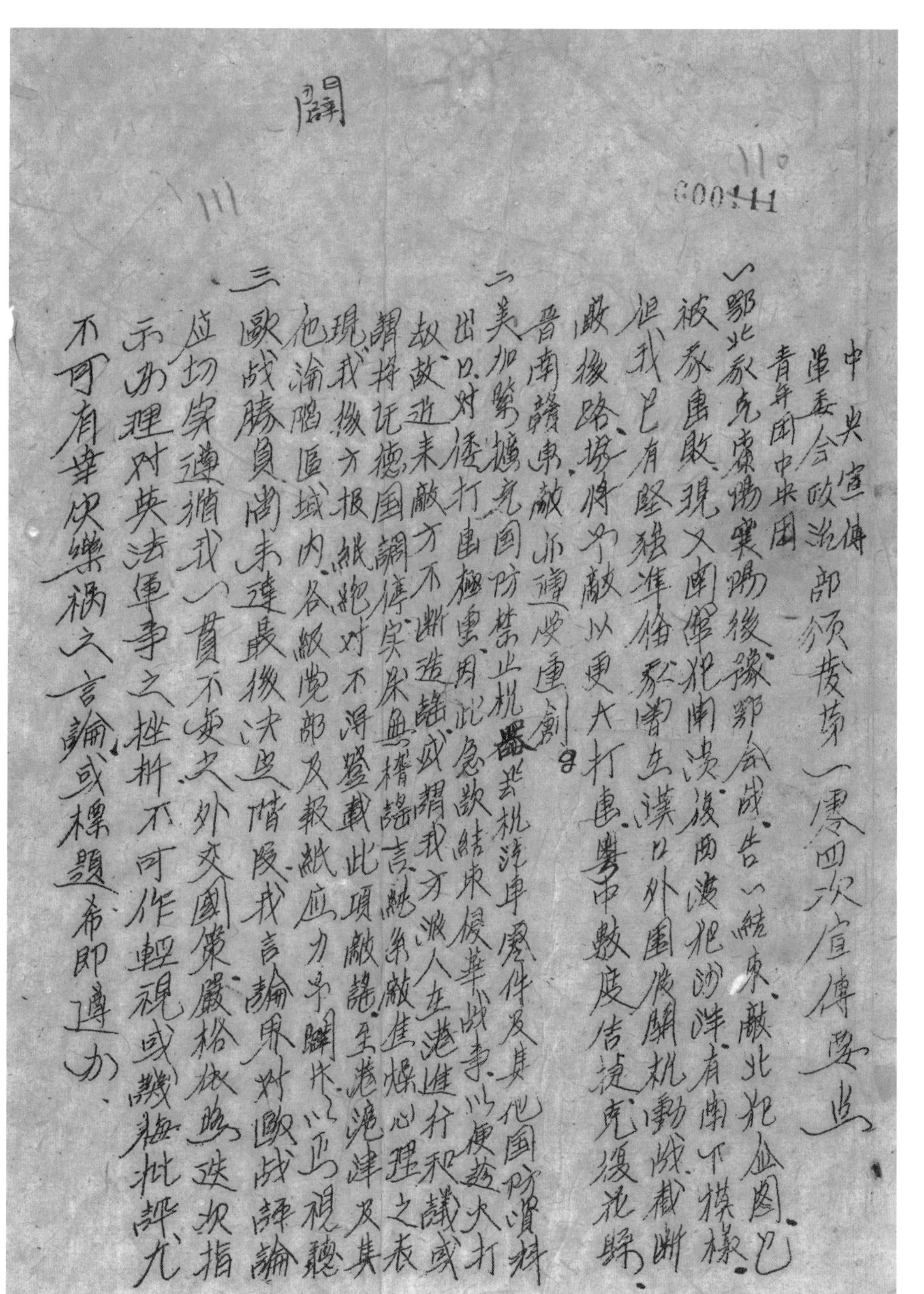

中央宣傳部
軍委會政治部 頒發第一〇四次宣傳要點
青年團中央團

一、鄂北我克襄陽後，豫鄂會戰告一結束，敵北犯企圖已被我粉碎，現又南犯，渡沙洋，有南下模樣，但我已有堅強準備，必嚮在漢以外圍展開機動戰，截斷敵後路，將予敵以更大打擊。粵中數度告捷，克復花縣。晉南贛東敵亦遭受重創。

二、美加緊擴充國防，禁止機器、飛機汽車零件及其他國防資料出口，對倭打擊極重，因此急欲結束侵華戰事，以便趁火打劫。故敵近來敵方不斷造謠，或謂我方派人在港進行和議，或謂將托德國調停，實屬無稽謠言，藉以欺騙敵人心理之表現。我後方報紙絕對不得登載此項敵謠，至港滬津及其他淪陷區域內，各級黨部及報紙應力予闢斥，以正視聽。

三、歐戰勝負尚未達最後決定階段，我言論界對歐戰評論應切實遵循我一貫不變之外交國策，嚴格依照迭次指示辦理，對英法軍事之挫折不可作輕視或譏諷批評，尤不可有幸災樂禍之言論或標題，希即遵辦。

广元县政府致该县第二、三、四区署等的训令（一九四〇年八月七日）

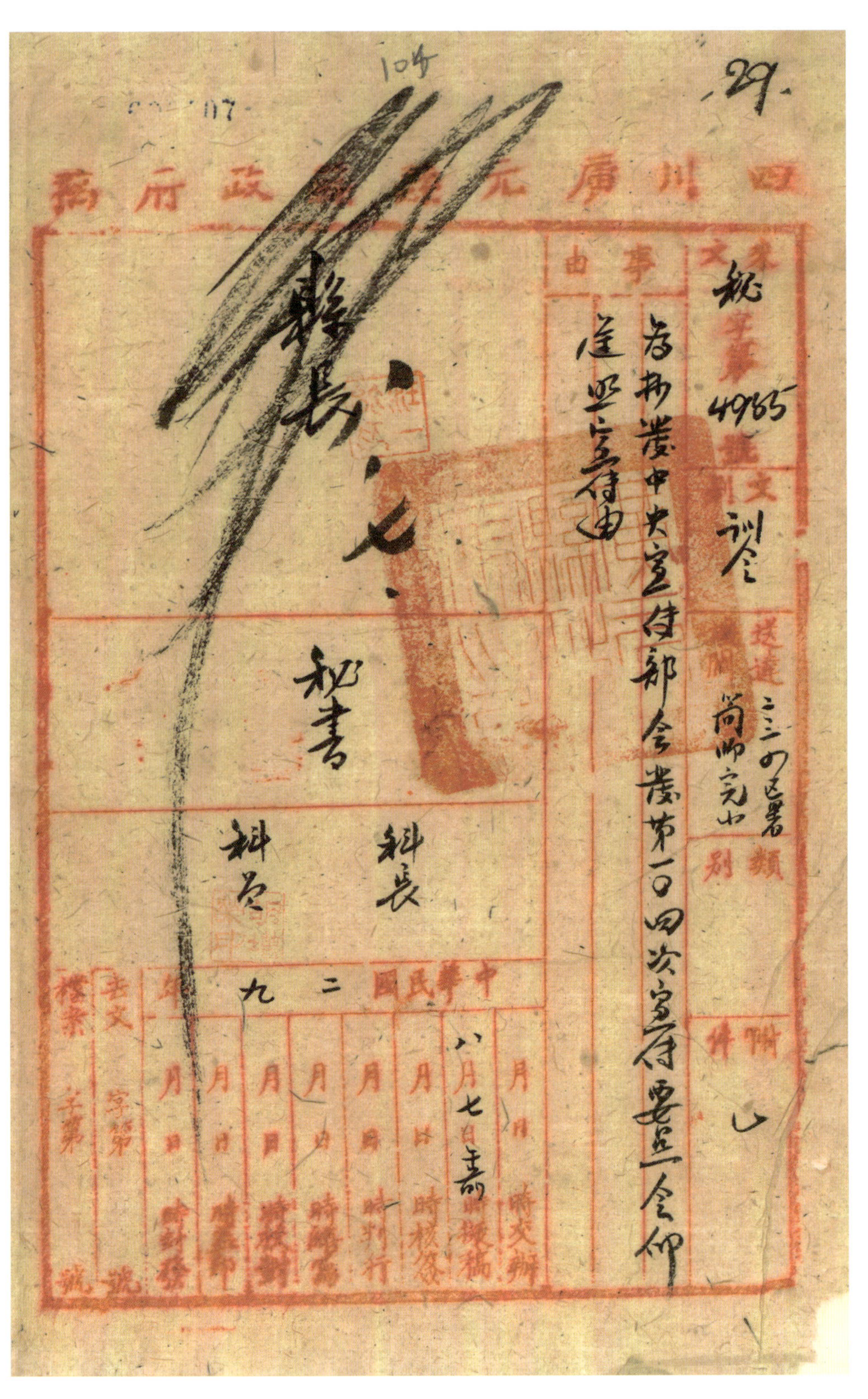
四川廣元縣政府稿

來文 秘字第4985號

文別 訓令

送達機關 二三四區署 簡師 完小

事由 為抄發中央宣傳部令發第一〇四次宣傳要點令仰遵照宣傳由

附件

縣長

秘書

科長

科員

中華民國二九年

八月七日擬稿

107 106

全衔训令　　字第　　號

令○○○

案奉

四川省第十四行政督察专员公署秘字第四九八五號训令开：

「云云」此令」

等因，奉此，除分令外，合行抄发原要点，令仰该　遵照宣传为要！

此令。

计抄发原第一〇四次宣传要点一份

四川省第十四区行政督察专员公署及广元县政府关于抄发中央宣传部会发第一〇五次及第一〇六次宣传要点的训令（一九四〇年七月至八月）

四川省第十四区行政督察专员公署致广元县政府的训令（一九四〇年七月）

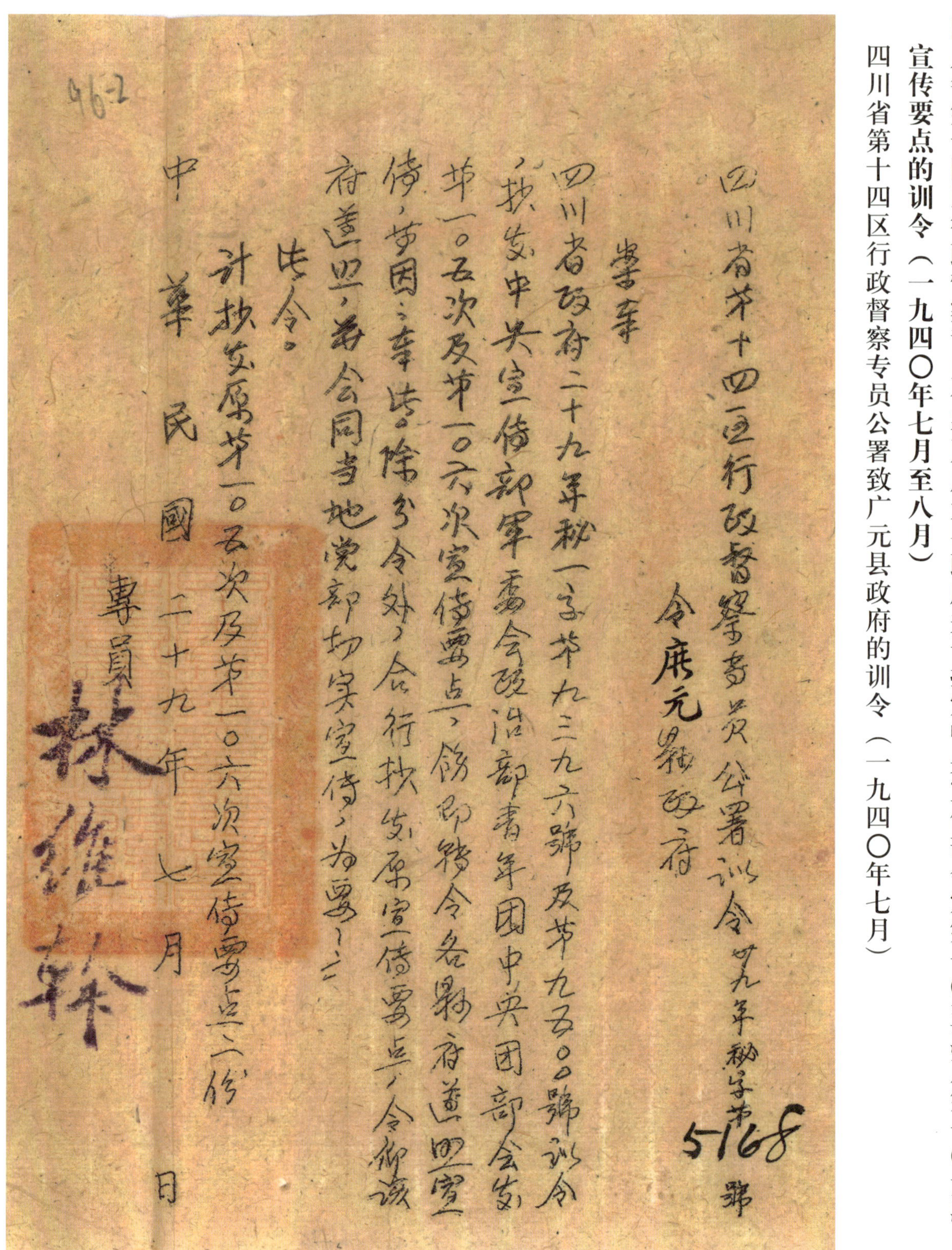

96-2

四川省第十四区行政督察专员公署训令 廿九年秋字第5168号

令广元县政府

案奉

四川省政府二十九年秋一字第九三九六号及第九五〇〇号训令，抄发中央宣传部、军委会政治部、青年团中央团部会发第一〇五次及第一〇六次宣传要点，饬即转令各县府遵照宣传，等因；奉此，除分令外，合行抄发原宣传要点，令仰该府遵照，并会同当地党部切实宣传，为要！

此令。

计抄发原第一〇五次及第一〇六次宣传要点二份

中华民国二十九年七月　日

专员 林维干

附（一）中央宣传部、军委会政治部、青年团中央团部颁发第一〇五次宣传要点

000104

中央宣传部、军委会政治部、青年团中央团部颁发第一〇五次宣传要点如下：

一、奉总裁面谕关于欧战目前宣传应注意之点如下：义大利参战后欧战势将益烈，我国应取之态度业经王院长郑重声明。我言论机关对于此事自应恪遵国策，不得抵触。关于欧战是非胜负，暂时仍不加批评，如论必须遵照左列三项原则：

（一）对于法英军事之挫折，绝对不许有幸灾乐祸之表示；对德义首领不加论列，如有涉及，则不可有袒护或赞扬之言论或标题；对美国应热烈赞扬罗斯福总统援助抗暴力国家之演说，并力促其重视远东局势，务以主力镇压日本，以消灭远东之暴力。战时新闻检查局及中央图书杂志审委会对于违反上列国策之言论及标题，无论何地何报或杂志，均应一律严格检报。

二、敵因豫鄂会战失败，乃强渡襄河窜犯荆门、当阳，以为一股沿江分犯沙宜，我经周密部署，以极广大纵深之阵形待敌深入，随受予以严重之打击。襄西会战已激到中武宁附近，我克复据点多处。南昌为我控制中，浙东我冲入萧山，进迫崇德，敌势遭大挫。

三、敵机连日大批滥炸渝市，市区及文化机关住宅即旗帜鲜明之外國使館外人财產亦故意炸毁，足其最后狂暴，但适足增强抗战意志。嗣后各地如遇空袭消息，应依照下列原则办理：对于外國人生命财產及文化机关之炸毁，俟量调查如表恐，不再宣传惨状，应称述防空设備殺将救護得力，致伤不大，人心安定，工作照常，毫不紊乱，希即遵办。

附（二）中央宣传部、军委会政治部、青年团中央团部颁发第一〇六次宣传要点

000106 104

中央宣傳部
軍委会政治部
青年团中央团
颁發第一〇六次宣傳要点

一、據敵係在中央紀念週訓辭对敵最近在襄西週圍蠢動所用之拙劣戰術及敵机狂炸重慶妄想打擊我抗戰精神之愚妄举動痛加指摘，对歐战演進於我有利之事实亦有扼要说明，望各级党部廣為宣達。

二、犯宜昌荆沙之敵被我圍殲，其勢大挫，[illegible]側及荆当间次市均重要據点，多處業經克復，我軍並東渡襄河襲敵後路，敵已陷進退維谷之境。皖南我克貴池，予長江長游敵甚大打擊，粵中桂南敵連日蠢動均為我擊潰。

三、法國和平局勢混沌，内容不明，甚傳多端，我言論界对此暂時切勿批評，如因他項論評間接涉及時，亦應仍照上次指示，对英法挫折切不可有譏刺語調，望切实遵照為要。

广元县政府致该县第二、三、四区署等的训令（一九四〇年八月二十三日）

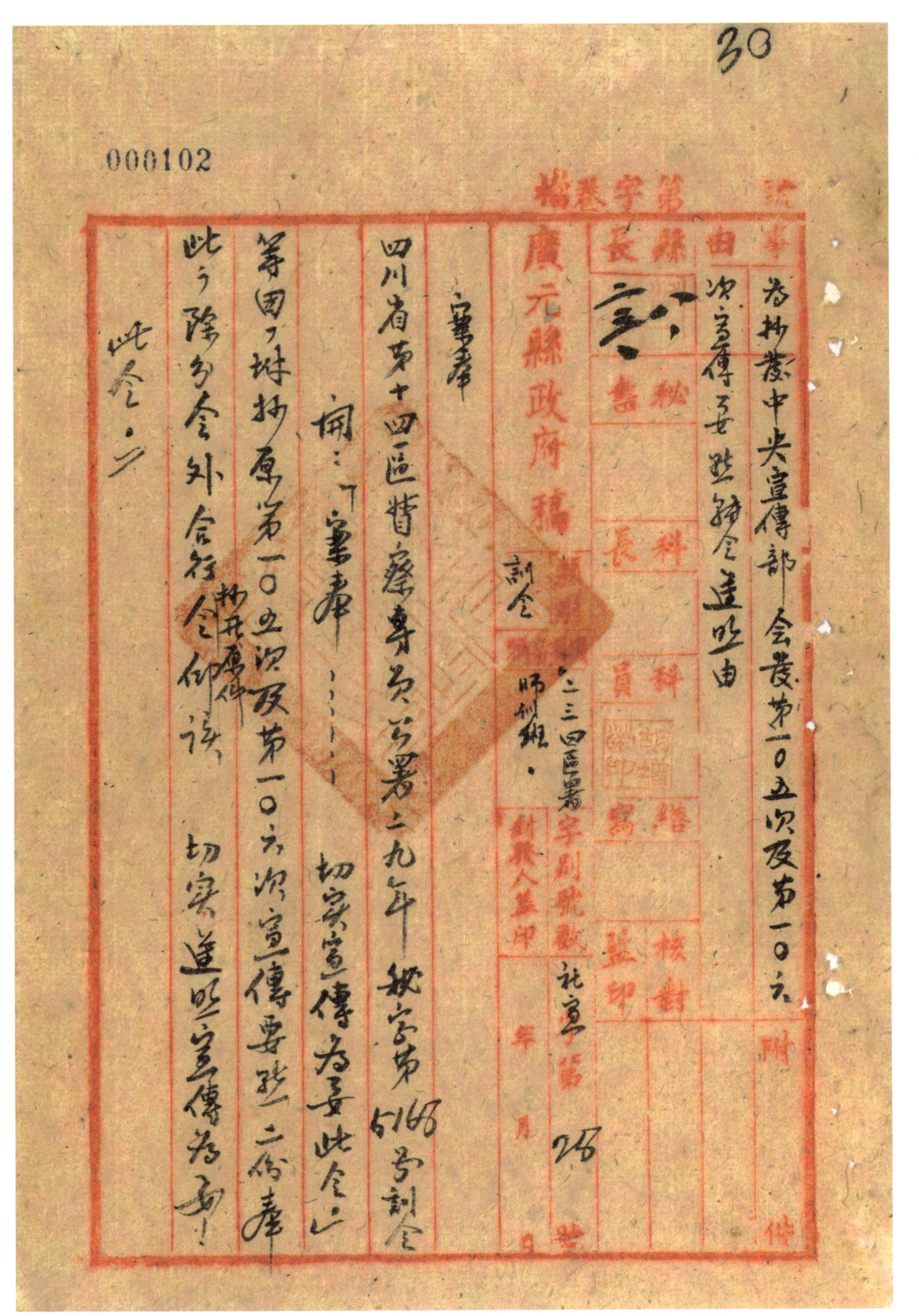

北平志成中学川校全国「中学生」号献机运动促进会关于发起全国「中学生」号献机捐款致广元简易师范学校的公函（一九四〇年十二月二十五日）

逕啓者：敝校師生鑒於抗戰將近勝利，國際局勢益趨好轉，為增強反攻力量，早日殲滅倭寇計，各界民衆亟應協助政府建設強大之空軍，爰發起全國「中學生號」獻機運動，當由全體師生籌捐國幣一千五百元，交由重慶大公報館代為存儲。惟茲事體大，欲求竟全功，端賴羣策羣力，尚希貴校師生惠予攜手，共相協作，以期推及我全國中等教育界。若蒙賜允，請復函川黔公路杜市站北平志成中學川校全國「中學生」號獻機運動促進會，并祈進行捐募款項，俟全國集齊，再行一併呈獻國家，俾利抗戰，實為至禱。

此上

廣元簡易師範學校校長、全体教職員暨全体同學公鑒

北平志成中學川校全國中學生號獻機運動促進會 啓

中學生號獻機運動宣言

全國中學同學暨各界父老兄弟姊妹們：

「沒有空防的國家，就等於沒有國防」這句語，在這次歐戰中已經更充分的證明了。波蘭不到兩星期就完全瓦解，荷、比、盧無力抵抗，丹挪相繼投降，擁有世界上最強大陸軍的法國也悲哀的屈膝了。希特勒究竟憑着什麼神通橫行這一世的？：就是因為他有「力」，他有戈林為他建立的壓倒一切的強大空軍。

天空中的打擊，是一切打擊中最猛烈的打擊，也是最難躲避的打擊，那幾個被滅亡及不得不投降的國家，就是因為他們對這個「力」的缺少或闕如，不能抵禦這打擊，不能以打擊還打擊。

在我們這次抗戰過程中，情形正復相同，為了我們空軍建設歷史太短，人員機數不多，既不能積極打擊敵人於陣地上，又不能澈底的阻遏敵人的到處轟炸。假使我們有着優勢的空軍，則敵人的飛機絕不能橫行無阻於長江中，而每次的會戰，也必能夠達到澈底殲敵的願望，我們的大空軍要能早於一年前建立起來，機多人多，也許整個的抗戰形勢早已改觀了。

所以建設大空軍是為爭取抗戰勝利最迫切的需要。不但是為了抗戰，並且也是為了建國，我們敢斷定將來的世界是屬於有「力」者的，是屬於空軍優勢者的，不注意大空軍建立的必將難於自由生存，為要使我們中國永久獨立生存於宇宙間，使後代子子孫孫享到自由的幸福，則建設大空軍當是每個中國人的迫切責任。我們每個人應拿出全力來協助我們的國民政府把祖國的天空上滿佈着我們的銀翼，拿這「力」來制服那殘暴的侵略者，拿這「力」來維持我們中華民族的自由平等及世界和平。

全國中學青年及北平志成同學早就警惕到這一点，合於空軍体格的人，早就投筆加入空軍了，在抗戰中貢獻他們的生命盡他們最大的努力，現在我們志成川校同學又深深感到我們這一代中學生的責任，更特別重大，祇是出力還是未能盡我們的全責，同時也感到我們中學生在抗戰中所貢獻的太不夠了。歷史昭示給我們，我們對祖國的命運有承先啟後的任務，今天的我們，不僅是應該在緊急寶貴的時間內，努力讀書，冀圖學得救國的真實本領，不僅是體格健健的同學，應該加入空軍，並且還應該適應着祖國的要求，幫助政府增強戰鬥力，尤其是空軍的這個戰鬥力，建設偉大空軍。

但是建設偉大的「空軍」這个工作，是繁重而且艱巨的，非是我們志成同學的單獨力量所能完成的。而急需全國中學同學及全國父老兄弟姊妹們的全力集中來進行。現在我們發動全國「中學生」号獻機運動，就是想把全國各個人的力量集中起來，適應國家的需要，變為整個的國家「力」，向前推進這大空軍的建立，雖然我們力量很薄弱，但是我們有建設中國大空軍的強烈意志，與愛護祖國的一顆赤忱的心。我們相信只要全國七十萬中學生都能共同進行這「中學生」号獻機運動，都要熱烈捐輸，所得的不僅是捐款數字將很鉅大，買十架最新式的轟炸機也無問題；更大的收穫，將是全國人民因增強對於建立大空軍之熱望，而奮興起來，擴大了「中學生」号獻機運動而變為全國各界的热烈獻機運動。大空軍……就在每个真正中國人的心坎裡「大學生」号！「工人」号……大空軍的吼聲，必將……

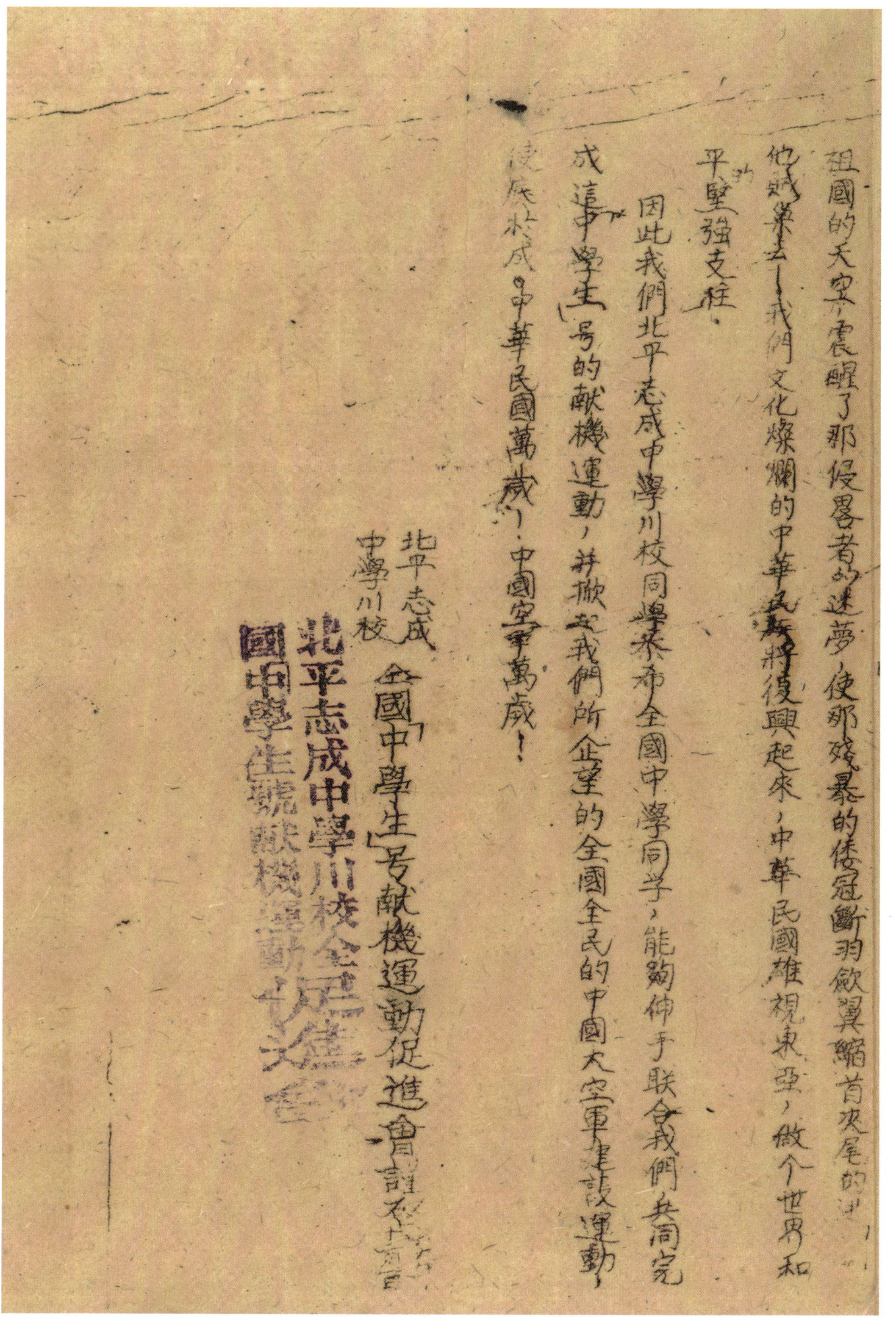

祖國的天空，震醒了那侵略者的迷夢，使那殘暴的倭寇斷羽斂翼縮首夾尾的

他們跑回去！我們文化燦爛的中華民族將復興起來，中華民國雄視東亞，做個世界和平的堅強支柱。

因此我們北平志成中學川校同學發布全國中學同学，能夠伸手联合我們共同完成這「中學生」号的献機運動，并擲出我們所企望的全國全民的中國大空軍建設運動，使底於成。中華民國萬歲！中國空軍萬歲！

北平志成中學川校 全國「中學生」号献機運動促進會謹啓

广元各界抗战戏剧研究社社员登记清册、章程、职员履历表（一九四一年三月）

（一）广元各界抗战戏剧研究社社员登记清册（一九四一年三月）

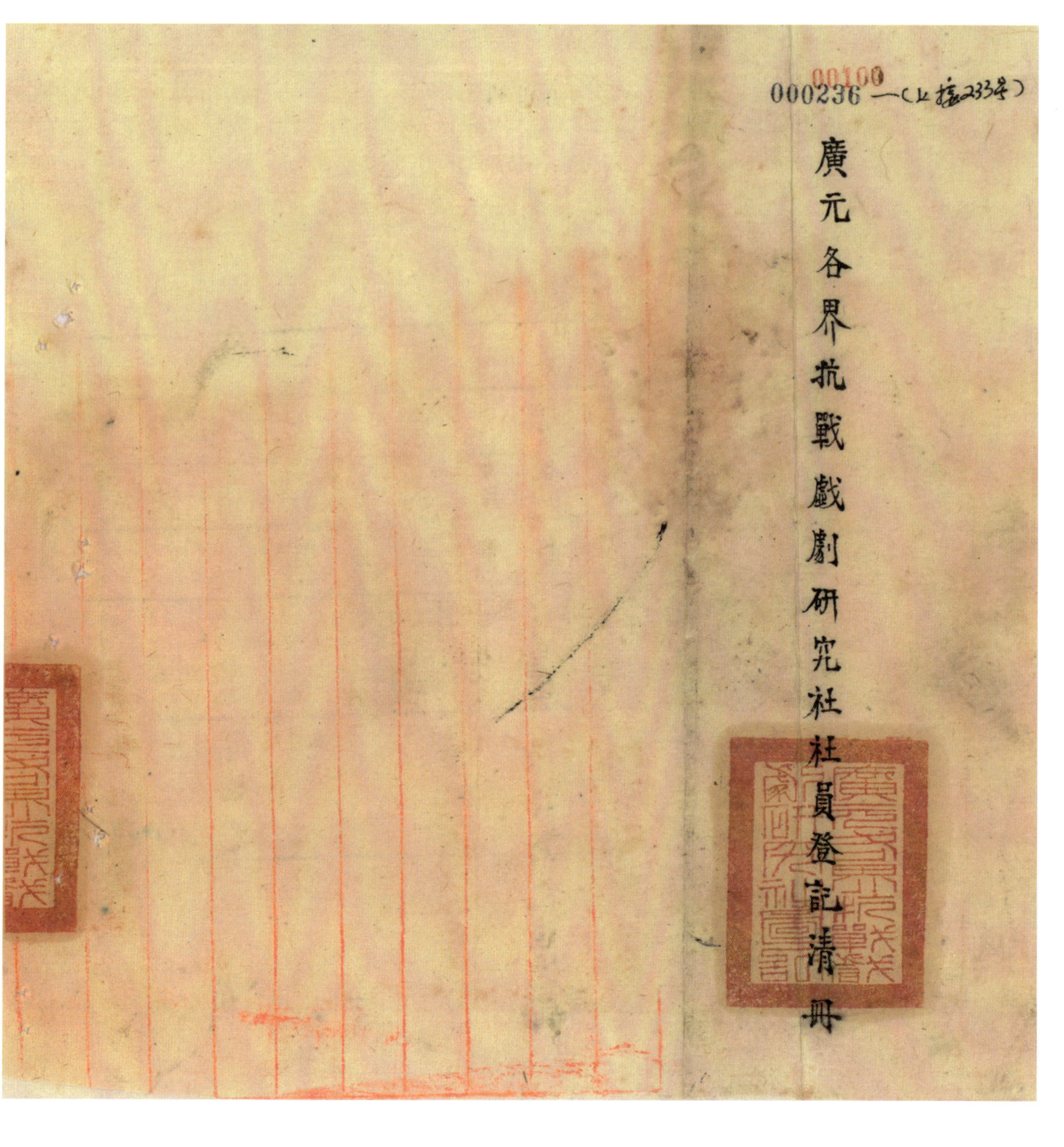

000236 一（上档233号）

廣元各界抗戰戲劇研究社社員登記清册

廣元各界抗戰戲劇研究社社員登記清冊

姓名	性別	年齡	籍貫	職業	住址	介紹人	備考
朱月波	男	三六	開封	公	西北公路局	朱光撲	
余春煇	男	三〇	武勝	商	上河街二五號	唐勉之	
陰鑑章	男	五〇	內江	商	下河街廣源昌		
姚海濤	男	二五	鄞縣	公	北街永陞花行		
唐上珍	男	四八	內江	商	上河街三七四號		
曾和平	男	二八	重慶	商	上河街六三號		
何洪澤	男	二六	合川	商	上河街二六六號		
馬成珂	男	三〇	湖南	商	上河街二六六號		

林瑞祥	男	二八	遂寧	商	西街一三號	
劉海清	男	四五	新都	商	上河街二二八號	
夏瀘維	男	二八	湖北	政	上河街二四號	
蘇先餘	男	二三	巴縣	商	大華紗廠	馮紹金
劉翰聲	男	三八	武昌	商	大華紗廠	
徐近霄	男	二五	奉化	商	農民銀行	
周昌璉	男	二八	咸寧	商	大華紗廠	
趙盛之	男	二七	永年	商	中央儲蓄會	朱光揆
張樹荷	女	一九	瀘縣	黨	三民主義青年團	
邱達夫	男	三三	潼南	黨	三民主義青年團	

王元德	男	二五	山東	政	下河街三一號
李宗周	男	二三	河間	黨	三民主義青年團
吳志華	女	二三	廣元		北街硝磺局内
康兆奎	男	三二	金堂	軍	利州劇院
辛修五	男	三〇	山東	政	中央儲蓄會
牛世傑	男	三二	山東	政	外賓招待所
袁煊	男	三六	上海	政	外賓招待所
曹大佛	男	四〇	牟平	商	友成商店
王慕陶	男	三〇	河北	軍	井巷子一號
陸善之	男	三六	無錫	商	豫豐紗廠倉庫

王新三	男	二七	山東	公	井巷子一號	
韋伯岐	男	四六	江蘇	公	北街中國旅行社招待所	李蕙庭
何時達	男	三九	浙江	軍	後勤部第大支部	
唐魯	男	三一	山東	軍	後勤部第一分站	
李世森	男	二五	河北	軍	後勤部第一分站	
于傑三	男	二八	山東	學	太華中學	
方藝庭	男	二七	江蘇	政	西北公路局廣元辦事處	
費舜源	男	三三	四川	政	西北公路局辦事處	
張蔚青	男	二四	北平	公	西北公路局辦事處	
朱鴻棋	男	二五	浙江	政	西北公路局廣元辦事處	

00103

000241

柯保衡	男	二七	浙江	政	西北公路局辦事處	
馬恭福	男	二九	江蘇	政	西北公路局辦事處	
朱崇善	男	二九	天津	商	北街寶業營造廠	胡昌智
王文秀	女	二四	安慶	商	北街皇立汽車零件行	
孫雨民	男	三八	漢口	公	北街七十七號	
潘幹丞	男	五五	安徽	公	北街七十七號	
陳賓侯	男	三六	濟南	公	北街七十七號	
裴勤三	男	三六	漢口	公	北街七十七號	
周偉英	男	三三	漢口	公	北街七十七號	
周鎏	男	二六	漢口	公	北街七十七號	

王柏林	男	二八	湘鄉	公	北街七十七號	
汪軼塵	男	二五	漢口	公	北街七十七號	
劉仲屏	男	四七	閬中	商	下河街一零大號	陳文友
張書麟	男	二七	河間	公	太華學校前院	
劉培均	男	二八	濟南	公	太華中學	
盧宗藻	男	四一	河北	公	下河街二二號	
劉靜安	男	四一	河北	公	下河街一大四號	
陳敬之	男	四八	南部	商	下河街一零大號	
楊際雲	男	二四	河北	公	下河街一零大號	
張炳元	男	一九	閬中	商	下河街廣興書局	

姓名	性別	年齡	籍貫	職業	住址	保人
王仕德	男	三二	閬中	商	下河街一零大號	
杜趣時	男	二五	河北	公	西河五福寺南川北鹽務局鹽倉	
范斌卿	男	三〇	浙江	軍	後勤部第一分站	李蕙庭
崔仲三	男	三二	河北	軍	曾家營軍政部第七庫	
高達夫	男	二五	河北	軍	後勤部第大支部	
趙家鏕	男	三六	鎮江	商	貿易委員會內	馬龍海
謝大剛	男	二二	衡陽	軍	後勤部第大支部	
王宇煌	男	三三	岳陽	商	川陝水陸聯運處	
彭紹衡	男	二六	漢口	軍	後勤部第三派出所	
郭樹乾	男	二七	蕪湖	軍	川陝綏區司令部	

000244

姓名	性別	年齡	籍貫	類別	服務機關
陳永祺	男	三五	杭縣	軍	川陝綫區司令部
張定華	男	二七	南京	軍	後勤部第六支部
張瑞棠	男	三六	浙江	公	水陸聯運處
鄔沛川	男	二四	雲陽	公	川湘陝聯運處廣元分處
李榮	男	三三	武清	軍	後勤部第三派出所
吳濟川	男	三六		軍	陸軍新編第九師司令部副官處 馮紹金
秦文周	男	三四	資中	軍	新九師一旅一團團部
劉家仲	男	四〇	漢陽	軍	新九師一旅一團々部
陳鵬	男	二九	安徽	軍	廣元東山玉皇觀防空第十五監視隊
吳子賢	男	二八	三台	政	廣元縣政府

姓名	性別	年齡	籍貫	職業	住址
沈進美	男	二八	咸寧	商	北街川陝實業公司廣元辦事處
陳鶴翔	男	三〇	奉化	商	北街川陝實業公司廣元辦事處
王振亞	男	三二	湖北	軍	廣元縣軍運代辦所
田嘉祥	男	二七	雲南	軍	大廟空軍第九油彈庫
黃渙成	男	二七	三台	政	四川省銀行
黎光熙	男	二八	樂山	政	廣元縣政府
曾蔥燮	男	三〇	資陽	政	廣元車站管制所
廖峻中	男	三五	開江	醫	北街同濟醫院
李子模	男	四〇	山西	商	中正路二大挽
巫紹白	男	二九	巴縣	商	南街華懋公司

汪讓之

姓名	性別	年齡	籍貫	職業	住址	介紹人
曾裕昆	男	三四	内江	商	上河街二四號内	
胡國柱	男	二七	内江	商	下河街廣源昌内德義永	彭守謙
秦永明	男	三〇	合川	商	河街十字口三號	汪讓之
熊慶華	男	二一	涪陵	商	本市外北瑞和貿易行	
蔣現之	男	五〇	遂寧	商	縣商會	彭守謙
張子文	男	三五	廣元	商	上河街三五一號福昌隆内	
邱孟翔	男	三五	成都	商	上河街二七四號	
張德廉	男	二五	巴縣	商	南街華懋公司	
蔣端翼	男	三〇	安縣	政	四川公路局廣元車站	
白雲文	男	二七	廣元	商	大西街二三號	黄爵高

潘奕鵬	男	三〇	羅江	商	下河街榮成銀樓	
何正金	男	二七	廣元	商	北街大興長內	
魏中川	男	三二	內江	商	下河街廣源昌內	
左季光	男	二八	合川	商	上河街萧三號	
周足三	男	四四	安岳	軍	北街一四號開源公司	
胡祖堯	男	二九	成都	商	上河街萧三號	
張士達	男	三七	廣元	政	南街硝礦處	
沈琮七	男	三四	大竹	商	南街三十一號	
蔣資深	男	三一	岳池	商	上河街廣義生店	馮紹金 黃楚葵
賴成之	男	三六	廣漢	商	東街九號	馮紹金

鄭伯琴	男	二六	富順	軍	新九師司令部	黃楚蔡
趙玉山	男	三六	廣元	商	南　街	馮紹金
李蕙庭	男	四〇	山東	軍	後勤部第一分站	發起人
陳文友	男	四〇	天津	軍	軍政部船舶管理所	
馬龍海	男	三〇	懷寧	軍	後勤部第三派出所	
汪讓之	男	三一	重慶	政	電報局	
黃爵高	男	四〇	成都	商	北街開源公司	
唐勉之	男	三四	重慶	軍	船舶總隊部	
彭守謙	男	四六	重慶	政	營業稅稽征所	
朱光揆	男	三八	青島	政	四川旅行社	

姓名	性别	年龄	籍贯	职业	服务处所
胡昌智	男	三〇	漢口	商	大華紗廠
馮紹金	男	三三	宜賓	軍	防空指揮部
黄楚桊	男	三九	岳池	軍	防空指揮部副官處
彭世銘	男	二一	瀘縣	軍	防空指揮部
鐘子英	男	三八	岳池	軍	新九師司令部副官處
王榮衮	男	二五	巫山	軍	新九師司令部參謀處
許中文	男	四〇	永川	軍	新九師司令部副官處
蔣學鎮	男	三八	瀘縣	軍	新九師司令部副官處
游明澤	男	二八	永川	軍	新九師司令部參謀處
高君實	男	四六	新津	軍	新九師司令部副官處

馮紹金

凃坤林	男	三六	南部	商	下河街
盧海泉	男	三六	閬中	商	上河街
魏漢藝	男	四〇	城節	商	南街
皮文質	男	五五	夾江	商	上河街
徐紹廷	男	五〇	崇慶	商	上河街
薛指南	男	五八	廣元	商	上河街
皮成章	男	五一	夾江	商	上河街
祝玉成	男	三六	蓬江	商	上河街
蕭質彬	男	二九	遂寧	商	下河街同慶
程志良	男	二六	遂寧	商	下河街永集店

王金鏞	男	三〇	遂寧	商	下河街	
柯啟明	男	三一	遂寧	商	下河街	
黃松雲	男	三一	遂寧	商	下河街	
何俊德	男	三〇	廣元	商	海壕街	
劉俊昌	男	二五	湖南	軍	憲兵隊	
張懷漢	男	二九	廣元	軍	北街開源公司後院	
汪良臣	男	三七	廣元	商	大西街四十號	
唐瑞元	男	三八	遂寧	商	下河街	
嚴毅然	女	二六	湖北	商	大華紗廠	胡昌智
劉海瀾	男	二七	湖北	商	大華紗廠	

止

姓名	性別	年齡	籍貫	職業	住址	保人
蘇壽丙	女	二五	河北	商	大華紗廠	
初緒	男	二九	山東	商	大華紗廠	
蕭炳森	男	三五	邰陽	軍	支渝警備第三支隊一營二連	馮紹全
信守義	男	三九	天津	軍	四川省船舶總隊部	
劉柏村	男	四五	廣元	軍	四川省船舶總隊部	
李希賢	男	二七	修武	公	南門外川陝獻運所	朱光揆
張志煌	男	四〇	岳池	軍	新九師特務連	黃楚葵
王紹炳	男	三三	廣元	商	商業路八三號	
欒樹人	男	四六	遼寧	商	華興池	馮紹全
歐德	男	四〇	福州	政	船化西口造	馮龍海

姓名	性別	年齡	籍貫	職業	住址	保人
呂少禾	男	二七	湖北	軍	軍政部交通器材庫第七庫	馬龍海 桂秋萍
李少福	男	四二	營山	商	北街四十七號	馬龍海
趙紫岩	男	四三	河北	軍	車站司令部	魏漢一
武煥斗	男	二三	山西	軍	車站司令部	
謝繼先	男	二九	湖南	軍	車站司令部	
王凱田	男	二六	湖北	軍	車站司令部	
張復奇	男	四一	福建	軍	車站司令部	
吳小卿	男	三〇	浙江	商	農民銀行	馮紹金 陳鶴翔
朱寶畬	男	四七	河北	政	縣政府	馮紹金
周初平	男	三一	[illegible]定	軍	統制局檢查站	

黄孝賓	男	四八	樂山	軍	東街九號	
于戒需	男	四〇	江蘇	軍	新九師司令部	
呂啓愚	男	二一	遼寧	商	下河街三一號	
桂秋萍	男	二三	湖北	軍	下河街二十六號	汪讓之
李瑞林	男	三二	河北	商	北街老鉄筆齋後院	李蕙庭
趙宗貴	男	二九	廣元	商	中正路八六號附四號	馮紹金
趙郎如	男	四二	廣元	政	上河街業三號	黄楚葵
周行	男	二七	隆昌	政	上河街祥豐店	汪讓之
孔伯毅	女	三〇	曲阜	政	下河街航政局	陳光普 陳鵬
尚瀛	男	三七	平定	政	西北製造廠	馮紹金

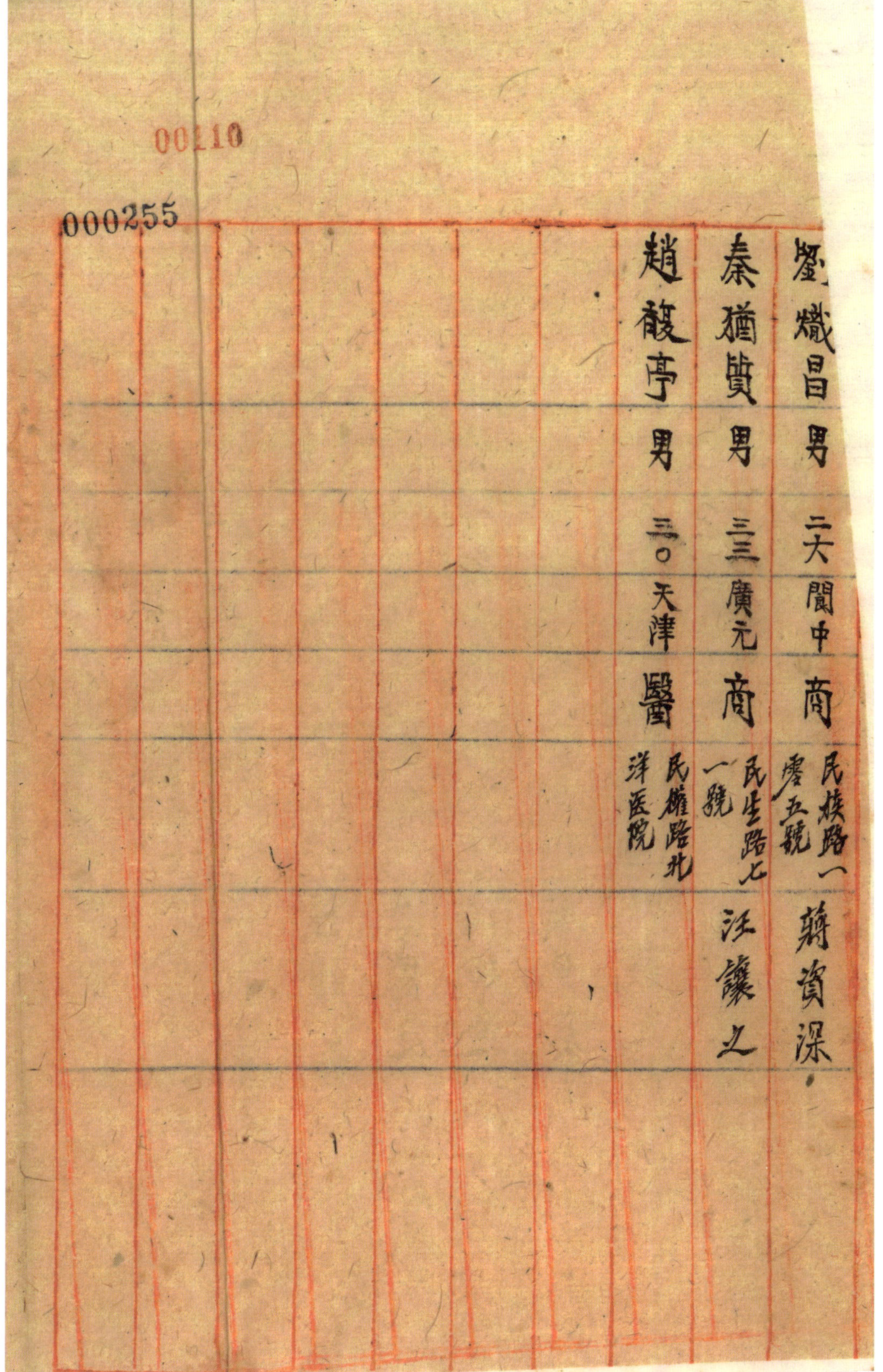
00110
000255
劉熾昌 男 二六 閬中 商 民族路一零五號 蔣資深
秦猶賢 男 三三 廣元 商 民生路七一號 汪讓之
趙馥亭 男 三〇 天津 醫 民權路北洋医院

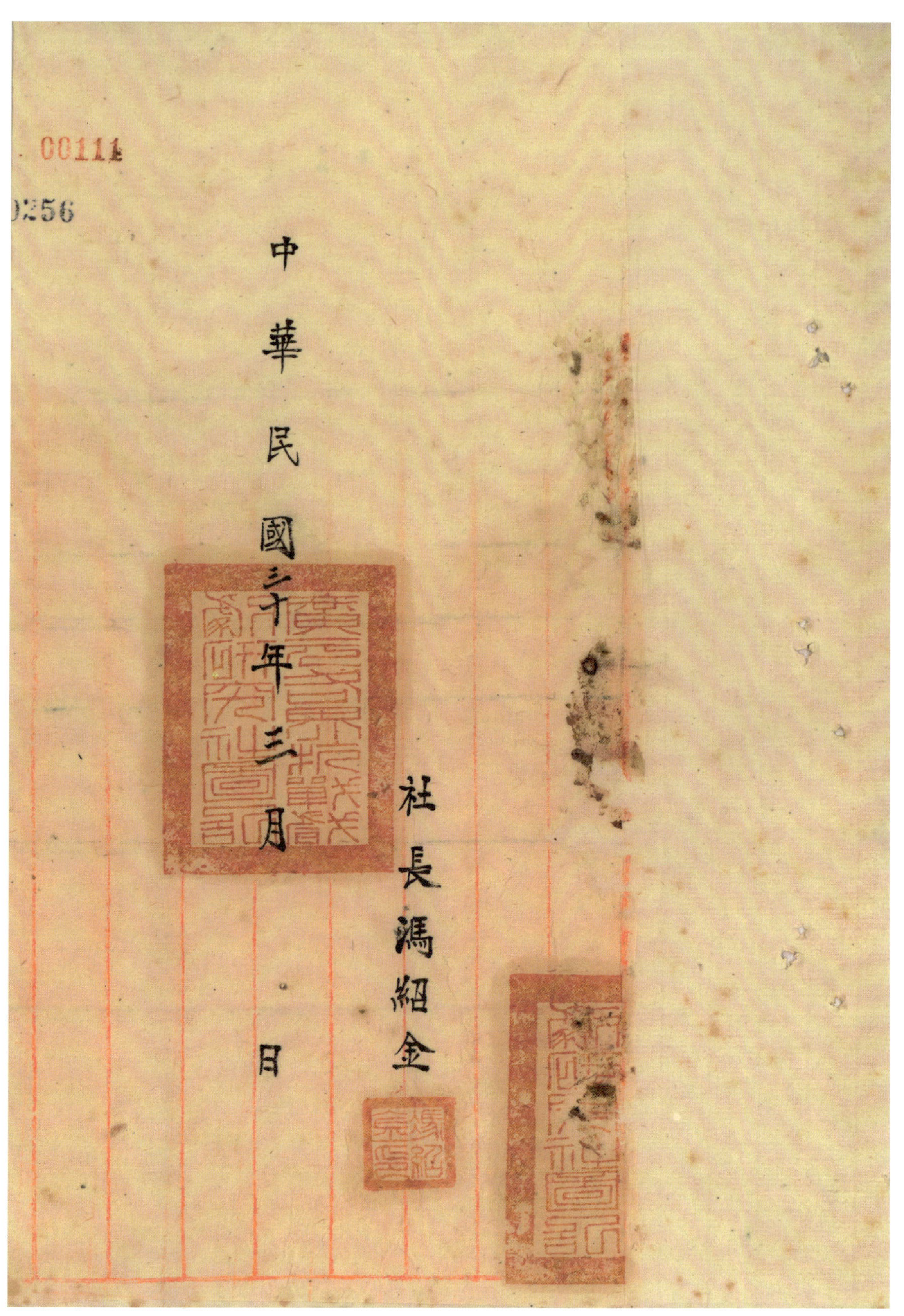

社長馮紹金

中華民國三十年三月　日

（二）广元各界抗战戏剧研究社章程

广元各界抗战戏剧研究社章程

第一章　总则

第一条　本社定名为广元各界抗战戏剧研究社

第二条　本社依据筹备会议纪录之原则集中各界爱国人士从事研究抗战戏剧技能以促进社会教育达成抗战建国目的为宗旨

第三条　本社依照人民团体组织法第　条之规定自刊木质图记一颗文曰（广元各界抗战戏剧研究社图记）以昭信守

第四条　本社社址暂设广元城内水观音

第二章　社员

第五条　凡广元区域内之各界热心人士不分性别具有下列条件者经

社員二人之介紹履行入社手續後（填具入社調查表）均得為本社社員

一、曾受基本教育有相當知識者

二、年齡在二十歲以上者

三、未經褫奪公權者

四、有正當業務者

五、須擁護　總裁具有三民主義之基本認識者

第六條　社員入社後由本社發給社員証以資識別

第三章　組織及職權

第七條　本社得選聘党政軍負責人為指導委員組織指導委員會並設主

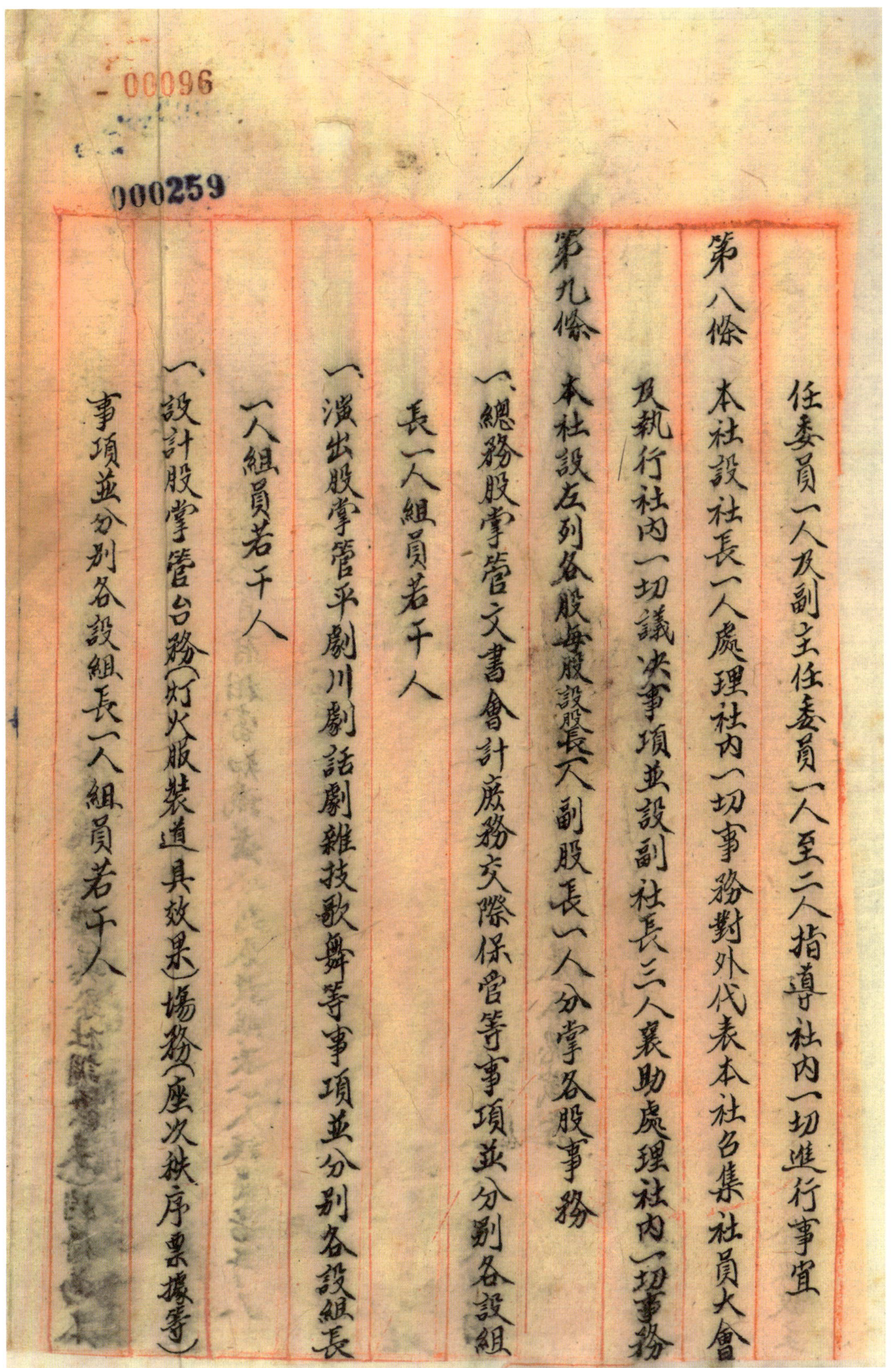

任委員一人及副主任委員一人至二人指導社内一切進行事宜
第八條　本社設社長一人處理社内一切事務對外代表本社召集社員大會及執行社内一切議決事項並設副社長二人襄助處理社内一切事務
第九條　本社設左列各股每股設股長一人副股長一人分掌各股事務
一、總務股掌管文書會計庶務交際保管等事項並分别各設組長一人組員若干人
一、演出股掌管平劇川劇話劇雜技歌舞等事項並分别各設組長一人組員若干人
一、設計股掌管台務（灯火服装道具效果）場務（座次秩序票據等）事項並分别各設組長一人組員若干人

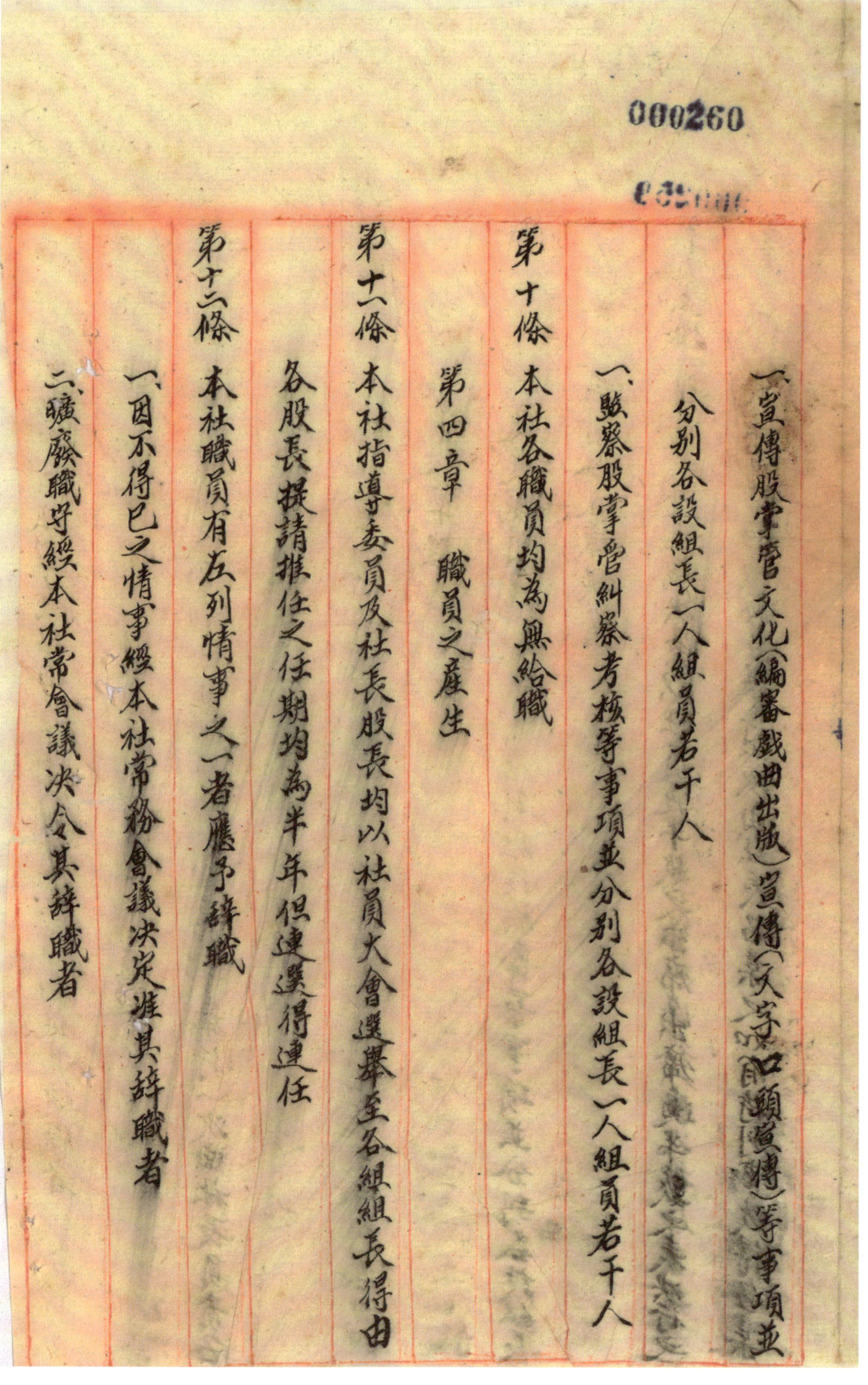

一、宣傳股掌管文化（編審戲曲出版）宣傳（文字口頭宣傳）等事項並
分别各設組長一人組員若干人
一、監察股掌管糾察考核等事項並分别各設組長一人組員若干人

第十條　本社各職員均為無給職

第四章　職員之産生

第十一條　本社指導委員及社長股長均以社員大會選舉至各組組長得由
各股長提請推任之任期均為半年但連選得連任

第十二條　本社職員有左列情事之一者應予辭職
一、因不得已之情事經本社常務會議決定准其辭職者
二、曠廢職守經本社常會議決令其辭職者

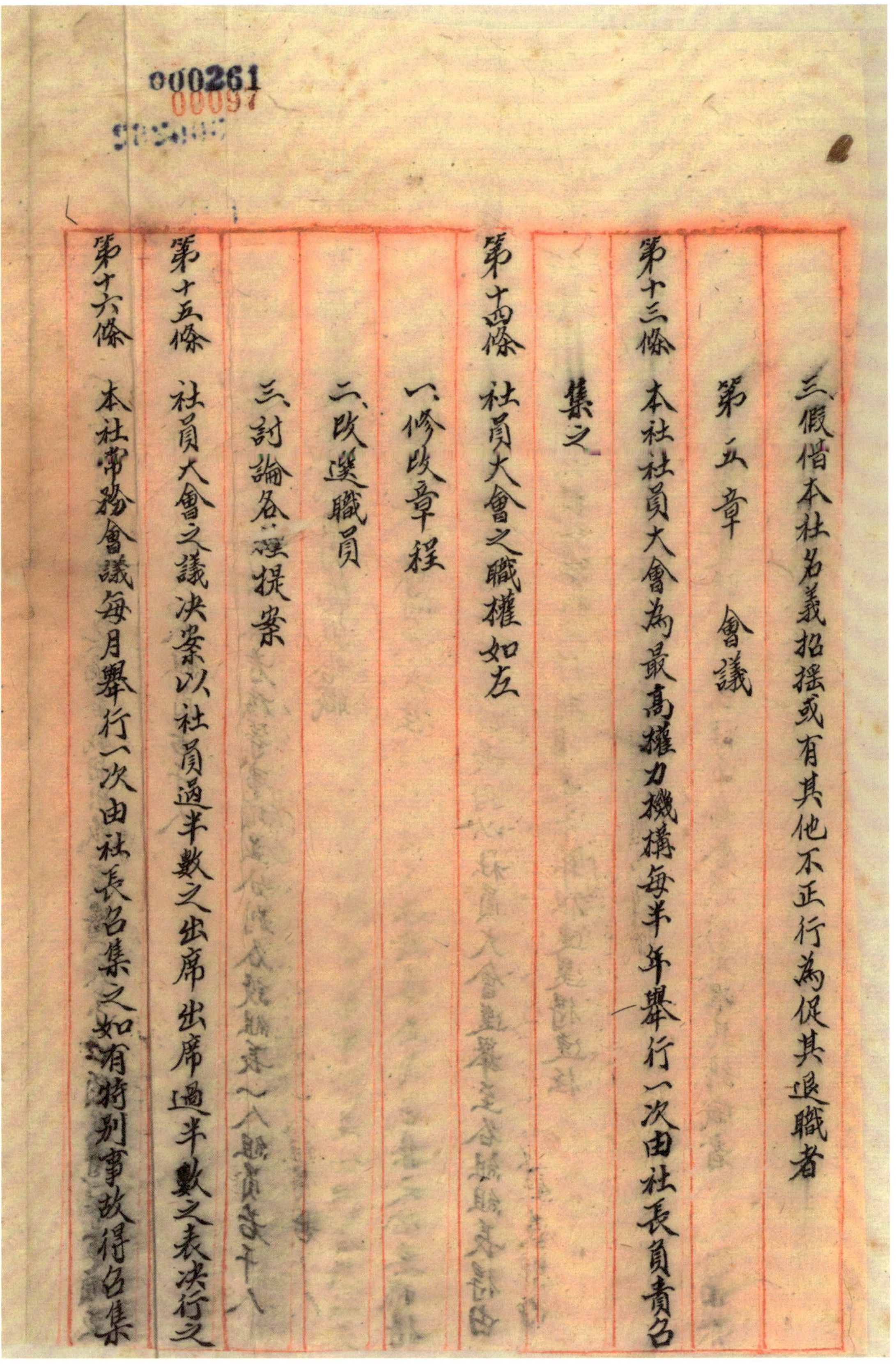

三、假借本社名義招摇或有其他不正行為促其退職者

第五章　會議

第十三條　本社社員大會為最高權力機構每半年舉行一次由社長負責召集之

第十四條　社員大會之職權如左

一、修改章程

二、改選職員

三、討論各⋯提案

第十五條　社員大會之議決案以社員過半數之出席出席過半數之表决行之

第十六條　本社常務會議每月舉行一次由社長召集之如有特别事故得召集

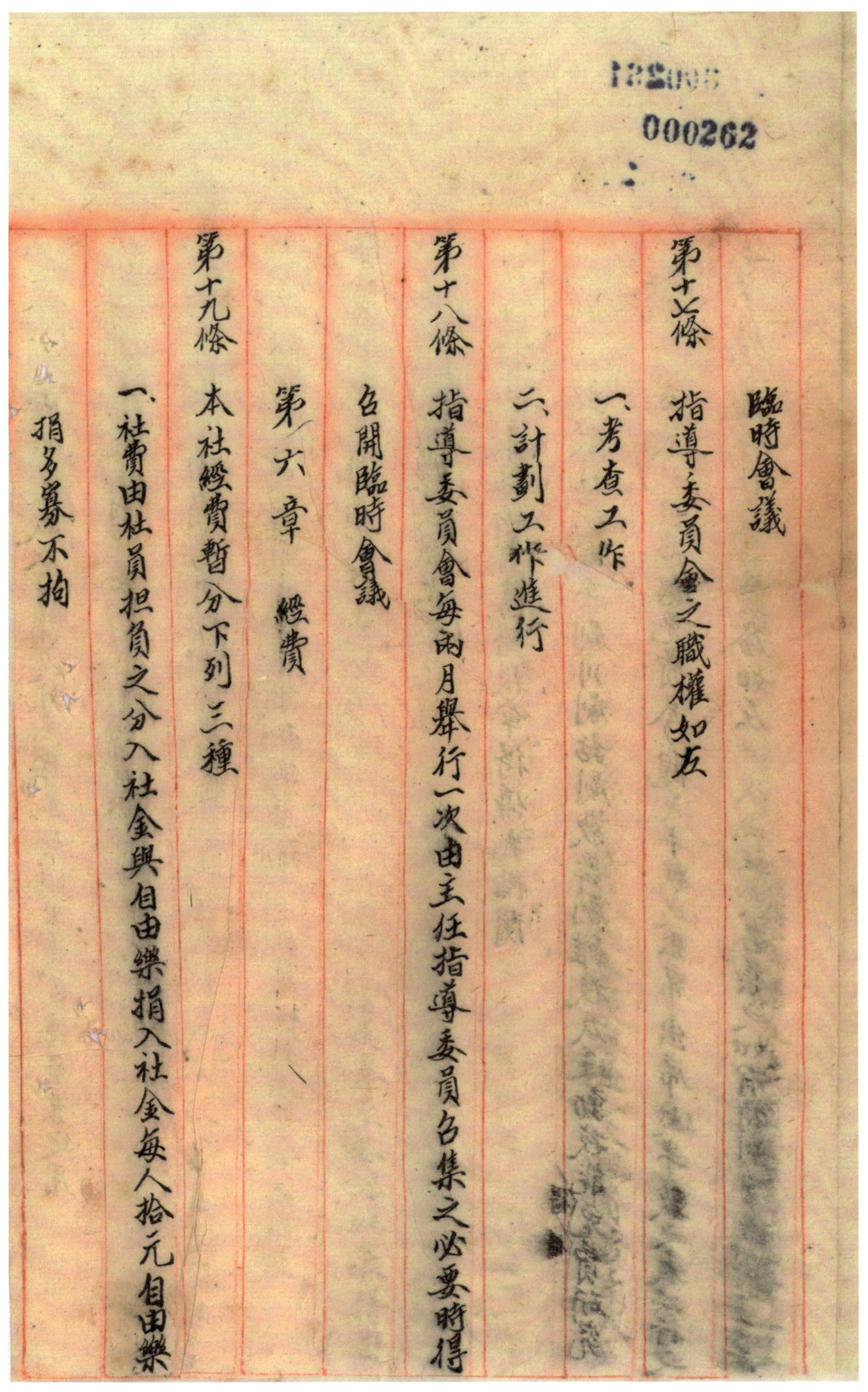

臨時會議

第十七條 指導委員會之職權如左

一、考查工作

二、計劃工作進行

第十八條 指導委員會每兩月舉行一次由主任指導委員召集之必要時得召開臨時會議

第六章 經費

第十九條 本社經費暫分下列三種

一、社費由社員担負之分入社金與自由樂捐入社金每人拾元自由樂捐多募不拘

二、游艺收入除开支外悉作本社购置或宣传事业之用
三、必要时得由指导委员设法募集或捐助之
四、各社员每月常费之收入

第七章　社员权利及义务

第二十条　本社社员之权利如左
一、选举及被选举之权
二、本社所有书籍报章得优先借阅
三、本社所有平剧川剧话剧歌舞剧杂技及运动技能得免费研究
四、本社公演得免费参观

第二十一条　本社社员之义务如左

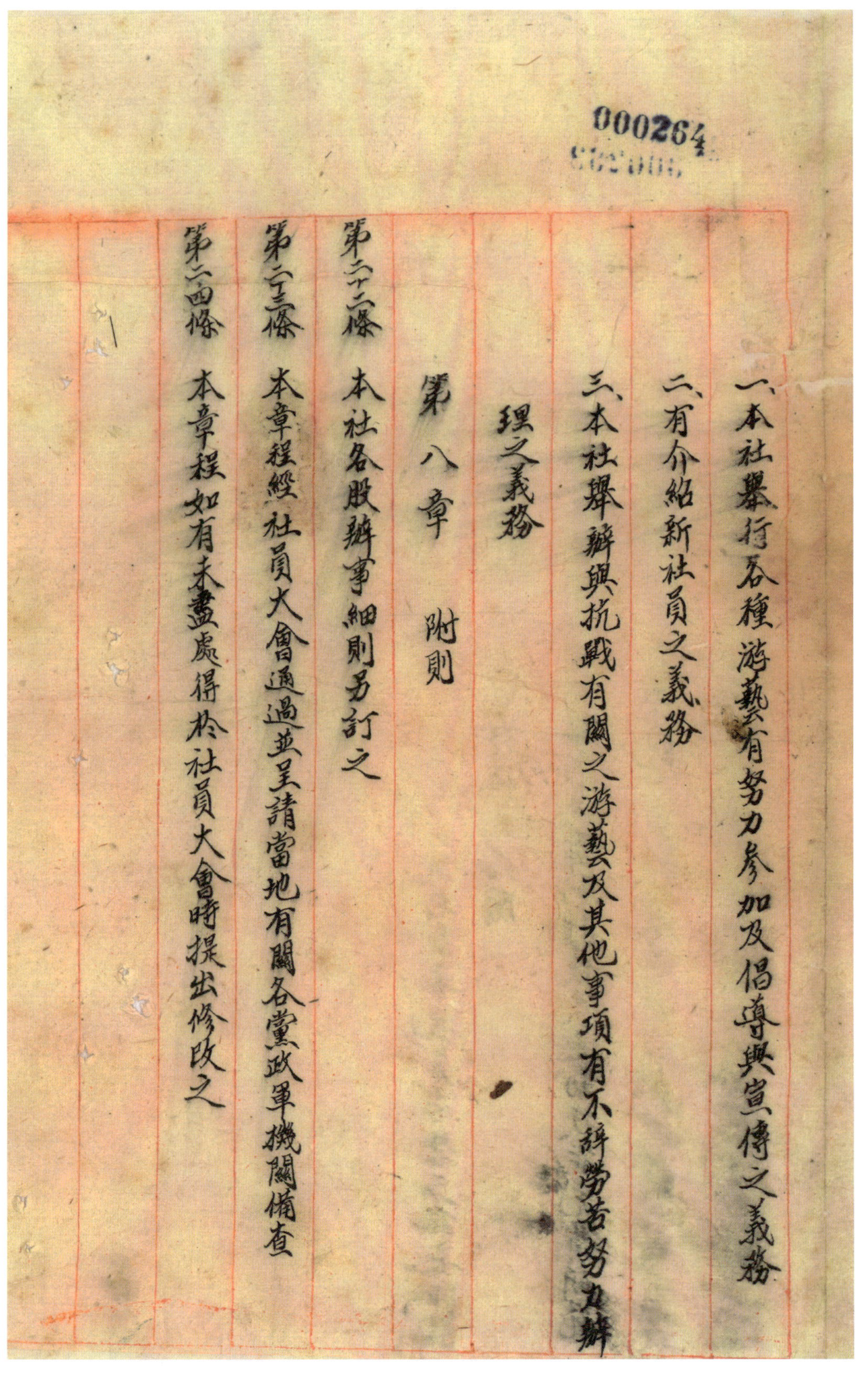

一、本社舉行各種游藝，有努力參加及倡導與宣傳之義務

二、有介紹新社員之義務

三、本社舉辦與抗戰有關之游藝及其他事項，有不辭勞苦努力辦理之義務

第八章　附則

第二十二條　本社各股辦事細則另訂之

第二十三條　本章程經社員大會通過，並呈請當地有關各黨政軍機關備查

第二十四條　本章程如有未盡處，得於社員大會時提出修改之

（三）广元各界抗战戏剧研究社职员履历表（一九四一年三月）

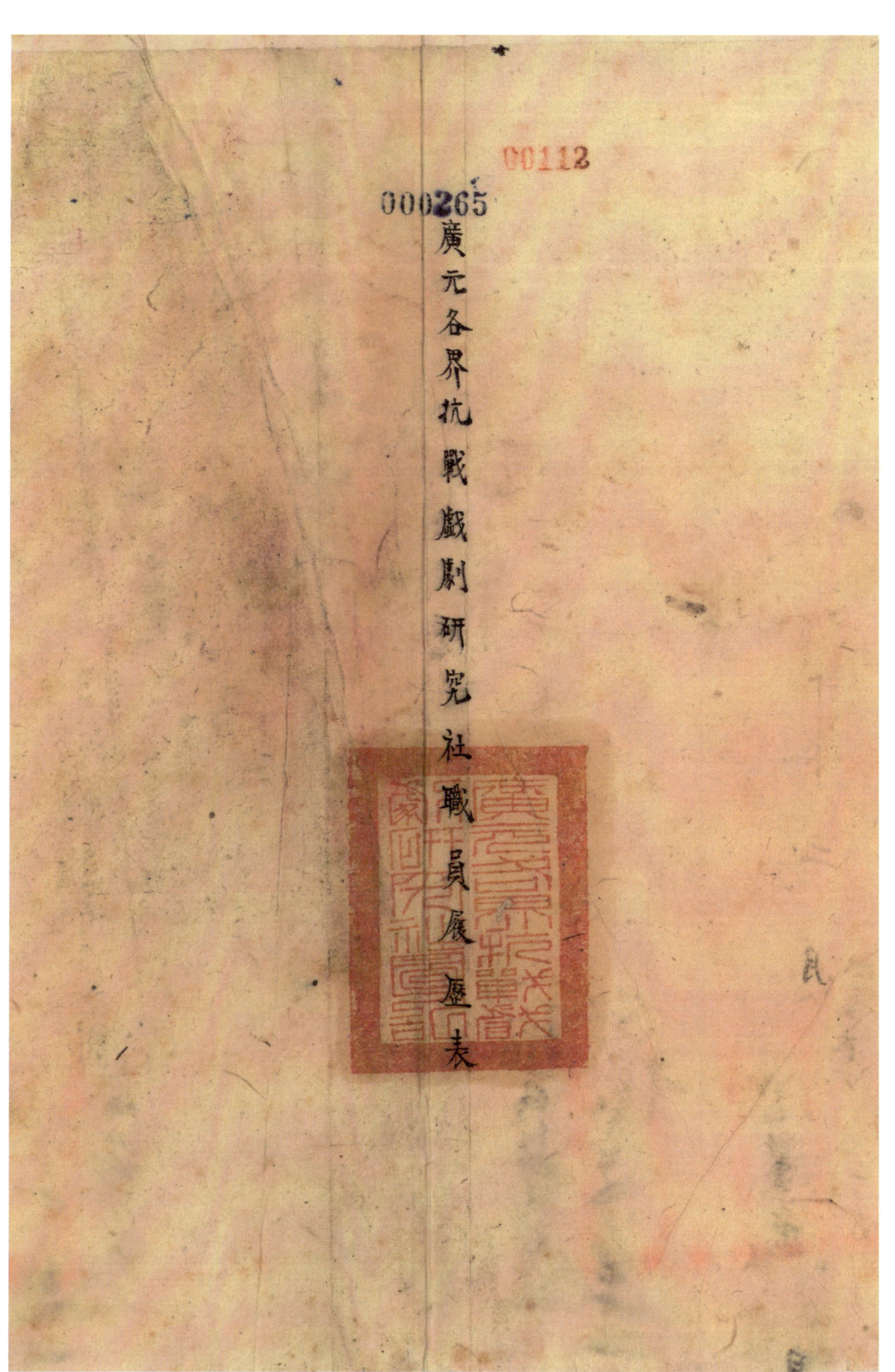

00112

000265

廣元各界抗戰戲劇研究社職員履歷表

廣元各界抗戰戲劇研究社職員履歷表

職務	姓名	性別	年齡	籍貫	職業	住址	備考
社長	馮紹金	男	三三	四川宜賓	廣元防空指揮部主任參謀	防空指揮部	
副社長	朱光揆	男	三八	山東青島	廣元中央儲蓄會經理	四川旅行社	
	李蕙庭	男	四〇	山東	後勤部直屬第一分站站長	北街	
	馬龍海	男	三〇	安徽懷寧	後勤部直屬第三派出所所長	北門外將軍橋	
總務股長	朱光揆						兼
副股長	陳光普	男	四〇	河北天津	軍政部廣元船舶管理所所長	下河街	
設計股長	汪讓之	男	三一	四川重慶	交通部廣元電報局局長	小西門	
副股長	唐勉之	男	三四	四川重慶	軍委會四川省船舶總隊部廣元辦事處主任	上河街	

000267

職別	姓名	性別	年齡	籍貫	經歷	通訊處	備考
演出股長	馮龍海						兼
副股長	李蕙庭						兼
宣傳股長	邱達夫	男	三二	四川潼南	三民主義青年團廣元籌備主任	南街	
副股長	巫紹白	男	二九	四川巴縣	廣元華懋公司經理	南街	
監察股長	彭守謙	男	四大	四川重慶	四川省營業稅廣元稽征所所長	大西門外	
副股長	胡昌智	男	三〇	湖北漢口	廣元大華紗廠運務股主任	北街	
合計十一員							

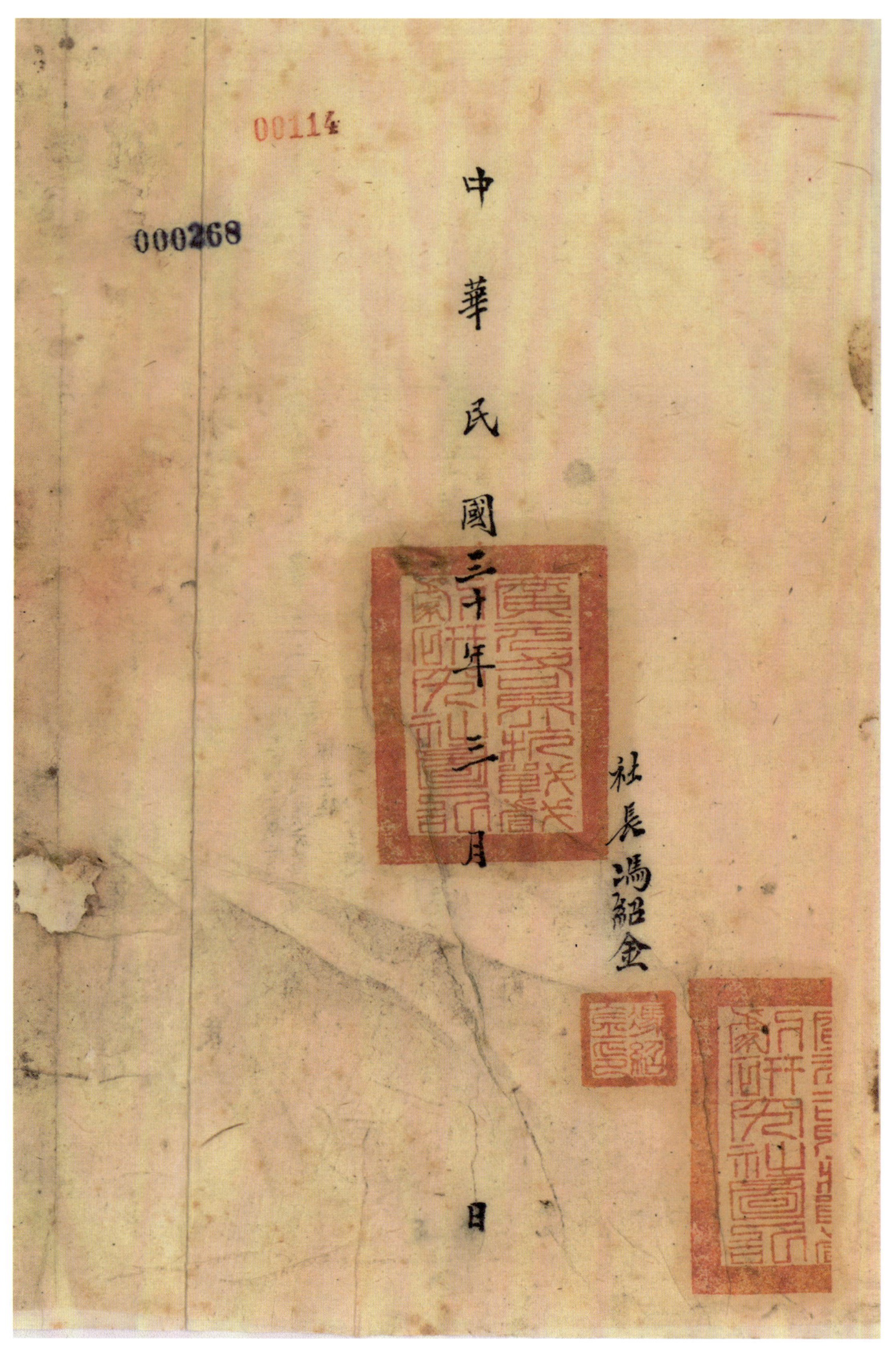

中華民國三十年三月　　日

社長馮紹金

国民党广元县执行委员会「七七」抗战四周年纪念宣传纲要（一九四一年）

七七抗战四周年纪念宣传纲要

一、四年来抗战形势

1、抗战四年我愈战愈强，迭次猛烈攻势均为我击溃，近已[illegible]承认不能以武力征服我国，我军事方面确已奠定最后胜利基础

2、我后方各省积极交通，增加工业生产，推广合作事业，禁止烟毒，管理粮食，推进国民教育，设置中央及地方国民参政机关，实施新县制，所有建设工作与抗战工作同时并举，建国大业亦已渐定基础

3、欧亚战事业经联成一片，我国已立于反侵略战争之前卫地位，英美竭力加强援华，美且表示愿于中国境内和平恢复之时立即废除在华治外法权，苏联虽与德订中立协定，但仍不变援华方针，国际形势尤使我最后胜利早日到临

4、敌经[illegible]

之耗國力，耗竭財政，崩危民生，困苦士氣，衰落繼而三國軍盟，蘇俄

协定，亦徒加深其陷溺之危境

大火數之祇漢奸業已日暮途窮，其卑劣之求倖獲「以華制華」「以戰

養戰」之毒計已成夢幻

六、今後努力——國防建設

國防建設之要 從戰業而乃能，全國國民首先應使全國結成一戰

鬥体，一切軍事、政治、經濟、教育、文化等建設以及國民一般生活應與軍事

相配合而適於戰鬥，以完成安全的自衛國防，先立以下列各項為國防

建設之初步工作努力實踐

人、確認服兵役 建軍為國防的中心，兵役為建軍的首要，今後一般國民應

認服兵役為對國家之神聖義務而榮譽，至於保障抗敵生活

背之领袖之必胜绝对服从全国军民共凛此旨
又努力增加生产 现代国防以经济为基础故全国国民均应加强
国防为中心努力经济建设积极增加生产
又从国防科学现代战争为科学战争故国防建设应以科学为基
础积极使科学迅速发达并使科学即为国防为国防即为国
家为学术机关教育团体以及事业机关均应尽力注意
国防需要提倡科学教育与科学研究
又实践节约储蓄 节约以增加个人财力储蓄以积成国防经济
建设全动于国家利于自己故人民对于政府所发行建国储金

76 壽座鄉縣鎮儲

五、協助實施糧食　糧食為民生根本，尤為戰時需要，藉謀人民必須

擁護政府糧食管理政策，助其完滿實施，以總之物質滿足

全國軍民之一切需要

以上六項為國防建設之基本工作，全國同志同胞務須認識此義

擁護新縣制，以畢盡之毅力，助其成永久完全的國防

而竟抗戰建國之全功

一一三

国民党广元县执行委员会「七七」抗战五周年纪念筹备会议纪录（一九四二年七月一日）

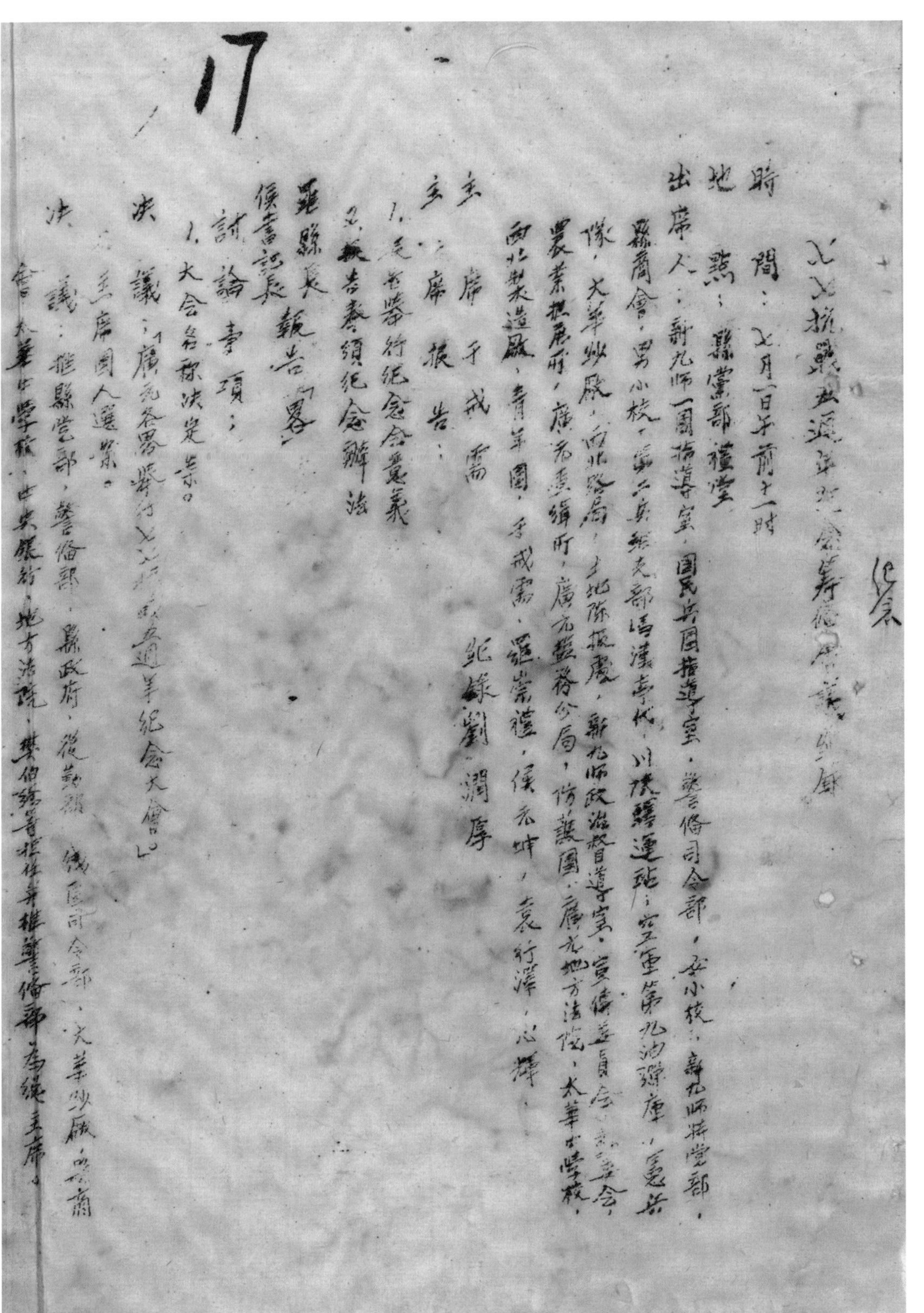
七七抗戰五週年紀念籌備會議紀錄

時間：七月一日午前十一時

地點：縣黨部禮堂

出席人：新九師一團指導室、國民兵團指導室、警備司令部、女小校、新九師特黨部、縣商會、男小校、第二兵站支部、[illegible]、川陝轉運站、空軍第九油彈庫、憲兵隊、大華紗廠、西北路局、土地陳報處、新九師政治部指導室、宣傳委員會、婦女會、農業推廣所、廣元[illegible]緝所、廣元鹽務分局、[illegible]、廣元地方法院、太華中學校、西北製造廠、青年團、李成需、羅崇禮、侯元坤、袁衍澤、心輝

主席：李成需　紀錄：劉潤厚

主席報告：

1. 是否舉行紀念會意義

2. 報告奉頒紀念辦法

羅縣長報告（略）

侯書記長報告（略）

討論事項：

1. 大會名稱決定案。

決議：「廣元各界舉行七七抗戰五週年紀念大會」。

2. 主席團人選案。

決議：推縣黨部、警備部、縣政府、後勤部[illegible]、[illegible]司令部、大華紗廠、縣商會、太華中學校、中央銀行、地方法院、[illegible]擔任，并推警備部為總主席。

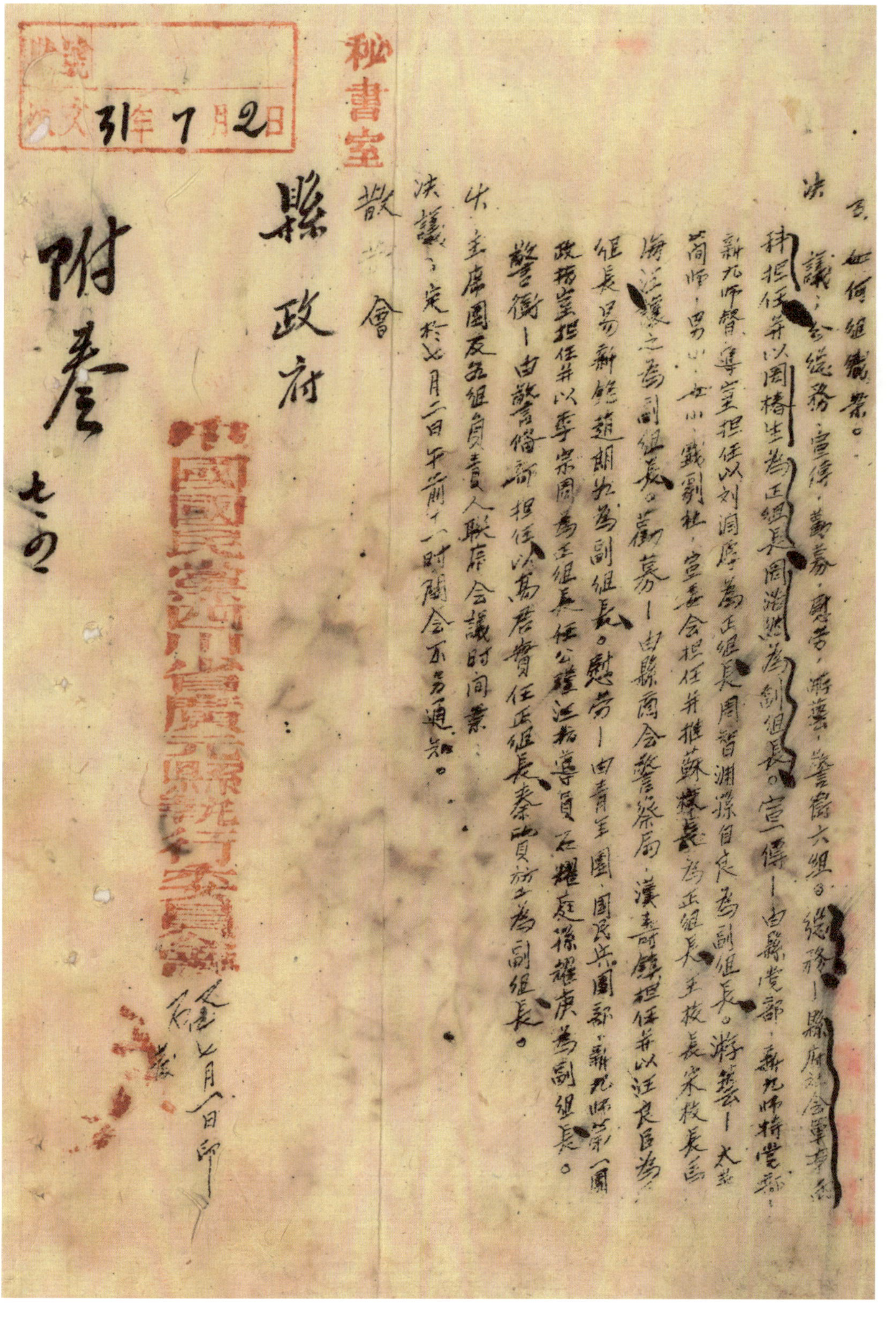

五、如何組織案。

決議：分總務、宣傳、勸募、慰勞、游藝、警衛六組。總務——縣府、參議會、軍事科担任，并以周椿生為正組長，周浩然為副組長。宣傳——由縣黨部、新九師特黨部、新九師督導室担任，以劉洞庭為正組長，周智渊、孫自良為副組長。游藝——太安、商師、男小、女小、戰劇社、宣委會担任，并推蘇校長為正組長，王校長、宋校長、吕海泛、□□之為副組長。勸募——由縣商會、警察局、漢壽鎮担任，并以汪良臣為組長，易新德、趙朗如為副組長。慰勞——由青年團、國民兵團部、新九師第一團政指室担任，并以李宗周為正組長，任公權、汪粹尊、石耀庭、孫耀庚為副組長。警衛——由警備部担任，以高居賢任正組長，秦□□為副組長。

六、主席團及各組負責人聯席會議時間案。

決議：定於七月二日下午一時開會，不另通知。

縣政府

縣參議會

秘書室

中國國民黨四川省廣元縣執行委員會

收文 31年7月2日

附卷

七四

广元县临时参议会关于该会第一次大会开幕在即致敬该省党政军首长及慰问出征将士等的一组电稿（一九四二年九月一日）

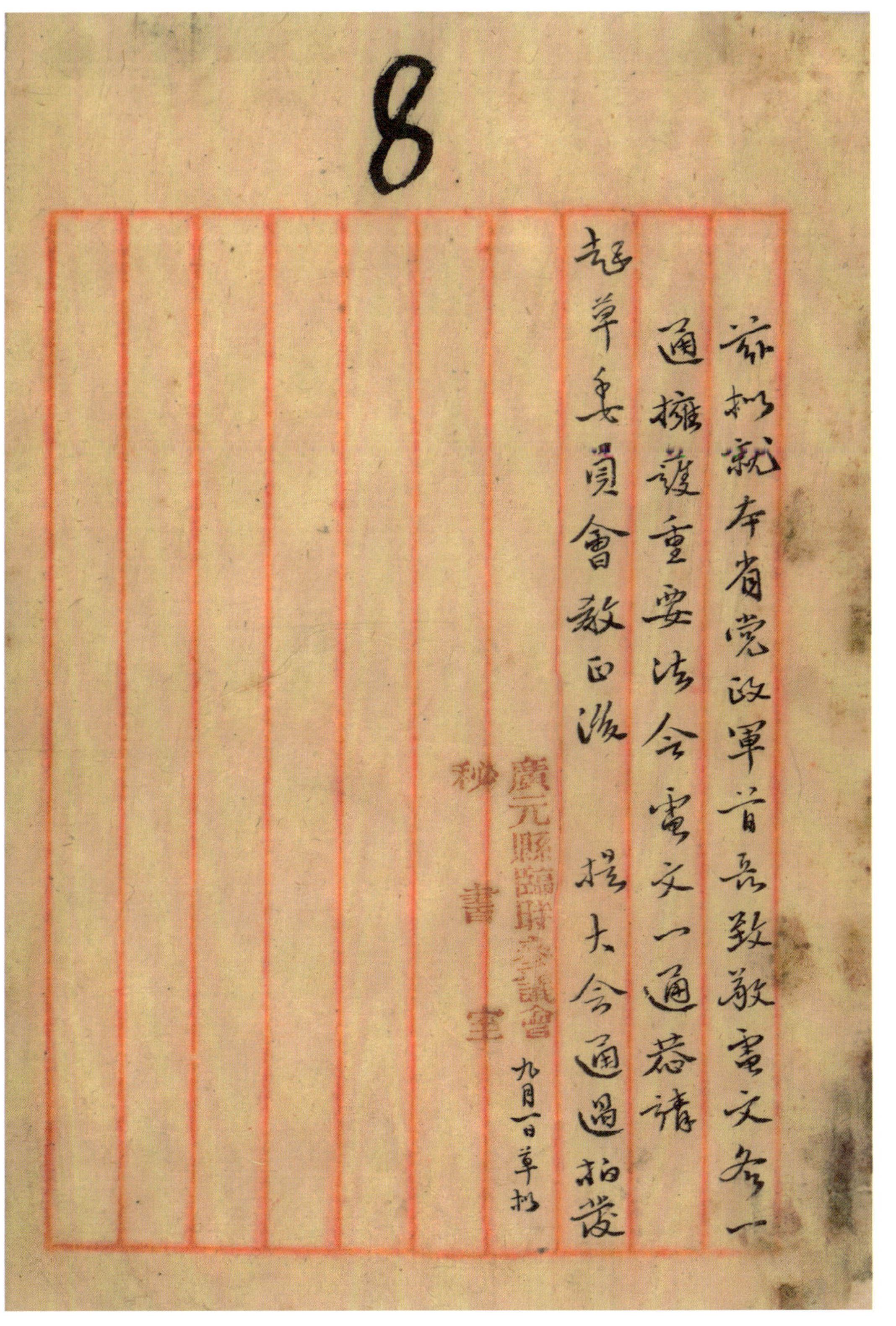

（一）致敬国民党四川省执行委员会主任的电稿

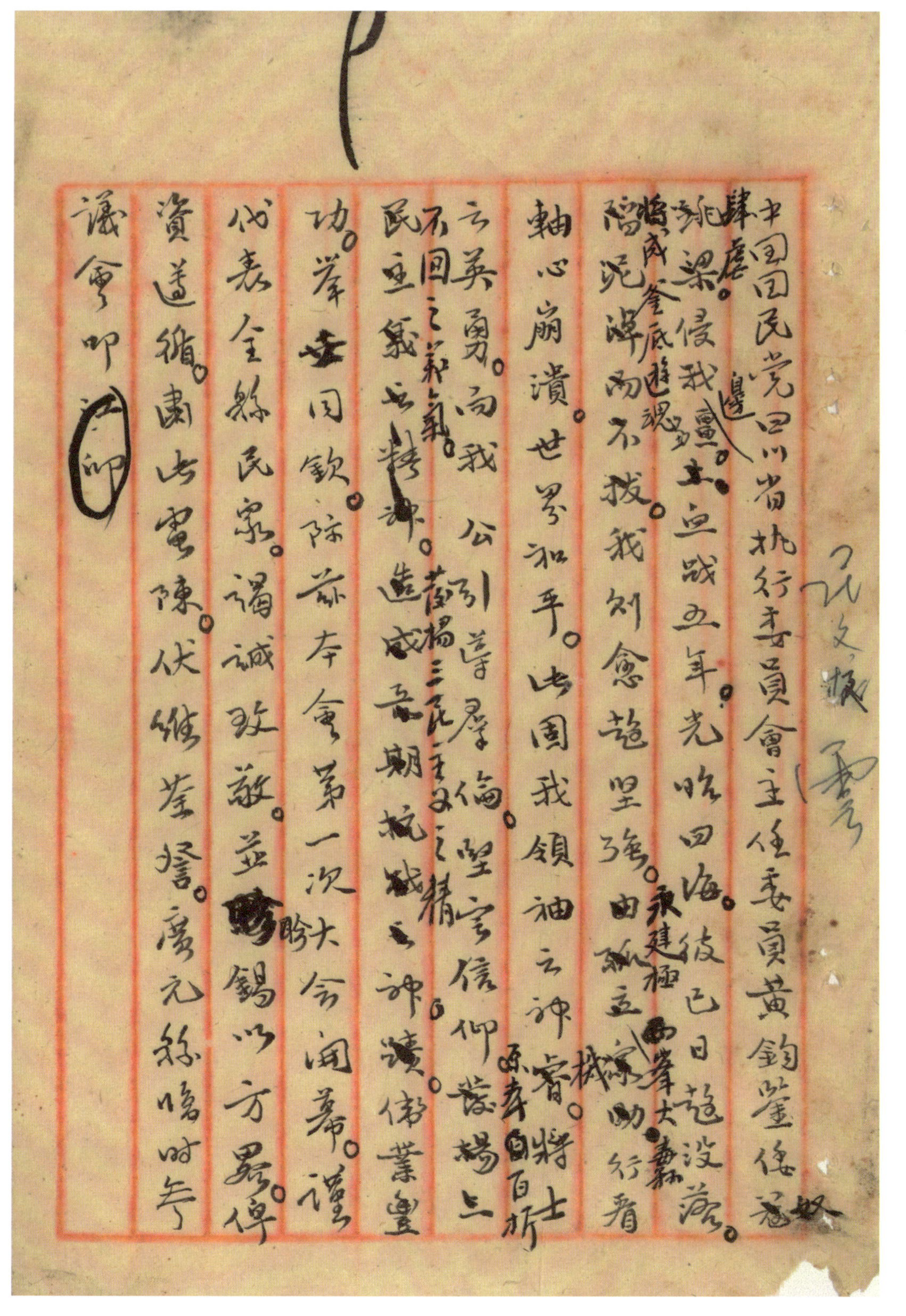

中国国民党四川省执行委员会主任委员黄钧鉴：倭奴肆虐，跳梁侵我边疆，立战五年，先昨四海，彼已日趋没落，陷泥淖而不拔，我则愈战愈强，由孤立而获助，行看轴心崩溃，世界和平，此固我领袖之神睿，将士之英勇，而我公引导群伦，坚定信仰，发扬民族正气，不屈不挠之精神，造成长期抗战之神圣伟业，功莫大焉。同钦，际兹本会第一次大会闭幕，谨代表全县民众，竭诚致敬。并盼锡以方略，俾资遵循。肃此电陈，伏维荃鉴。广元县临时参议会叩印

孔文焕

（二）致敬四川省政府主席的电稿

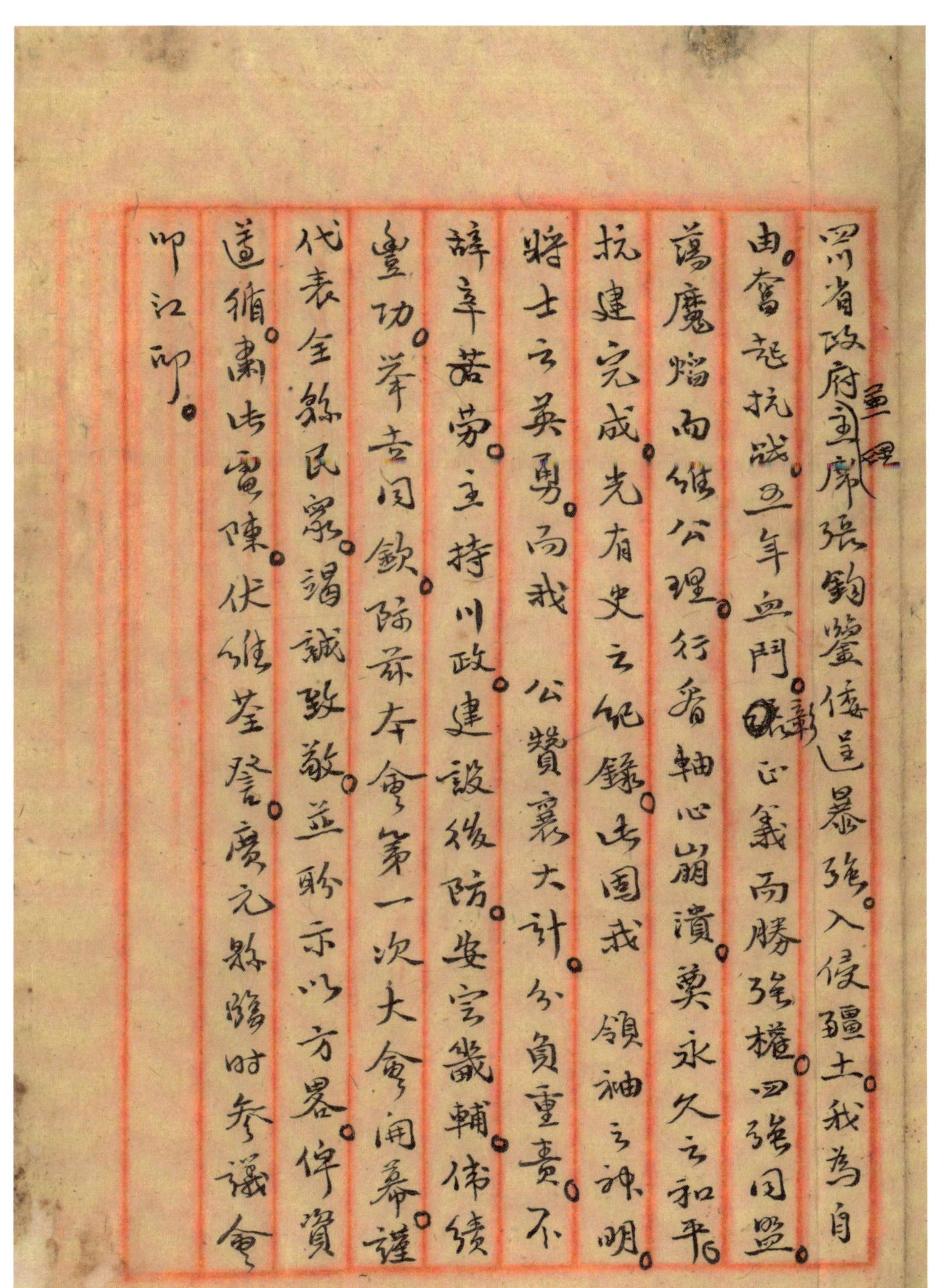
四川省政府主席張鈞鑒：倭寇暴強，入侵疆土，我為自
由奮起抗戰，五年血鬥，彰正義而勝強權，四強同盟，
蕩魔焰而維公理，行看軸心崩潰，奠永久之和平，
抗建完成，光有史之紀錄，此固我領袖之神明，
將士之英勇，而我公贊襄大計，分負重責，不
辭辛苦勞，主持川政，建設後防，安定畿輔，偉績
豐功，舉國欽佩，本會第一次大會開幕，謹
代表全縣民眾，竭誠致敬，並盼示以方畧，俾資
遵循。肅此電陳，伏維垂詧。廣元縣臨時參議會
叩江印。

四川省政府兼理主席張鈞鑒：倭寇強梁，入侵疆土，我
張撻伐，抗戰宣猷，四國同盟，蕩魔殲而維公理，四年迄
戰，彰正義而勝強權，行看大計完成，光有史之紀錄，
軸心崩潰，操最後之勝利，此固賴將士之英勇，亦由
我領袖之神機，而我公贊襄，分負責任，主持川政，建
設防，宵旰籌其方略，軍民期保，治綱碩畫一新，
全黎崇戴，偉績叢出，舉蜀同欽。茲值本會
第一次大會閉幕，謹代表全縣民眾竭誠致敬，并
懇示以榘訓，俾資遵循，肅此電陳，伏維鑒察。
廣元縣臨時參議會叩（印）

（三）致敬川康绥靖主任公署主任的电稿

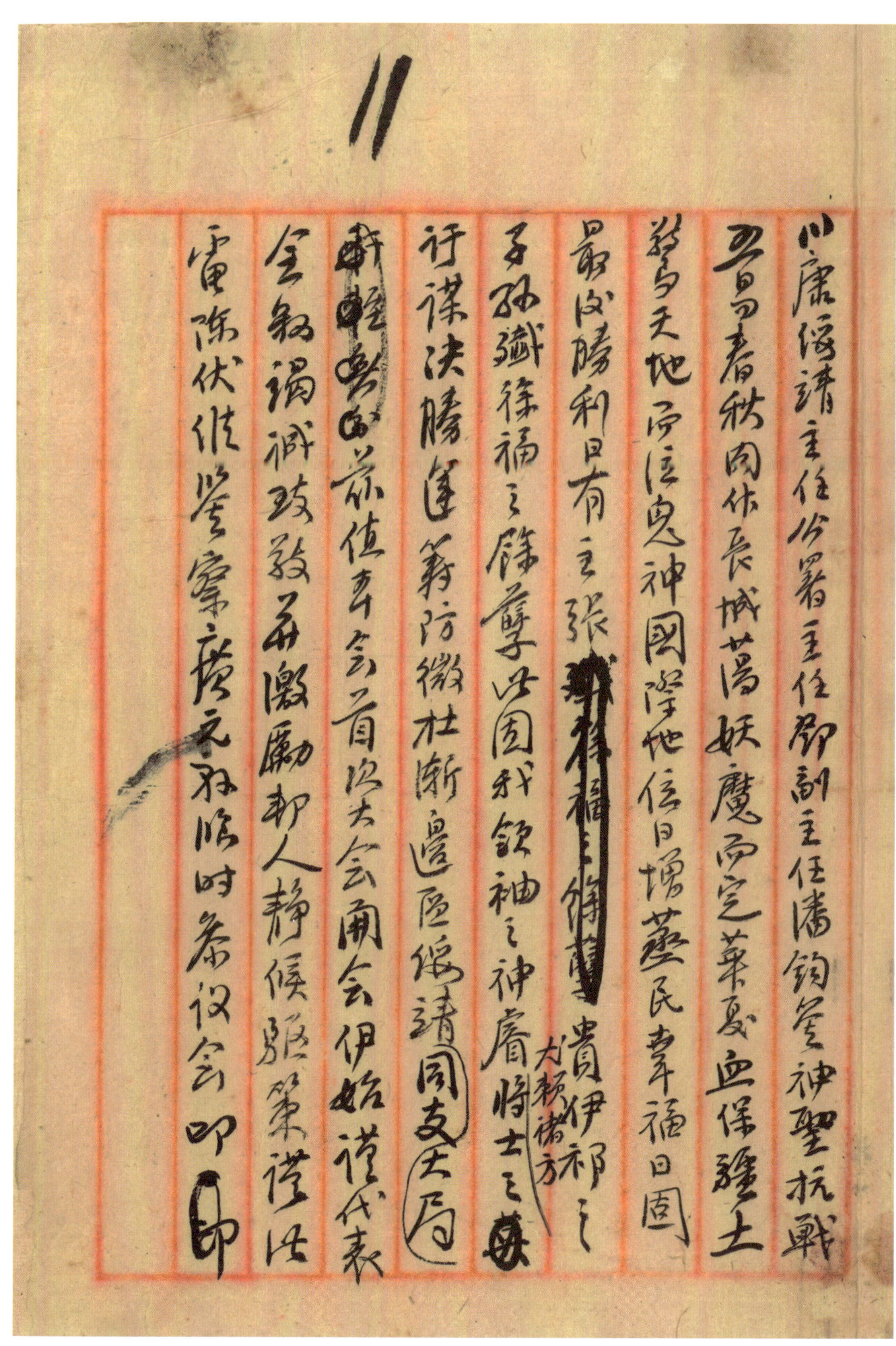

川康绥靖主任公署主任邓副主任潘钧鉴：神圣抗战已届两春秋，内作长城，荡妖魔而定华夏，血保疆土，惊天地而泣鬼神，国际地位日增，蒸民幸福日固，最后胜利日有之张。贵伊祁之子孙，识[illegible]福之[illegible]孽，卫国我领袖之神眉，将士之[illegible]大校诸方，讦谋决胜，运筹防微杜渐，边区绥靖[illegible]。[illegible]值本会首次大会开会伊始，谨代表全[illegible]攻毅并激励邦人静候驱策，谨任电陈，伏维鉴察。广元县临时参议会叩印

（四）致敬川陕鄂边区绥靖主任公署主任的电稿

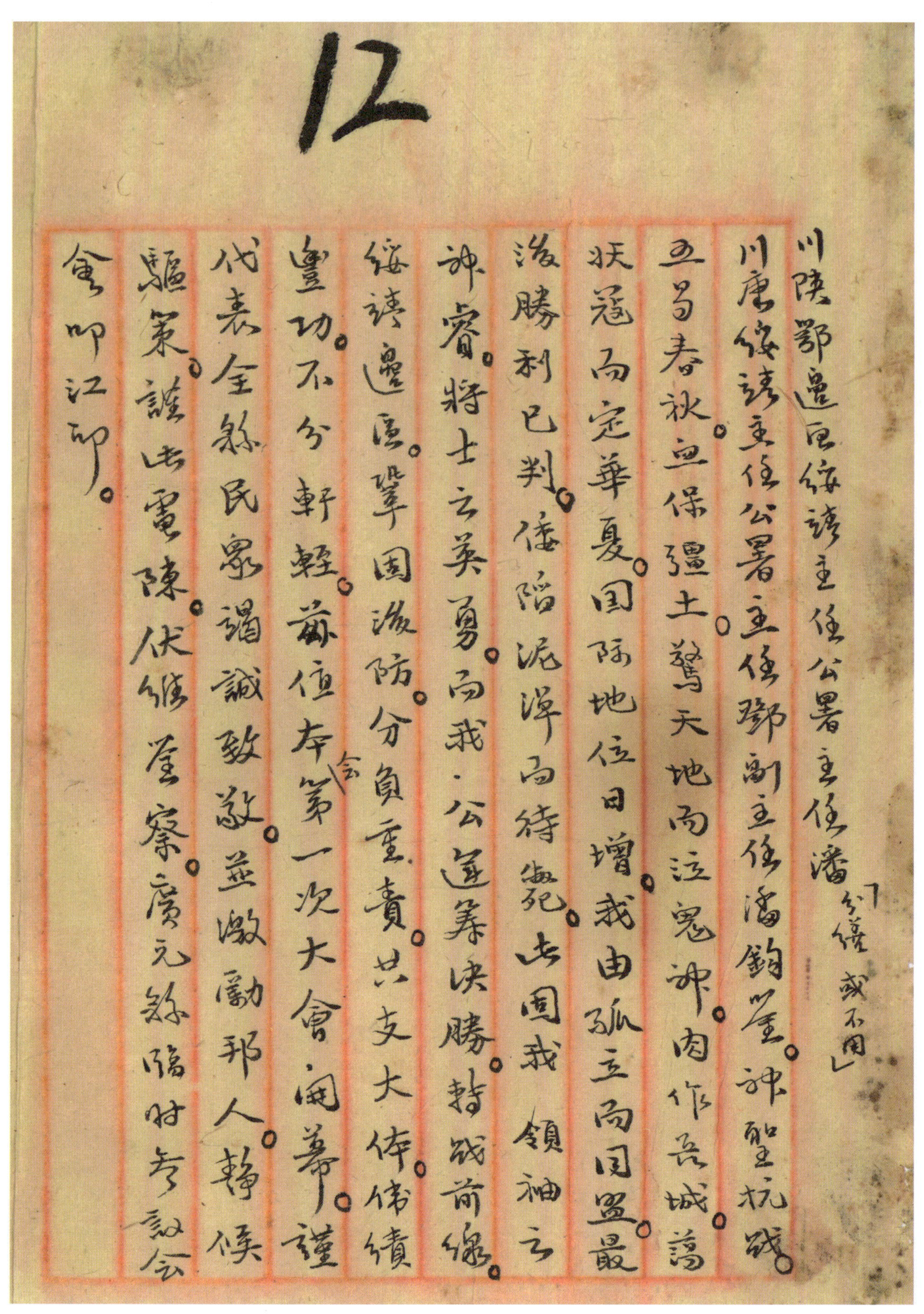
12

川陝鄂邊區綏靖主任公署主任潘 「文糸 或不用」

川康綏靖主任公署主任鄧副主任潘鈞鑒：神聖抗戰，五易春秋，血保疆土，驚天地而泣鬼神，肉作長城，滿扶寇而定華夏。國際地位日增，我由孤立而同盟，最後勝利已判，倭陷泥淖而待斃死。此固我領袖之神睿，將士之英勇，而我公運籌决勝，轉戰前線，綏靖邊區，鞏固後防，分負重責，共支大任，偉績豐功，不分軒輊。茲值本會第一次大會開幕，謹代表全縣民衆竭誠致敬，並激勵邦人，静候驅策，謹此電陳，伏維鑒察。廣元縣臨時參議會叩江印。

（五）拥护政府实施重要法令的电稿

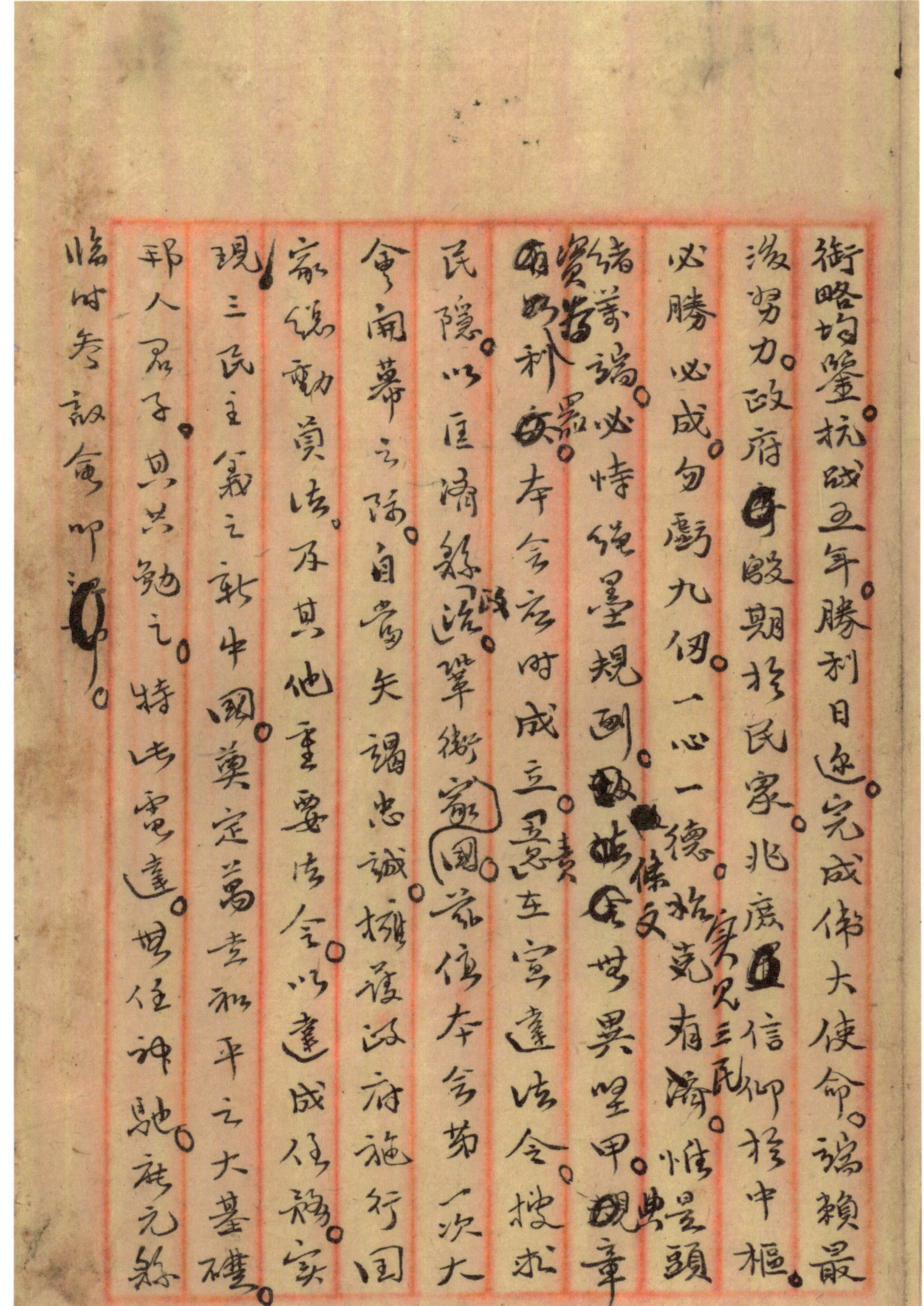

衔略均鉴。抗战五年，胜利日迩，完成伟大使命，端赖最后努力。政府殷殷期于民家，兆庶信仰于中枢。必胜必成，功亏九仞，一心一德，[illegible]克有济。惟是头绪万端，必恃绳墨规画。[illegible]条文，[illegible]异[illegible]甲，典章[illegible]资[illegible]本会应时成立，责在宣达法令，搜求民隐，以匡济政治，翼卫国家。值本会第一次大会开幕之际，自当矢竭忠诚，拥护政府施行国家总动员法，及其他重要法令，以达成任务，实现三民主义之新中国，奠定万世和平之大基础。邦人君子，其共勉之。特此电达，无任神驰。[illegible]

临时参议会叩[illegible]。

（六）慰问广元县出征军人家属的电稿

電慰縣人出征家屬

吾父老昆季各同胞鑒

粤稽歐戰和成即有世界大戰提醒之言論乃日本蓄意侵略竟冒險發難釀成英德蘇德繼續戰爭迄至今全世界大小國家侵略者與抗戰者劈成兩大壁壘而勝利當自有屬我縣民壯國家之一亦世界之一曾不斷趨至前綫赴義如滬上之戰栒龍之壯士馮開榮死閘河北之戰治城之宋洽邦沒台兒莊之戰上西堡之李文斗建立殊勳餘如尹覺先金戈陶德淵等或死難或出奇或正從事役各放異色光榮鄉里憶及前代我縣之出征苗疆金沙甘肅者莫不顯聲異

邦卓著奇功欣盼勝利到来考功察籍吾鄉壯士或當不讓
他人幸勿觖望稍惰愛國之志尤盼在鄉未出征人之父老
於其子弟鼓其勇氣自願上前争取最後五分之義奮復我
河山益為鄉邦光我同人等雖無力無資竊有敵愾同仇之
私志於不得已亦願執戈從諸父老已上前线子弟之後廣
元縣臨時參議會叩（印）

臨時參議會起草委員會擬提請

大會通過

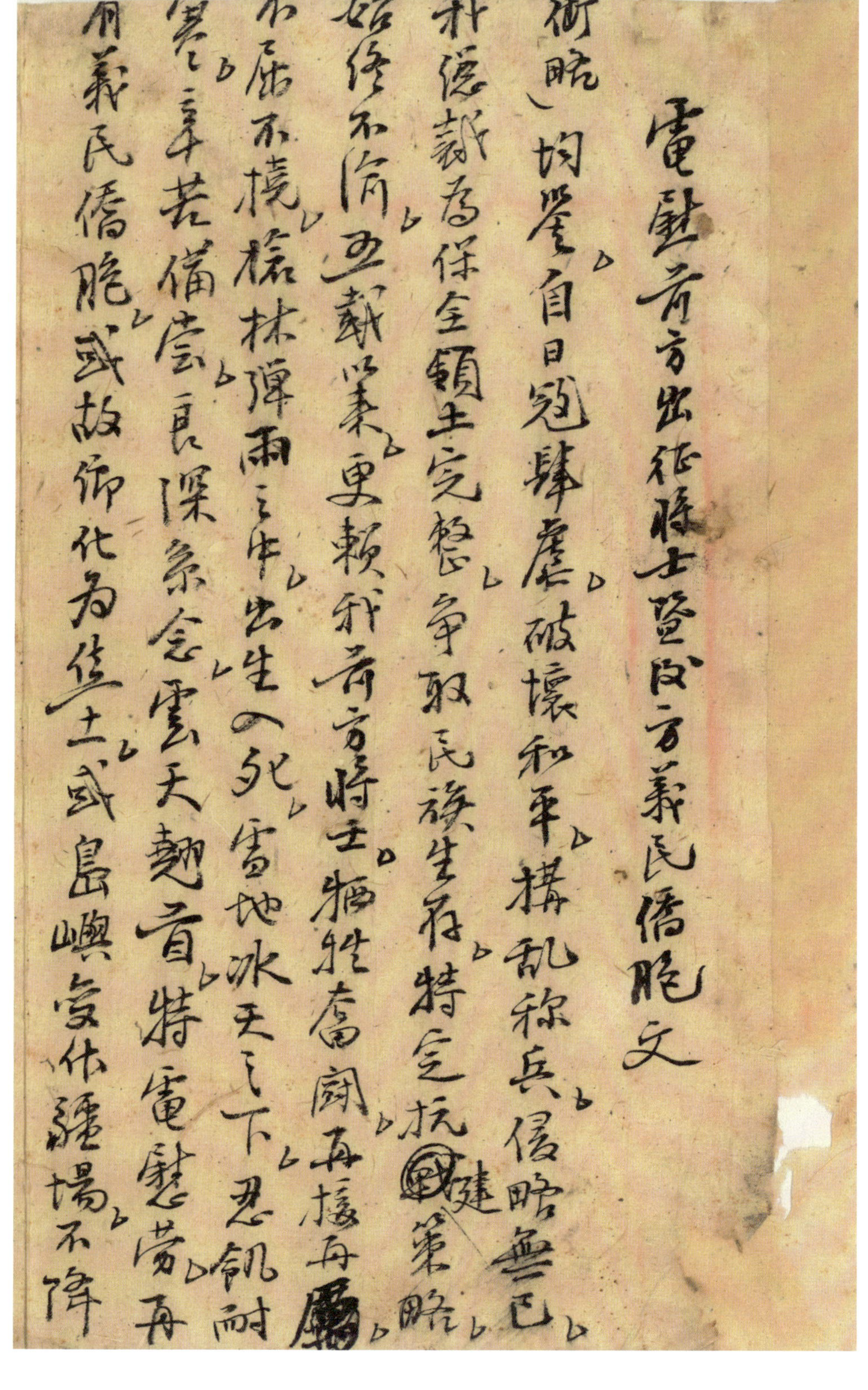
電慰前方出征將士暨後方義民僑胞文
衔眈）均鑒：自日寇肆虐，破壞和平，搆亂稱兵，侵略無已，
我總裁為保全領土完整，爭取民族生存，特定抗建策略，
始終不渝，五載以來，更賴我前方將士犧牲奮鬥，再接再厲，
不屈不撓，槍林彈雨，出生入死，雪地冰天，忍飢耐
寒，辛苦備嘗，良深系念。雲天翹首，特電慰勞。再
有義民僑胞，或故鄉化為焦土，或島嶼變作疆場，不降

（七）慰问前方出征将士及后方义民侨胞的电稿

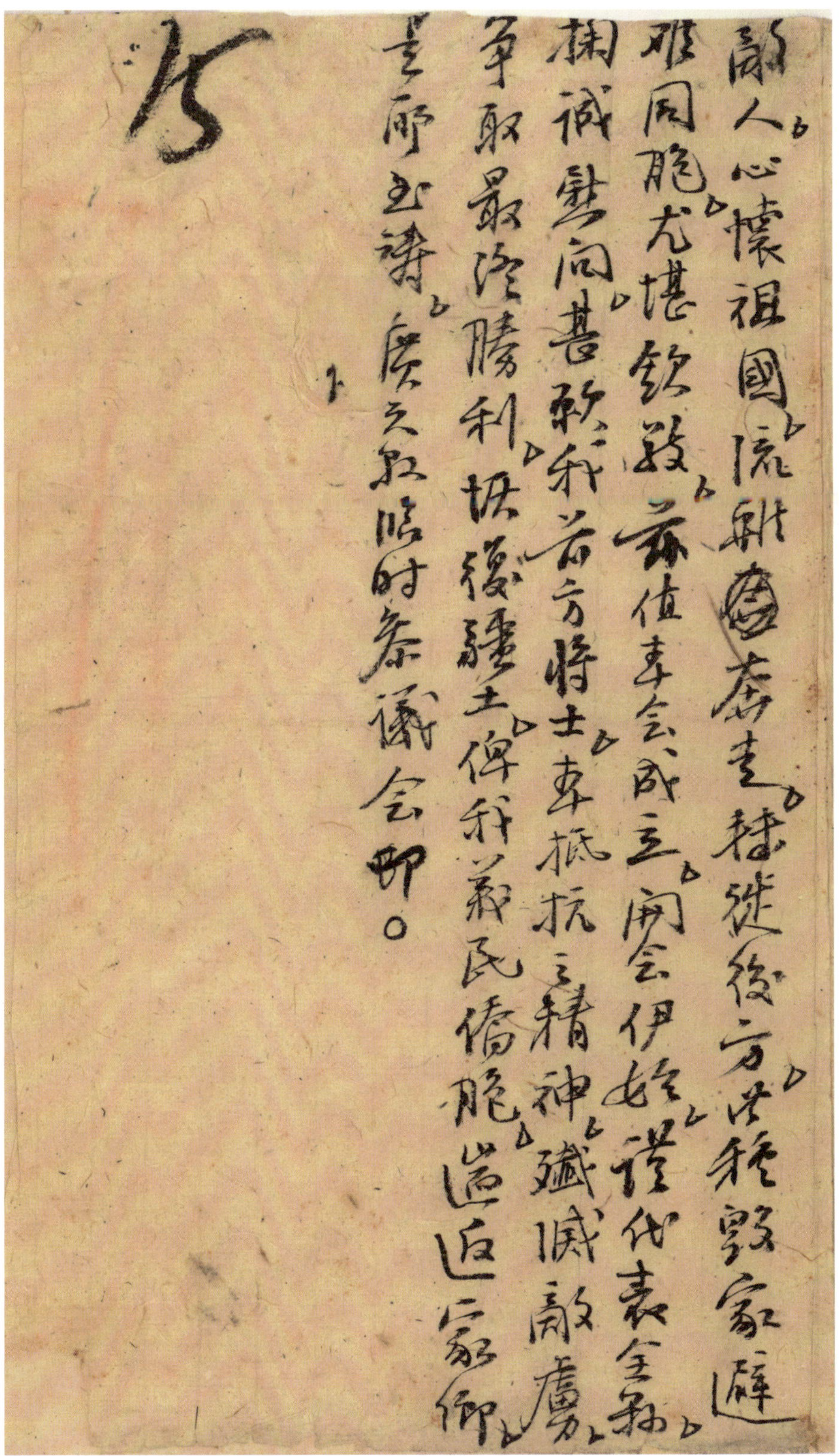

15

敵人，心懷祖國，流離奔走，轉徙後方，其餘毀家避難同胞，尤堪欽敬。茲值本會成立，開會伊始，謹代表全縣揭誠慰問，書勉我前方將士，本抵抗之精神，殲滅敵虜，爭取最後勝利，收復疆土，俾我難民僑胞，遄返家鄉，是所至禱。廣元縣臨時參議會叩。

四川省政府及广元县政府关于「九一八」及「七七」纪念日由各地机关学校团体分别纪念的有关文书（一九四二年十一月至十二月）

四川省政府致广元县政府的训令（一九四二年十一月）

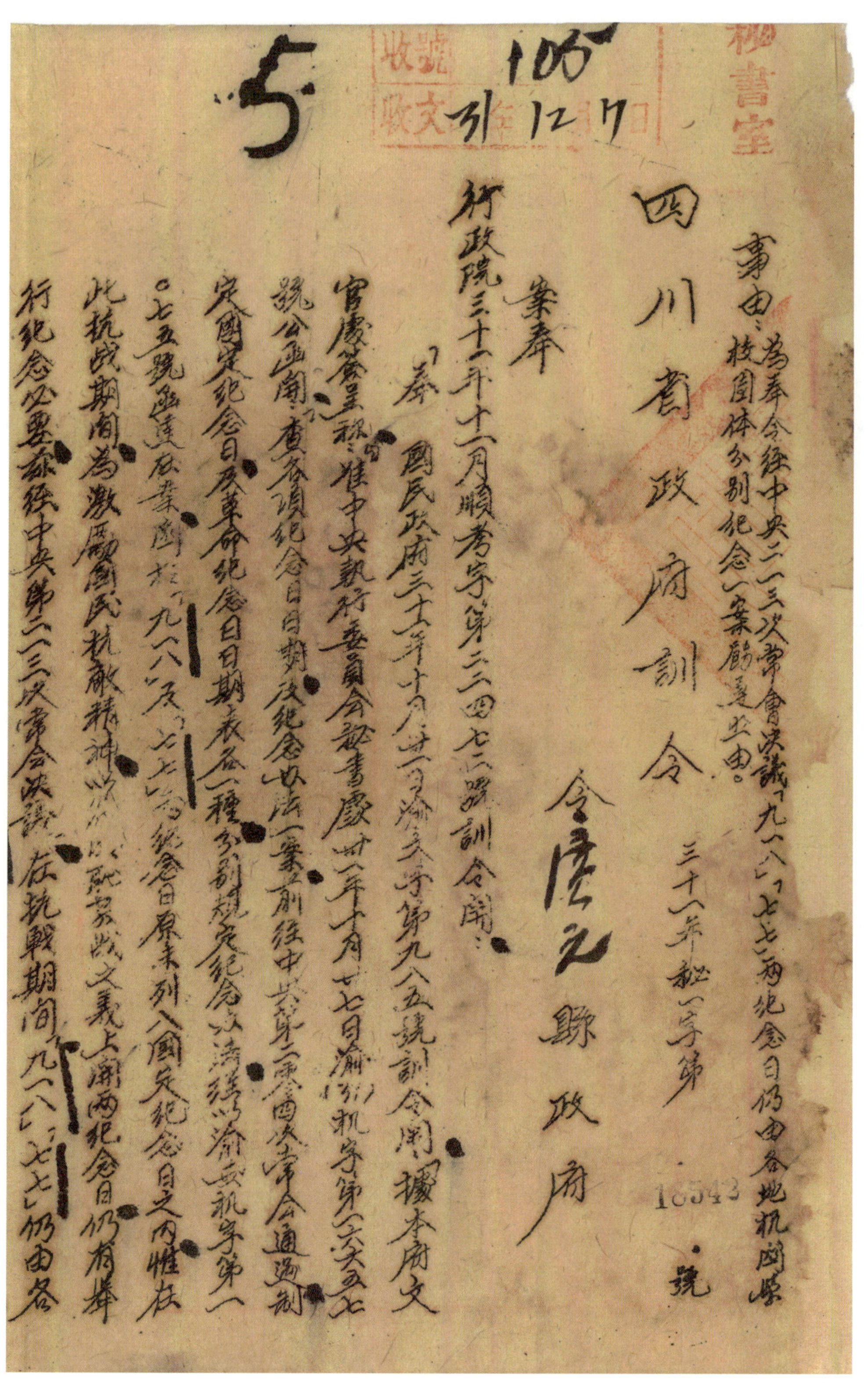

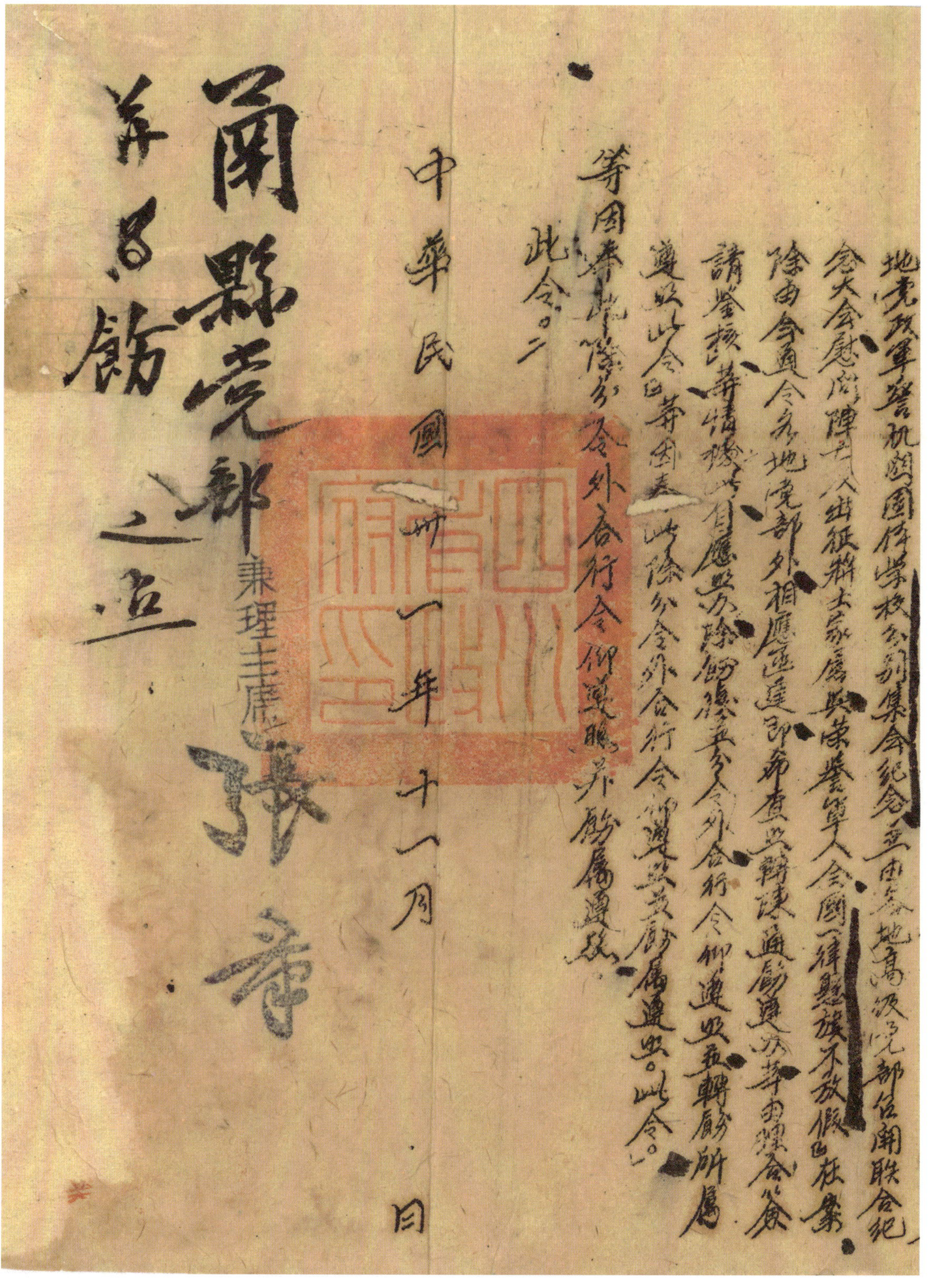
地党政军警抗敌团体学校分别集会纪念，并由各地高级以上部队开联合纪念大会慰问阵亡将士及出征将士家属与荣誉军人，全国一律悬旗，不放假在案。除由会通令各地党部外，相应函达，即希查照转陈通饬遵办等由，准此，合请鉴核，并请转饬所属遵照。除分令外，合行令仰遵照，并转饬所属遵照。此令。等因奉此，除分令外，合行令仰遵照，并饬属遵照。此令。

等因奉此，除分令外，合行令仰遵照，并饬属遵照。

此令。

中华民国卅一年十一月 日

阆县党部 兼理主席

广元县政府致国民党广元县执行委员会的公函（一九四二年十二月二十八日）

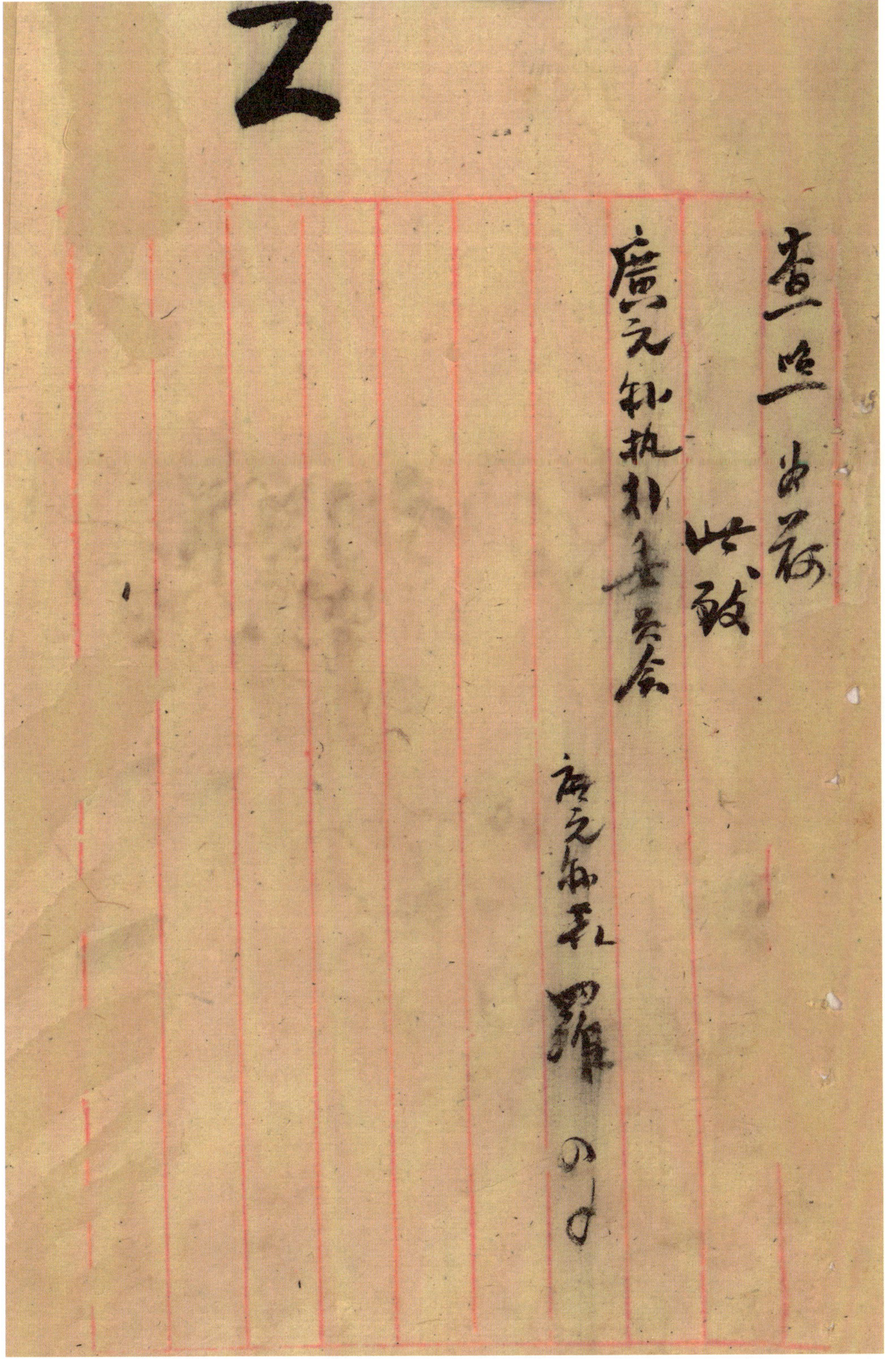
查照为荷

此致

广元县执行委员会

广元县长　罗〇〇

广元县政府致该县各区乡镇公所等的训令（一九四二年十二月二十八日）

廣元縣政府稿

四川省政府及广元县政府关于遵照填报义勇游击队忠义殉国事迹表的训令（一九四三年十二月至一九四四年一月）

四川省政府致广元县政府的训令（一九四三年十二月）

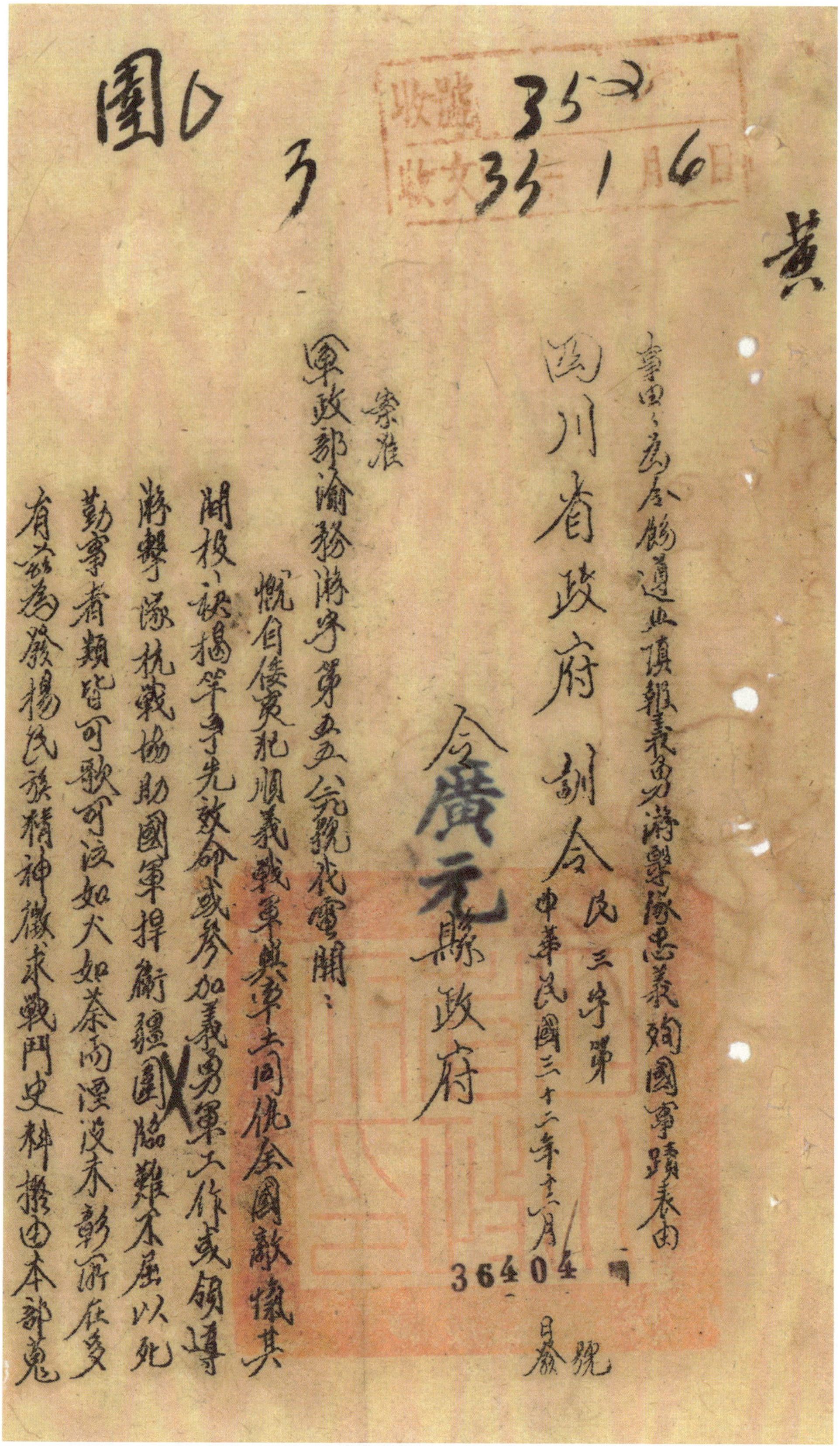

事由：為令飭遵照填報義勇游擊隊忠義殉國事蹟表由

四川省政府訓令 民三字第 號

中華民國三十二年十二月 日發

36404

令廣元縣政府

案准

軍政部渝務游字第五五八六號代電開：

「慨自倭寇犯順，義戰軍興，卒士同仇，全國敵愾。其間投袂揭竿，身先效命，或參加義勇軍工作，或領導游擊隊抗戰，協助國軍捍衛疆圉，臨難不屈，以死勤事者，類皆可歌可泣，如火如荼，而湮沒未彰者，亦在多有。茲為發揚民族精神，徵求戰鬥史料，擬由本部蒐

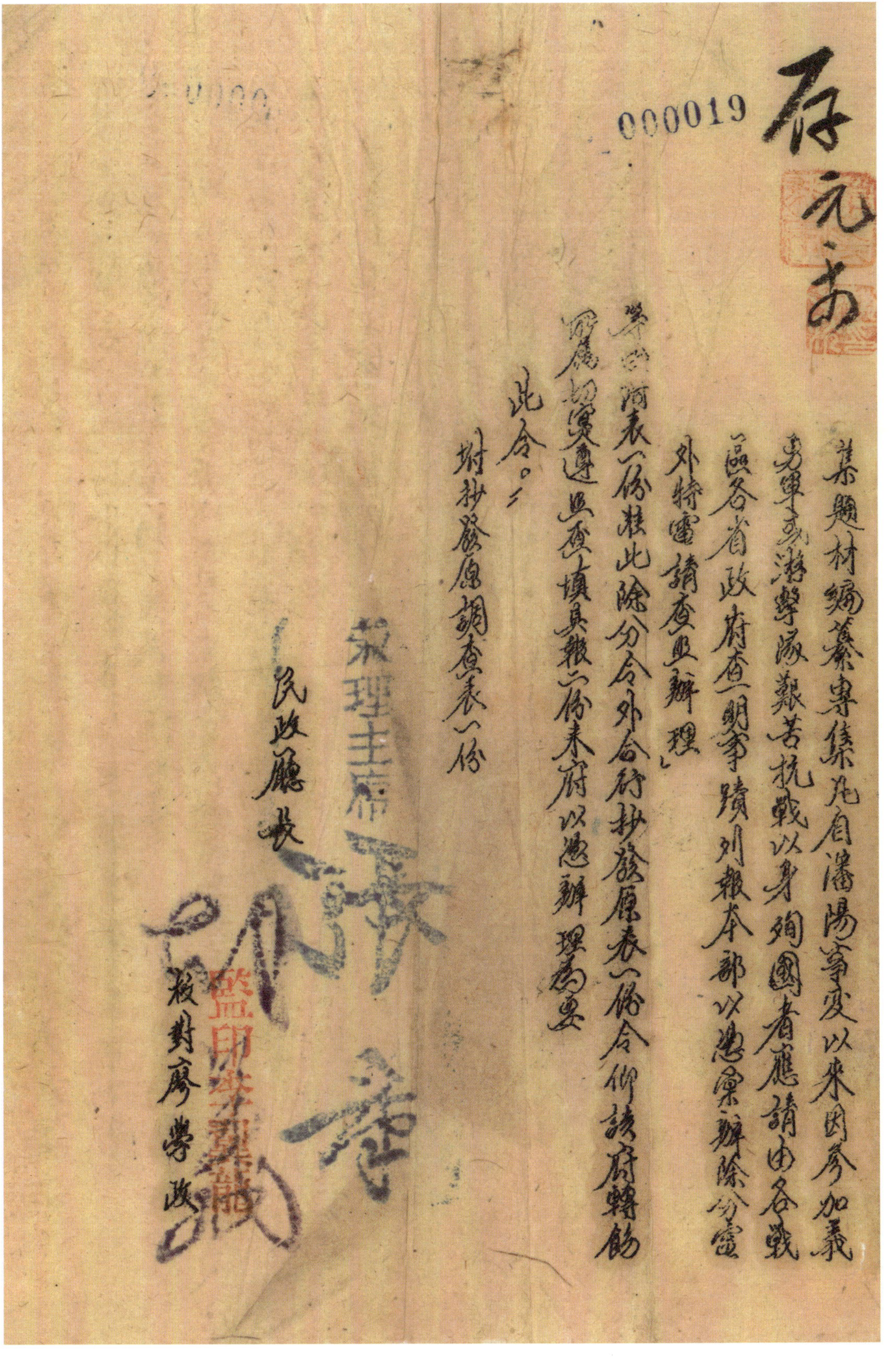
存 000019

集题材编纂专集凡自沈阳事变以来因参加义勇军或游击队艰苦抗战以身殉国者应请由各战区各省政府查明事迹列报本部以凭汇办除分电外特电请查照办理」

等因附表一份准此除分令外合行抄发原表一份令仰该府转饬所属切实遵照查填具报一份来府以凭办理为要

此令。

附抄发原调查表一份

兼理主席

民政厅长

校对廖学政

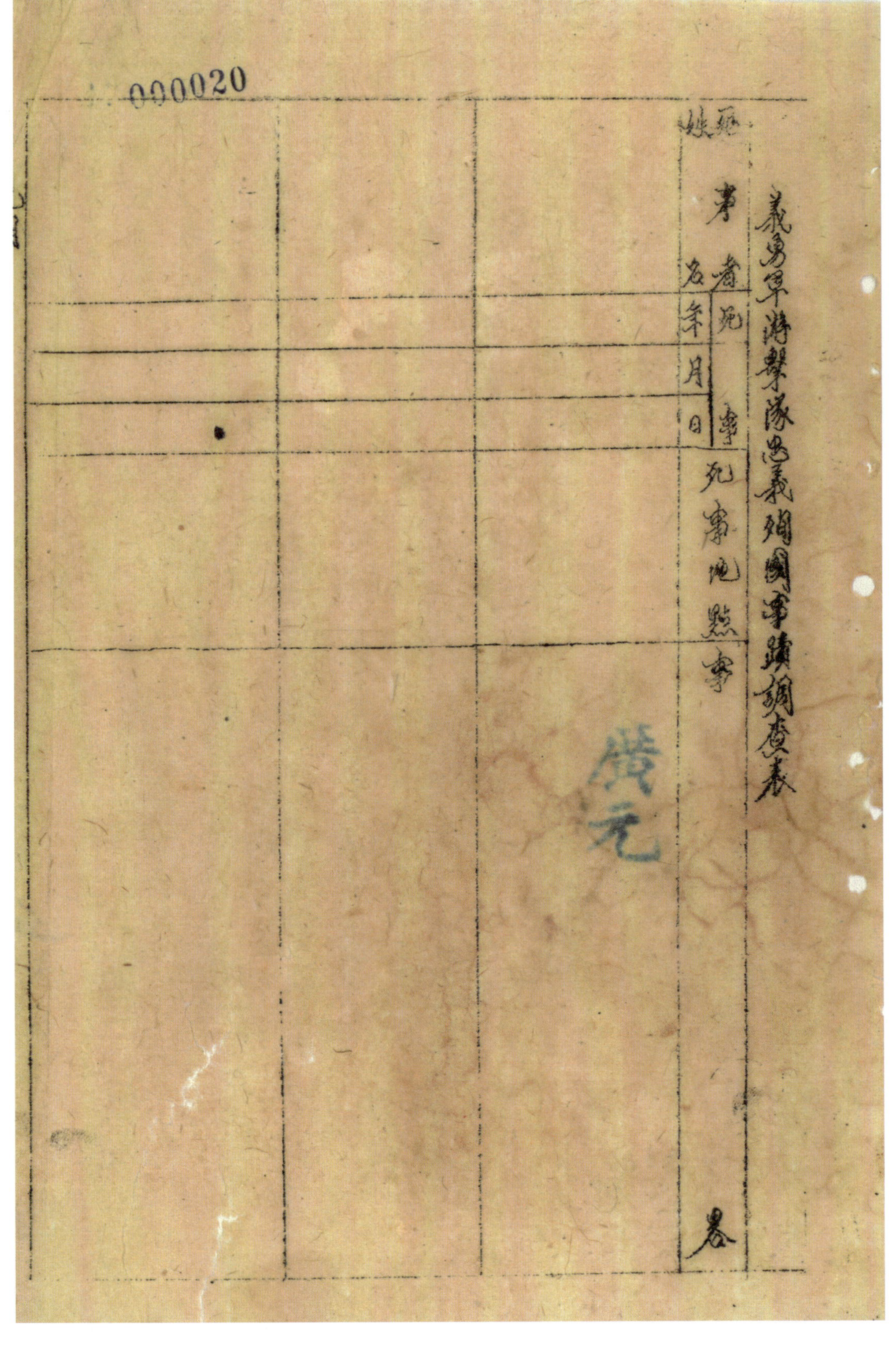
000020
義勇軍游擊隊忠義殉國事蹟調查表
姓 死者名
死事年月日
死事地點
事
卷
廣元

說明

一、紀載以事蹟先後為順序表式及每欄之寬度可伸縮之
二、每人事蹟之紀載自首事至其人殉國止不得以一人之事蹟割裂成為數事蹟
三、雖有事蹟可紀而其人尚未蓋棺論定者不錄
四、雖殺身成仁而無事蹟可紀者不錄
五、屈身敵偽反正未遂而死者不錄
六、各戰區查報以其所屬轄之義勇軍游擊隊（含地方團隊）為範圍
七、已光復地區義勇軍游擊隊既往之事蹟由其縣省歷史關係之現在戰區或部隊分省查報之
八、自此次查報以後凡續有事蹟可報者隨時填報之
九、義勇軍游擊隊改為正式部隊番號者其已往之游擊戰事蹟得查報之
十、凡地方政府人員與自治人員及民衆等其所有忠義事蹟國民政府已另有通案搜集無須於此案內重複列報
十一、紀載不拘文言文或語體文紀事亦不拘長短惟以簡明翔實為原則不須冗詞烘染充斥篇幅

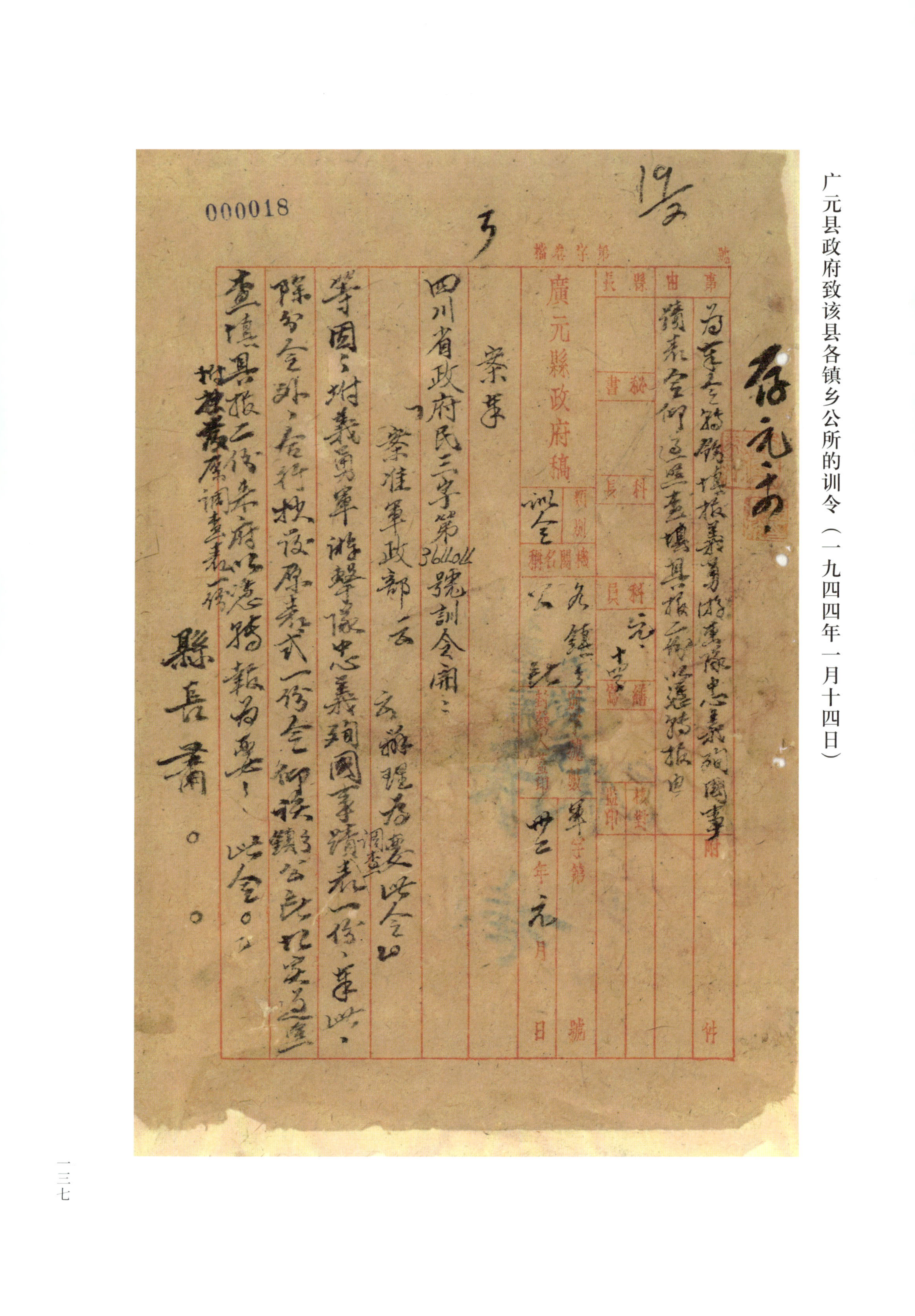

广元县政府致该县各镇乡公所的训令（一九四四年一月十四日）

000018

廣元縣政府稿

广元各界举行革命先烈暨首届青年节纪念大会告同胞书（一九四四年三月二十九日）

廣元各界舉行革命先烈暨首屆青年節紀念大會

告同胞書

全体同胞均鑒：

清末失政，割地賠款，喪國辱師，三百年之條約，遺百世之枷鎖，致國家有累卵之危，民族有滅亡之憂，我　國父丁茲艱危，痛心疾首，決志革命，拯同胞於水火之中，聯合志士，共奮鬥於風雨之下，無畏犧牲，百折不撓，於民國紀元前一年之今日，在黃花崗起義，以革命七十二先烈之頭顱鮮血，沸騰四萬萬同胞之家

國憂心，終於推翻滿清，創造民國，解除千年之
縛桎梏，遂我炎黃子孫之自由，吾人於今之
能不對我　國父及革命先烈致其上之敬意，及
永恆之哀悼！
今我　總裁承繼　國父及先烈之遺志，統率
全民，為我國家民族及世界人類之正義，與殘暴
之倭奴及其侵略集團之醜類作殊死戰爭，此
實我民主國家數千年歷史文化存亡斷續之關頭，亦
即我中華民族起死回生轉弱為強之樞紐，任務
之艱鉅，犧牲之重大，更千萬倍於昔日，凡我同胞

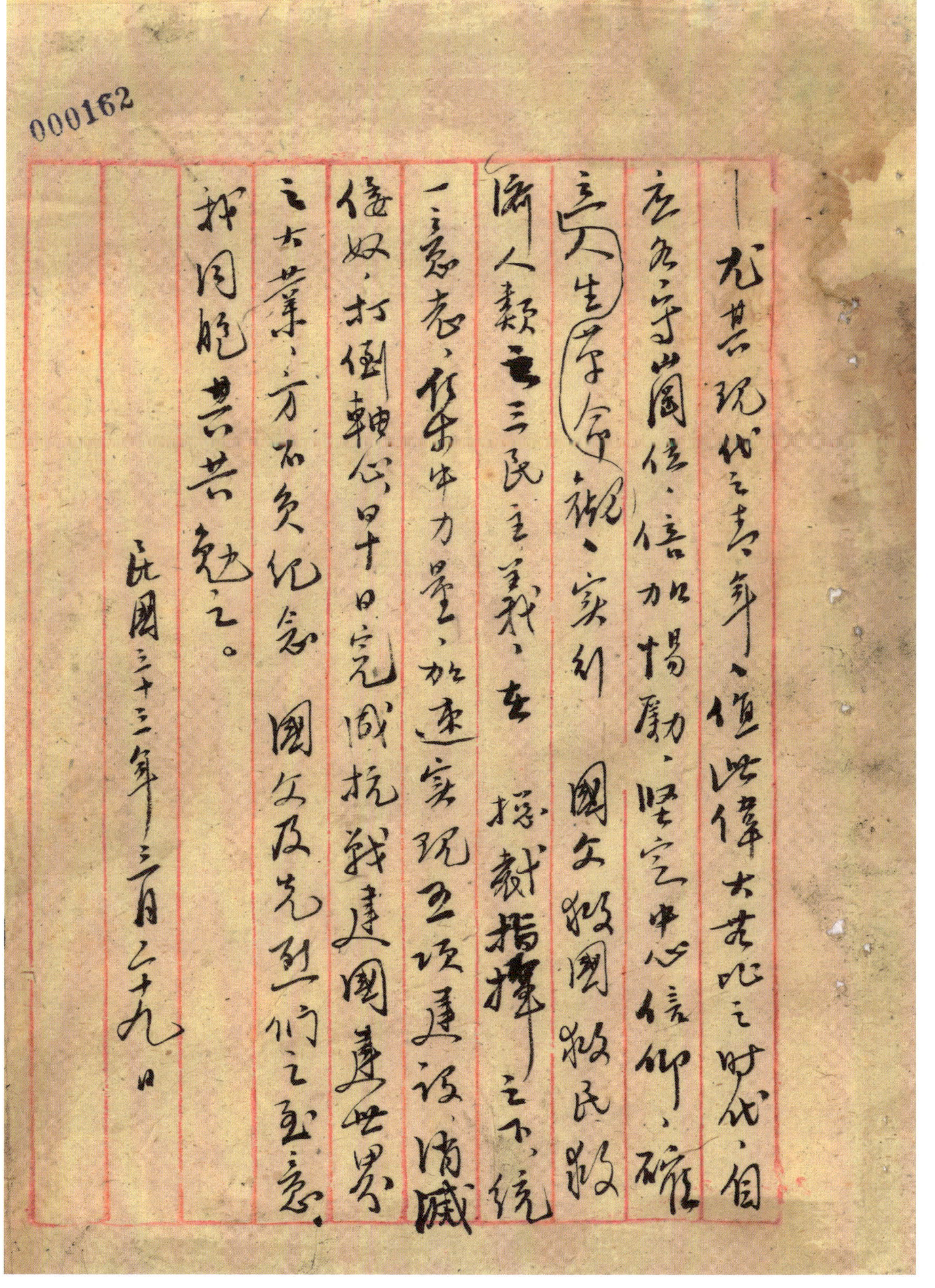
尤其現代之青年，值此偉大艱巨之時代，自應各守崗位，倍加惕勵，堅定中心信仰，確立人生革命觀，實行 國父救國救民救濟人類之三民主義，在 總裁指揮之下，統一意志，集中力量，加速實現五項建設，消滅倭奴，打倒軸心，早日完成抗戰建國建世界之大業，方不負紀念 國父及先烈們之至意，我同胞其共勉之。

民國三十三年三月二十九日

四川省政府与广元县政府关于举行筹募公债扩大宣传周日期及办理情形的来往文书（一九四四年四月至六月）

四川省政府致广元县政府的代电（一九四四年四月）

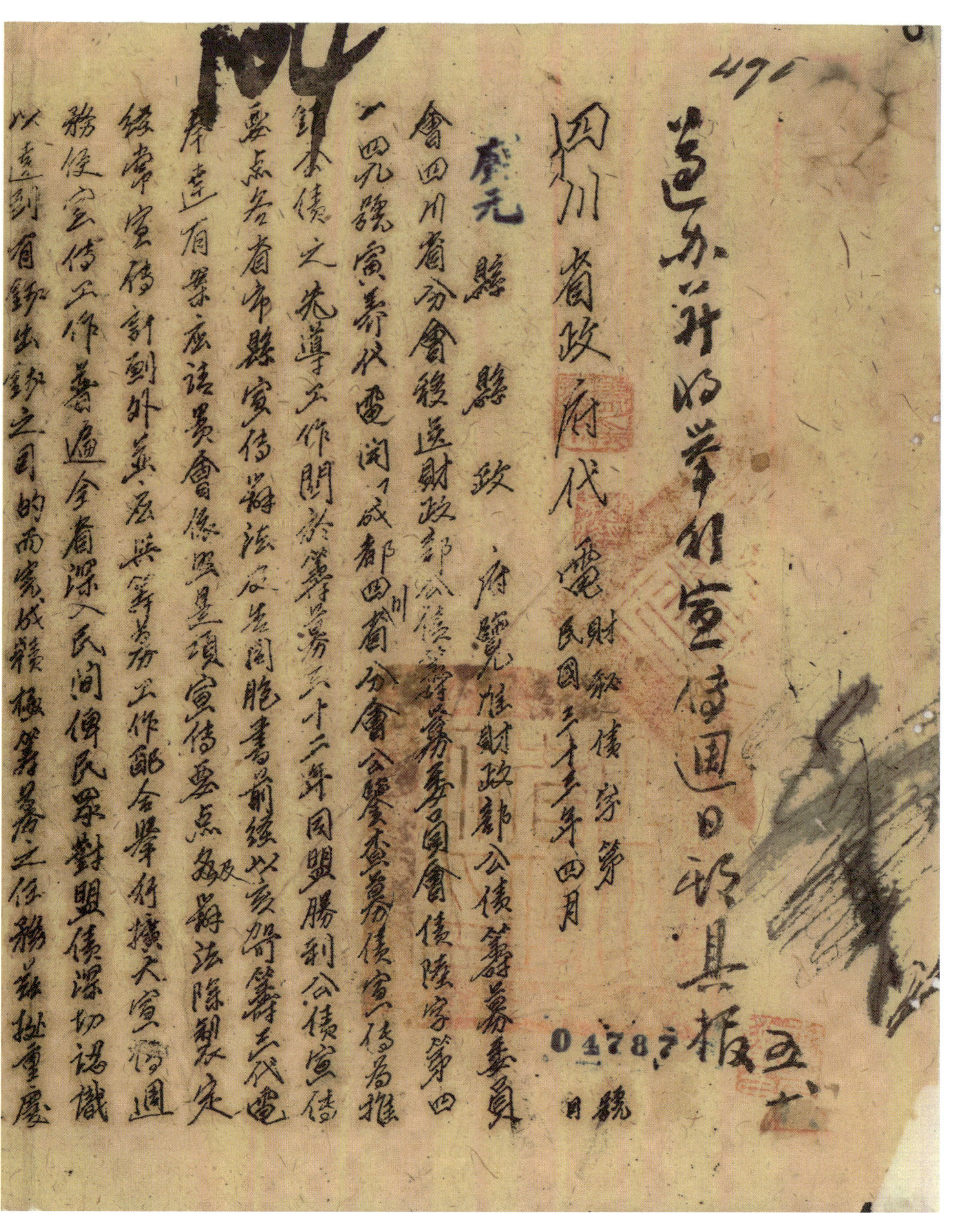

遵辦并將舉行宣傳週日期具報 五、六

四川省政府代電 民國三十三年四月 日 財秘債字第 號

廣元縣縣政府覽：准財政部公債籌募委員

會四川省分會秘匱財政部公債籌募委員會債陸字第四

一四九號寅養代電開："成都四川省分會公鑒：查募債宣傳為推

銷公債之先導工作，關於籌募民國三十二年同盟勝利公債宣傳

要點各省市縣宣傳辦法及告同胞書，前經以亥智籌王代電及

奉達有案，應請貴會依照是項宣傳要點及辦法陳[illegible]制定

統籌宣傳計劃外，並應與籌募工作配合舉行擴大宣傳週，

務使宣傳工作普遍全省，深入民間，俾民眾對盟債深切認識，

以達到有錢出錢之目的，而完成積極籌募之任務，茲擬重慶

府分會呈送籌募三十二年同盟勝利公債擴大宣傳週
工作大綱一份前來經核尚無不合除電復准予備查並另
定補充辦法四項對於參酌辦理外特檢同該項工作大
綱及補充辦法電達即希查照參酌辦理並將擴大宣
傳週舉行日期及辦理情形電復為荷等由計附重慶市
籌募三十二年同盟勝利公債擴大宣傳週工作大綱及補充
辦法各一份准此查籌募三十二年同盟勝利公債宣傳要點
各商市縣宣傳辦法及告同胞書業經本府以財秘債字
第三二四七號代電印發在案茲准前由除電復並分令
外合行印發原附件仰該府即便遵照參酌辦理仍將擴
大宣傳週舉行日期及辦理情形具報為要四川省政府
省財秘債部 印 計附重慶擴大宣傳週工作大綱及補
充辦法各一份

附（一）重庆市筹募一九四三年同盟胜利公债扩大宣传周工作大纲

重慶市籌募三十二年同盟勝利公債擴大宣傳週工作大綱

一、意義：本分會爲闡明募債意義，激勵人民踴躍認購，俾於預定期限達成任務起見，特舉行擴大宣傳週

二、時間：自三十二年三月　日起至三月　日止（時間以與募債工作配合）

三、宣傳項目（1）廣播講演（2）發行特刊及在報端揷登標語（3）張貼標語漫畫（4）散發傳單（5）通衢懸掛布質横額標語（6）電影院放映標語幻燈畫片（7）戲院書場演唱募債題材（8）國民月會講解宣傳

四、實施步驟

（1）墨蹟　蔣主席、孔副院長題詞

（2）函請各界領袖及作家撰文題詞

(3)函請各界領袖作廣播講演並函向中央廣播電台洽定廣播時間
(4)指導新聞記者並接洽發行特刊
(5)召集各民間藝人茶會於各書場劇院演唱募債題材
(6)函請中宣部指擬發宣傳指示時轉請各報著論宣傳
(7)函請中宣部黨報社論委員會著論宣傳
(8)商請中宣部藝術宣傳處繪製宣傳畫
(9)擬定宣傳文字呈請核定
(10)函請市黨部及青年團重慶支團轉飭所屬協助宣傳
(11)擬定宣傳講解要點函請市警察局令各區鎮於舉行國民月會時加以宣導
(12)印製各項標語傳單
(13)依照宣傳週日程逐日分別實施

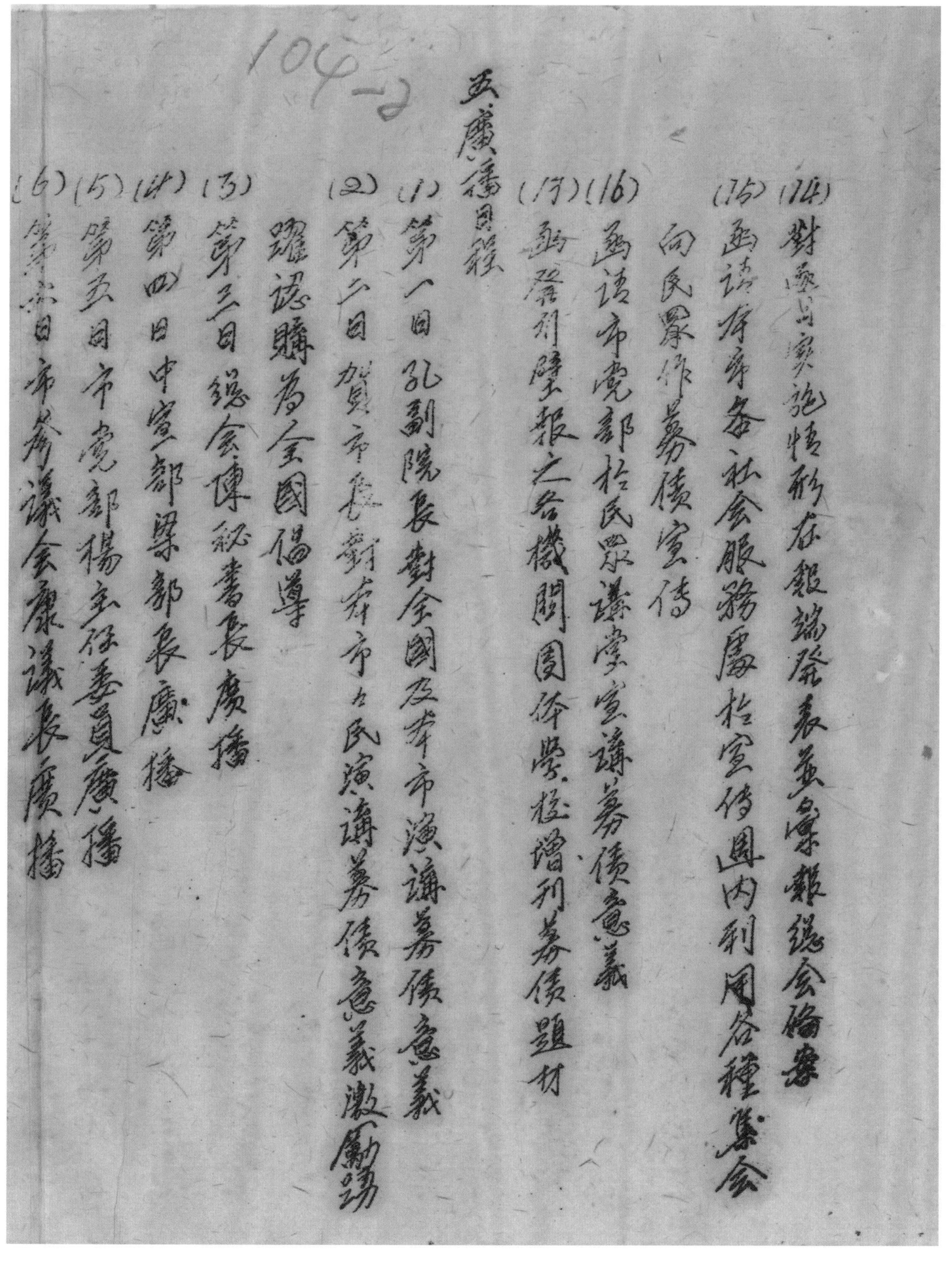

104-2

(14) 對委員實施情形在報端發表並彙報總会備案

(15) 函請本市各社会服務處於宣傳週內利用各種集会向民衆作募債宣傳

(16) 函請市黨部於民衆講堂宣講募債意義

(17) 函發刊壁報之各機關團体學校增刊募債題材

五、廣播日程

(1) 第一日 孔副院長對全國及本市演講募債意義

(2) 第二日 賀市長對本市市民演講募債意義激勵踴躍認購為全國倡導

(3) 第三日 總会陳秘書長廣播

(4) 第四日 中宣部梁部長廣播

(5) 第五日 市黨部楊主任委員廣播

(6) 第六日 市參議會康議長廣播

(7) 第七日 本会许慕副主任委员广播

六、特刊日报

(1) 第一日 中央日报

(2) 第二日 大公报

(3) 第三日 扫荡报

(4) 第四日 时事新报 商务日报

(5) 第五日 国民公报 新民报

(6) 第六日 新蜀报

(7) 第七日 新华日报

七、其他

(1) 蒋夫人、孔副院长题词於第一日刊登各报

(2) 传单标语漫画及布质横额标语皆於第一日办理之

(3) 广播及撰文题材由本分会拟具分发之

(4) 以上各项由本分会负责实施并请总会指导协助之

附（二）重庆市筹募一九四三年度同盟胜利公债扩大宣传周补充办法

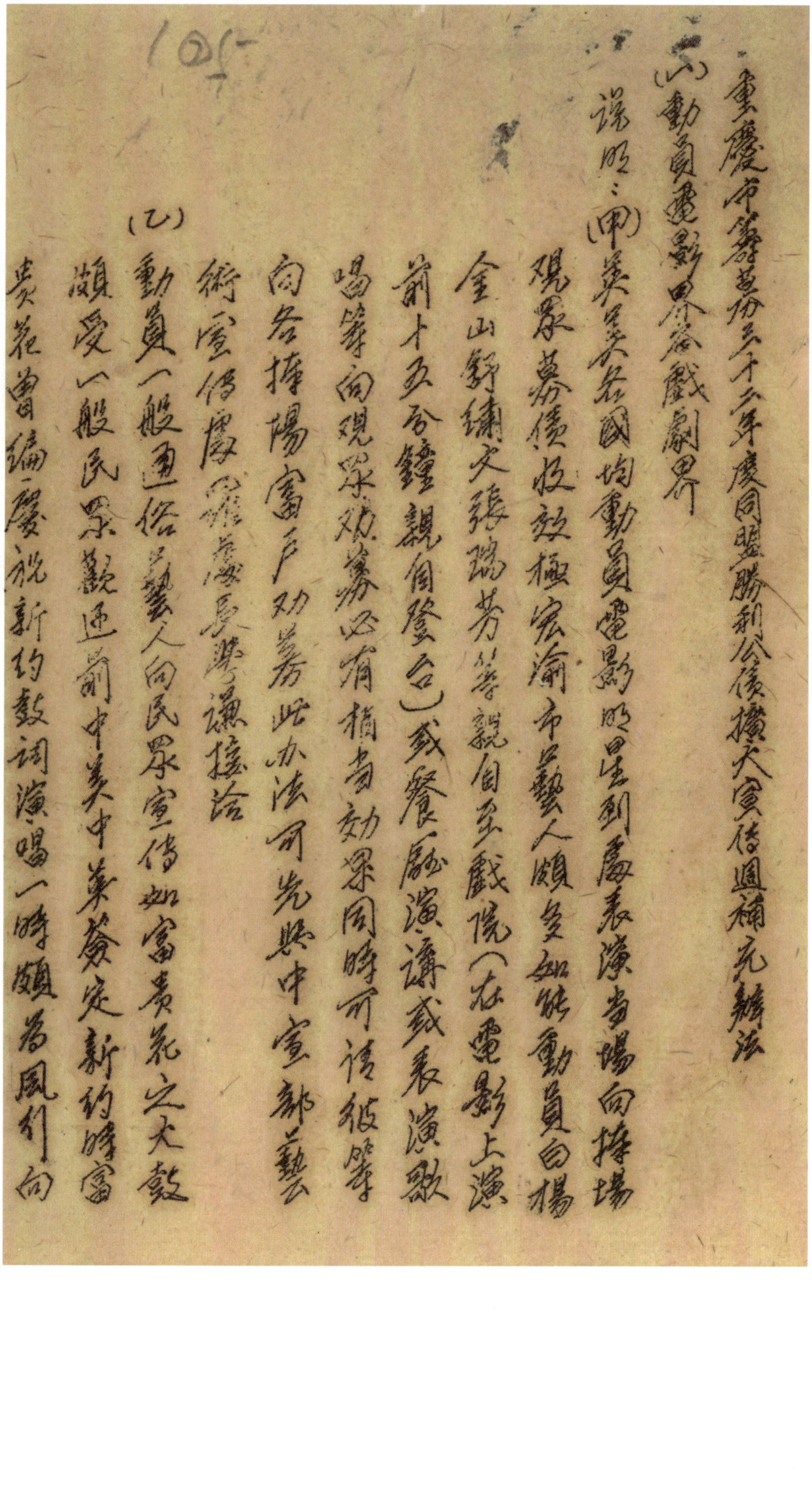

重慶市籌募三十二年度同盟勝利公債擴大宣傳週補充辦法

(六)動員電影界及戲劇界

説明：(甲)英美各國均動員電影明星到場表演當場向捧場觀衆募債收效極宏渝市藝人頗多如能動員白楊金山舒繡文張瑞芳等親自至戲院(在電影上演前十五分鐘親自登台)或登台演講或表演歌唱等向觀衆勸募必有相當効果同時可請彼等向各捧場富户勸募此辦法可先與中宣部藝術宣傳處羅處長學濂接洽

(乙)動員一般通俗藝人向民衆宣傳如富貴花之大鼓頗受一般民衆歡迎前中美中英簽定新約時富貴花曾編一慶祝新約鼓詞演唱一時頗爲風行向

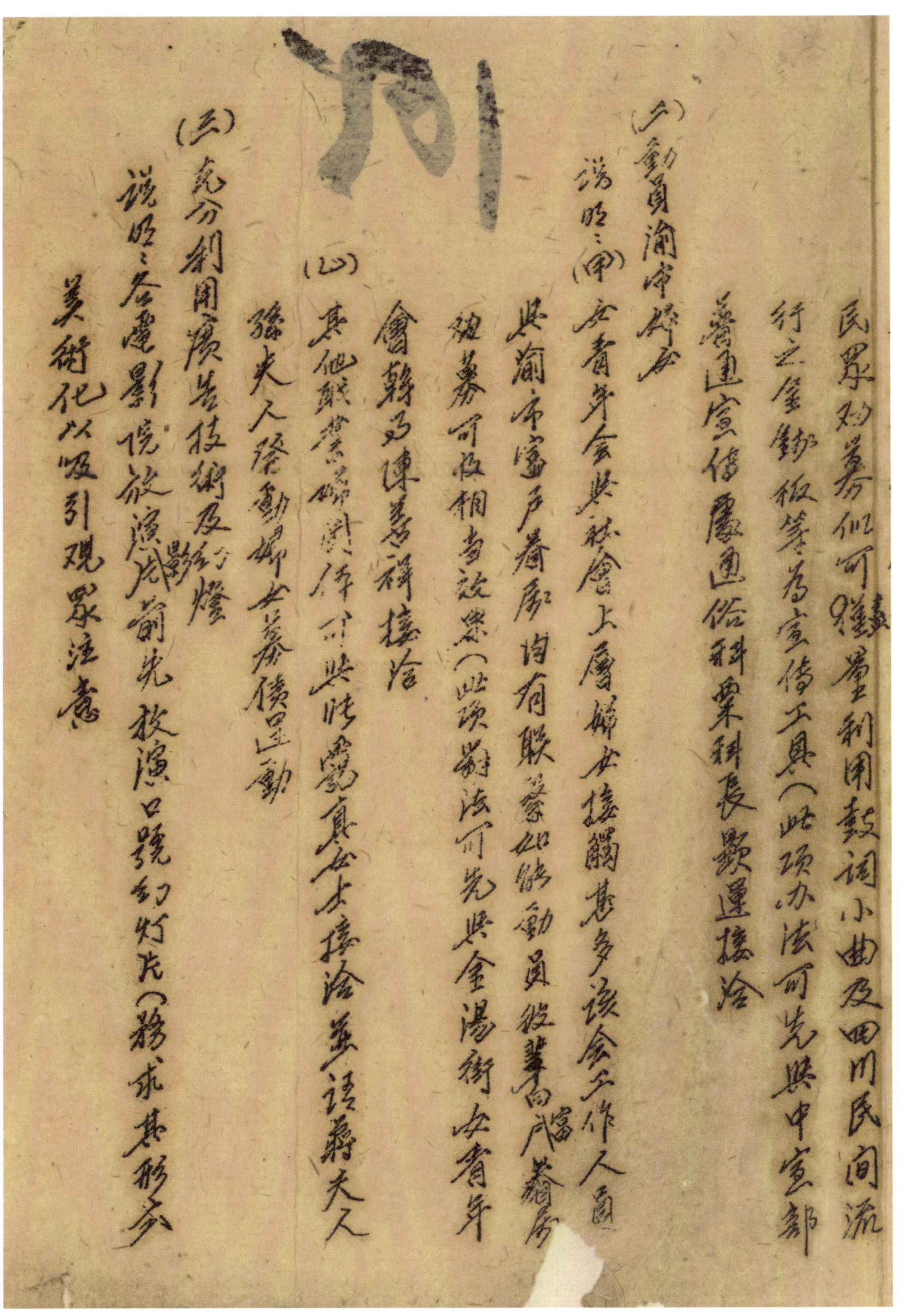

民众劝募，似可儘量利用鼓词小曲及四川民间流行之金钱板等为宣传工具（此项办法可先与中宣部艺术宣传处通俗科曹科长默运接洽）

（六）动员渝市妇女

说明：（甲）妇女青年会与妇女会上层妇女接触甚多，该会工作人员与渝市富户眷属均有联系，如能动员彼辈向富户眷属劝募，可收相当效果（此项办法可先与金汤街妇女青年会干事陈慧祥接洽）

（乙）其他战时妇女工作可与陈逸云女士接洽，并请蒋夫人、孙夫人发动妇女募债运动

（三）充分利用广告技术及幻灯

说明：各电影院放演影片前先放演口号幻灯片（务求其形式美术化，以吸引观众注意）

102

（乙）模仿英國募債廣告方式在精神堡壘廣場中置飛機大砲及坦克模型以吸引路人注意在模型兩旁樹立答辯（或由人演講）說明公債與購買飛機作戰武器之密切關係以啟發人民之愛國熱忱

（丙）用分區競購方式在本市主要道旁樹立購債成績表（該表在英國很有效其實製法可參考英國大使館圖樣）以激動各區民衆購債熱誠

（四）動員渝市學生

說明之請中宣部會同本會及重慶市分會分別派員至各市區學校演講提高學生愛國熱誠然後請各校學生向親屬宣傳

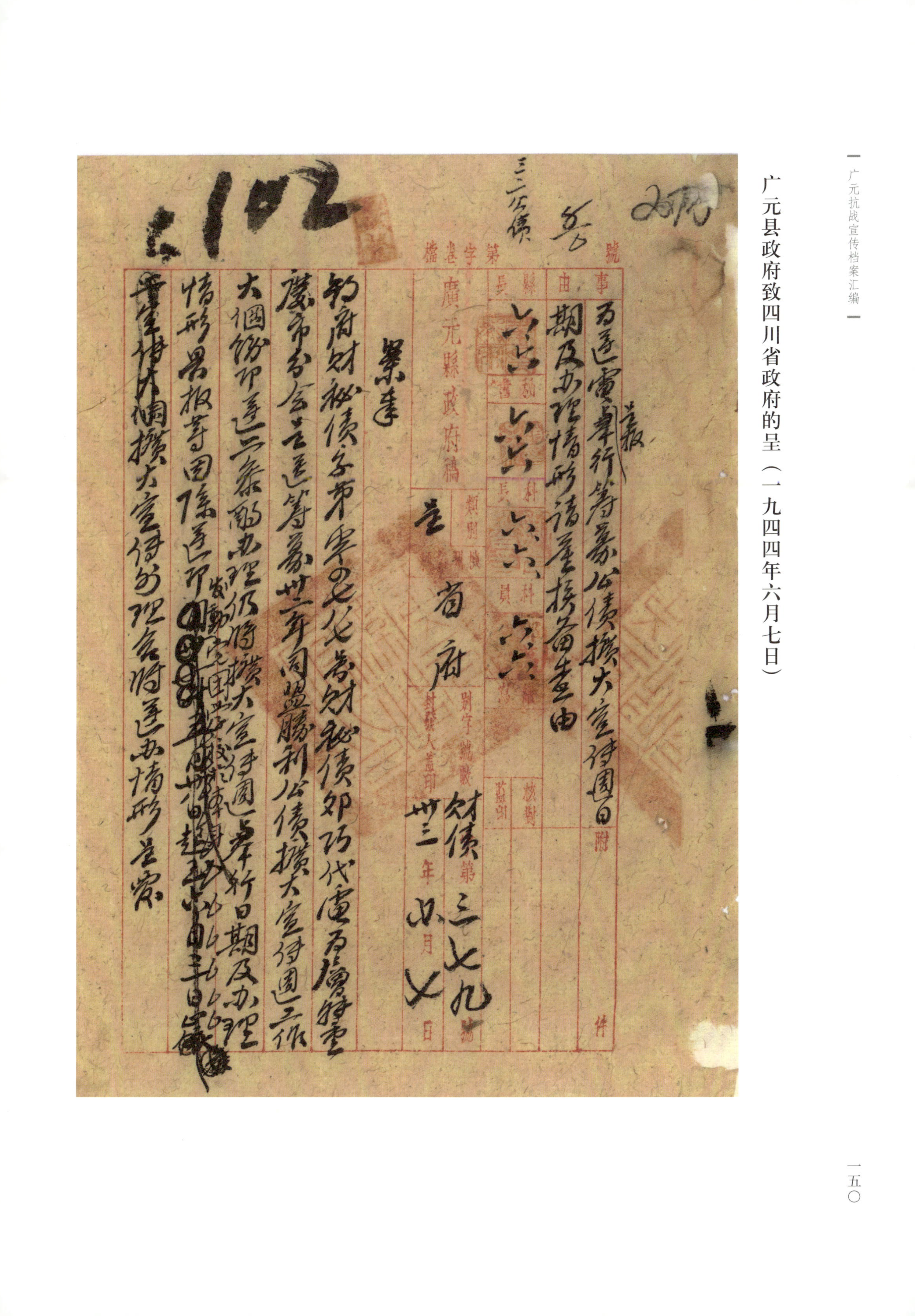

广元县政府致四川省政府的呈（一九四四年六月七日）

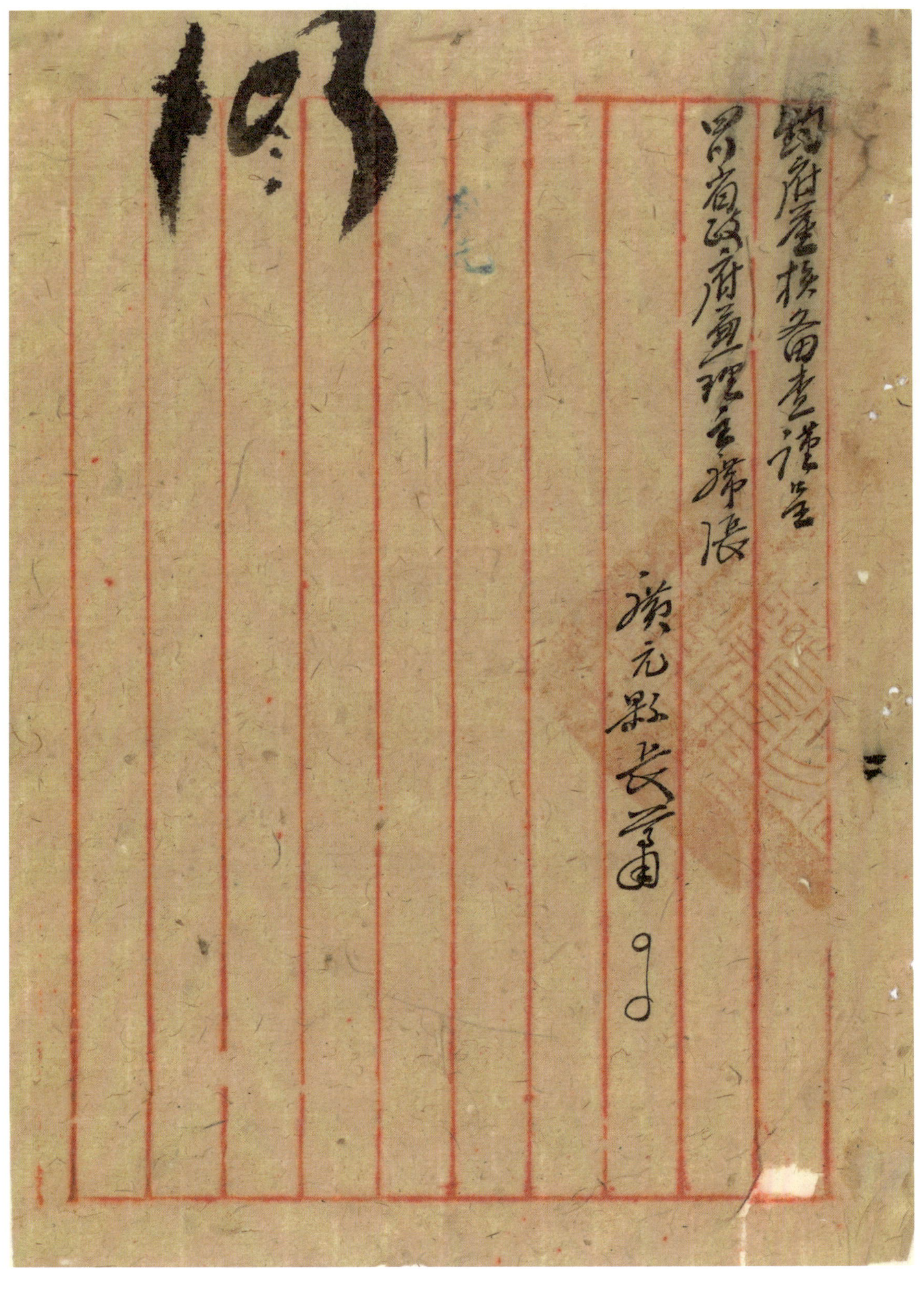

鈞府鑒核備查。謹呈

晉省政府兼理主席張

潁元縣長董[illegible]

广元县知识青年从军征集委员会关于拟召开策动知识青年从军运动座谈会的通报（一九四四年十一月九日）

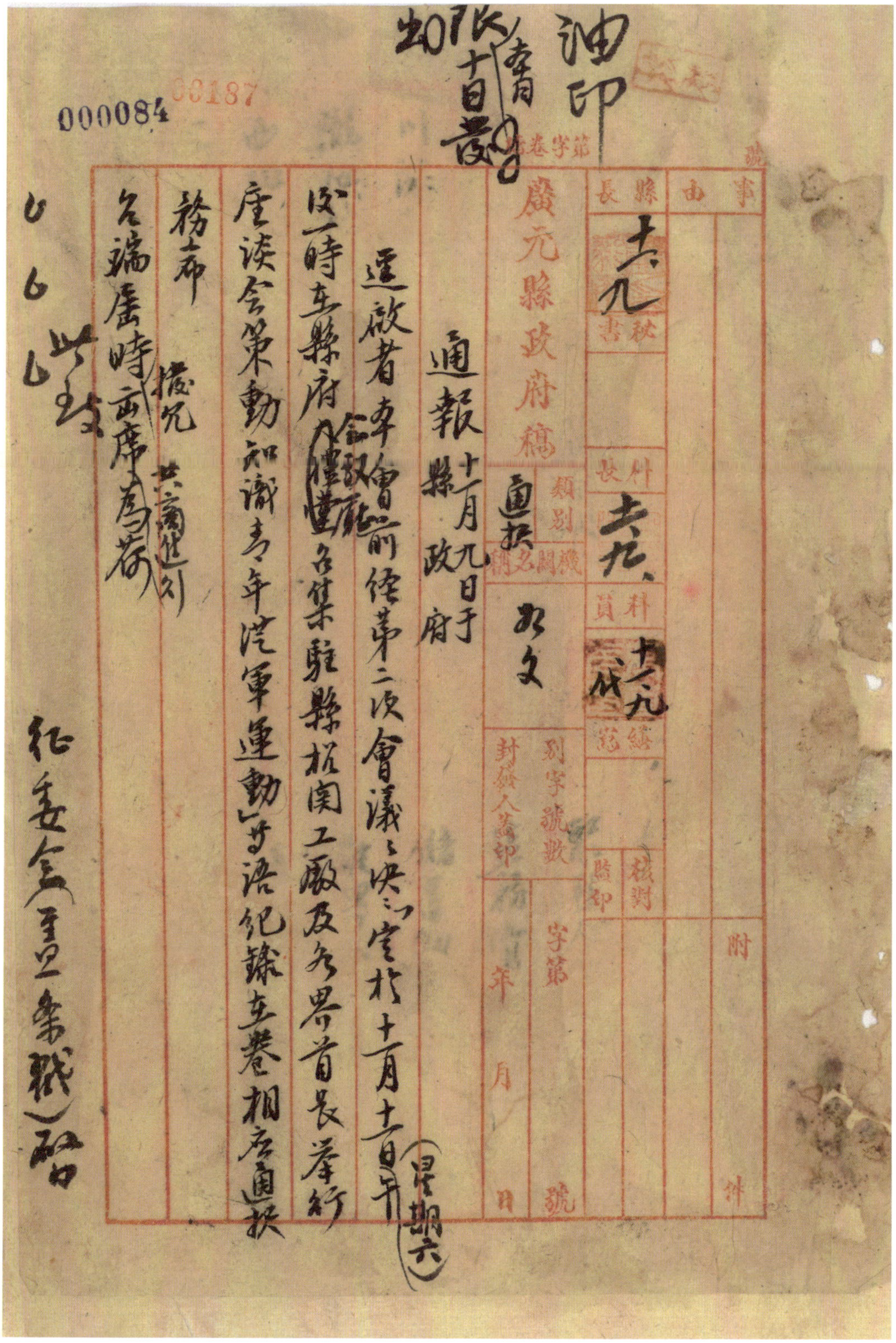

廣元縣政府稿

通報 十一月九日于縣政府

逕啟者：本會前經第二次會議決定於十一月十一日（星期六）召集駐縣機關工廠及各界首長舉行座談會，策動知識青年從軍運動等語紀錄在卷，相應通報，務希屆時出席為荷。

征委會（王召集人）啟

此致

大華紡紗廠　婦女会

花紗布管制局廣元办事处　聯運倉庫

甘肅油礦局　塩務管理局

川陝甘联運处　儲運処

隴海棉廠　淮興酒精廠

西北公路局　直接稅局

驛運站　資源委員会運務处

總工会　豫豐紗廠

商会　中新紗廠

广元县知识青年从军征集委员会印发的宣传材料（一九四四年十一月十日）

（一）大家从军去！

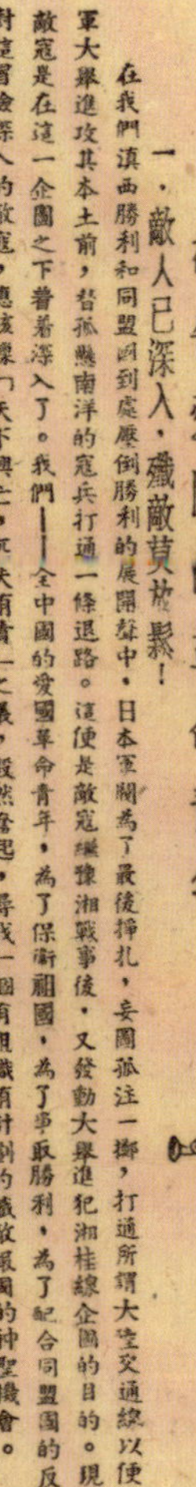

88

00306

大家從軍去！

敬告愛國的革命青年：

一，敵人已深入，殲敵莫放鬆！

在我們滇西勝利和同盟國到處壓倒勝利的展開聲中，日本軍閥為了最後掙扎，妄圖孤注一擲，打通所謂大陸交通線以便在盟軍大舉進攻其本土前，替孤懸南洋的寇兵打通一條退路。這便是敵寇繼豫湘戰事後，又發動大舉進犯湘桂綫企圖的目的。現在，敵寇是在這一企圖之下普着深入了。我們——全中國的愛國革命青年，為了保衛祖國，為了爭取勝利，為了配合同盟國的反攻，對這冒險深入的敵寇，應該慄「天下興亡，匹夫有責」之義，毅然奮起，尋找一個有組織有計劃的殲敵報國的神聖機會。

二，一切在前綫，一切在勝利！

戰爭決定一切。一個國家在對外作戰的時候，不是勝利，便是滅亡，絕沒有任何中間的道路。我國對日抗戰，已逾七年，以一個一切落後的大國，在科學戰爭的時代，與兇暴的日寇纏鬥，初期獨力作戰，全憑革命精神，現雖得到多助，與盟國比肩作戰，但歐戰結束尚需時日，盟國主力暫難東移。我們作戰愈久，消耗愈大，困難自多。一切軍事，政治，經濟，——各方面的弱點，都是我們革命和抗戰過程中不可避免的現象，我們要了解戰爭決定一切的道理，要在戰爭中克服我們所有的困難，解決我們所有的問題，補救我們所有的缺點，發揮我們所有的力量。我們把一切努力貢獻到前綫，把一切力量集中求勝利，只有前綫鞏固，一切政治經濟問題才有解決可能，只有戰爭勝利，整個國家民族生命才能獲得保障。全中國的愛國革命青年，應深切的認識：「一切在前綫！一切在勝利！」

三，新青年，新戰士，新國家！

要鞏固前綫，需要鋼鐵般的新戰士；要爭取勝利，也需要鋼鐵般的新戰士。我們到那裏去找這些新戰士呢？廣大的農村嗎？我們七年多的兵源補充，都靠的是純樸的農民同胞，他們已用血肉支持了七年多的苦戰，幾乎用盡了他們所有可能的力量。散佈在後方各地的工廠嗎？一則他們在生產，國家需要他們；二則他們和農民一樣知識水準較低，不可能于最短期間完成新式軍隊的訓練。此外，更不容易找到有組織有訓練的標準青年了。那末，今天要想完成建軍抗戰的使命，首先就要全國知識青年集體加入軍隊。有了新青年，才有新戰士，有了新戰士，才有新軍隊，有了新軍隊，才能擊敗我們的敵人，保衛我們的國土，建設我們三民主義的新中國！

四，沒有國家，知識何用？沒有國家，職業何存？

自然，一個學術志趣很高的青年，他也許不肯輕易放棄他的研究機會；一個有知識的在業青年，他也許不肯輕易改變他的職業。這種精神，我們應該佩服，而且也應該儘可能的成全。這也就說明了為什麼政府直到今天才號召知識青年從軍，但是，親愛的革命青年！我們應該了解：知識的最大效用就是要保衛國家民族的生存發展；求學的最大目的，就是要發揚我們民族文化的偉大傳統；在業青年職業的保障，只有在國家民族的安全中才能獲得。沒有國家，知識何用？沒有國家，職業何存？你沒有看見納粹德國對歐洲佔領國家知識青年和在業青年的整批屠殺嗎？你沒有看見暴日漢奸統治下我淪陷區知識青年和在業青年的慘遇嗎？他們失掉了國家，便失掉了一切的保障。愛因斯坦不是只能逃到美國嗎？許多德國的猶太籍教授們學者們不是都被納粹驅逐或殺戮囚禁嗎？這些都是學術工作者和職業工作者不能離開國家而單獨存在的證明。愛國的中國革命青年！你們願意犧牲一切去搶救祖國呢？還是忍令祖國危急而漠然不顧呢？時間已不許可你們再猶豫了！你們不要忘記：「沒有國家，知識何用？」「沒有國家，職業何存？」

五、放下書本，背上槍砲！丟下職業，跨入軍營！

保衛國家第一，其他一切第二，知識青年的讀書問題和職業問題，便應該在這樣一個大前提之下去解決。美，英，蘇的知識青年，幾乎沒有例外的都在參加戰時工作，他們國內的学校，多半是用來訓練作戰的幹部，不僅男學生以服軍役為莫大光榮，女學生也一樣爭先恐後穿着制服，他們各職業部門的在業青年，莫不隨時準備應國家的徵召入伍，他們重視國家的生命，高過了重視他們個人的知識和職業，他們學習槍砲的熱情，高過了學習書本知識的願望，跨入軍營的興趣，高過了固守職業的興趣。他們一致的口號是：「放下書本，背上槍砲！」「丟下職業，跨入軍營！」他們自動的加入軍隊，爭先的服兵役，一個被兵役官檢查合格的青年，是他的家庭，學校，朋友，和一切有關係人中間的頭號英雄！一個現役軍人的榮譽，在他們看來，是比什麼學士，碩士，博士一類的頭銜要光榮百倍。比什麼經理，廠長，行長……一類的職業要高貴千倍，這種風氣，瀰漫了他們的全社會全國家，所以他們的軍隊越打越強，戰士愈來愈多，勝利的光榮愈久愈大。愛國的中國革命青年！你們肯在祖國危急時死守着書本和職業嗎？不會的，我們相信：中國的青年是決不會讓我們盟國青年失望的！

六、消滅敵人，再回學校！先保國家，後談職業！

革命青年應該在生活中學習，應該在生活中鍛鍊。戰場就是我們最好的學校，也就是我們鍛鍊和學習的最好環境。我們要從砲火中學習緊張的生活，要從生死鬥爭中了解人生的真意義，要從廣大的士兵同志學習毫不懼怕的勇敢和毫無所求的偉大，要從廣大的人民中間學習軍民合作的親切和人民報國的真誠。同時，我們也要從毀滅性的戰爭中了解科學的進步和沒有科學的國家的可怕，還要從敵人的殘暴中了解戰爭的悲慘和人類和平幸福之可寶貴。這一切，不是我們青年們最需要的知識嗎？如果我們能夠前線學習一切，我們無異是從一個小的學校走到一個大的學校，從一個渺小的靜的環境走到一個偉大的動的環境，那我們不是更要獲得充實的生活經驗和知識嗎？至於在業的知識青年，更應了解保衛國家是我們每個人的天職，也就是我們每個人最重要的職業。今天，國家需要我們從軍，我們便沒有依戀原有職業的自由。愛國的革命青年！我們應該抱着火樣的熱情走上前線，要從偉大的前線學習一切，要有一個共同的牢固的信念：「消滅敵人，再回學校！」「先保國家，後談職業！」

七、一寸山河一寸血，十萬青年十萬軍！

全中國愛國的革命青年們！我們祖先遺留給我們的錦繡山河，我們能忍令敵人塗上血腥的污點嗎？不，我們決不！要用我們的鮮血，去洗滌敵人的腥穢！要用我們的鐵血，去索還敵人的血債！我們要用全中國愛國青年的良心，鑄成新中國的青年軍人魂，要用全中國愛國青年的知能，貢獻到我們新國軍的建設！要在我們美麗的山河中開出更美麗的花，要在我們光榮的歷史上寫下更光榮的一頁！　蔣委員長昭示我們：「從軍是集體生活中最感快樂，最有意義的事情。亦是最高尚，最聖潔人格的表現。」「知識青年自動從軍，實在是我們國家獨立和民族復興的前途無限光明的新氣象！」全中國的愛國革命青年！讓我們向偉大的領袖蔣委員長宣誓罷！我們要忠誠接受　委員長的領導，熱烈響應　委員長的號召！全中國愛國的革命青年們！起來！一寸山河一寸血，十萬青年十萬軍！民族的生存繫於我們全國青年之一念！不是勝利，便是滅亡。青年們！起來罷！讓我們高揚起民族抗戰的大旗，勇敢的走上前綫，無情的消滅敵人，光榮的復興祖國！來罷！全中國有熱血有良心有志氣的愛國革命青年！

八、口號：

一、放下書本，背上槍炮！
二、丟下職業，跨入軍營！
三、出了學校，走上戰場！
四、戰場就是課堂，炮聲代替書聲！
五、沒有國家，知識何用？
六、沒有國家，職業何存？
七、好青年，上前線，打大勝仗！
八、新青年，新戰士，新國家！
九、消滅敵人，再回學校！
十、保衛祖國，無上光榮！
十一、一切為前綫，一切為勝利！
十二、一寸山河一寸血，十萬青年十萬軍！

廣元縣智識青年從軍徵集委員會印發

三十三年十一月　日

（二）知识青年从军须知

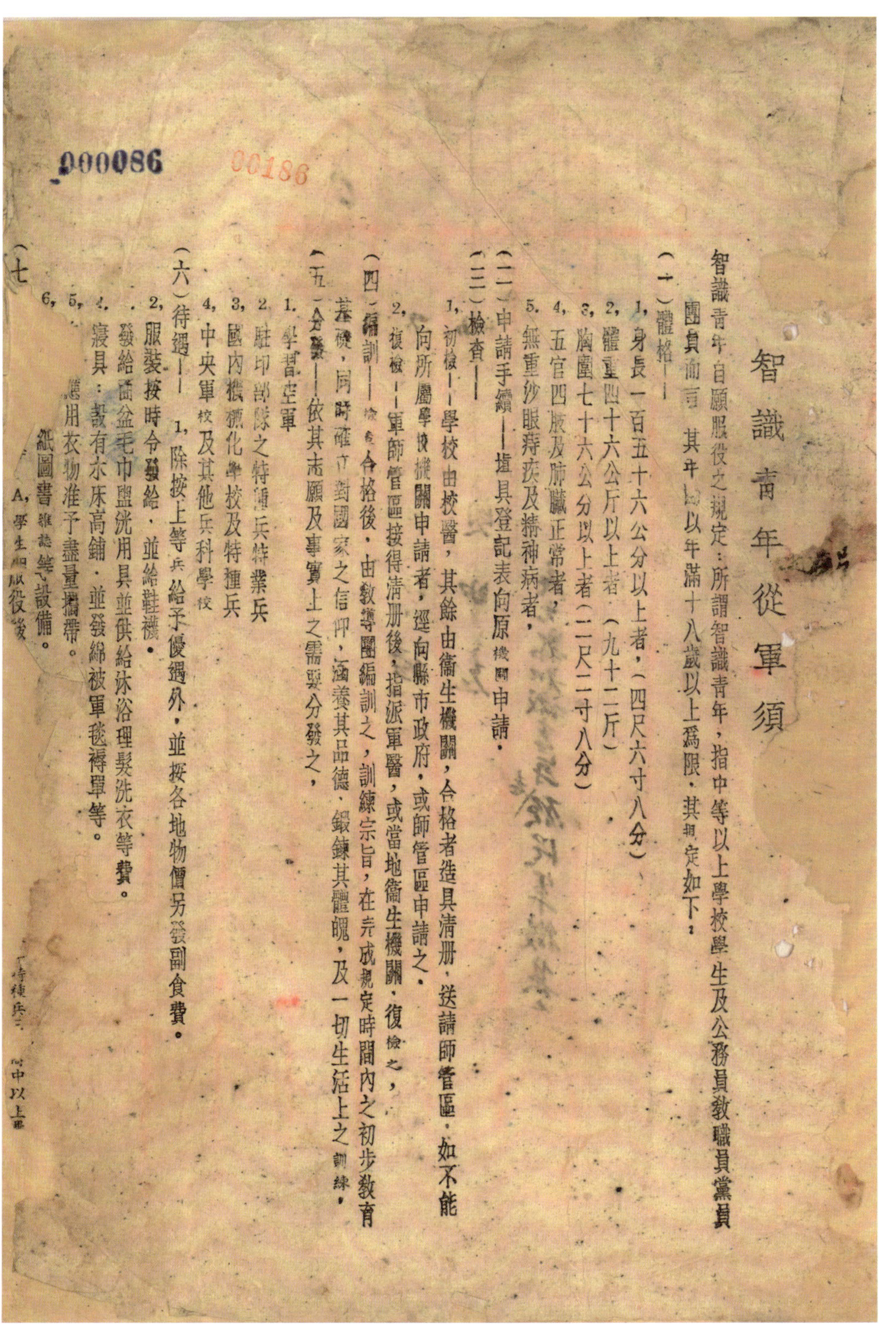

智識青年從軍須知

智識青年自願服役之規定：所謂智識青年，指中等以上學校學生及公務員教職員黨員團員而言，其年齡以年滿十八歲以上爲限，其規定如下：

（一）體格——

1，身長一百五十六公分以上者，（四尺六寸八分）

2，體重四十六公斤以上者，（九十二斤）

3，胸圍七十六公分以上者（二尺二寸八分）

4，五官四肢及肺臟正常者，

5. 無重沙眼痔疾及精神病者，

（二）申請手續——塡具登記表向原機關申請。

（三）檢查——

1，初檢——學校由校醫，其餘由衛生機關，合格者造具清册，送請師管區，如不能向所屬學校機關申請者，逕向縣市政府，或師管區申請之，

2，複檢——軍師管區接得清册後，指派軍醫，或當地衛生機關，復檢之，

（四）編訓——檢查合格後，由教導團編訓之，訓練宗旨，在完成規定時間內之初步教育基礎，同時確立對國家之信仰，涵養其品德，鍛鍊其體魄，及一切生活上之訓練，

（五）分發——依其志願及事實上之需要分發之，

1. 學習空軍

2. 駐印部隊之特種兵特業兵

3，國內機械化學校及特種兵

4，中央軍校及其他兵科學校

（六）待遇—— 1，除按上等兵給予優遇外，並按各地物價另發副食費。

2，服裝按時令發給，並給鞋襪。

. 發給面盆毛巾盥洗用具並供給沐浴理髮洗衣等費。

4. 寢具：設有木床高鋪，並發綿被軍毯褥單等。

5，應用衣物准予盡量攜帶。

6，紙圖書雜誌等設備。

（七 A，學生服役後 ……時積兵……中以上畢

B，核准退役回校復學得入相當年級如　從軍請主　中等學校學
免試升學　證書並准免試升學
C，中等學校學生已修滿最後一學年第一學期者復學後經過短期補習准免除會考
D，從軍學生如係公費生免費生及領有奬學金者，復學後繼續予以公費免費及奬學金之待遇
E，從軍學生參加入學考試得予以優先錄取之機會
F，從軍學生志願參加國內外軍事學校以及出國研究國防科學者，由政府擇優先保送之
2.就業　A，原從事於國營公營商營事業組織得由原機關保留其職務並照發其薪津退役後得酌予晉級　B從軍期滿後志願回原機關服務該機關不得藉任何理由拒絕並須給予升遷優先機會　C，從軍期滿後對機關學校工廠職務有優先充任權利

（八）褒奬——　1，未奉召自動從軍，足爲表率，由軍政部傳令嘉奬，
2，高中以上自願從軍者之姓名及服役事蹟，在中央由教育部編入抗戰史料教育年鑑教育史內，在地方由各省市教育行政，機關，編入省市縣志內以資宣揚，特殊功勳者，由軍政部明令褒揚之，
3，合於（1）項受訓期滿，成績特優者，軍政部頒紀念奬章，
4.送子孫弟姪從軍者，報請軍委會給奬章或褒狀，
5，宣導鼓勵著有成效者同（4）

（九）家屬之優待——　1，領受優待金穀，　2，減少臨時捐款及勞役，
3，子女弟妹入公立學校肄業者，得免收學費，
4，免費入公立醫院或診療處所診療疾病，　5，優先享受一切公益設施之利益，
6，在入營前，服役人所負之債務，得展緩清償，服役期間，其家賴以維持生活之財產，債權人不得請求強制執行，　7.在入營前服役人所典之田地房屋，得展期贖回，
8，服役人或其家屬承租（典）耕作居住之田地房屋，出租（典）人不得收回或另租（典）他人，
9.訴訟案件受理機關，應提前處理，
1o 無土地耕作時，得申請指撥公地耕種，
11 不能維持生活，疾病無法治療，死亡不能埋葬，子女無力教養，子女無力婚嫁遭遇意外災害，得請救濟，
12 服役期內，其妻或未婚妻，無論持何理由，不得離婚或解除婚約，
13 原服務機關保留之薪津，得由家屬具領並得享有原機關對職員家屬優待之各項規定，
14 入伍前得代領其本人應得之奬勵金五十元，　（婦女從軍之規定及優待辦法與前列各項相同）

廣元縣智識青年志願從軍征集委員會印發　卅三，十一，十。

四川省政府及广元县政府关于培育人民团体、发扬民主精神的训令（一九四四年十一月至十二月）

四川省政府致广元县政府的训令（一九四四年十一月十六日）

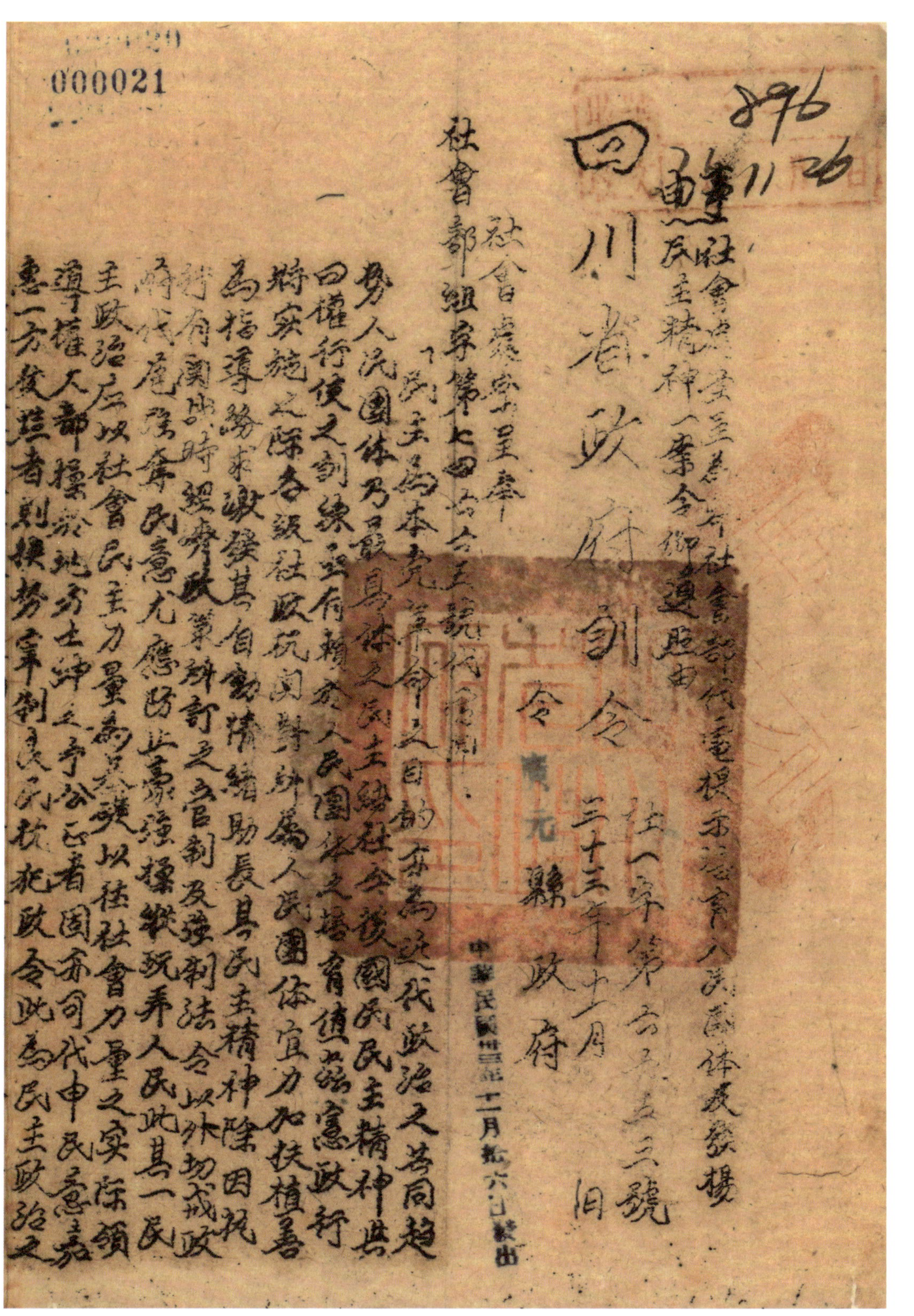

四川省政府训令

社（一）字第六五五三號

三十三年十一月 日

令廣元縣政府

中華民國卅三年十一月十六日發出

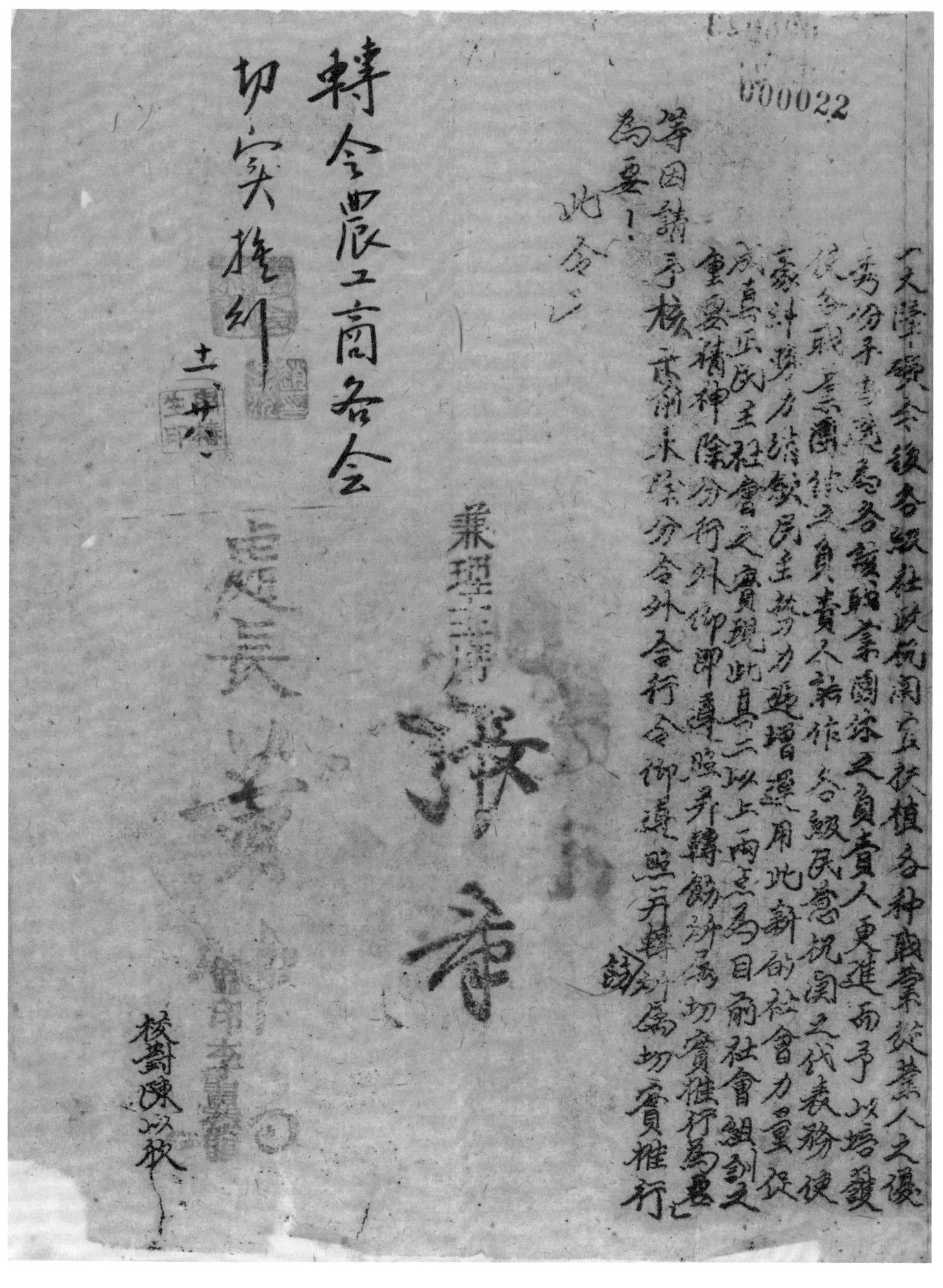

000022

一丈隊、須令後各級社政机關宜扶植各种職業從業人之優秀份子当選為各該職業團体之負責人，更進而予以培養，使各職業團体之負責人能作各級民意机関之代表，務使豪紳勢力靖斂，民主勢力遞增，選用此新興社會力量，促成真正民主社會之實現。此其二。以上两点為目前社會組創之重要精神，除分行外，仰即遵照，并轉飭所屬切實推行為要。

等因。請予核示。除分令外，合行令仰遵照，并轉飭所屬切實推行為要！

此令。

轉令農工商各会切實推行

十二

處長

兼理

校對 陳以敎

广元县政府致县农会、县商会等的训令（一九四四年十二月七日）

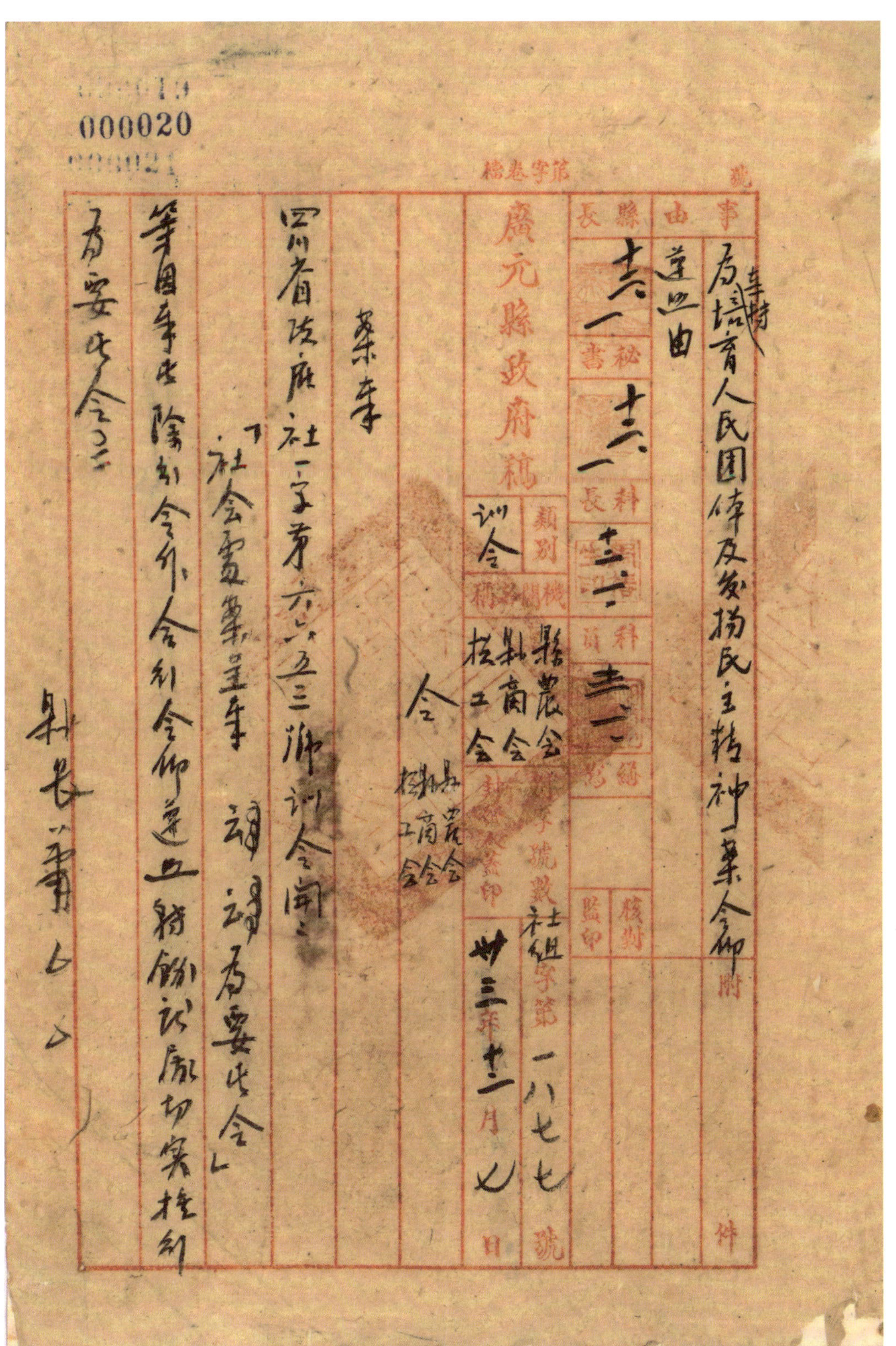

广元县政府稿

事由：为培育人民团体及发扬民主精神案令仰遵照由

类别：训令

县农会
县商会
社科技工会

社组字第一八七七号

卅三年十二月七日

四川省知识青年志愿从军征集委员会及广元县知识青年从军征集委员会关于奉电转发知识青年志愿从军运动宣传计划要点的代电（一九四四年十一月至十二月）

四川省知识青年志愿从军征集委员会致各县市政府转县市征集委员会的代电（一九四四年十一月二十二日）

四川省知識青年志願從軍徵集委員會代電 徵宣字第二號

各縣市政府轉縣市徵集委員會鑒：奉全國知識青年志願從軍指導委員會戌佳二宣電開：「知識青年從軍運動宣傳計劃綱要業經制定，除全文另寄外，茲先頒發要點：(甲)原則(一)宣傳形式由各級徵集機關發動主持，學校社團個人出面號召，黨政軍團有關機關積極策動社會組織民眾團体熱烈响應，使成為廣大社會運動(二)宣傳對象為中等以上在學青年、社會知識青年及青年公教人員(三)精神鼓勵激發青年愛國心、責任心、榮譽感，避免以待遇為題材，並宣揚前方將士七年餘忠勇力战績，鼓勵青年從軍共赴前方將士分劳憂同甘苦（四）理智啟發理智情感應求平衡發動之初先從理智上使對從軍意義作冷静攷慮對軍人教育亦應有認識俾养成遵守紀律服從命令美德（五）動態宣傳特注意示範競賽等工作避强制說教方式（六）配合社會宣傳後應加緊組織發生切实有效行動（七）把握時機應於民間集會娛樂及有關特殊事件發生時進行宣傳（八）運用機能約集有關單位定期舉行會報並随時防範奸宄性宣傳（乙）内容（一）鼓動社會風氣「强調軍事第一軍人第一」之鼓吹「前方重於後方」說明忠勇為愛國之本（二）解釋從軍徵集及優待辦法（三）闡揚青年從軍使命「軍事者提高國軍素質增强反攻力量激發前方士氣提早争取勝利」「政治者為保衛祖國完成民主实行三民主義維護國際和平正義而战」「道德者發揚尚武精神革命精神民族精神」「青年本身者造成偉大志業消雪國家積弱恥辱發揚辛亥革命及北伐時代青年從軍光荣完成其對国家責任」（丙）标語

(一)軍事第一軍人第一(二)一切為前綫一切為勝利(三)好青年上前綫(四)投筆從戎是青年的光荣(五)到前綫去與前方將士共甘苦(六)為保衛領土而战(七)為完成民主而战(八)為鞏固統一而战(九)為建設三民主義新中國而战(十)為國際和平正義而战(十一)粉碎納粹法西斯主義而战(十二)新青年新战士新國家(丁)進度(一)各縣宣傳應與當地徵集從軍之步驟相配合(二)各級徵集委員會於製定徵集步驟與期限後應訂立宣傳進度如期開展希即遵照辦理為要等因。奉此。自應遵辦除分令外，合行令仰遵照辦理，仍將辦理情形隨時報查為要。兼主任委員張羣 兼副主任委員黄季陸 李天民 賓成恭印

封 宫侍股 计党部、青年团 太平中学 （以上用函）

查照办理 县中校 简师

十二、六

广元县知识青年从军征集委员会致县政府宣传股的代电（一九四四年十二月七日）

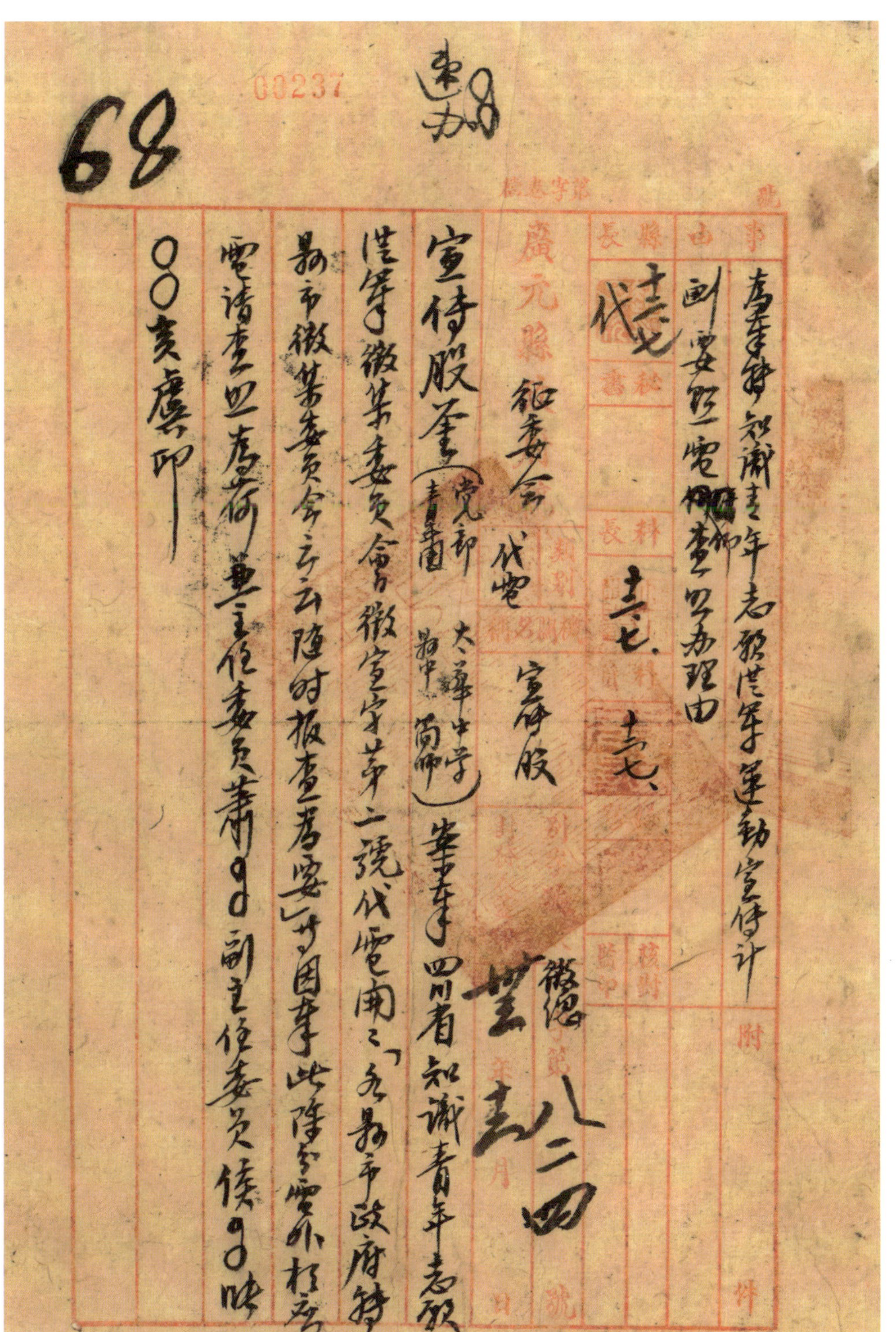

广元县知识青年从军征集委员会关于办理知识青年从军征集事宜的牌告、代电（一九四四年十二月）

广元县知识青年从军征集委员会牌告（一九四四年十二月六日）

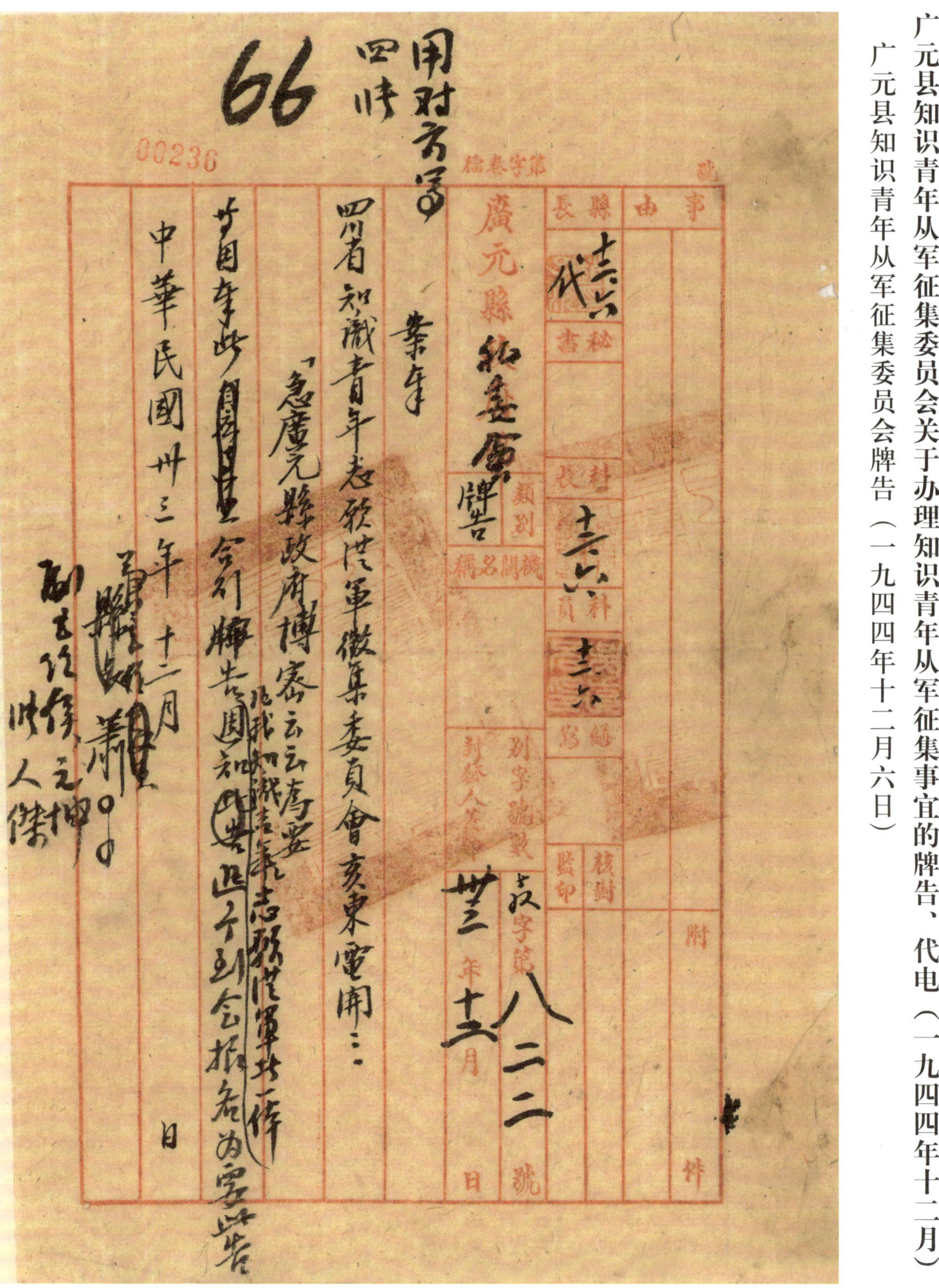

事由
廣元縣知識青年從軍徵集委員會牌告

四川省知識青年志願從軍徵集委員會亥東電開：：
「急廣元縣政府博密云云為要」
中華民國卅三年十二月　日

广元县知识青年从军征集委员会致四川省知识青年志愿从军征集委员会的电（一九四四年十二月七日）

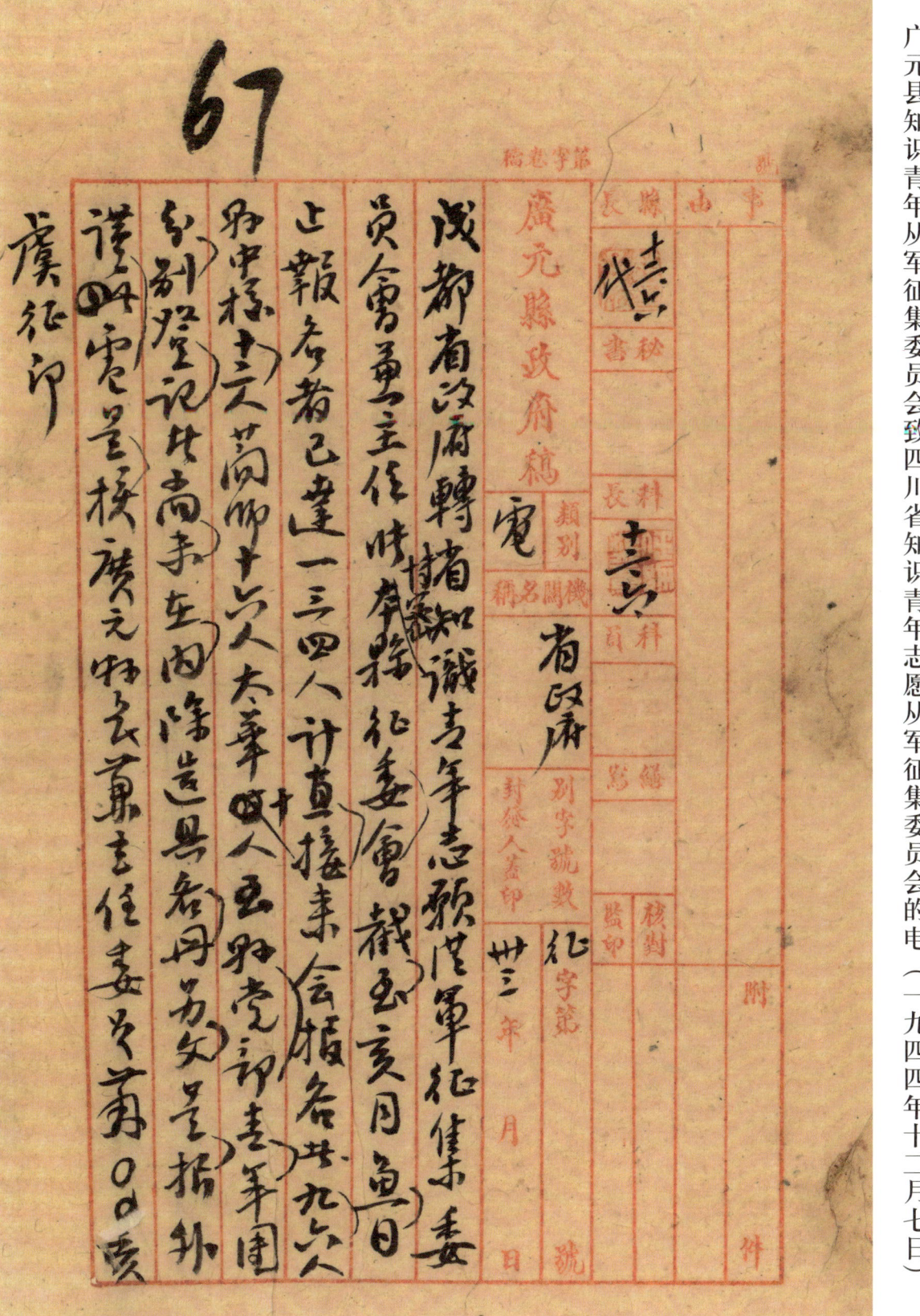

广元各界关于举行庆祝胜利大会的一组文书（一九四五年八月至九月）

（一）广元各界举行日本投降及庆祝胜利筹备会纪录（一九四五年八月二十三日）

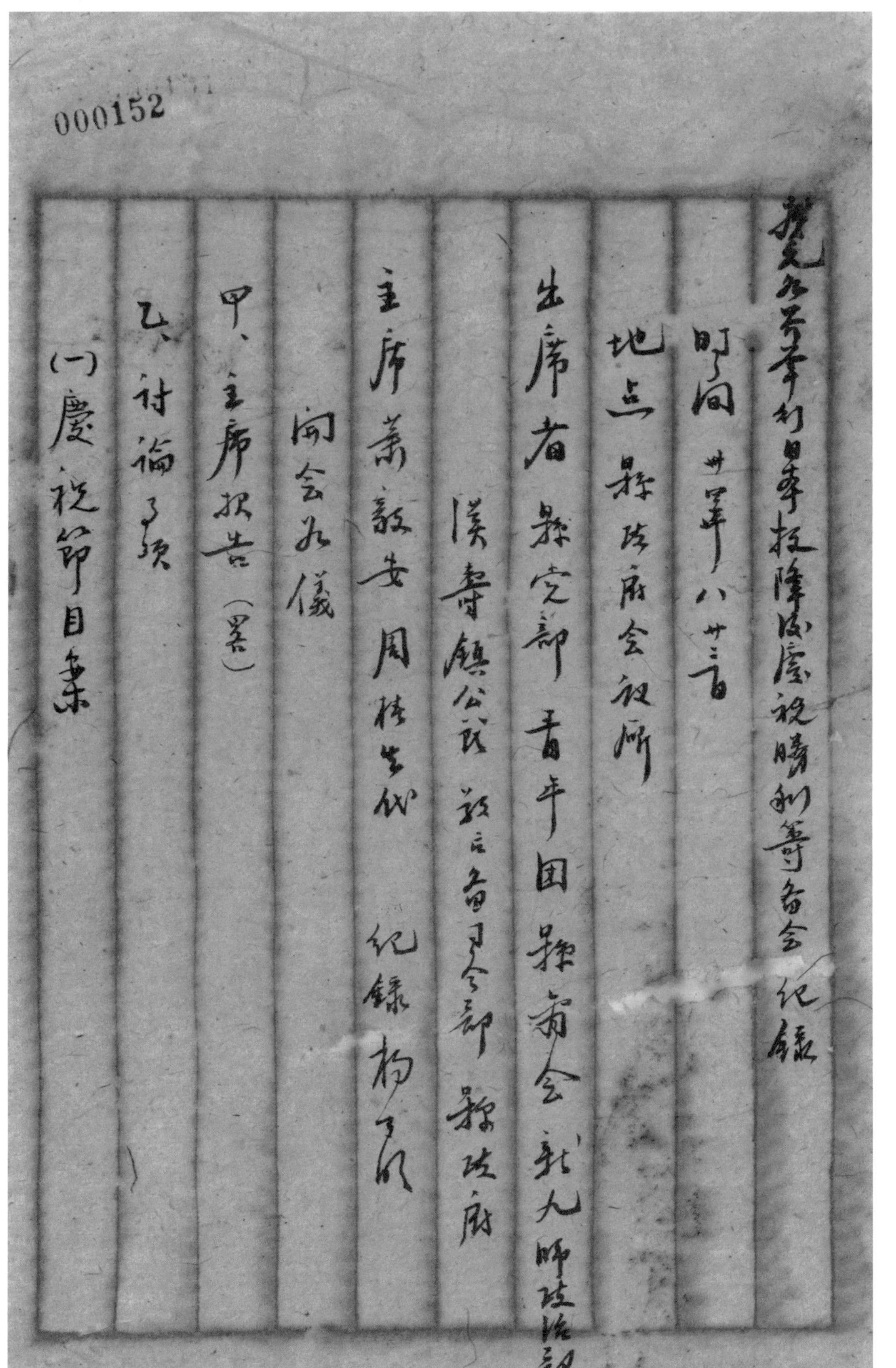

广元各界举行日本投降庆祝胜利筹备会纪录

时间　卅四年八月廿三日

地点　县政府会议所

出席者　县党部　青年团　县商会　新九师政治部　汉寿镇公所　驻广警备司令部　县政府

主席　萧毅安　周桂生代　　纪录　杨子[illegible]

开会如仪

甲、主席报告（略）

乙、讨论事项

（一）庆祝节目案

决议：第一日上午开庆祝大会，正午鸣礼炮，并通衢工厂鸣汽笛，学校庙宇敲钟，午后聚餐，并招待出征军人家属，第二日上午慰问出征军人家属，午后在公共体育场游艺，第三日夜晚火炬游行。

(二)筹备会组织案

决议：推警备部、新九师政部、县党部、青年团、临参会、县政府、县商会、国民兵团、昭寿镇公所为筹备委员，筹备会下设总务组，由警备部、县府负责，宣传组由县党部、青年团政治部负责；游艺组由县商会负责；警卫组由警备部担任；慰问组由临参会、國民兵团担任。

（三）大会经費筹集案

决议：由各机关摊派，先由县府暂垫。

（四）临时动议

先经大会办了细则再由会议决定。

丙、散会

（二）广元各界为举行庆祝胜利大会告民众书（一九四五年九月六日）

廣元各界為舉行慶祝勝利大會告民衆書

九月六日

同胞們：

遠觀日寇侵略陰謀和野心，不特要征服中國，而且要征服世界，可由田中義奏摺中一一的窺見了。我國自「九一八」東北事變發生後，接着有「一二八」上海事件，「七七」盧溝橋事件，咄咄逼人，大有不可終日之勢，此時中國為求民族生存計，為求民族解放計，為維護世界和平計，為伸張世界正義計，除拼死抵抗外，别無良策，於是中國國民黨　總裁蔣受命于危難之際，領導全國軍民，為抗戰而奮鬥。

那時世界愛好和平的友邦人士，對敵寇侵略中國的暴行，禍亂世界的陰謀，以及中國維護和平，伸張正義，大有造世界之貢獻，都無相當的認識，而對於中國抗日之戰僅寄以同情心，絕少物質的援助，所以我政府有「自力更生」的表示，以俟將來友邦人士注意和警覺，一直抗戰四載有餘，日寇與德義締結三國同盟，東西相應，同惡相濟，其侵略陰謀，始漸漸為友邦人士所注意認識，厭惡，共棄，此時世界局勢始有明朗化，一為侵略集團的德意日一為抵抗侵略集團的中美英蘇，兩大集團國力的比賽，即仁與暴的戰爭，幾經苦鬥，勝敗存亡之徵，去歲稍見端倪，本年始有整個勝敗的決定，德義既先敗亡於歐陸，日寇復被擊敗於今日，已使日寇無條件的接受波茨坦宣言各條款，訂立城下之盟，已於本年九月三日簽降約於東京和中國的首都南京，第二次世界大戰，到今天始算真正結束，世界和平永久之建立，到今天始奠下鞏固的基石，中國為世界和平正義的奮鬥，為中華民族生存獨立自由的八年苦戰，到今天始獲得真正的最後勝利，值得我們今天普天同慶，舉國歡欣，同奏勝利之曲！

不過：我們要知道，古人有言：「物必先腐而後虫生之」質言之，國必自弱而後敵乘之，假使中國辛亥革命，推翻滿清專制政體後，本黨同志不自滿，不頹靡，繼續努力，完成國民革命建國之工作，實行　國父建國大綱和方略同時政客不搗亂，軍閥不割據，上下一心，團結一致，中國早已強盛了。蕞爾日本，焉敢侵侮堂堂偉大的中國，自己不長進，禍患之來，實由自取嗎？

雖然往者不可諫來者猶可追，而今而後，我們應痛定思痛，痛改前非，澈底反省，力求進步，負責任，守紀律，以求建國的成功，明禮義，知廉恥，以補已往的缺陷，本「國家至上」「民族至上」的信條，精誠團結，在本黨和　蔣主席領導之下，矢勤矢勇，必信必忠，以建國而不二之目標，以復興民族為天經地義之責任，以建設世界和平為我們中華民族對世界應有的貢獻和應有的努力，這才是我們抗戰勝利永久的保障，建國的功悠久的基礎，這才是世界和平永久的建立，同胞們努力吧！最後我們應向

盟邦致敬！

蔣主席致敬！

前方犧牲將士暨死難同胞致敬！同時高呼

一、抗戰勝利萬歲！

二、世界和平萬歲！

三、同盟國萬歲！

四、中美英蘇合作萬歲！

五、蔣主席萬歲！

六、抗戰將士萬歲！

七、中國國民黨萬歲！

八、中華民國萬歲！

000159

广元各界举行「七七」抗战八周年纪念大会仪式流程及口号（一九四五年）

广元各界举行「七七」抗战八周年纪念大会仪式

一、主席团就位
二、全体肃立
三、奏乐
四、唱国歌
五、向党国旗及国父遗像行三鞠躬礼
六、主席恭读国父遗嘱
七、向阵亡将士及死难同胞之灵位行三鞠躬礼
八、献花
九、献香
十、献帛
十一、恭读祭文
十二、主席报告
十三、各界讲演
十四、呼口号
十五、奏乐
十六、散会

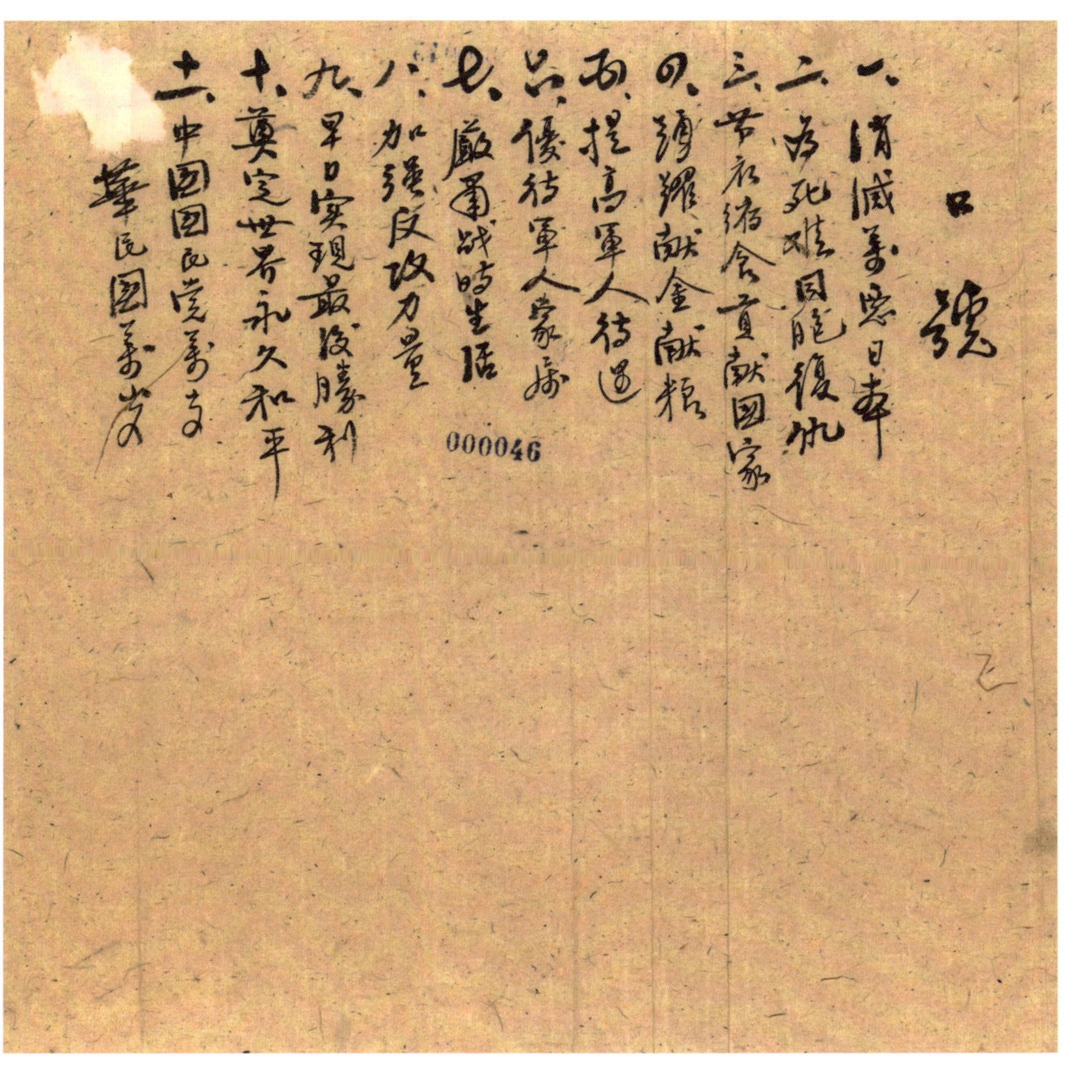

口號

一、消滅萬惡日本
二、為死難同胞復仇
三、節衣縮食貢獻國家
四、踴躍獻金獻糧
五、提高軍人待遇
六、優待軍人家屬
七、嚴肅戰時生活
八、加強反攻力量
九、早日實現最後勝利
十、奠定世界永久和平
十一、中國國民黨萬歲
中華民國萬歲

川北师管区剑阁团管区司令部及广元县政府关于查编抗战军人忠烈录的电函（一九四七年四月至七月）

川北师管区剑阁团管区司令部致广元县政府的代电（一九四七年四月二十二日）

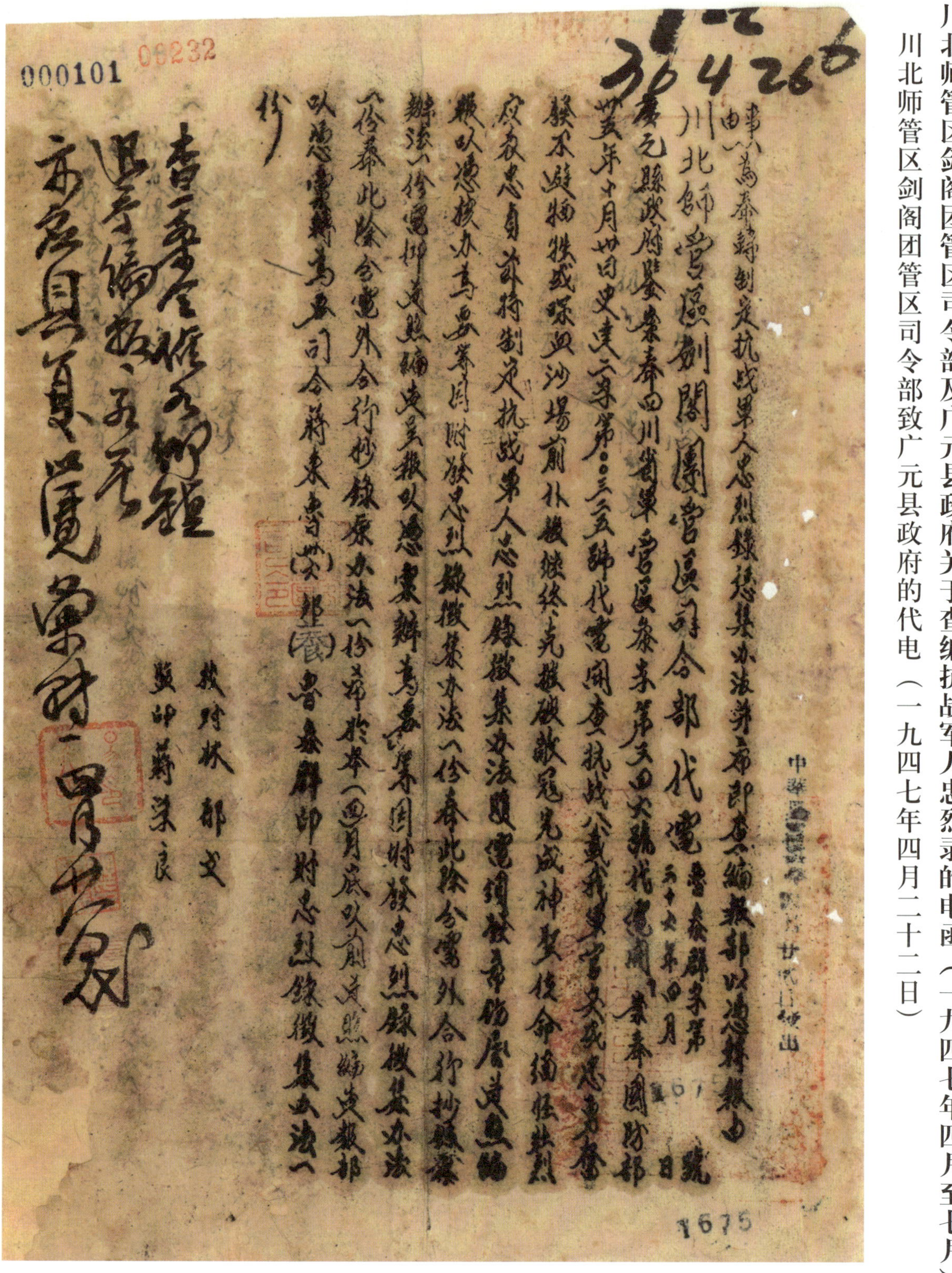

附：抗战军人忠烈录征集办法

抗战军人忠烈录征集办法

[illegible]

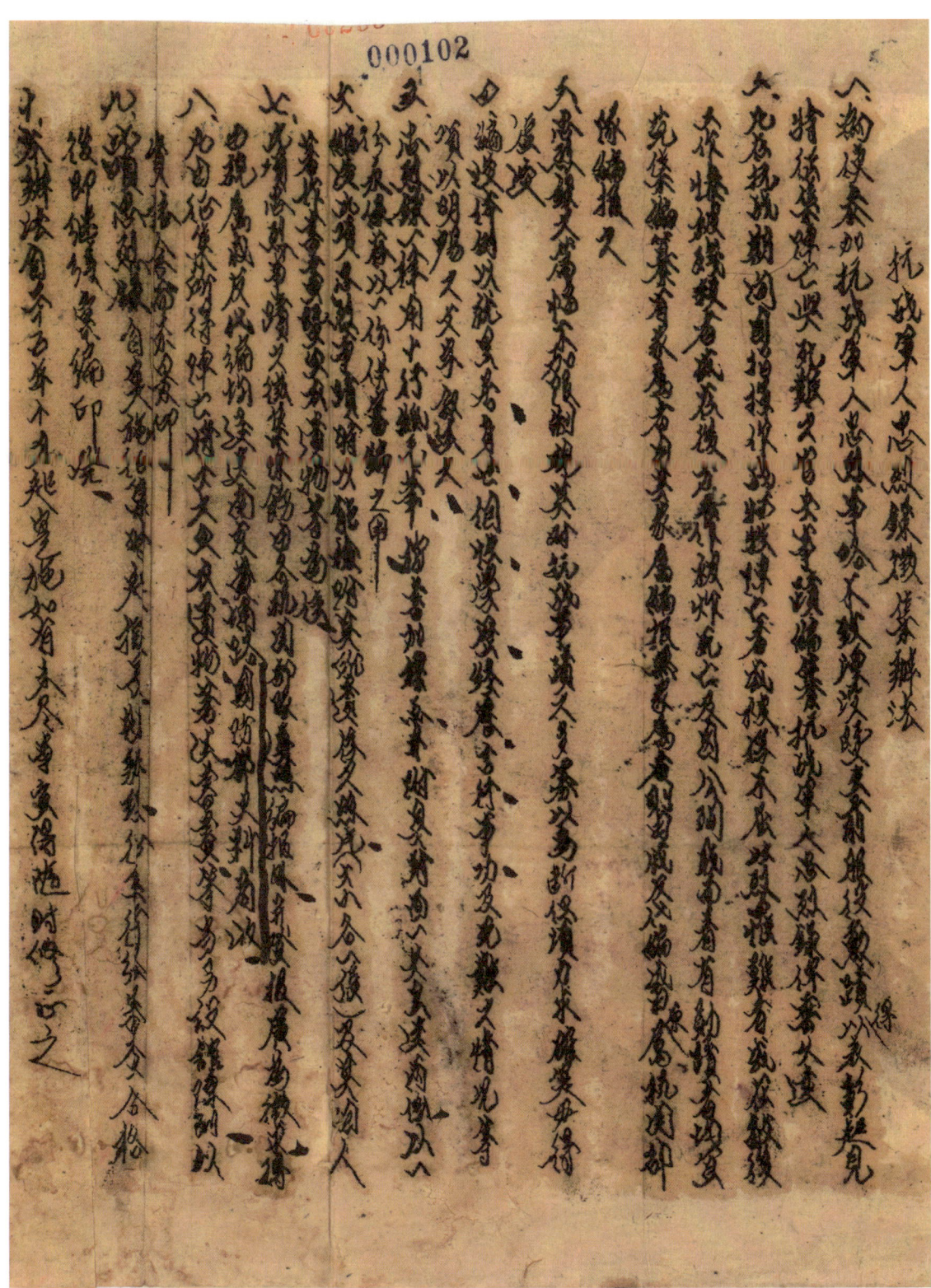

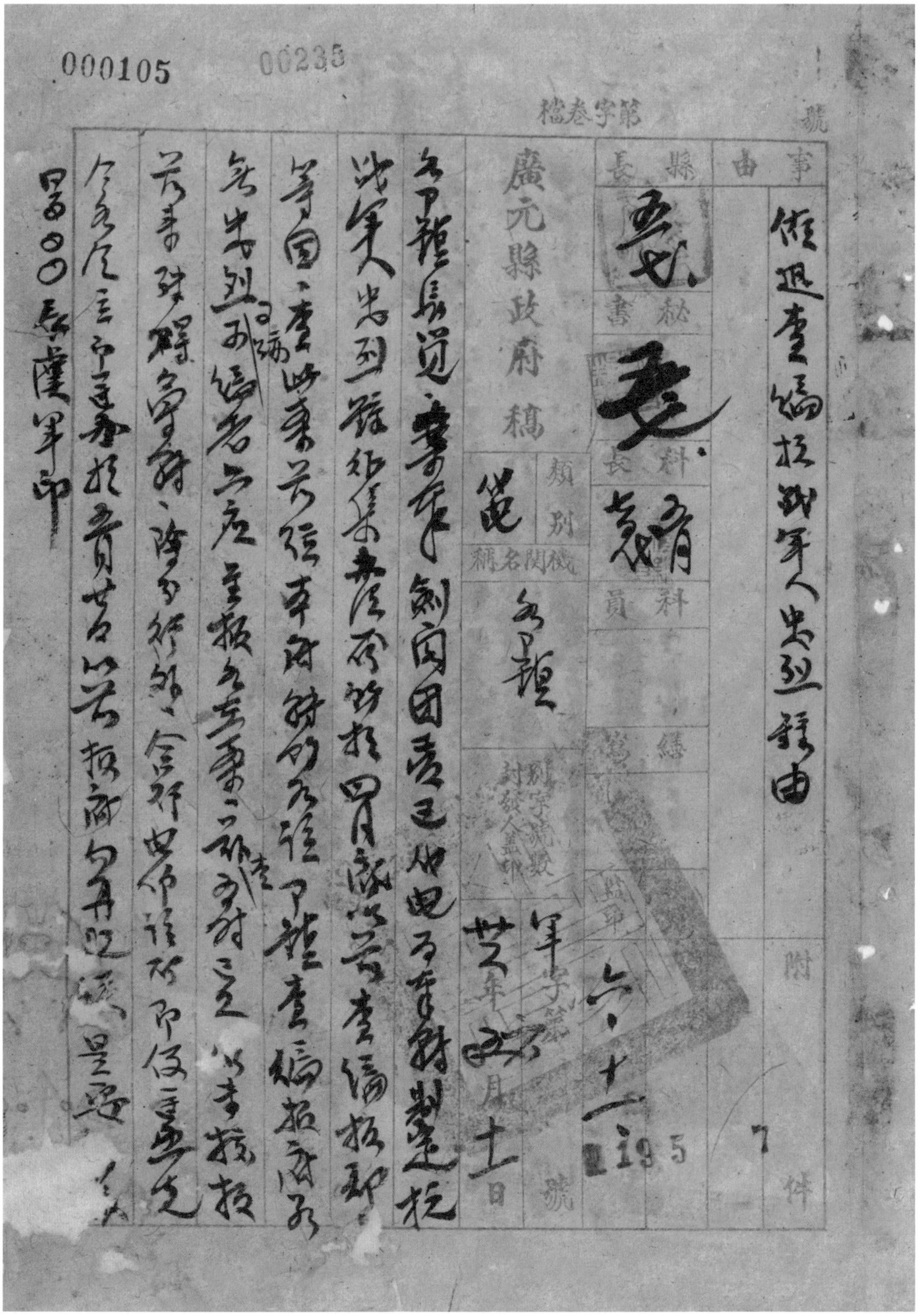

广元县政府致该县各乡镇的代电（一九四七年六月十一日）

000105　00235

檔字第卷

號

廣元縣政府稿

事由	縣長	秘書	科長	科員	類別	機關名稱	繕	附	件

年　月　日

號

广元县政府致该县参议会、党部、青年团的公函（一九四七年七月七日）

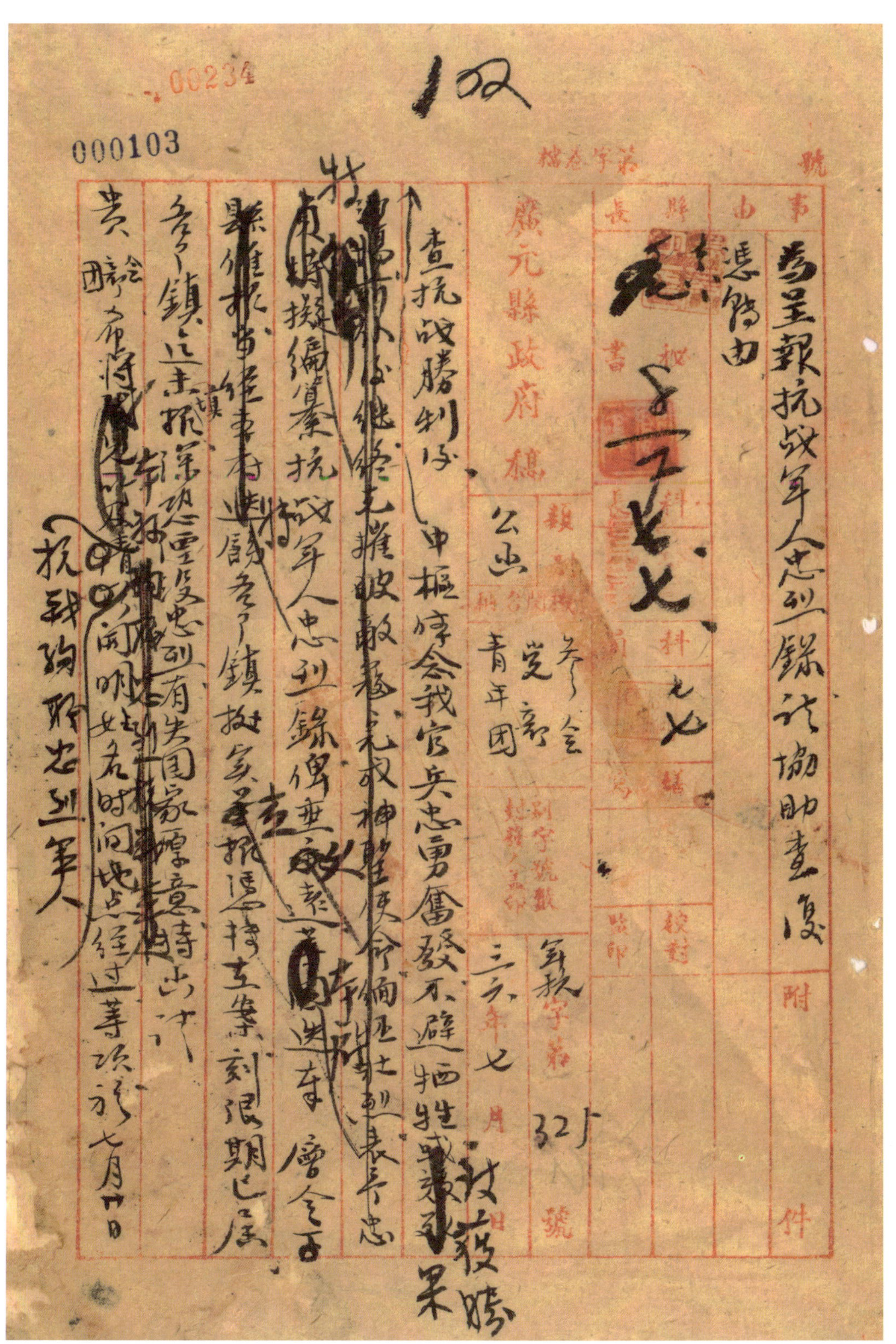

事由：为呈报抗战军人忠烈录请协助查复

广元县政府稿

参议会
党部
青年团

三六年七月

抗战殉职忠烈军人

000104

前賜覆以憑案核（為要）可懲前往歸復以便並復繕（集）除分函外相應

函請

貴（縣黨部、團部）會詳加查照，轉飭出具切結為荷！

此致

廣元縣參議會

廣元縣黨部

廣元縣青年團

廣元縣長 [illegible] [illegible]

二、剑阁县

剑阁县政府关于检发四川省抗战救亡宣传纲要致该县各区署、各完全小学等的训令
（一九三七年十二月十一日）

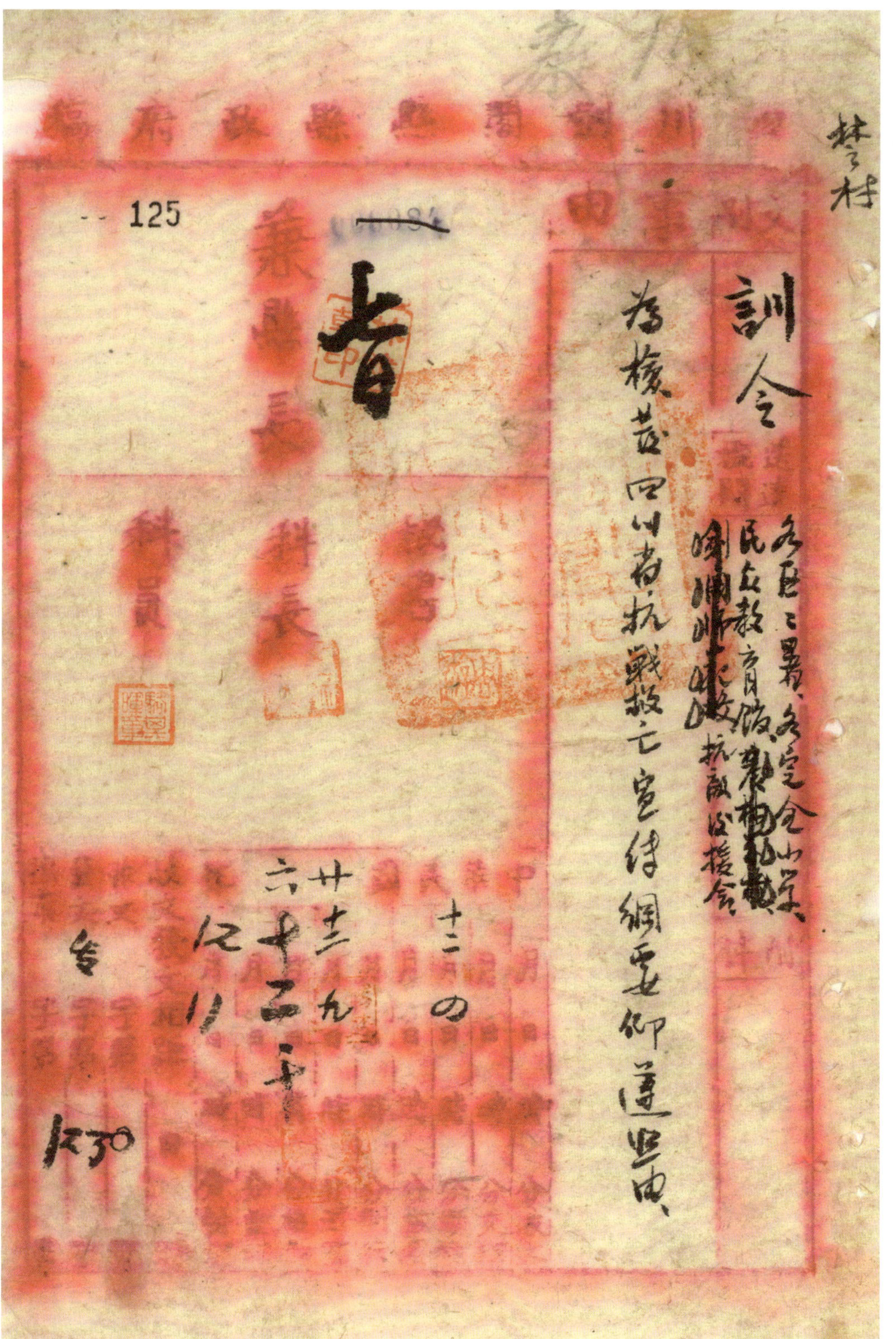

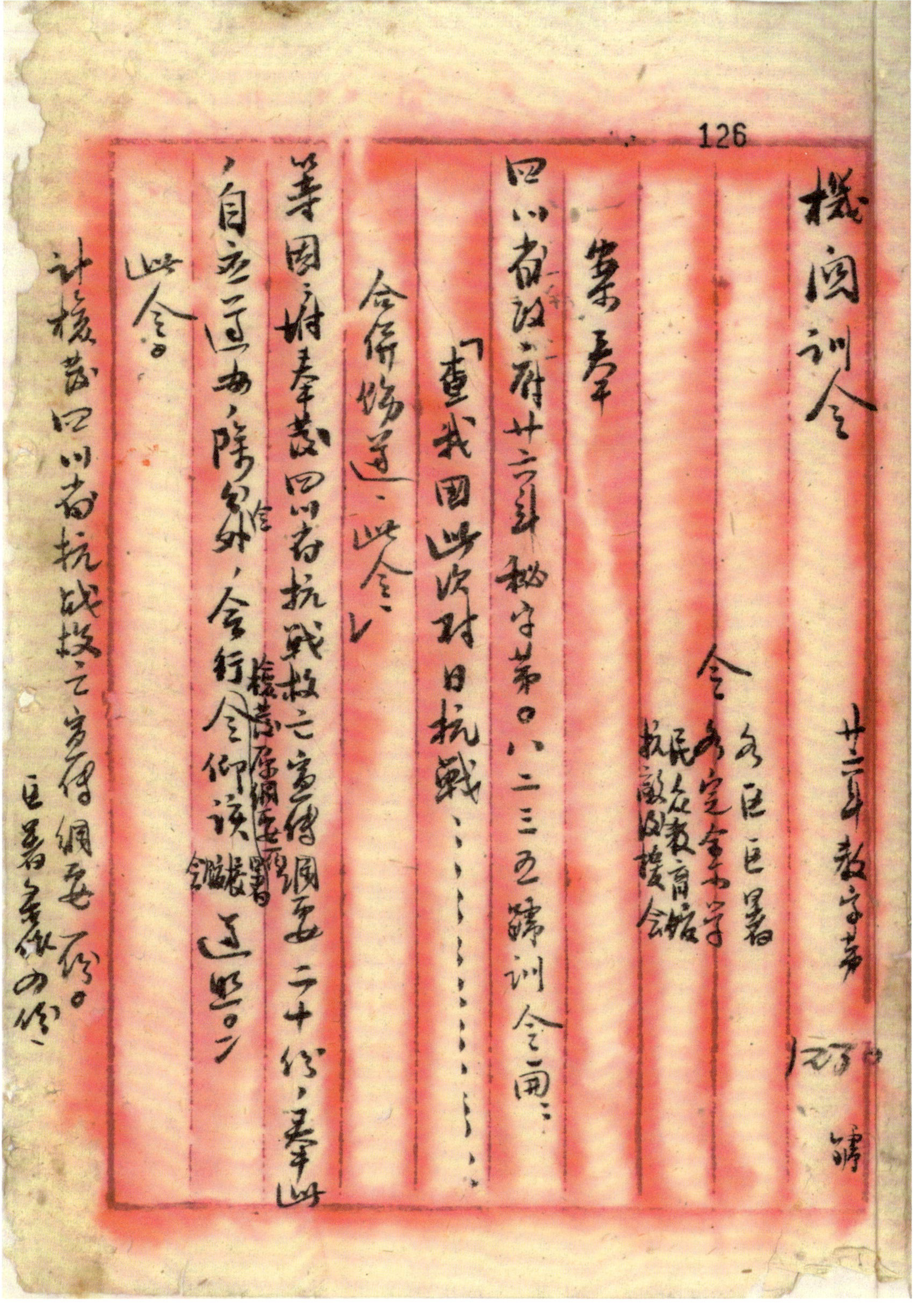

126

機關訓令　廿六年教字第1073號

令各區區署、各完全小學、民眾教育館、抗敵後援會

案奉

四川省政府廿六年秘字第〇八二三五號訓令開：

「查我國此次對日抗戰……

令仰遵照。此令。」

等因；奉此。茲四川省抗戰救亡宣傳綱要二十份，奉此，

自應遵辦。除分令外，合行令仰該（區署、會、館長）遵照。

此令。

計檢發四川省抗戰救亡宣傳綱要（份）。

區署各發四份。

四川省政府及剑阁县政府关于检发小学抗敌教育实施法的训令（一九三八年三月）

四川省政府致剑阁县政府的训令（一九三八年三月十九日收）

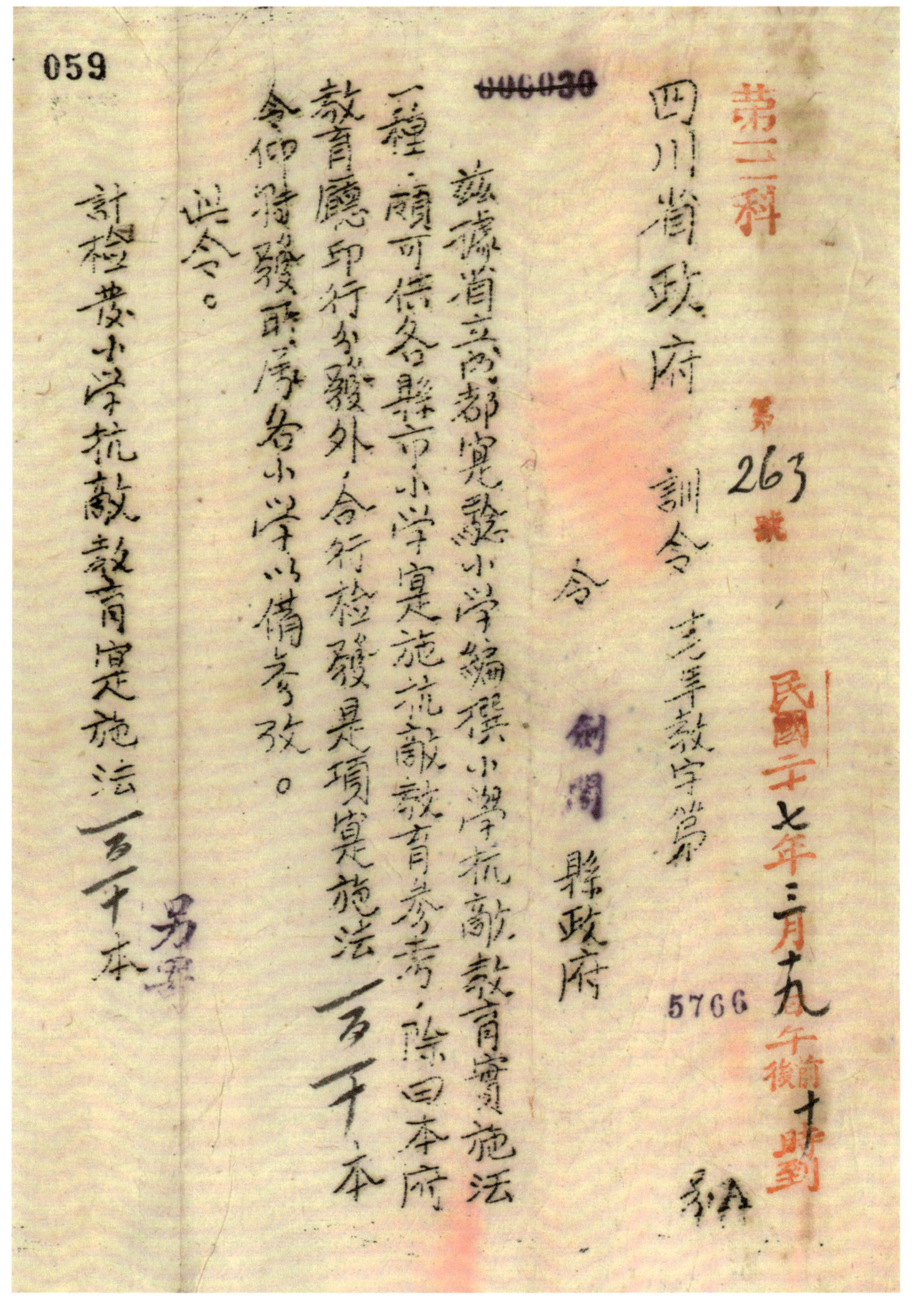

059
第二科
四川省政府 第263號 訓令 教字第 號
民國二十七年三月十九日 午後十時到
令 劍閣縣政府
茲據省立成都實驗小學編撰小學抗敵教育實施法一種，頗可供各縣市小學實施抗敵教育參考，除由本府教育廳印行分發外，合行檢發是項實施法一百五十本，令仰轉發所屬各小學以備參考。
此令。
計檢發小學抗敵教育實施法一百五十本

060

中華民國廿七年十二月　日

主席 [illegible]

省府秘書長鄧漢祥代行

附件未到檔存[illegible]

教育廳長蔣志澄

監印員梅寄鶴

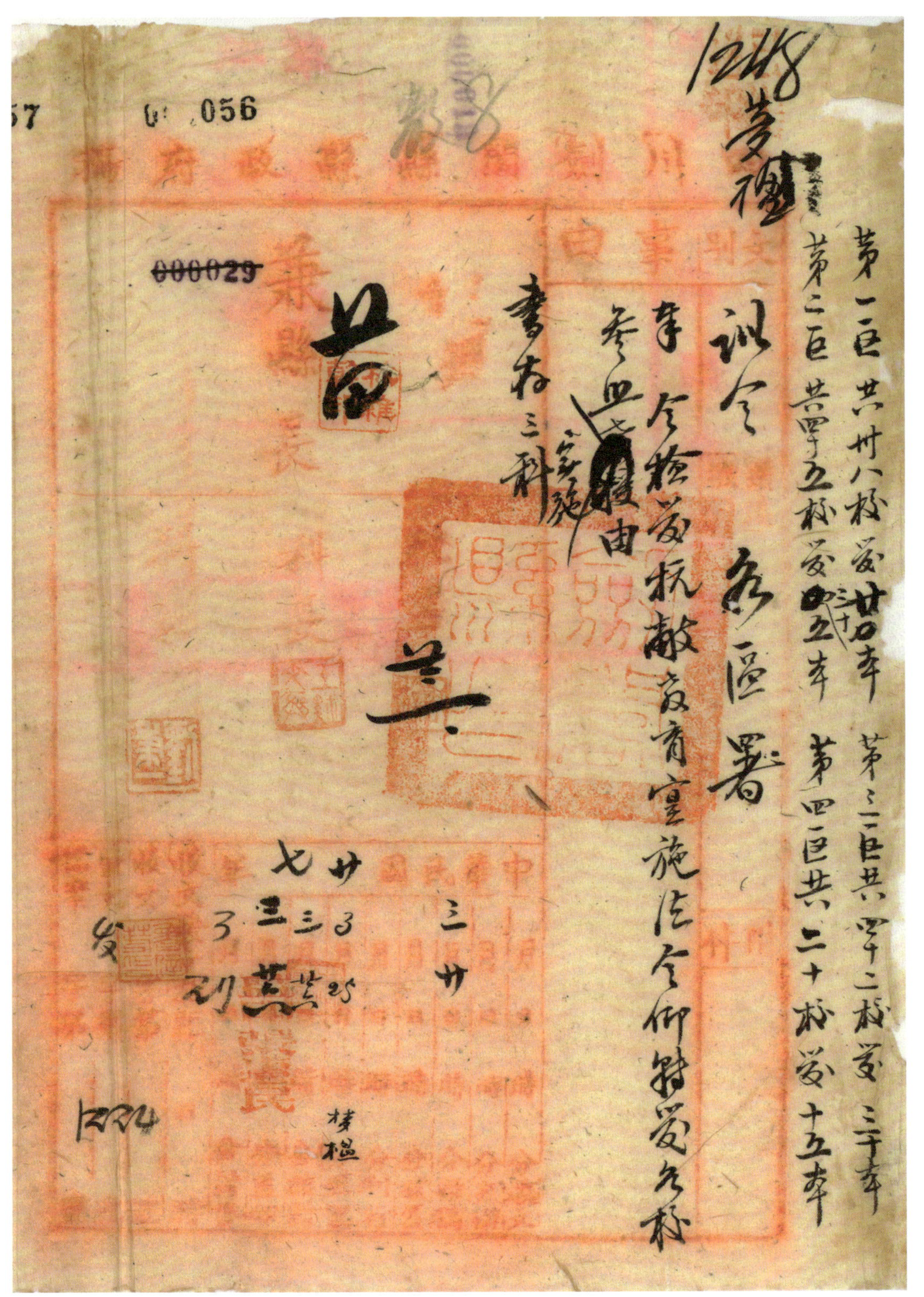

剑阁县政府致该县各区署的训令（一九三八年三月二十七日）

058 057

县衔训令 廿七年教字第1224号

令各区署

案奉

四川省政府廿七年教字第五七六六号训令开：

「兹检省立……此令。」

等因，计检发小学抗敌教育实施法一百一十本。奉此，除分令外，合行检发原书，令仰该署，转饬各该区教育委员分发各级小学遵照参照办理为要。

此令。

计检发小学抗敌实施法 本

四川省政府及剑阁县政府关于举行雪耻与兵役扩大宣传周并检发宣传大纲标语等的电令（一九三八年五月）

四川省政府致剑阁县政府的代电（一九三八年五月五日）

68

四川省政府代電

秘字第0487號

事由

第103號

民國二十七年五月九日十時到

本府各廳處會成都市府警備部省警局各區專署各縣府設治局分轉當地各機關團體均覽案奉委員長行營冬電開准中央宣傳部軍委會政治部會銜感電開定期五月三日至月九日為雪耻與兵役擴大宣傳週全國各地同時舉行所定辦法已由中央通訊社發表希即切實籌辦同時舉行以宏效用以後領發文件仍由中央社發表等由希即切實籌辦并轉飭所屬及機關團體遵照等因奉此查來電到府較遲轉電又須相當時間恐邊遠縣

四川省政府快郵代電

秘書室

字第　號

事由

第　頁共　頁

份奉到時原定宣傳期間已過除省會由府電請動員委員會會商省黨部即日籌辦舉行暨分電外合行檢發宣傳大綱及臨代大會宣言暨抗戰建國綱領電仰遵照辦理至邊遠地方并准展至奉到之日起籌辦舉行期符實際四川省政府㣲省秘印

計發宣傳大綱及臨代大會宣言暨抗戰建國綱領各一份

000199

.0000 69

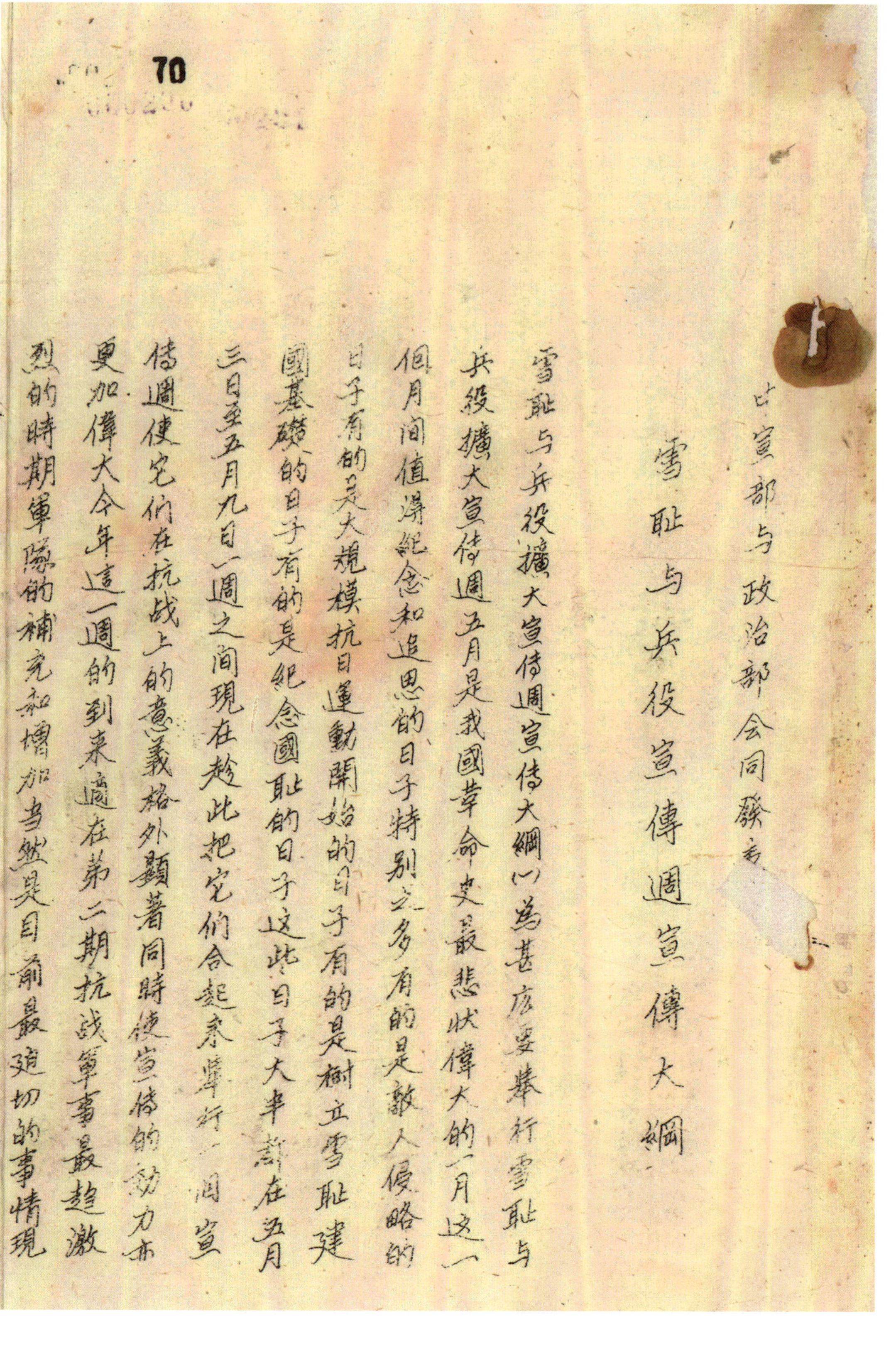

中宣部与政治部会同發表

雪耻与兵役宣傳週宣傳大綱

雪耻与兵役擴大宣傳週宣傳大綱（一）為甚麽要舉行雪耻与兵役擴大宣傳週　五月是我國革命史最悲壯偉大的一月，这一個月间值得紀念和追思的日子特别之多，有的是敵人侵略的日子，有的是大規模抗日運動開始的日子，有的是樹立雪耻建國基礎的日子，有的是紀念國耻的日子，这些日子大半都在五月三日至五月九日一週之间，現在趁此把它们合起來舉行一個宣傳週，使它们在抗战上的意義格外顯著，同時使宣傳的効力亦更加偉大。今年這一週的到來適在第二期抗战軍事最趋激烈的時期，軍隊的補充和增加当然是目前最迫切的事情，現在正全國一心爲雪耻圖存而鬥，說到雪耻尤其与服兵役有着最密切的関係，所以把這两种運動合併起来舉行一個擴大宣傳週，必能使彼此的重要性更收到相得益彰的宏效。(二)雪耻週中各紀念日或造恩日的起源和意義：(甲)五三濟南慘案紀念。当民國十七年間國民革命軍繼續北伐節節勝利之際，日帝國主義者因我們革命勢力之進展

（接下頁(一)）

72

深恐其所謂「大陸政策」將受重大打擊遂悍然出兵山東直入濟南這就是我們所永不忘的五月三日當時日軍在濟射擊我軍割去山東特派交涉員蔡公時之耳鼻與署中職員十餘人一併槍殺同日敵軍轟擊城廂我軍忍無可忍奮勇抵抗但以力量單薄結果死傷千餘人其餘竟被繳械平民死傷無數這個慘痛的追思日至今剛滿十週年我們在這個日子應該瞭解倭寇之欲亡我中國乃是他們久已確定的一貫政策我最高領袖高瞻遠矚早于十年前便定下了抗日國策故當時忍辱負重完成北伐以後更實現統一積極準備才能有今日抗戰的局面現在我們來紀念「五三」就應体念領袖意旨犧牲一切以盡保國衛民的責任(二)學生運動紀念世界大戰期間日帝國主義者乘机

向我國加緊進攻。到了大戰結束的次年民國八年巴黎和会竟決定將德國在山東的一切权益完全讓与日本。那年五月四日北平學生就在天安門集会舉行歷史上空前的大示威，向北京政府提出「廢止廿一條」「誓死爭回青島」「懲辦賣國賊」等要求，並搗毀了主持廿一條交涉的曹汝霖的住宅，毆傷了對于山東等問題表示「欣然同意」的章宗祥，就此掀起了全國各界響應的「五四」運動。不僅全國學生紛起致討，接着農工商各界亦相繼參加擴大的大運動。後來凡爾賽和約成立，中國專使因為中國留歐學生和華僑的阻止拒絕簽字，電訊傳來，這個運動才暫時告一結束。而其影響所及，卻于我國文化史中形成一新紀元，因為這一次運動乃是中國新文化運動急劇開展的一個樞機。但我們要知道我國近五十年來之一切的（接下頁二）

民族的動態和革命運動，殆無一不是總理與三民主義的精神
感召人所致，「五四」運動自不為例外，因此我們在這日子應該
認定三民主義為領導青年的最高準則，並且還要促起青
年擔負抗戰所給與的一切任務。（而）「五五」革命政府成立紀念民
國十年五月五日總理應在粵國會議員的推戴，在廣州就任
非常大總統之職，從此成立國民政府，樹立革命建國的基礎
當時總理所處的環境異常艱難，一面軍閥統治下的北京
政府正圖顛覆南方的革命勢力，一面廣東的反動軍閥陳炯
明亦心懷異志，總理卒能以大無畏的精神在夾攻中奮鬥，才有
後來革命軍完成北伐，實現統一之局，我們紀念這個日子就應
該指出先烈締造的艱難和國民政府十年來內求統一，外求

獨立的宏效並且要號召全國同胞以擁護當日樹立雪恥建國基礎的總理的精誠來擁護今日完成雪恥建國偉業的總裁(丁)「五七」和「五九」國恥紀念 民國三年日本趁世界大戰的机会佔領膠州灣和膠濟鐵路進逼濟南並于次年一月十八日向袁世凱提出廿一條要求那時袁世凱帝王之夢正濃希圖博得日本的欢心減少國際的阻碍竟与磋商解決亦法到了五月七日日本遂向袁賊提出哀的美敦書要求承認它的最後修正案以四十八小時為接受時限至五月九日袁世凱竟公然予以接受這是我們全民族廿餘年來所卧薪嘗胆刻骨銘心的國恥紀念我們紀念這兩日就應堅强我們保民衛國的勇氣和雪恥復仇的决心以鐵和血來洗淨我們的奇恥大辱(三)追思雪恥週中各日應該怎樣努力(甲)追思「五三」我們應該(接下頁三)

76

特別努力下列的幾項工作、(1)推行慰勞運動向前綫將士及全綫空軍致精神上和物質上的慰勞、(2)慰問和尊敬受傷將士幫助改善他們的看護醫藥等事同時勉勵他們恪守軍紀以保持革命軍人的光榮(3)推動一般人民慰問和優待出征抗敵軍人的家屬以財力扶助他們以人力代他們不能作的工作(四)推動慰問和撫邺陣亡將士的運動(5)捐輸財物貢献國家

(乙)追思「五四」我們特別要注重下列各点(1)在最高領袖領導之下鞏固全國青年的團结(2)智識青年到軍隊裏去服務到鄉間去宣傳和教育一般的農民到敵人的後方去在游擊部隊裏及民間工作(3)推動和改進學生及一般青年關于德智体群育方面之一切組織如學生俱樂部(或稱聯誼社)一般青年俱樂部青年補習夜校等等(4)鼓勵青年踴躍受

訓以備战時服務（參閱抗战建國綱領第卅一）（5）使一般青年瞭解爭取抗战勝利為战時文化運動的唯一途徑也就是文化界所應負的最高使命（6）推動战時文化運動如書報的廣布和識字運動的推行等（丙）紀念「五五」我們特别應該注重（1）党員及公務人員應該追思總理締造革命政府的初衷並效法總理為國奮鬥的大無畏精神為爭取民族生存而加緊努力（2）闡揚抗战建國綱領的一般要旨使全國民衆咸以全力擁護並促其實現（丁）五月六日要着重于深入鄉間的宣傳除兵役運動外尤須注意（1）農民加緊生產（2）農民應有統一的抗战組織（3）農民对于出征抗敵軍人家屬之不能勞動者幫助他們勞動（四）在後方的民衆幫助後方各種後援工作的進行如捐助慰勞救護運輸等

（接下頁四）

並踴躍參加工役，如修築道路，疏通水利等，援助前綫的民眾，幫助担架救護運輸偵察等項工作的進行。(5)提倡農村合作社的組織（參閱綱領第十八）（戊）「五七」与「五九」同（己）「五八」除推行保育兒童的運動外，「五八」為國際母親節，在家的為兵役宣傳（庚）紀念「五九」我們特別應該注意：(1)使一般民众瞭解倭寇處心積慮要滅亡我，此次抗戰為救亡圖存的唯一方法，雪恥自強就在今日。(2)踴躍認購國防公債和金公債，有力的應該出力，尤其是在後方的，有錢的應該出錢，尤其是踴躍購公債。(3)踴躍擁護抗戰時生產（參閱綱領第十七）(4)經營工業，發展手工業（參閱綱領第十九）(5)加緊生產，支持長期抗戰。(6)推動各界統一抗敵組織的独立，及關于德智体群方面一切組織的進行，如補習學校讀書班等。(四)為什麼要服兵役(甲)敵人要滅亡我

78

現在已經明白戰爭，我們為得國家民族和自己和子孫不做奴隸
惟有應徵出發去抵抗侵略（三）敵人到處肆行殘暴，我們為保
全自己的父母兄弟姊妹妻子和自己的生命自由與財產必須
應徵出發，數月以來敵人的飛機四出轟炸，就連文化機關（如
南開大學）慈善機關（如廣州平民救濟院）宗教機關（如清遠
德國教堂）也都被毀，敵人慘殺平民壯丁（如南京一處去年十二
月廿五日止殺戮已達五萬人）污辱婦女（如在揚州姦淫婦女在
蕪湖徵發少女充手到處都有）及擄運孩童回國（如在南京及
濟南市擄掠孩童皆是，暴行不一而足）（四）當兵的光榮和所與的
願待由上所述，我們已知道當兵去打侵略是最高尚最光榮
的事業，所以現在的出兵是全國家全民族最重視的（接下頁五）

他們自己按月領餉衣食不生問題有了傷病由國家負責醫治因抗戰受傷而致殘廢者國家還給与終身撫卹金出征軍人的家屬（就指他們的妻室和父母祖父母与子女孫子女）還受到國家特別的優待例如(甲)他們除負担法定賦稅外得減免攤派各項臨時捐款(乙)他們准許免服勞役（就像修築道路之類）並准許優先享受一切公益設施（就像入學讀書可以免費）(丙)家庭赤貧不能維持生活的患病無力治療的死亡不能埋葬的生產子女無力撫養的以及遭受意外災害的在得向優待委会請求救濟委員会应酌量予以金錢或物品的扶助及权利的保障(丁)陣亡或因受重傷致成殘廢的軍人得將他們的

事蹟编入歷史給匾刊碑（六）兵役的义务与办理兵役人员应有的注意国民有服兵役的剝務〔义务〕，办理兵役人员应有的注意国民有服兵役的义务，這是法律所明白規定的，徵兵也有一定办法（即如抽籤），当此抗战期中，各地方办理此事的大員，能够忠诚尽职者固多，但其中藉端舞弊營私者亦頗不乏人，這很足以激起民眾的反感，使他們視兵役為畏途，所影响与役政者甚大，自從蔣委員長下令嚴懲貪污後，各主管机关对于役政亦嚴加整飭，凡還有此類情事者，予以法办，最近軍政部对于办理兵役人員及应服兵役的人民規定了奖励的办法，這樣的奖懲兼施，將来徵兵制度的推行，一定可以避免種種的流弊（七）擴大宣傳雪耻与兵役運動的必要，我們希望每個國民都瞭解雪耻与兵役之不可分和应徵兵役之光榮，使大家認清雪耻和服兵役兩者实在有最密切的联帶关係，要想雪耻，與人人踴躍（接下頁六）

去服兵役不可同時還更要对受傷軍人及出征軍人家屬宣傳使他們也都變成了幼人当兵的宣傳者最後為求獲得实際的效果起見更希望全國各地所有的宣傳机関團体宣傳隊以及报社劇社等都能本此大綱以种种方式儘量宣傳或參照当地情形对于一般民衆盡鼓勵对導之能事這樣才可以發生偉大的作用而最後勝利也因此獲得最確实的保障

中國國民党中央執行委員會宣傳部　國民政府軍事委員会政治部

雪恥与兵役擴大宣傳遍標語　要以殲滅魯境敵人来紀念「五三」根據「五四」精神完成抗战任务「五五」樹立抗战建國的基礎紀念總理就任非常大總統要貫澈總理救國的主張

紀念總理就任非常大總統要鞏固民國的基礎要以擁護總理的忠誠來擁護領導抗戰建國的蔣總裁要以踴躍從軍的精神來洗雪廿一條的國恥良民是良兵的基礎良兵是良民的模範全國皆兵才能救亡圖存好鐵才打釘好男才當兵服兵役是國民應盡的義務應享的權利當兵是光榮的事業大家武裝起來為死難的將士和同胞報仇大家武裝起來參戰神聖的抗倭戰爭優待出征抗戰軍人家屬逃避兵役的是可鄙的懦夫逃避兵役是犯法的行為逃避兵役的莠子漢奸區鄉鎮保甲長要認真辦理兵役嚴懲藉徵兵舞弊的人員

中央宣傳部軍事委員會政治部製

（完）

剑阁县政府致该县各区署的训令（一九三八年五月十四日）

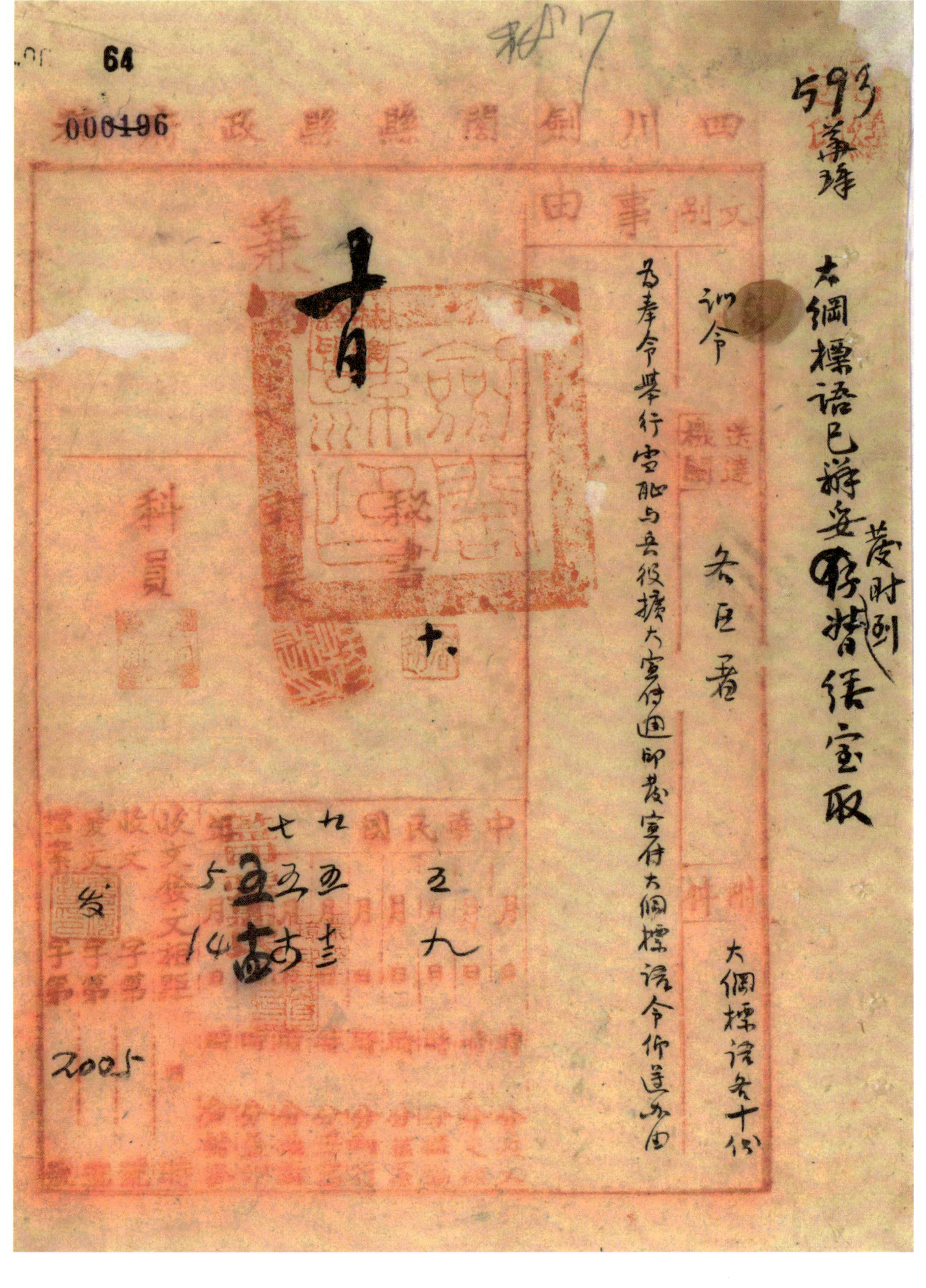

四川剑阁县政府

000196

事由：大纲标语已办妥

训令 各区署

为奉令举行宣传兵役扩大宣传周印发宣传大纲标语令仰遵照由

附件：大纲标语各十份

65

蓋縣府訓令　廿七年秘字第2005號

令蓋縣各區署

案奉

四川省政府徵省秘字第四八七一號代電，附奉

軍事委員會委員長行營養電，以准

中央宣傳部軍委會政治部會銜感電，定期五月三日至九日，為雪恥與兵役擴大宣傳週，全國各地，同時舉行，並檢發宣傳大綱及時代大會宣言暨抗戰建國綱領，電仰遵照辦理，並轉邊遠地方，並准展至奉到之日起，另外舉行，期符實際，等因；奉此。查五月節，為我國革命史上最悲壯最偉大之一頁，今年五月節之到來，又適值第二期抗戰

军事最趋激烈之时期，湔雪国耻，服任兵役，亟应努力宣传，以期收到相得益彰之宏效。除本府已于本月七日，会同党政军各机关法团，在公园举行扩大纪念宣传典礼外，并分令外，合行印发宣传大纲标语，令仰该署遵照，并转饬所属联保遵照，赶日分别筹办举行，将附发标语，广为张写张贴，并照宣传大纲，切实向民众宣传讲演，俾其明瞭服任兵役与雪耻之重要，仍将遵办情形，具报查考为要。

此令

附发宣传大纲及标语各十份

剑阁县第三区区署关于遵令报送举行「七七」抗战建国纪念公祭情形及所支费用致该县政府的呈（一九三八年七月十二日）

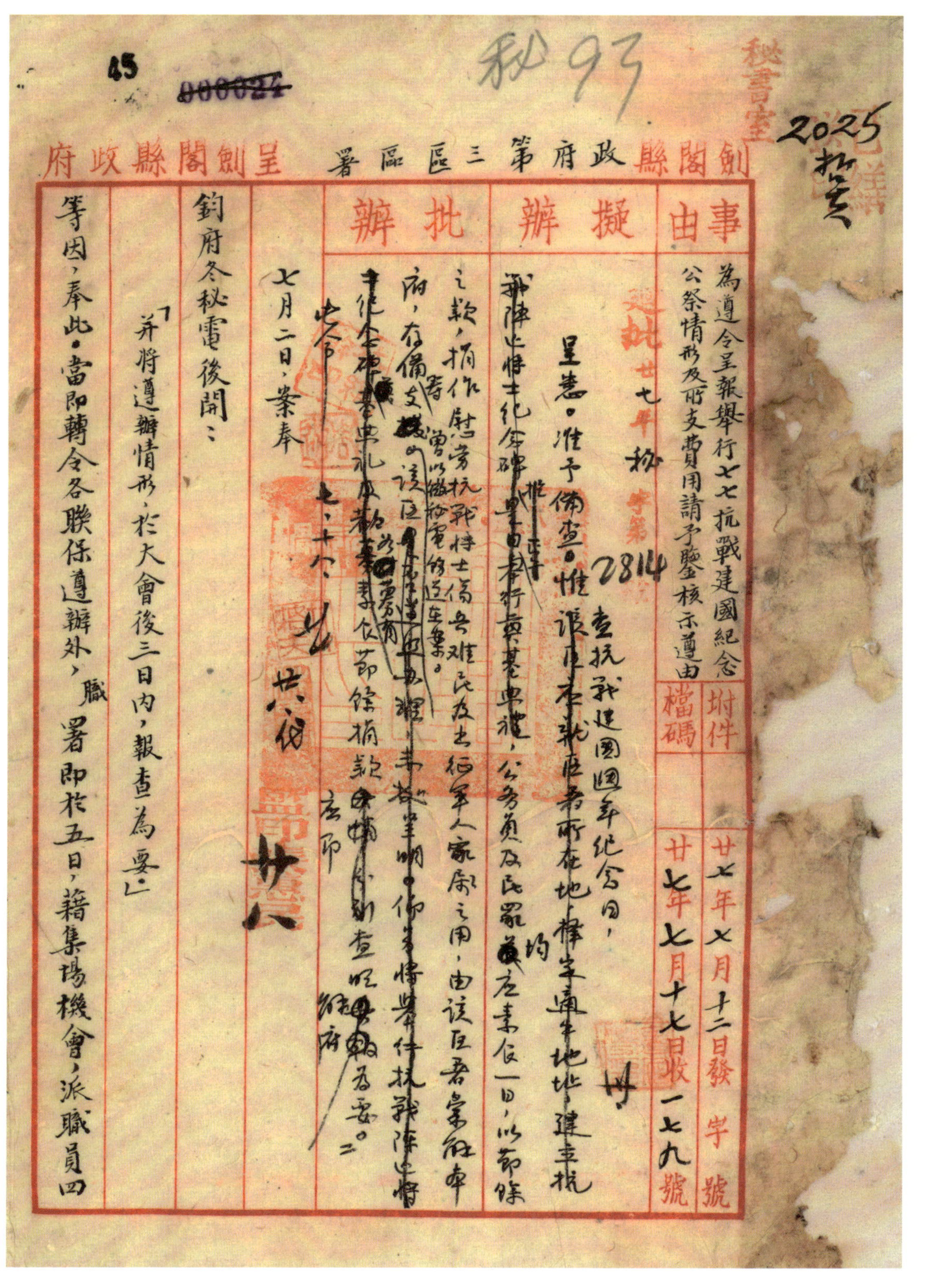
剑阁县政府第三区区署　呈剑阁县政府

事由：为遵令呈报举行七七抗战建国纪念公祭情形及所支费用请予鉴核示遵由

附件

档码

廿七年七月十二日发　字　号

廿七年七月十七日收　一七九号

拟办：查抗战建国周年纪念日，饬该区署所在地择定适中地址建立抗战阵亡将士纪念碑，并于本日举行典礼，公务员及民众均应素食一日，以节余之款，捐作慰劳抗战将士、伤兵、难民及出征军人家属之用，由该区署汇缴本府，存备支拨。

批办：

钧府冬秘电后开：「并将遵办情形，于大会后三日内，报查为要。」等因，奉此。当即转令各联保遵办外，职署即于五日，藉集场机会，派职员四

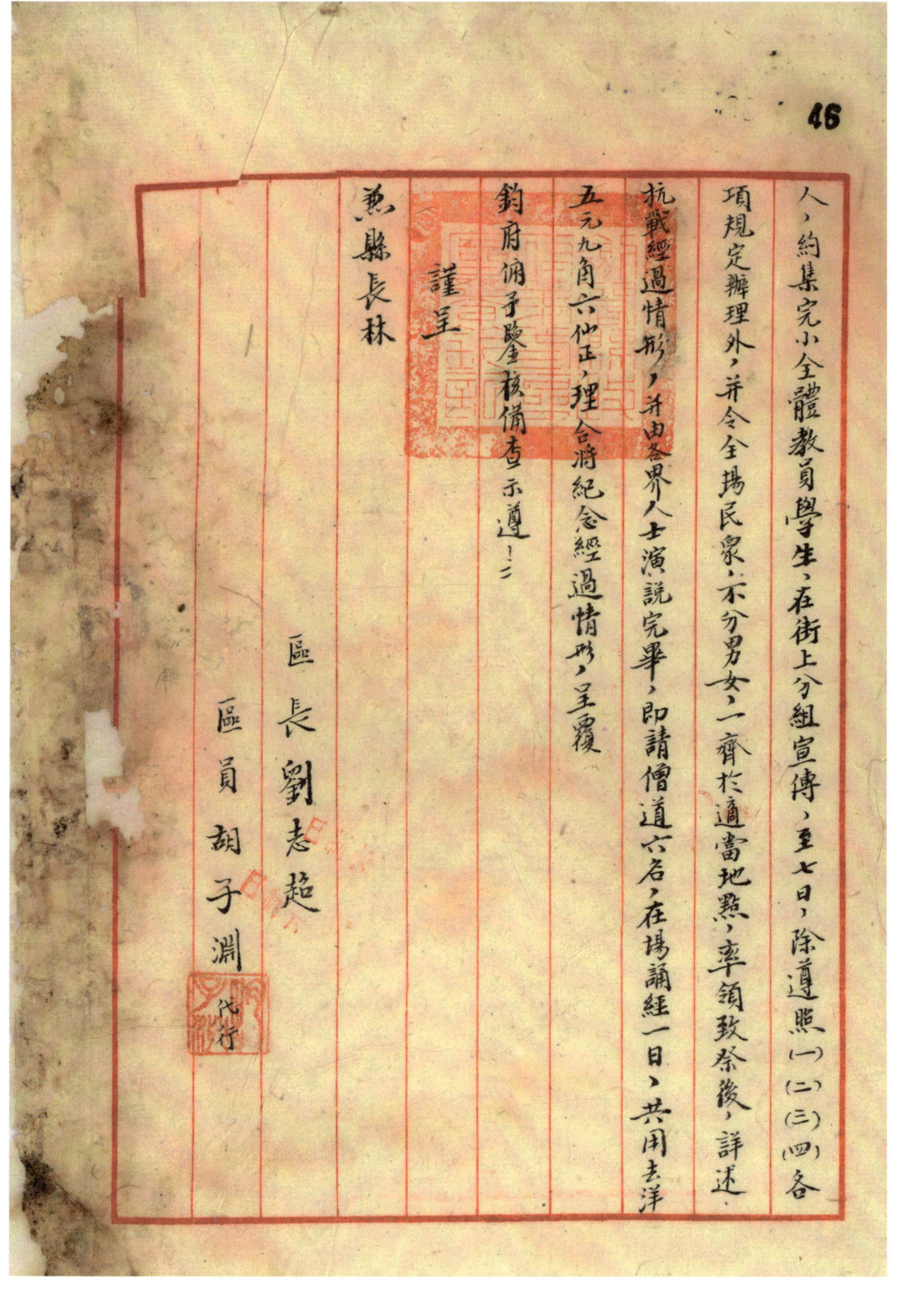

46

人，約集完小全體教員學生，在街上分組宣傳，至七日，除遵照(一)(二)(三)(四)各項規定辦理外，并令全場民衆，不分男女，一齊於適當地點，率領致祭後，詳述抗戰經過情形，并由各界人士演説完畢，即請僧道六名，在場誦經一日，共用去洋五元九角六仙正，理合將紀念經過情形，呈覆

鈞府俯予鑒核備查示遵！

謹呈

惠縣長林

區長 劉志超

區員 胡子淵 代行

剑阁县第二区区署关于遵令报送举行「七七」抗战建国纪念活动及抗战募捐情形致该县政府的呈（一九三八年七月十三日）

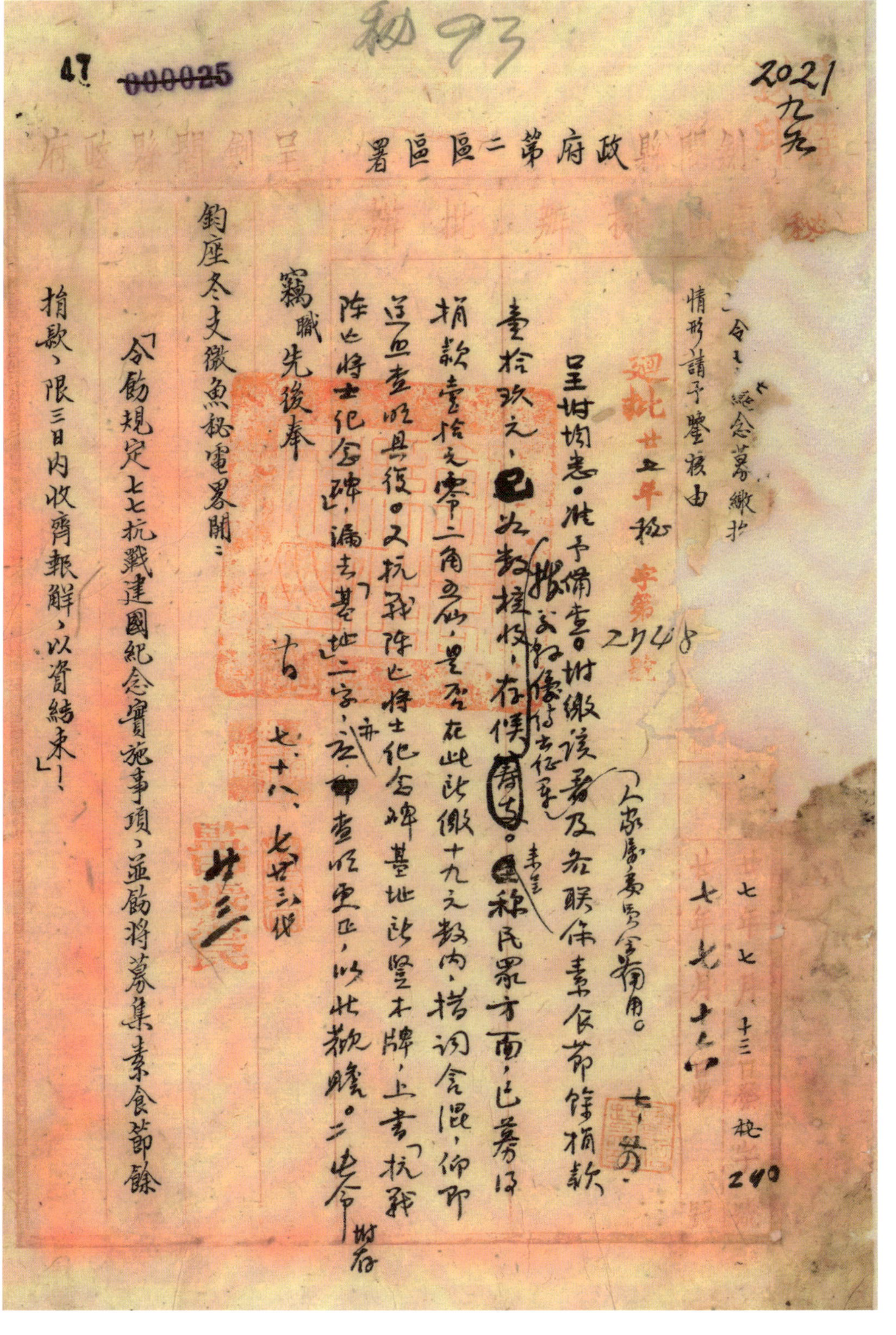

各等因。奉此。一面轉令所屬遵辦去訖。一面指派署內職員極積籌備，慎重辦理。遵於是日就區署所在地之萬壽宮，由職率領參加人員，及各級民衆，於午前十時，設備禮堂，舉行紀念典禮，同時在公園內，擇定適中點，豎臨時木碑一座，上書（抗戰陣亡將士紀念碑基址）等字，舉行奠基典禮畢。即率隊遊行，高呼口號，至區署門首解散後。即指派職員分組出發，入市宣傳，勸募民衆，自由捐助，不拘多寡，已在民衆方面，募得成數為拾元零二角五仙。并遵於正午時鳴鑼曉諭民衆，以第一次號音作準備，各街衢要派隊指導，凡聞放禮號時，大家須停步肅立俯首致敬三分鐘。并於事前在沿街張貼標語，散佈告民衆書，實行禁屠，下半旗致哀。茲收得每聯保繳捐節餘洋壹元，計七元。連區署捐款，共逗足整數貳拾元。理合將募捐款貳拾元，并檢具告民衆

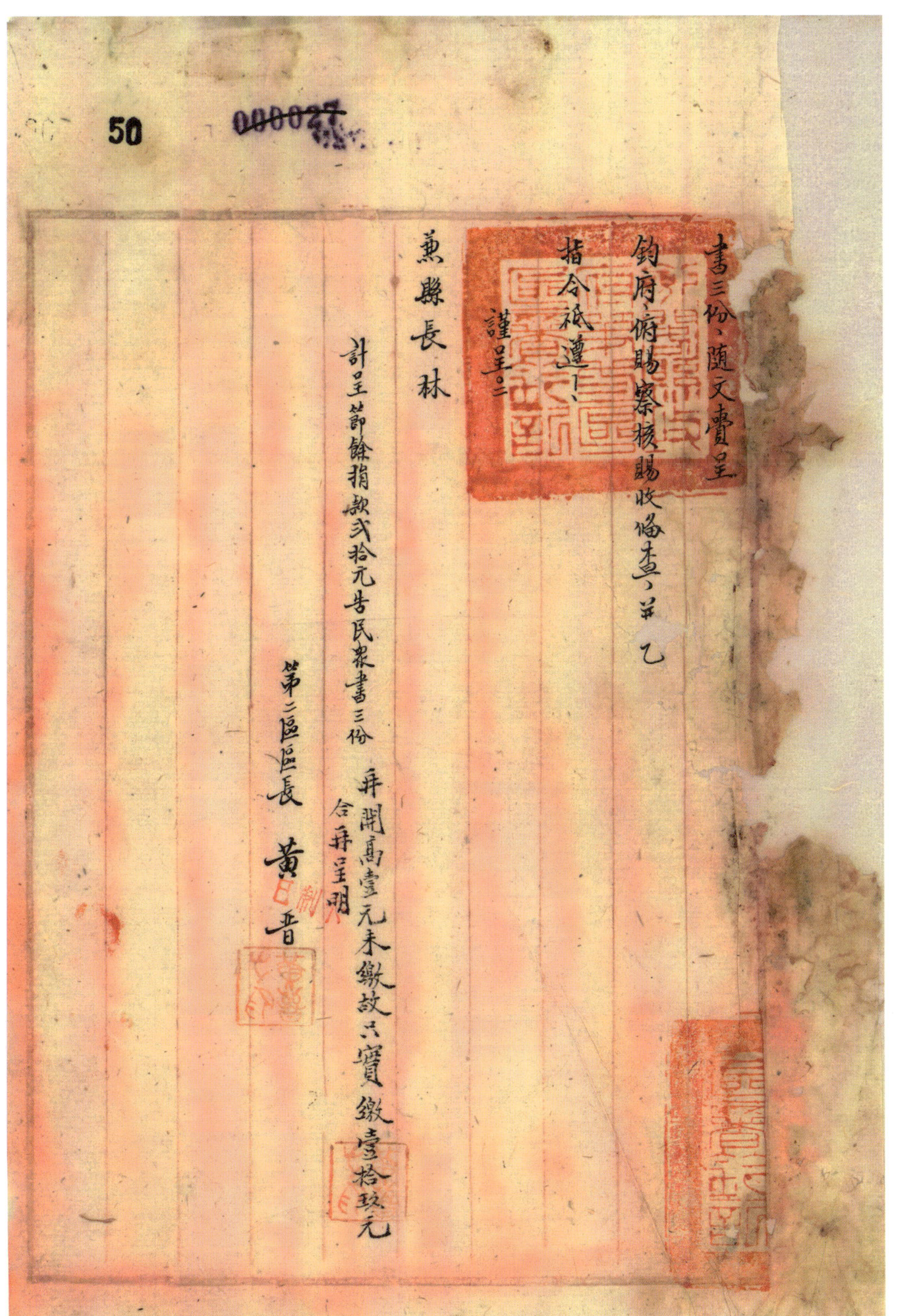

書三份，隨文賫呈
鈞府，俯賜察核，賜收備查，並乞
指令祗遵！
謹呈
兼縣長 林
計呈節餘捐款弍拾元 告民衆書三份 並開高壹元未繳 故只實繳壹拾玖元 合並呈明
第二區區長 黄晋

七七抗戰建國紀念告民衆書

各位同胞：今天七月七日，是我們中國抗戰建國紀念的日子，即是去年七七蘆溝橋、黃寺事變與萬惡的日冦抗戰開始的一天，到今天計算為滿一週年了。我們革命最高領袖蔣委員長說：「蘆溝橋事變推演，是我們國家存亡整個的問題，在最後關頭一到，我們只有犧牲抗戰到底」。自去年今天七七抗戰開始看來，我們非下決心不可，只有抱定犧牲奮鬥的主義抗戰到底，惟有犧牲，才有出路，惟有抗戰，才能建國，自抗戰以來，已達上第三個階段了，敵人集中最精銳的陸海空軍十四個師團，來侵略我們的領土，第一期南口之戰，敵人已就損失不少，開攻晉北山地戰爭，敵人就上了我們的主張消耗戰之策略了，我們雖次第退出首都及京滬線、滬杭線各大城市，但已達到了消耗戰的初步，即打碎了敵人速戰速決的政策，在第二期敵人又集中三四十萬的軍隊以奪我徐州貫通津浦，我軍不但在徐州堅守六個月，使敵人失了很大的代價，并且在台兒莊殲滅了敵人最精銳之板垣師團和磯谷師團，即是我自抗戰以後，空前未有之第一個大勝利，即击破了敵人掃蕩黃河北岸的計劃，現在敵人以最後力量，來進攻我們的大武漢，侵略我的華南，但我們也有充實準備，以地形論，漸入山地，有利于我，不利于敵，第三期抗戰將成為決戰開始了，我越打越強，敵越打越弱，從人力上說，敵人原打算以十五師團來征服我們，現在已出兵三十五師以上，死傷在四十萬之多，若要圖我武漢、華南，還須調集更多的軍隊，現在已不够分配了，以後消耗愈大，兵員補充愈廿，反之我國兵員補充不尚有餘力，我最後勝利，當然是有樂觀，我海口雖已封鎖，內地人民生活並無變化。希望我各位同胞，在這抗戰防中，務要加緊做抗戰工作，如訓練民眾，清查漢奸，勇躍輸納糧稅，慰問出川將士家屬，種種工作，均為目前當務之急。讀時，不忘我前敵將士忠勇抗戰，為救國之偉大犧牲，而有凍餒之虞。當前殺敵，那們想我生命財產不能保守，失地不能收復，復興民族最後勝利，當在指顧。七七的意義，即是我復興民族紀此建國和壯烈犧牲忠勇將士之光榮的開念。同胞，時時不忘紀念，國家幸甚，民族幸甚！

口號

1、七七是抗戰建國紀念日，
2、軍民一致聯合起來，抗戰到底
3、擁護我革命最高領袖蔣委員長
4、踏着我先烈的血跡前進！
5、為死難同胞復仇！
6、疏散人民，保衛大武漢！
7、嚴厲肅清漢奸、
8、打倒日本帝國主義！
9、抗戰必勝，建國必成。
10、中國國民黨萬歲！
11、中華民國萬歲！
12、領袖萬歲！

製

剑阁县立金仙场小学校、第三区金吼联保关于报送举办抗战建国纪念大会经过情形致该县政府的呈（一九三八年七月十八日收）

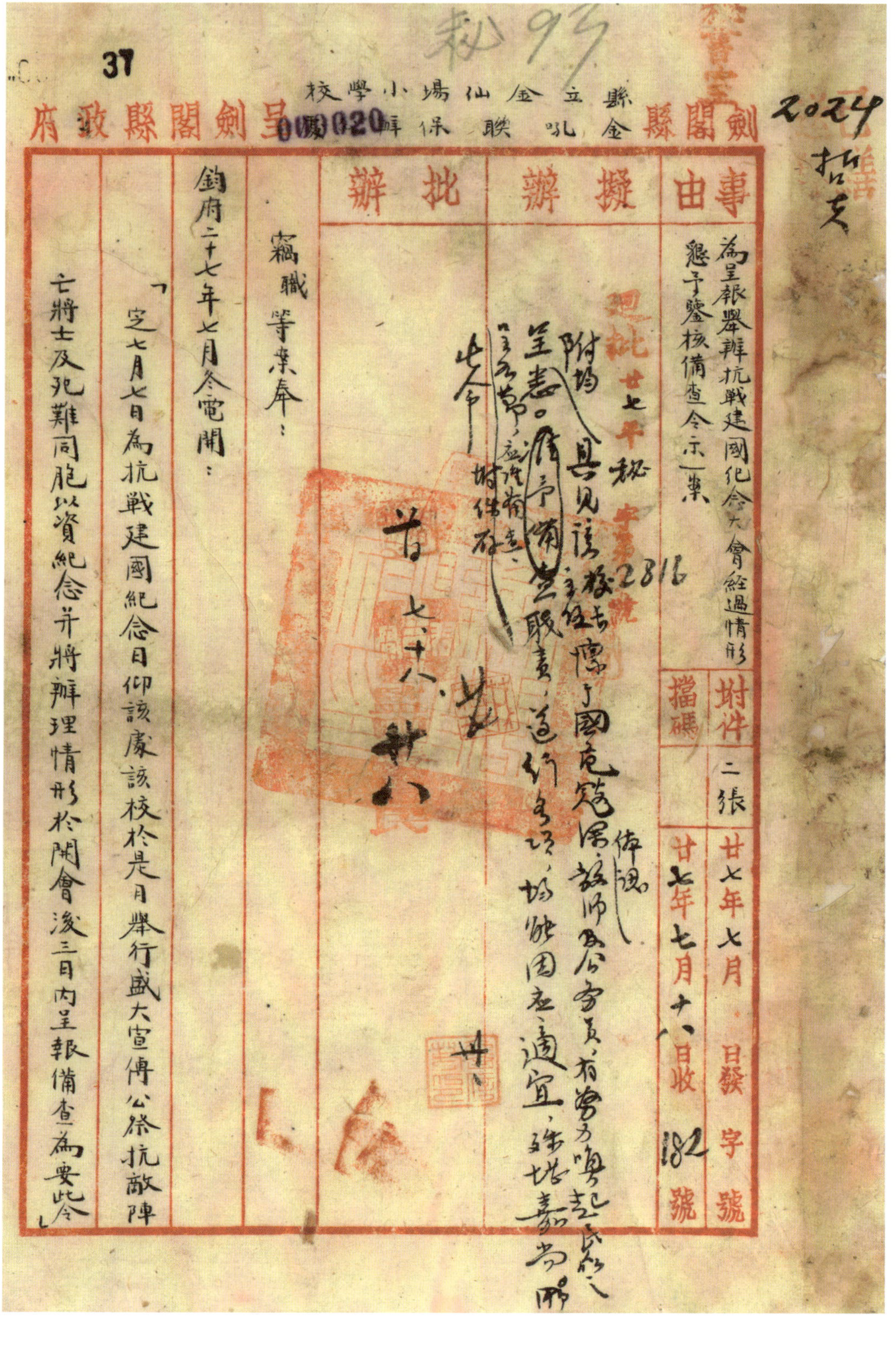

呈剑阁县政府

县立金仙场小学校

金吼联保

事由	為呈報舉辦抗戰建國紀念大會經過情形懇予鑒核備查令示一案	附件	二張
		擋碼	
廿七年七月　日發	字號	廿七年七月十八日收	182號

竊職等案奉：

鈞府二十七年七月冬電開：

「定七月七日為抗戰建國紀念日，仰該處該校於是月舉行盛大宣傳，公祭抗敵陣亡將士及死難同胞，以資紀念，并將辦理情形於開會後三日內呈報備查。為要。此令。」

38

等因：奉此。伏念倭奴侵我，已逾一年，城郭被其摧残，人民遭其屠戮，抗敌将士牺牲无数头颅，捨身健儿，抛尽满腔热血，青山绿水，半成奴化之区，白发黄童，岂共戴天之忿，

职等思维既往，孤愤填胸，顾念当前，情殷救国，丁此抗战周年之日，正奋发图存之时，职等於奉令后，遵即依照规定各办法，先事筹备，於是日扩大举行，兹将遵办情形，陈述如下：

1、职等於奉令后，遵即会衔布告，通知全区民众，如期一律举行。

2、制印标语二千页，张贴金仙场及附近店子坪、乱乡垭、涂山垭、复兴场等处。

3、印就告民众书二千余页，散发各界人士。

4、印就劝告人民努力抗敌信条二千余篇，散发乡人。

5、延请僧道五人，在金仙场文庙内设阵亡将士及死难同胞灵位，诵经追悼，自七月七日起至七月八日止。

6、七七日午前十鐘，職等率同學校教職員學生及保甲士紳等三百餘人，并傳鑼召集各級民衆，均齊集金仙小學校内，公祭抗戰陣亡將士及死難同胞，哀讀祭文，并報告開會理由，及抗戰經過，群情均為感動。

7、公祭完畢後，賡即分組到街宣傳講演，聽者數千人，均有不平之慨。

8、是日街鄉人士，均停止一切娛樂，學校停課一日，人民中有過半數均素食一日，於午前十二時，均脫帽敬禮，静默三分鐘。

以上辦理各情形，是否有當，理合協同具文，連印發告民衆書及抗敵信條，等件，一併呈請

鈞府鑒核備查，指令祇遵！

謹呈

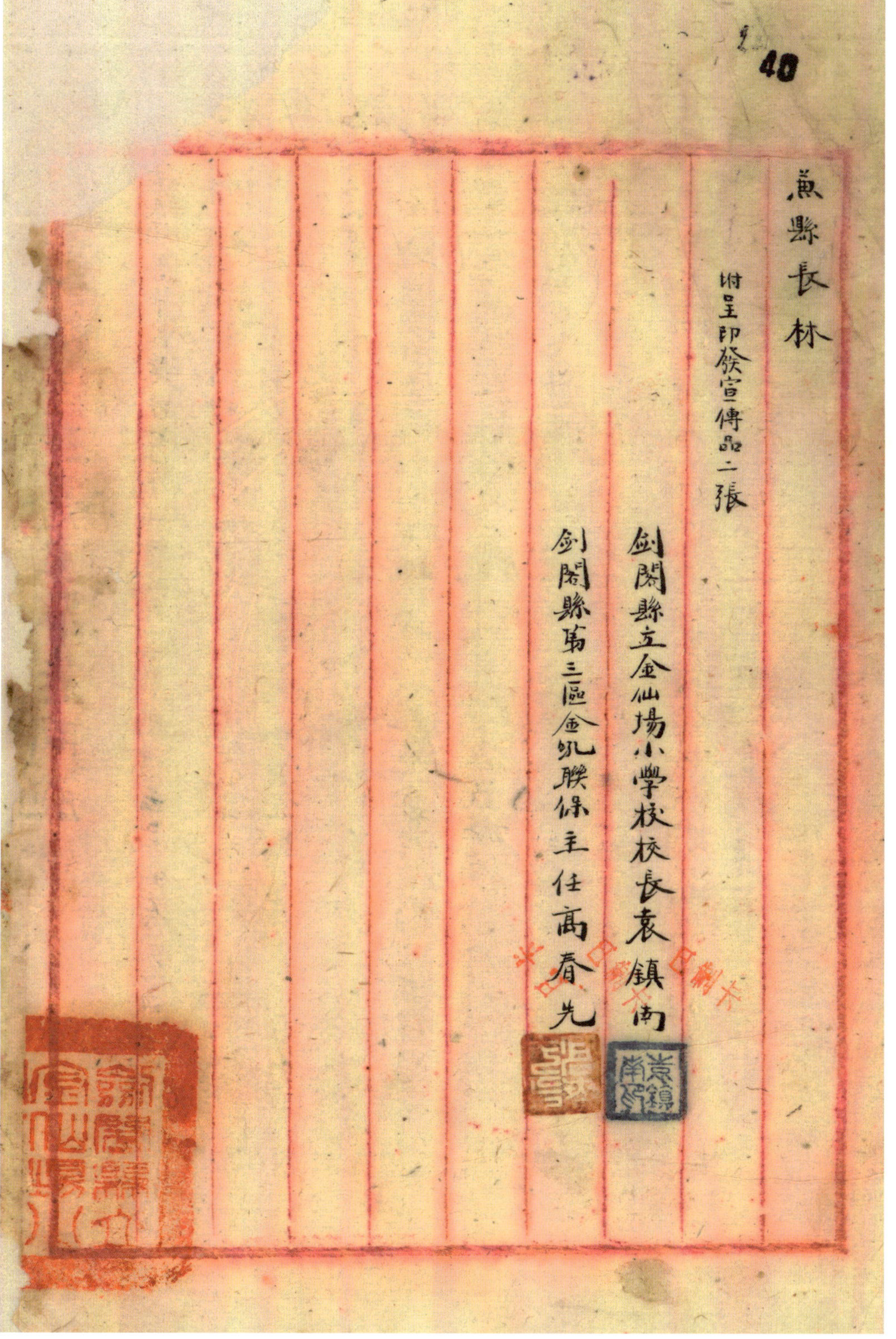

40

兼縣長林

附呈印發宣傳品二張

劍閣縣立金仙場小學校校長袁鎮南

劍閣縣第三區金仙聯保主任高春先

附（一）剑阁县金仙场抗战建国纪念大会印发的抗战建国纪念日敬告同胞书（一九三八年七月七日）

抗戰建國紀念日敬告同胞書

同胞們！今天是廿七年七月七日了！回想去年的今天，那萬惡的
倭奴，無端佔據我們的蘆溝橋，施行蠶食的野心和大陸政策，欲不戰而屈
我，我國為顧全民族的生存，維持人類正義，堅決抗戰，迄今已滿了一年，在
這一年的當中，上賴　統帥指揮有方，策劃籌劃，下賴英勇的將士浴血
苦戰，拼命撐持，尚能使破碎的河山保全大半，并與敵人以多方挫折，不得
遂鯨吞之欲，此種犧牲盛況，實足以表現中華民族偉大的精神，為世界
所稱許，故自七七事变以後，即是我國生死最後關頭，也可說是帝國主
義給我們以轉弱為強的機會，我們今天到了七七第一週年的時候，想到
陣亡將士與死難同胞，便發生了慷慨悲歌的情緒，覩及淪陷的城郭
村莊，不勝有荊棘銅駝物是人非的感念，更憶及目前緊張的戰局，尤
令人怒髮沖冠有不共戴天之憤，我們在這存亡一髮的關頭，整個民族如
能竭盡最後的一分力量，相信結果的勝利，定屬於我，倘或屈服偷安

42

貪生怕死，那麽不但馬上要亡國，而且要受時代的淘汰。

同胞們！人生最痛苦的事，莫過於亡國滅種，人生最光榮的事，不外乎救國保族，大家試想想，軒皇神胄，是何等聲價，而今華北的同胞，竟做了倭奴的牛馬，又如綺麗的蘇杭，繁華的京滬，令人可不歡，而今暗無天日，受不盡倭奴蹂躪摧殘，臥榻之旁，豈容他人鼾睡，難道我們就不重振金甌，收復雀巢，洗雪這種奇恥大辱。

所以全人希望各界同胞，決莫悲觀，決莫失望，決莫徘徊，各盡所能，團結救國，無論經商務農，做學生，當軍人，或是在機關服務，都應該齊一心志，團結在擁護民族革命綱領之下，大公無私的向着建國途徑精銳猛進，對前面要奮勇殺敵，對後面要整頓訓練，對外要消滅帝國主義者，對內要剷除貪污土劣與軍閥漢奸及一切反動黨派，繼續以血肉的代價，爭取中華民族的再生，收回我們失陷的版圖，依然把青天白日旗插在山海關頭和瀋陽城上，永建立三民主義的新中國。

劍閣縣倉仙場抗戰建國大會印發 廿七、七、七、

附（二）剑阁县立金仙场小学校制发的抗战建国纪念日劝告同胞努力抗敌事项（一九三八年七月七日）

43

000023

抗戰建國紀念日勸告同胞努力抗敵事項

二

我們要認清眼前仇敵就是倭奴，誓不與牠同天共日。

我們要用本國貨，不買日本貨。

我們要服從領袖，協助政府。

我們要精誠團結，同心抗敵，犧牲小我，挽救危機。

我不容許別人欺侮我，我也不去壓廹弱小的人。

我們要常常看報，留心國事。

我們每天注意抗敵的消息，并報告家長和別人。

我們每天起居飲食，一言一動，都要切中抗敵，不忘國難。

我們要牢記敵人欺侮我國的野心和事實。

我們做事要毅力，不怕艱難困苦。

我們要努力參加各種抗敵救亡的運動。

我們要隨時默念抗戰陣亡的將士和死難同胞。

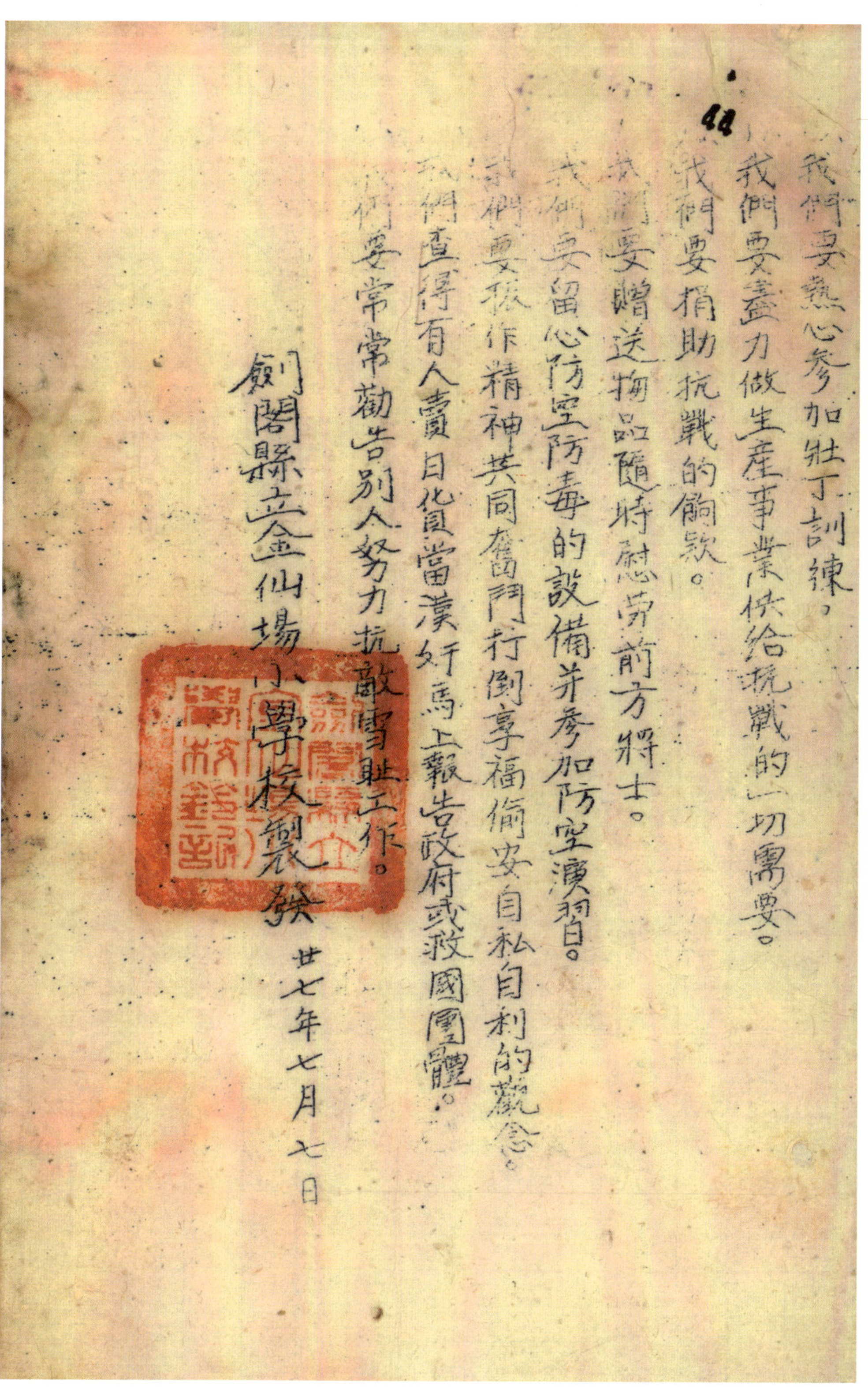

44

我們要熱心參加壯丁訓練，

我們要盡力做生產事業供給抗戰的一切需要。

我們要捐助抗戰的餉款。

我們要贈送物品隨時慰勞前方將士。

我們要留心防空防毒的設備并參加防空演習。

我們要振作精神共同奮鬥打倒享福偷安自私自利的觀念。

我們查得有人賣日貨當漢奸馬上報告政府或救國團體。

我們要常常勸告别人努力抗敵雪恥工作。

劍閣縣立金仙場小學校制發

廿七年七月七日

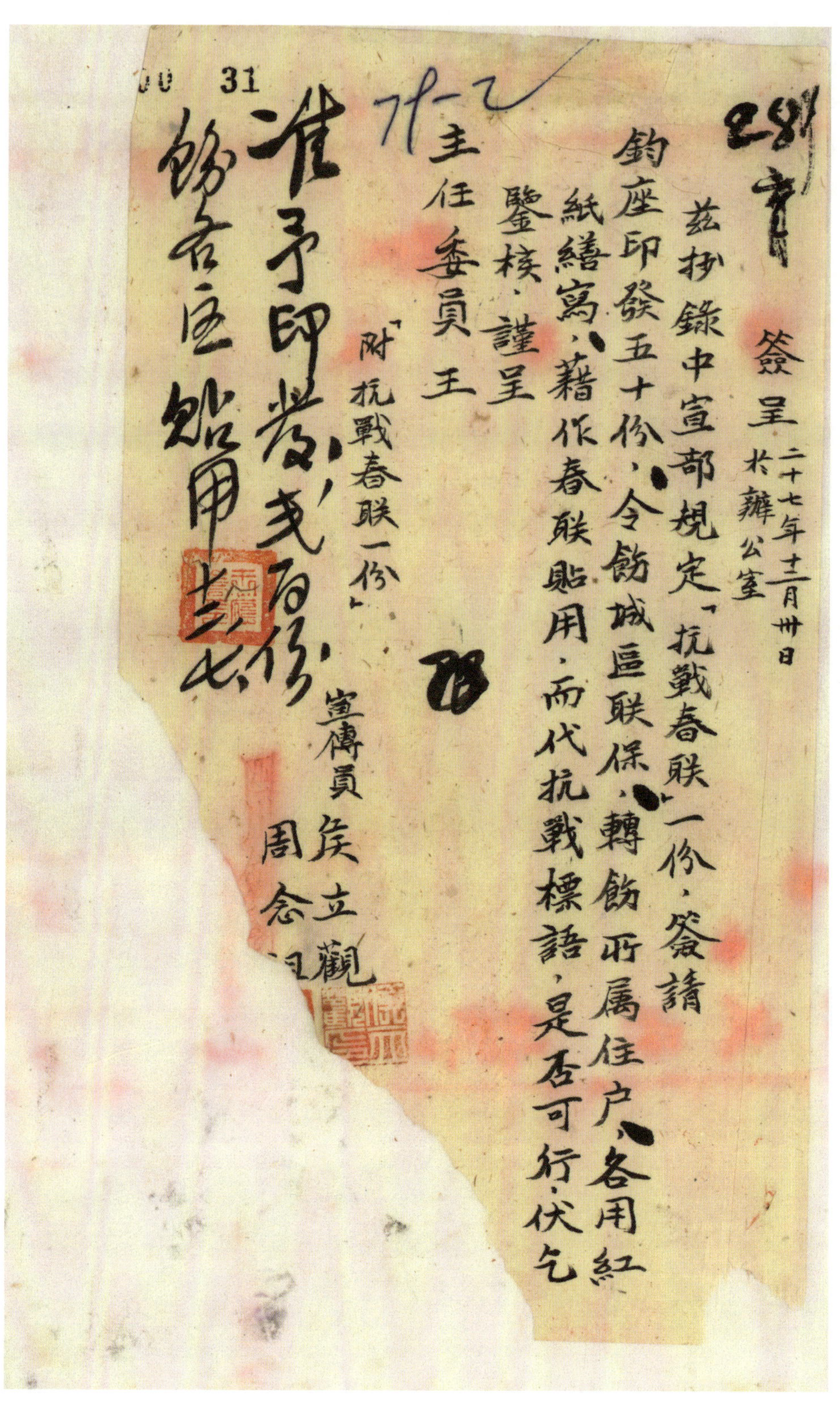

签呈　二十七年十二月卅日　於办公室

兹抄录中宣部规定「抗战春联」一份，签请

钧座印发五十份，令饬城区联保，转饬所属住户，各用红纸缮写，藉作春联贴用，而代抗战标语，是否可行，伏乞

鉴核。谨呈

主任委员王

「附抗战春联一份」

宣传员　侯立观　周念祖

准予印发，并饬各区照用。

剑阁县政府宣传员关于印发抄录中宣部抗战春联的签呈（一九三八年十二月三十日）

附：抗战春联

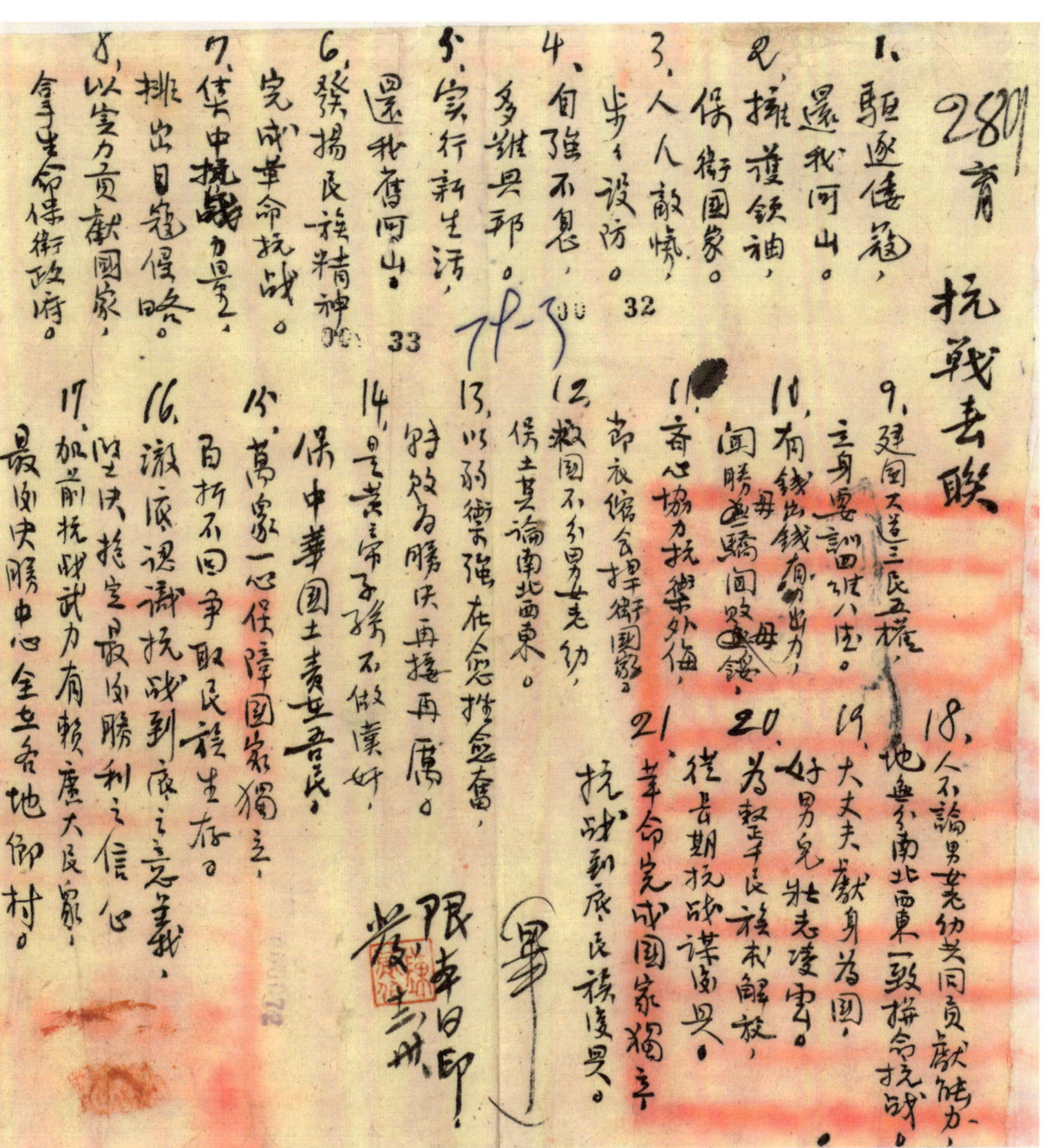

2801 育

抗戰春聯

1、驅逐倭寇，還我河山。
2、擁護領袖，保衛國家。
3、人人敵愾，步步設防。
4、自強不息，多難興邦。
5、實行新生活，還我舊河山。
6、發揚民族精神，完成革命抗戰。
7、集中抗戰力量，排出日寇侵略。
8、以全力貢獻國家，拿生命保衛政府。
9、建國大道三民五權，立身要訓四維八德。
10、有錢出錢有力出力，聞勝毋驕聞敗毋餒。
11、齊心協力抗禦外侮，節衣縮食捍衛國家。
12、救國不分男女老幼，保土莫論南北西東。
13、以弱禦強在念抖奮，轉敗為勝決再接再厲。
14、炎黃子孫不做漢奸，保中華國土責在吾民。
15、萬衆一心保障國家獨立，百折不回爭取民族生存。
16、澈底認識抗戰到底之意義，堅決樹立最後勝利之信心。
17、加前抗戰武力有賴廣大民衆，最後決勝中心全在各地鄉村。
18、人不論男女老幼共同貢獻能力，地無分南北西東一致拚命抗戰。
19、大丈夫獻身為國，好男兒壯志凌雲。
20、為救中華民族求解放，從長期抗戰謀復興。
21、革命完成國家獨立，抗戰到底民族復興。

限本日印發

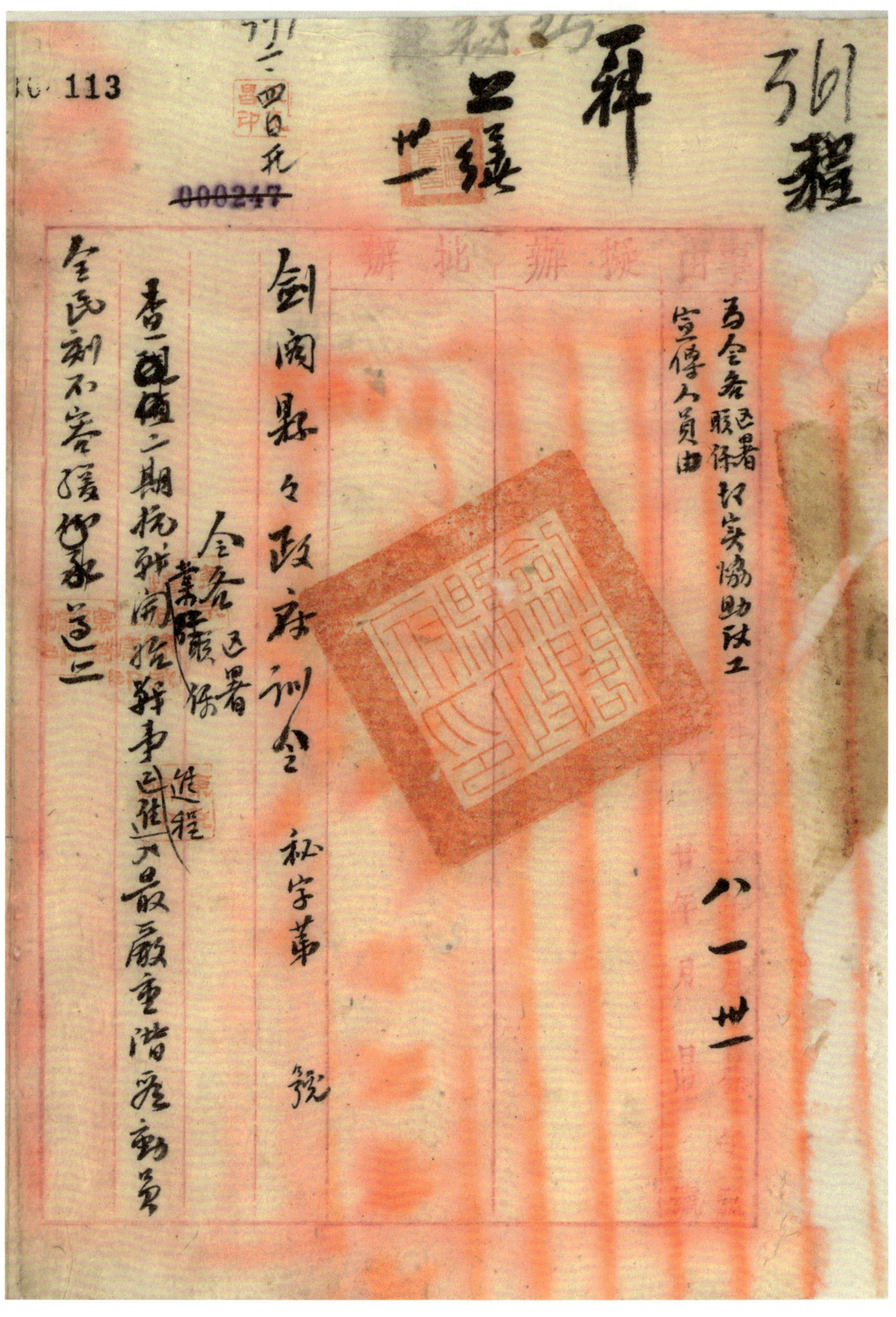

程
弼
拜
卅一
二四日到
000247
113

事由：为令各区署、联保切实协助政工宣传人员由

剑阁县政府训令　秘字第　　号

八一卅一

令各区署、联保

查二期抗战开始，军事已进入最严重阶段，动员全民刻不容缓，

剑阁县政府关于切实协助政工宣传人员动员民众以利抗战致各区署、联保的训令（一九三九年一月三十一日）

0 114

最高领袖，政治重于军事，民众重于军队，后方重于前方

之指示，亟应扩大乡村宣传，加紧民众训练，以完成动员

任务，达到争取最后胜利之目的。除分令外，合行令仰该区署转饬所属，以后

凡遇该部派出之政工宣传人员到达工作时，务须切实协助，

并予以便利，用赴事功，毋得漠视为要。

该区署、联保遵照。

此令。

四川省第十四区行政督察专员公署及剑阁县政府关于筹备举行第二期抗战第一次宣传周事宜的电函（一九三九年三月）

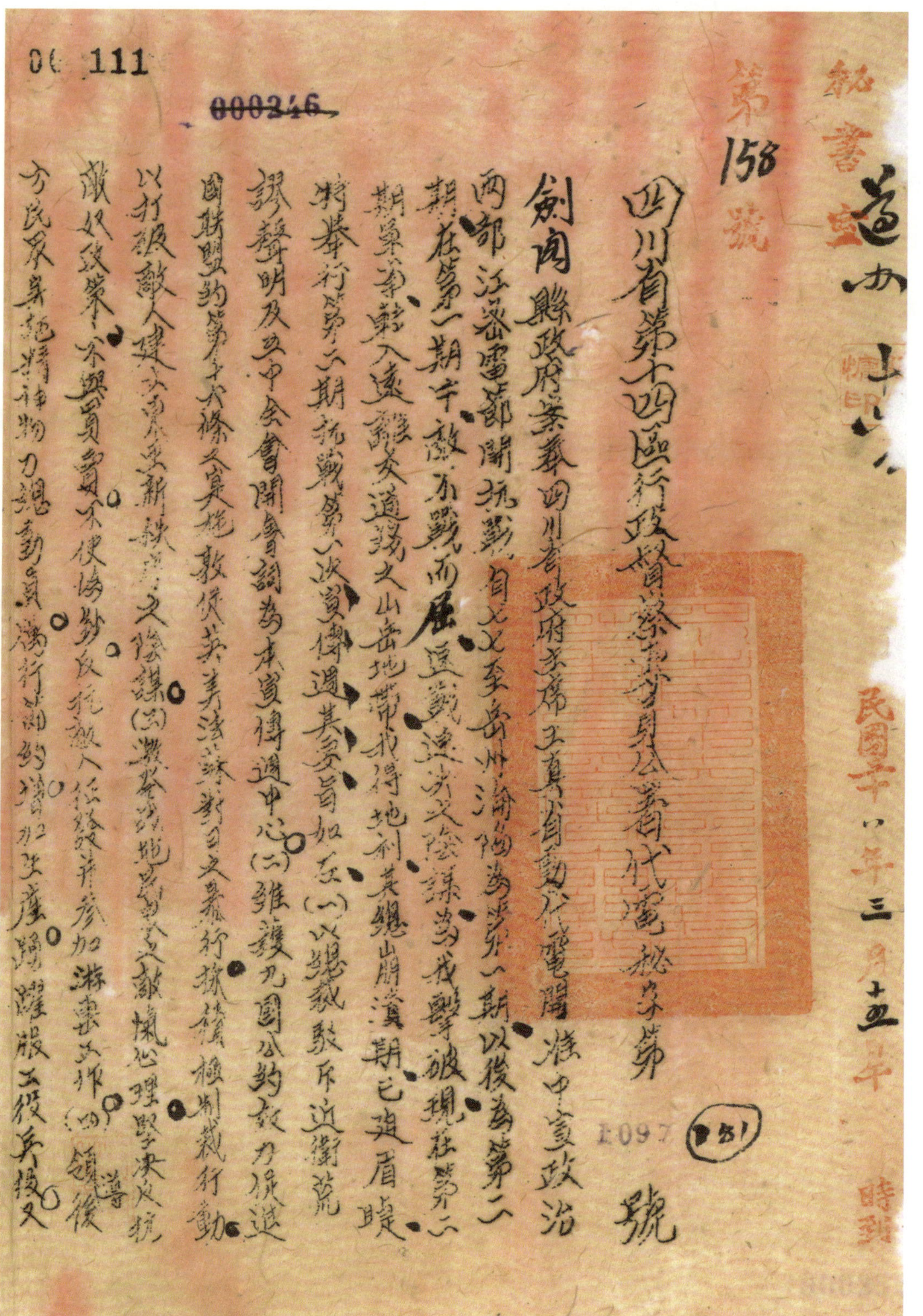
四川省第十四區行政督察專員公署代電　秘字第　號

劍閣縣政府案奉四川省政府主席王自動代電開准中宣政治部江密電節開抗戰自七七至岳州淪陷為第一期以後為第二期在第一期中敵以不戰而屈之戰略次以陰謀為攻擊破壞現在第二期策略乘敵深入遠離交通線之山岳地帶我得地利其總崩潰期已迫眉睫特舉行第二期抗戰第一次宣傳週其要旨如左（一）以總裁駁斥近衛荒謬聲明及五中全會開會詞為本宣傳週中心（二）維護九國公約致力促進國聯盟約第十六條之實施聯合英美法蘇新自由集團積極制裁行動以打破敵人建立東亞新秩序之陰謀（三）揭發汪逆賣國堅決反抗敵人政策不與賣國不使傷分敵人參加游擊（四）領導後方民眾身體精神物力總動員積極增加生產踴躍服工役兵役又

四川省第十四区行政督察专员公署致剑阁县政府的代电（一九三九年三月十四日）

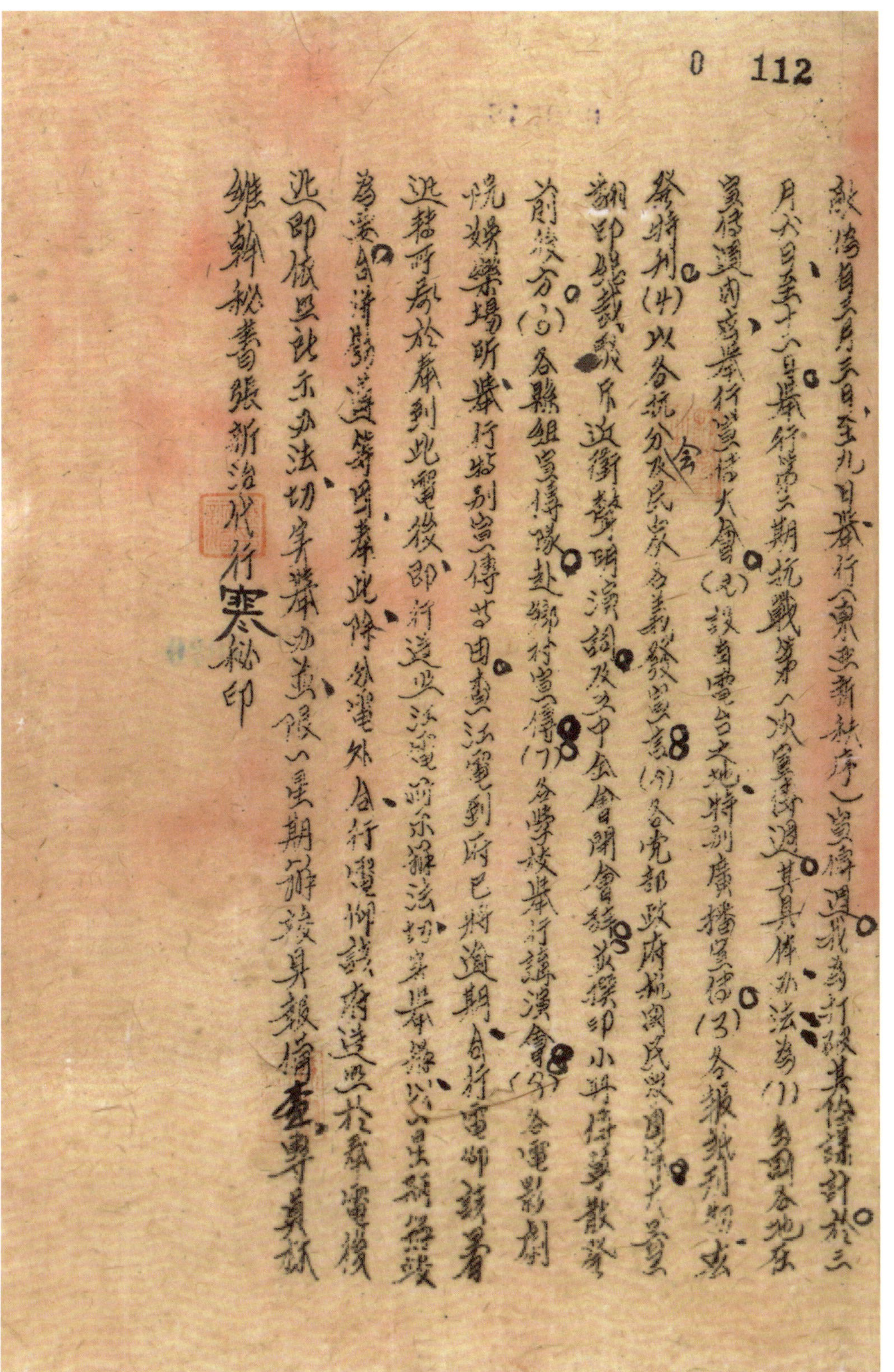

剑阁县党部、县政府致省立剑阁师范学校、各机关法团等的公函（一九三九年三月二十四日）

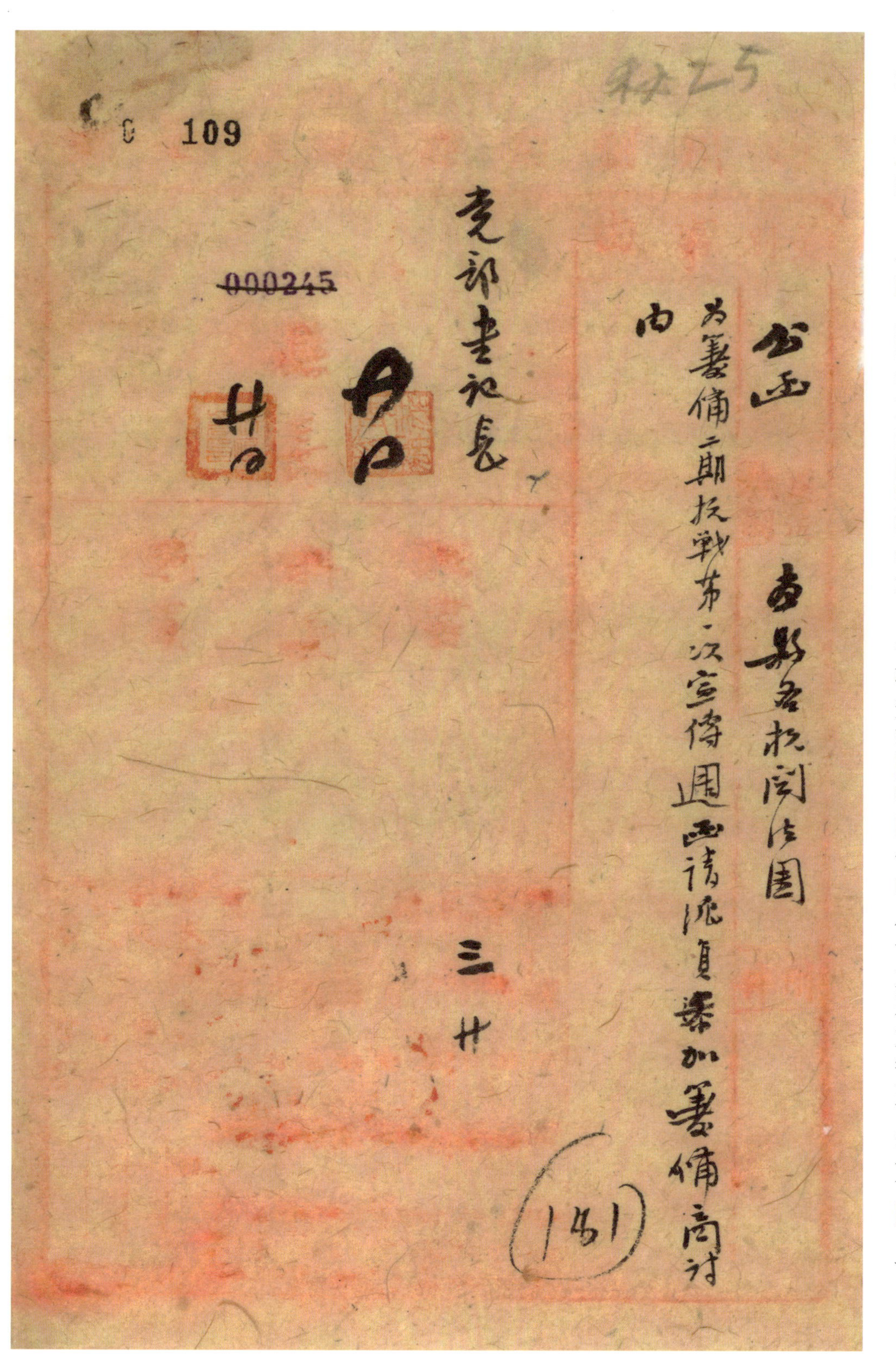

0 109

公函

查县各机关法团

为筹备二期抗战第二次宣传周函请派员参加筹备商讨由

000245

党部书记长

三廿

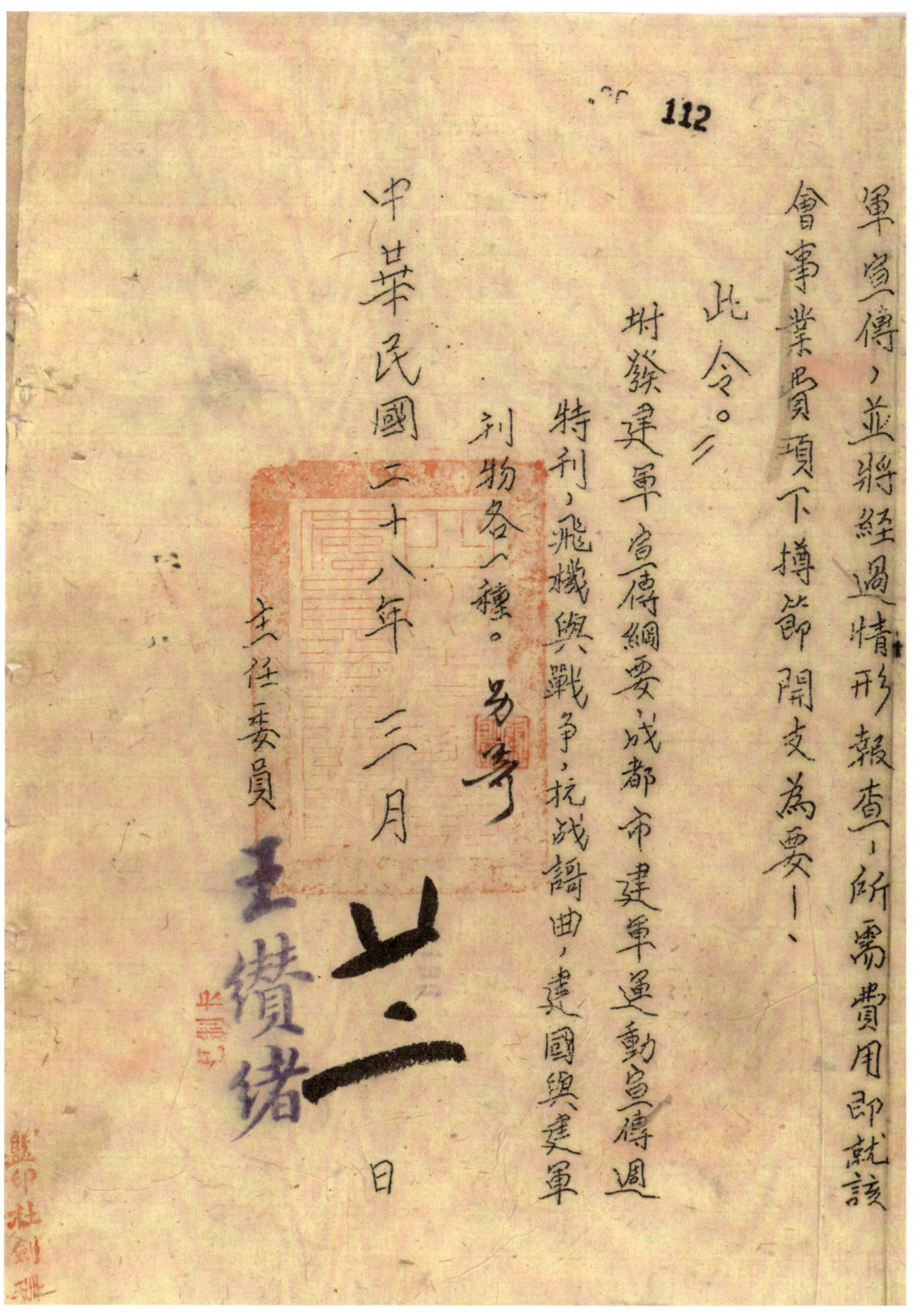
112

軍宣傳，並將經過情形報查，所需費用即就該

會事業費項下撙節開支為要！、

此令。

附發建軍宣傳綱要、成都市建軍運動宣傳週

特刊、飛機與戰爭、抗戰歌曲、建國與建軍

刊物各一種。

中華民國二十八年三月廿二日

主任委員　王纘緒

剑阁县动员委员会致四川省动员委员会的呈（一九三九年四月九日）

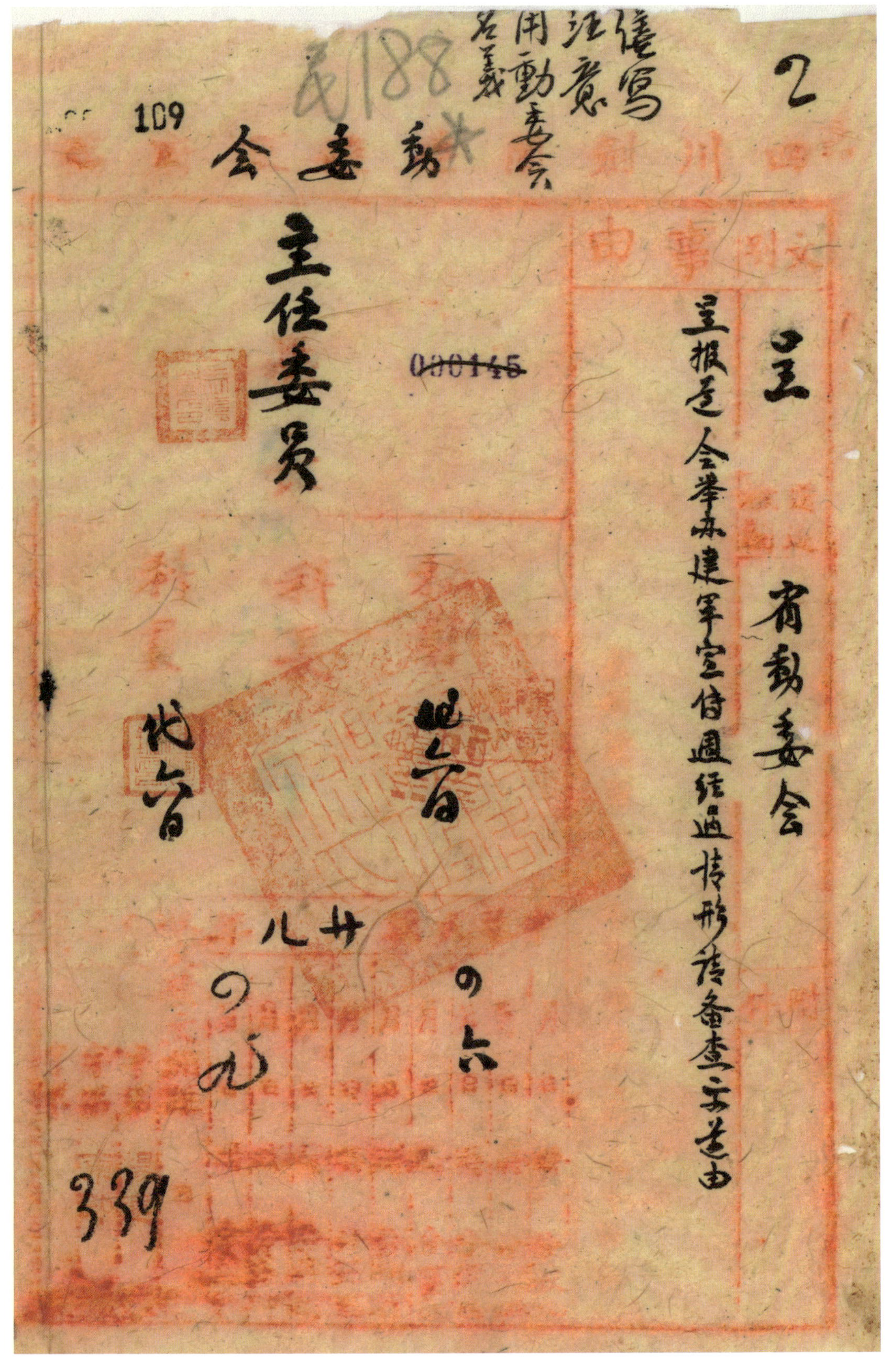

2

四川剑阁县动员委员会

缮写 汪意 用动委会名义

文别：呈

事由：呈报遵令举办建军室待遇经过情形请备查示遵由

省动委会

主任委员

110

案奉

钧会廿八年公字第二六〇九号训令：为饬举行建军宣传以期普及，并将经过情形报查一案。等因；附发建军宣传纲要、宣传刊物各一种。奉此，遵于四月一日召集县党部各机关法团学校各界人士在公园举行扩大建军宣传，同时举办第二期抗战宣传周，计到人数约壹千余人，热烈情况为空前所未有。末由仁县剑师校、农林校组织宣传队分赴各乡镇普遍宣传，激发人民爱国情绪，促进抗战实力。奉令前因，理合将遵办情形具文报请

钧会俯赐备查示遵。谨呈

四川省动员委员会主任委员王

剑阁县动员委员会主任委员王〇〇

四川省动员委员会致剑阁县动员委员会的指令（一九三九年四月十九日）

第一科 第 303 號

民188 14

108

四川省動員委員會指令 公字第（二十八年）四3183（月）十九（日發）

令劍閣縣動員委員會

事由

第三三九號呈一件為呈報遵令舉辦建軍宣傳週經過情形請備查示遵由

呈悉、准予備查。

此令。

主任委員 王纘緒

存 若（陳懷印）

民國二十八年四月廿六日 時到

339

四川省第十四区行政督察专员公署及剑阁县政府关于奉令征集川省抗战史料的训令（一九三九年八月至九月）

四川省第十四区行政督察专员公署致剑阁县政府的训令（一九三九年八月二十五日）

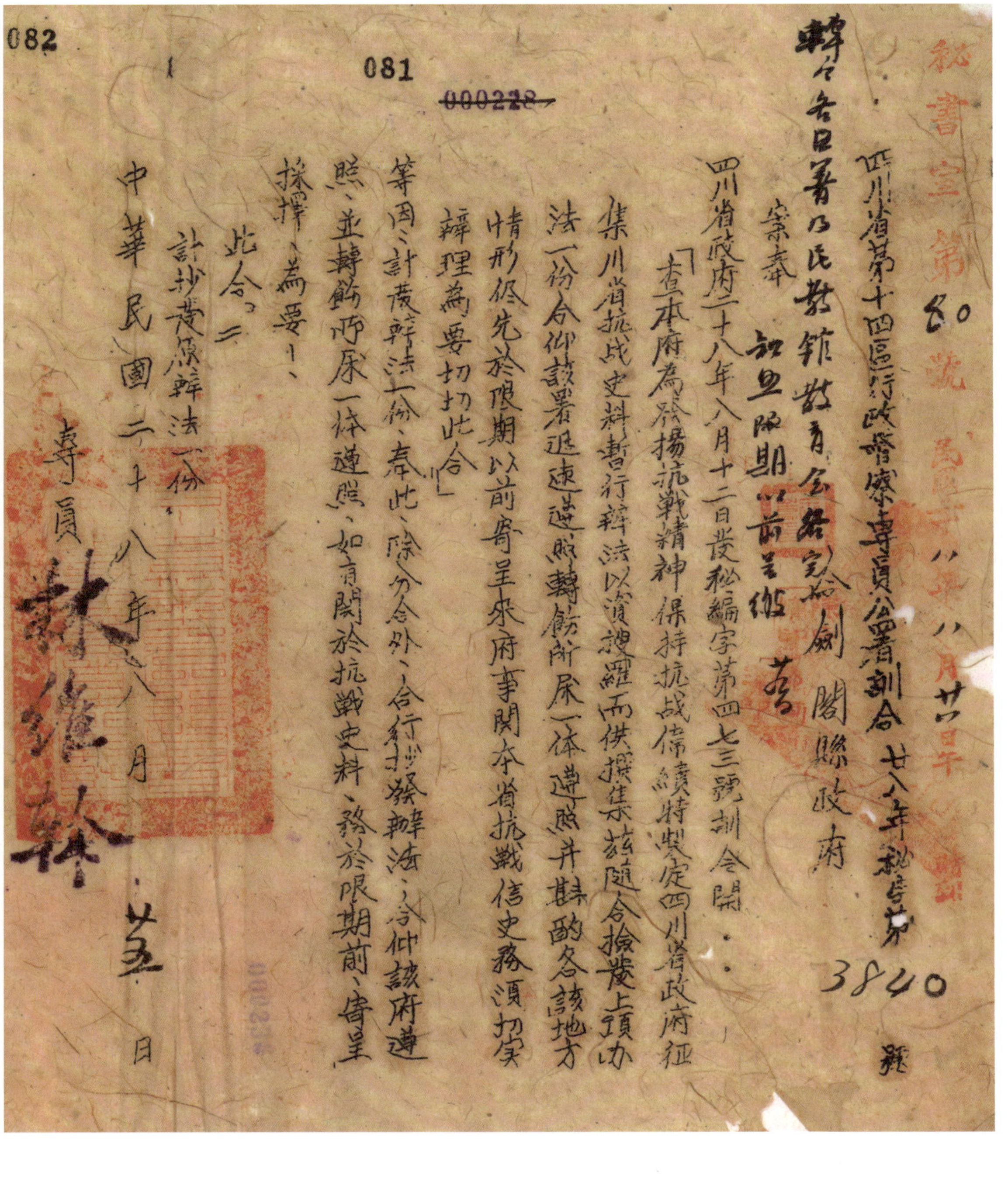
秘書室 第80號 廿八年八月廿日

四川省第十四區行政督察專員公署訓令 廿八年秘字第3840號

令劍閣縣政府

轉令各區署及民教館教育會各學校 訂立限期以前呈繳 為

案奉

四川省政府二十八年八月十二日發秘編字第四七三號訓令開：

「查本府為發揚抗戰精神，保持抗戰偉績，特製定四川省政府征集川省抗戰史料暫行辦法，以資搜羅而供撰集，茲隨令檢發上項辦法一份，合仰該署遵照，轉飭所屬一體遵照，并斟酌各該地方情形，從先於限期以前寄呈來府。事關本省抗戰信史，務須切實辦理為要。切切此令」

等因；計發辦法一份。奉此，除分令外，合行抄發辦法，令仰該府遵照，並轉飭所屬一體遵照，如有關於抗戰史料，務於限期前寄呈採擇，為要！

此令。

計抄發原辦法一份

專員 [signature]

中華民國二十八年八月 日

四川省政府征集川省抗战史料暂行办法

一、自吾国对倭抗战以来，四川一省之人力物力报効於国家民族者，所関甚巨，兹值抗战第三年开始，此种珍贵之资料，亟应广事搜罗整理发扬，以成信史。

二、関於四川省抗战史料之种类，概举如次：

甲、川军参加抗战之经过情形。

乙、川省参加抗战人力物力财力供给之调查统计资料。

丙、川军参加抗战后战绩之概述。

丁、川军抗战中某一战役之特写。

戊、川军抗战将领传记（自传、访问记等）。

己、川军抗战将士文献（通电、文章、讲演词及重要文件等）。

083

000229

庚　川省人士对于拥护抗战之重要文献（讲演论文通电建议等）

辛　关于川省参加抗战之各项法令

壬　中外舆论对于川军英勇抗战之记述

癸　关于川省抗战各种图表照片及实物（实物如战利品等）

三　关于上项第二条所列各种史料皆在本府征集之列

四　征集方法概举如次：

甲　由本府通函川军各作战部队广为征集

乙　由本府通函全国各有关机关团体部队广为征集

丙　由本府通令本省各专县署各局所学校广为征集

丁　登报公开征求

五　征集期间暂定三个月，计自民国二十八年八月初起至十一月底止

六　凡以本办法第二条所列各种史料一种或数种见惠者，得视其性质之重要分别答谢如次：

甲　赠送纪念物品

0C 084

乙編印紀念書册

丙登報致謝

七整理川省抗战史料之辦法另訂之

八本府附帶徵集川省先賢抗战史料凡川省過去抗禦外侮（如抗金元清及倭寇等）史料見惠者極所歡迎并照本辦法第六條答謝

九凡關於通訊商詢及各種史料之寄達均請逕送四川成都第六號信箱並請於封面上書明「抗战史料」四字

十本辦法自呈准之日起施行

剑阁县政府致该县各区署、民教馆等的训令（一九三九年九月一日）

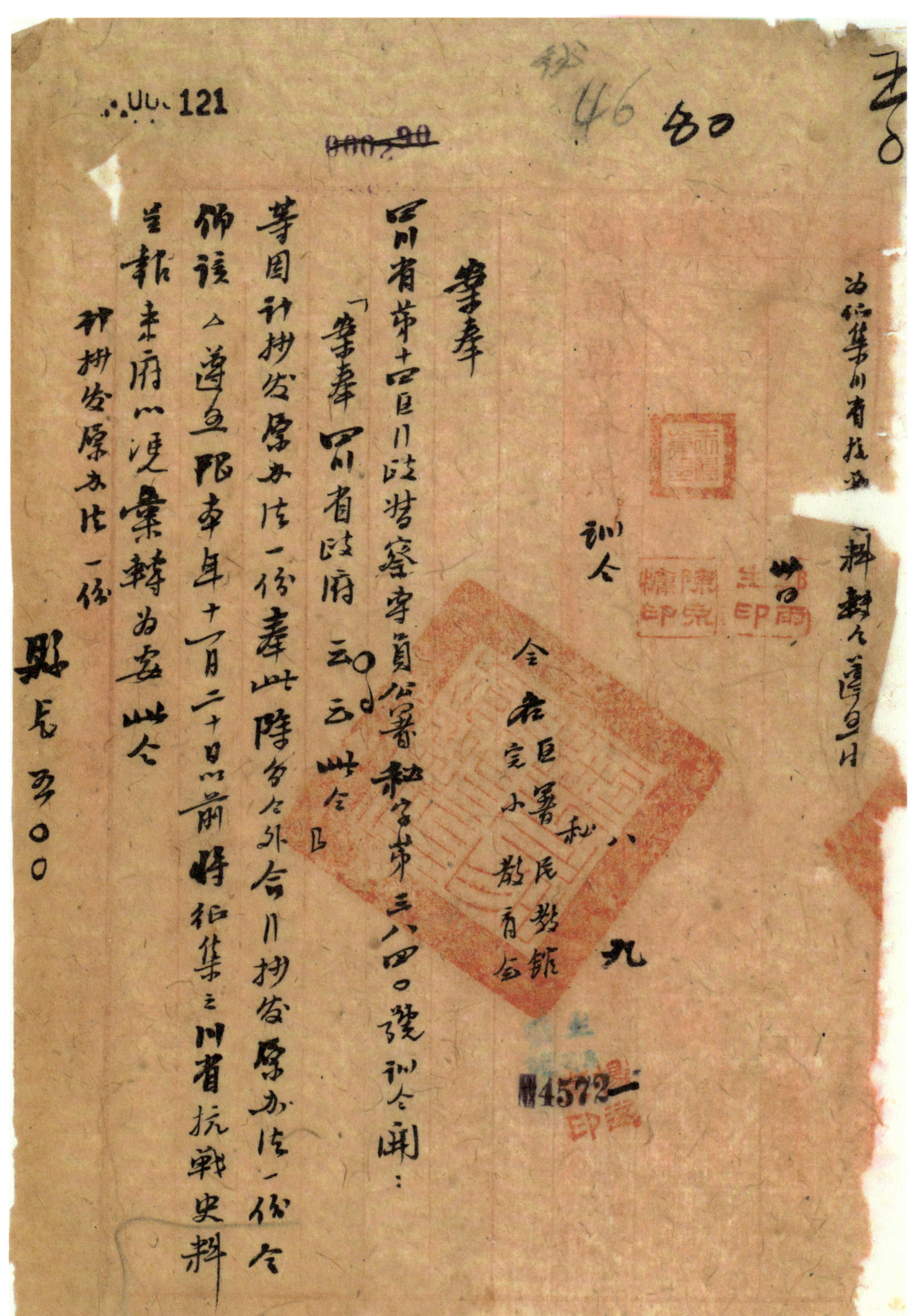

剑阁县社会军事训练总队部关于遵办完成抗战建国重要工作拟定标语口号致四川省军管区司令部国民军训处的呈（一九三九年九月二十九日）

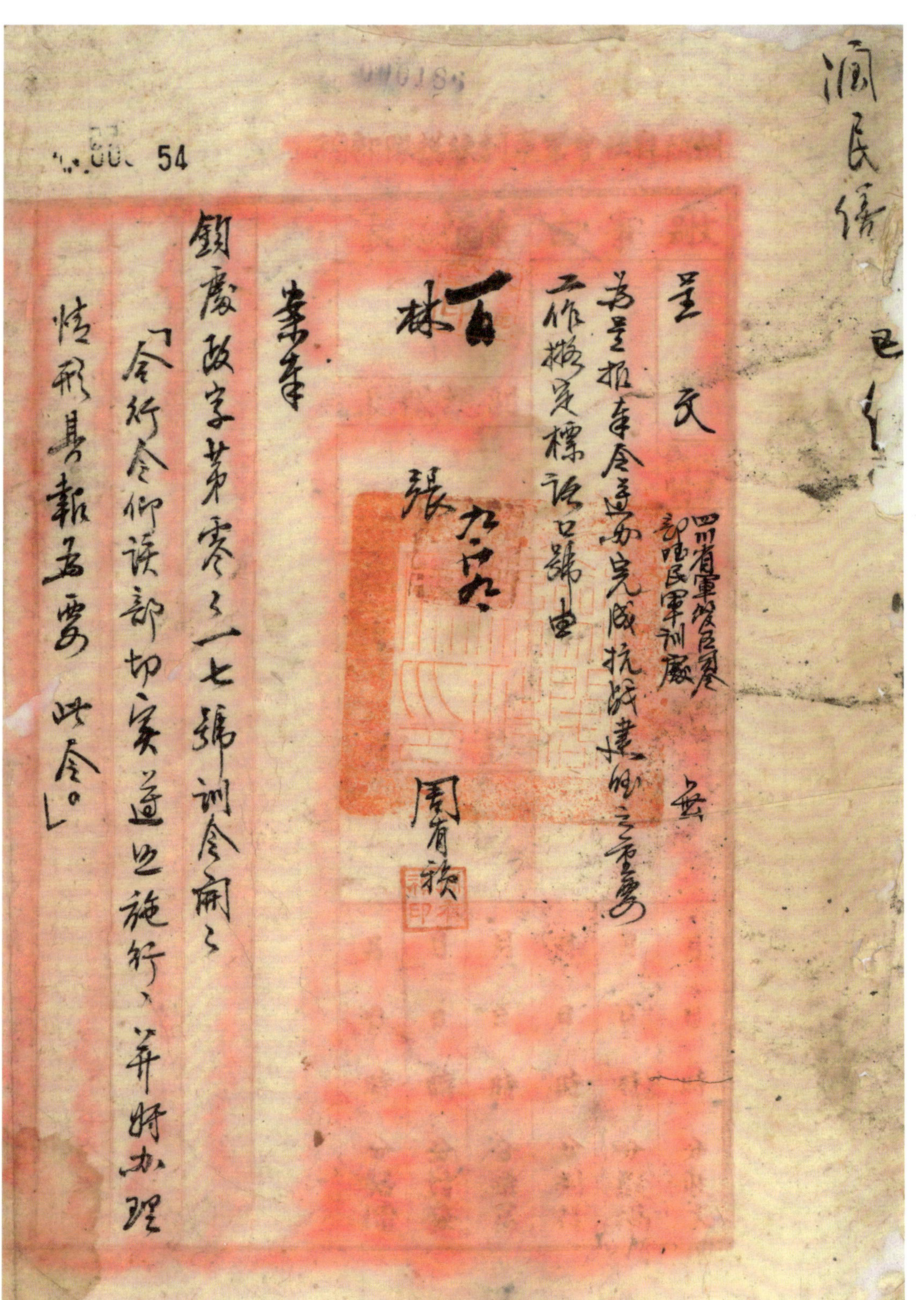

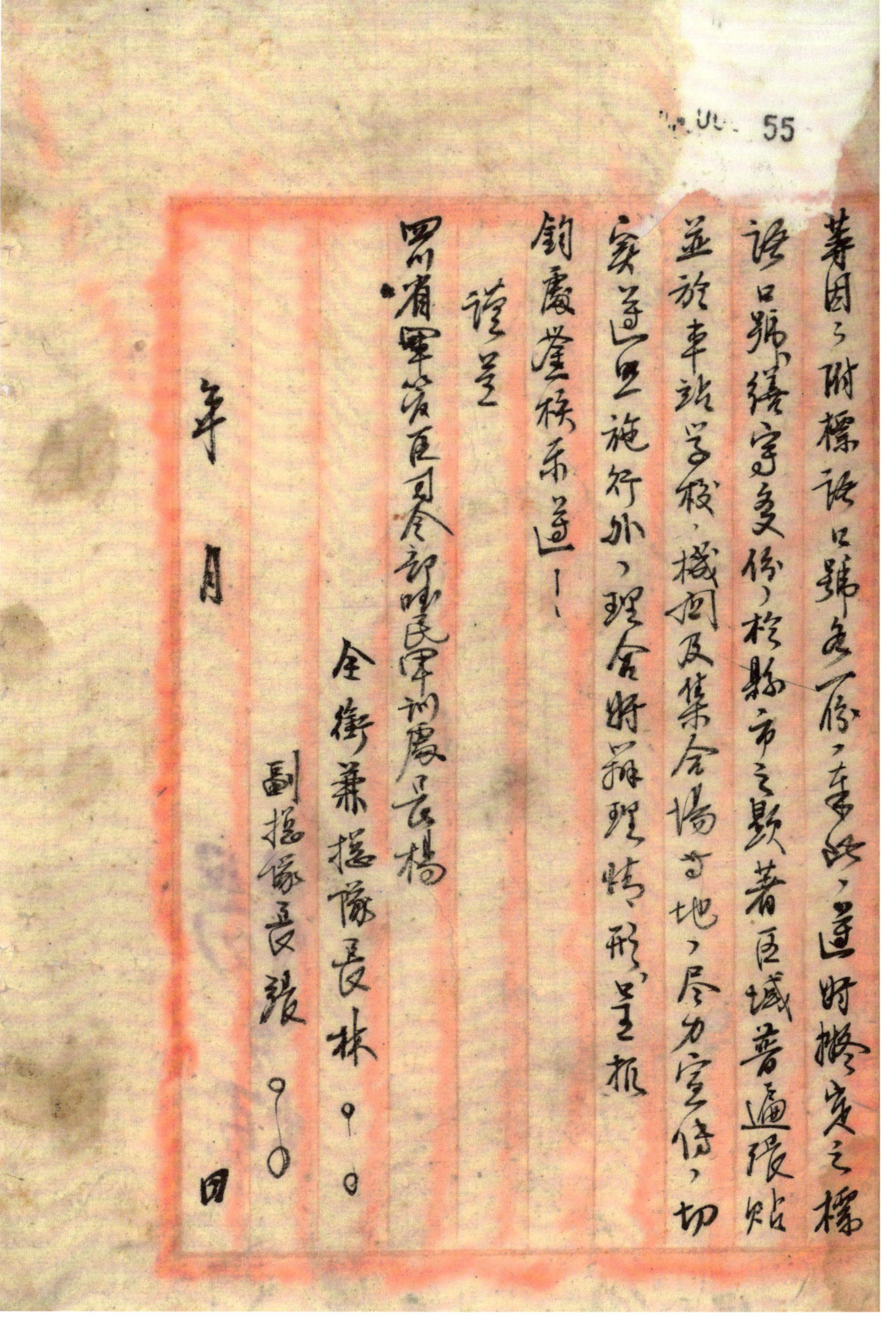
等因，附标语口号各一份，奉此，遵将拟定之标语口号缮写多份，于县市之显著区域普遍张贴，并于车站、学校、机关及集合场所等地，尽力宣传，切实遵照施行外，理合将办理情形呈报钧处鉴核示遵。
谨呈
四川省军管区司令部[illegible]民军训处长杨
全衔兼总队长林○○
副总队长张○○
年　月　日

国民党剑阁县执行委员会关于奉令征集慰劳信事宜致该县第一区署的公函（一九三九年十月十四日）

中國國民黨四川省劍閣縣執行委員會公函 寅字第一〇三号

案奉

中國國民党四川省执行委員会检字第一八六号训令開：

「查抗戰軍兴，時逾两載，我前方将士，為挽救國家民族之危亡，保衛人民之生命財産，在敵人猛烈火力之下，再接再厲，浴血奮鬥，此种為國為民犧牲之精神，凡我後方民众，自應給予物質和精神之安慰，以資激勵。前軍委会政治部暨中央宣傳部，為慰勞前线將士，曾在渝发起征集五十萬封慰勞信運動，本會為響應此項運動，并增加前线將士抗戰情绪，特會同軍委會委員長成都行轅政治部、三民主义青年團四川省動委会、成都市党部，联合发起征集慰勞信，并成立籌备處，已於七月廿六日在成都行轅政治部開始办公，茲為廣事征集，俾能早日征齐起見，合行检同五十萬封慰勞信征集办法，令仰該會即便遵照該項办法，廣為宣傳，大量征集，勿稍玩忽為要」。

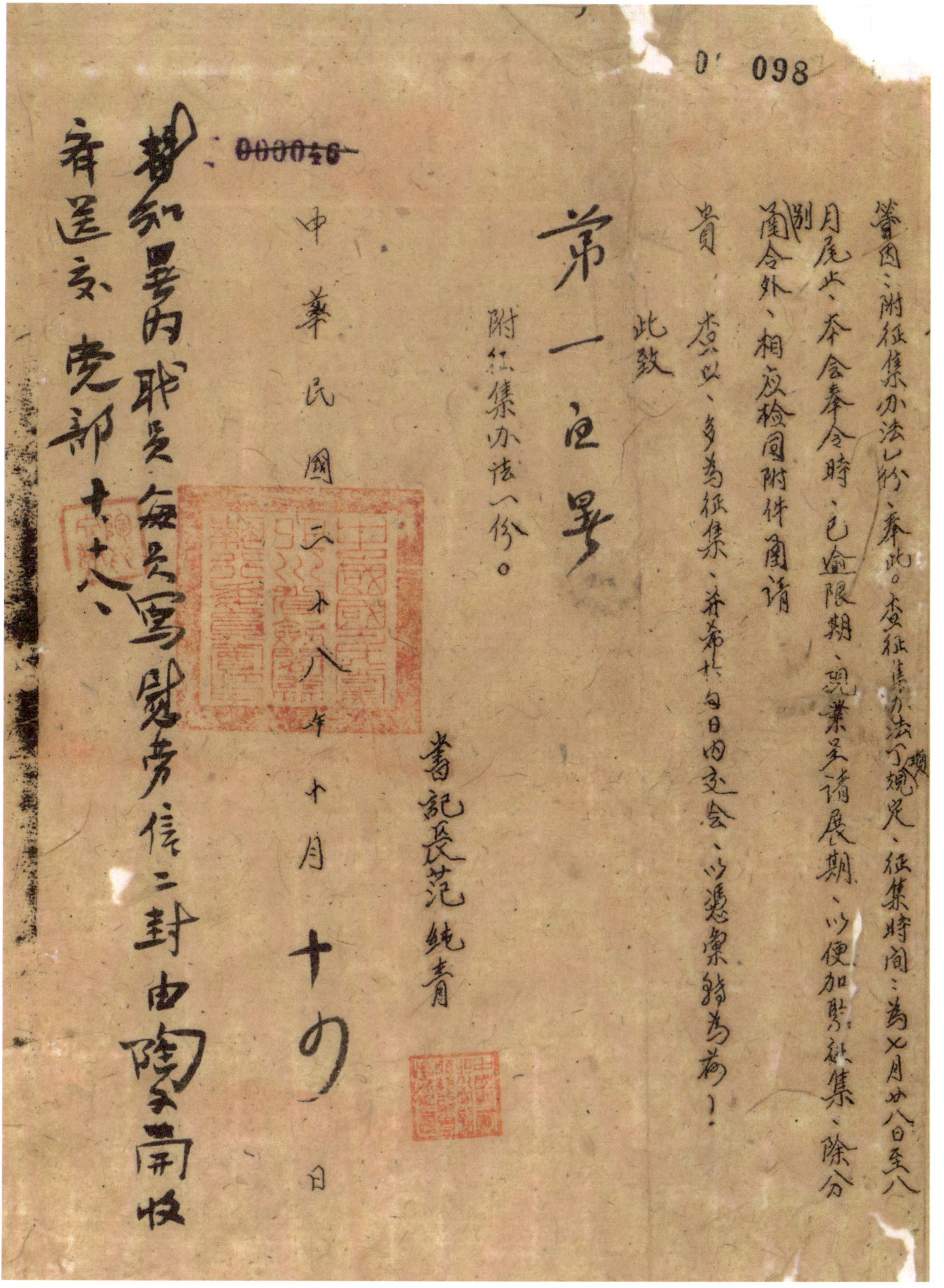
0098

000026

等因；附征集办法乙份，奉此。查征集办法（所规定），征集时间，为七月廿八日至八月尾止，本会奉令时，已逾限期，现业呈请展期，以便加紧征集，除分别函令外，相应检同附件函请

贵［党部］查照，多为征集，并希于旬日内交会，以凭汇转为荷！

此致

第一区署

附征集办法一份。

书记长范纯青

中华民国二十八年十月十四日

督知署内职员每人写慰劳信二封由陶开收

并送交 党部 十六、

00 100

1047

五十萬封慰勞信征募辦法

甲、征募辦法

一、凡高小以上各級學校每一學生至少須書寫慰勞信二封

二、凡高小以下學校每一學生至少須書寫慰勞信一封（自寫或轉請其家長）

三、凡各軍事政治學校每一學生至少須書寫慰勞信五封

四、凡本市及疏散區居民每户至少須寫慰勞信一封

五、分函各機關團體請代為征募並按其情况分配數目

六、分請各軍事首要機關轉飭所屬部隊廣為征募每連至少須寫慰勞信五十封

七、函請各報社代為征募並逐日發表其收到數目

八、本市及疏散區各報社學校及各大商店各書社設置收信處便一般人士自由寄投

九、凡每人書寫達五十封以上或每機關團體學校收到慰勞信件比較數之大者由本處登報申謝

十、凡慰勞信內容之最優者請各報逐日發表廣為宣傳

十一、各機關團体學校報社組織征募當廣為征募其办法另定之

十二、凡各界人士均可自由書寫惟其內容須有一定範圍

乙、書信內容

一、向前线抗敵將士致敬

二、以後方努力的事实鼓勵前方殺敵情緒（如人民出錢出力之熱心生產建設之加緊等……）

三、發揚对國家、民族、主义、領袖效忠之熱情

四、說明敵人經濟崩潰政治失敗社會騷動人民厭戰之情形

五、叙述各地精神總動員概況

六、鼓勵抗戰之漫画及美術畫片

丙、書信特應注意之事項

一、信封信紙自由採用但不得用機關街頭者

二、慰勞信詞句須力求通俗明瞭筆調更宜感情真切意义以能激發及鼓勵為主

三、書信人不得用官銜職位但學生及其他有由職業者均可自由書寫

国民党剑阁县执行委员会关于检送蒋介石告全国士绅教育界同胞书致该县第三区署的公函（一九三九年十二月二十三日）

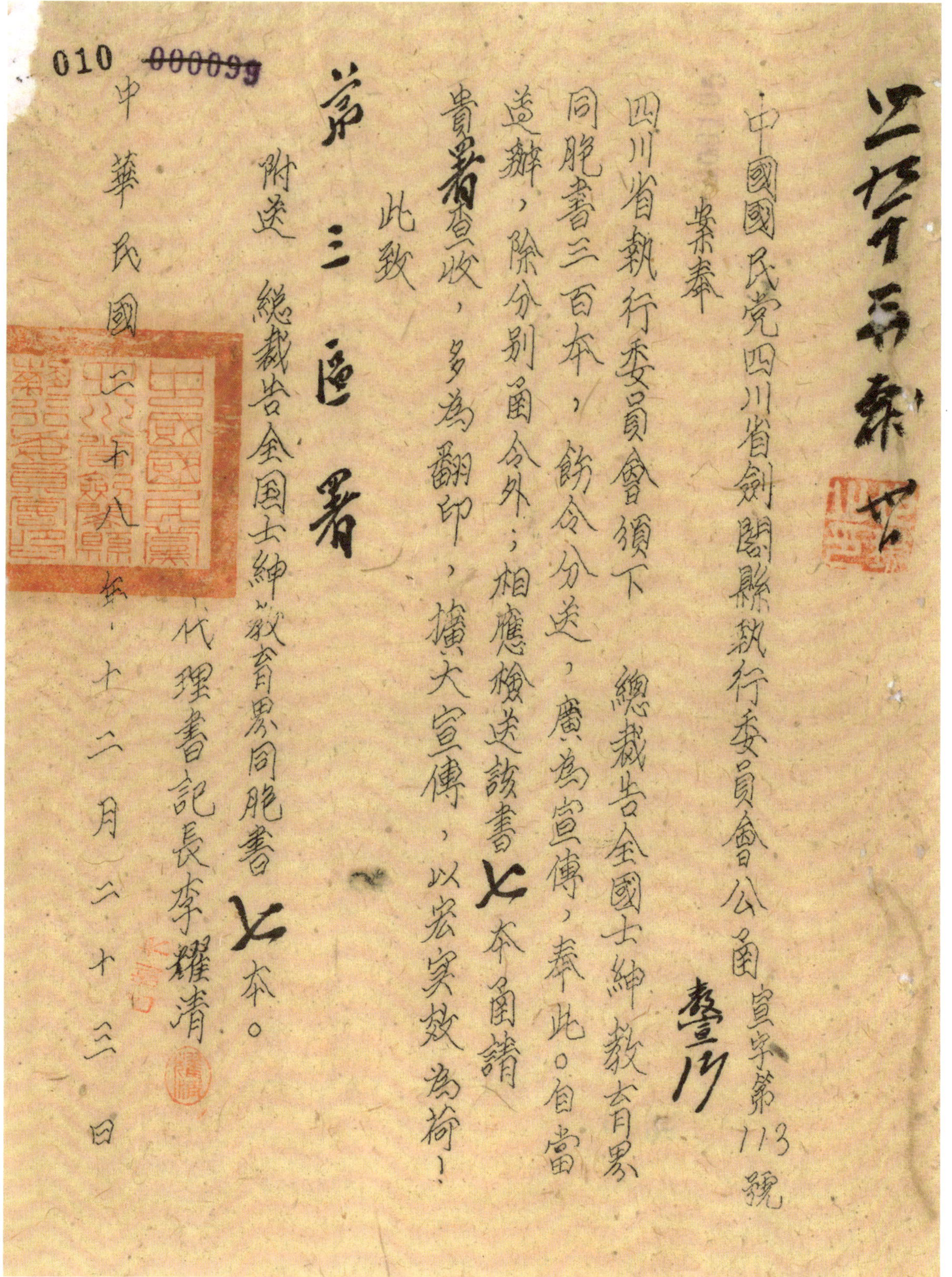

010 ~~000009~~

巴督兵聚中

中國國民党四川省劍閣縣執行委員會公函 宣字第113號

案奉

四川省執行委員會須下總裁告全國士紳教育界同胞書三百本，飭令分送，廣為宣傳，奉此。自當遵辦，除分別函令外，相應檢送該書七本函請

貴署查收，多為翻印，擴大宣傳，以宏實效為荷！

此致

第三區署

附送 總裁告全国士紳教育界同胞書七本。

代理書記長李耀清

中華民國二十八年十二月二十三日

剑阁县动员委员会关于奉发新年抗战春联致该县第三区署的训令（一九三九年十二月三十日）

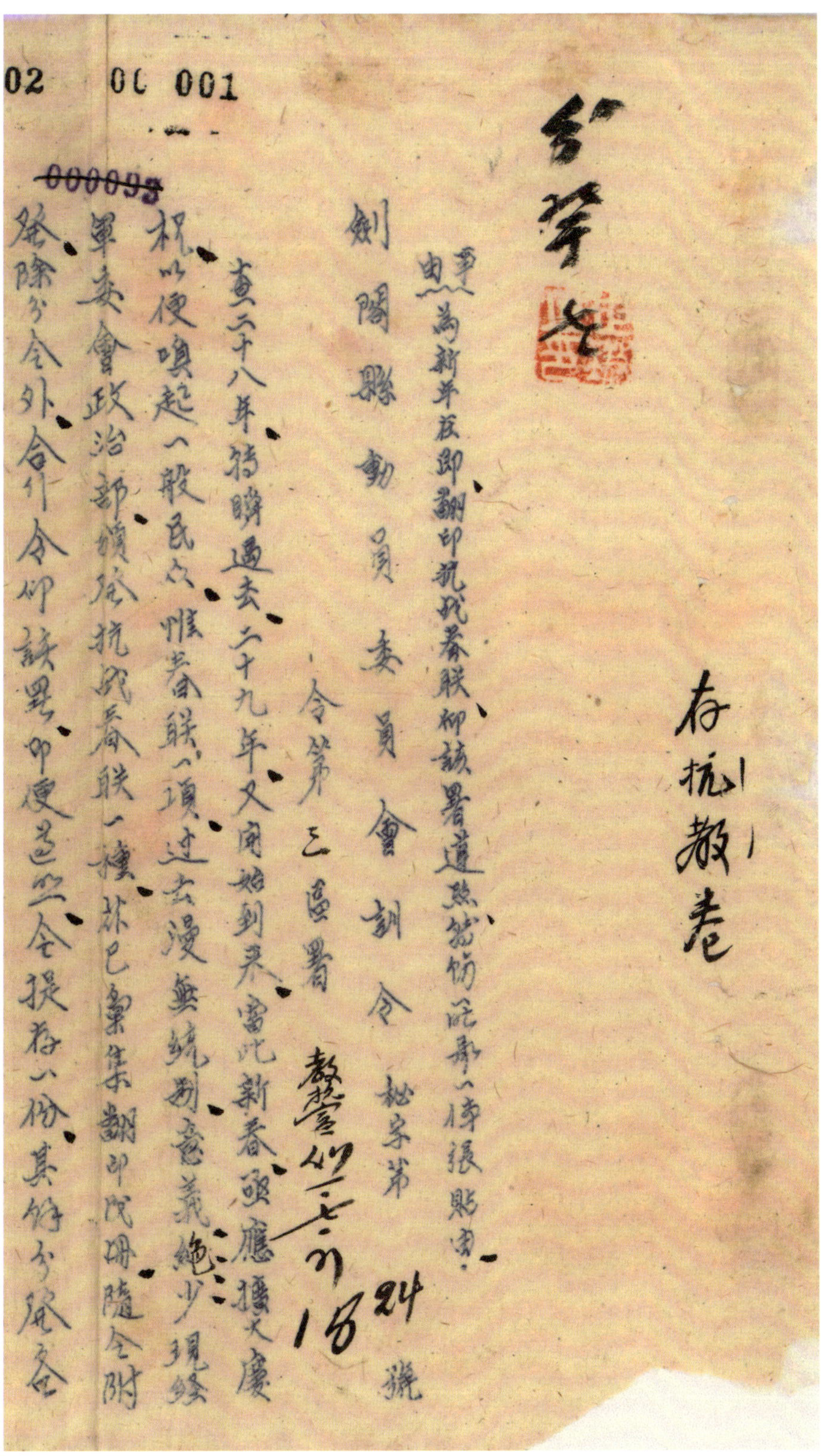

剑阁县动员委员会训令 秘字第 24 号

令第三区署

事由：为新年在即，翻印抗战春联，仰该署遵照转饬张贴由。

查二十八年转瞬过去，二十九年又开始到来，当此新春，应扩大庆祝，以便唤起一般民众。惟春联一项，过去漫无统制，意义绝少，现经军委会政治部颁发抗战春联一种，亦已汇集翻印，兹随令附发，除分令外，合行令仰该署，即便遵照，提存一份，其余分发各

聯保遵照備用，並轉飭所屬各級民衆一律張貼爲要！

此令。

附發乾聯保條七本

中華民國二十八年十二月廿日

兼主任委員 王纘緒

附：抗战新联语汇集（一九四〇年一月一日）

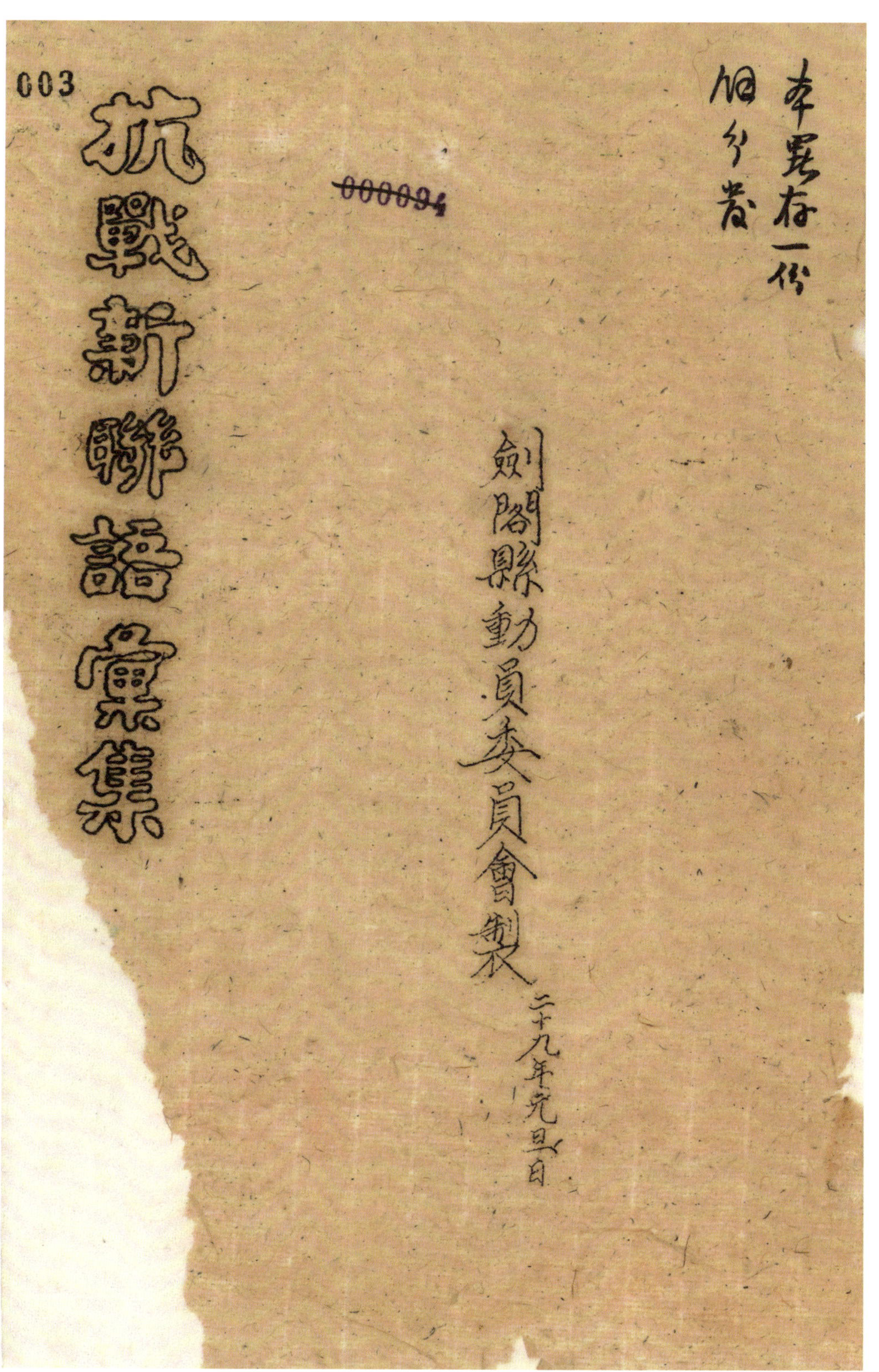
本署存一份

003

抗戰新聯語彙集

劍閣縣動員委員會製

二十九年元旦日

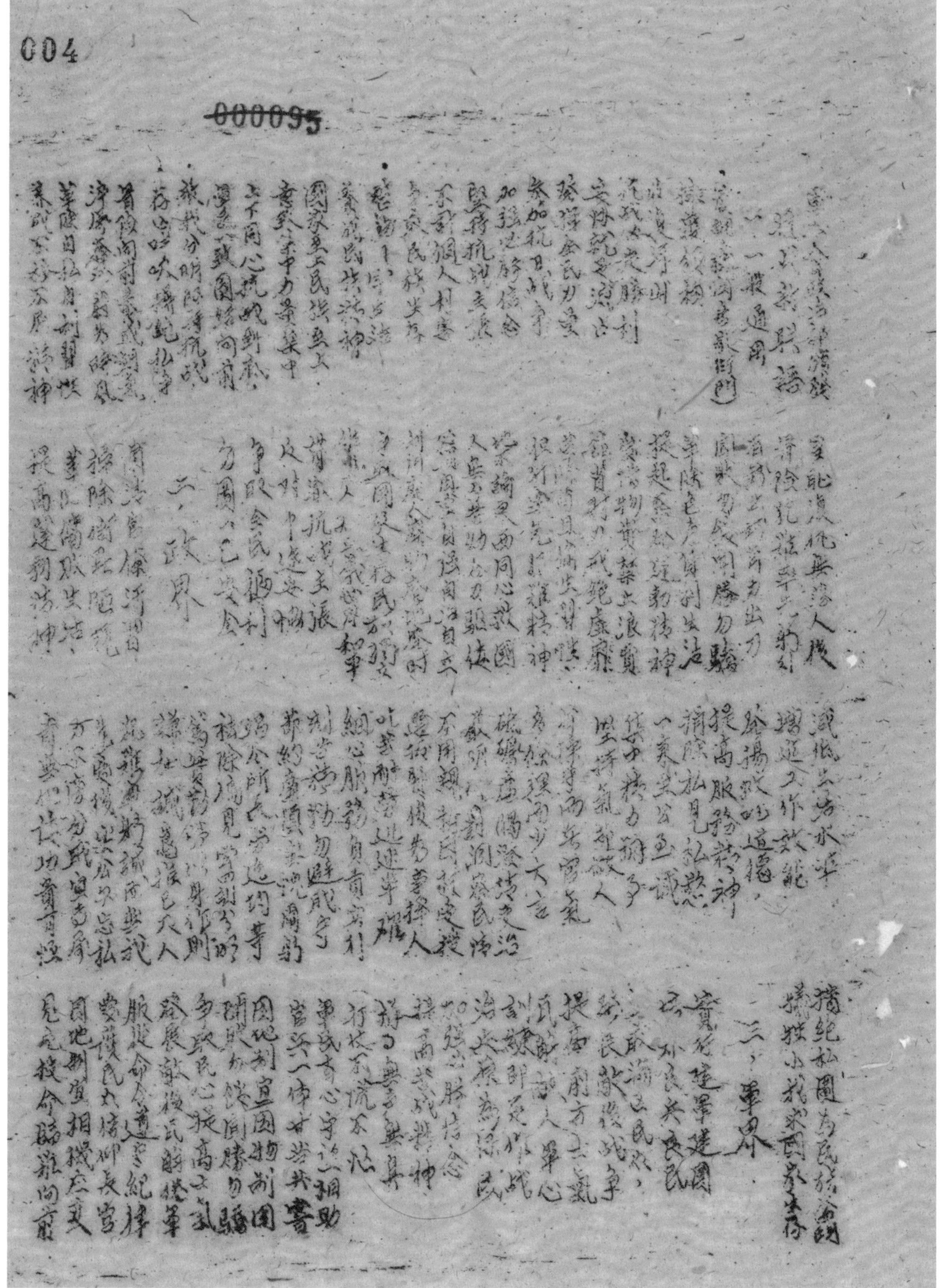

005

艱苦勤勞當兵之證
堅强團結軍民同心
[illegible]
團結[illegible]因此[illegible]宜
防禦敵前於[illegible]
發揚民力鞏固民心
合力合心[illegible]誠相親
愛
若手若足共患難同生
死
為國家盡忠為民
族盡孝
望革命成功望自
己成仁
為國事而犧牲，
乃忠臣[illegible]
與士兵同甘苦
是大將風徵
（附：軍隊用）
明恥教戰
[illegible]
嚴格[illegible]教育
熟習戰鬥技能
戰地[illegible]學校
軍隊就是課堂

[illegible]
勤勞[illegible]
雪恥[illegible]
成[illegible]
[illegible]
抗戰到[illegible]
[illegible]
努力向前。

四、學校

實施抗戰教育
培養建國人材
培養抗敵幹部
造成救國人材
[illegible]施教
有[illegible]
十年[illegible]教訓
長期[illegible]
培育英才新興中國
驅除[illegible]
實踐新十年教訓
救亡[illegible]全面抗戰
[illegible]
復仇雪恥自力更生
[illegible]有決心埋頭苦幹
不說謊不誇大為志力行!!

五、黨部

[illegible]抗戰力量
[illegible]方針
行動[illegible]於理論
服務[illegible]宣傳
[illegible]思想
堅持抗戰主張
理論[illegible]行動第一
組織嚴密機構健全
除[illegible]大公無私
忠實[illegible]國[illegible]誠懇人
[illegible]國民表率
耐心苦幹是抗戰前鋒
[illegible]大[illegible]主義
服膺總理[illegible]精神
[illegible]不動搖抗
戰到底
有方針有辦法團
結向前
貫徹主張爭取
抗戰勝利，
堅定信念誓為
主義犧牲
[illegible]
堅强團結培植幹部人才

六、店鋪

理髮店

[illegible]除有何顏面
[illegible]
抗[illegible]敵身清光面目
復仇雪恥[illegible]
[illegible]兩面
捐除[illegible]一毛
頂[illegible]
[illegible]
耳聽勝利消息，
直[illegible]無差。

紙筆店

執筆從戎方[illegible]志士，
上馬殺敵不愧書生
紙[illegible]記
國事[illegible]
筆花墨[illegible]為抗
戰[illegible]文章
文字是鼓[illegible]筆桿
當如[illegible]
宣傳能殲敵紙彈
原同砲彈飛。

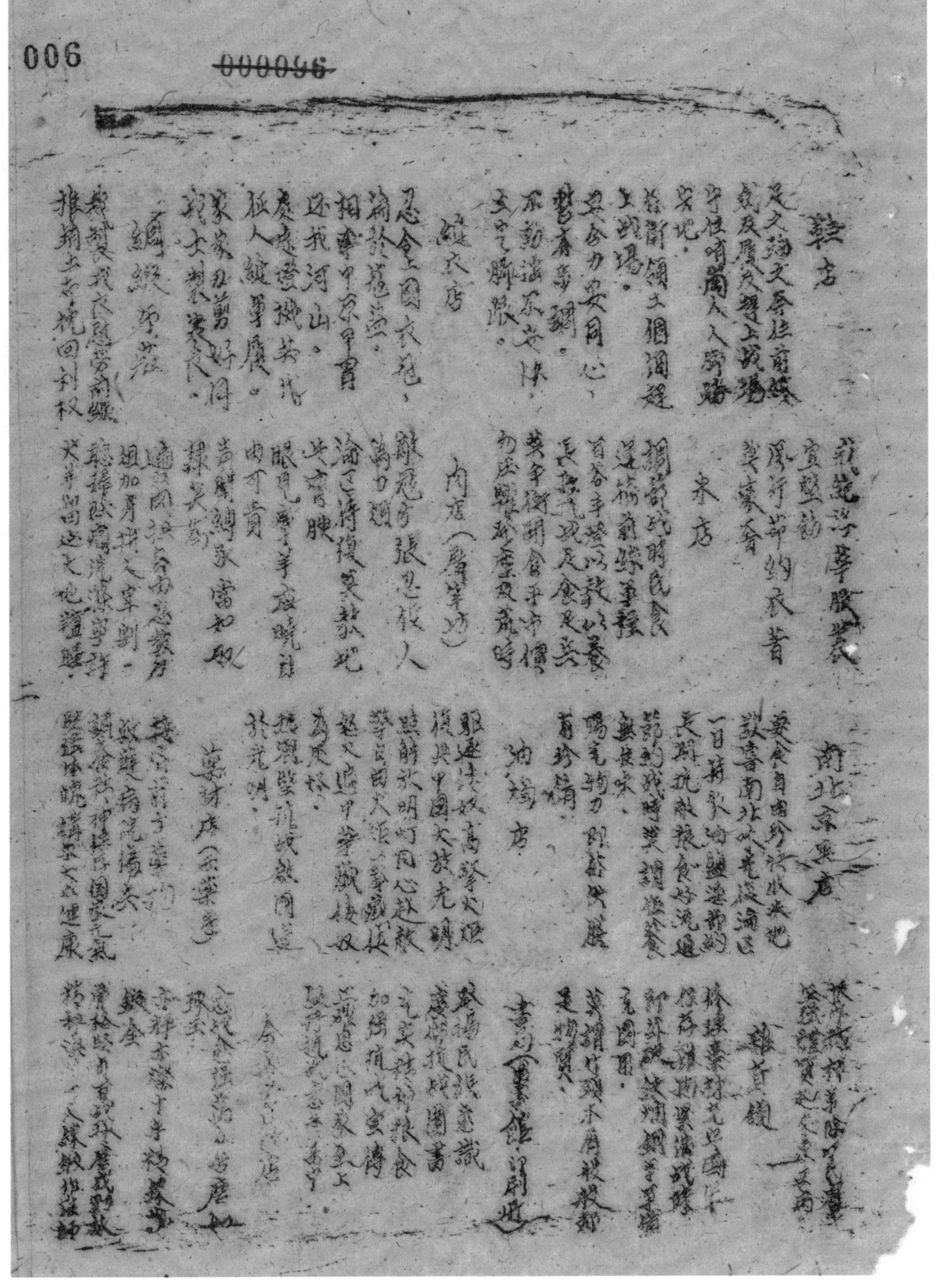

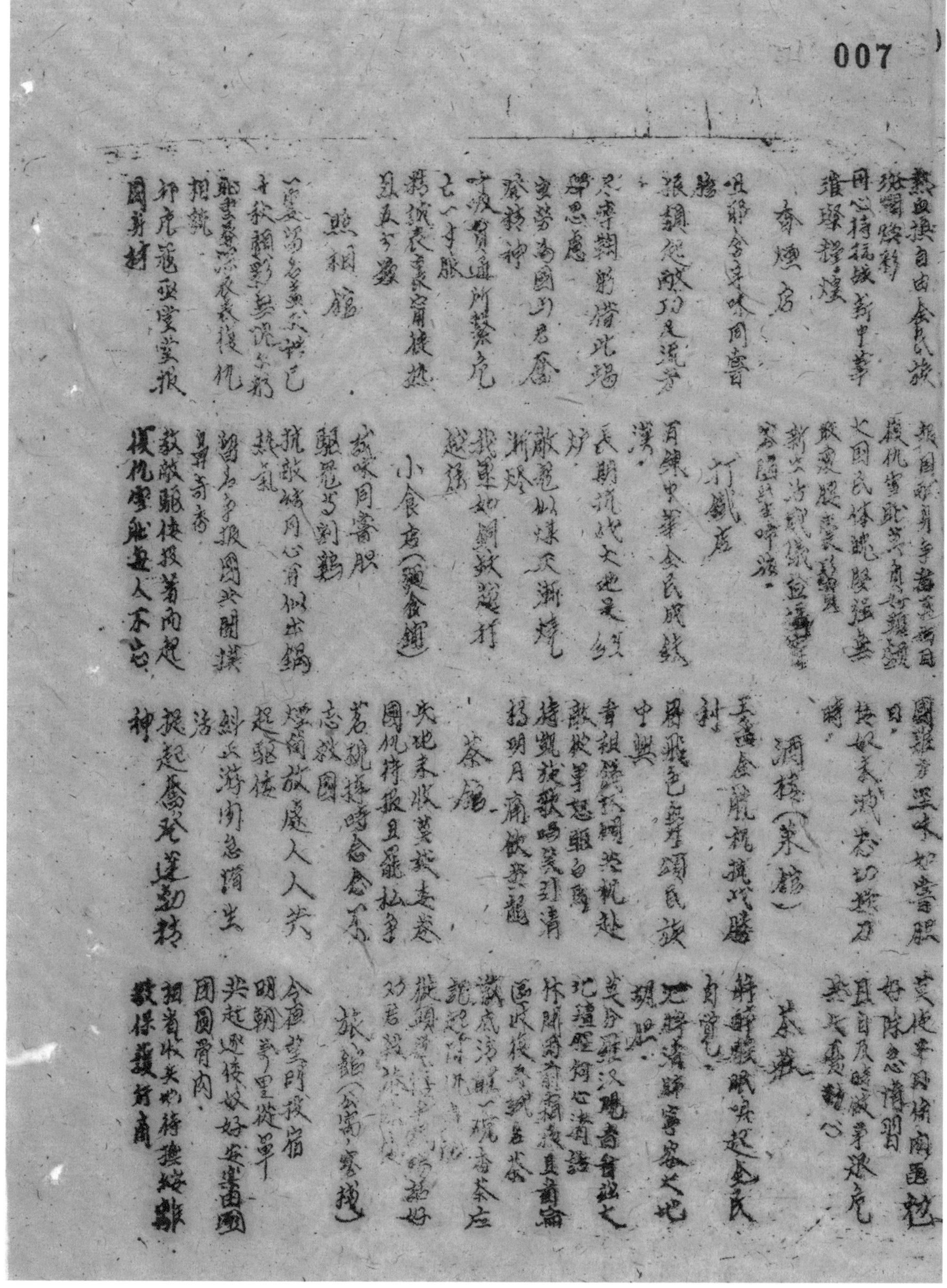

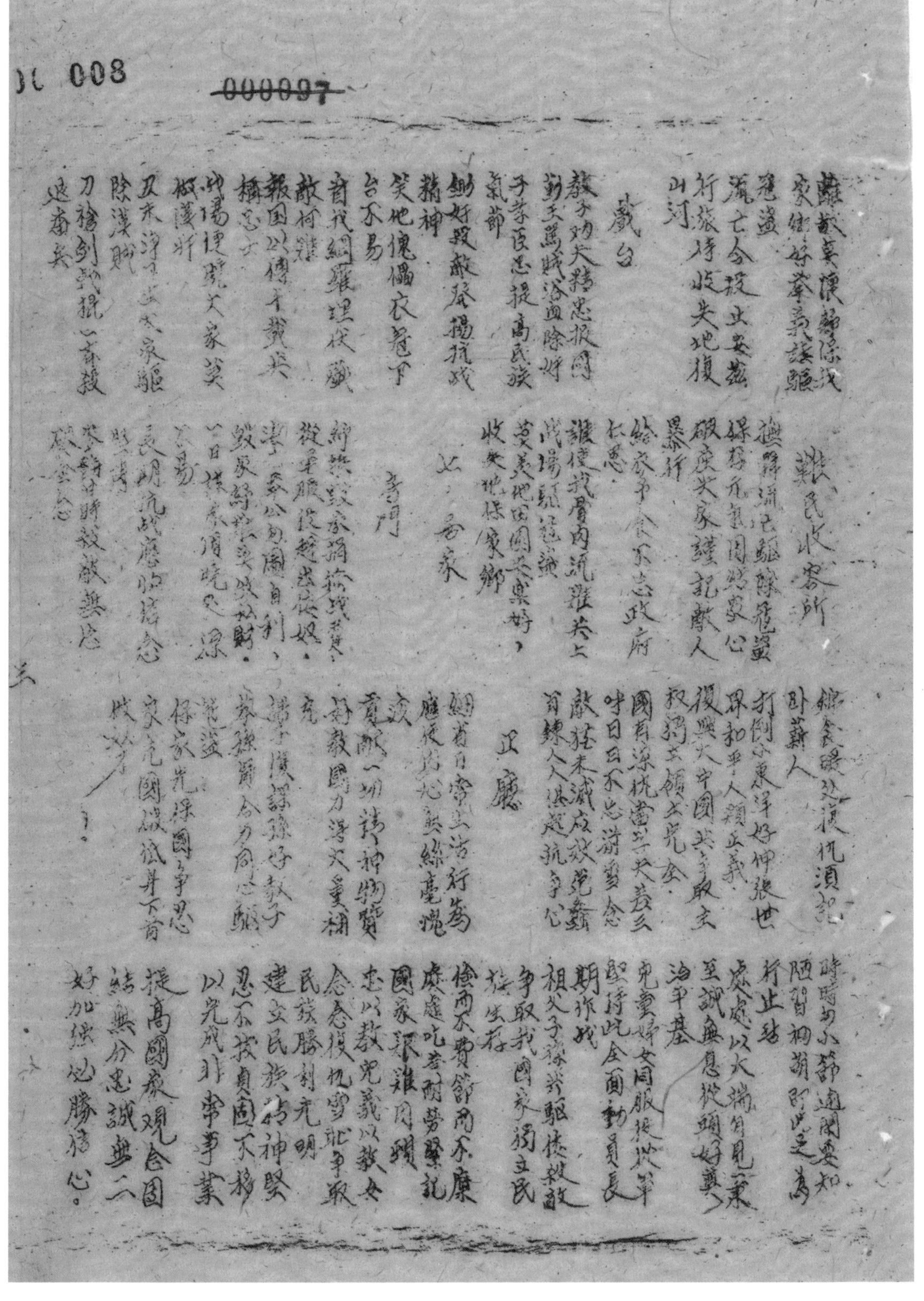

000036

009

加强抗時軍事教育
財政交通以至家庭
生活团体行為徹底
作革新準備
喚起全國民衆士兵
兒童婦女與及鄉
黨縉紳耆父賢老
一齊因抗戰動員

會客室一

相見以誠與談
客否
當前大難少說
私情
敵寇方張与客
安籌抗戰策
待以誠會談
當及搗巢謀
殲敵好籌謀抵
掌暢談天下事
驅徒應劃策當
頭請看艰危時

廚房

[illegible]笑渴食無
肉應飽當救國
難
主婦勿棄廚下
米須知當前戰
時
柴米酒茶件件珍
惜一物當如二物用
油鹽醬醋般般
節約今天留作明天資
源豬好調和即為
精華持家多事
定飼當經紀
油鹽講節約堅種
肥甘適口為救國
國計民生。

結婚

親愛精誠同心救國
堅強團結合力除倭
意志集中精神無間
行動統一團結向前
公而忘私推小我及
於大我
誠而不偽去二心乃
成一心

大敵當前方顯丈夫
再見
抗戰將山河國土收
復家
創造新家庭建立
新中國
團結好兒女保護
好江山
揮起蓬勃精神担
當新事業
實行戰時生活摘大
歲家兵去

春聯

白日高歌春同大地
黃龍痛飲光復山河
抗戰凱旋中華更始
奏嘹喨民族新生
曉日開門迎蓬勃氣
春光啟宇灼灼新年
錦繡鶯蘭安祝
北國安把！
光天化日行青
光復淪區。

社鼓蓬蓬九十日，
春光更始
桃符灼灼二三年
國運新生
户户摘了社鼓就
如戰鼓、
家家驅寇桃符
新似兵符。
願國泰家和吾業
長逢盛世，
迎窗明己字兜[illegible]
莫負春光。

剑阁县政府关于报送抗战史料调查表致四川省政府的呈（一九四〇年五月）

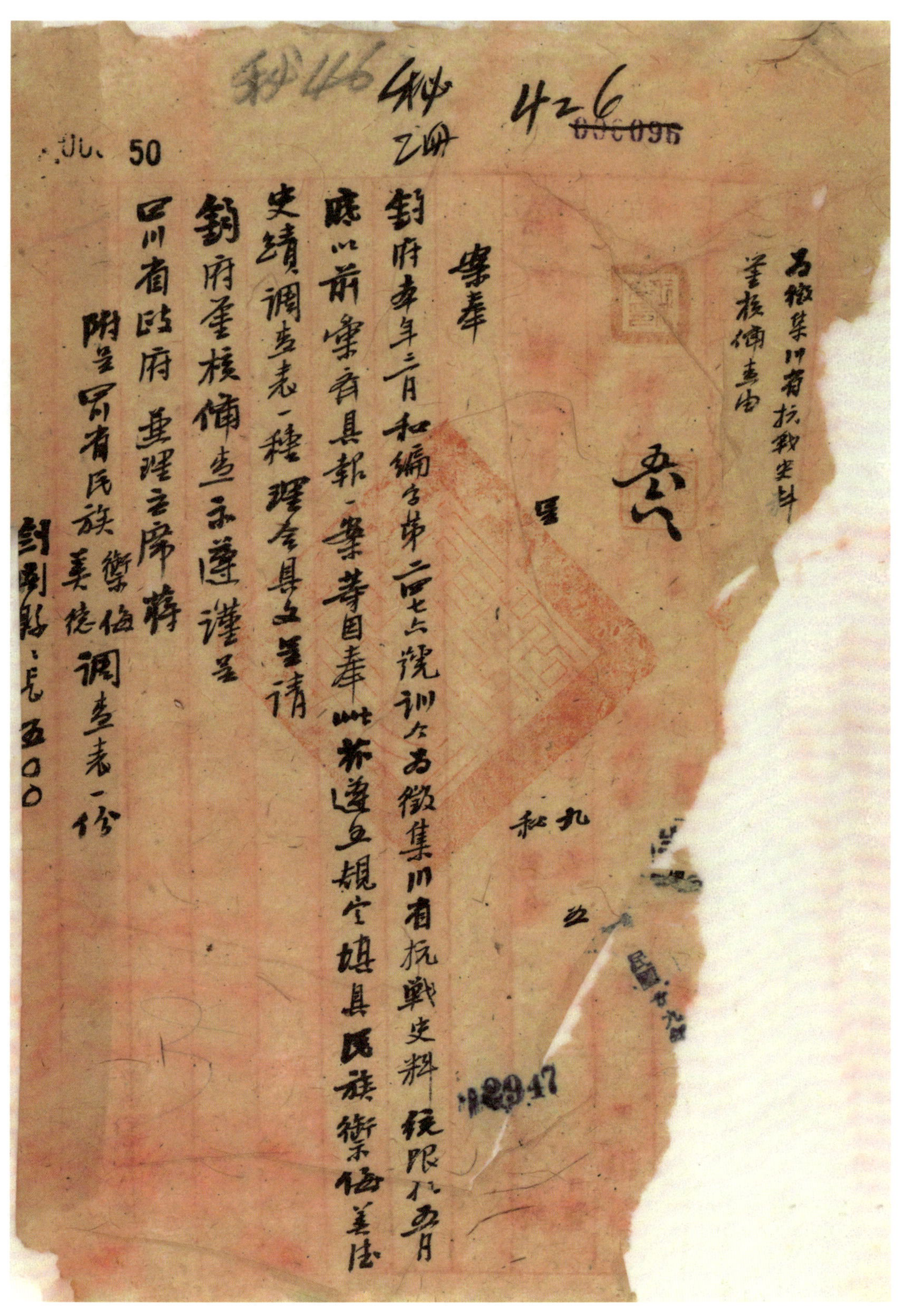
为检集川省抗战史料暨核备查由

呈

案奉

钧府本年二月和编字第二四七六号训令，为征集川省抗战史料，饬限于五月底以前汇齐具报。等因奉此。兹遵照规定，填具民族衅仇善后史迹调查表一种，理合具文呈请

钧府鉴核备查示遵。谨呈

四川省政府 主席 蒋

附呈四川省民族衅仇善后调查表一份

剑阁县县长 五〇〇

剑阁县政府关于奉令抄发川北师管区署期宣传计划致该县第三区署的训令（一九四〇年七月二十五日）

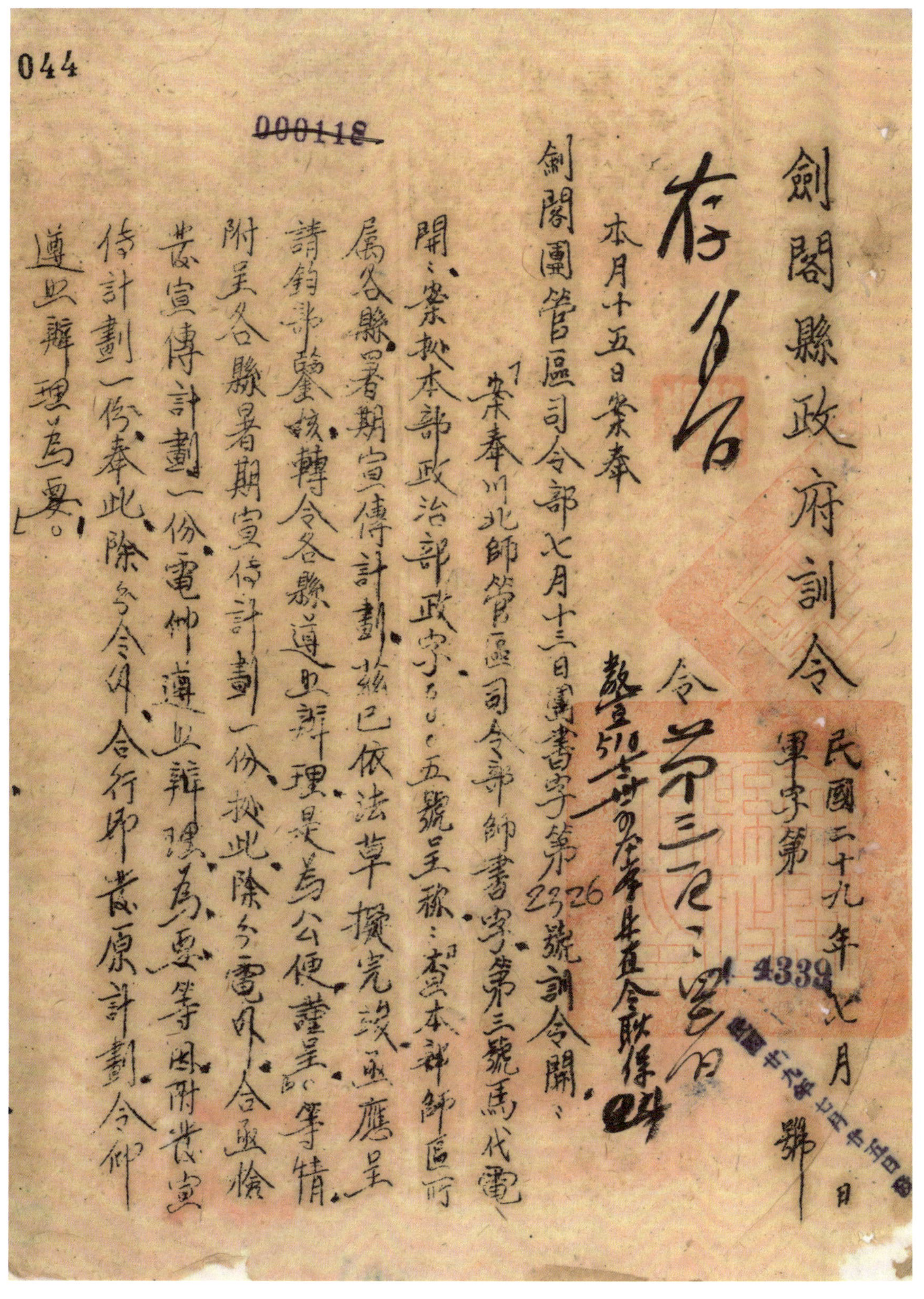

044

000118

劍閣縣政府訓令　民國二十九年七月　日　軍字第　號

令第三區署

存旨

劍閣團管區司令部七月十三日劃書字第2326號訓令開：

「案奉川北師管區司令部師書字第三號馬代電開：案據本部政治部政字第〇〇五號呈稱：查本部師區所屬各縣署期宣傳計劃，茲已依法草擬完竣，亟應呈請鈞部鑒核轉令各縣遵照辦理，是為公便，謹呈。等情，附呈各縣暑期宣傳計劃一份。據此，除分電外，合亟檢發宣傳計劃一份，電仰遵照辦理為要。等因，附發宣傳計劃一份。奉此，除分令外，合行抄發原計劃，令仰遵照辦理為要。」

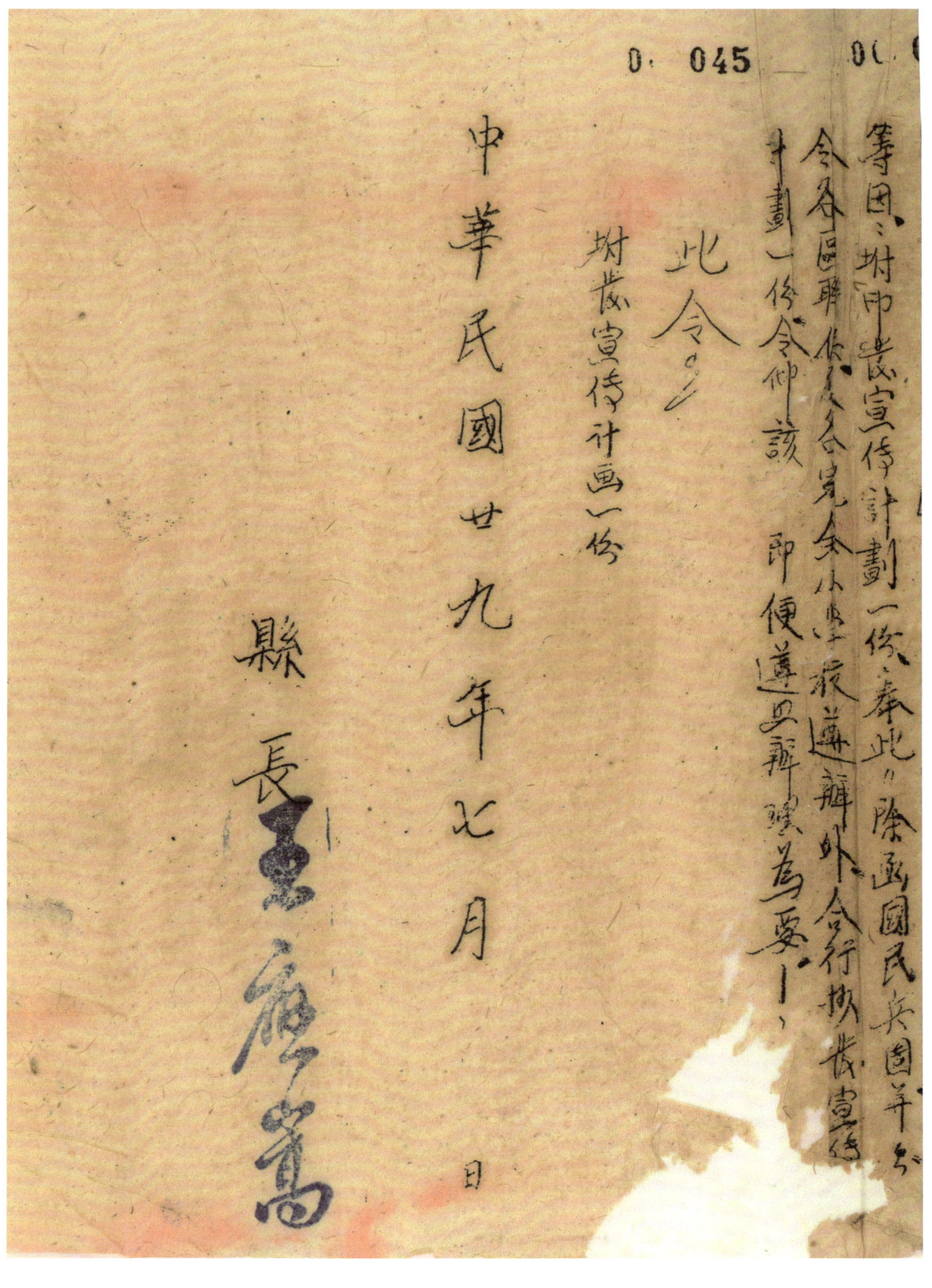

等因，附印發宣傳計劃一份，奉此。除函國民兵團并分令各區聯保及各完全小學校遵辦外，合行抄發宣傳計劃一份，令仰該　即便遵照辦理為要！

此令。

附發宣傳計畫一份

中華民國廿九年七月　日

縣長　王應高

附：川北师管区各县暑期宣传计划

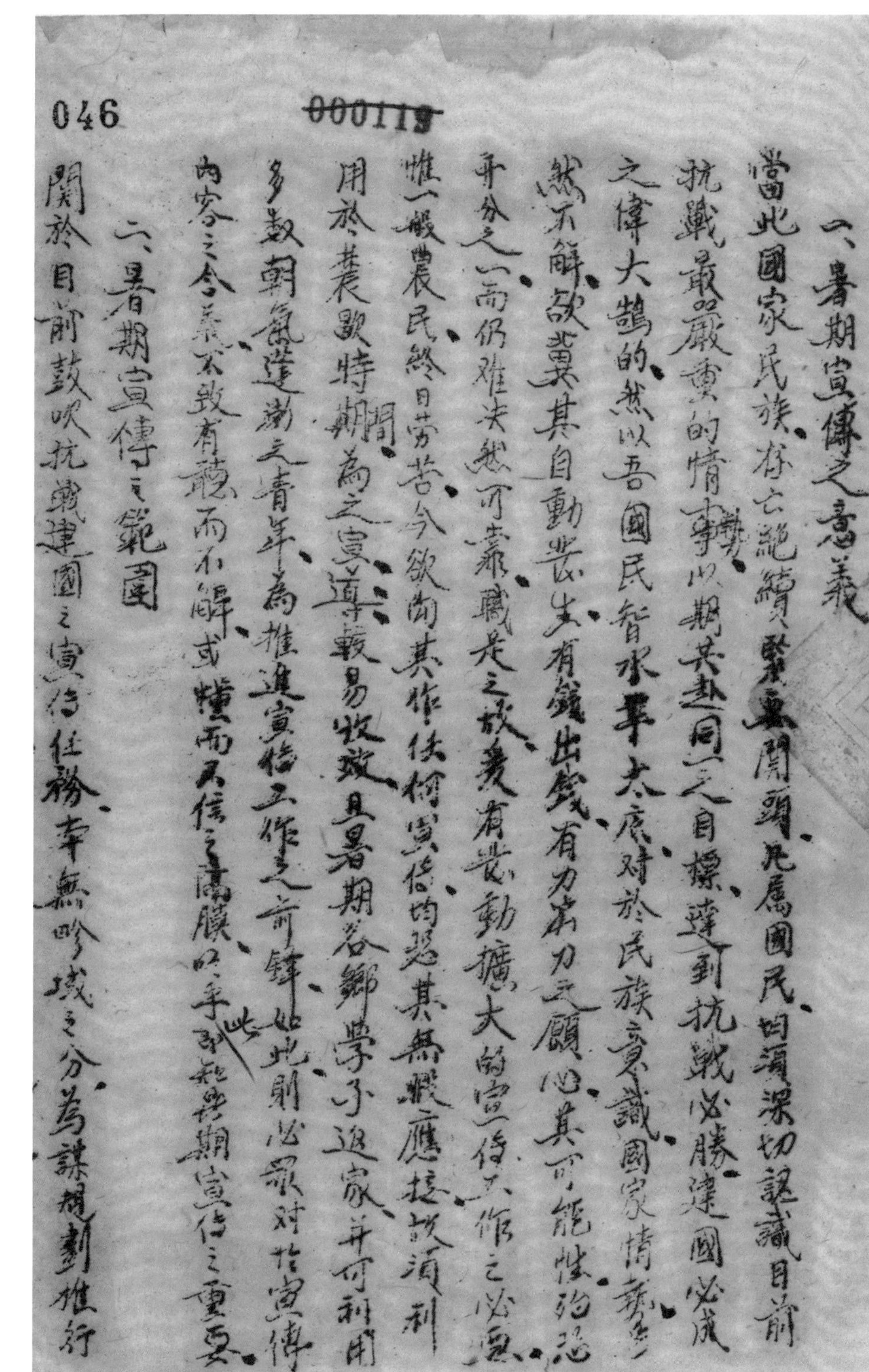

川北師管區各縣暑期宣傳計劃

一、暑期宣傳之意義

當此國家民族存亡絕續緊要關頭，凡屬國民均須深切認識目前抗戰最嚴重的情勢，以期共赴同一之目標，達到抗戰必勝、建國必成之偉大鵠的。然以吾國民智水準太低，對於民族意識、國家情勢多懵然不解，欲冀其自動出來有錢出錢、有力出力之願心，其可能性殆恐萬分之一，而仍難決然可靠。職是之故，必有發動擴大的宣傳工作之必要。惟一般農民終日勞苦，今欲向其作任何宣傳，均恐其無暇應接，故須利用於農歇特期間為之宣導，較易收效。且暑期各鄉學子返家，并可利用多數朝氣蓬勃之青年為推進宣傳工作之前鋒，如此則必眾對於宣傳內容之含義不致有聽而不解，或懂而不信之隔膜，以上即知暑期宣傳之重要。

二、暑期宣傳之範圍

關於目前鼓吹抗戰建國之宣傳任務，本無畛域之分，為謀規劃推行之便易、掌握監督之確實，擬定凡屬本部區所轄之地區為本部區宣傳之範圍，惟仍須以縣為單位分途進行，並由城市漸及鄉鎮，務期宣傳工作之確實普遍，以收殊途同歸之效。

三、暑期宣傳之對象

宣傳之目的在使一般國民深切瞭解抗戰建國之重要，並激發其愛國家愛民族、遵守法令、服從領袖之真忱，而能勇敢堅決的克盡其國民之天職，故本部區暑期宣傳計劃之實施，全以部區所屬廣大民眾為主要之對象。

四、暑期宣傳之方式

凡屬本部區所屬各縣，宜視其地區之廣狹，每縣組織一個至數個宣傳隊，整個或分區宣傳，其方式總須啟發興趣，兼顧兩方面，并須符合當地環境，順應事實需要，利用時機，把握一般社會心理，以求宣傳之迅速確實，效果之普遍偉大為原則，切忌迂闊遲緩敷衍粉飾。

五、暑期宣傳之方法

暑期宣傳之實施辦法列舉如左：

一、宣傳隊之組織：1. 各宣傳隊以各縣男女中小學之學生為基本隊員，黨政軍團隊之工作人員為輔助基本隊員。每個宣傳隊設隊長一人，設隊員十人至十五人，由隊長率領之。

(A) 宣傳隊之系統及職掌：1. 每縣之各個宣傳隊直接受各該縣國民兵團之監督指揮，而各鄉之國民兵團又各受其直屬之團管區司令部之監督指揮，各團管區即受本師管區司令部之監督指揮。各該團管區所駐在之縣指定為中心宣傳區，凡宣傳隊之組織、宣傳工作之分配均由各該中心宣傳區之主要機關團管區司令部遵照本計畫之規定，擬具實施之。

二、宣傳工作實施之步驟：1. 應分一、二、三期，分期加以檢查(?)工作。期間之分配，以每一星期為一期，應於每期工作完畢後即由團(?)

管區司令部切實檢查其成績，分別予以翔實之記載，并即指正或改進，更進而指示每個宣傳隊第二期工作之要點，而加以嚴正之獎懲，藉資鼓勵。

六、宣傳工作及宣傳品之種類

(A)文字：此種宣傳係針對一般知識份子及粗通文字之民眾而設，如標語、散發傳單、繪製圖表、漫畫等均屬之。但文字要淺顯，詞句要明白，寫意要切實適合粗通文字之民眾意識為原則。

(B)口頭宣傳：機會極多，效力最大，其實施辦法如次：

一、由各縣每個宣傳隊將其隊員區分若干組，每組以五人為限，分別擔任「文字」「講演」「戲劇」三種宣傳任務。

二、區分之小組，其名稱定為「文字宣傳組」「講演組」「戲劇宣傳組」。

三、各小組之宣傳工作須分頭同時進行，仍由各該宣傳隊長直接支配之。但每小組須指定隊員一人為組長，由各宣傳隊長臨時指定之。

050

四、講演組隊隨時分赴各茶社或娛樂場所及街頭講演外，并須利用各种機會，如鄉鎮趕場、集市、慶祝會以及一切可以利用之機會，即作口頭之宣傳，但每次講演時間不宜過長，而次數宜多，以加深其印象。

五、除各宣傳隊外，尚可集合當地各級男女學生，分組若干小組，分任文字、講演以及戲劇之宣傳。

六、戲劇宣傳以多演化裝或不化裝之街頭劇為原則，如此則時間無耗費，均可合於經濟之條件，倘在可能範圍內亦可排演舞台劇，其經濟由當地自行籌措。

七、宣傳之競賽

甲、競賽之方式：1、取不公開之自由競賽，即各縣之各個宣傳隊之間，在宣傳工作進行中，各自奮勉，互相競賽之；而各縣之宣傳工作，又須各自增強其工作效率，加速其工作進度，以資行縣與縣之互相競賽。

乙、競賽成績之檢查：1、由本部會同師區特黨部及政治部

0… 051

~~000121~~

隨時派員分赴各縣秘密檢查之，成績優者給予獎勵，劣者給以懲罰。其法另詳條例。

丁、獎金之來源：由本師區抽一個月之宣傳費，並由劍南西區區各抽出一個月之宣傳費充之。計本師區一個月宣傳費為壹百元，每團區為六十元，共可得貳百貳拾元之總額。

丙、競賽結果之公佈：須俟暑期宣傳工作完竣後由本部會同師區特別黨部及政治部分別評定公佈之，並即實行分別優待，予以適當之獎懲。

六、暑期宣傳之經費

暑期宣傳之經費由各縣國民兵團召集各該縣紳開會自行妥慎籌募，應用最少之勞費，而完成最大之事功為原則。且務為不得已不向縣民徵募，必須就各該縣可以流用之現成公款項下依法移撥，注意籌備以公諸公之旨，並規定辦法之。

七、宣傳隊員及職員宣傳員應負義務職，但遇出發遠地方旅人時得視途程遠近，當地生活程度，酌量發給伙食補助費，但不得超過兩日之最低生活費。

五、宣傳隊隊員及職員、演員總領有伙食補助費者，無論出發何地工作，不得接受民衆絲毫之餽予，倘有藉故需索者，嚴懲不貸，且將其本隊之長及其直屬以上合設負責機關首長同時予以相當之處分。

六、各宣傳隊制作宣傳品應以之筆墨紙物為費，每隊最多不得超過十元為限。

六、各宣傳隊依法令手續支出之款，事後應檢據呈報各該主管機關並將其單據備案。

七、暑期宣傳工作之檢查

工作之效果是否合於預定之要求，必須隨時加以嚴密之檢查，方可

10

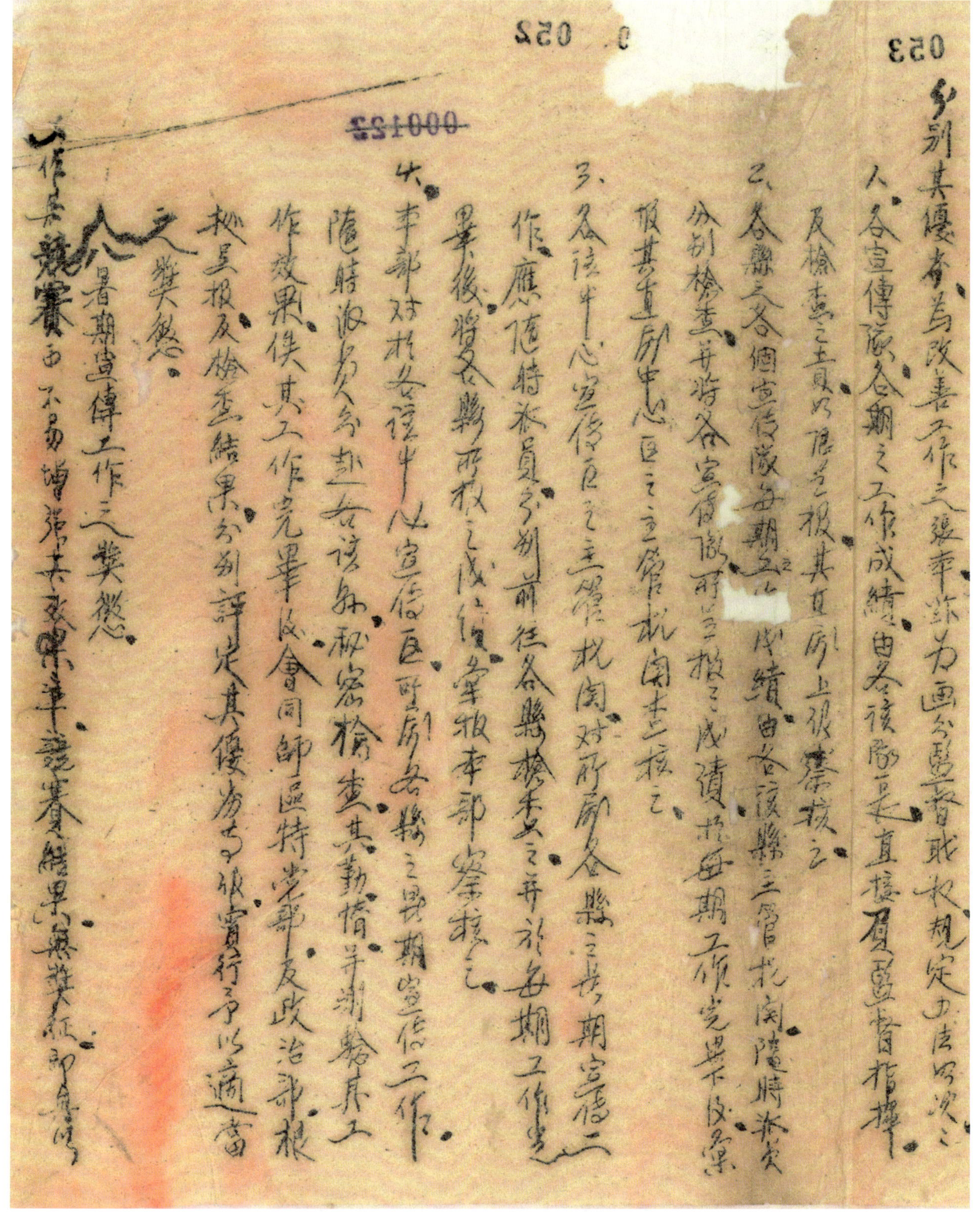

分別其優劣，為改善工作之張本，並為畫分監督、取收規定辦法以資
人、各宣傳隊各期之工作成績，由各該隊長直接負監督指揮
及檢查之責，以隨其直屬上級考核之。
乙、各縣之各個宣傳隊每期之工作成績，由各該縣之主管機關隨時派員
分別檢查，並將各宣傳隊所呈報之成績，於每期工作完畢後彙集
報其直屬中心區之主管機關查核之。
丙、各該中心宣傳區之主管機關對所屬各縣之每期宣傳工
作，應隨時派員分別前往各縣檢查之，並於每期工作完
畢後，將各縣所報之成績彙報本部審核之。
六、本部對於各該中心宣傳區所屬各縣之每期宣傳工作，
隨時派員分赴各該縣秘密檢查其勤惰，並測驗其工
作效果，俟其工作完畢後，會同師區特黨部及政治部根
據呈報及檢查結果，分別評定其優劣，以便實行之，予以適當
之獎懲。
七、暑期宣傳工作之獎懲
作為競賽，由本部增強其效果，並以競賽結果以為獎懲即原則

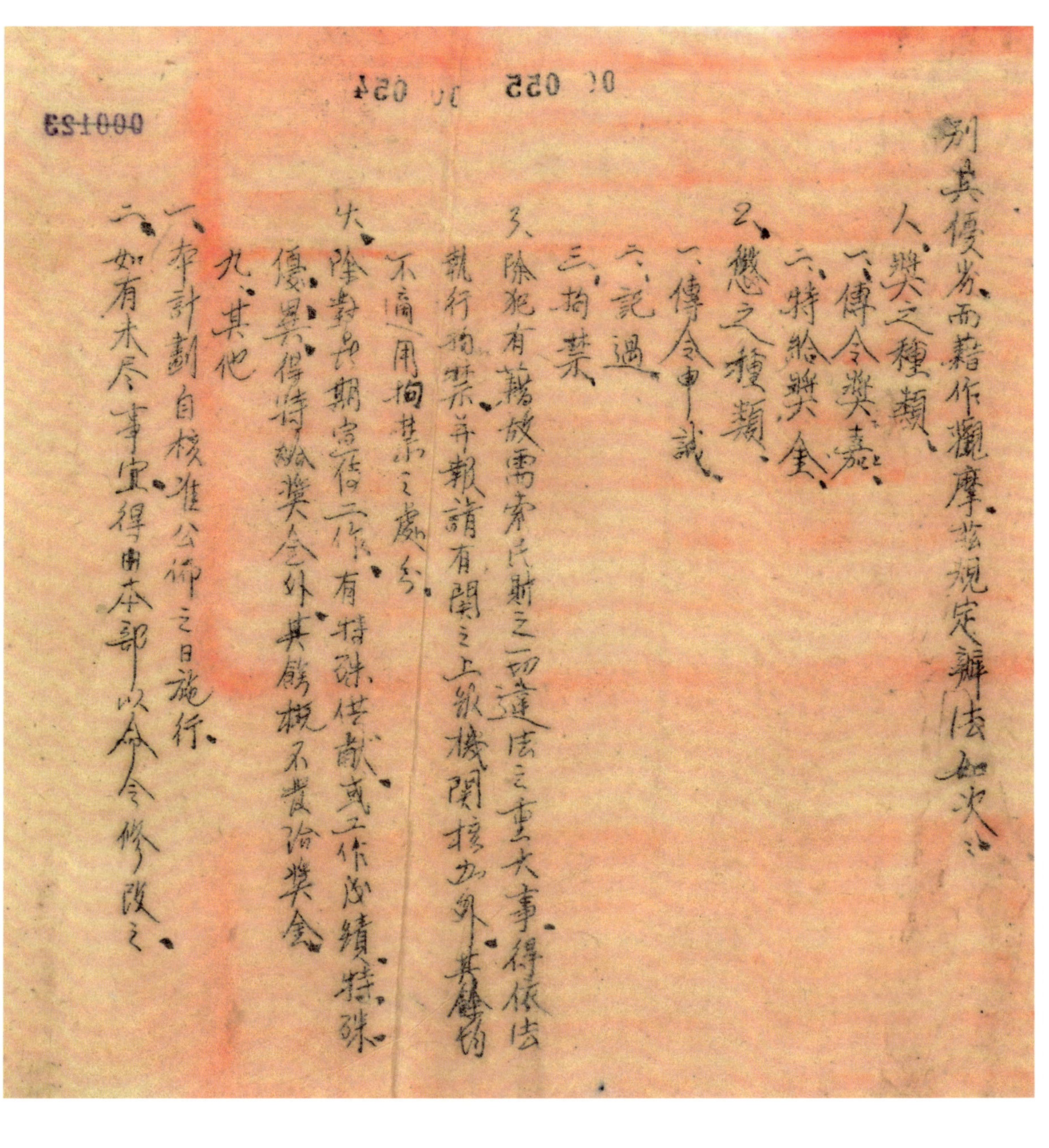
别其优劣而藉作观摩，兹规定办法如次：

1、奖之种类

一、传令奖嘉

二、特给奖金

2、惩之种类

一、传令申诫

二、记过

三、拘禁

3、除犯有妨害国家民族之一切违法之重大事得依法执行拘禁并报请有关之上级机关核办外，其余均不适用拘禁之处分。

4、除对于期宣传工作有特殊供献或工作成绩特殊优异得特给奖金外，其余概不发给奖金。

九、其他

一、本计划自核准公布之日施行

二、如有未尽事宜得由本部以命令修改之

四川省动员委员会及剑阁县动员委员会关于遵令发动书写贺年信运动的训令、公函（一九四〇年十二月）

四川省动员委员会致剑阁县动员委员会的训令（一九四〇年十二月二十七日）

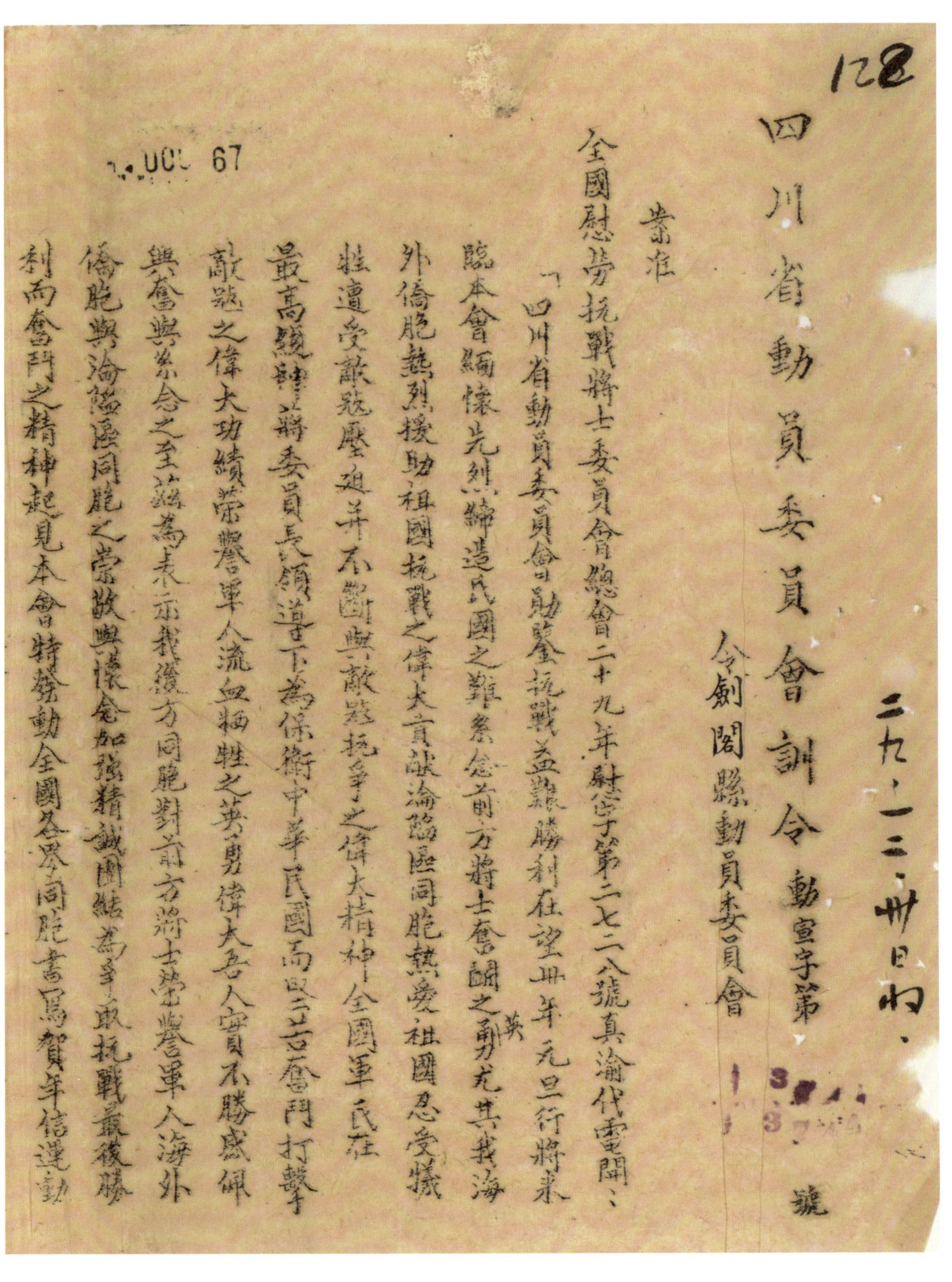
128

四川省動員委員會訓令　動宣字第　　號

二九、一二、卅日

令劍閣縣動員委員會

案准

全國慰勞抗戰將士委員會總會二十九年尉字第二七二八號真渝代電開：

「四川省動員委員會勛鑒：抗戰益艱，勝利在望，卅年元旦行將來臨，本會緬懷先烈締造民國之艱，系念前方將士奮鬪之勤，尤其我海外僑胞熱烈援助祖國抗戰之偉大貢獻，淪陷區同胞熱愛祖國，忍受犧牲，遭受敵殘壓迫，并不斷與敵鬪爭之偉大精神，全國軍民在最高領袖蔣委員長領導下，為保衛中華民國而艱苦奮鬪，打擊敵寇之偉大功績，榮譽軍人流血犧牲之英勇偉大，吾人實不勝感佩興奮與系念之至，茲為表示我後方同胞對前方將士、榮譽軍人、海外僑胞與淪陷區同胞之崇敬與懷念，加強精誠團結，為爭取抗戰最後勝利而奮鬥之精神起見，本會特發動全國各界同胞書寫賀年信運動

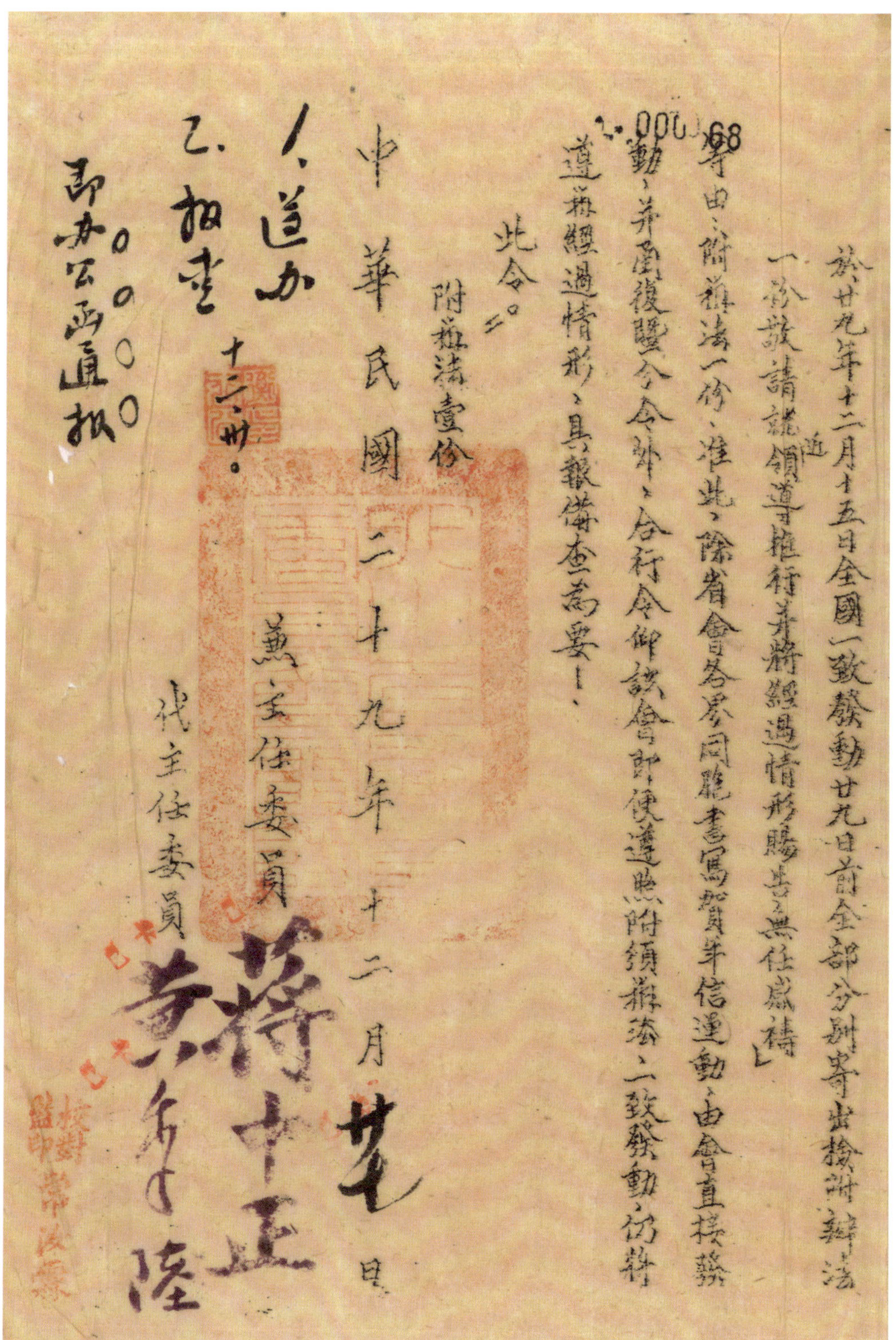

於廿九年十二月十五日全國一致發動廿九日前全部分別寄出檢附辦法一份，敬請就近領導推行，並將經過情形賜告，無任感禱」等由；附辦法一份。准此。除省會各界同胞書寫賀年信運動由會直接發動，并函復暨令令外，合行令仰該會即便遵照附頒辦法一致發動，仍將遵辦經過情形具報備查為要！

此令。

附辦法壹份

中華民國二十九年十二月　日

兼主任委員　蔣中正

代主任委員　黄季陸

附：全国慰劳总会发动全国各界向前方将士、荣誉军人、海外侨胞暨沦陷区同胞书写贺年信运动办法

全國慰勞總會發動全國各界向前方將士榮譽軍人海外僑胞暨淪陷區同胞書寫賀年信運動辦法

值茲抗战日益艱苦亦日益接近最後勝利之際二九年將告完畢各界同胞正準備慶祝及迎接民國三十年元旦即民國成立紀念我人緬懷 國父暨諸先烈創造中華民國之艱難困苦與光榮歷史尤其四年來我全体軍民在 最高統帥蔣委員長領導下為保衛中華民國而堅苦奮鬥打擊敵寇之偉大功績榮譽軍人流血犧牲之英勇偉大千餘萬海外僑胞熱烈援助祖國抗戰之偉大貢獻淪陷區同胞為熱愛祖國而忍受一切犧牲遭受敵寇壓迫并不斷與敵寇作戰爭之偉大精神吾人實不勝敬佩感奮與懷念之至本會有鑒及此為表示我後方同胞對前方將士榮譽軍人海外僑胞暨淪陷區同胞之崇敬與懷念尤其為表示我後方同胞对前方將士榮譽軍人海外僑胞與淪陷區同胞不因時間與空間之限制始終一心一德精誠團結始終為爭取抗戰最後勝利而奮鬥之精神起見特發動各界同胞書寫賀

年信運動，以表示慰問及敬意，以鼓舞士氣，增强僑胞對抗戰勝利之信心，同時使淪陷區人心爲之振奮，其裨益抗戰前途，當非淺鮮。尚希各界同胞踴躍參加共襄盛舉，兹訂定寫信辦法如次：

70

甲、寫信之主要對象爲：（一）前方將士（二）榮譽軍人（三）海外僑胞（四）淪陷區同胞

乙、寫信之内容除慰問及賀年之意，對上雖任何對象均相同外，餘因對象不同而内容亦略有分别，兹約爲規定如下：

（一）對於前方將士者

1、致敬

2、鼓勵抗戰情緒

3、説明後方建設進步之事實

4、説明政府及社會優待抗屬之事實

5、説明後方同胞抗戰意志之堅決

6、説明國内外於我抗戰有利之形勢

7、説明迎接新年同時迎接勝利

（二）對於榮譽軍人者

1、致敬及慰問

2、讚揚其對於抗戰之功績

3、說明勝利隨新年到來鼓勵重上前綫

4、其他足以安慰及鼓勵榮譽軍人之事實

（三）對於海外僑胞者

1、對僑胞熱烈援助祖國抗戰之精神表示敬佩

2、說明祖國在抗戰中建設進步之事實與抗戰日益接近最後勝利之情形

3、說明全國同胞擁護中央擁護　領袖堅持抗戰國策之事實

4、希望僑胞加強對祖國之援助並希望回國投資共同担負建設三民主義新中國之任務

5、其他足以鼓勵僑胞愛國熱情之事實

（四）對淪於陷區同胞者

1、表示深切慰問與懷念之意

〢、說明全國同胞擁護中央擁護　領袖堅持抗戰國策之事實

〣、說明後方建設進步國際形勢益見对我有利最後勝利亦日益接近

〤、希望切實實行國民公約

〥、其他足以鼓舞淪陷區同胞之事實

丙、寫給前方將士榮譽軍人之信件如指明某部隊某醫院某人亦可

丁、寫給海外僑胞之信應注意僑胞所處之政治環境措詞以謹慎為宜

戊、寫給海外僑胞之信件請分别指明某一地區（如美洲紐約新加坡荷屬東印度等）或某華僑團體及領袖寫給淪陷區同胞者亦可分别地區（如東北上海南京武漢廣州等）

己、此項慰問及賀年信由每一機關或團体酌量為每一對象各寫若干封請機關長官領銜簽名并發動本機關團体職員及各界同胞簽名但各界同胞、亦得自由書寫

庚、為賀信運動陪都方面由本會商同有關團体發動各地由本會電請各省市動員委員會發動之

辛、信件之收集及轉寄辦法如下、

1、陪都方面由本會收集及轉寄各省市由當地動員委員會收集及轉寄但得請各省市動委會將發動情形及結果詳細函告本會

2、寄海外之信件其郵票由寫信機關團体或寫信人自行購貼

3、寫給前方將士榮譽軍人者分別送寄前方及醫院寫給海外僑胞者分別寄交駐外使領館或華僑團体及報社轉寫給淪陷區同胞者設法請最前綫部隊及敵後游擊隊或有關機關團体秘密轉送

4、對海外僑胞及淪陷區同胞之賀年信如慮寄送困難得選擇一小部、就近請當地廣播電台播送或請國內外中國報紙發表

壬、賀年信內容有違反本黨法之規定或措詞有違背三民主義及抗戰建國
國策并影响抗戰情緒者經收集機關審查發覺後得停止轉寄

子、全國各地一致於廿九年十二月十五日發動廿五日收集截止廿九日以前由收集機、
關全部寄出

丑、寫給海外僑胞之信件以採用中文為主如寫信人有採用外語之必要者亦得
酌用外語

寅、賀年信之文字以簡潔生動親切并富有精感為原則舉事實尤須具、
體確實

卯、信封須較堅硬信箋最好用对開之大幅宣紙或其他大幅紙張以便簽名、
并使受信者可能傳觀張掛藉留紀念

辰、由主辦機關召集各界舉行賀年信簽名大會以示熱烈而廣宣傳

剑阁县动员委员会致四川省立剑阁乡村师范学校等的公函（一九四〇年十二月三十日）

逕啟者：

案奉

四川省動員委員會廿九年十二月廿七日動宣字第三七〇〇號訓令節開：「案准

全國慰勞抗戰將士委員會總會廿九年慰字第二七二八號真渝代電開：『[illegible]由，特發佈告一份，』准此，除通飭遵照外，合行令仰該會即便遵照，妥為張貼，一致發動，為要。」等因。此令。計附發佈告一份。奉此，查卅年元旦，時期迫臨，所有贊助慰勞前方將士，與策進軍人家屬、海外僑胞及淪陷區同胞，為吾後方人民應盡之義務，素仰

76

000180

贵校师生、所组宣传队爱国甚忱，相应函请推行是项运动，务恳每人写信一封，于卅年一月三日以前寄出，为荷！

此致

四川省立剑阁乡村师范学校

敝属小学

剑阁县立初中学校

善安镇中心小学校

剑阁县地方行政干部训练所

第十四区国民师资训练班

主任委员　王〇〇

十二月卅日

即发

剑阁县钻铺乡公所制发的乡民代表抗战建国誓词（一九四三年一月二十日）

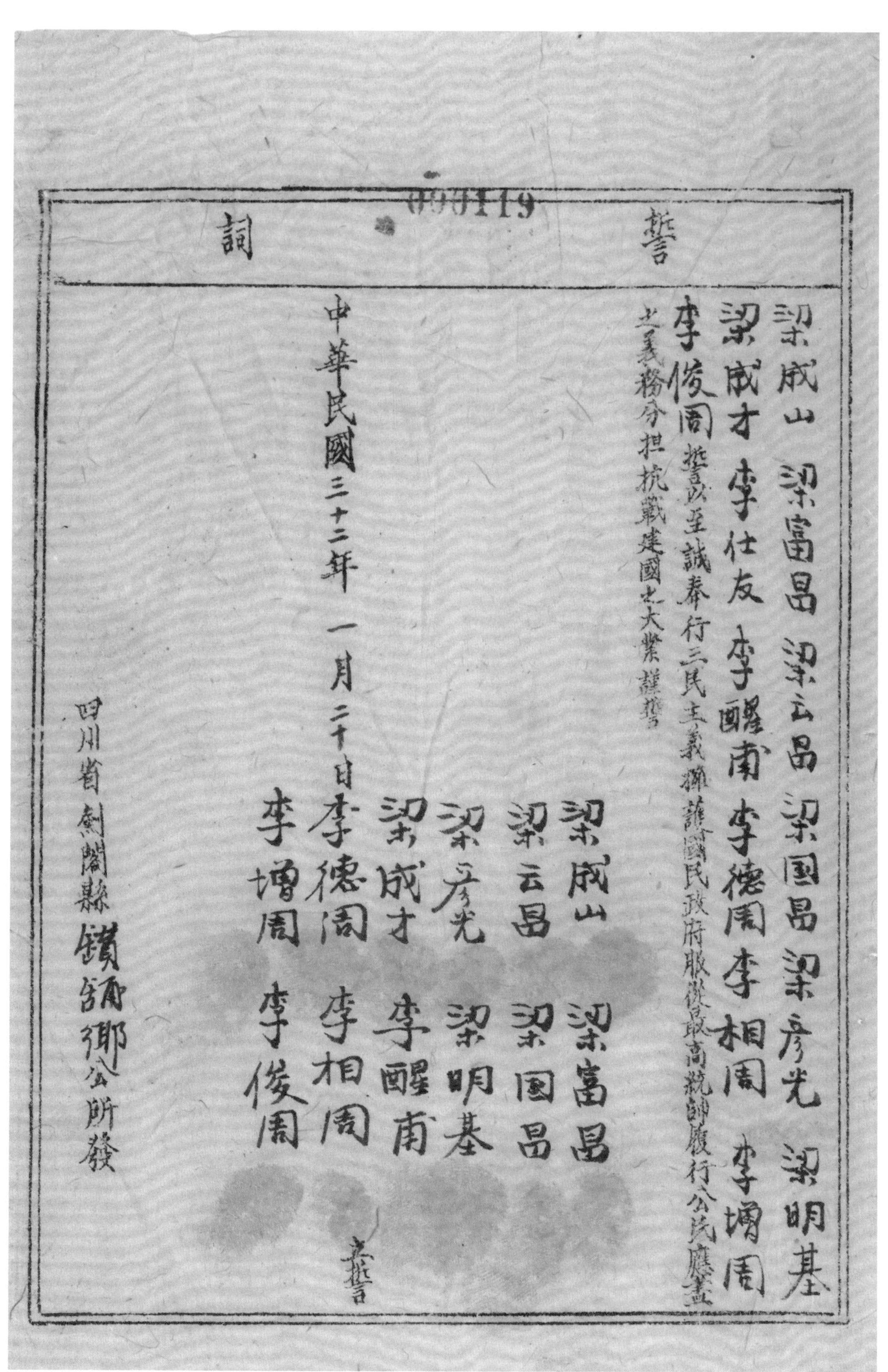

誓　詞

梁成山　梁富昌　梁云昌　梁國昌　梁彦光　梁明基
梁成才　李仕友　李醒甫　李德周　李相周　李增周
李俊周　謹以至誠奉行三民主義擁護國民政府服從最高統帥履行公民應盡
之義務分担抗戰建國之大業謹誓

梁成山　梁富昌
梁云昌　梁國昌
梁彦光　梁明基
梁成才　李醒甫
李德周　李相周
李增周　李俊周
立誓

中華民國三十二年一月二十日

四川省劍閣縣鑽鋪鄉公所發

剑阁县各界联合举行「七七」抗战八周年、革命军北伐誓师纪念大会关于请准时参加纪念典礼致农业推广所的通知（一九四五年七月三日）

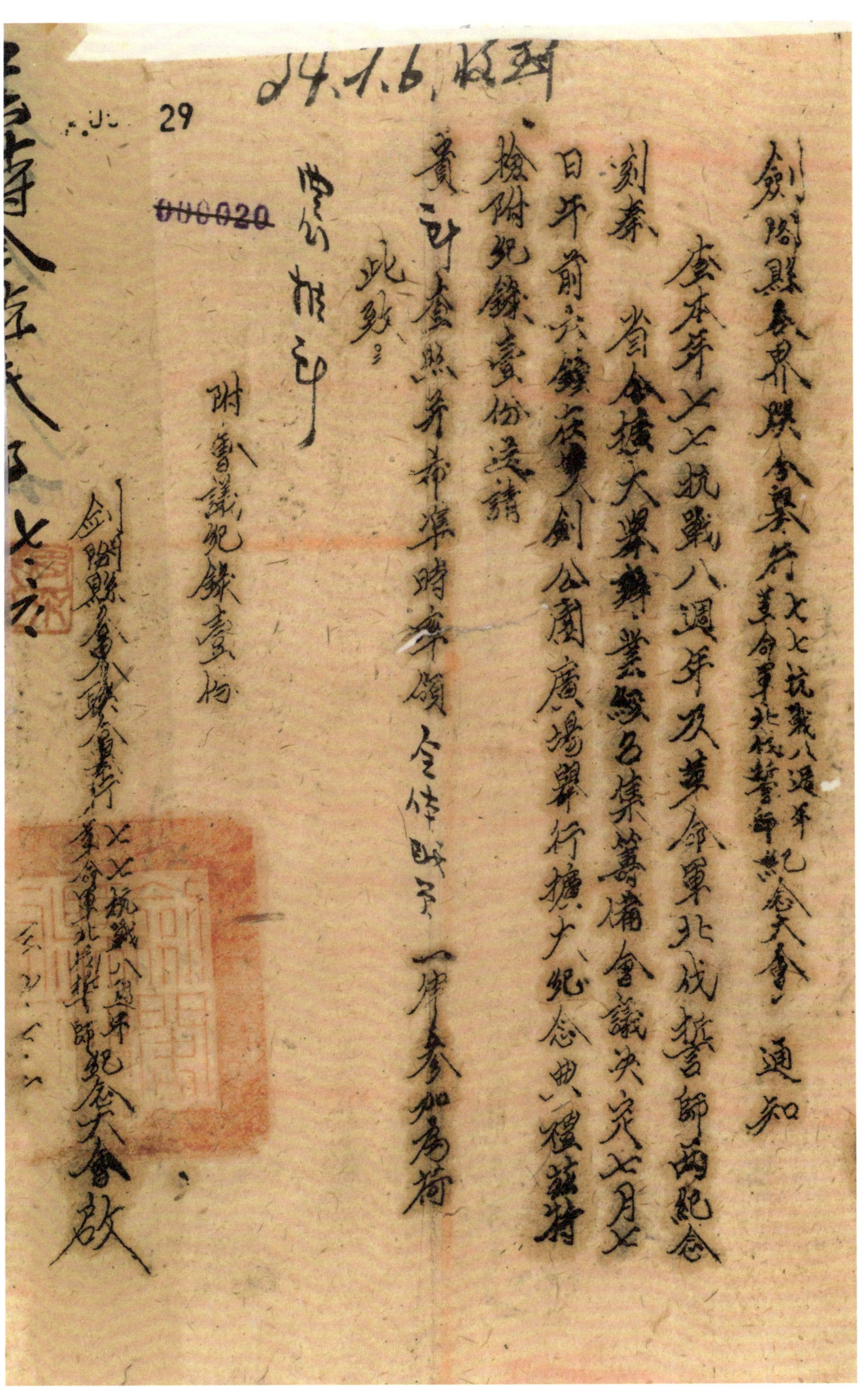

34.7.6 收到

29

000020

剑阁县各界联合举行七七抗战八周年暨革命军北伐誓师纪念大会 通知

案奉

查本年七七抗战八周年及革命军北伐誓师两纪念，当经扩大举办，业经召集筹备会议决定七月七日午前六钟在剑公园广场举行扩大纪念典礼，除呈报外，检附纪录壹份送请

贵所查照，并希准时率领全体职员一律参加为荷。

此致

农业推广所

附会议纪录壹份

剑阁县各界联合举行七七抗战八周年暨革命军北伐誓师纪念大会 启

三四．七．六

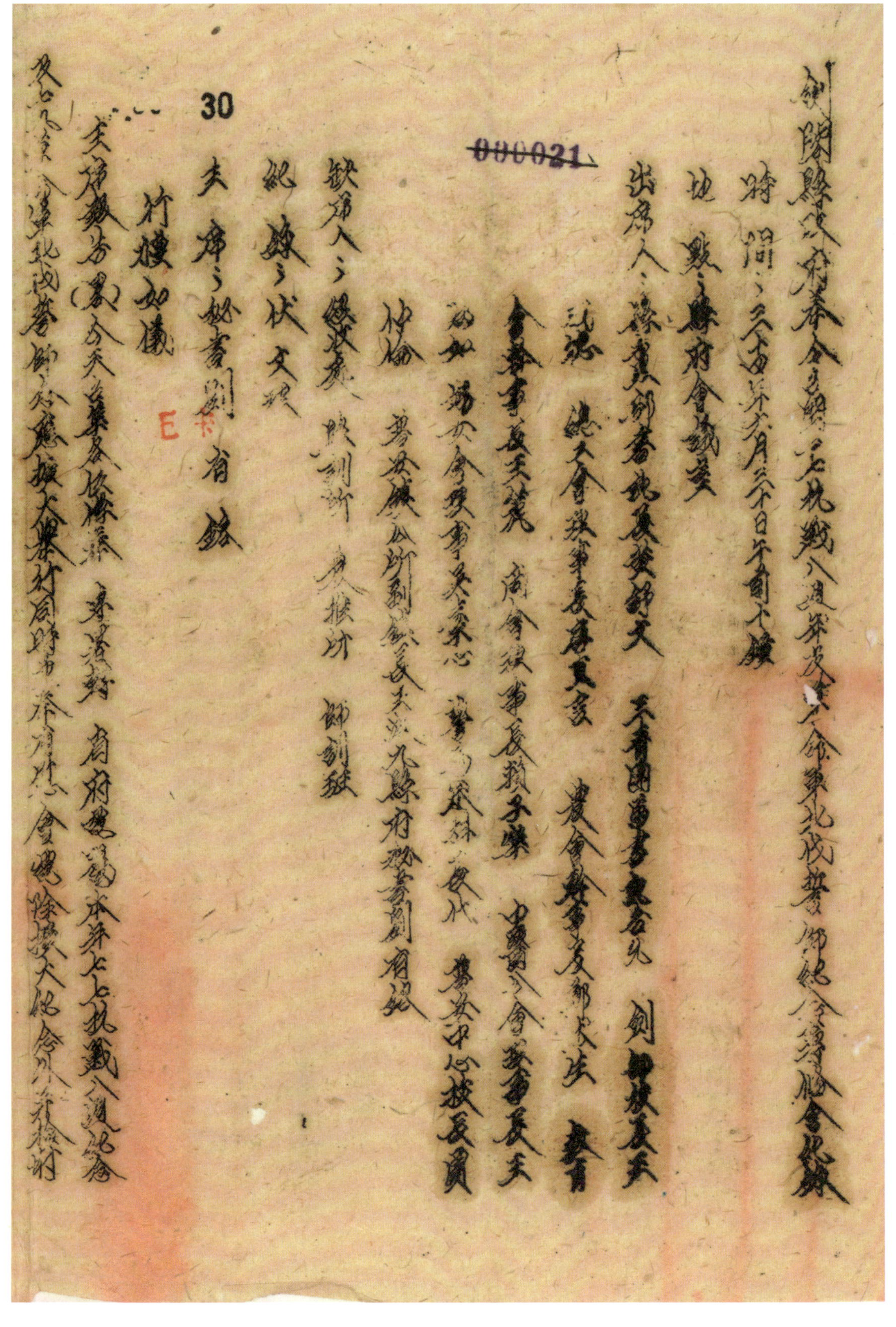

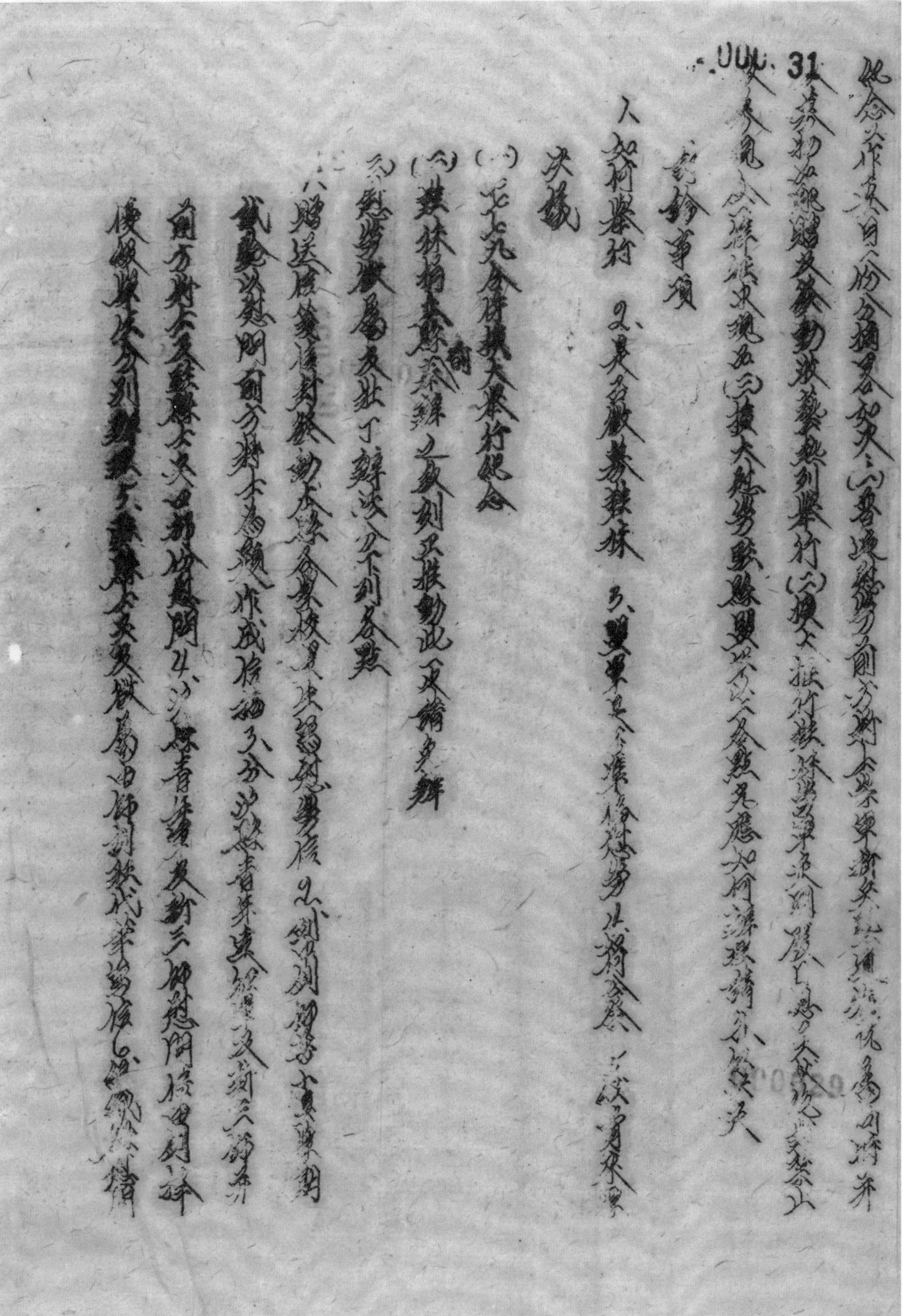

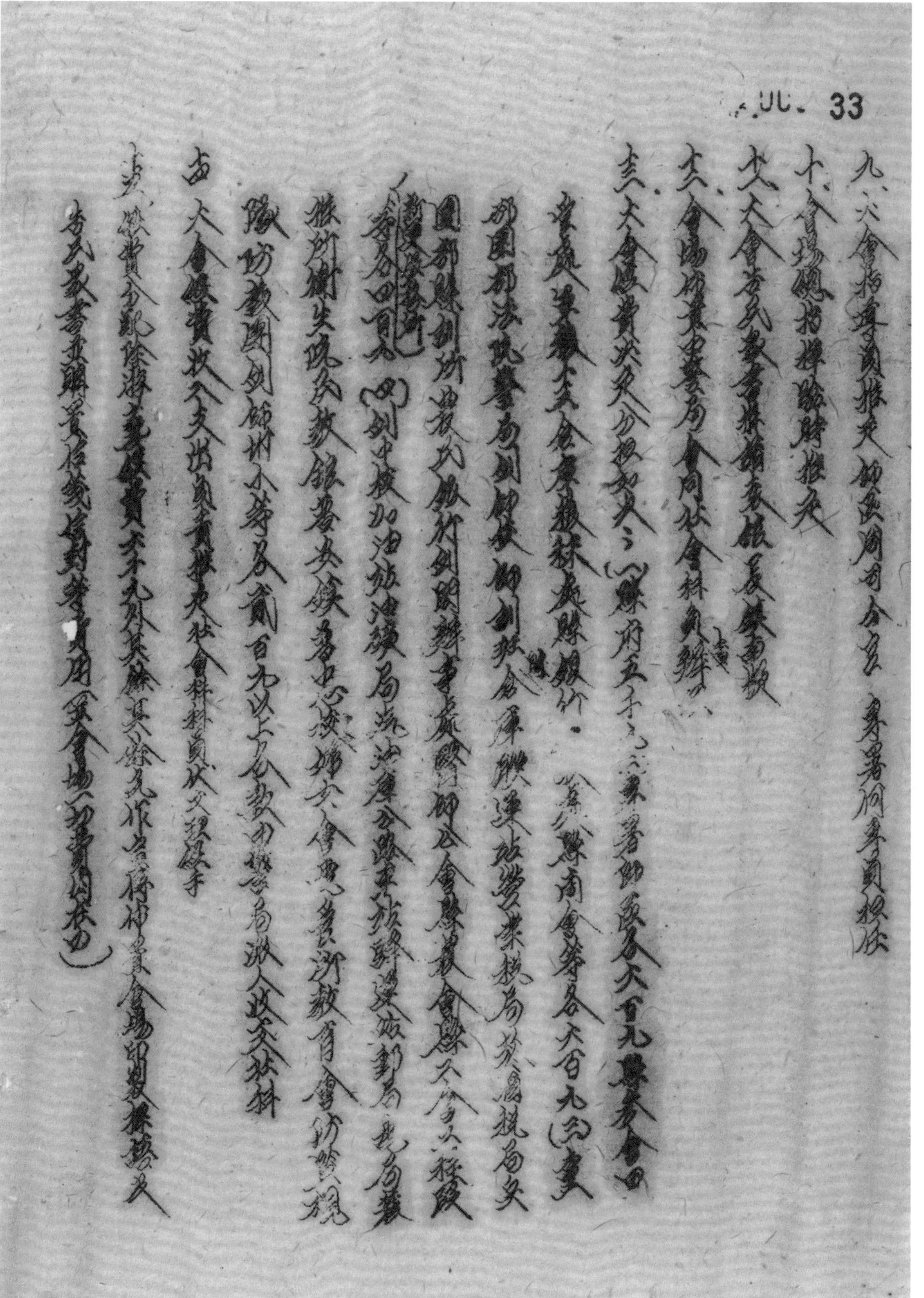

剑阁县各界联合庆祝抗战胜利纪念大会关于办理庆典事宜的一组文书（一九四五年八月至九月）

剑阁县各界联合庆祝抗战胜利纪念大会致剑阁地方法院检查处的通知（一九四五年八月三十日）

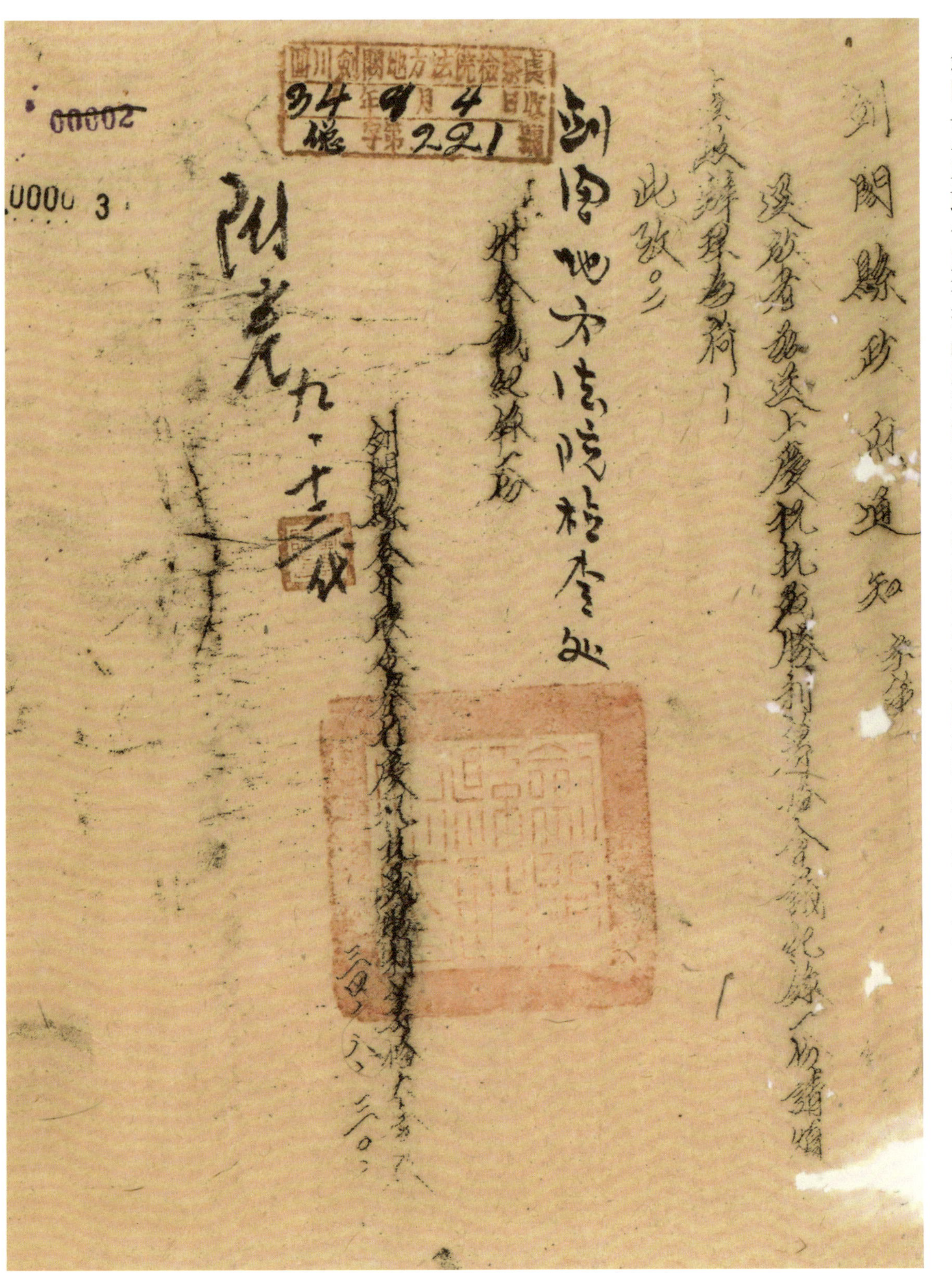
此致
劍閣地方法院檢查處

四川劍閣地方法院檢察處收文
34年9月4日
字第221號

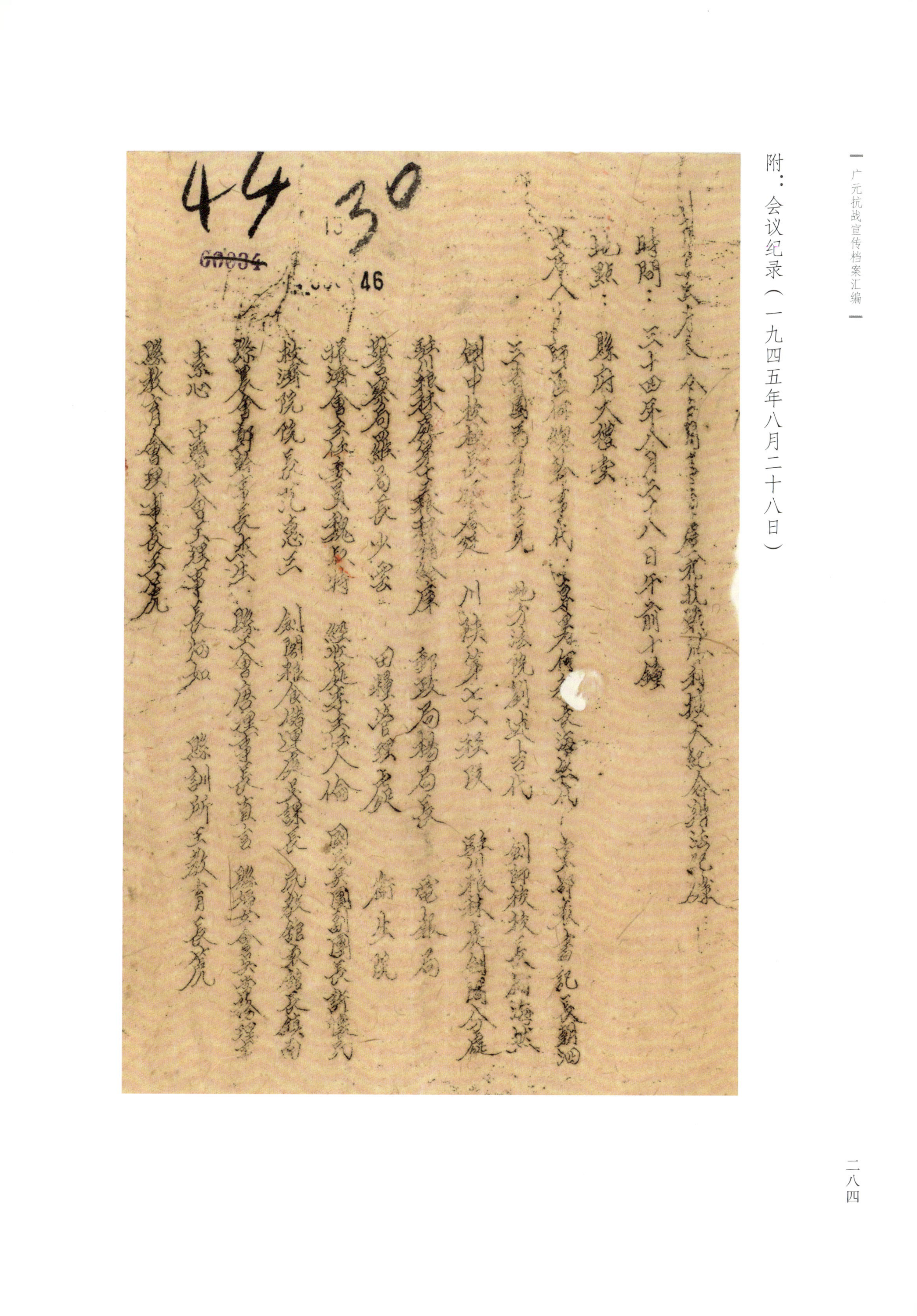

附：会议纪录（一九四五年八月二十八日）

[illegible]

時間：三十四年八月廿八日午前十鐘

地點：縣府大禮堂

出席人：[illegible]

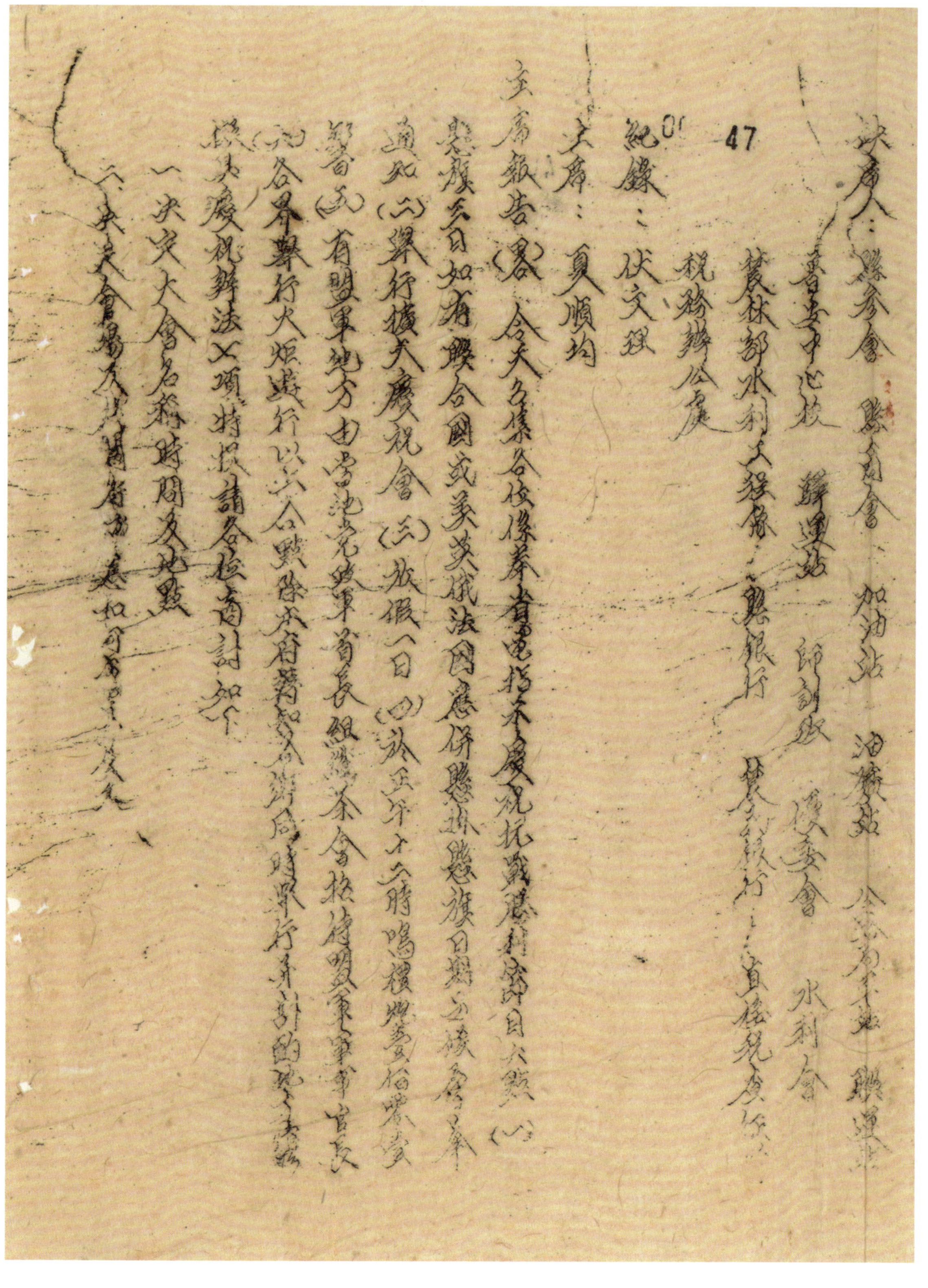

47

出席人：縣參會 縣商會 加油站 油礦站 公路局車站 聯運處
晉安中心校 聯運站 師訓班 [illegible]委會 水利會
農林部水利工程處 縣銀行 農民銀行 直接稅局
稅務辦公處

紀錄：伏文斌
主席：夏順均

主席報告（略）。今天召集各機關學校首長籌備慶祝抗戰勝利節目大綱：（一）慶祝日期如有聯合國或美英蘇法四國簽字後勝利日期公佈後舉行；（二）舉行擴大慶祝會；（三）放假一日；（四）於正午十二時鳴禮炮[illegible]響；（五）有盟軍地方由當地黨政軍首長組織茶會招待盟軍軍官長；（六）各界舉行火炬遊行。以上六點除第六點須[illegible]同時舉行外[illegible]。關於慶祝辦法六項，特提請各位商討如下：

一、決定大會名稱、時間及地點。

二、決定大會場所佈置辦法如何[illegible]。

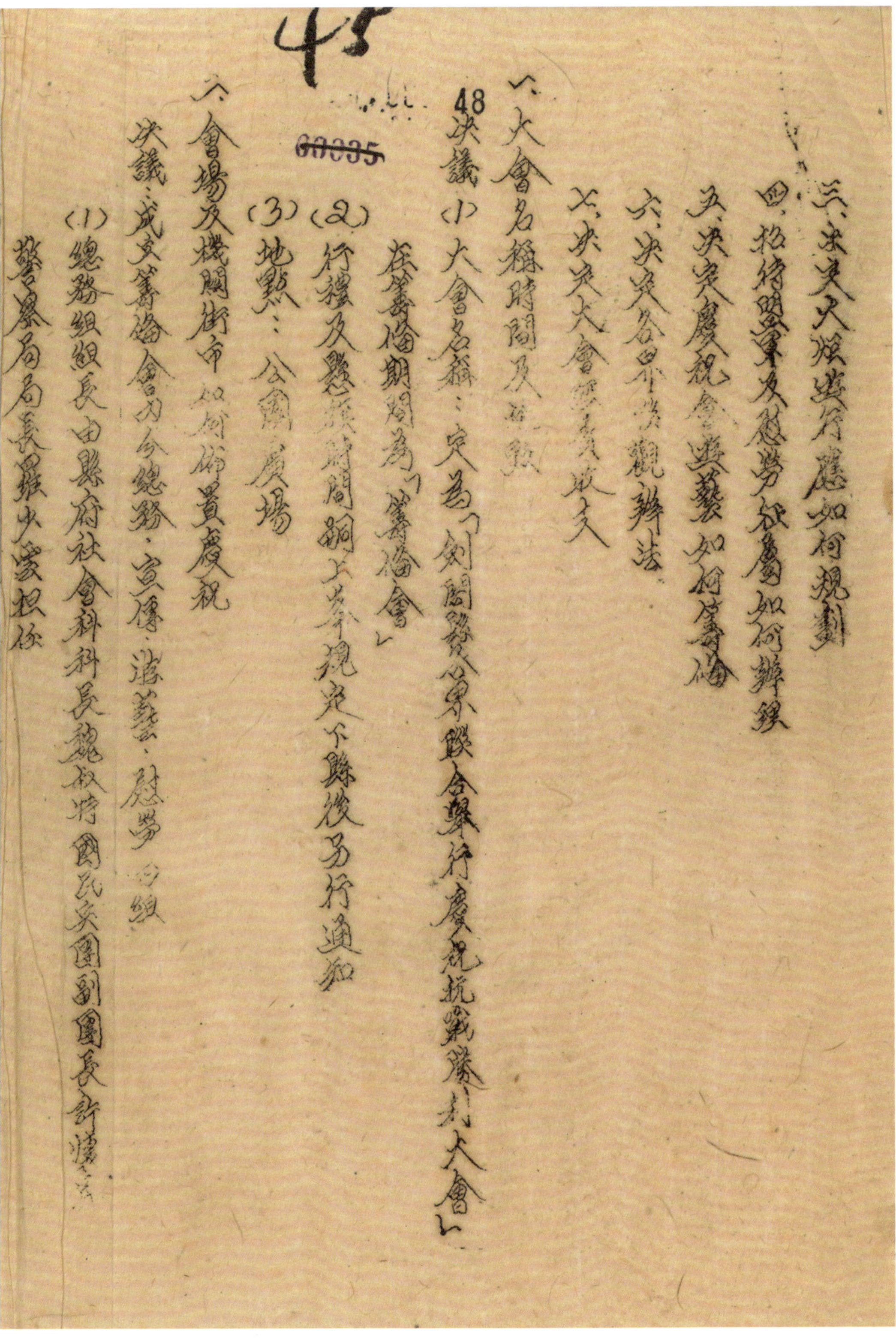
三、火炬遊行應如何規劃
四、招待出征軍人慰勞抗屬如何辦理
五、決定慶祝會遊藝如何籌備
六、決定各界參觀辦法
七、決定大會電文
八、大會名稱時間及地點
決議（1）大會名稱：定為「劍閣縣各界聯合舉行慶祝抗戰勝利大會」
在籌備期間名為「籌備會」
（2）行禮及懸旗時間：照上峰規定，下縣後另行通知
（3）地點：公園廣場
九、會場及機關街市如何佈置慶祝
決議：成立籌備會，內分總務、宣傳、遊藝、慰勞四組
（1）總務組組長由縣府社會科科長魏叔鈞、國民兵團副團長許□□
警察局局長羅少安擔任

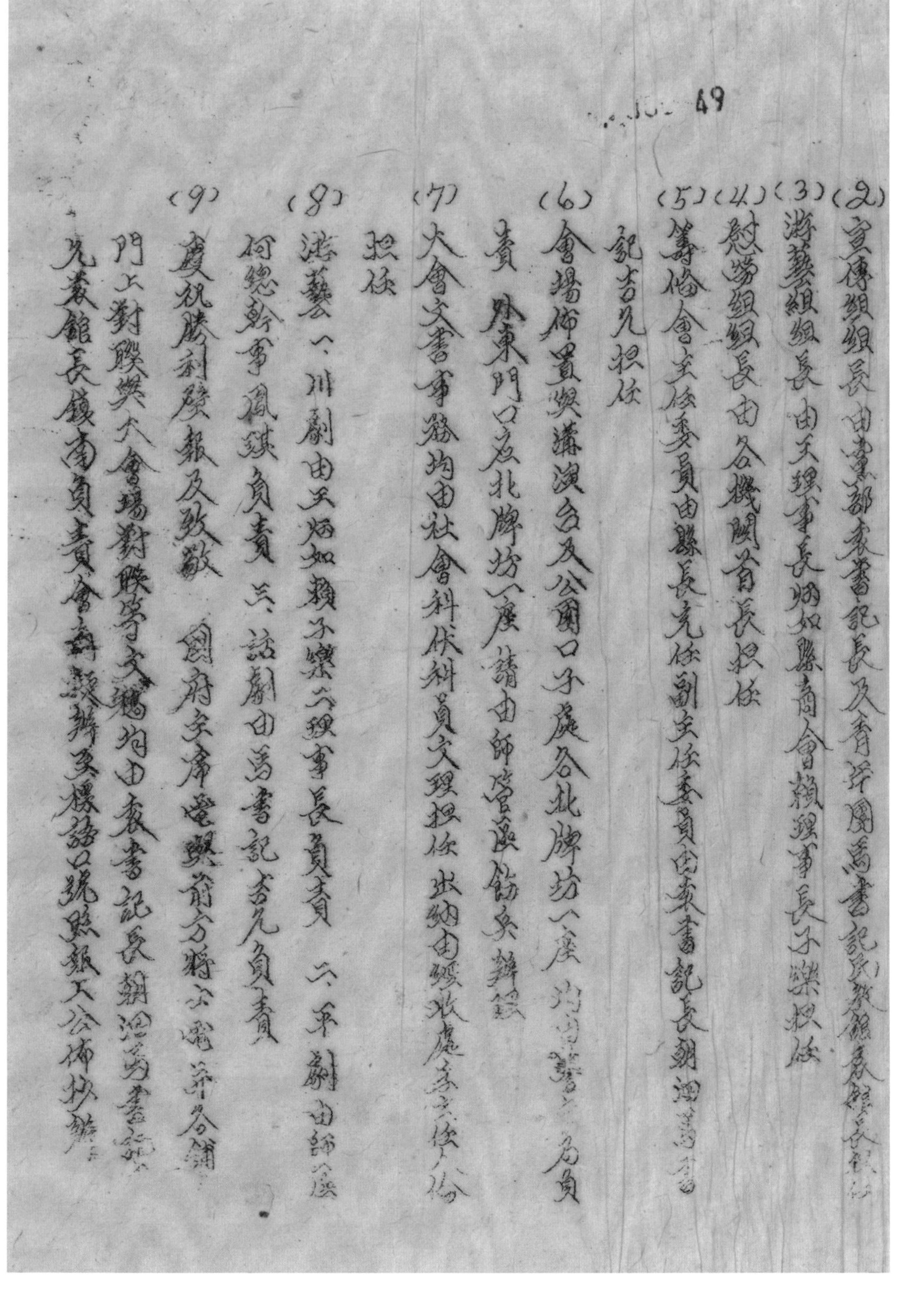

（2）宣傳組組長由黨部書記長及青年團書記長、教育館館長各擔任

（3）遊藝組組長由天理事長炳如、縣商會賴理事長子樂担任

（4）慰勞組組長由各機關首長担任

（5）籌備會主任委員由縣長充任，副主任委員由袁書記長朝洵兼書

記者兒担任

（6）會場佈置與籌演台及公園口子處各牌坊一座，均由□□局負

責。外東門口應扎牌坊一座，請由師管區飭兵辦理

（7）大會文書事務均由社會科依科員文理担任，出納由縣收處□□□份

担任

（8）遊藝ㄧ、川劇由天炳如、賴子樂二理事長負責；二、平劇由師管區

柯總幹事鳳鏘負責；三、話劇由萬書記者兒負責

（9）慶祝勝利發報及致敬　國府主席電與前方將士電，并各舖

門上對聯與大會場對聯等文稿均由袁書記長朝洵兼書記

先養館長鎮南負責，會場□□及標語口號照頒發大公佈抄錄

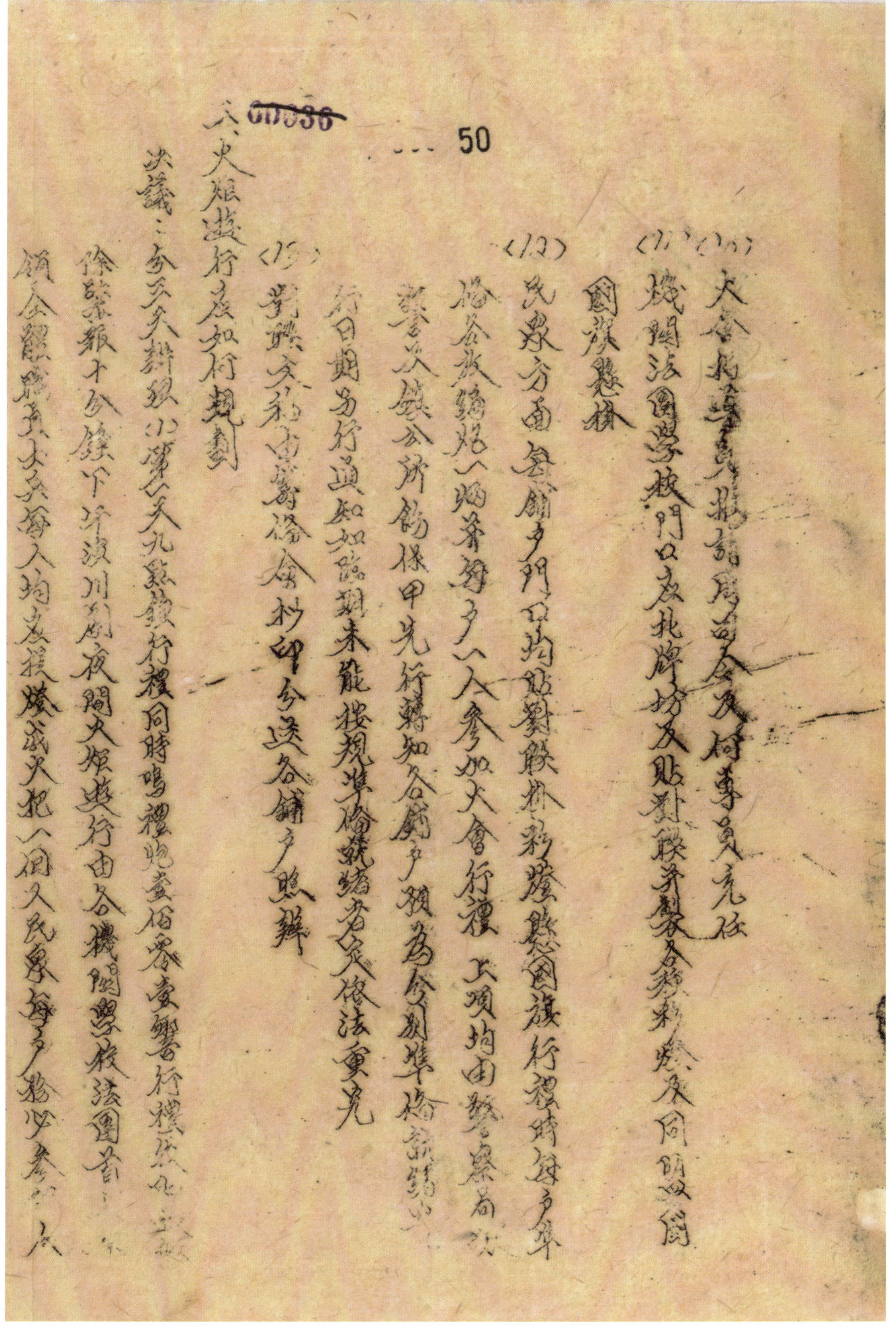
〈11〉〈10〉大会标语横幅由大会及何事员充任
机关法团学校门口应扎牌坊及贴对联并制备各种彩灯及国旗
国旗悬挂
〈12〉民众方面各铺户门口均贴对联挂彩灯悬国旗，行礼时每户举
烛各放鞭炮一响并每户一人参加大会行礼。上项均由警察局
督促并饬令所属保甲先行转知各铺户预为分别准备就绪，以
行日期当行通知，如临期未能按规准备就绪者定依法重究
〈13〉对联交秘书处缮备赶印分送各铺户照办
六、火炬游行应如何规划
决议：（1）本月八日下午九点钟行礼，同时鸣礼炮壹佰零壹响，行礼后
除警报才分钟下午演川剧，夜间火炬游行由各机关学校法团首
领会议代表大会每人均应携燃火把一个，又民众每户务必参加

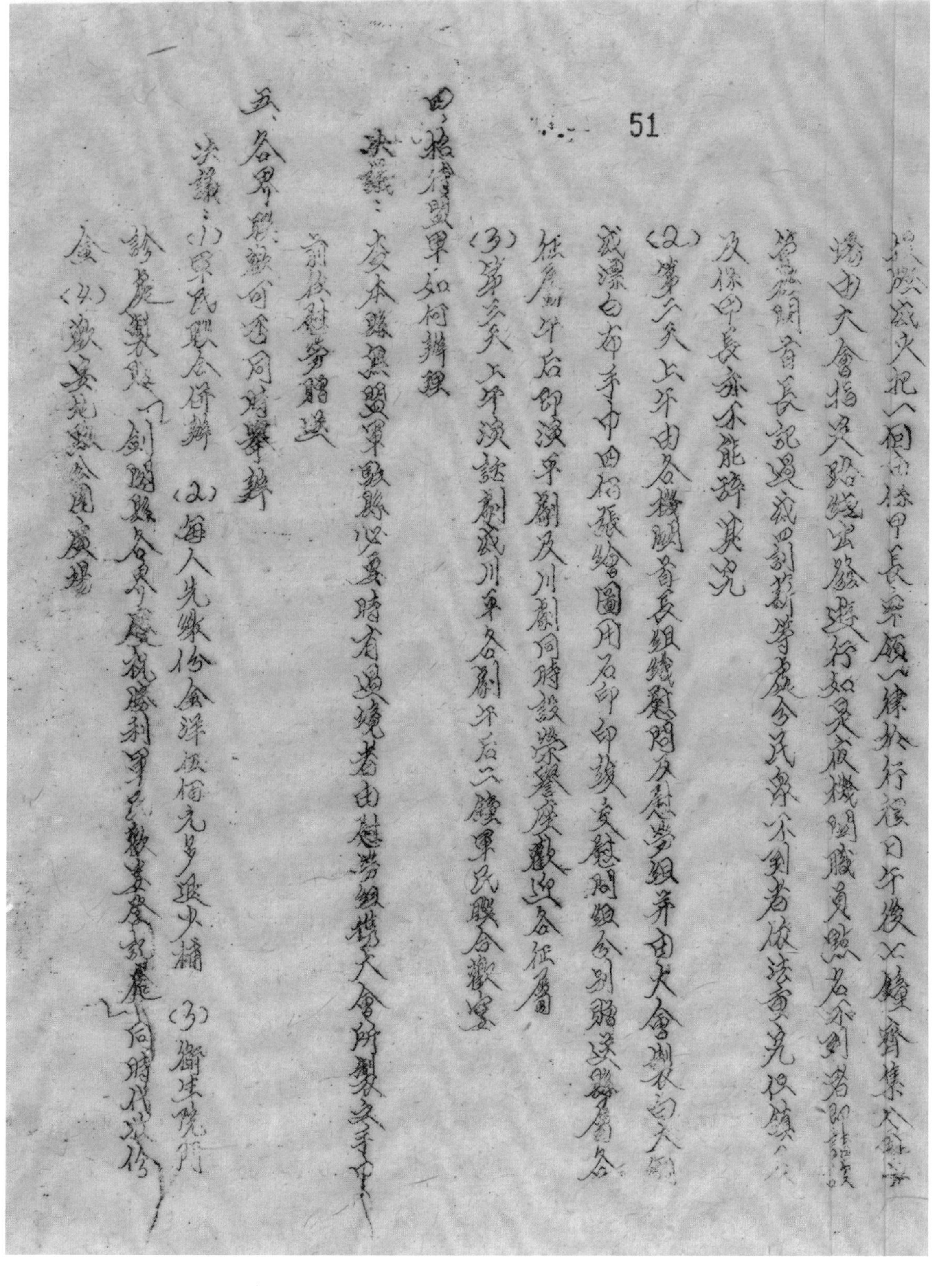

51

提燈或火把一個，由保甲長率領，一律於行禮日午後七鐘齊集大會場
場，由大會指定路線出發遊行，如是夜機關職員點名不到者即請
該管機關首長記過或罰薪，等處令民衆不到者依法究保鎮
及保甲長亦不能辭其咎

（2）第二天上午由各機關首長組織慰問及慰勞組，并由大會購衣
或漂白布手巾四件，張繪圖用石印印發，交慰問組分別贈送傷病各
征屬，午后即演平劇及川劇，同時設樂餐歡迎各征屬

（3）第三天上午演話劇或川劇，午后二鐘軍民聯合觀賞

四、招待盟軍如何辦理

決議：（1）凡本縣盟軍路過必要時有過境者，由慰勞組携大會所製手巾

前往慰勞贈送

五、各界聯歡何時舉辦

決議：（1）軍民聯合併辦 （2）每人先繳份金洋伍角，充多退少補 （3）衛生院門

診處募集，劍閣縣各界慶祝勝利軍民聯歡大會同時代收份

金 （4）聯歡處所定在公園廣場

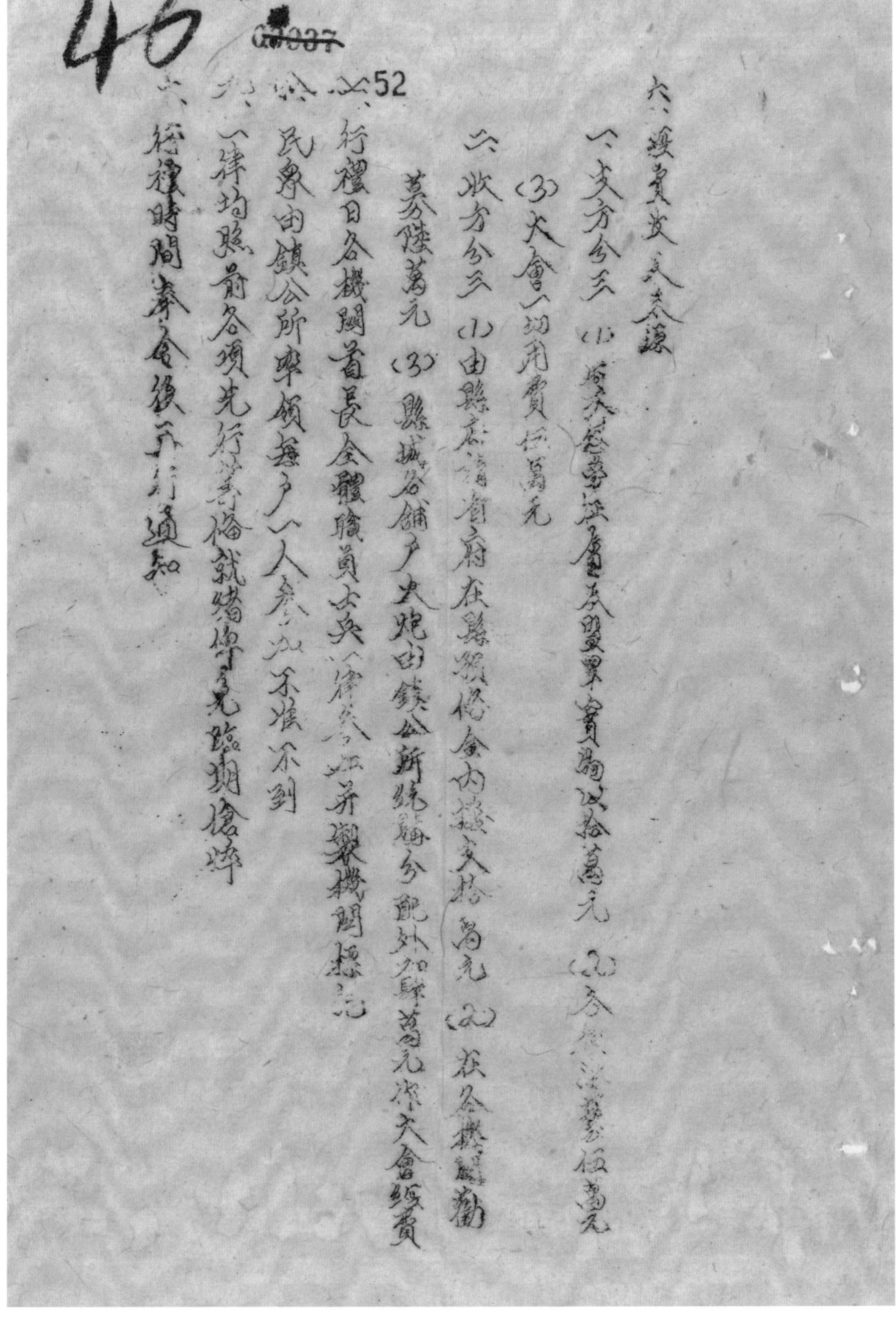

剑阁县各界联合庆祝抗战胜利纪念大会致剑阁地方法院检查处的通知（一九四五年九月二日）

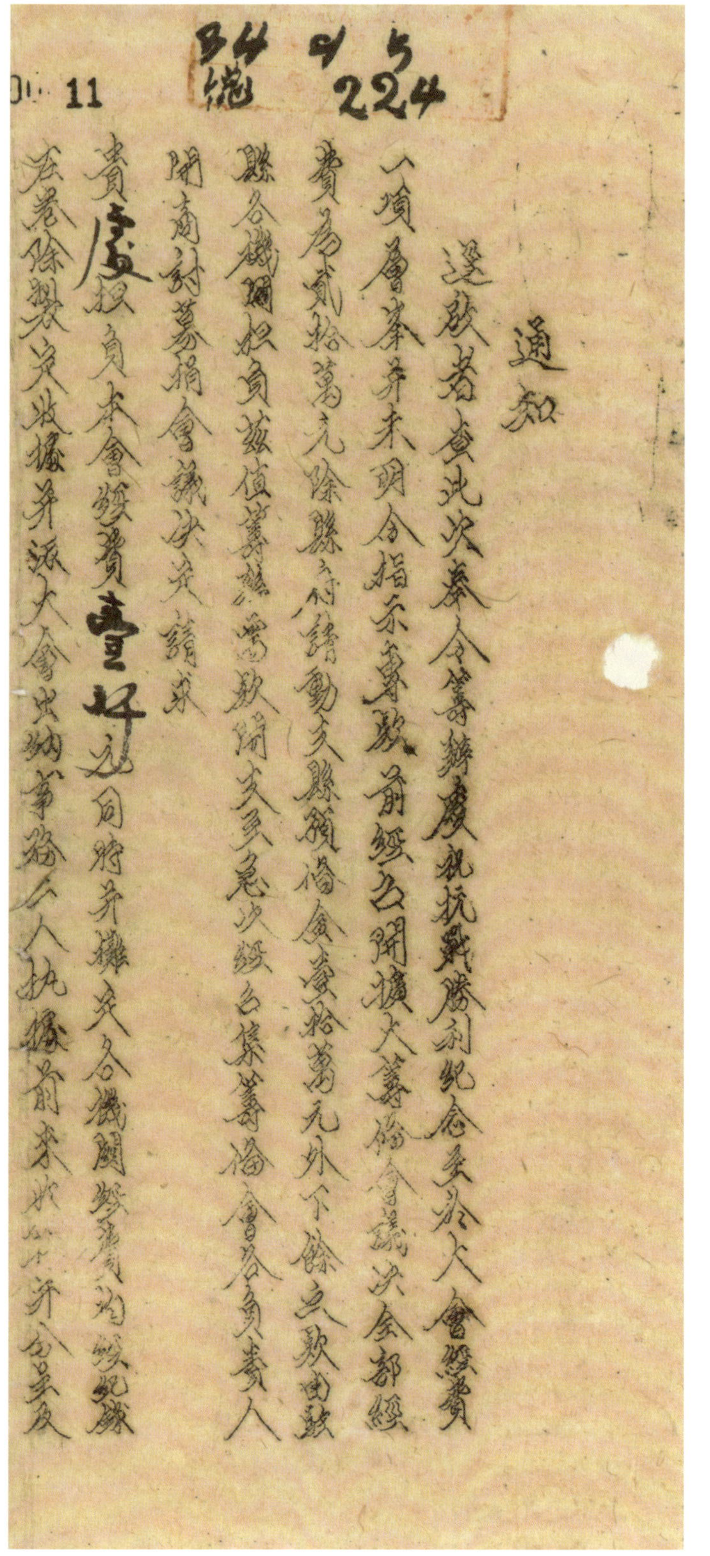

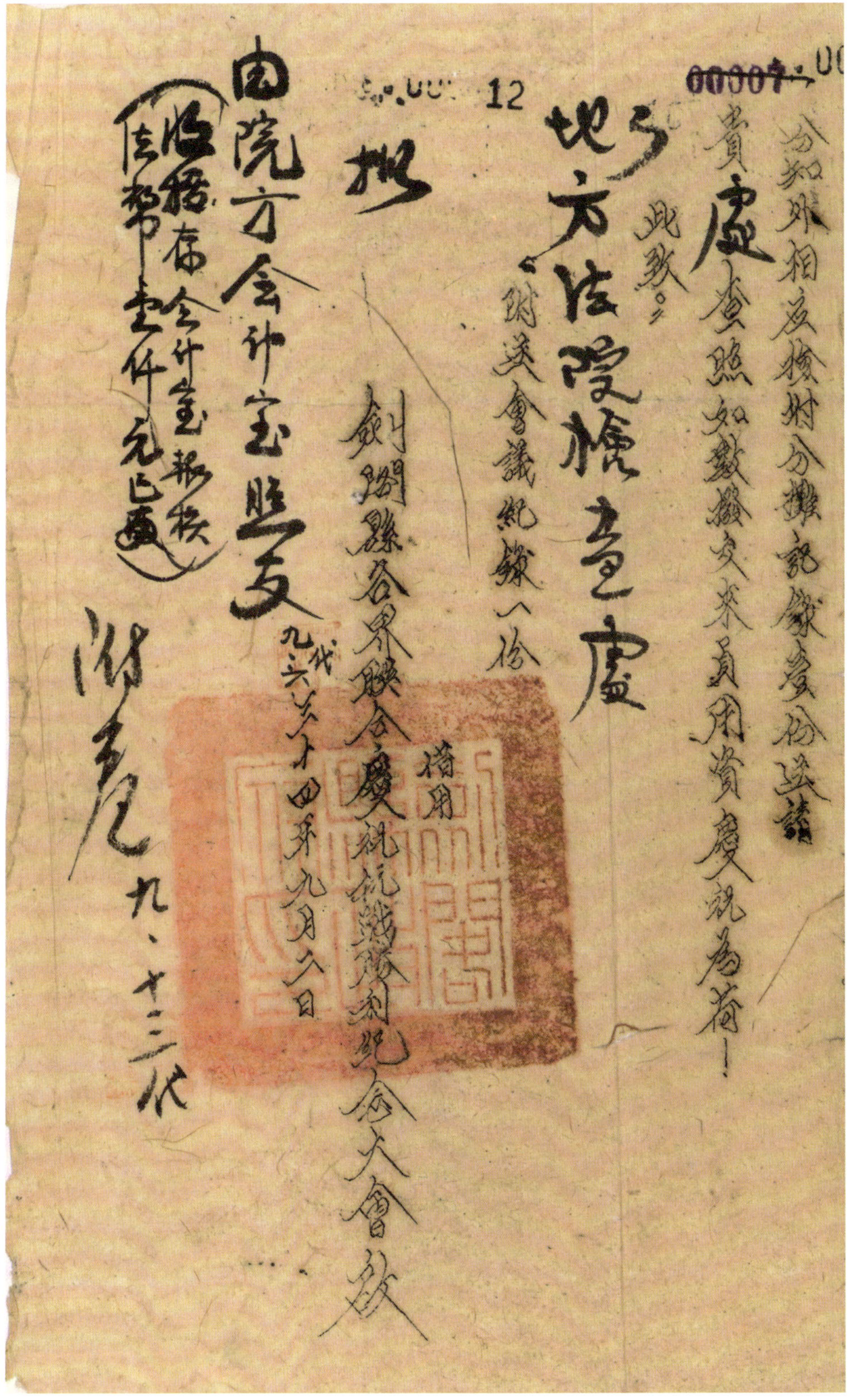

分知外相应检附分摊纪录壹份送请
贵处查照如数拨交来员用资庆祝为荷！
此致
地方法院检查处
附送会议纪录一份
剑阁县各界联合庆祝抗战胜利纪念大会启
九、六、卅四年九月八日

由院方会计室照支
据
（必须报核后由会计室存查）
九、十二

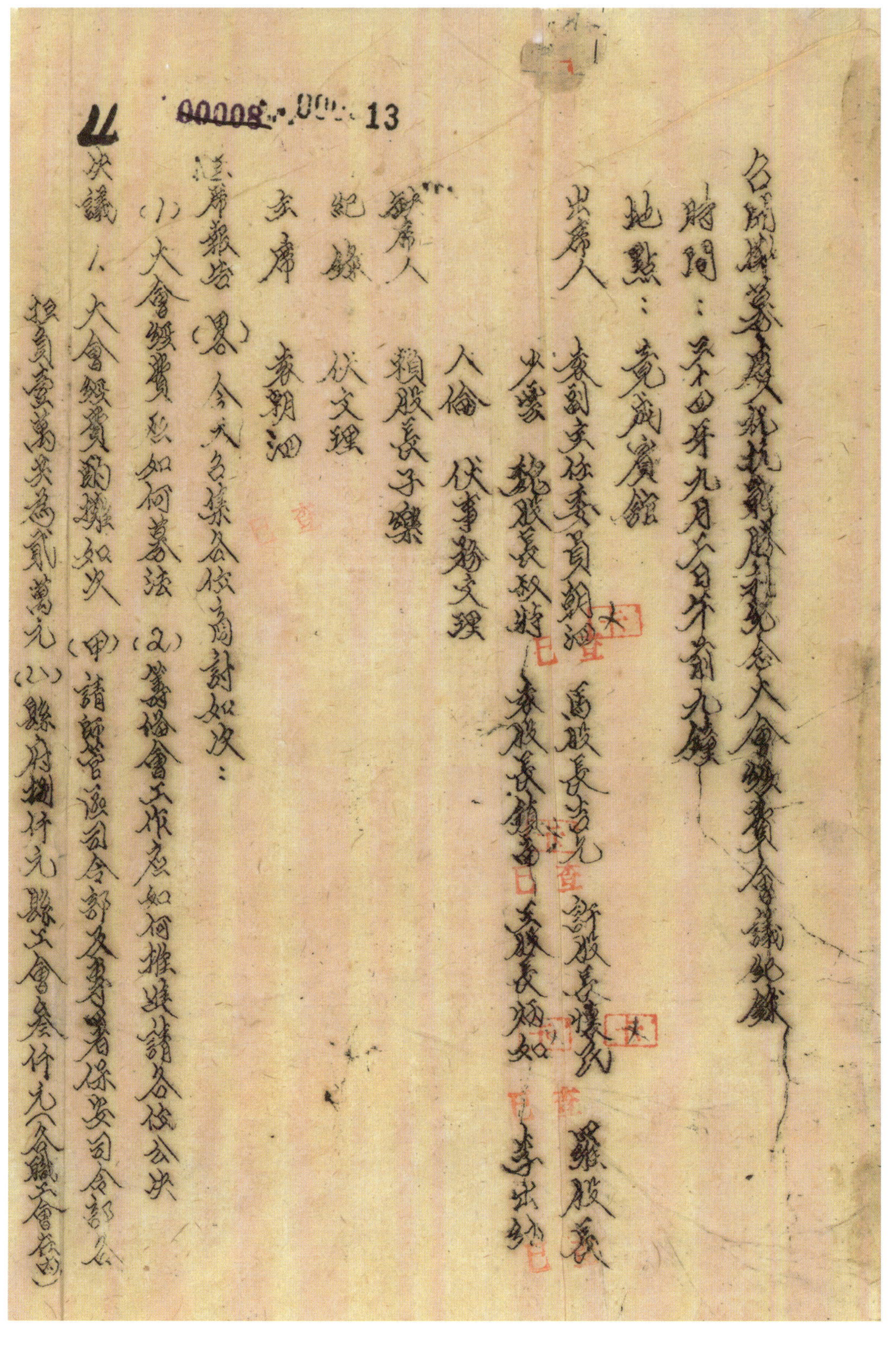

台開縣各界慶祝抗戰勝利紀念大會籌備會會議紀錄
時間：卅四年九月二日午前九時
地點：竟成賓館
出席人：袁副主任委員朝洄 司股長昌元 許股長漢民 羅股長
少濤 魏股長叔特 秦股長鎮南 吳股長炳如 李出納
人倫 伏事務文理
缺席人 賴股長子樂
紀錄 伏文理
主席 袁朝洄
主席報告（畧）今天召集各位商討如次：
（1）大會經費應如何籌法 （2）籌備會工作應如何推進 請各位公決
決議 1、大會經費籌撥如次 （甲）請師管區司令部及專署保安司令部各
捐負壹萬元為貳萬元 （乙）縣府撥什元 縣黨部參什元（各職工會在內）

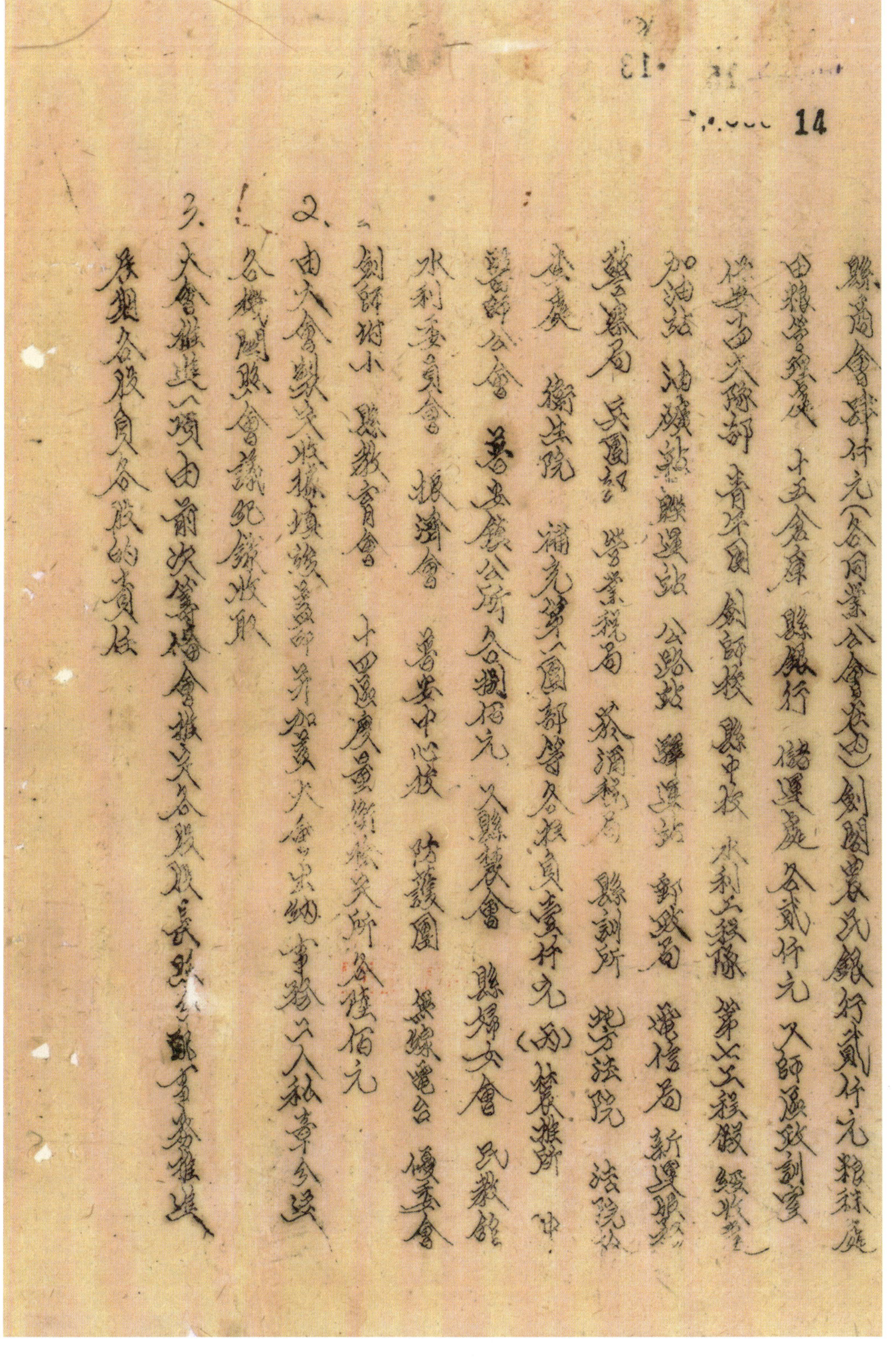
14

縣商會肆佰元（各同業公會攤出）　劍閣農民銀行貳佰元　糧秣處
田糧管理處　十五倉庫　縣銀行　儲運處各貳佰元　又師管區司令部
保安四大隊部　青年團　劍師校　縣中校　水利工程隊　第七工程段　綏收處
加油站　油礦處　鐵運站　公路段　驛運站　郵政局　電信局　新運服務
警察局　兵團部　營業稅局　貨消稅局　縣訓所　地方法院　法院檢
公處　衛生院　補充第一團部等各攤負壹佰元　（丙）營業稅所　中
醫師公會　普安鎮公所各攤伍佰元　又縣教育會　縣婦女會　民教館
水利委員會　振濟會　普安中心校　防護團　無線電台　優委會
劍師附小　縣教育會　十四區專員公署衛生所各陸佰元
2. 由大會製定收據填發並由大會負出納事務之人私章分送
各機關照會議紀錄收取
3. 大會推選一項由前次籌備會推定各股股長照分配事務推選
保望各股負各股的責任

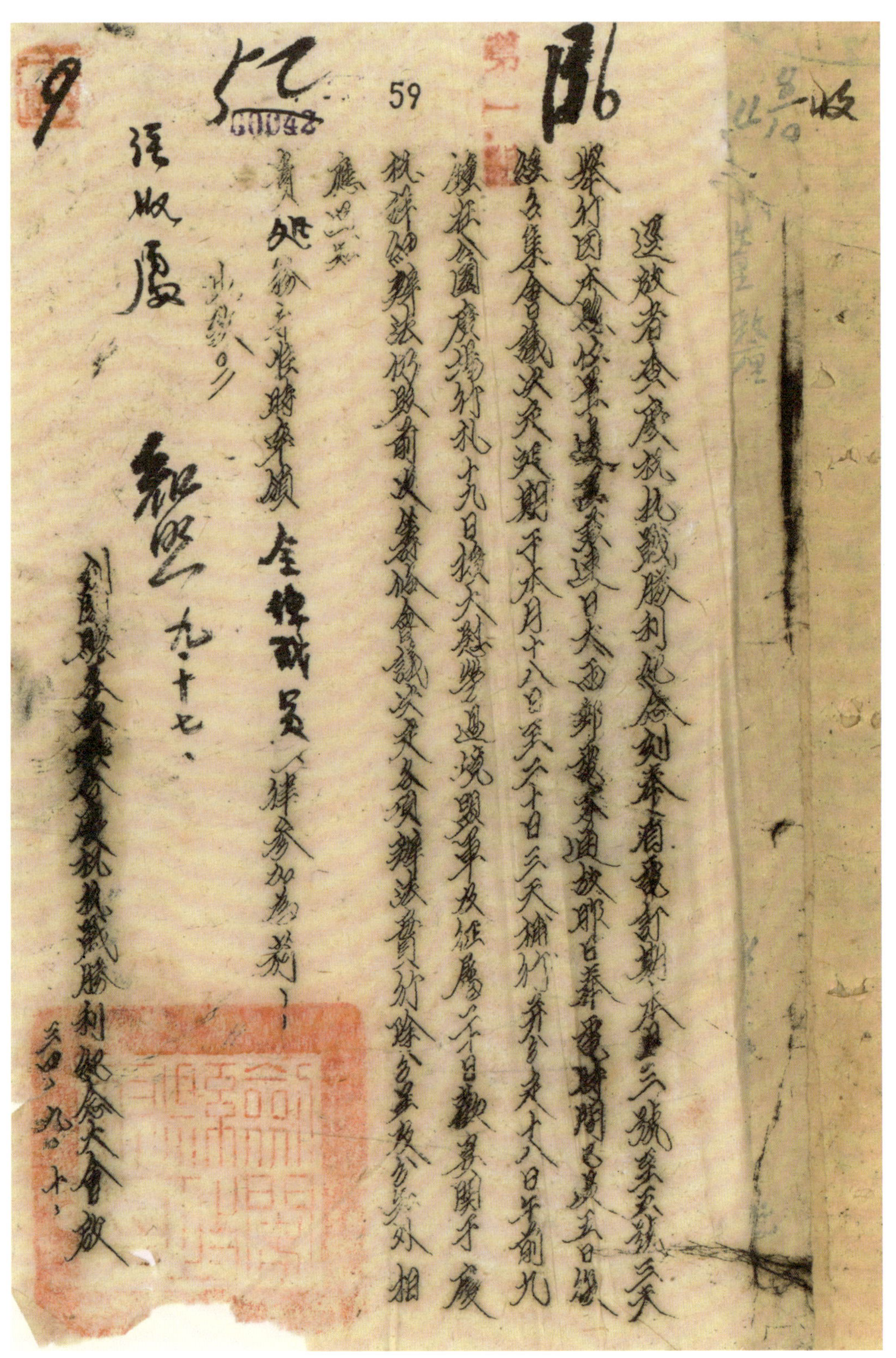

剑阁县各界联合庆祝抗战胜利纪念大会致经收处的通知（一九四五年九月十日）

剑阁县政府召集庆祝抗战胜利结束会议纪录（一九四五年九月二十七日）

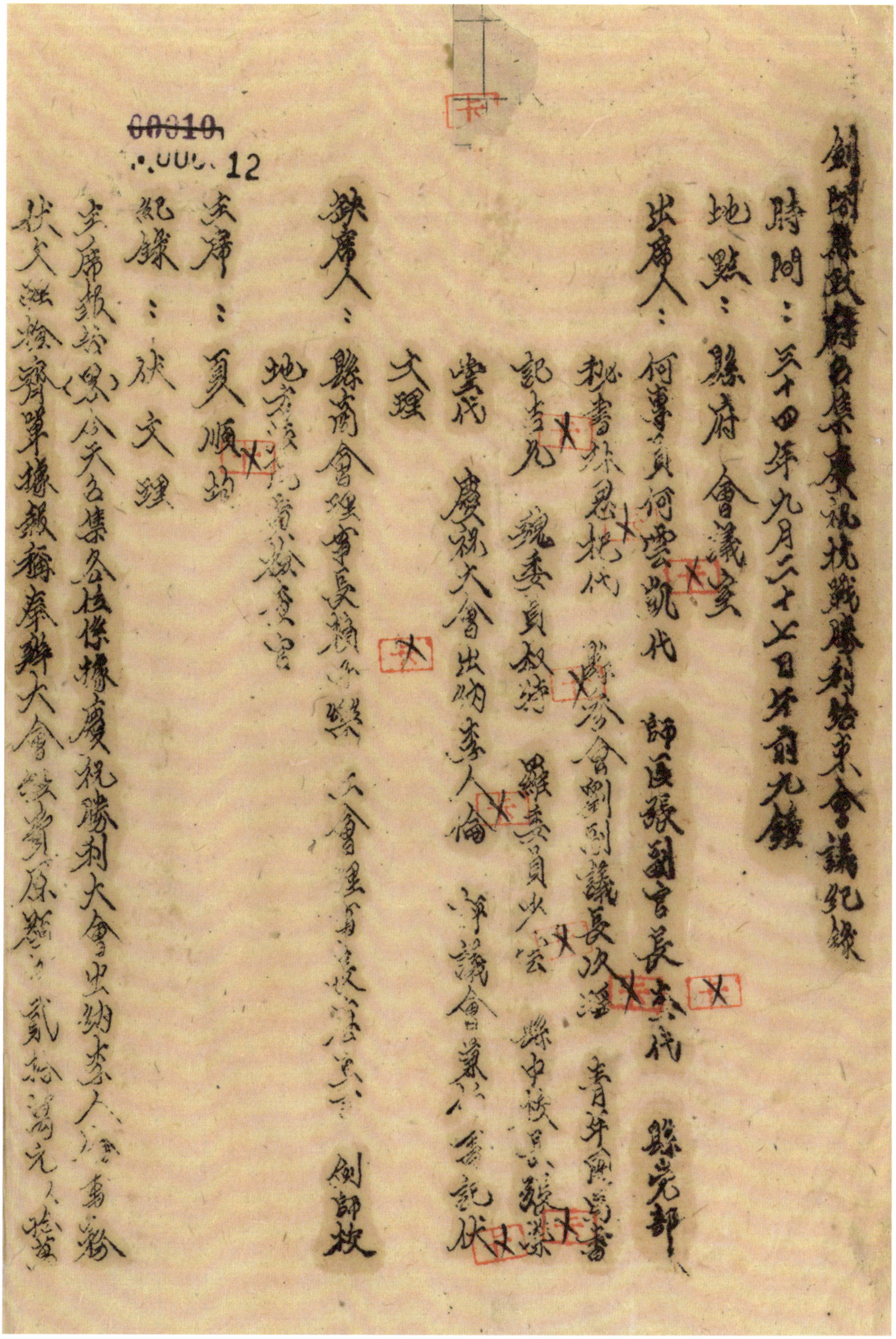
劍閣縣政府召集慶祝抗戰勝利結束會議紀錄
時間：三十四年九月二十七日午前九鐘
地點：縣府會議室
出席人：何專員何雲凱代 師區張副官長[illegible]代 縣黨部秘書[illegible]代 縣參會劉副議長次澄 青年團[illegible]書記吉光 魏委員叔濤 [illegible]委員以[illegible] 縣中校長[illegible]代 慶祝大會出納李人倫 參議會[illegible]書記伏文理
缺席人：縣商會理事長[illegible] 大會[illegible] 劍師校 地方法院首席檢察官
主席：夏順[illegible]
紀錄：伏文理
主席報告（略）今天召集各位係據慶祝勝利大會出納李人倫、會計事務伏文理檢齊單據報稱奉辦大會[illegible]原[illegible]貳拾萬元[illegible]

13

元作優待征屬，以伍萬作各種獎品，以拾萬作寫待大會一切佈置之用，除撙節開支外，統計實用去洋弍拾伍萬陸仟元，除業已撥到弍萬元外，尚差不敷叁萬陸仟元，其原因一方面係因須將大會場佈置一切益求精，燈彩牌坊一切損壞，從新另製；另一方面須顧劇場支出，尚不敷補

支辦法

討論事項

六、大會不敷經費叁萬陸仟元及優待征屬月餅費弍萬叁仟元如何支給案

決議：(一)經費會部撙節及不敷一節均尚屬實，決定在救濟金內全數動支，不再另補

(二)優待征屬月餅費弍萬叁仟元在優待征屬金內開支，由優委會檢據核銷

四川省政府及剑阁县政府关于征集抗战史料的训令（一九四六年十二月至一九四七年二月）

四川省政府致剑阁县政府的训令（一九四六年十二月）

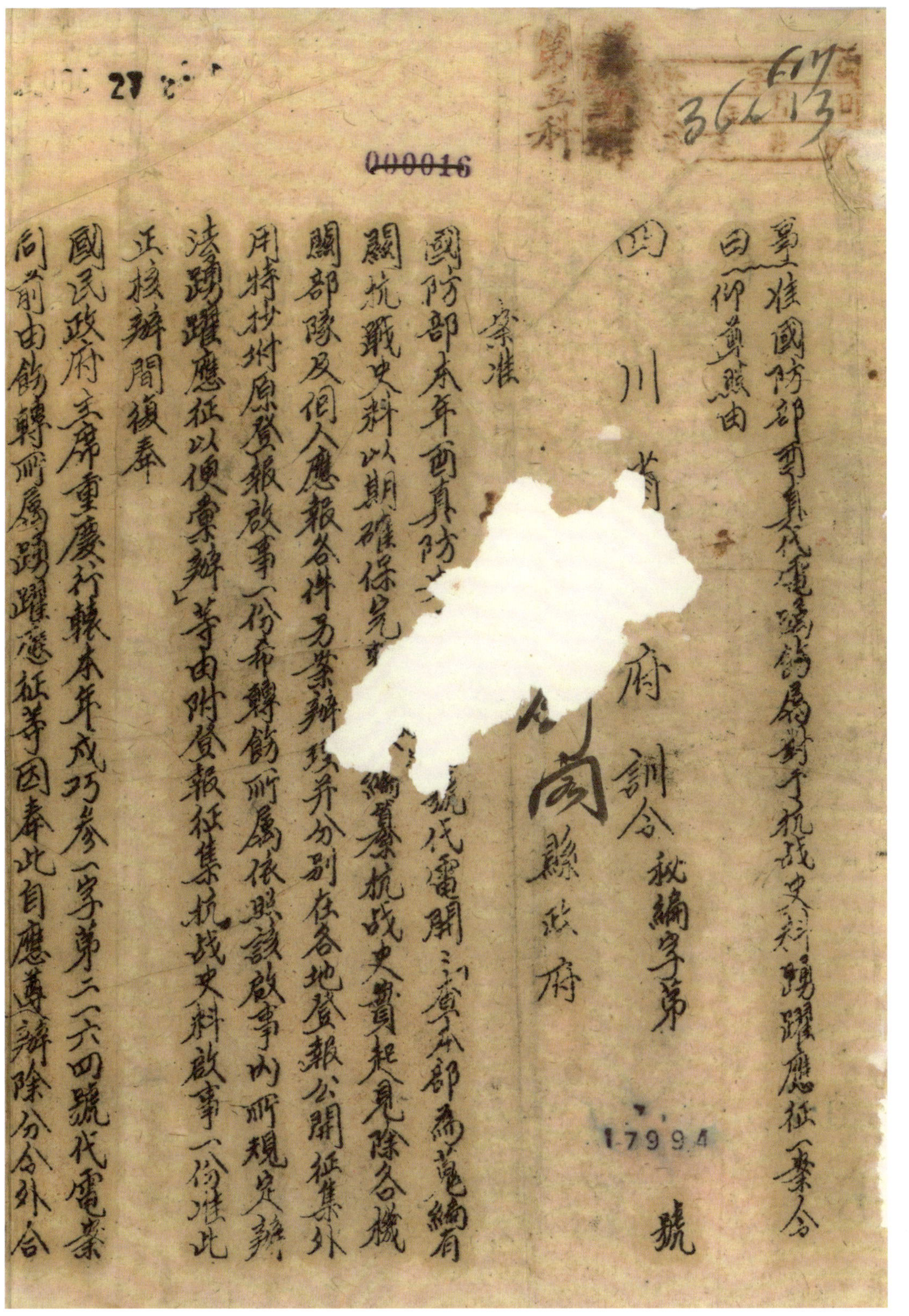

為准國防部電[illegible]代電飭屬對于抗战史料踴躍應征一案令仰遵照由

四川省政府訓令 秘編字第 號

令劍閣縣政府

案准

國防部本年酉真防[illegible]號代電開「[illegible]部為蒐編有關抗戰史料以期確保完[illegible]編纂抗战史實起見除各機關部隊及個人應報各件另案辦理並分別在各地登報公開征集外用特抄附原登報啟事一份希轉飭所屬依照該啟事內所規定辦法踴躍應征以便彙辦」等由附登報征集抗战史料啟事一份准此正核辦間復奉

國民政府主席重慶行轅本年戌巧參一字第二一六四號代電略同前由飭轉所屬踴躍應征等因奉此自應遵辦除分令外合

所規定對法踴躍應徵為要

此令

附發登報征集一份

中華民國　年十二月　日

代理主席鄧錫侯

令各鄉鎮遵照

剑阁县政府致该县各乡镇公所的训令（一九四七年二月二十八日）

33

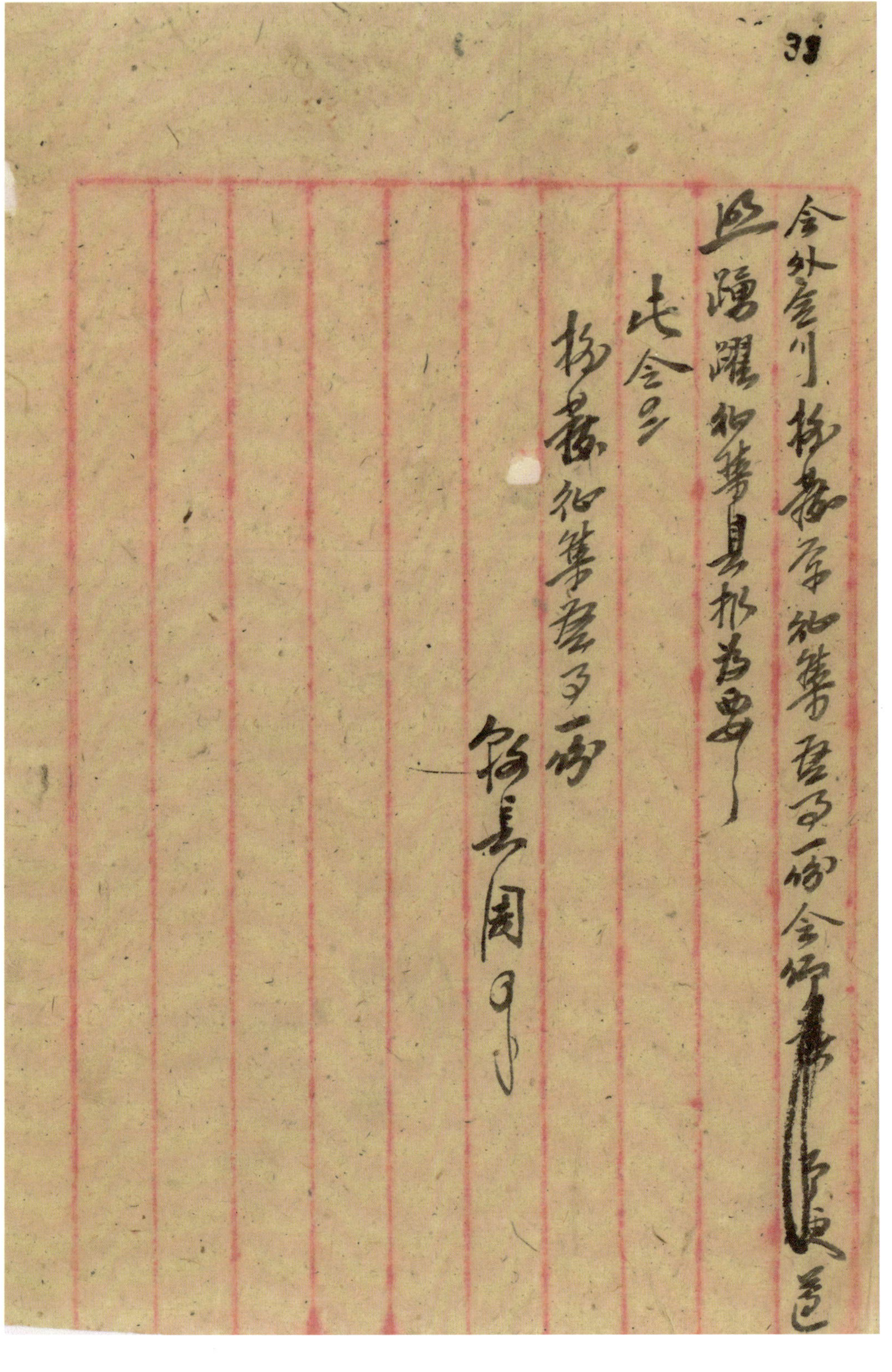

三、苍溪县

苍溪县抗敌后援分会印制的「九一八」纪念歌（一九三七年）

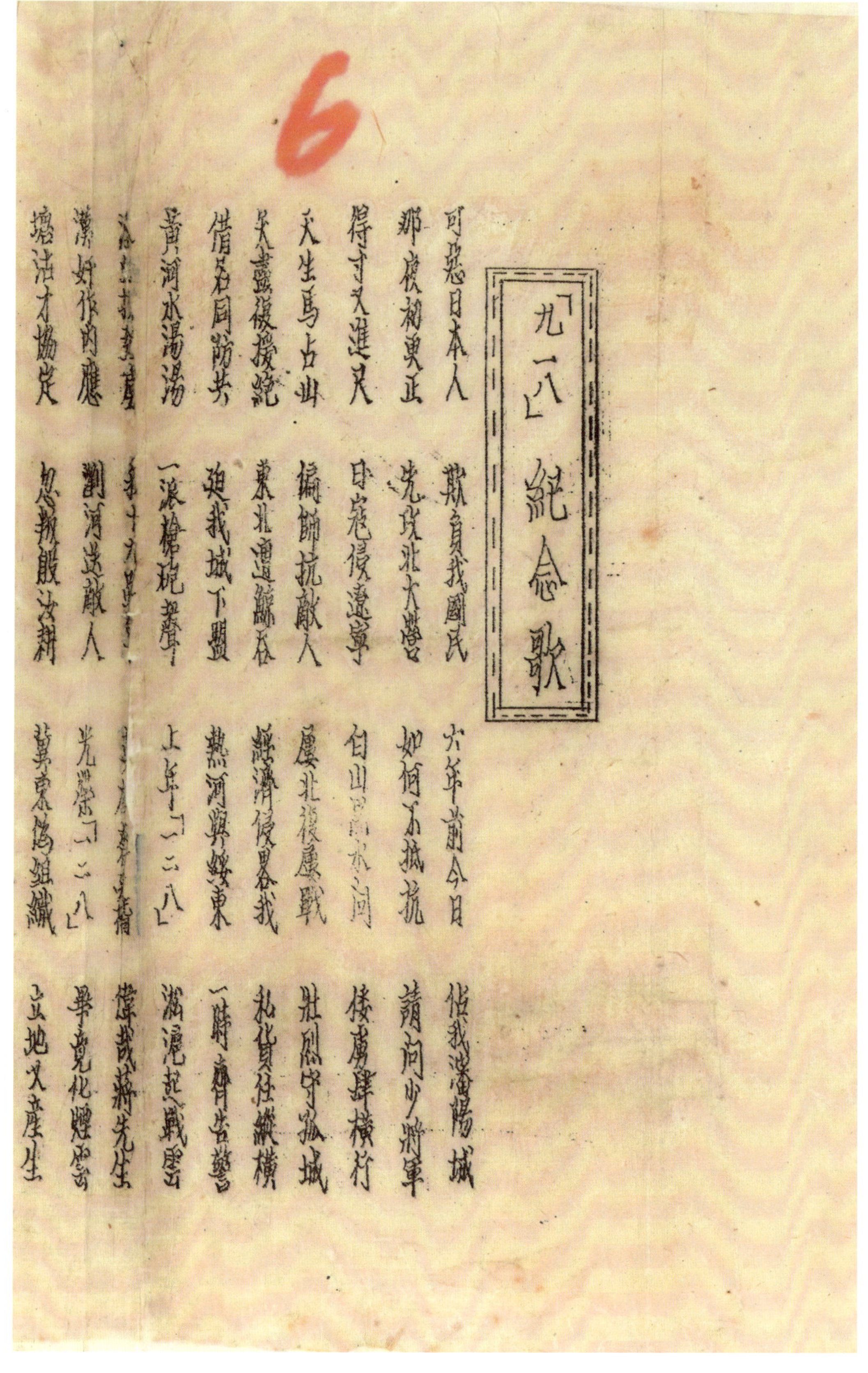

日寇貪無饜　又圖我冀平　舉事蘆溝橋　先後佔平津
京滬都吃緊　敵騎如雲屯　最後關頭至　犧牲抱決心
國防開會議　濟濟會群英　大聲呼殺敵　抵抗不後人
同心禦外侮　動員百万兵　空軍有準備　陸軍更出名
開言募心情　傾刻集万金　人力與財力　億万為一心
全面作抗戰　堅持到來春　來春猶未已　千春復万春
不復舊河山　誓不苟生存　我們老與少　女且與男丁
須知亡國恨　苦痛摧肝心　國亡種必滅　民族斷葛根
嗟我炎黄胄　寧作刀下人　奮起救中華　自力謀更生
富者捐金錢　壯作國民兵　婦女勤護運　老少勤種耕
男女小朋友　個個童子軍　前線去後援　與敵拼輸贏
四萬萬同胞　眾志可成城　指日滅三島　轉瞬到東京
懲彼侵略者　維世界和平

四川省抗敵後援會廣漢縣分會印製

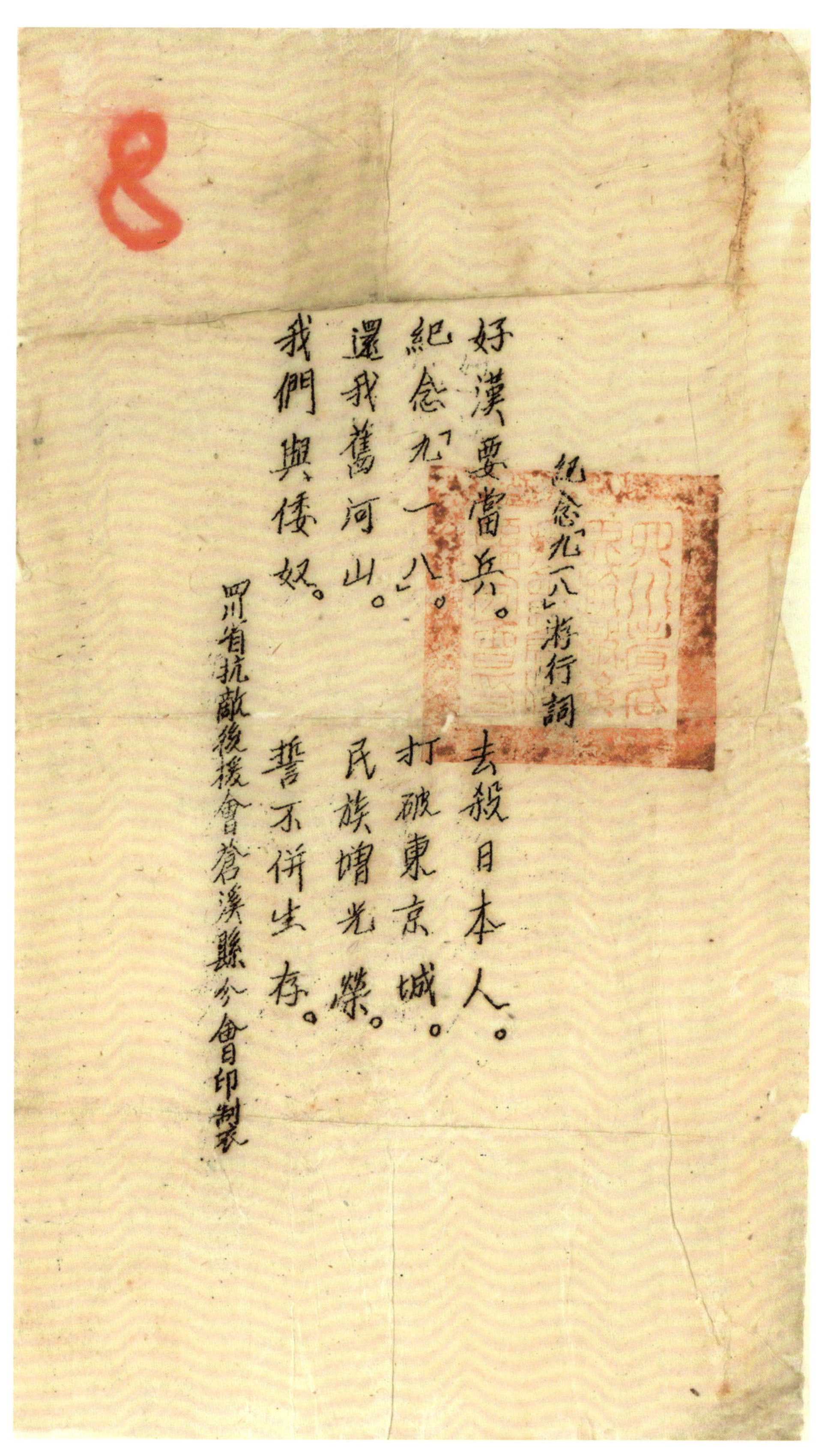

紀念「九一八」游行詞

好漢要當兵。去殺日本人。
紀念九一八。打破東京城。
還我舊河山。民族增光榮。
我們與倭奴。誓不併生存。

四川省抗敵後援會蒼溪縣分會印製

苍溪县抗敌后援分会印制的纪念「九一八」游行词（一九三七年）

苍溪县政府关于奉令指导策动学生寄信慰勉前方抗战将士致城中小学校的训令（一九三八年五月二十七日）

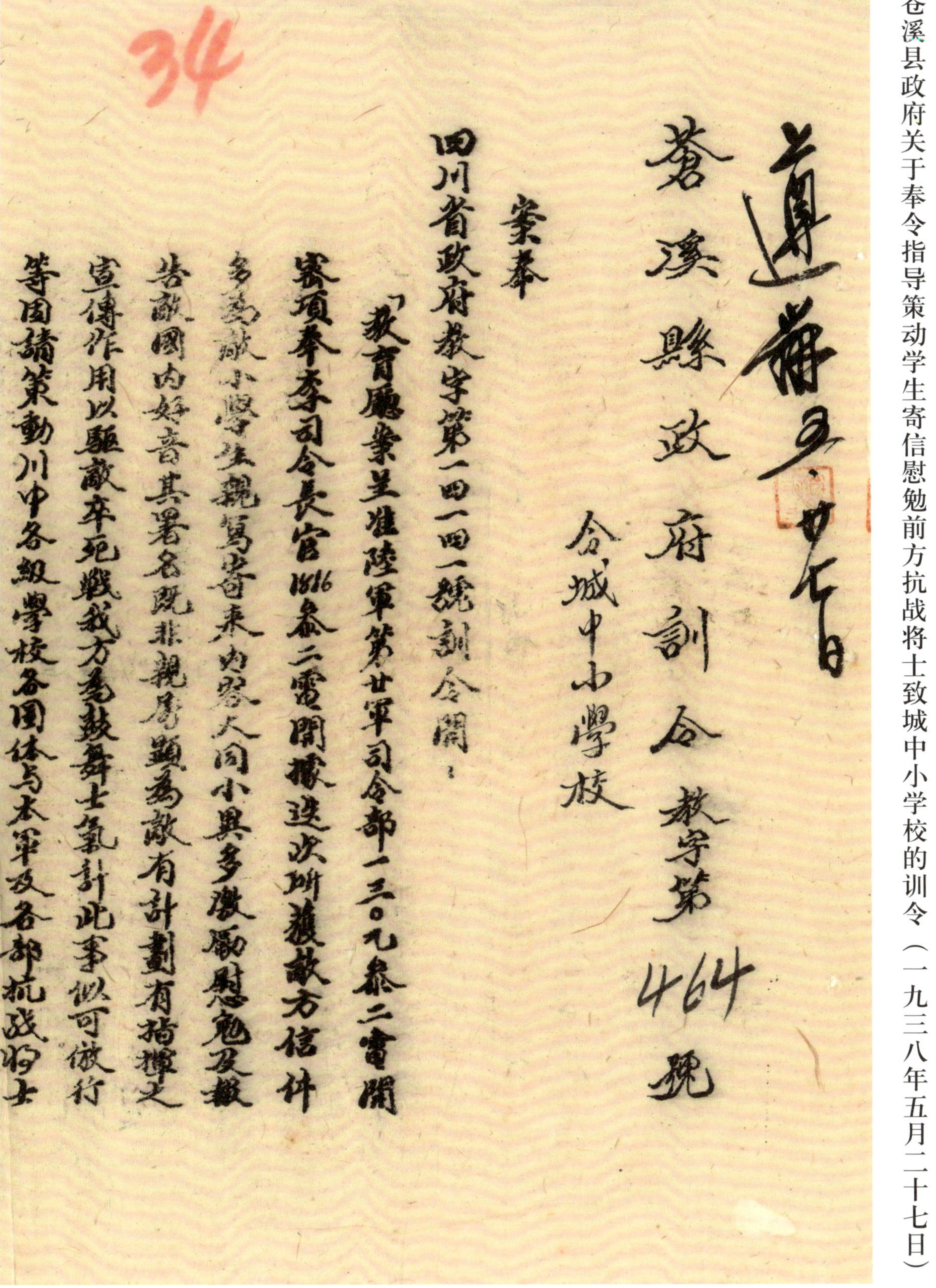

遵辦 五、廿七日

蒼溪縣政府訓令 教字第464號

令城中小學校

案奉

四川省政府教字第一四一四一號訓令開：

「教育廳案呈准陸軍第廿軍司令部一三〇七參二電開：密。頃奉本司令長官1816參二電開：據迭次所獲敵方信件多爲敵小學生親寫寄來，内容大同小異，多激勵慰勉及報告敵國内好音，其署名既非親屬，顯爲敵有計劃有指揮之宣傳作用，以驅敵卒死戰。我方爲鼓舞士氣計，此事似可倣行，等因。請策動川中各級學校各團体與本軍及各部抗戰將士

寄信以收激勵之效。東件交安徽合肥廿七集團軍總司令、安慶廿軍司令部轉為

荷等由。查激發士氣為戰爭勝利之要件，我前方將士浴血抗

戰，後方民眾自應予以多方獎策鼓舞。自令到之日起，各

該校應即負責指導策動學生對於前方各部抗戰將士

隨時寄信慰勉激勵，以揚士氣為要。除分令外，合行令仰

該縣政府知照，并轉飭遵照。此令。」

等因。奉此，除分令外，合亟令仰該校遵照辦理。

此令。

中華民國廿七年五月二十七日

縣長 涂鍵承

苍溪县政府、县征募寒衣运动支会关于嘉奖热心捐募寒衣捐各员等致城厢联保办公处的训令

（一九三八年十二月十五日）

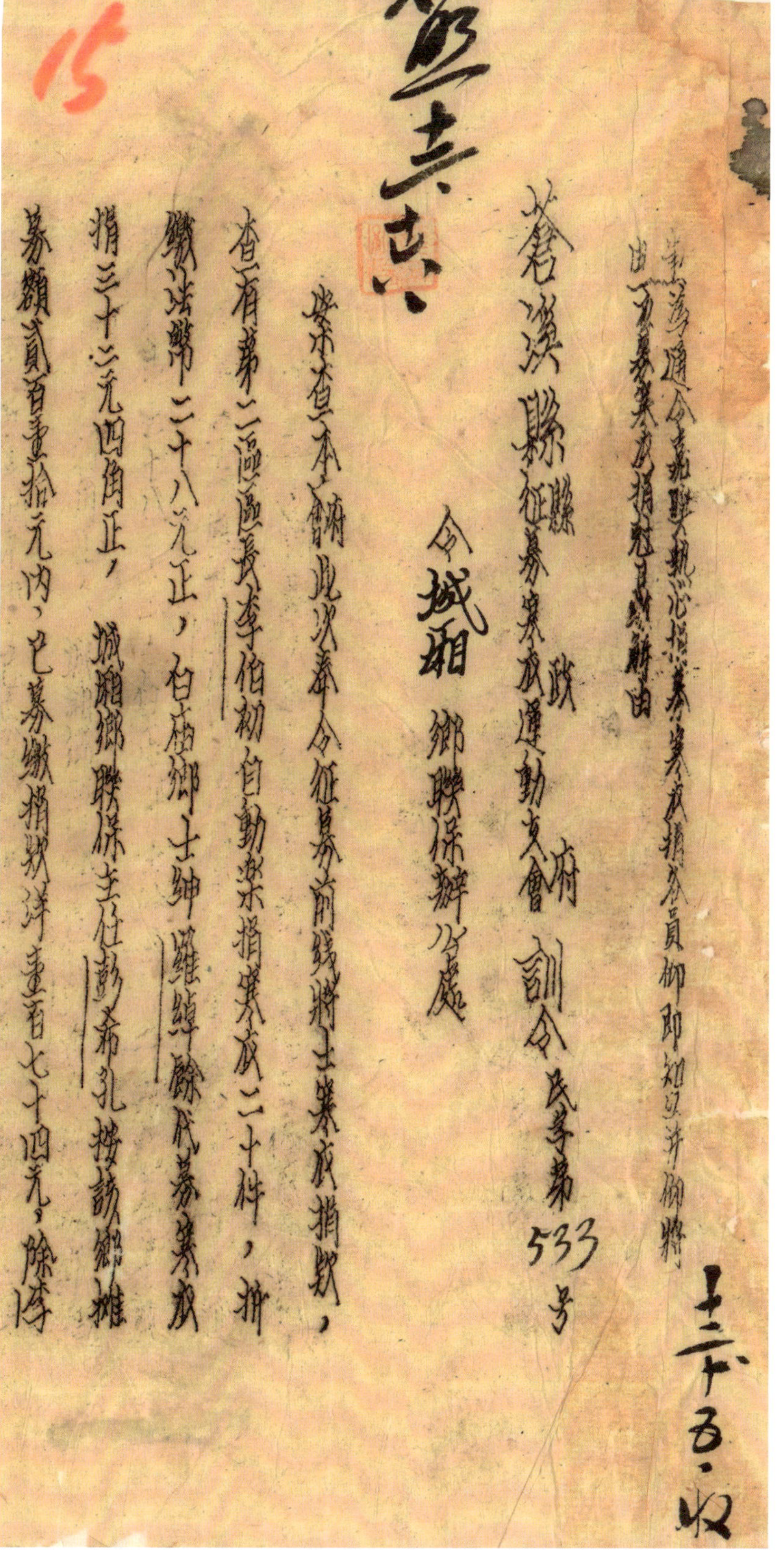

由　为通令嘉奖热心捐募寒衣捐各员仰即知照并饬将已募寒衣捐款迅即解由

苍溪县政府
苍溪县征募寒衣运动支会　训令　民字第533号

令城厢乡联保办公处

案查本府此次奉令征募前线将士寒衣捐款，查有第二区区长李伯初自动乐捐寒衣二十件，折缴法币二十八元正；白磨乡士绅罗维纶代募寒衣捐三十二元四角正；城厢乡联保主任彭希孔按该乡摊募额贰百壹拾元内，已募缴捐款洋壹百七十四元，余俟

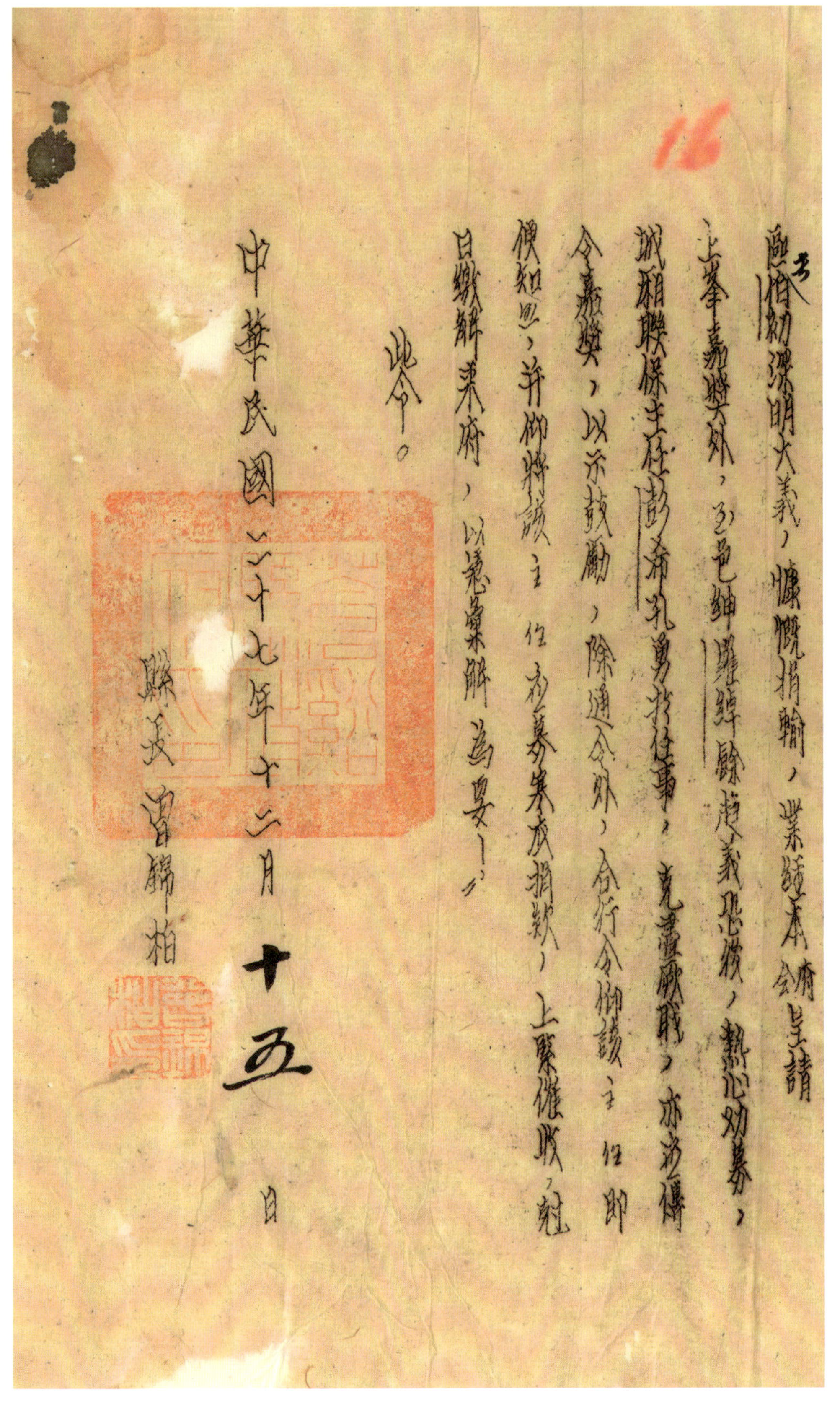
邑僑均深明大義，慷慨捐輸，業經本府會呈請
上峯嘉獎外，至邑紳陳鐸餘趙義恐後，熱心勸募，
誠和聯保主任彭希孔勇於任事，克盡厥職，亦殊堪傳
令嘉獎，以示鼓勵，除通令外，合行令仰該主任即
便知照，并仰將該主任經募集成捐款，上緊催收，剋
日繳解來府，以憑彙解，為要！
此令。
中華民國二十七年十二月十五日
縣長 曾錦柏

四川省动员委员会苍溪县抗敌宣传员侯立观宣传总报告表（一九三九年六月二十一日）

四川省動員委員會蒼溪縣抗敵宣傳員宣傳總報告表

姓名	侯立觀	被派縣名	蒼溪縣	離省日期	三月十五日離開劍閣	到縣日期	三月二十七日
開始工作日期	三月二十八日	工作時間	兩月零二十五日	工作報告次數	八次	工作結束日期	六月二十一日

工作概況		
	宣傳綱要	依據第二期抗戰宣傳綱要、精神總動員宣傳綱要暨臨時奉頒之建軍禁煙各項宣傳綱要與國勢報告等經常實施之。（兵役宣傳大綱）
	宣傳方法	(1)利用城廂固有團體每週排定動員講話作幹部之訓練。 (2)出席有關各項會議及本黨小組座談為相互砥礪觀摩之研討與改正。 (3)國勢報告國民公約宣誓國民月會督導為經常普通之工作，其他臨時利用紀念日機會作游藝或趕集宣傳。 (4)創辦動員通訊以傳播正確消息，指導動員業務，為文字恒久之宣傳。
	宣傳效果	來蒼工作時及三月，本會主任委員初求加強內部，繼謀次第開展，到一切工作已按步就班逐項實施，漸著成效，如國勢報告、公約宣誓、月會督導等項工作均由近及遠，徹底辦理，掃去一曝十寒或煙消雲散之弊，今後始終不渝，則動員實效可期。
	其他	(1)一切宣傳工作除縣立城中、歧坪、三川、東溪、龍山、五完全小校各組巡迴宣傳團劃分地域經常工作外，其他多利用原有組織經常實施。 (2)一切民運工作均配合黨部進行，除已將婦女會成立及正式通令改組各會外，刻積極從事組織鄉農會。
工作上所感之困難及其原因		(1)防區流毒過深，民性未立，生活、知識難振作，素以匪患災後尚待蘇息，雖知國難臨頭，然對應盡義務仍不免疏懈。 (2)[illegible]過少，為求工作深入農村，組成強固之民心，勢必督導有人，然感經費困難，不免因噎廢食。 (3)目前鄉村切身問題即衣食問題，而農民最高慾望純全建築在衣食及私利享樂上，對於一切政令不免視諸麻煩。
今後對宣傳工作之意見		基於宣傳效果尚有進展，然對上項困難更須克服，今後宣傳始獲有濟，謹略呈意見如下，伏懇垂察： 1.配合政治設施，俾免宣傳工作之空洞枯燥，就是以宣傳為政工之先聲，促進各界人士之共鳴和諧。 2.推行有效事業，建樹群眾信仰，以釋民眾疑懼而改過去惡習。 3.由近及遠逐事貴效，本教民富不如教民勞之旨，以革除歧視政令之心理。 4.酌增辦公費或募集經費，以求事業之開展。
備致		1.工作報告次數係填報省動委會之次數。 2.每月工作月報員常協助會務，所有工作均提交常會報告，紀錄立卷未另呈報。 3.本表除呈報動會查核外，並照表逕呈省動員委員會一份備查。

二十八年六月二十一日　　宣傳員侯立觀呈

苍溪县政府关于遵办募资修筑阵亡将士纪念碑及铸造汪精卫夫妇跪像致城厢镇公所的训令
（一九四〇年八月六日）

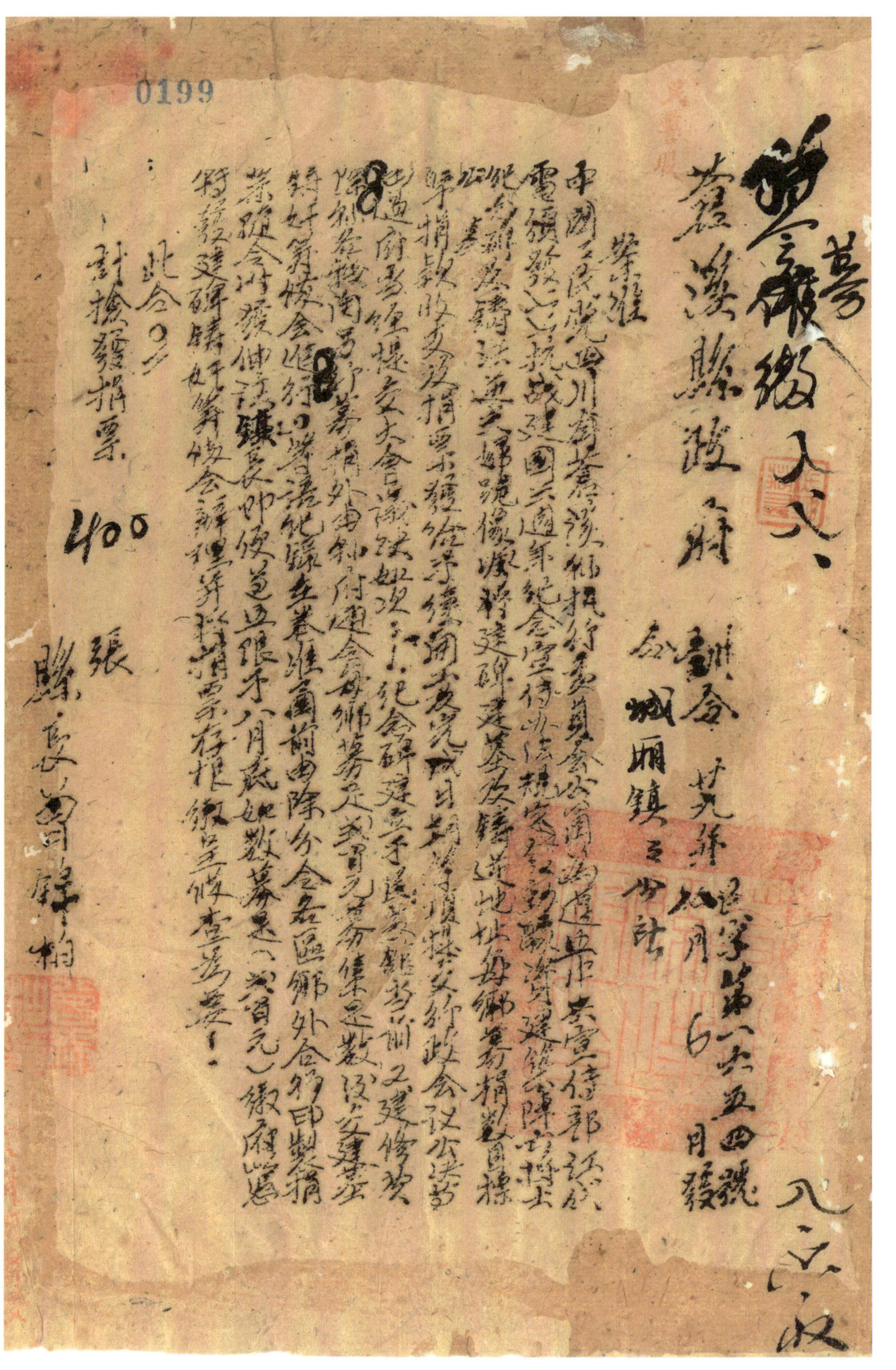

苍溪县政府关于奉令抄发四川省一九四〇年度捐献军粮运动实施办法及捐献军粮奖励办法致城厢镇公所的训令（一九四〇年十一月二十三日收）

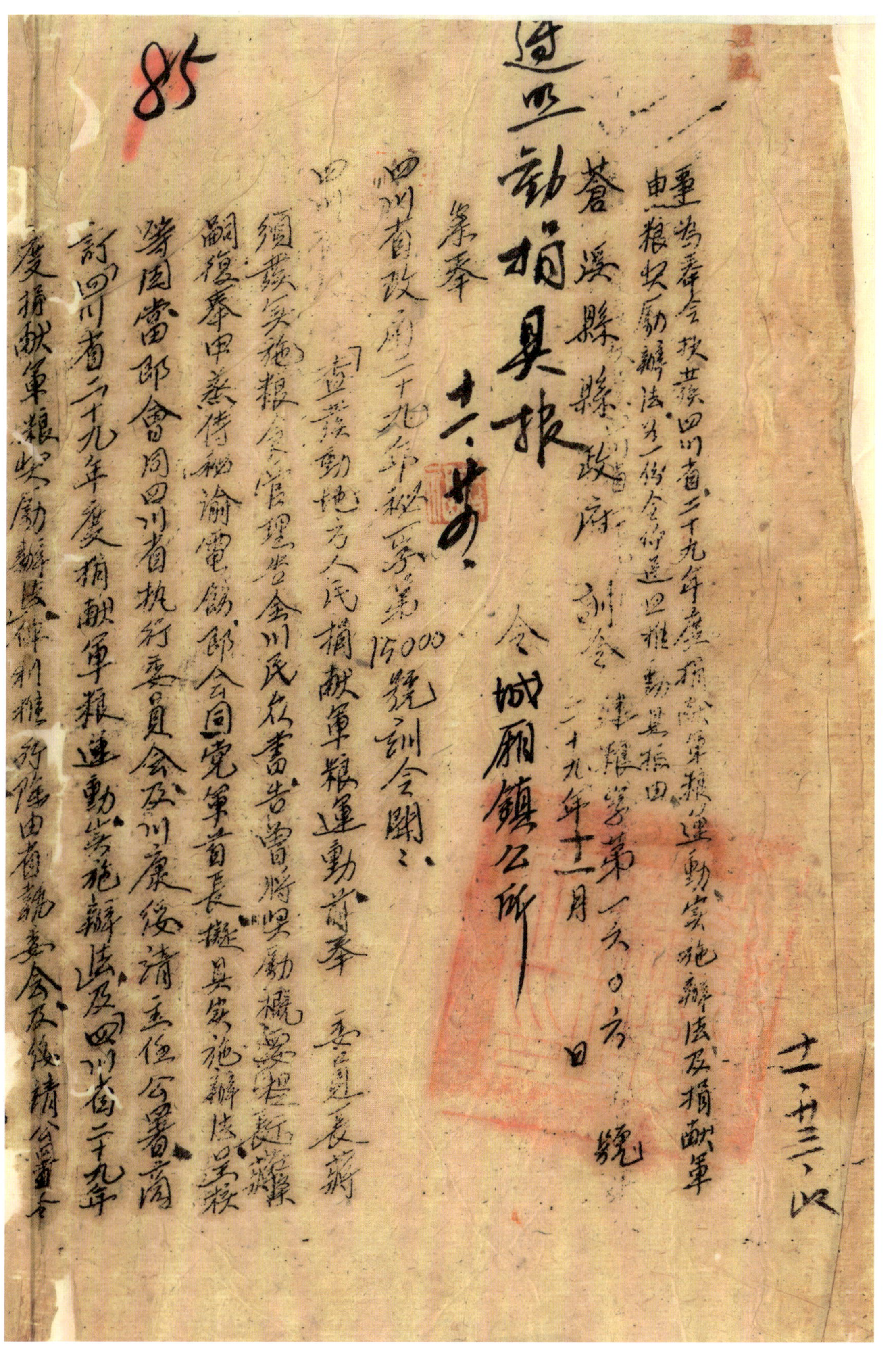

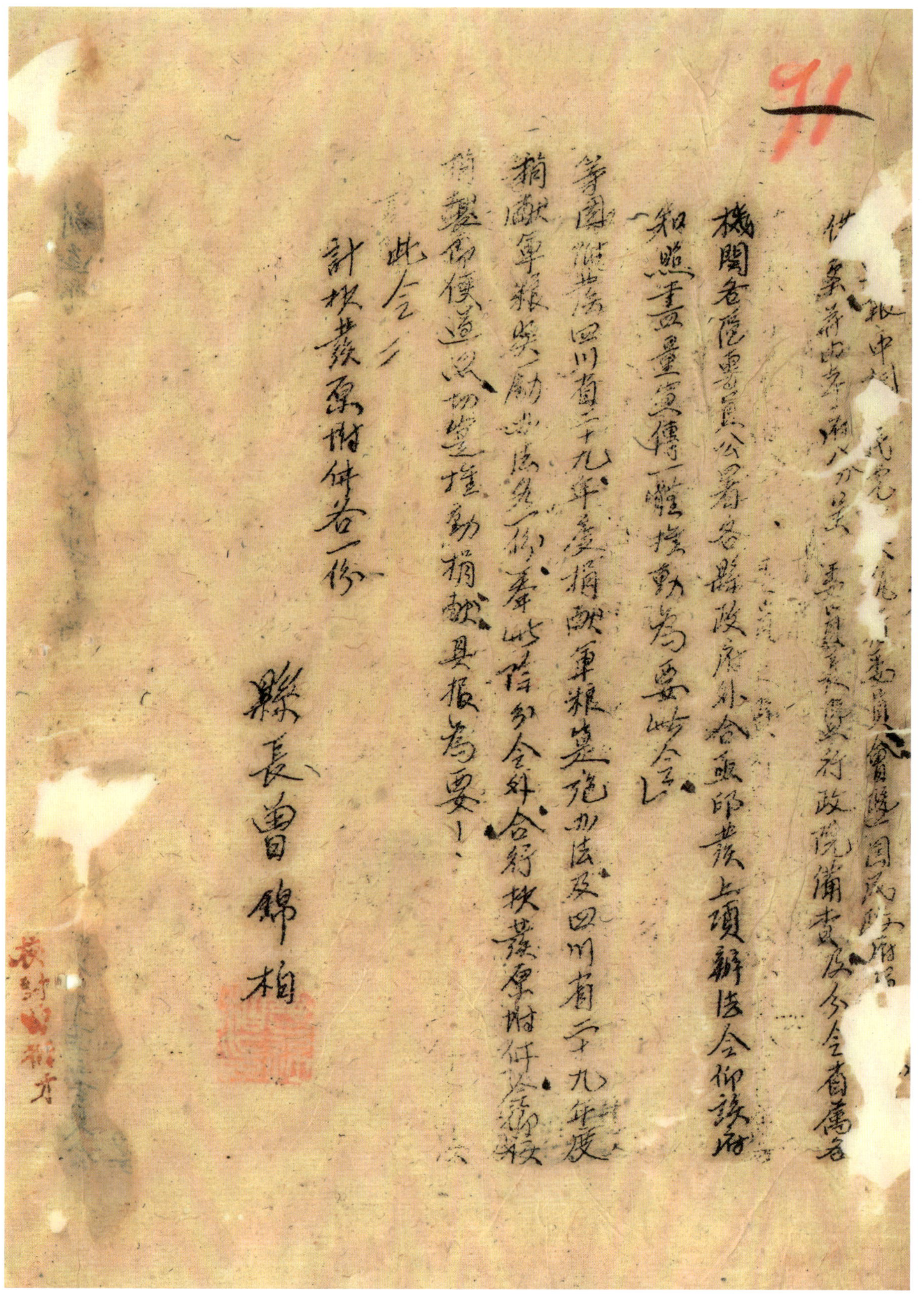

[illegible]報中[illegible]研究[illegible]委員會[illegible]國民政府[illegible]

供[illegible]委員[illegible]分呈[illegible]委員長、行政院、[illegible]各省[illegible]

機關、各院部會署、各縣政府外，合亟印發上項辦法，令仰該府

知照，並盡量宣傳，一體推動為要。此令。」

等因，附發辦法四川省二十九年度捐獻軍糧實施辦法及四川省二十九年度

捐獻軍糧獎勵辦法各一份。奉此，除分令外，合行抄發原附件，令仰該

員遵照，便道懇切宣傳推動捐獻，具報為要！

此令。

計抄發原附件各一份

縣長 曾錦柏

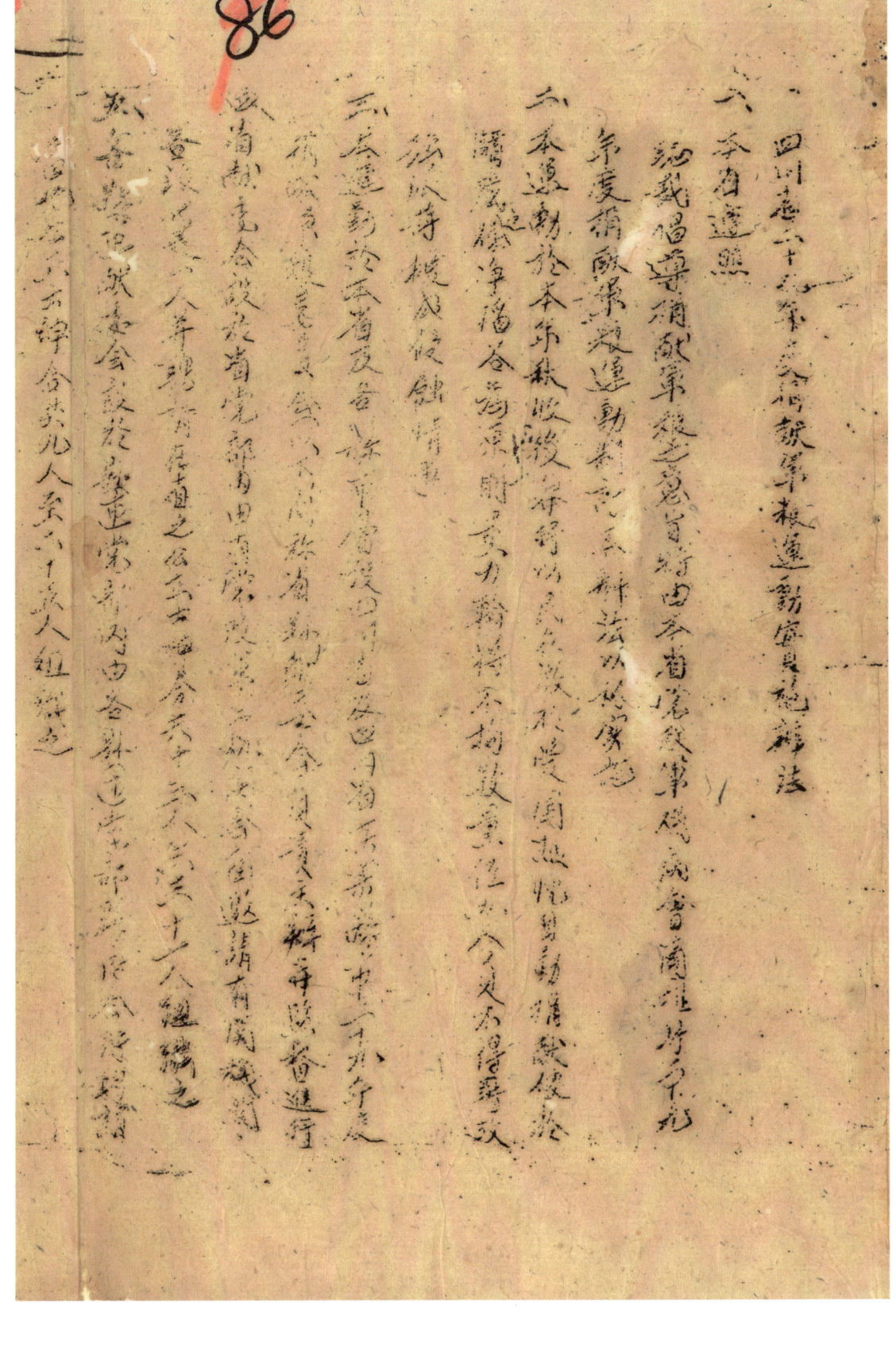

附（一）四川省一九四〇年度捐献军粮运动实施办法

四川省二十九年度捐献军粮运动实施办法

一、本省遵照

总裁倡导捐献军粮之意旨，特由本省党政军机关会商组织本年

度捐献军粮运动，特订本办法以资[illegible]

二、本运动于本年秋收后开始举行，以各地人民发扬爱国热忱，自动捐献，使各

殷实富户储备谷物，尽力输将，不拘数量，[illegible]不得强致

[illegible]等[illegible]情事

三、本运动于本省及各县市同时发动，以四川省为中心，[illegible]

[illegible]省[illegible]分会[illegible]负责[illegible]进行

四、省献粮委员会设于省党部，由省党政[illegible]请有关机关

首长[illegible]人至[illegible]人组织之

五、各县献粮委员会设于各县党部，由各县[illegible]

[illegible]人至[illegible]人组织之

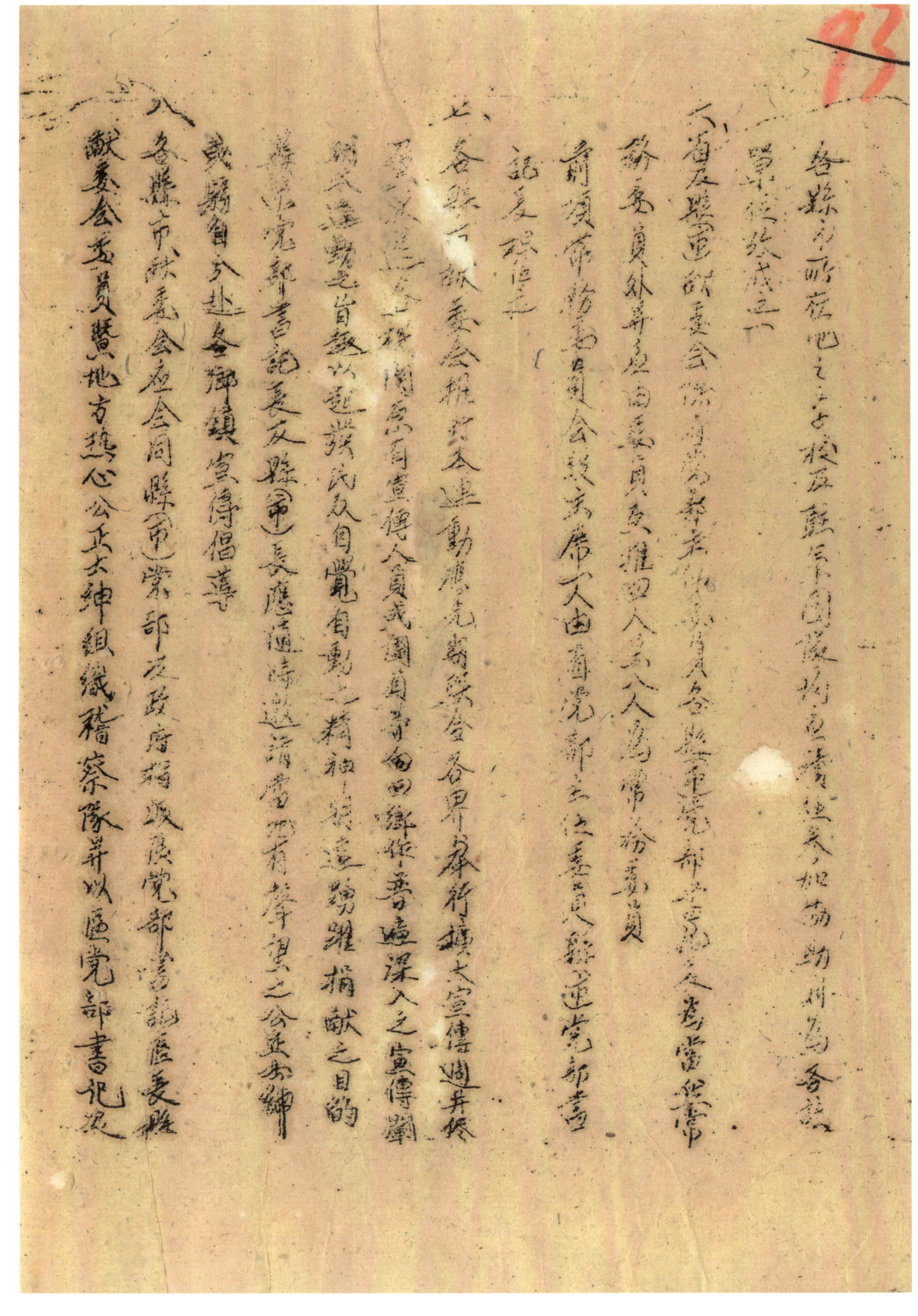
各縣市所在地之中學校及縣以下國民學校均應一律參加協助，并為各該單位徵募成績之一。

六、省及縣(市)獻金委員會除由省縣黨部主任委員、書記長及各縣(市)黨部書記長為當然常務委員外，并應由委員互推四人至六人為常務委員。前項常務委員會設主席一人，由省黨部主任委員、縣(市)黨部書記長擔任之。

七、各級獻金委員會推行本運動應先期發動各界舉行擴大宣傳週，并發動所屬各級宣傳機關及有宣傳人員或團員者分向各鄉鎮作普遍深入之宣傳，闡明本運動之旨趣，以期喚起民眾自覺自動之精神，以達踴躍捐獻之目的。各縣(市)黨部書記長及縣(市)長應適時邀請當地有聲望之公正士紳或參議員分赴各鄉鎮宣傳倡導。

八、各縣市獻委會應會同縣(市)黨部及政府，指派區黨部書記、區長、縣獻委會委員、賢達、地方熱心公正士紳組織稽察隊，并以區黨部書記為

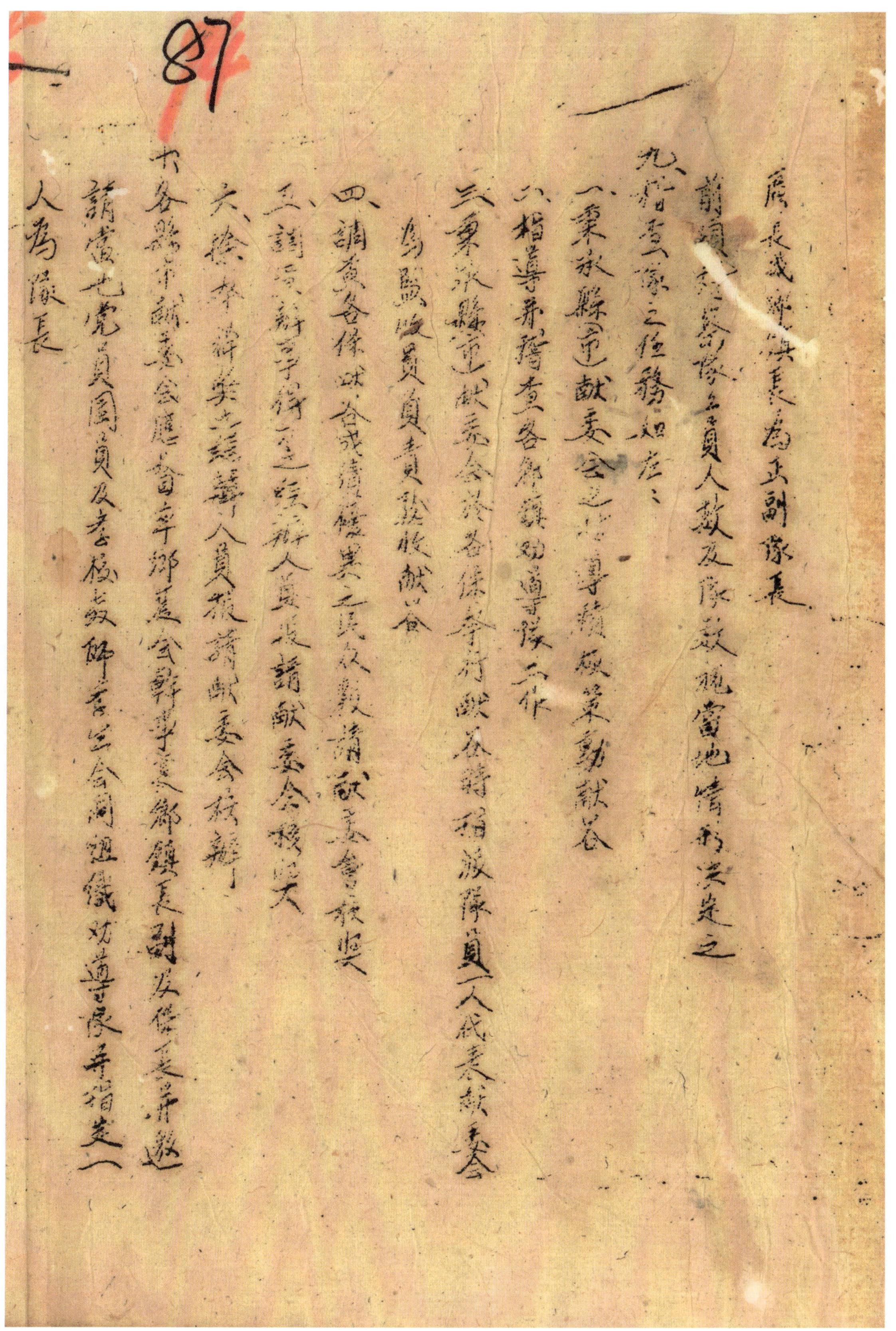

區長或聯保長為正副隊長
前項人員各隊隊員人數及隊數，視當地情形決定之
九、指導隊之任務如左：
一、秉承縣(市)獻委會之指導積極策動獻金
二、指導並督查各鄉鎮勸導隊工作
三、秉承縣(市)獻委會派各保保甲特派隊員一人或委獻委會
為監收員負責監收獻金
四、調查各保成績優異之民衆人數，請獻委會核獎
五、調查辦事(勸導隊)之辦事人員成績，請獻委會核獎
六、除本辦法之規定人員外，得請獻委會核辦
十、各縣市獻委會應督率鄉鎮長會同鄉鎮長副及保長並邀
請當地黨員團員及各校教師等出會同組織勸導隊並指定一
人為隊長

前項勸導隊隊員人數及隊數視當地情形決定之

十八、勸導隊之任務如左：

一、秉承縣（市）獻委会之指導，向民众說明獻谷之意義

二、宣傳本運動实施辦法及奖勵辦法之內容

三、請求獻谷成績優異之民众報告於稽察隊

四、調查辦事得力之人員報告於稽查隊

五、調查懈辦之人員報告於稽察隊

六、辦理稽察隊委託之其他事項

十九、縣（市）獻委会委員及縣市稽察隊、勸導隊隊員均為義務職

二十、各縣市辦理獻谷運動應以保為單位，傳於各保舉行保民大会或國民月会時舉行之，如有直接捐獻者，亦可以書面逕行報請省或縣（市）獻委会登記辦理

廿一、各縣（市）獻委会於各保舉行獻谷時應酌派稽察隊隊員一人前

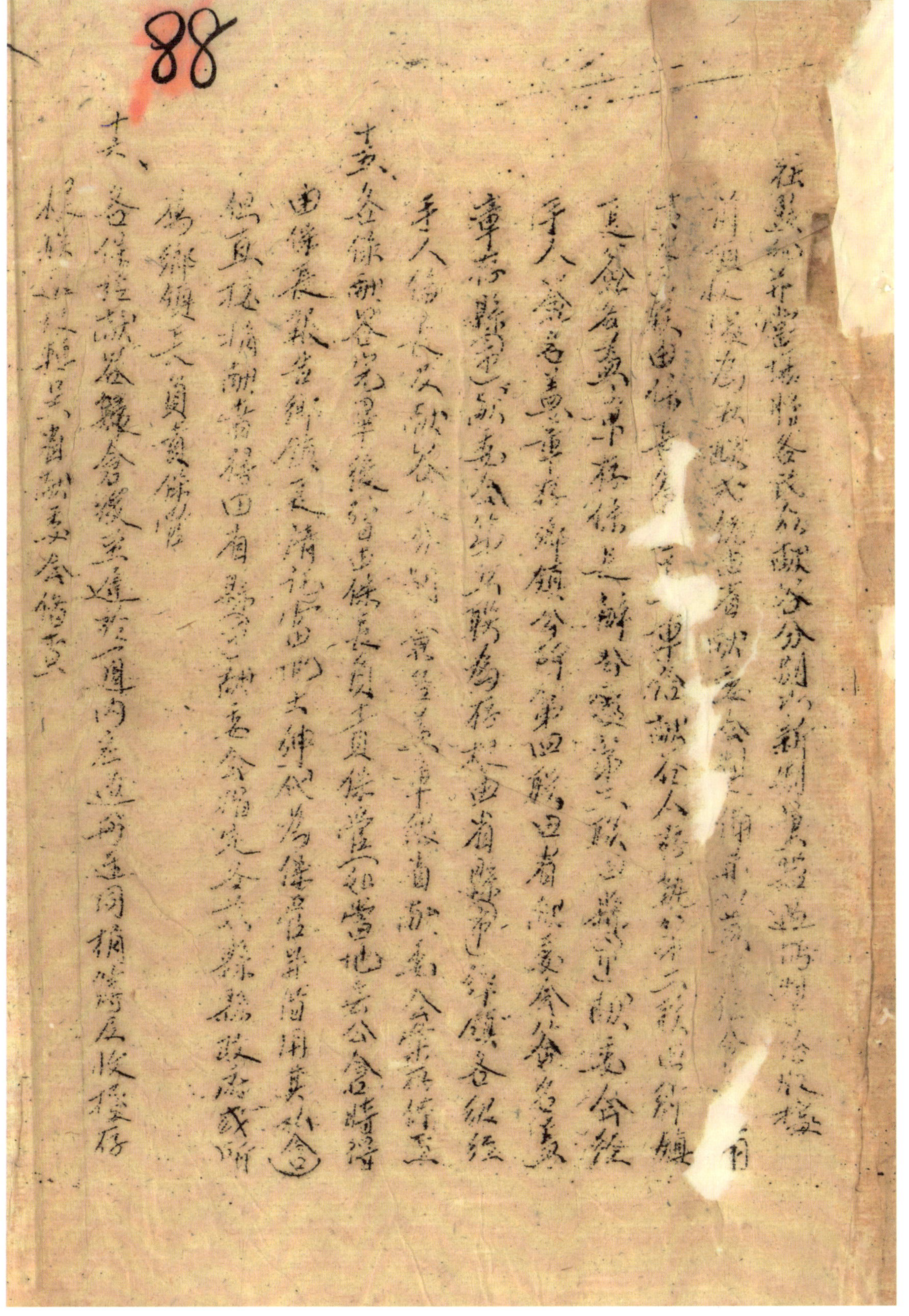

各縣（區）獻金委員會於辦理獻金結束時，並應於一週內將辦理情形及各區鄉鎮捐獻總數，造冊送省獻金委員會，報告各縣簡明表送省獻金委員會備查，同時列榜公布，俾眾週知。

十七、本運動於民國三十年十月底結束，各縣（區）應將收獻各處備付省獻金委員會規定限期送繳。

十八、各縣（市）獻金委員會所需費用經費，請於縣（市）預備費項下開支，經費過不敷之縣由省獻金委員會酌予補助。

十九、凡對於獻金成績優異及經辦人員辦事得力者，由省分別予以獎勵，其辦法另定之。

二十、省縣市經辦獻金運動人員如有藉端勒索或擅擾人民者，從嚴懲辦；捐獻物品保管不善而致有損毀情事，經查實依懲治貪污條例從嚴懲辦。

三

二十一、秋收荒歉或無穫各生產之縣（市）鄉（鎮），由其辦理獻金會酌

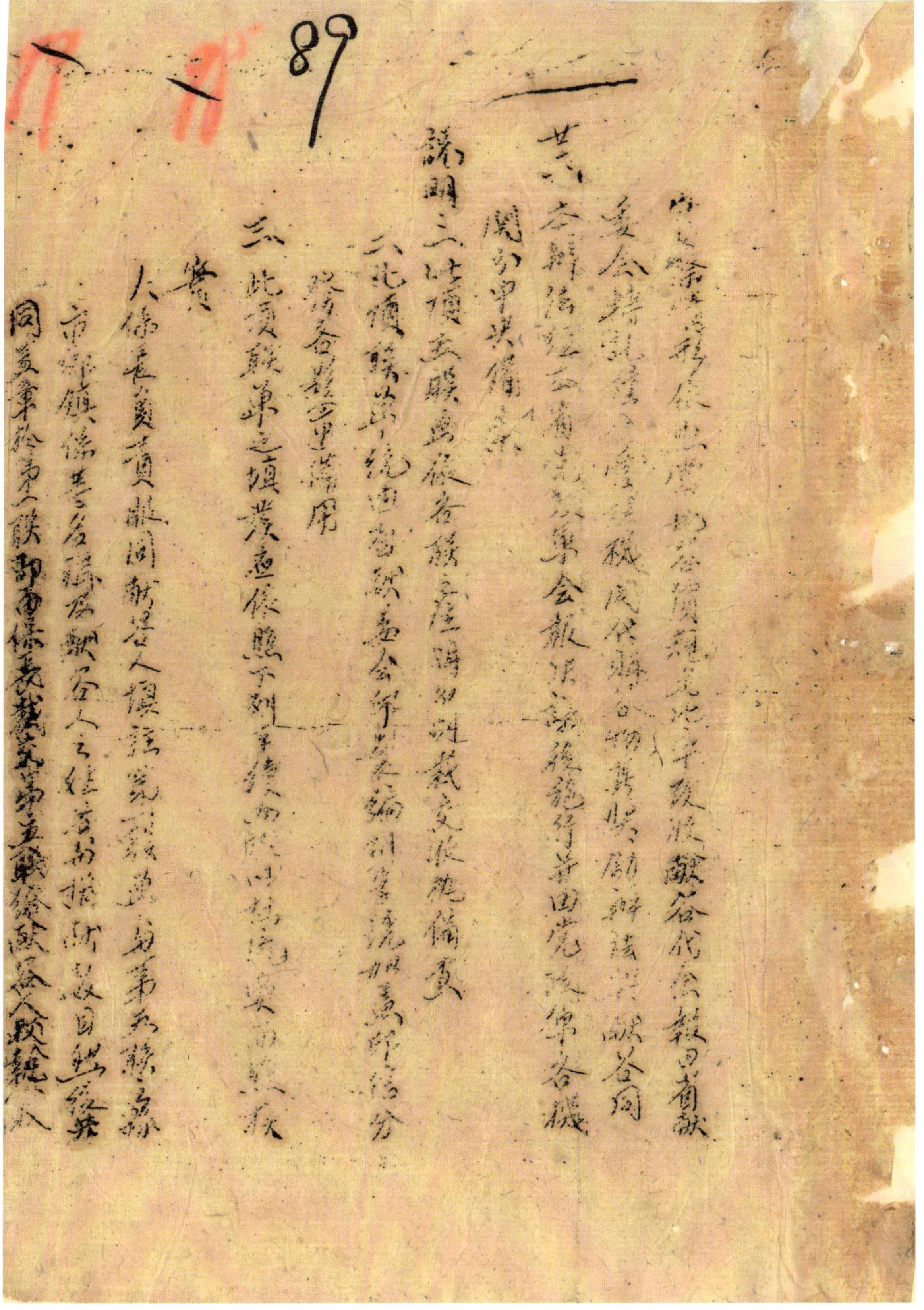

89

[illegible]應於收穫時期將各類雜糧交由[illegible]獻穀代金穀日有獻
委會轉報縣會組織慰勞[illegible]攜帶慰勞品前往[illegible]獻谷問
廿六、各鄉鎮應於各縣獻金大會舉行後，鄉鎮再由黨部召集各機
關分別舉行獻金
說明：一、此項獻金儀式應參照各縣獻金大會辦法辦理
二、此項獻金應由當地黨部會同各機關編制獻金流動隊[illegible]分
發各縣參照辦理
三、此項獻金之填發收據依照下列手續辦理[illegible]
費
人係委員負責縣內獻金人員[illegible]第五縣[illegible]
市鄉鎮係由各鄉鎮[illegible]獻金人員[illegible]
同[illegible]第[illegible]獻[illegible]

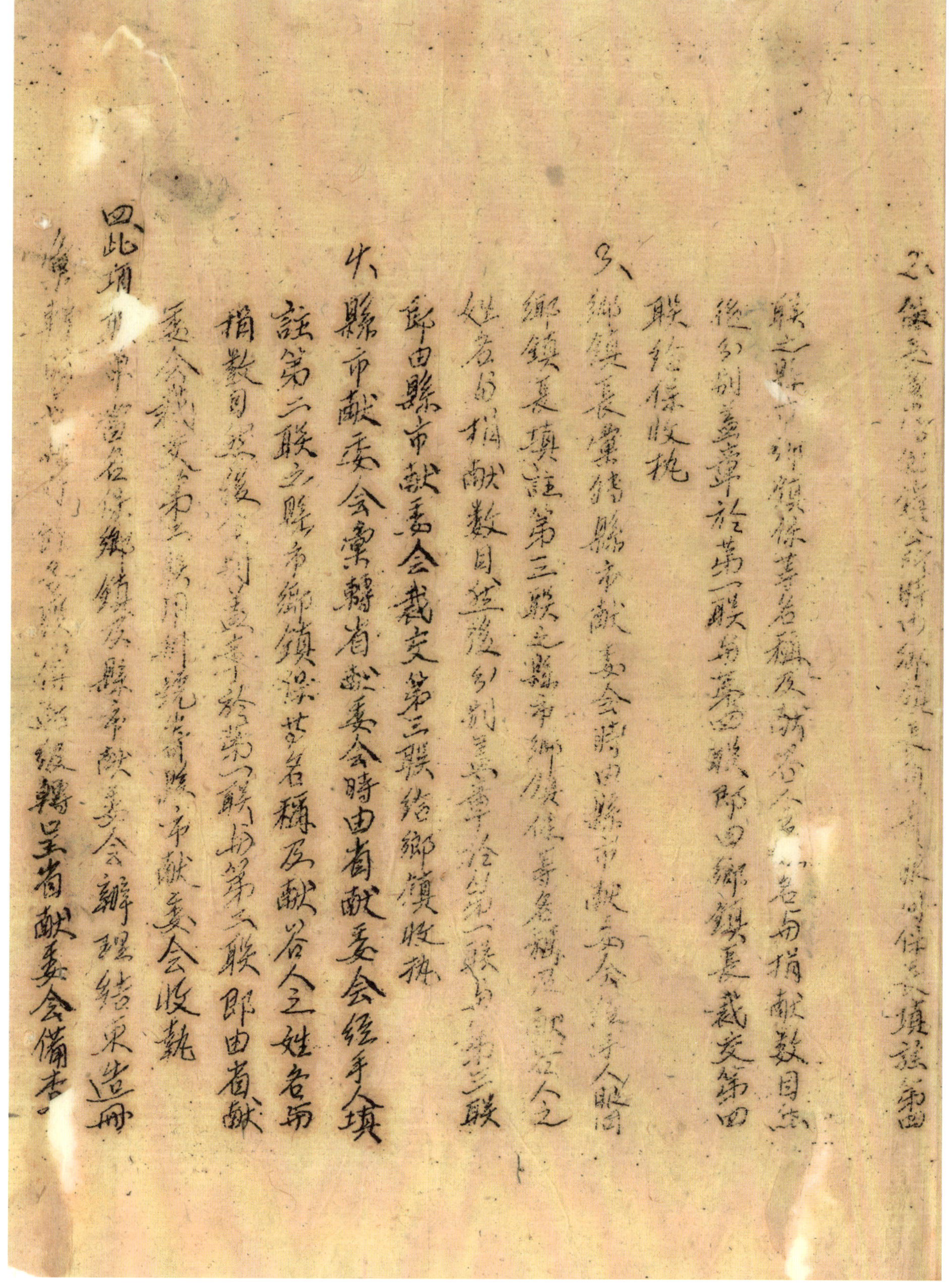

乙、鄉鎮分會[illegible]時由鄉鎮[illegible]填該第四
聯之縣市鄉鎮條款名稱及捐獻人姓名與捐獻數目，然
後分別蓋章於第一聯與第四聯，即由鄉鎮長截交第四
聯給條收執
丙、鄉鎮長彙繳縣市獻委會時，由縣市獻委會經手人照
鄉鎮長填註第三聯之縣市鄉鎮條款名稱及獻款人之
姓名與捐獻數目，並後分別蓋章於第一聯與第三聯
即由縣市獻委會截交第三聯給鄉鎮收執
丁、縣市獻委會彙轉省獻委會時，由省獻委會經手人填
註第二聯之縣市鄉鎮條款名稱及獻款人之姓名與
捐獻數目，然後分別蓋章於第一聯與第二聯，即由省獻
委會截交第二聯用[illegible]縣市獻委會收執
四、此項[illegible]由省[illegible]鄉鎮及縣市獻委會辦理結束造冊
[illegible]轉呈省獻委會備查。

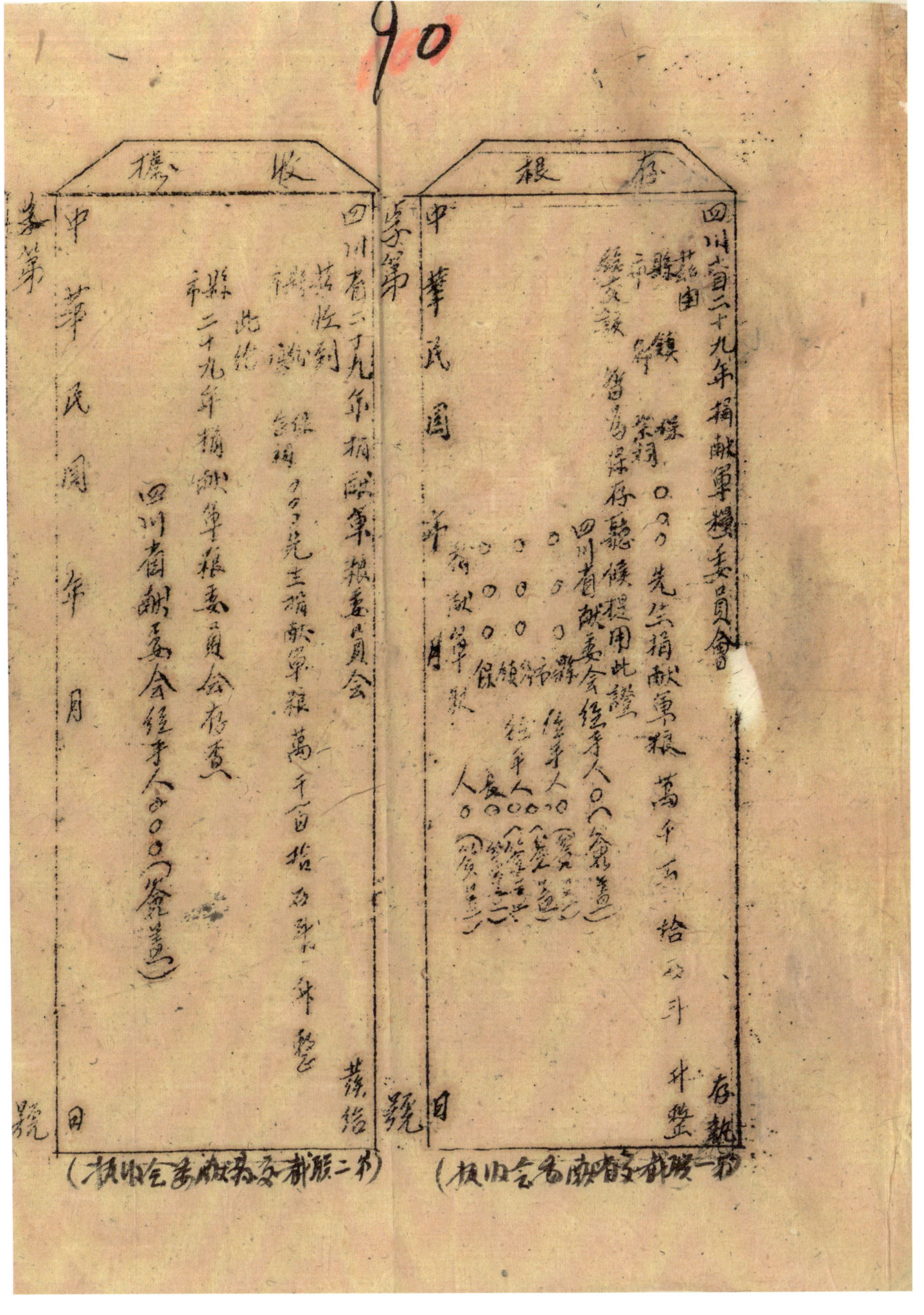
90

存根

四川省二十九年捐献军粮委员会

县市　区　乡镇　保　甲

缴交款　　先生捐献军粮　万　千　百　拾　石　斗　升整

当为保存听候提用此证

四川省献粮委员会经手人〇〇〇（签名盖章）

县市　区　乡镇　保　甲　〇〇〇经手人〇〇〇（签名盖章）

捐献军粮人〇〇〇（签名盖章）

中华民国　年　月　日

第　号

（第一联 存省献粮委员会 备查）

收据

四川省二十九年捐献军粮委员会

兹收到　县市　区乡镇　保甲　〇〇〇先生捐献军粮　万　千　百　拾　石　斗　升整

此给

县市二十九年捐献军粮委员会存查

四川省献粮委员会经手人〇〇〇（签名盖章）

中华民国　年　月　日

第　号

（第二联 交捐献人 收执）

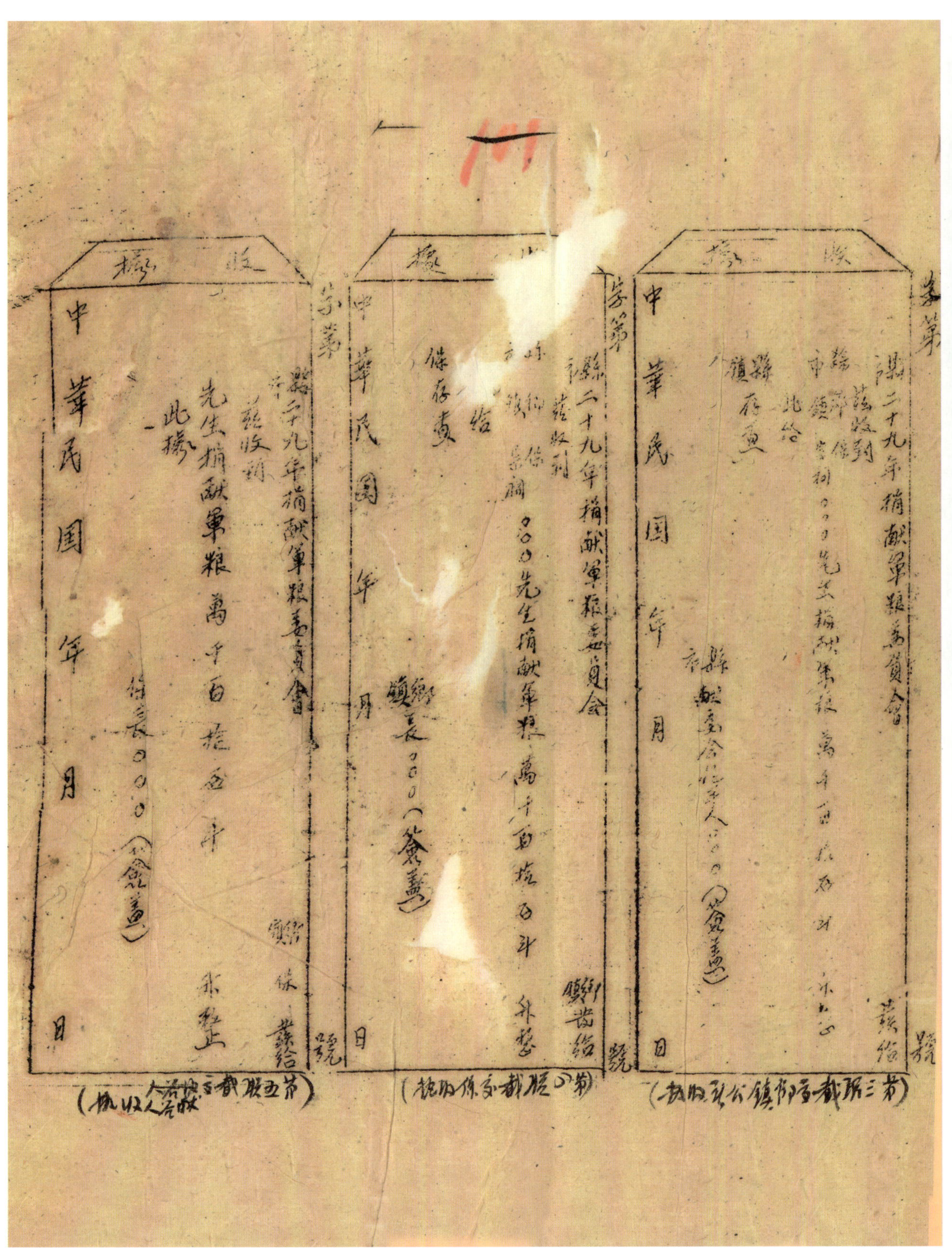

第　號
縣二十九年捐獻軍糧委員會
茲收到
先生捐獻軍糧　萬　千　百　拾　石　斗
此給
縣　存查
收據
中華民國　年　月　日

第　號
縣二十九年捐獻軍糧委員會
茲收到
先生捐獻軍糧　萬　千　百　拾　石　斗　升整
鄉鎮長〇〇〇（簽蓋）
收據
中華民國　年　月　日

第　號
縣二十九年捐獻軍糧委員會
茲收到
先生捐獻軍糧　萬　千　百　拾　石　斗　米整
此據
保長〇〇〇（簽蓋）
收據
中華民國　年　月　日

附（二）四川省一九四〇年度捐献军粮奖励办法

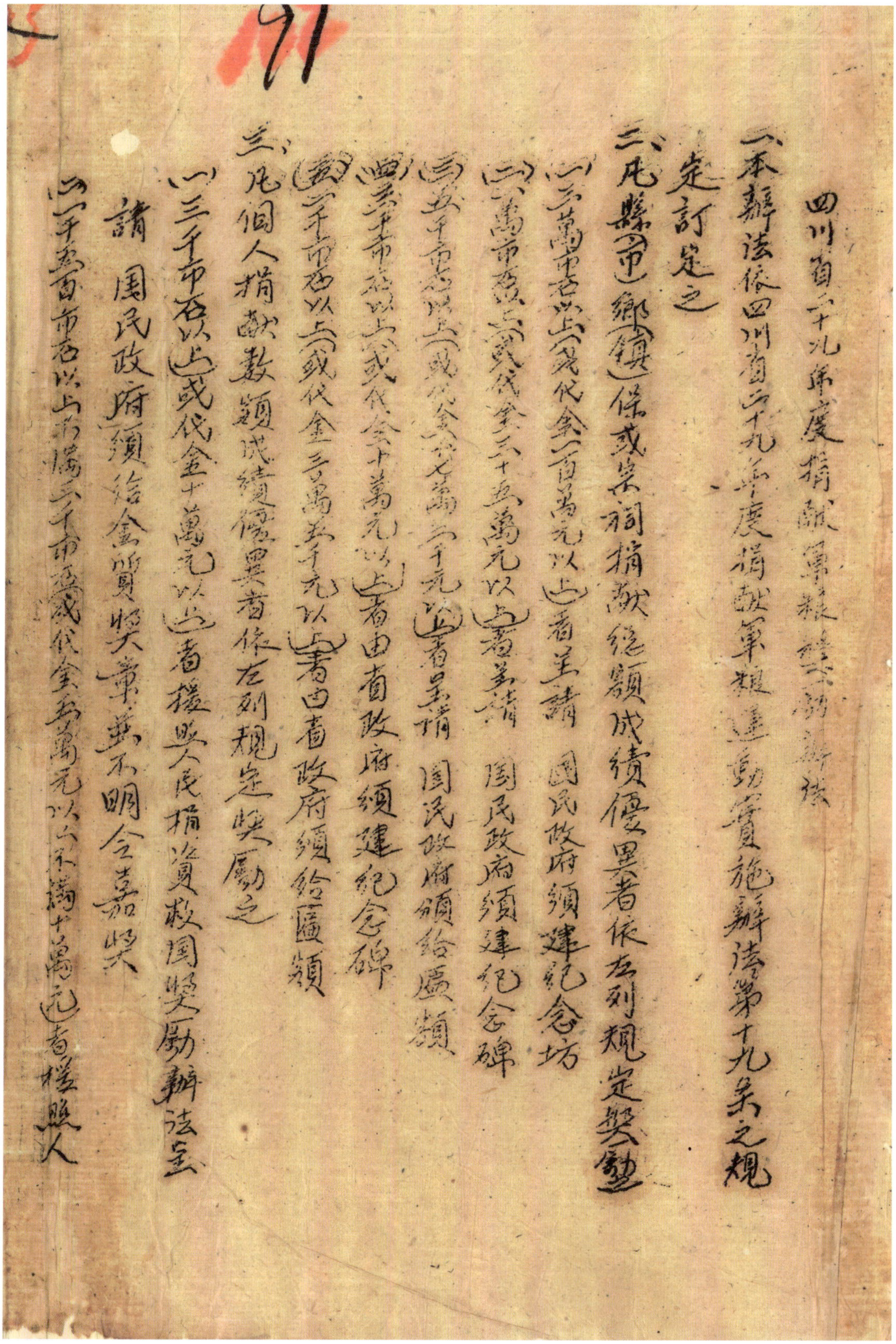

四川省二十九年度捐献军粮奖励办法

一、本办法依四川省二十九年度捐献军粮运动实施办法第十九条之规定订定之

二、凡县（市）乡（镇）保或宗祠捐献总额成绩优异者依左列规定奖励之

（一）二万市石以上（或代金一百万元以上）者呈请 国民政府颁建纪念坊

（二）一万市石以上（或代金五十万元以上）者呈请 国民政府颁建纪念碑

（三）五千市石以上（或代金十七万五千元以上）者呈请 国民政府颁给匾额

（四）二千市石以上（或代金十万元以上）者由省政府颁建纪念碑

（五）一千市石以上（或代金三万五千元以上）者由省政府颁给匾额

三、凡个人捐献数额成绩优异者依左列规定奖励之

（一）三千市石以上（或代金十万元以上）者援照人民捐资救国奖励办法呈请 国民政府颁给金质奖章并明令嘉奖

（二）一千五百市石以上（或代金五万元以上）不满十万元以上者援照人

民捐資救國獎勵辦法呈請 國民政府頒給金質獎章
(三)三百市石以上不滿一千五百市石或代金一萬元以上不滿五萬元者，核獎人民捐資救國獎勵辦法呈請 國民政府頒給銀質獎章
(四)一百五十市石以上不滿三百市石或代金五千元以上不滿一萬元者，核獎人民捐資救國獎勵辦法呈請 國民政府頒給匾額
(五)一百市石以上不滿一百五十市石或代金三千五百元以上不滿五千元者由省政府明令嘉獎，并予勒石建碑
(六)六十市石以上不滿一百市石或代金二千元以上不滿三千五百元者由省政府頒給金質獎章
(七)三十市石以上不滿六十市石或代金一千元以上不滿二千元者由省政府頒給銀質獎章
(八)十五市石以上不滿三十市石或代金五百元以上不滿一千元者由省政府頒給匾額

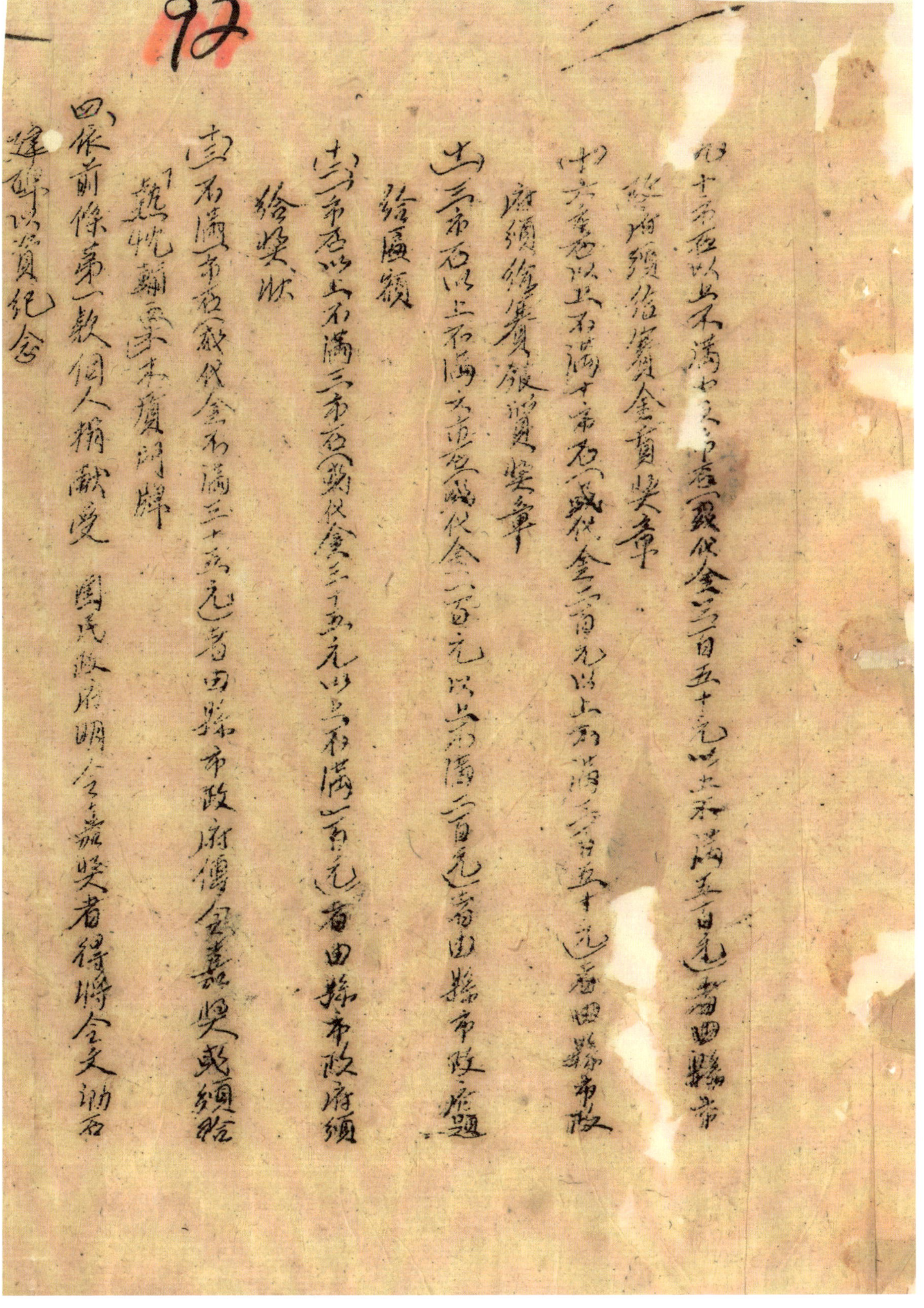

（9）十万元以上不滿廿五万元者（或代金二百五十元以上不滿五百元）由縣市政府頒給寶質金章

（10）六万元以上不滿十万元者（或代金一百元以上不滿二百五十元）由縣市政府頒給寶質銀質獎章

（11）三万元以上不滿六万元者（或代金六十元以上不滿一百元）由縣市政府題給匾額

（12）一万元以上不滿三万元者（或代金二十五元以上不滿六十元）由縣市政府頒給獎狀

（13）不滿一万元者（或代金不滿二十五元）者由縣市政府傳令嘉獎或頒給「熱忱輸將」木質門牌

四、依前條第一款個人捐獻受　國民政府明令嘉獎者得將令文勒石建碑以資紀念

105

五、纪念坊或纪念碑奠基及奖章颁发之转颁或题给均由省献委会决定其应由县(市)政府颁给者由县献委会决定仪式均以庄严隆重为主以资矜式

六、省县市办理献谷运动人员负有左列各款情形之一者由省县市献委会就各该员事劳程约别酌给奖章或奖状

(一)劝募得力著有成绩者

(二)办事公正迅速确实者

七、建坊竖碑及各种奖章奖状之制发并发费用概由省献委会筹支付制发费用由受奖人自任之

八、本办法经本省党政军会报决议后施行并由〃〃党政军各机关分呈中央备案

苍溪县政府关于「九一八」九周年国耻纪念告全县同志同胞书（一九四〇年）

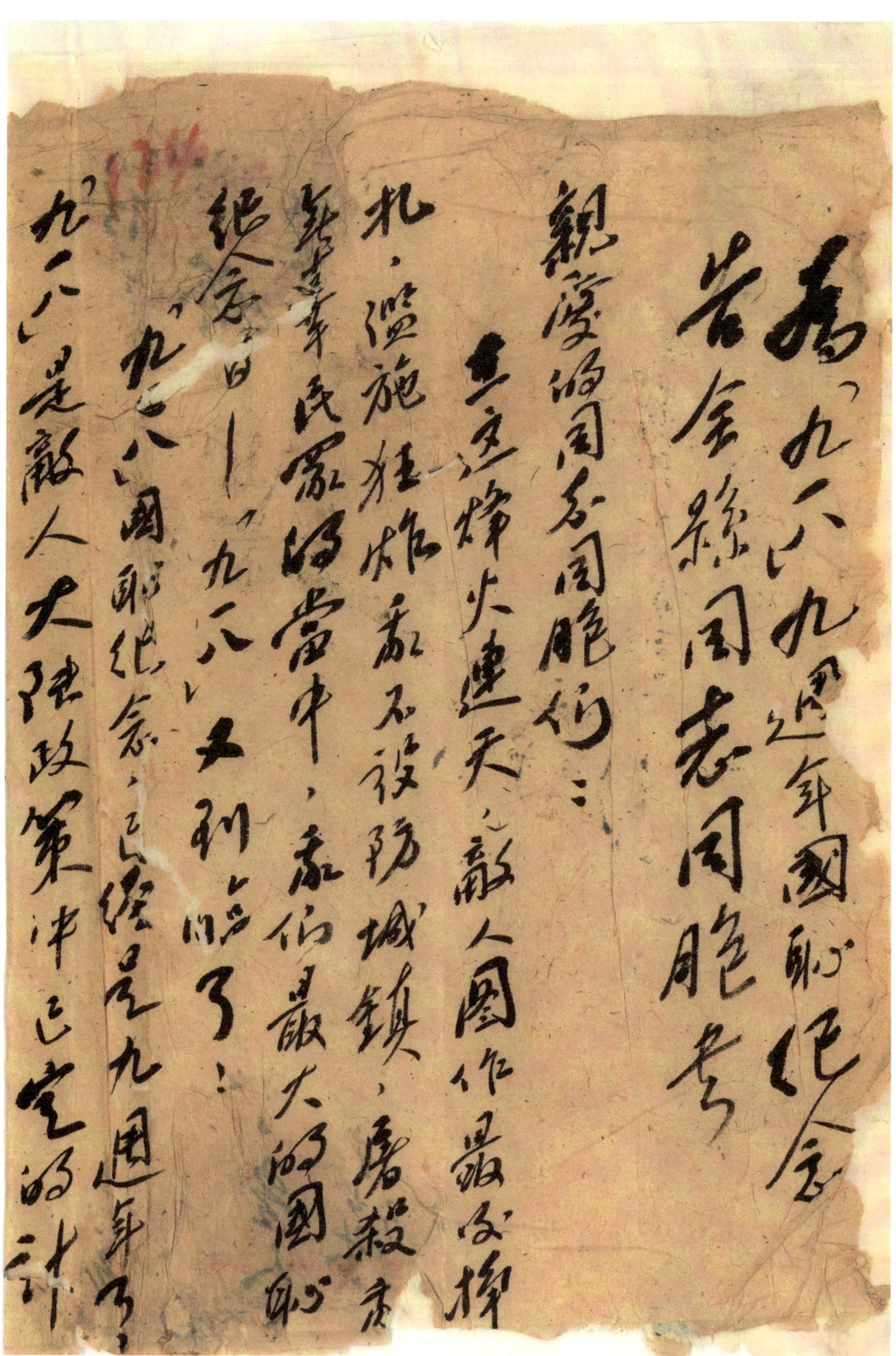

為「九一八」九週年國恥紀念
告全縣同志同胞書
親愛的同志同胞們：
正逢烽火連天，敵人圖作最後掙
扎，濫施狂炸，不設防城鎮，屠殺無
辜平民眾的當中，我們最大的國恥
紀念日——「九一八」又到臨了！
「九一八」國恥紀念，已經是九週年了
「九一八」是敵人大陸政策中已實的計

剑，我们东北三千万的同胞，三百七十
万方里的土地，皆在当时沦陷了：
敌人的残酷的剥削，杀害，烧杀，抢
吟之世间惨无人道的压迫行为，使我
东北及各被沦陷区域的同胞，辗转
吟於敌人铁蹄之下，咸望早
敌寇，早见天日。
力

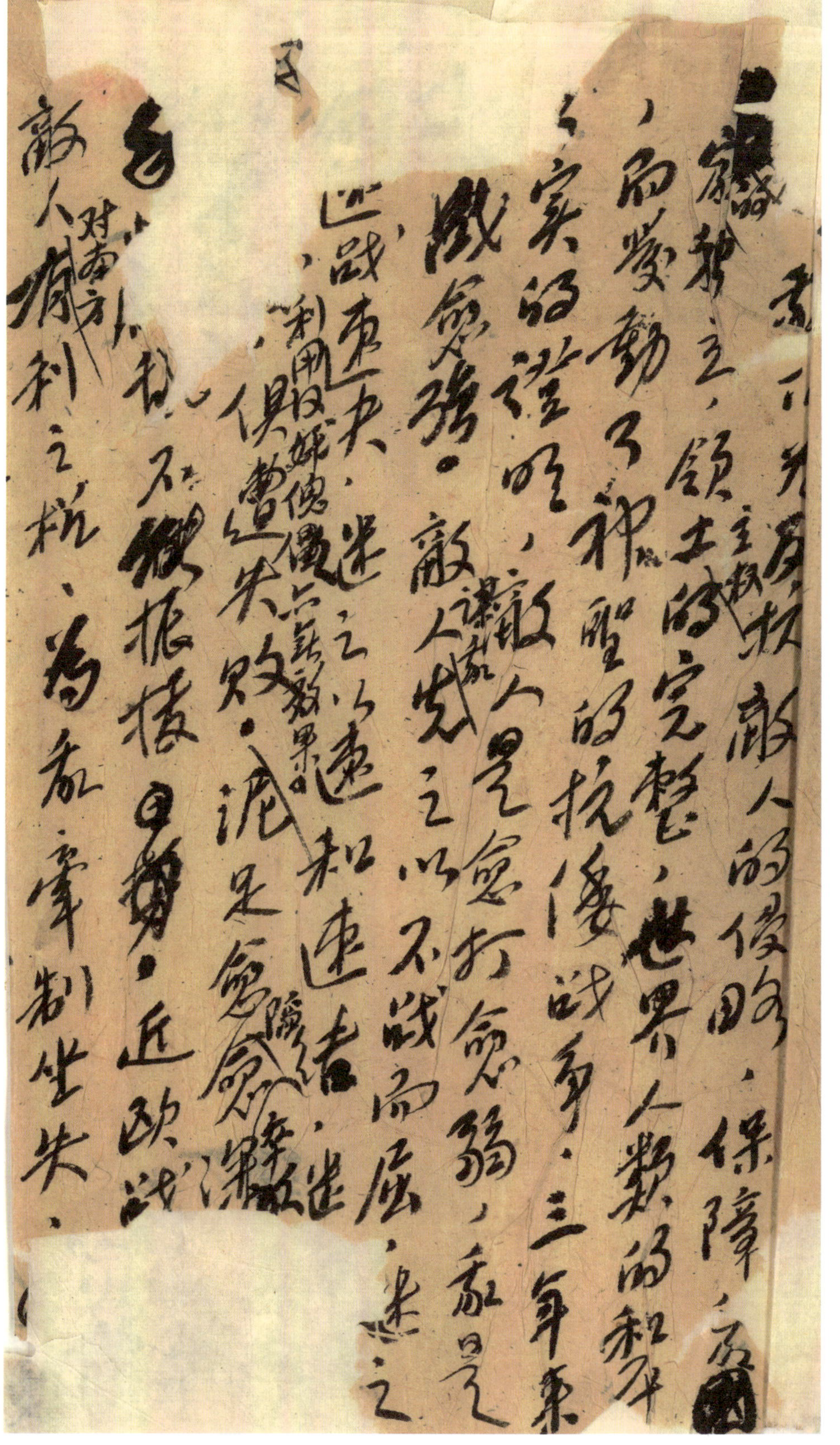

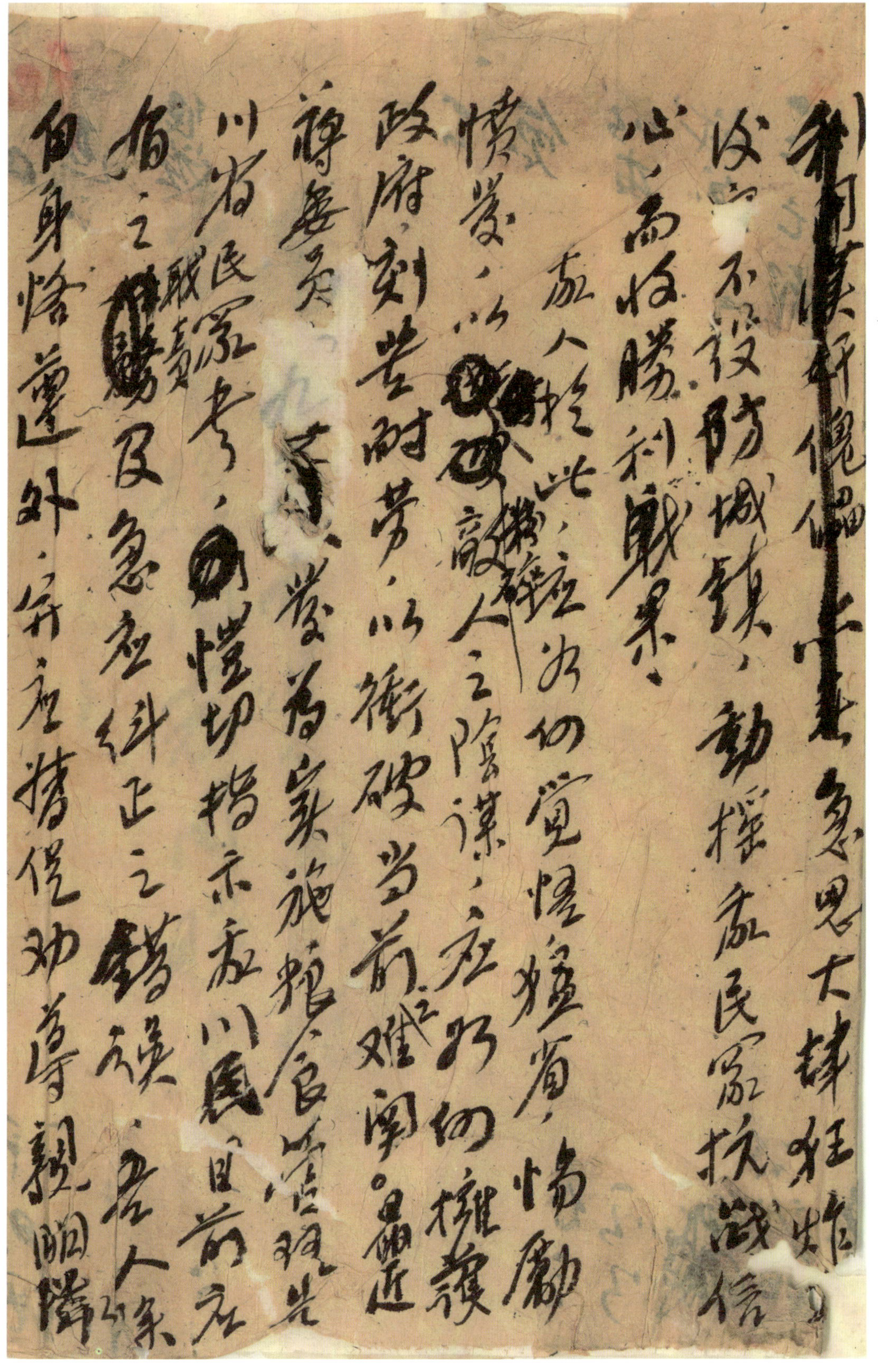

利用漢奸傀儡……急思大肆狂炸
從不設防城鎮，動搖我民眾抗戰信
心，而收勝利戰果。
我人於此，應如何覺悟猛省，惕勵
憤發，以粉碎敵人之陰謀，應如何擁護
政府，刻苦耐勞，以衝破當前之艱關。最近
寧無[illegible]，營為實施糧食管理，告
川省民眾書，懇切指示我川民，目前應
有之[illegible]及急應糾正之錯誤。吾人除
自身懍遵外，并應積極倡導親朋鄰

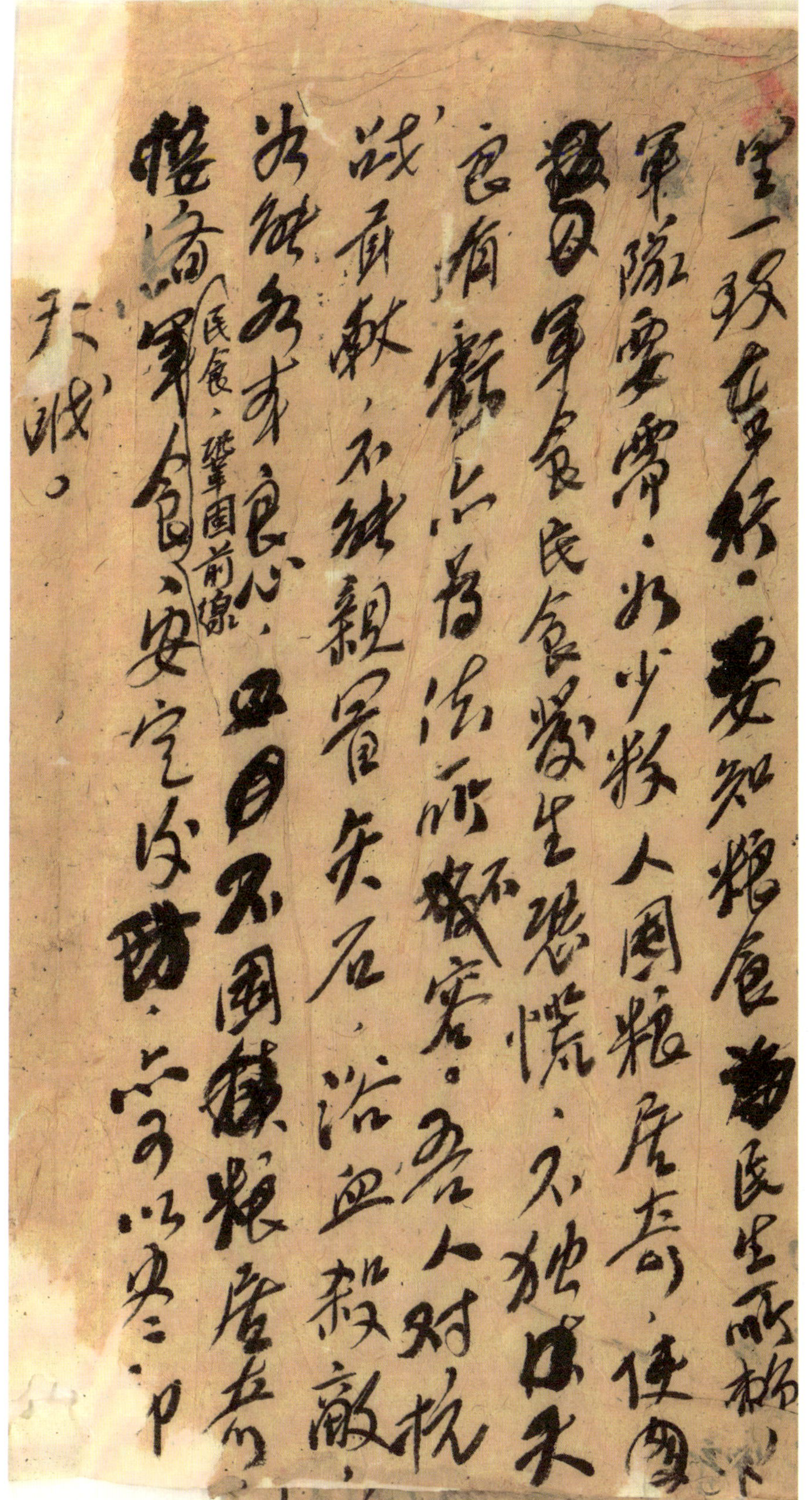
里一致奋起，要知粮食为民生所赖，
军队要需，如少数人囤粮居奇，使国
损及军食民食发生恐慌，不独未来
良有亏，亦为法所不容。吾人对抗
战前敌，不能亲冒矢石，浴血杀敌，
如能各本良心，毋[illegible]粮居奇，
接济军食（民食、辅国前线），安定后方，亦可以尽匹
夫之职。

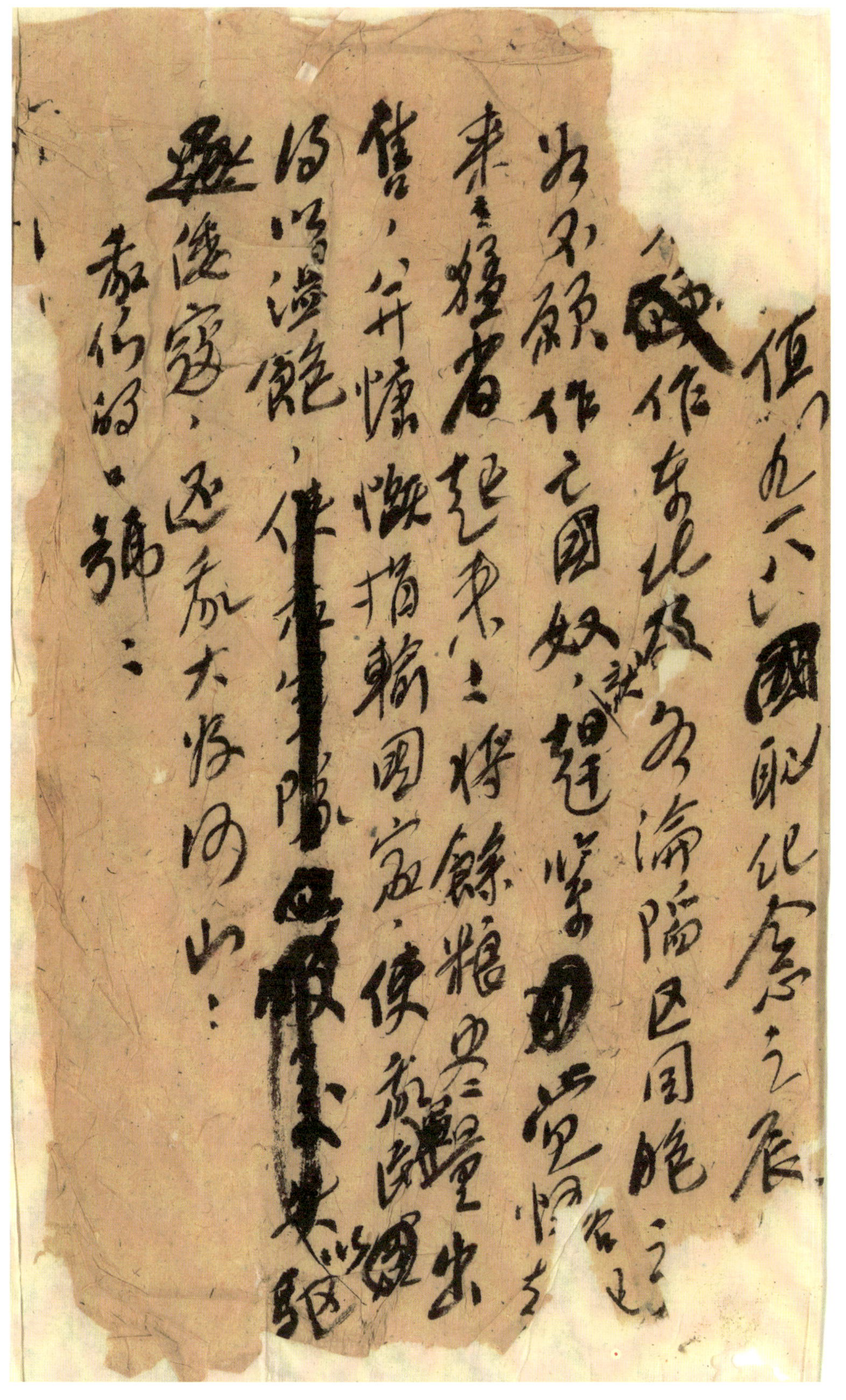

苍溪县政府关于奉令募款捐献飞机致城厢镇公所的训令（一九四一年五月）

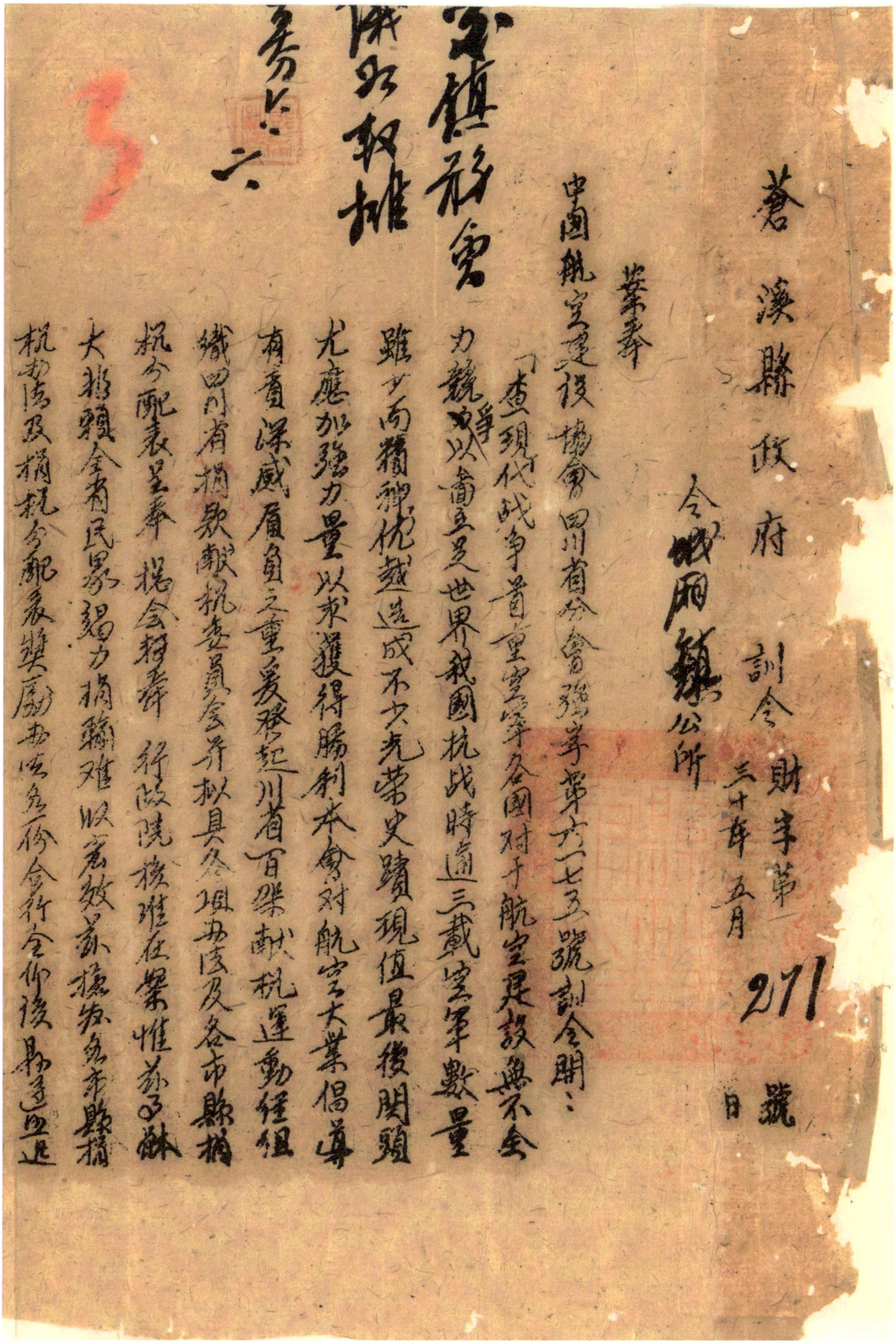

即組織分區縣捐款獻机委員会，以資推動，並所需募款表式以及查傳等（一俟印就再行配發），希即將成立日期及所聘委員名單具報，以憑備查為要，此令」等因，奉發各市縣捐款獻机分配表、奬勵办法各八份，奉此。經于四月十六日提出第八次縣政會議商討捐募辦法，并推定人選照組織成立着該縣捐款獻机委員会，除將成立日期及所聘委員名單呈報備查外，茲查本縣與德陽、什邡、劍閣、昭化等五縣合捐價值二十萬元驅逐机一架，本縣担捐貳萬元，業經会议决定，該鄉應捐壹千元，合行抄發捐款獻机奬勵办法，令仰該鎮長即便遵照，赶速捐募足額，倘有愛國志士個人樂于大量捐獻者，自应特請奬勵，惟是捐募期限定為四個月（自三十年二月一日起），轉瞬即將屆滿，以蘇乃偉大，於必要時亦可採用攤募方法，用收速效，除分令外，仰即遵照劝募，[illegible]匯送為要！

此令。

附抄發捐款獻机奬勵办法一份

縣長 曾錦柏

苍溪县各界联合举行「七七」抗战第四周年纪念会开会程序（一九四一年七月五日）

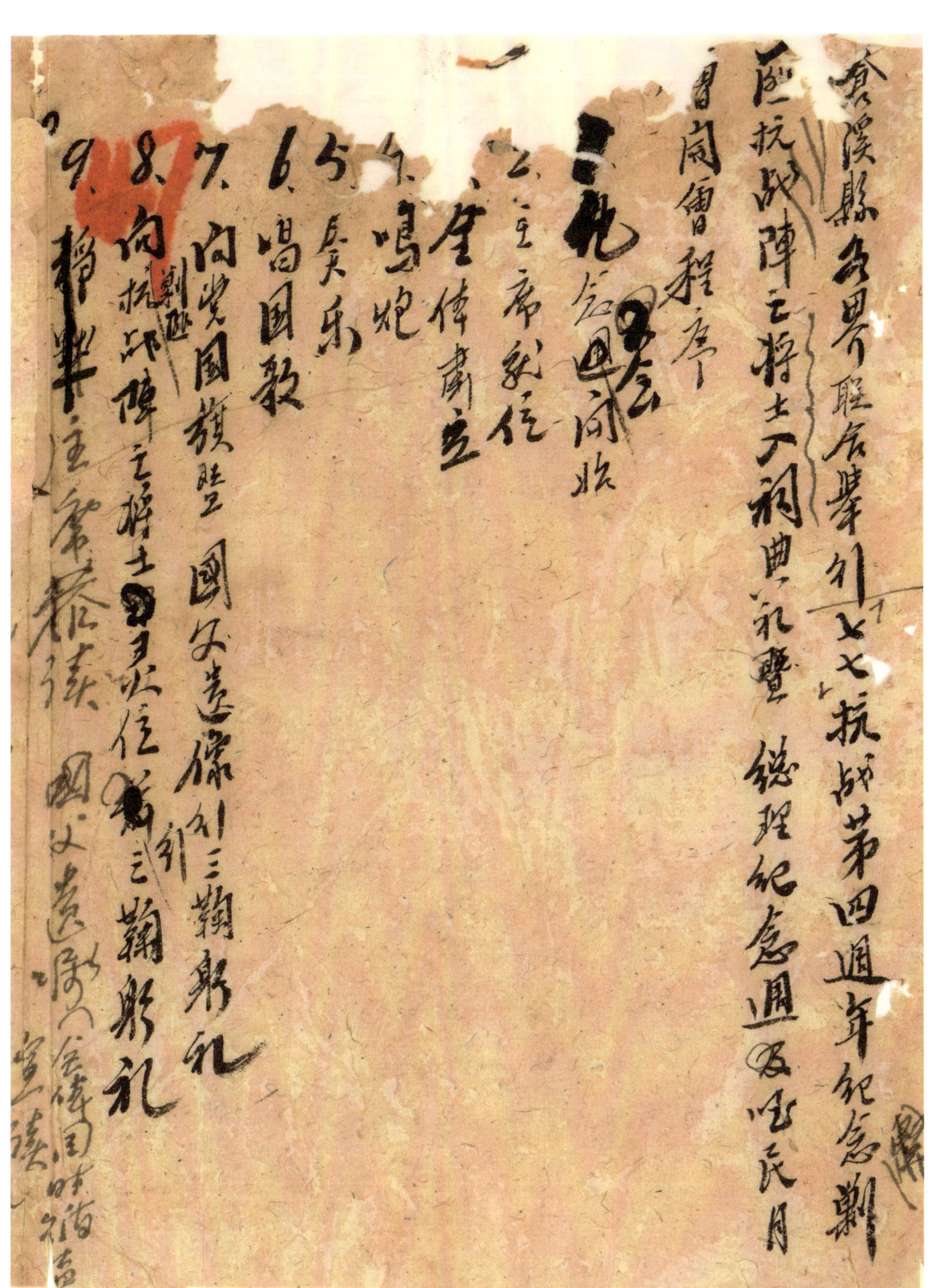

苍溪县各界联合举行七七抗战第四周年纪念暨
追悼抗战阵亡将士丁祠典礼暨总理纪念周及国民月
会开会程序
一、开会
二、全体肃立
三、主席就位
4、鸣炮
5、奏乐
6、唱国歌
7、向党国旗暨国父遗像行三鞠躬礼
8、向抗战阵亡将士之灵位行三鞠躬礼
9、静默 主席恭读 国父遗嘱（全体同时循声宣读）

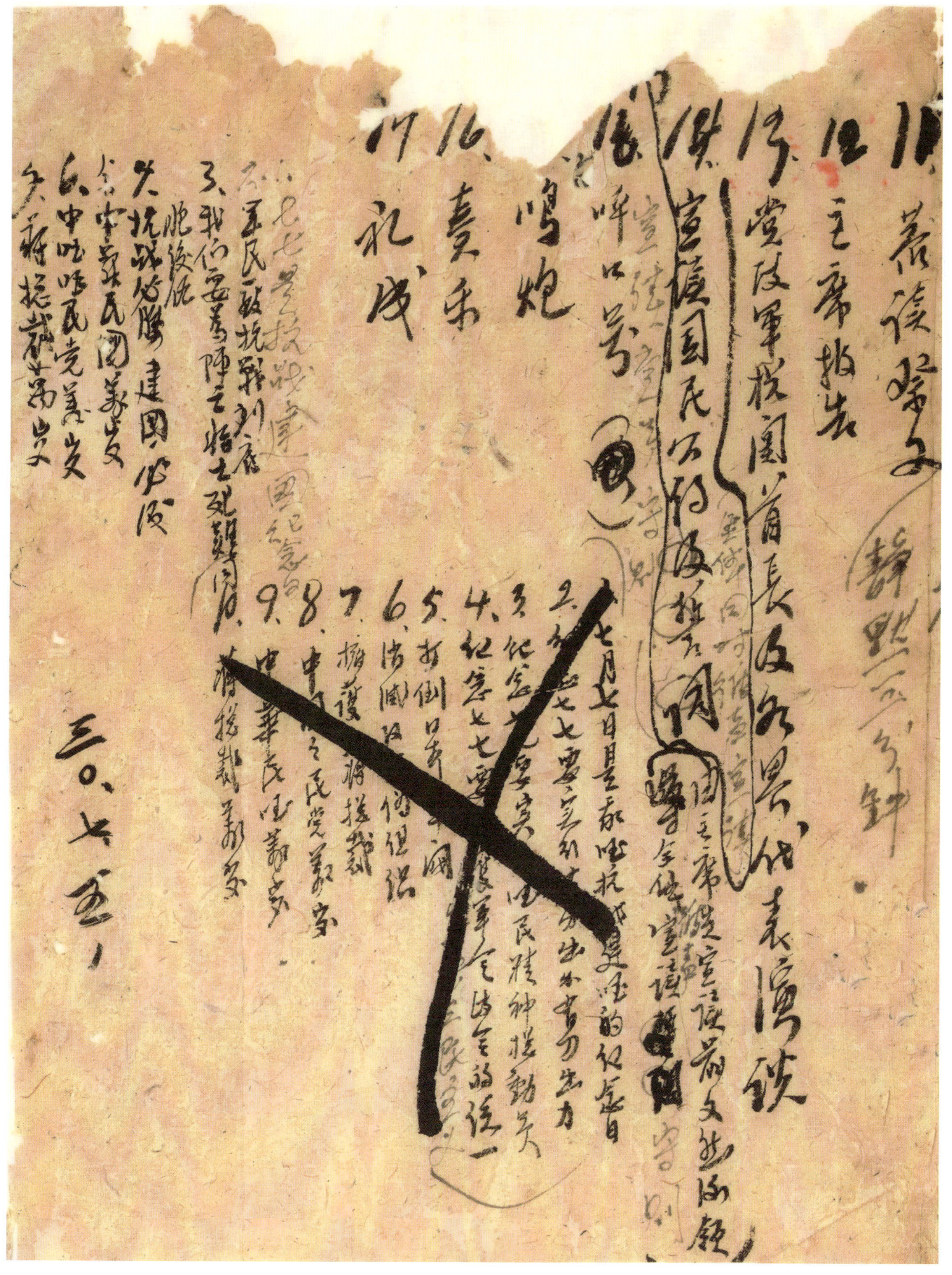

12、主席報告

13、黨政軍機關首長及各界代表演說

15、呼口號

16、鳴炮

17、禮成

三〇、七、五

苍溪县政府关于奉发推进通俗宣传实施计划致国民党苍溪县执行委员会的公函（一九四一年七月十四日）

30 7.15
中 618

查照存

蒼溪縣政府公函 三十年七月十四日 民發第318號

為奉令發推進通俗宣傳實施計劃一份函請

查照實施由

案奉

四川省第十四區行政督察專員公署秘字第二三九三號訓令開：

「案奉 四川省政府三十年秘一字第六〇六〇號訓令開：案准中國國民黨四川省執行委員會宣利字第七〇六號公函開：案查前奉

總裁丑銑付秘川電飭會同中央宣傳部擬具大小茶館宣傳實施計劃呈核一案，當經遵電擬具是項計劃，送經中央宣傳部轉請 總裁

核定仍送會實施除分行外相應檢同茶館宣傳實施計劃一份函請

查照轉飭所屬遵照協同辦理等由准此除分令外合亟抄附原計劃

令仰該署遵照并轉飭所屬各縣政府一体遵照等因附發四川省黨部

推進通俗宣傳實施計劃一份奉此除分令外合行抄發原計劃令仰

該府遵照切實推進并轉飭所屬遵照辦理爲要此令」

等因計發四川省黨部推進通俗宣傳實施計劃一份奉此查宣傳工作在使對方不明白的明白起来錯誤的改正過来猶豫不決的堅定起来不動的行動起来本縣地居川北交通梗阻文化落後值此抗戰緊急關頭尤應以通俗宣傳爲第一要務藉以喚醒民衆積極的參加抗戰工作和抗戰組織以期達到最後勝利之目的除分別函令外相應抄送原辦法函請

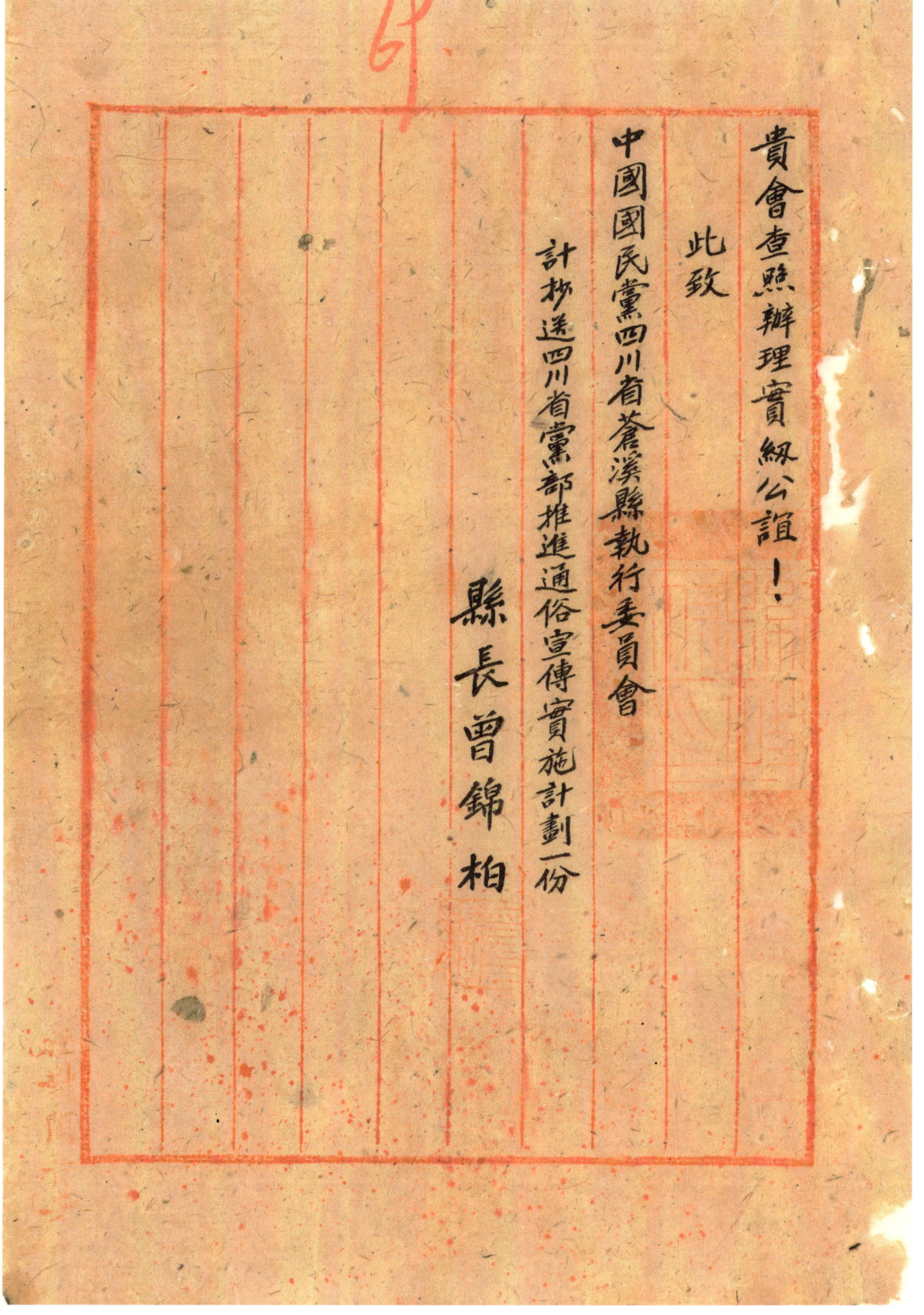

貴會查照辦理實級公誼！

此致

中國國民黨四川省蒼溪縣執行委員會

計抄送四川省黨部推進通俗宣傳實施計劃一份

縣長曾錦柏

国民党苍溪县执行委员会关于上报举办「七七」抗战第四周年纪念活动及慰问宣传情形致国民党四川省执行委员会的呈（一九四一年七月十六日）

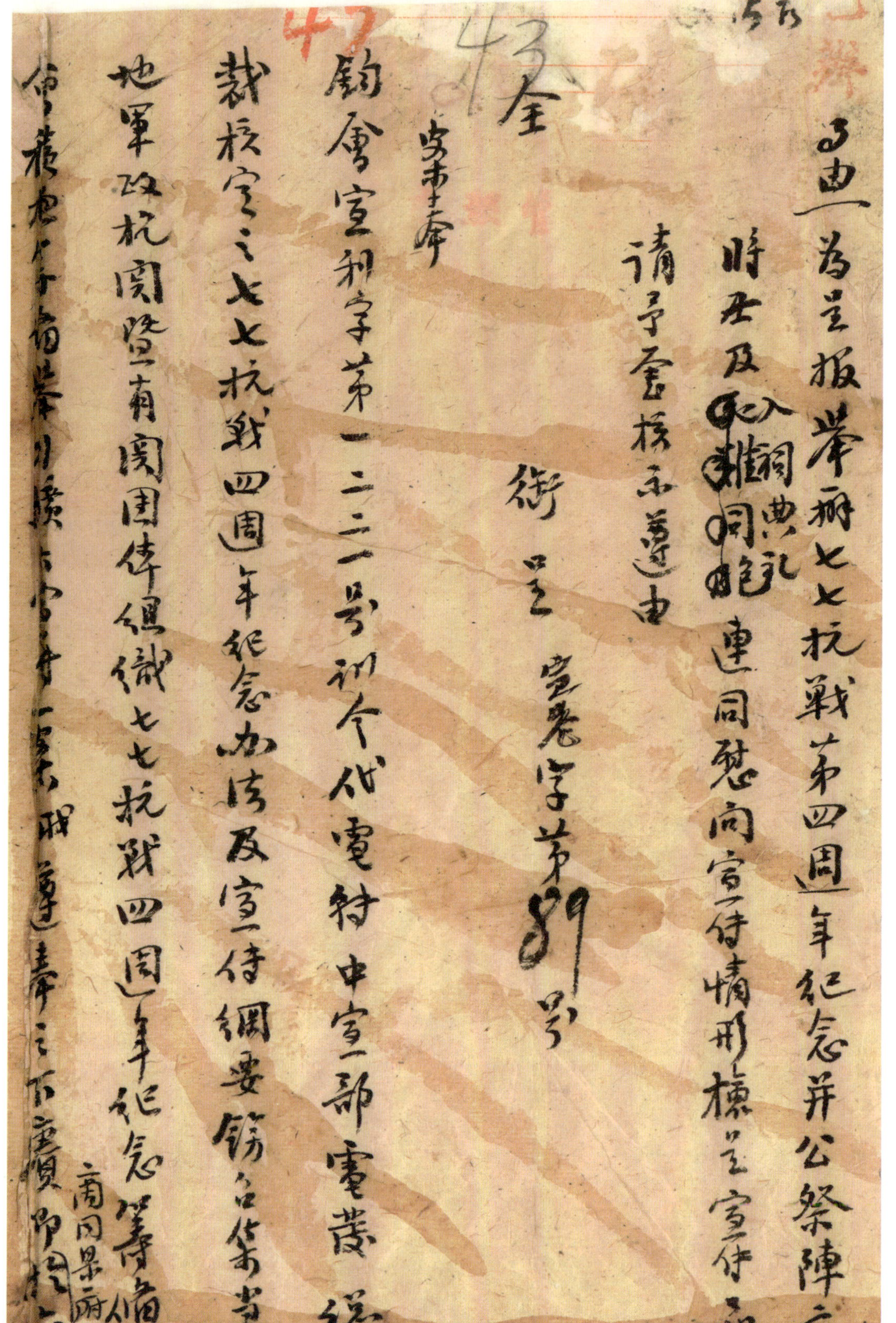

月二十八日召集全县抗属法团学校在县府礼堂举行筹备
议，商筹进行事宜，并奉领办法设置总务、宣传、慰问、游艺四组，总务
组推由动员会负责，宣传组推由宣传委员会负责，慰问组推由青年党
部服务社及妇女会负责，游艺组推由三青团直属区队及城厢
镇中心校负责，公祭阵亡将士及入祠设备推由军事科兵协
负责，均分别积极[illegible]筹备。七七纪念日午前
八时即会同全县机关法团学校绅耆及各界民众等一千
余人在县城东关外县立民教馆举行七七抗战建国第四
周年纪念暨公祭阵亡将士入祠典礼，推由本县县长曾锡

柏同志主席各界首長均有極詳盡之講演禮畢

各宣傳隊分頭出發依照欽定宣傳綱要不斷演講晝夜宣傳

藝話劇各界民眾觀者若堵並各鄉宣傳隊及慰問

隊均於是日工作整個情緒緊張成績斐然奉令

舉行七七抗戰四週年紀念之空前熱情所隆積業奉令項宣傳

品費呈奉核理合具文連同附件備呈

鈞會俯賜察核示遵謹呈

黨

計呈一、告民眾書二份 二、祭文稿二件

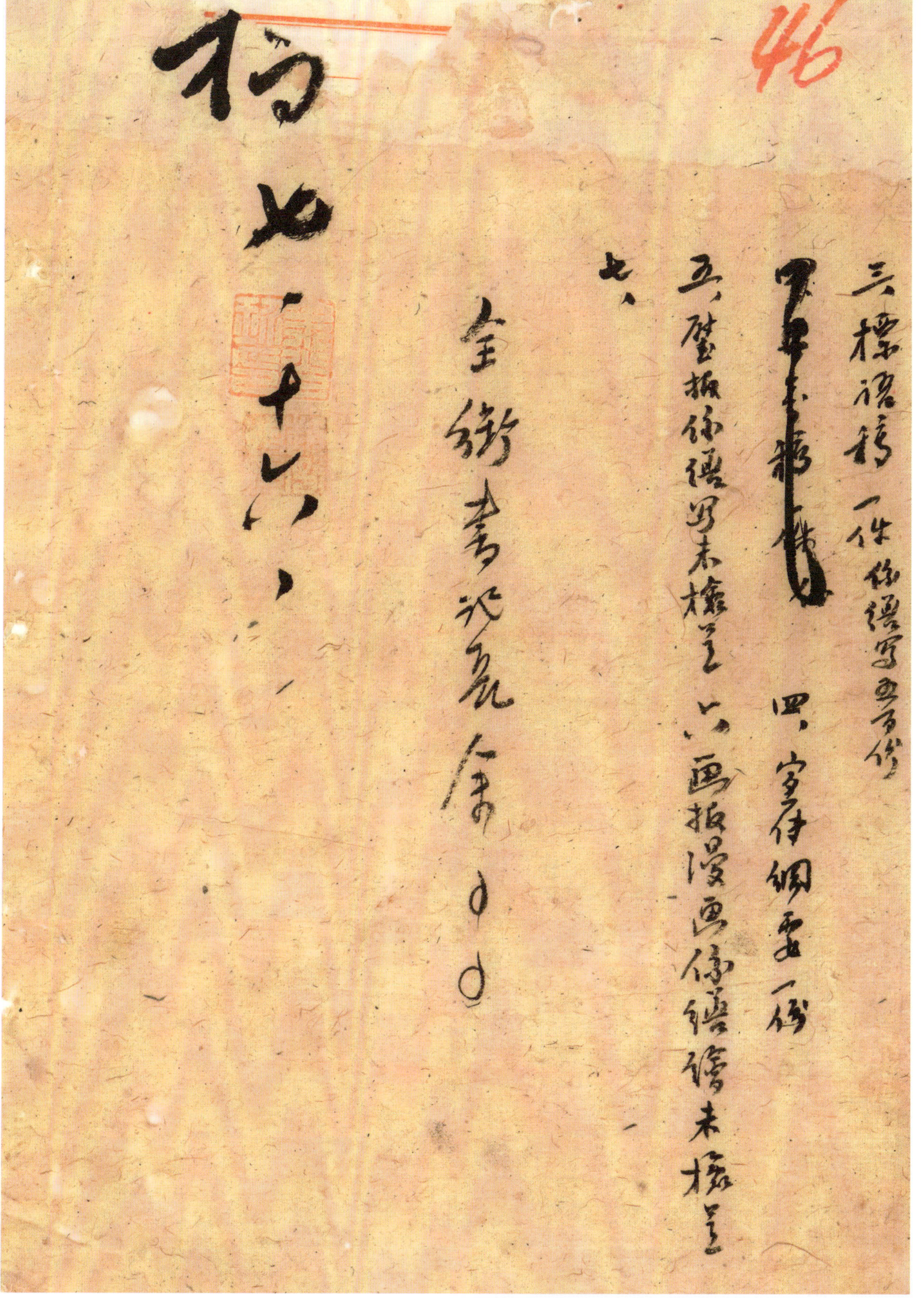

三、標語 一件 係謄寫五方份
四、宣傳綱要 一份
五、壁報 係謄寫未標呈 六、畫報 漫畫 係謄寫謄未標呈
七、
全銜 書記長 余〇〇
柯七十六
46

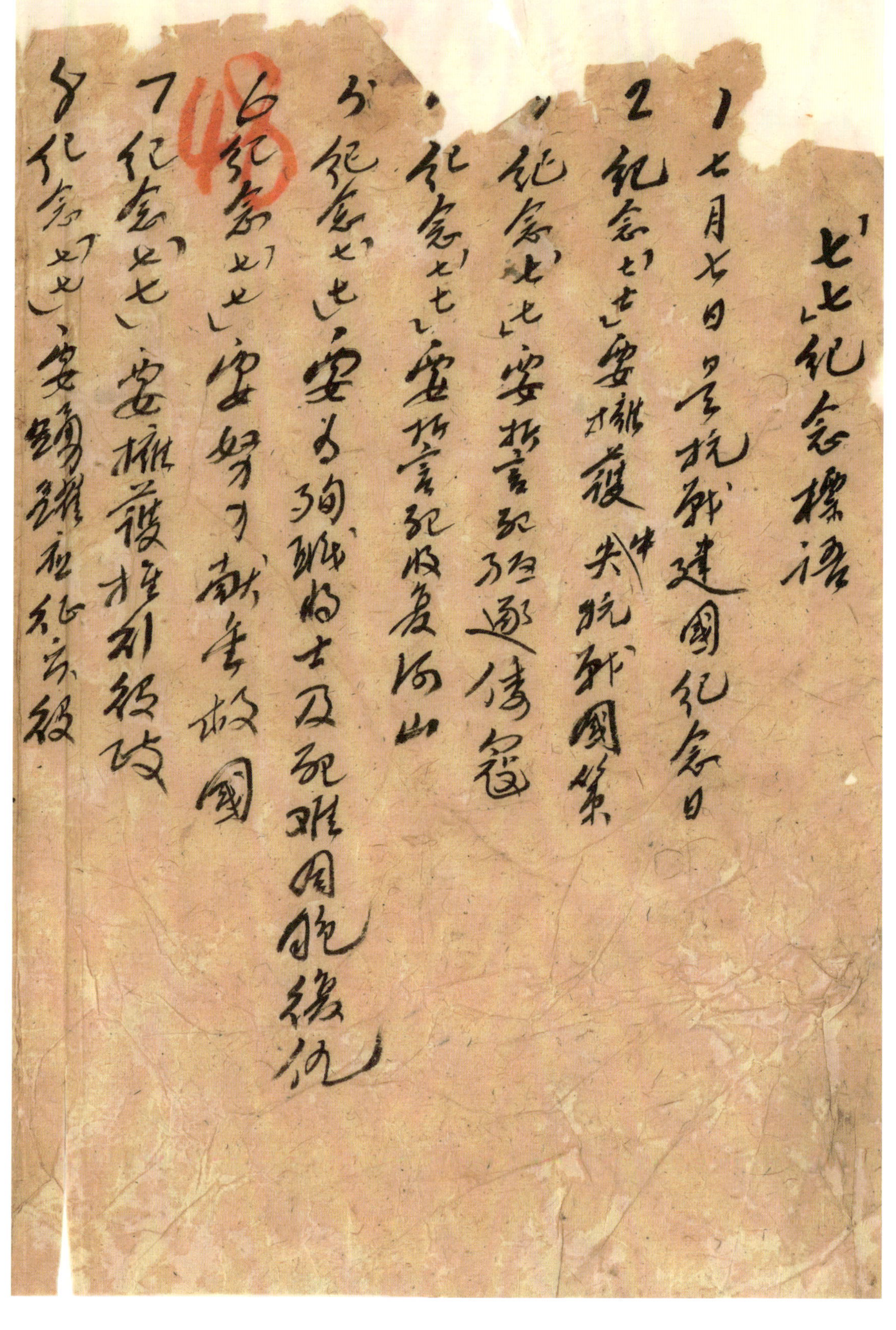
「七七」纪念標語
1 七月七日是抗戰建國紀念日
2 紀念「七七」要擁護中央抗戰國策
3 紀念「七七」要誓言驅逐倭寇
4 紀念「七七」要誓言收復河山
5 紀念「七七」要為殉職將士及死難同胞復仇
6 紀念「七七」要努力獻金救國
7 紀念「七七」要擁護推行役政
8 紀念「七七」要踴躍應征兵役

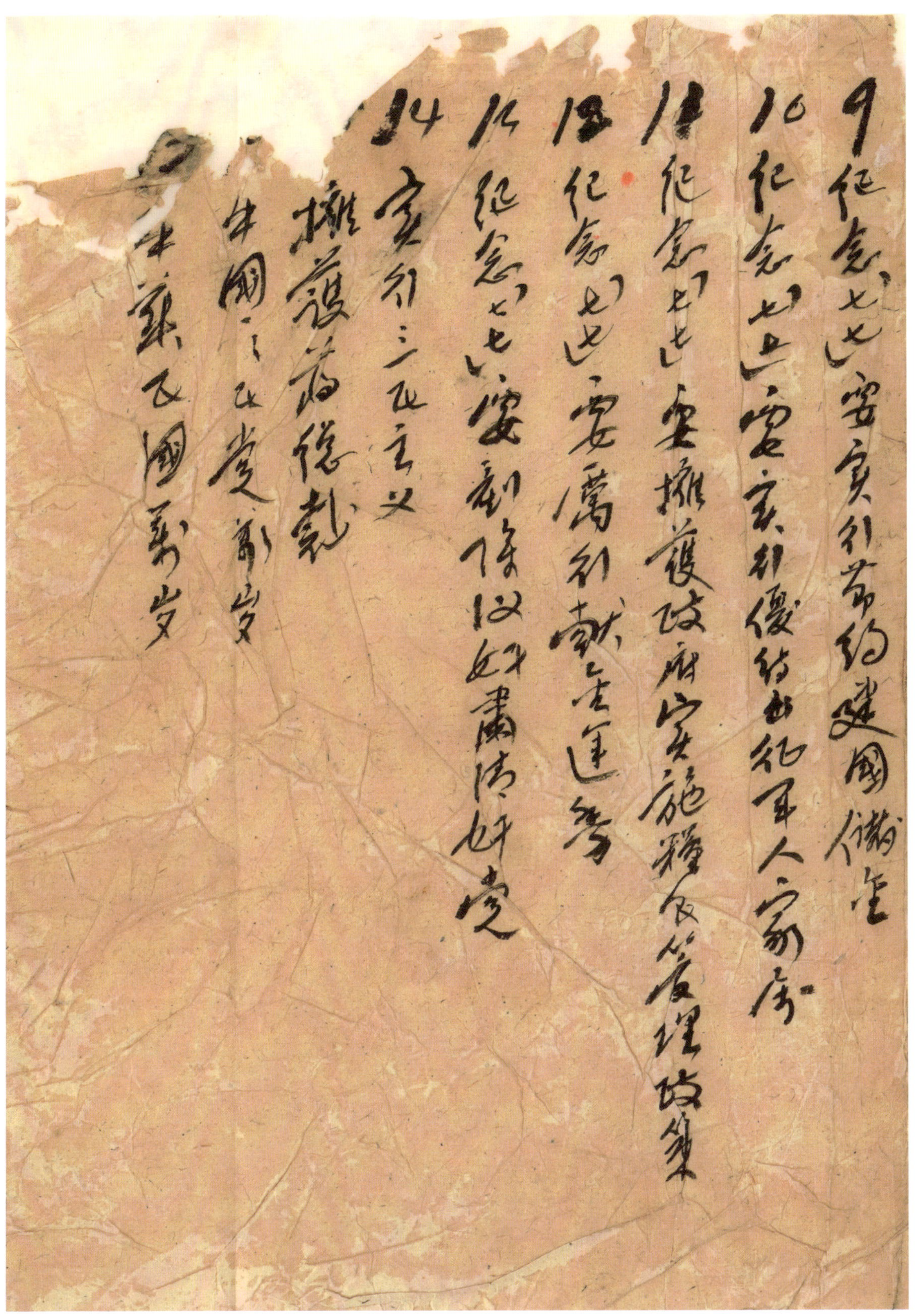
9 纪念"七七"要实行节约建国储金
10 纪念"七七"要实行优待出征军人家属
11 纪念"七七"要拥护政府实施粮食管理政策
12 纪念"七七"要厉行献金运动
13 纪念"七七"要铲除汉奸肃清奸党
14 实行三民主义
拥护蒋委员长
中国国民党万岁
中华民国万岁

苍溪县政府关于举行粮食节约运动致县工会的训令并附相关条文及标语（一九四二年八月六日）

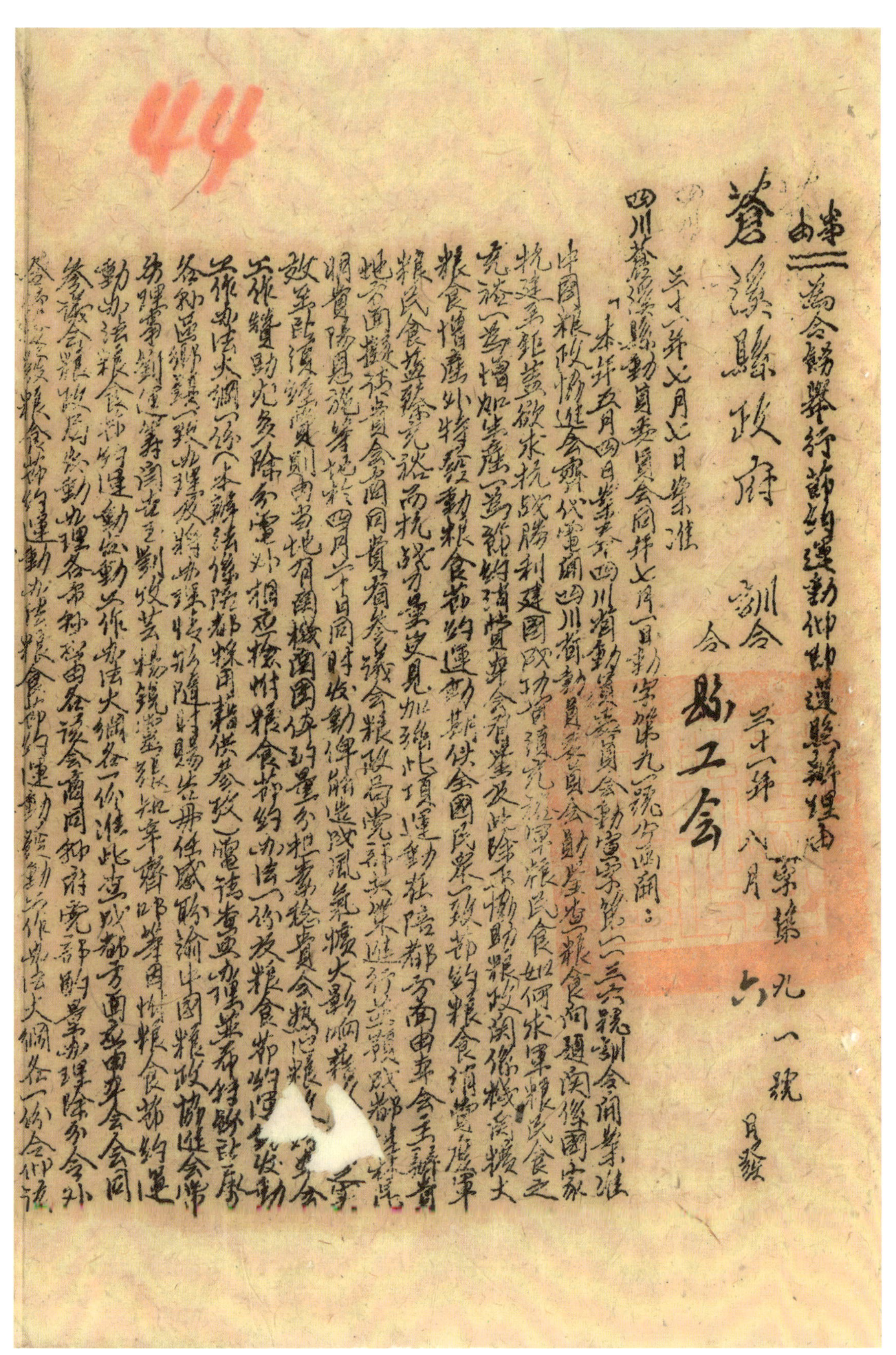

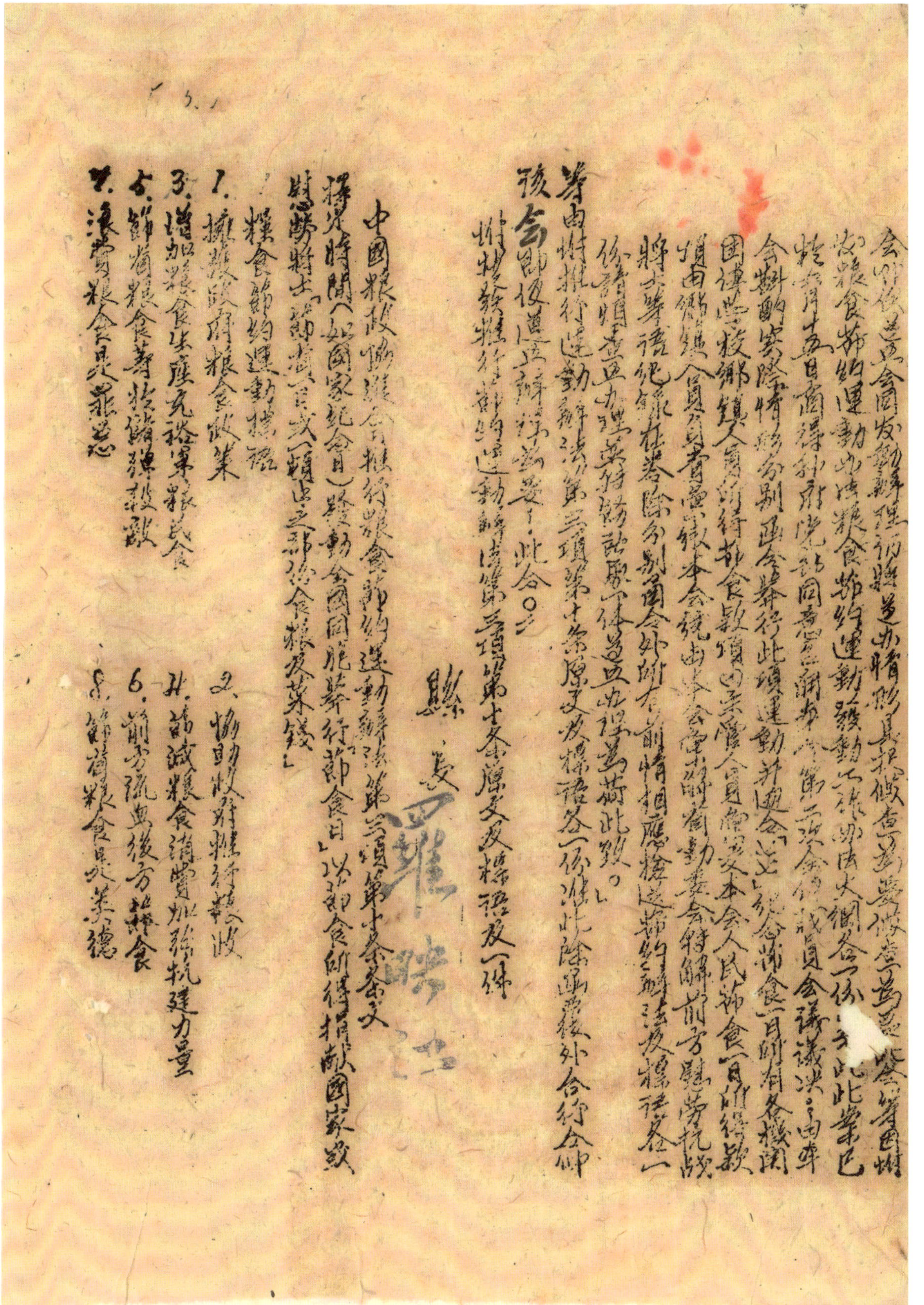

[illegible]

县长 罗[illegible]

中国粮政协进会推行粮食节约运动办法第三项第十条条文：择定时间（如国家纪念日）发动全国同胞举行节食日，以节食所得捐献国家致慰劳将士（节省食费或[illegible]之节省食粮及菜钱）。

粮食节约运动标语

1. 拥护政府粮食政策
2. 协助政府推行粮政
3. 增加粮食生产充裕军粮民食
4. 节减粮食消费增加抗建力量
5. 节省粮食[illegible]
6. 前方流血后方节食
7. 浪费粮食是最大罪恶
8. 节省粮食是[illegible]美德

苍溪县政府关于奉令遵行「九一八」及「七七」纪念由各地党政机关团体等分别集会纪念致国民党苍溪县执行委员会的公函（一九四三年一月三十日收）

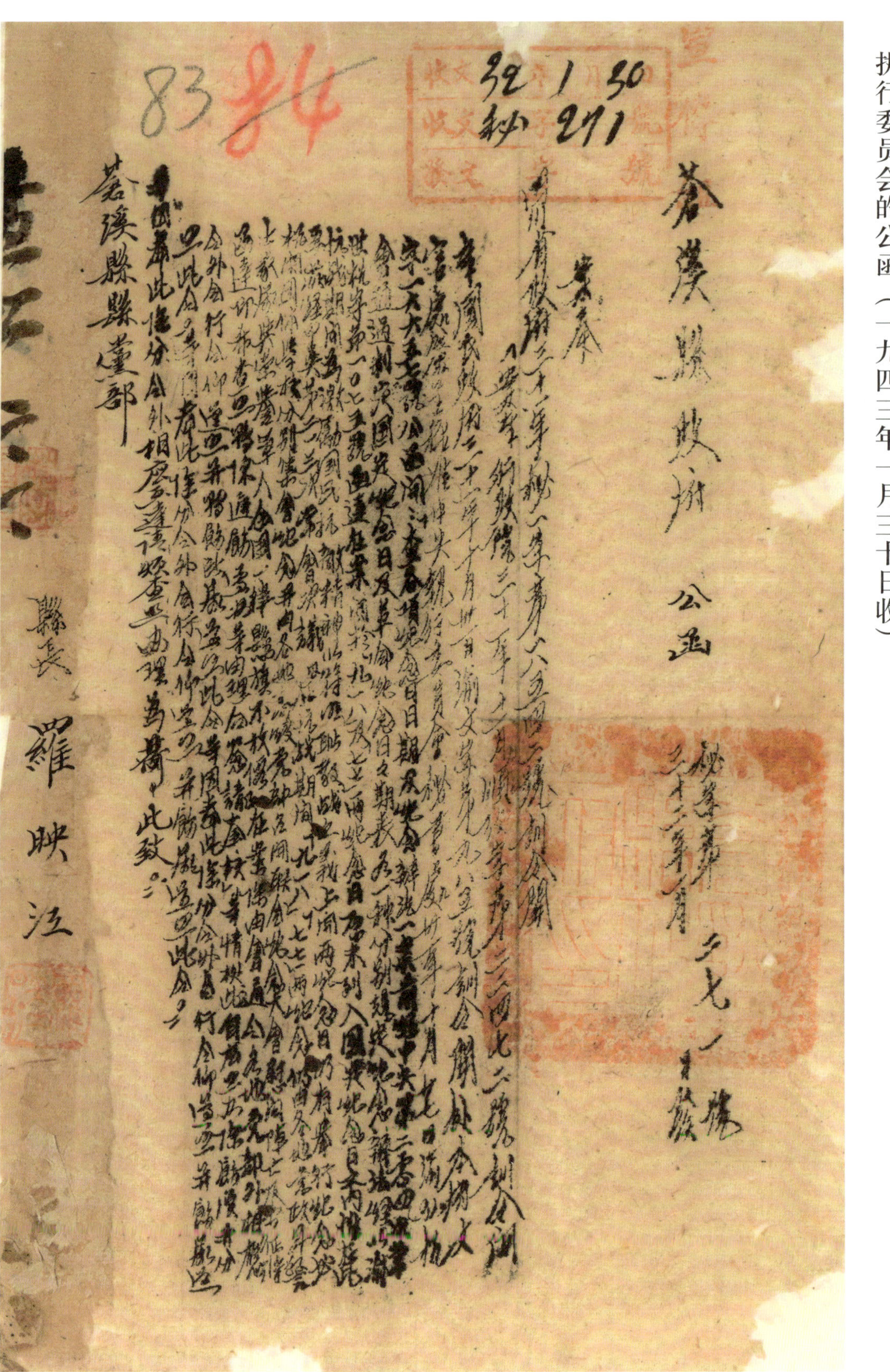

苍溪县各界为「三二九」革命先烈纪念告全县同胞书（一九四三年三月二十九日）

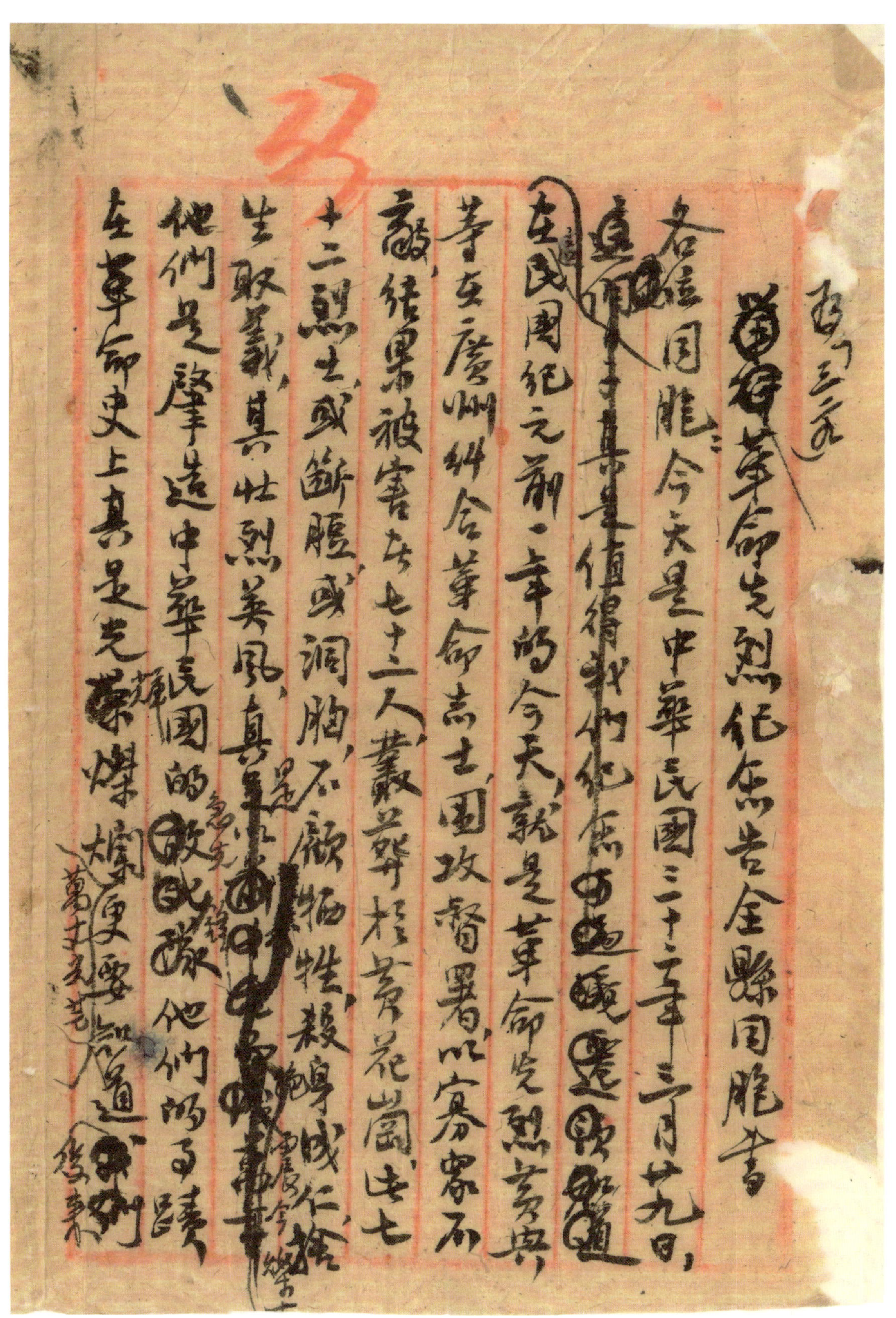

为革命先烈纪念告全县同胞书

各位同胞：今天是中华民国三十二年三月廿九日，

在民国纪元前一年的今天，就是革命先烈黄兴等在广州纠合革命志士围攻督署，以寡敌众，结果被害者七十二人，丛葬于黄花岗，这七十二烈士或断脰或洞胸，不顾牺牲，杀身成仁，舍生取义，其壮烈美风，真是……他们是肇造中华民国的……他们的事迹在革命史上真是光荣灿烂……

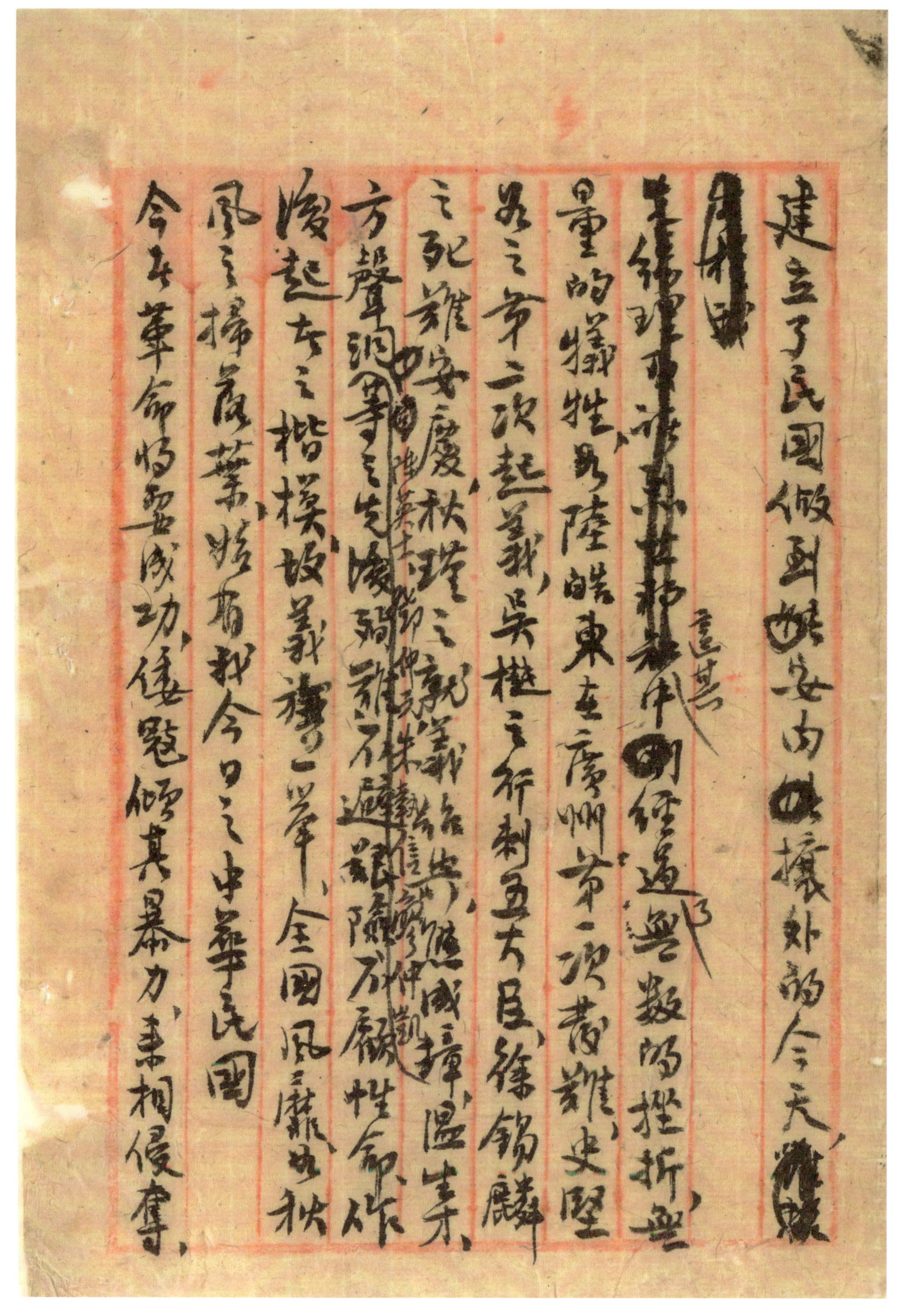

建立了民國，做到與安內攘外的今天，

中間經過無數的挫折無

量的犧牲，如陸皓東在廣州第一次舉難，史堅

如之第二次起義，吳樾之行刺五大臣，徐錫麟

之死難安慶，秋瑾之就義，熊成基溫生才、

方聲洞等之先後殉難，不顧犧牲，作

後起者之楷模，故義舉之一舉，全國風靡，如秋

風之掃落葉，始有我今日之中華民國。

今天革命將要成功，侯魁傾其暴力，來相侵奪，

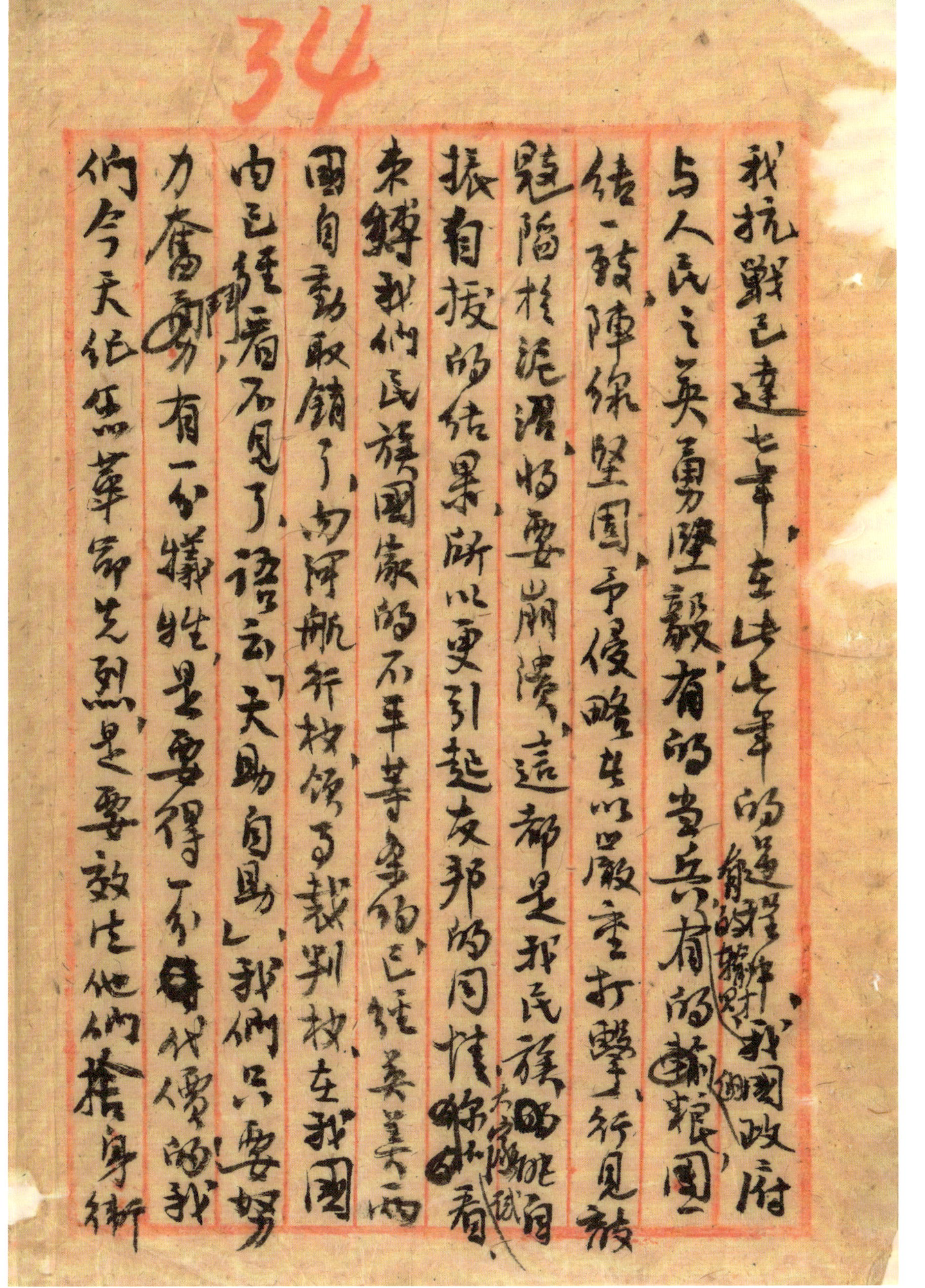

34

我抗戰已達七年，在此七年的艱難的掙扎過程，我國政府與人民之英勇堅毅，有的出兵，有的輸糧，團結一致，陣線堅固，予侵略者以嚴重打擊，行見被驅陷於泥潭，將要崩潰，這都是我民族能自振有援的結果，所以更引起友邦的同情，以實力來看，來轉我們民族國家的不平等條約，已經英美兩國自動取銷了，而內河航行權、領事裁判權，在我國內已經看不見了。語云「天助自助」，我們只要努力奮鬥，有一分犧牲，是要得一分代價的。我們今天紀念革命先烈，是要效法他們捨身衛國的精神，我們要繼續努力，來完成建國的使命，轉移先烈在天之靈。特提兩件事來共相勗勉：第一就是踴躍服兵役。兵是國民應盡的義務，我們抗戰之所以能支撐七年之久，使倭寇受膺懲，這全靠我們偉大的人力，所以政府實行徵兵，頒佈兵役法，使全民皆兵，近則用以抗戰，遠則強盛國家，不怕強鄰殘暴，我們有服兵役的志士練成的千萬雄師，前仆後繼，足以維持世界和平。所以深望同胞踴躍以赴！第二是認購公債，現在我政府勸募的各項公

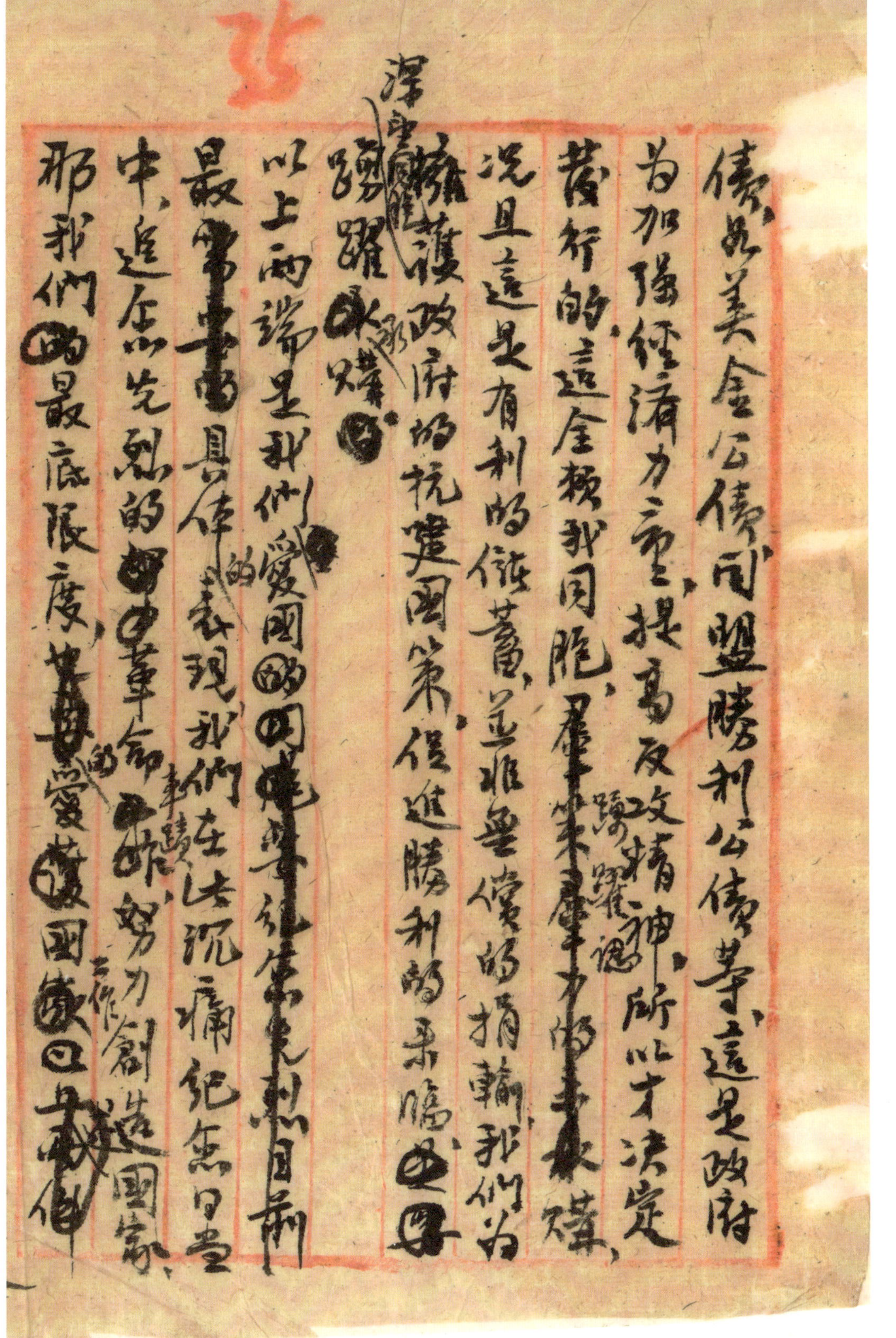

債，如美金公債同盟勝利公債等，這是政府
為加強經濟力量，提高反攻精神，所以才決定
發行的，這全賴我同胞踴躍認購，
況且這是有利的儲蓄，並非無償的捐輸，我們為
擁護政府的抗建國策，促進勝利的早臨，更要
踴躍認購。
以上兩端是我們愛國的[illegible]
最[illegible]具體的表現，我們在去沉痛紀念今日
中，追念先烈的革命[illegible]努力創造國家，
那我們的最底限度，[illegible]愛護國家[illegible]

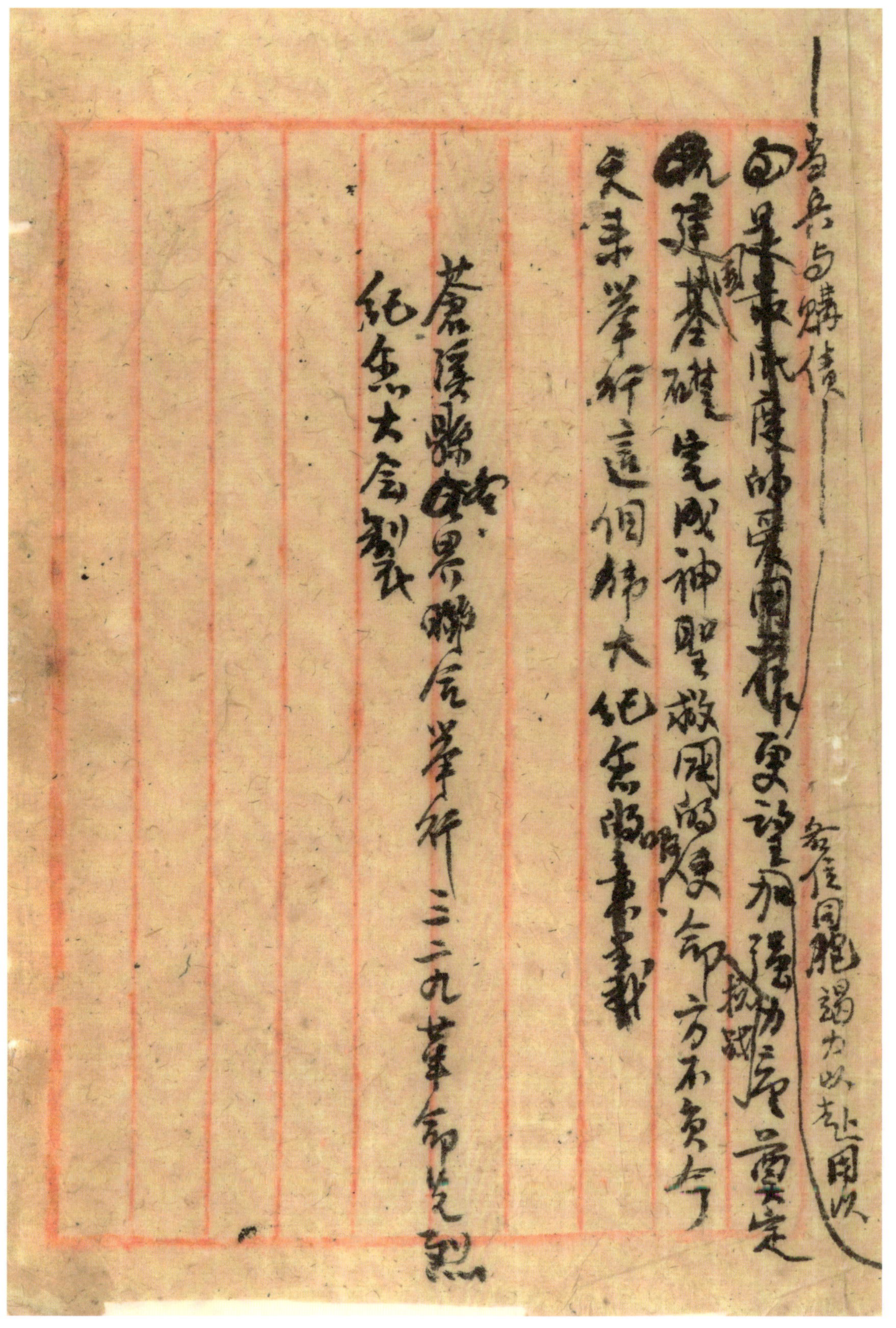

當兵與購債……發使同胞竭力以赴，用以

向吳承庶度的最高原則要求，更望加强協助，奠定

民族建國基礎，完成神聖救國的使命，方不負今

天來舉行這個偉大紀念的意義。

蒼溪縣各界聯合舉行三二九革命先烈

紀念大會製

国民党苍溪县党部胜利剧团关于该团成立纪念公演抗战话剧致县工会的公函（一九四四年六月）

中國國民黨四川省蒼溪縣黨部勝利劇團公函 蒼勝字第0008號

中華民國卅三年六月 日

事由：為本團成立紀念公演抗戰話劇希派員蒞臨指導由

逕啟者：本團成立五週年，不減以神商各界續演抗戰話劇，以示紀念，擬懇貴會屆時蒞臨指導為荷。

此致

縣工會

兼團長 楊 □

副團長 王 □

苍溪县立城中小学校反侵略运动告同胞书（时间不详）

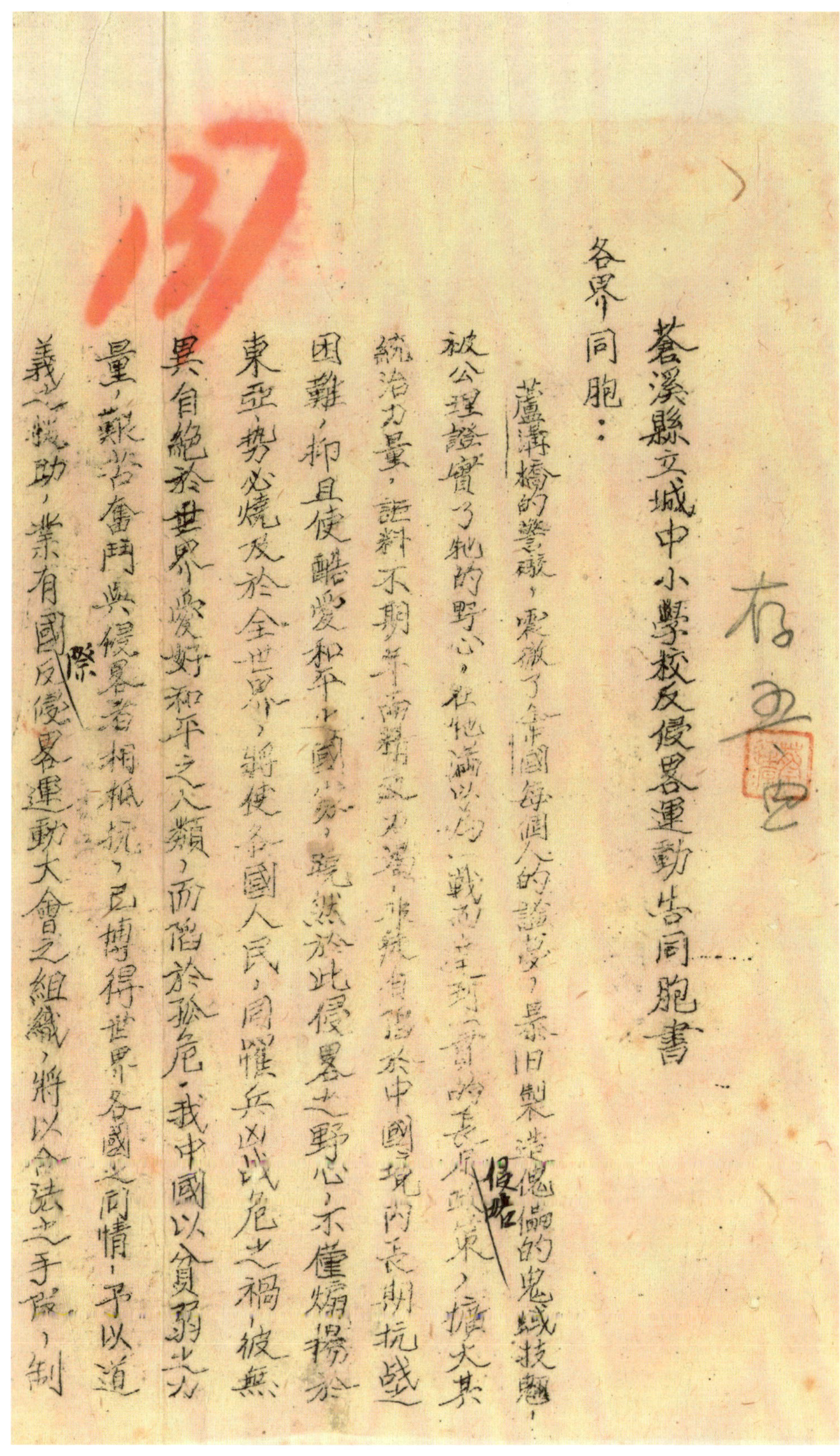

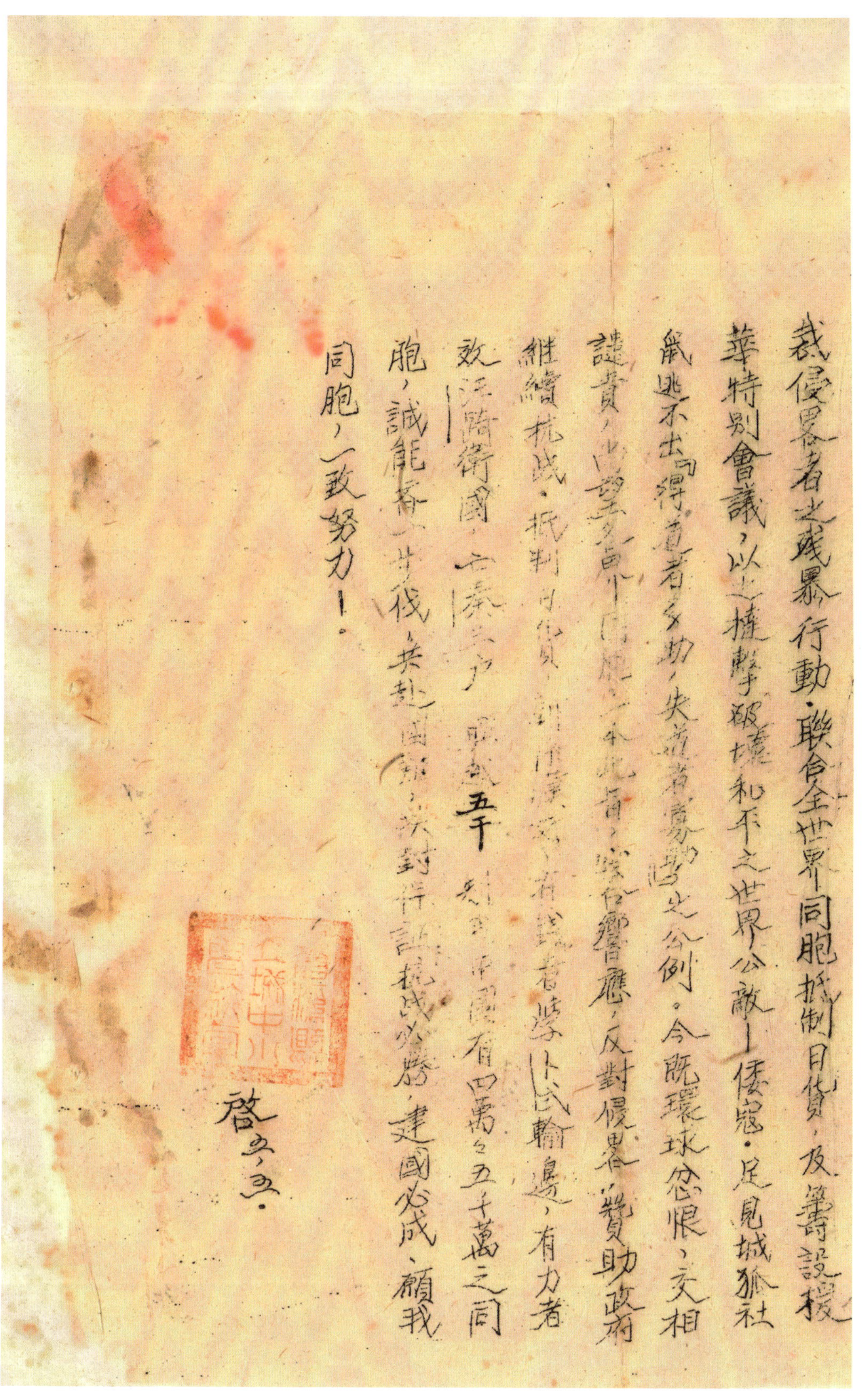
制裁侵略者之殘暴行動，聯合全世界同胞抵制日貨，及籌設援華特別會議，以上種種擊破壞和平之世界公敵——倭寇。足見城狐社鼠逃不出得道者多助，失道者寡助之公例。今既環球忿恨，交相譴責，此誠吾全國同胞，一本此旨，一致響應，反對侵略，贊助政府繼續抗戰，抵制日貨，訓練民衆，有錢者學卜式輸邊，有力者效汪踦衛國。亡秦三户，矧我中國有四萬萬五千萬之同胞，誠能齊一步伐，共赴國難，共對[illegible]，抗戰必勝，建國必成，願我同胞，一致努力！

啓五、五。

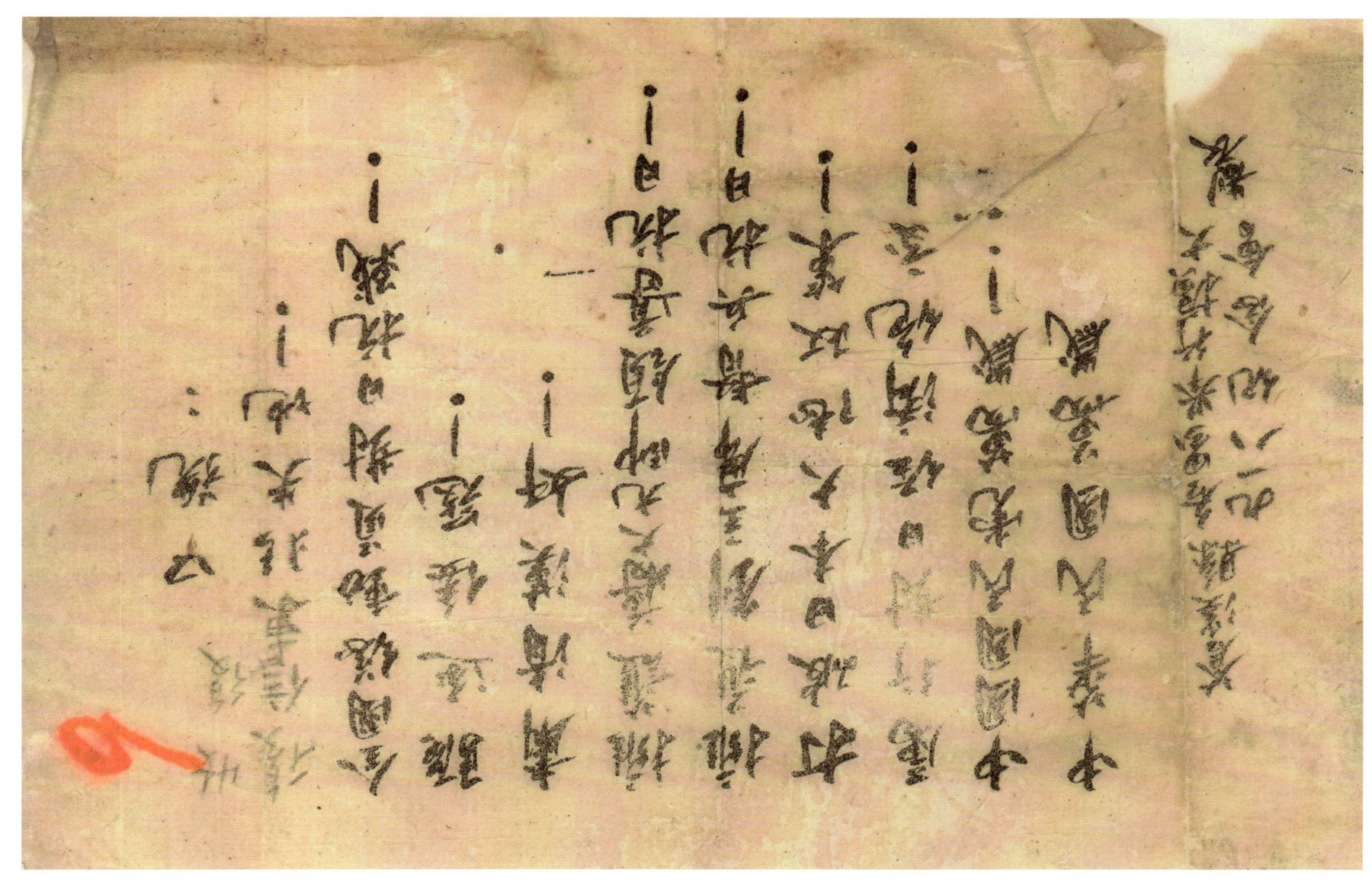

蒼溪縣各界舉行擴大
九一八紀念會口號製

中華民國萬歲
中國國民黨萬歲！
厲行對日經濟絕交！
打破日本大陸政策！
擁護蔣委員長抗日！
擁護國民政府抗日！
肅清漢奸！
驅逐倭寇！
全國總動員對日抗戰！
收復東北失地！
口號：

苍溪县各界举行扩大「九一八」纪念会口号（时间不详）

四、旺苍设治局

四川省政府及旺苍设治局关于遵行粮食节约运动宣传以增强抗战力量的电令（一九四二年八月至九月）

四川省政府致旺苍设治局的代电（一九四二年八月十二日）

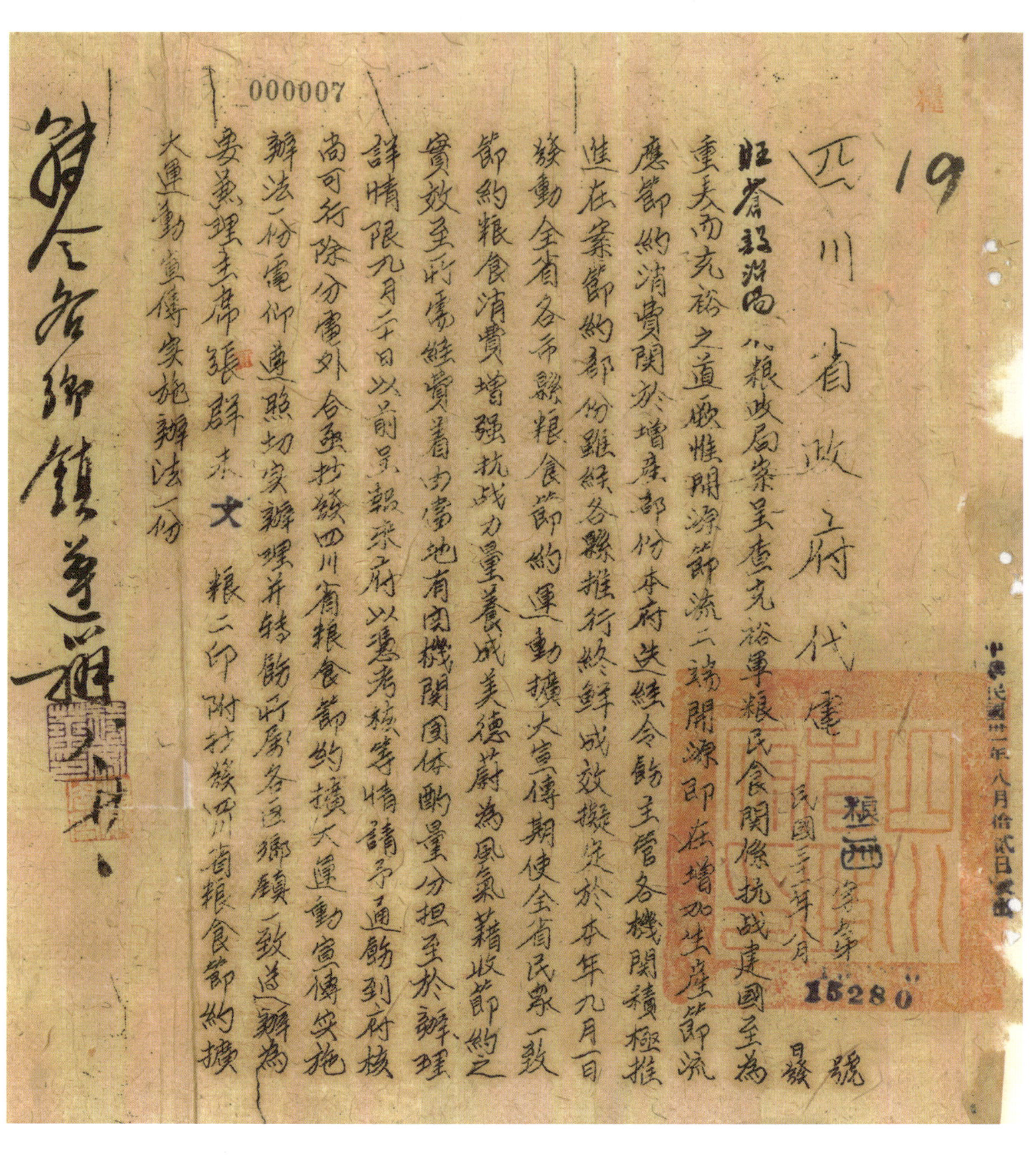
19

000007

四川省政府代電 民國三十一年八月 日發 糧一 字第 號 15280

旺蒼設治局：八糧政局案呈：查充裕軍糧民食，關係抗戰建國至為重大，而充裕之道，厥惟開源節流二端。開源即在增加生產，節流應節約消費。關於增産部份，本府迭經令飭主管各機關積極推進在案。節約部份，雖經各縣推行，終鮮成效。擬定於本年九月一日發動全省各市縣糧食節約運動，擴大宣傳，期使全省民衆一致節約糧食消費，增強抗戰力量，養成美德，蔚為風氣，藉收節約之實效。至所需經費，着由當地有關機關團体酌量分担。至於辦理詳情，限九月二十日以前呈報來府，以憑考核等情。請予通飭到府。核尚可行，除分電外，合亟抄發四川省糧食節約擴大運動宣傳實施辦法一份，電仰遵照切實辦理，并轉飭所屬各區鄉鎮一致遵辦為要。兼理主席張群。未文 糧二印 附抄發四川省糧食節約擴大運動宣傳實施辦法一份

飭令各鄉鎮遵辦

附：四川省推行粮食节约运动实施办法

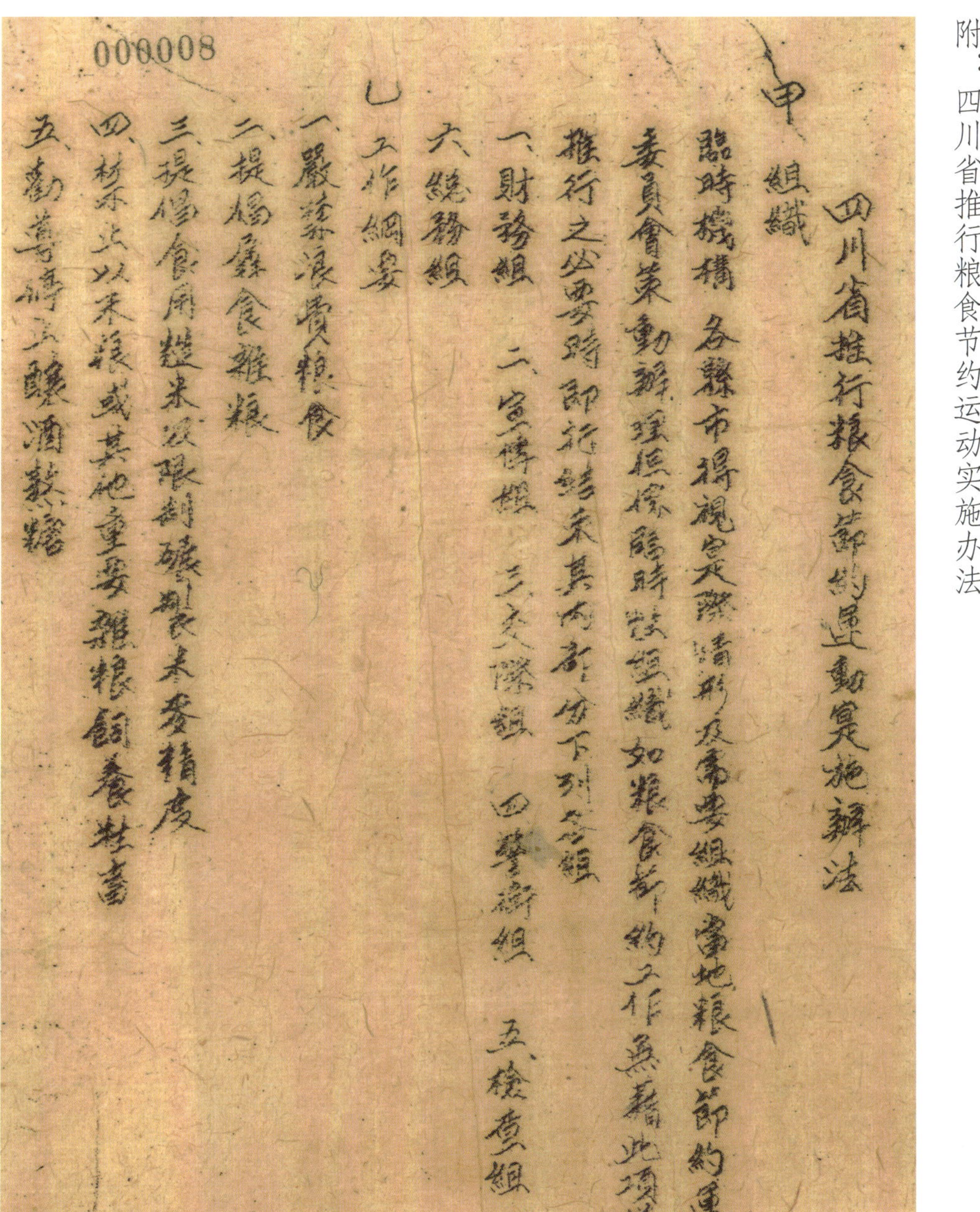

000008

四川省推行粮食節約運動實施辦法

甲 組織

臨時機構 各縣市得視實際情形及需要組織當地粮食節約運動委員會策動辦理臨時性組織如粮食節約工作無藉此項机構推行之必要時即行結束其內部分下列各組

一、財務組 二、宣傳組 三、交際組 四、警衛組 五、檢查組

六、總務組

乙 工作綱要

一、嚴禁浪費粮食

二、提倡摻食雜粮

三、提倡食用糙米限制碾製米麥精度

四、禁止以米粮或其他重要雜粮飼養牲畜

五、勸導停止釀酒熬糖

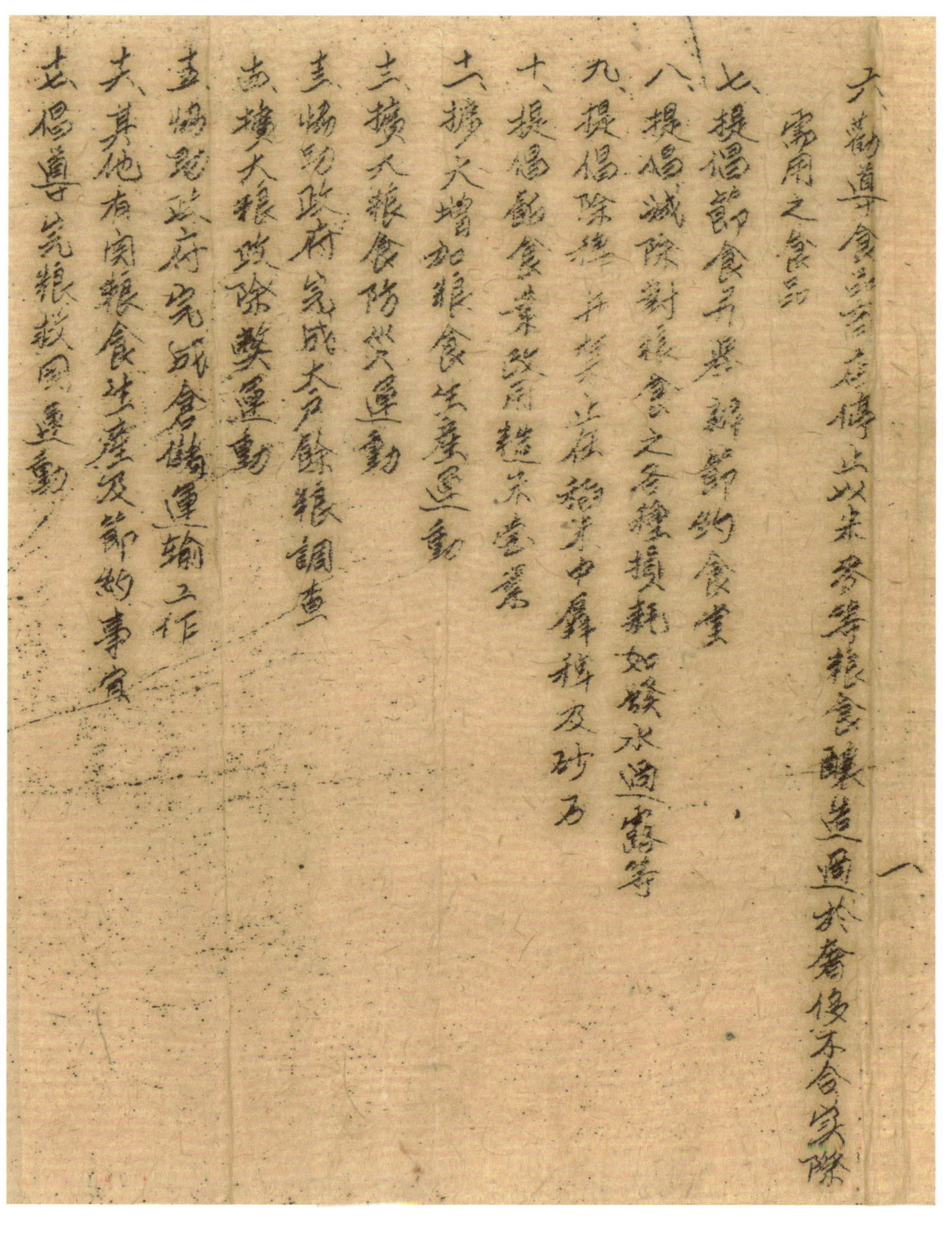
六、勸導并令商店停止以米麥等粮食釀造過於奢侈不合實際需用之食品
七、提倡節食并舉辦節約食堂
八、提倡減除對粮食之無謂損耗，如發水過霉等
九、提倡除稗并禁止在稻米中羼稗及砂石
十、提倡飯食業改用糙米營業
十一、擴大增加粮食生產運動
十二、擴大粮食防災運動
十三、協助政府完成大戶餘粮調查
十四、擴大粮政除弊運動
十五、協助政府完成倉儲運輸工作
十六、其他有關粮食生產及節約事宜
十七、倡導完粮救國運動

十八、勸導大糧户自動出售餘糧

丙、實施辦法

（一）定期於本年九月一日舉行糧食節約運動擴大宣傳週使各界澈底明瞭糧食節約之重要而切实推行其應舉辦事項如次

一、舉行宣傳大會當日應邀請當地党政軍機関長官或專家講演糧食節約意義及辦法以保甲幹部人員及婦女團体部人員為宣傳對象俾此項宣傳能普遍深入民間

二、邀請專家舉行節約糧食廣播講演

三、張貼標語及散發小型傳單

四、出版形式新穎之壁報

五、發動各機関團体懸掛布質標語

六、發動各餐館飯店舉辦節約飯菜以廣宣傳

（二）舉行糧食節約運動擴大宣傳週除利用文字圖畫及集會講演等宣傳方法外并得組織宣傳隊或檢查隊向一般家庭住户餐館

酒館宣傳或檢察以促其節省糧食

(三)由警察機關召集當地餐館飯堂及食品商店商民減少浪費及糧食節約辦法并切實督察其遵行

(四)得視實際情形及需要商同當地衛生及警察機關限制養狗及取締以糧食飼養牲畜

(五)獎勵人民檢舉糧食倉庫及糧食商店於米糧內摻雜稗子及砂石或發水致影響民衆健康

(六)擴大糧政宣傳運動對於糧食征收征購儲運加工市場管理及大户存糧調查等工作人員違法舞弊及商人囤積居奇投機操縱等項應徹底肅清并獎勵人民自由檢舉隨時密告

(七)發動軍民協助人民秋收

(八)其他糧食節約之推行

丁.附則

二

(一)本辦法各縣市政府辦理時得針對當地實際情形增減之
(二)本辦法於糧食節約運動週完竣時即廢止之

附糧食節約運動標語

一、擁護政府糧食政策
二、協助政府推行糧政
三、增加糧食生產充裕軍糧民食
四、節減糧食消費加強抗戰力量
五、節省糧食等於儲蓄穀款
六、有糧出糧踴躍輸將
七、足兵必先足食救國必先完糧
八、充實軍糧為爭取抗戰勝利的必要條件
九、民糧供給須有確切保障社會秩序纔能維持
十、糧食調節糧價平穩生活纔能安定

三

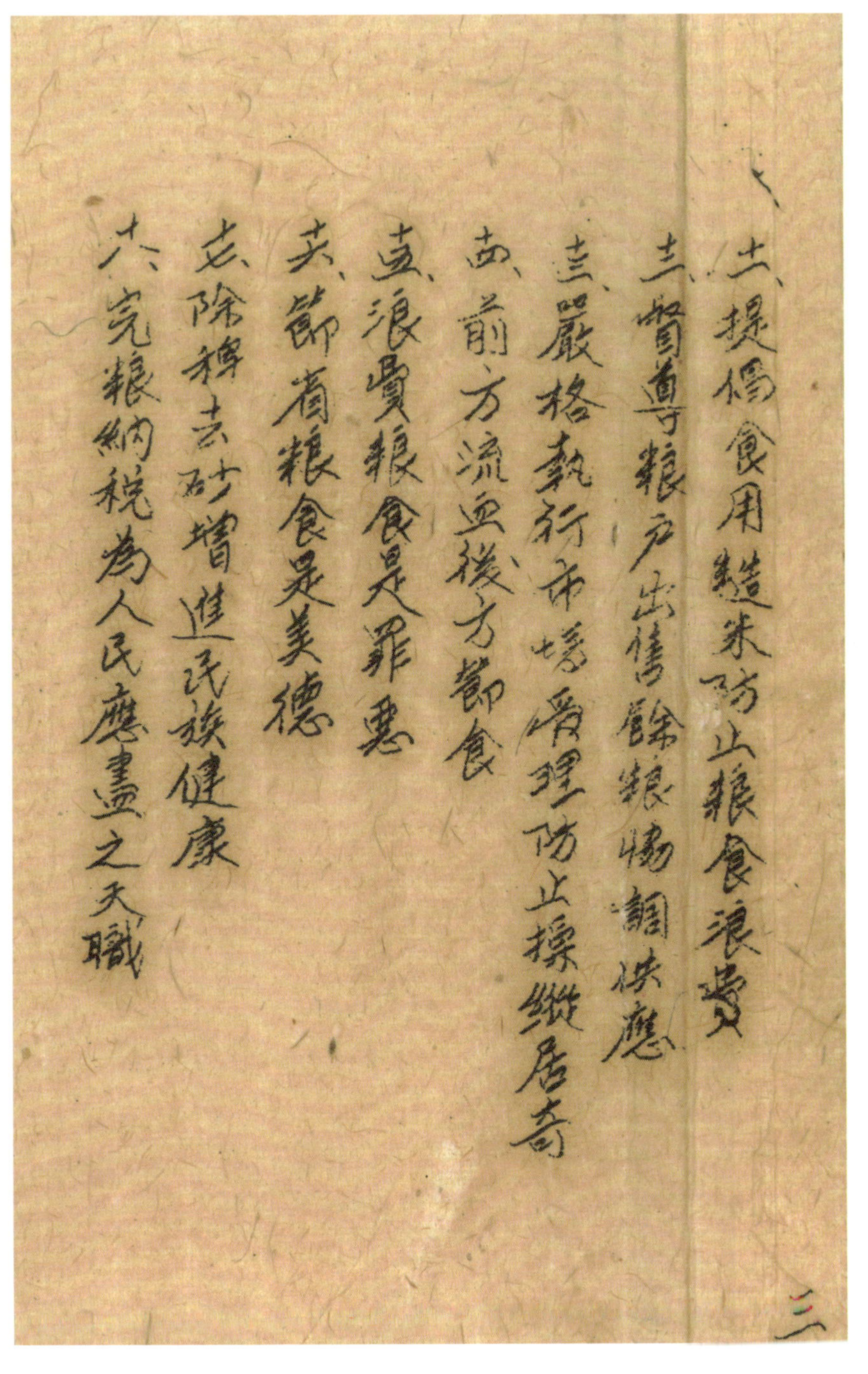

三

十一、提倡食用糙米防止粮食浪費

十二、督導粮户出售餘粮協調供應

十三、嚴格執行市場管理防止操縱居奇

十四、前方流血後方節食

十五、浪費粮食是大罪惡

十六、節省粮食是美德

十七、除稗去砂增進民族健康

十八、完粮納税為人民應盡之天職

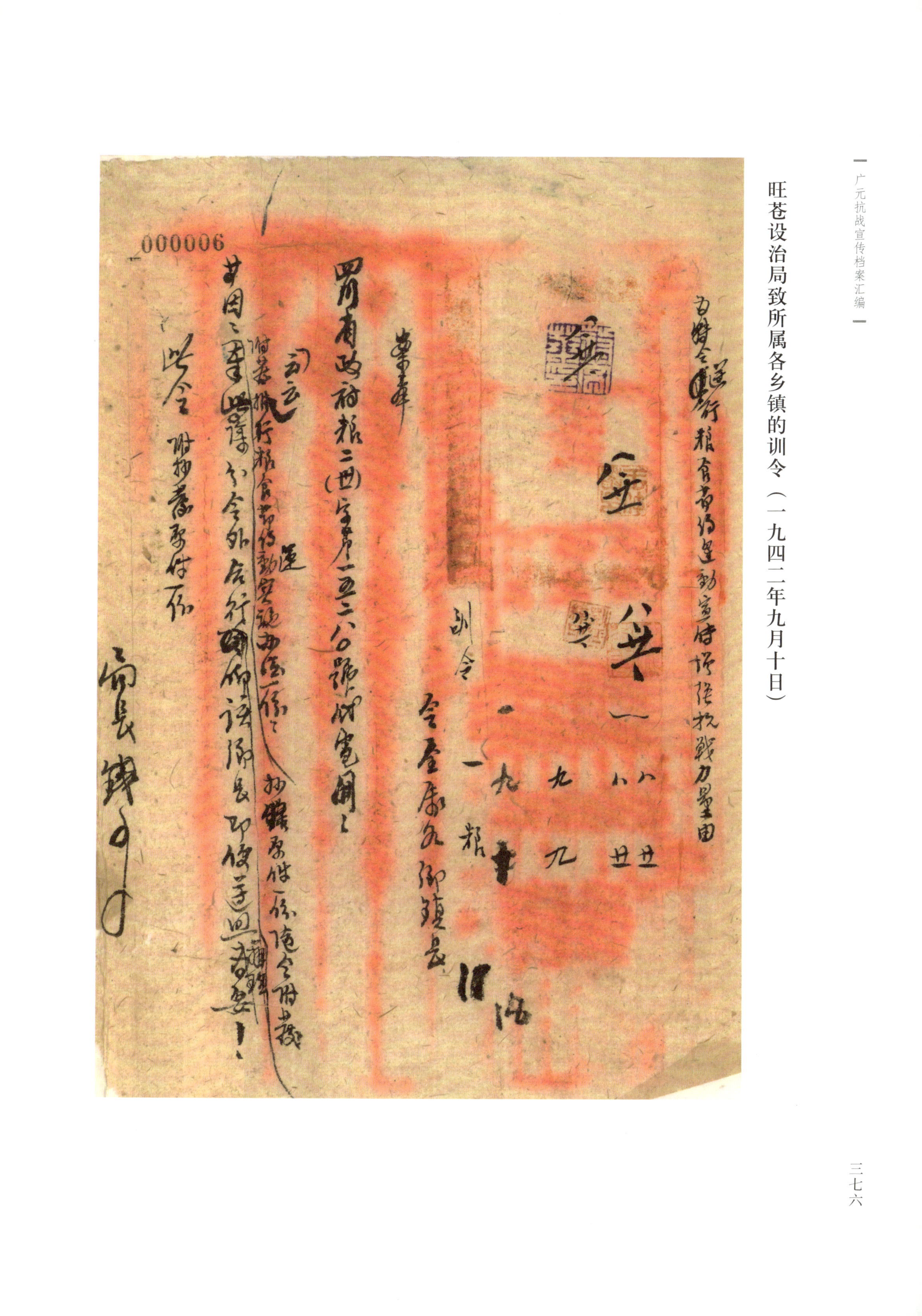

旺苍设治局致所属各乡镇的训令（一九四二年九月十日）

000006

四川省政府及旺苍设治局关于补发转发同盟胜利公债宣传办法及告同胞书的令文（一九四四年五月）

四川省政府致旺苍设治局的指令（一九四四年五月十九日）

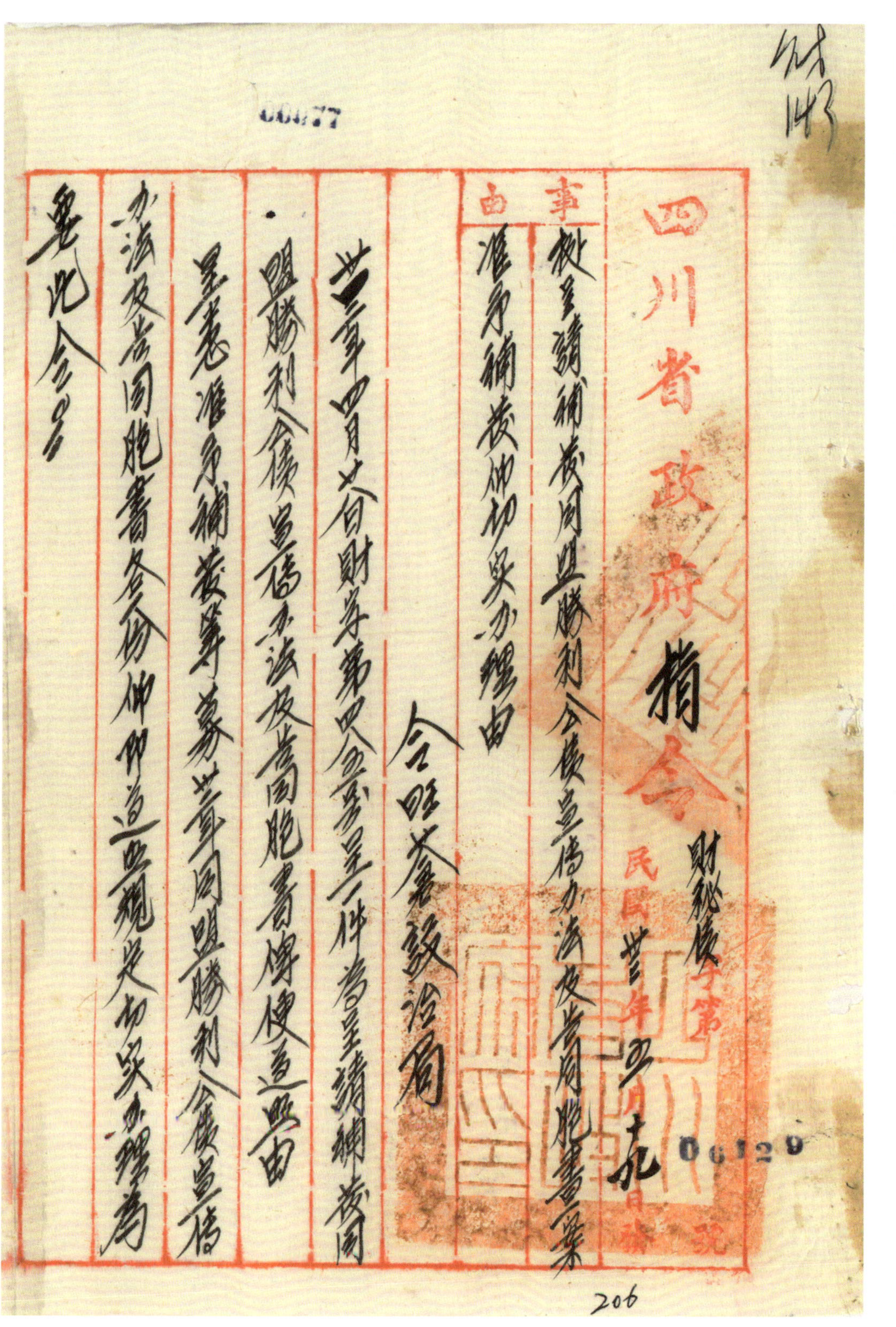

四川省政府 指令

财秘[illegible]字第 号

民国卅三年五月十九日

事由：据呈请补发同盟胜利公债宣传办法及告同胞书一案准予补发仰切实办理由

令旺苍设治局

卅三年四月廿八日财字第四八五号呈一件为呈请补发同盟胜利公债宣传办法及告同胞书[illegible]俾便遵照由

呈悉准予补发募集同盟胜利公债宣传办法及告同胞书各[illegible]份仰即遵照规定切实办理为要此令

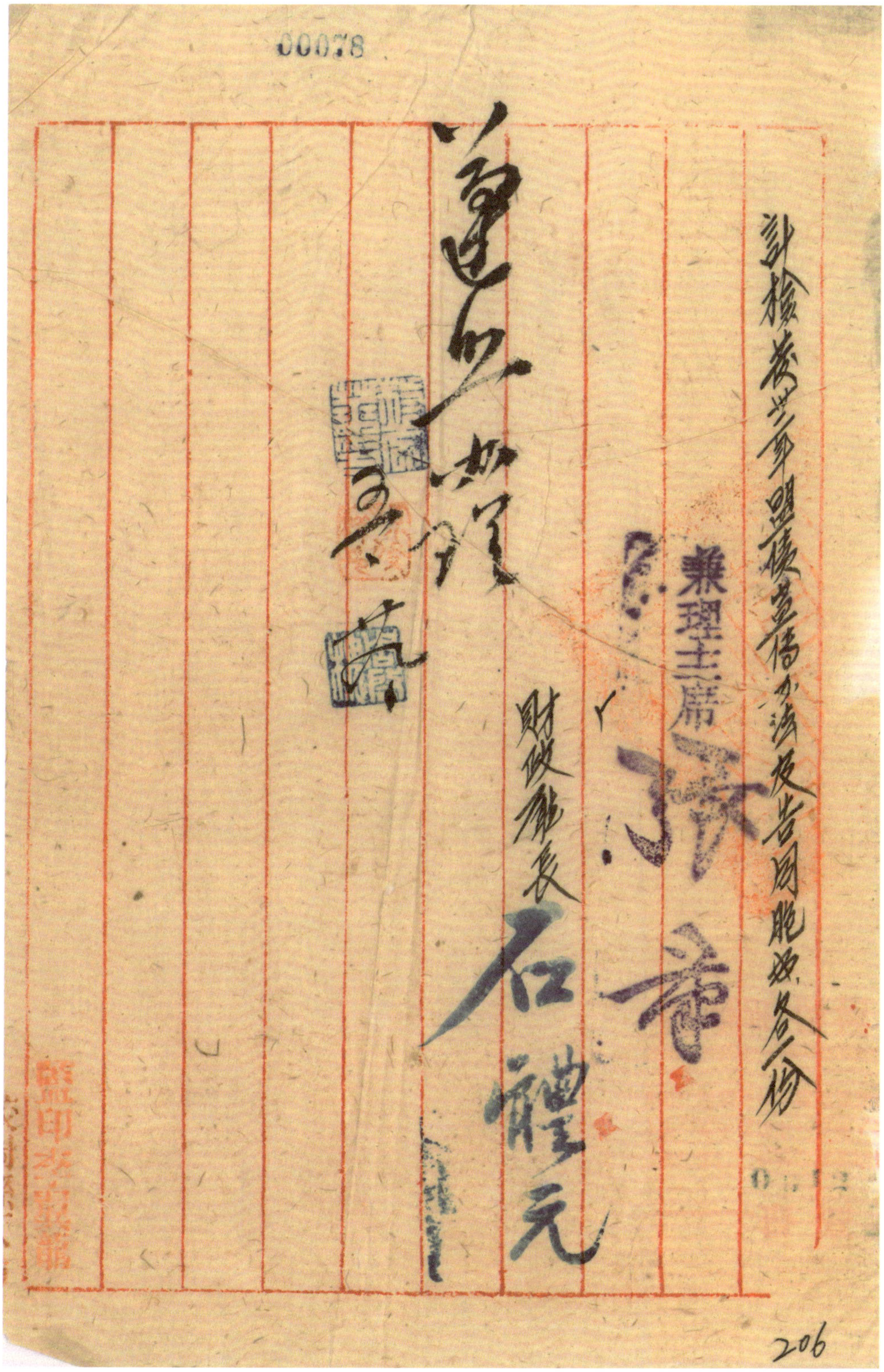

00078

計檢發兴亊盟棲並稿办法及告同胞书各一份

兼理主席　孫　震

財政廳長　石體元

遵即照辦

206

附：财政部公债筹募委员会为筹募一九四二年同盟胜利美金、同盟胜利公债告同胞书

財政部公債籌募委員會

爲籌募民國卅一年同盟勝利美金同盟勝利公債告同胞書

各界同胞們：

在抗戰快要達到最後勝利的現階段，政府爲加强經濟力量，提高反攻精神，決定發行民國三十一年同盟勝利美金公債一萬萬金元（合國幣十七萬萬元），民國三十一年同盟勝利公債十萬萬元，總共國幣二十七萬萬元。這批公債的推銷，全賴我們各界同胞羣策羣力踴躍的承購。不過在籌募的開始，大家對它的性質和承購的意義，也許還不很了解。茲特作一簡單的說明，希望大家深切的體認，各盡自己的能力，並隨時勸告同胞們，拿出積蓄，節省浪費，大量的承購，使這批公債早日募齊，構成超越歷屆籌募成績的光輝紀錄。

第一，大家要認清：承購同盟勝利公債，乃是戰時人民對於國家的一種義不容辭的舉動。因爲有了國家的存在，始有個人的福利，人民與國家本是休戚利害相關的，倘若國家不保，則人民的生命財產也失了保障。至若國家經濟與個人經濟，更是相互連貫，不可分離。正與人體一樣，每個細胞，都是構成這個身體之一份子，也各自有個體之生命與活動，但如脫離了人體，就不能生存了。我們現在的生命財產還得以保存而不曾受到戮辱侵奪，乃是一般國民，基於愛國愛家的熱忱的驅使，拿生命來保護生命，拿財產來保護財產的結果。所以我們富有資財而又沒有到前線去衝鋒陷陣的人們，尤應各盡所能，盡量承購。要體念到淪陷區同胞想承購公債而無從貢獻國家的痛苦，同胞們必須及時自效，爲國家儘最後的努力和最大的義務，這才對得起國家，對得起自己，對得起浴血抗戰的將士和死難的同胞，方不愧爲現代國民，庶吾中國不愧爲共同戰線上的一個戰鬥員。

第二，大家要認清：承購同盟勝利公債，乃是一種有利的儲蓄，並非無償的捐輸，而且這次公債利息優厚，信用鞏固。因爲這批公債是從美金貸款和英鎊貸款中撥出基金的。經募和承購人還可領到政府頒給的獎金或獎狀。購買美金公債的，將來就可得到美金本息。况且所購債券在需用現款的時候，卽可變賣出去，換取現款，此外還可作爲一切公務上保證金之代替品及銀行保證準備。所以購買這種債券，眞是「既助國家，又利自己」。目前無論從事於農業或工業生產的，以及經營商業或交通運輸的同胞們，其盈利之厚，皆十百倍於往昔，而且是有加無已。爲要保守這宗戰時利潤，只有以承購公債，作救國的儲蓄，才是利人利己。節約是一種美德，儲蓄存款，一定找信用鞏固的場所，要想自己能直接控制運用儲蓄存款，而同時獲得優厚的利息和信用的保證，購買同盟勝利公債便是一條穩妥正當的途徑。

第三，大家要認清：承購同盟勝利公債，就是促進勝利的加速蒞臨。我們的神聖抗戰，從獨立苦撐的局面，進而使各友邦由同情而援助，由援助而參加，乃至組成堅强的聯合作戰體系，訂立反侵略盟約，這種局勢，充分表示了友邦對我們的愛護。我們的友邦，尙且不斷以物資現款借貸，以實踐其援華諾言，表示其打敗敵人的决心，難道我們不肯儲蓄救國嗎？在這最後勝利接近的階段，我們爲表現全民的愛國心，以與盟國友邦的支援相配合，發揮反攻力量，驅逐日寇出境，一定要拿再接再厲的精神，把握時機，毫不猶豫地，盡自己的經濟力量，慷慨承購這一次的同盟勝利公債。

所以承購同盟勝利公債，就是擁護政府抗建國策的具體表現。政府領導全國民衆對敵抗戰，支付軍需，補充軍實，加緊國防經濟建設，事事物物固然都需有充裕的財力，方能應付周全；而金融的安定，物價的平準，游資的利導，尤其是戰時經濟上的重大問題，倘有一項出乎常軌的演變，都足以影響抗建的前途。這次發行的公債，除使預算平衡，俾抗建的需要得有充分供給外，還含有收回法幣，穩定物價，利導游資，促進生產的作用。這種措施，不僅裨益抗建的大計，而且可以消滅當前經濟上不平衡不合理的狀態，以改進民衆的生活。我們一定要各本良心，竭誠擁護，發揮我們愛國熱忱與犧牲精神，人人更要有力出力，有錢出錢，養成踴躍認購公債的風氣，來儘量承購同盟勝利公債，作爲一致擁護抗戰建國和爭取最後勝利的具體表現！

標語

要安定金融必須踴躍購買公債
要穩定物價必須踴躍購買公債
要爭取勝利必須踴躍購買公債
購買公債既助國家又利自己
購買公債即是報效國家
購買公債即是加强國力
購買公債即是響應經濟動員
購買公債是愛國熱忱的具體表現
量力購買公債盡力勸募公債
多買一元公債多增一分抗戰力量
購買同盟勝利美金公債就是儲蓄美金
同盟勝利美金公債還本付息均用美金
同盟勝利公債基金確定保障穩固
同盟勝利公債利息優厚還本期近

財政部公債籌募委員會四川省分會翻印

籌宣甲1－10000

206-62

旺苍设治局致各区乡镇的训令（一九四四年五月三十日）

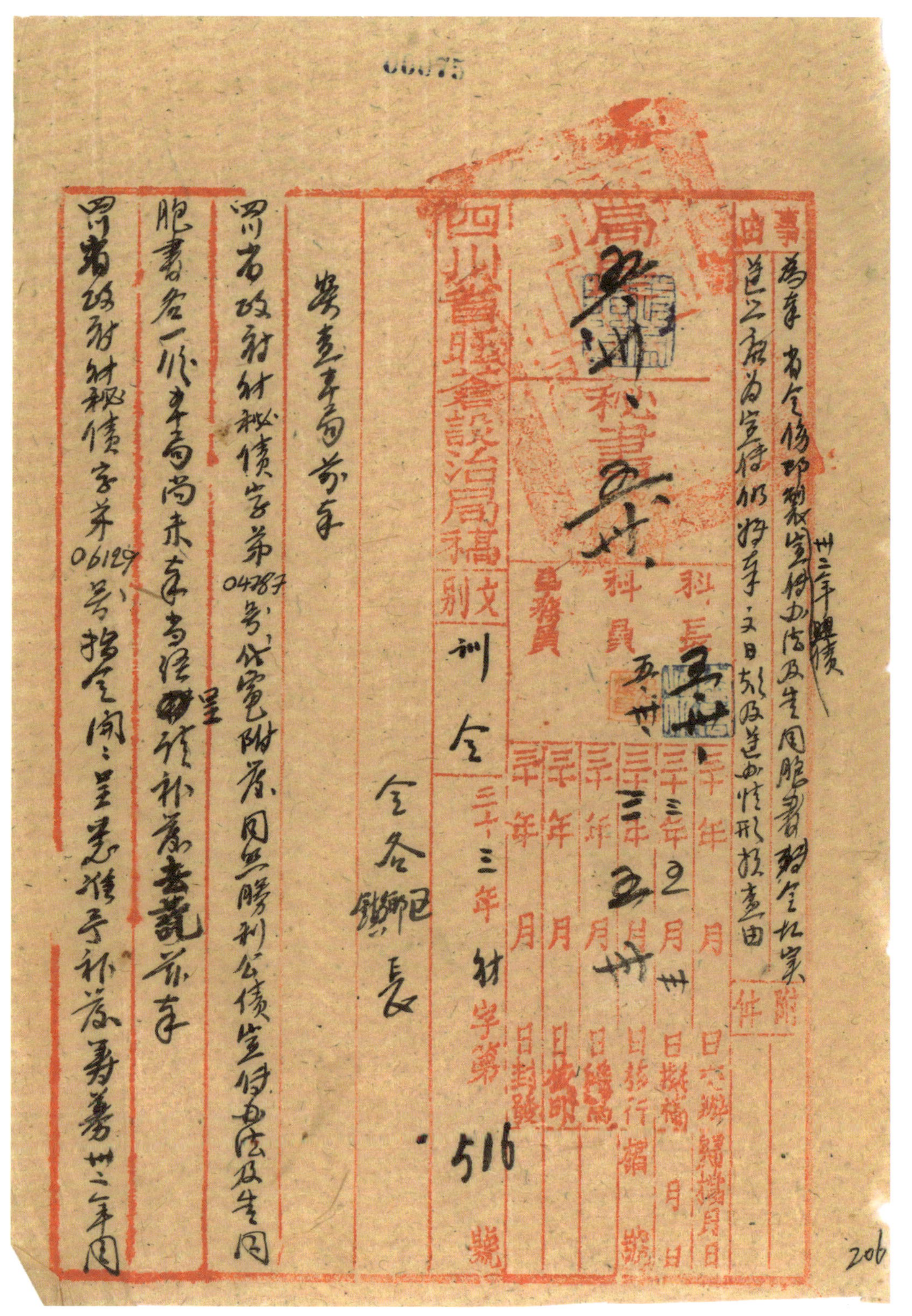

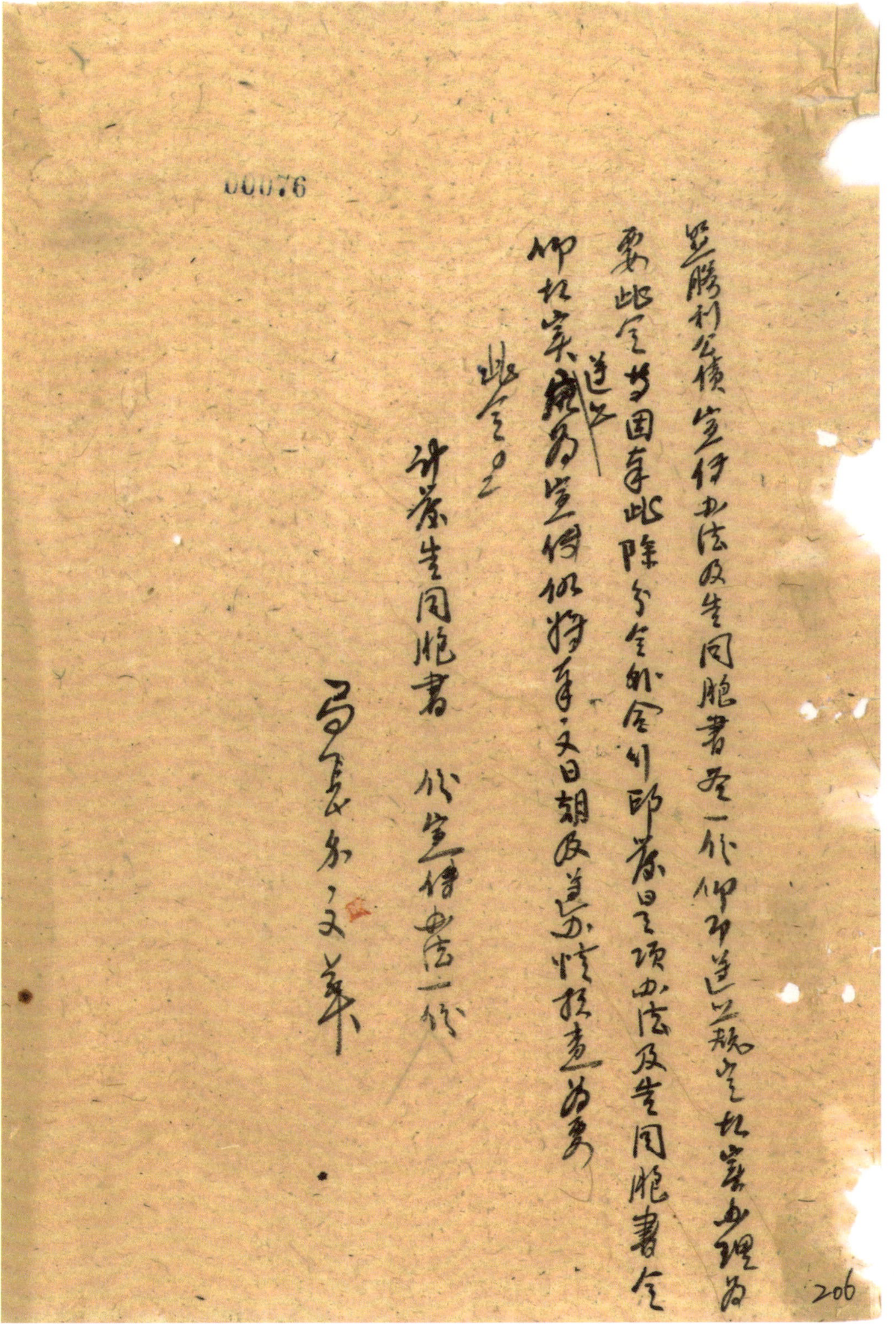

00076

并胜利公债宣传办法及告同胞书各一份，仰即遵照宣扬，切实办理为
要。此令。等因。奉此，除分令外，合行令仰即将上项办法及告同胞书令
仰切实遵照宣传，仍将奉文日期及宣传情形具报为要。
此令。

计发告同胞书、代宣传办法一份

马长分文华

206

旺苍设治局关于已遵令成立知识青年志愿从军征集委员会并举行扩大宣传周等情致四川省政府等的代电（一九四四年十二月六日）

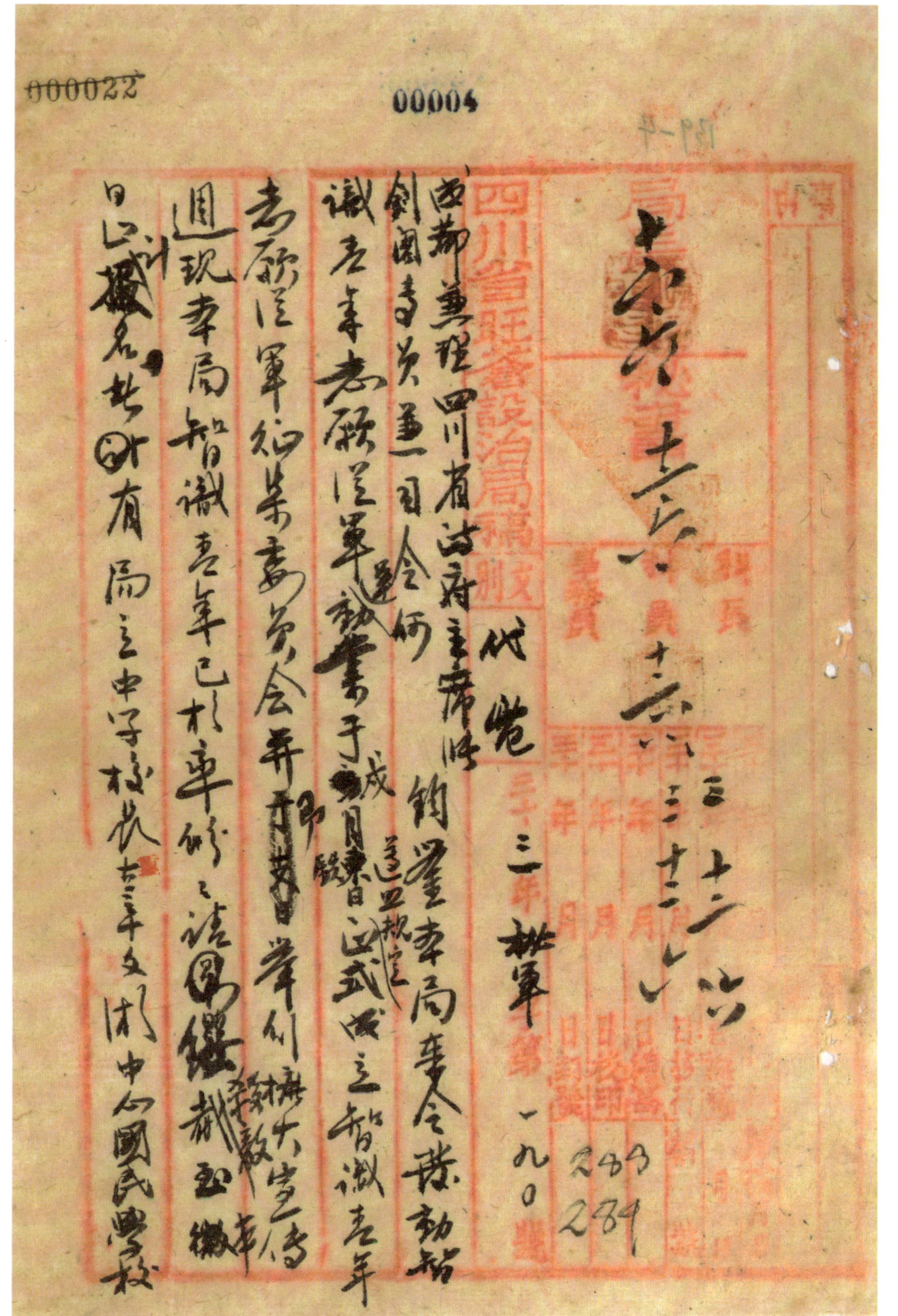

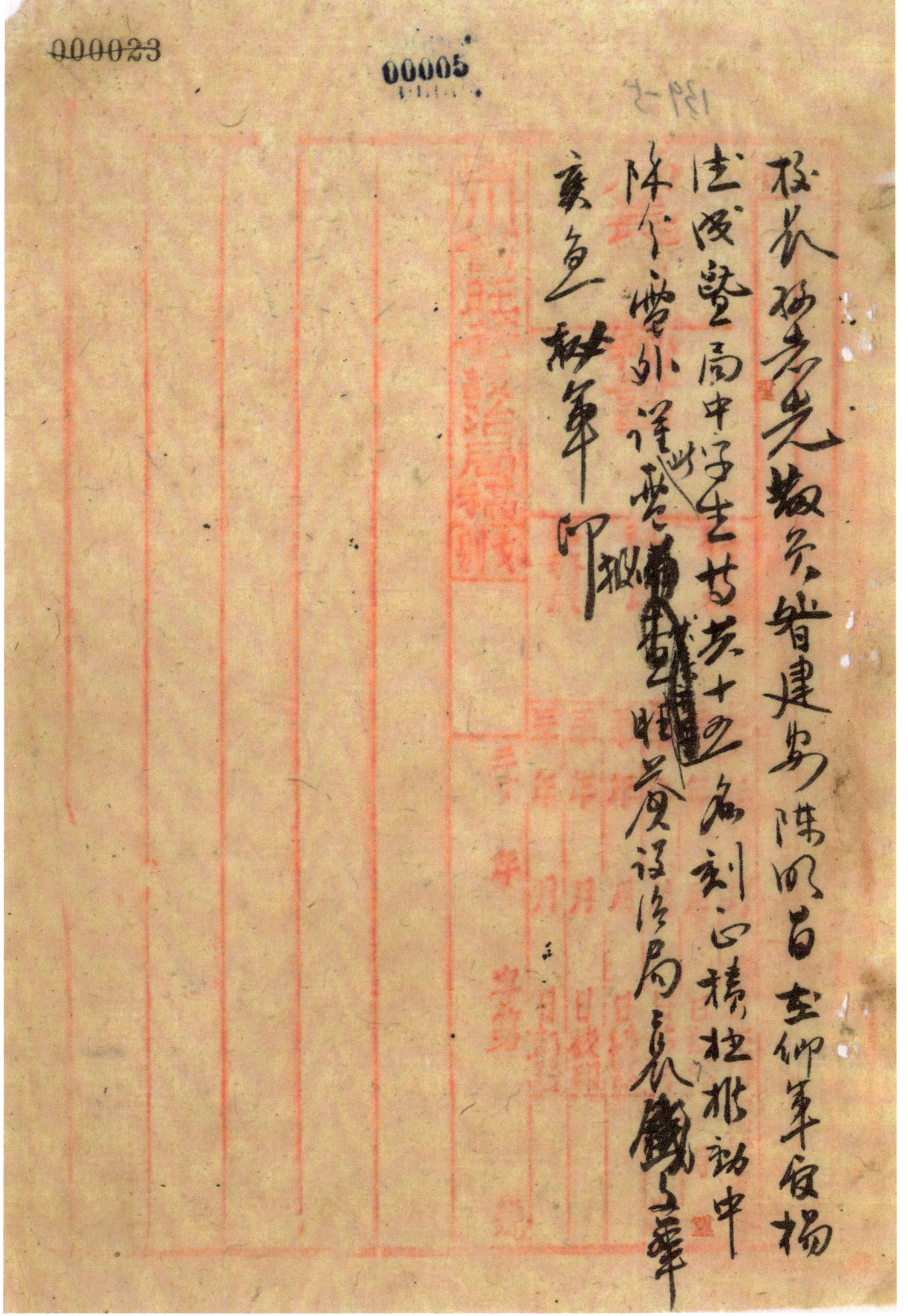

校长杨志光、教员智建安、陈明昌、李卿华、贺杨
法成暨高中学生共六十三名，刻正积极推动中
除令[illegible]外，谨[illegible]呈[illegible]广元县政治局长魏[illegible]华
[illegible]秘书印 拟

旺苍设治局立初级中学关于征集知识青年从军办理情形致旺苍设治局的呈及设治局的指令稿
（一九四四年十二月）

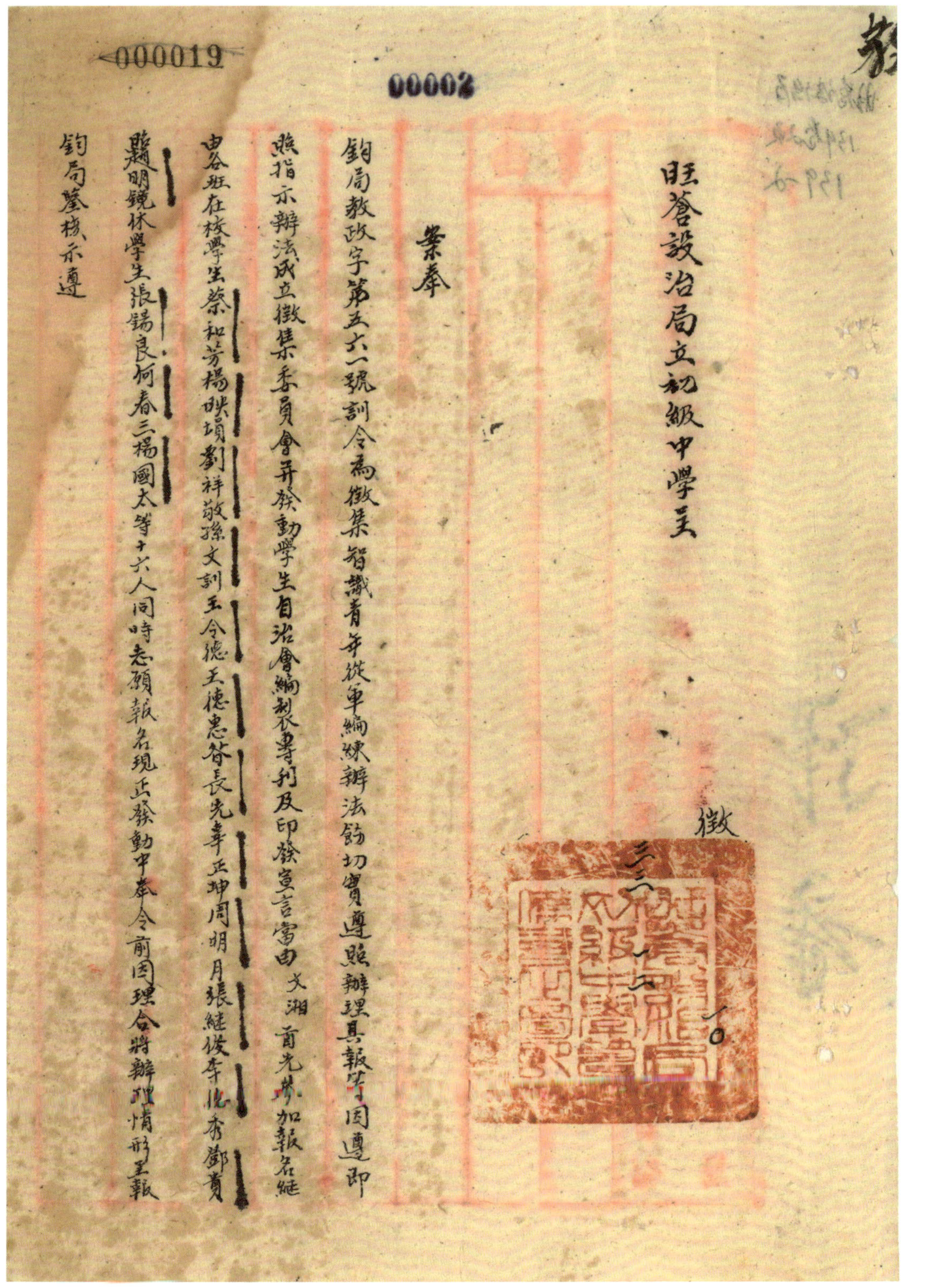
旺蒼設治局立初級中學呈
案奉
鈞局教政字第五六一號訓令為徵集智識青年從軍編練辦法飭切實遵照辦理具報等因遵即照指示辦法成立徵集委員會並發動學生自治會編製專刊及印發宣言當由文湘育先並加報名繼由各班在校學生蔡和芳楊映境劉祥敬孫文訓王令德王德忠谷長先辜正坤周明月張繼俊李化秀鄧貴顯明鏡林學生張錫良何春三楊國太等十六人同時志願報名現正發動中奉令前因理合將辦理情形呈報
鈞局鑒核示遵

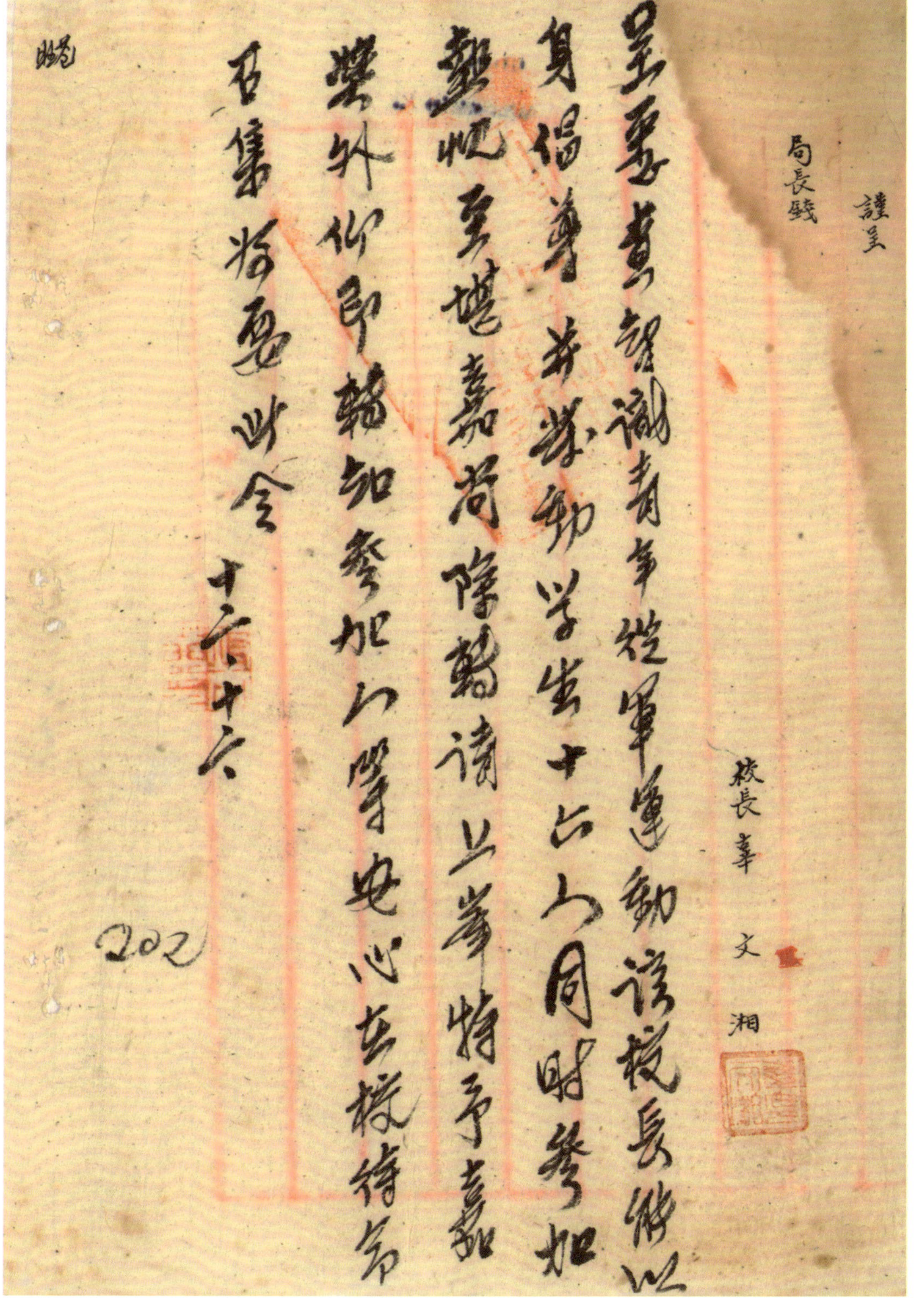
謹呈
局長錢
校長辜文湘

呈悉。查智識青年從軍運動，該校長能以身倡導，并發動學生十六人同時參加，甚屬可嘉，至堪嘉尚，除轉請上峯特予嘉獎外，仰即轉知參加各學生，安心在校待命召集，爲要，此令。

十二十六

202

五、昭化县

昭化县政府关于遵令上报庆祝中英美订立和平新约扩大宣传情形致四川省政府的呈（一九四三年二月二十三日）

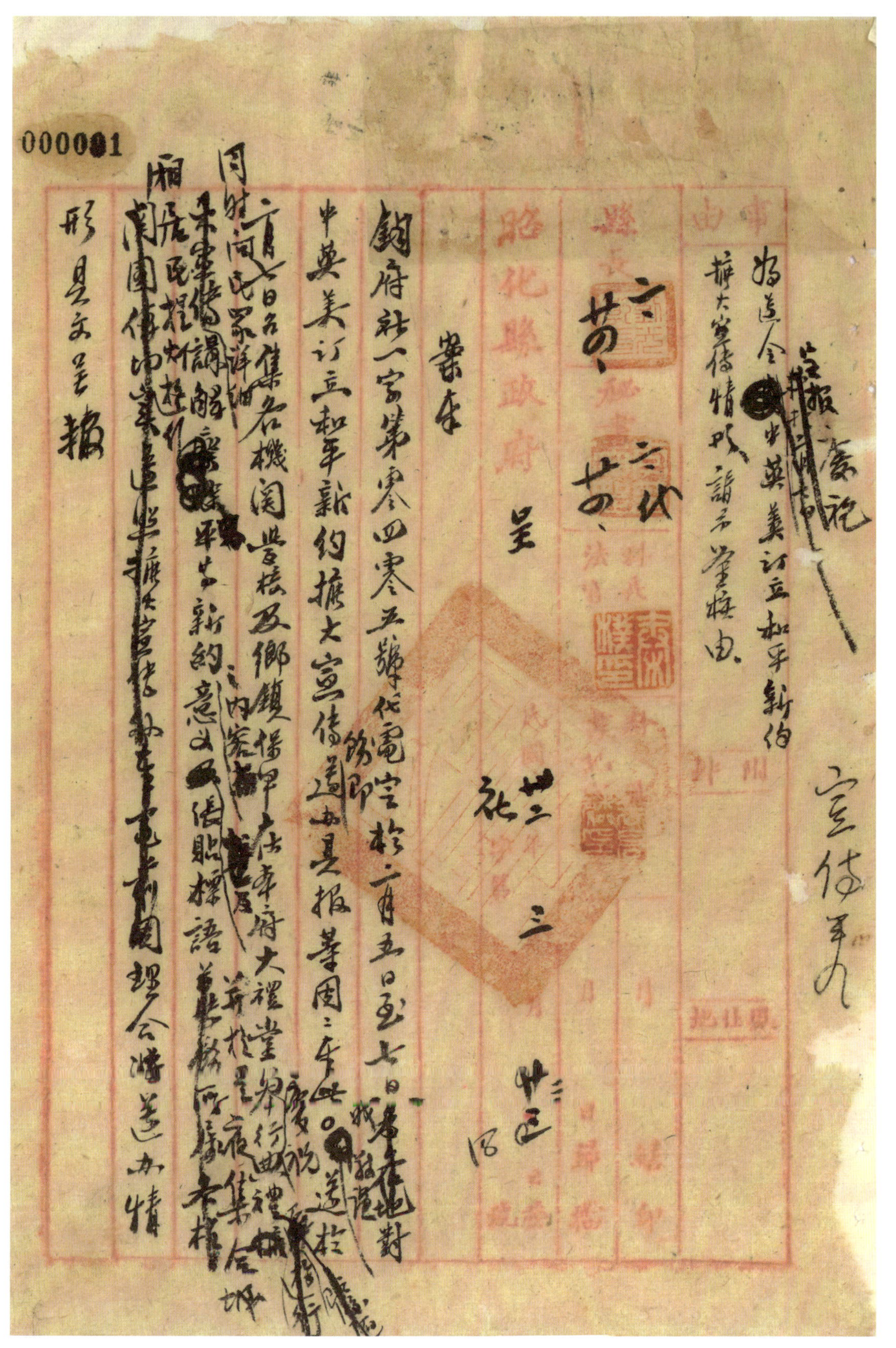

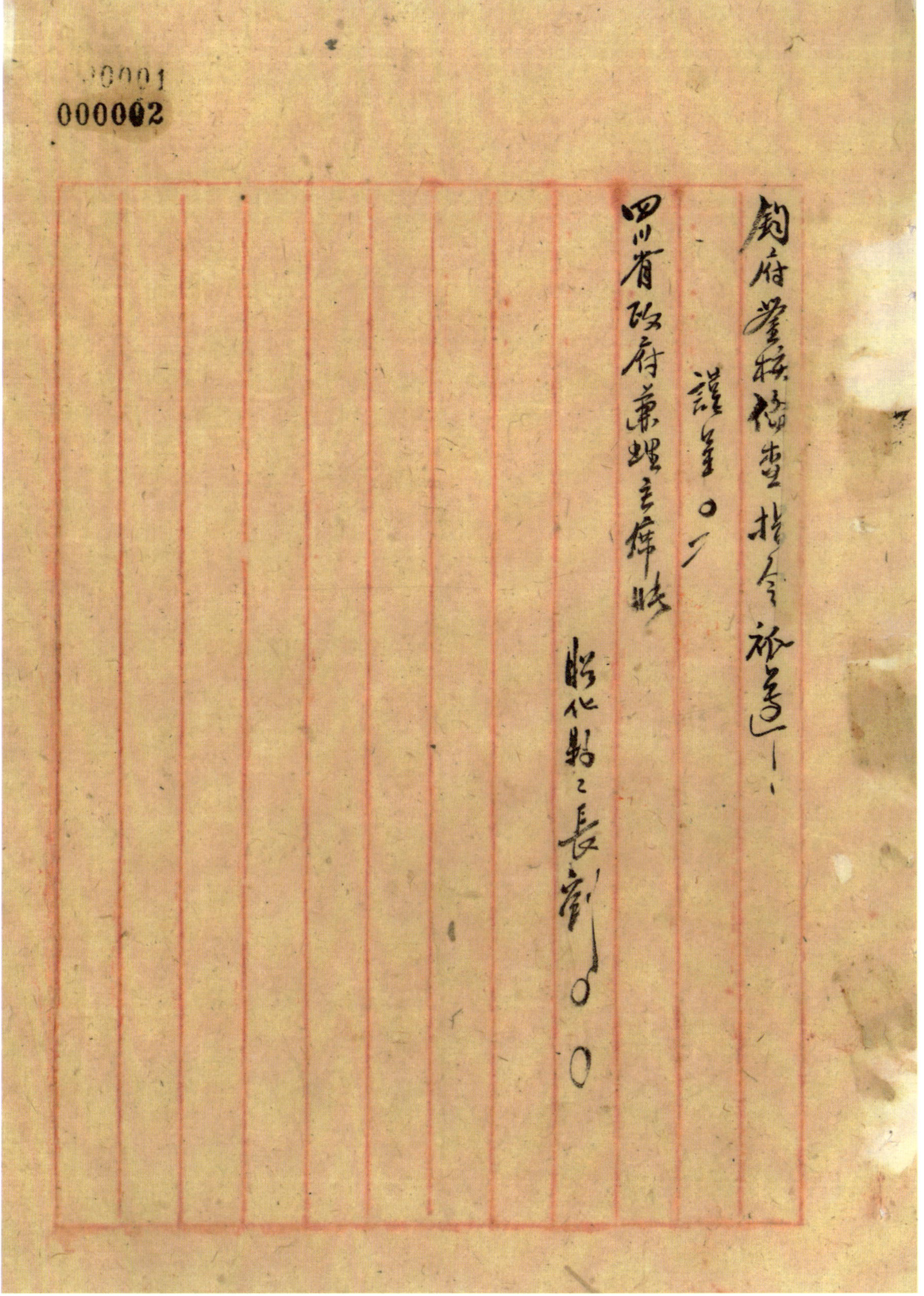

鈞府鑒核備查指令祗遵！

謹呈〇〇

四川省政府兼理主席張

昭化縣縣長劉〇〇

四川省政府与昭化县政府关于「七七」抗战七周年纪念事宜的来往文书（一九四四年六月至七月）

四川省政府致昭化县政府的代电（一九四四年六月二十一日）

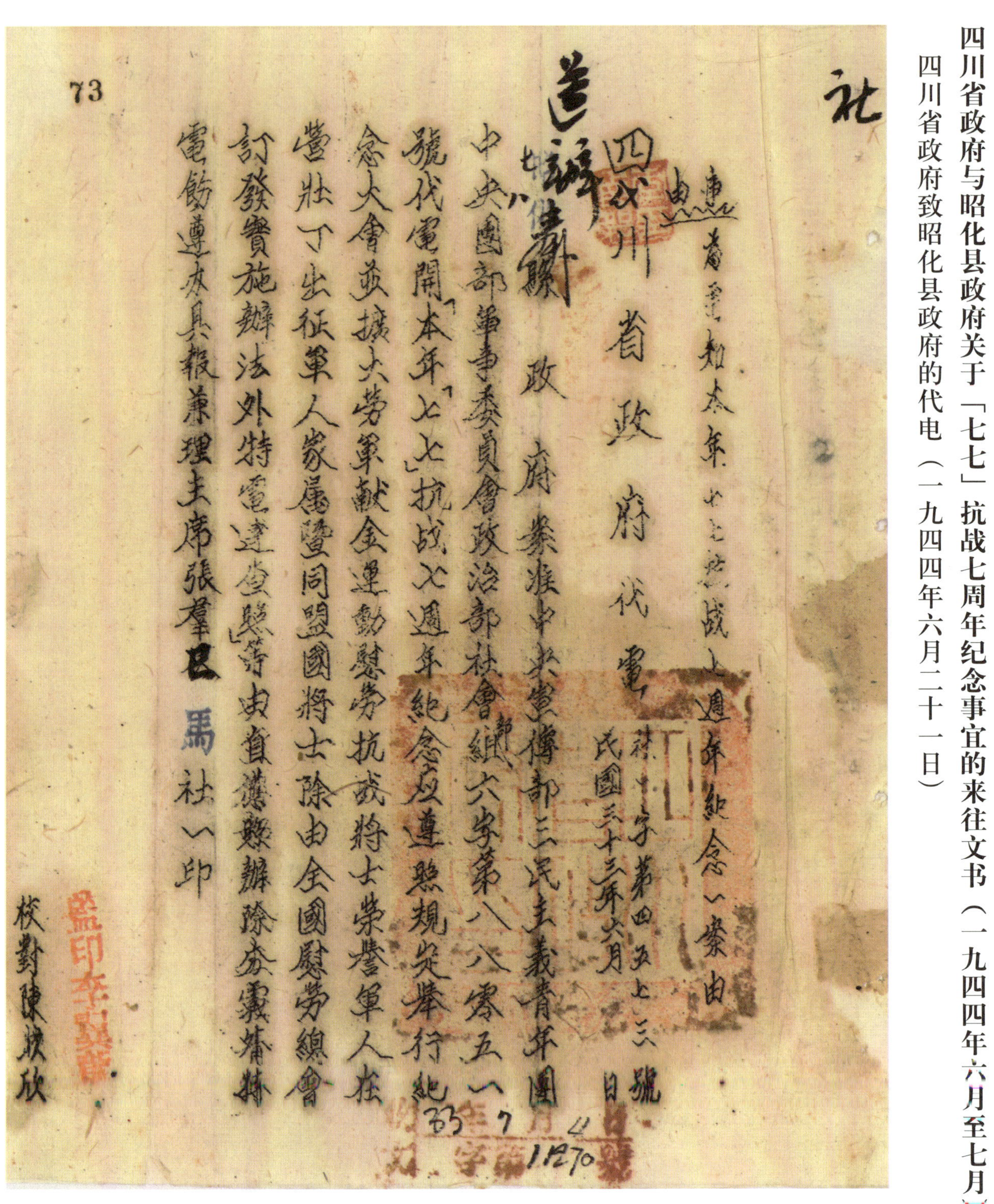

事由：奉電知本年七七抗戰七週年紀念一案由

四川省政府代電　社十字第四五七三號　民國三十三年六月　日

昭化縣政府：案准中央宣傳部、三民主義青年團中央團部、軍事委員會政治部、社會部組六字第八八零五一號代電開：「本年「七七」抗戰七週年紀念大會並擴大勞軍獻金運動慰勞抗戰將士、榮譽軍人、在營壯丁、出征軍人家屬暨同盟國將士，除由全國慰勞總會訂發實施辦法外，特電達查照」等由，自應照辦，除分電外，特電飭遵照具報。兼理主席張羣巳馬社一印

校對陳耿欣

昭化县政府致四川省政府的呈（一九四四年七月二十一日）

000071

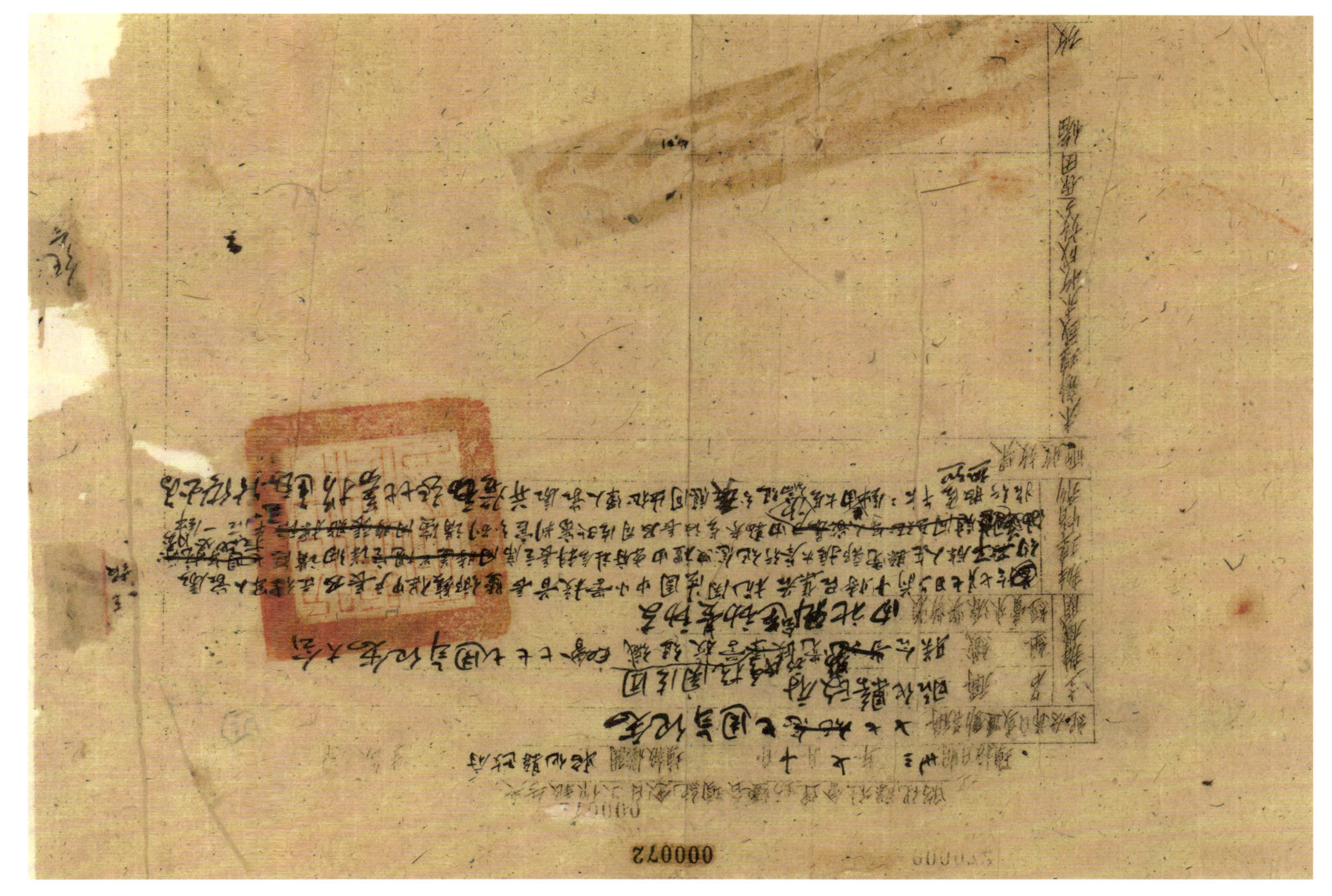

附：昭化县「七七」七周年纪念工作报告表（一九四四年七月十日）

六、其他

陆军第四十一军第一二三师第三六九旅司令部关于抄发四川抗敌后援会拟就抗战口号致第七三七团团长杨伟勋的训令（一九三七年八月三十日）

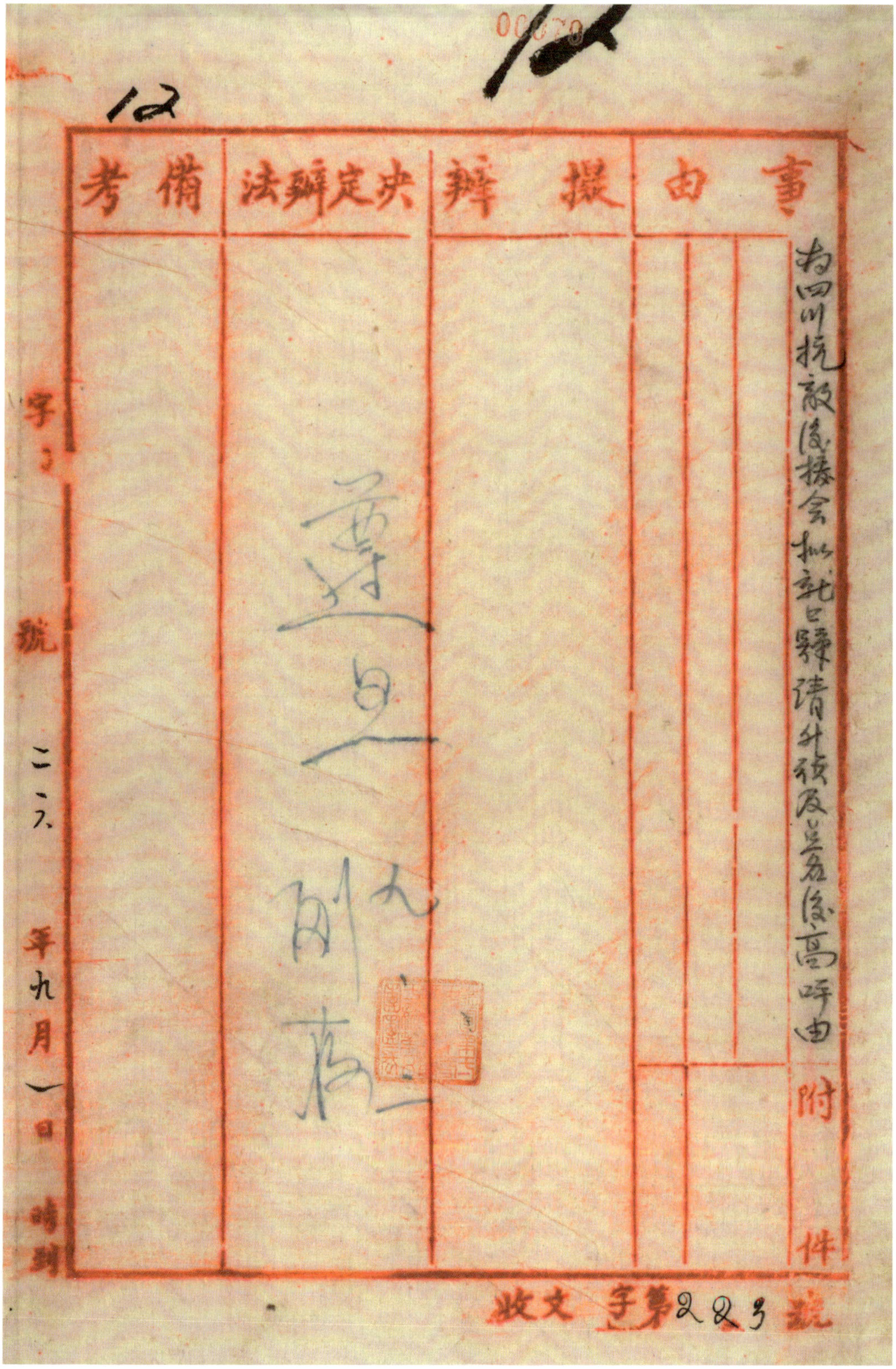

收文　字第223號

事由	擬辦	決定辦法	備考
為四川抗敵後援會擬就抗日標語請升旗及呈各隊高呼由			

附件

二六年九月一日　時到

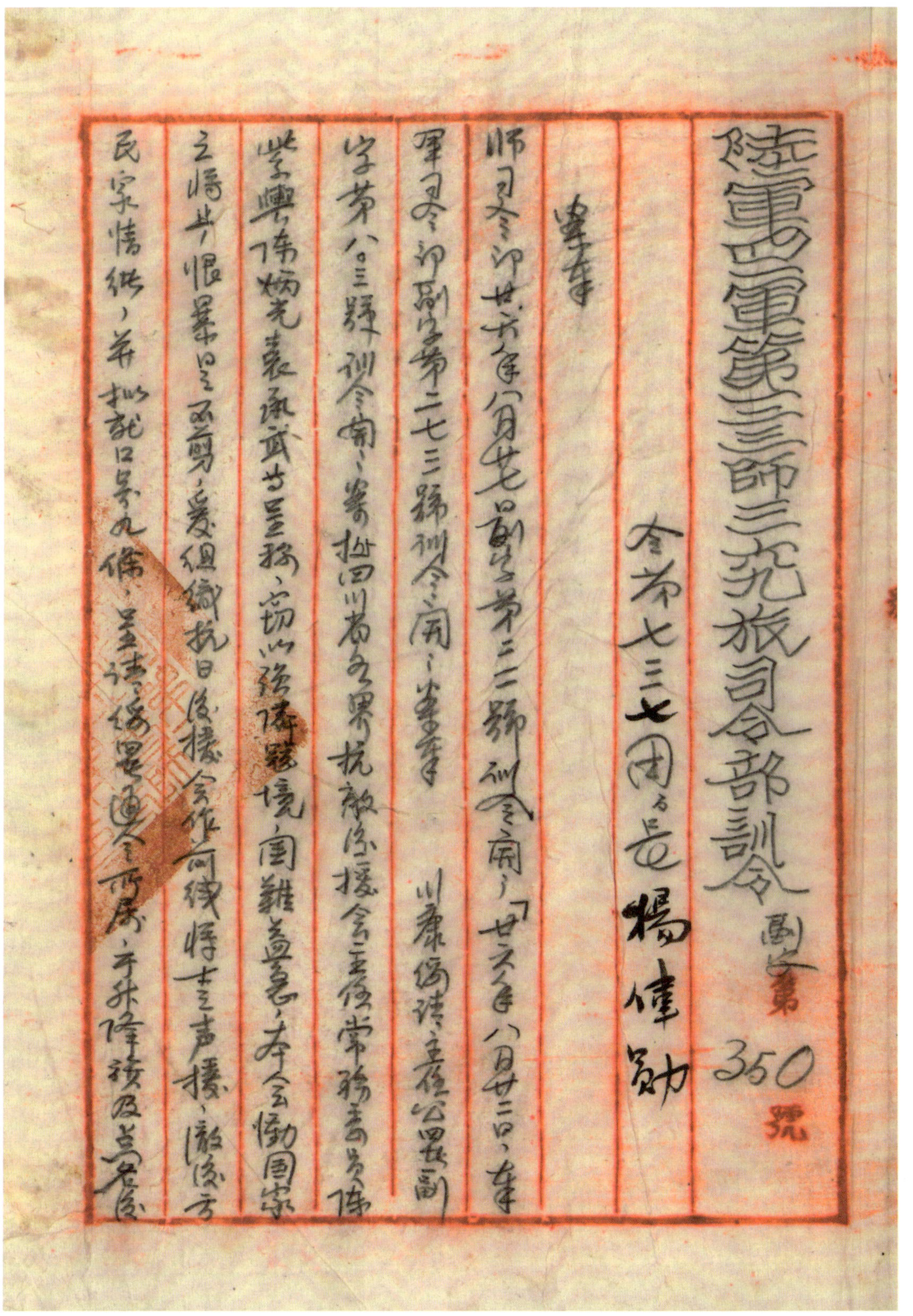

陸軍四一軍第一二三師三六九旅司令部訓令　副字第350號

令第七三七團團長楊偉勛

案奉

師司令部廿六年八月廿七日副字第二二號訓令開：「廿六年八月廿二日，奉

軍司令部副字第二七三號訓令開：案奉　川康綏靖主任公署鄧副

主任第八〇三號訓令開：案據四川省各界抗敵後援會主任常務委員陳

紫輿、陳炳光、袁承武等呈稱：竊以強鄰壓境，國難益急，本會激勵國家

之情，并恨暴日之兇暴，爰組織抗日後援會作前線將士之聲援，激發各

民衆情緒，并擬就口號九條，呈請鑒核通令所屬，于升降旗及召集

全体高呼，藉唤起抗敌情绪，发扬爱国精神，是否有当，伏候核示祇遵，
等情，据此。除以呈及附件均悉，准如请遵令改写照办，仰即知照，此令。附件存。等
语，指令印发，并分令外，合行检发附件，令仰遵照，并饬属一体遵照，此令。
等因，附印发口号一份，奉此，除分令外，合行印发口号，令仰该师长即便遵照，并
转饬所属一体遵照，此令。等因，附发口号一份，奉此，除分令外，合行印发口号
令仰该旅长即便遵照，并转饬所属一体遵照，此令。」等因，奉此，除分令外，合行
随令转发，仰该团长即便饬属一体遵照，此令。」

附口号一份

中華民國廿六年八月卅日
旅長陳宗進

陆军第四十一军第一二三师第三六九旅司令部关于奉令转发台儿庄战役后宣传要点致第七三七团团长杨伟勋的训令（一九三八年六月十三日）

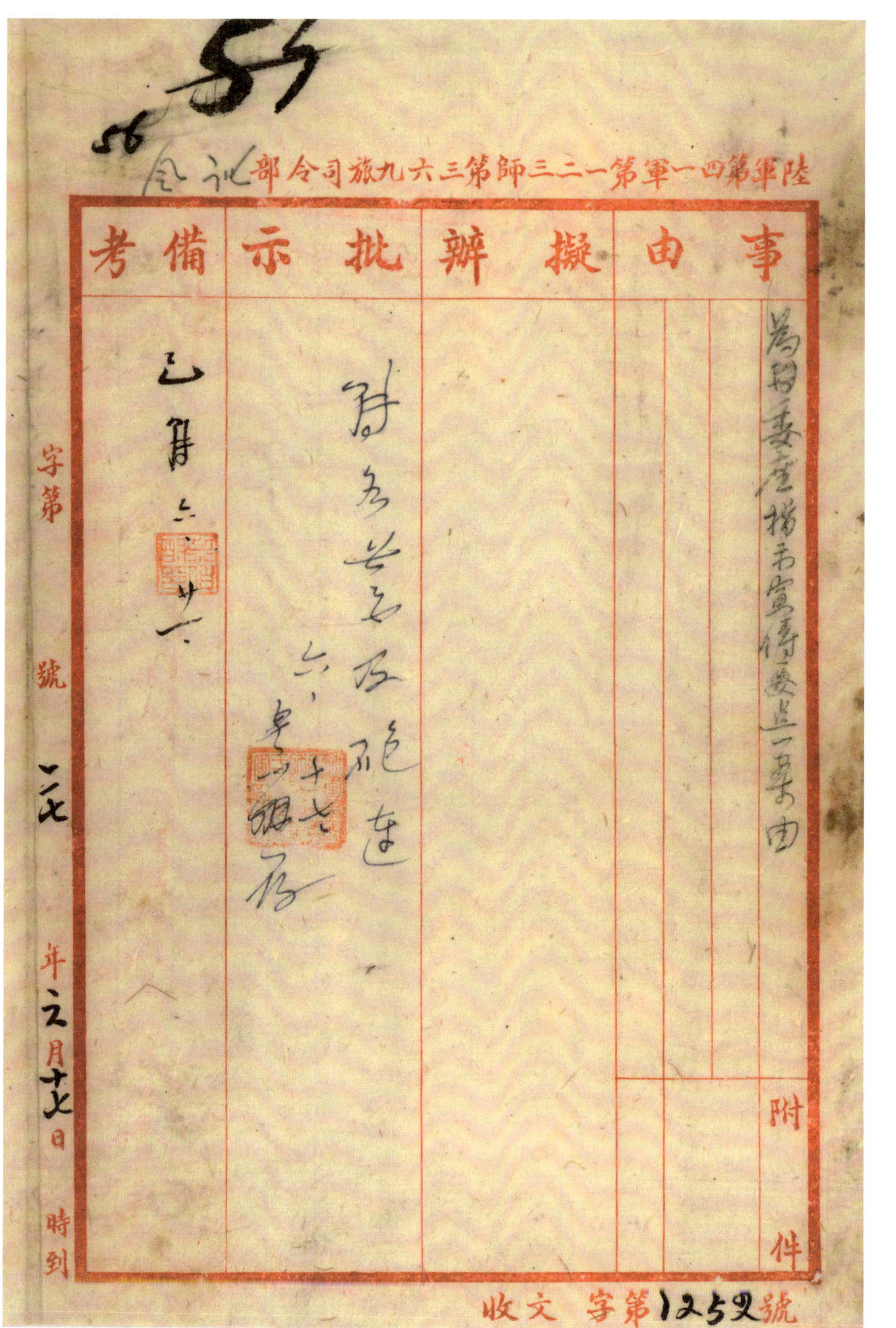

陸軍第四一軍第一二三師第三六九旅司令部

事由	擬辦	批示	備考

附件

收文　字第1252號

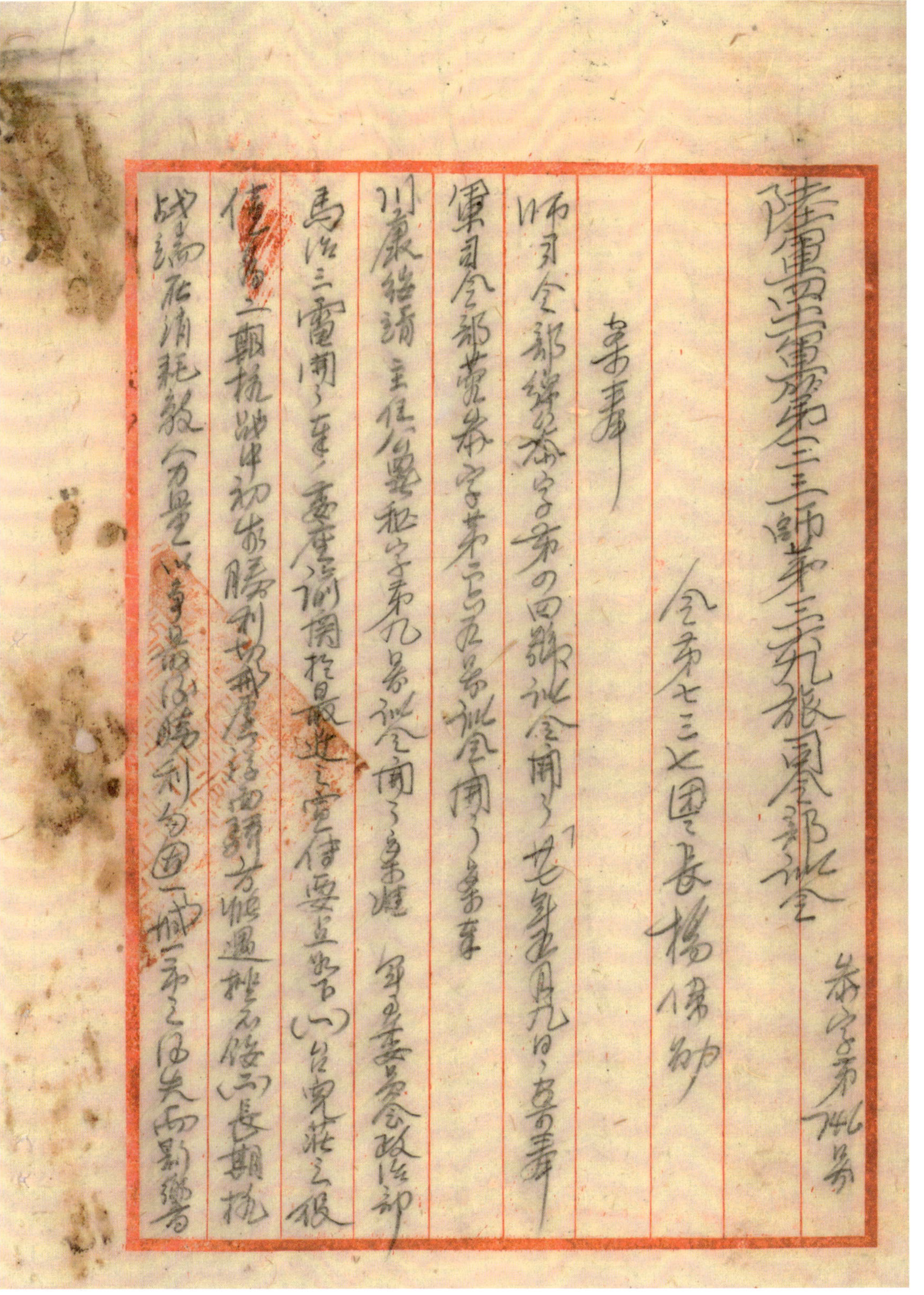

陆军第四十七军暂编第二十三师第三十九旅司令部训令　参字第146号

令第七三七团长杨倬勋

案奉

师司令部绥参字第四四号训令开：“案奉

军司令部荣参字第二六五号训令开：‘案奉

川康绥靖主任公署秘字第九号训令开：“案准

军委会政治部马治三电开：‘奉委座训：关于最近之宣传要点为：（一）日寇在之根

据地一再攻击，抗战中初步胜利，如斯层进，须由各方面推行，（二）长期抗

战端在消耗敌人力量，以争取最后胜利，如国人一心一德之同其影响

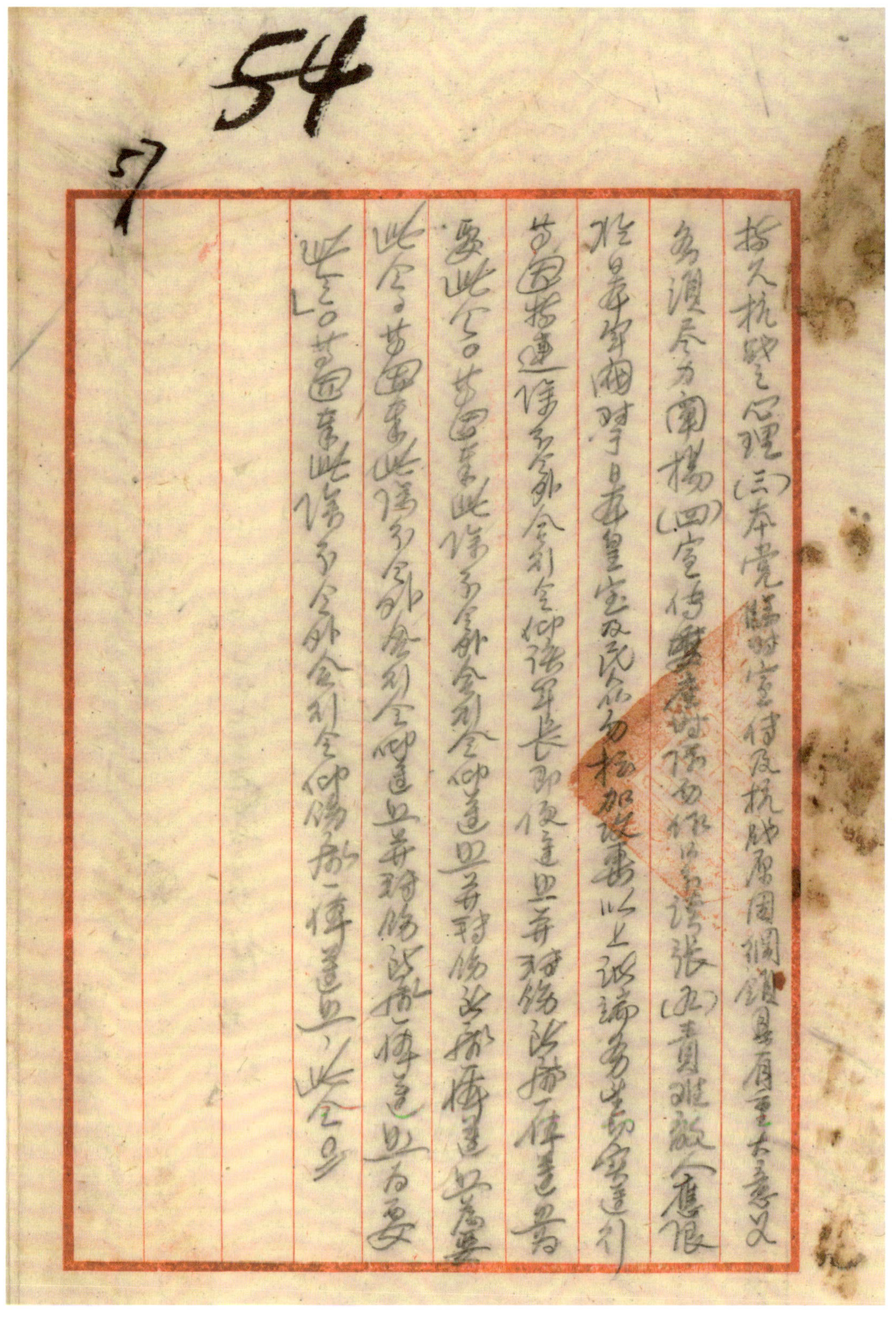

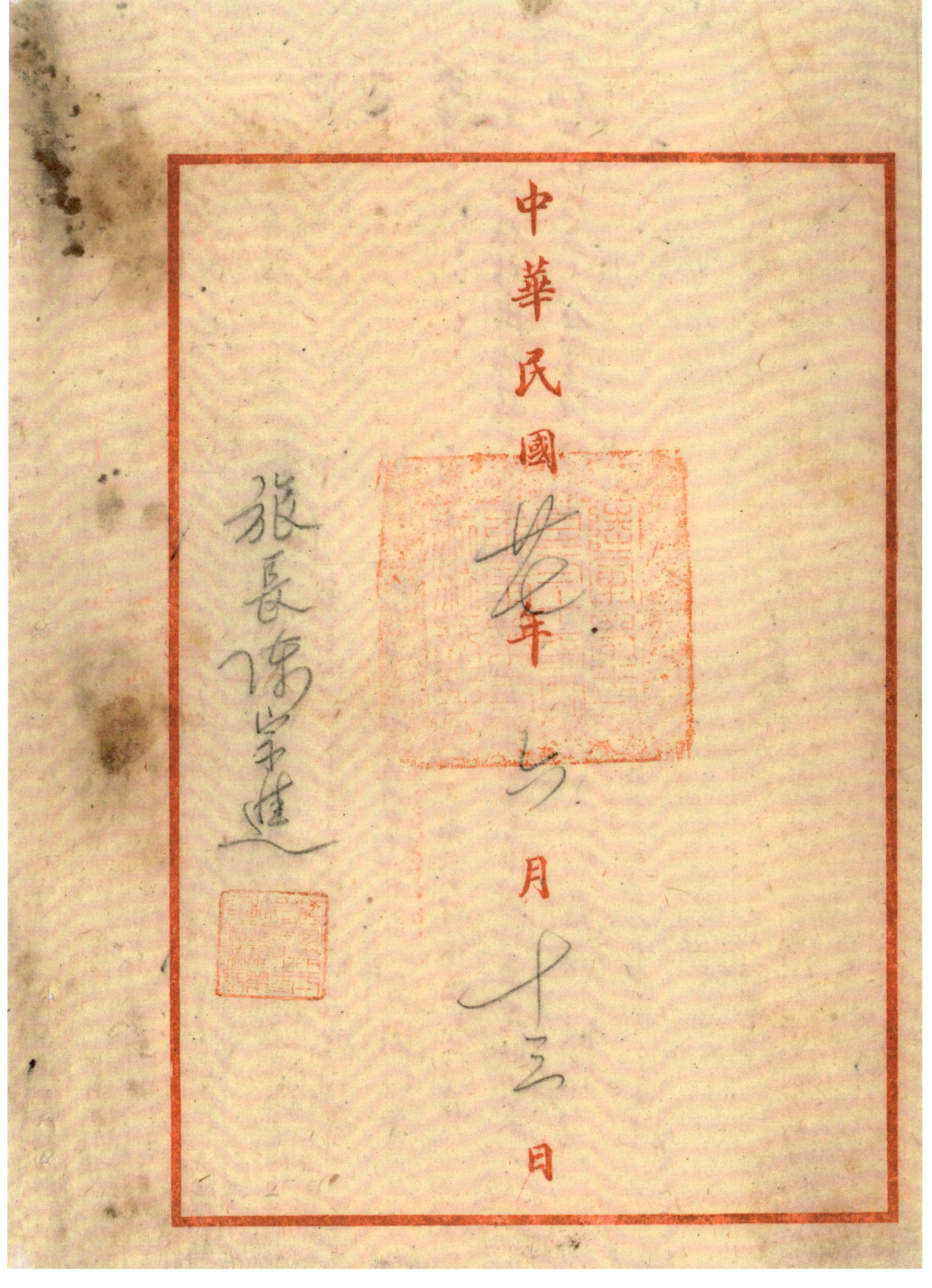
旅長陳宗進

中華民國廿七年六月十三日

陆军第四十一军第一二三师第三六九旅司令部关于奉令抄发战地守土奖励条例致第七二七团团长杨伟勋的训令（一九三八年六月二十日）

陸軍第四一軍第一二三師第三六九旅司令部

事由	擬辦	批示	備考
為奉發戰地守土獎勵條例一案由	轉令各營連知照 六廿		
附件：附條例			

收文 字第1931號

字第　號

二七一

年六月廿七日　時到

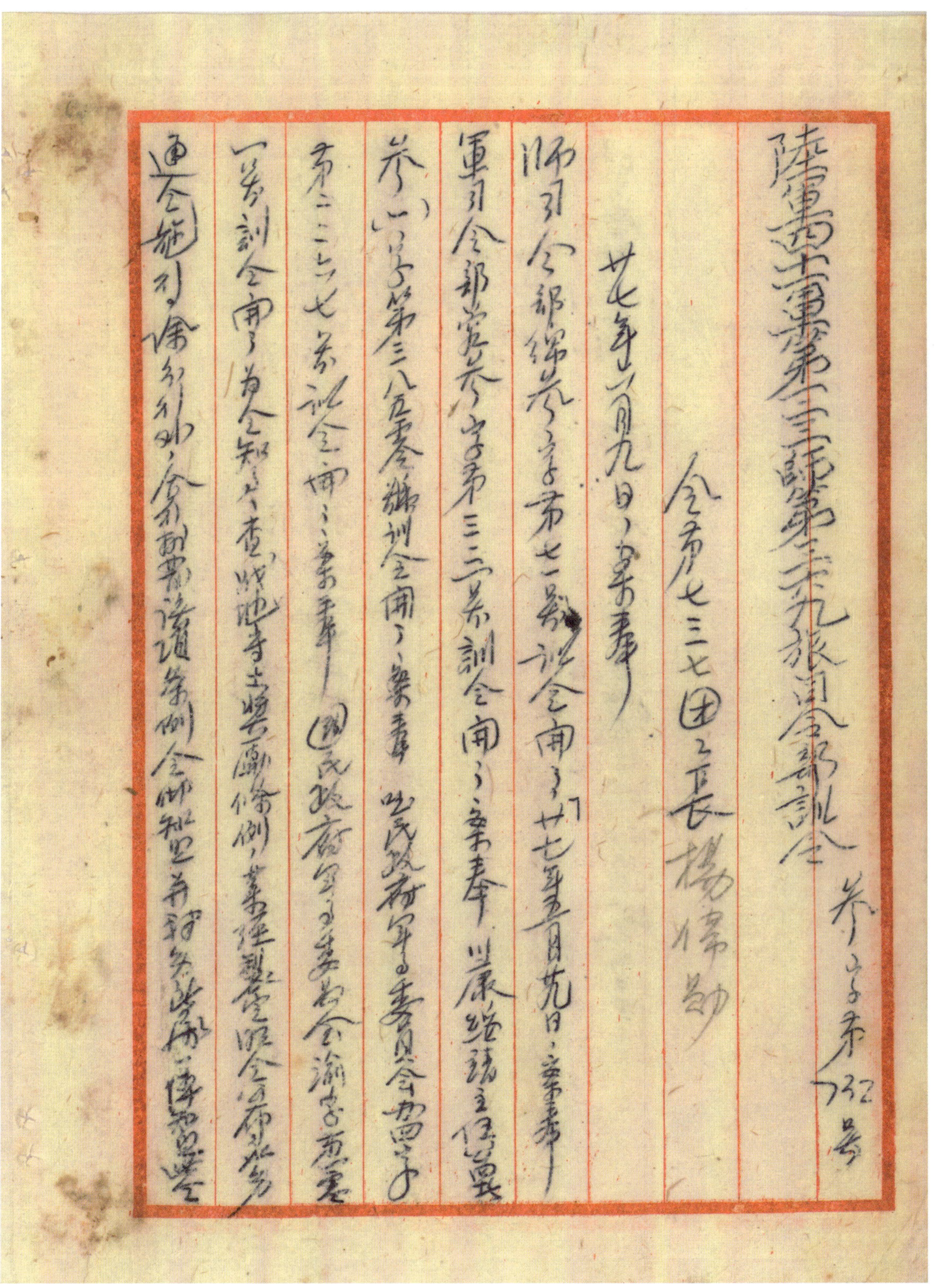

陆军第四十一军第一二三师第三六九旅司令部训令　参字第732号

令第七三七团团长杨伟勋

廿七年六月九日，案奉

师司令部综参字第七一号训令开：案奉廿七年五月廿九日，案奉

军司令部宣参字第三二号训令开：案奉　川康绥靖主任公署

参一字第三八五零参谋训令开：案奉　国民政府军事委员会西字

第二二六七号训令开：案奉　国民政府军事委员会渝字第零

一号训令开：为令知事，查战地守土奖励条例，业经制定明令公布在案

通令施行，除分行外，合行抄发条例，令仰知照，并转饬所属一体知照

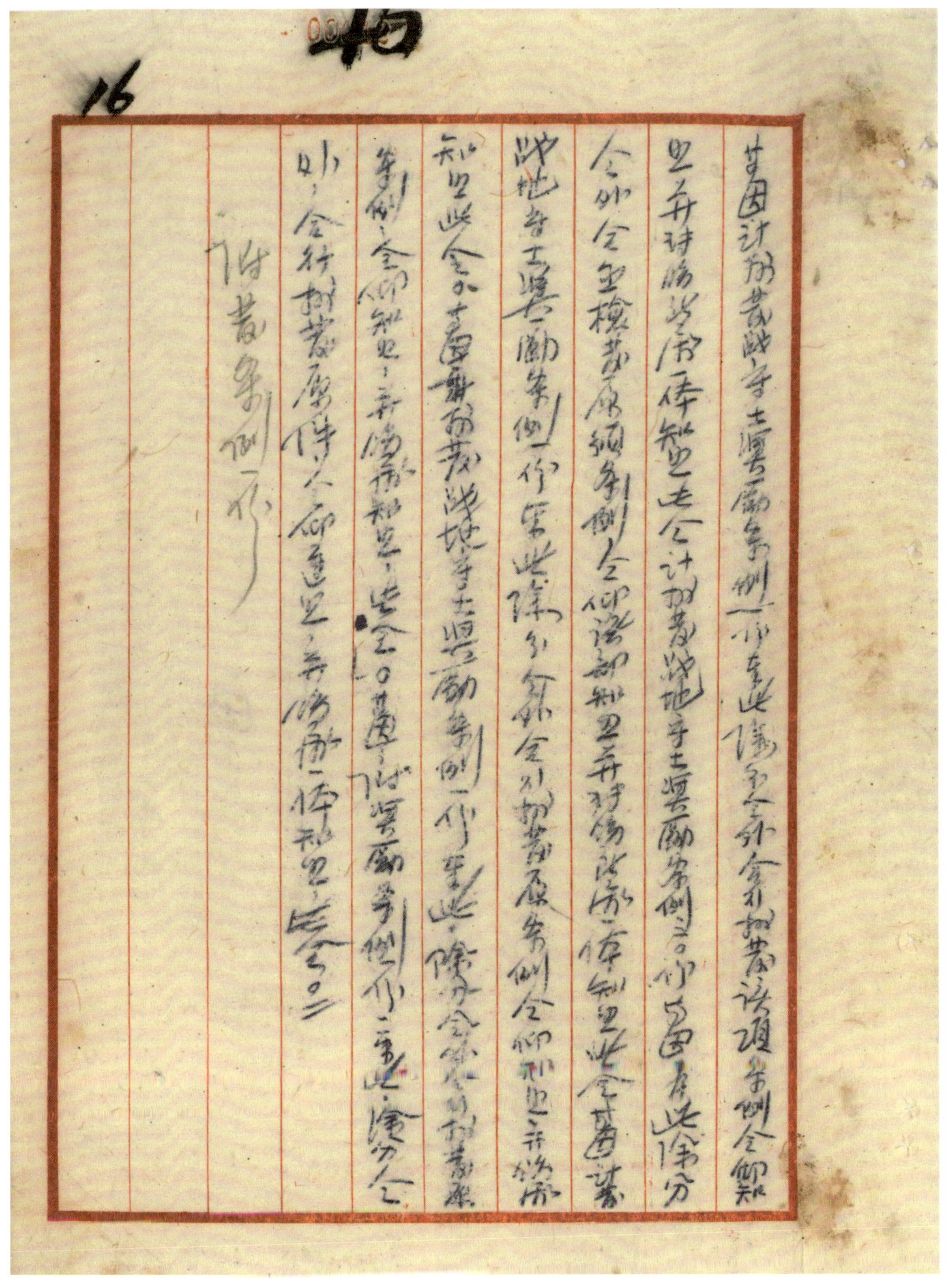

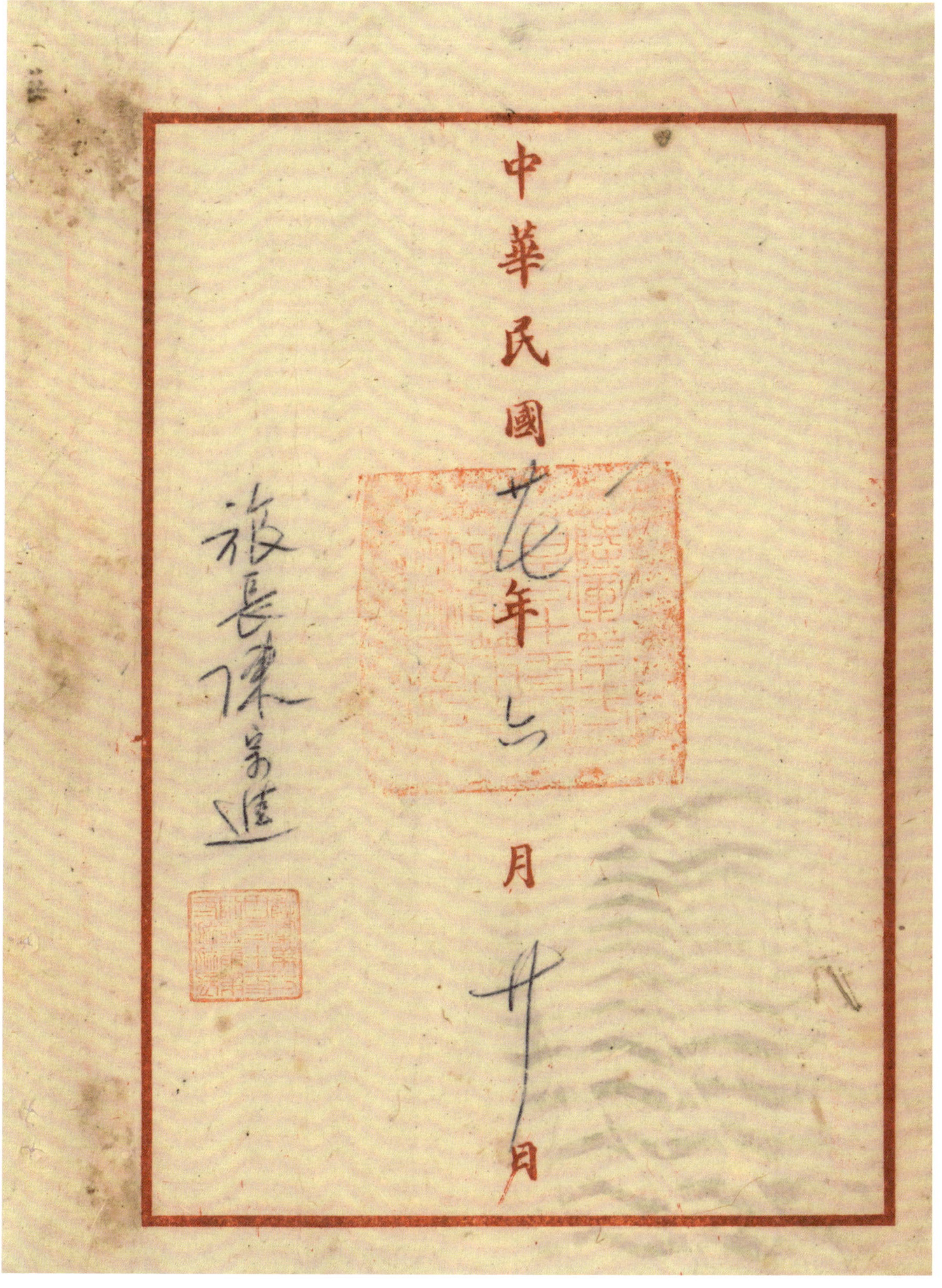
中華民國廿七年六月廿一日

旅長陳宗進

附：战地守土奖励条例（一九三八年三月二十五日）

00013

之规定。

七、捐献金谷总值照现任文武官佐士兵依规列各种捐献总合计值者给人民按捐献之官（职或官衔）比照给其未受官（职或官衔）者照第三号例。

八、见危遇险牺牲者比照革命功勋子女就学免费条例办理。

第四条、奖励之限制如左：

一、第二条第一款至第三款之奖励以合于第一条第一至第四款情形之一者为限。

第五条、请奖之程序如左：

一、合于第一条所列各款之一者由该管直属长官或县（市）政府详叙事实呈请分别层报中央最高军事机关核定。

二、当地自治人员或受奖人之亲属或同乡四人以上或当地人民十人以上之联名具呈请该管直属长官或县（市）政府为之请奖，但该直属长官及县（市）政府应详查确定后依前款规定办理。

第六条、给奖之程序如左：

一、第二条第一第三两款之奖励由中央最高军事机关核定后呈请国民政府明令行之。

二、第二条第二款之奖励依前款规定核定后令由该县（市）政府就近建筑之。

三、第二条第四款之奖励由中央最高军事机关核定后以题书样形呈请国民政府或令由主管长官颁发。

第七条、依本条例给奖者如按其违反第四条之规定得按其性质给一种或二种以上奖励。

第八条、守土有特殊功勋者得以模范者除给奖外应将其可歌事迹修入国史或县志。

本条例自公布日施行

陆军第四十一军第一二三师第三六九旅司令部关于九月一日设为川军出师纪念日并抄发川军出师纪念仪式致第七三七团团长杨伟勋的训令（一九三八年十二月十九日）

164

171 公 訓

陸軍第四一軍第一二三師第三六九旅司令部

事由	擬辦	決定辦法	備考
為九月一日為川軍出師紀念儀式事由	查照 卜 一、三 存		
附件：儀式一份			

字第　號　年　月　日　時到

收文　字第　號

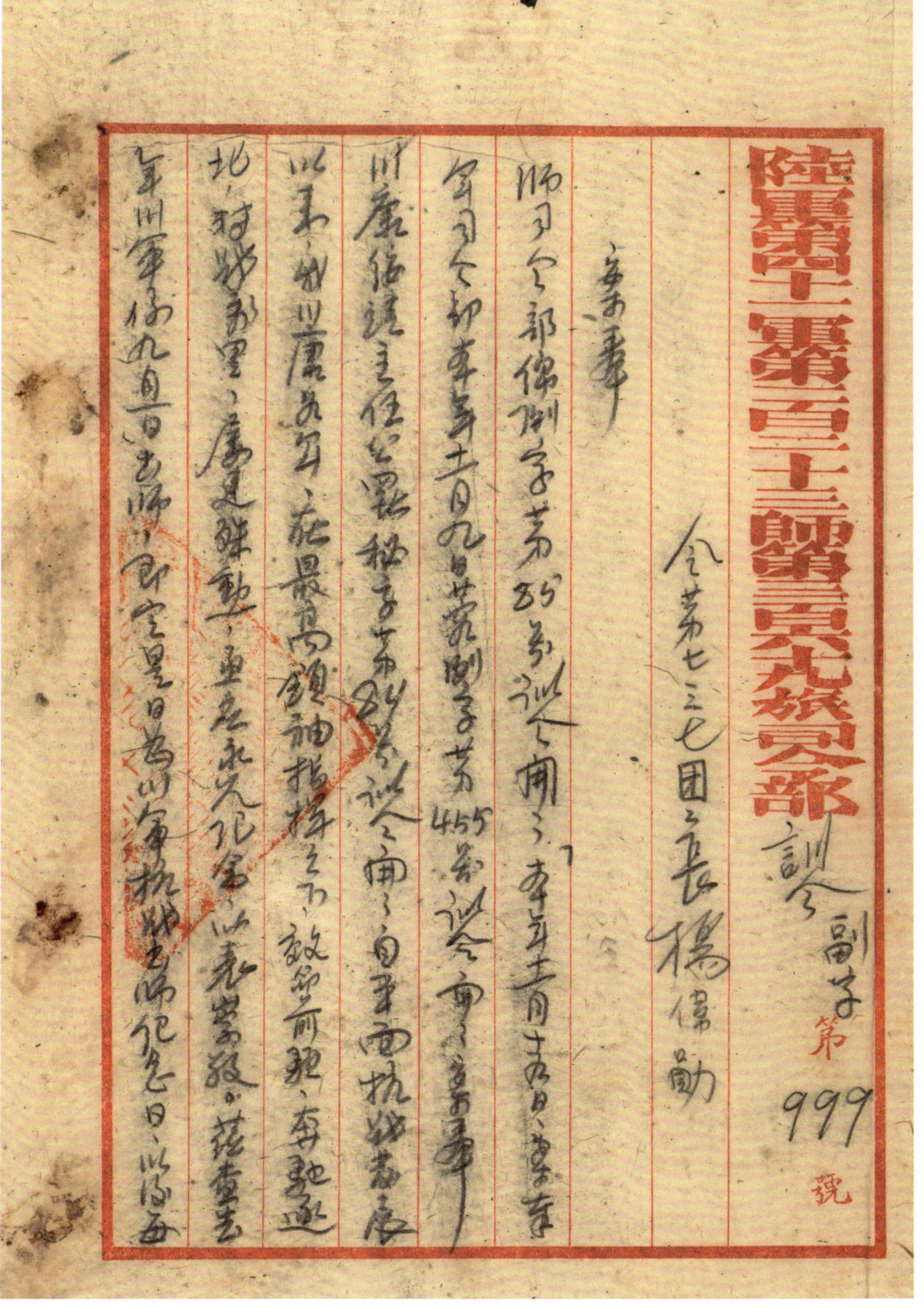

陆军第一百三十三师第三百九十九旅司令部 训令 副字第999号

令第七三七团团长杨儒勋

案奉

师司令部俭俐字第85号训令开：案奉

军司令部本年十一月九日[illegible]俐字第455号训令开：案奉

川康绥靖主任公署秘字第85号训令开：自本国抗战以来，我川康各军在最高领袖指挥之下，效命前驱，奋勇杀敌，转战南北，牺牲[illegible]，屡建殊勋，更应永久纪念，以表[illegible]。兹查去年[illegible]九月[illegible]日出师，即定是日为川军抗战出师纪念日，以资每

165

年九月一日，以廣東建設軍之印令同該地縣府各機構法團學
校及民衆共同舉行開會紀念。除分令外，合行抄發紀念儀
式，令仰遵照。此令。等因，附抄發儀式一紙。奉此，除分令外，合行
抄發儀式，仰該所長即便遵照，并轉令所屬一律遵照。此令。等
因，附抄發紀念儀式一紙。奉此，除分令外，合行照抄儀式
令仰該校長即便遵照，并轉令所屬一律遵照。此令。等因。
附抄儀式一紙。奉此，除分令外，合行照抄儀式，隨令附發，令仰
知照！此令。

附抄儀式一份

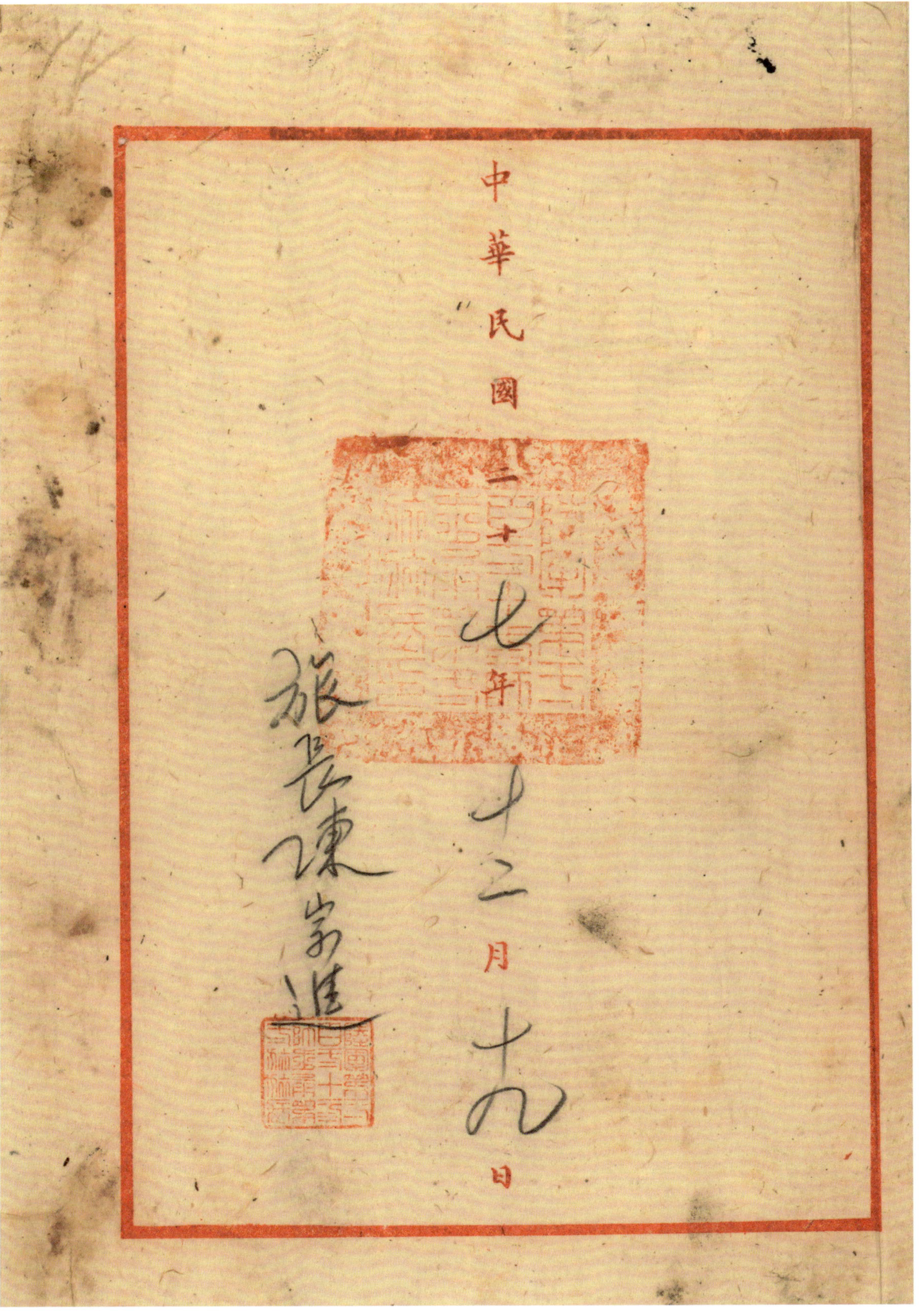
中華民國二十七年十二月十九日

旅長陳宗進

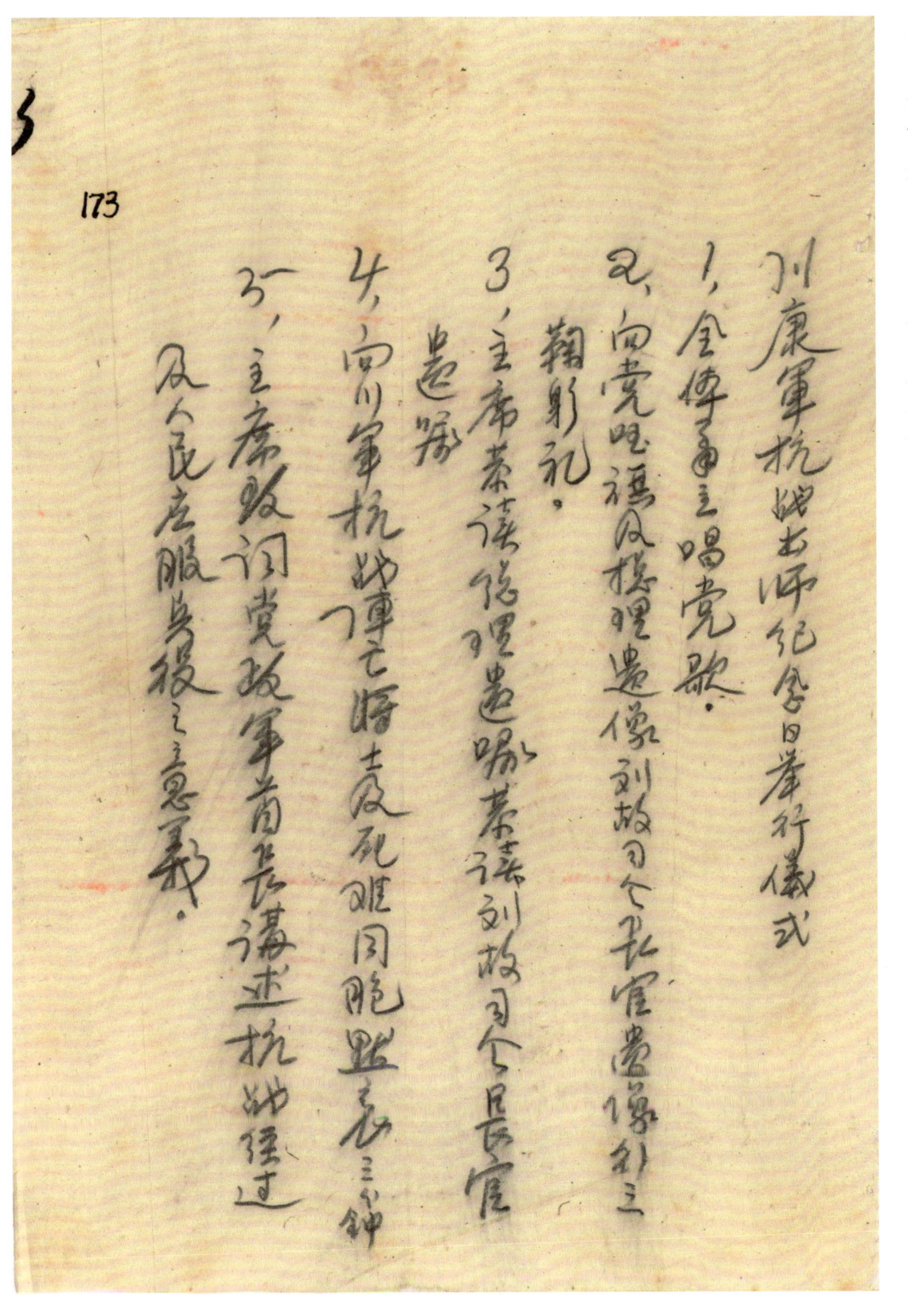

173

川康軍抗戰出師紀念日舉行儀式

1、全體肅立唱黨歌。

2、向黨旗及總理遺像、劉故司令長官遺像行三鞠躬礼。

3、主席恭讀總理遺囑、恭讀劉故司令長官遺囑。

4、向川軍抗戰陣亡將士及死難同胞默哀三分鐘。

5、主席致詞，黨政軍首長講述抗戰經過及人民應服兵役之意義。

陆军新编第九师政治部制发五月各纪念日宣传大纲及标语口号（时间不详）

五月各紀念日宣傳大綱

一、紀念五月各紀念日的意義

五月是我國革命運動中最值得紀念的一月，而五月中的紀念日都直接關聯與日寇對華侵略，我國抗日運動息息相關。第一如「五三」「五七」「五九」等國恥紀念日都是日寇所造成，這說明中華民族的唯一死敵是日本帝國主義者；「五四」「五卅」偉大的民族解放運動，其主要的力鋒都是向着日寇及其工具。今天的全民抗戰正是「五四」「五卅」抗日民族運動的繼續和發展。第三「五五」革命政府的成立，孫中山先生就是國的革命政權基礎，今日領導抗戰建國的國民政府正是繼承廣州革命政權的政府，今日領導抗戰建國的 蔣總裁正是 總理的繼承者。所以紀念五月各紀念日在抗戰建國中都具有非常偉大的歷史意義。

二、今天的五月正是敵人精疲力竭，企圖最后掙扎的時期，在軍事上華中方面敵人在鄂中曾圖西犯宜昌，北窺襄樊，在江西在鄂南在湘北也正在企圖蠢動，西北方面無時不在企圖突破潼關，在敵后則正在實行所謂「掃蕩」計劃，在全國各地則肆行轟炸屠殺，而在他方面，敵人已知軍事力量不足以屈服吾人，而達其速決之目的，故其最近計劃仍欲以種種方法摧殘吾人之意志，威脅吾人之精神（以國民精神總動員綱領）這是敵人[illegible]黔驢技窮的表現。但是敵人縱然兇使陰毒，也免的混戰，早已深陷而無法自拔，兇勢是愈戰愈弱，而我則愈戰愈強。首先在軍事上最近我各戰線實行有組織有計劃的反攻，都獲得了驚人的進展和勝利，在河南兩度攻入開封、鄭州，克復淳梓，廣東廣西花縣、增城、新會也圍廣州，敵後的「掃蕩」計劃也都一一為我所粉碎和遏止，隊所出擊，而我們的空軍最近在各前線都常有出擊，在這次反攻的經驗中，一方面證明敵人的防禦力量與防禦工事與其官兵的戰意都已減退和消失，而不難被我所擊破。另一方面證明我軍各級都具有反攻和獲勝的偉大能力。第三方面我全國民眾的踴躍參加戰地服務和敵人後方的游擊部隊的普遍發展，證明我民族之偉大潛在勢力，正在蓬勃發展。其次在政治上，敵人的分化政策，以汪精衛為首的無恥漢奸的活動，已遭受到了政府和民眾的嚴重打擊，敵人的政治陰謀不僅無法實現，並且還促成全國民眾的憤慨而進一步的團結。還通過二期抗戰需要堅貞為號召，全國民之深刻奮鬥以期克服艱難與之前期而日見擴大「國民精神總動員」綱領，因此在這個紀念抗戰的週年紀念日中要克服一切悲觀失望的情緒、恐慌動搖的心理，和發揚全國民眾的堅定「持久抗戰」的決心與「抗戰必勝」的信念，以便克服目前一切困難，堅持一切抗戰力量，以爭取抗戰最後的勝利。

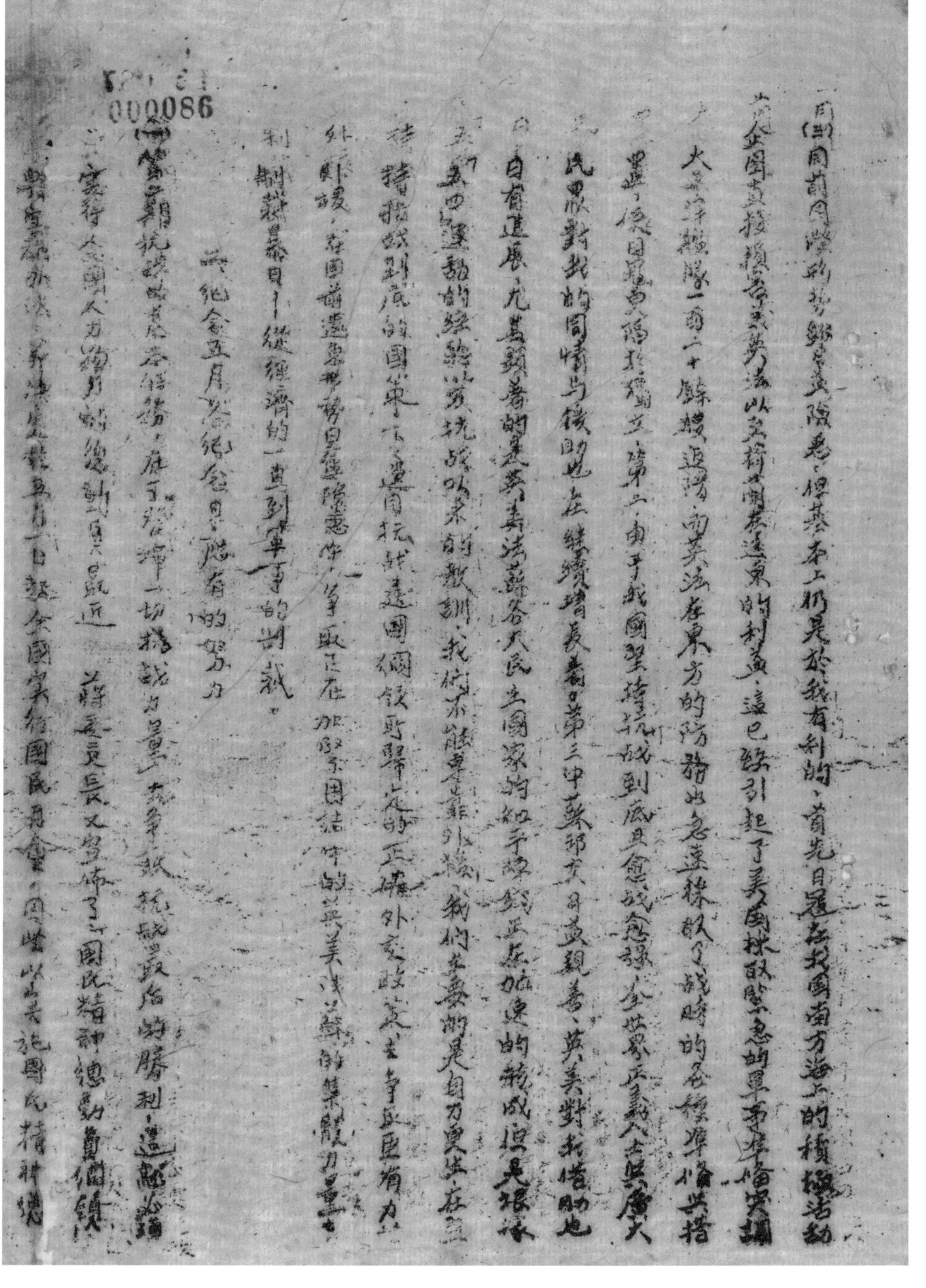
(三)目前国际形势虽甚险恶，但基本上仍是于我有利的，首先日寇在我国南方海上的积极活动
企图占据[illegible]英美法以及荷兰在远东的利益，这已经引起了美国採取紧急的军事准备，实调
大量军舰[illegible]一万二千余艘返防，而英法在东方的防务也急速採取了战时的各种准备措
置，使日寇更陷于孤立。第二，由于我国坚持抗战到底，且愈战愈强，全世界正义人士与广大
民众对我的同情与援助也在继续增长着。第三，中苏邦交日益亲善，英美对我借助也
日有进展，尤其显著的是英美法苏各大民主国家的经济与军事援助正在加速的形成，但是根据
五四运动的经验以及抗战以来的教训，我们不能专靠外援，我们主要的是自力更生，在这
持[illegible]战到底的国策下，遵守抗战建国纲领所规定的正确外交政策，并争取国际有力的
外援，在国际还未甚险恶时，争取正在加紧团结中的英美法苏的集体力量，才
[illegible]制裁日寇，从经济的一直到军事的制裁。
[illegible]纪念五月[illegible]纪念日应有的努力
(一)加紧[illegible]抗战的各种准备，在于[illegible]集中一切抗战力量，为争取抗战最后的胜利，这就必须
实行全国人力物力的总动员，最近 蒋委员长又颁布了国民精神总动员纲领
[illegible]并定本年五月一日起全国实行国民月会，因此以实施国民精神总

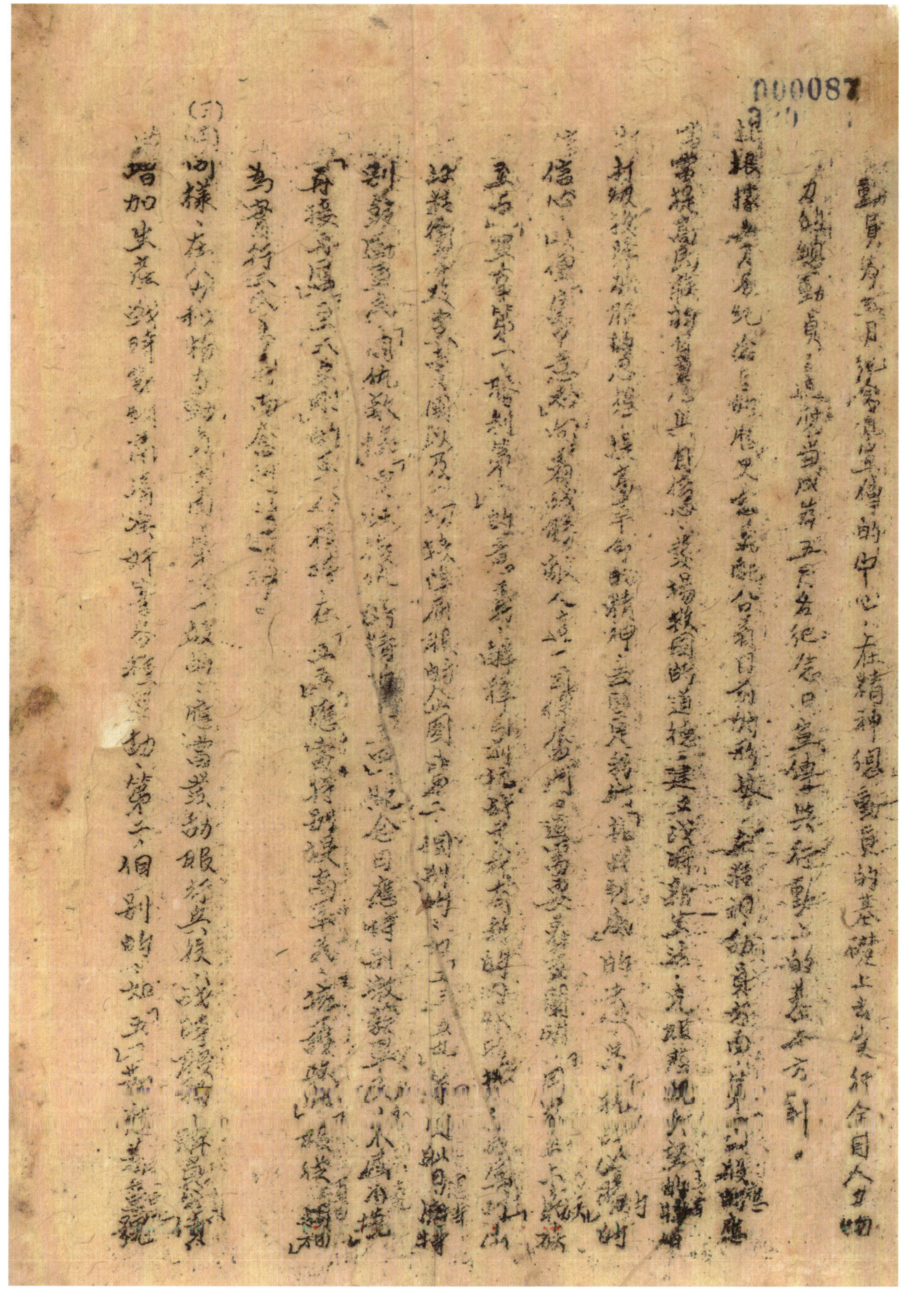

動員為五月紀念宣傳的中心，在精神總動員的基礎上去發動全國人力物力的總動員，這便當成為五月各紀念日宣傳與行動上的基本方針。

二、根據五月各紀念日的歷史意義，配合着目前抗戰的要求，在精神動員方面，首先應該[illegible]當提高民族的自覺心、自信心，發揚救國的道德，建立戰時新生活，克服悲觀失望的[illegible]

[illegible]

召工人加緊生產與勞動服務，加緊工人團結與充實工人組織，鼓勵失業工人到前方與敵人後方去。同時號召中國勞動者與世界勞動者的聯合。此外，號召有錢者，努力投資，擴大生產，發展手工業，特别發展國防工業。「五三」「五九」各國恥日，應着重號召民眾精誠團結，鞏固軍民合作，在前方在敵後鼓勵士氣，開展救亡觀軍游擊隊的反攻，同時加緊瓦解敵人偽軍隊的工作。「五四」紀念日，應當實行三民主義青年團中央團部決定的「青年節」的工作，加緊號召青年踴躍從軍与參加戰時服務，同時鼓勵智識青年与學生努力戰時文化運動。此外應號召青年加入三民主義青年團及建立各種青年組織。「五五」紀念日當着重號召民眾起來積極購買公債，參加兵役，實行節約運動，以表示擁護政府、服從領袖，為實行三民主義而奮鬥的忠忱。

（四）不當精神與人力物力的動員，最重要的，都在於擴大民眾的組織，所以「精神總動員綱領」說：「現在戰爭為全民動員之戰爭，故不僅應動員國内一切之物資與人力，亦必動員全國民之精神以充實抗戰之國力；不僅在發動，而尤貴於組織，必以有組織之精神，發揮有組織之能力，利用有組織物資，方足以適應國家當前之需要」。因還應當根據抗戰建國綱領「發動全國民眾，組織農工商學各民眾團體」的指示去廣泛的民眾組織。

總之，在五月各紀念日的工作中，我們要以精神的宣傳影响，人力和物力動員的程度以及民眾組織建立的成績，來作為我們檢查五月工作成績的主要標準。

一、為了適合於不同的環境與主觀的力量，各機關各部隊應當根據當地的實際情形，靈活的採取各種宣傳方式和方法，避免千篇一律的形式。

二、為了集中力量加強宣傳效果，佈置五月宣傳工作，應當以五五、五九兩日為擴大宣傳的日子，其他紀念日可酌量當地情形分別舉行。

三、同時佈置工作，應當有詳細的計劃，有步驟，精密的分工，充分的準備以及事後認真的檢查，尤其要發動民眾參加工作，共同來推進精神總動員的偉大任務。

陸軍新編第九師政治部製發

五月各紀念日的標語口號

一、國家至上民族至上！
二、軍事第一勝利第一！！
三、意志集中，力量集中！！
四、精誠團結抗戰到底！！
五、擁護國民政府服從最高領袖！！
六、實施國民精神總動員！！
七、實行全國人力物力財力總動員！
八、發揚五月革命的精神！！
九、抗戰必勝建國必成！！
十、全國軍民合作！！
十一、粉碎敵人軍事進攻政治分化的陰謀！！
十二、打倒一切偽組織肅清漢奸！！
十三、堅定抗戰必勝信念，消滅投降妥協的企圖！！
十四、奉行總理遺教實現三民主義！！
十五、打倒日本帝國主義！！
十六、中華民國萬歲！！
十七、中國國民黨萬歲！！
十八、最高領袖萬歲！！

「五三」「五七」「五九」「五卅」紀念標語

一、以民族的鮮血洗刷一切國恥！
二、以民族勝利的進攻雪恥報仇！！

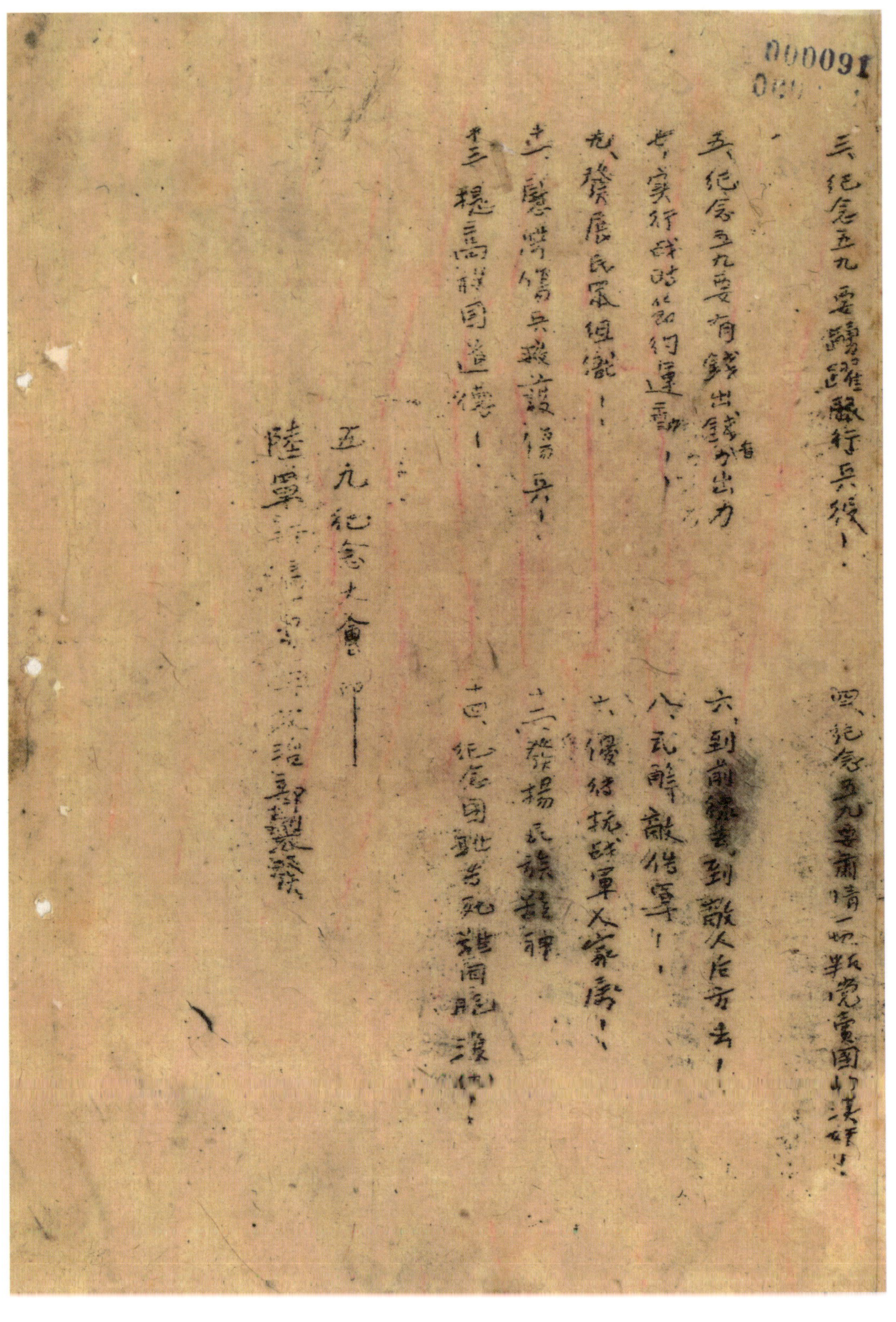

三、紀念五九要踴躍服行兵役！

四、紀念五九要肅清一切叛黨賣國的漢奸！

五、紀念五九要有錢出錢有力出力

六、到前線去，到敵人后方去！

七、實行戰時節約運動！

八、瓦解敵偽軍！

九、發展民眾組織！

十、優待抗戰軍人家屬！

十一、慰勞傷兵救護傷兵！

十二、發揚民族精神

十三、提高救國道德！

十四、紀念因戰苦死難同胞[illegible]！

五九紀念大會印

陸軍[illegible]政治部[illegible]發

一元献机运动宣传大纲（时间不详）

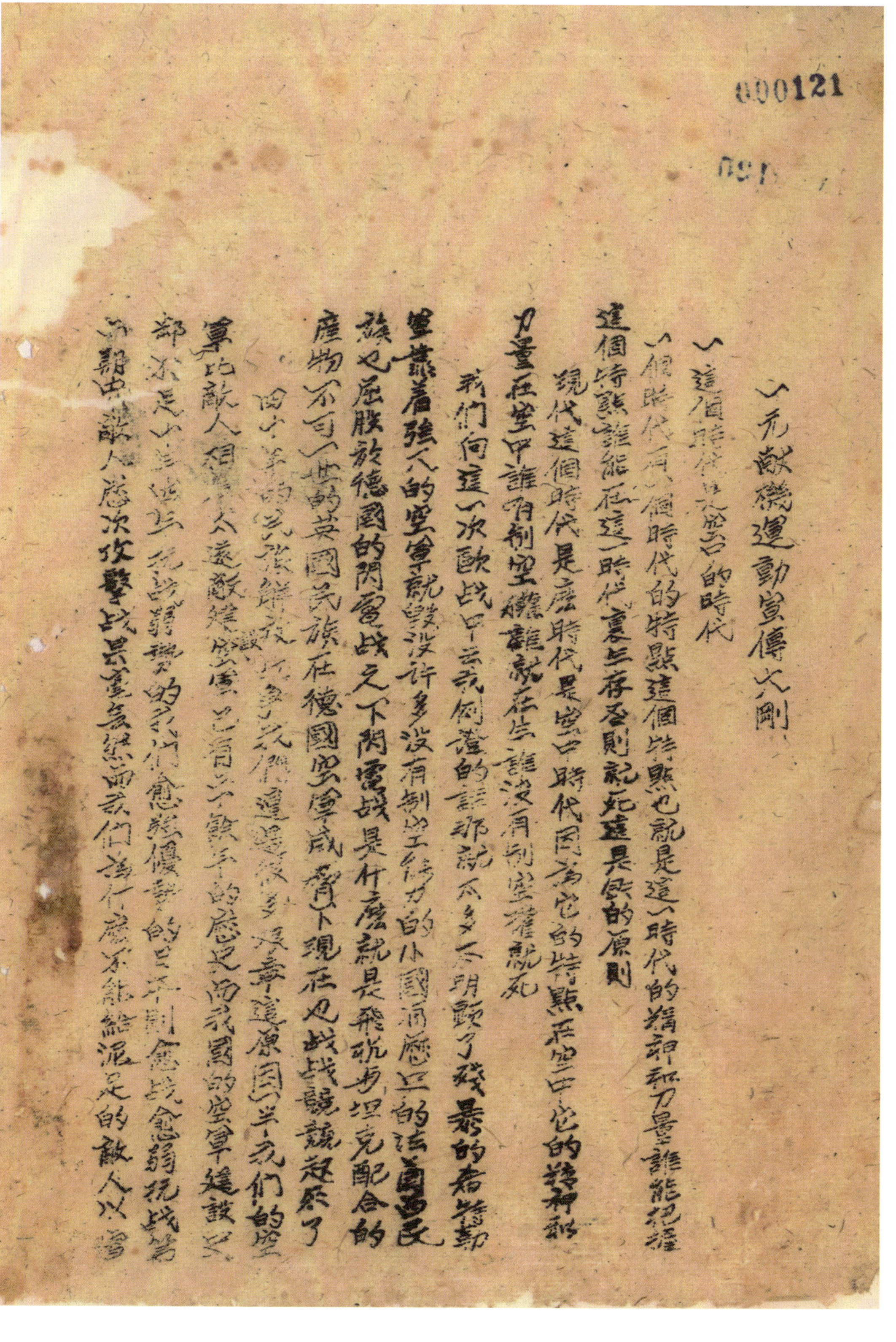

000121

一元献機運動宣傳大剛

一、這個時代是空中的時代

一個時代有一個時代的特點，這個特點也就是這一時代的精神和力量，誰能把握這個特點，誰能在這一時代裏生存，否則就死，這是鐵的原則。

現代這個時代是甚麼時代，是空中時代，因為它的特點在空中，它的精神和力量在空中，誰有制空權誰就生，誰沒有制空權就死。

我們向這一次歐战中去找例證的話，那就不多不明顯了，殘暴的希特勒靠着強大的空軍就毀滅了許多沒有制空能力的小國，滿歐上的弱小民族也屈服於德國的閃電战之下，閃電战是什麼，就是飛机步坦克配合的產物，不可一世的英國民族在德國空軍威脅下現在也战战競競起來了。

回[illegible]我們[illegible]遭遇[illegible]這原因，是我們的空軍比敵人相[illegible]太遠[illegible]都不足[illegible]抗战[illegible]我們愈[illegible]的[illegible]愈战愈弱，抗战第[illegible]期中，敵人屢次攻擊[illegible]而我們為什麼不能給頑足的敵人以當

霆萬鈞的空襲驅之於國門之外，就是因為我們的反攻力量還不足夠，究竟是我們缺

乏一個攻勢的空軍。

在現在這個時代，我們沒有空中的力量，我們便沒有制空權，我們一切談不上。

必須要我們的空軍

四年的長期戰已把先天脆弱的日本帝國主義消耗得逐漸走向動搖不

安，現在正是我們起來的時候了，我們要高舉我們的空軍給予日本以有力的攻

以雷霆萬鈞的空襲。

因此當此抗戰踏入的第五年代，我們必須把這個年代劃成一個新的時期，為

開始培養現代的戰鬥精神，建設我們的反攻空軍的主要工作。

歐戰的初期，英國的空軍劣勢，首都倫敦和工業區天天受德國空軍的轟

炸，英國人群起高呼「攻擊是最好的防禦」，努力建設攻勢的空軍，以轟炸還轟炸，其

倫敦之安全不能保全，我們的敵人因為我們的長期抗戰使他軍事政治經濟困難，於是

天天轟炸我們的大後方，拚命的屠殺我們的平民同胞，我們因為沒有空軍，一任敵

機橫行，這是我們中華民族每個國民的奇恥大辱，我們要雪國恥，便從我們

（無尾）

也要高呼：攻势是最好的防御！要迎头赶上建设[illegible]裕强力强以求还牙，以打击还打击。

三、一元运动的意义

拿破仑的名言：战的需要第一是钱，第二是钱，第三也是钱。建设攻势的空军需要一笔钜款。一架飞机以最低价值二十万元计，一千架飞机就要二万万元。这笔巨款的筹措是抗战政府的难题，短期内可以办到的。因此我们[illegible]之于全国国民去献[illegible]的潜力，在一[illegible]献机的高潮。在这个高潮上去建设我们的攻势空军。

一元献机运动就是因此而产生的。

一元献机运动的意义有二：一是政治的意义，一是经济的意义。

现代立体的战争没有前线后方的分别，敌机报复后方立刻变做前线，平民立刻变成被屠杀的对象。必须要有坚固的空防，人民身家性命财产的安全才有保障。所以建设空军直是我们每一个国民无可旁避的责任。一元献机运[illegible]的强制性，但是他也带有道德良心上的强制性。因此借这个

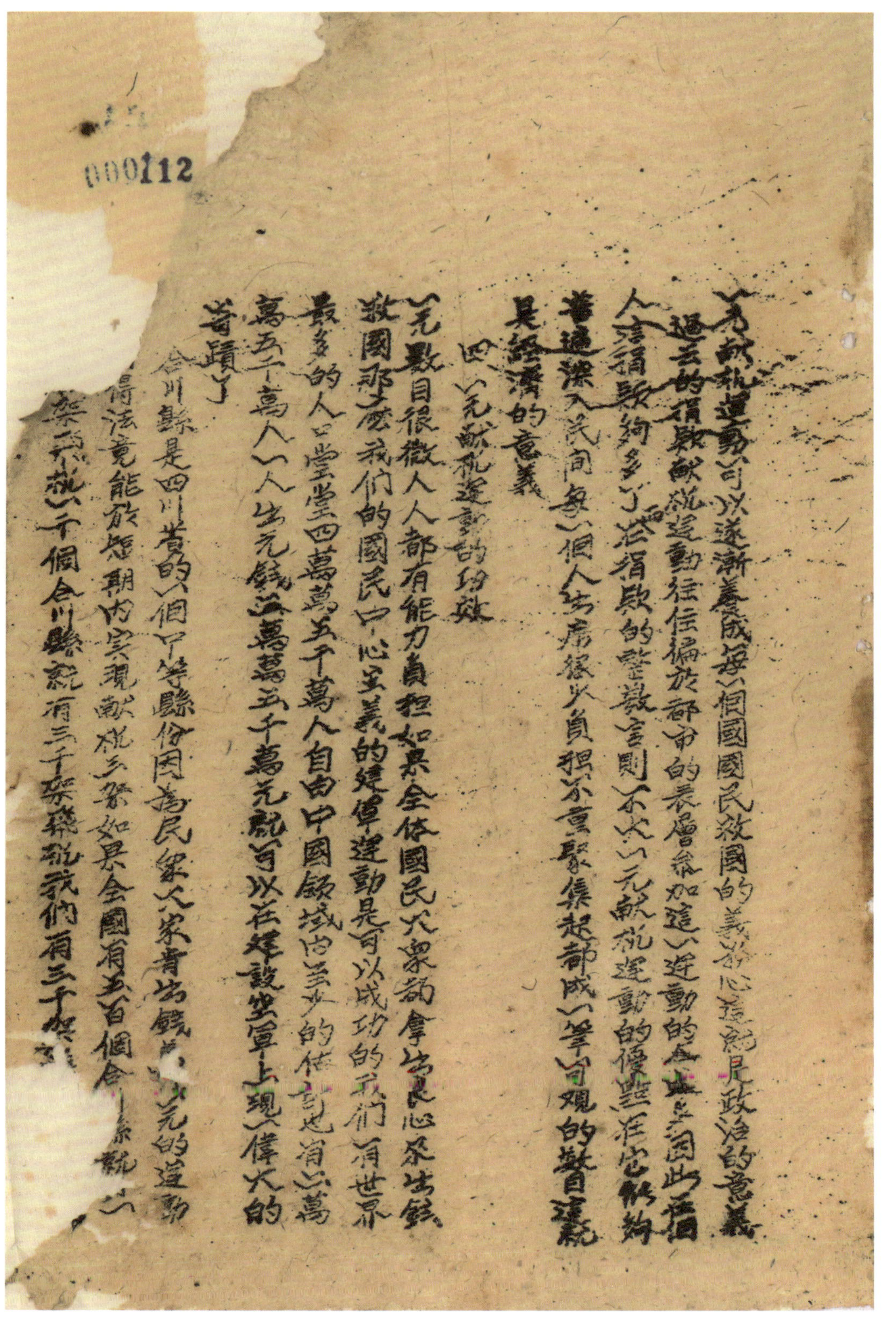

一元献机運動可以逐渐養成每一個國國民救國的義務心這就是政治的意義
過去的捐款献机運動往往偏於都市的表層参加這一運動的人太少因此有些人說捐款夠多了在捐款的整數言則一不大一元献机運動的優點在它能夠普遍深入民間每一個人出錢很少負擔不重聚集起都成一筆可觀的數目這就是經濟的意義

四、一元献机運動的功效

一元數目很微人人都有能力負擔如果全体國民大家都拿出良心來出錢救國那麼我們的國民中心主義的建軍運動是可以成功的我們有世界最多的人口堂堂四萬萬五千萬人自由中國領域內至少的估計也有四萬萬五千萬人一人出一元錢就四萬萬五千萬元就可以在建設空軍上現一偉大的奇蹟了

合川縣是四川省的一個甲等縣份因為民衆人家肯出錢[illegible]一元的運動得法竟能於短期內實現献机三架如果全國有五百個合川縣就一千五百架我們有一千個合川縣就有三千架飛機我們有三千架[illegible]

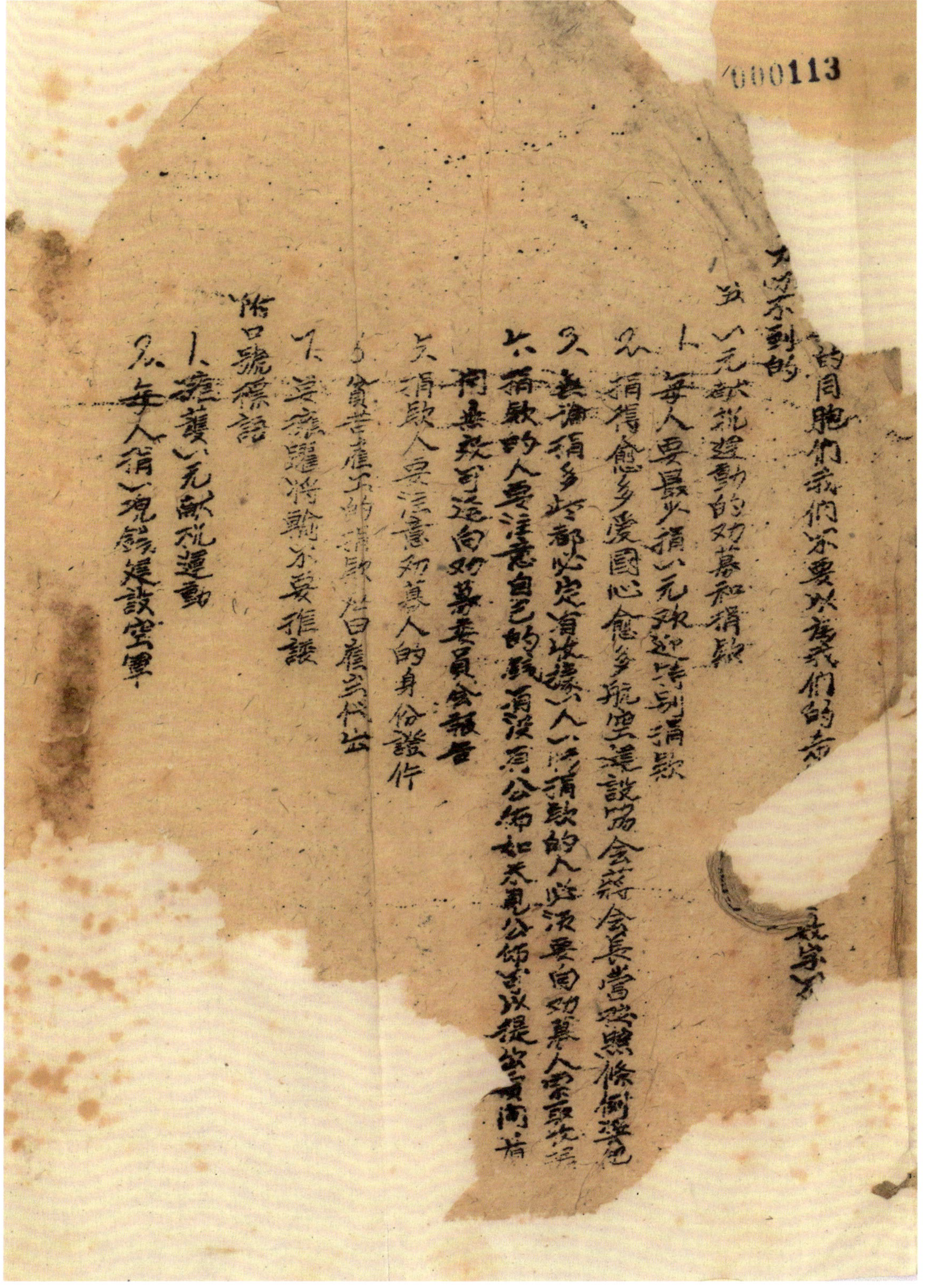

……的同胞們，我們不要以為我們的希[illegible]……救家不

……不到的

五、以元獻機運動的勸募和捐款

1、每人要最少捐一元，歡迎特別捐款

2、捐得愈多愛國心愈多，航空建設協會蔣會長當[illegible]照條例獎勵

3、無論捐多少都必定有收據，一人一次捐款的人必須要向勸募人索取收據

六、捐款的人要注意自己的錢有沒有公佈，如未見公佈，當以提出質問者

[illegible]可逕向勸募委員會報告

4、捐款人要注意勸募人的身份證件

5、貧苦雇工的捐款，由雇主代出

6、要[illegible]選將款，不要推諉

附口號標語

1、擁護一元獻機運動

2、每人捐一塊錢建設空軍

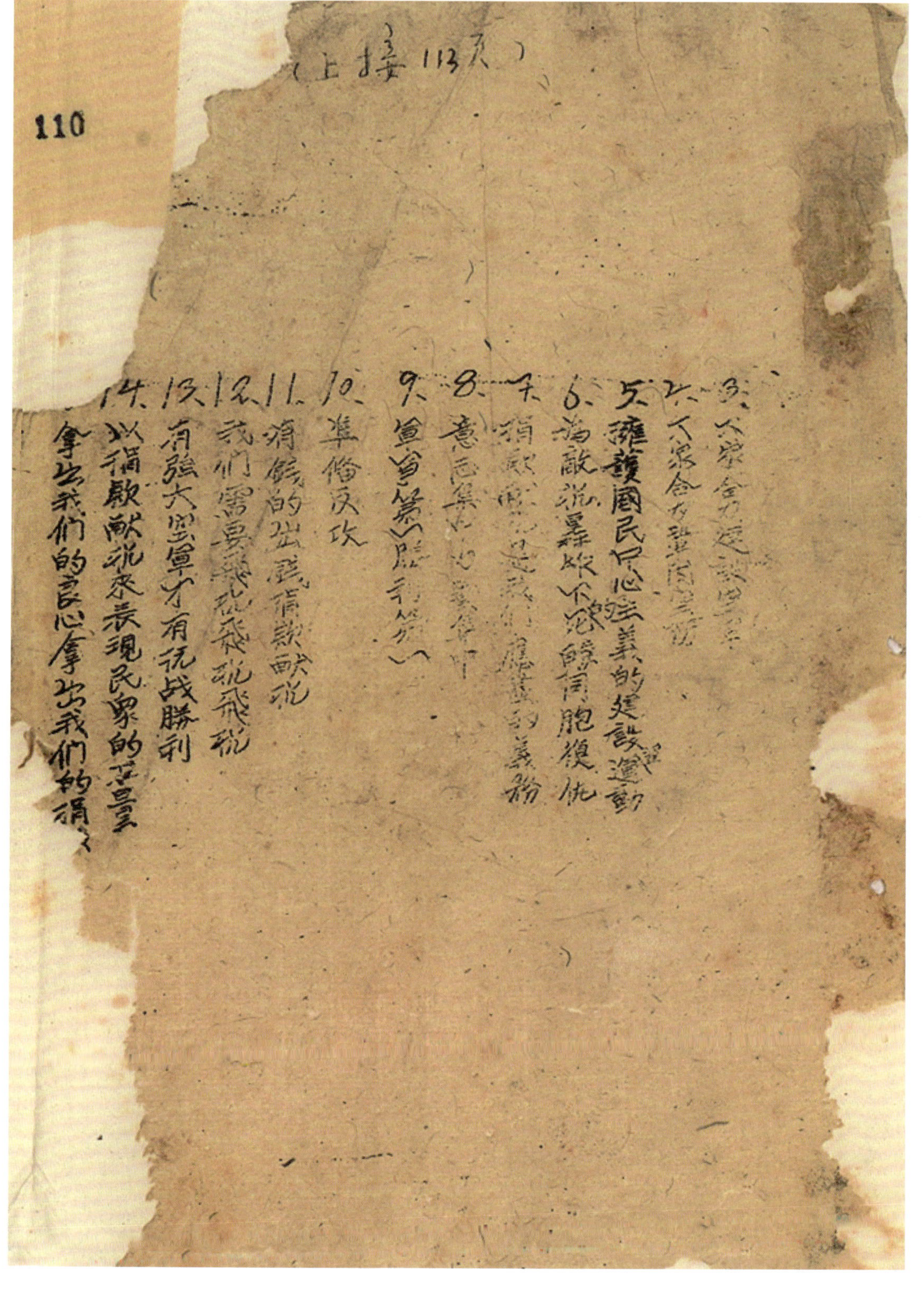
（上接113頁）

110

3、大家合力建設[illegible]

2、大家合力建設國家

5、擁護國民公心主義的建設運動

6、為敵機轟炸下[illegible]同胞復仇

7、捐獻飛機是我們應盡的義務

8、意志集中力量集中

9、軍事第一勝利第一

10、準備反攻

11、有錢的出錢有款獻款

12、我們需要飛機飛機飛機

13、有強大空軍才有抗戰勝利

14、以捐款獻機來表現民眾的力量

拿出我們的良心拿出我們的捐[illegible]

人人出錢有限民衆愛[illegible]

17、保衛人魂錢了嗎

18、節衣縮食捐款献納

19、踴躍捐款毋落人後

20、中國实業建設成功萬歲

一元献机运动实施大纲（时间不详）

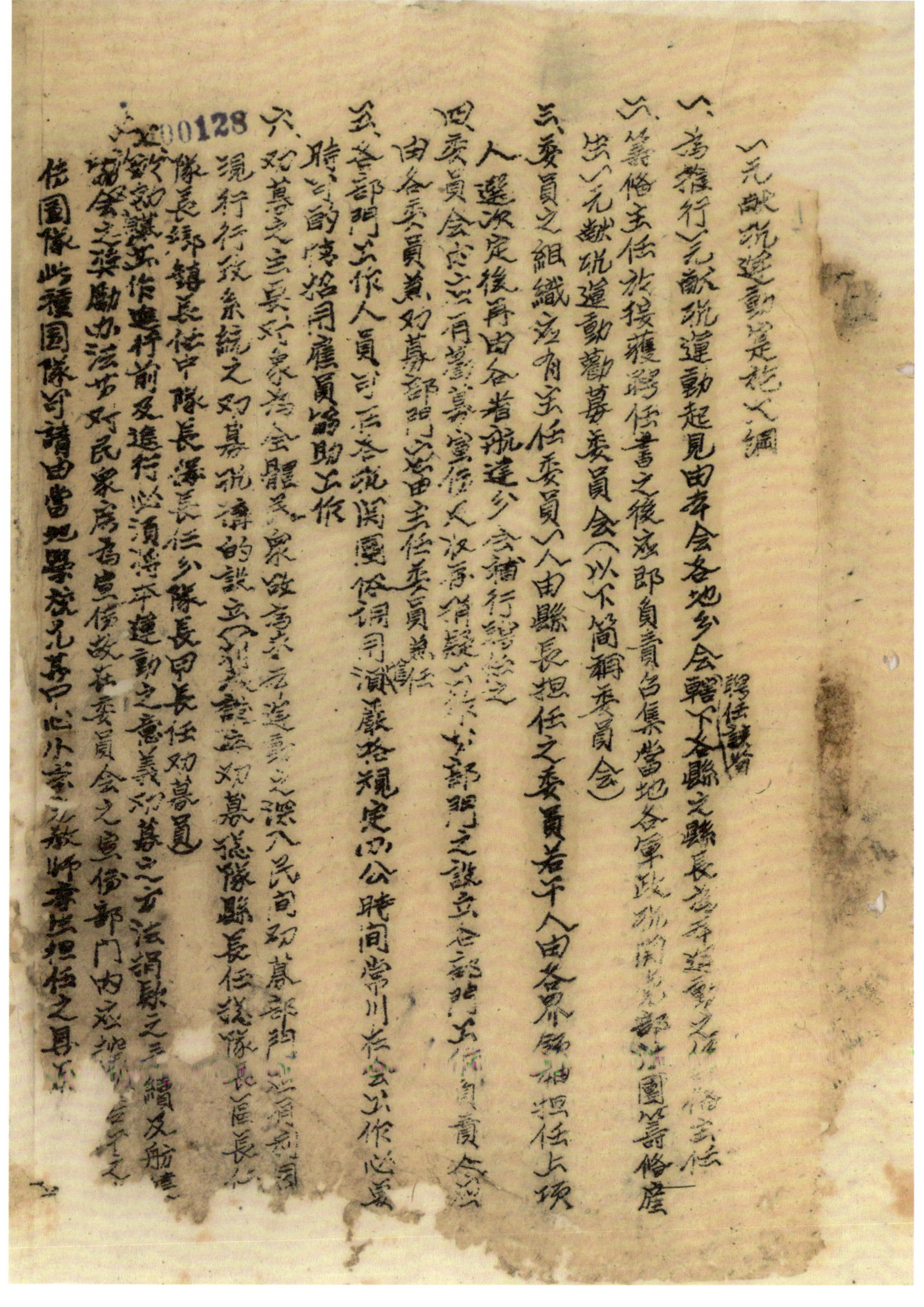

七、省得由委員會函請該省航建分會獎勵之

八、勸募方式共分為三種：一為獻機運動，為委員會之基本工作；二為游藝捐款；三為特別捐款（即捐款數目較多者），後二項委員會得斟酌各種方法隨時隨地選擇機會進行之

九、該項工作之細節為進行之便利，委員會應訂定組織規章及勸募細則收款辦法並公佈之，同時函請該省航建分會備查

十、捐冊之製發由委員會統籌辦理，捐款者鄉鎮應照鄉鎮所轄之戶數人口概數發交勸捐隊層層發下（參閱勸捐須知）

十一、宣傳方法宣傳品亦應由委員會計劃統一，以計劃宣傳內容可以宣傳大綱為根據

十二、繳解捐款辦法勸募員一日以解分隊，三日以繳甲隊，五日以繳隊，十日解不應延誤，勸募分隊應將捐款人及捐款數目逐日開單公佈

十三、委員會應於每月將收存之捐款實繳該省航建分會收轉航建總會

十四、勸募總隊可設督導員若干人，負責分赴各鄉鎮從事督導檢查勸募情況並助宣傳

十五、關於實施本運動所須之一切費用，該縣府先行墊用，於捐款項下扣還，惟不得

（無头）

超過捐款總額百分之五

十六、捐款獎勵除個人或團体按航建總会國内捐款獎勵辦法給獎外，凡每户繳費一元在運動捐獻達四十元以上者亦得照該辦法給獎

十七、捐款達一千五元者無論個人或團体或縣區鎮保給獎外并得以飛机一架捐款者之名稱

附註：一、各縣得按照當地另擬良好之募款之方法呈報該省航建分会備案後依法辦理

二、各市之一元獻机運動可參照本大剛酌情办理

三、無論航建分会設立否各省仍得由航建總会核准該省省政府

四、附中國航空建設協会國内捐款獎勵办法一種

五、附勸募須知一種

一元献机运动扩大宣传办法纲要（时间不详）

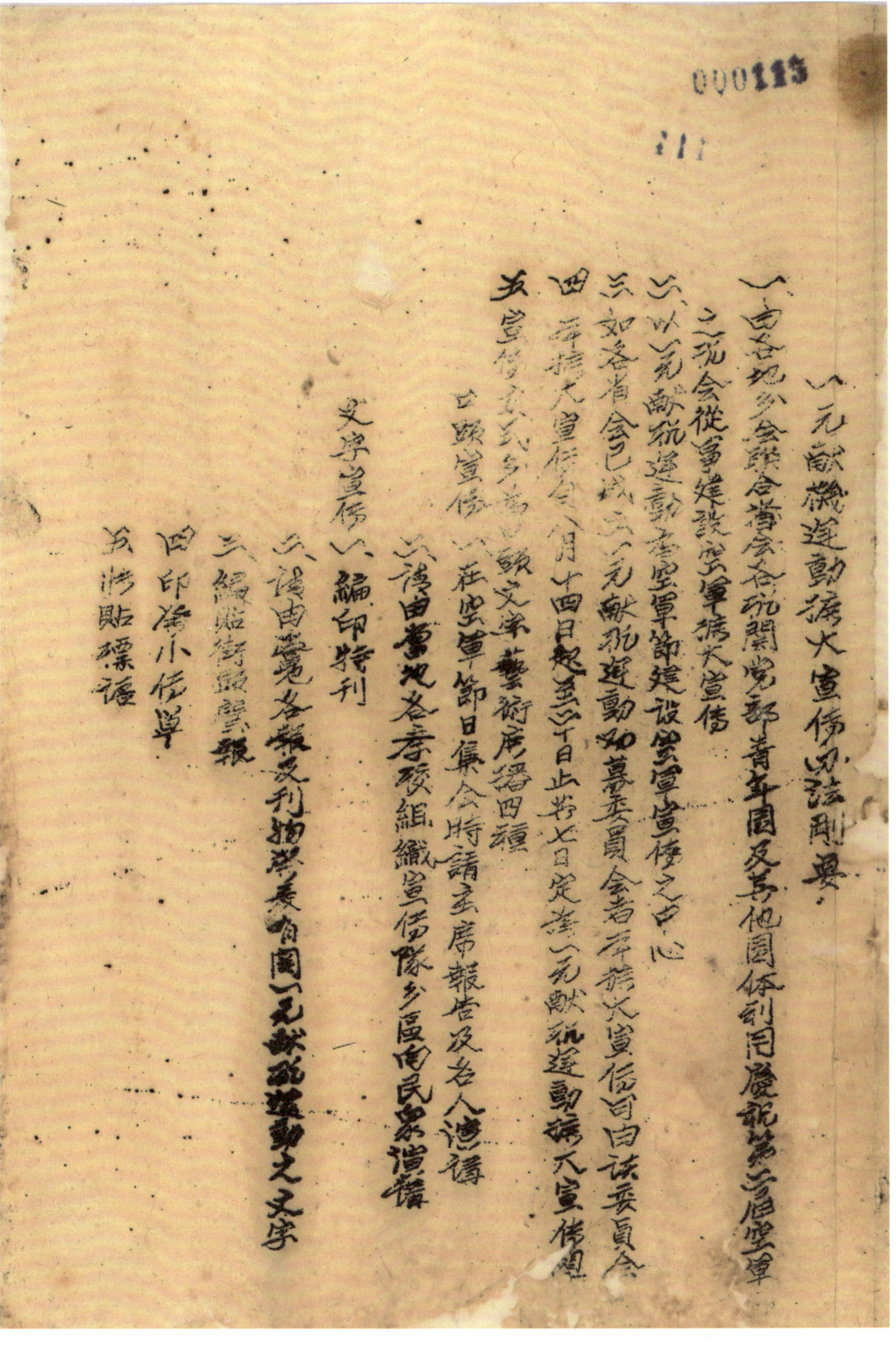
一元献机运动扩大宣传办法纲要

一、由各地方会联合党部青年团及其他团体利用庆祝第二届空军节之纪念从事建设空军扩大宣传

二、以一元献机运动为空军节建设空军宣传之中心

三、如各省会已成立一元献机运动劝募委员会者得扩大宣传由该委员会

四、扩大宣传自八月十四日起至二十日止共七日定为一元献机运动扩大宣传周

五、宣传方式分为口头、文字、艺术、广播四种

口头宣传（一）在空军节日集会时请主席报告及名人演讲

（二）请由当地各学校组织宣传队分区向民众讲演

文字宣传（一）编印特刊

（二）请由当地各报及刊物发表有关一元献机运动之文字

三、编贴街头壁报

四、印发小传单

五、张贴标语

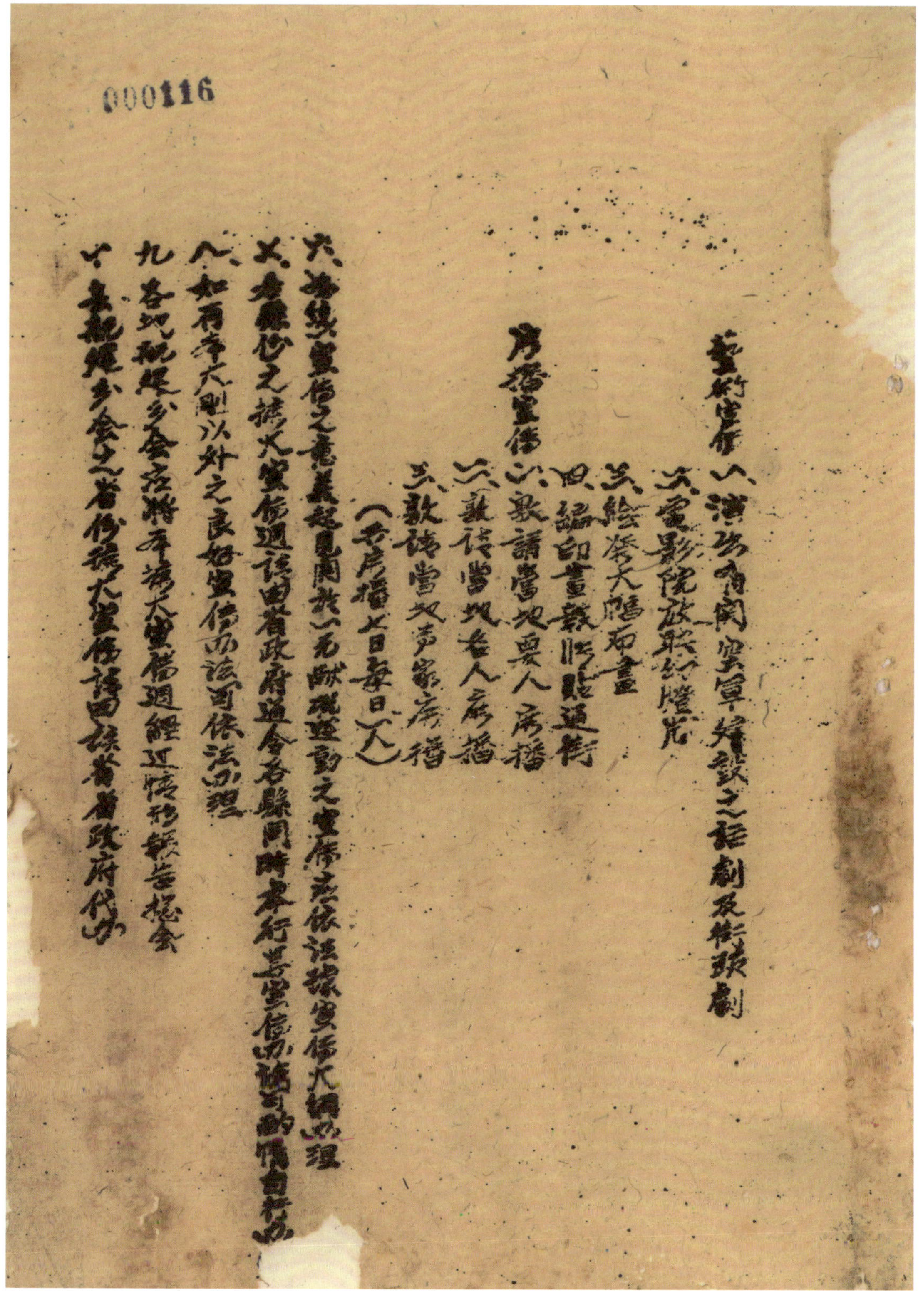

藝術宣傳 (一)演出有關空軍建設之話劇及街頭劇
(二)電影院放映幻燈片
(三)繪製大幅布畫
(四)編印畫報張貼通衢

廣播宣傳 (一)敦請當地要人廣播
(二)敦請當地名人廣播
(三)歌詠當地聲家廣播
(每廣播七日每日一人)

六、為擴大宣傳之意義起見關於一元獻機運動之宣傳亦依該擴大宣傳大綱辦理
七、各縣份之擴大宣傳週應由省政府通令各縣同時舉行其宣傳辦法可酌情自行辦
八、如有本大綱以外之良好宣傳辦法可依法辦理
九、各地分會應將本擴大宣傳週經過情形報告總會
十、未組建分會之省份擴大宣傳請由該省省政府代辦

各地分会发动一元献机运动纲要（时间不详）

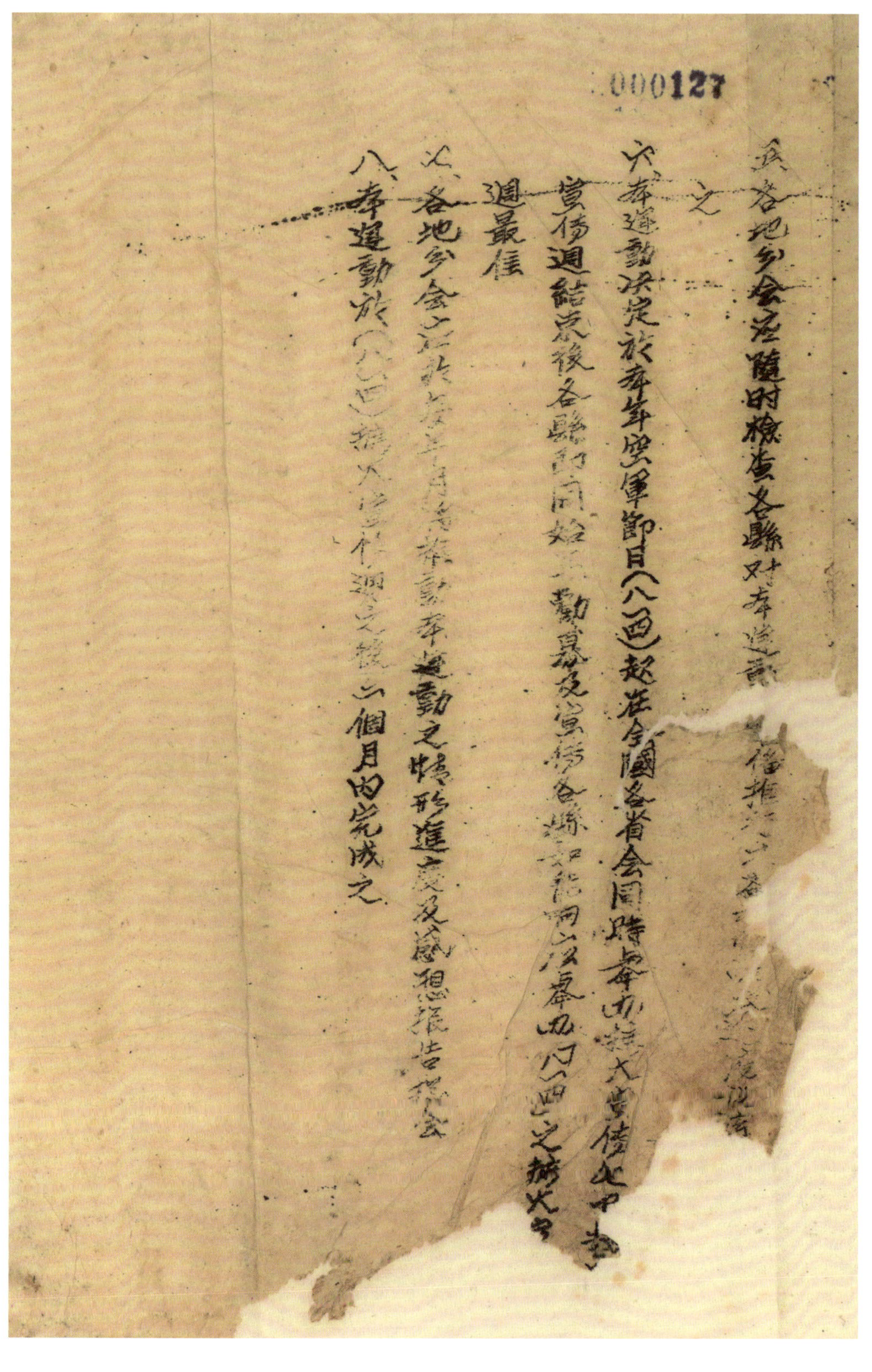

五、各地乡会应随时检查各县对本运动[illegible]

之

六、本运动决定于本年空军节日（八一四）起在全国各省会同时举办献机大宣传[illegible]

宣传周结束后各县即开始劝募及宣传各县[illegible]以本办（八一四）之献机[illegible]

周最佳

七、各地乡会工作于每半月将推动本运动之情形进度及感想报告总会

八、本运动于（八一四）献机宣传周之后二个月内完成之

抗日宣传标语（时间不详）

抗日宣傳標語

一、擁護蔣委員長復興民族

二、擁護蔣委員長統一抗日

三、擁護劉主席整軍抗日

四、擁護劉主席鞏固後防

五、收復東北失地

六、取銷滿洲冀東偽組織

七、實行對日經濟絕交

八、反對一切屈辱協定

九、肅清一切媚日漢奸

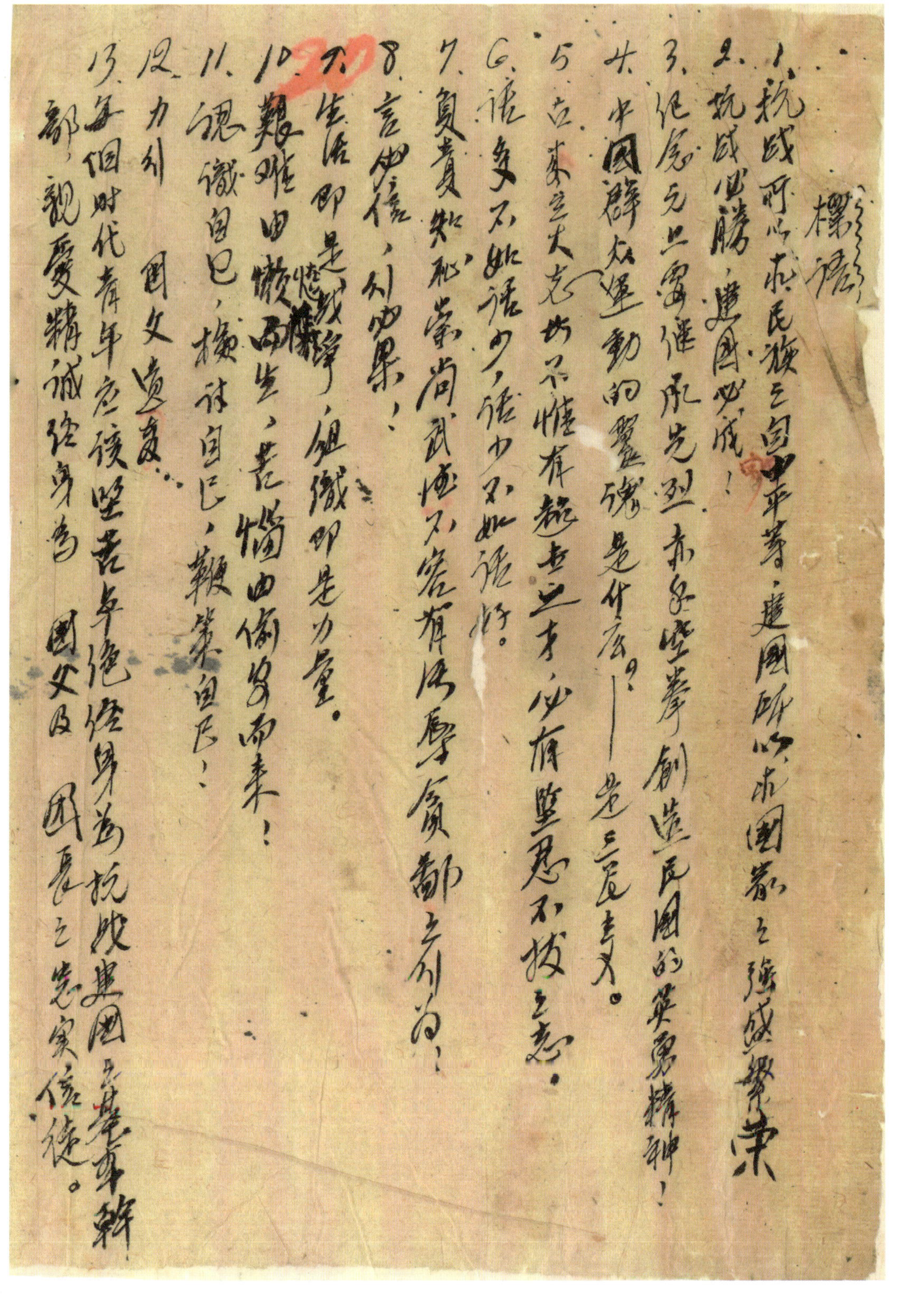

標語

1. 抗戰所以求民族之自由平等，建國所以求國家之隆盛繁榮
2. 抗戰必勝，建國必成！
3. 紀念先烈要繼承先烈赤手空拳創造民國的英勇精神！
4. 中國革命運動的靈魂是什麼？——是三民主義。
5. 古來立大志者，不惟有超世之才，必有堅忍不拔之志。
6. 說多不如說少，說少不如說好。
7. 負責知恥，崇尚武德，不容有絲毫貪鄙之行為！
8. 言必信，行必果！
9. 生活即是戰鬥，組織即是力量。
10. 艱難由懶惰而生，苦惱由偷安而來！
11. 認識自己，檢討自己，鞭策自己！
12. 力行 國父遺教……
13. 每個時代青年應該堅苦卓絕，終身為抗戰建國之革命幹部，親愛精誠，終身為 國父及 總裁之忠實信徒。

抗战标语（时间不详）

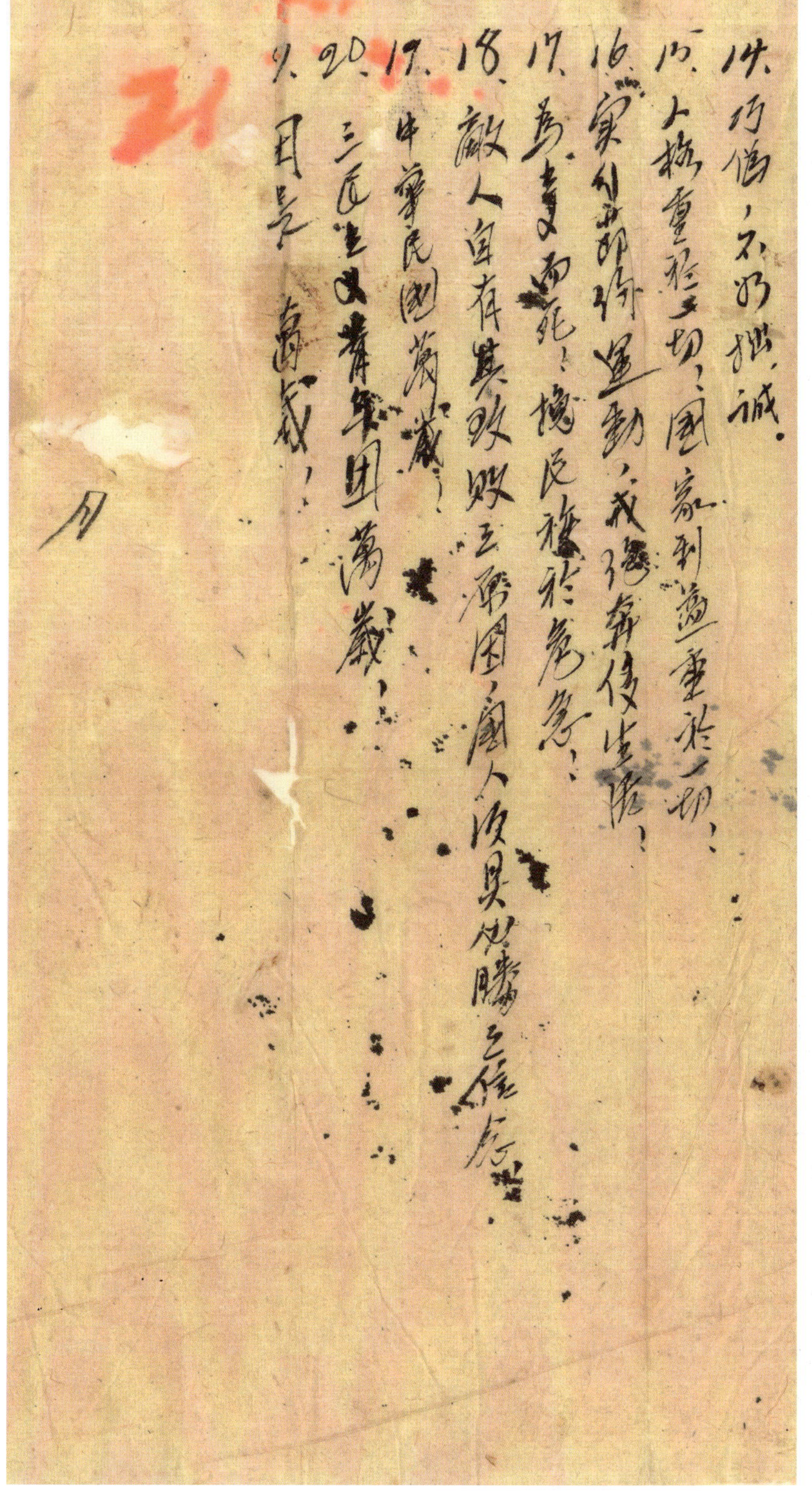

14、行僞，不明，拙，诚。

15、人格重於一切，国家利益重於一切；

16、实行新生活運動，戒除颓废生活；

17、為主義而死；犧牲於危急；

18、敵人自有其毀亡之因，國人須具必勝之信念；

19、中華民國萬歲；

20、三民主義青年團萬歲；

21、團長 蔣萬歲！

后记

《广元抗战宣传档案汇编》在《抗日战争档案汇编》编纂出版工作领导小组和编纂委员会的具体领导下开展编纂工作。广元市档案馆和苍溪、旺苍、剑阁三县档案馆共同参与了书稿的编纂工作，四川省档案馆对书稿编纂予以大力支持和帮助，四川省档案馆张晓芳、曾声珂、刘金霞等同志及有关专家审阅了书稿并作了具体指导，提出了许多重要修改意见。中华书局对本书的编纂出版给予了鼎力支持。谨向为本书编纂工作做出贡献的所有单位和同志致以诚挚的感谢！

编　者

国家重点档案专项资金资助项目

抗日战争档案汇编

抗战时期甘肃防空御敌备战档案汇编

甘肃省档案馆 编

中華書局

图书在版编目（CIP）数据

抗战时期甘肃防空御敌备战档案汇编 / 甘肃省档案馆编. —北京：中华书局，2025.3.—（抗日战争档案汇编）. —ISBN 978-7-101-17013-9

Ⅰ. K265.063

中国国家版本馆CIP数据核字第2025JT9349号

书　　名　抗战时期甘肃防空御敌备战档案汇编
编　　者　甘肃省档案馆
丛 书 名　抗日战争档案汇编
策划编辑　许旭虹
责任编辑　李晓燕　欧阳红
装帧设计　许丽娟
责任印制　管　斌
出版发行　中华书局
（北京市丰台区太平桥西里38号　100073）
http://www.zhbc.com.cn
E-mail:zhbc@zhbc.com.cn
图文制版　北京禾风雅艺文化发展有限公司
印　　刷　天津艺嘉印刷科技有限公司
版　　次　2025年3月第1版
2025年3月第1次印刷
规　　格　开本889×1194毫米　1/16
印张35
国际书号　ISBN 978-7-101-17013-9
定　　价　680.00元

抗日战争档案汇编编纂出版工作组织机构

编纂出版工作领导小组

组　长　陆国强

副组长　王绍忠　付　华　魏洪涛　刘鲤生

编纂委员会

主　任　陆国强

副主任　王绍忠

顾　问　杨冬权　李明华

成　员（按姓氏笔画为序排列）

于学蕴　于晓南　于晶霞　马忠魁　马俊凡　马振犊
王　放　王文铸　王建军　卢琼华　田洪文　田富祥
史晨鸣　代年云　白明标　白晓军　吉洪武　刘　钊
刘玉峰　刘灿河　刘忠平　刘新华　汤俊峰　孙　敏
苏东亮　杜　梅　李宁波　李宗春　吴卫东　何素君
张　军　张明决　陈念芜　陈艳霞　卓兆水　岳文莉
郑惠姿　赵有宁　查全洁　施亚雄　祝　云　徐春阳
郭树峰　唐仁勇　唐润明　黄凤平　黄远良　黄菊艳
梅　佳　龚建海　常建宏　韩　林　程潜龙　焦东华
童　鹿　蔡纪万　谭荣鹏　黎富文

编纂出版工作领导小组办公室

主　任　常建宏

副主任　孙秋浦　石　勇

成　员（按姓氏笔画为序排列）

李　宁　沈　岚　贾　坤

甘肃省抗日战争档案汇编编纂出版工作组织机构

《抗战时期甘肃防空御敌备战档案汇编》编辑组

主　任　张秀丽　卢琼华

副主任　白　静　马保福　李海洋　宋彩萍

委　员（按姓氏笔画为序排列）

王西山　王志刚　王　莉　王嘉宇　冯丽莉

孙晓云　吕乾坤　陈　政　张仪国　张保文

赵　洁　饶清兰　黄　静　翟晓龙

主　编　张秀丽　卢琼华

副主编　宋彩萍　陈乐道

执行编辑　陈乐道　张　琼　梁　鹰　郭潇月　牟雅娜

总序

为深入贯彻落实习近平总书记「让历史说话，用史实发言，深入开展中国人民抗日战争研究」的重要指示精神，国家档案局根据《全国档案事业发展「十三五」规划纲要》和《「十三五」时期国家重点档案保护与开发工作总体规划》的有关安排，决定全面系统地整理全国各级综合档案馆馆藏抗战档案，编纂出版《抗日战争档案汇编》（以下简称《汇编》）。

中国人民抗日战争是近代以来中国反抗外敌入侵第一次取得完全胜利的民族解放战争，开辟了中华民族伟大复兴的光明前景。这一伟大胜利，也是中国人民为世界反法西斯战争胜利、维护世界和平作出的重大贡献。加强中国人民抗日战争研究，具有重要的历史意义和现实意义。

全国各级档案馆保存的抗战档案，数量众多，内容丰富，全面记录了中国人民抗日战争的艰辛历程，是研究抗战历史的珍贵史料。一直以来，全国各级档案馆十分重视抗战档案的开发利用，陆续出版公布了一大批抗战档案，对揭露日本帝国主义侵华罪行，讴歌中华儿女勠力同心、不屈不挠抗击侵略的伟大壮举，弘扬伟大的抗战精神，引导正确的历史认知，发挥了积极作用。特别是国家档案局组织有关方面共同努力和积极推动，「南京大屠杀档案」被联合国教科文组织评选为「世界记忆遗产」，列入《世界记忆名录》，捍卫了历史真相，在国际上产生了广泛而深远的影响。

全国各级档案馆馆藏抗战档案开发利用工作虽然取得了一定的成果，但是，在档案信息资源开发的系统性和深入性方面仍显不足。正如习近平总书记所指出的：「同中国人民抗日战争的历史地位和历史意义相比，同这场战争对中华民族和世界的影响相比，我们的抗战研究还远远不够，要继续进行深入系统的研究。」「抗战研究要深入，就要更多通过档案、资料、事实、当事人证词等各种人证、物证来说话。要加强资料收集和整理这一基础性工作，全面整理我国各地抗战档案、照片、资料、实物等……」

国家档案局组织编纂《汇编》，对全国各级档案馆馆藏抗战档案进行深入系统地开发，是档案部门贯彻落实习近平总书记重要指示精神，推动深入开展中国人民抗日战争研究的一项重要举措。本书的编纂力图准确把握中国人民抗日战争的历史进程、主流和本质，用详实的档案全面反映一九三一年九一八事变后十四年抗战的全过程，反映中国共产党在抗日战争中的中流砥柱作用以及中国人民抗日战争在世界反法西斯战争中的重要地位，反映国共两党「兄弟阋于墙，外御其侮」进行合作抗战、共同捍卫民族尊严的历史，反映各民族、各阶层及海外华侨共同参与抗战的壮举，展现中国人民抗日战争的伟大意义，以历史档案揭露日本侵华暴行，揭示日本军国主义反人类、反和平的实质。

编纂《汇编》是一项浩繁而艰巨的系统工程。为保证这项工作的有序推进，国家档案局制订了总体规划和详细的实施方案，明确了指导思想、工作步骤和编纂要求。为保证编纂成果的科学性、准确性和严肃性，国家档案局组织专家对选题进行全面论证，对编纂成果进行严格审核。

各级档案馆高度重视并积极参与到《汇编》工作之中，通过全面清理馆藏抗战档案，将政治、军事、外交、经济、文化、宣传、教育等多个领域涉及抗战的内容列入选材范围。入选档案包括公文、电报、传单、文告、日记、照片、图表等多种类型。在编纂过程中，坚持实事求是的原则和科学严谨的态度，对所收录的每一件档案都仔细鉴定、甄别与考证，维护档案文献的真实性，彰显档案文献的权威性。同时，以《汇编》编纂工作为契机，以项目谋发展，用实干育人才，带动国家重点档案保护与开发，夯实档案馆基础业务，提高档案人员的业务水平，促进档案馆各项事业的发展。

守护历史，传承文明，是档案部门的重要责任。我们相信，编纂出版《汇编》，对于记录抗战历史，弘扬抗战精神，发挥档案留史存鉴、资政育人的作用，更好地服务于新时代中国特色社会主义文化建设，都具有极其重要的意义。

抗日战争档案汇编编纂委员会

编辑说明

抗日战争爆发后，日本飞机多次轰炸甘肃兰州、天水、平凉等城市，除直接造成人员伤亡和财产损失外，轰炸导致无数家庭破碎，大量民众流离失所。为防御日本侵略者的飞机轰炸，便于开展空袭疏散、掩蔽及战后救济，甘肃省政府成立了兰州空袭紧急救济联合办事处、甘肃省民众抗敌后援会等机构，并领导、联合其他机构积极开展御敌备战工作。

本书收录了抗战时期甘肃御敌备战过程中，兰州空袭紧急救济联合办事处机构运作、经费收支、业务处理、购买医疗设备材料，甘肃省政府、防空司令部、甘肃省财政厅等机构筹备粮食、建挖防空洞、召开防御会议等为主要内容的公函、呈、指令、训令、报告。本书依据编辑需要做了筛选，按照时间体例编排，时间跨度从一九三九年十一月至一九四二年六月，按时间先后排序。

档案中原标题完整或基本符合要求的，则使用原标题；原标题有明显缺陷的予以修改或重拟；标题中人名使用通用名，机构名称使用机构全称。本书使用规范的简化字。对标题中人名、历史地名、机构名称中出现的繁体字、不规范异体字、异形字等，予以径改。限于篇幅，本书不作注释。

由于时间紧，档案公布量大，编者水平有限，在编辑过程中可能存在疏漏之处，考订难免有误，欢迎方家斧正。

编者

二〇二四年十二月

目录

二、物资保障与工程建设

一、机构建设与组织管理

中央振济委员会为抄发各省市县防护团组织规程致兰州空袭紧急救济联合办事处的训令
（一九三九年十二月八日）

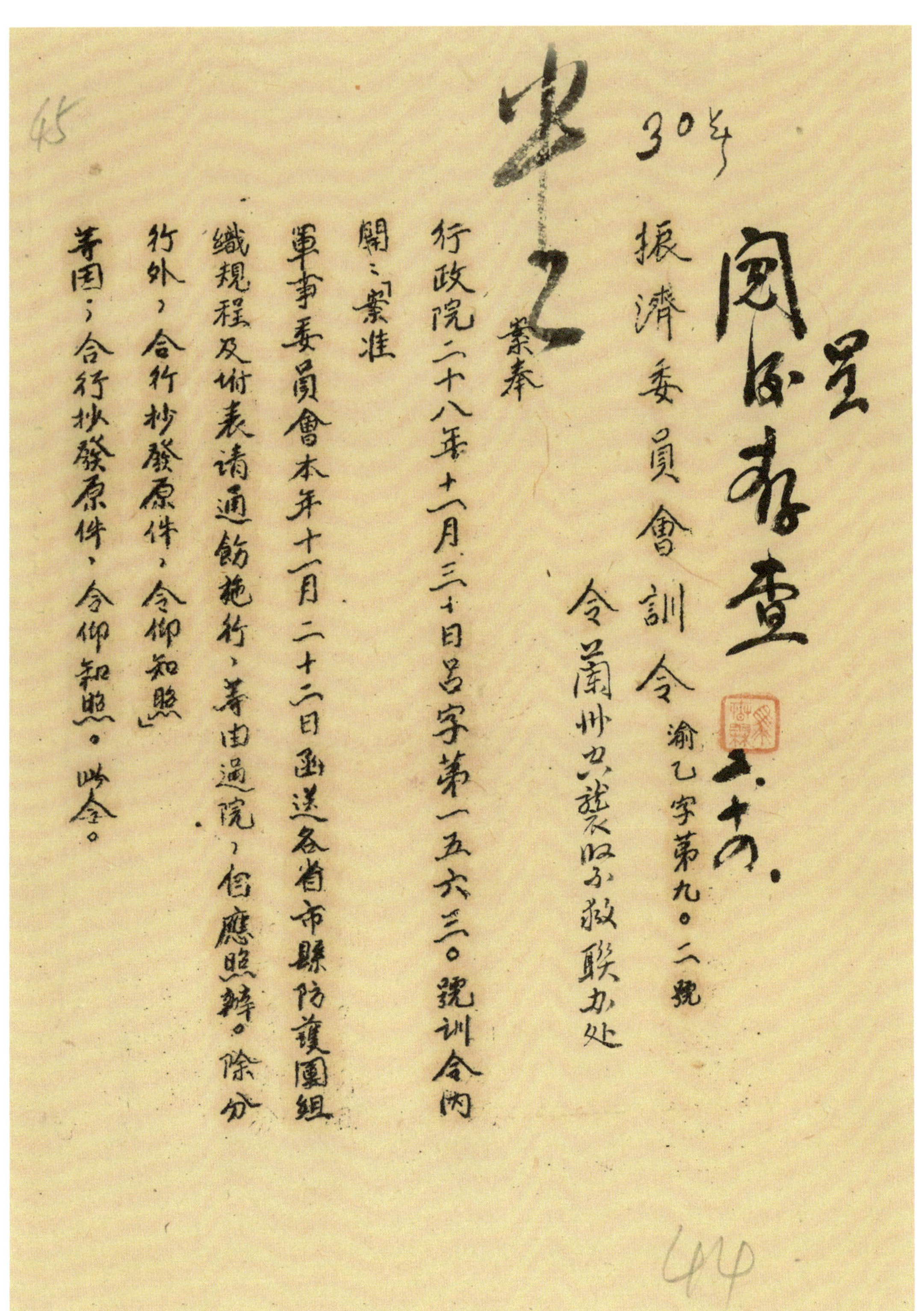

振濟委員會訓令　渝乙字第九〇二號

令蘭州空襲緊急救濟聯合辦事处

案奉

行政院二十八年十一月三十日呂字第一五六三〇號訓令內開：「案准軍事委員會本年十一月二十二日函送各省市縣防護團組織規程及附表，請通飭施行，等由，過院，自應照辦。除分行外，合行抄發原件，令仰知照」等因，合行抄發原件，令仰知照。此令。

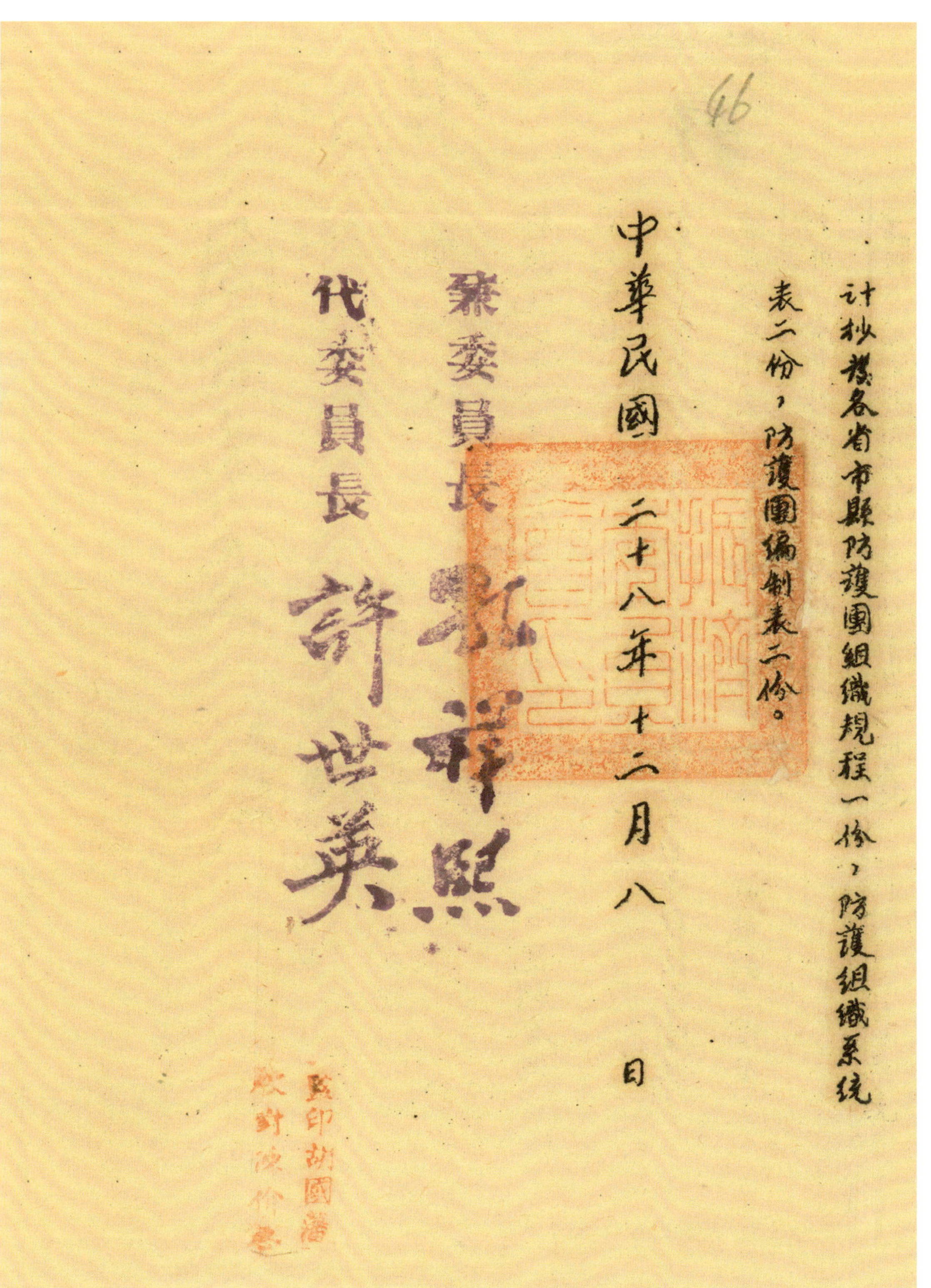

46

计抄發各省市縣防護團組織規程一份，防護組織系统表二份，防護團編制表二份。

兼委員長 孔祥熙

代委員長 許世英

中華民國二十八年十二月八日

監印 胡國藩
校對 陳仲憲

各省市縣防護團組織規程（國民政府軍事委員會二十八年十一月一日修正公布）

第一條　為辦理一切消極防空業務並充實各縣鄉鎮防護力量，應成立各級防護團（以下簡稱本團）

第二條　防護團之隸屬如左

一、省（市）防護團直屬於全省防空司令部

二、各縣（市）防護團直屬於縣（市）政府，如設有指揮部之縣（市）並受防空指揮部之指揮

三、鎮鄉防護（區）分團直屬於縣政府或縣防護團

第三條　本團設團長一人，以當地負治安責任之機關部隊主官兼任之，受當地主管防空機關之指揮，綜理本團一切事宜

第四條 各團設團副長一人至三人由團長呈請上級機關遴員

並協助團長處理本團一切事宜團長公出時得指定

副團長一人代行職務

第五條 本團設管制（警報交通管制燈火管制避難管理）警

報消防（拆卸搶救）救護（防毒消毒掩埋）工務總務（

配給）等六股每股設股長一人由團長遴員呈請上

級機關委派之

第六條 一、設有防空司令（指揮）部之縣（市）防護團設專任

總幹事一人專任或兼任副總幹事一人至三人由團

長遴有防空知識人員呈請防空司令（指揮）部

委派之并設常備或兼任幹事若干人由團長委派
之并呈報防空司令（指揮）部備案
二、其他各縣（市）防護團總幹事由該縣（市）政府各人
員兼理防空業務人員中指定一人兼任之副總幹事
（一至三人）由團長遴選有防空智識人員呈請縣（市）
政府委派之并設常備或兼任幹事若干人由團
長委派之并呈報縣（市）政府備案

第七條　本團分為甲乙兩種甲種編制適用於大都市乙種編
制適用於一般地方

第八條　甲種編制團以下設區團區團以下設若干隊（如搶

4

表第(二)乙种编制区以下设若干区团区团以下设若干分团(参照表第三四)但乙种编制得不设区团或分团

本团团员以所在地之宪警及受训壮丁义勇警察自卫队员消防人员技术员及与各地民众团人员等组织之其组织及任务如左

第九条

一、警备队(县)以宪警义勇警察及壮丁编成之协助当地维持治安警备巡逻等项

二、交通管制队(组)以宪警义勇警察壮丁自卫队员等编成之担任交通管制及避难指导等项

三、灯火管制队(班)以宪警壮丁自卫队员及有关技术

員及其編成之擔任燈火管制及監督事項
四避難管理隊（班）以憲警及其勇敢警察壯丁自衛隊
員其編成之擔任避難管制事項
五警報隊（班）以憲警壯丁自衛隊員其編成之擔
任警報傳達事項
六消防隊（班）以消防人員及壯丁自衛隊員其編成之
擔任消防拆卸等事項
七搶救隊（班）以壯丁及勇敢警察編成之擔任災區人
員物品搶救事項
八救護隊（班）以衛生人員婦女團體慈善團體及壯

丁等编成之担任救护事项

九、防毒消毒队（班）以卫生人员及壮丁等编成之担任

防毒及消毒事项

十、挖埋队（班）由慈善机关负责编成之担任挖掘

掩埋等事项

十一、工务队（班）以各种技术员工及壮丁编成之担任伪

装之设施及水电道路桥梁等之修补事项

十二、配给队（班）由商会工会及汽车公司等负责编成之

担任各种粮食车辆器材物品之调配及供给事项

本条八、十、九、十二各队班人员遇敌机投弹后发生实害时应

6

7

立即出動不得以保警相互推諉但各隊（班）須負派对
实監視哨警戒以防不虞異狀異狀及時消滅一致不 [uncertain reading]

第十條　各隊（班）於執行任務時務須奮發精神勇敢果決及協
同一致密切聯絡並互相協助

第十一條　區團設區團長一人副區團長一人至三人由團長呈請
上級機關就當地黨政軍長中委派兼任之處理區
團內一切消極防空事宜各區團設區幹事若干人由
團長委派之並呈報上級機關備案

第十二條　分團設分團長一人處理該分團內一切消極防空事
宜並設副分團長二人補助之均由團長委派

第十三條　隊設隊長一人處理本隊內消極防空事宜，並設副隊長一至三人輔助之，均由團長委派

第十四條　班設班長一人，副班長二人，由區團長就各班中之精幹者派充之

第十五條　各班團員名額為十至二十人，視各地情形酌定，遇有缺額應即補充

第十六條　各種隊（班）及班數視當地實際情形得酌量增減

第十七條　本團組織完成後應逐級呈報全省防空司令部備案

第十八條　本團人員除書記人員及雇員工友外均為無給職

第十九條　本團經常費由地方政府機給作正開支，其[illegible]事業費[illegible]

級呈准全省防空司令部後再經當地防空基金保
管委員會審核支給之

第二十條　本團因業務上之需要得舉行團務會議會議細則由
本團自行規定並報備案

第二十一條　凡機關學校工廠之防護組織視本身範圍之大小得
參用本規程乙种編制自行組織防護團或組織
區(分)團直隸於當地防空主管機關

第廿二條　各轄境內之鄉鎮應依照各該鄉鎮防護分團編組
設施綱要組織之(設施綱要另附件第五)但交通工
商繁盛之市鎮得組織乙种防護團或區團

10

第廿三條　本規自修正公布之日施行

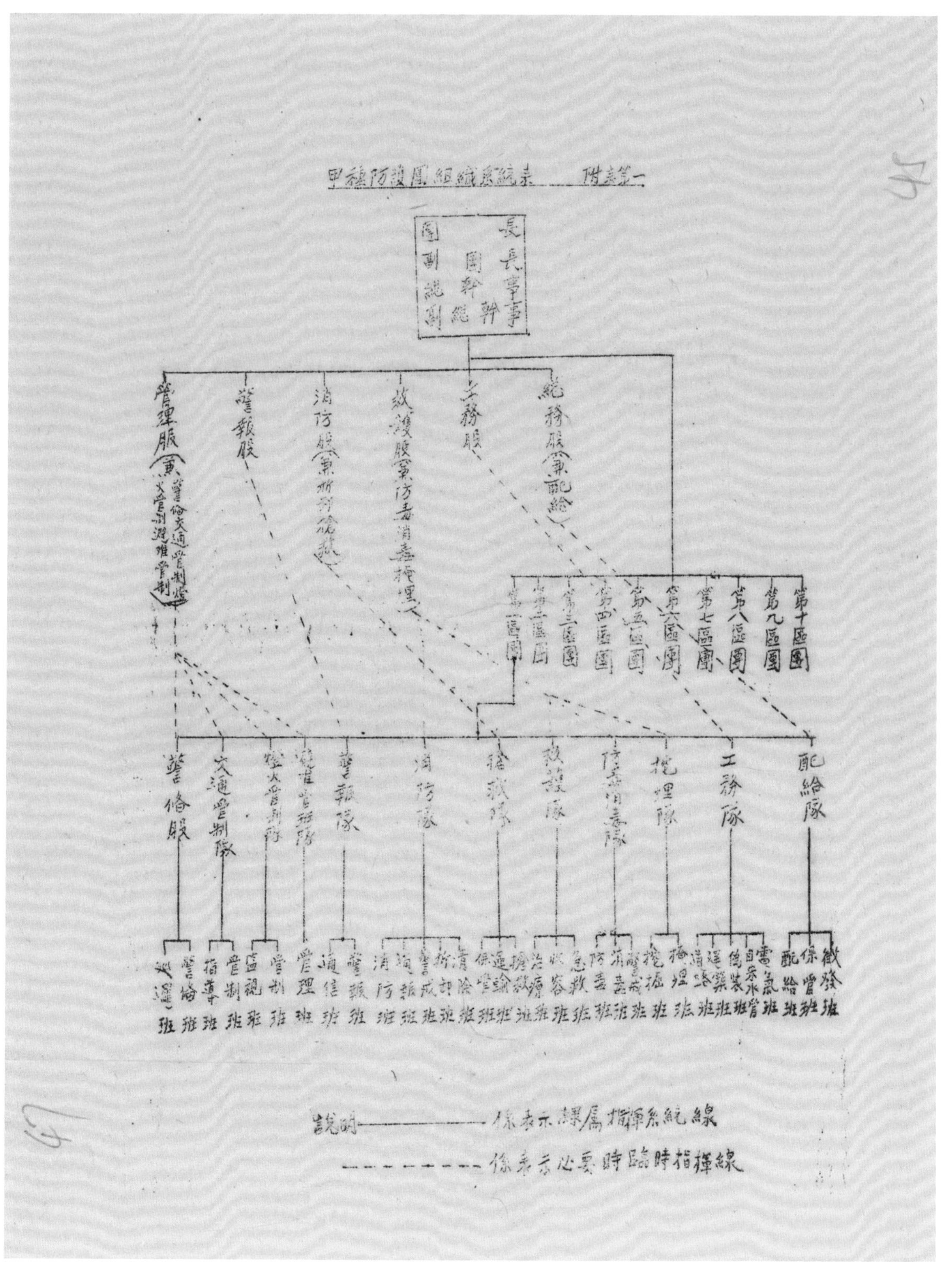

甲種防護團組織系統表 附表第一
管理股
警報股
消防股
救護股
工務股
總務股
第一區團
第二區團
第三區團
第四區團
第五區團
第六區團
第七區團
第八區團
第九區團
第十區團
警備股
交通管制隊
燈火管制隊
避難管制隊
警報隊
消防隊
搶救隊
救護隊
防毒消毒隊
掩埋隊
工務隊
配給隊
說明——係表示隷屬指揮系統線
- - - - -係表示必要時臨時指揮線

附三：乙种防护团组织系统表

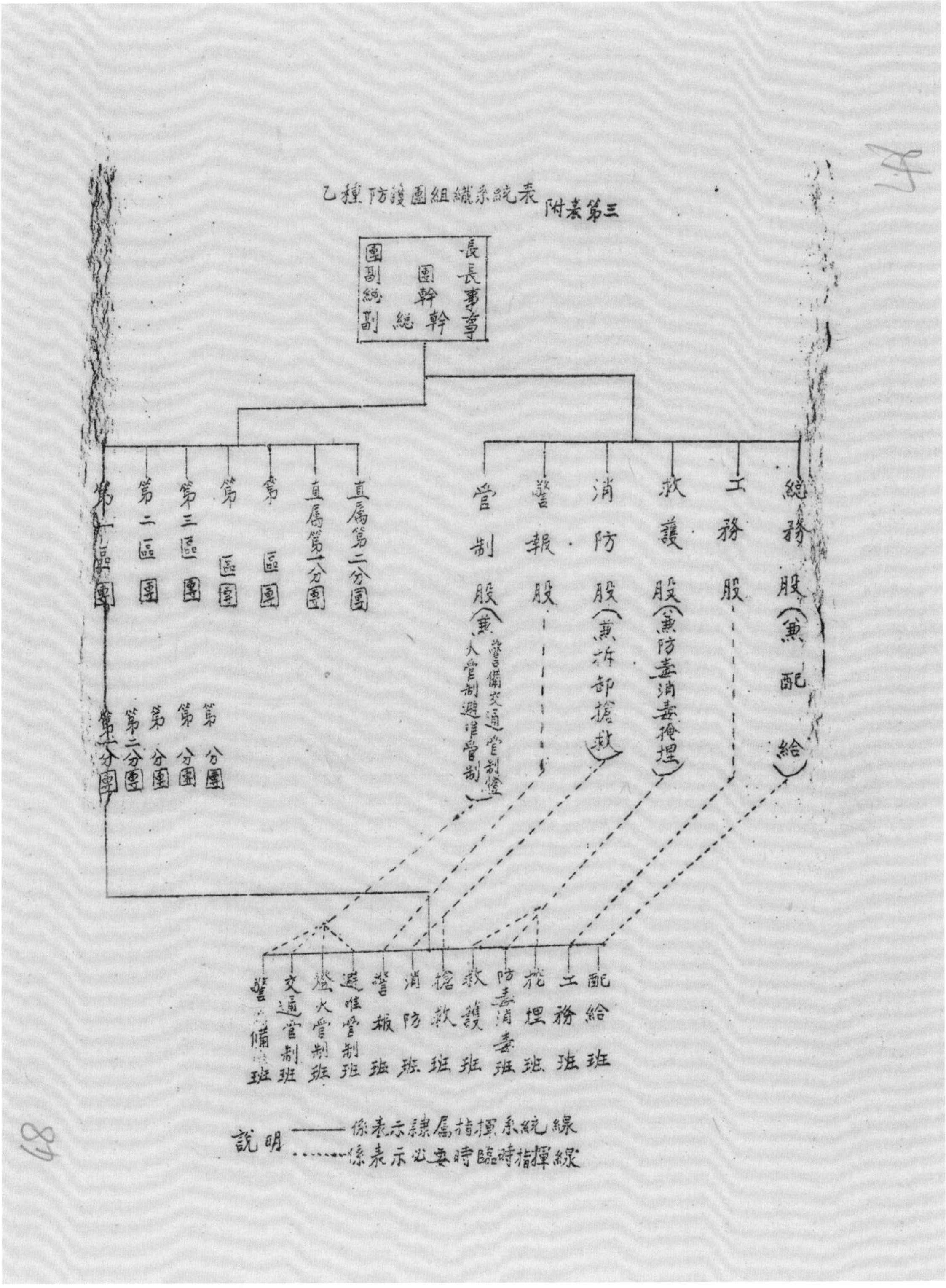

乙種防護團組織系統表　附表第三

團長　副團長　總幹事　幹事

總務股（兼配給）
工務股
救護股（兼防毒消毒掩埋）
消防股（兼拆部搶救）
警報股
管制股（兼警備交通管制燈火管制避難管制）

直屬第二分團
直屬第一分團
第　區團
第　區團
第三區團
第二區團
第一區團

第一分團
第二分團
第　分團
第　分團

配給班
工務班
掩埋班
防毒消毒班
救護班
搶救班
消防班
警報班
避難管制班
燈火管制班
交通管制班
警備班

說明　——係表示隸屬指揮系統線
　　　……係表示必要時臨時指揮線

兰州空袭紧急救济联合办事处关于派员参加本处第一次会议致甘肃省政府的函（一九四〇年一月五日）

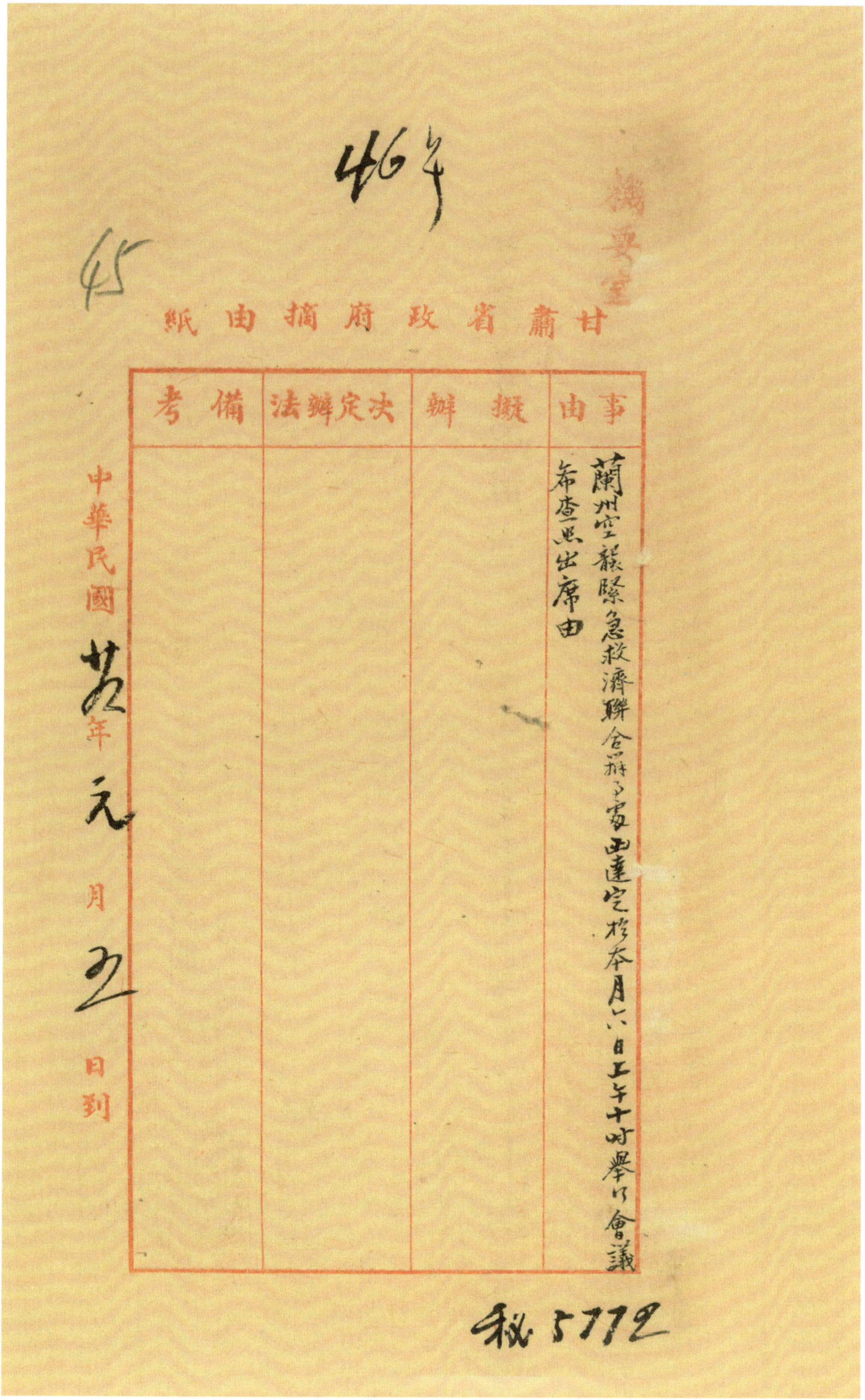

46年

45

機要室

甘肅省政府摘由紙

事由	擬辦	決定辦法	備考
蘭州空襲緊急救濟聯合辦事處函達定於本月六日上午十時舉行會議希查照出席由			

中華民國廿九年元月五日到

秘 5772

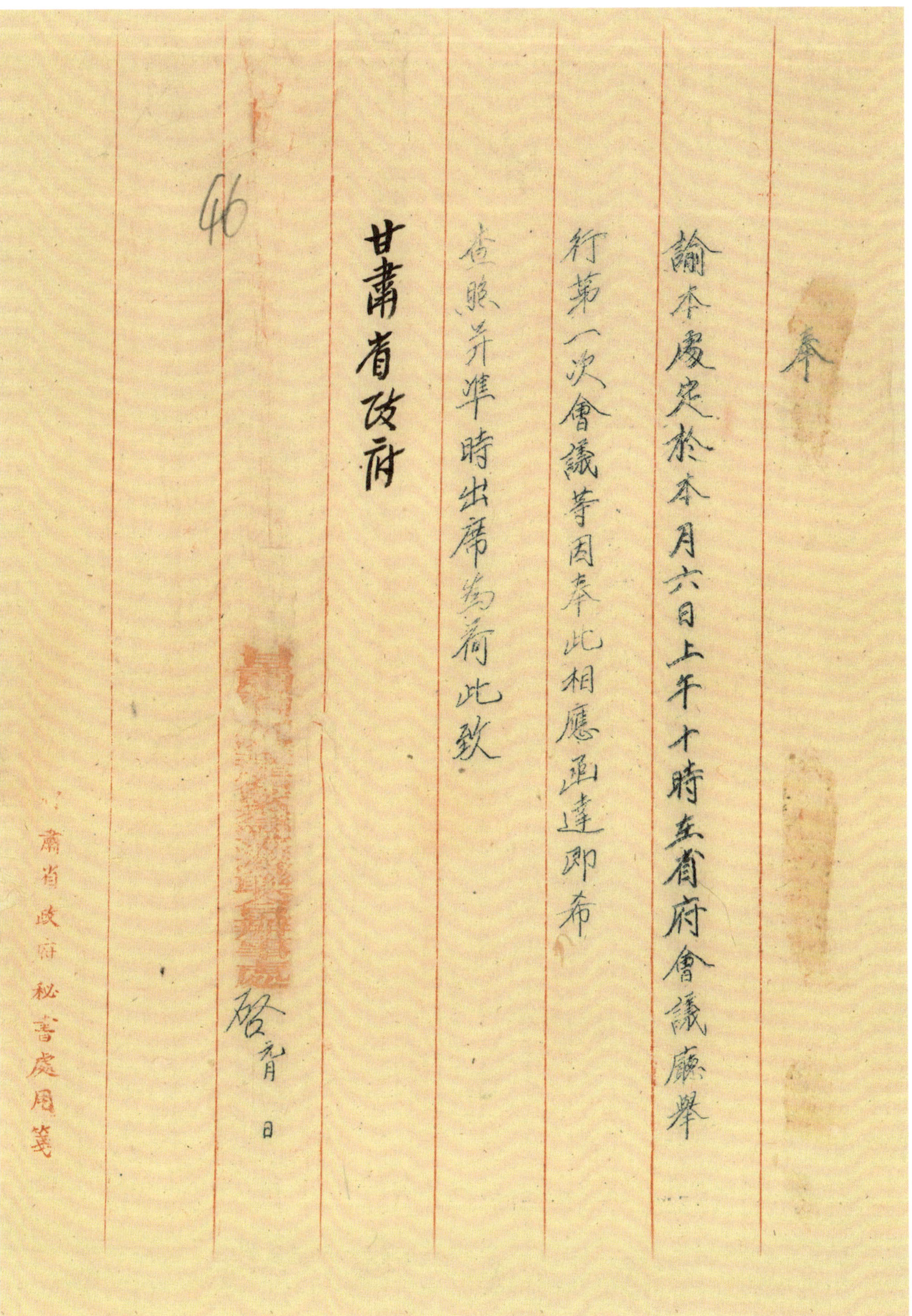

奉

諭本處定於本月六日上午十時在省府會議廳舉

行第一次會議等因奉此相應函達即希

查照并準時出席為荷此致

甘肅省政府

啓 九月 日

肅省政府秘書處用箋

兰州空袭紧急救济联合办事处兼总干事关于召开本处第一次委员会议致甘肃省政府主席的呈（一九四〇年一月十五日）

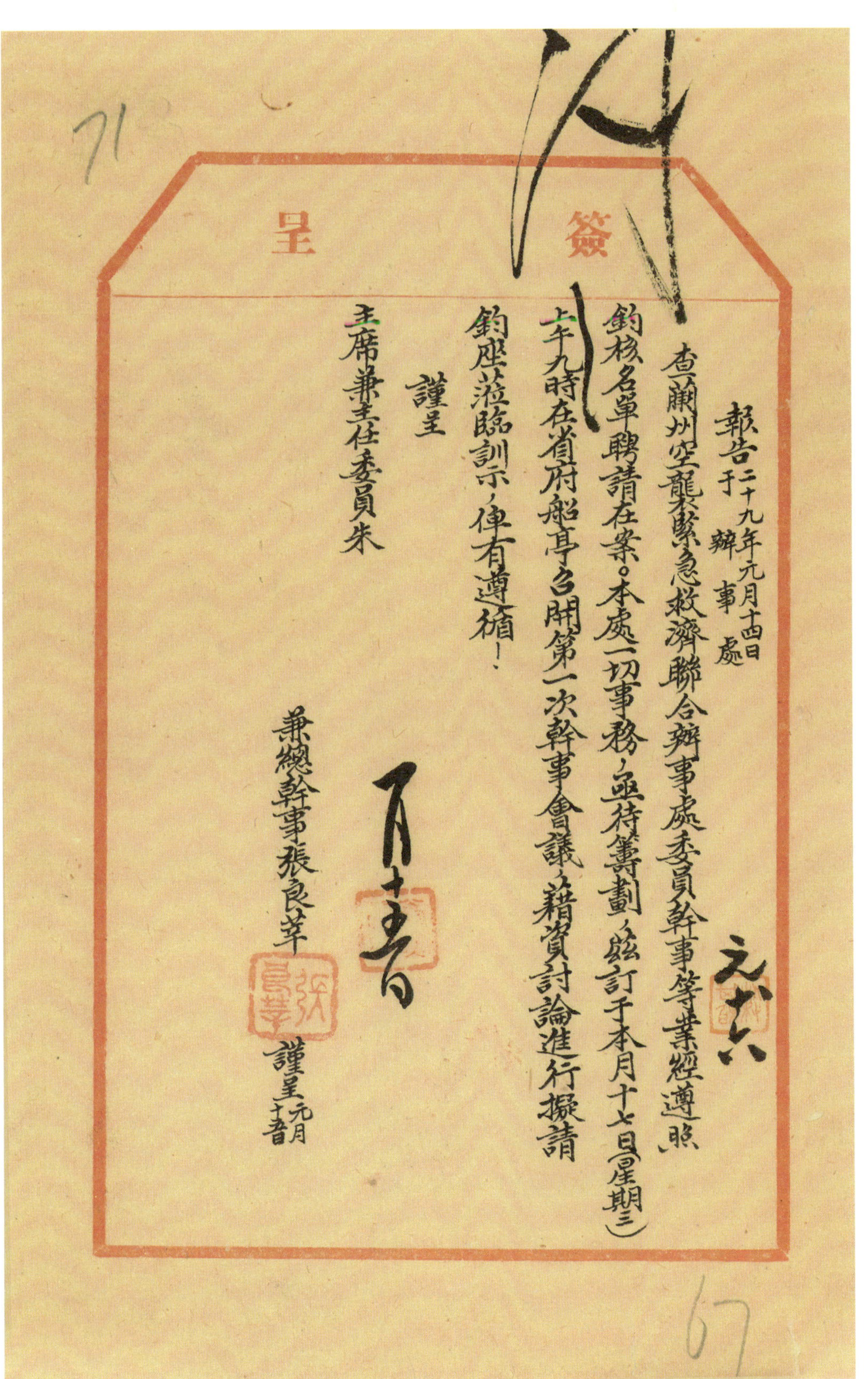

呈　簽

報告于二十九年元月十四日
辦事處
查蘭州空襲緊急救濟聯合辦事處委員幹事等業經遵照
鈞核名單聘請在案。本處一切事務，亟待籌劃，茲訂于本月十七日（星期三）
上午九時在省府船亭召開第一次幹事會議，藉資討論進行，擬請
鈞座蒞臨訓示，俾有遵循！
謹呈
主席兼主任委員朱
兼總幹事張良莘
謹呈元月十四日

兰州空袭紧急救济联合办事处关于组织机构成立等事宜致甘肃省政府主席的报告（一九四〇年一月十八日）

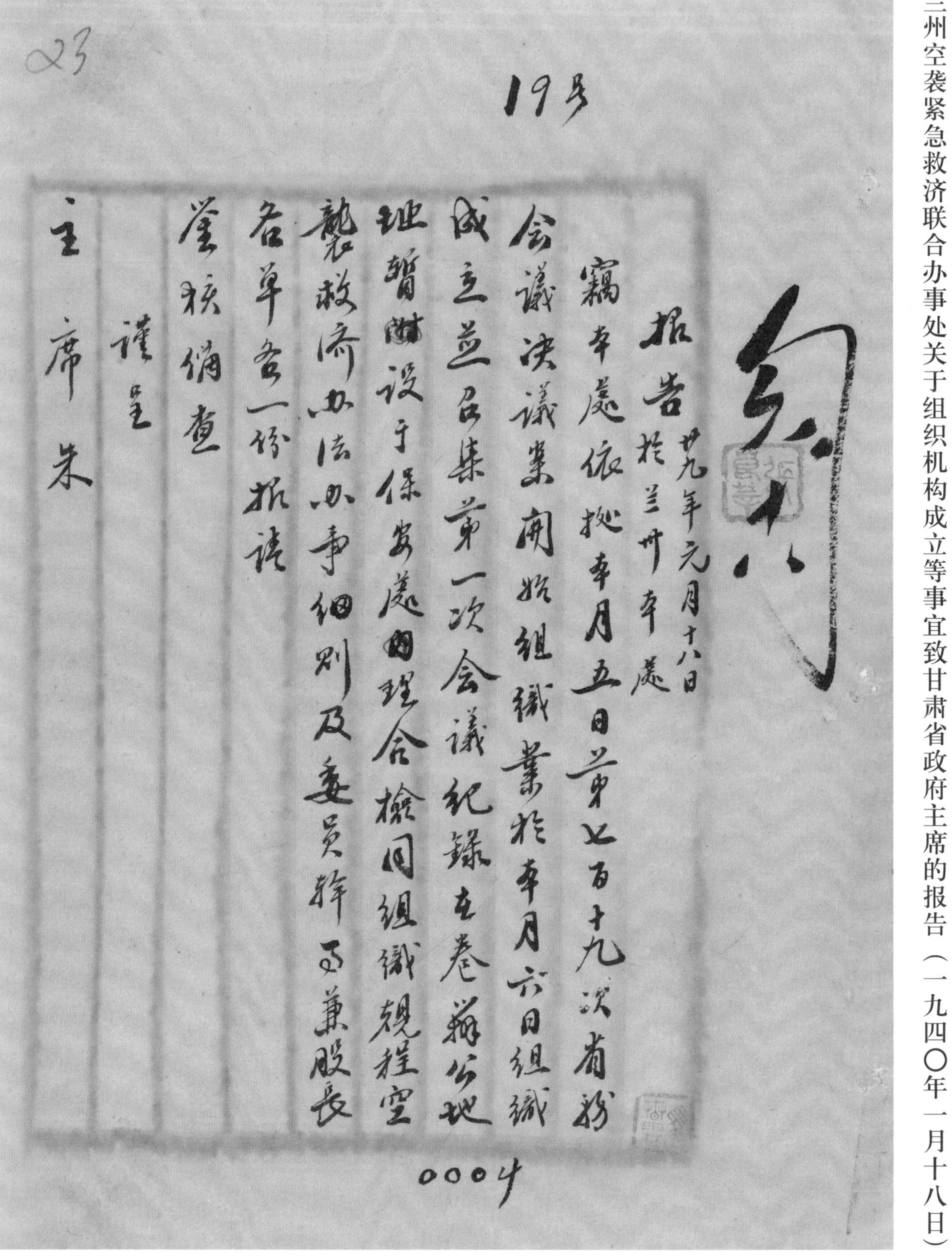
報告　廿九年元月十八日　於兰州本處

竊本處依據本月五日第七百十九次省務會議決議案，關於組織業於本月六日組織成立，並召集第一次會議，紀錄在卷。茲將公地址暫設於保安處內，理合檢同組織規程、空襲救濟辦法、辦事細則及委員幹事兼股長名單各一份，報請鑒核備查。

謹呈

主席朱

甘肃省政府关于成立日期及组织规则准予备查致兰州空袭紧急救济联合办事处的指令（一九四〇年一月二十一日）

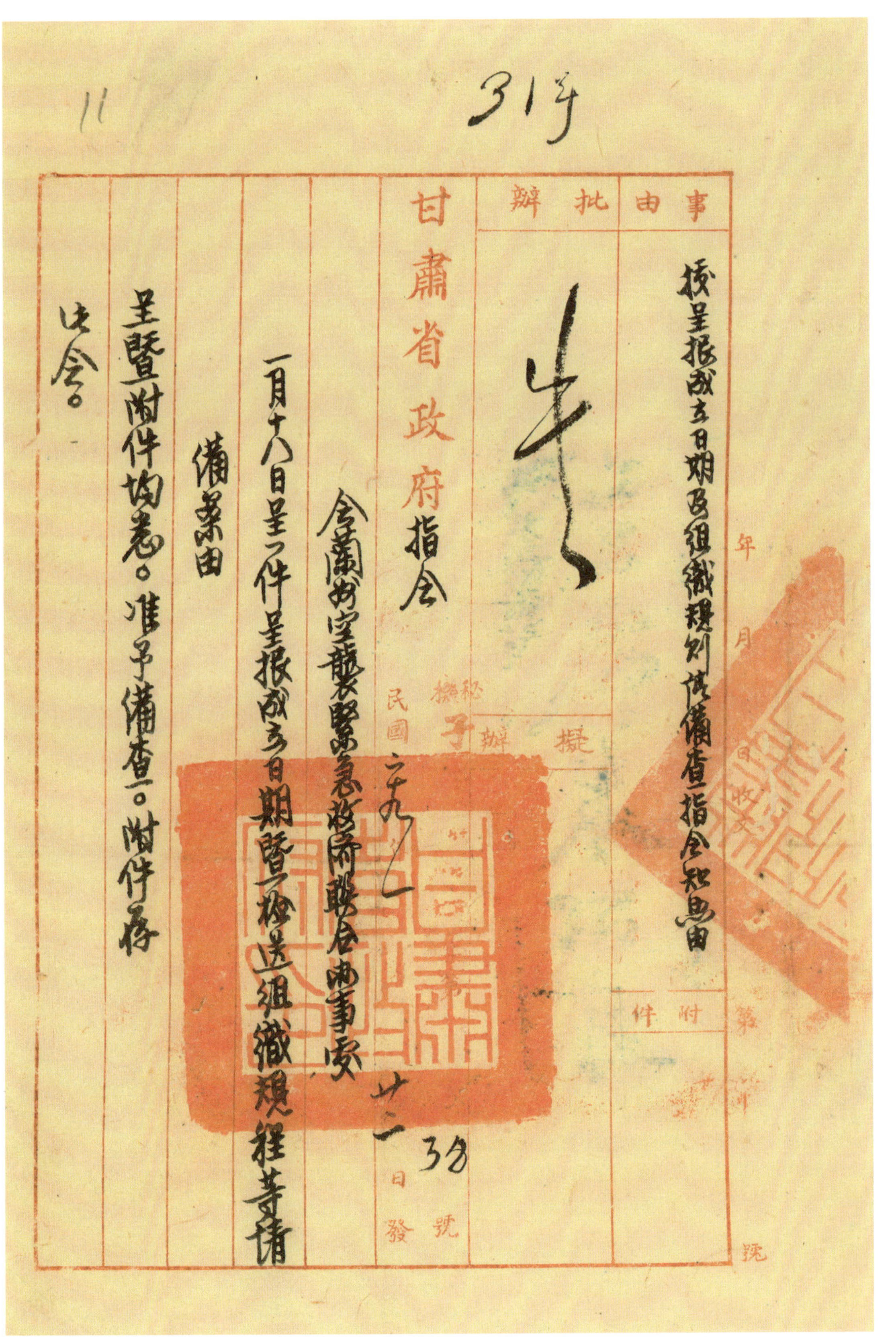

事由：据呈报成立日期及组织规则附件准予备查，指令知照由

批：生

办：

甘肃省政府指令

令兰州空袭紧急救济联合办事处

一月十八日呈一件，呈报成立日期暨检送组织规程等请备案由。

呈暨附件均悉。准予备查。附件存。

此令。

民国二九年一月廿二日

12
主席朱绍良
监印蒋元棨

兰州空袭紧急救济联合办事处关于请发通行证致甘肃全省防空司令部的公函（一九四〇年一月二十四日）

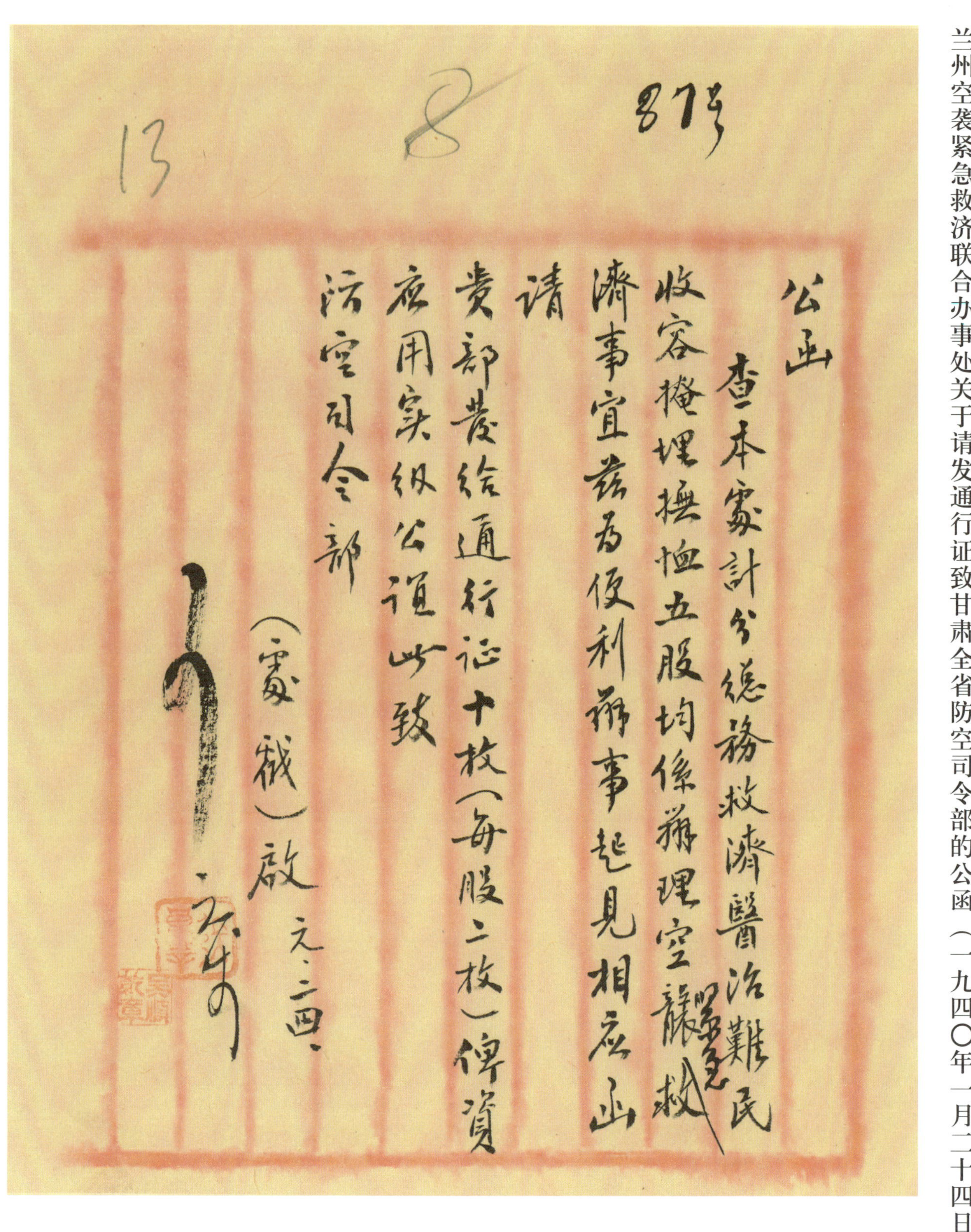
公函

查本处计分总务、救济、医治、难民收容、掩埋、抚恤五股，均系办理空袭救济事宜，兹为便利办事起见，相应函请贵部发给通行证十枚（每股二枚），俾资应用，实纫公谊。此致

防空司令部

（处戳）启 元、二四

兰州空袭紧急救济联合办事处一九四〇年元月份薪俸饷项证明册（一九四〇年一月三十一日）

蘭州空襲緊急救濟聯合辦事處民國二十九年元月份薪俸餉項証明册

33 63

蘭州空襲緊急救濟聯合辦事處民國二十九年元月份餉項証明冊

職別	姓名	月支餉額	實支數	蓋章或指摸	備攷
上士文書	楊益壽	二三〇〇	二三〇〇	[seal]	
合計			二三〇〇		

總務股長馬春霖

庶務員薛唐

中華民國二十九年元月三十一日

甘肃省疏散建设设计委员会第二十三次常务会议议事日程（一九四〇年二月二十四日）

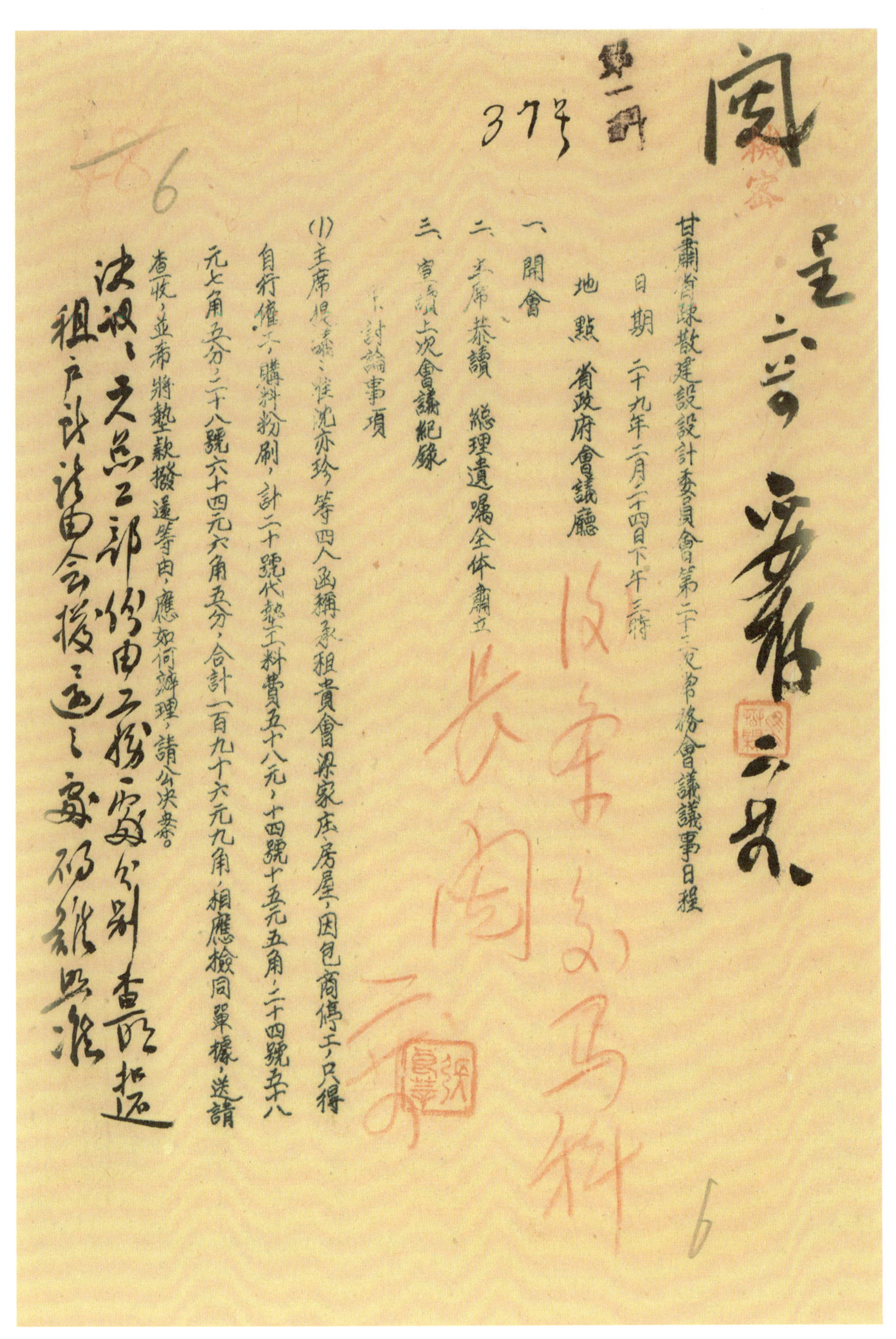

甘肅省疏散建設設計委員會第二十三次常務會議議事日程

日期 二十九年二月二十四日下午三時

地點 省政府會議廳

一、開會

二、主席恭讀 總理遺囑全体肅立

三、宣讀上次會議紀錄

四、討論事項

(1)主席提議：准沈亦珍等四人函稱：承租貴會梁家庄房屋，因包商停工，只得自行催工，購料粉刷，計二十號代墊工料費五十八元，十四號十五元五角，二十四號五十八元七角五分，二十八號六十四元六角五分，合計一百九十六元九角，相應檢同單據，送請查收，並希將墊款撥還等由，應如何辦理，請公決案。

(2)主席提議：准中央信託局函稱：貴會在十里店及梁家庄所建房屋之保率規定每千元每年十二元，按七折計收，兹附上要保書兩份，請將該二處房屋分别各填要保書一份，並填明價值，以符手續，又本局奉令開辦陸地兵險，該兩處房屋，亦在承保範圍以內，其保率每百元每月八角二分等由，該二處房屋究應保險若干元，及應否加保兵險，請公決案。

決議：十里店梁家庄兩處甲乙丙丁四種房屋共保火險十五萬元，以一年為期，兵險緩保。

每月105元

(3)主席提議：本會借用四行之建築費，依照合約第四條之規定，業於上年十二月二十日結算利息，付訖在案。查教育廳向本會借用之各校修建費，截至目前止，已有二萬零四百七十元，此款應于何時結算利息，請公決案。

決議：教育廳借用各校修建費應付利息，由教育廳負責照付，按月送會，轉交銀行。

(4)主席提議：戊種房屋一百六十所成本費約三萬元，每月約須付四行利息二百四十元，本會擬每所以月租一元五角出租，每月可得租金二百四十元以抵付四行利息，今該

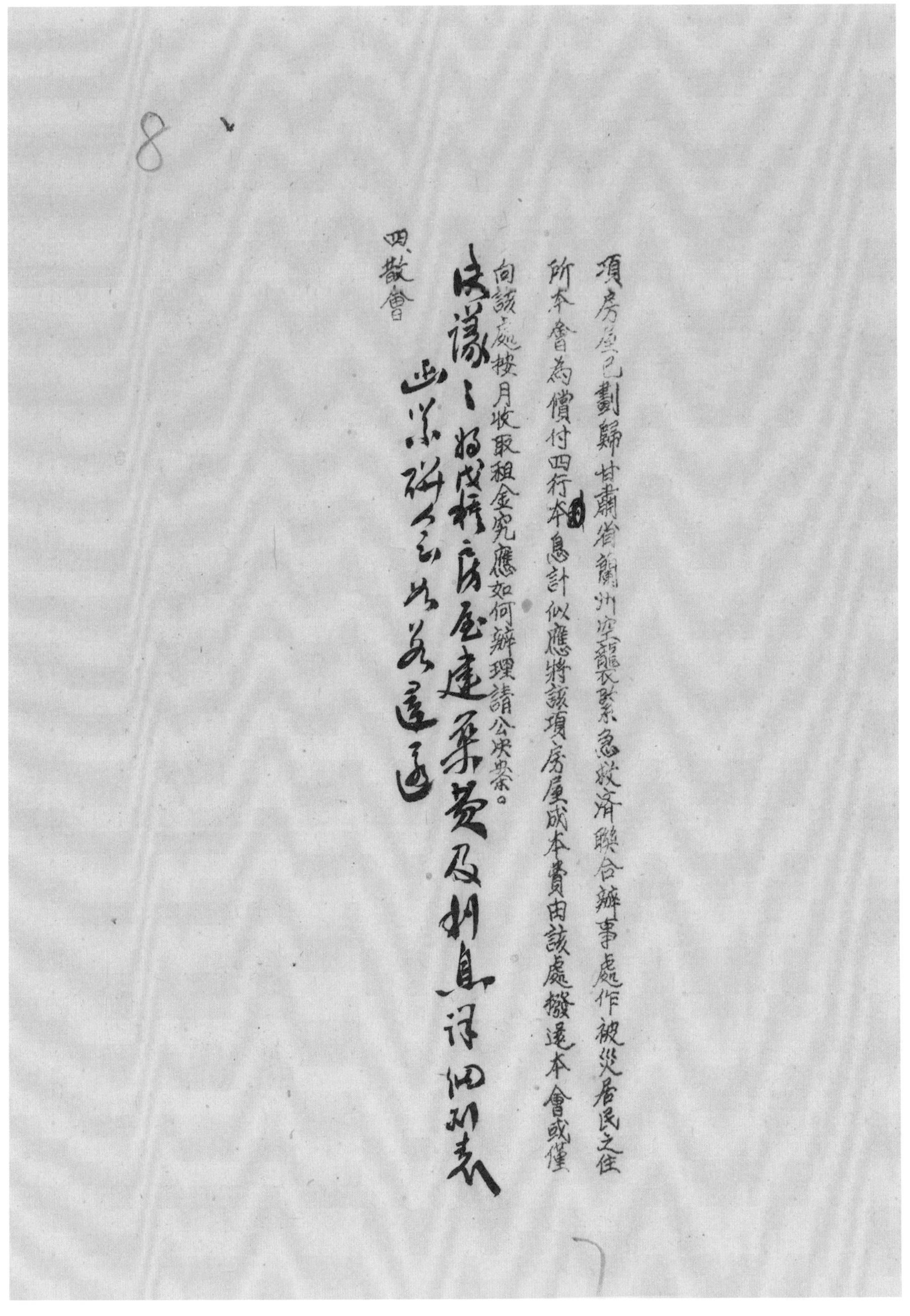
須房屋已劃歸甘肅省蘭州空襲緊急救濟聯合辦事處作被災居民之住
所本會為償付四行本息計似應將該項房屋成本費由該處撥還本會或僅
向該處按月收取租金究應如何辦理請公決案。
決議：將戰時房屋建築費及利息詳細列表函業務處從速追還。
四、散會

甘肃省政府保安处关于召开紧急会议致省会警察局暨各警察分局的公函（一九四〇年二月二十九日）

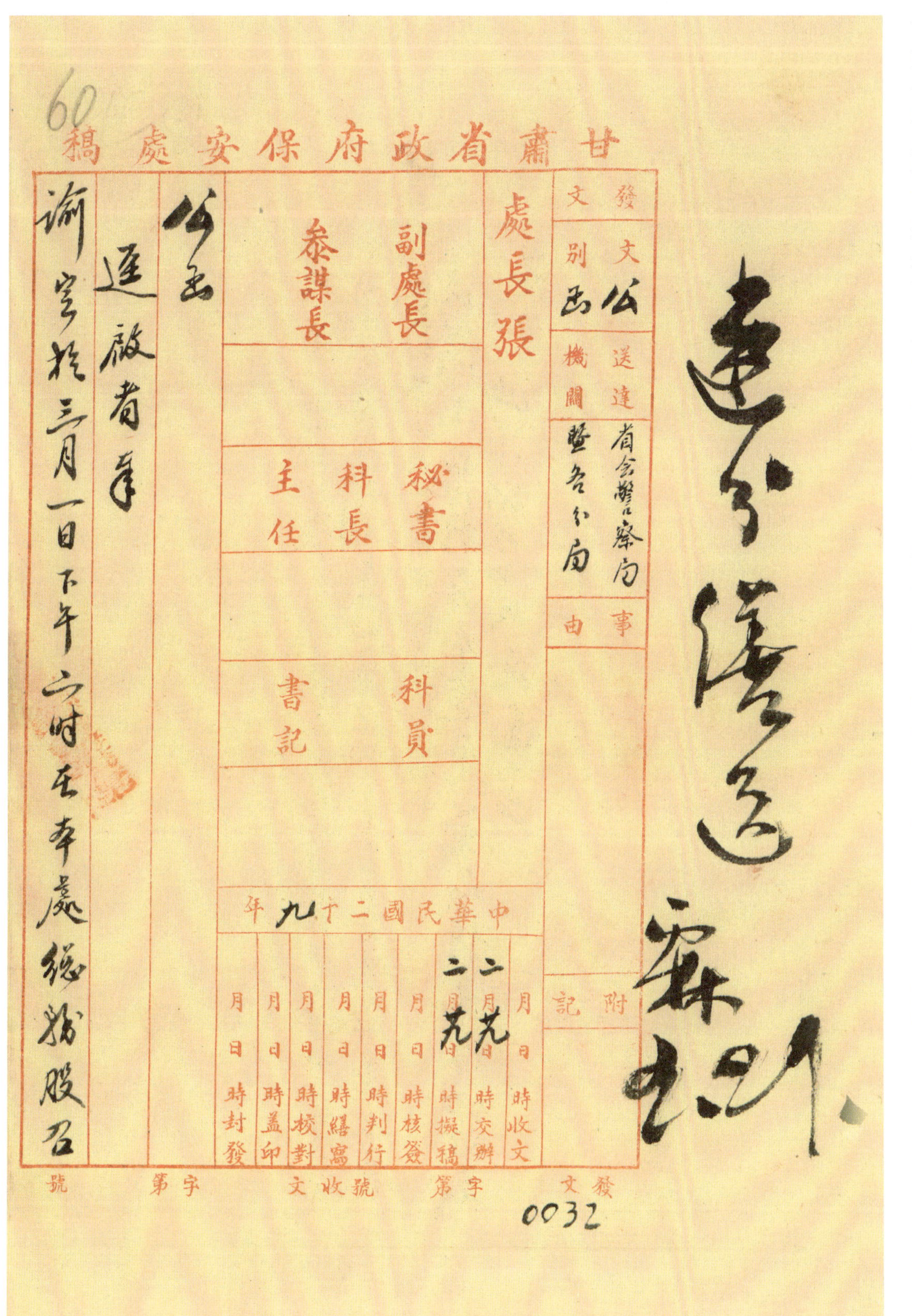
甘肃省政府保安处稿

发文 文别：公函
送达机关：省会警察局暨各分局
事由

处长 张
副处长
参谋长
秘书
科长
主任
科员
书记

中华民国二十九年
收文 月 日 时
交办 二月廿九日 时
拟稿 二月廿九日 时
核发 月 日 时
判行 月 日 时
缮写 月 日 时
校对 月 日 时
盖印 月 日 时
封发 月 日 时
附记

公函
径启者：
谕定于三月一日下午六时在本处总务股召

发文 字第 号 收文 字第 号
0032

61

開緊急会議等因除分函外相應函達

即希屆時

参加並希轉飭所屬聯保主任一律参加

為荷此致

省会警察局

各警察分局　局員姓名由總務股填寫

甘肃省合作委员会关于迁移办公地点致兰州空袭紧急救济联合办事处的通函（一九四〇年三月二十七日）

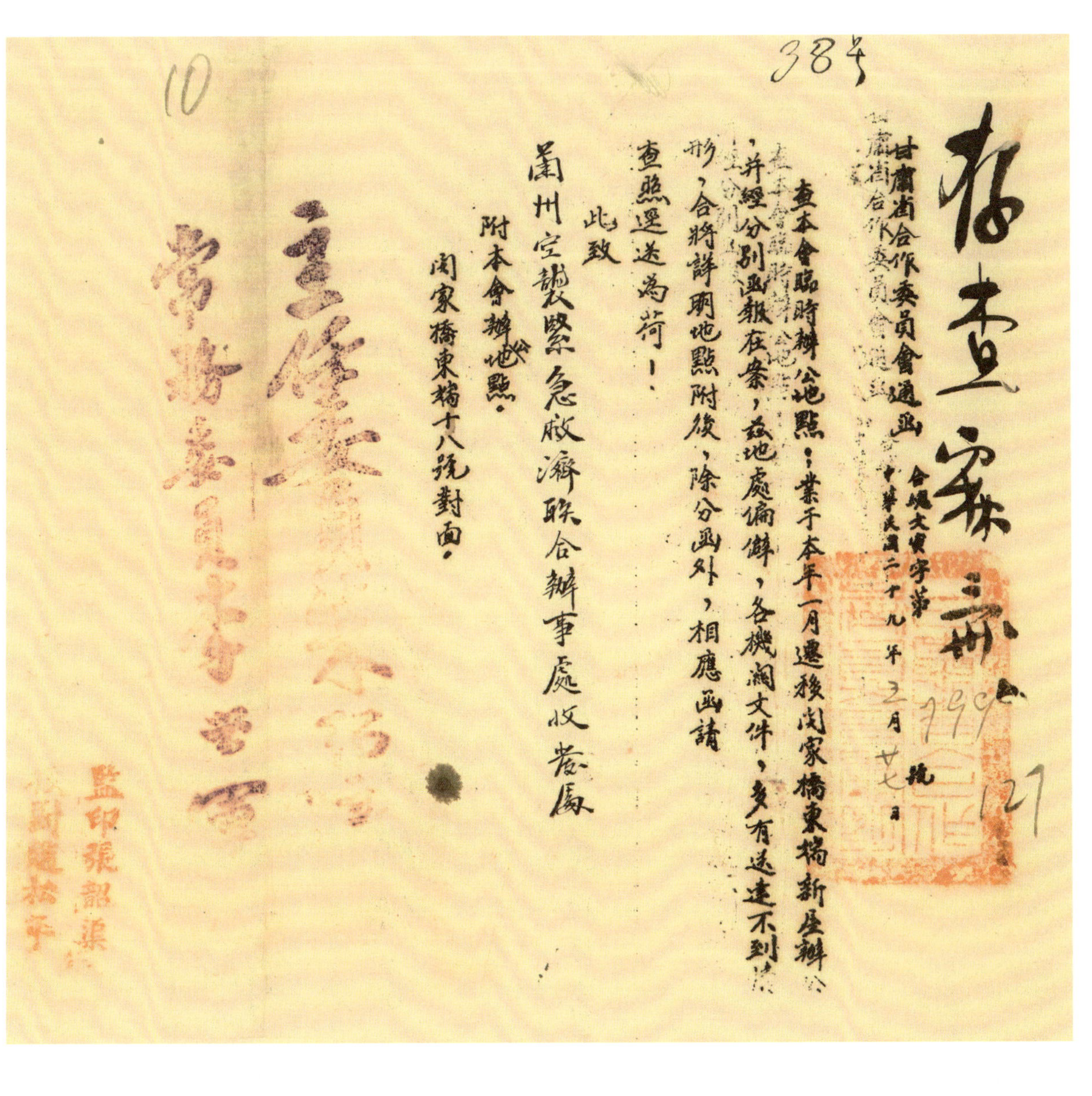

甘肅省合作委員會通函　合頒文實字第　號　中華民國二十九年三月廿七日

查本會臨時辦公地點，業于本年一月遷移闵家橋東橋新巷辦公，并經分別函報在案，兹地處偏僻，各機關文件，多有送達不到情形，合將詳明地點附後，除分函外，相應函請

查照還送為荷！

此致

蘭州空襲緊急救濟聯合辦事處

附本會辦公地點：

闵家橋東橋十八號對面。

監印張韶渠

兰州空袭紧急救济联合办事处一九四〇年三月份薪饷证明册（一九四〇年三月三十一日）

甘肅省蘭州空襲緊急救濟聯合辦事處民國二十九年三月份薪餉証明册

71
136

蘭州空襲緊急救濟聯合辦事處民國二十九年三月份餉項証明册

職級	姓名	月支餉額	實支數	蓋章	備考
文書上士	楊益壽	二三〇〇	二三〇〇	[印]	
合計			二三〇〇		

64

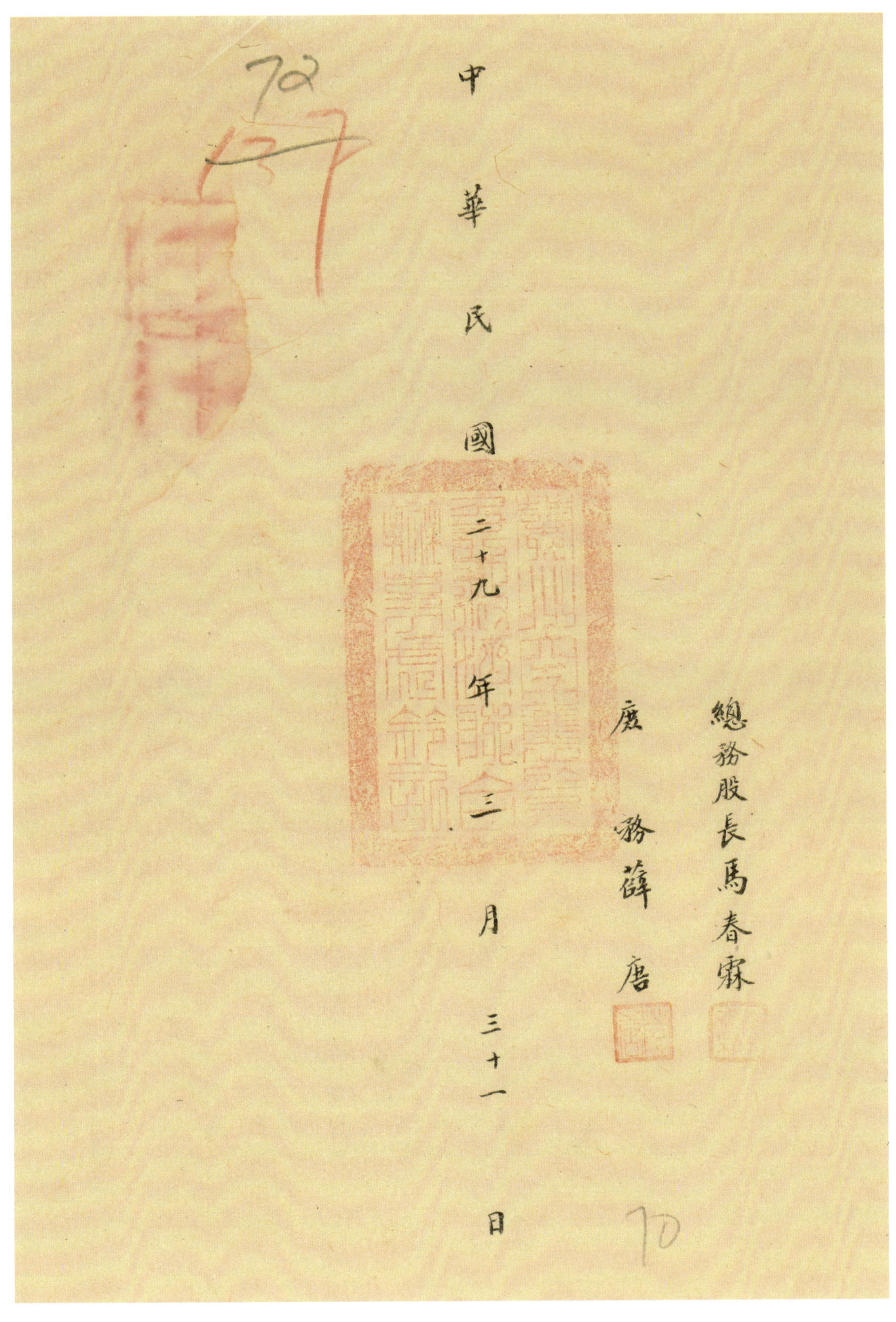

總務股長馬春霖

庶務薛唐

中華民國二十九年三月三十一日

中央银行兰州分行关于送还兰州空袭紧急救济联合办事处支票式样开支款印鉴事致甘肃省政府保安处的函（一九四〇年四月九日）

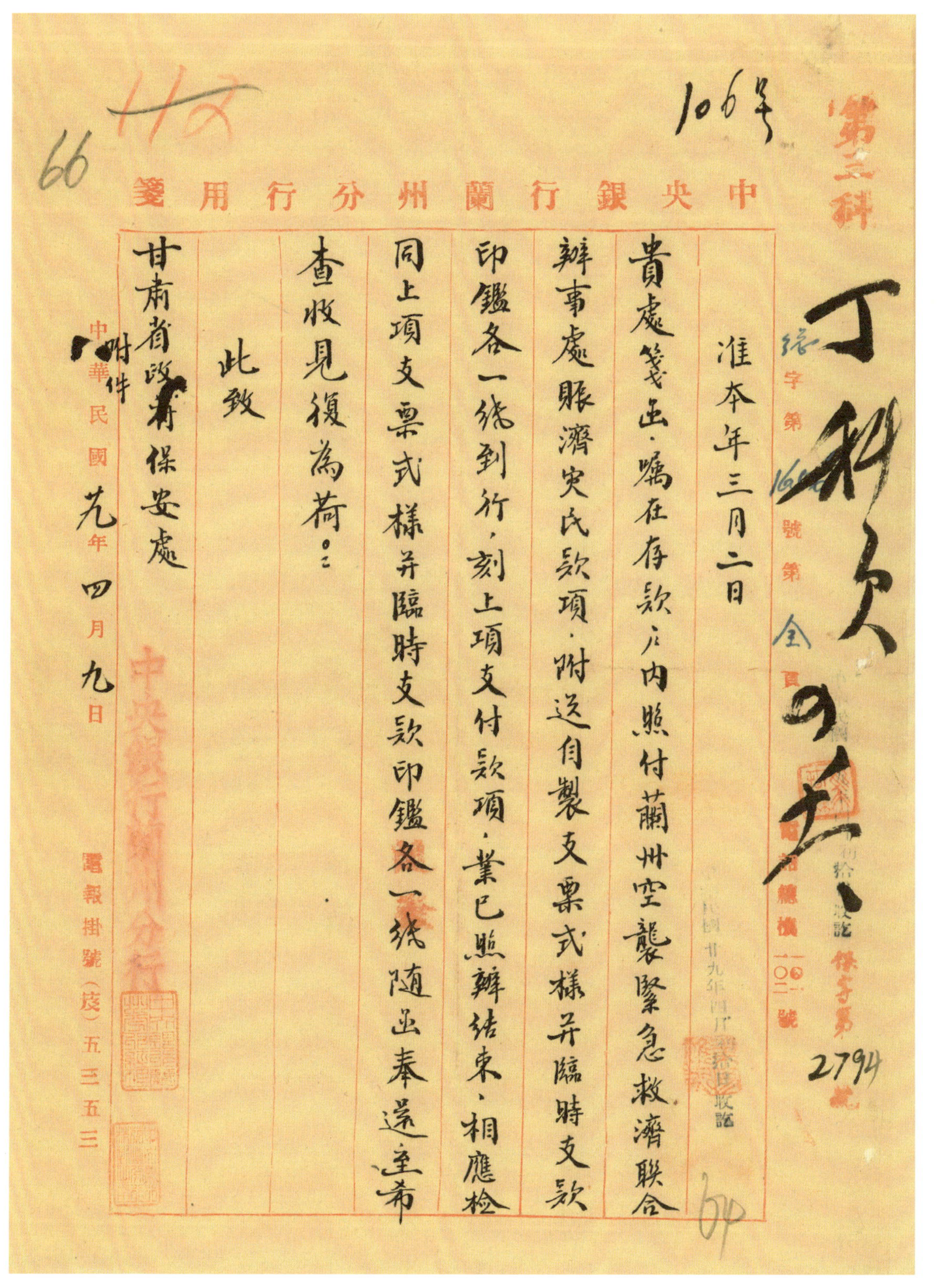
中央銀行蘭州分行用箋

准本年三月二日
貴處箋函，囑在存款户内照付蘭州空襲緊急救濟聯合辦事處賑濟灾民款項，附送自製支票式樣并臨時支款印鑑各一紙到行，刻上項支付款項，業已照辦結束，相應檢同上項支票式樣并臨時支款印鑑各一紙隨函奉還，至希查收見復爲荷。
此致
甘肅省政府保安處
附件
中華民國廿九年四月九日

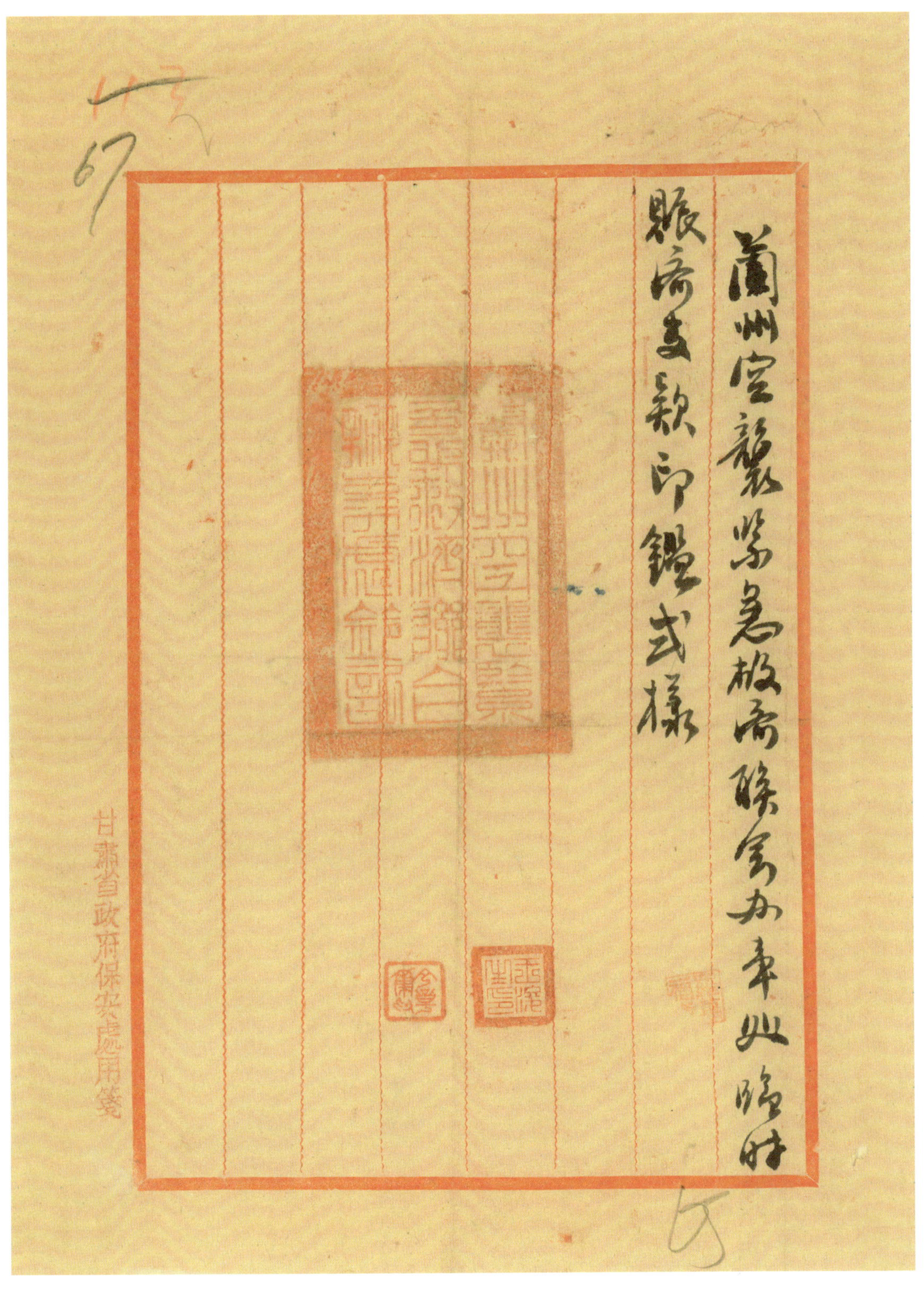
蘭州空襲緊急救濟聯合辦事處臨時賑濟支款印鑑式樣

甘肅省政府保安處用箋

兰州空袭紧急救济联合办事处关于检发业务处理规则致各股股长的函（一九四〇年四月十八日）

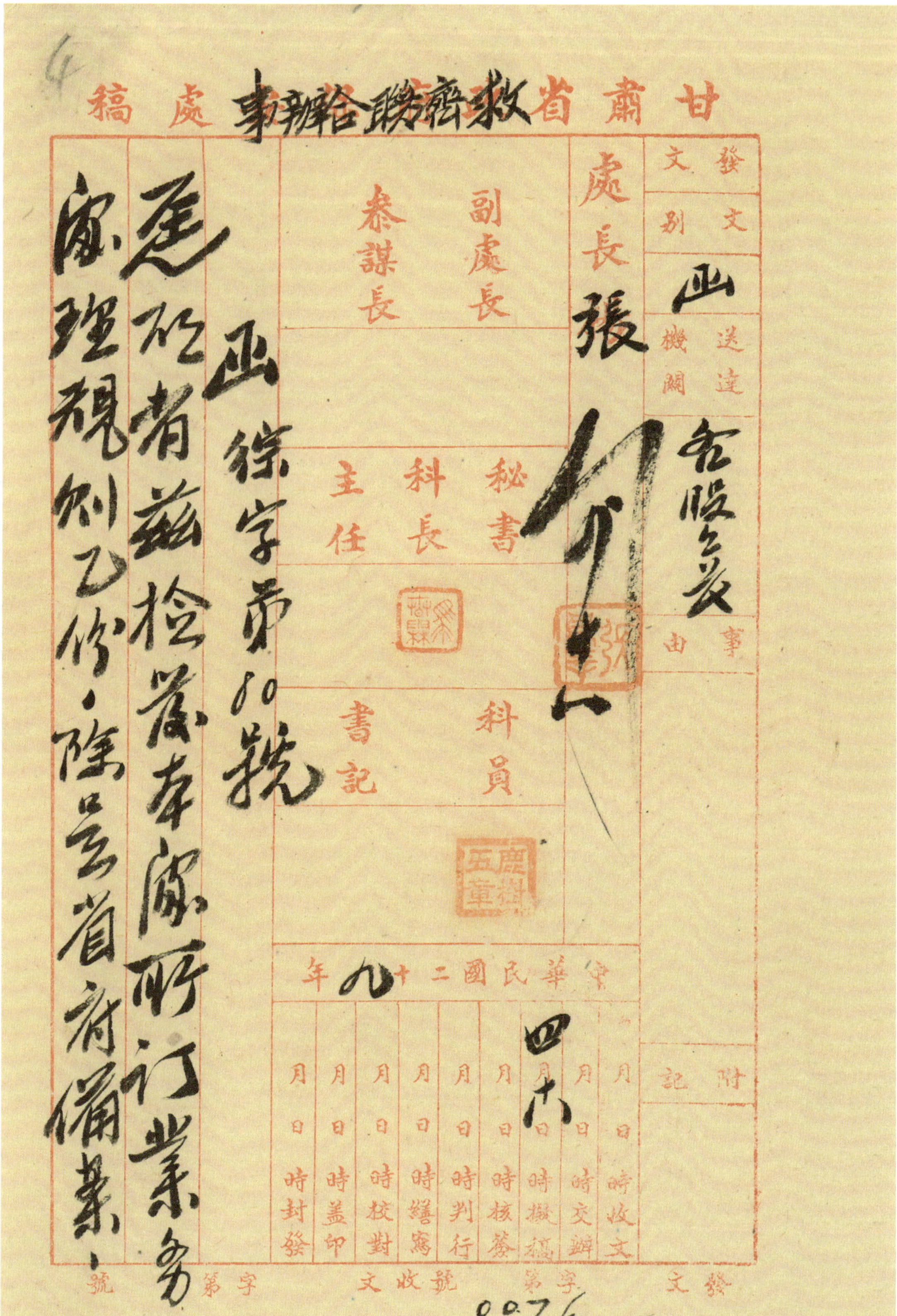

甘肃省空袭紧急救济联合办事处稿

发文文别：函

送达机关：各股股长

事由：

处长：张

副处长

参谋长

秘书 科长 主任

科员 书记

中华民国二十九年

四月十八日

附记

收文 交办 拟稿 核签 判行 缮写 校对 盖印 封发　月　日　时

函　除字第80号

迳启者：兹检发本处所订业务处理规则乙份，除呈省府备案，

发文　字第　号　收文　字第　号

0076

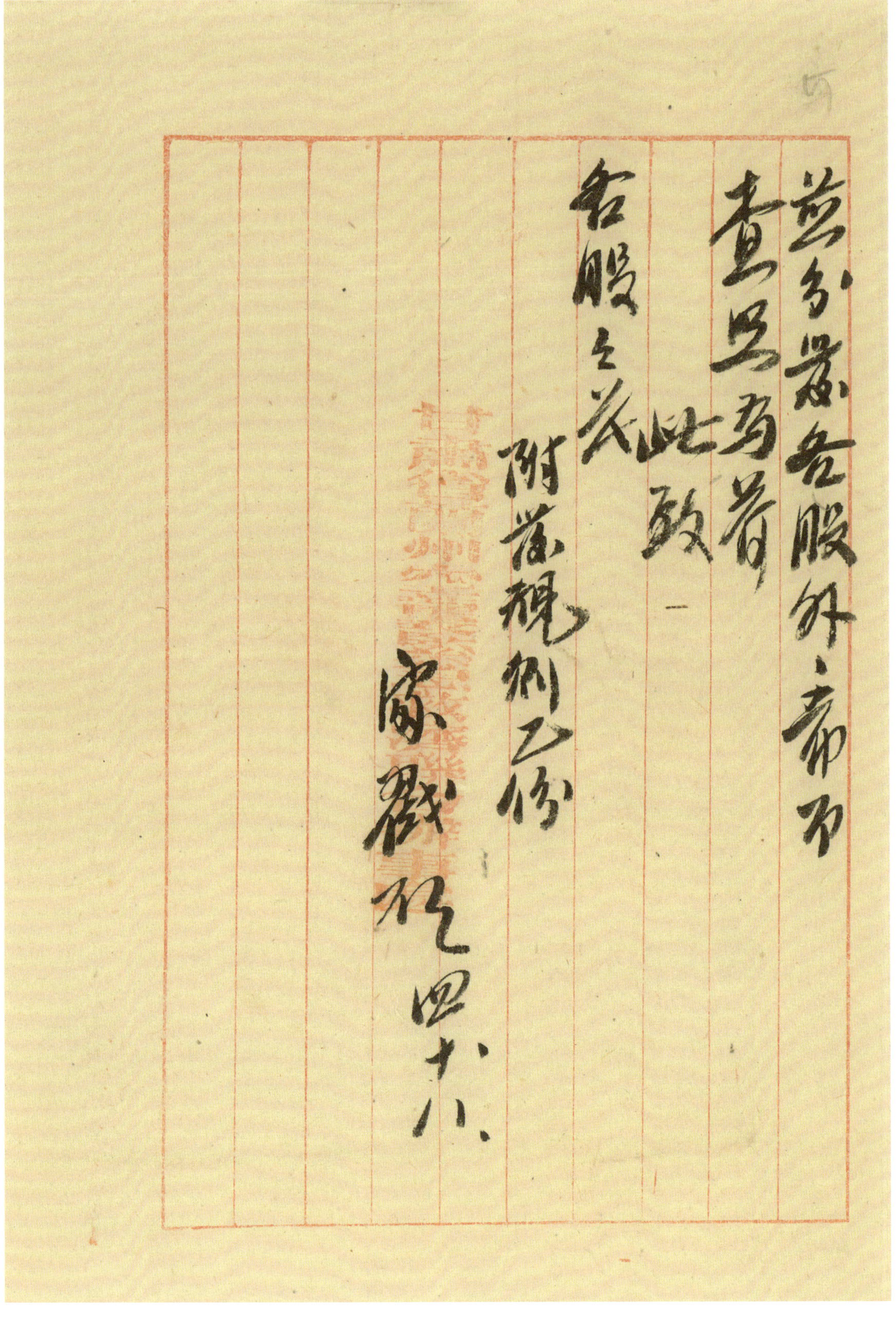

兹分发各股外，希即
查照为荷。此致
各股之长
附发规例乙份
家骥 四、十八

附：业务处理规则一份

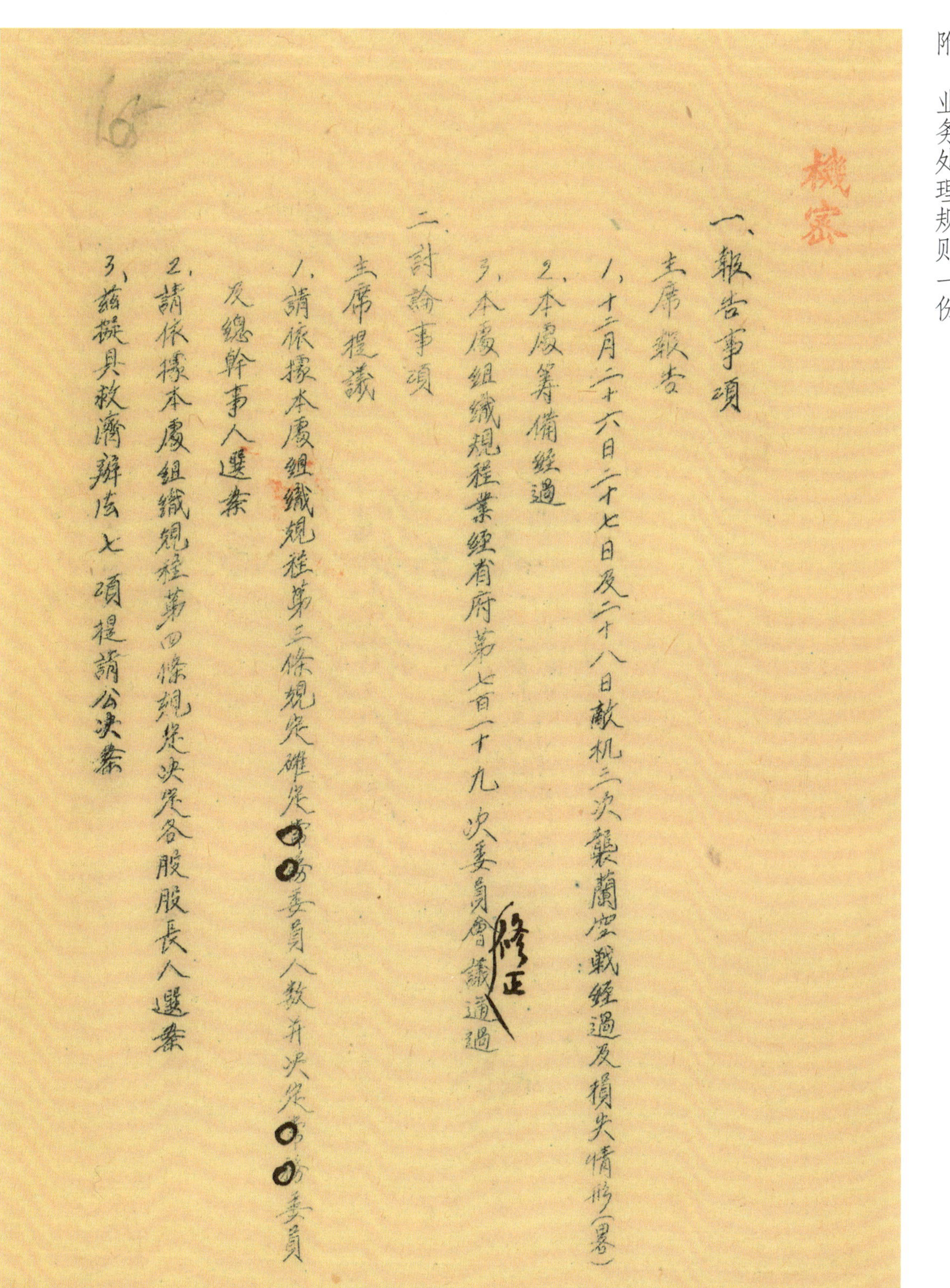

機密

一、報告事項

主席報告

1、十二月二十六日二十七日及二十八日敵机三次襲蘭空戰經過及損失情形（畧）

2、本處籌備經過

3、本處組織規程業經省府第七百一十九次委員會議通過（修正）

二、討論事項

主席提議

1、請依據本處組織規程第三條規定確定○○委員人數并決定○○委員及總幹事人選案

2、請依據本處組織規程第四條規定決定各股股長人選案

3、茲擬具救濟辦法七項提請公決案

兰州空袭紧急救济联合办事处关于业务处理规则致西北日报社的公函（一九四〇年四月十九日）

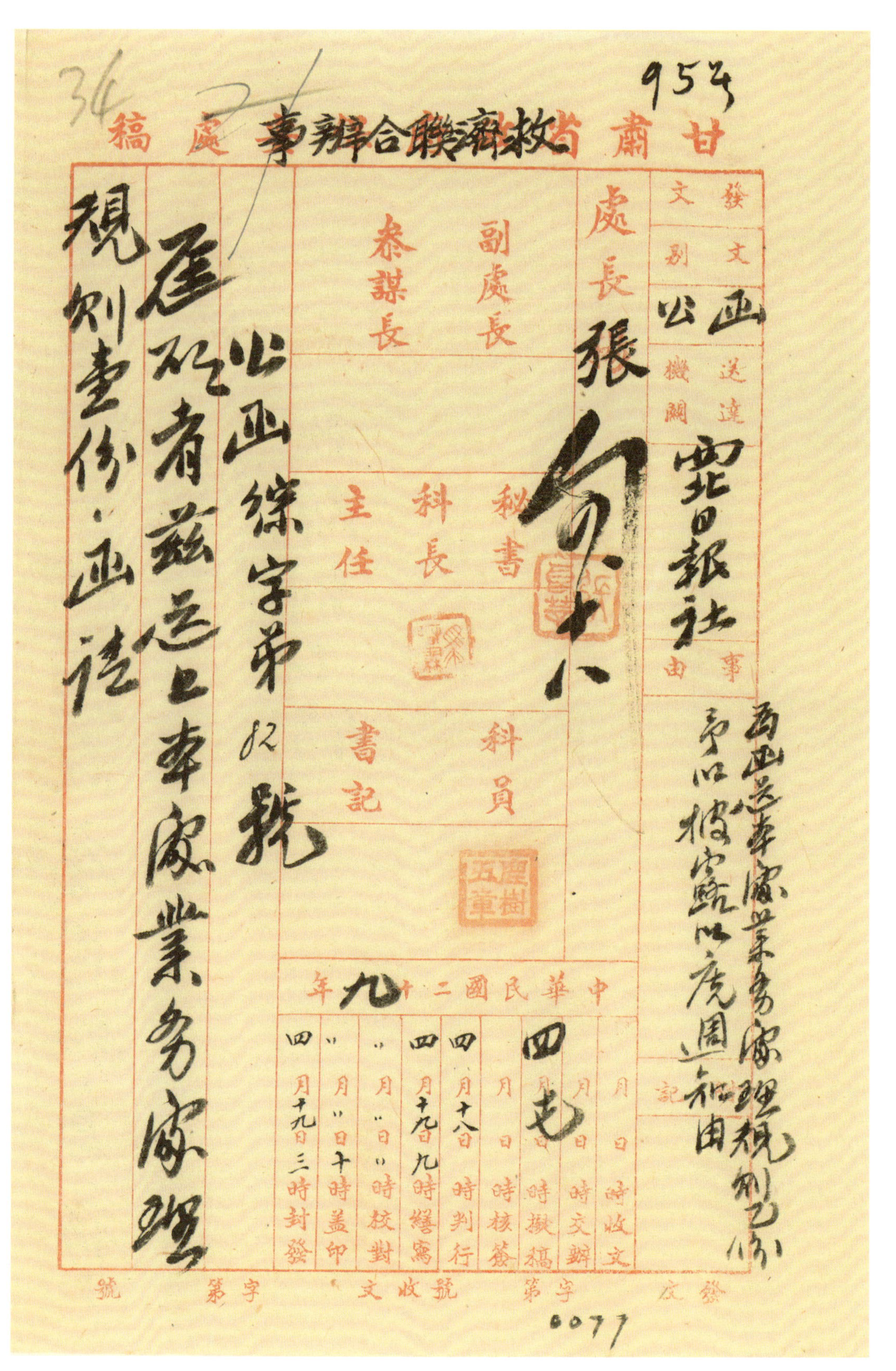

甘肃省空袭紧急救济联合办事处稿

发文别：公函
送达机关：西北日报社
事由：函送本处业务处理规则已备由

处长 张
秘书
科长
主任
科员
书记

中华民国二十九年四月

四月 日 时收文
月 日 时交办
四月 七日 时拟稿
月 日 时核发
四月十八日 时判行
四月十九日九时缮写
〃月〃日〃时校对
〃月〃日十时盖印
四月十九日三时封发

发文 字第 号
收文 字第 号

公函 缘字第82号

径启者，兹送上本处业务处理规则壹份，函请

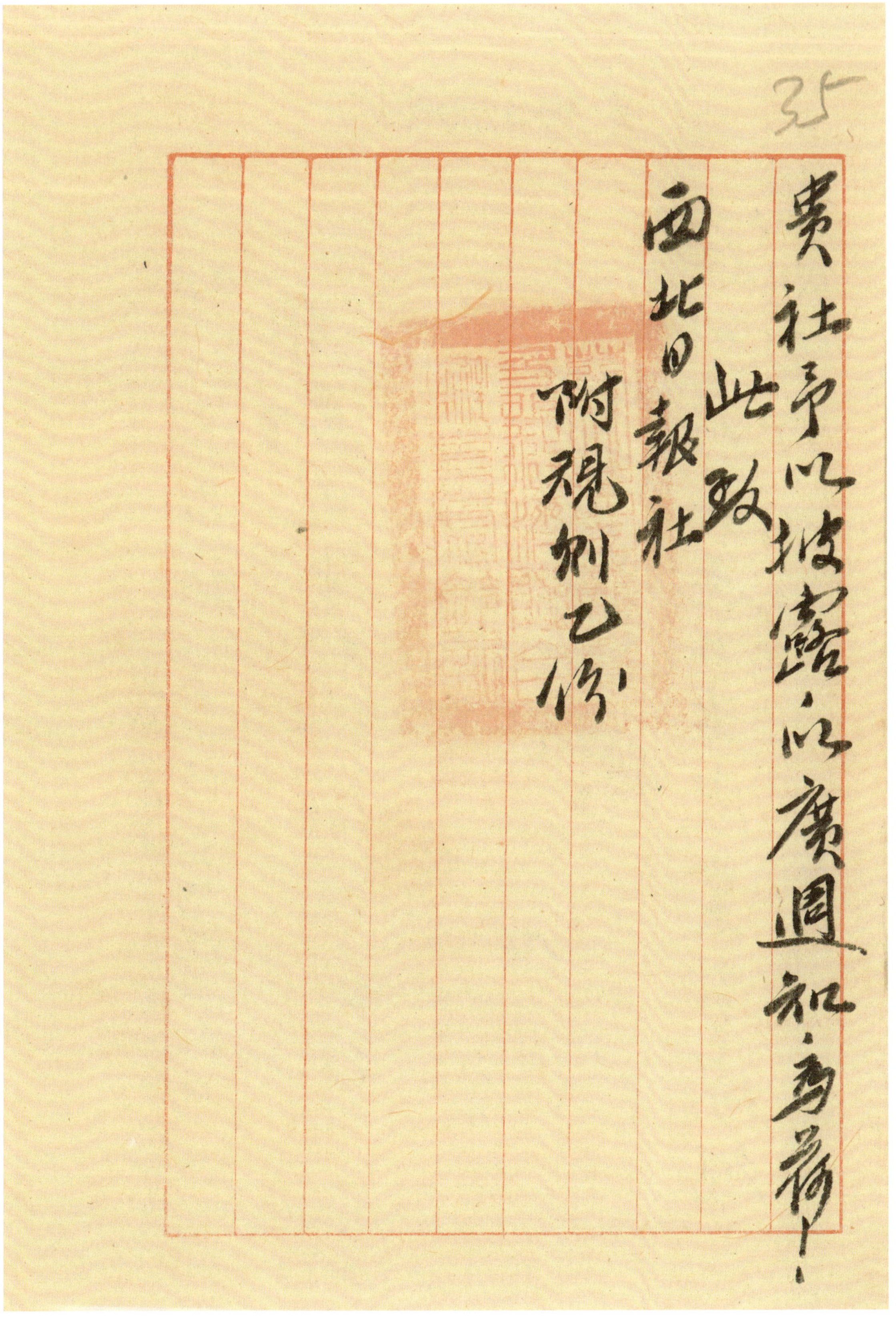

35

贵社予以披露，以广周知，为荷！

此致

西北日报社

附规则乙份

甘肃省政府关于呈报业务处理规则事致兰州空袭紧急救济联合办事处的指令（一九四〇年四月二十四日）

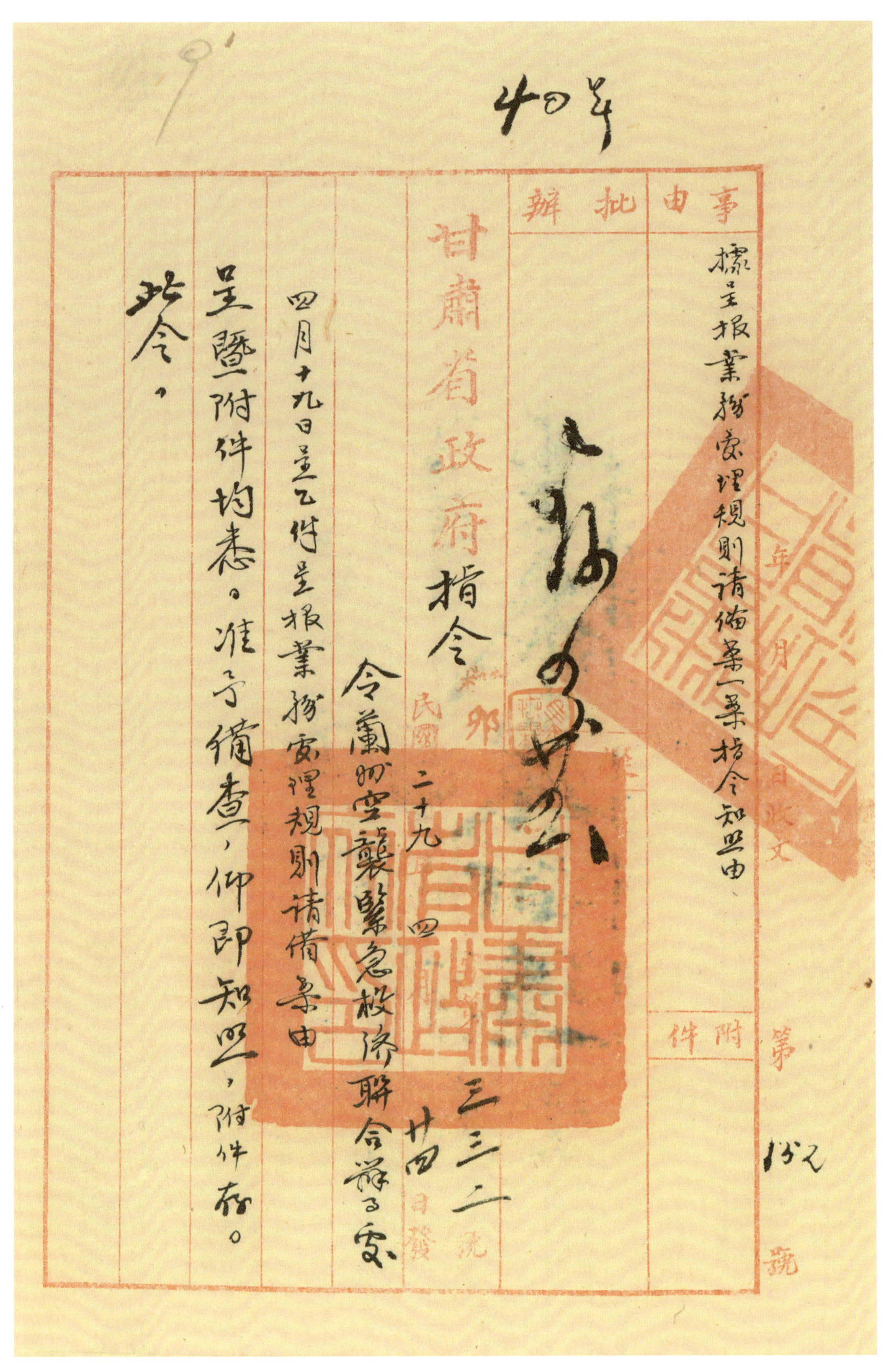
40年

事由：據呈報業務處理規則請備案一案指令知照由

附件

甘肅省政府指令 秘

民國二十九年四月廿四日發 三三二號

令蘭州空襲緊急救濟聯合辦事處

四月十九日呈一件，呈報業務處理規則請備案由。

呈暨附件均悉。准予備查，仰即知照，附件存。

此令。

10

主席朱绍良

监印蒋元棻

甘肃省政府关于抄发行政院调整各县地方行政机构及县长兼职一览表致兰州空袭紧急救济联合办事处的训令（一九四〇年六月二日）

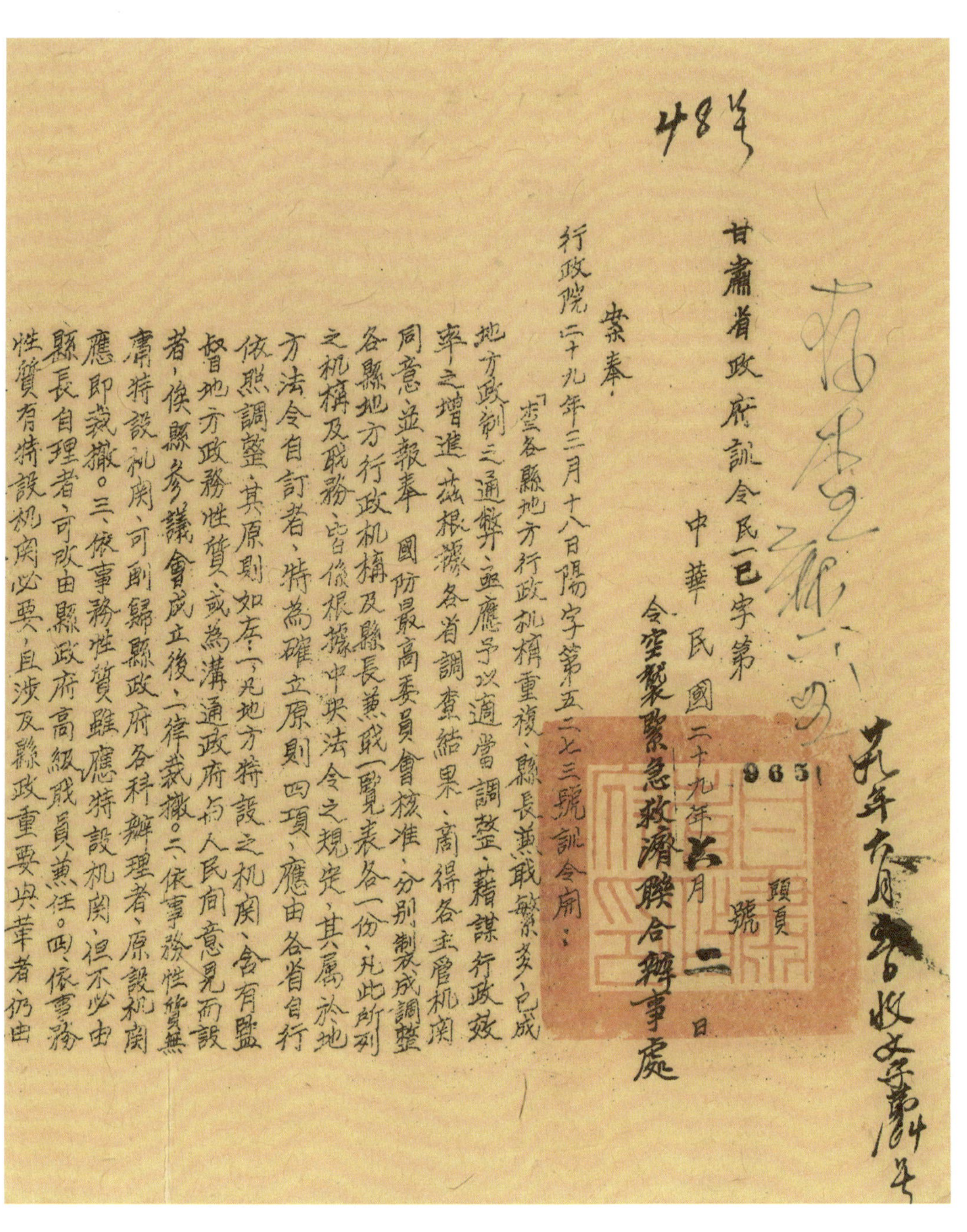

甘肅省政府訓令民一巳字第　　號

中華民國二十九年六月二日

令空襲緊急救濟聯合辦事處

案奉：

行政院二十九年三月十八日陽字第五二七三號訓令開：

「查各縣地方行政机構重複、縣長兼職繁多，已成地方政制之通弊，亟應予以適當調整，藉謀行政效率之增進。茲根據各省調查結果，商得各主管机關同意，並報奉　國防最高委員會核准，分別製成調整各縣地方行政机構及縣長兼職一覽表各一份。凡此所列之机構及職務，皆係根據中央法令之規定，其屬於地方法令自訂者，特為確立原則四項，應由各省自行依照調整。其原則如左：（一）凡地方特設之机關，含有監督地方政務性質，或為溝通政府與人民間意見而設者，俟縣參議會成立後，一律裁撤。（二）依事務性質無需特設机關，可劃歸縣政府各科辦理者，原設机關應即裁撤。（三）依事務性質雖應特設机關，但不必由縣長自理者，可改由縣政府高級職員兼任。（四）依事務性質有特設机關必要，且涉及縣政重要興革者，仍由縣長兼任。除關於附表內應裁併机構及職務所依據之法令，已分行各主管机關查明修正或廢止外，合行抄發調整表各一份，令仰遵辦具報，再嗣後該省任何新設組織，如有由縣長兼職必要者，應先呈准本院辦理，併仰遵照。此令。

等因；並抄發調整各縣地方行政机構及調整縣長兼職一覽表各一份，奉此，查本省各縣縣長兼職及机關名稱，前經調查，竟達三十餘種之多，值此縣各級組織綱要行將實施之期，自應迅加調整，俾符功令而利施政。當經依據奉頒調整表及原則之規定，擬訂調整本省各縣地方行政机構及縣長兼職一覽表，提經本府第七百五十六次省委會議報告紀錄在案。除呈復並分別函令外，合行抄發調整表，令仰遵照，並轉飭所屬一体遵照。此令。

計抄發調整各縣地方行政机構及縣長兼職一覽表一份。

主席 朱紹良

民政廳廳長 施奎齡

調整各縣地方行政機構暨縣長兼職一覽表

縣長兼職暨機關名稱	調整辦法	根據	
動員委員會主任委員	仍由縣長兼	行政院調整機構表	
抗敵後援會主任委員	裁併動員委員會內	仝右	
優待出征軍人家屬委員會主任委員	仝右	仝右	
征募寒衣運動委員會主任委員	仝右	訓令原則第二條	
新生活運動促進會主任幹事	仍由縣長兼	調整兼職表	
國民兵團團長	仝右	仝右	
國民自衛總隊隊長	裁併國民兵團內	調整機構表	
保安大隊隊長	仍由縣長兼	訓令原則第四條	
縣司法處檢察官	仍由縣長兼	調整兼職表	
行營或師管區軍法官	仝右	仝右	

縣禁烟委員會主任委員	仝右	仝右	[illegible]年六月[illegible]即予裁撤
縣振濟委員會主任委員	改由民政科長兼	仝右	
難民救濟委員會主任委員	連同縣振濟院救濟院一併歸併振委會內	仝右	
塩務協助委員	裁撤	調整兼職表	
塩所協進委員會委員長	縣參議會成立後即予裁撤	調整兼職表	
防護團團長	仍由縣長兼，但警察局長或警佐得兼任副	仝右	
防空分會主任委員	仍由縣長兼	仝右	
防空監視隊隊長	改由警察局長或警佐兼	訓令原則第三条	
國民經濟建設委員會支会會長	裁撤	調整機構表	
縣兵役協進會常務理事	改由兵役科長或兵役主任兼	訓令原則第三条	

戰時民衆補習教育推行委員會主任委員	仍由縣長兼		
童子軍理事會籌備委員會常務委員	改由教育科科長兼	訓令原則第三條	
體育促進委員會主任委員	裁撤	訓令原則第二條	
教育經費保管委員會主任委員	仍暫由縣長兼		
水利委員會主任委員	仍暫由縣長兼		新縣制實施縣政府組織改更後由建設科長兼
平衡物價委員會主任委員	改由財政科科長兼	訓令原則第三條	
度量衡檢定分所主任	仍暫由縣長兼		新縣制實施縣政府組織改更後由建設科長兼
空襲緊急救濟委員會主任委員	併入賑濟委員會	訓令原則第二條	
保安大隊部連黨部指導員	改由縣黨部書記長兼	訓令原則第三條	
軍運代辦所所長	原則裁撤如有設置必要仍由縣長兼	調整兼職表	

兰州空袭紧急救济联合办事处、甘肃省政府等关于兼总干事张良莘辞职一事的签呈（一九四〇年六月）

兰州空袭紧急救济联合办事处委员致甘肃省政府主席的签呈（一九四〇年六月四日）

簽呈

竊查蘭州空襲緊急救濟聯合辦事處委員兼總幹事一職，係由保安處長兼任。職原任現已準備移交，理合簽請辭去空襲聯辦處委員兼總幹事兼職，伏乞

俯准！實爲公便。謹呈

主任委員朱

委員兼總幹事張良莘（印）謹呈 六月四日

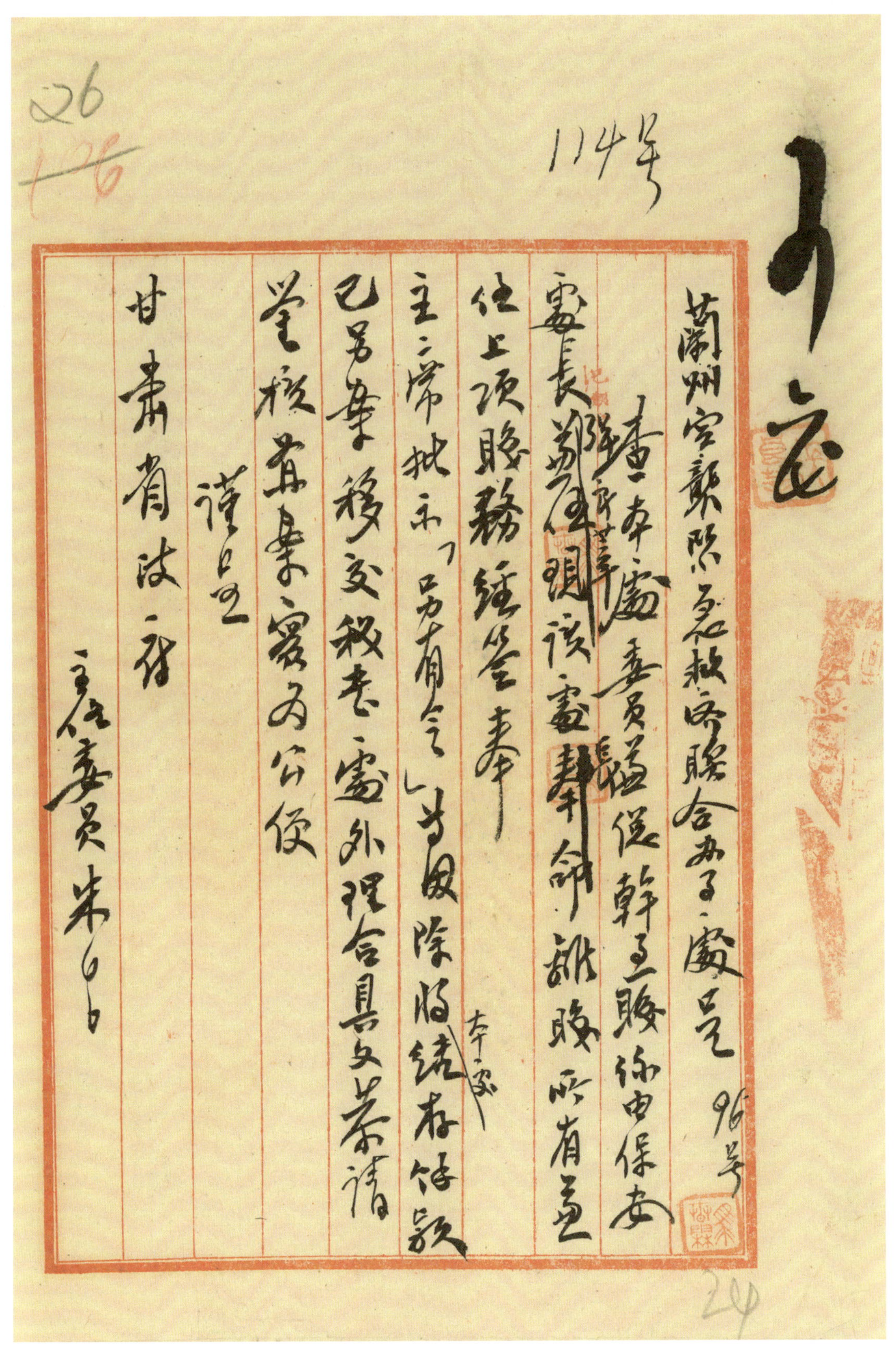
蘭州空襲緊急救濟聯合辦事處簽呈 96號

奉本處委員兼保安處長鄭[illegible]現該處奉命調職，所有主任上項職務經簽奉

主任批示「另有令」，茲因該項結存餘款已另案移交救濟處外，理合具文簽請

鑒核，並案存為公便。

謹呈

甘肅省政府

主任委員朱 6/6

兰州空袭紧急救济联合办事处致甘肃省政府的签呈（一九四〇年六月七日）

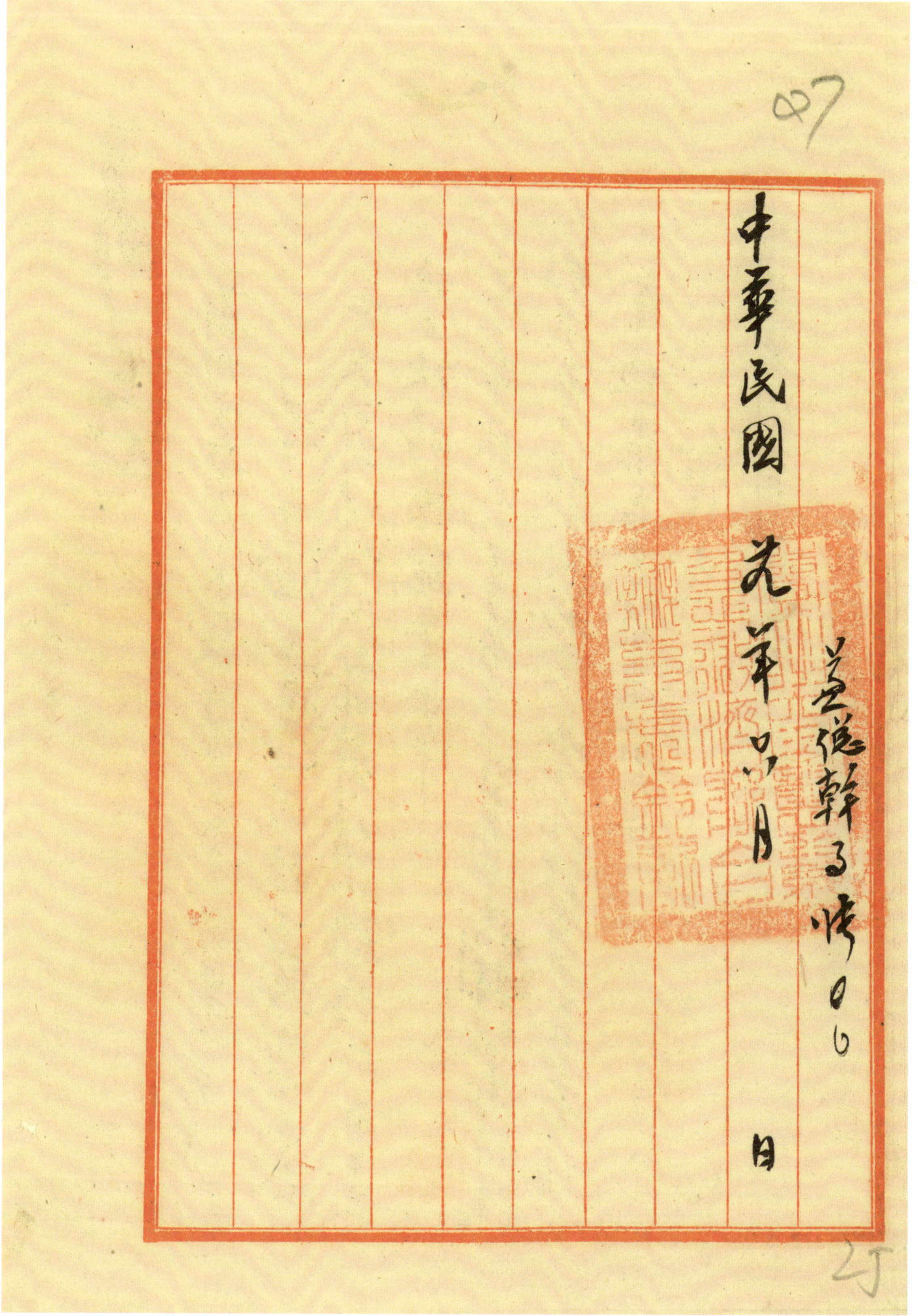

中華民國　元年六月　日

葛從韓子時〇〇

兰州空袭紧急救济联合办事处关于移交本处结存款项致甘肃省政府秘书处的公函（一九四〇年六月六日）

甘肃省兰州空袭紧急救济联合办事处稿

发文	文别	公函
送达	机关	秘书处
事	由	为移交本处结存款一案由
附	记	清册一份

主任委员朱

兼总干事张

股长

股员

书记

中华民国二十　年　六月六日

月　日　时收文
月　日　时交办
月　日　时拟稿
月　日　时核签
月　日　时判行
月　日　时缮写
月　日　时校对
月　日　时盖印
月　日　时封发

发文　字第　号　收文　字第　号

公函　综　已字第95号

查本处自本年一月十七日起，截至六月一日止，所有收支款项造具清册，函请经面呈

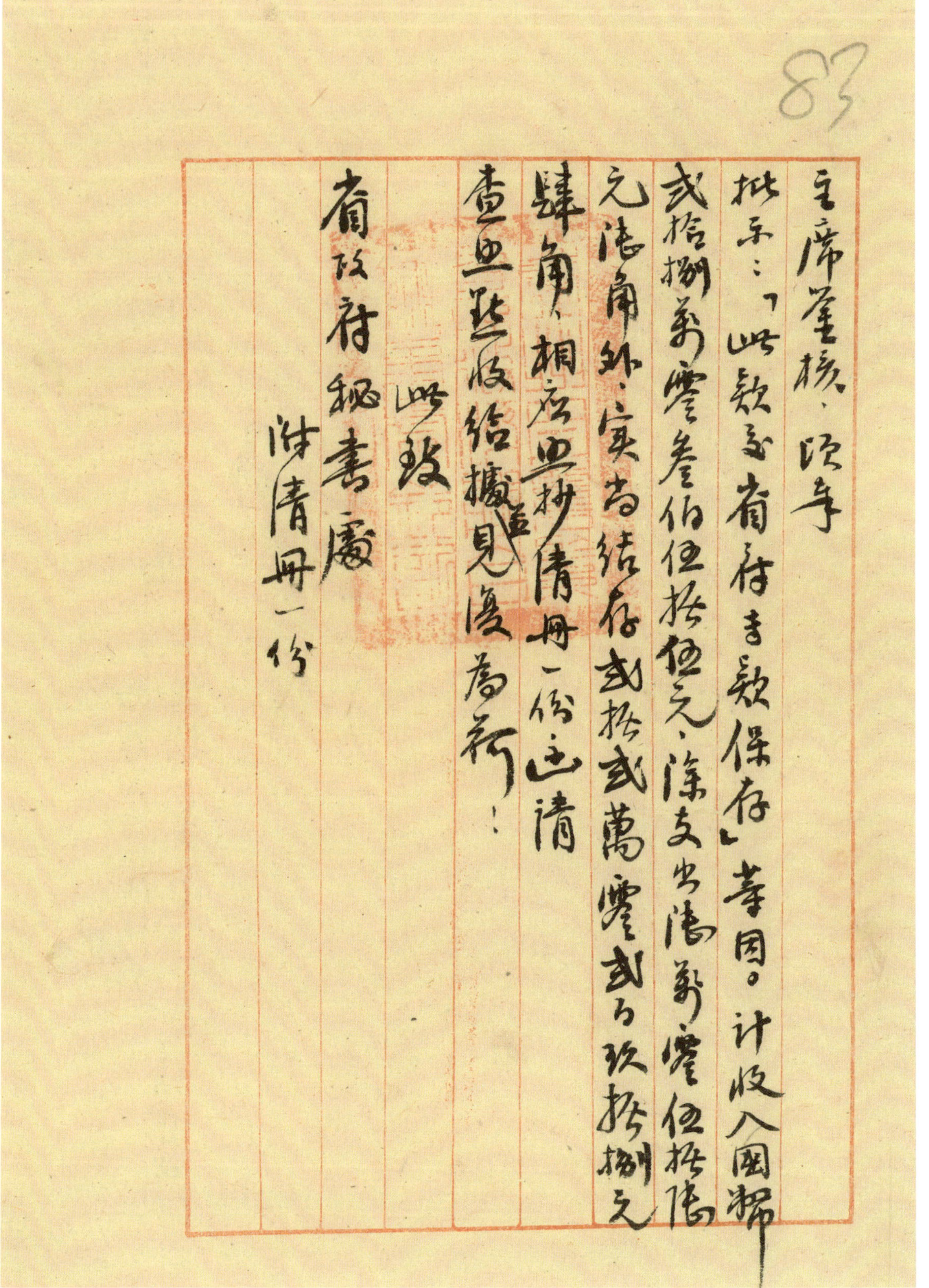
主席签核，须奉

批示：「此款交省府专款保存」等因。计收入国币

贰拾捌万零叁佰伍拾伍元，除支出陆万零伍拾陆

元陆角外，实尚结存贰拾贰万零贰百玖拾捌元

肆角。相应照抄清册一份，函请

查照收给据并见复为荷！

此致

省政府秘书处

附清册一份

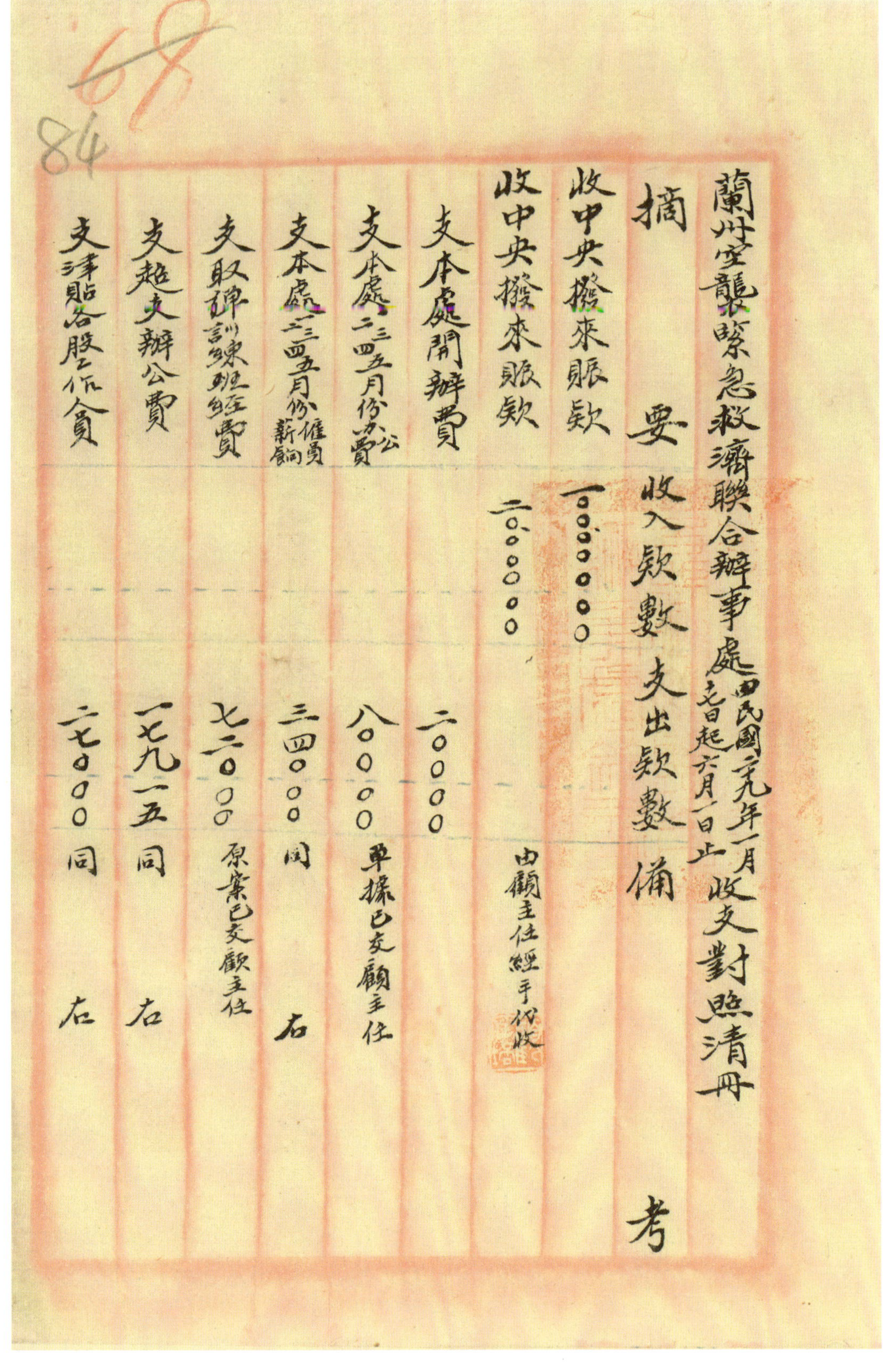

蘭州空襲緊急救濟聯合辦事處自民國二九年一月一日起六月一日止收支對照清冊

摘要	收入款數	支出款數	備考
收中央撥來賑款	一〇〇〇〇〇〇		
收中央撥來賑款	二〇〇〇〇〇		由顧主任經手代收
支本處開辦費		二〇〇〇〇	
支本處二三四五月份辦公費		八〇〇〇〇	單據已交顧主任
支本處二三四五月份僱員薪餉		三四〇〇〇	同右
支取締訓練班經費		七二〇〇〇	原案已交顧主任
支超支辦公費		一七九一五	同右
支津貼各股工作人員		二七〇〇〇	同右

附：兰州空袭紧急救济联合办事处收支对照清册

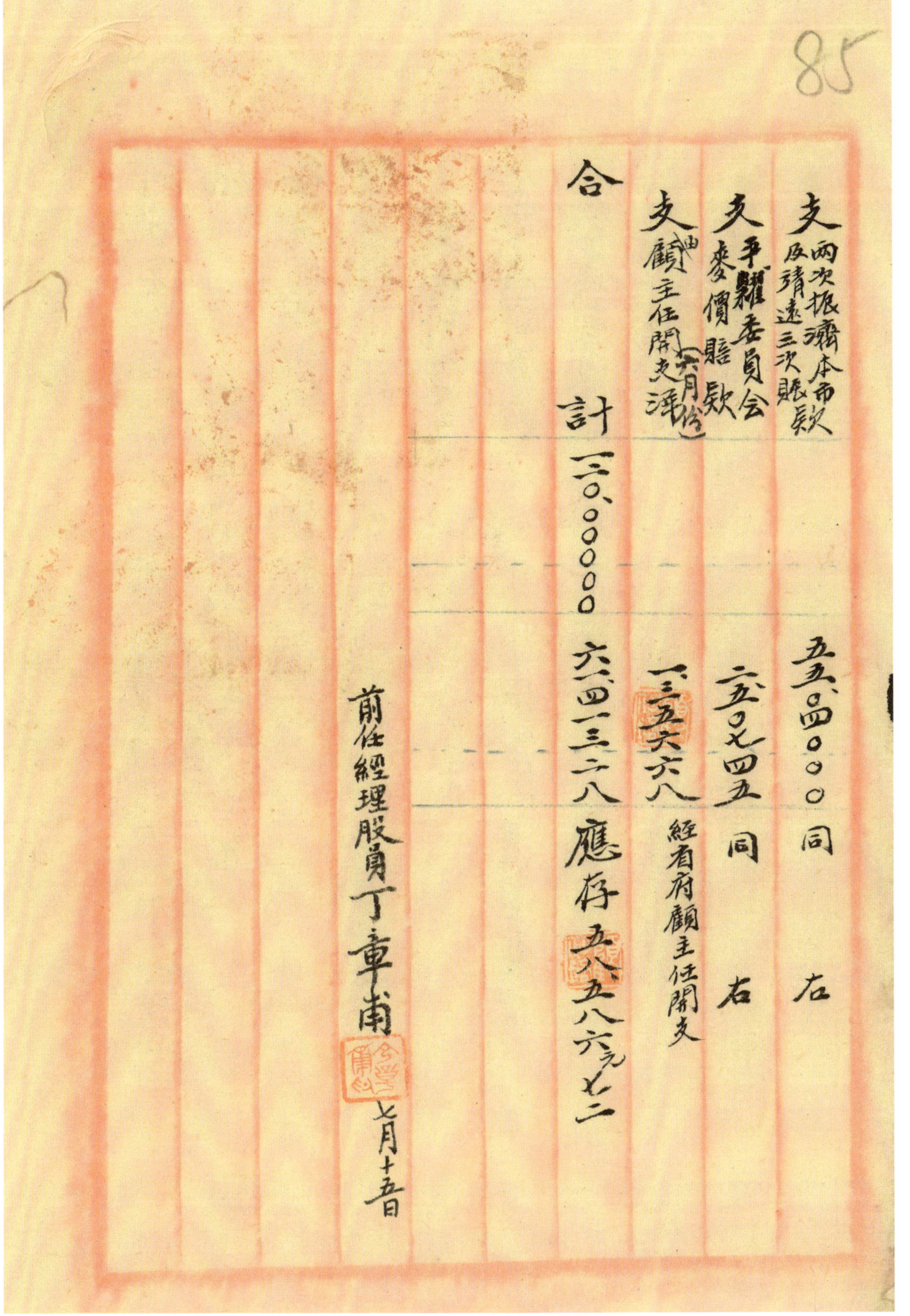

85

支两次振济本市款及靖远三次赈款　五五、四〇〇〇　同右

支平糶委员会麦价赔款　二五〇七四五　同右

支(由)顾主任開支滙(六月份)　一三五六六八　經省府顾主任開支

合計　一二〇、〇〇〇〇〇　六八、四一三二八　應存五八、五八六九七二

前任經理股員丁章甫
七月十五日

甘肃省政府关于总干事由翁燕翼秘书长兼代事致兰州空袭紧急救济联合办事处的指令
（一九四〇年六月二十五日）

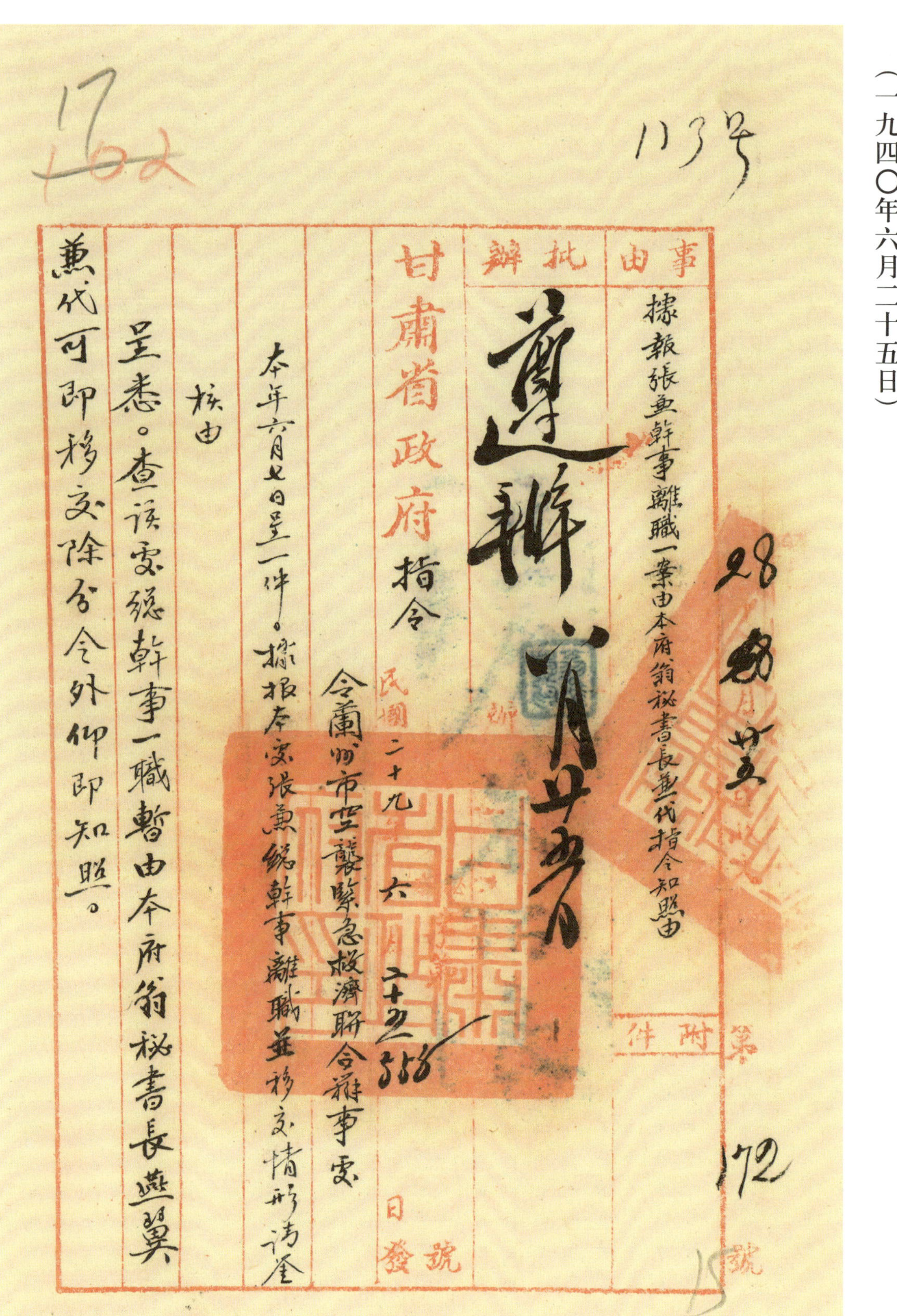

事由：據報張兼幹事離職一案由本府翁秘書長兼代指令知照由

批辦：遵辦　六月廿五

甘肅省政府指令　民國二十九年六月二十五日　發　號

令蘭州市空襲緊急救濟聯合辦事處

本年六月七日呈一件。據報本處張兼總幹事離職並移交情形請鑒核由

呈悉。查該處總幹事一職，暫由本府翁秘書長燕翼兼代，可即移交。除分令外，仰即知照。

此令。

主席朱绍良

监印蒋元荣

兰州空袭紧急救济联合办事处关于报送经费计算书表及开办费书表等事致甘肃省政府的公函
（一九四〇年六月二十六日）

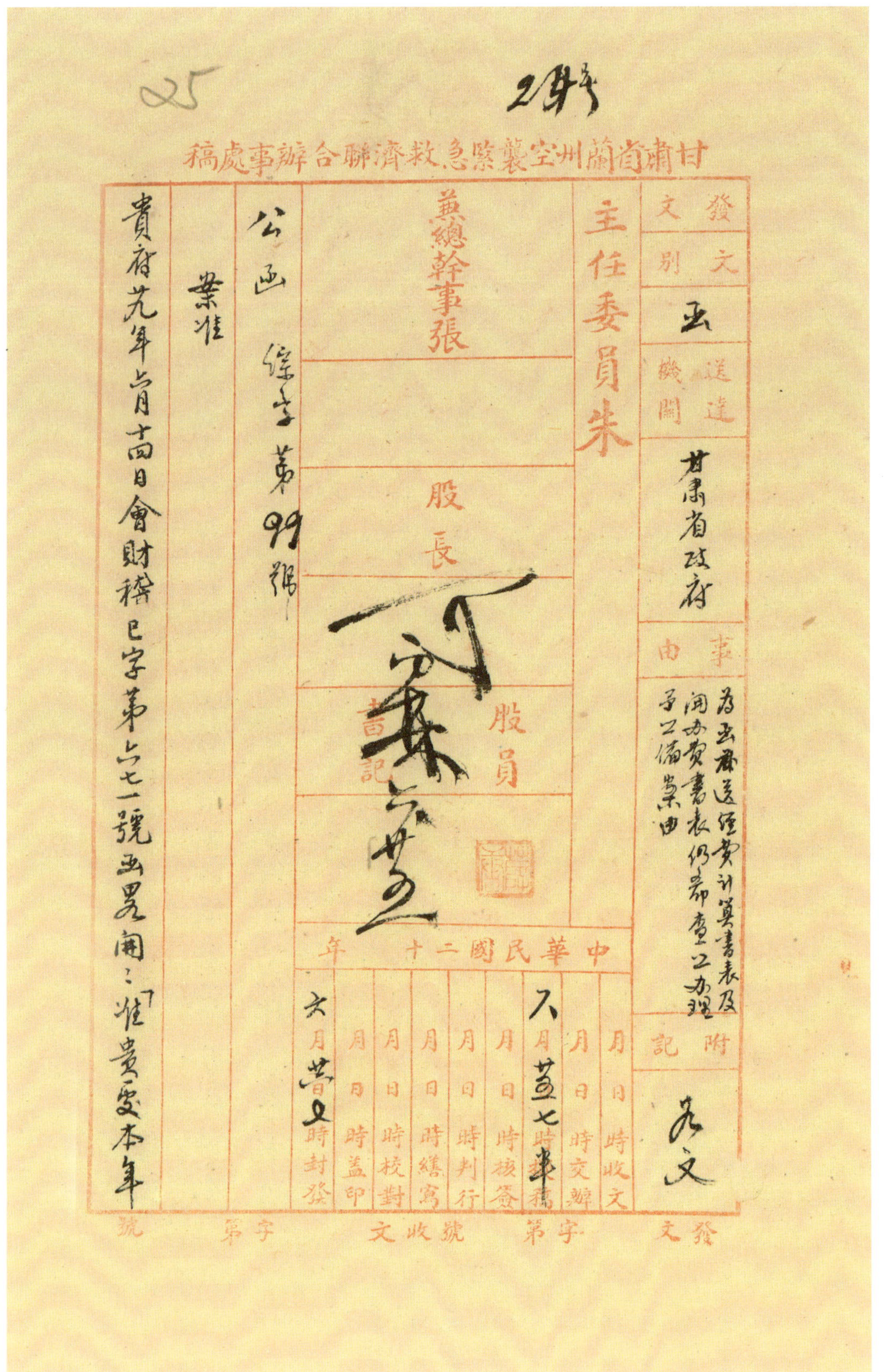

甘肅省蘭州空襲緊急救濟聯合辦事處稿

發文別：函
送達機關：甘肅省政府
事由：為函覆送經費計算書表及開辦費書表仍希查照辦理予以備案由
附記：存文

主任委員朱
兼總幹事張
股長
股員

公函 綜字第99號

貴府本年六月十四日會財稽巳字第六七一號函略開：「准貴處本年

中華民國二十年
收文 月 日 時
交辦 月 日 時
擬稿 六月廿七日 時
核簽 月 日 時
判行 月 日 時
繕寫 月 日 時
校對 月 日 時
蓋印 月 日 時
封發 六月廿五日 時

發文 字第 號
收文 字第 號

06

元、二两月份经费及开办费支出计算书类，因经费有限，不克按照各项表册格式逐项印制，拟请通融办理，予以备查一节，查计算书表为办理报销不可少之件，业经本府于办理计算应行注意事项详加说明，爰查之前函将短送各项计算书表名数补造」等由，兹经依照办理，除将计算书表补造齐全随函附送外，相应函请查照办理，并希予以备案为荷。

此致

甘肃省政府

计附送开办费计算书表三份 单据粘存簿一本 经常费计算书表各三份 领款收据册各三份 薪俸单据粘存簿各一份 单据粘存簿各一份

甘肃军管区政治部关于派员参加抗战建国三周年纪念筹备会致兰州空袭紧急救济联合办事处的笺函
（一九四〇年六月二十八日）

甘肅軍管區政治部用箋

查抗戰建國三週年紀念籌備會曾於六月十三日假
省黨部召開第一次會議決議、慰問抗戰出征軍
人家屬留待暑期與軍管區政治部所發動之慰
問出征軍人家屬合併辦理此次特着重慰問難民
傷兵及蘭市空襲被難住戶慰問金由空襲救濟
會撥發」「慰問組由軍管區政治部負責召集」等
紀錄在卷茲定於七月二日上午九時在侯府街軍管
區司令部開會商討務希屆時

甘肅軍管區政治部用箋

派負責代表一人出席為荷！、

此致

蘭州市空襲救濟會

啟

六月二十八日

附：总务股关于派员参加纪念会商讨会等事宜致总干事的呈

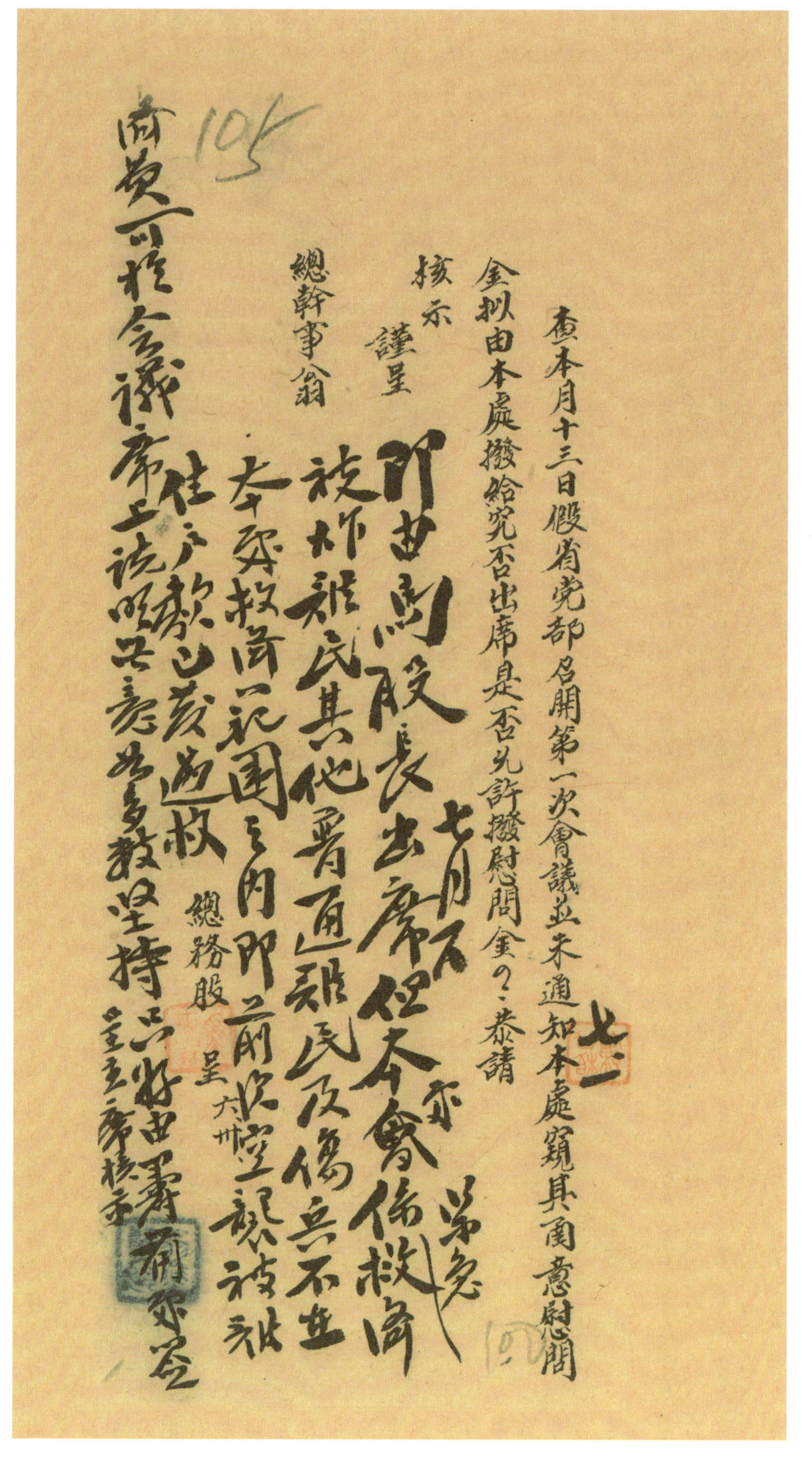

查本月十三日假省黨部召開第一次會議並未通知本處竊其用意慰問金擬由本處撥給究否出席是否允許撥慰問金之處恭請

核示

謹呈

總幹事翁

總務股 呈 六卅

可由馬股長出席任本會代表[illegible]救助難民其他負責難民及傷兵不在本會救濟範圍之內即予聲明設法[illegible]僅允撥之款為救[illegible]所費可於會議席上說明本意並多方堅持只好由本會[illegible]

兰州空袭紧急救济联合办事处总干事关于书面报告各股工作推进事致各股的函（一九四〇年八月七日）

逕啓者：奉

主任委員諭：本會於一星期內召開委員會議，請將貴股工作推進情形務於三日內以書面報告，以便提會為荷。此致

各股股長

總幹事○○○ 八、七

中央振济委员会第五救济区驻兰办事处关于王浚生调离韩澍恩接替事致兰州空袭紧急救济联合办事处的笺函（一九四〇年八月十八日）

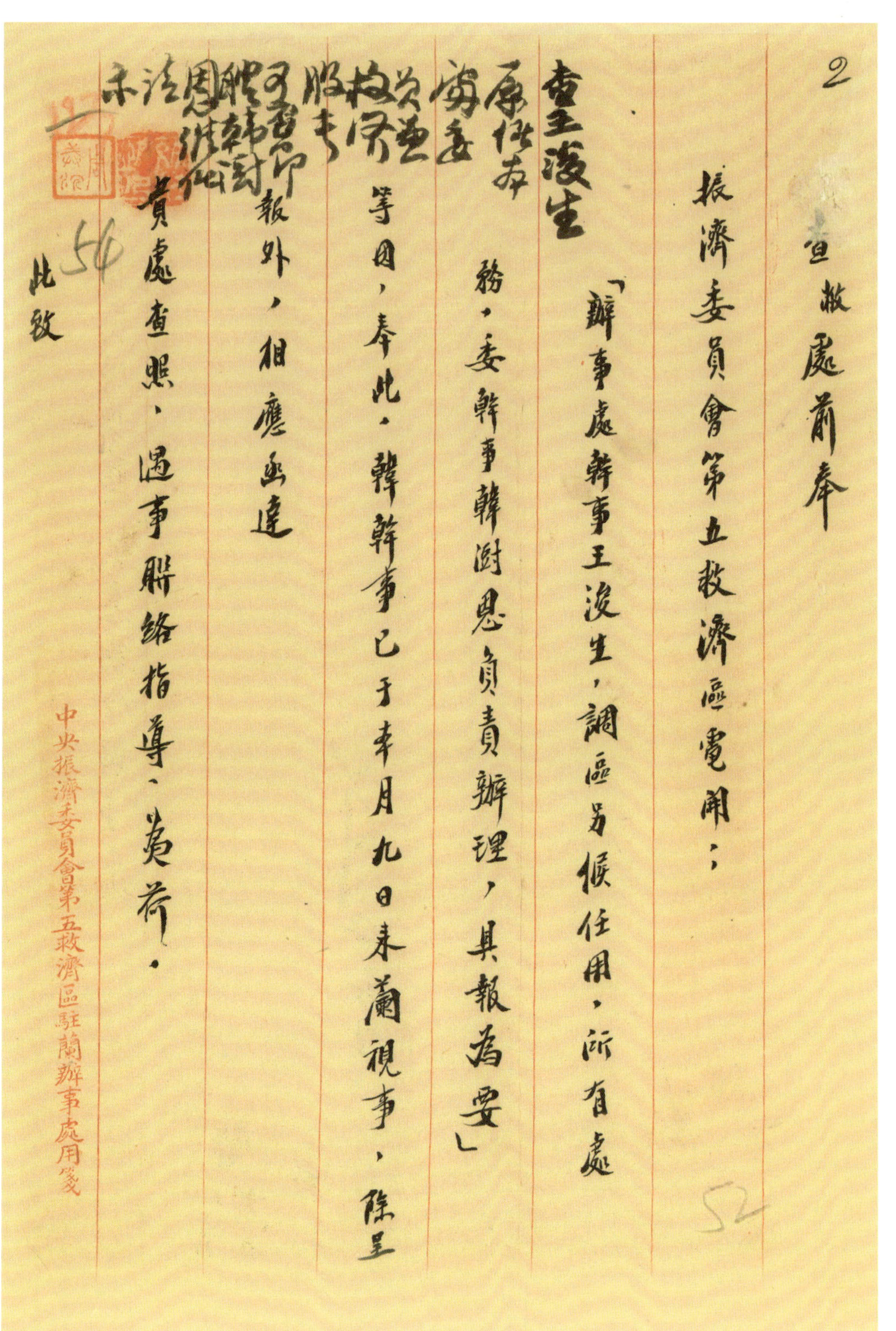
2

迳启者：顷奉

振济委员会第五救济区电开：

「办事处干事王浚生，调区另候任用，所有处

务，委干事韩澍恩负责办理，具报为要」

等因，奉此。韩干事已于本月九日来兰视事，除呈

报外，相应函达

贵处查照，遇事联络指导，为荷。

此致

中央振济委员会第五救济区驻兰办事处用笺

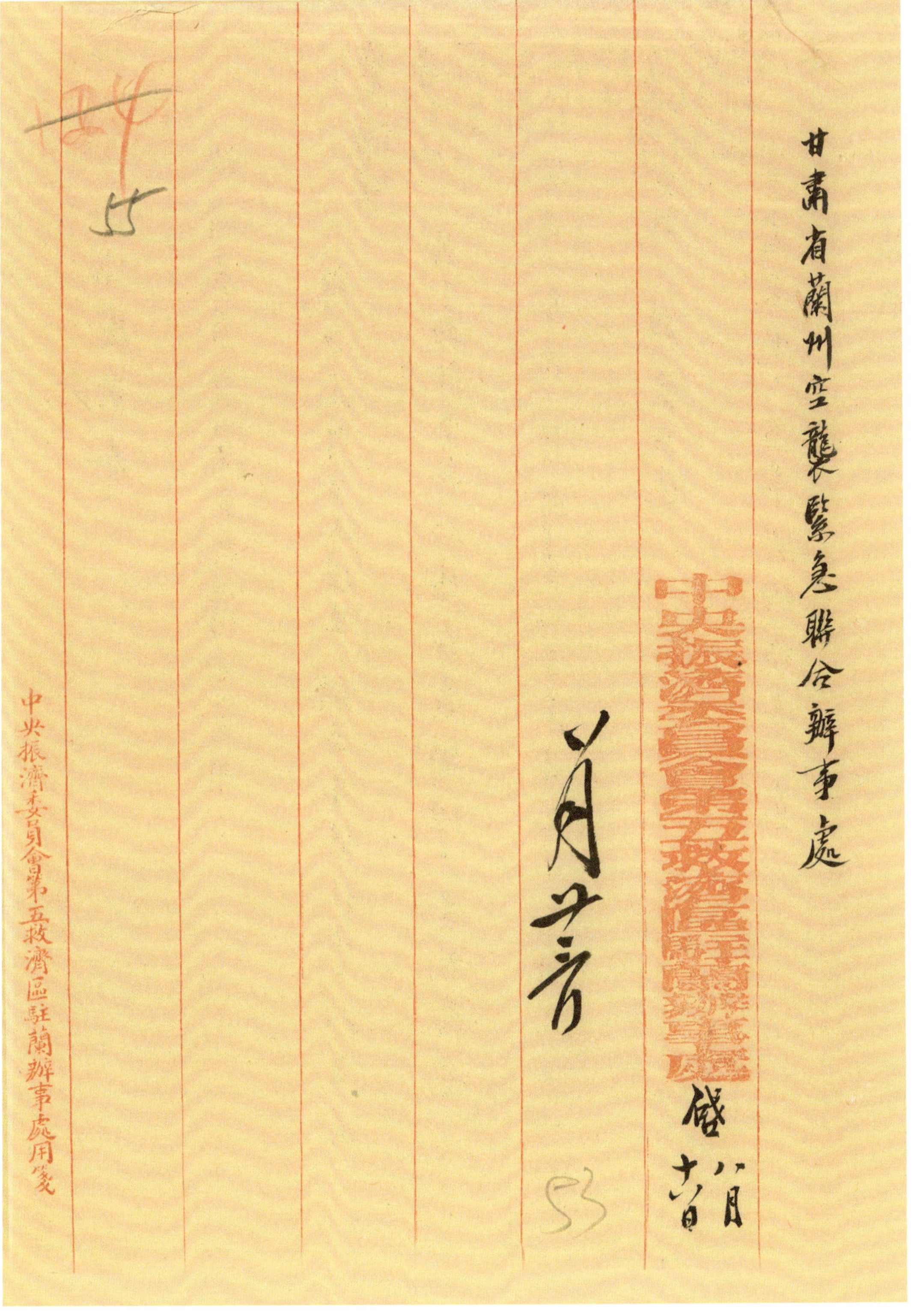

甘肅省蘭州空襲緊急聯合辦事處

中央振濟委員會第五救濟區駐蘭辦事處 啟 八月十一日

八月廿二日

中央振濟委員會第五救濟區駐蘭辦事處用箋

国民党甘肃省执行委员会关于准社会部电请会同有关机关加强空袭服务等事致兰州空袭紧急救济联合办事处的公函（一九四〇年八月二十日）

中國國民黨甘肅省執行委員會公函

事由	准社會部電請會同有關機關加強空襲服務等由函請召集會議會商辦法見復由
附件	
擬辦	擬復本會正積極籌辦 [illegible]
批辦	

廿九年八月廿日收 社蘭字第一九〇六號

案准

中央社會部未東電開：「蘭州甘肅省黨部鑒「密」查敵機最近連續濫炸後方各城市用討至毒我應加強民衆組訓及防護救濟工作以減輕損害渝市自空襲服務救濟聯合辦事處成立後成效卓著死傷大減特此電達希迅速會同有關機關切實加強空襲服務救濟組織與工作尤應由各機關主管長官躬自領導以身作則並即將辦理情形具報中央社會部未東印」。等由准此查關於空襲服務及救濟工作應如何加強相應

年 月 日收文 字第 號

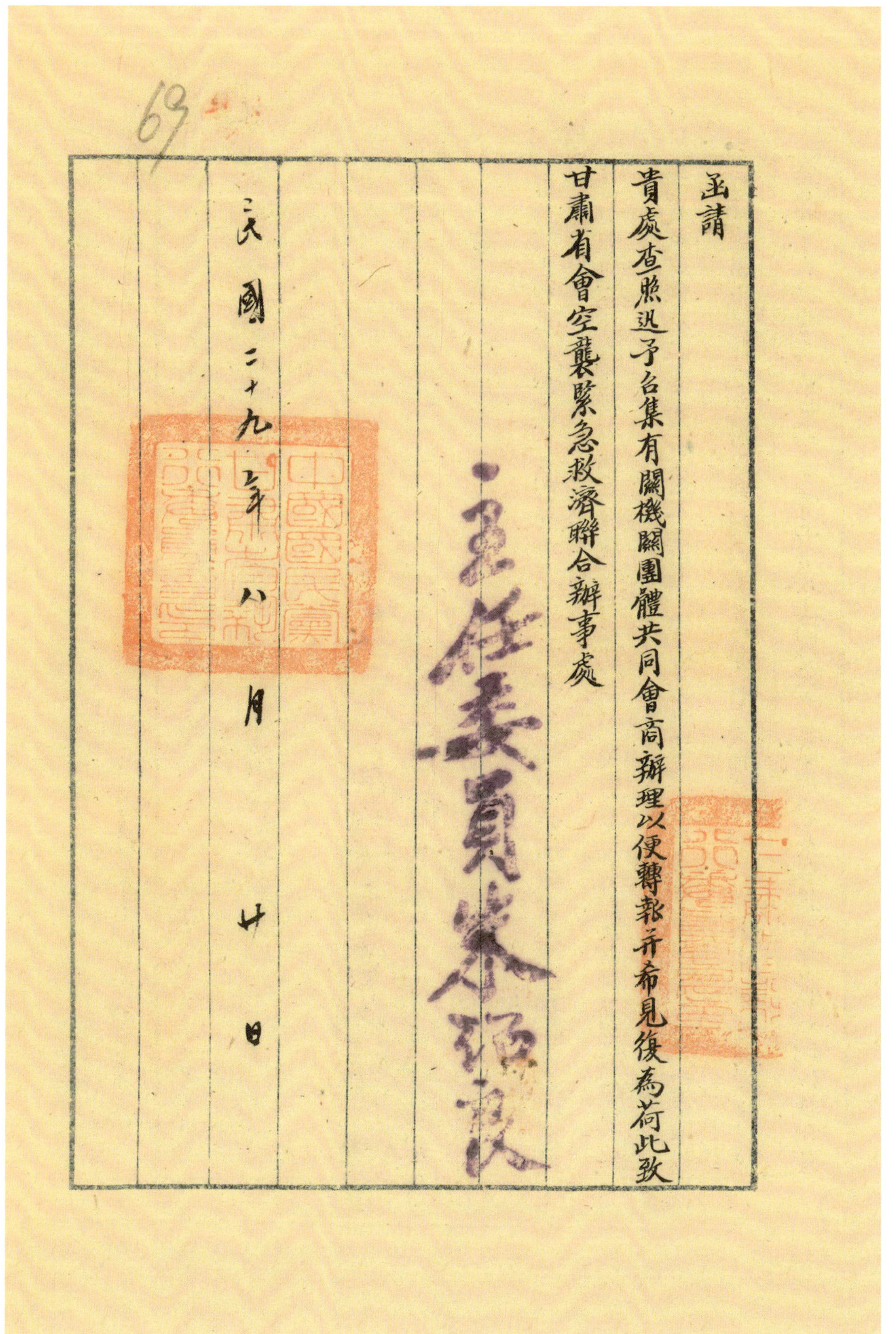

函請

貴處查照迅予召集有關機關團體共同會商辦理以便轉報并希見復爲荷此致

甘肅省會空襲緊急救濟聯合辦事處

主任委員朱紹良

民國二十九年八月廿日

兰州空袭紧急救济联合办事处关于派员出席第二次委员会议事致各委员的函（一九四〇年八月二十二日）

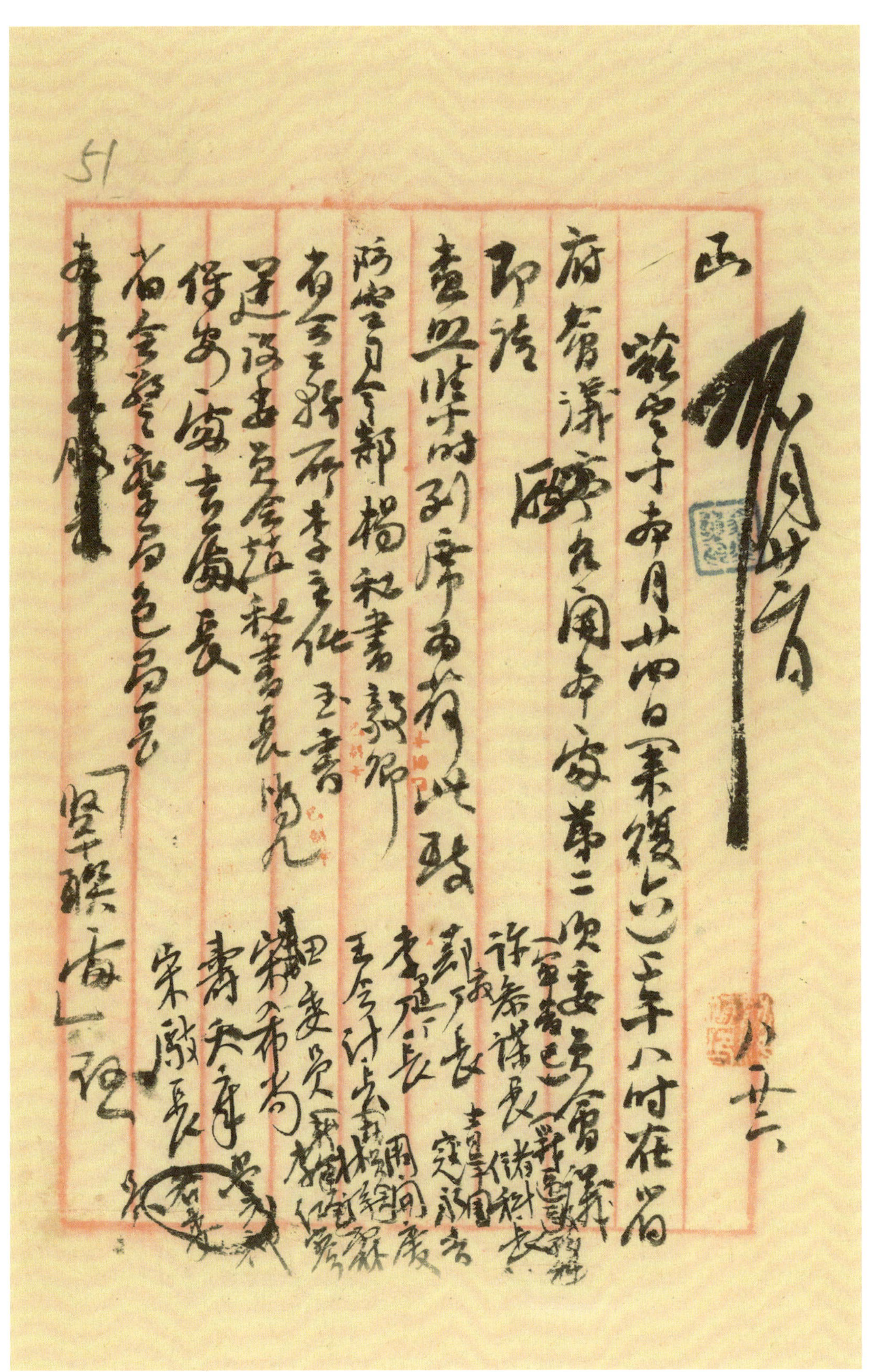

函

兹定于本月廿四日（星期六）上午八时在省府会议厅召开本会第二次委员会议，即请查照准时列席为荷。此致

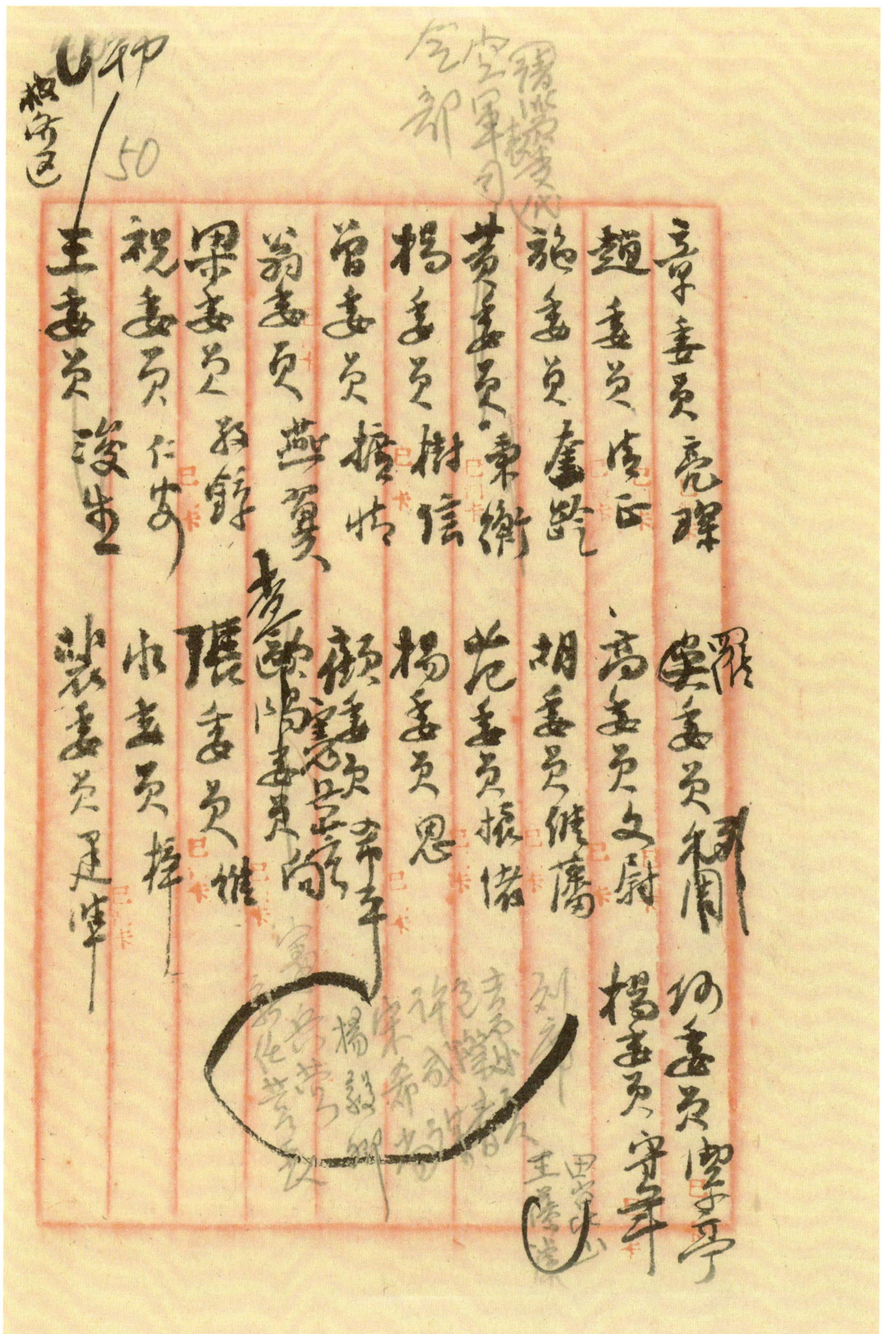

兰州空袭紧急救济联合办事处关于吉章简等人事任命的调动文书（一九四〇年八月二十四日）

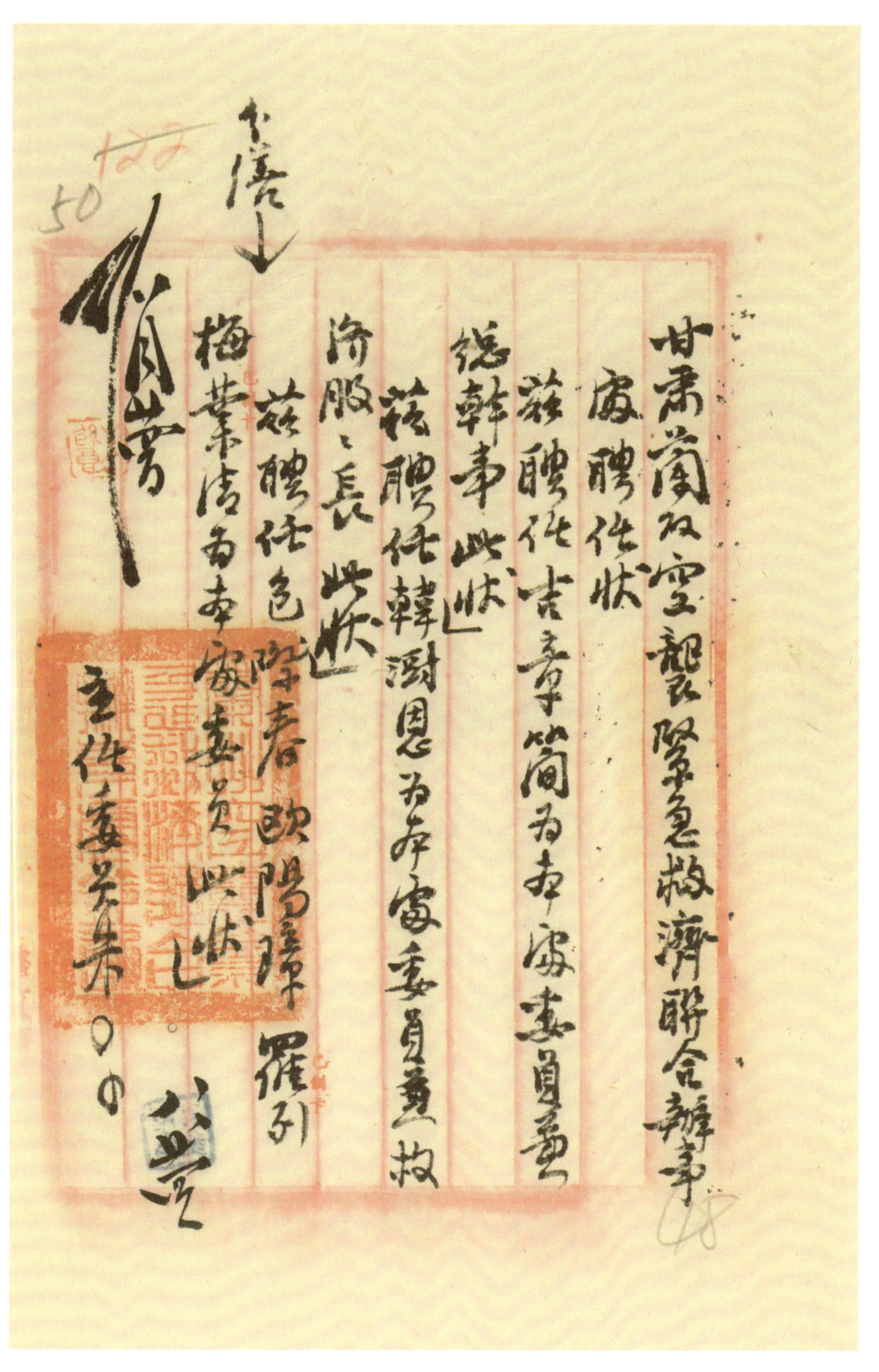

甘肅蘭州空襲緊急救濟聯合辦事處聘任狀

茲聘任吉章簡為本處委員兼總幹事此狀

茲聘任韓渭恩為本處委員兼救濟股股長此狀

茲聘任包際春、歐陽璋、羅列、梅業清為本處委員此狀

主任委員朱〇〇

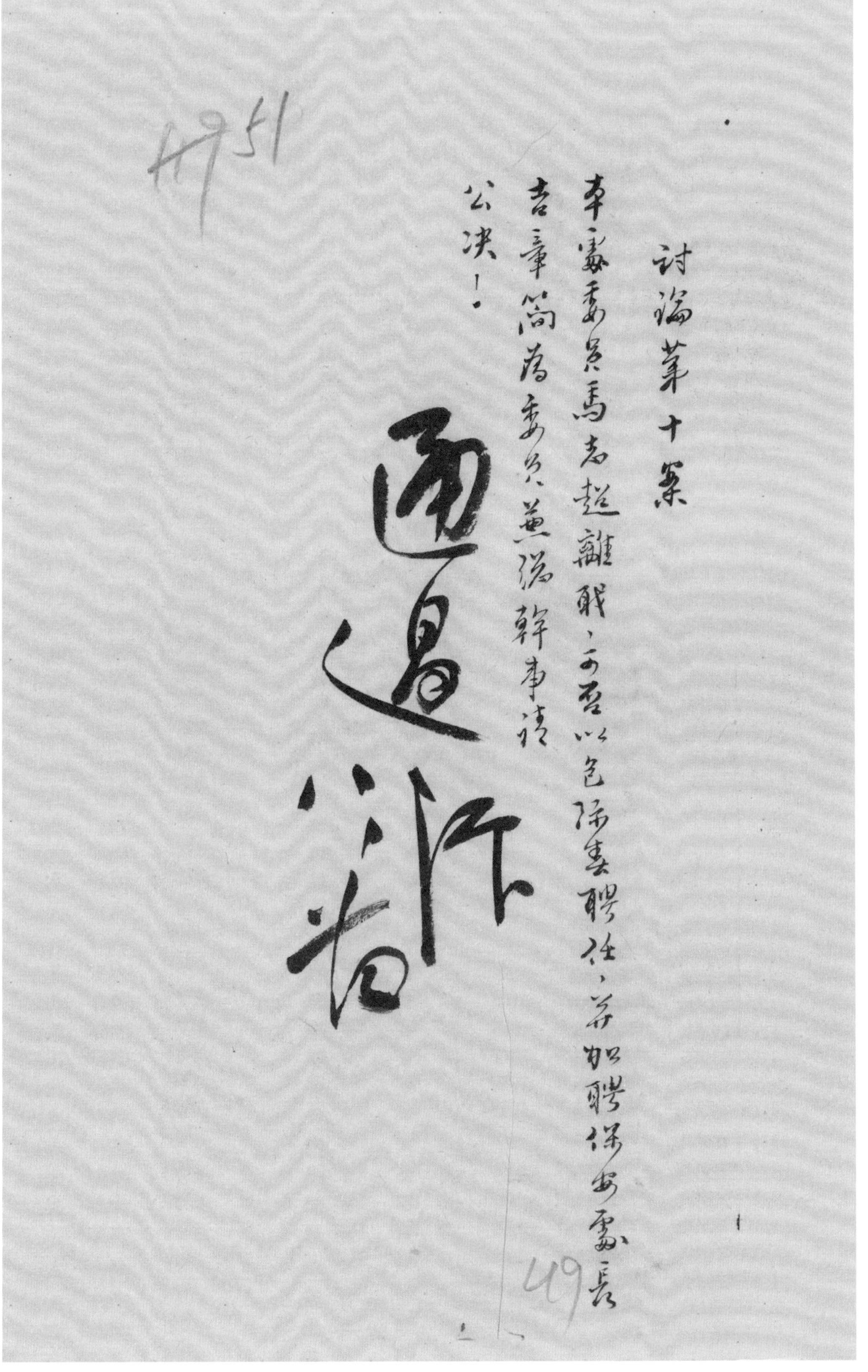

讨论第十案

本会委员马志超离职，所遗以包际春聘任，并加聘保安处长吉章简为委员兼总干事，请公决！

通过

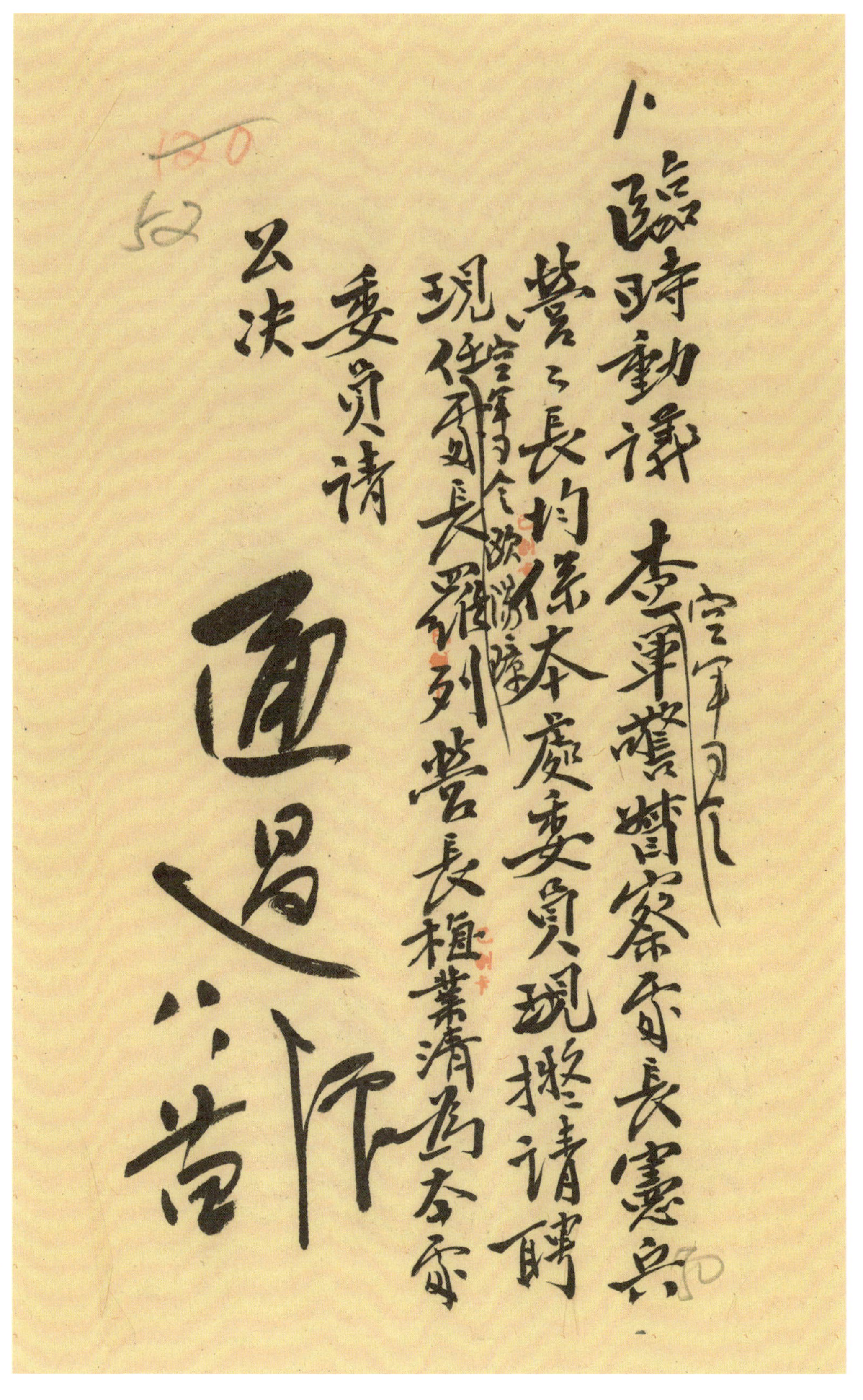

卜 臨時動議 李軍警察分局長憲兵營營長均係本處委員，現擬請聘現任警備司令長羅列、營長檀業清為本會委員，請公決。

通過

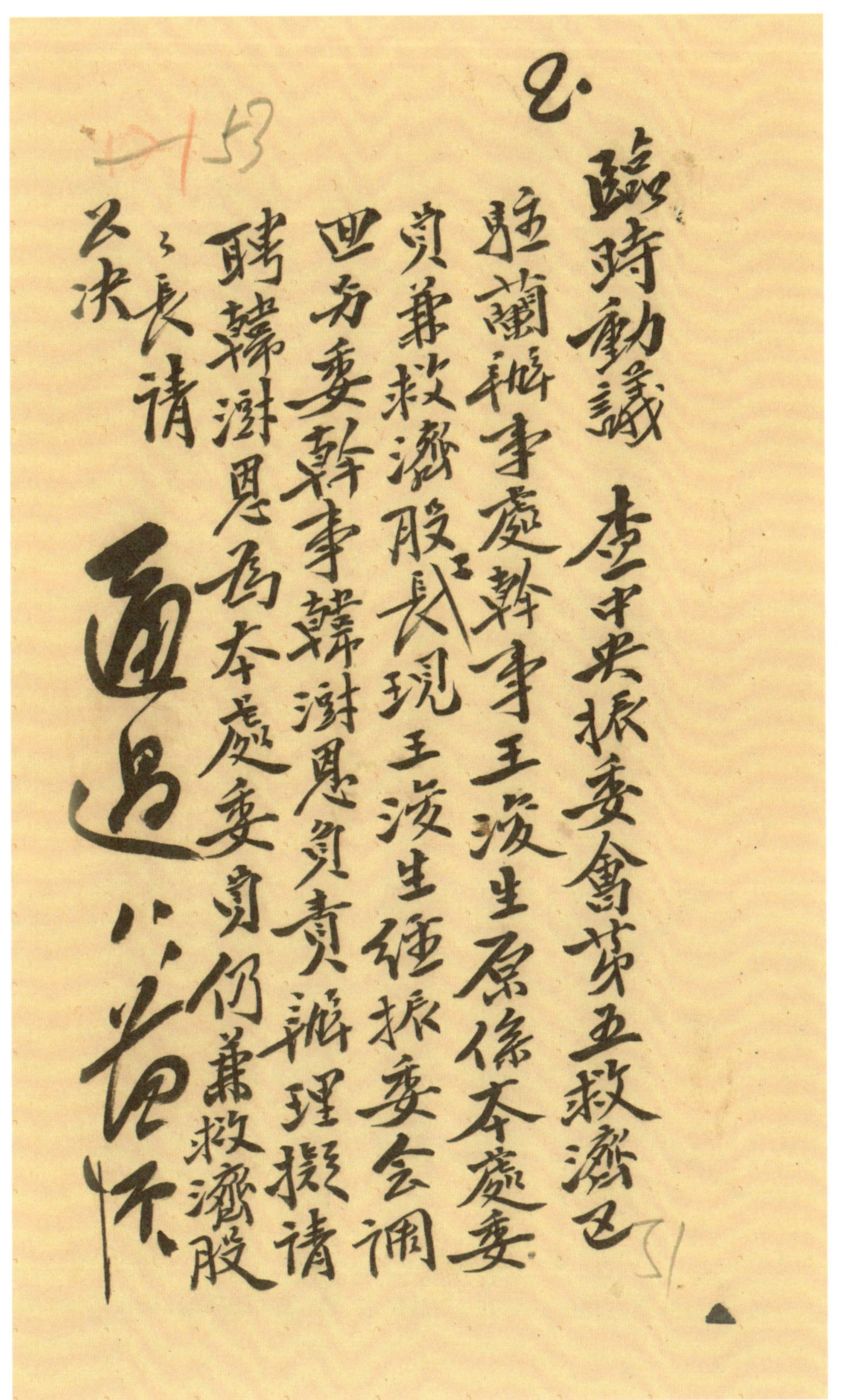
2.

临时动议　李中央振委会第五救济区驻兰办事处干事王浚生原系本处委员兼救济股股长，现王浚生经振委会调回分委干事，拟恳聘为本处委员仍兼救济股股长，请公决。

通过。八、［十？］六

兰州空袭紧急救济联合办事处前总干事关于工作移交等事致新总干事的笺函（一九四〇年八月二十四日）

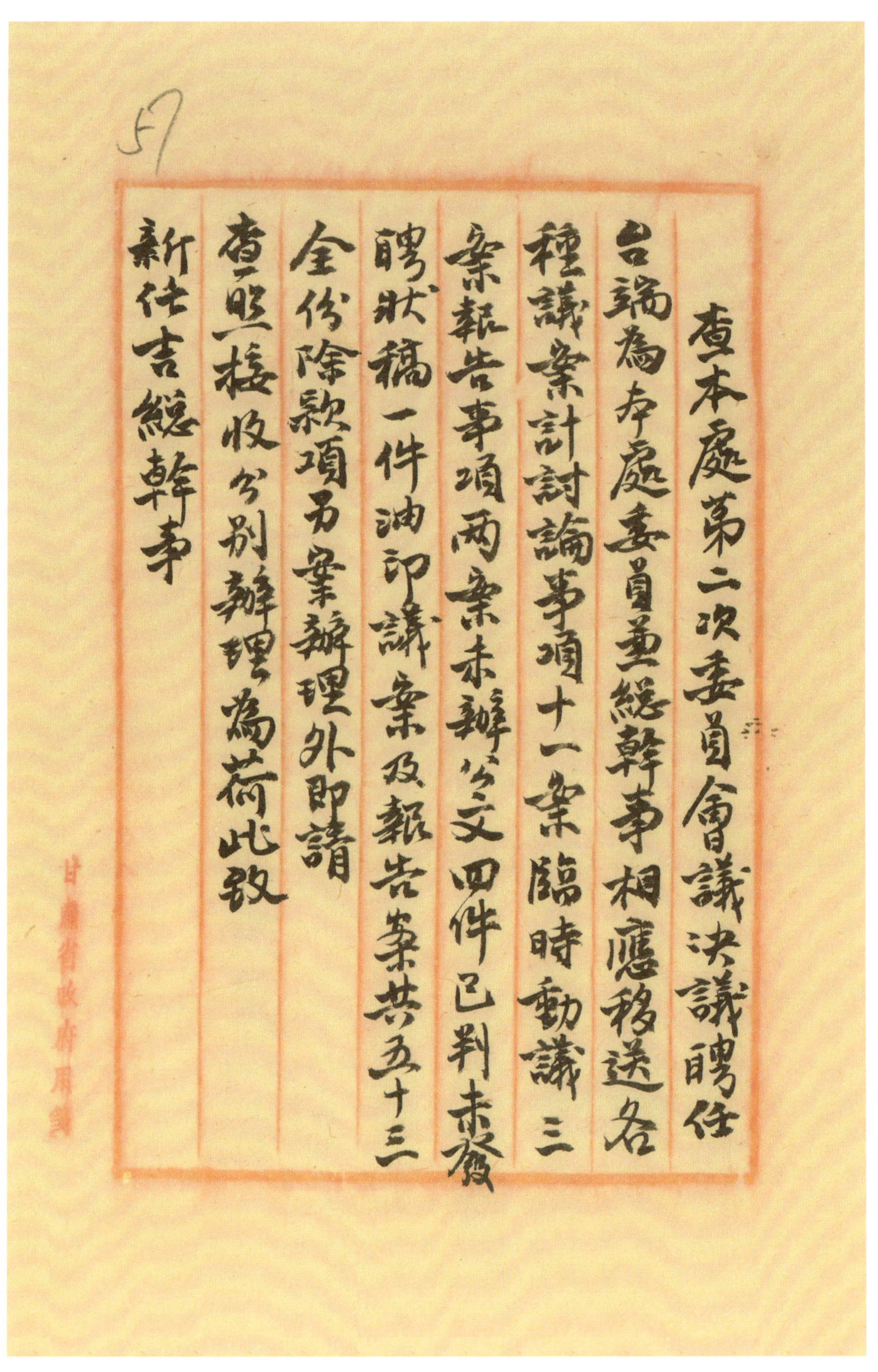
查本處第二次委員會議決議聘任
台端爲本處委員兼總幹事，相應移送各
種議案、討論事項十一案、臨時動議三
案、報告事項兩案、未辦公文四件、已判未發
聘狀稿一件、油印議案及報告案共五十三
全份，除款項另案辦理外，即請
查照接收，分別辦理爲荷。此致
新任吉總幹事
甘肅省政府用箋

58

前兼総幹事翁燕翼啟

八、卅四、

甘肅省政府用箋

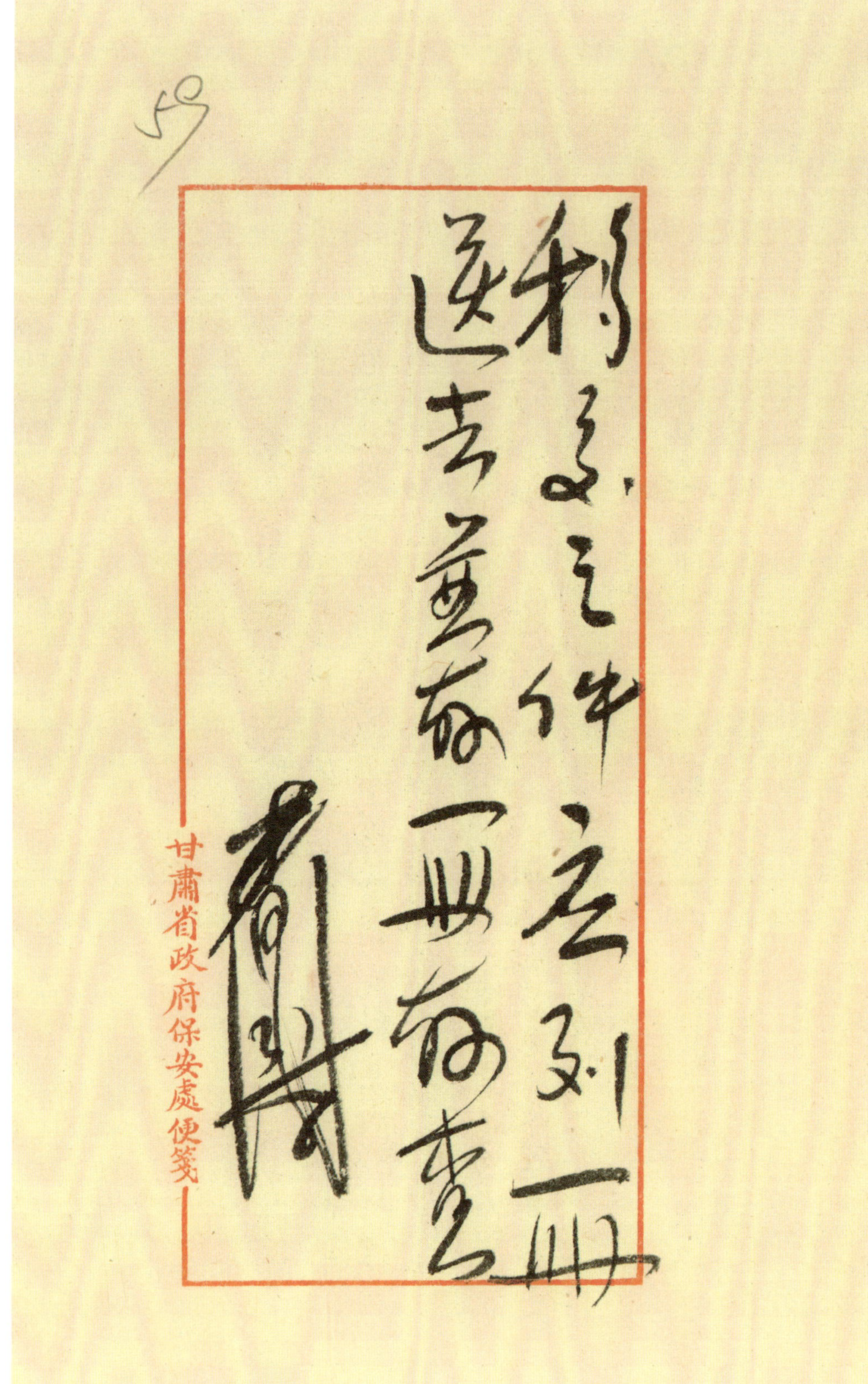
甘肅省政府保安處便箋

兰州空袭紧急救济联合办事处、甘肃省政府关于联合办事处总务股股长人选事的往来公文（一九四〇年八月至九月）

兰州空袭紧急救济联合办事处兼总干事致主任委员的签呈（一九四〇年八月二十四日）

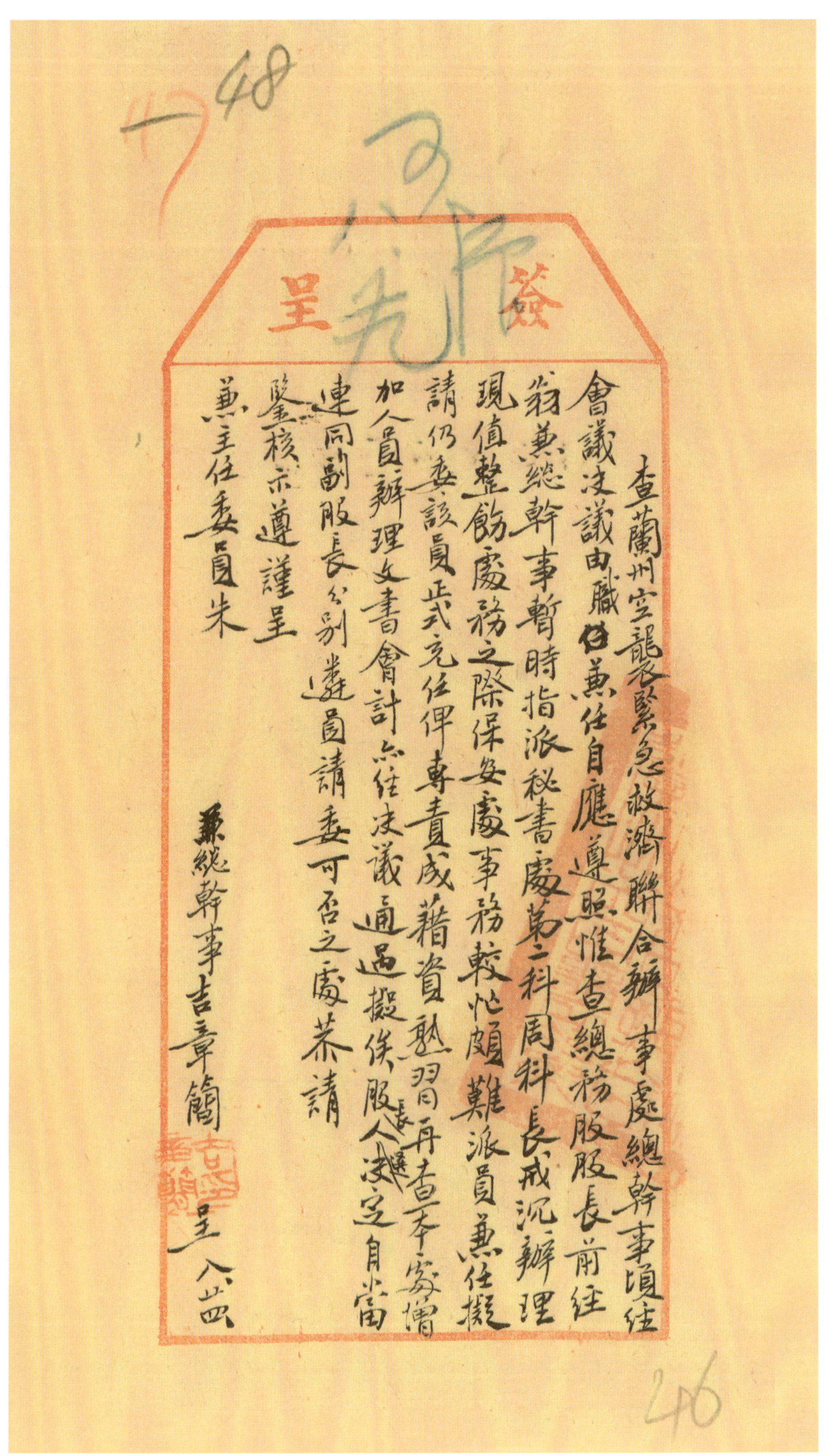

签呈

查蘭州空襲緊急救濟聯合辦事處總幹事頃经會議決議由職兼任自應遵照惟查總務股股長前经翁兼總幹事暫時指派秘書處第二科周科長戒沉辦理現值整飭處務之際保安處事務較忙頗難派員兼任擬請仍委該員正式充任俾專責成藉資熟習再查本處增加人員辦理文書會計亦经決議通過擬俟股長人選決定自當連同副股長分别遴員請委可否之處恭請

鑒核示遵謹呈

兼主任委員朱

兼總幹事吉章簡　呈　八、廿四

兰州空袭紧急救济联合办事处关于聘任周戒沉为本处总务股股长的聘书（一九四〇年八月三十日）

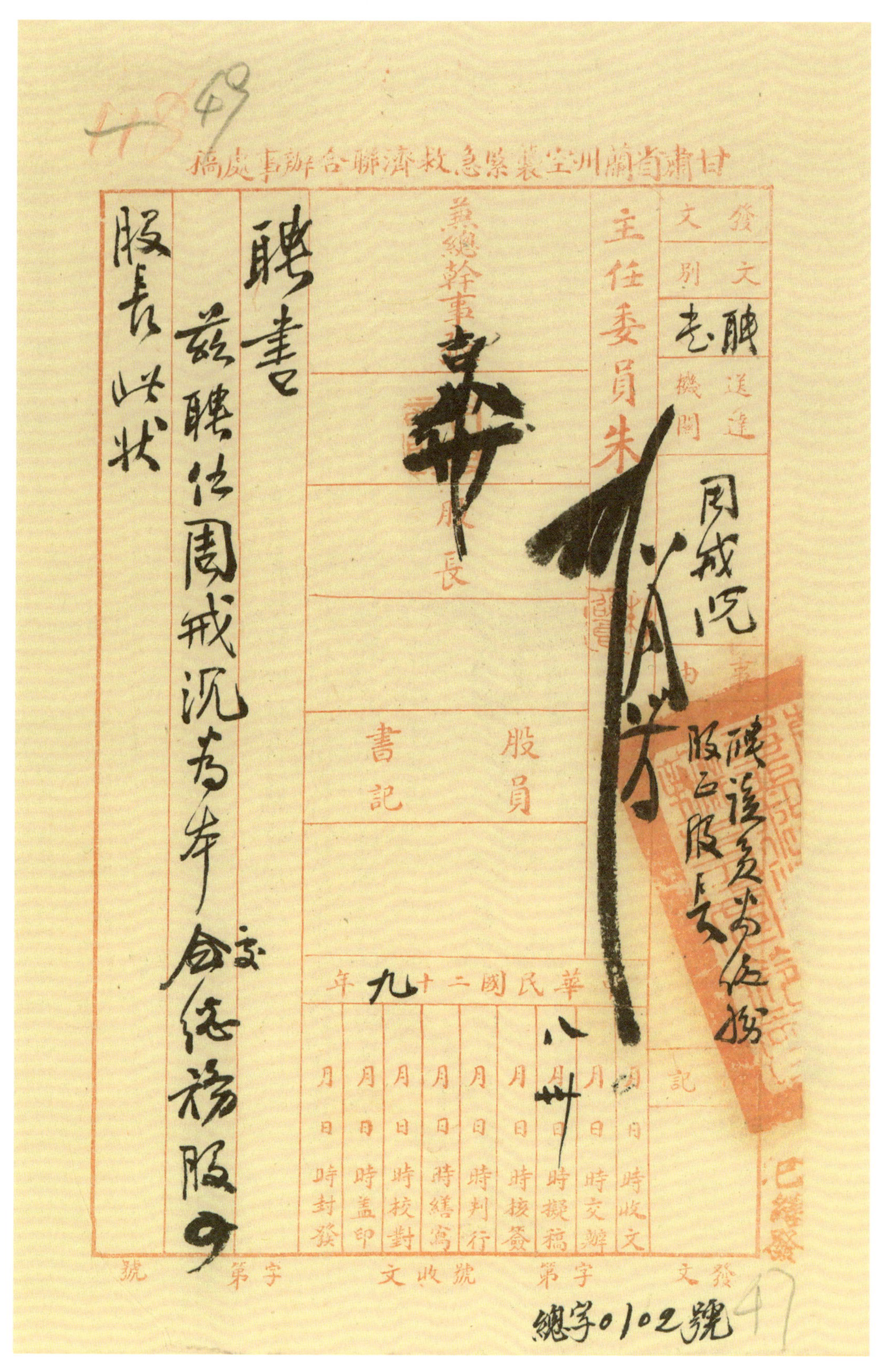
甘肃省兰州空袭紧急救济联合办事处稿

发文 文别 聘书

送达机关 周戒沉

事由 聘该员为总务股股长

主任委员 朱

兼总干事

股长

股员

书记

中华民国二十九年八月卅日

聘书

兹聘任周戒沉为本会总务股股长

此状

总字0102号

兰州空袭紧急救济联合办事处兼总干事关于本处总务股股长一职致主任委员的签呈
（一九四〇年九月二日）

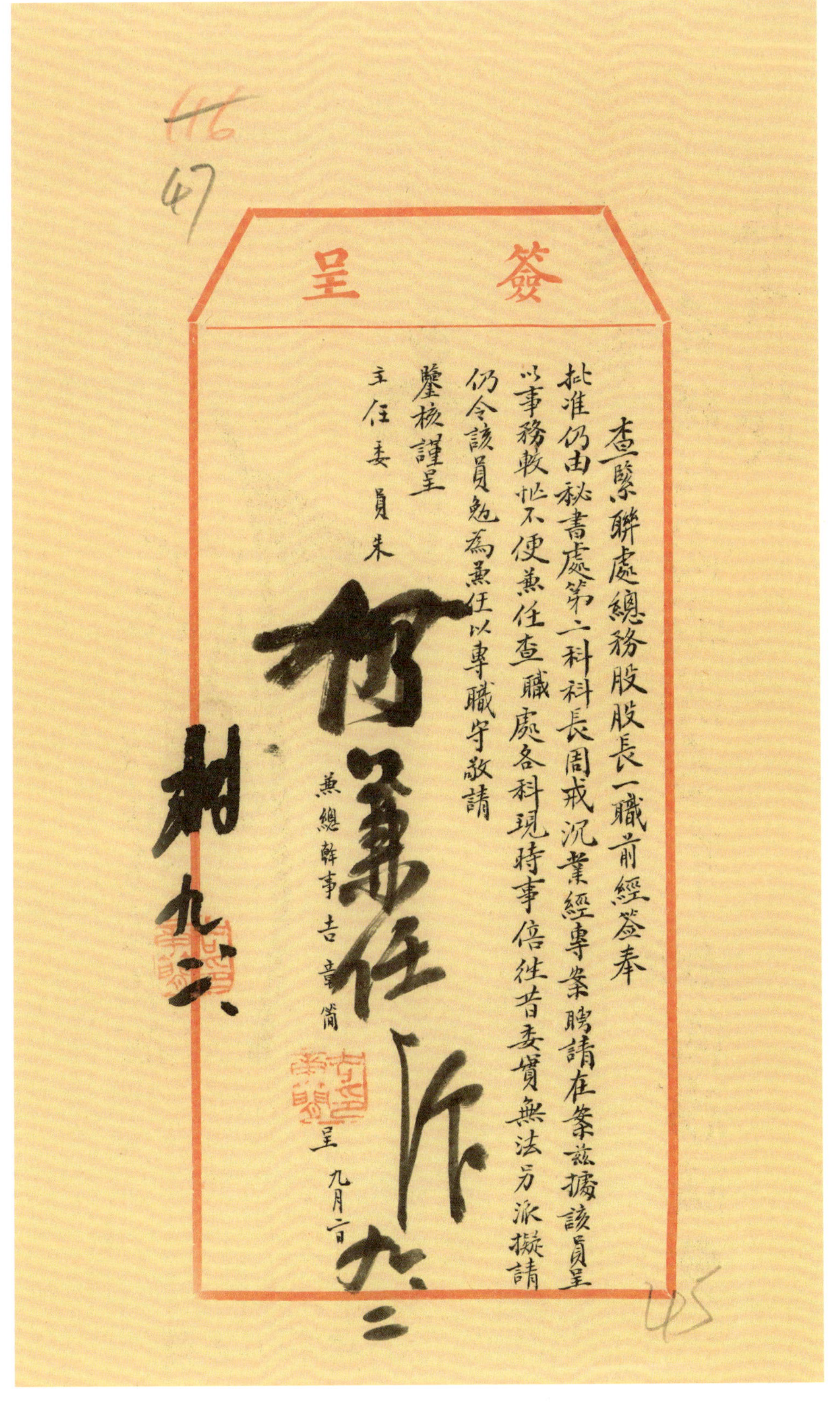

簽呈

查本聯處總務股股長一職前經簽奉
批准仍由秘書處第二科科長周戒沉兼經專案聘請在案茲據該員呈
以事務較忙不便兼任查職處各科現時事倍往昔委實無法另派擬請
仍令該員勉為兼任以專職守敬請
鑒核謹呈
主任委員朱
兼總幹事吉章簡 呈 九月二日

兰州空袭紧急救济联合办事处关于物色文书事致总务股的笺函（一九四〇年八月三十一日）

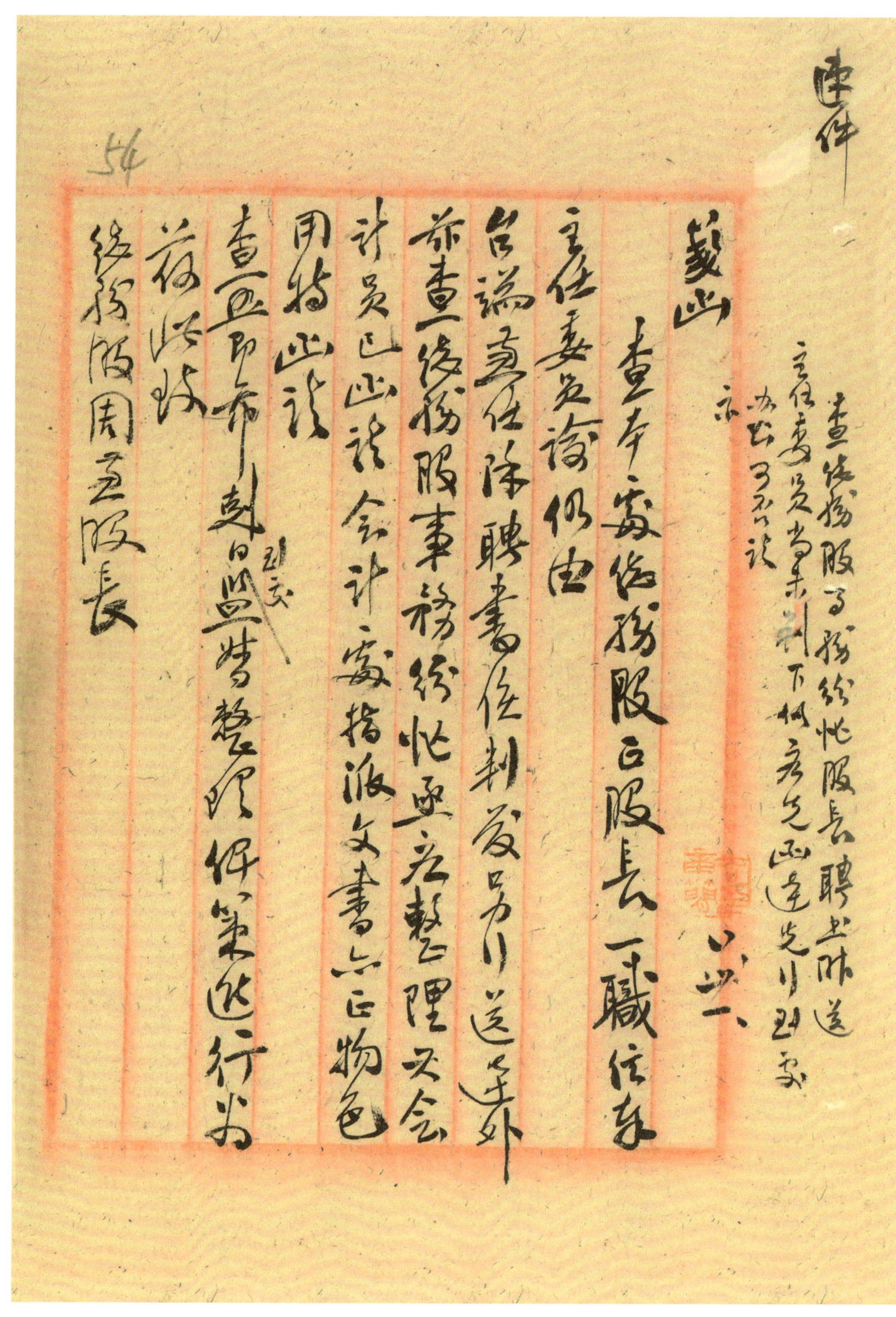

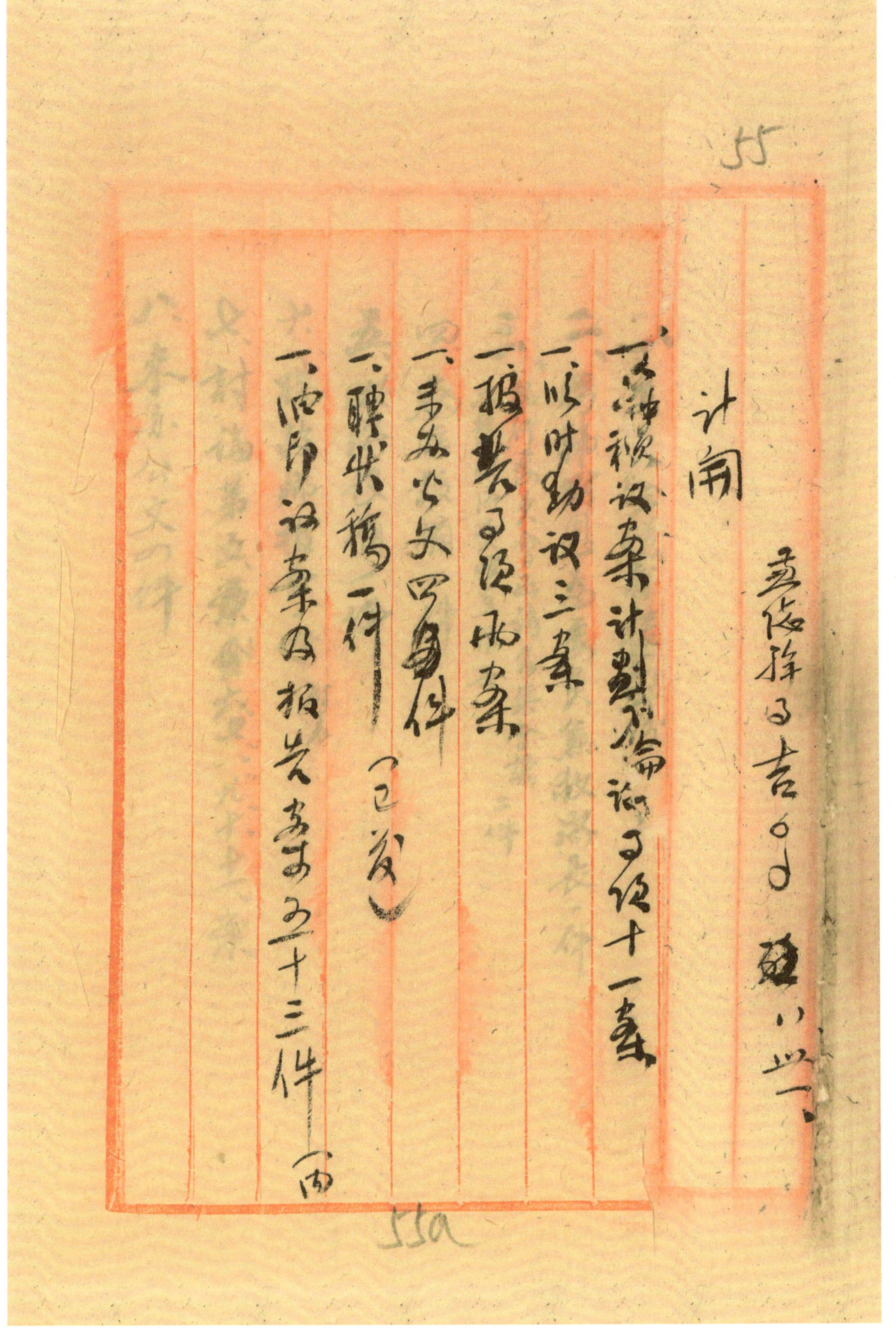

计开

一、交办提议案计划、命令、训令等项十一案

一、临时动议三案

一、报告事项两案

一、来去公文四十件

一、聘状稿一件（已发）

一、油印议案及报告表册五十三件（附）

兰州空袭紧急救济联合办事处兼总干事关于移交文件事致总务股股长的笺函（一九四〇年八月三十一日）

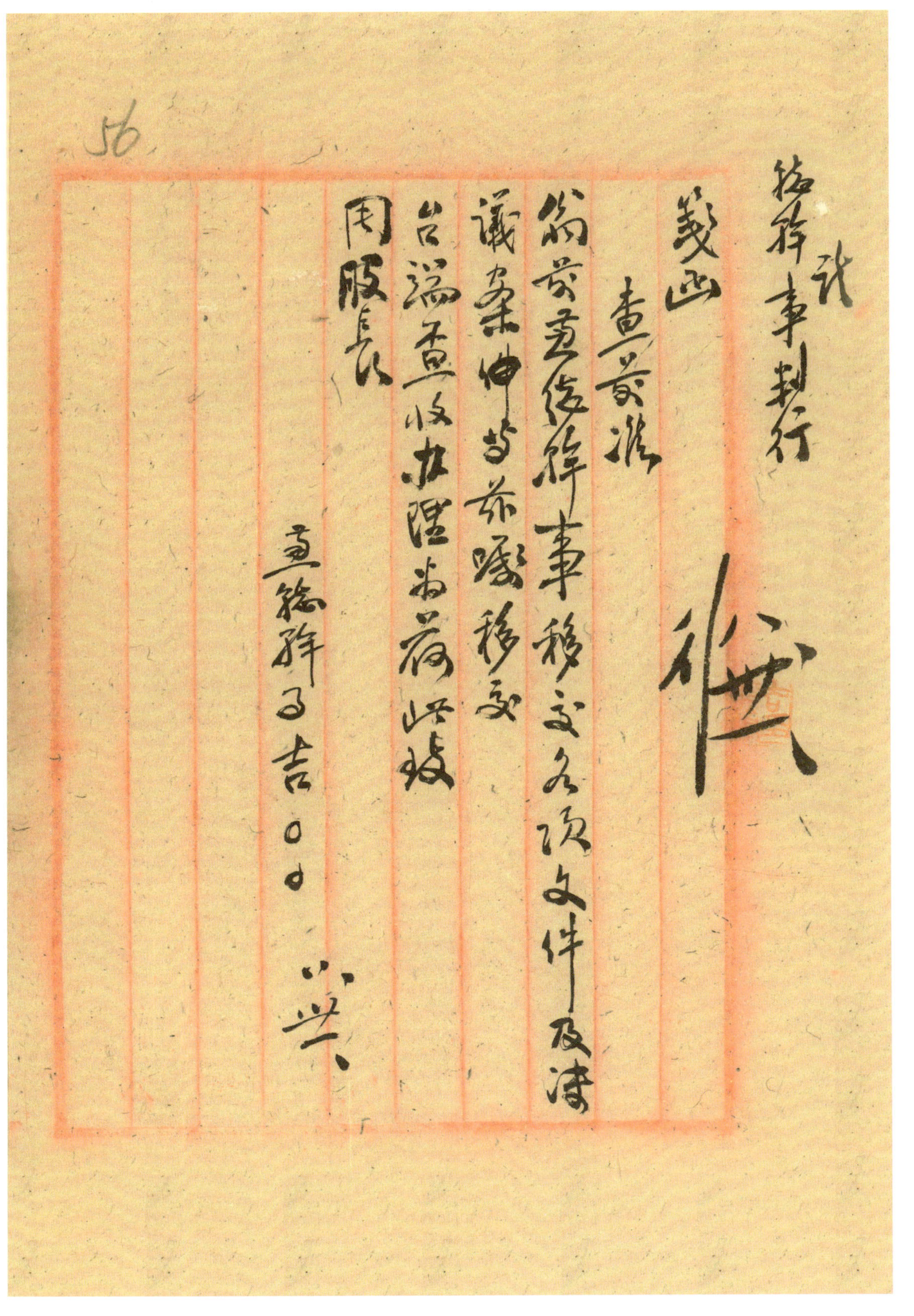

兰州空袭紧急救济联合办事处关于讨论会议提案事致各股的通知（一九四〇年九月二日）

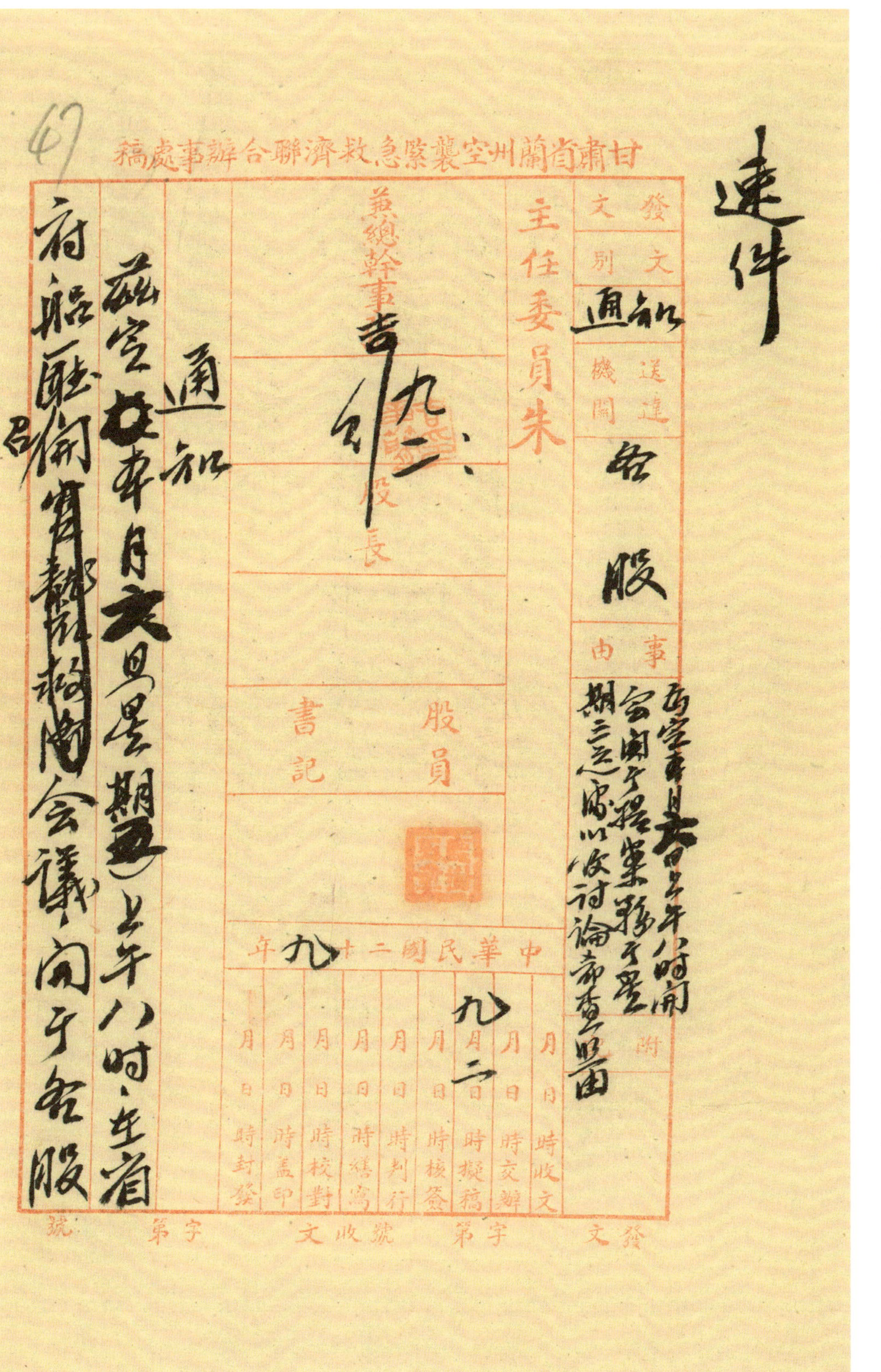

速件

甘肃省兰州空袭紧急救济联合办事处稿

发文文别	通知
送达机关	各股
事由	为定本月六日上午八时开会[illegible]案[illegible]讨论希查照由
附	

主任委员 朱

兼总干事

股长

股员

书记

中华民国二十九年九月

九月二日

通知

兹定本月六日星期五上午八时在省府[illegible]会议，开会各股

提案，務於本星期二下午以前送處，以便整理討論，特此通知，希即查照，辦理為荷！此致

兰州空袭紧急救济联合办事处兼总干事关于召开正副股长会议情形及提案决议九项致主任委员的签呈（一九四〇年九月十二日）

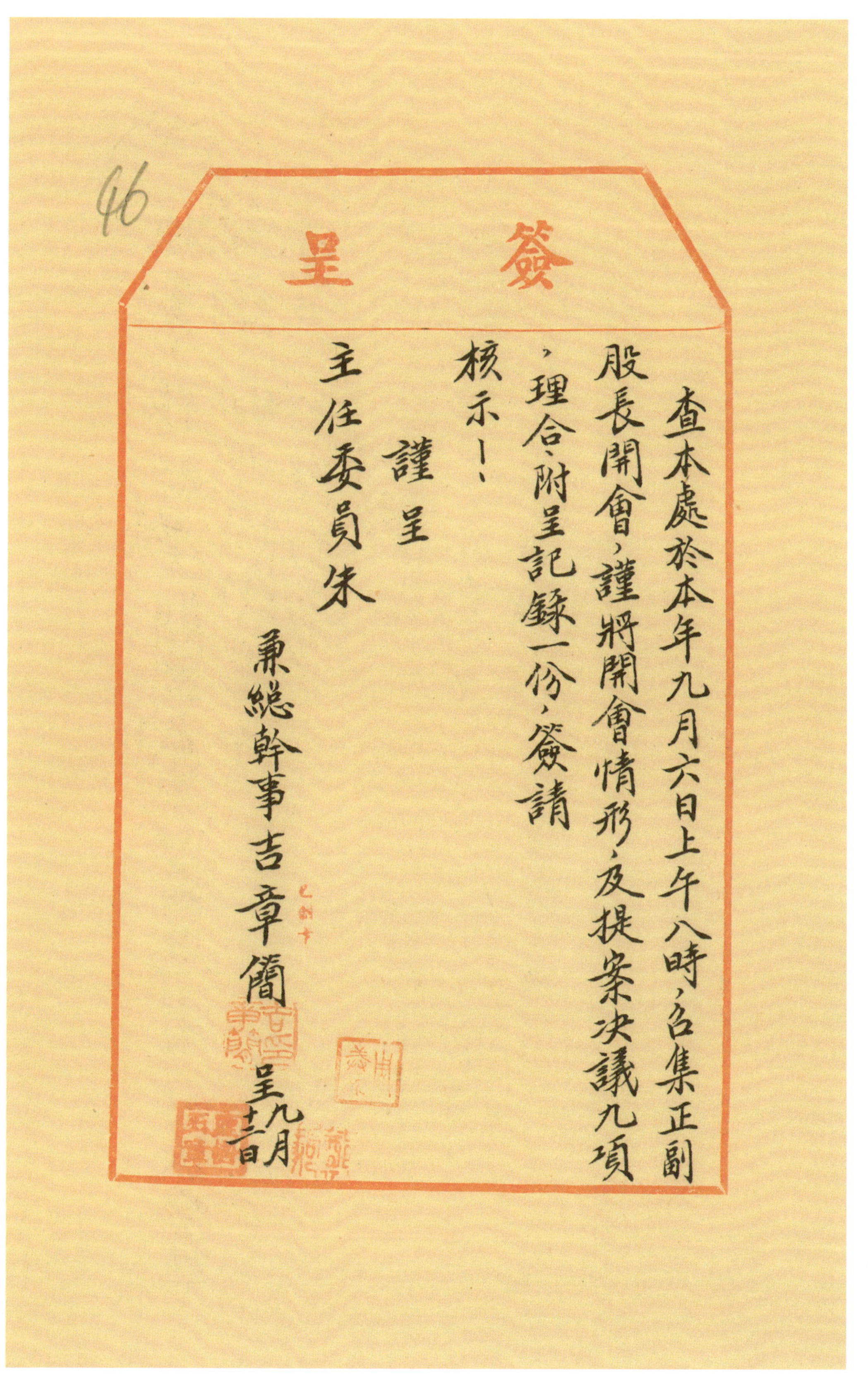

46

签呈

查本處於本年九月六日上午八時，召集正副股長開會，謹將開會情形，及提案決議九項，理合，附呈記錄一份，簽請

核示！

謹呈

主任委員朱

兼總幹事吉章簡

呈九月十二日

附：兰州空袭紧急救济联合办事处股长第一次会议记录

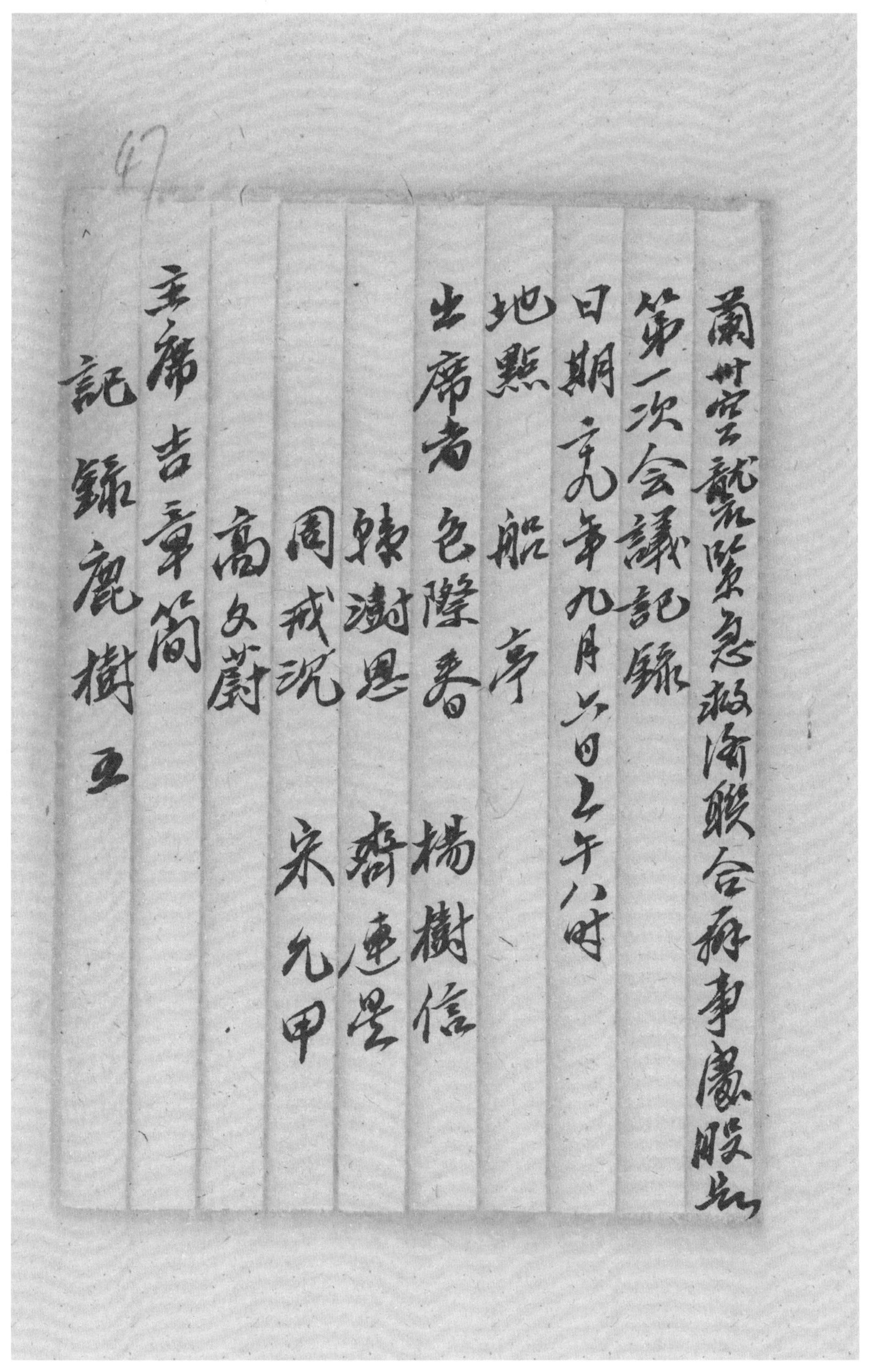

蘭州空襲緊急救濟聯合辦事處股長
第一次会議記錄
日期 廿九年九月六日上午八時
地點 船亭
出席者 包際春 楊樹信
韓濟恩 齊連昆
周戒沅 宋允甲
高文蔚
主席 吉章簡
記錄 鹿樹立

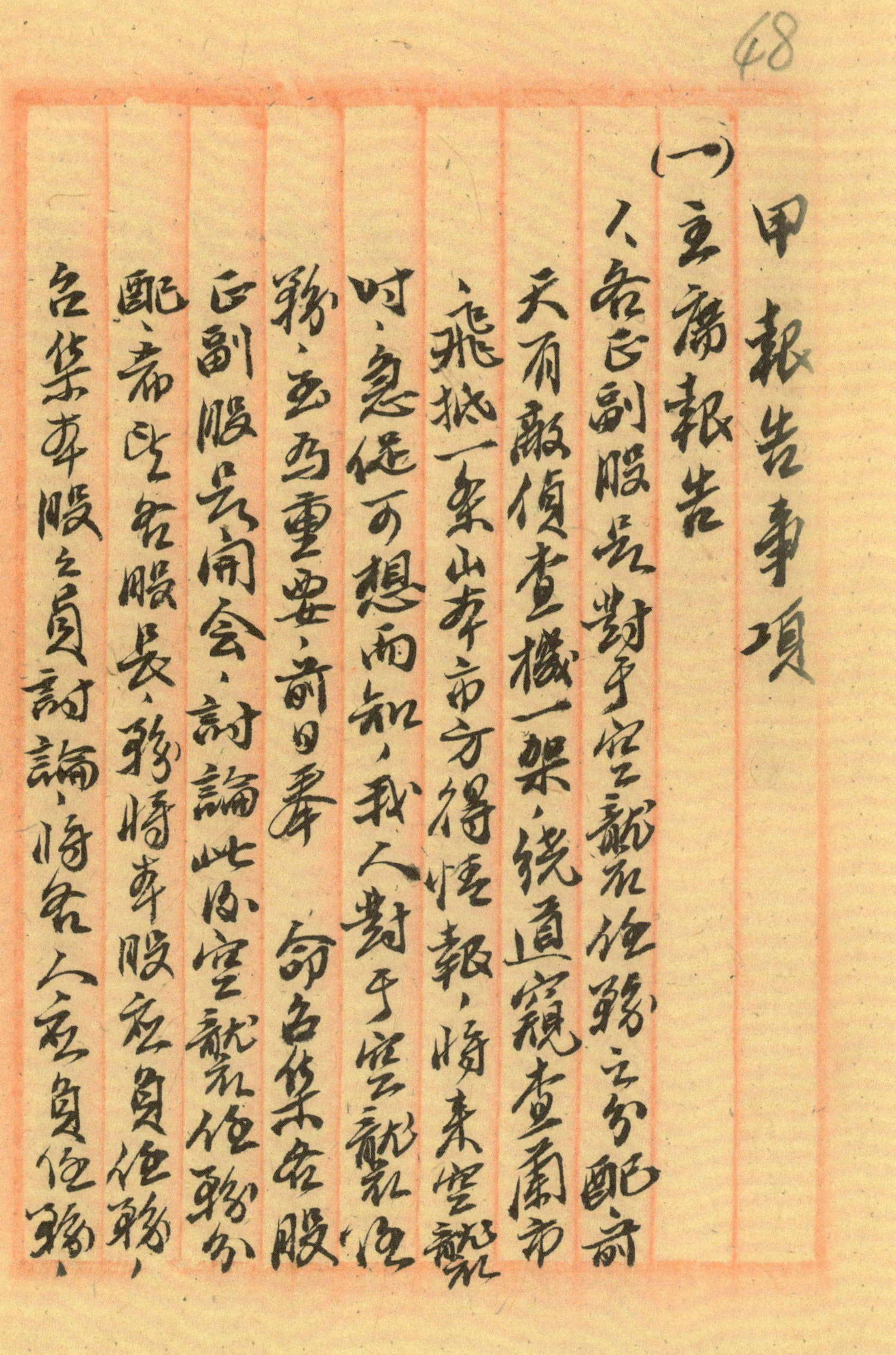

48

甲 報告事項

(一)主席報告

人、各正副股長對于空襲任務之分配前天有敵偵查機一架，繞道窺查蘭市飛抵一条山，本市方得情報，將來空襲时，急促可想而知，我人對于空襲任務，至為重要，前日奉　命召集各股正副股長開会，討論此次空襲任務分配，希望各股長，將本股应負任務，召集本股之员討論，將各人应負任務，分配妥當，列表呈核，絕對責成做到，以應付時機。

乙、各股應檢查職務上之需要，對于空襲時難民如何登記，事先應如何準備，救衛手續如何立定，醫療擔架事項所需表冊，務須適合時際需要，妥為準備，若需經費，另簽呈核發。

乙、討論事項

（一）楊衛生處長提議

1、空襲時之醫療組織，查醫治股為本區

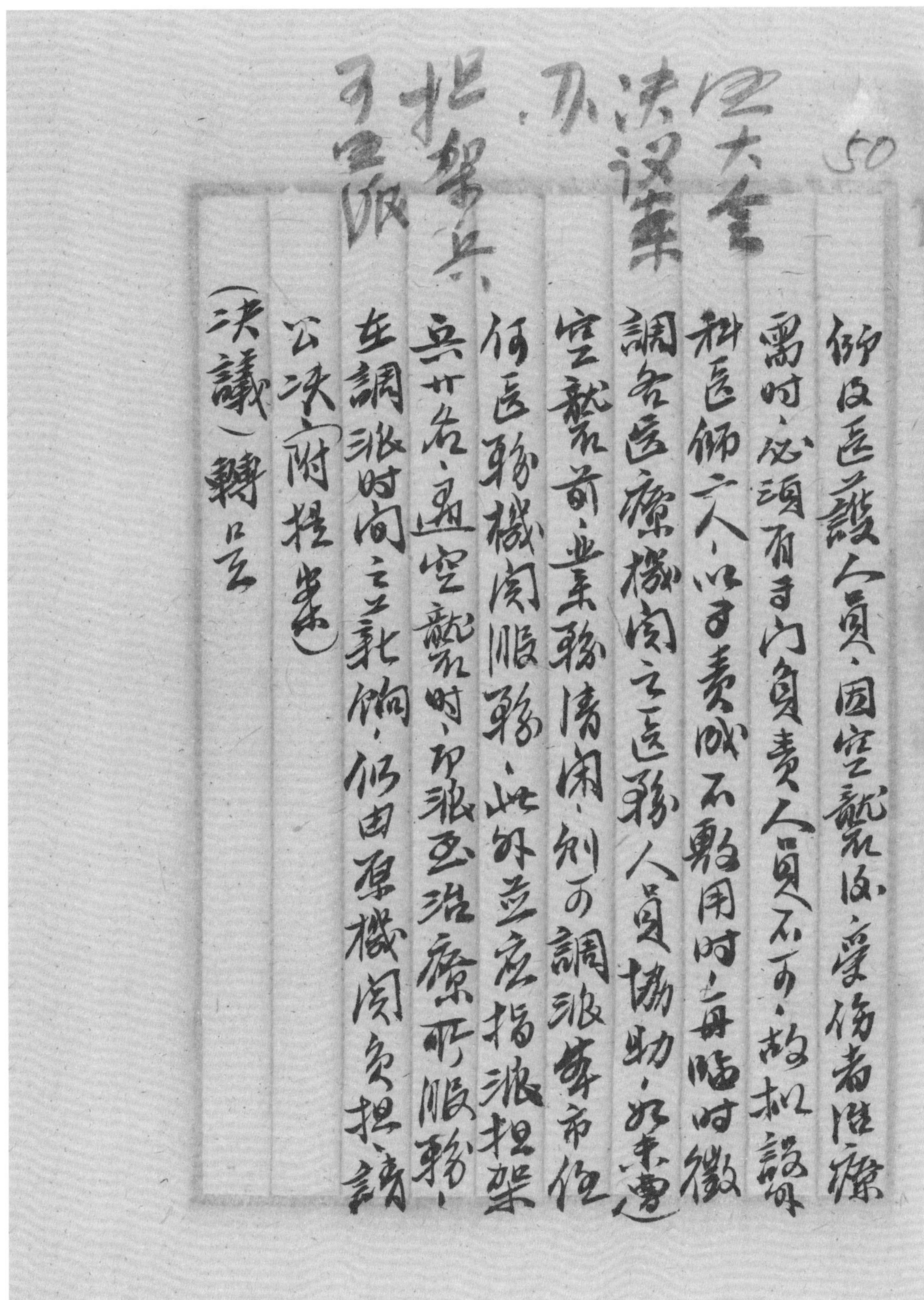

51

2、医療設備方面：查果家庄房屋，並未絕對安全，而負傷者如驚弓之鳥，不能再受空襲威脅，為策安全計，擬在蘭臨公路旁，離城稍遠之處，擇一隱蔽之山坡，另築簡單房屋，俾使傷重者住治。

（決議）在指定地點，或民房或公地修理使用。（因經濟時間兩不許可）

3、救護車輛：運輸車、救護車，確有需要，應指定汽車兩輛，備空襲時運輸受傷人民之用，於解除警報後，停留西稍門外旋

52

可

已办

照決議辦

候防護團救護大隊及治療所指揮應用，又救護車一輛，於空襲警報發出時，即停至救護大隊部（省醫院門前）備用。

（決議）請主任委員令西北公路局及郵政局通融照撥。

五、經濟方面：（1）開辦費三萬元，（2）建築房屋設備費二萬元，（3）藥品材料費一萬元，（4）經常費二仟四百五十元。（附意見）

（決議）原文轉。

六、空襲後市民衆食糧，平日積蓄甚大，

53

率多用时炸弹，倘遇轰炸后，不惟灾黎嗷嗷待哺，即民众亦感困难，所有被炸后市民之粮食问题，似应先行准备，以免临时恐慌。（附意见）

（决议）准备十日粮食，按五万人计算，需面粉七十万斤，请省府令饬第二区县府及商会共同负责筹办。

6、救济抚恤之标准，似应预先规定，倘遇轰炸后受伤人员，以便照章办理。

（决议）轰炸后，为合理计，应选派员安慰

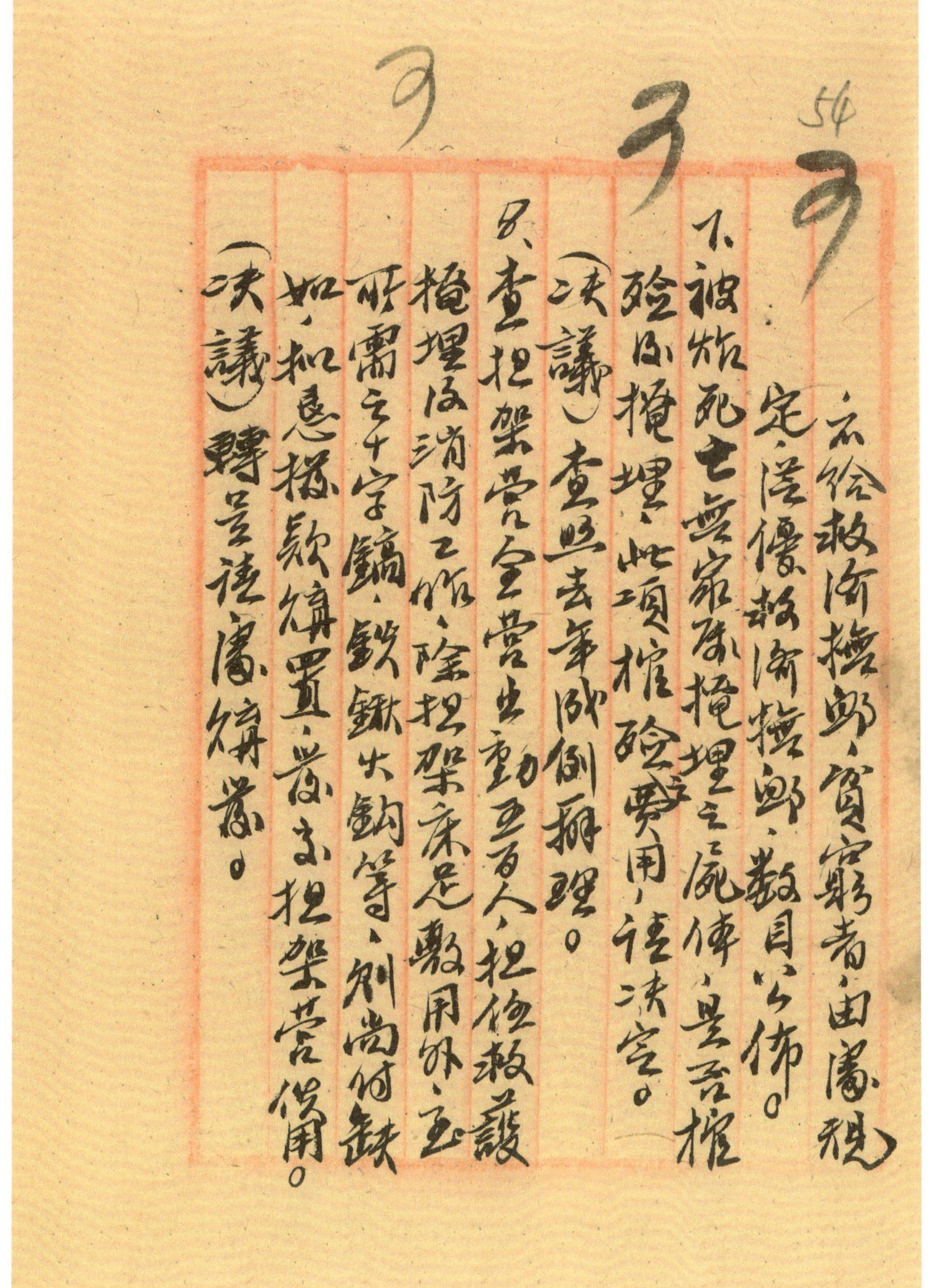

六、給救濟撫卹，貧窮者由處規
定，從優救濟撫卹，數目公佈。
7、被炸死亡無家屬掩埋之屍體，是否棺
殮而掩埋，此項棺殮費用，請決定。
（決議）查照去年成例辦理。
8、查担架營全營出動五百人，担任救護
掩埋及消防工作，除担架床足敷用外，至
所需之十字鎬、鐵鍬、火鈎等，則尚付缺
如，擬懇撥款購置，發交担架營備用。
（決議）轉呈請處備案。

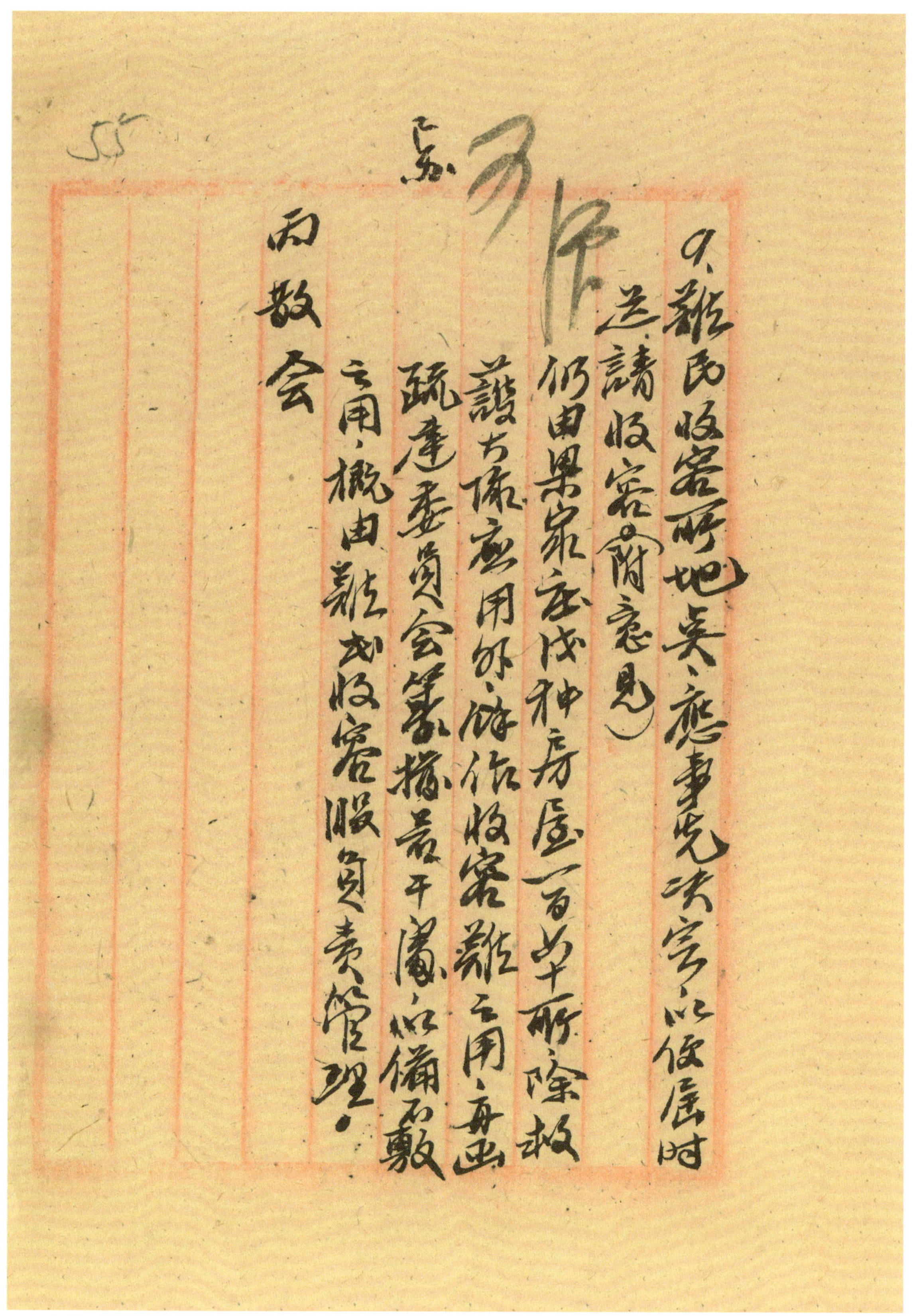

9、難民收容所地点，應事先決定，以便屆時送請收容（附意見）

仍由果家庄伏翀房屋一百廿所，除救護衛隊應用外，俱作收容難民之用，再函疏建委員会等撥若干處，以備不敷之用，概由難民收容股負責管理。

两救会

甘肃省政府会计处关于派赵连璧代理会计员事致兰州空袭紧急救济联合办事处的公函（一九四〇年九月二十七日）

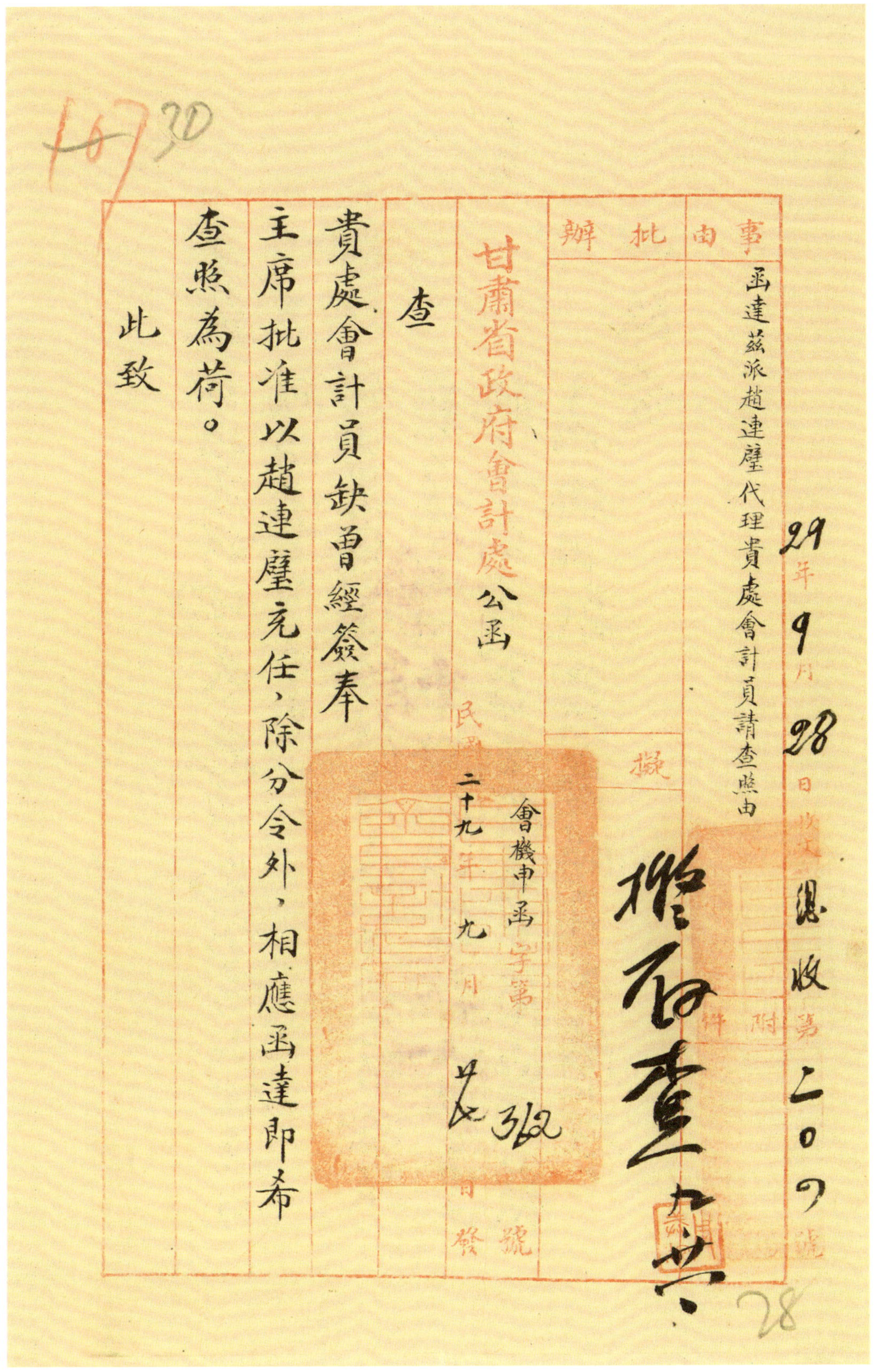

事由：函達茲派趙連璧代理貴處會計員請查照由

甘肅省政府會計處公函　會機串函字第　號　民國二十九年九月廿七日發

查

貴處會計員缺，曾經簽奉

主席批准以趙連璧充任，除分令外，相應函達，即希

查照爲荷。

此致

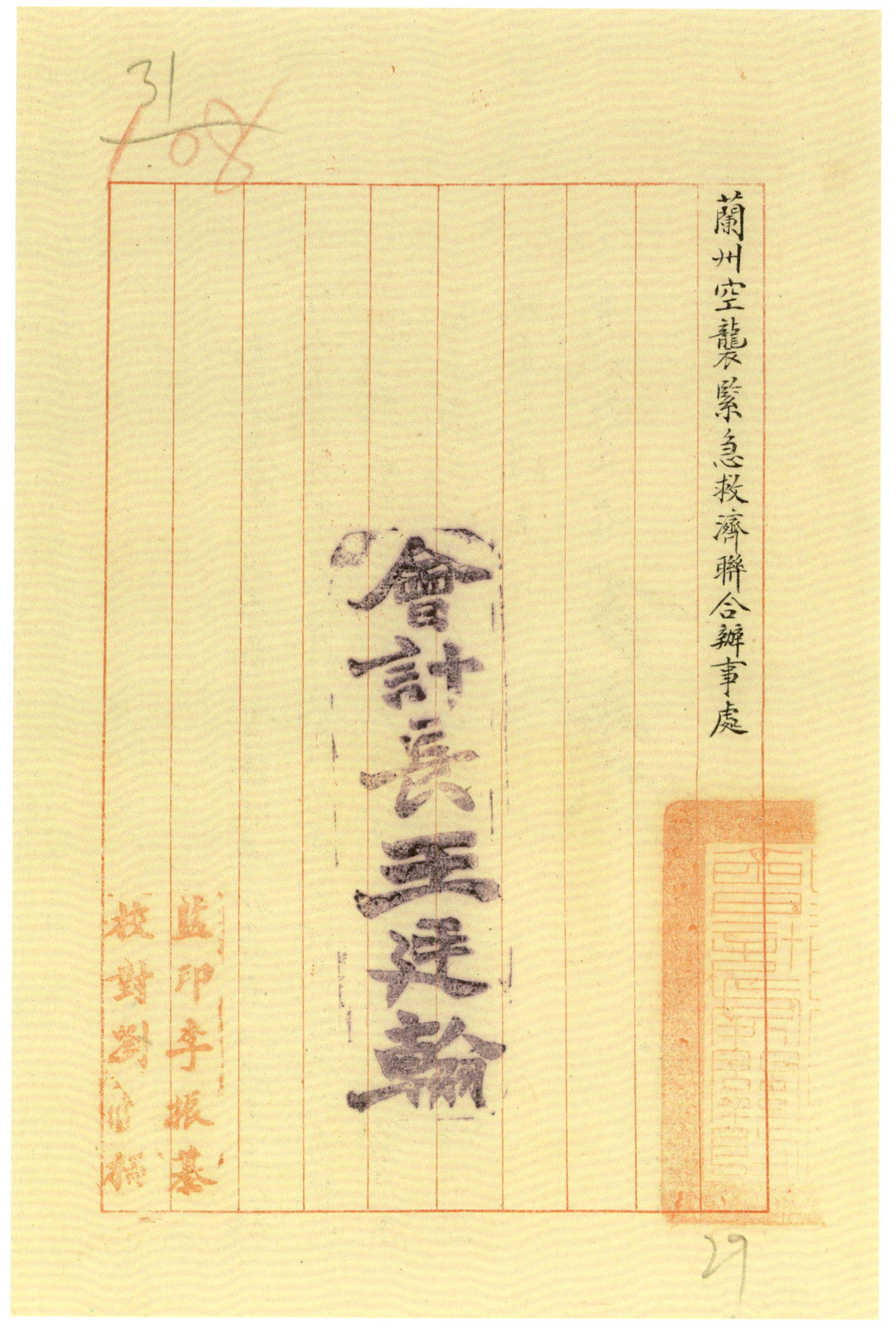

蘭州空襲緊急救濟聯合辦事處

會計長王廷翰

監印李振基

校對劉[illegible]

兰州空袭紧急救济联合办事处与其总务股关于专任文书股员董绍狐任职一事的一组公文（一九四〇年九月至十月）

兰州空袭紧急救济联合办事处总务股致兼总干事的签呈（一九四〇年九月三十日）

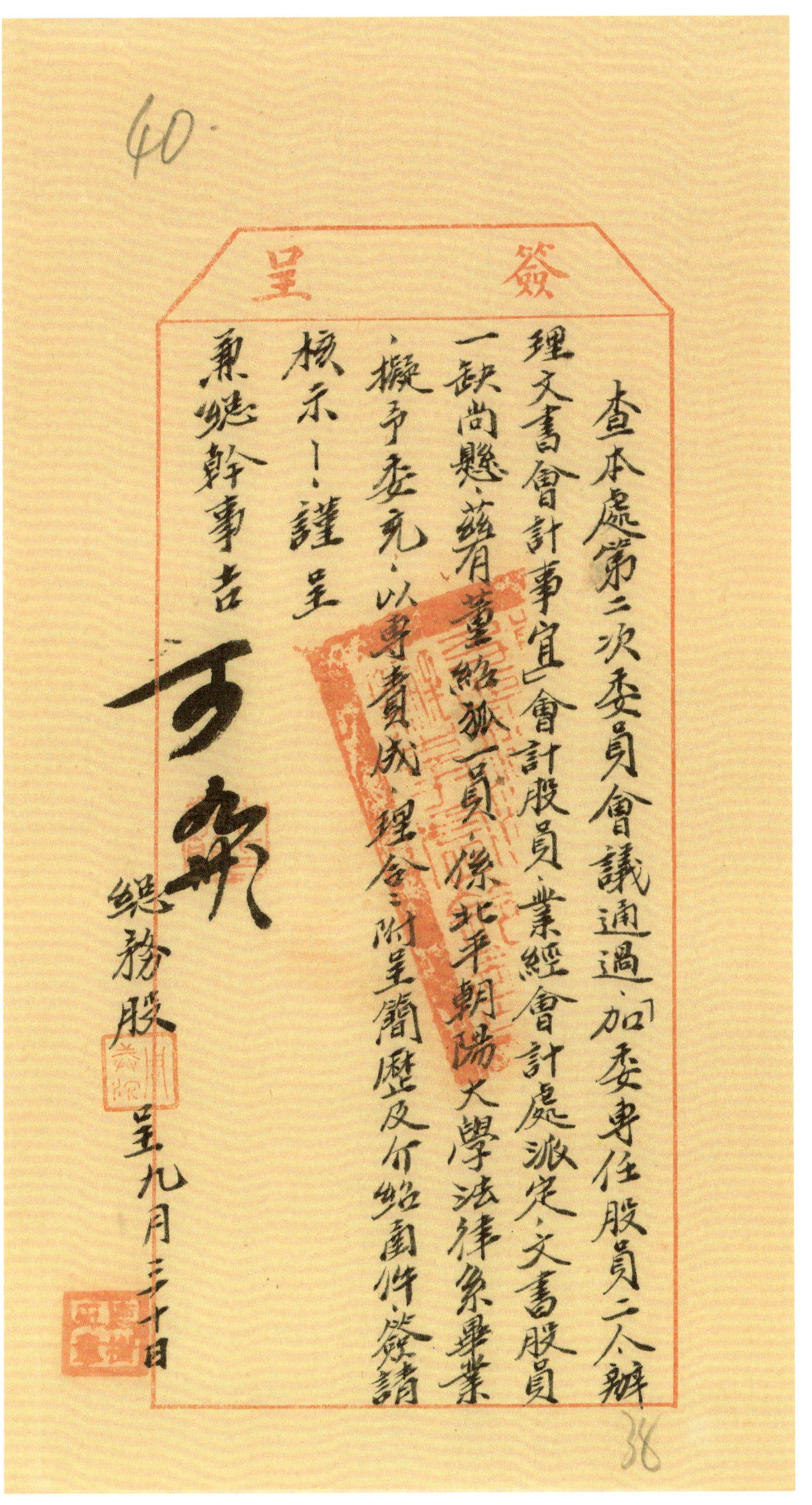

签呈

查本處第二次委員會議通過，加委專任股員二人，辦理文書、會計事宜。會計股員業經會計處派定，文書股員一缺尚懸。兹有董紹狐一員，係北平朝陽大學法律系畢業，擬予委充，以專責成。理合附呈履歷及介紹函件，簽請核示！謹呈

兼總幹事吉

總務股呈 九月三十日

41

姓名	董紹狐
年齡	三十一歲
籍貫	廣東南海縣
出身	北平朝陽大學法律系畢業
曾任職務	天津海關監督公署秘書國民革命軍陸軍第四十九師司令部中校軍法官蚌埠淮民導報總編輯署江蘇灌雲縣縣長淮北鹽務緝私局陸警第五大隊隊長天津大公報駐冀東區特派員河北唐山公報社長河北唐山市公安局司法科長西北國營公路局站長甘肅省會警察局司法科主任科員等職

29

兰州空袭紧急救济联合办事处关于董绍狐任职的委任状（一九四〇年十月四日）

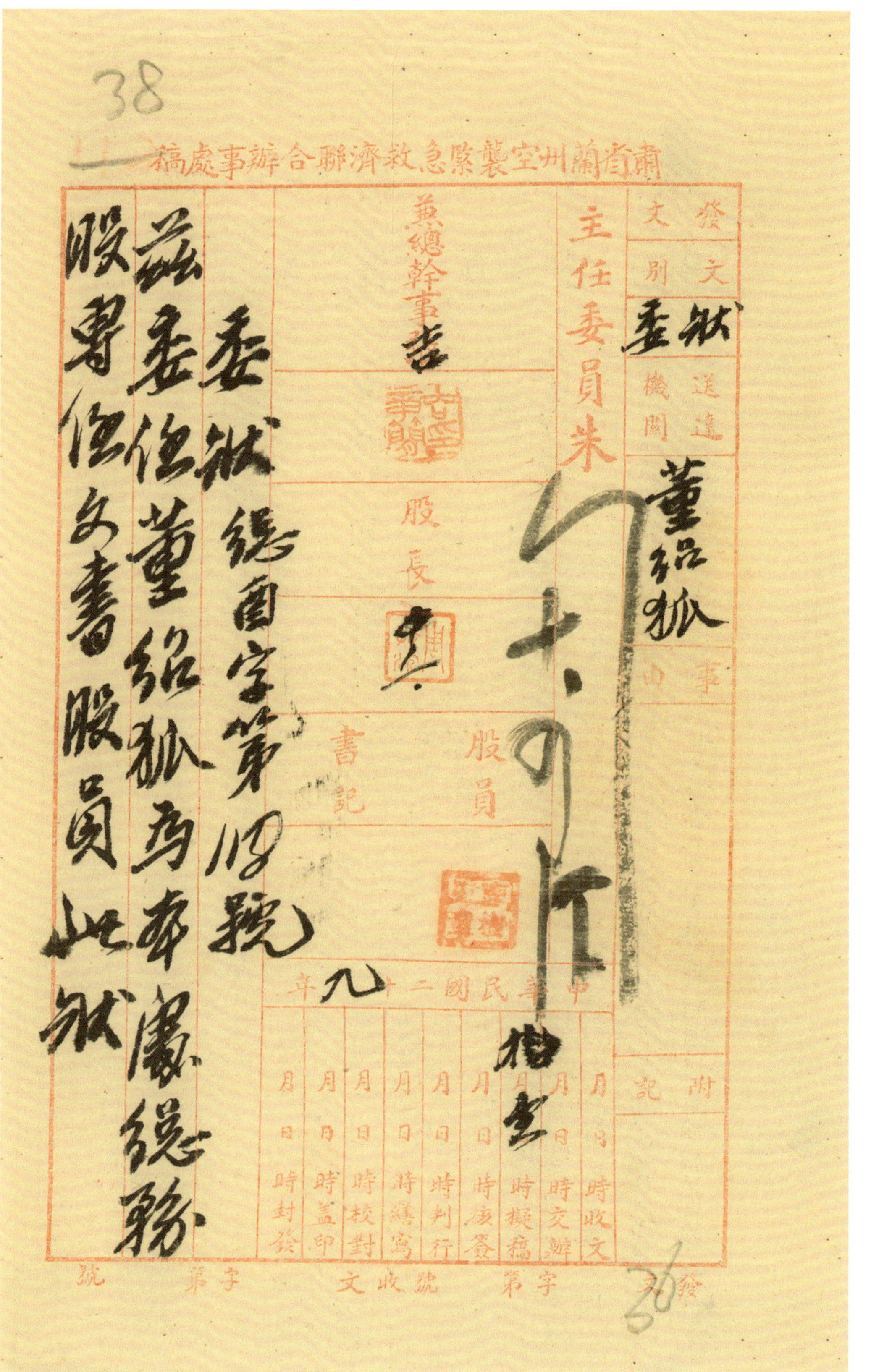

甘肃全省防空司令部秘书室关于派员参加防空节筹备会议事致兰州空袭紧急救济联合办事处的笺函（一九四〇年十一月十一日）

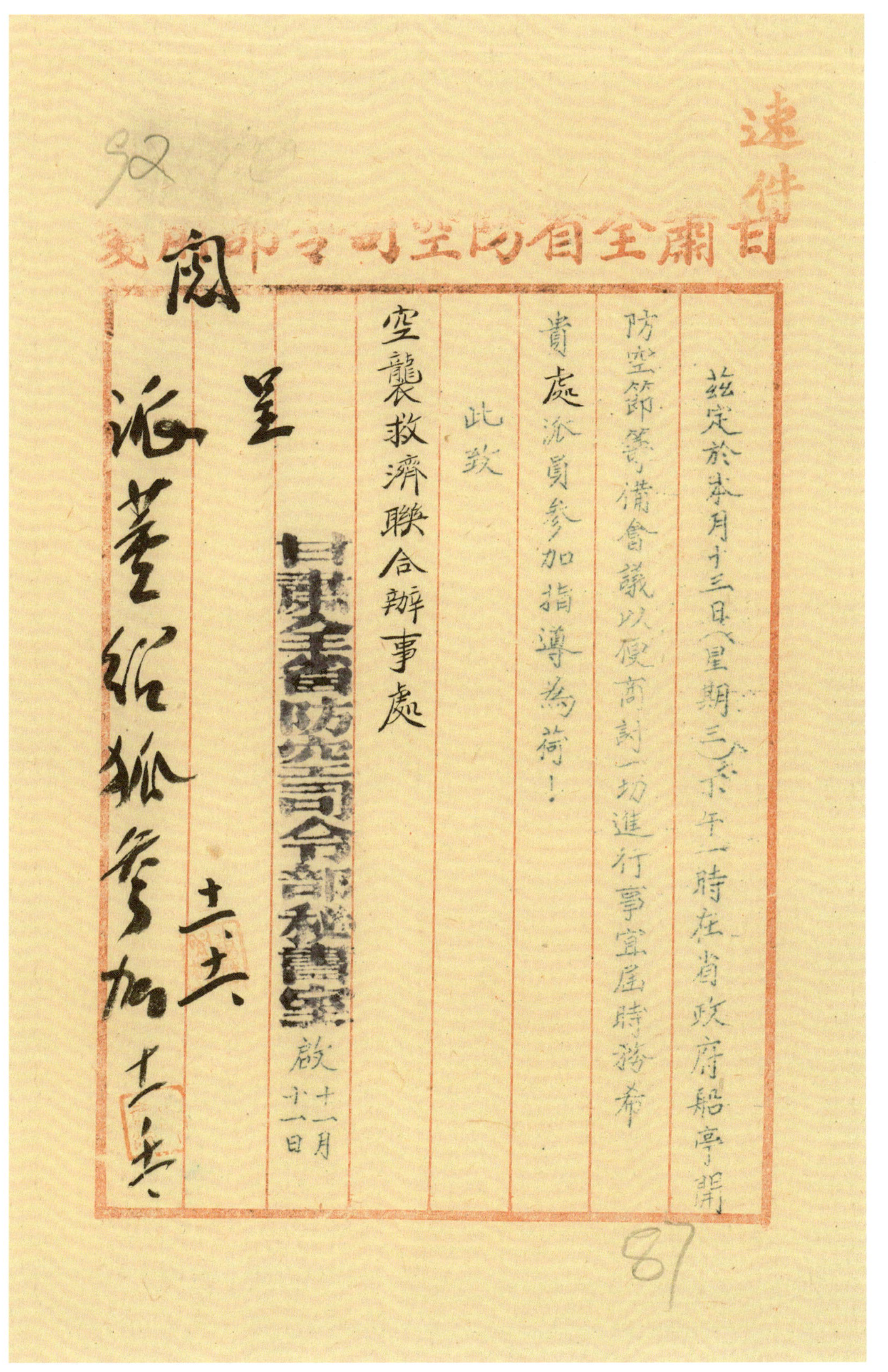
速件

甘肃全省防空司令部用笺

兹定於本月十三日（星期三）下午一時在省政府船亭開防空節籌備會議，以便商討一切進行事宜，屆時務希貴處派員參加指導為荷！

此致

空襲救濟聯合辦事處

甘肅全省防空司令部秘書室 啟 十一月十一日

閱 呈

派董紹祖參加 十二、十六

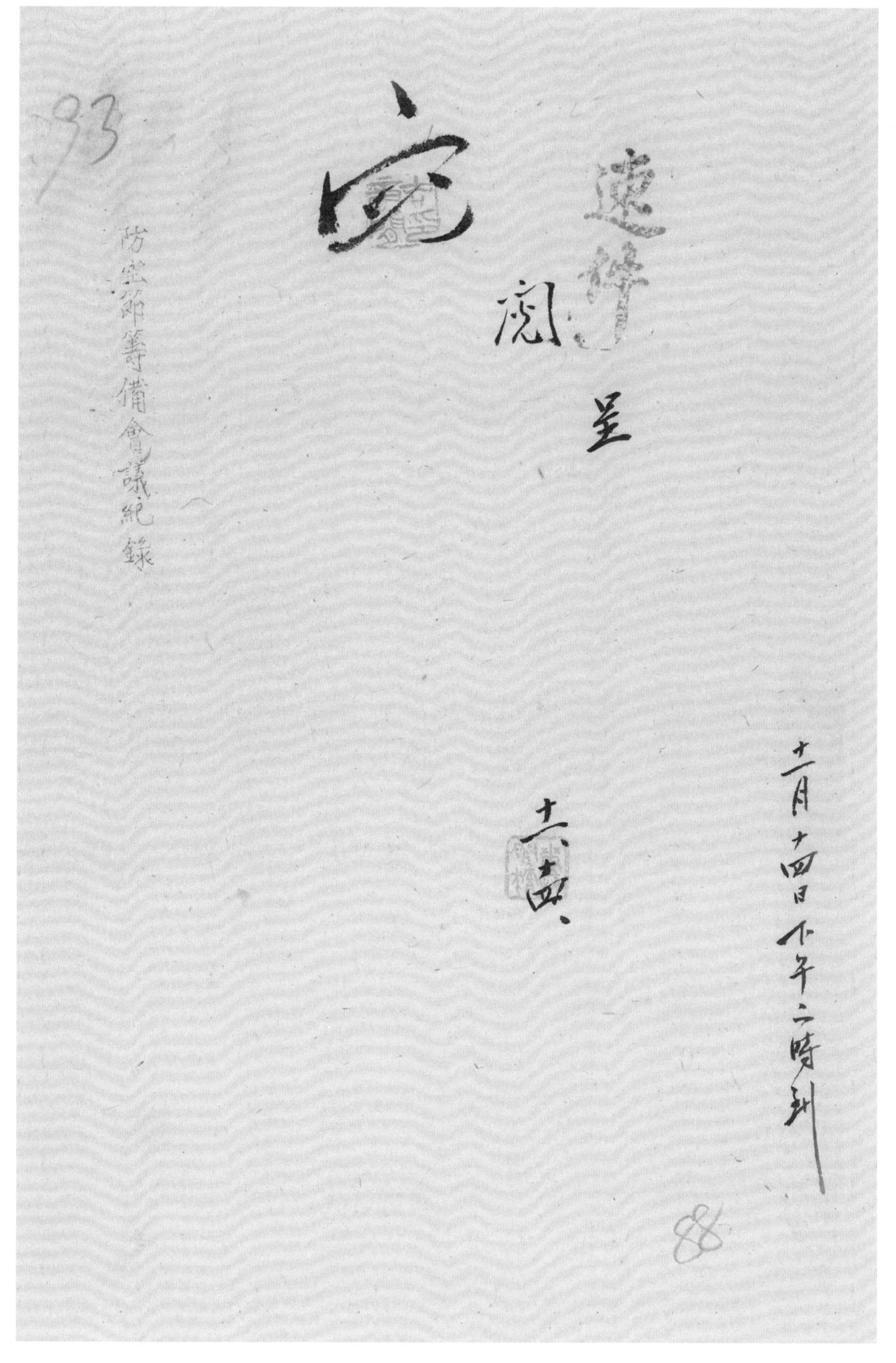

防空節籌備會議紀錄

時間　十一月十三日下午一時

地點　省政府船亭

出席者

防空司令部　向起中　楊毅卿

空軍第四路司令部　歐陽璋

第八戰區司令長官司令部　吳傳基

防空警備指揮部　徐世億

憲兵營　陳石瑛（已調卡）

高射砲營　李瀾波

照測隊　吳雲鵬

省政府秘書處　劉兼青

省黨部　羅麟藻

第八戰區政治部　劉裕坤
省會防護總團　色際春
軍警督察處
西北日報社　寇夢霞
空襲緊急聯合辦事處　董紹旅
三民主義青年團甘肅支團部　王應茂
皋蘭縣政府　葉憶泥
抗敵後援會　李錫珍
動員委員會　陳世祥
歐陽瑋
車敬庭
主席
紀錄
一、開會如儀
二、主席報告開會意義（略）

三、討論事項

(一)防空節擬由歡送出征軍人合併舉行大會名稱如何决定案

決議——大會名義定為「蘭州各界紀念防空節暨歡送出征軍人大會」

(二)大會如何籌備案

決議——大會籌備分總務、宣傳、文書、糾察四組分別辦理總務組由防空司令部　空軍司令部　省黨部　省政府　戰區政治部　防護總團等機關担任組務會議由防空司令部負責召集　宣傳組由省黨部　青年團　戰區政治部　軍管區政治部　後援會　動員委員會　西北公路特黨部　保安團隊特黨部　民國西北兩日報社　中央通訊社、教育廳等機關担任組務會議由省黨部負責召集　文書組由戰區政治部　省黨部　省政府　防空司令部

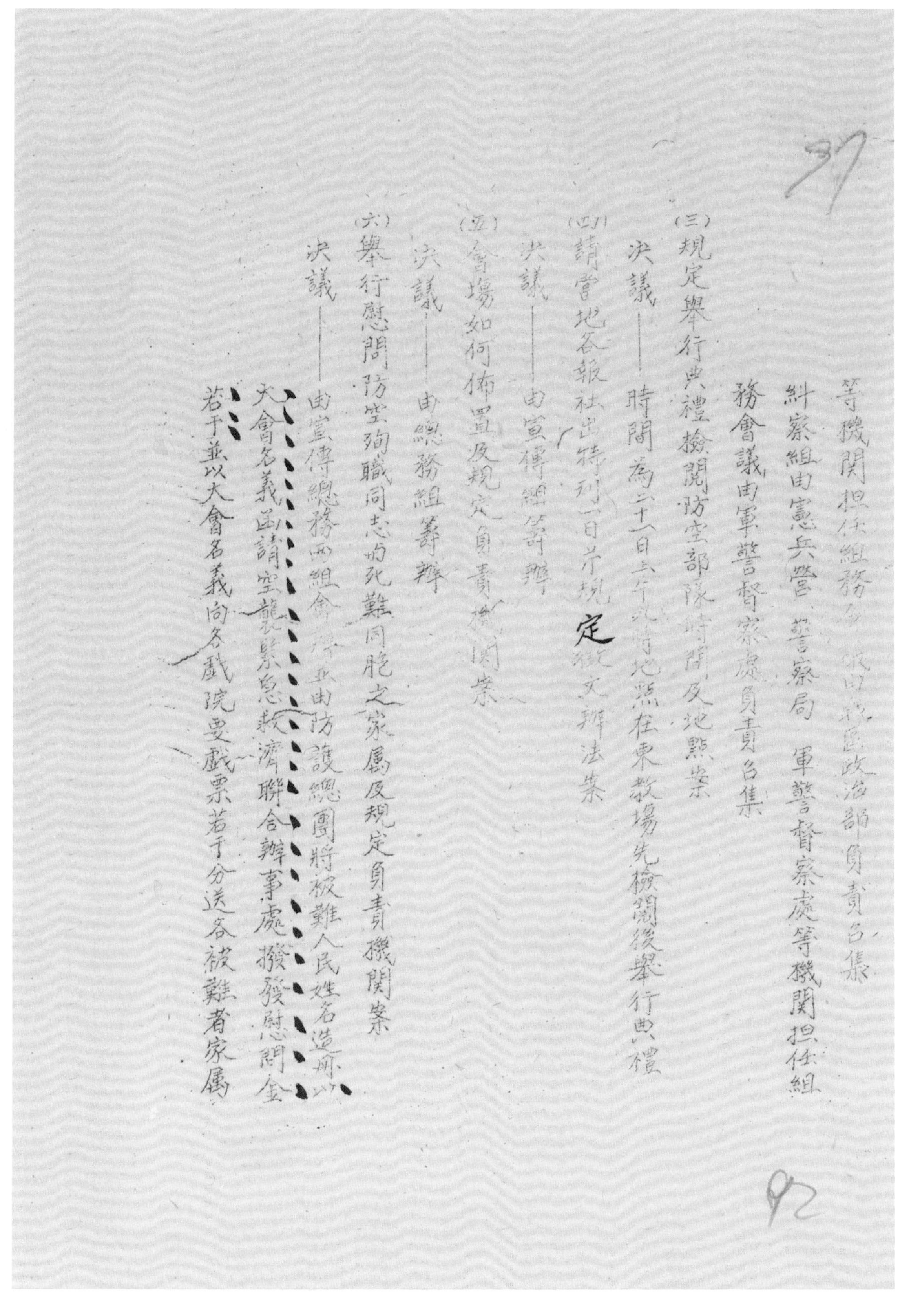

等機關担任組務[illegible]戰區政治部負責召集

糾察組由憲兵營、警察局、軍警督察處等機關担任組
務，會議由軍警督察處負責召集

（三）規定舉行典禮檢閱防空部隊時間及地點案

決議——時間為二十八日上午九時，地點在東教場，先檢閱後舉行典禮

（四）請當地各報社出特刊一日并規定徵文辦法案

決議——由宣傳組籌辦

（五）會場如何佈置及規定負責機關案

決議——由總務組籌辦

（六）舉行慰問防空殉職同志的死難同胞之家屬及規定負責機關案

決議——由宣傳、總務兩組會同並由防護總團將被難人民姓名造冊，以
大會名義函請空襲緊急救濟聯合辦事處撥發慰問金
若干，並以大會名義向各戲院要戲票若干分送各被難者家屬

98

（七）規定参加檢閱防空及防護部隊案

決議——防護部隊一律参加防空部隊除有勤務者外一律不帶器材参加

（八）飛機應否参加案

決議——派飛機散發傳單

（九）聘請名人講演案

決議——以大會名義請朱委員霽青曾主任擴情水董事長楚琴

担任講演

（十）請各宣傳機關放電影及演話劇案

決議——由宣傳組司斟酌辦理

（十一）聘請主席團及大會指揮官案

決議——大會主席團請　朱長官　歐陽司令　張議長

趙書記長　翁秘書長　曾主任　胡主任　顧教育長

何會長担任并請　朱長官為主席團主席大會指揮官

93

請羅師長担任副指揮官請鄧總隊長色局長担任

（十三）會場警備應由何部隊負責案

決議——由糾察組負責

四、臨時動議

（一）以大會名義電總裁致敬並電防空部隊慰勞電文由何機関擬辦案

決議——由省府秘書處擬電文

（二）蘭州各界紀念防空節告同胞書由何機関擬辦案

決議——由戰區政治部辦

兰州空袭紧急救济联合办事处关于移交各项款项文卷公物事致甘肃省政府主席的咨（一九四〇年十二月二十一日）

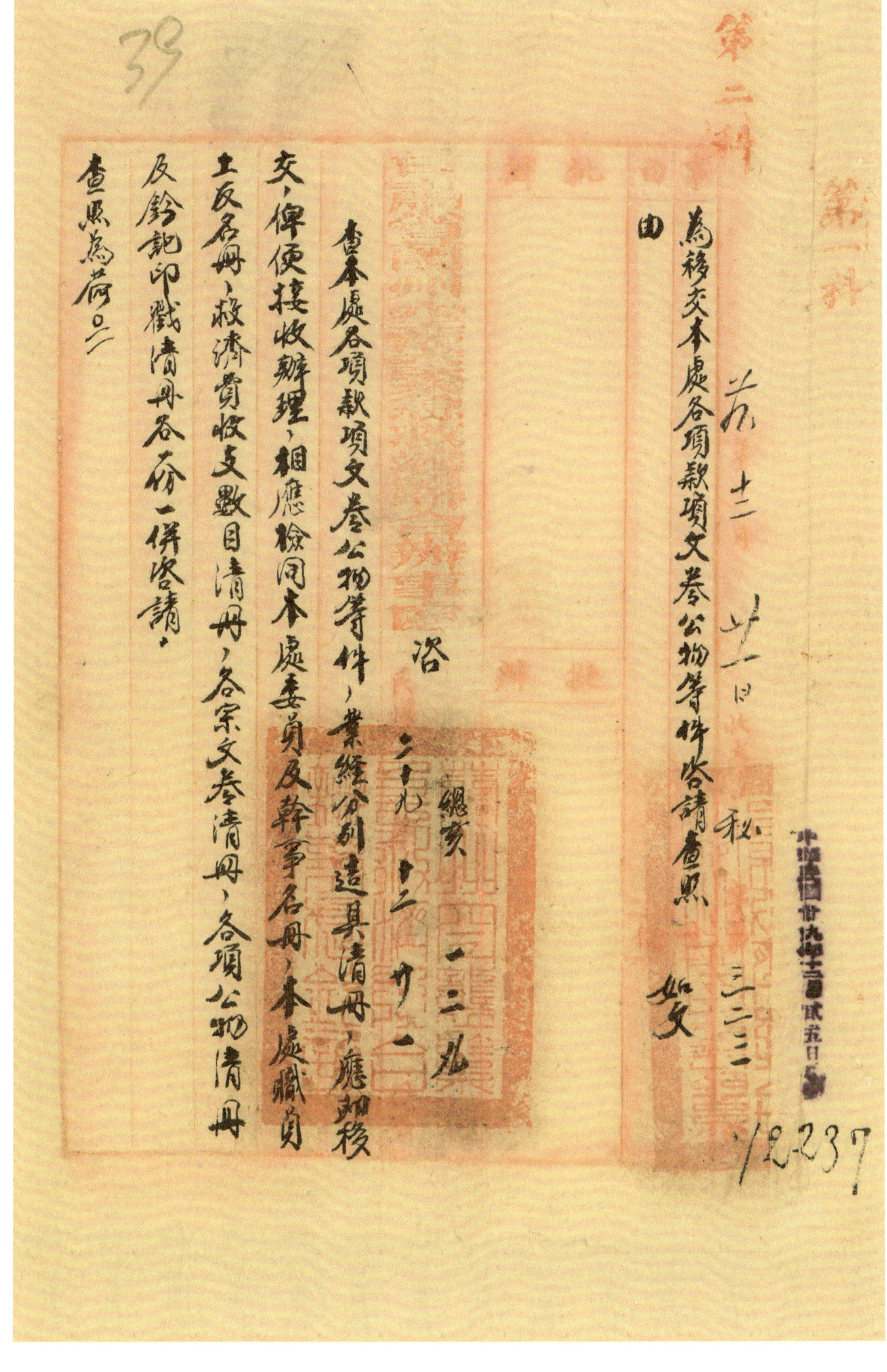
由：为移交本处各项款项文卷公物等件咨请查照

咨

查本处各项款项文卷公物等件，业经分别造具清册，应即移交，俾便接收办理，相应检同本处委员及干事名册、本处职员土夫名册、救济费收支数目清册、各宗文卷清册、各项公物清册及钤记印戳清册各一份，一并咨请

查照为荷！

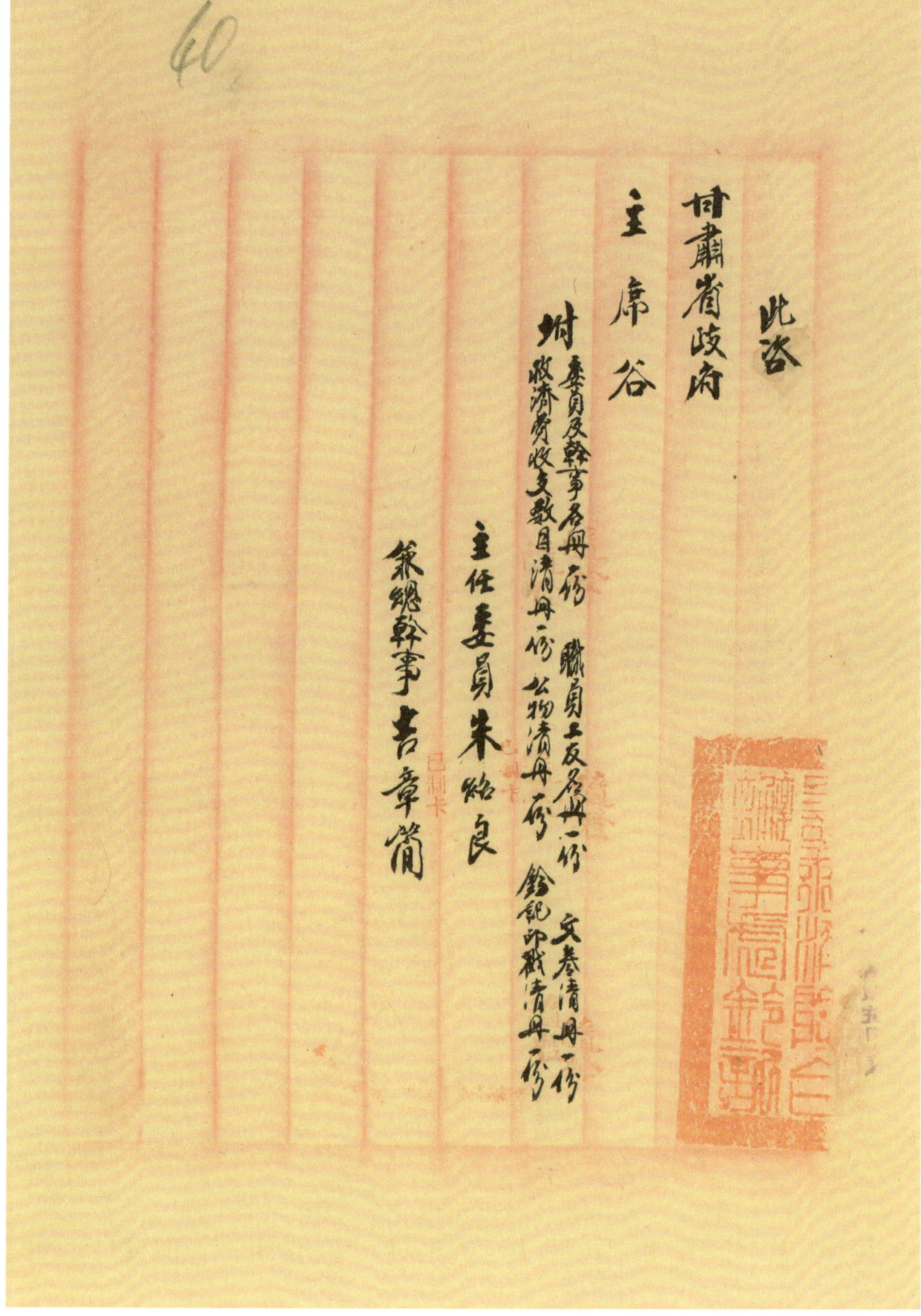

此咨

甘肅省政府

主席谷

附委員及幹事名冊一份　職員工友名冊一份　文卷清冊一份

救濟費收支數目清冊一份　公物清冊一份　鈐記印戳清冊一份

主任委員朱紹良

兼總幹事吉章簡

已制卡

附一：兰州空袭紧急救济联合办事处案卷清册

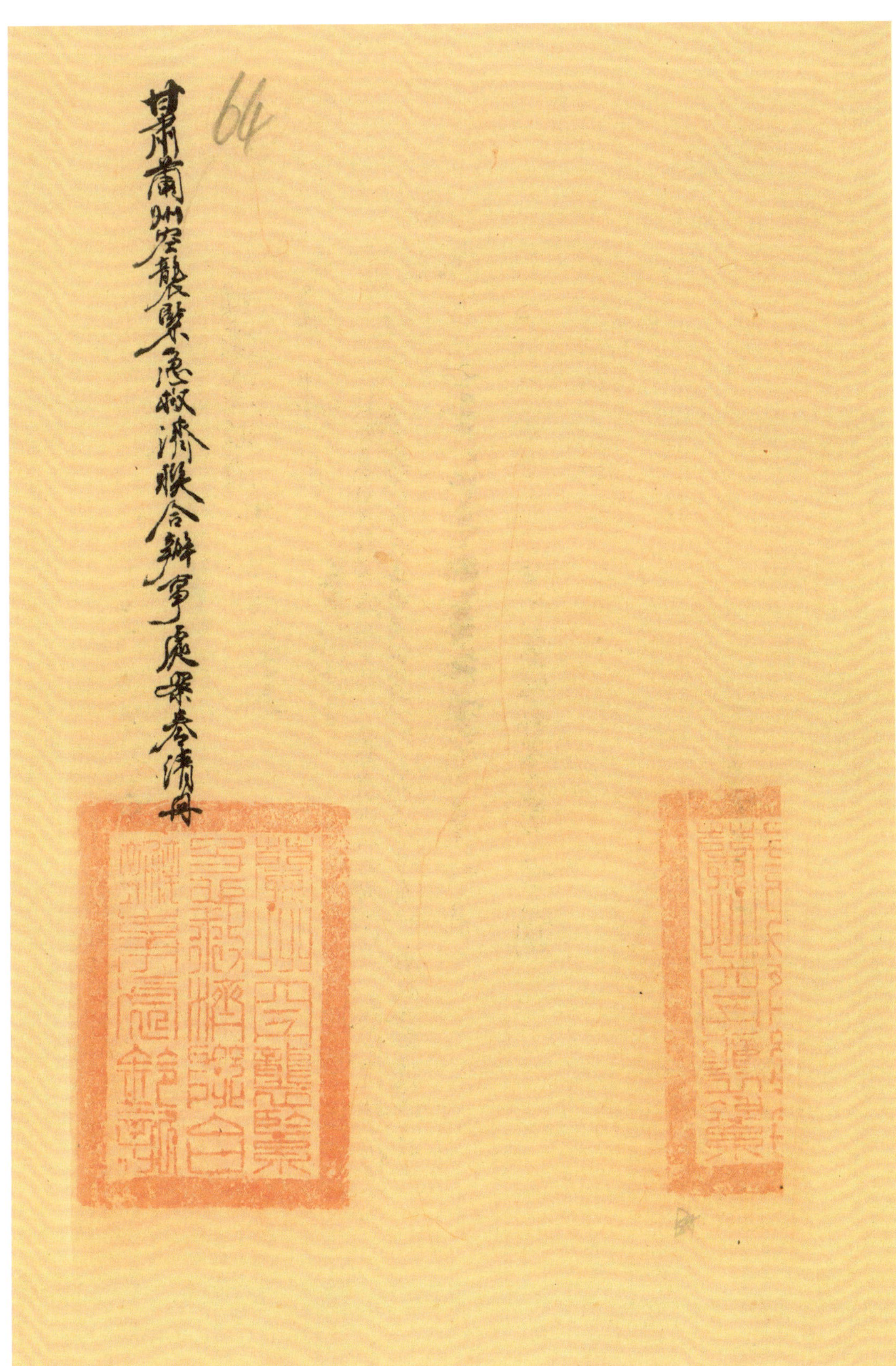

甘肅省蘭州空襲緊急救濟聯合辦事處案卷移交清冊

1 收入各方款項案壹宗

2 支付各方款項案壹宗

3 支付本處元月份至十二月份經費案壹宗

4 本處委員幹事聘委案壹宗

5 本處組織成立案壹宗

6 本處業務處理規則壹宗

7 敵機被炸損失情形案壹宗

8 辦理平糶麵粉案壹宗

9 佈告被炸市民登記領款案壹宗

10 民族掃墓會請撥慰問金案一件
11 抗戰週年籌備會請撥慰問金案一件
12 指定空襲救護汽車案壹宗
13 空襲被炸身死代覓埋墳地案壹宗
14 第二次委員會議紀錄提案壹宗
15 各機關通函壹宗
16 通知各方會議案壹宗
17 防空司令部函請發各項章則案一件
18 保安處函撥房屋案一件
19 建委會函請分設收濟分站案一件

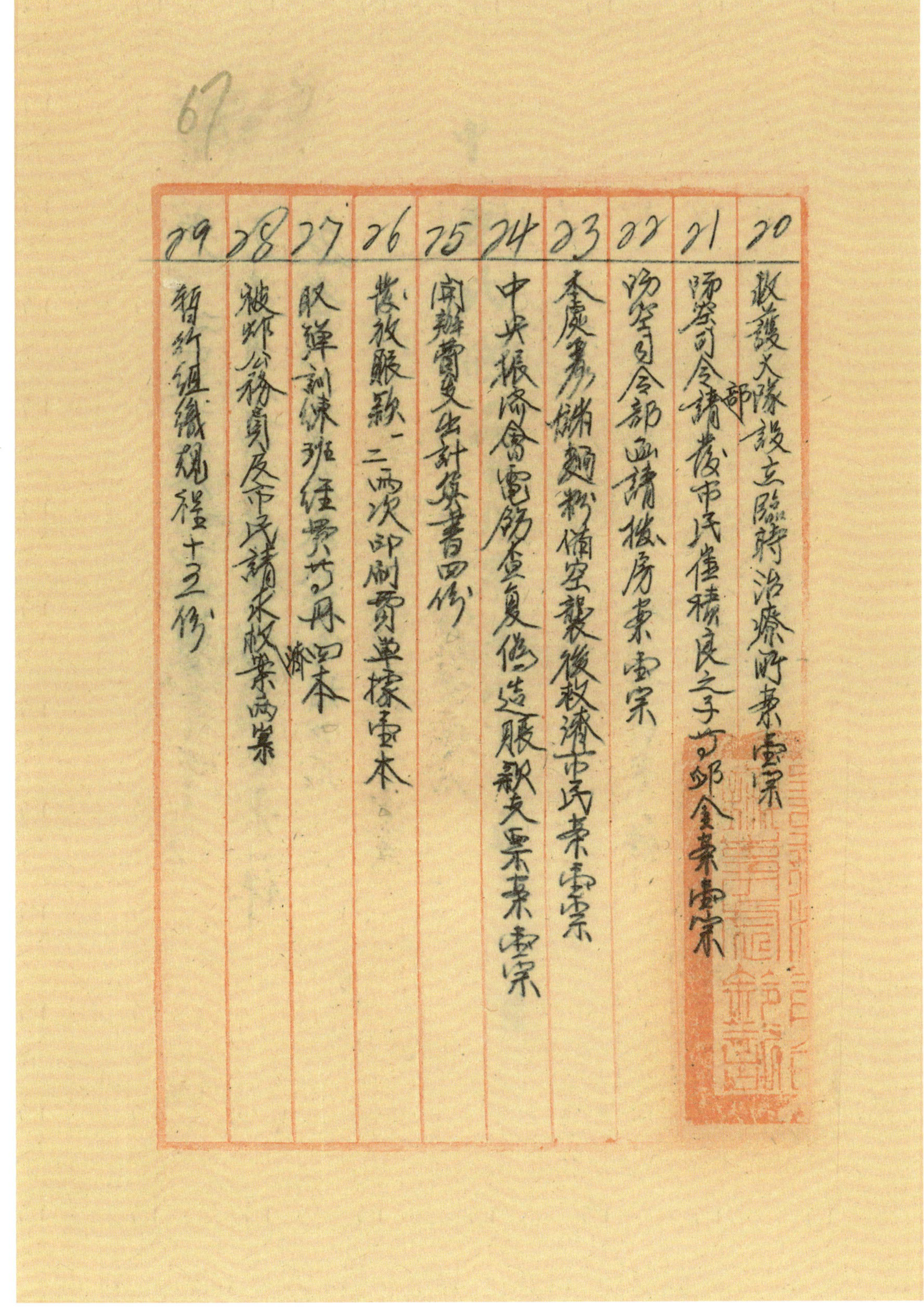

67

20 救護大隊設立臨時治療所卷壹宗
21 防空司令部請發市民崔積良之子可邱金卷壹宗
22 防空司令部函請撥房卷壹宗
23 本處發放麵粉備空襲後救濟市民卷壹宗
24 中央振濟會電飭查復偽造賑款支票卷壹宗
25 開辦費支出計算書四份
26 發放賑款一二兩次印刷單據壹本
27 服務訓練班經費清冊四本
28 被炸公務員及市民請求救濟案兩宗
29 暫行組織規程十三份

68
30 、二两次市民登记证两捆
31 委员会议纪录三十一份
32 发放一、二两次振款收据两捆

69
中華民國二十九年十二月廿一日

附二：兰州空袭紧急救济联合办事处公用物品清册

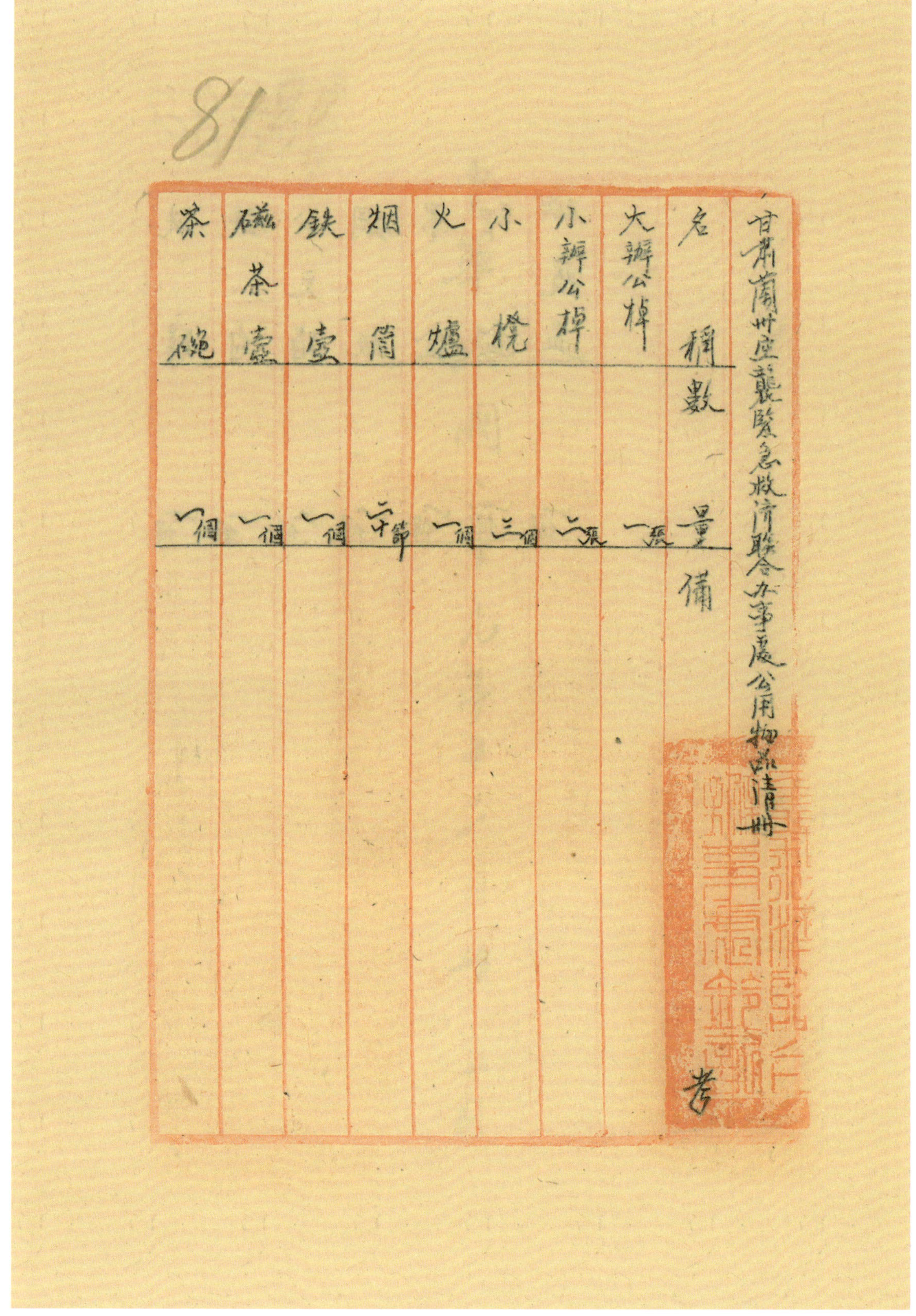

81

甘肅蘭州查賑緊急救濟聯合辦事處公用物品清冊

名稱	數量	備考
大辦公桌	一張	
小辦公桌	六張	
小櫈	三個	
火爐	一個	
烟筒	六節	
鉄壺	一個	
磁茶壺	一個	
茶碗	一個	

82

鐵罐	一個
鐵勺	一個
公文箱	二個
鋼板	一個
墨盒	一個
印盒	一個
磁痰盂	一個

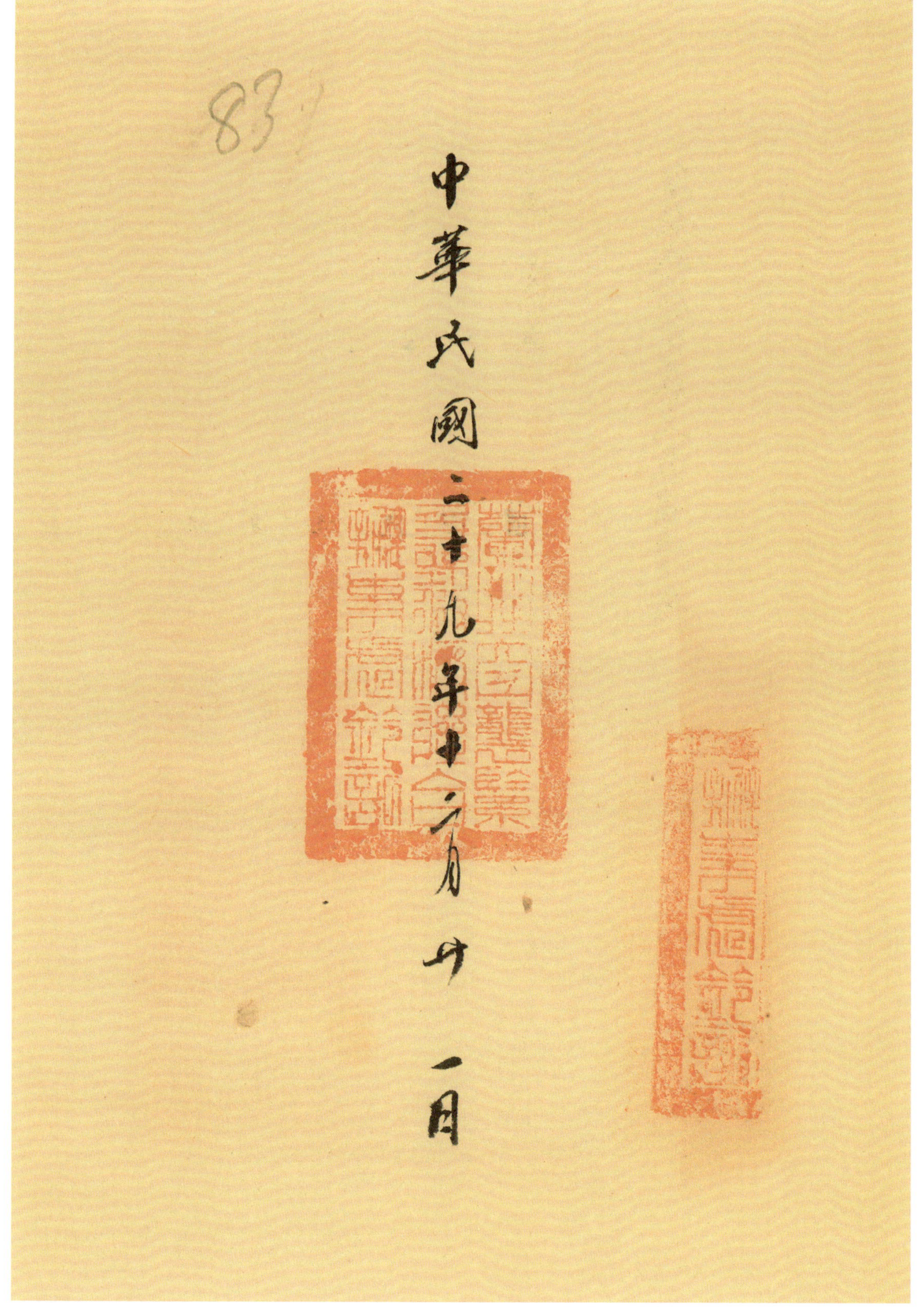
中華民國二十九年十二月卅一日

附二：兰州空袭紧急救济联合办事处空袭救济费收支数目清册

空襲緊急救濟費收支數目清冊

計開

收入項下

一、收抗敵後援會榮譽獻金壹拾伍萬元正

一、收定西縣長滙捐款壹仟元正

一、收張掖韓起功等捐款伍仟元正

一、收財政廳撥來中央賑款壹拾萬元正

一、收第八戰區政治部撥賑款壹萬式仟式佰柒拾伍元正

一、收會寧縣長范澶民捐款壹百元正

一、收岷縣三民主義青年團分團募款肆佰元正

一、收第八战区政治部续解捐款捌拾元正

一、收康乐设治局呈解捐款贰佰元正

一、收本市祥盛永李泣春堂捐款贰佰元正

一、收新十二旅长张俊耀捐款伍佰伍拾元正

一、收陕西动委会汇来捐款伍仟元正

一、收平凉汇解捐款叁仟元正

一、收武威业余俱乐部游艺募捐壹仟元正

一、收西北日报社代收捐款壹仟伍佰伍拾元正

一、收新疆盛督办汇来捐款壹仟元正

一、收中央振委会汇来振款壹万元正

一、收中央振委會滙來賑款壹萬元正

一、收安西縣滙來捐款伍佰元正

一、收財政廳撥來陸仟零弍拾元正

一、收財政廳撥來各縣滙交省振濟會捐款伍仟弍佰零玖元陸角正

以上共收叁拾壹萬叁仟零捌拾肆元陸角正

支出項下

一、支本處開辦費弍佰元正

一、支本處一月至五月份辦公費捌佰元正

一、支本處一至五月份職員薪餉叁佰肆拾元正

一、支取彈訓練班經費柒佰弍拾元正

88

一、支超支办公费壹佰柒拾玖元壹角伍分

一、支津贴各股振济工作人员贰佰柒拾元正

一、支赈济本市及靖远三次赈款伍万伍仟零肆拾元正

一、支平粜委员会麦价余款贰仟伍佰零柒元四角伍分

一、支防护团团员马四哇等掩埋费壹仟元

一、支本处六七八月份办公费肆百捌拾元正

一、支本处六七八月份薪饷贰佰贰拾肆元陆角叁分

一、支难民收容所吊牌等费叁拾捌元贰角捌分

一、支防护团团员上年被炸受伤住院伙食费壹佰伍拾捌元四角正

一、支建设委员会领市区公共防空工程费伍万元正

一、支防護團團員韓國瑞等掩埋醫藥等費壹仟伍百陆拾元

一、支本處九十兩月份經費陆佰玖拾捌元正

一、支本處購置辦公桌櫈費陆拾叁元

一、支貸款委員會戊種房屋售價貳萬貳仟元正

一、支本處冬季煤炭火炉費貳佰柒拾叁元正

一、支防空節慰問防空殉職同志及死難同胞家屬慰問金貳仟元正

一、支本處十一月經費肆佰零玖元正

一、支本處十二月份經費肆佰零玖元正

以上共支壹拾叁萬玖仟叁佰陆拾玖元玖角壹分

實存項下

90
一、壹拾柒万叁仟柒佰壹拾肆元陆角玖分

中華民國二十九年十二月廿一日

附四：兰州空袭紧急救济联合办事处钤记印戳清册

甘肅蘭州空襲緊急救濟聯合辦事處鈐記印戳樣文清冊

類別	數量	備註
本處鈐記	壹顆	蘭州空襲緊急救濟聯合辦事處
本處長戳	弍枚	仝

右

79
中華民國三十九年十二月廿一日

附五：兰州空袭紧急救济联合办事处委员干事姓名清册

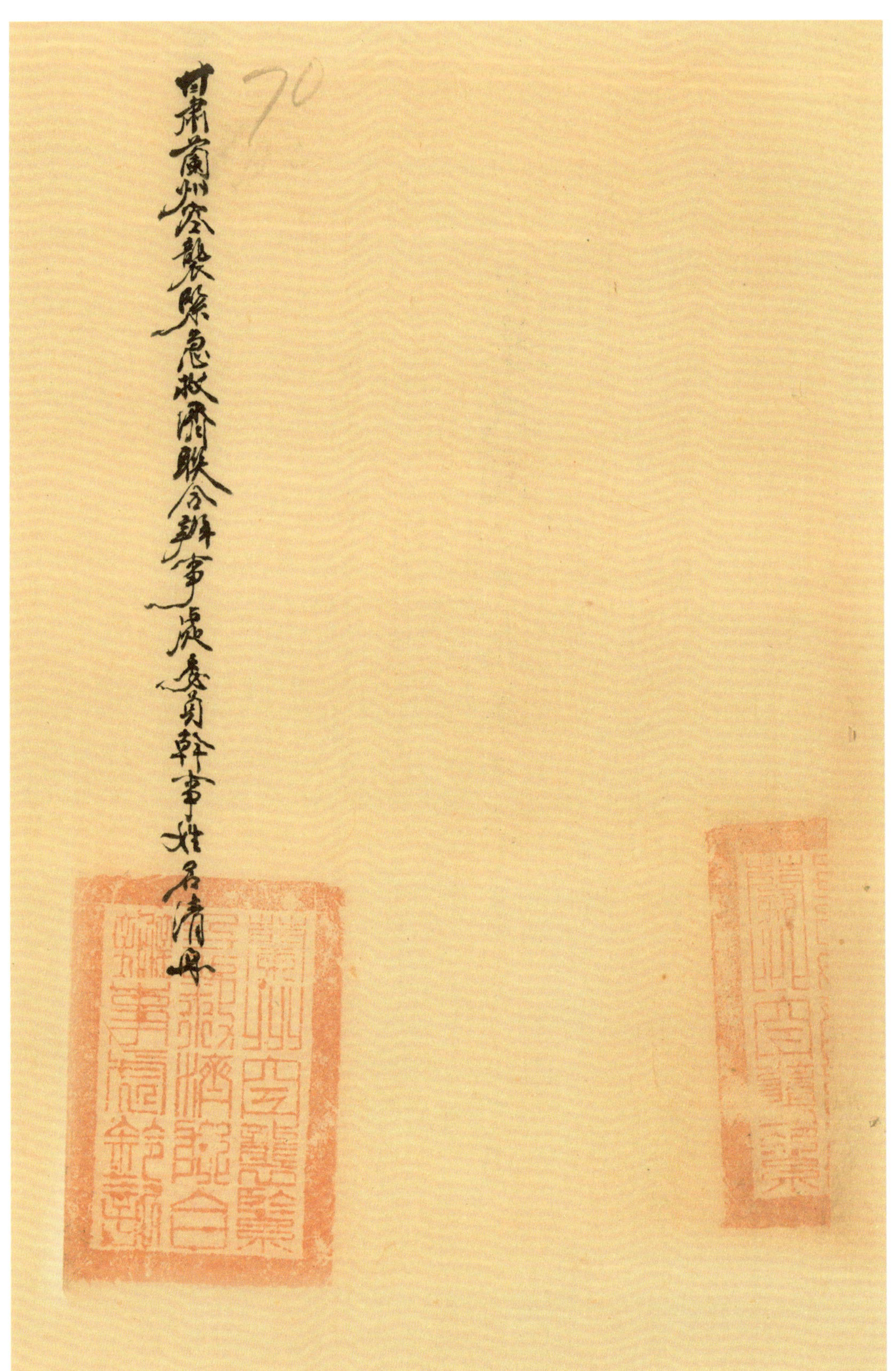

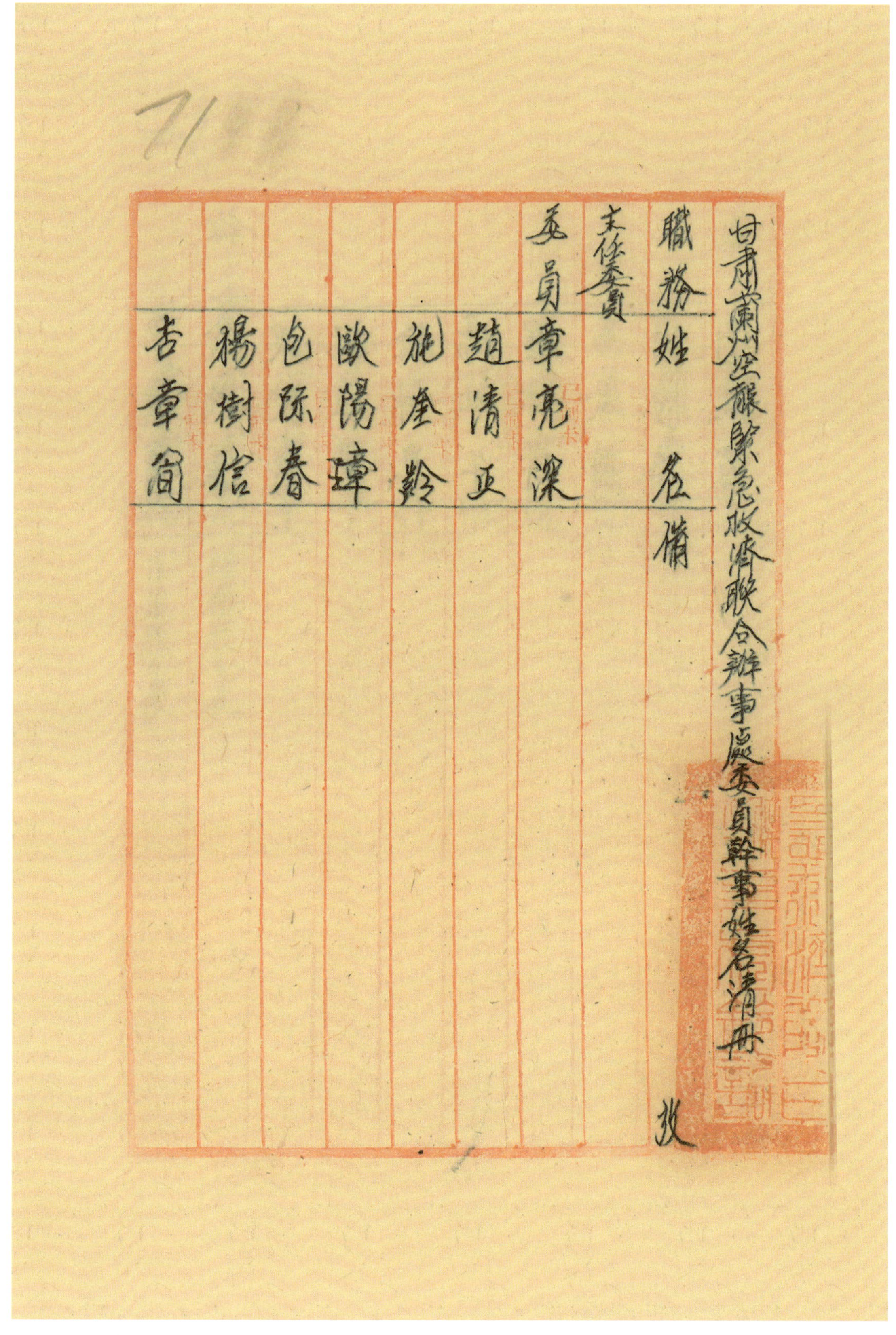

甘肅蘭州空襲緊急救濟聯合辦事處委員幹事姓名清冊 改

職務	姓名	備考
主任委員		
委員	章亮深	
	趙清正	
	施奎齡	
	歐陽璋	
	包際春	
	楊樹信	
	杏章甸	

72

曾纗情
翁燕翼
梁敬錞
祝仁安
韓樹梟
楊守年
羅列
高文蔚
胡維蕃
范振緒

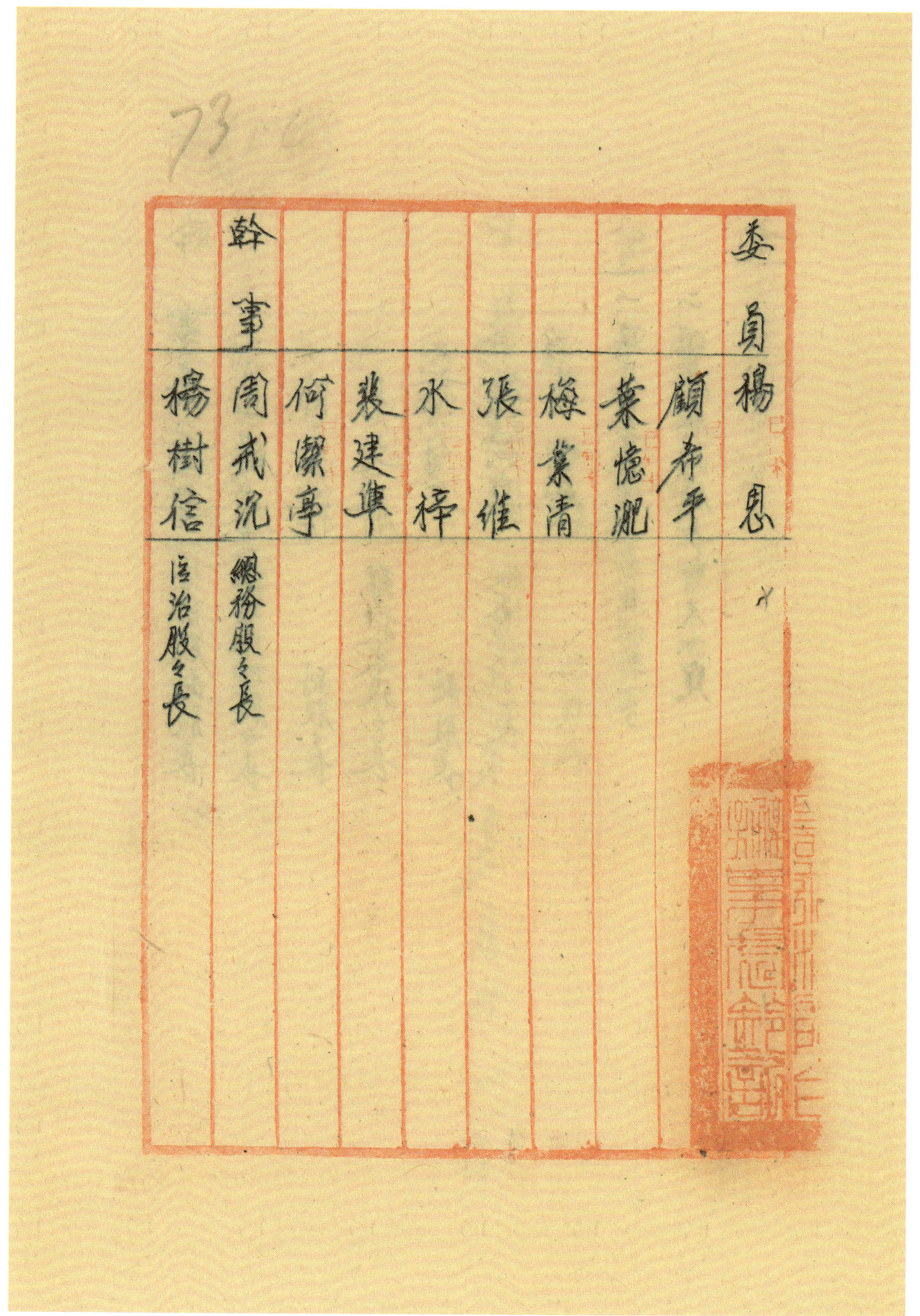

委員　楊恩
顧希平
葉憶瀧
梅葉清
張維
水梓
裴建準
何潔亭
幹事　周戒沉　總務股股長
楊樹信　醫治股股長

74

幹事		
	龔建星	醫治股副股長
	邑際春	掩埋擔架股々長
	陳文祥	副股長
	高文蔚	難民收容股々長
	譚旬芳	副股長
	韓樹恳	救濟股々長
	馬維嶽	副股長

附記

一、議定由本省委員兼總幹事

二、總務股副股長暫未派定

中華民國二十九年三月廿一日

附六：兰州空袭紧急救济联合办事处员工姓名清册

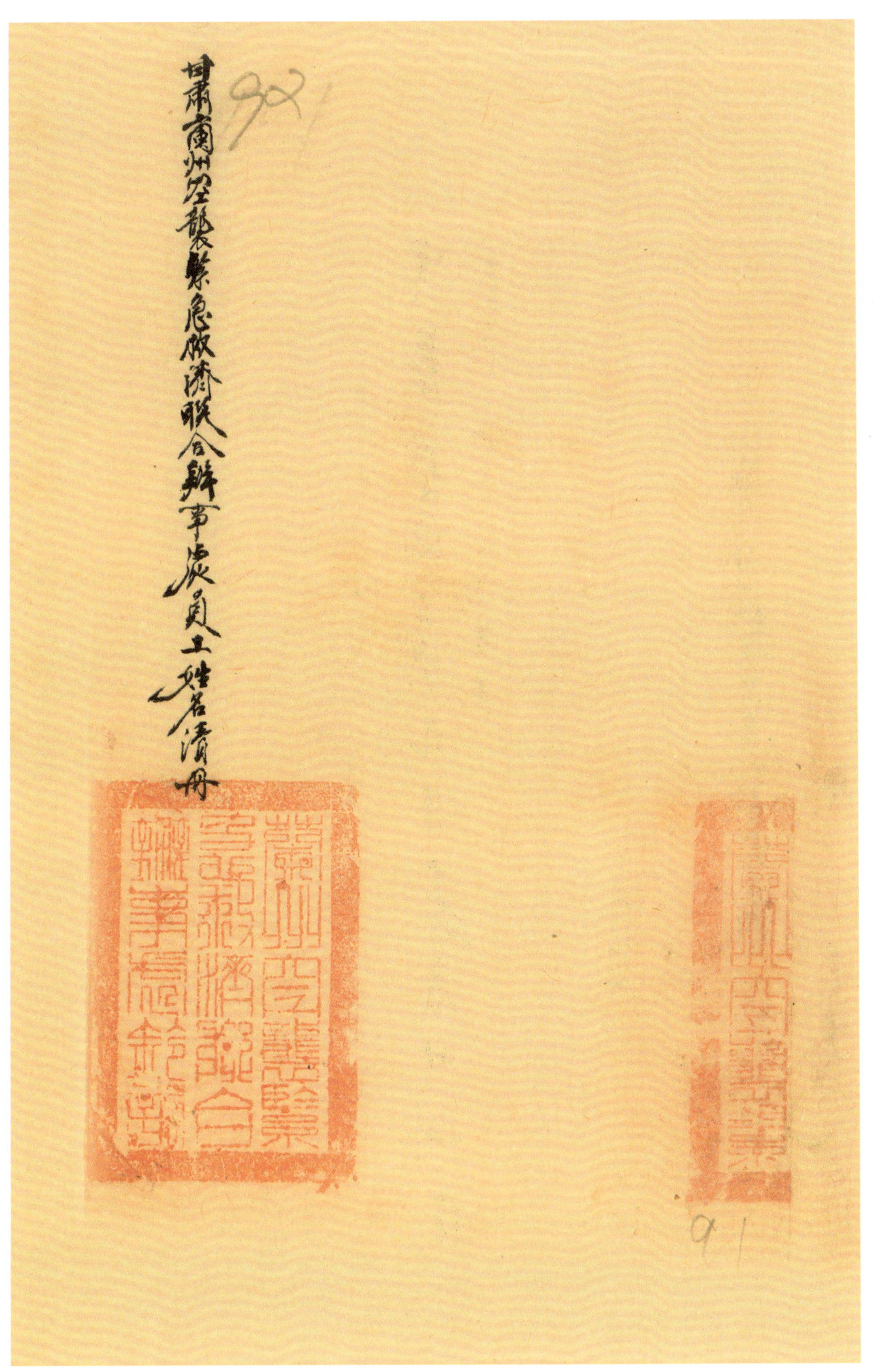

蘭州空襲緊急救濟聯合辦事處員工姓名清冊

職務	姓名	薪額	原任職務	備攷
兼總幹事	古章甫		保安處々長	兼任
總務股長	周式洸		省府秘書處第二科長	仝
文書股員	董紹猷	六〇 〇〇	專任	
會計股員	趙連璧	六〇 〇〇	仝	
收容所管理員	謝昌運	三五 〇〇	仝	
書記		三二 〇〇	仝	
	楊益壽	二二 〇〇	仝	
工友	廖福金	一〇 〇〇	仝	

	劉宗義	二〇〇	專	任
救濟股長	韓樹恩		振委會第五救濟區駐蘭辦事處主任	兼任
副股長	馬維徽			仝
股員	張和鄉			仝
	王紫真			仝
醫治股長	楊樹信		衛生處々長	仝
副股長	齊連星			仝
股員	王者基		衛生處技士	仝
	康景星		仝	仝
	孫尚賢		省立醫院護士主任	仝

股員	黎季良		衛生處科員	仝
	楊圖生		校士	仝
	沈錫純		省立醫院事務主任	仝
收發股長	高文蔚		省振會委員	仝
副股長	譚伯芬		軍警稽察處科長	仝
股員	黃竹雨		科員	仝
	吉士俊		振委會組員	仝
	潘希孔		仝	仝
檢理拆卸股長	包際春		省警局局長	仝
副股長	陳文祥		担架營營長	仝

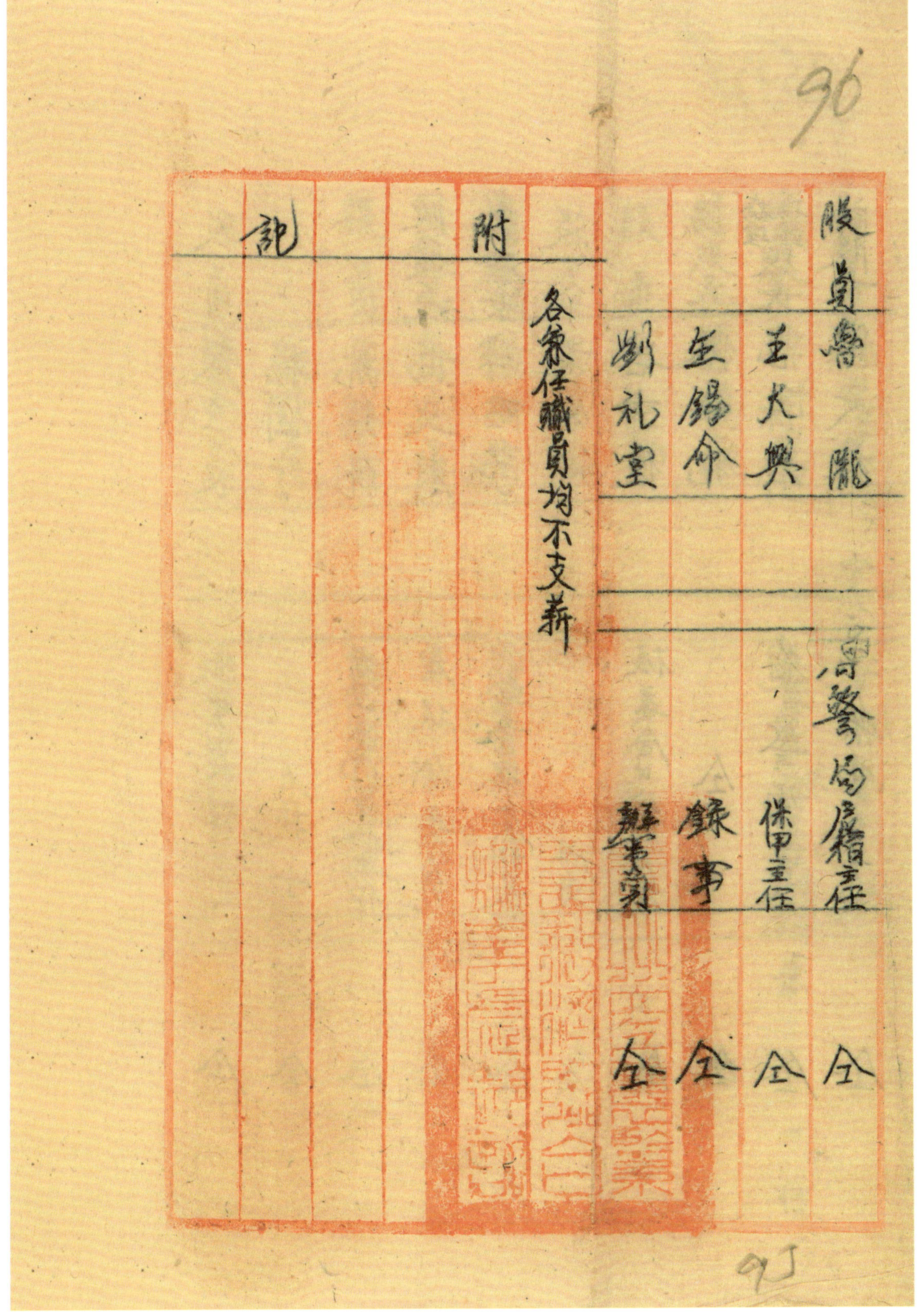
服員魯龍 [illegible]警局稽查 仝
王大興 保甲主任 仝
金錫命 錄事 仝
劉礼堂 辦事員 仝
附記
各兼任職員均不支薪

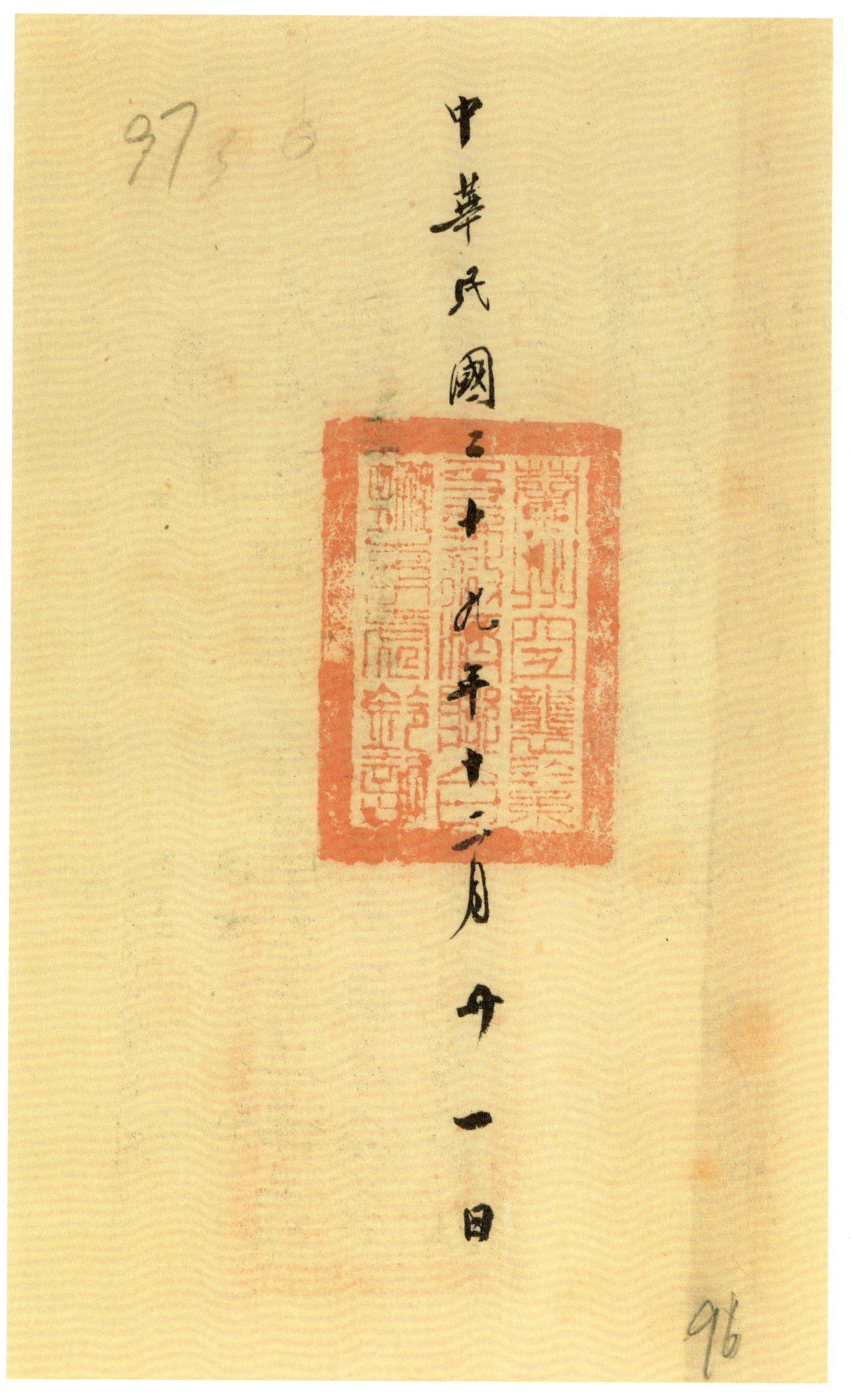
中華民國三十九年十二月廿一日

甘肃保安处会计室关于请兰州空袭紧急救济联合办事处会计员文书等至会计室帮忙事致赵会计等的笺函

（一九四〇年十二月二十八日）

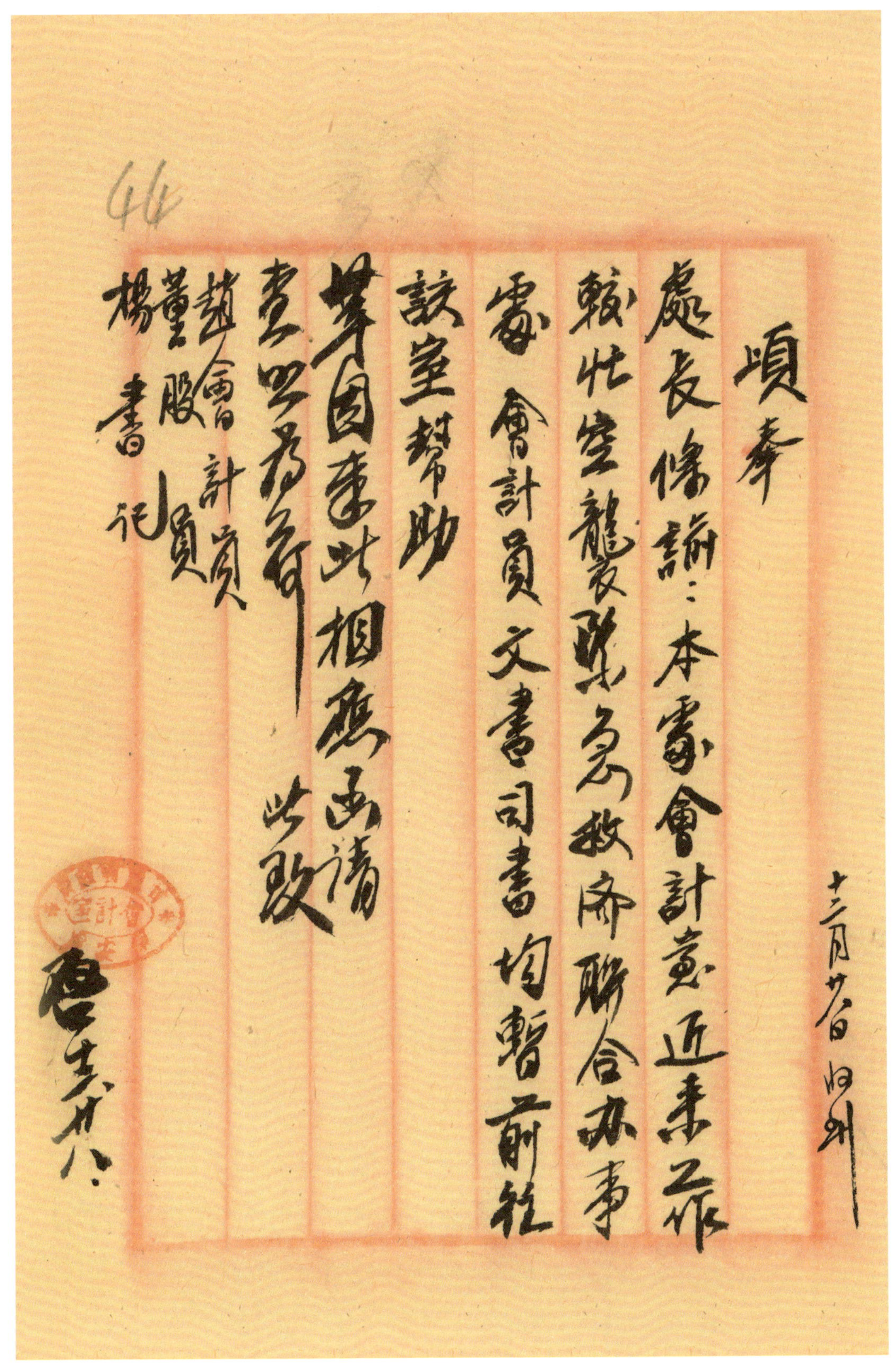

頃奉
處長條諭：本處會計黃近來亦
較忙，空襲緊急救濟聯合辦事
處會計員、文書、司書均暫前往
該室幫助
等因。奉此，相應函請
查照為荷。此致
趙會計員
董股員
楊書記

十二月廿八日

甘肃全省防空司令部关于派员参加防空会议致兰州空袭紧急救济联合办事处的笺函（一九四一年一月三日）

速件

甘肃全省防空司令部用笺

敬啟者：奉

司令谷諭：「現空防吃緊，關於防空業務，應亟周密完善，以期運用。」等因。兹定於本月四日（星期六）下午二時在本部會議廳討商防空業務，應行改進等事宜，相應函請

貴處請派負責人員，按時駕臨參加討商為荷！

此致

空襲緊急聯合辦事處

啟

元月三日

卅年一月三日收文總字第六號

兰州空袭紧急救济联合办事处总务股关于一九四一年元月份办公费预发事致兼总干事的签呈（一九四一年一月四日）

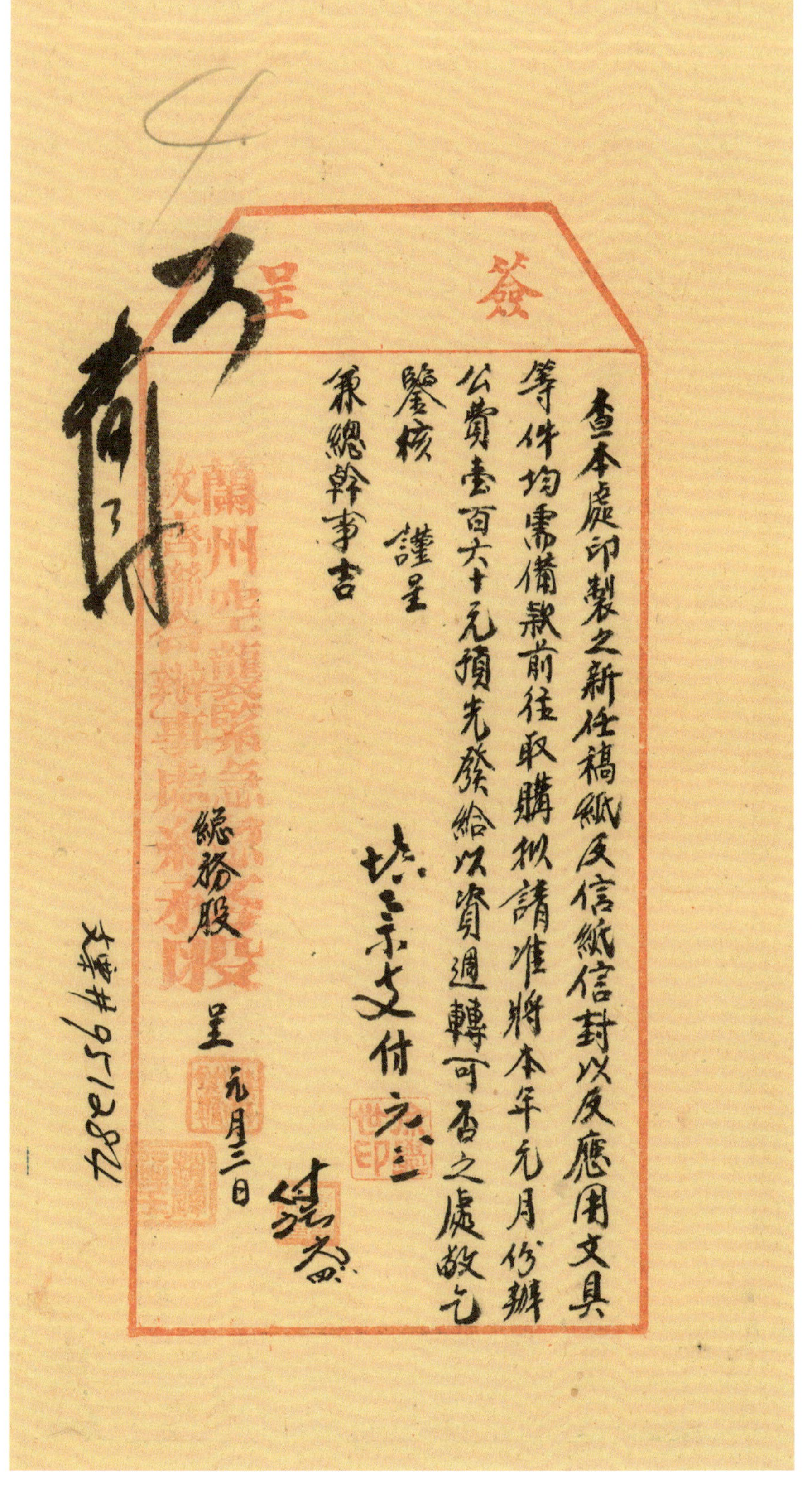

签呈

查本处印制之新任禱纸及信纸信封以及应用文具等件均需备款前往取购拟请准将本年元月份办公费壹百六十元预先发给以资週转可否之处敬乞鉴核

谨呈

兼总干事吉

总务股 呈

元月三日

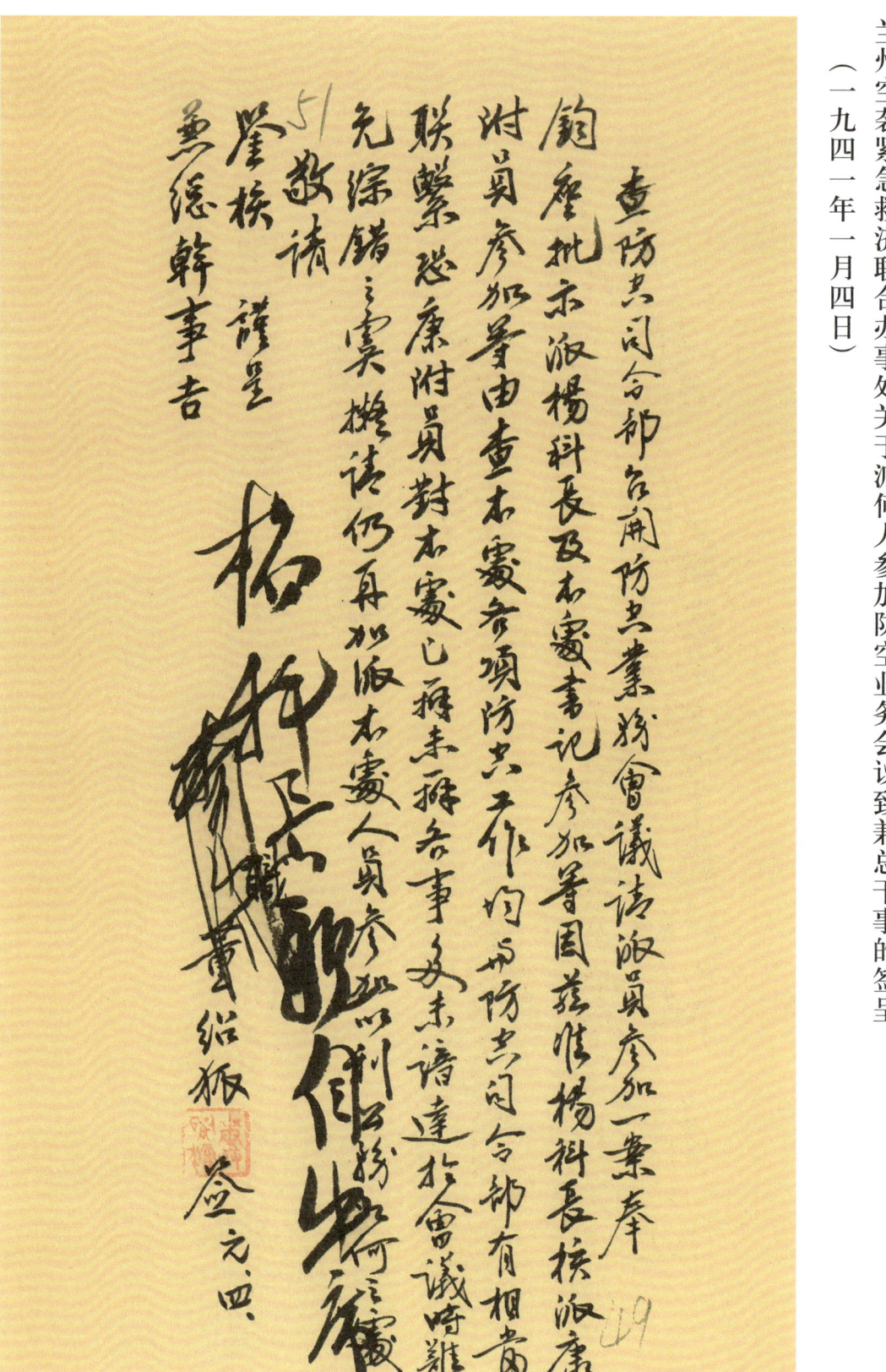

兰州空袭紧急救济联合办事处关于派何人参加防空业务会议致兼总干事的签呈
（一九四一年一月四日）

查防空司令部召开防空业务会议，请派员参加一案，奉
钧座批示派杨科长及本处书记参加等因，兹准杨科长拟派康
附员参加等由，查本处会务项防空工作均与防空司令部有相当
联系，总康附员对本处已办未办各事务未谙达，于会议时难
免综错之虞，拟请仍再加派本处人员参加，以利公务，可否之处，
敬请
鉴核
谨呈
兼总干事吉
董绍振 签 元、四、

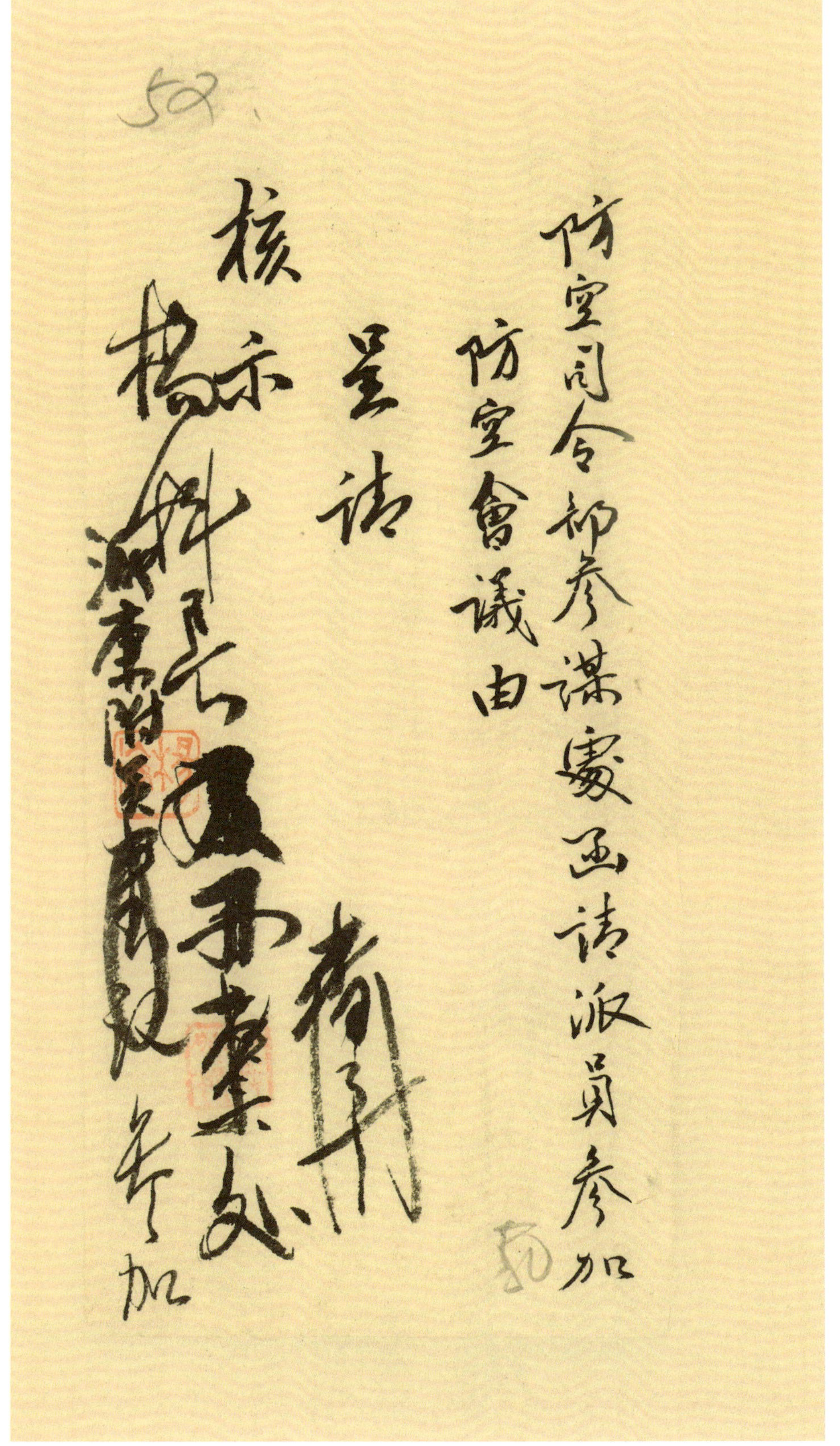
防空司令部参谋处函请派员参加
防空会议由
呈请
核示

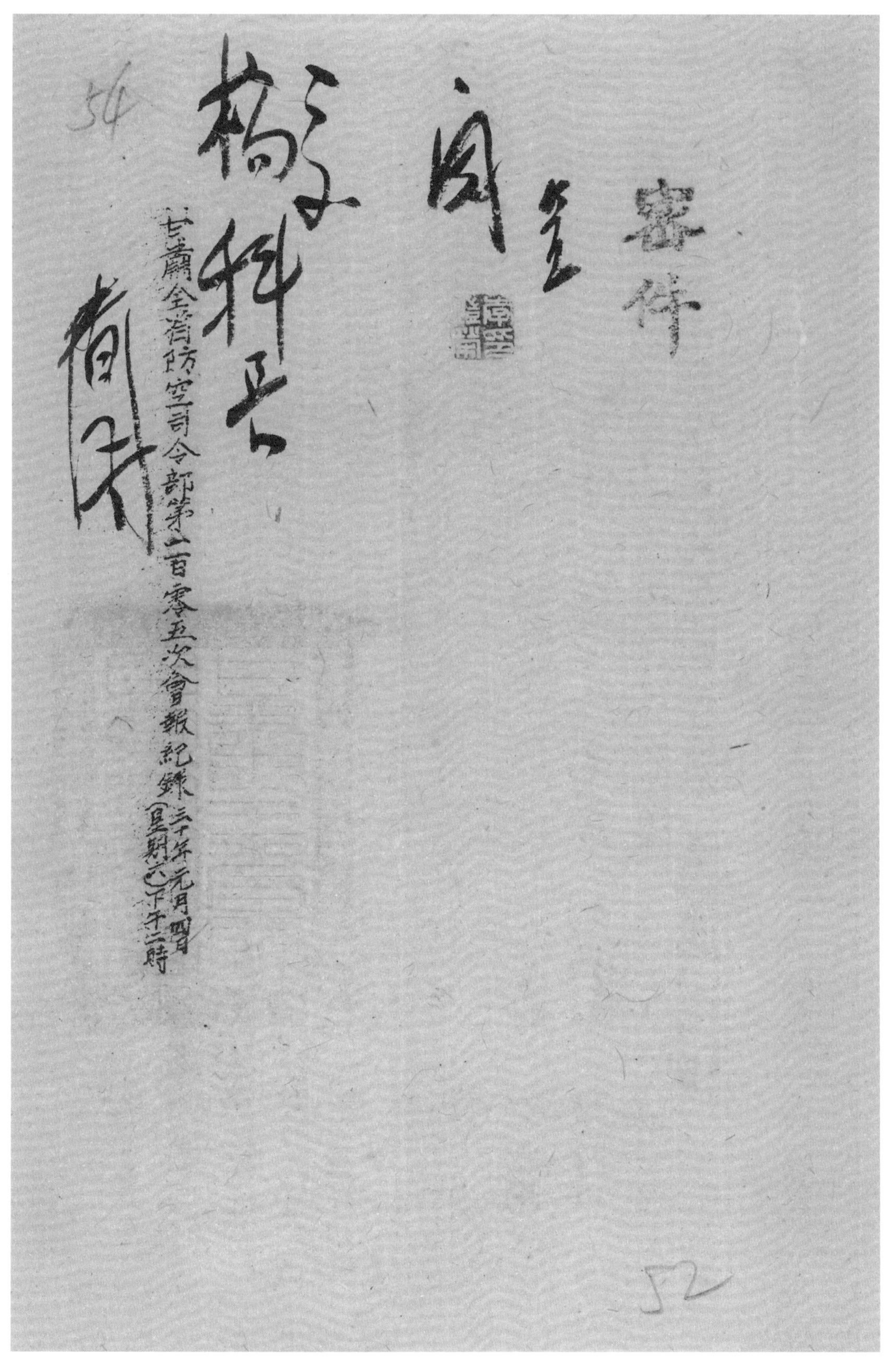
甘肃全省防空司令部第一百零五次會報紀錄 三十年元月四日（星期六）下午二時

甘肅全省防空司令部第一百零五次會報紀錄（三十年元月四日（星期六）下午三時）

到會者：谷正倫　向超中　包懷春　李苾　孫海
張廷濡　彭葆民　吳雲鵬　葉健軍　賈𪪺齡
水斯　張廣溪　伏景聰　陳思濂　卓敬庭

主席：谷正倫

紀錄：卓敬庭

主席報告、

今天是本部照例會報的日期，同時是三十年度開始後第一次會報，大家對防空情形都很熟習了，並對不要以二十九年度未遭空襲，即認為承平而因以懈怠，須知科學發達，航空日益進步，空軍戰術戰略，隨時改變，此後敵人賦予我們空襲損害，必較前更甚，所以現在我們不論敵機來與不來，時時對於積極消極防空要有充分的準備，大家的精神要緊張起來，以應付未來的時局。

決辦事項

一、防護團員須能隨時集合，各隊應分別舉行局部演習，俾明瞭各隊一定集合準備地及避難處，由防護總團擬具計劃呈核施行。

二、防護團應將各分局地段內泥木匠編制在各消防隊內，由各部分別分配防護總團及蘭州總工會辦理呈核。

三、配給問題除由防護總團應將城內無職業者及老弱疏散下鄉外，再由防護總團空襲緊急救濟聯合辦事處、皋蘭縣商會、皋蘭縣政府會商擬定妥善辦法呈核。

四、本部通訊器材如鉛絲電料等每年補充修理，最低限度需用若干，由第二科詳擬計劃呈核，至話機之購置由第二科調查後呈核。

五、建築靜海等處重要防空專線工程，一切費用由第二科詳擬計劃呈核。

六、三十年度空襲服務人員佩帶之臂章，應即另製，由第三科研究規定

七、六水防空指揮部應使全組織加緊推進防空業務，並時以工作報部

八、地下室需用避難人員長生燈十六個，其購置費由情報所估價呈請省府

發給

九、函請戰區交通處飭屬以後勿在本部專線電杆上搭線，由情報所辦

十、本部防空專線近來不時被人偷割，應令警察局及警備指揮部派員密查

緝捕，獲者賞洋二百元

十一、請省立醫院臨時治療所設備費由空襲緊急救濟聯合辦事處即撥發一萬五

千元，以便從速設備

十二、空襲警報後所有磚瓦窯以及民家均務必將爐火熄滅，以免敵機為轟

炸目標，由防護團傳諭市民各家長負責

十三、空襲時救護、交通、消防各分處工作，死者之掩埋，街道之清除，均須即時辦理

十三　防護總團設計辦理

十四　消防汽車上應裝設木箱由防護團設計辦理

十五　監視隊哨員兵待遇應酌予增加已由本部呈請省府請從迅批示

兰州空袭紧急救济联合办事处关于召开联席会议致第八战区购粮委员会、皋兰县政府等的笺函

（一九四一年一月六日）

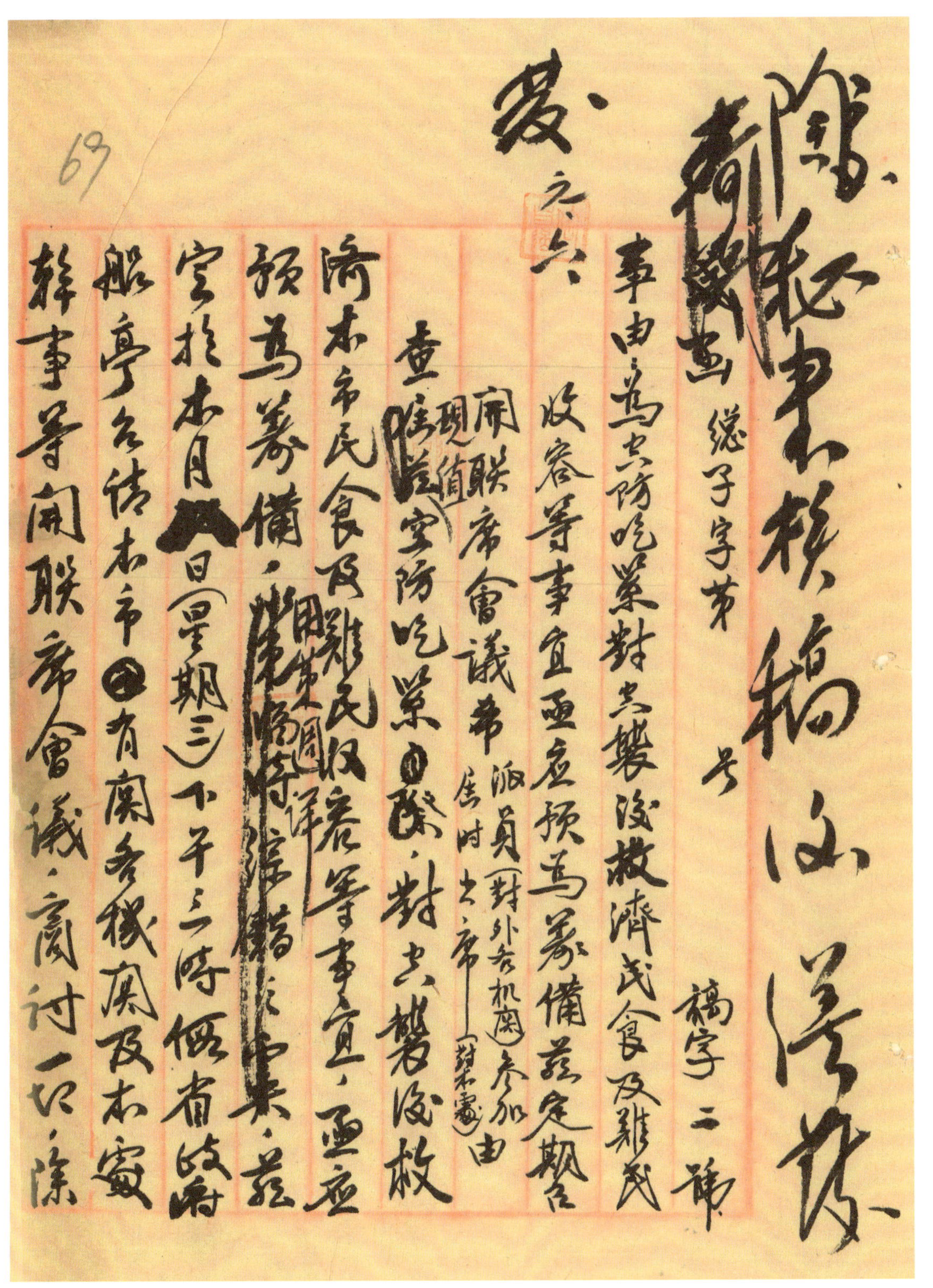

总字第　号　稿字二号

事由：为空防吃紧，对空袭后救济民食及难民收容等事宜亟应预为筹备，并定期召开联席会议，希派员（对外各机关）参加由

查现值空防吃紧，对空袭后救济本市民食及难民收容等事宜，亟应预为筹备，……并定于本月八日（星期三）下午二时假省政府殿亭召集本市有关各机关及本处办事等开联席会议，商讨一切，除

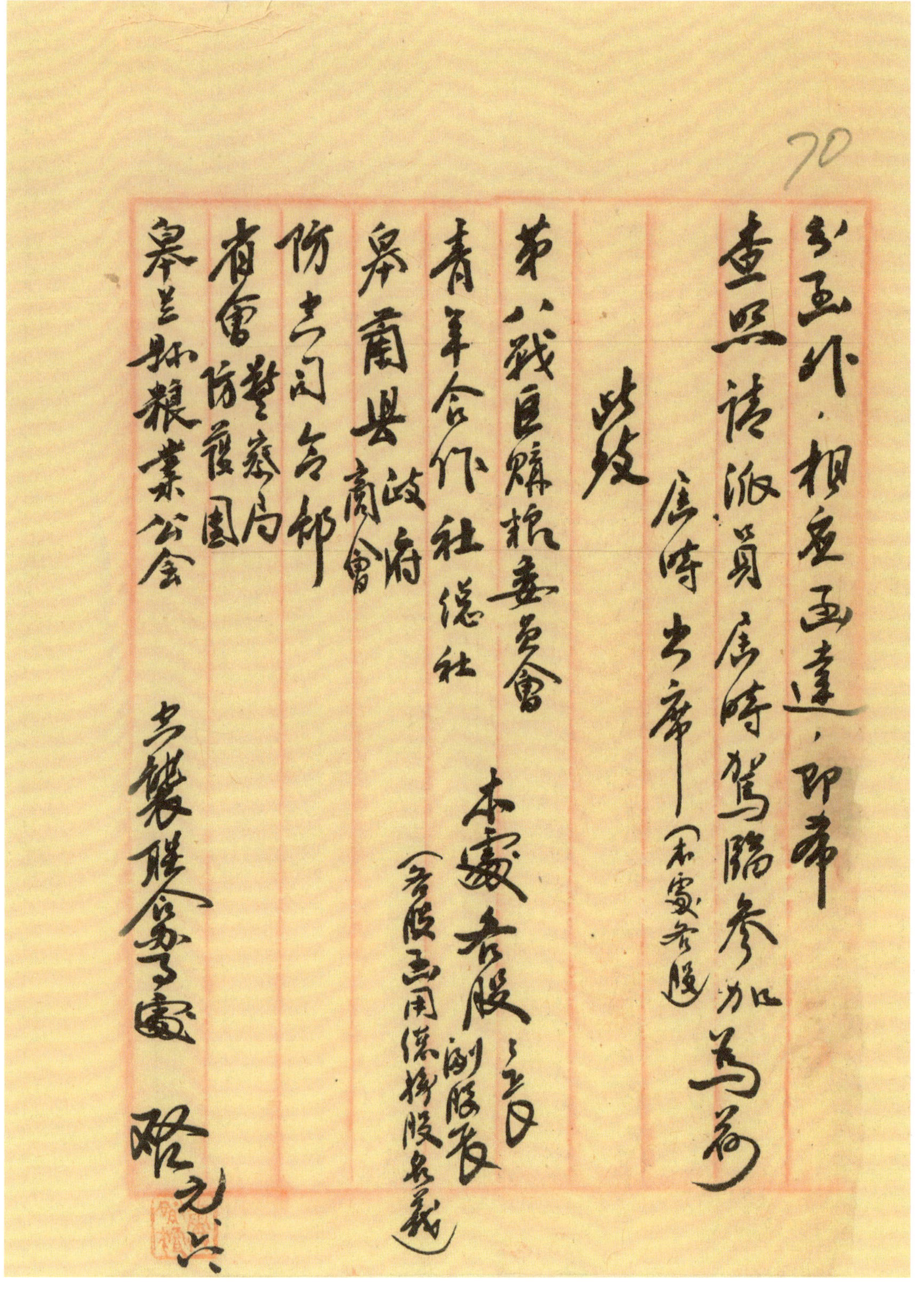

分函外，相应函达，即希
查照，请派员届时驾临参加为荷
届时出席—（本处科长）
此致
第八战区购粮委员会
青年合作社总社
皋兰县政府
商会
防空司令部
省会警察局
防护团
皋兰县粮业公会
本处科长王良
副科长
（科长王国傑 科股长吴义）

甘粮联合办事处 启 九、六

兰州空袭紧急救济联合办事处为呈送防空司令部业务会议内容事致兼总干事的报告（一九四一年一月六日）

報告 三十年元月六日

奉

諭代表空聯處參加防空司令部業務會議等因職遵於四日下午一時三十分偕同空聯處文書董紹孤前往防空司令部於下午二時二十分開會由谷司令主席防空司令部防護總團高射砲隊等機關報告工作概況並討論調整防空司令部及指揮部内部組織及改善各項防空設備添購通訊情報器材更換空襲時應用之臂章以及健全防護總團消防隊救護隊工作之配備等議案外關於本處應

速辦

50

行舉辦事項計有二案（一）關於空襲後本市民食
問題除報告已往籌辦囤儲食糧等困難情形外當
經決議仍照前案由本處再召集本市各有關機關
妥籌辦理以免民食恐慌（二）關於空襲時救護醫
療問題除報告已往籌辦臨時治療所經過情形
外當經決議仍照前案預算數額核減設備費二
分之一由本處撥款交防空司令部令飭救護大隊
積極籌辦於四時三十五分散會理合將會議情形報請
鑒核　謹呈
處長
兼總幹事　吉

職楊海　呈　元、六、

文書董紹椒

48

兰州空袭紧急救济联合办事处干事及兰州市有关机关联席会议提案草案（一九四一年一月七日）

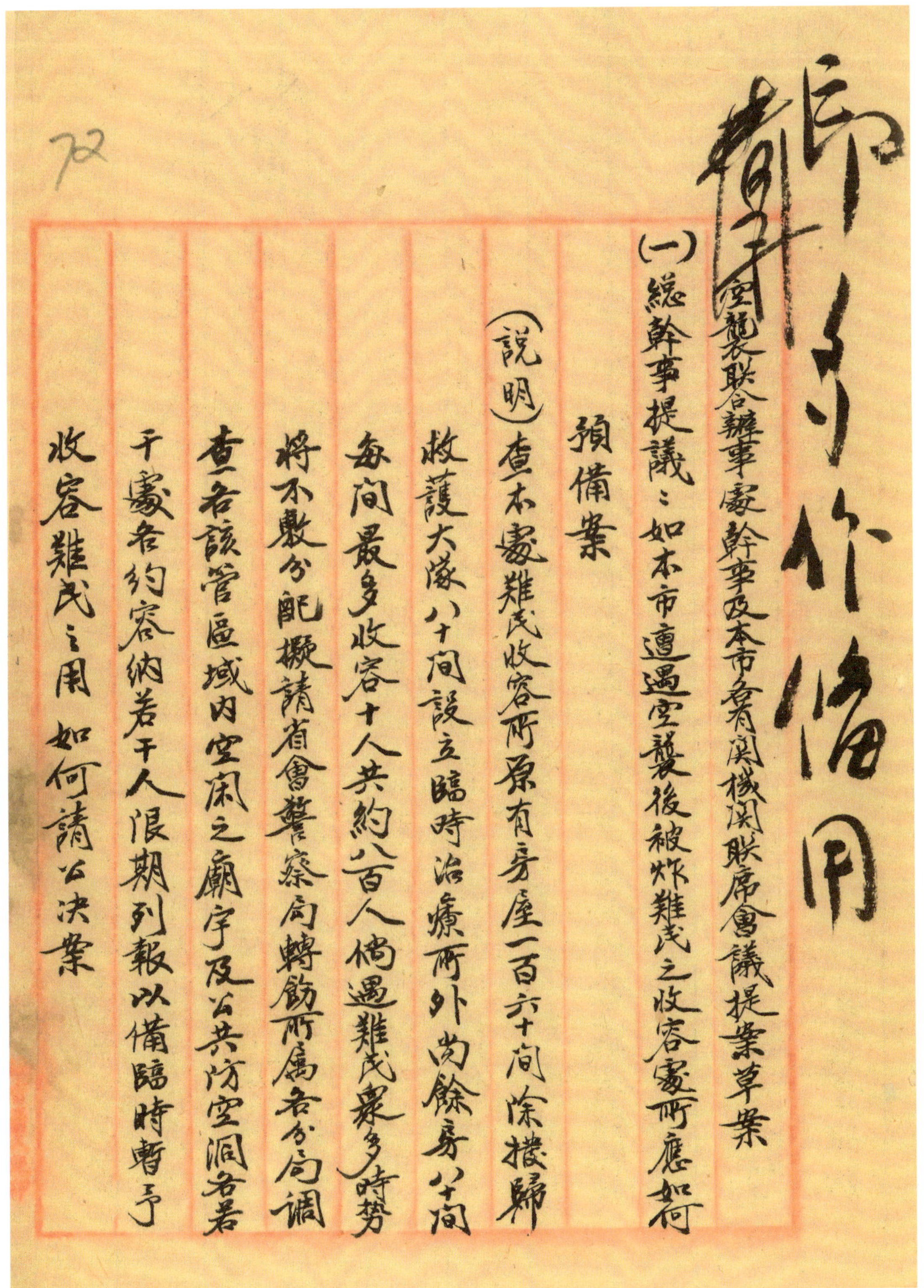

空襲聯合辦事處幹事及本市各有關機關聯席會議提案草案

(一)總幹事提議：如本市遭遇空襲後被炸難民之收容處所應如何預備案

(說明)查本處難民收容所原有房屋一百六十間，除撥歸救護大隊八十間設立臨時治療所外，尚餘房八十間，每間最多收容十人，共約八百人，倘遇難民衆多時，勢將不敷分配，擬請省會警察局轉飭所屬各分局調查各該管區域內空閑之廟宇及公共防空洞各若干處，各約容納若干人，限期列報，以備臨時暫予收容難民之用。如何，請公決案

73

(二)總幹事提議：如本市遭遇空襲後民衆食糧應如何

籌備案

（說明）1、查本處上次股長會議曾經決議預儲五萬人十
日之食糧計需麪粉七十萬斤當由省府令飭皋
蘭縣政府及商會負責籌辦俟據先後呈復以本
市食糧早經統制市內無糧又縣屬各鄉鎮亦無
餘糧可征且縣府無欵購辦未便重累於民各
等情前來因以擱置茲依照本月四日防空司
令部業務會議決議關於空襲後市民食
糧一案仍責成本處召集本市各有關機關

74

開會商討辦法積極籌辦等因茲參照前案酌予核減籌備五日食糧約需麵粉三十五萬斤（計需糧三千五百市石）數量減少較易措辦茲擬定辦法二項：（甲）請第八戰區購糧委員會准予備價購領官糧交由皋蘭縣商會及糧食公會辦理（乙）請皋蘭縣商會及糧食公會自行照市價購糧辦理

又關於麵粉存儲及發售辦法與地點等問題擬請保安處省會警察局皋蘭縣商會糧食公會及本處召集各糧商另行開會決定

75

3.關於贖粮款項籌措分配等問題擬請粮食公會籌墊五萬元商會借墊五萬元統交粮食公會辦理至如何分配仍請保安處省會警察局等機關召集各粮商會商決定如何請公決案

元、文、擬

甘肃省会警察局关于加盖兰州空袭紧急救济联合办事处钤章事致保安处的笺函（一九四一年一月八日）

71

甘肃省会警察局用笺

茲送上函请皋兰县政府暨皋兰县商会去函二件，函请
查照加盖兰州空袭紧急救济联合办事处钤章，赐还转发为荷。此致
保安处

启

附送签稿共三件

兰州空袭紧急救济联合办事处、甘肃省财政厅关于增加省属公务员战时津贴事的一组公文（一九四一年一月）

兰州空袭紧急救济联合办事处总务股致甘肃省政府主席的签呈（一九四一年一月二十二日）

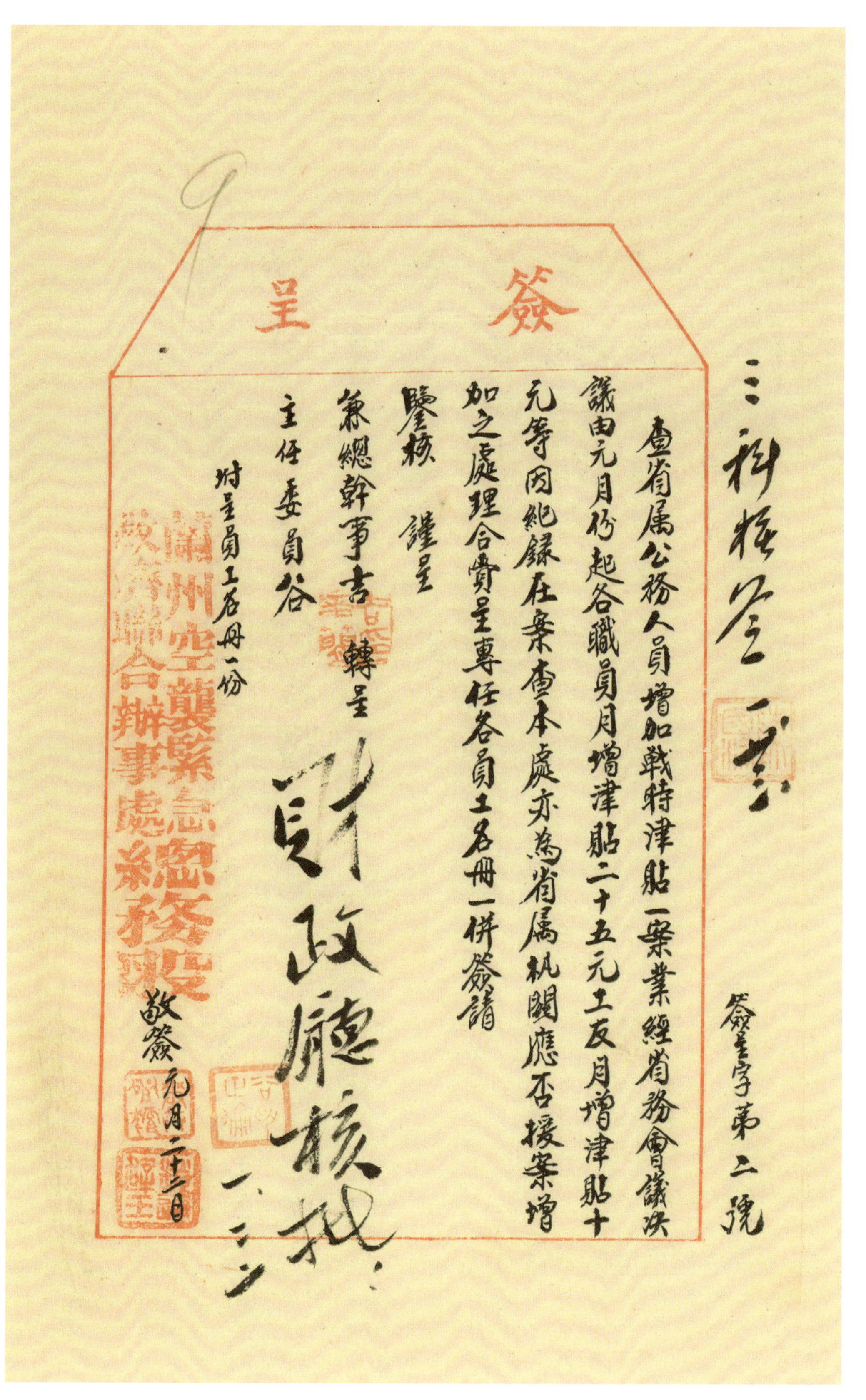

签呈

签呈字第二号

查省属公务人员增加战特津贴一案，业经省务会议决议由元月份起，各职员月增津贴二十五元，工友月增津贴十元等因，纪录在案。查本处亦为省属机关，应否援案增加之处，理合赍呈专任各员工名册一併签请

鉴核

谨呈

兼总干事　吉　转呈

主任委员　谷

附呈员工名册一份

兰州空袭紧急救济联合办事处总务股

敬签　元月二十二日

三科核签示

财政厅核拟

一、二二

附：兰州空袭紧急救济联合办事处总务股专任员工花名册

蘭州空襲緊急救濟聯合办事處總務股專任員工花名册　三十一年元月廿日

職別	姓名	應增戰時津貼額	備致
文書	董紹猷	二五〇〇	
會計員	趙連壁	二五〇〇	
管理員	謝昌運	二五〇〇	
書記	楊益壽	二五〇〇	
工友	廖福全	一〇〇〇	
	劉宗義	一〇〇〇	
合計		一二〇〇〇	

呈

甘肃省财政厅会计处致省政府主席的签呈（一九四一年一月二十三日）

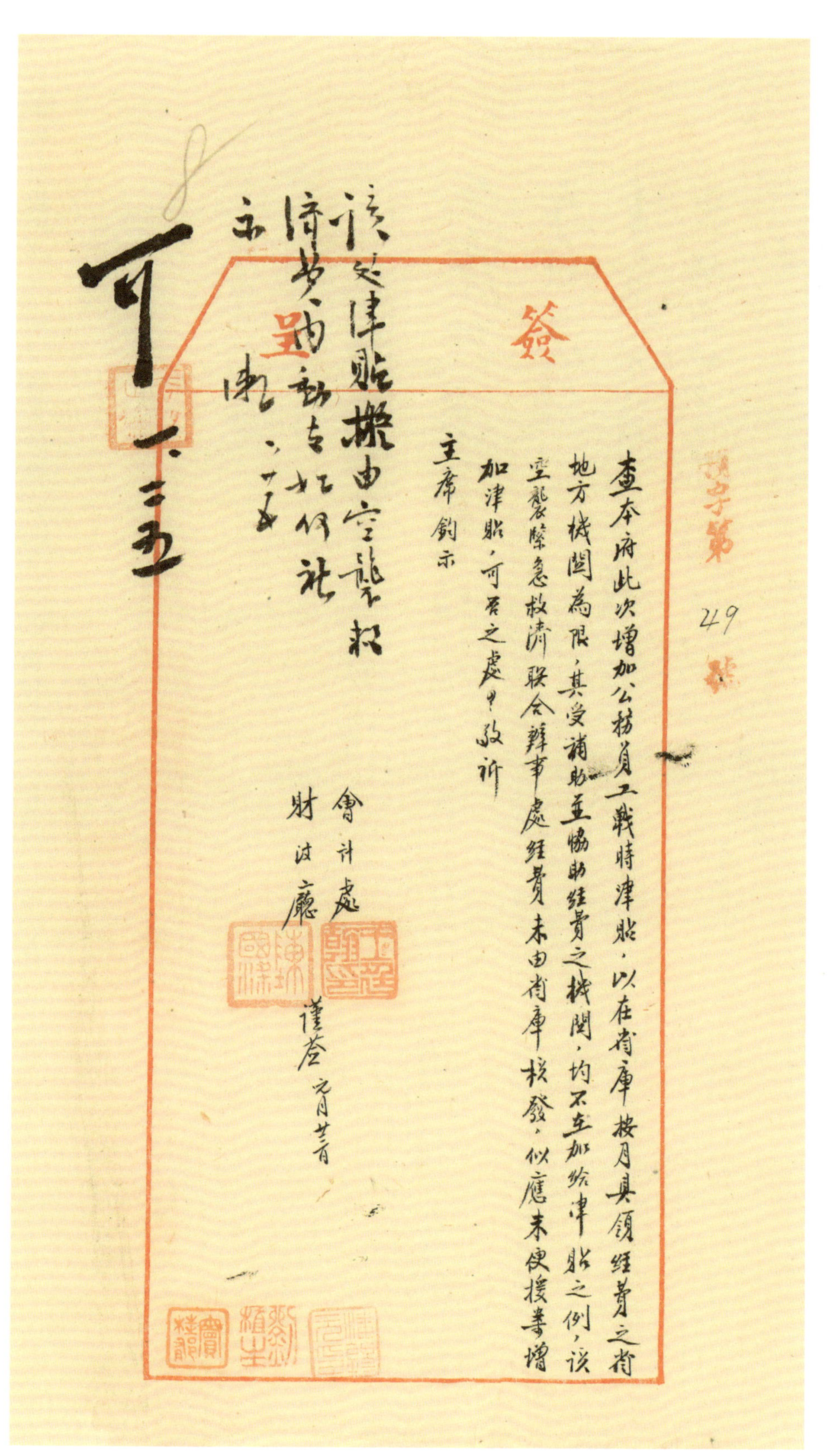

字第 49 號

簽

查本府此次增加公務員工戰時津貼，以在省庫按月具領經費之省地方機關為限，其受補助並協助經費之機關，均不在加給津貼之例，該空襲緊急救濟聯合辦事處經費未由省庫核發，似應未便援案增加津貼，可否之處，敬祈

主席鈞示

會計處
財政廳
謹呈 元月廿三日

該處津貼擬由空襲救濟費內動支，如何祈示
陳 一、廿五

可 一、二五

甘肃省财政厅致兰州空袭紧急救济联合办事处的函（一九四一年一月二十六日）

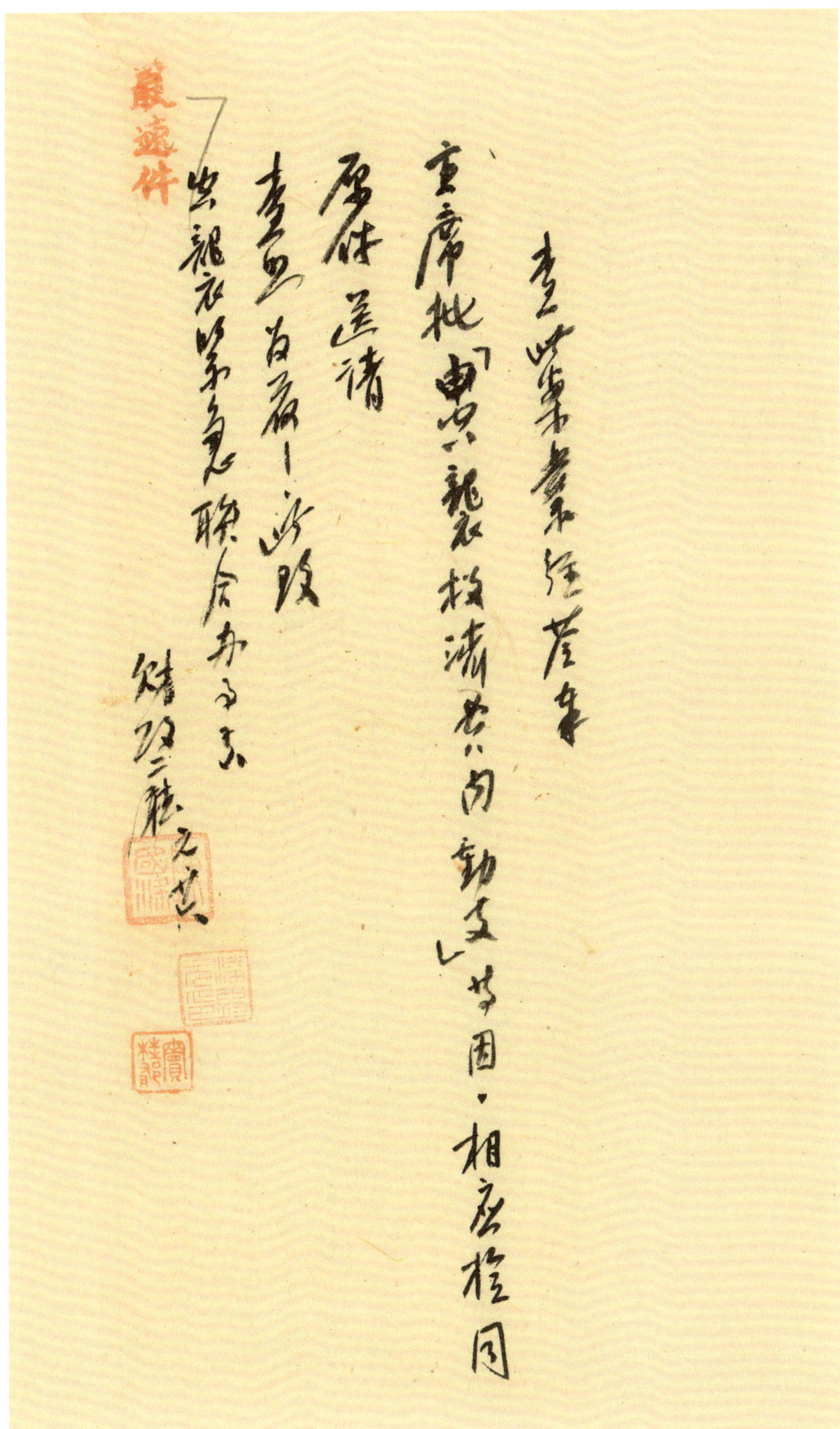
最速件

查此案業經簽奉

主席批「由空襲救濟費內動支」等因。相應檢同

原件送請

查照為荷。此致

空襲緊急救濟聯合辦事處

[illegible]

兰州空袭紧急救济联合办事处总务股致兼总干事的签呈（一九四一年一月二十六日）

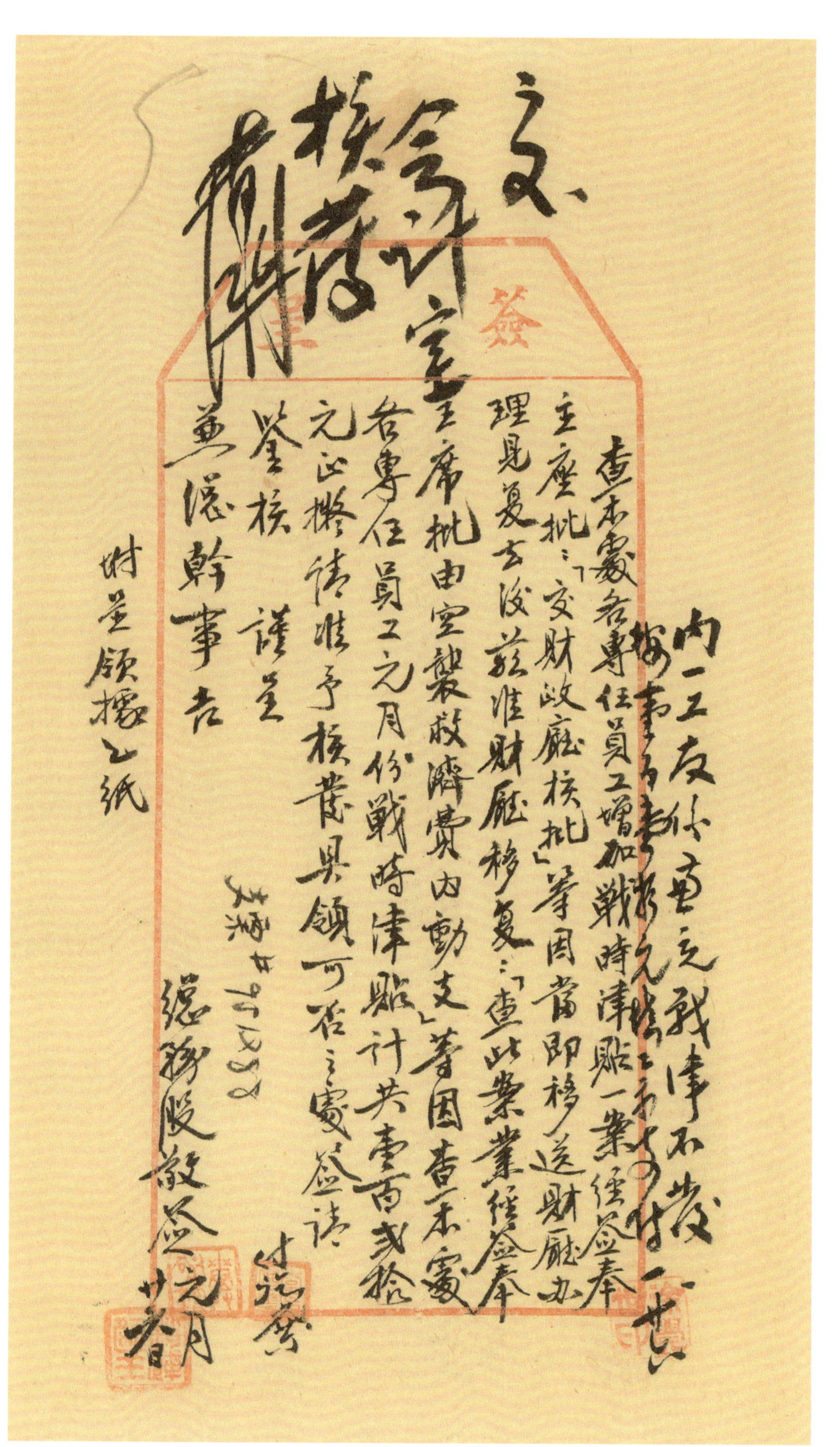

查本處各專任員工增加戰時津貼一案，經簽奉
主座批：「交財政廳核批」等因，當即移送財廳辦
理。見復去後，茲准財廳移復：「查此案業經簽奉
主席批由空襲救濟費內動支」等因。查本處
各專任員工元月份戰時津貼計共壹百貳拾
元正，擬請准予核發具領，可否之處，簽請
鑒核。謹呈
兼總幹事 吉

總務股啟簽 元月廿六日

附呈領據乙紙

附：兰州空袭紧急救济联合办事处总务股战时津贴收据

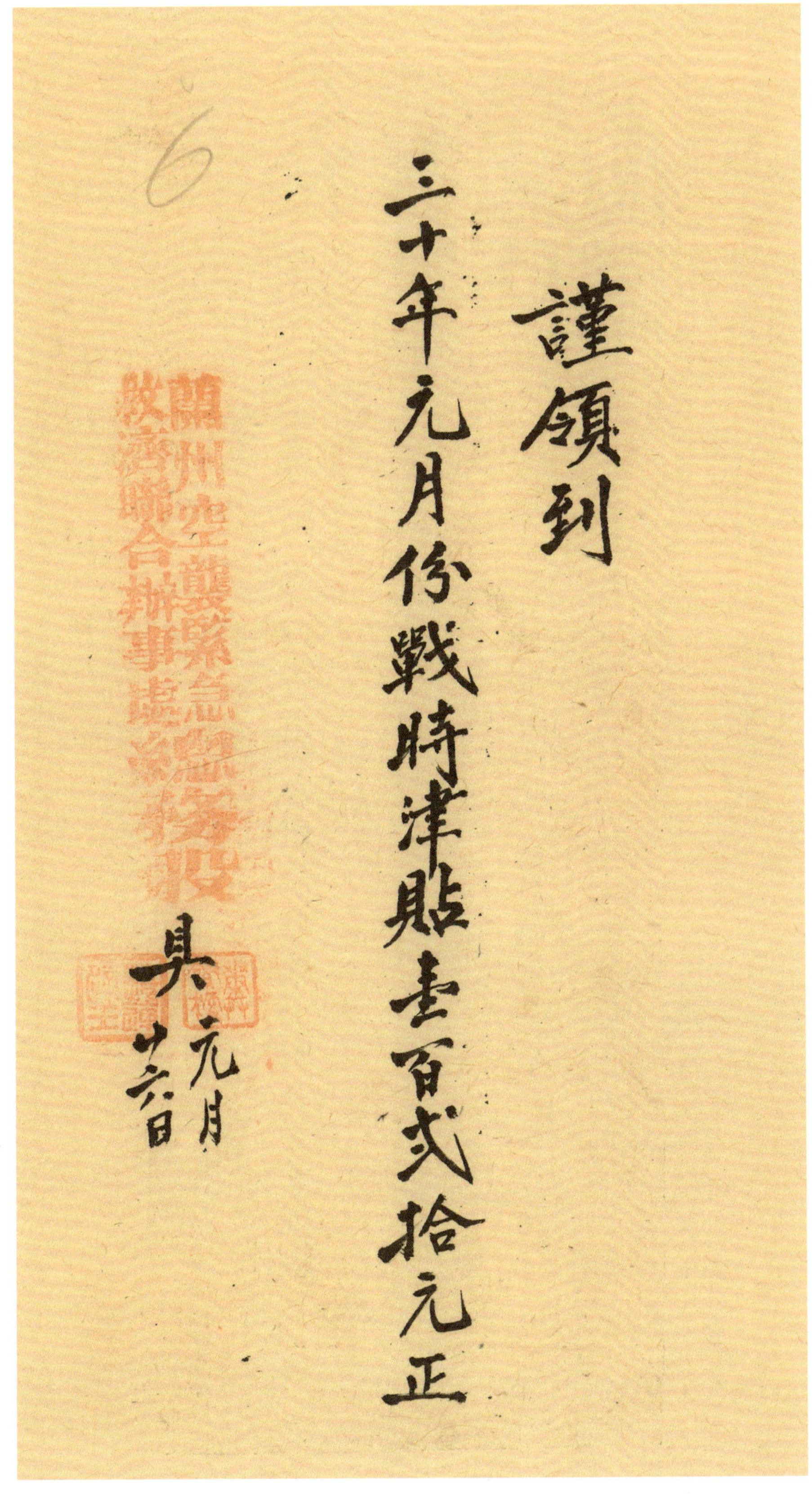
谨领到

三十年元月份战时津贴壹百贰拾元正

兰州空袭紧急救济联合办事处总务股

具

元月廿六日

兰州空袭紧急救济联合办事处总务股关于领到一九四一年元月份薪资致兼总干事的签呈
（一九四一年一月二十三日）

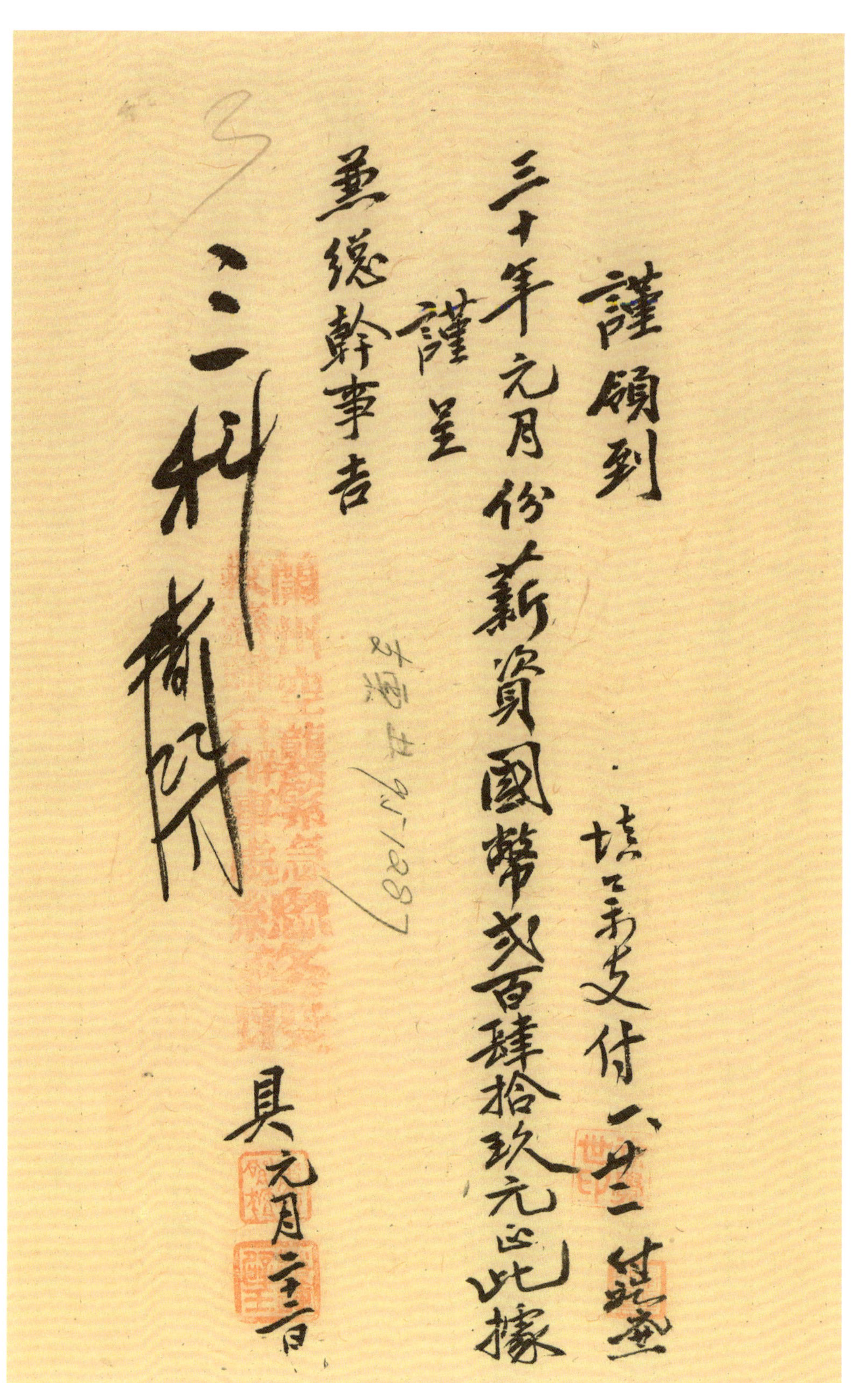
謹領到
三十年元月份薪資國幣貳百肆拾玖元正此據
謹呈
兼總幹事吉
三一科
具
元月二十三日

甘肃省政府关于函请全省防空司令部派员参加会议致兰州空袭紧急救济联合办事处的训令（一九四一年二月五日）

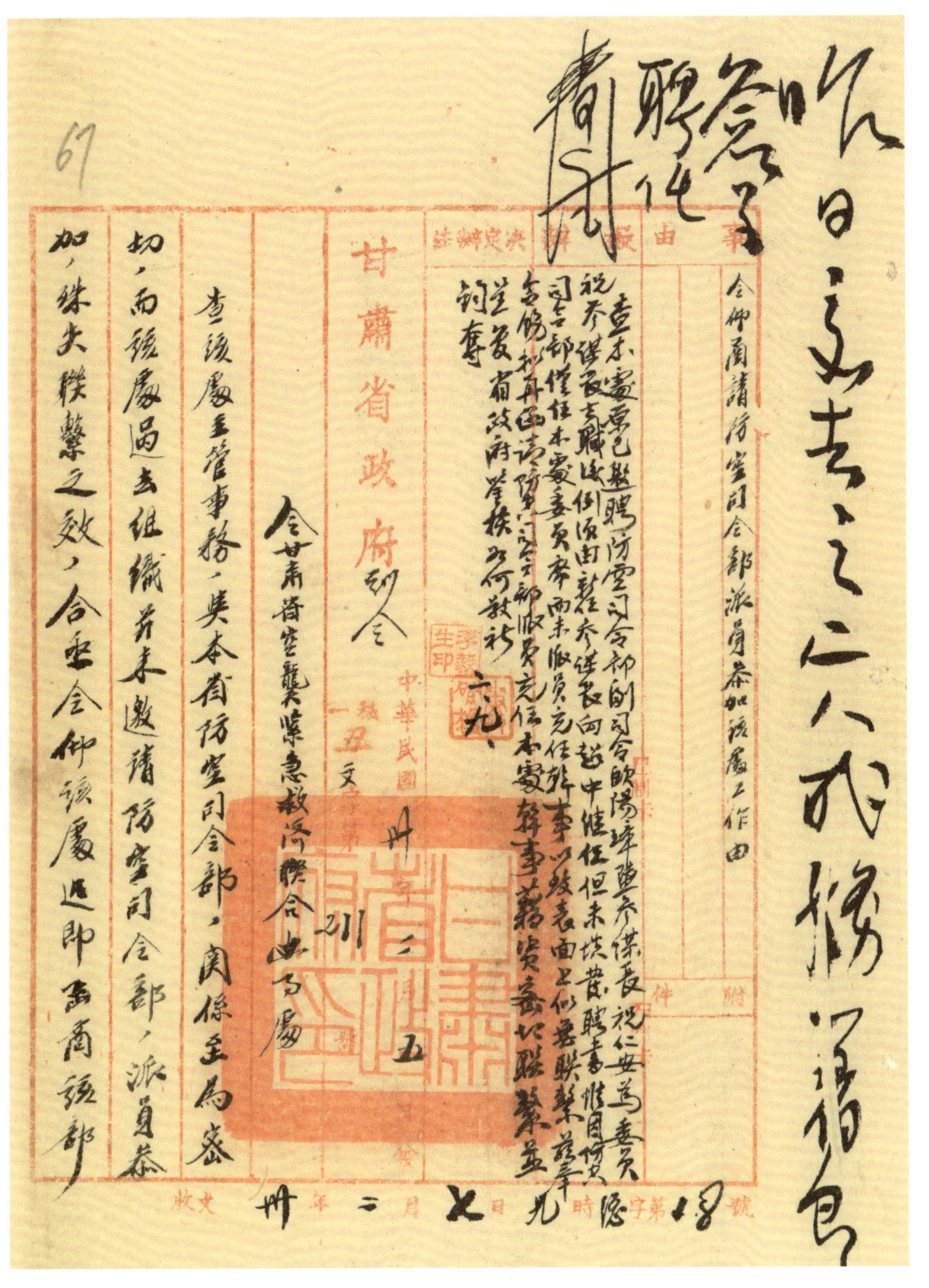
甘肃省政府训令

令仰函请防空司令部派员参加该处工作由

令甘肃省空袭紧急救济联合办事处

查该处主管事务，与本省防空司令部，关系至为密切，而该处过去组织并未邀请防空司令部，派员参加，殊失联系之效，合亟令仰该处迅即函商该部

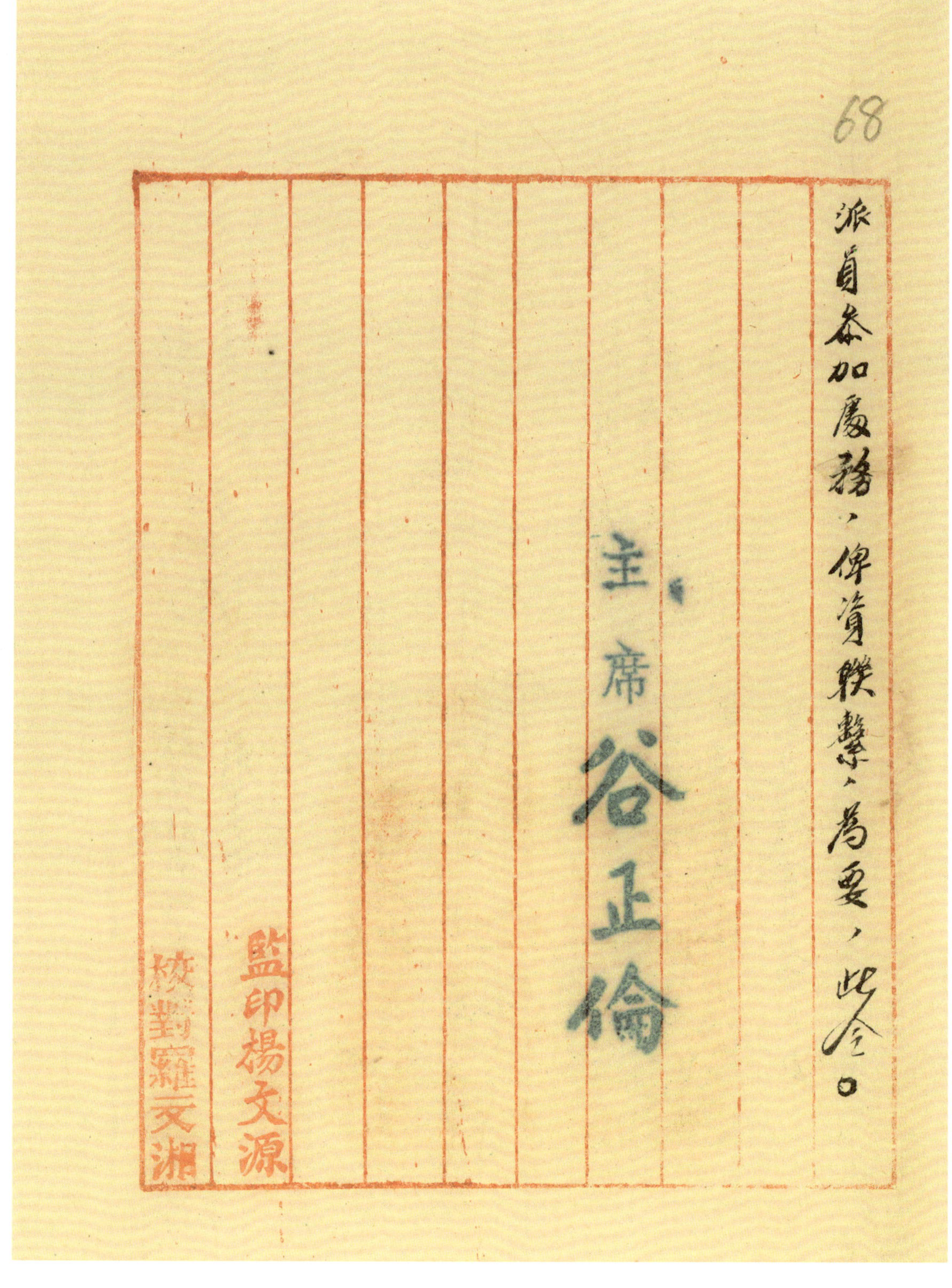

派員參加處務，俾資聯繫，爲要，此令。

主席 谷正倫

監印楊文源

校對羅文湘

68

兰州空袭紧急救济联合办事处聘任彭亚民为干事的聘书（一九四一年二月九日）

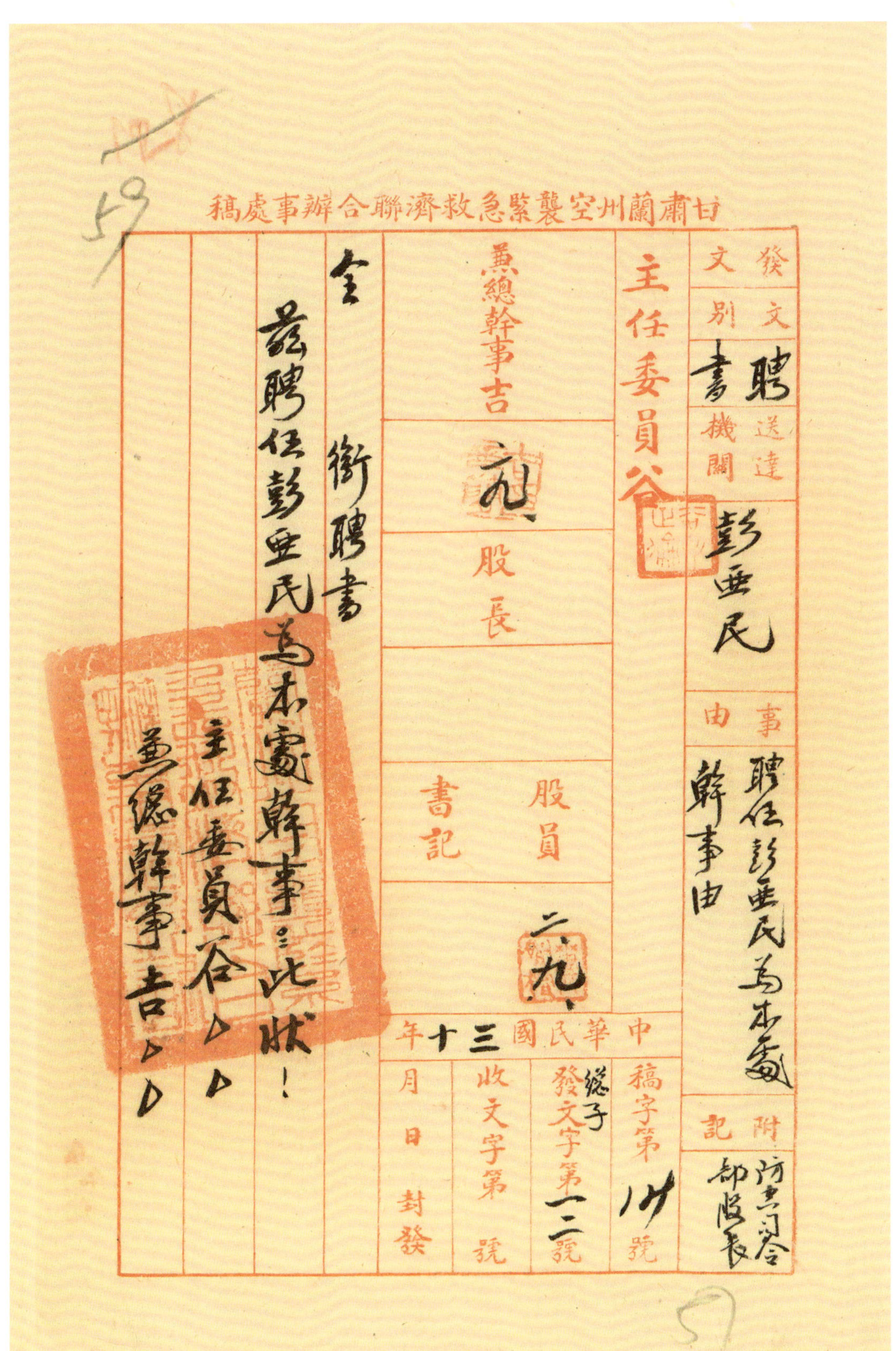

甘肅蘭州空襲緊急救濟聯合辦事處稿

發文文別：聘書
送達機關：彭亞民
事由：聘任彭亞民爲本處幹事由
附記：防空司令部股長
主任委員谷
兼總幹事吉
股長
股員
書記
中華民國三十年二月九日
稿字第卅號
發文字第一二號
收文字第　號
月　日封發

衔聘書

兹聘任彭亞民爲本處幹事，此状！

主任委員谷〇〇
兼總幹事吉〇〇

兰州空袭紧急救济联合办事处聘任向超中为委员的聘任状（一九四一年二月九日）

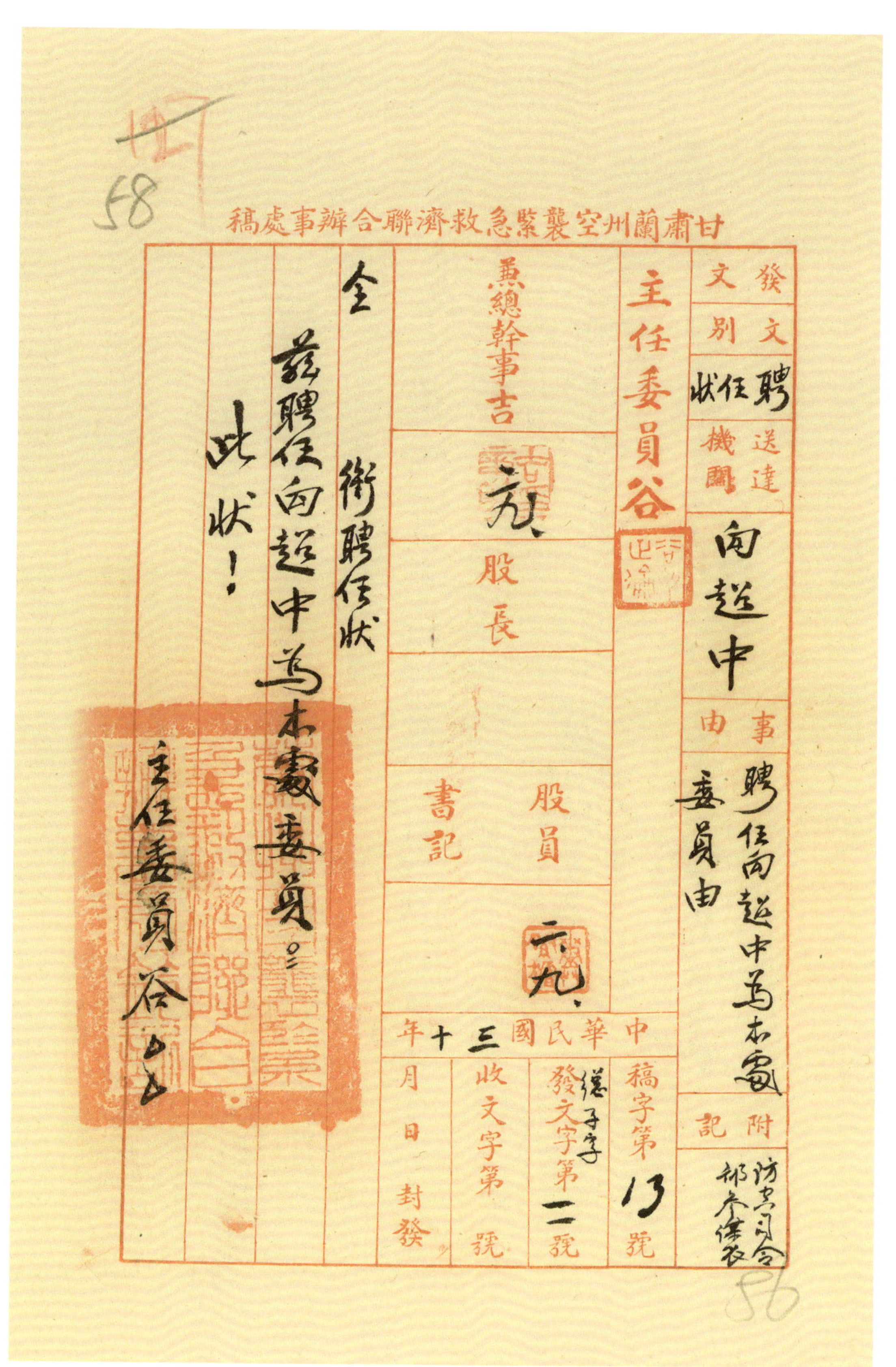

甘肅蘭州空襲緊急救濟聯合辦事處稿

發文：聘
文別：任狀
送達機關：向超中
事由：聘任向超中為本處委員由
附記：防空司令部參謀長

主任委員谷
兼總幹事吉　二、九
股長
股員　二、九
書記

中華民國三十年　月　日
稿字第13號
發文字第二號　總子字
收文字第　號
封發

令

衛聘任狀

茲聘任向超中為本處委員。

此狀！

主任委員谷

兰州空袭紧急救济联合办事处总务股关于领到一九四一年二月份员工薪资致兼总干事的签呈（一九四一年三月三日）

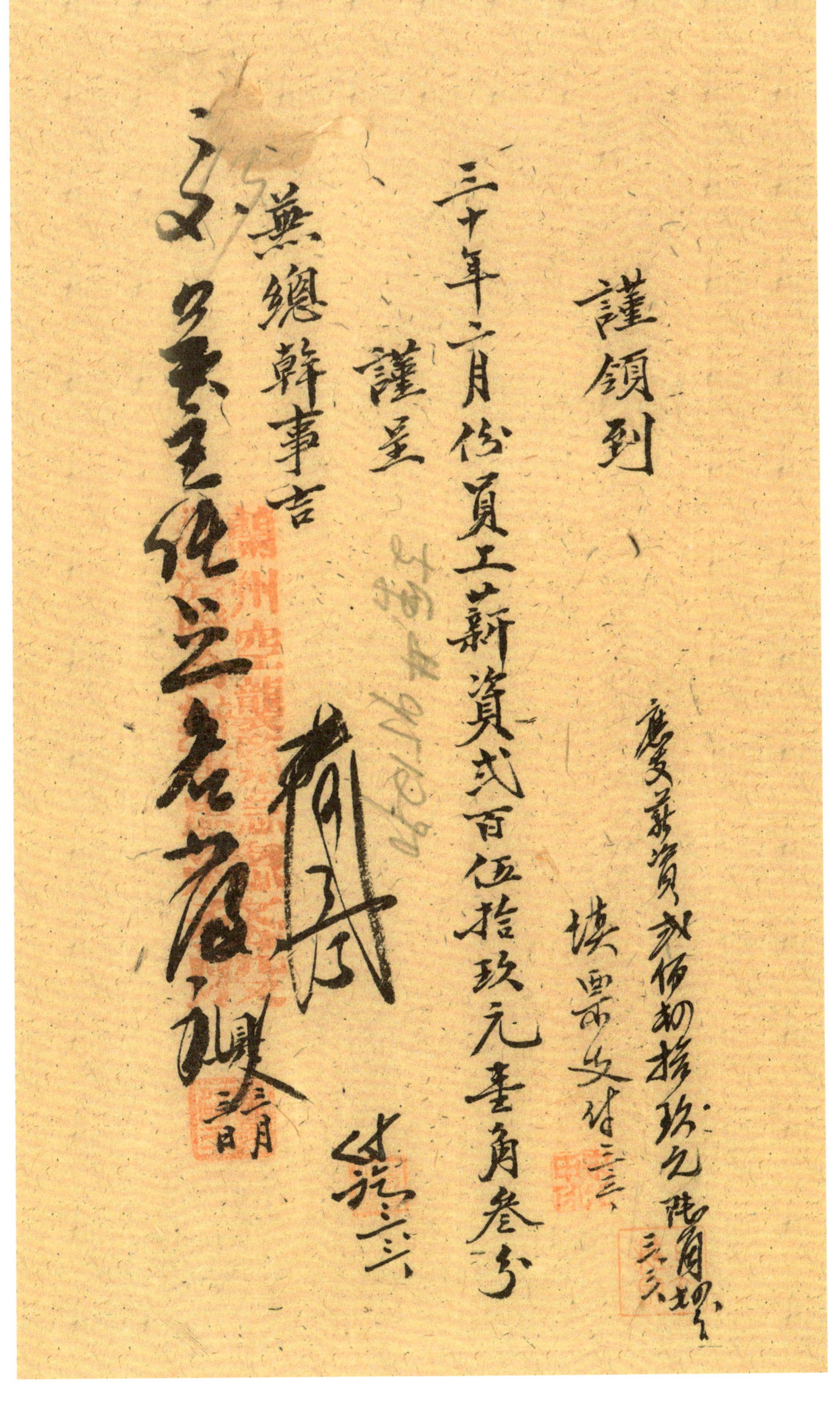

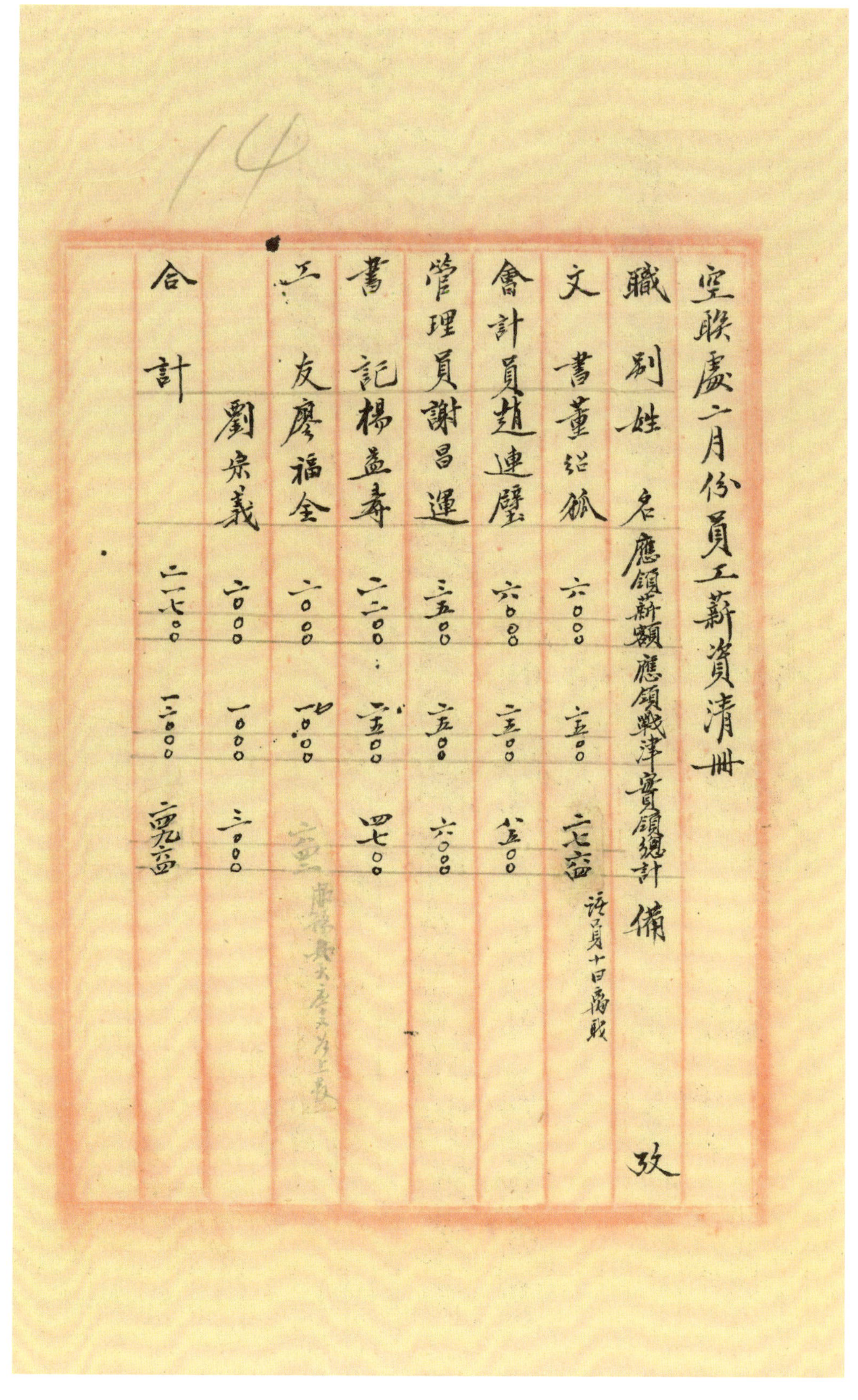

空联处二月份员工薪资清册

职别	姓名	应领薪额	应领战津	实领总计	备考
文书	董绍狐	六〇〇〇	二五〇〇	二七五〇	该员十日离职
会计员	赵连璧	六〇〇〇	二五〇〇	八五〇〇	
管理员	谢昌运	三五〇〇	二五〇〇	六〇〇〇	
书记	杨益寿	二二〇〇	二五〇〇	四七〇〇	
工友	廖福全	六〇〇〇	一七〇〇	二三〇〇	
	刘宗义	六〇〇〇	一〇〇〇	三〇〇〇	
合计		二一七〇〇	一二〇〇〇	二九五四	

兰州空袭紧急救济联合办事处总务股关于领到一九四一年三月份经费及战时津贴致兼总干事的签呈
（一九四一年四月一日）

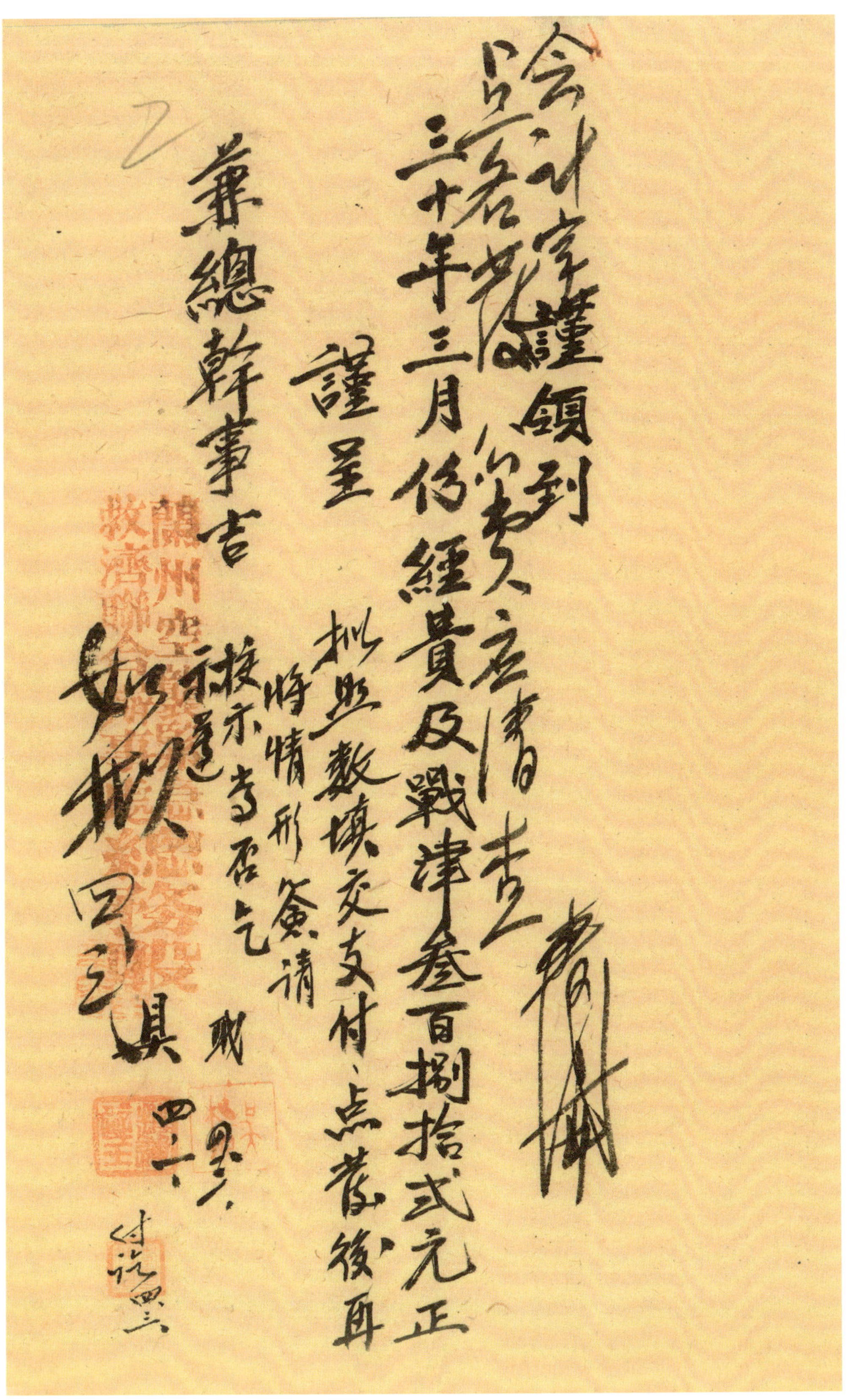
会计室谨领到
三十年三月份经费及战时津贴叁百捌拾贰元正
拟照数填交支付，点发后再将情形签请
谨呈
兼总干事書
职
四、一

兰州空袭紧急救济联合办事处掩埋抚恤股股长及本处关于其辞职事的往来公文（一九四一年五月）

兰州空袭紧急救济联合办事处掩埋抚恤股股长致本处的报告（一九四一年五月十六日）

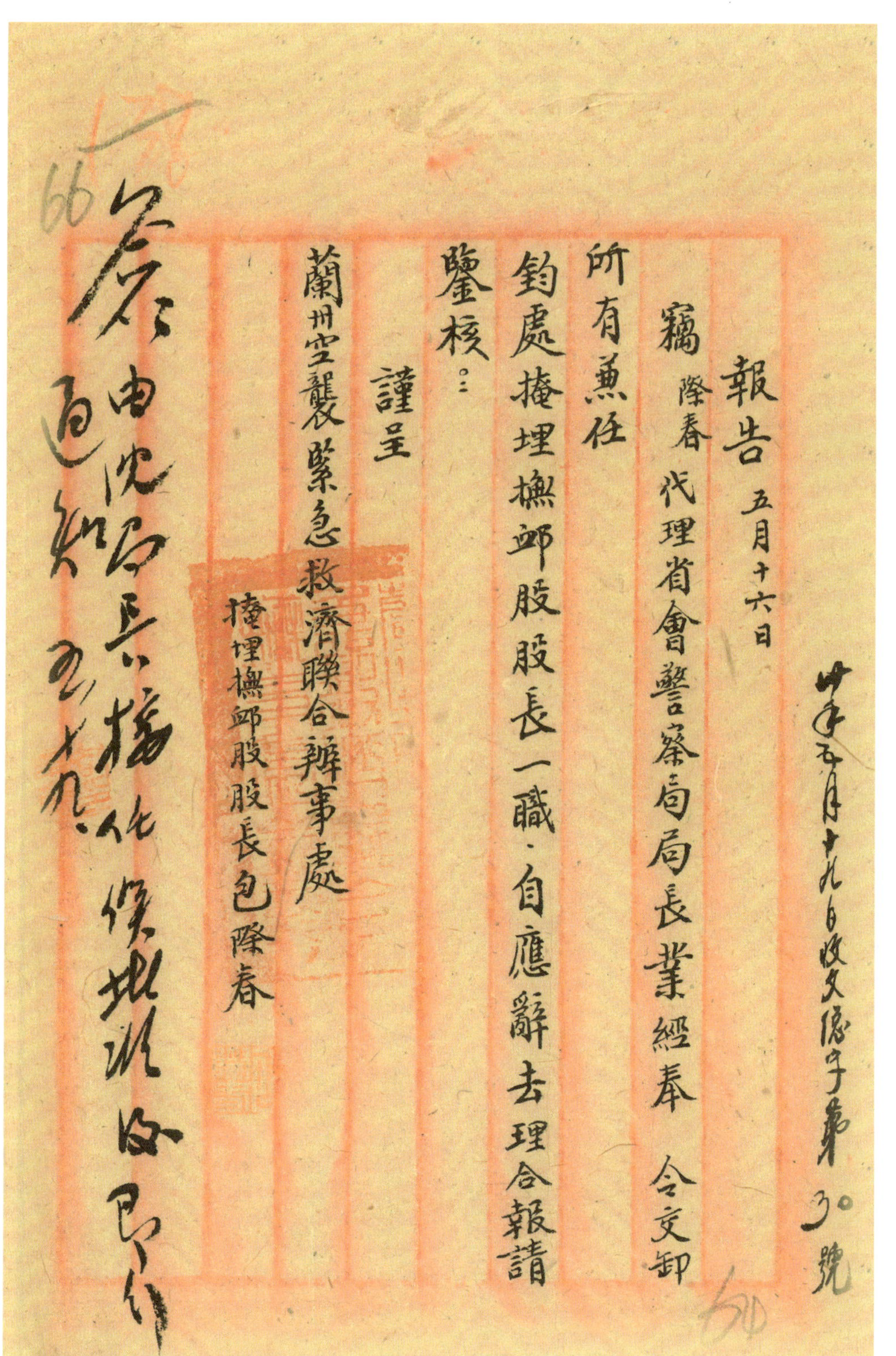
卅年五月十九日收文總字第30號

報告 五月十六日

竊除春代理省會警察局局長業經奉令交卸所有兼任
鈞處掩埋撫卹股股長一職，自應辭去，理合報請
鑒核。

謹呈

蘭州空襲緊急救濟聯合辦事處

掩埋撫卹股股長包除春

兰州空袭紧急救济联合办事处兼总干事致主任委员的呈（一九四一年五月十九日）

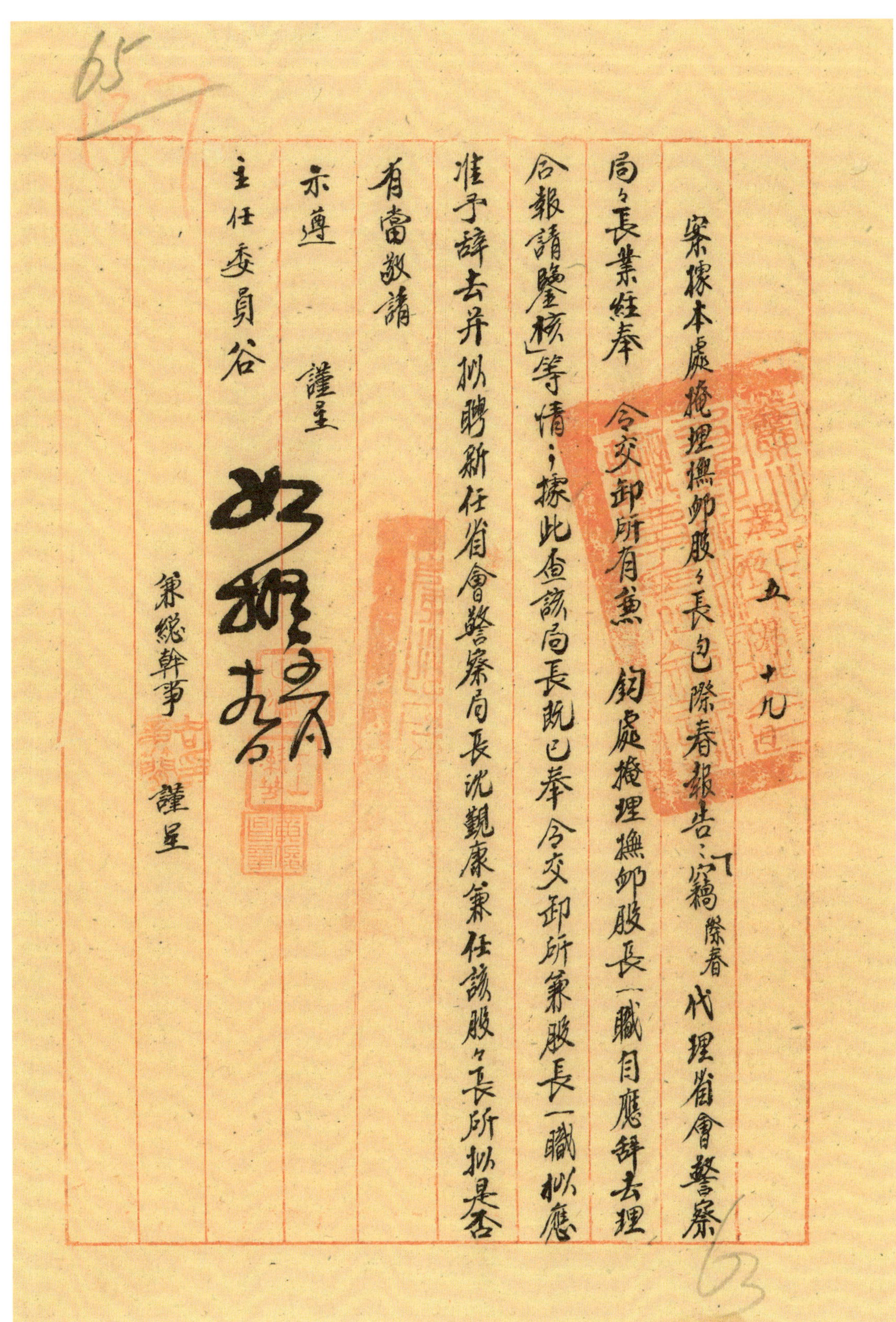

五 十九

案據本處掩埋撫卹股々長包際春報告：「竊際春代理省會警察局々長業經奉令交卸所有兼鈞處掩埋撫卹股長一職自應辭去理合報請鑒核」等情；據此查該局長既已奉令交卸所兼股長一職擬應准予辭去并擬聘新任省會警察局長沈觀康兼任該股々長所擬是否有當敬請

示遵 謹呈

主任委員谷

兼總幹事 謹呈

兰州空袭紧急救济联合办事处致掩埋抚恤股股长的指令（一九四一年五月二十四日）

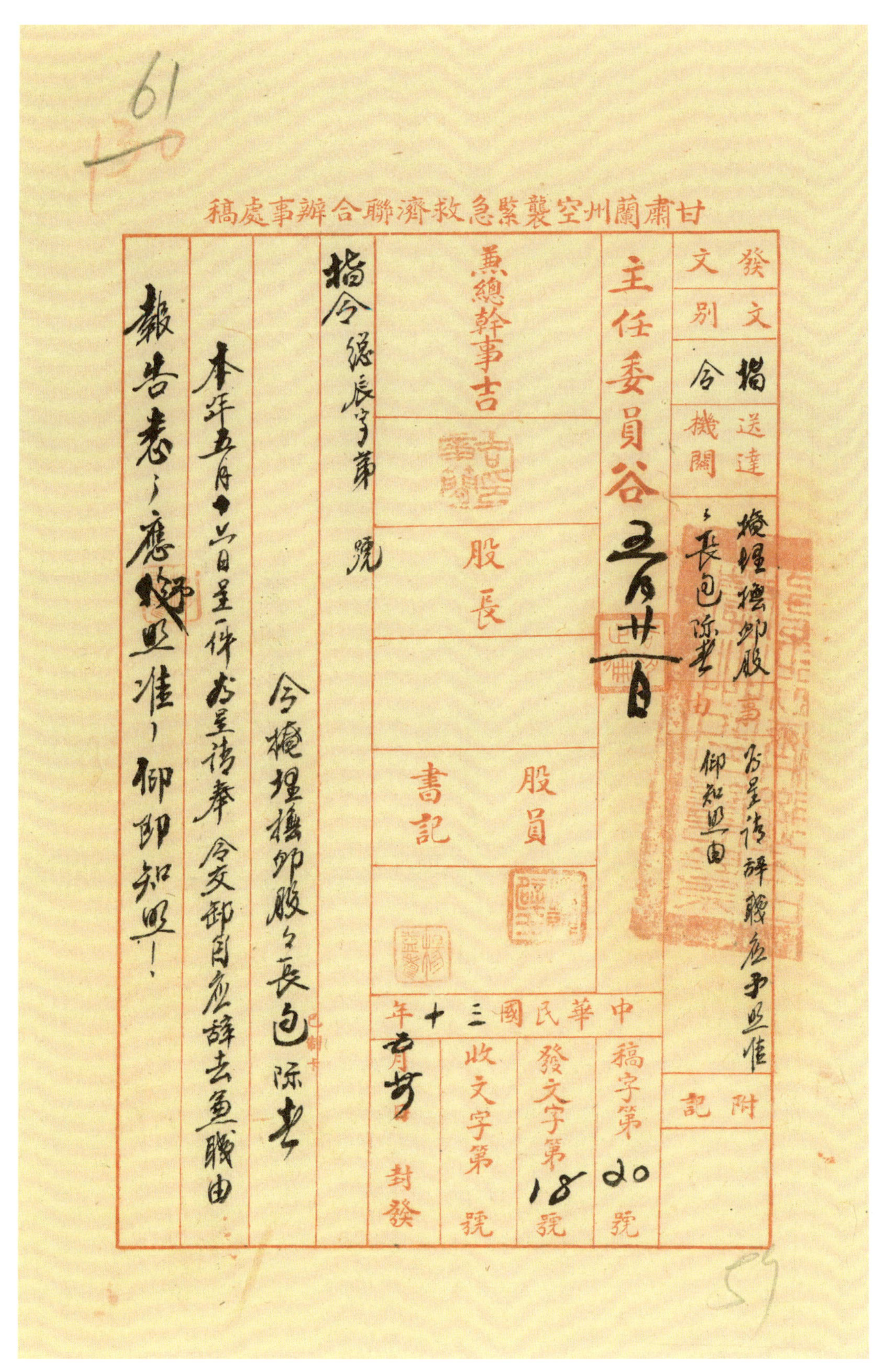

甘肅蘭州空襲緊急救濟聯合辦事處稿

發文文別：指令
送達機關：掩埋撫卹股股長包際本
事由：為呈請辭職應予照准仰知照由

主任委員 谷 五月廿日
兼總幹事 吉
股長
股員
書記

中華民國三十年五月廿日
稿字第20號
發文字第18號
收文字第　號
封發

指令　總長字第　號

令掩埋撫卹股股長包際本

本年五月十六日呈一件，為呈請奉令交卸自應辭去兼職由

報告悉。應准照准。仰即知照！

此令

主任委员谷〇〇

兼总干事王〇〇

兰州空袭紧急救济联合办事处聘请沈觐康为委员兼掩埋抚恤股股长的聘书（一九四一年五月二十四日）

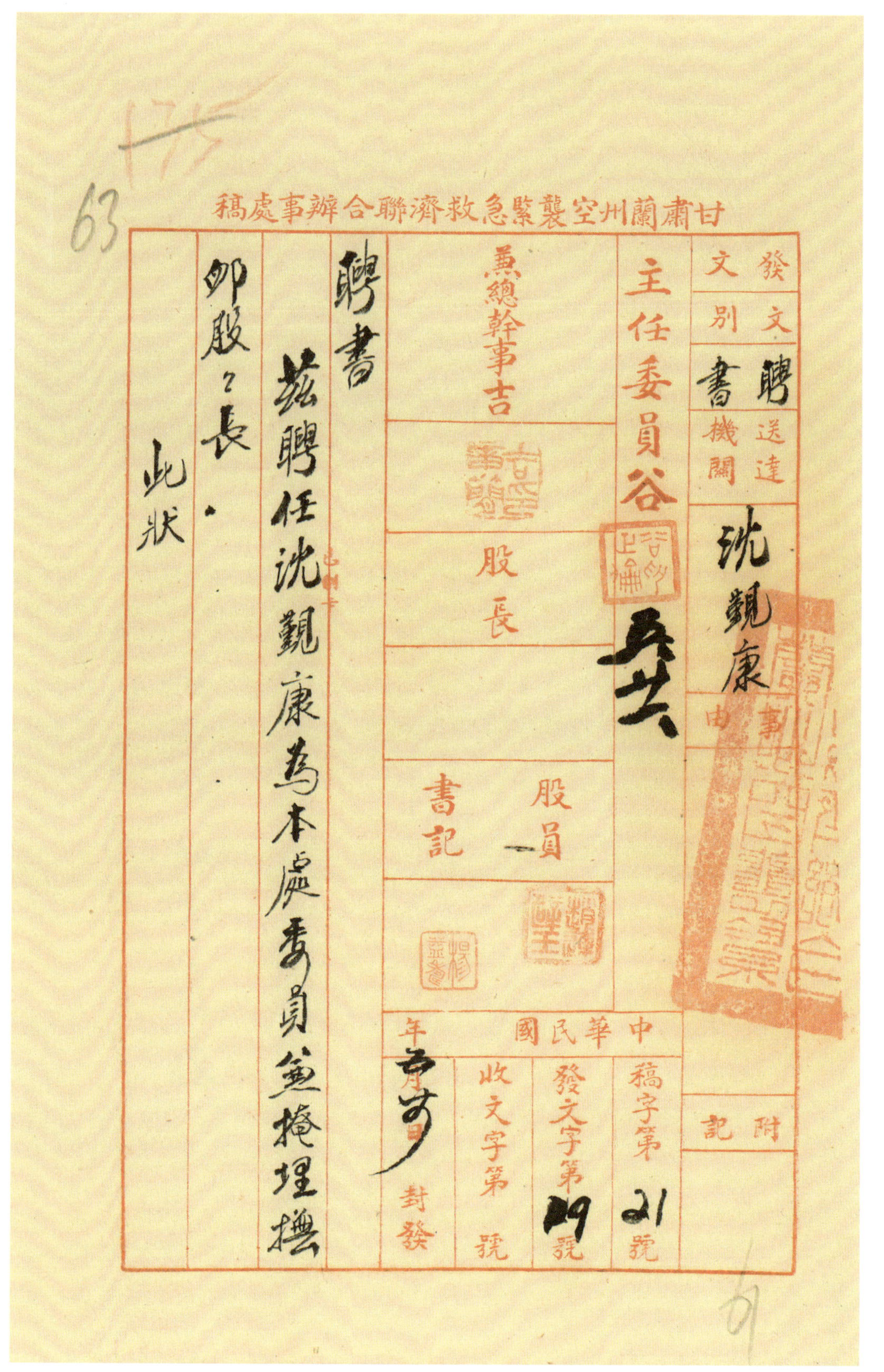
甘肃兰州空袭紧急救济联合办事处稿

发文 文别：聘书
送达机关：沈觐康
事由：
附记：

主任委员谷
兼总干事吉
股长
股员
书记

中华民国　年五月廿日封发
稿字第21号
发文字第19号
收文字第　号

聘书
兹聘任沈觐康为本处委员兼掩埋抚卹股股长。
此状

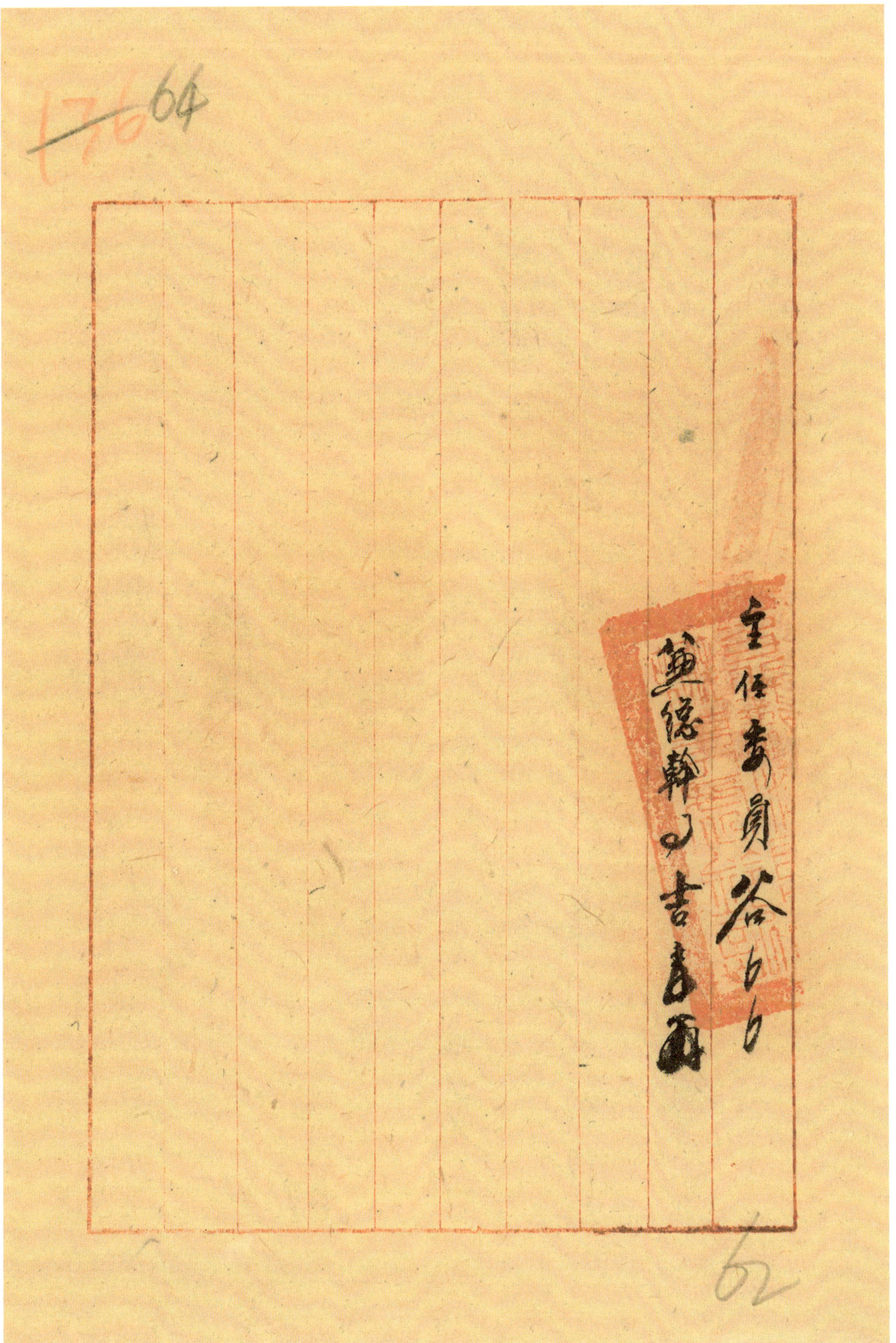

主任委員谷〇〇

兼總幹事吉章簡

兰州空袭紧急救济联合办事处关于本处主管事交由甘肃全省防空司令部兼办致甘肃省政府的呈（一九四一年五月二十九日）

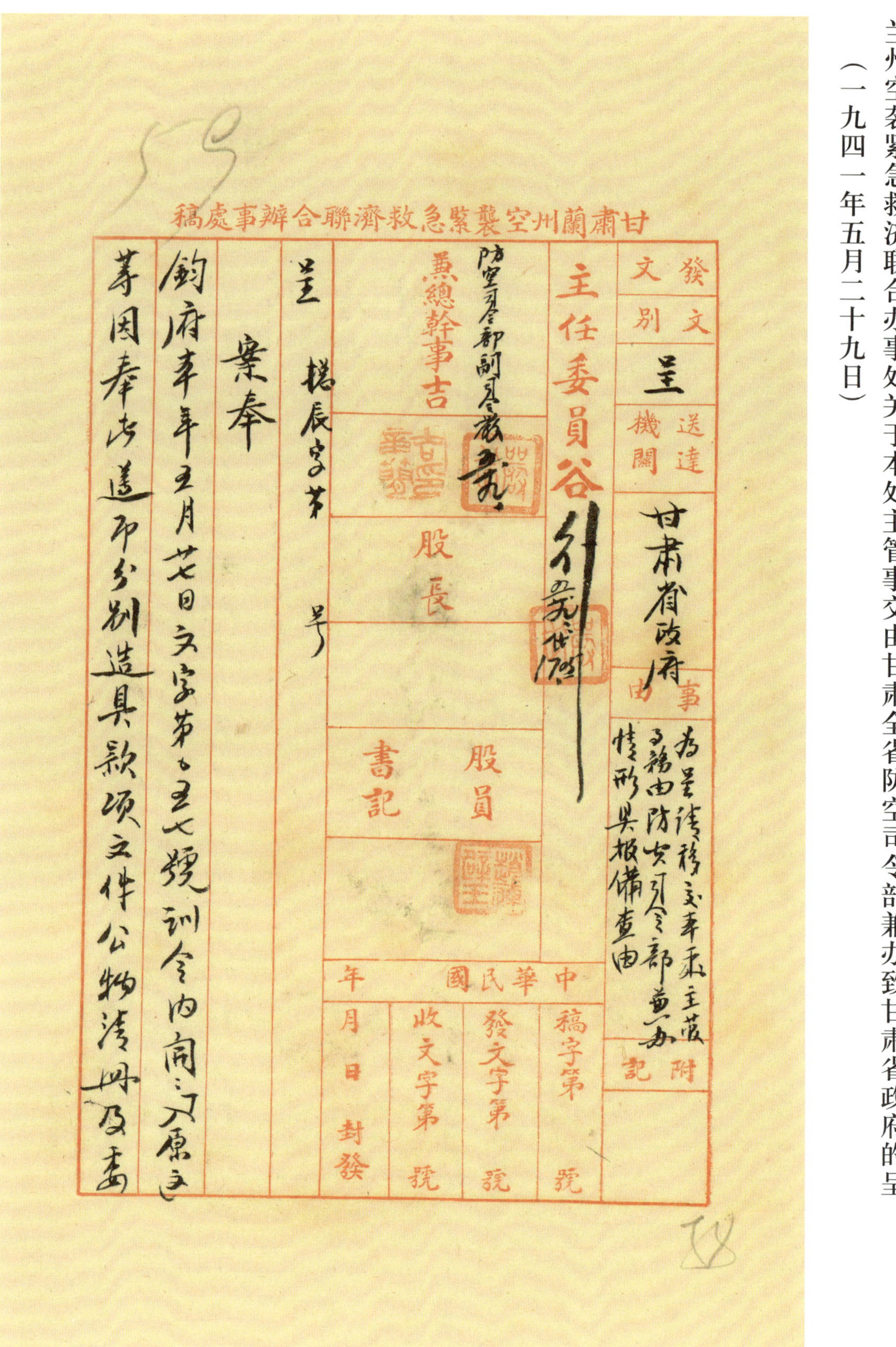

员、县长、职员、工友名册等件，当经检册移交，点收清楚。
除上项各册经交接双方各存一份外，理合将移交情形并
检同清册一份，具文呈请
鉴核备查。谨呈
甘肃省政府
附呈
救济费款目收支清册一份　文卷清册一份　公物清册一份
移交计开核清册一份　委员县长名册一份　职员工友名册一份
新任黄[illegible]县长严○○
卸任黄[illegible]县长吉△△

甘肃省政府关于准予兰州空袭紧急救济联合办事处暂行组织规程及由全省防空司令部副司令严武兼任联合办事处处长事致全省防空司令部的指令（一九四一年六月三十日）

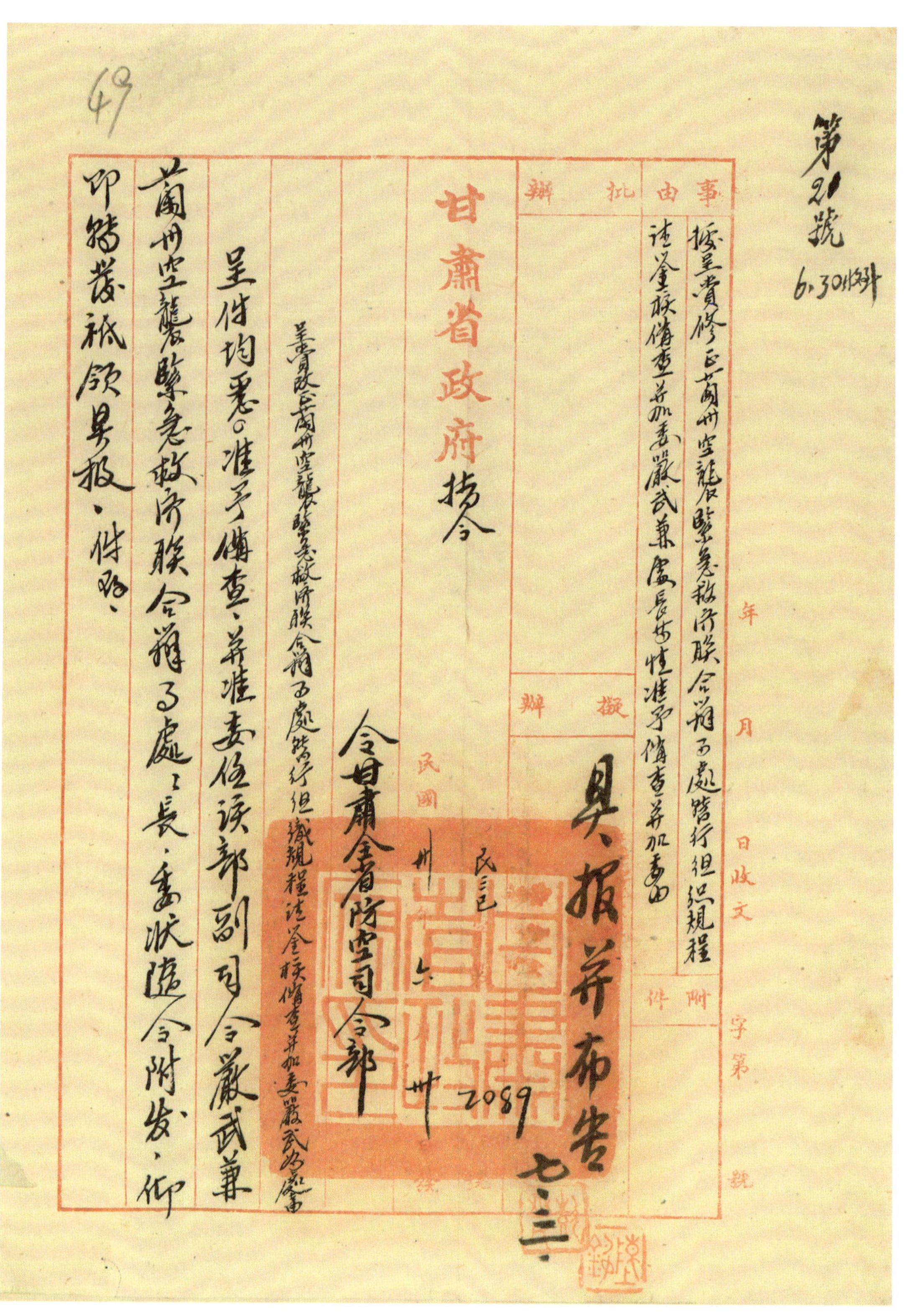
第21號
6.30收到

事由：據呈賚修正蘭州空襲緊急救濟聯合辦事處暫行組織規程請鑒核備查並加委嚴武兼處長等情准予備查並加委由

甘肅省政府指令

呈賚修正蘭州空襲緊急救濟聯合辦事處暫行組織規程請鑒核備查並加委嚴武兼處長由

民國卅年六月卅日 2089

令甘肅全省防空司令部

呈件均悉。准予備查，並准委任該部副司令嚴武兼蘭州空襲緊急救濟聯合辦事處處長，委狀隨令附發，仰即轉發祇領具報。件存。

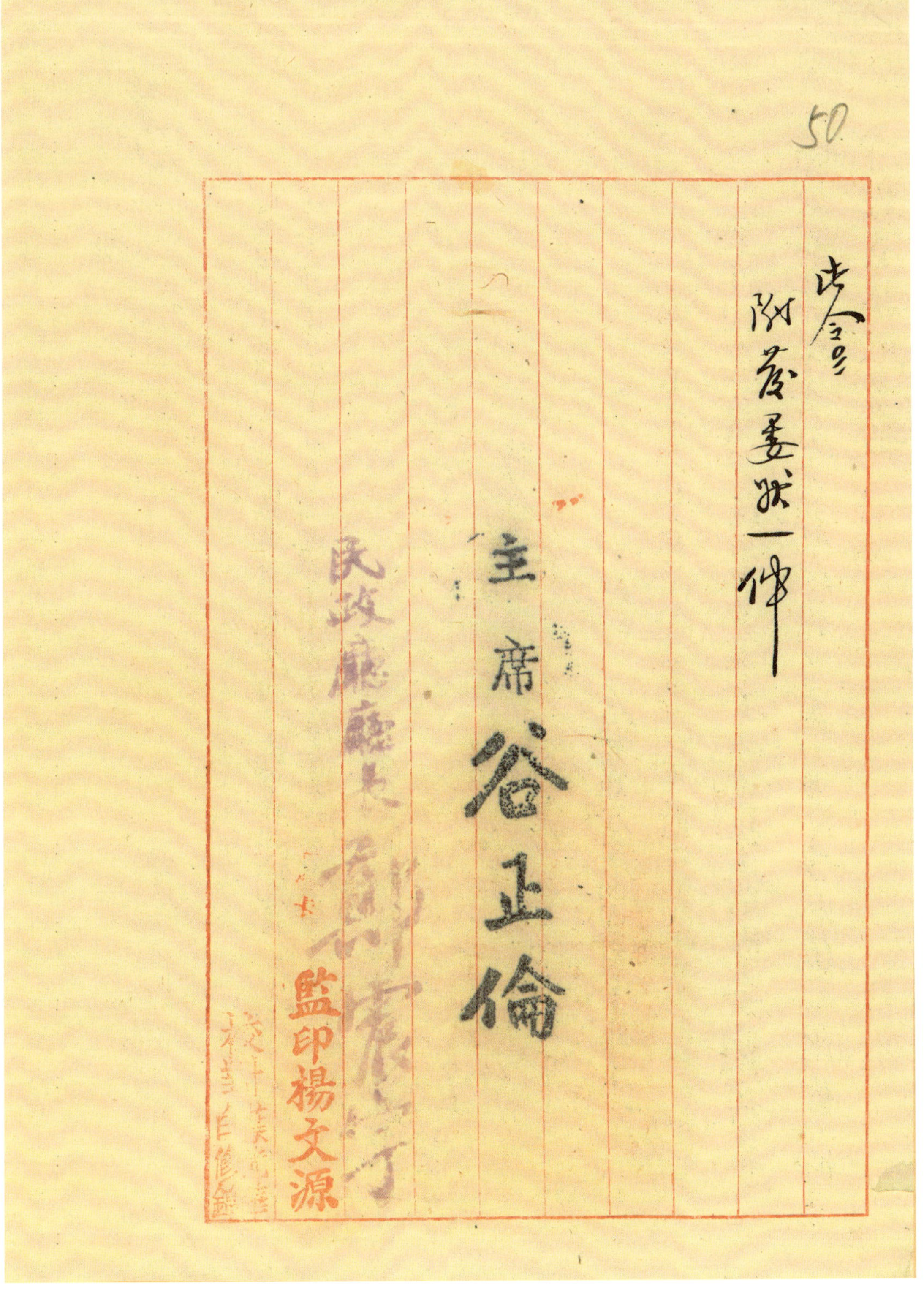

50

此令

附發委狀一件

主席 谷正倫

民政廳廳長 鄭震宇

監印楊文源

兰州空袭紧急救济联合办事处关于启用关防致甘肃省政府的呈（一九四一年七月一日）

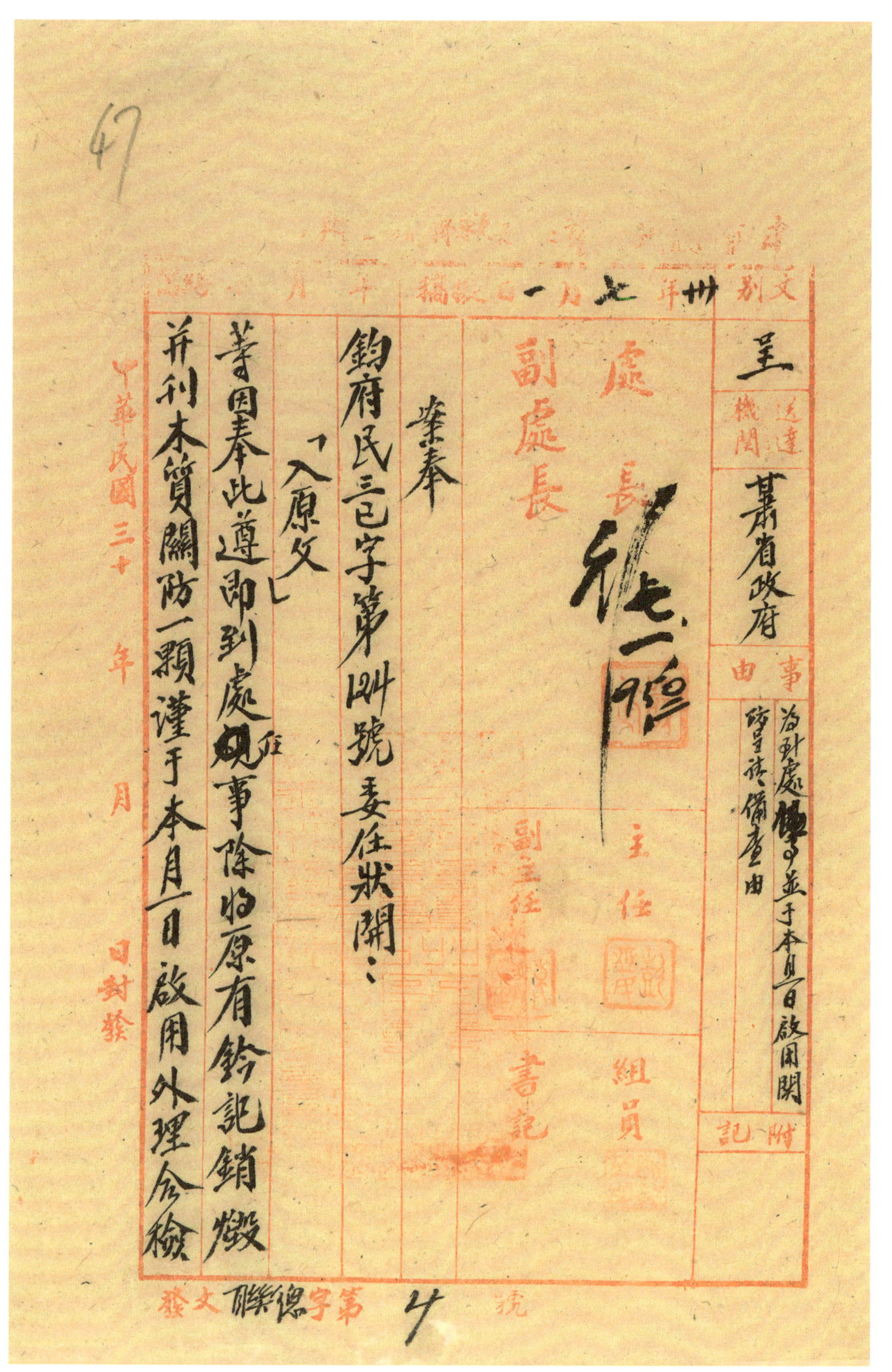

文别：呈
送达机关：甘肃省政府
事由：为刊处关防并于本月一日启用关防呈请备查由
附记：
卅年七月一日拟稿

處長 副處長 主任 副主任 組員 書記

案奉
鈞府民三巳字第1214號委任狀開：
「入原文」
等因奉此遵即到處視事除將原有鈐記銷燬
並刊木質關防一顆謹于本月一日啟用外理合檢

中華民國三十年 月 日封發
發文 聯總字第4號

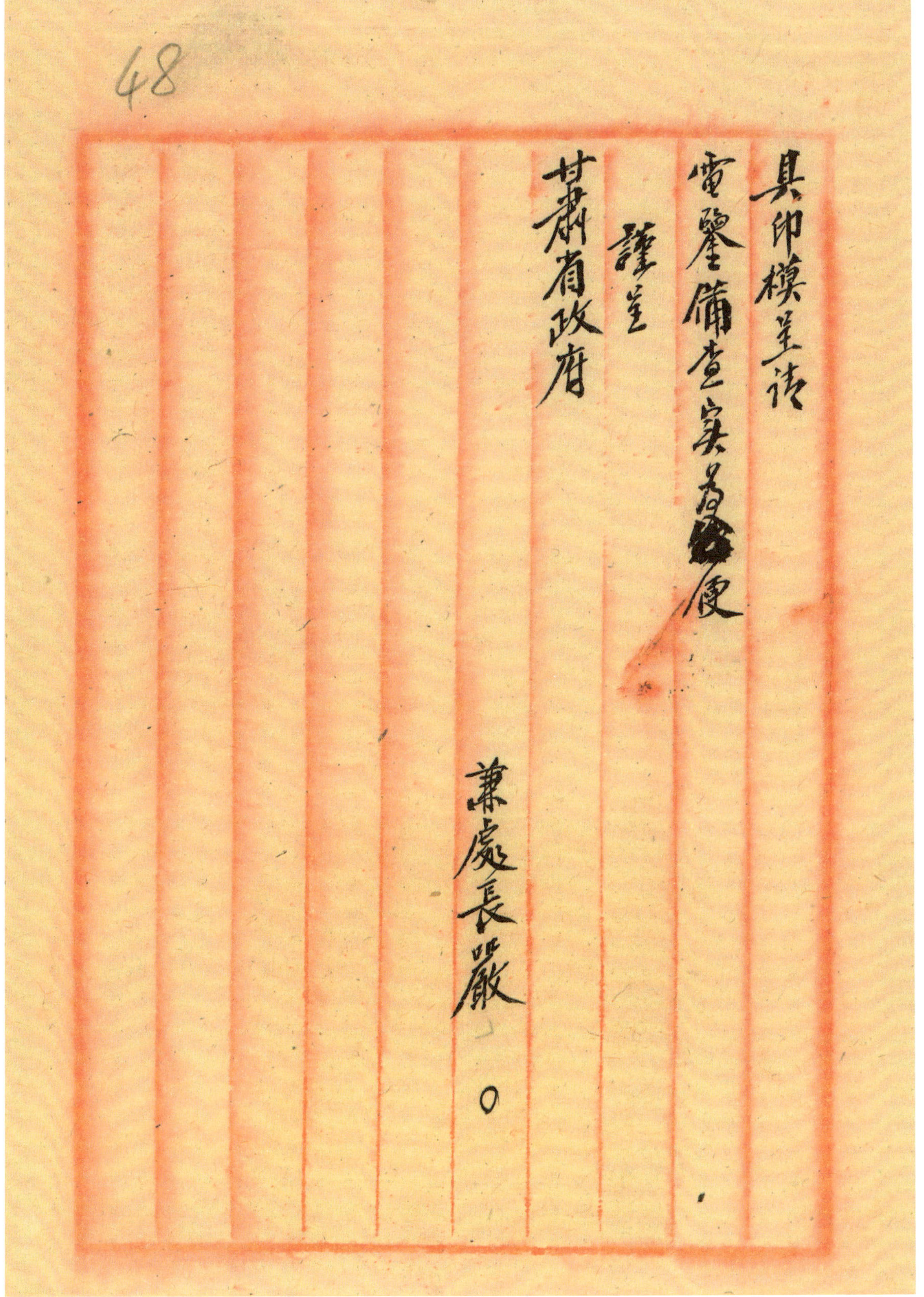
48

具印模呈请

電鑒備查案爲[illegible]便

謹呈

甘肅省政府

兼處長嚴

兰州空袭紧急救济联合办事处关于本处主管业务移交甘肃全省防空司令部统筹兼办的布告（一九四一年七月二日）

甘肅蘭州空襲緊急救濟聯合辦事處稿

文別：佈告

卅年七月二日擬稿

處長

副處長

全銜 佈告 聯總字第四號

案奉

甘肅省政府三十年五月廿七日文字第另五七號訓令開：「查連日以來敵機復行肆虐，茲為確收救濟迅速之效起見，着將蘭州市空襲緊急救濟聯合辦事處

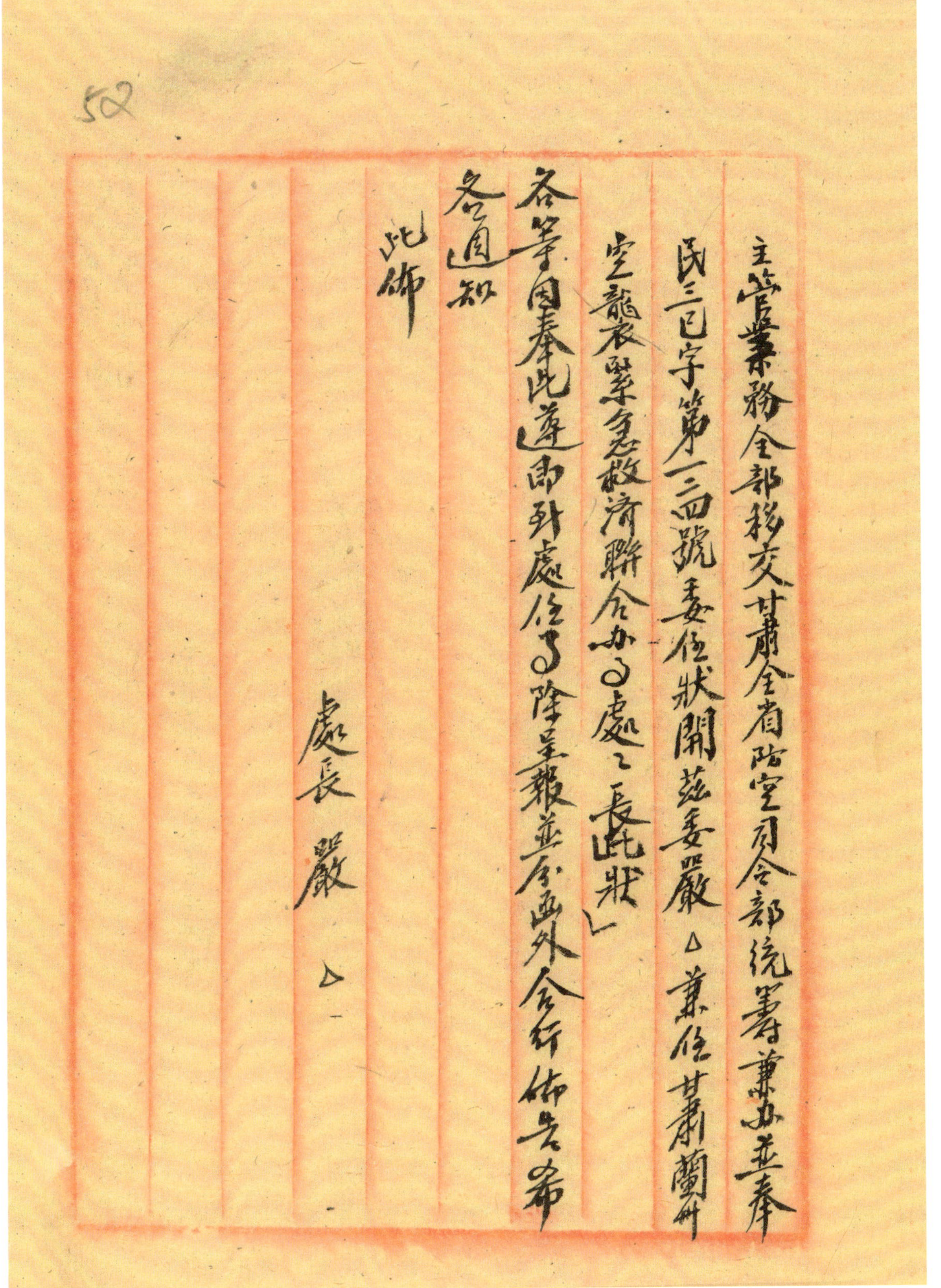

主管业务全部移交甘肃全省防空司令部统筹兼办，并奉

民三巳字第一三四号委任状开：兹委严〇〇兼任甘肃兰州

空袭紧急救济联合办事处处长。此状。

各等因。奉此，遵即到处任事，除呈报并分函外，合行佈告，希

各遵照知

此佈

处长　严〇

甘肃省政府关于兰州空袭紧急救济联合办事处社会部工作事致本处的训令（一九四一年七月十日）

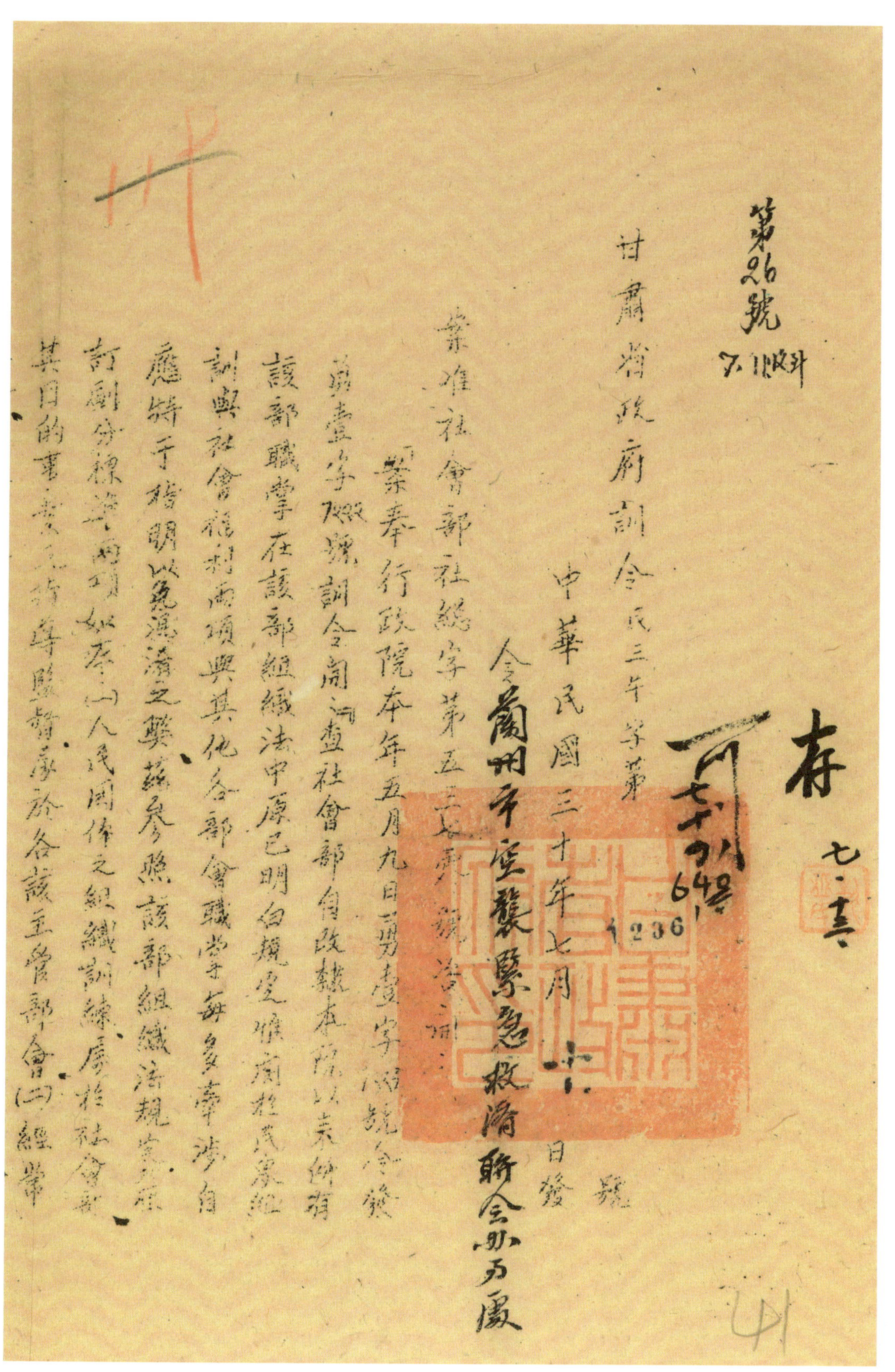
第26號

甘肅省政府訓令 民三十字第　號

中華民國三十年七月十日發

令蘭州市空襲緊急救濟聯合辦事處

案准社會部社總字第五三七號咨開：

「案奉行政院本年五月九日勇壹字7068號訓令開：『查社會部自改隸本院以來，所有該部職掌在該部組織法中原已明白規定，唯關於民眾組訓與社會福利兩項與其他各部會職掌每多牽涉，自應特予指明，以免混淆之弊，茲參照該部組織法規定，訂劃分標準兩項如左：（一）人民團體之組織訓練，屬於社會部，其目的事業之指導監督，屬於各該主管部會。（二）經常

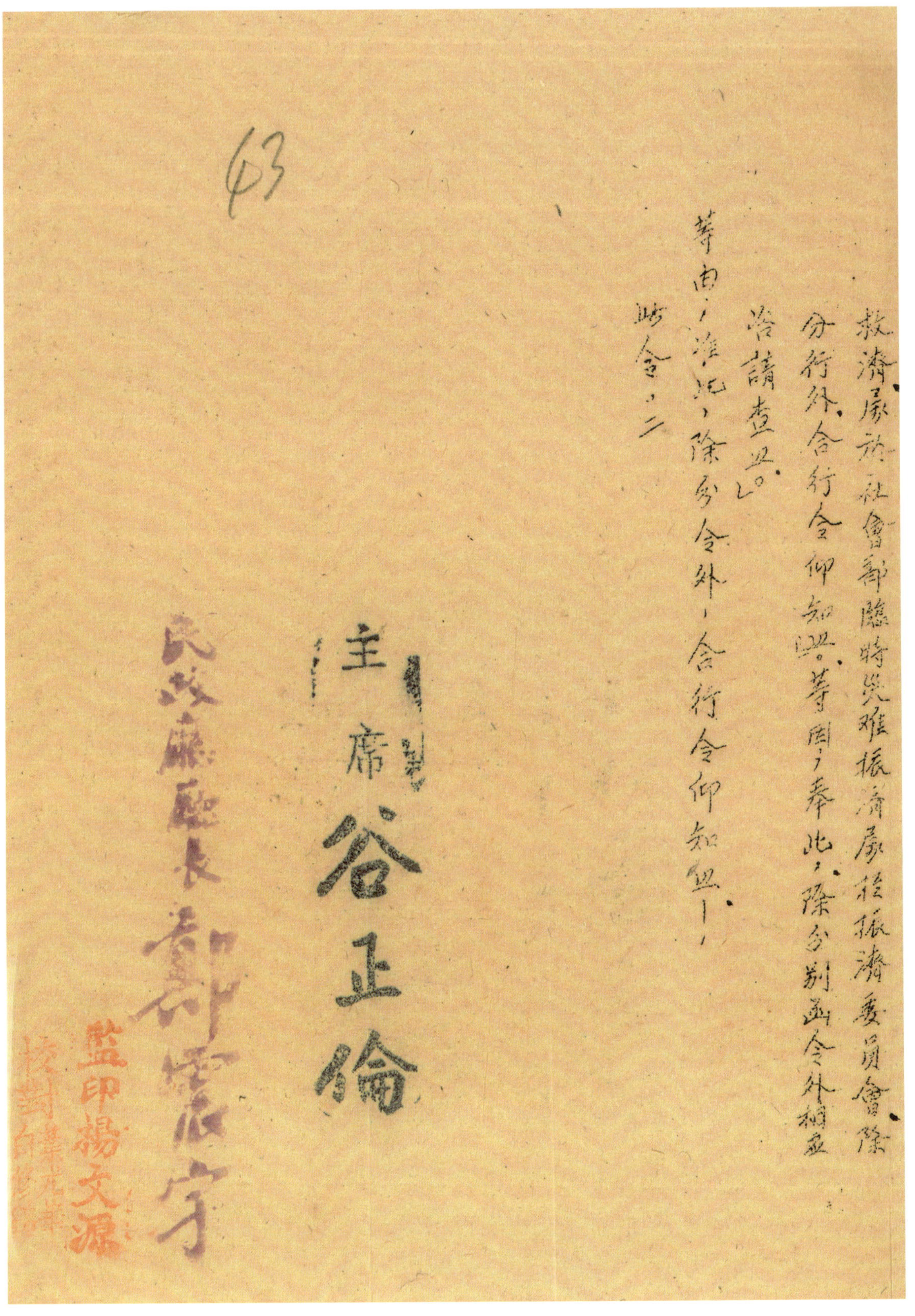

救济处於社会部临时灾难振济处经振济委员会除分行外，合行令仰知照。等因；奉此，除分别函令外，相应咨请查照。

等由；准此，除分令外，合行令仰知照！

此令。

主席 谷正伦

民政厅厅长 郑震宇

监印 杨文源

校对 [illegible]

63

甘肃省政府关于兰州空袭紧急救济联合办事处即到处任事并启用关防日期事致本处的指令（一九四一年七月十二日）

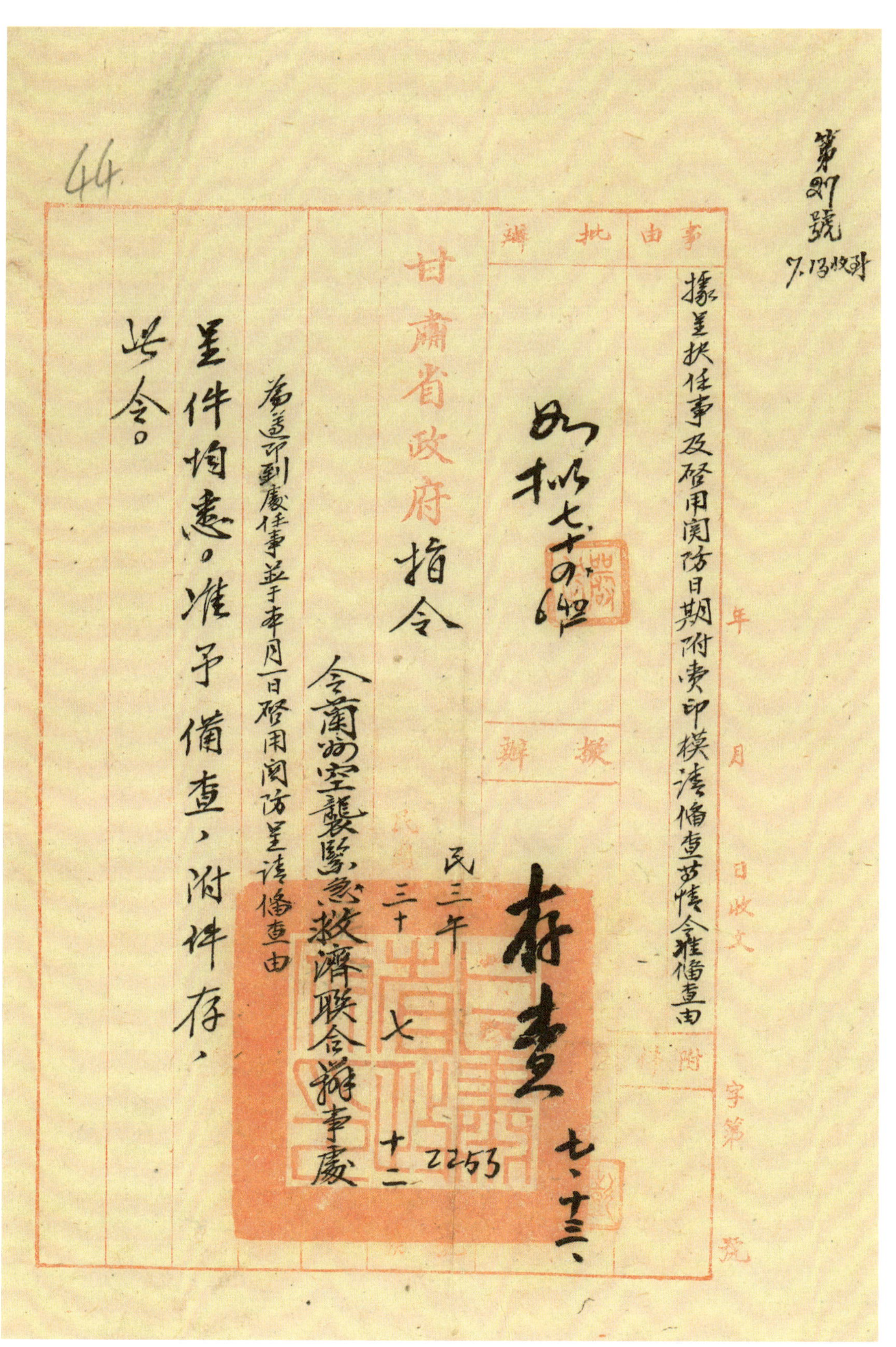

第　號 7.13收到

事由：據呈報任事及啓用關防日期附賷印模請備查等情令准備查由

擬辦

批：如擬 七、十四

甘肅省政府指令

民三十年七月十二 22553

令蘭州空襲緊急救濟聯合辦事處

呈爲遵印到處任事并于本月一日啓用關防呈請備查由

呈件均悉。准予備查，附件存。

此令。

存查 七、十三

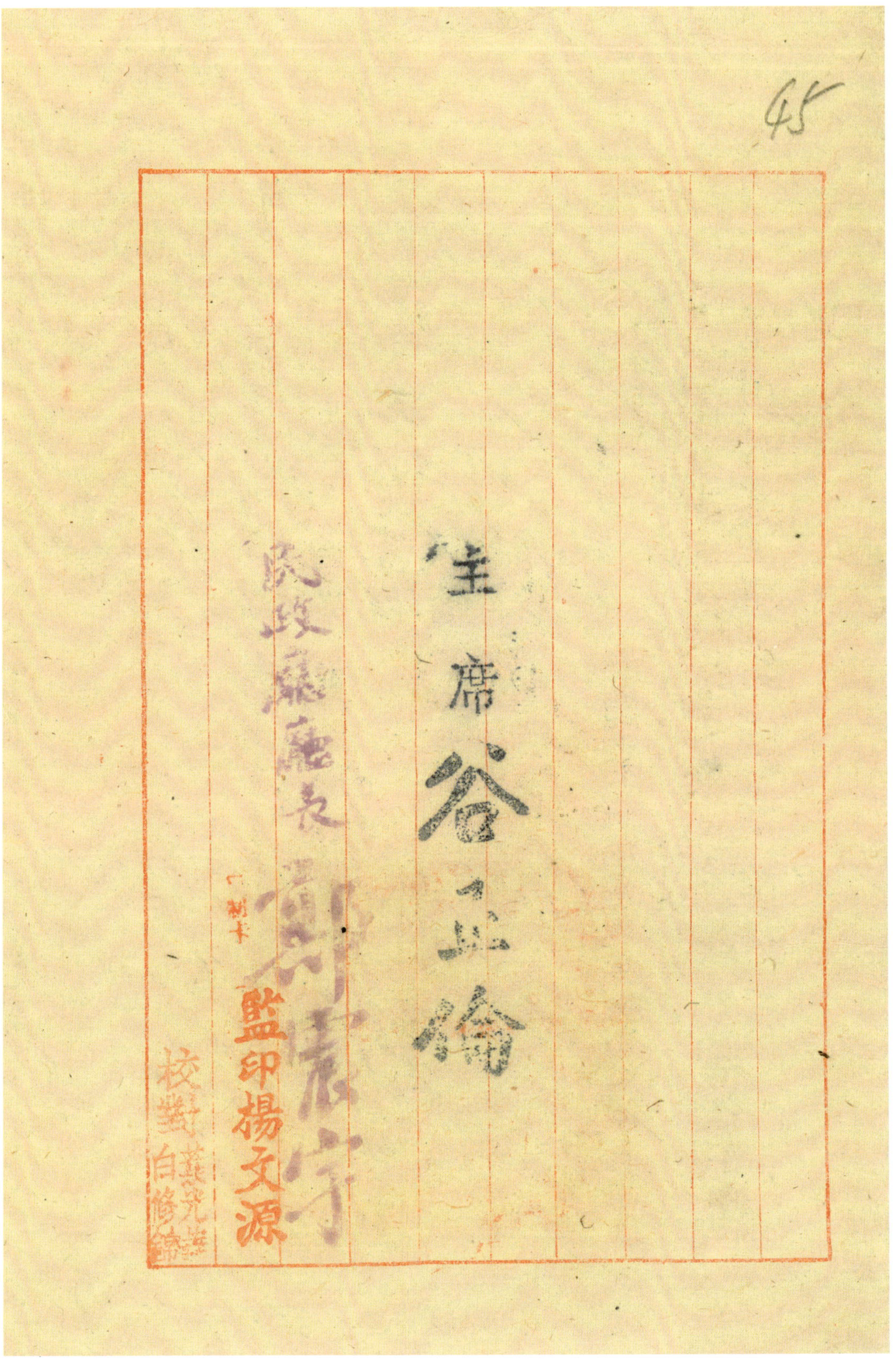

45

主席 谷正倫

民政廳廳長 鄭震宇

監印 楊文源

校對 蔡兆璇 白修繡

兰州空袭紧急救济联合办事处、甘肃省政府关于围绕各组主任事的往来公文（一九四一年七月）

兰州空袭紧急救济联合办事处致甘肃省政府的呈（一九四一年七月十五日）

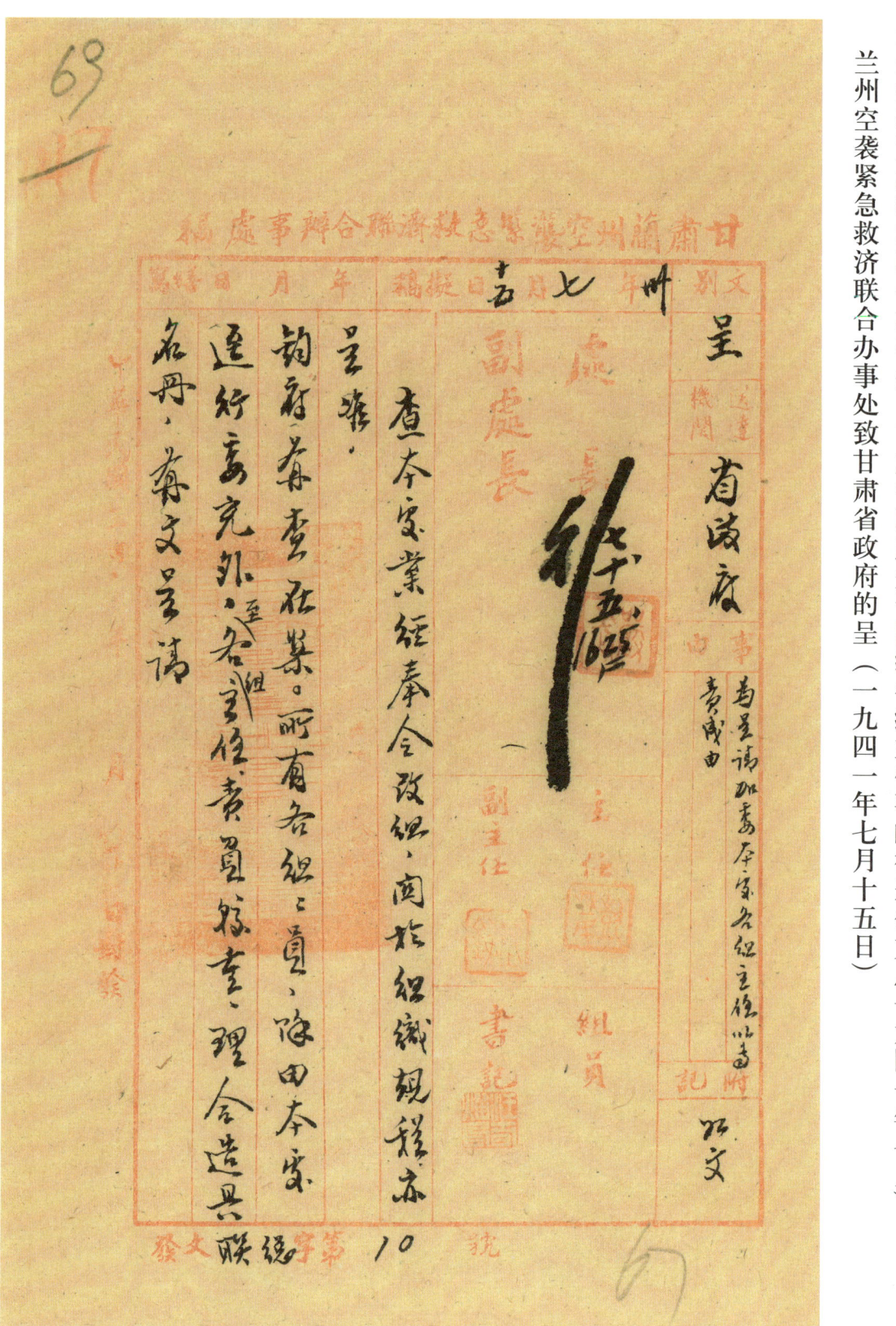

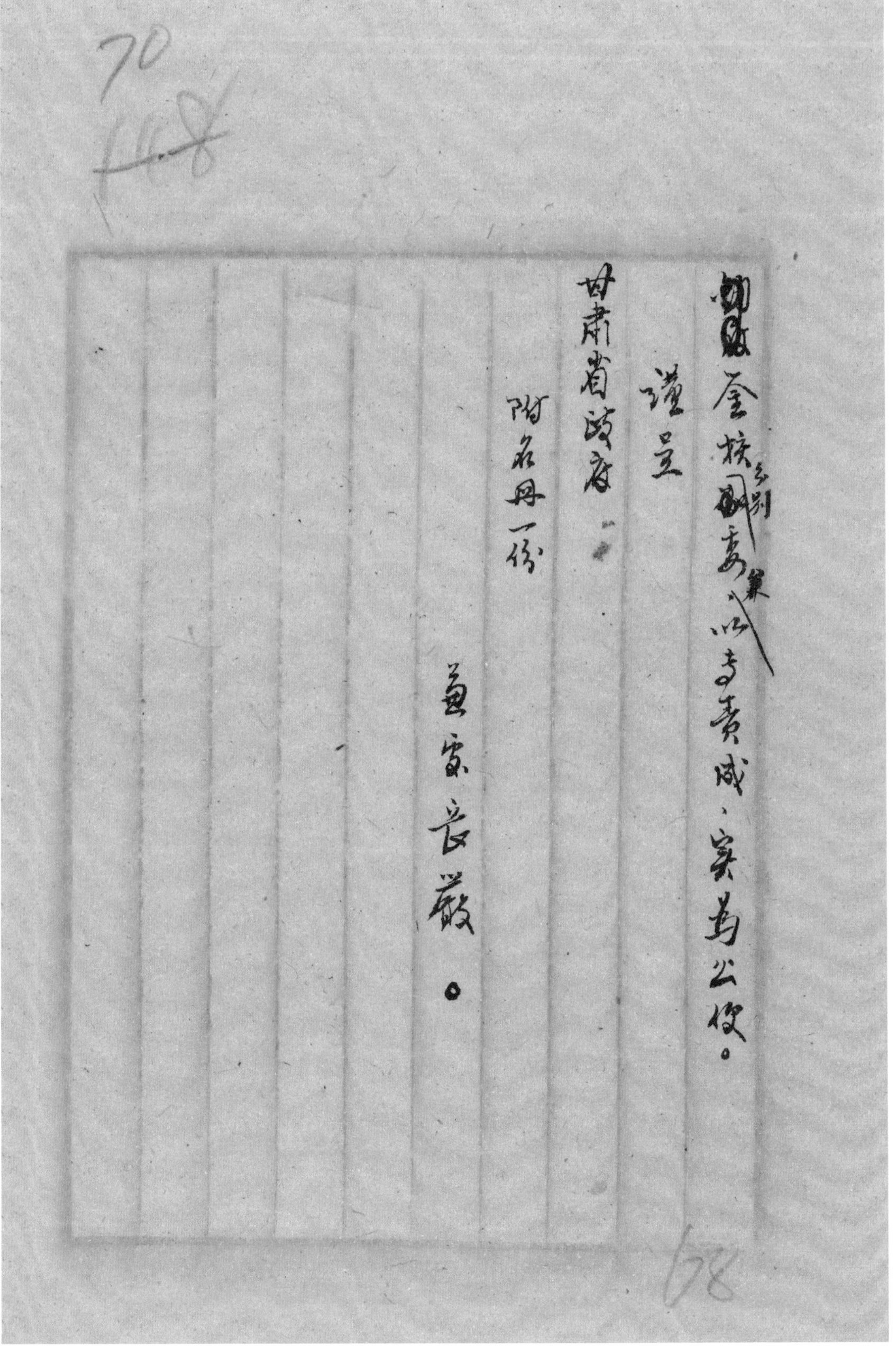
…分别签核，以专责成，实为公便。
谨呈
甘肃省政府
附名册一份
兼□长严

附：甘肃省兰州空袭紧急救济联合办事处各组主任姓名清册

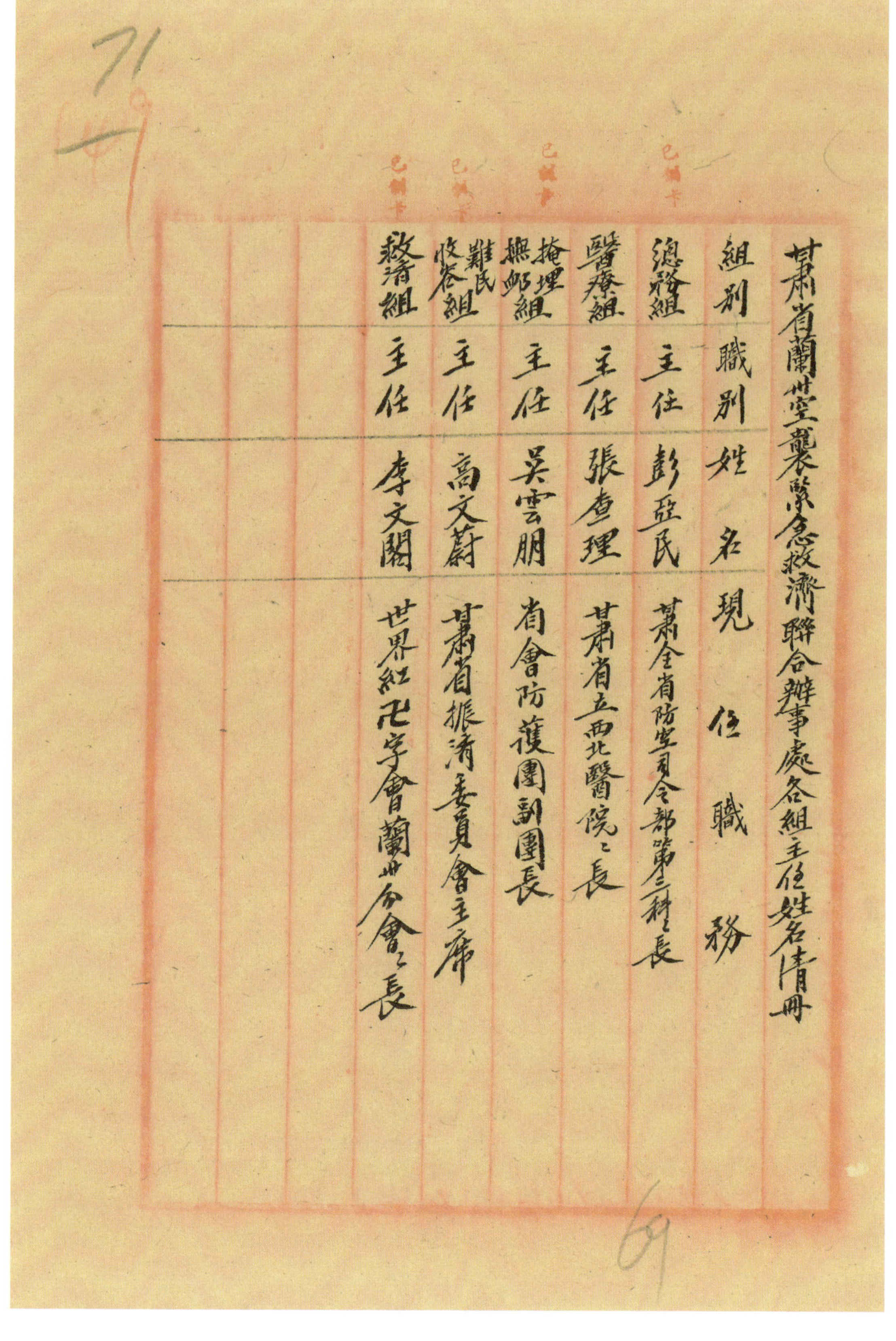

甘肅省蘭州空襲緊急救濟聯合辦事處各組主任姓名清册

組别	職别	姓名	現任職務
總務組	主任	彭亞民	甘肅全省防空司令部第三科科長
醫療組	主任	張查理	甘肅省立西北醫院院長
掩埋撫卹組	主任	吴雲朋	省會防護團副團長
難民收容組	主任	高文蔚	甘肅省振濟委員會主席
救濟組	主任	李文閣	世界紅卍字會蘭州分會會長

甘肃省政府致兰州空袭紧急救济联合办事处的指令（一九四一年七月二十三日）

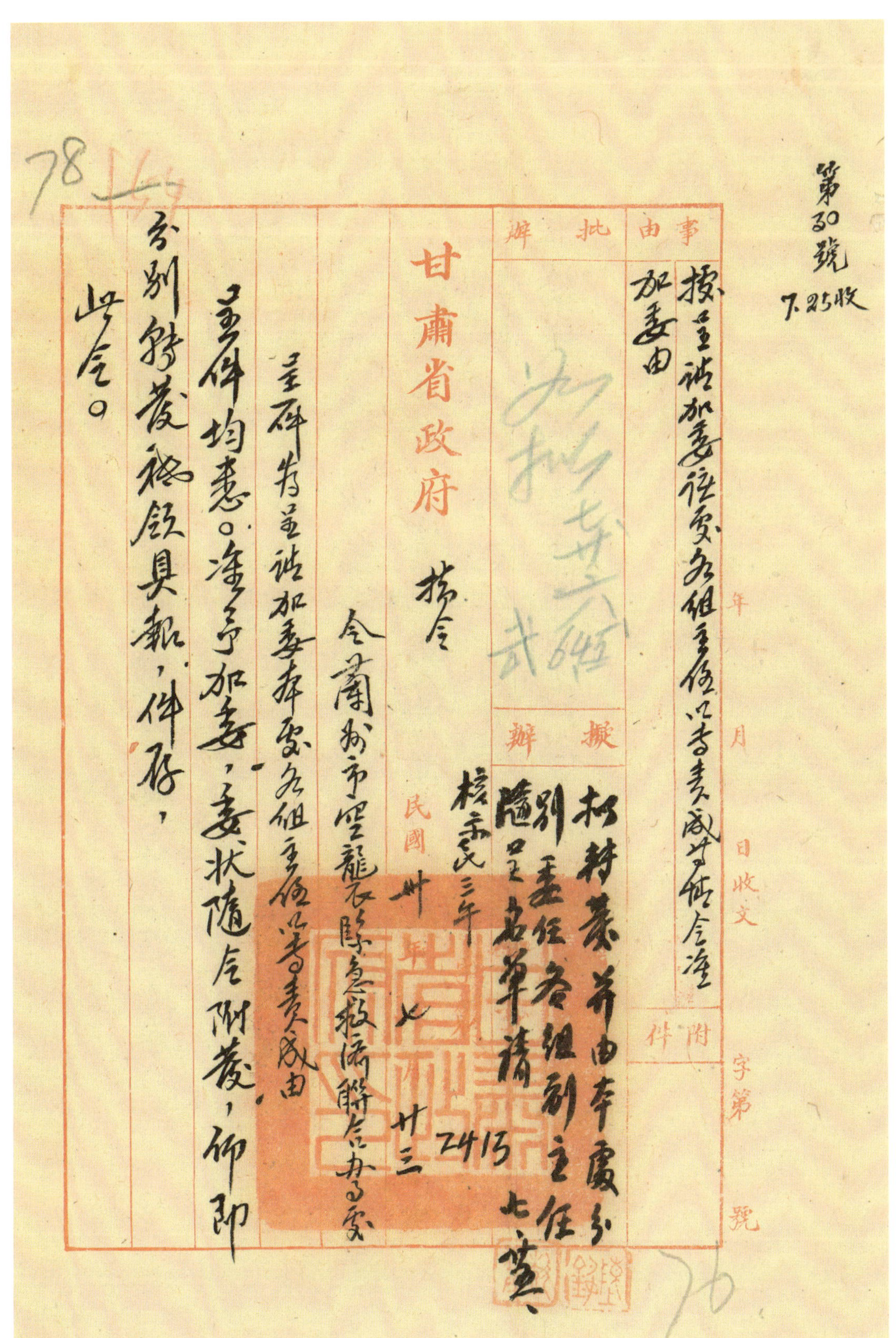

第30號
7.25收

事由：據呈請加委該處各組主任以專責成令准加委由

甘肅省政府 指令

民國卅年七月廿三日
核字民三第2415號

令蘭州市空襲緊急救濟聯合辦事處

呈件爲呈請加委本處各組主任以專責成由

呈件均悉。准予加委，委狀隨令附發，仰即分別轉發祗領具報，件存，此令。

杜材、蔡升由李慶分別委任各組副主任，隨呈名單請七員、

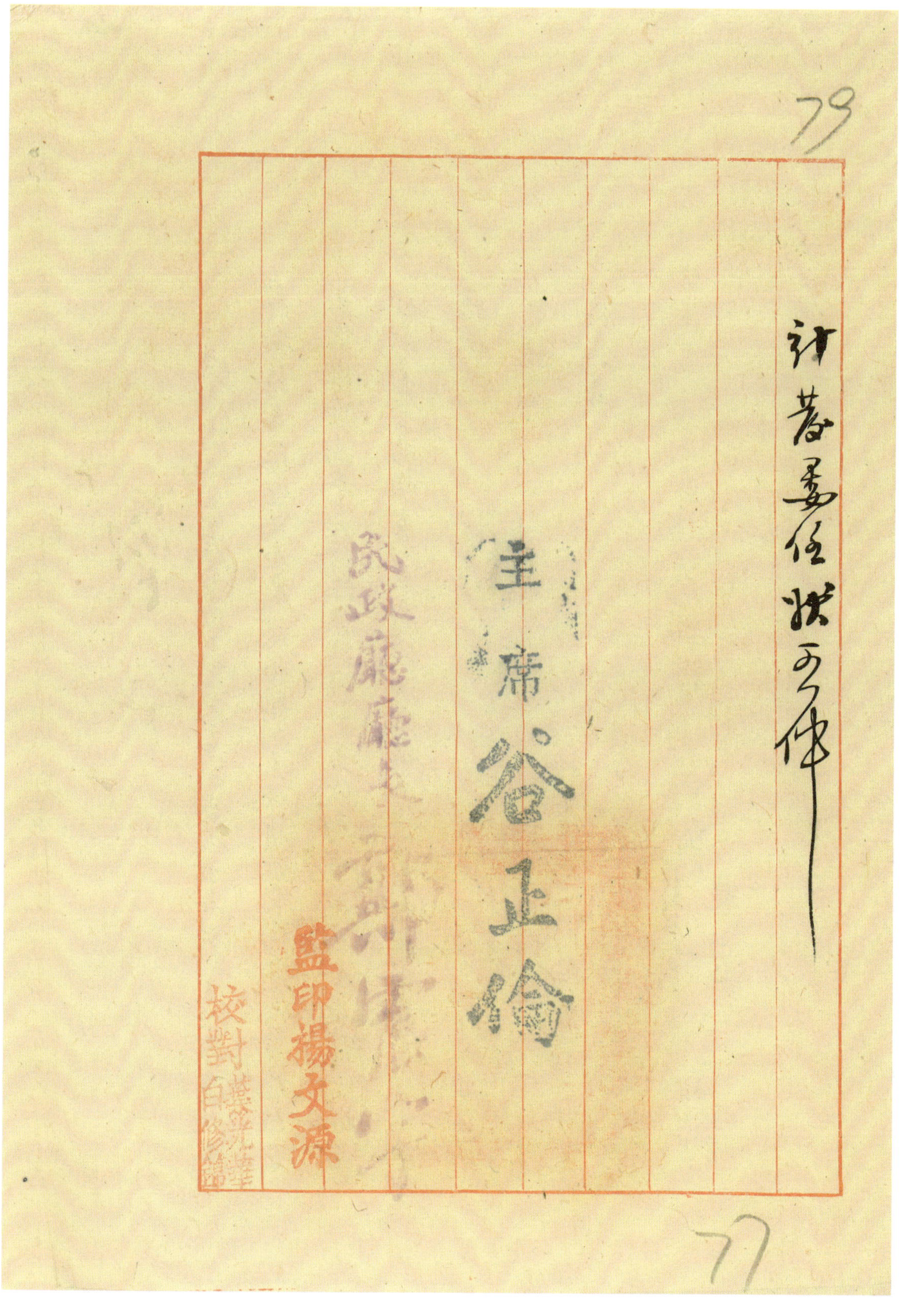

計薦委任狀一件

主席 谷正倫

民政廳廳長

監印楊文源

校對

兰州空袭紧急救济联合办事处总务组主任关于委任本处各组副主任事致处长的呈（一九四一年七月二十五日）

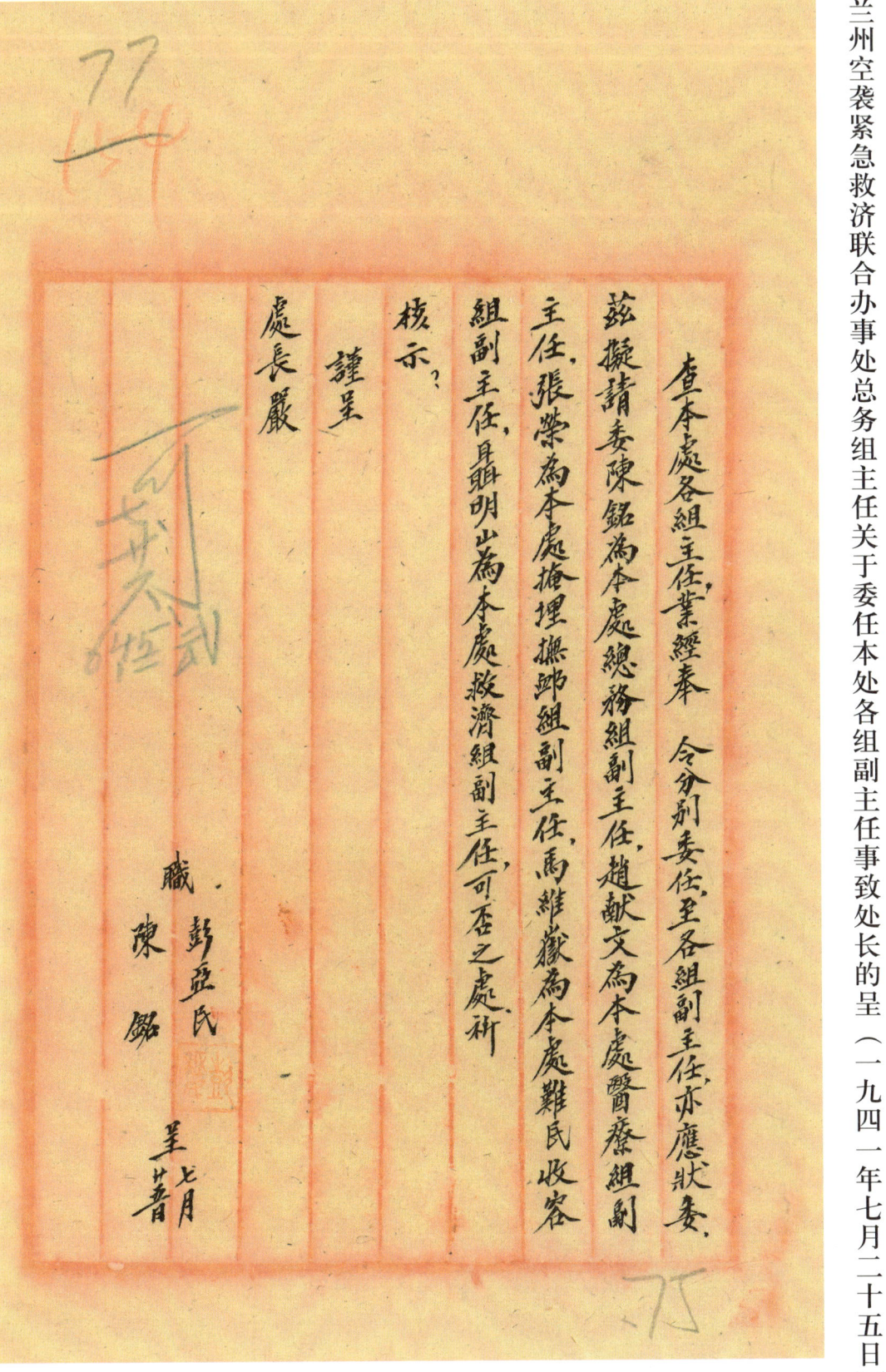

查本處各組主任，業經奉　令分別委任，至各組副主任，亦應狀委，茲擬請委陳銘為本處總務組副主任，趙猷文為本處醫療組副主任，張榮為本處掩埋撫䘏組副主任，馬維嶽為本處難民收容組副主任，聶明山為本處救濟組副主任，可否之處，祈

核示。

謹呈

處長嚴

職　彭亞民

陳　銘

七月廿五日

兰州空袭紧急救济联合办事处关于陈铭、赵献文、张荣、马继岳等人的委任状（一九四一年七月二十七日）

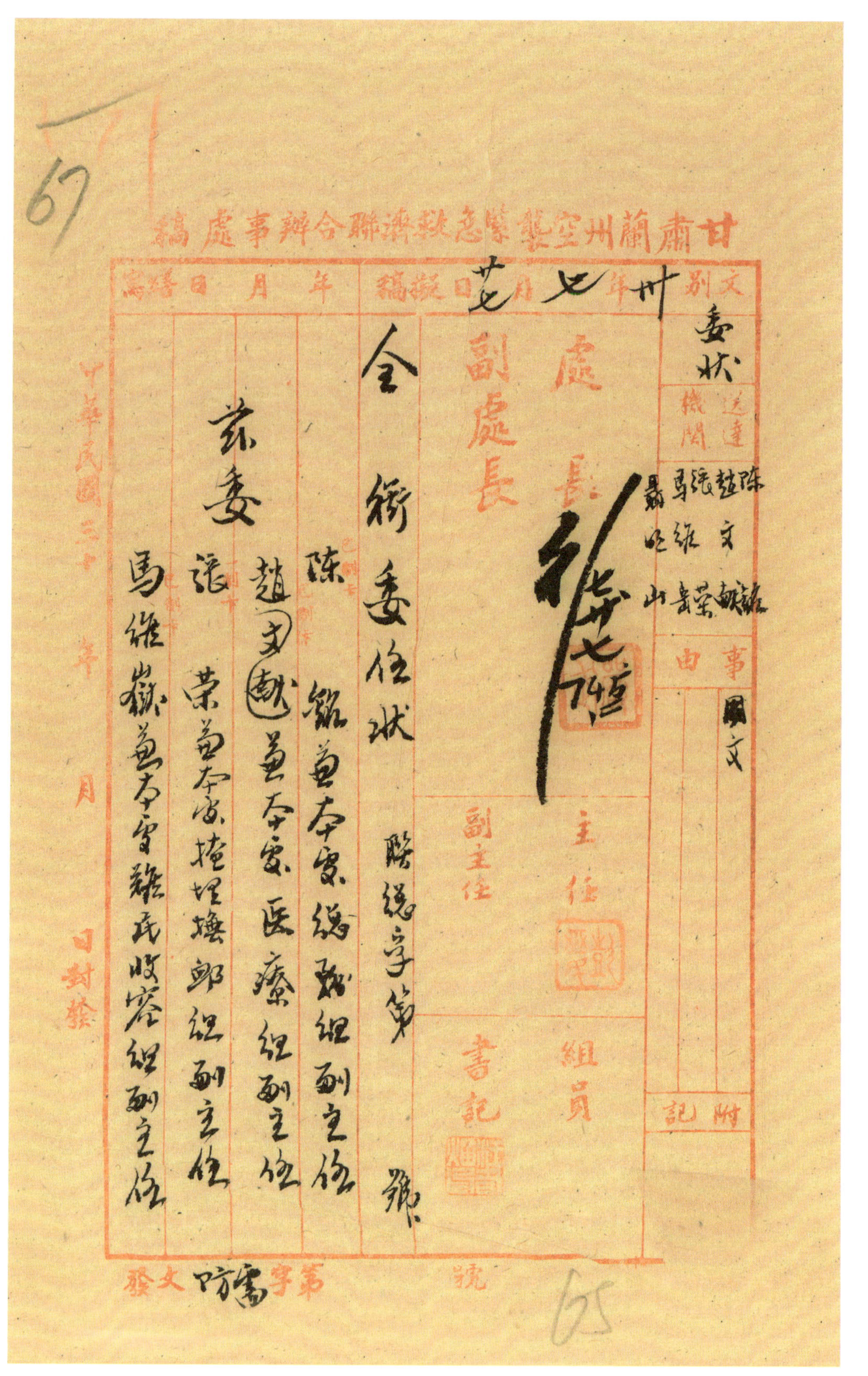

甘肅蘭州空襲緊急救濟聯合辦事處稿

文別：委狀

送達機關：陳銘、趙獻文、張榮、馬繼嶽

擬稿：卅年七月廿七日

處長　副處長

主任　副主任

組員　書記

令

銜委任狀　字第　號

陳銘　爲本處總務組副主任

趙獻文　爲本處醫療組副主任

茲委

張榮　爲本處掩埋搬運組副主任

馬繼嶽　爲本處難民收容組副主任

中華民國三十年　月　日封發

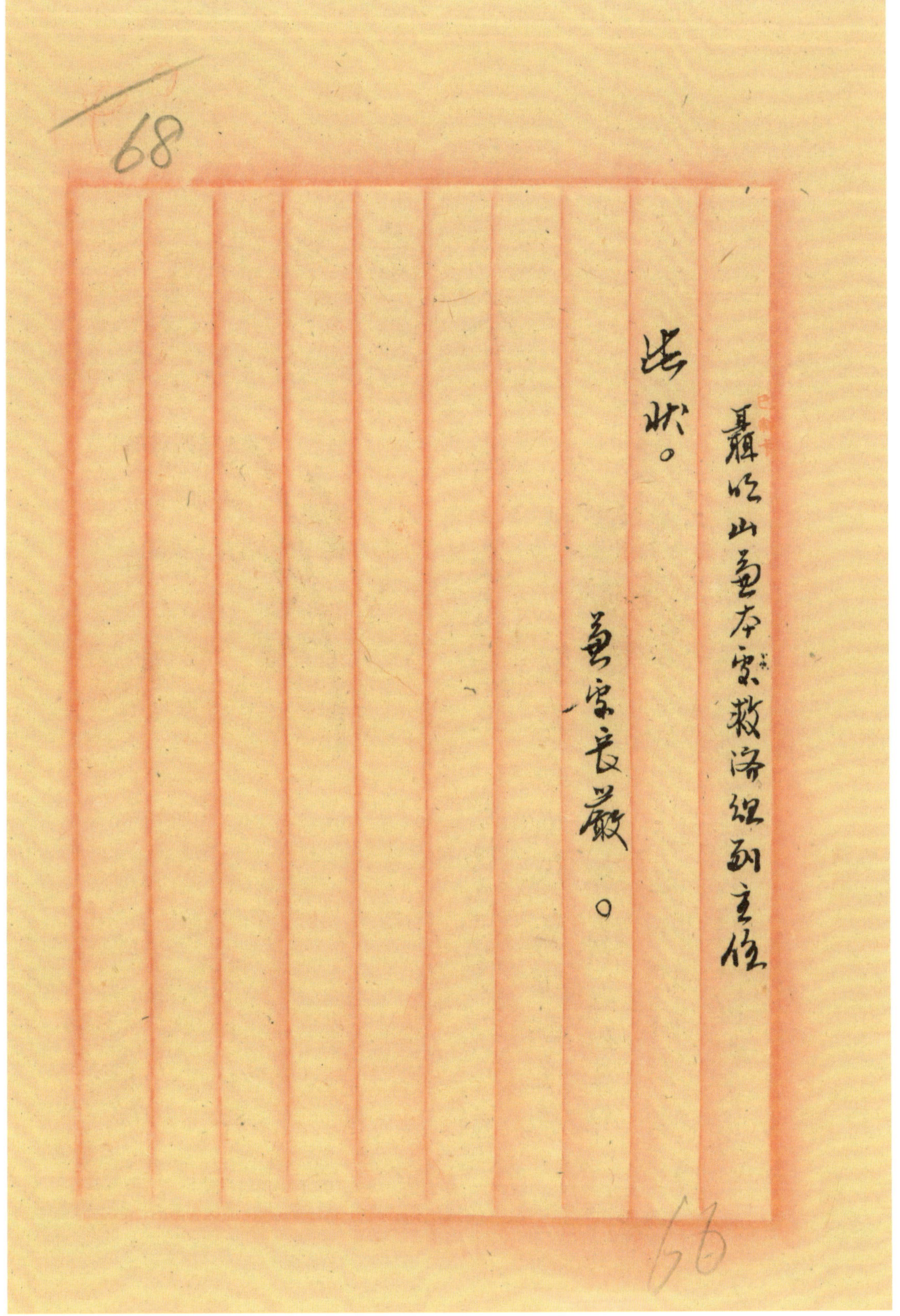

聶昭山兼本会救济组副主任

此状。

兼会长嚴 。

68

66

兰州空袭紧急救济联合办事处关于委任各组正副主任致各机关的公函（一九四一年七月三十日）

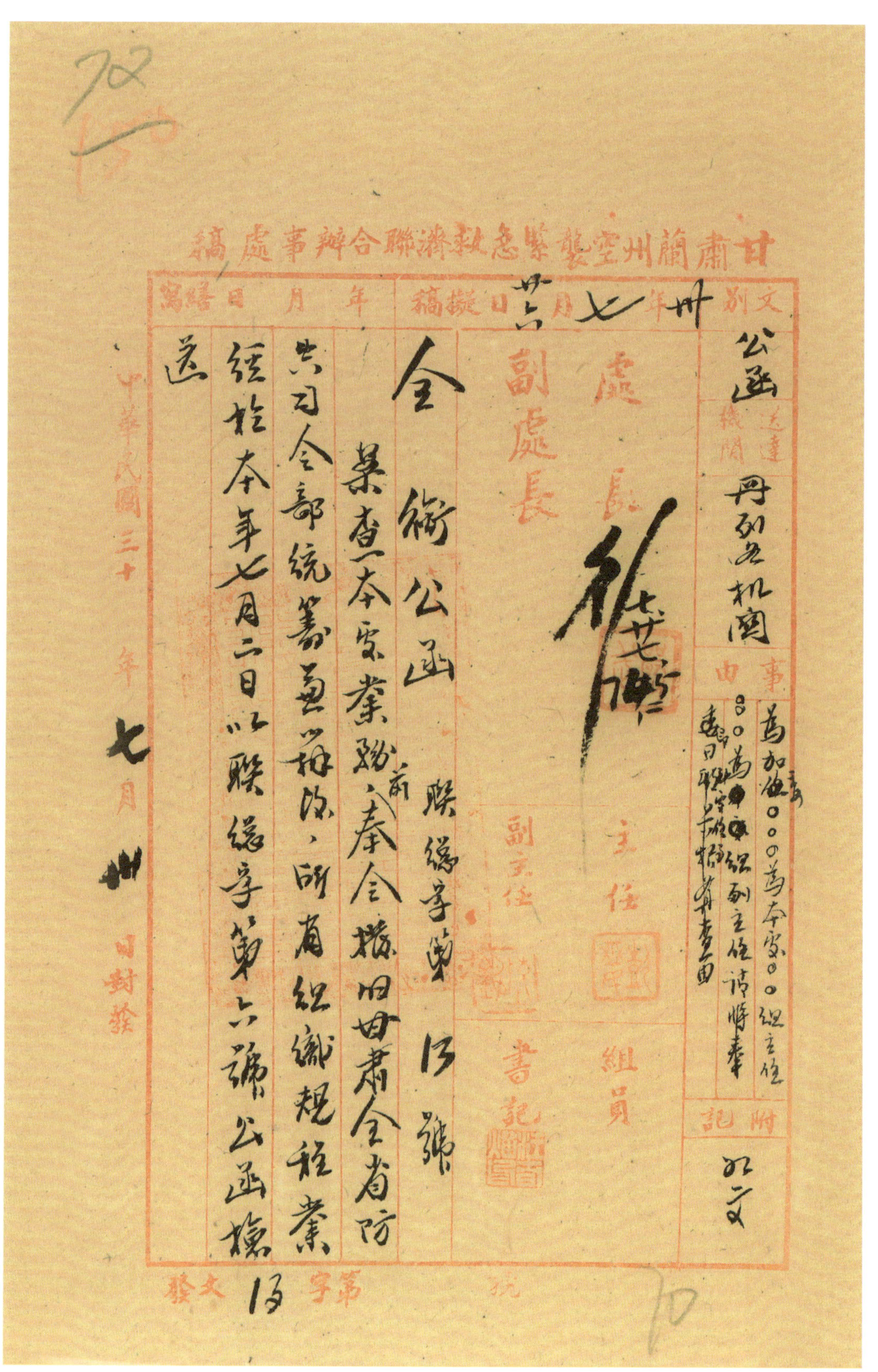
甘肃兰州空袭紧急救济联合办事处稿

文别：公函

送达机关：丹列各机关

事由：为加派○○○为本处○○组主任；○○○为本处○○组副主任，请将奉委日期见复由

附记：

处长　副处长　主任　副主任　组员　书记

中华民国三十年七月卅日拟稿

中华民国三十年七月卅日封发

发文联总字第13号

全衔公函　联总字第13号

案查本处业于前奉令据旧甘肃全省防空司令部统筹[illegible]所有组织规程业经于本年七月二日以联总字第六号公函摘送

查照在案。兹奉

甘肃省政府民三午字第一三九号委状、委

贵○长兼任本处○○组主任，并由本处委○○兼

任○○组副主任，兹将委状二份，随函附送，相应函

请

查收，并希即日到处任事为荷！

此致

丹列各机关

附委任状二份。

兼处长 严○

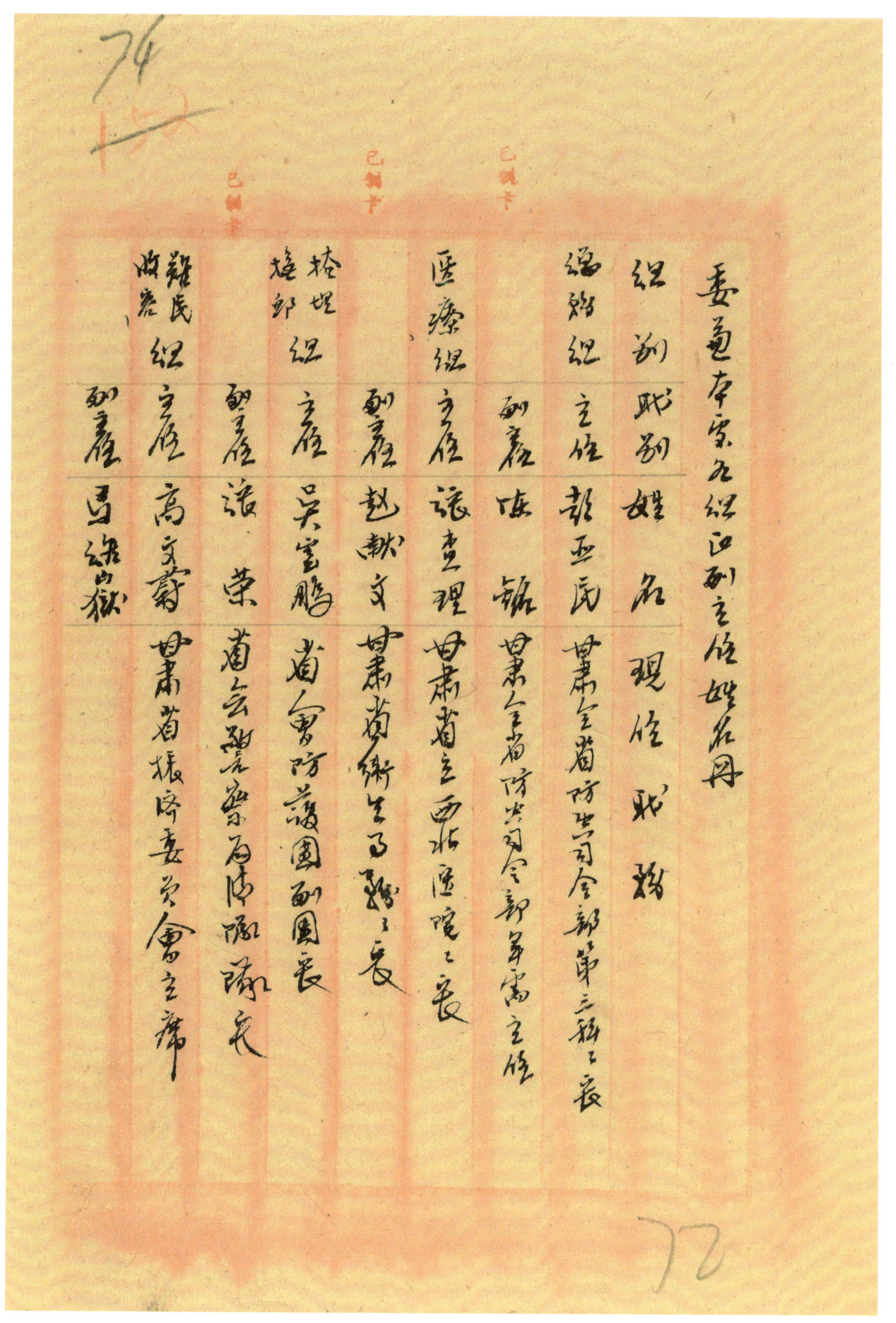

委員會各組正副主任姓名冊

組別	職別	姓名	現任職務
總務組	主任	彭亞民	甘肅全省防空司令部第三科科長
	副主任	陳銘	甘肅全省防空司令部軍需主任
醫療組	主任	張查理	甘肅省立西北醫院院長
	副主任	趙獻文	甘肅省衛生處處長
掩埋組	主任	吳寶鵬	省會防護團副團長
	副主任	談榮	省會警察局偵緝隊隊長
難民收容組	主任	高文蔚	甘肅省振濟委員會主席
	副主任	馬繼猷	

已制卡

已制卡

已制卡

救济组　主任　李子卿　甘肃红卍字会董事分会会长
　　　　副主任　聂晓山　甘肃红卍字会董事分会救济队副队长

甘肃全省防空司令部关于召开处务会致各组正副主任的笺函（一九四一年八月一日）

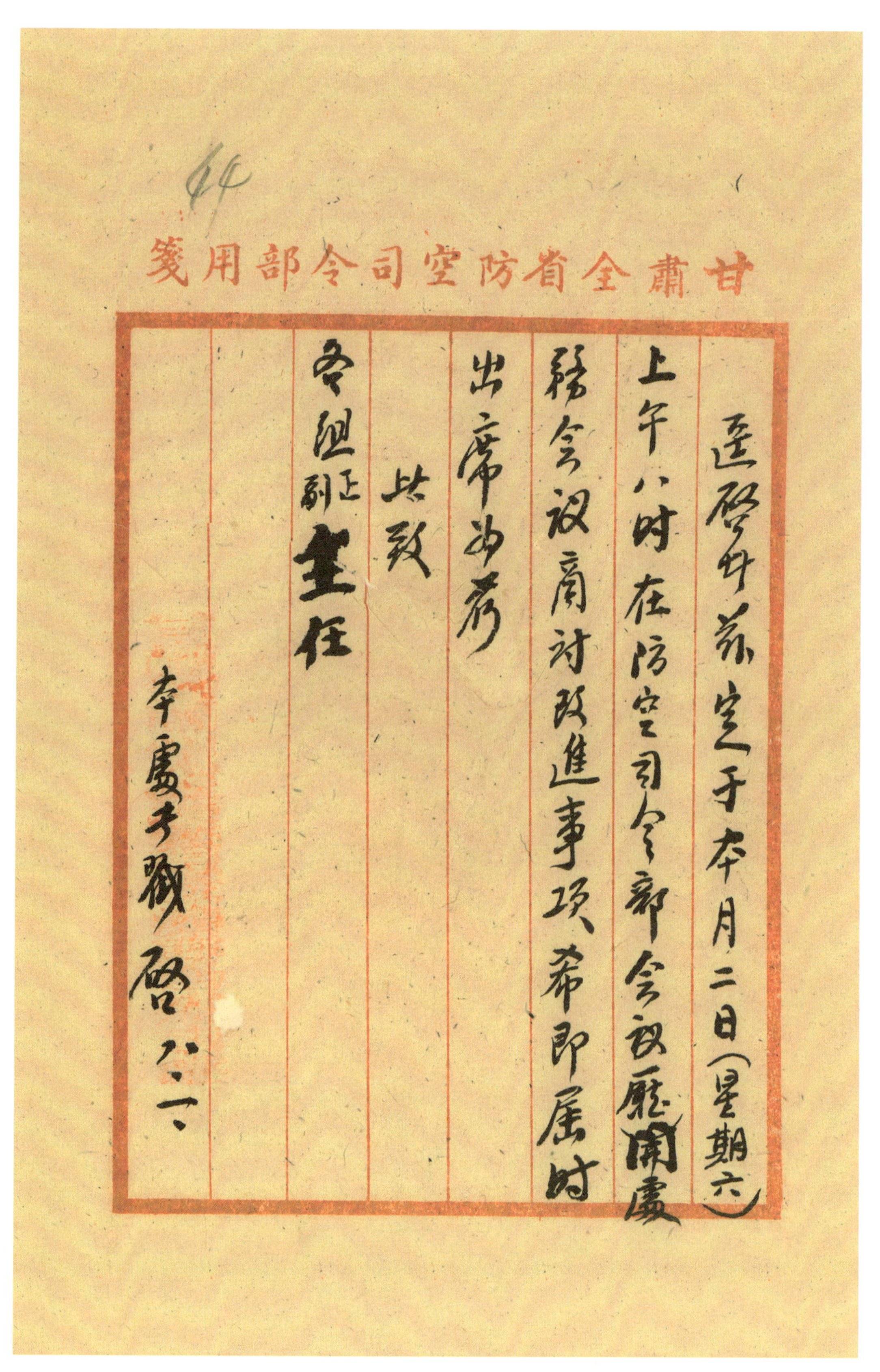
甘肃全省防空司令部用笺

64

逕启者，兹定于本月二日（星期六）上午八时在防空司令部会议厅开处务会议，商讨改进事项，希即届时出席为荷。此致

各组正副主任

本处秘书科启　八、一

甘肃省振济会关于派黄荫棠专任收容组员致兰州空袭紧急救济联合办事处的笺函（一九四一年八月四日）

甘肃省振济會用箋

第33號

8.6收到

茲派本會救濟組專任組員黄蔭棠担任

貴處收容組組員附送履歷一份請

查收為荷

此致

附履歷一份
木牌一面

甘肅省振濟會啟 八月四日

擬准予委任 八.六.

武威县政府关于报送本县空袭救济委员会推选情况致甘肃省政府主席的电（一九四一年八月十四日）

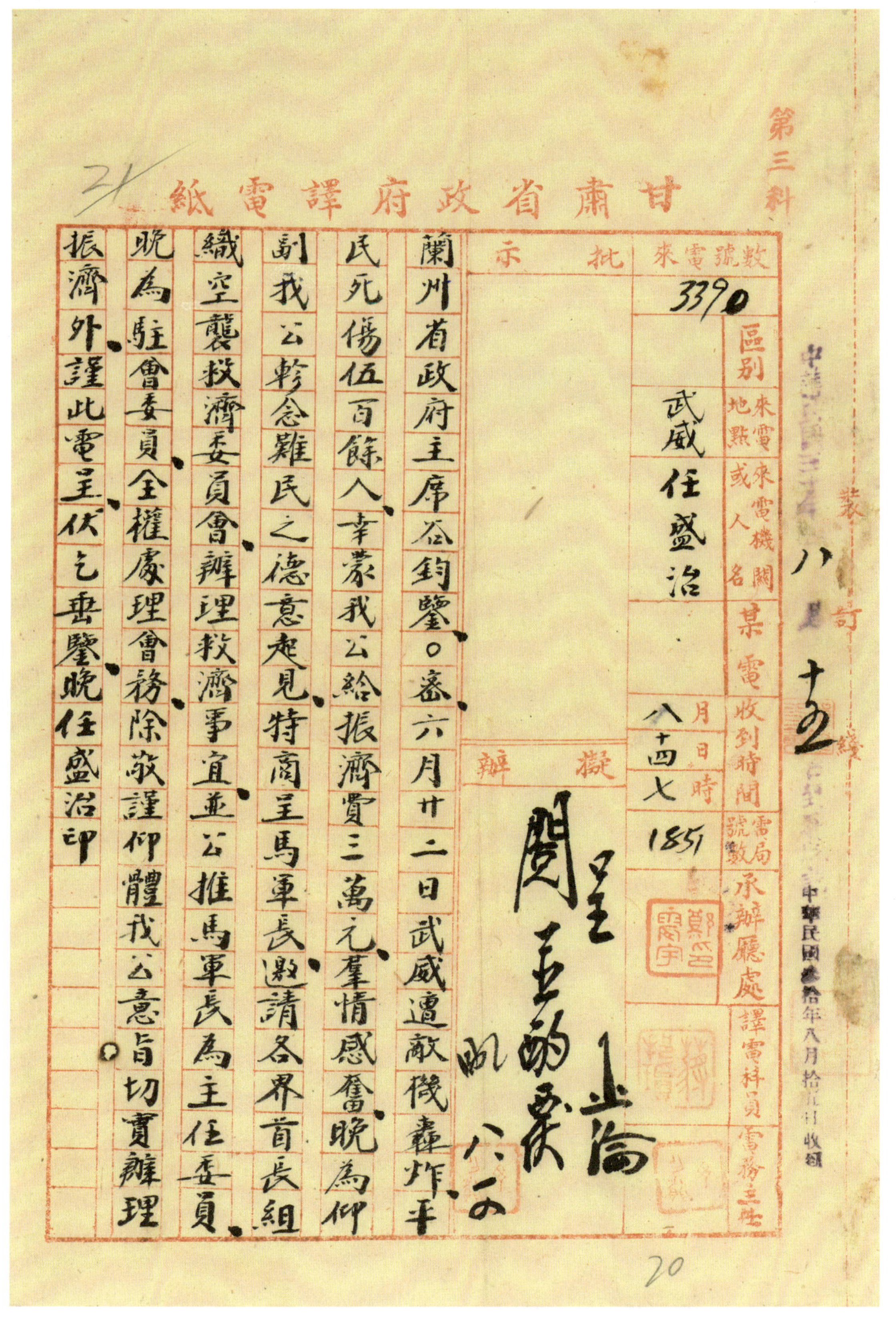

第三科

甘肅省政府譯電紙

來電號數	3390
區別	
來電機關地點或人名	武威 任盛治
某電收到時間	八月十四日七時
電局號數	1851
承辦廳處	
譯電科員	
電務主任	

批示：

擬辦：閱。呈主席。

蘭州省政府主席谷鈞鑒：
〇密。六月廿二日武威遭敵機轟炸，平民死傷伍百餘人，幸蒙我公給振濟費三萬元，群情感奮，晚為仰副我公軫念難民之德意起見，特商呈馬軍長邀請各界首長組織空襲救濟委員會，辦理救濟事宜，並公推馬軍長為主任委員，晚為駐會委員，全權處理會務。除敬謹仰體我公意旨，切實辦理振濟外，謹此電呈，伏乞垂鑒。晚任盛治印。

裝訂綫

八月十五

中華民國叁拾年八月拾五日收到

甘肃省政府关于兰州市政府成立后兰州空袭紧急救济联合办事处工作调整致兰州市政府的训令（一九四一年十月八日）

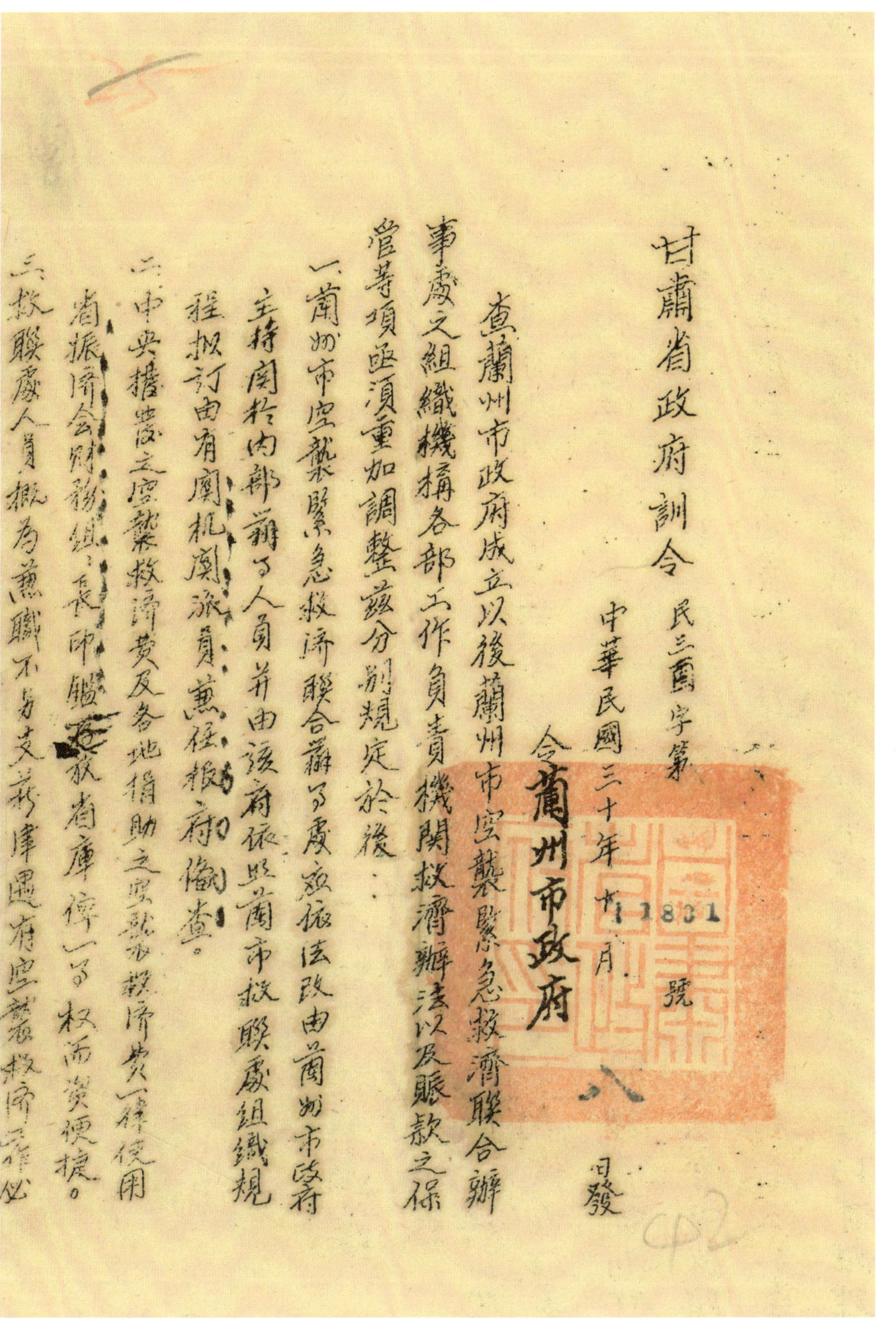

甘肅省政府訓令 民三酉字第 號

中華民國三十年十月 八日發

令蘭州市政府

查蘭州市政府成立以後，蘭州市空襲緊急救濟聯合辦事處之組織機構、各部工作負責機關、救濟辦法以及賑款之保管等項，亟須重加調整，茲分别規定於後：

一、蘭州市空襲緊急救濟聯合辦事處應依法改由蘭州市政府主持，關於内部辦事人員，並由該府依照蘭市救聯處組織規程擬訂，由有關機關派員兼任，報府備查。

二、中央撥發之空襲救濟費及各地捐助之空襲救濟費，一律使用省振濟会財務組組長印鑑存放省庫，俾一事權而資便捷。

三、救聯處人員概為兼職，不另支薪，庫邑府空襲救濟工作必須經費，由縣市政府預備費項下開支，列報備核。

以上各項經本府委員會第八八九次會議決議「通过」紀錄在卷，除分令外，合行令仰遵照，剋日接收，改組并將該辦處所存災款、救濟費，查明確數移交省振濟會接收，彙存具報，至一般災款救濟費，併應以該會財務組組長印鑑分別存放道庫，以清款目為要。此令。

主席 谷正倫

委員 李□□

會計長 王□翰

財政廳廳長 □□□

民政廳廳長 □□□

監印 楊文源

校對 葉光華 繕寫 □□

行政院卫生署西北医院第一院关于由副院长史录臣代理医疗组事致兰州空袭紧急救济联合办事处的公函（一九四一年十月八日）

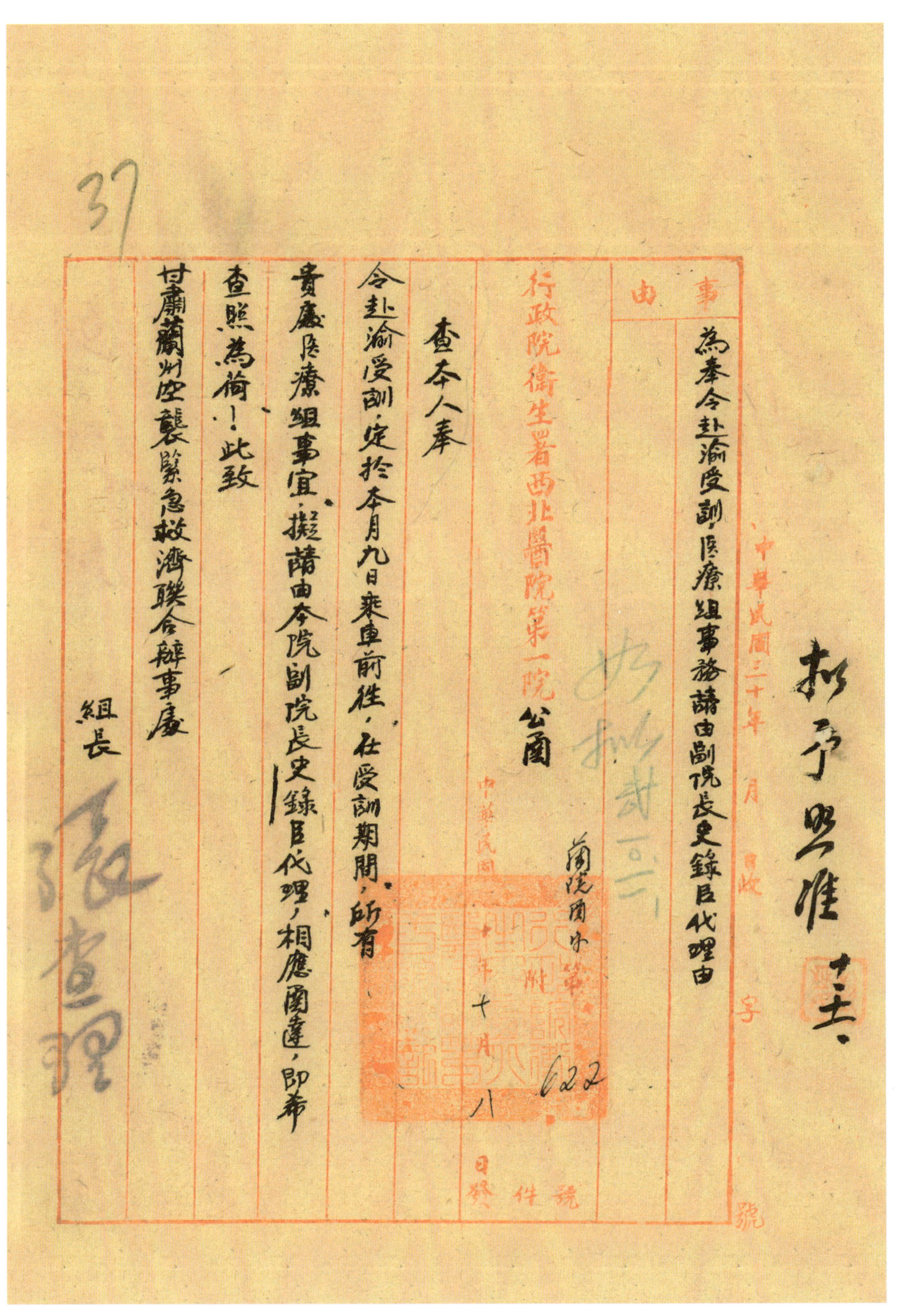

事由：為奉令赴渝受訓，医療組事務請由副院長史錄臣代理由

查本人奉令赴渝受訓，定於本月九日乘車前往，在受訓期間，所有貴處医療組事宜，擬請由本院副院長史錄臣代理，相應函達，即希查照為荷！此致

甘肅蘭州空襲緊急救濟聯合辦事處

組長

行政院衛生署西北醫院第一院 公函

中華民國三十年十月八日

蘭院甲字第622號

甘肃防空司令部关于报送兰州空袭紧急救济联合办事处工作调整后器具、案卷清册请派员接收事致兰州市政府的公函（一九四一年十月十一日）

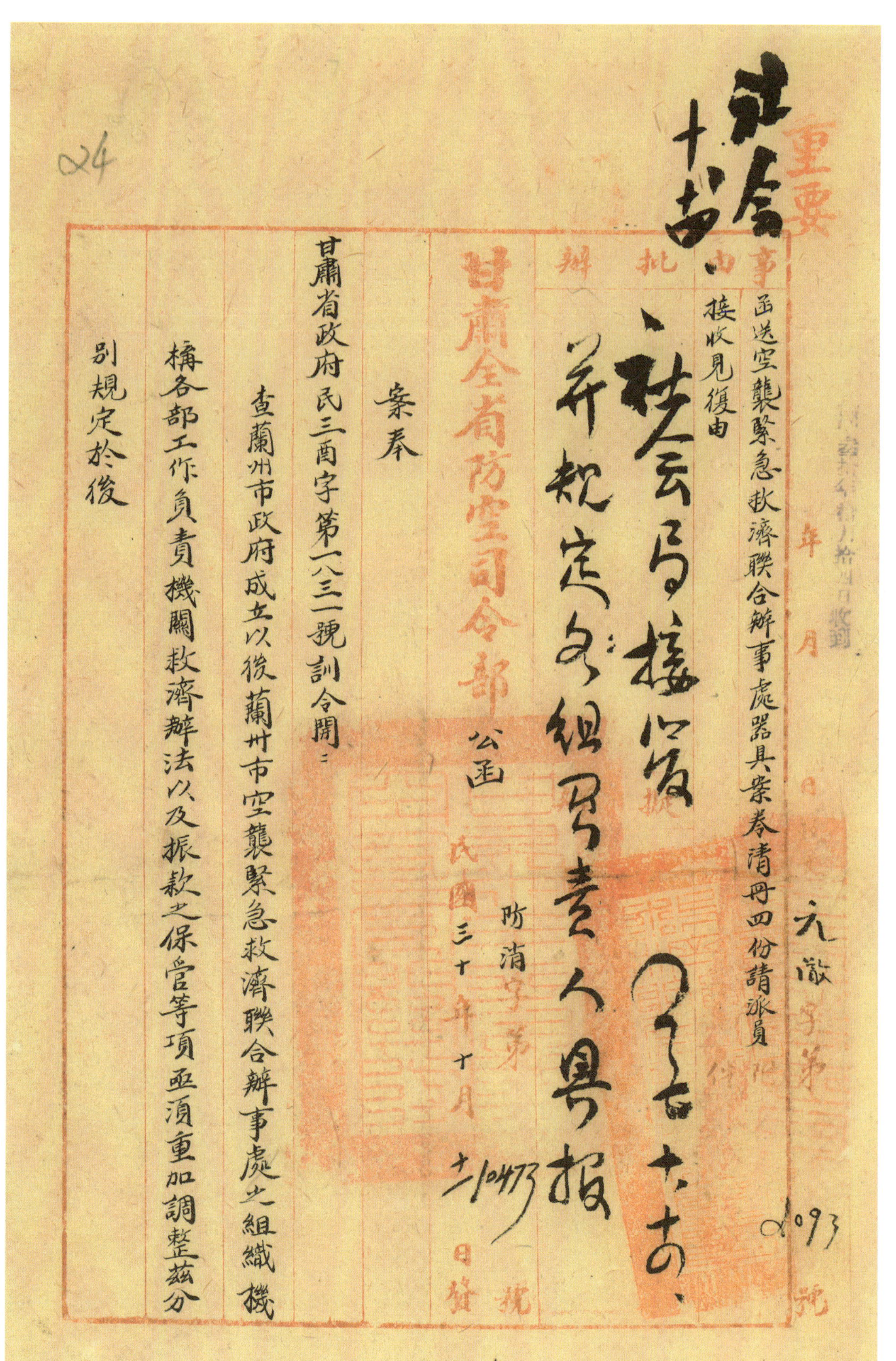

事由：函送空襲緊急救濟聯合辦事處器具案卷清冊四份請派員接收見復由

甘肅全省防空司令部公函　防消字第　　號

民國三十年十月　　日發

甘肅省政府民三酉字第一八三一號訓令開：

查蘭州市政府成立以後，蘭州市空襲緊急救濟聯合辦事處之組織機構、各部工作負責機關、救濟辦法以及振款之保管等項，亟須重加調整，茲分別規定於後

案奉

925

一、蘭州市空襲緊急救濟聯合辦事處應依法改由蘭州市政府主持關於內部辦事人員并由該府依照蘭市救聯處組織規程擬訂由有關機關派員兼任報府備查。

二、中央撥發之空襲救濟費及各地捐助之空襲救濟費一律使用省振濟會財務組組長印鑑存放省庫俾一事權而資便捷。

三、救聯處人員概為兼職不另支薪津遇有空襲救濟工作必須經費時由縣市政府預備費項下開支列報檢據呈核。

以上各項經本府委員會第八八九次會議決議「通過」紀錄在卷除分令外合行令仰遵照飭日遵照分別移交具報至一般災歉救濟費併應以該會財務組組長印鑑分別存放省庫以清款目為要。」

等因，奉此，除將原存之救濟費遵照規定移交甘肅省振濟會財務組組長接收外，兹將案卷器具繕造清冊四份，隨函送上，即希派員接收，並請查照見復爲荷。

此致

蘭州市政府

附案卷救濟費器具清冊四份

兼司令 谷正倫

兼副司令 嚴武

中央振济委员会关于派王卓然前往陕甘两省视察事致兰州空袭紧急救济联合办事处的训令（一九四一年十月十六日）

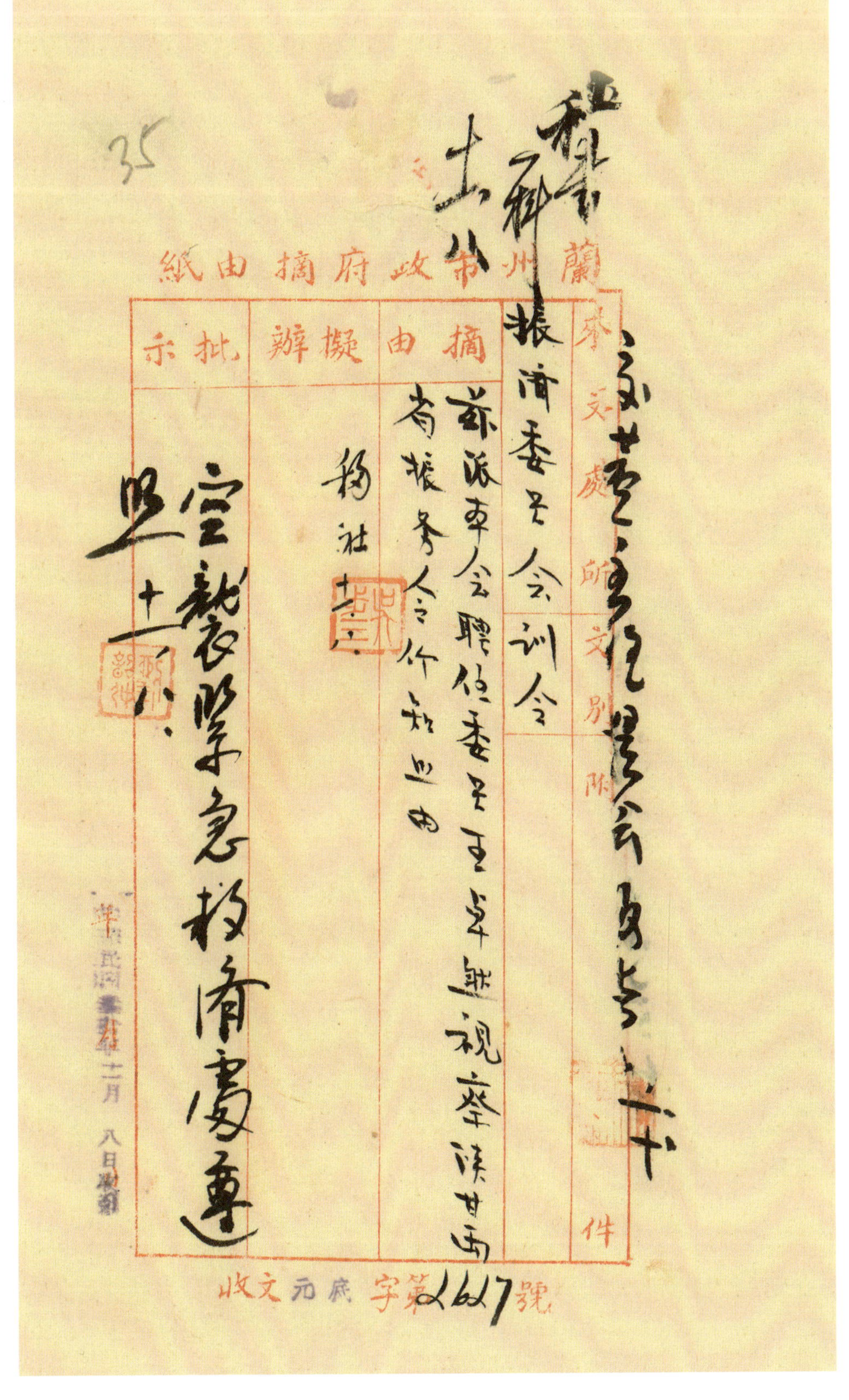

兰州市政府摘由纸

参文处所文别附件	振济委员会训令
摘由	为派本会聘任委员王卓然视察陕甘两省振务令仰知照由
拟办	存
批示	空袭紧急救济处遵照

收文元字第1647号

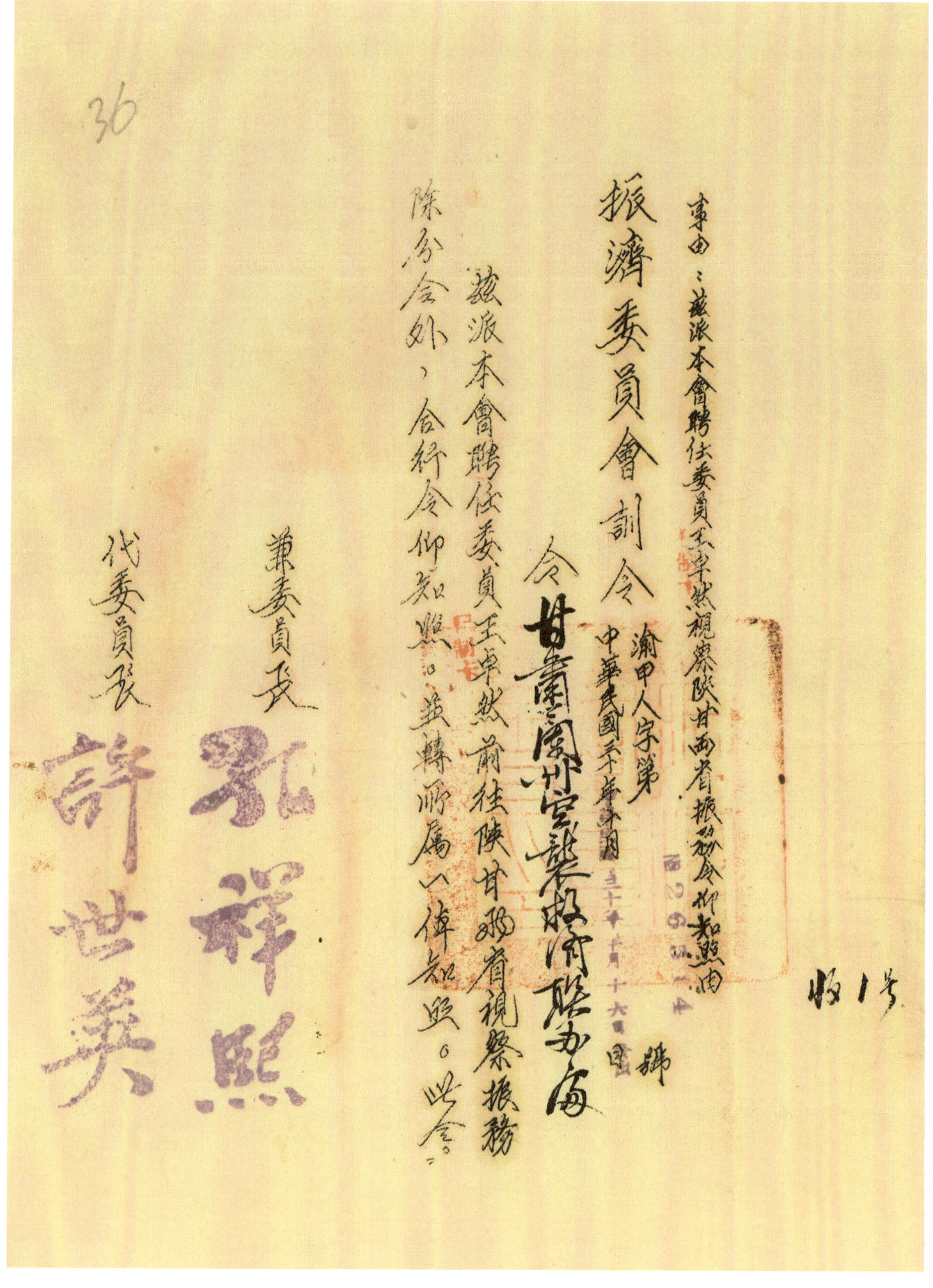

事由：兹派本會聘任委員王卓然視察陝甘兩省振務令仰知照由

振濟委員會訓令　渝甲人字第　號

中華民國三十年十月　日

令甘肅蘭州空襲救濟聯辦處

兹派本會聘任委員王卓然前往陝甘兩省視察振務，除分令外，合行令仰知照，並轉所屬一體知照。此令。

兼委員長　孔祥熙

代委員長　許世英

三十年十月十六日

收1號

兰州空袭紧急救济联合办事处关于定期召开第一次处务会议致本处各组负责人的笺函（一九四一年十一月六日）

甘肅蘭州空襲緊急救濟聯合辦事處稿

文別	箋函
送達機關	本處各組負責人
事由	為訂期召開第一次處務會議由
附記	

擬稿 卅年十一月六日　繕寫 卅年十一月七日

處長　副處長　總幹事

主任　副主任　十六

組員　書記

箋函　總字第〇〇〇一號

查本處經已奉令改組，對於各組正副□□遴選及工作分配等項，亟應商決，共策進行。訂期於本月八日（星期六）下午二時假市□□會議室召開第一次處務會議討論……

中華民國三十年十一月七日封發

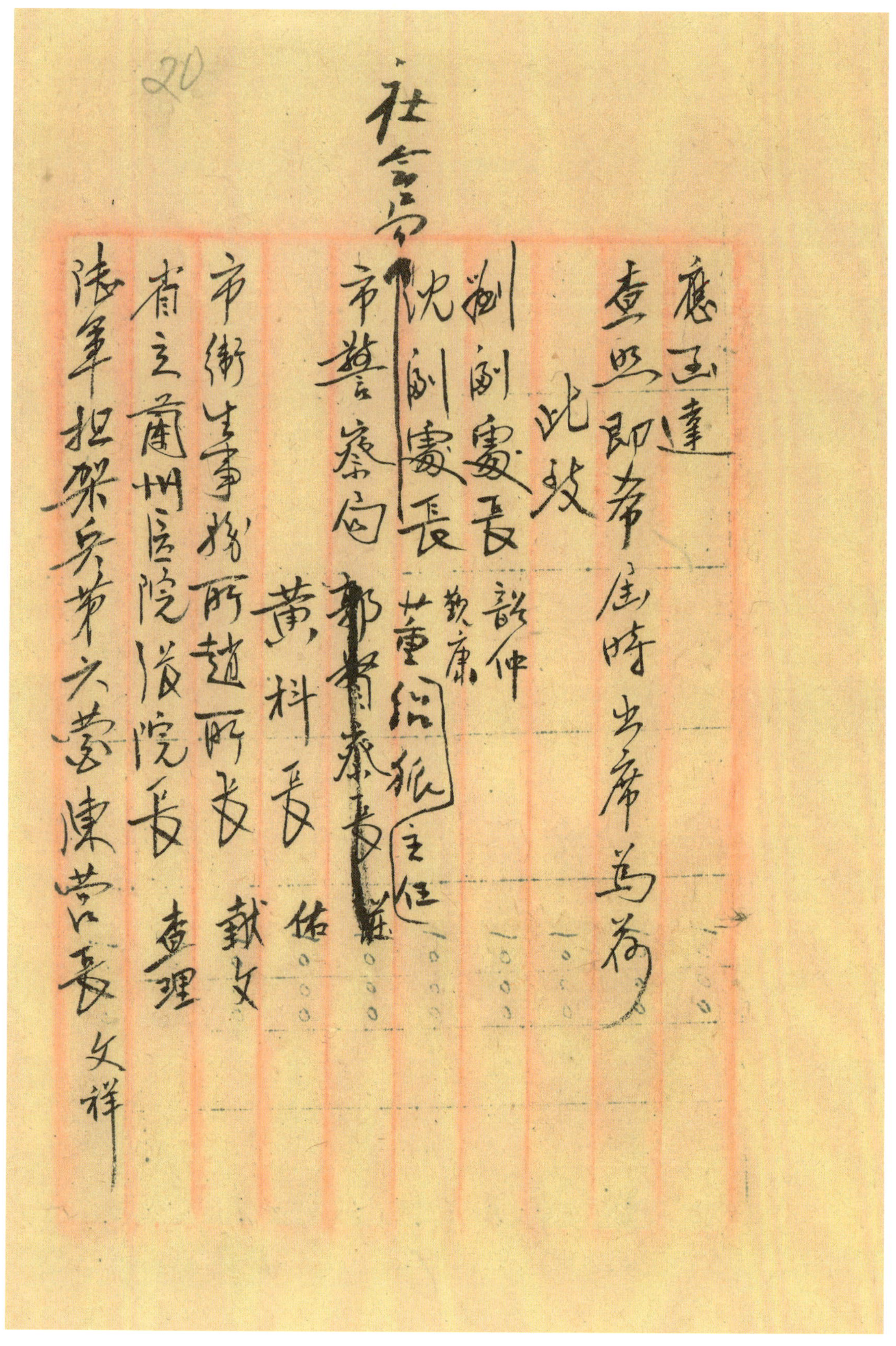

20

社會部

應玉達
查照即希屆時出席爲荷
此致
劉副處長訒仲
沈副處長欽康
董紹張主任
市警察局郝[illegible]泰局長[illegible]
黄科長佑
市衛生事務所趙所長鉞文
省立蘭州醫院俊院長查理
陸軍担架兵第六營陳營長文祥

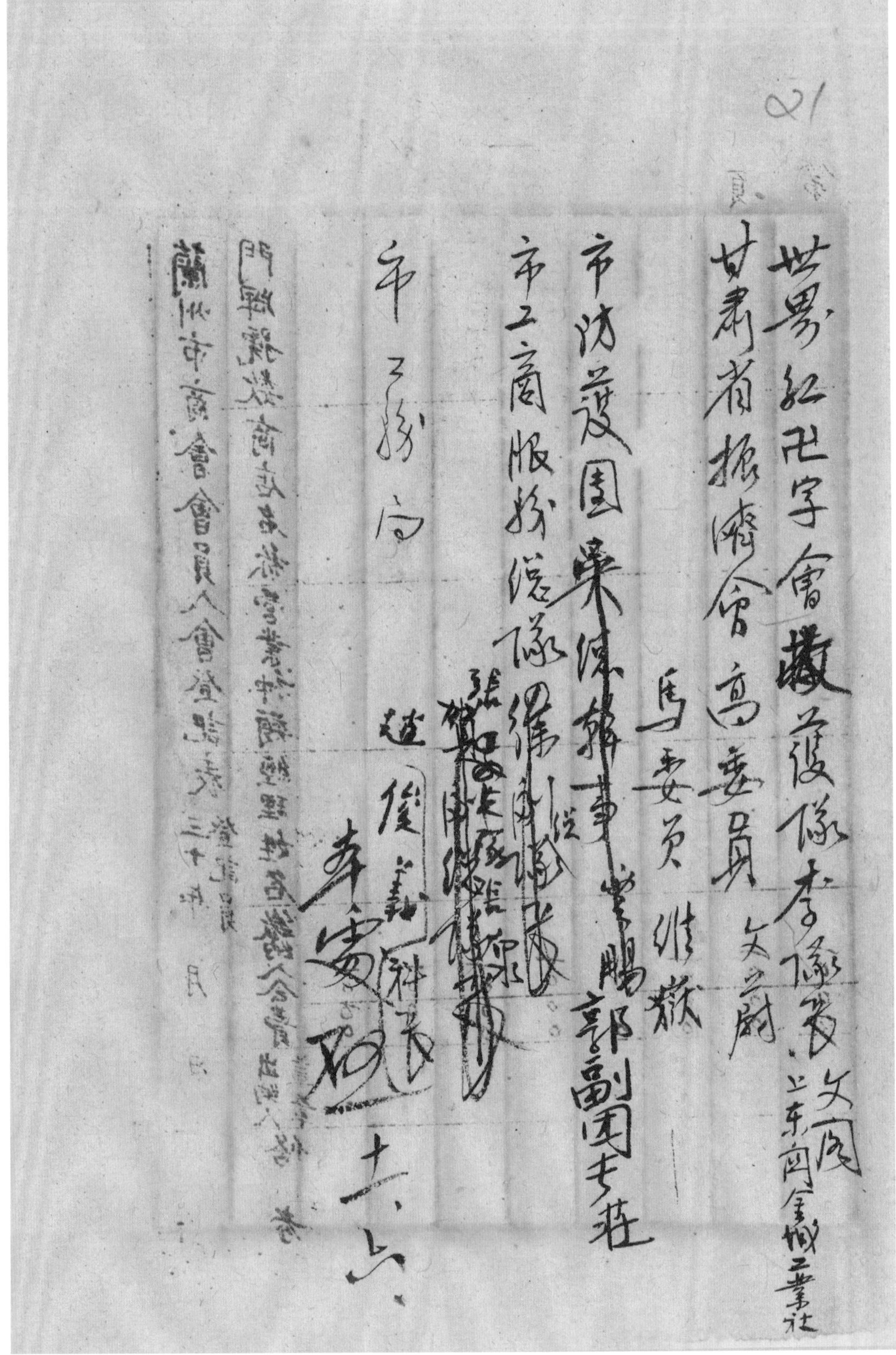

21

世界紅卍字會救護隊李隊長 文周 上东岗金城工業社
甘肅省振濟會高委員 文之蔚
馬委员 维嶽
市防護團梁總幹事 鹏 郭副團长 莊
市工商服務總隊 [illegible]
市工務局 趙 俊義 科長
李安石 十六、

門牌號數 商店名號 營業種類 經理姓名 入會會員出席人簽
蘭州市商會會員入會登記表 三十 年 月 日 登記號 第 號

兰州空袭紧急救济联合办事处总务组关于拟请委任吴景乾、杨益寿两人为总务组兼任组员的签呈
（一九四一年十二月二日）

查本處第一次處務會議第四案決議各組組員人選由各組組長簽請核委等因。查總務組事務紛繁，除專任組員及工友等俟本處經常費支出預算書呈奉核准後再請委用外，擬請委任社會局科員吳景乾、服務員楊益壽等二員為總務組兼任組員，分別辦理保管、收發、撰擬、繕校及庶務等事宜。可否，敬請

鑒核。

總務組組長董縱彬　十二、二

甘肃省政府关于机关编造年度经费累计表及现金出纳表均应附送财产增减表致兰州空袭紧急救济联合办事处的训令（一九四一年十二月十九日）

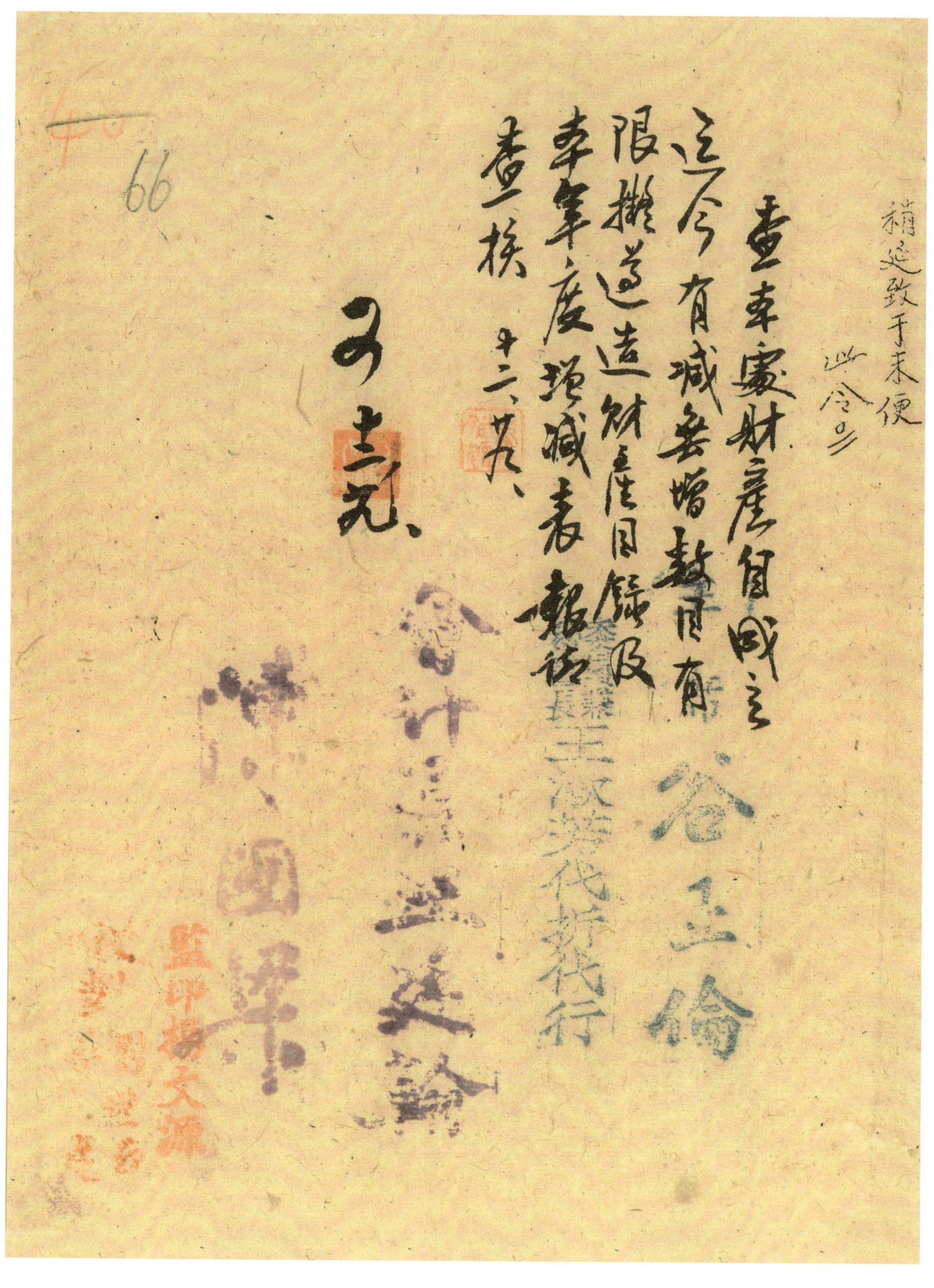

查本處財產自民元
迄今有減無增數目有
限擬造財產目錄及
本年度損減表報請
查核 十二、廿九、

甘肃省政府、兰州空袭紧急救济联合办事处关于接收及改组成立本处等事的往来公文（一九四二年一月）

甘肃省政府致兰州空袭紧急救济联合办事处的指令（一九四二年一月二日）

事由：據呈報接收蘭州空襲緊急救濟聯合辦事處情形及改組成立日期請鑒核等情令仰遵照由

卅一年元月九日收文總明字第11號

批辦：如擬 元、十

擬辦：據呈報元月九日啟用，並將舊關防裁角一併呈報。存備 素佳鎮 元、九

甘肅省政府指令

民國三十一年壹月二日

令蘭州市空襲緊急救濟聯合辦事處

呈件均悉。准予備查，並准刊發該處木質關防一顆，文曰：「蘭州市空襲緊急救濟聯合辦事處關防」，仰即查收應用，並將啟用關防日期及印模呈報備查為

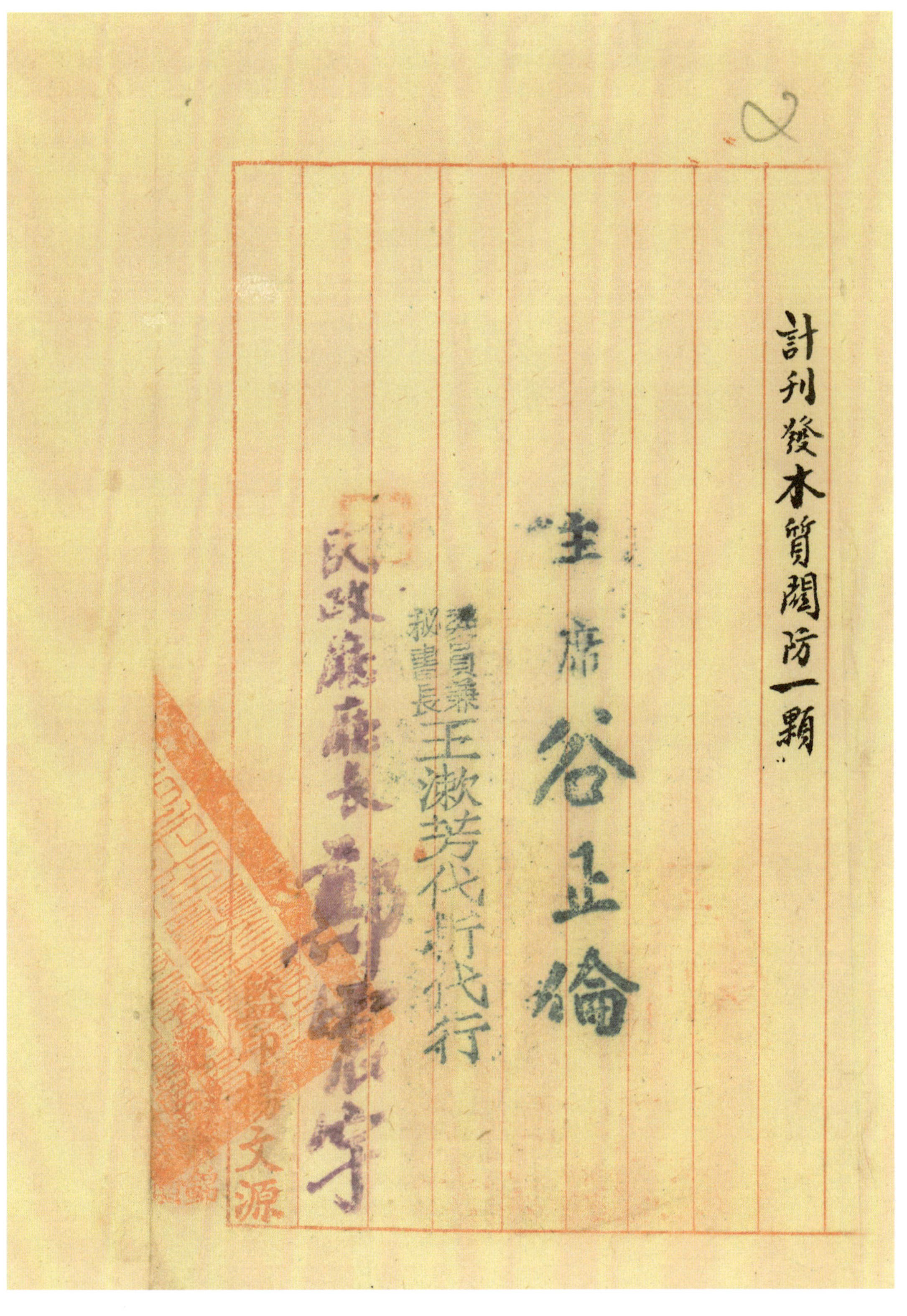

計刊發本質關防一顆

主席　谷正倫

委員兼秘書長　王漱芳代行

民政廳廳長　鄭震宇

監印　楊文源

兰州空袭紧急救济联合办事处致甘肃省政府的呈（一九四二年一月十四日）

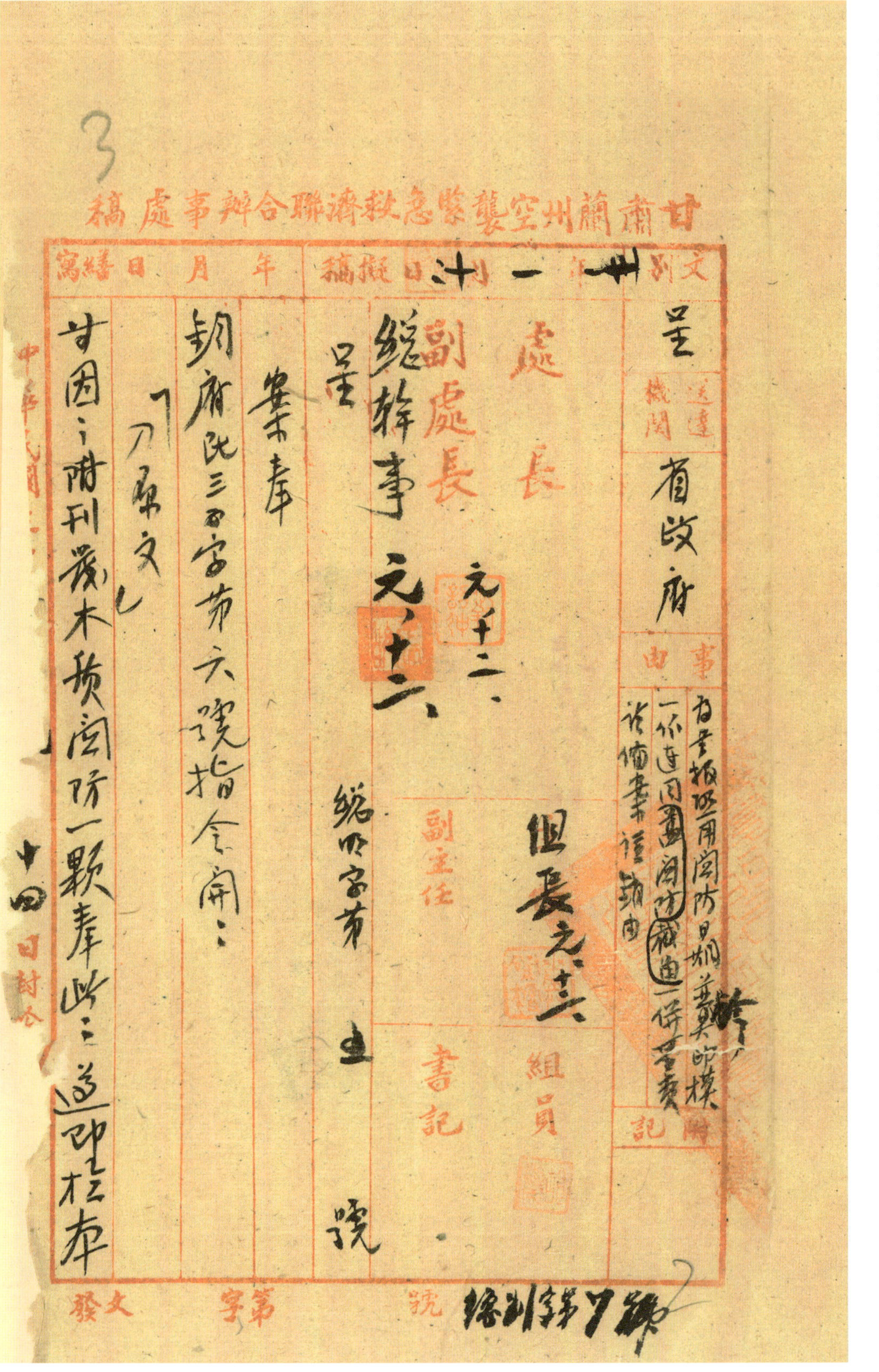

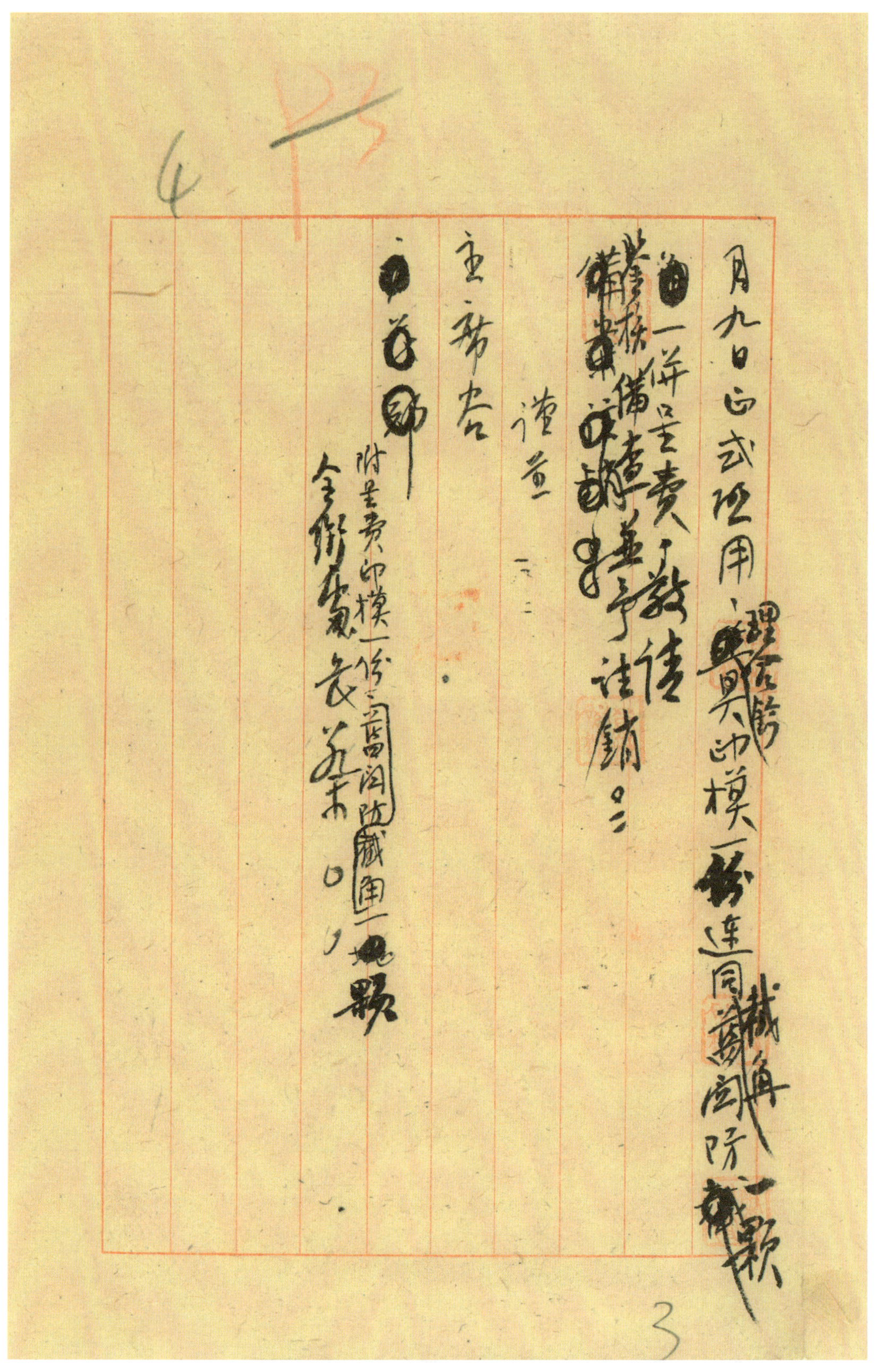
月九日正式啟用，理合檢具印模一份，連同截角舊關防一顆，一併呈賫，敬請備案，並予註銷。

謹呈

主席

附呈賫印模一份、舊關防截角一顆

全銜 [illegible] 長 [illegible]

甘肃省政府致兰州空袭紧急救济联合办事处的指令（一九四二年一月二十四日）

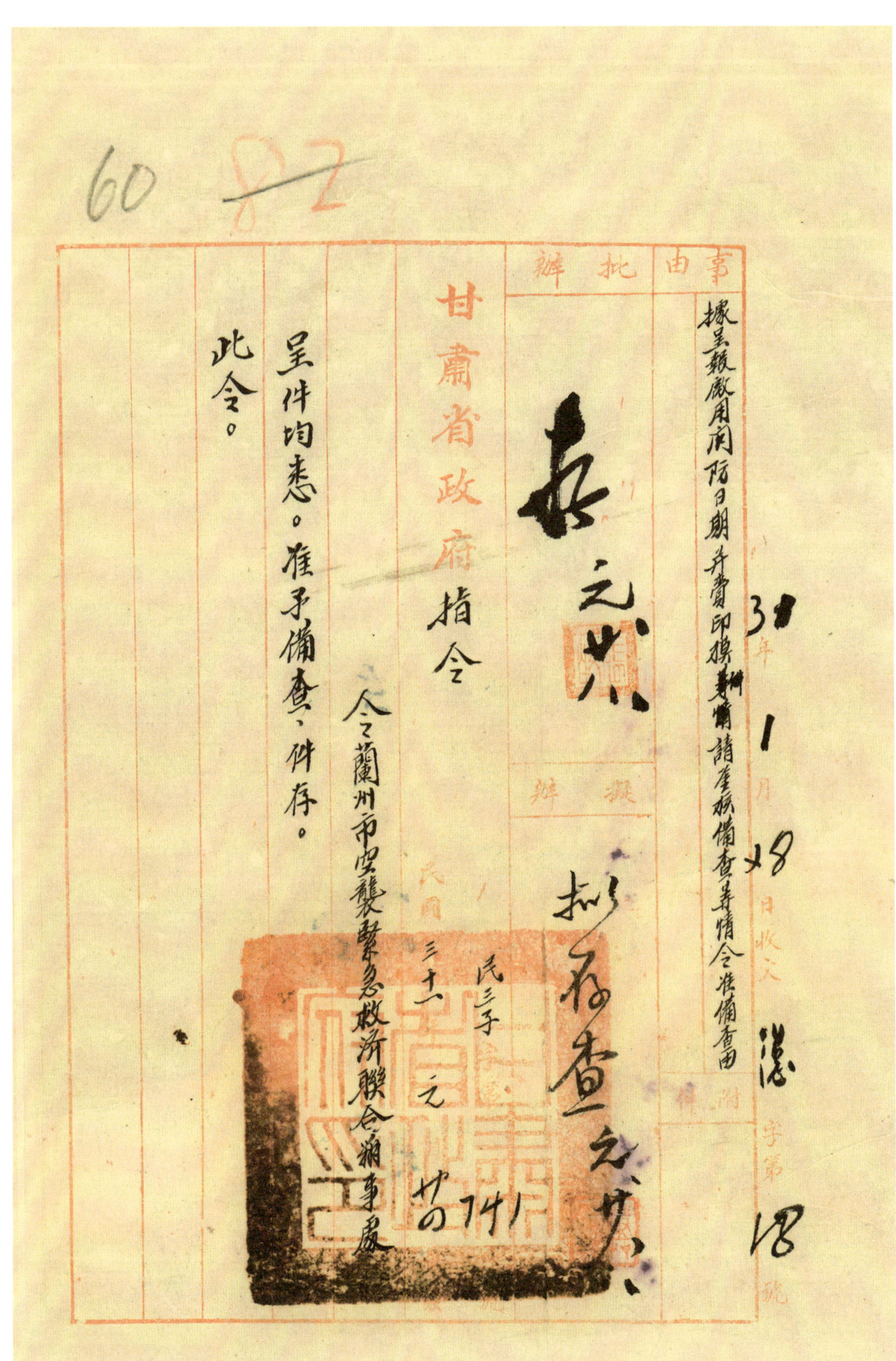
事由：据呈报厂用肃防日期并赍印模请鉴核备查等情令准备查由

甘肃省政府指令

民三十一年元月 字第741号

令兰州市空袭紧急救济联合办事处

呈件均悉。准予备查，件存。

此令。

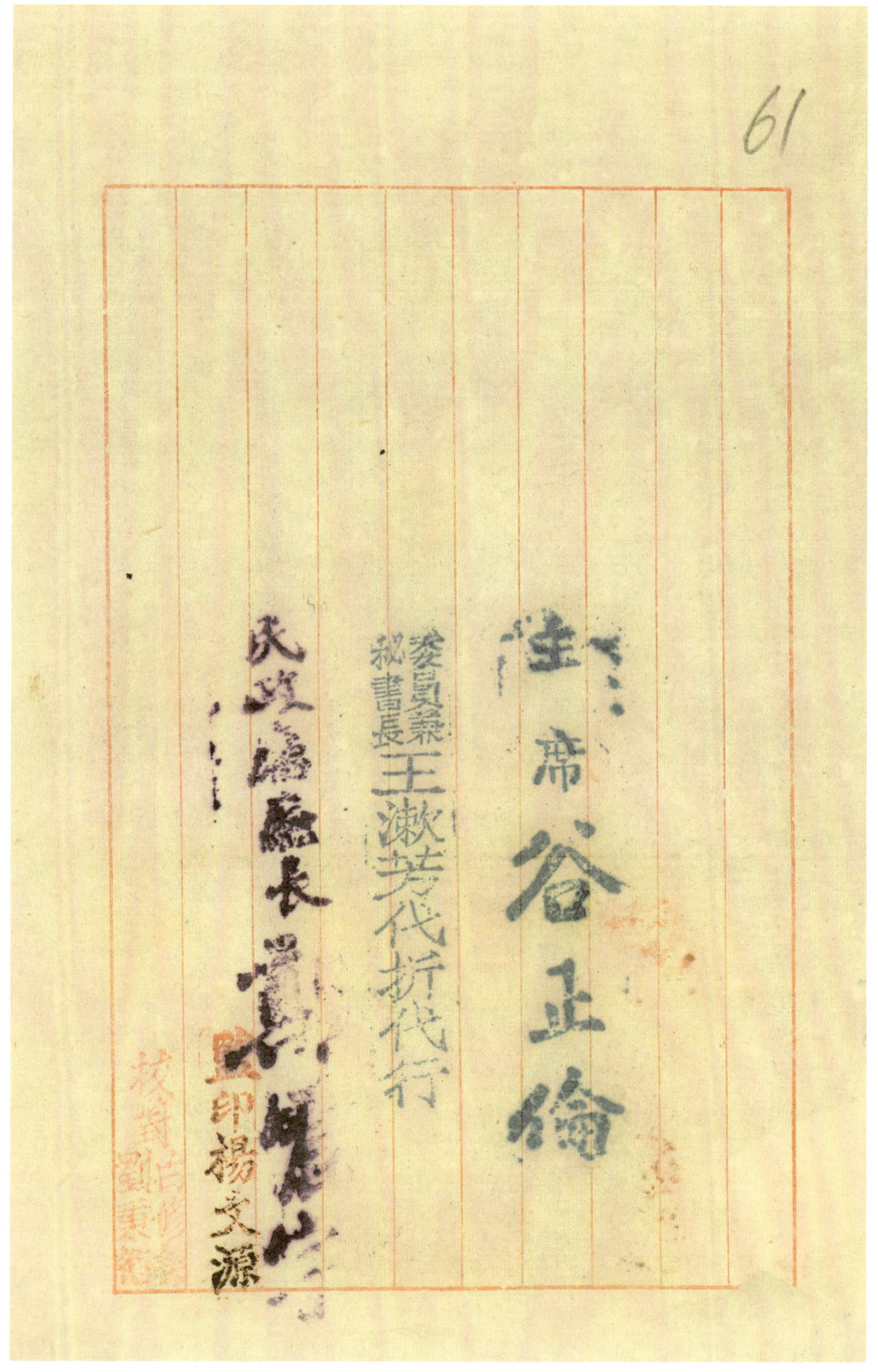

61

主席 谷正倫

委員兼秘書長王漱芳代拆代行

民政廳廳長 [illegible]

監印楊文源

校對劉[illegible]

兰州空袭紧急救济联合办事处各股业务处理规则（草稿）（时间不详）

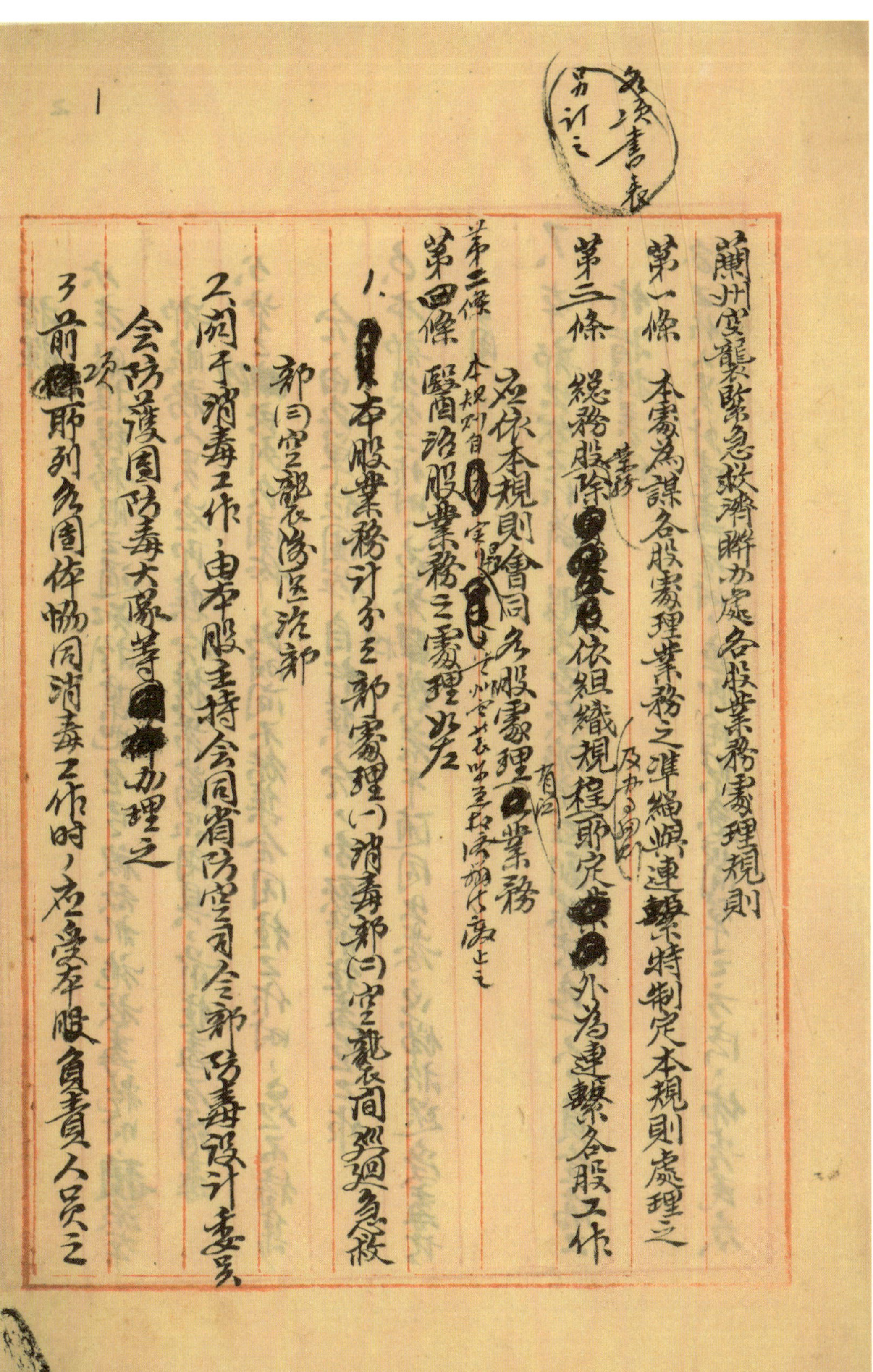

指揮

4、本股接總務股之通知於某地區已被敵機施放毒氣時，即派本部服務人員應即集合，攜帶藥品用具，前往毒區消毒

5、第三項民列各團体，如時間不能集合同往工作時，應不待集合，由各單位團体自行集合，分發前往毒區工作

6、本部出發工作時，應帶担架若干隨同出發以備搬送受毒者

三開

7、本部出發工作前，股長應預派定正副隊長各一人，負全場工作指揮責任

8、工作人員到達毒區時，應即用緊急简单之方法，佈告民眾

以避难之风向与地势安全地带之地区散放毒气而自行急救方法及应注意事项。

9、正副队长于消毒工作未完毕前，不得中止工作，率离他往。

10、消毒工作如觉人力物力单薄时，队长应即报告股长，请求协助。

11、正副队长于消毒工作完毕后，应将敌人所放毒种类、浓度、施放区域、散布面积、受毒人数、死亡人数及其他工作情形列表报告于本股。

12、本股接队长消毒完毕之报告后，应即转报于总干事，一面应即会商防毒设计委员会、省防空司令部、防毒大队、防护团各团体各派技术人员若干人，即日前往消毒区之各

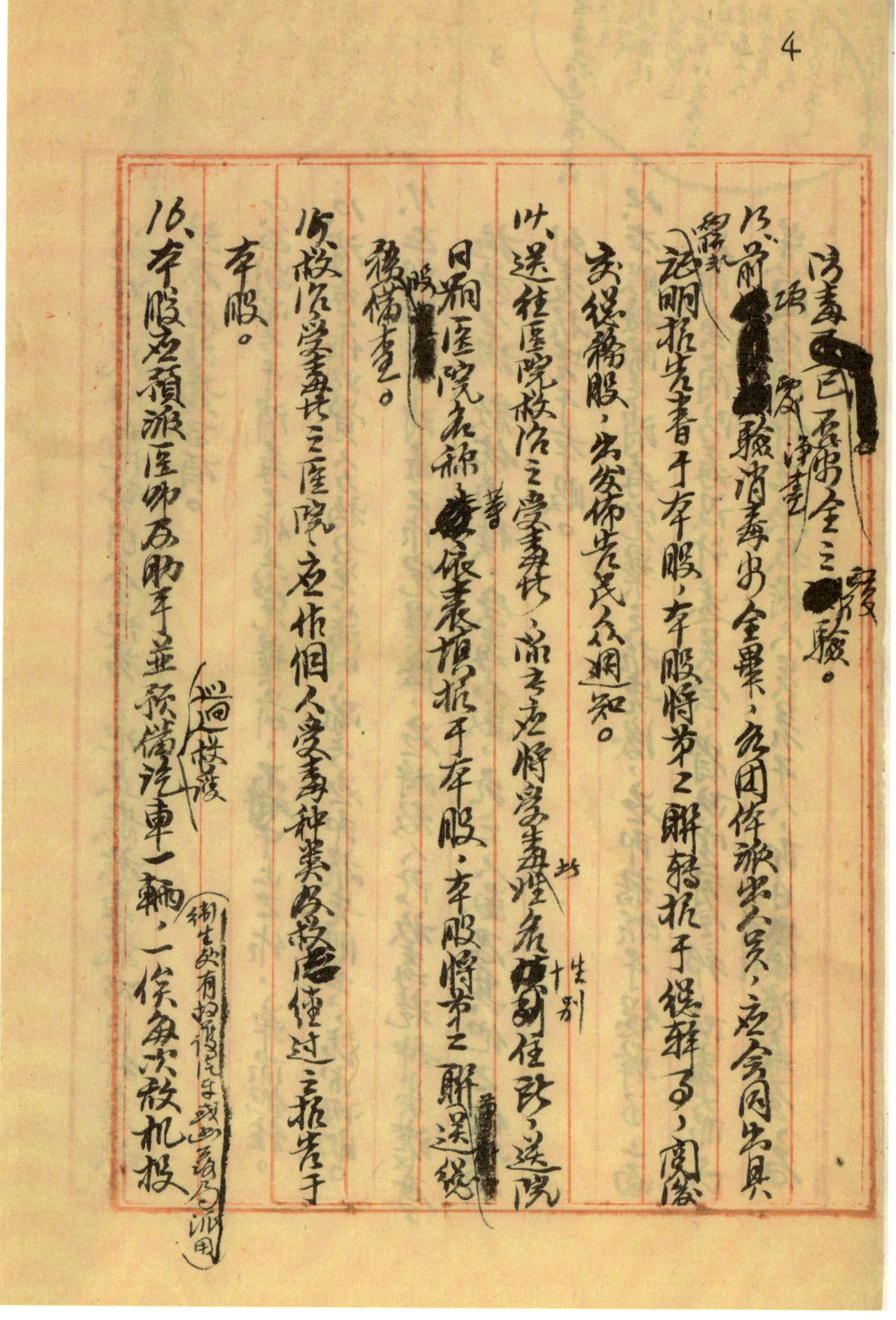

4

防毒[illegible]全之[illegible]驗。

13、前[illegible]驗消毒完全畢，或因係派出人員，應會同出具證明報告書于本股，本股將其之副轉報于總務股，出發佈告民眾週知。

14、送往醫院救治之受毒者，而本股應將受毒者姓名、性別、住所、送院日期、醫院名稱等，依表填報于本股，本股將其之副呈送總務備查。

15、救治受毒者之醫院，應作個人受毒種類及救治經過之報告于本股。

16、本股應須派醫師及助手並預備汽車一輛，以候為災救機股

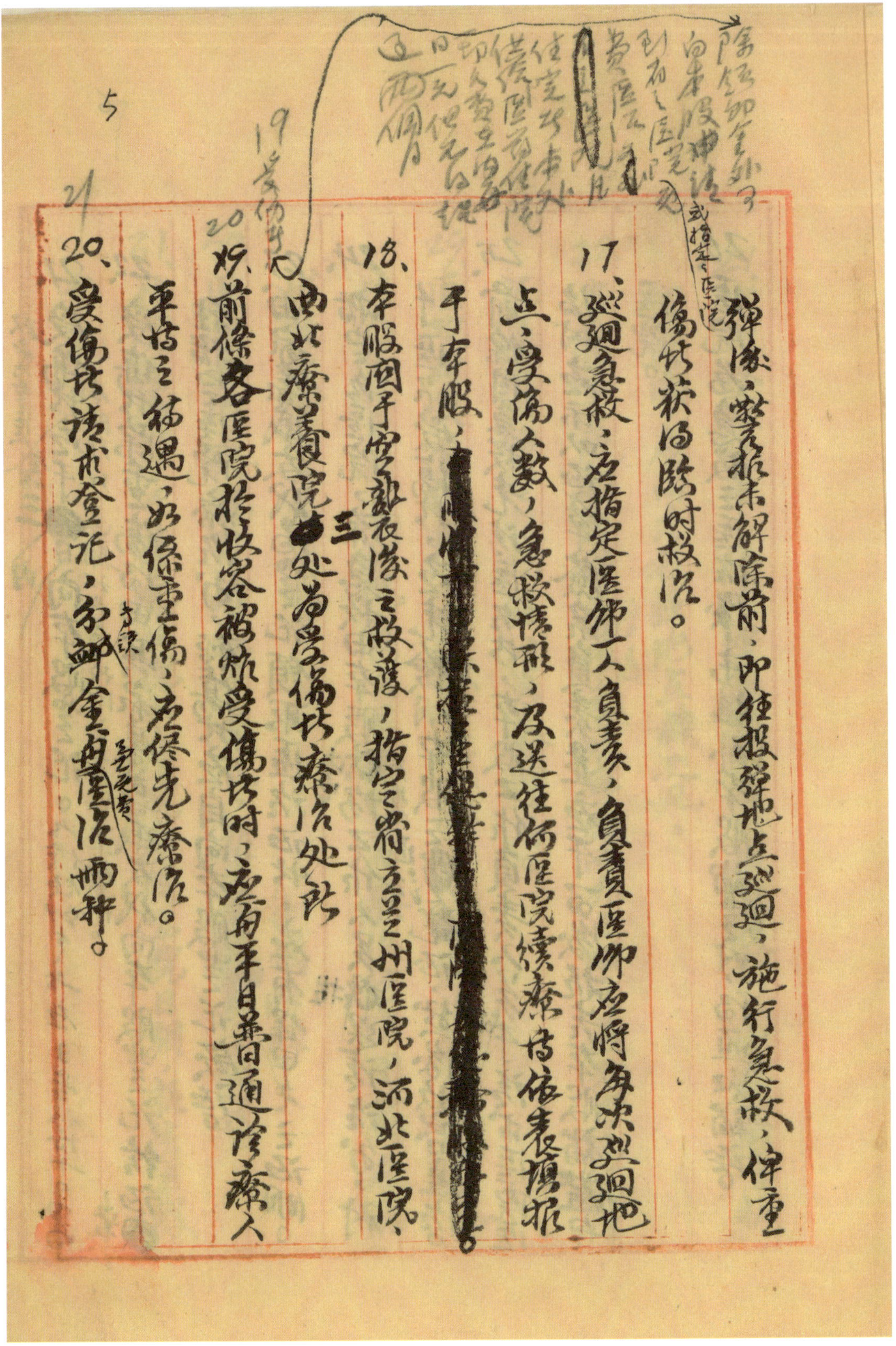

弹後，警报未解除前，即往投弹地点巡回，施行急救，俾重伤者获得临时救治。

17、巡回急救，应指定医师一人负责，负责医师应将每次巡回地点、受伤人数、急救情形，及送往何医院续疗者，依表填报于本股。

18、本股因平安救护队之救护，指定省立兰州医院、河北医院、西北疗养院三处为受伤者疗治处所。

19、前条各医院于收容被炸受伤者时，应本平日普通诊疗人平等之待遇，如係重伤，应优先疗治。

20、受伤者请求登记，分恤金或医治两种。

21、受傷者應于受傷三日內向本股登記。

22、受傷者除重傷須由其家屬或戚友代向本股登記結證外，往指定醫院療治外，輕傷者應自向本股登記領證。

23、由家屬戚友代為登記領取醫證者，應有保甲長之證明。

24、指定各醫院，除急救由本股特派工作人員指送請治外，對于醫治受傷者，應先驗明本股之醫藥證，然後收容醫治。

25、前條因急救先請醫治者，本股工作負責人員對請求醫院醫治時，應示以證章簽名負責，並應于可能範圍內報告本股補證。

醫院。

26、醫院為急救之醫治後，未接到本股補證時，須通知補證。

7

27、须救护汽车，除于空袭间为巡迴急救外，空袭警报解除后，应向各投弹地点巡迴。

28、本股接医院对受重伤者，医治无效而死亡之通知时，应即备棺并通知掩埋股抬往公墓掩埋之。

29、医院对受重伤医治无效而死亡时，应作疗治报告表（受伤者入院时之受伤状况、疗治医师姓名、疗治方法、用药及病状转变）报告于本股。

30、医院应作疗治日报表于本股，报告各個治疗之经过。

31、住院医治者，于痊愈出院时，医院应将出院日期，报告本股登记。

8

32、本股于受收医院療治負指时，应即派员赴该院视察，决定其何日可于某日出院，以免久住。

33、如受伤人数众多，上列指定之医院，一时不能收容医治时，本股应即向其他医院为协助医治之洽商。

34、受重伤者，于本处规定之免费医治时间不能医愈时，医院应于十日前报告本股。

35、住院医治者，于请求登记时，本股应为住院与否之鉴定。

36、医治证分门诊与住院两种。

37、本股应设置医治登记簿，分姓名、急救補证、门诊、住院、出院、铜带、医院名称、死亡……各栏。

38、凡经本股登记给证医治之受伤者，其医院药费，由本处负

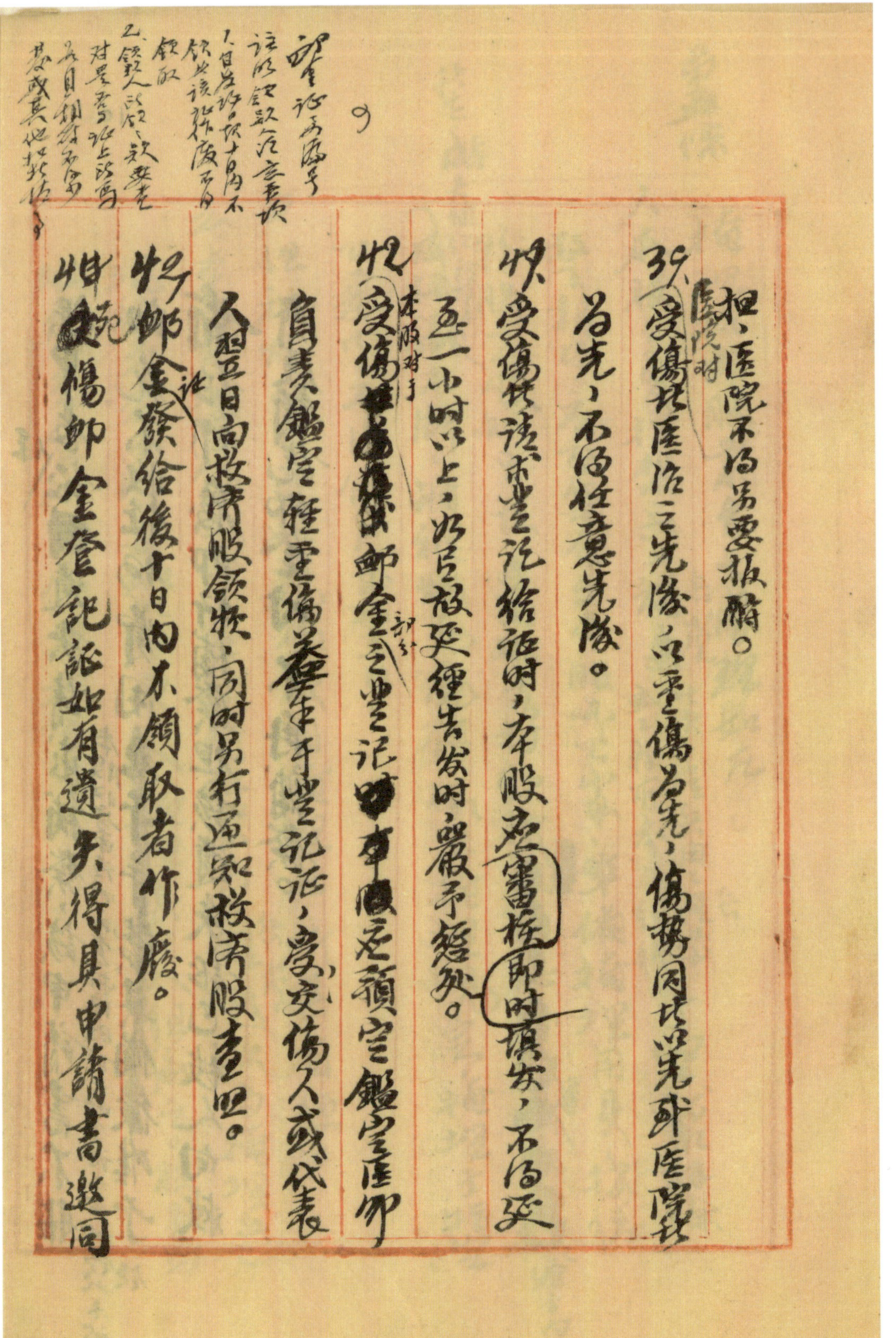

担，医院不得另要報酬。

39、受傷者医治之先後，以重傷為先，傷勢同者以先到医院者為先，不得任意先後。

40、受傷者請求登記給証时，本股應當場即时填发，不得延至一小时以上，如有故延經告发时，嚴予懲処。

41、受傷者卹金之登記，由本股定額空鑑医师負責鑑定輕重傷並予登記証，受交傷人或代表人於五日內向救济股領救，同时另行通知救济股查照。

42、卹金發給後十日內不領取者作廢。

43、受傷卹金登記証如有遺失，得具申請書邀同

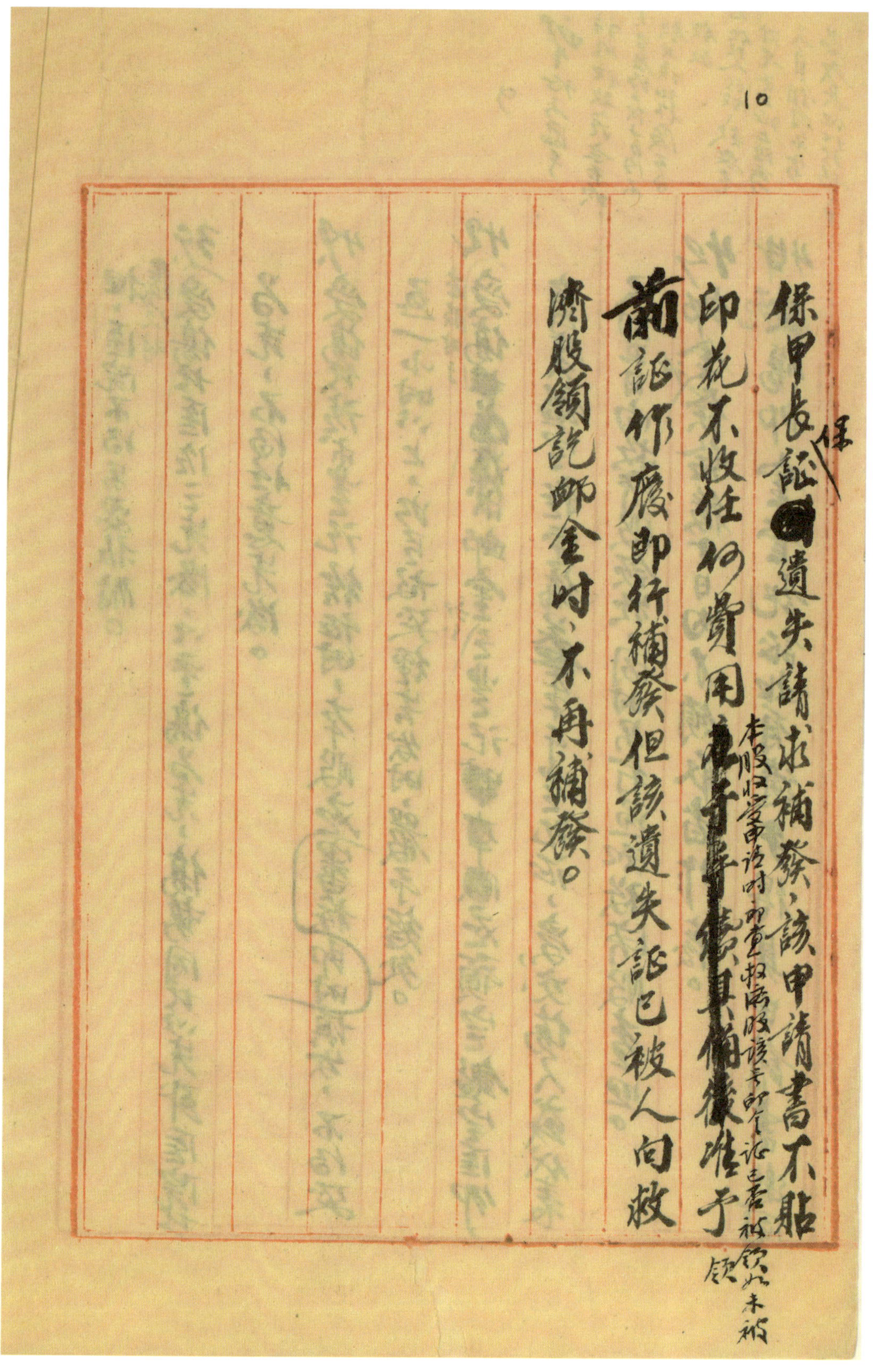

10

保甲長證遺失，請求補發，該申請書不貼印花，不收任何費用，前證作廢，即行補發，但該遺失證已被人向救濟股領訖卹金時，不再補發。

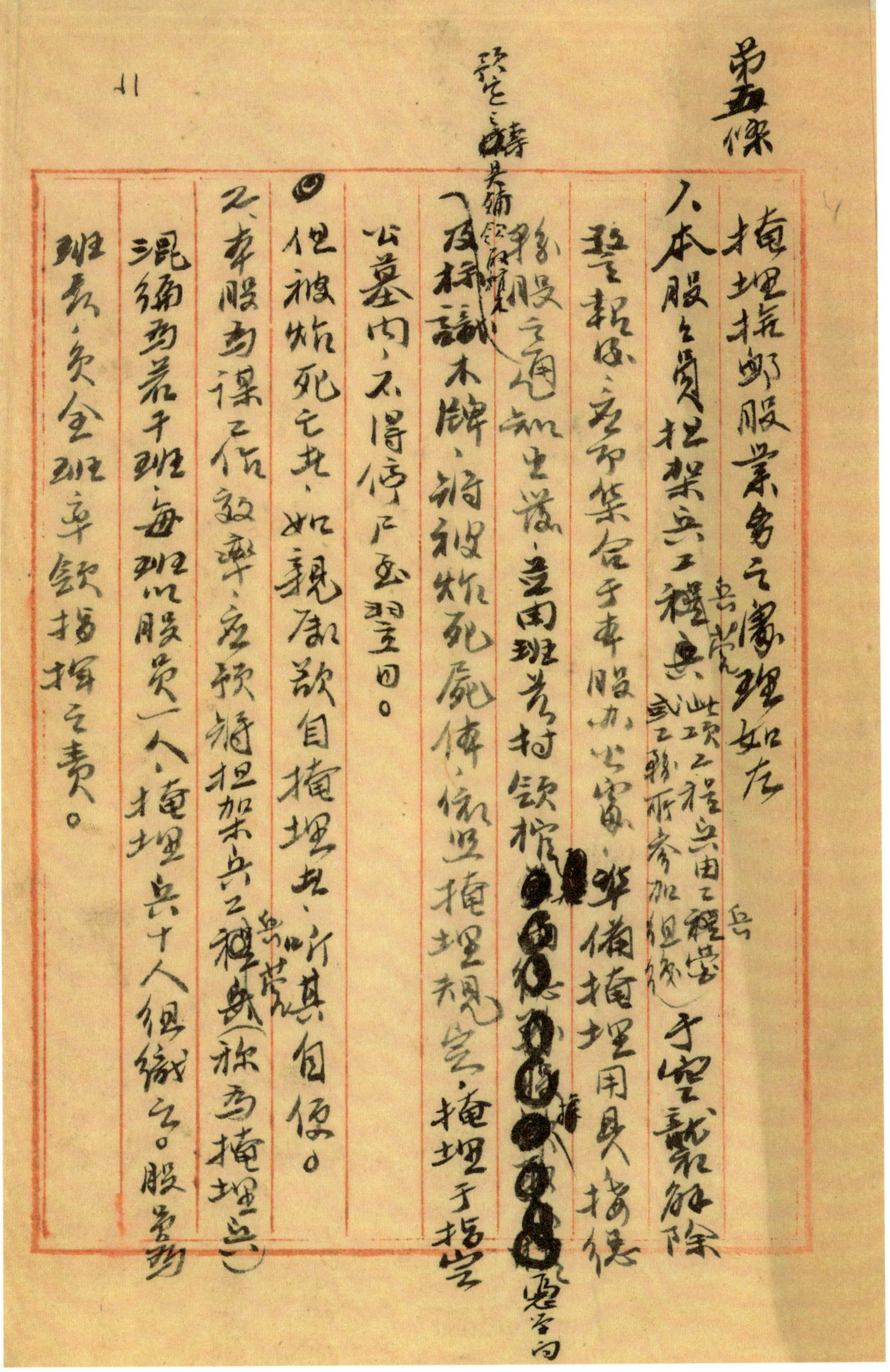

11

第五條

掩埋搶救股業務之處理如左

一、本股之員担架兵工程兵（此項工程兵由工程室或工務所參加組織）于空襲解除警報後，立即集合于本股辦公室，準備掩埋用具，搶救傷[illegible]知出發，並由班長持領[illegible]

一、應標識木牌，將被炸死屍体依照掩埋規定，掩埋于指定公墓內，不得停厝至翌日。

◎但被炸死亡者，如親屬欲自掩埋者，聽其自便。

二、本股為謀工作效率，應預將担架兵工程兵（統稱為掩埋兵）混編為若干班，每班以股員一人、掩埋兵十人組織之。股員為班長，負全班率領指揮之責。

前項班殺之編組，應事先編成造冊，呈報總辦事處備案總務股存查。

丙、凡在掩埋時，應注意審察被炸死亡者是否確已氣絕，如氣尚未絕，應儘先用担架抬送最近本處指定之醫院救治。

丁、掩埋地域，由本處擇定城東城西河北三處之公墓內為限。

戊、於行掩埋時，每棺所佔之面積，為橫六公尺，直十二公尺，其方向應同一齊列，不得參差不齊，棺上應堆土高二公尺餘，插標識木牌（木牌之植立，應插實不易插倒）以免暴露而被野獸拖食尸骸為度，不得草率。

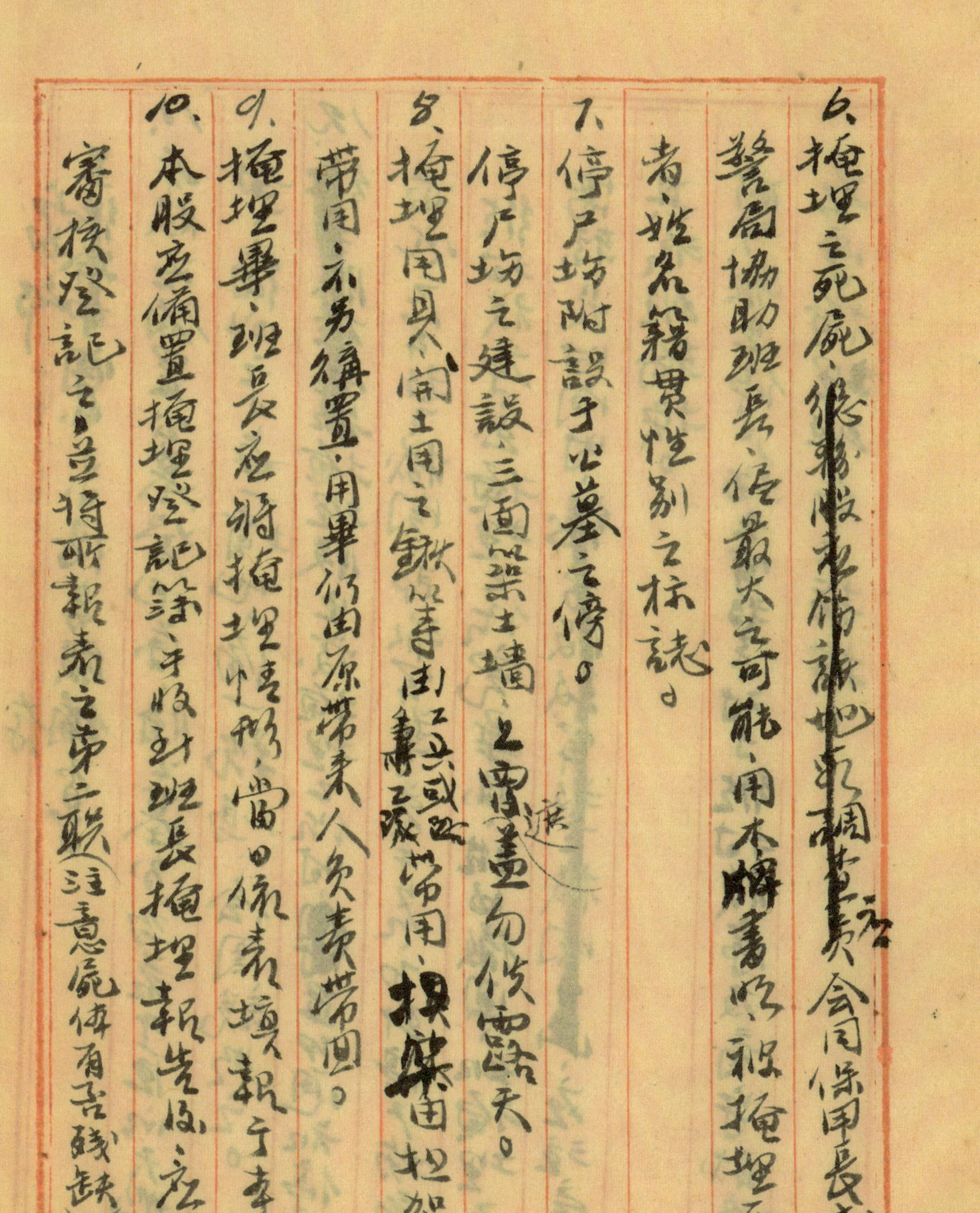

13

6、掩埋之死屍，會同保甲長或警局協助班長，儘最大之可能用木牌書明被掩埋死者之姓名、籍貫、性别之標誌。

7、停屍場附設于公墓之傍。

8、停屍場之建設，三面以柴土墻，上需蓋勿使露天。

8、掩埋用具，開土用之鍬以等由工兵或防護工程隊借用，擡屍用擔架亦帶用，不另備置，用畢仍由原帶來人負責帶回。

9、掩埋畢，班長應將掩埋情形，當日依表填報于本股。

10、本股應備置掩埋登記簿，于收到班長掩埋報告後，應審核登記之，並將所報表之第二聯（注意屍體有否殘缺）轉

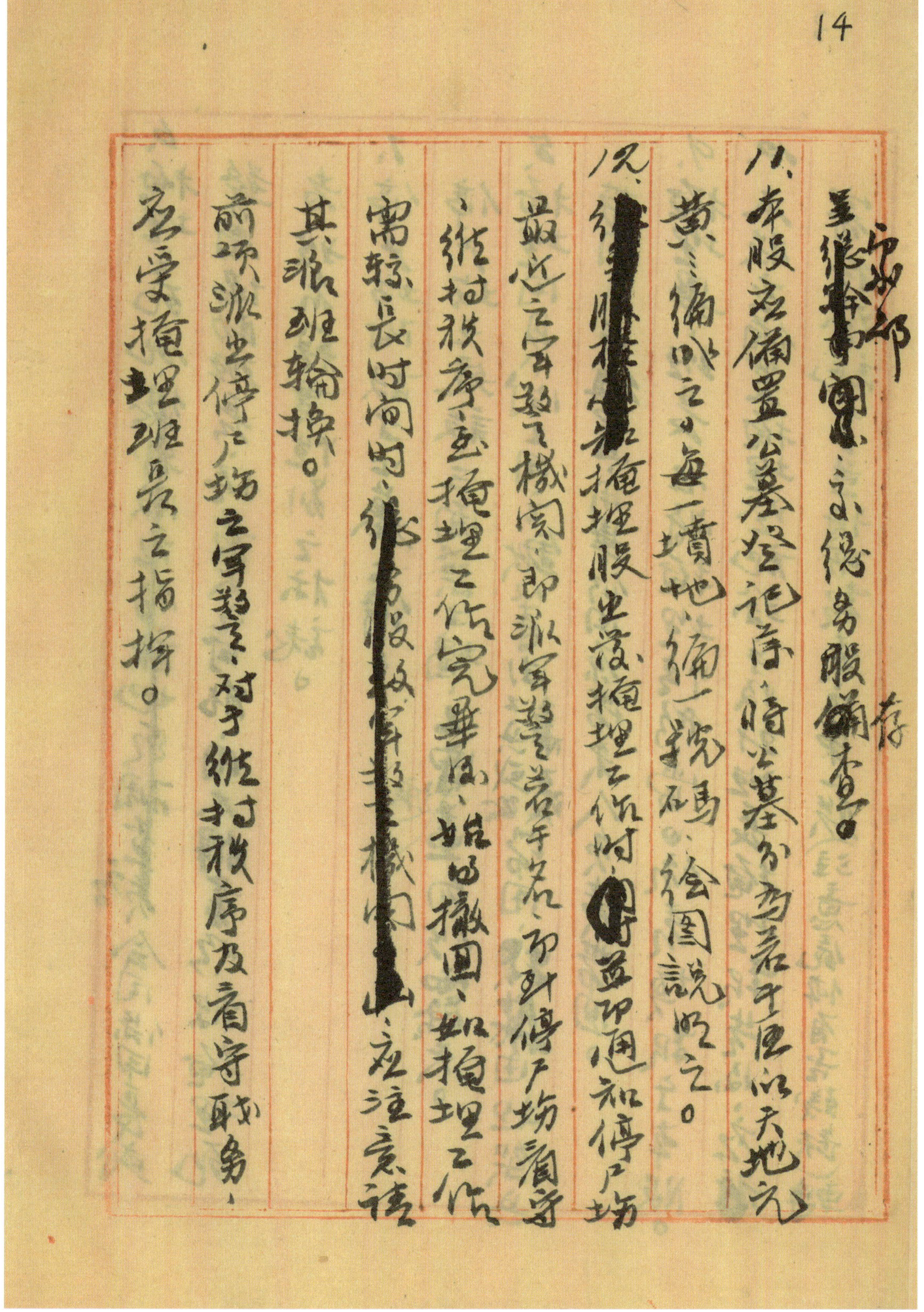

14

呈總[illegible]部[illegible]、示總務股備查。存

八、本股應備置公墓登記簿，將公墓分為若干區，以天地元黃……編成之，每一墳地，編一號碼，繪圖說明之。

九、[illegible]掩埋股出發掩埋工作時，[illegible]並即通知停尸坊最近之軍警機關，即派軍警若干名，即赴停尸坊看守，維持秩序，至掩埋工作完畢後，始得撤回，如掩埋工作需較長時間時，[illegible]應注意該其派班輪換。

前項派出停尸坊之軍警，對于維持秩序及看守職務，應受掩埋班長之指揮。

15

13、本股處理撫卹範圍，僅以被炸死亡者，其屍身由親屬自行殮埋者為限，並會同總務股救濟股辦理之。受傷者之卹金，由總務股醫治股救濟股會辦之。其他卹金，由總務股救濟股會辦之。

14、被炸死亡者，已由親屬自行殮埋者，除發給卹金卅元外，不另給殮埋費。

15、凡死亡卹金之給領，由親屬向本股請求登記（並須該住地保甲長或其他負責人之証明），經本股審核屬實，給予登記証之第三聯（以第一聯留本股），通知總務股派員覆查無訛後，總務股留存第二聯，轉第三聯通知救濟股，給予卹金。

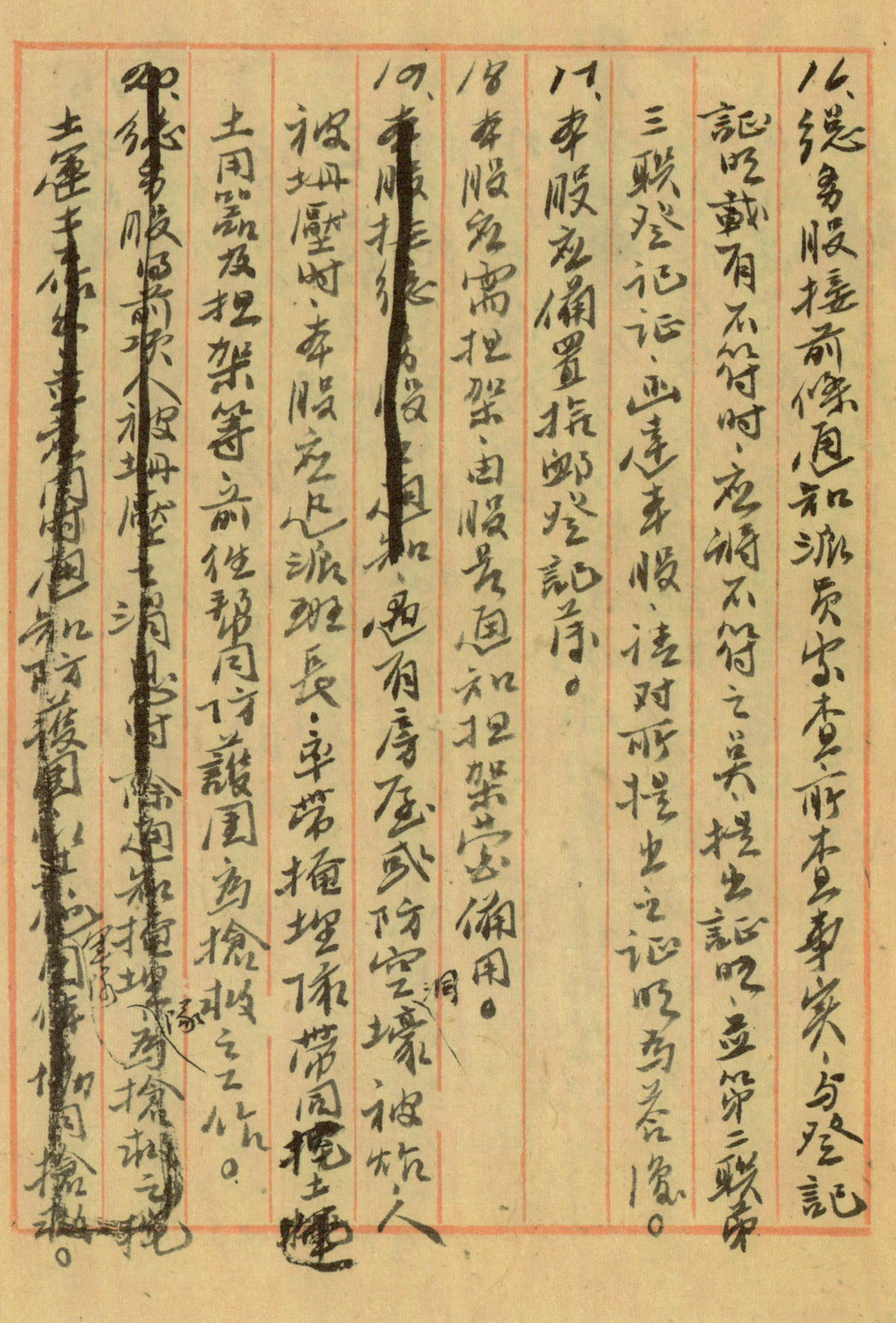

·16

16、總務股接前條通知派員察查，所查事實，與登記証明載有不符時，應將不符之點提出証明，並將第二聯第三聯登記証，函達本股，請對所提出之証明為答覆。

17、本股應備置指路登記簿。

18、本股應需担架，由股長通知担架密備用。

19、本股於總務股通知，遇有房屋或防空壕（洞）被炸，人被埋壓時，本股應派班長，率帶掩埋隊帶同挖土器、土用器及担架等前往幫同防護團為搶救之工作。

20、總務股將前項人被埋壓土洞之時，除通知掩埋隊前往為搶救之[illegible]

土匪[illegible]時通知防護團[illegible]協同搶救。

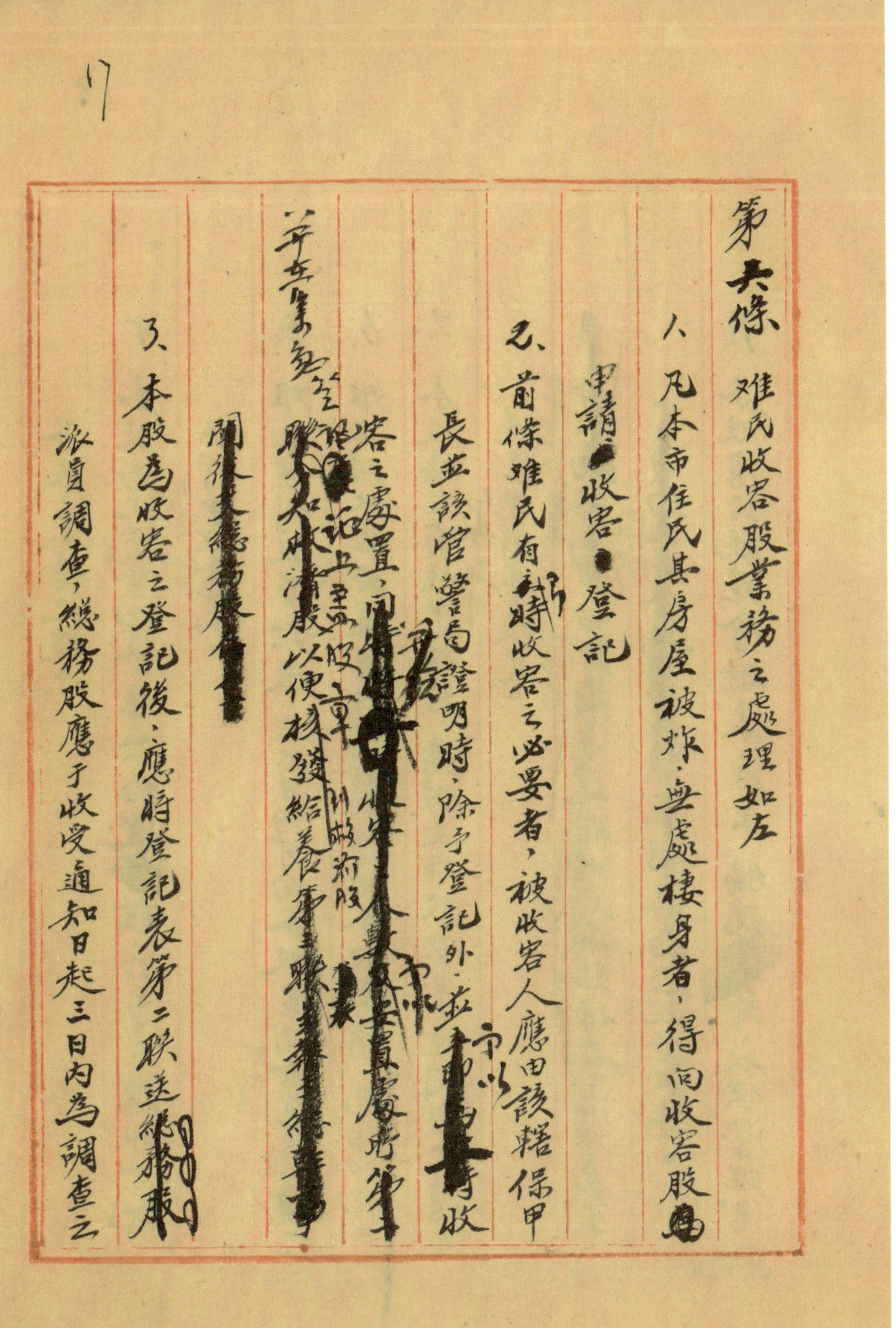

17

第六條　难民收容股業務之處理如左

甲、凡本市住民其房屋被炸，無處棲身者，得向收容股
申請收容登記

乙、前條难民有臨時收容之必要者，被收容人應由該轄保甲
長並該管警局證明時，除予登記外，並

丙、本股為收容之登記後，應將登記表第二聯送總務股
派員調查，總務股應于收受通知日起三日內為調查之

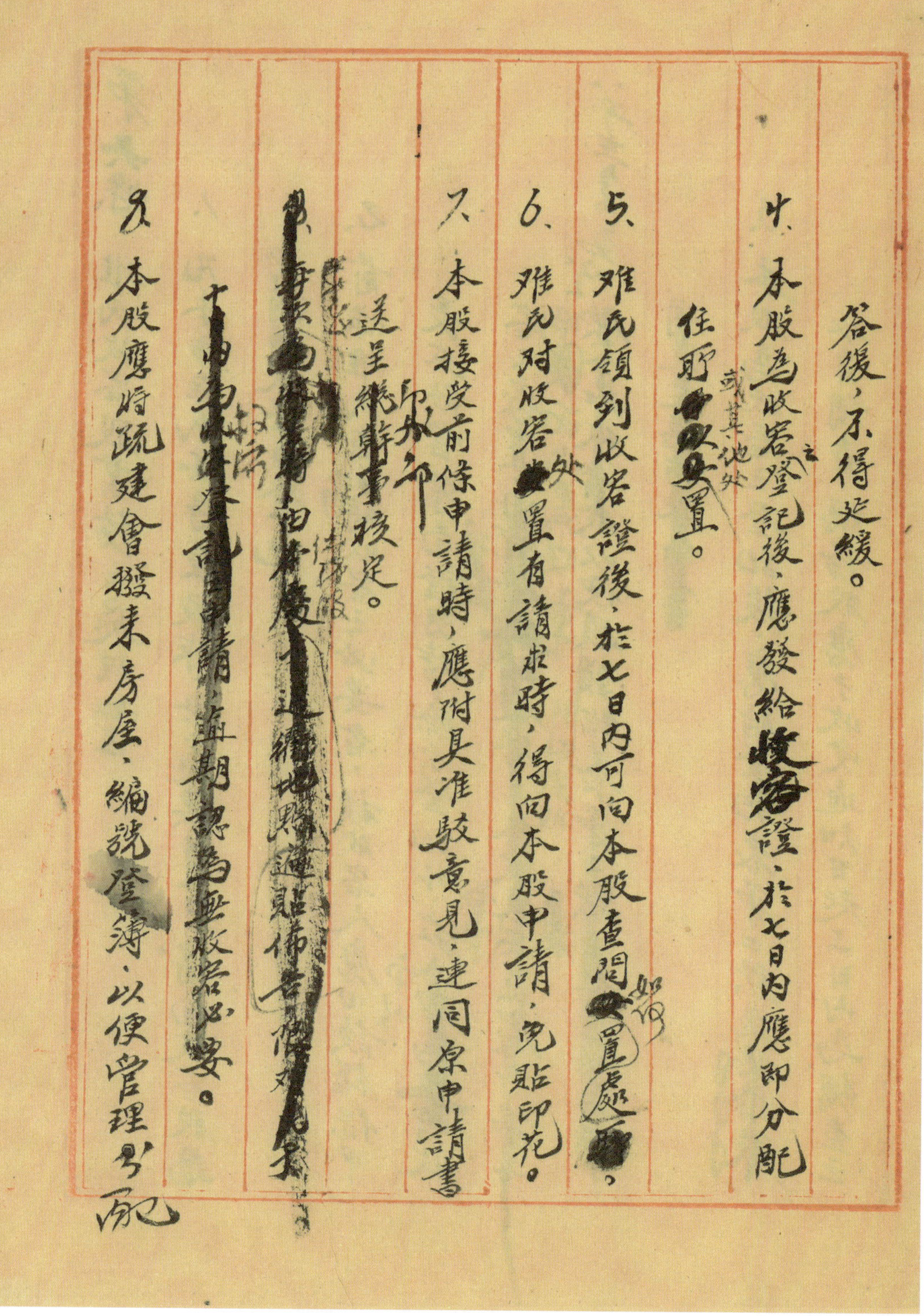

18

容後，不得延緩。

4、本股為收容登記之後，應發給收容證，於七日內應即分配住所或其他處所安置。

5、難民領到收容證後，於七日內可向本股查問安置處所。

6、難民對收容處所安置有請求時，得向本股申請，免貼印花。

7、本股接受前條申請時，應附具准駁意見，連同原申請書送呈總幹事核定。

8、本股應時疏建會撥來房屋，編號登簿，以便管理分配

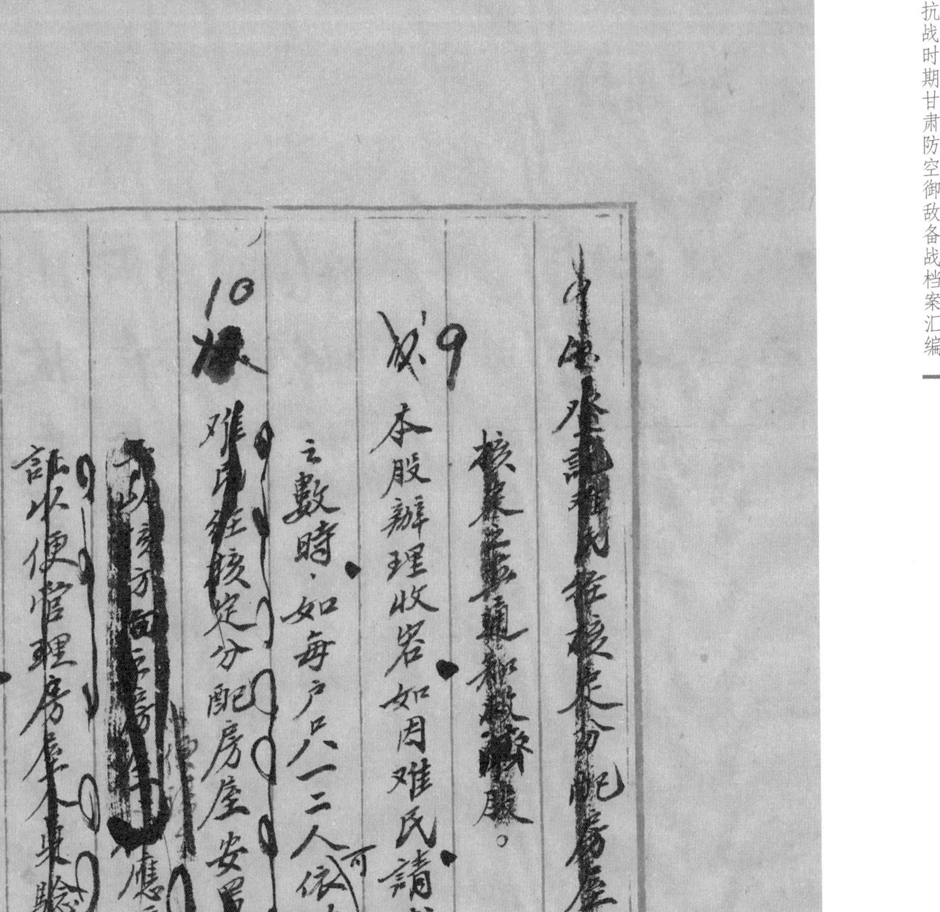

19

第9條　本股辦理收容如因難民請求收容之數超過所預備房屋之數時，如每戶只一二人，可依性別將二戶或三戶共住一屋。

第10條　難民經核定分配房屋安置時，應將所給房屋號數填入給屋證，以便管理房屋人員驗證按號給屋。

第11條　經收容之難民，嗣後查覺房屋雖有被炸，然尚有他處房屋可住者，對於收容給住之房屋，自收容日起依規定追收租金。

二

12 條 公務員住屋被炸時，與平民受同樣之待遇，但應由服務機關証明通知本股。

13 條 如有家長被炸傷亡無人撫養之幼童，送慈幼院收容撫養。

14 條 本股應備置收容請求登記簿、核定分配住屋簿、收租簿。

15 條 本股將房屋分配收容時，應負管理並為居住人謀公共衛生與安全設備之注意。

16 條 被收容人對住屋有不守住屋規則，不遵指示或有非法行為及違公共安寧之行動時，本股應即呈請依法懲辦。

房屋違法行為并請主管機關核辦。

17 條 本股應派員巡視各住屋，巡視員應作巡視報告于本股。

18 條 被收容人於入住屋，自[illegible]日起，六個月內免費居住，六個月外本處視當時情況，並參酌收容人生活，酌收租金。

19 條 住房之[illegible]按人數[illegible]。

五、[illegible]

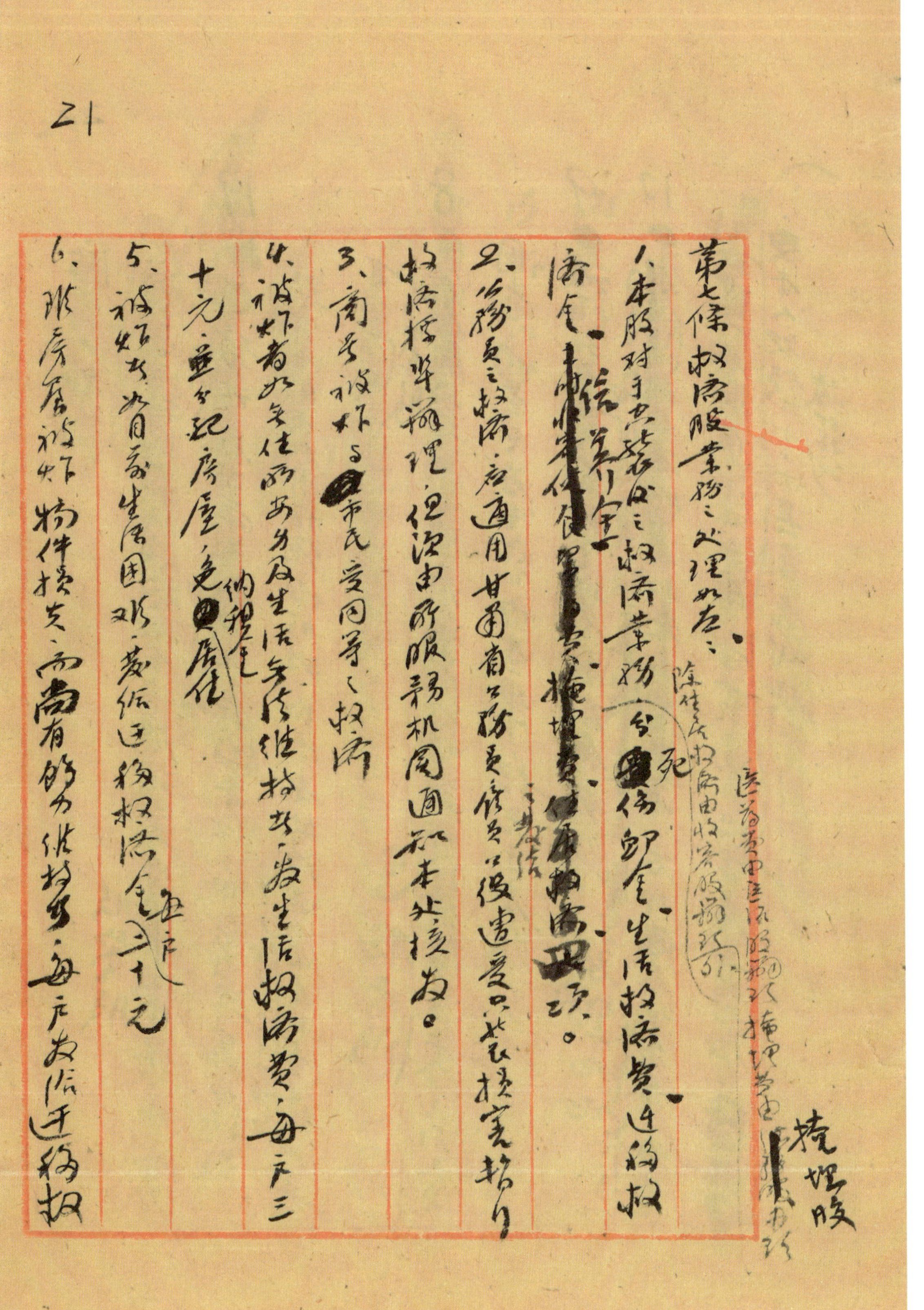

21

第七條 救濟股業務之處理如左：

1、本股對于空襲被炸之救濟業務，分死傷卹金、生活救濟費、遷移救濟金……四項。

2、公務員之救濟，應適用甘肅省公務員役傷遺處核定救濟標準辦理，但須由所服務機關通知本處核發。

3、商号被炸，以市民受同等之救濟。

4、被炸者如無住所及生活無法維持者，發生活救濟費，每戶三十元，並分配房屋，免租居住。

5、被炸者，如因生活困難，發給遷移救濟金，每戶二十元。

6、房屋被炸，物件損失，而尚有能力維持者，每戶發給遷移救

救濟股

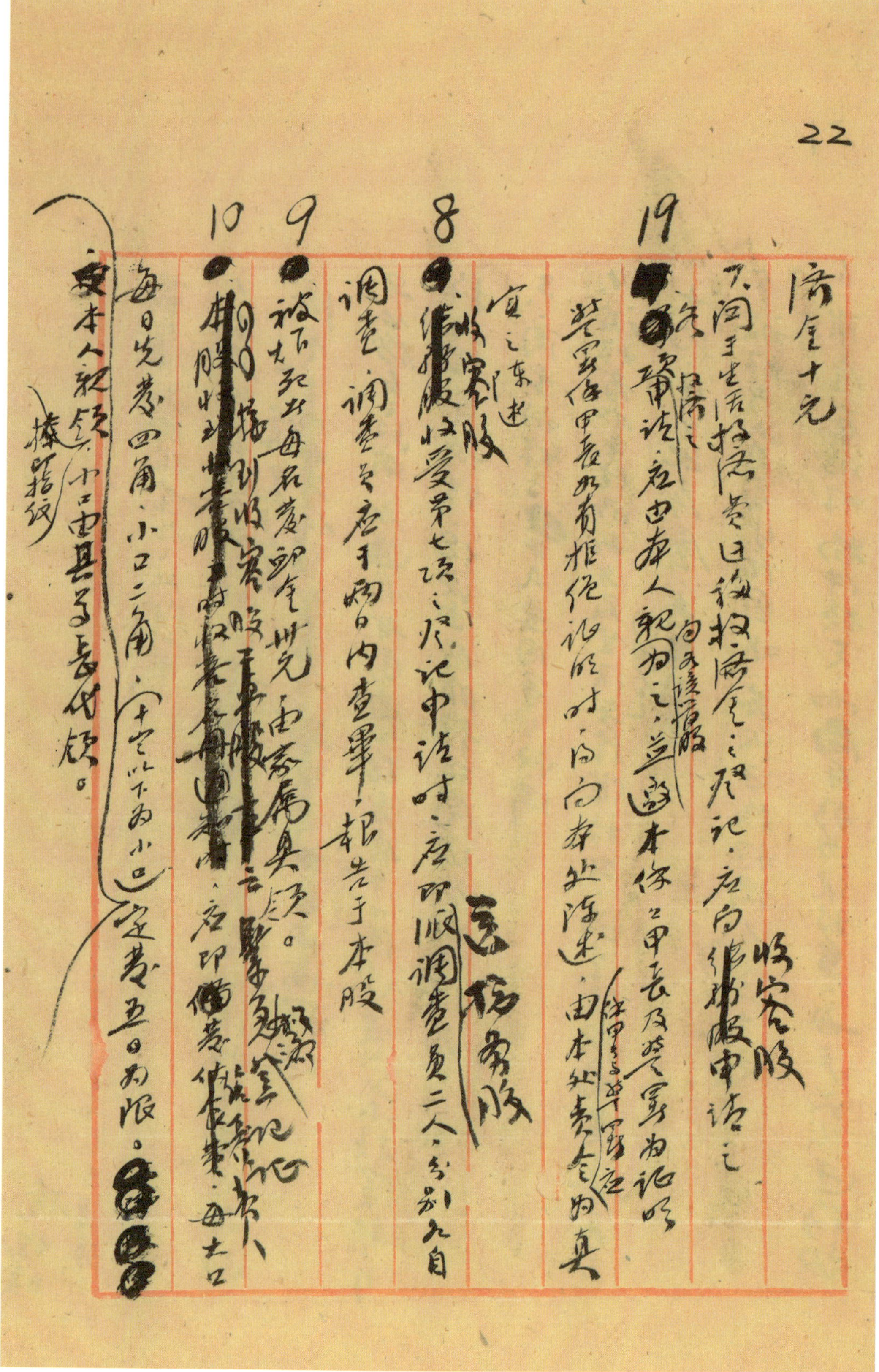

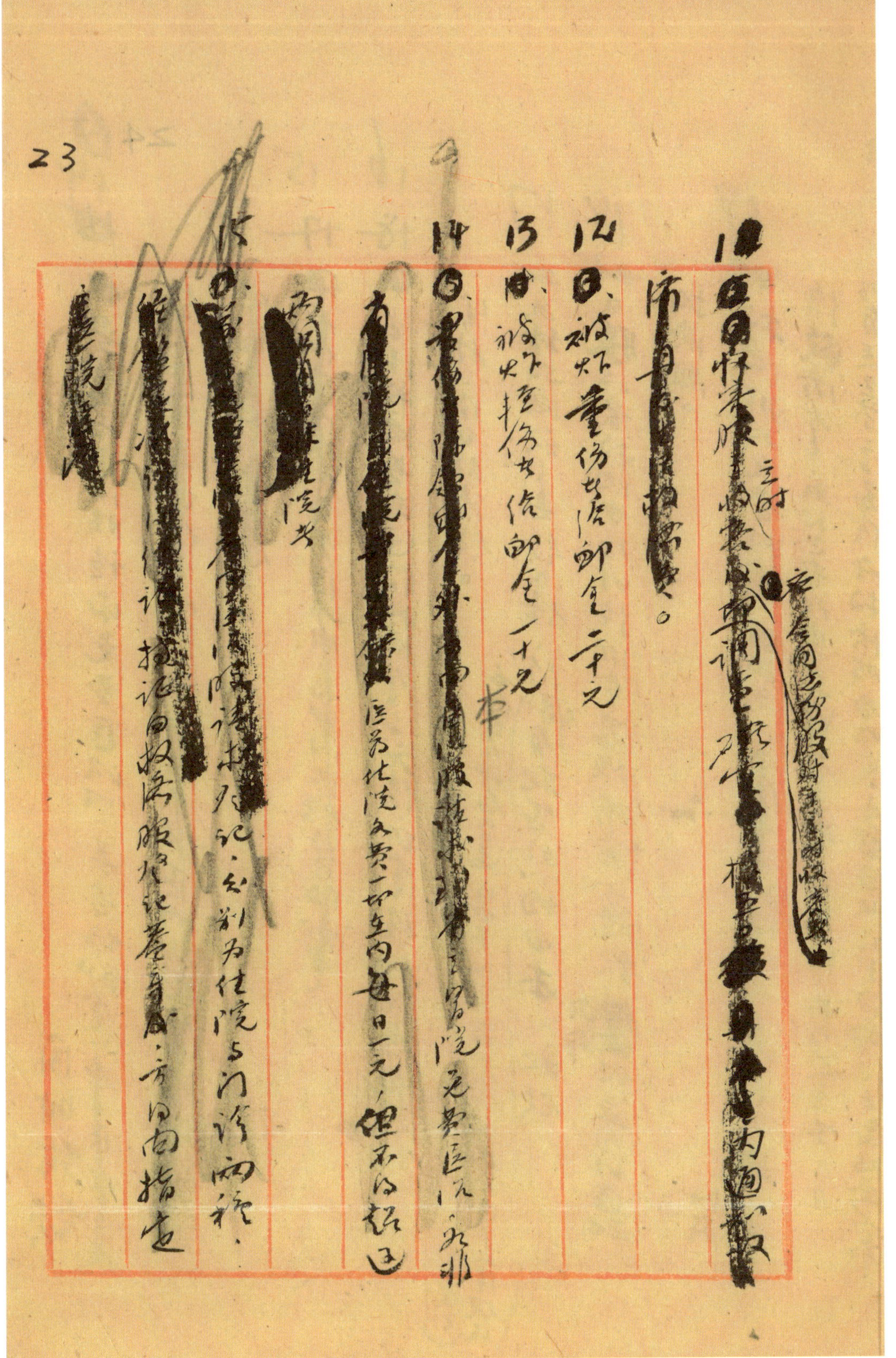

23

12 日、被炸重伤者给卹金二十元

13 曰、被炸轻伤者给卹金一十元

14 ……院免费医治，如非

……医药住院及费一切在内每日一元，但不得超过

15 ……分别为住院与门诊两种，

……挂记曰救济服务证……，并向由指定

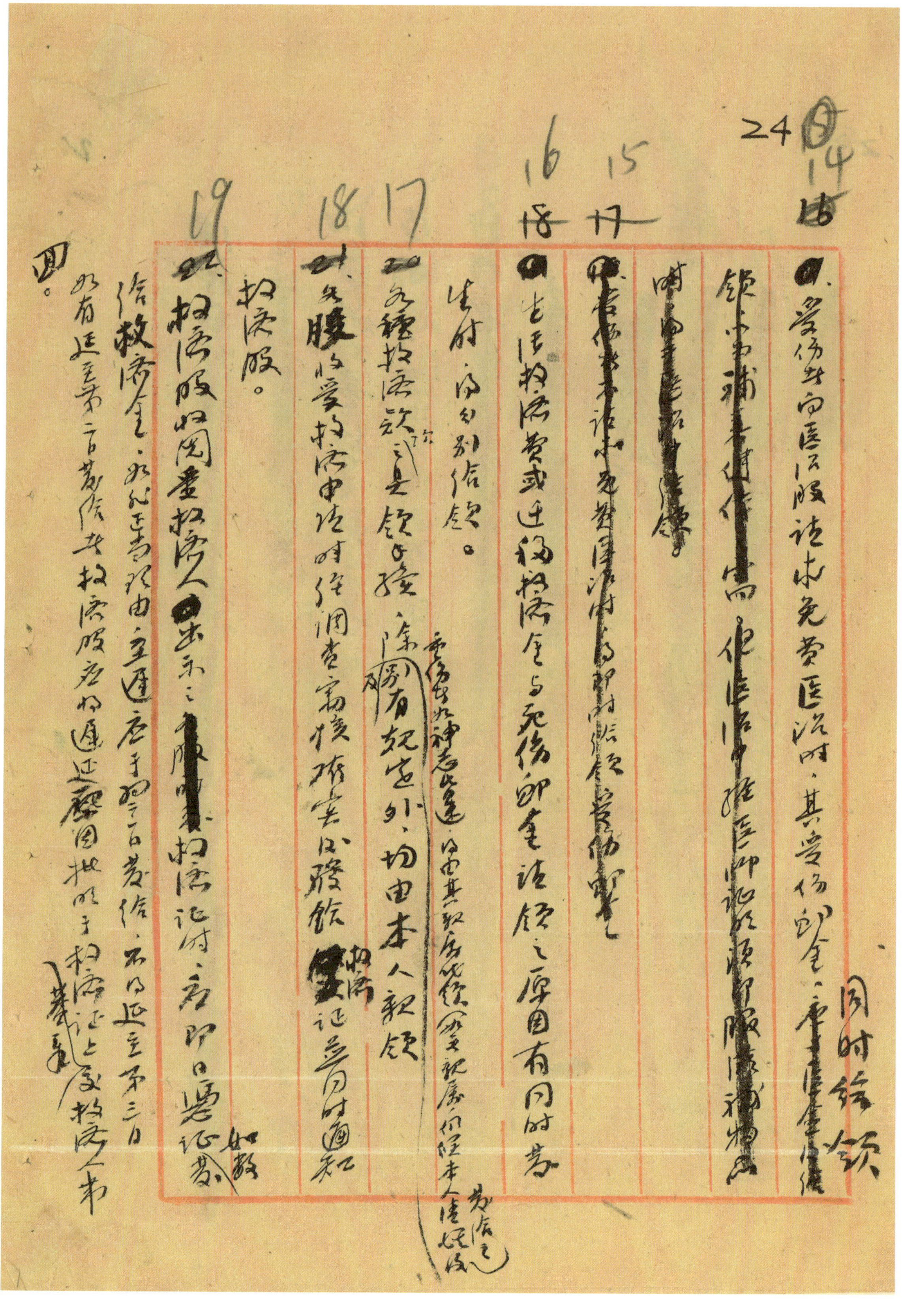

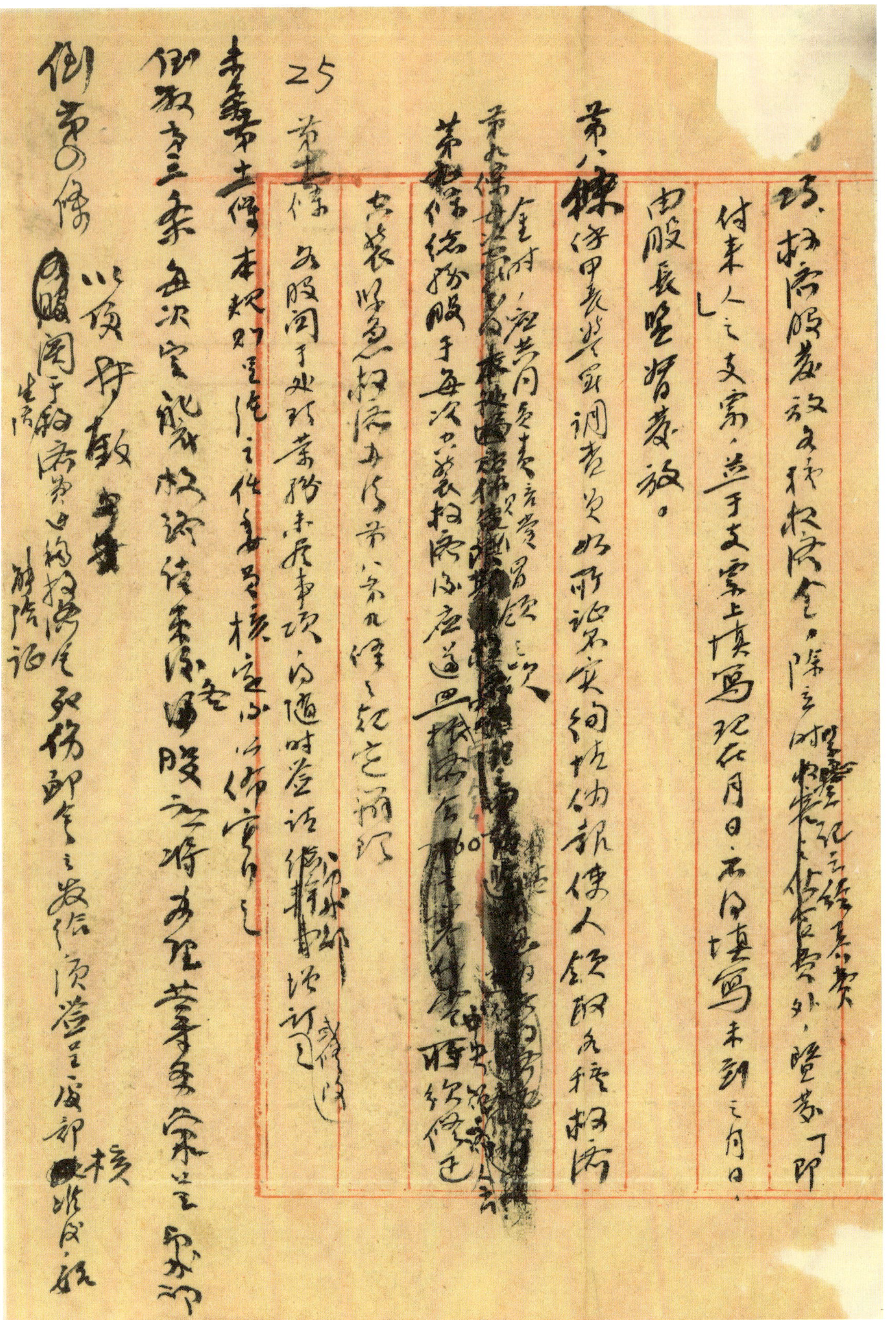

26

救濟辦法

一、公務員如被炸者由各級主管機關長官具實呈報按照甘肅省公務員雇員公役遭受空襲損失暫行辦法救濟

二、被炸各災户可由保甲長聯保主任及分局調查員証明領緊急難民登記證每大口每日先發火食四角小口二角定發五日嗣經調查確實後再發救濟金

三、根據中央賑濟委員會第七一六零號代電被炸死者每名叁拾元由親屬具領

四、被炸而受重傷者給血金二十元

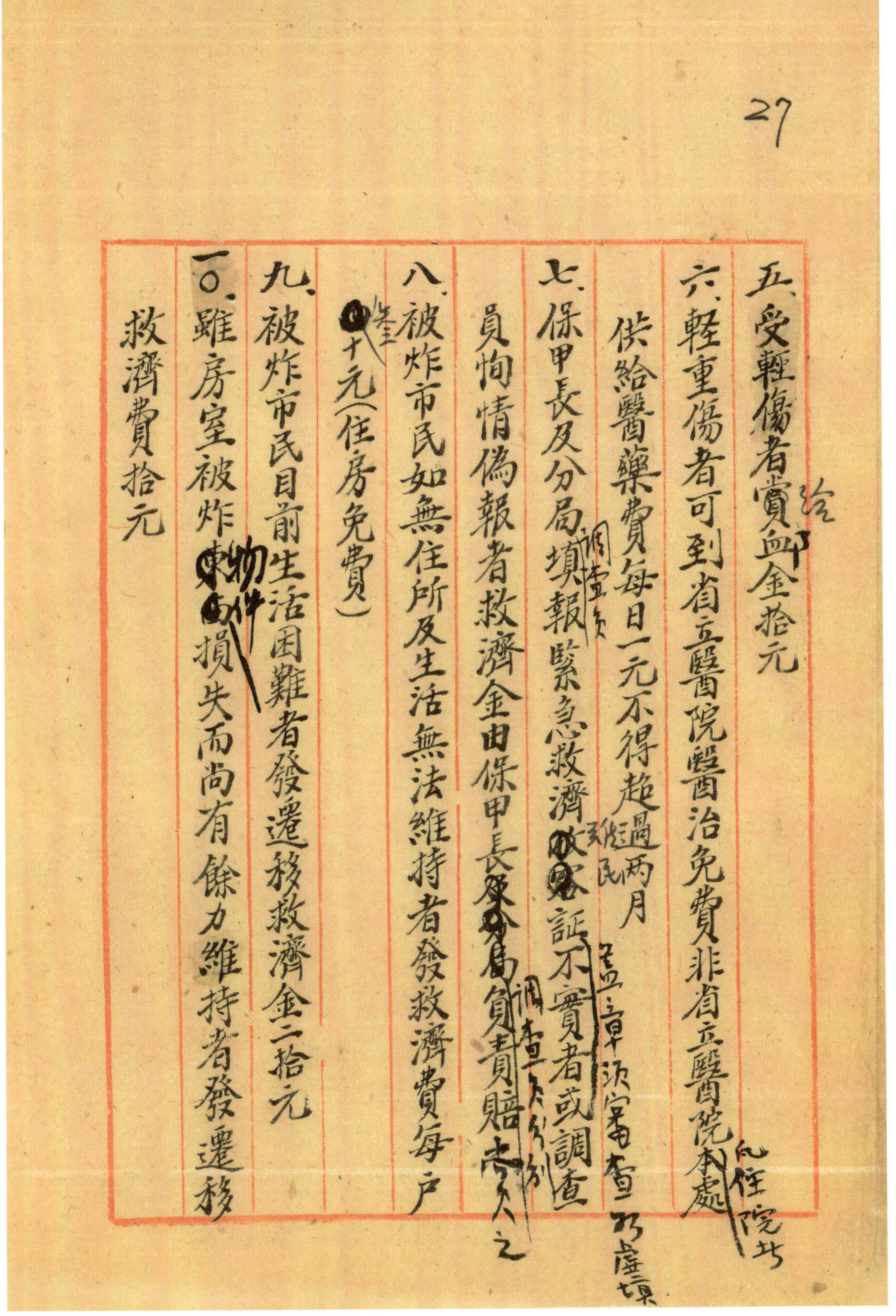

27

五、受輕傷者賞卹金拾元

六、輕重傷者可到省立醫院醫治免費非省立醫院本處供給醫藥費每日一元不得超過兩月

七、保甲長及分局填報緊急救濟證不實者或調查員徇情僞報者救濟金由保甲長負責賠償

八、被炸市民如無住所及生活無法維持者發救濟費每戶四十元（住房免費）

九、被炸市民目前生活困難者發還移救濟金二拾元

一〇、雖房室被炸損失而尚有餘力維持者發還移救濟費拾元

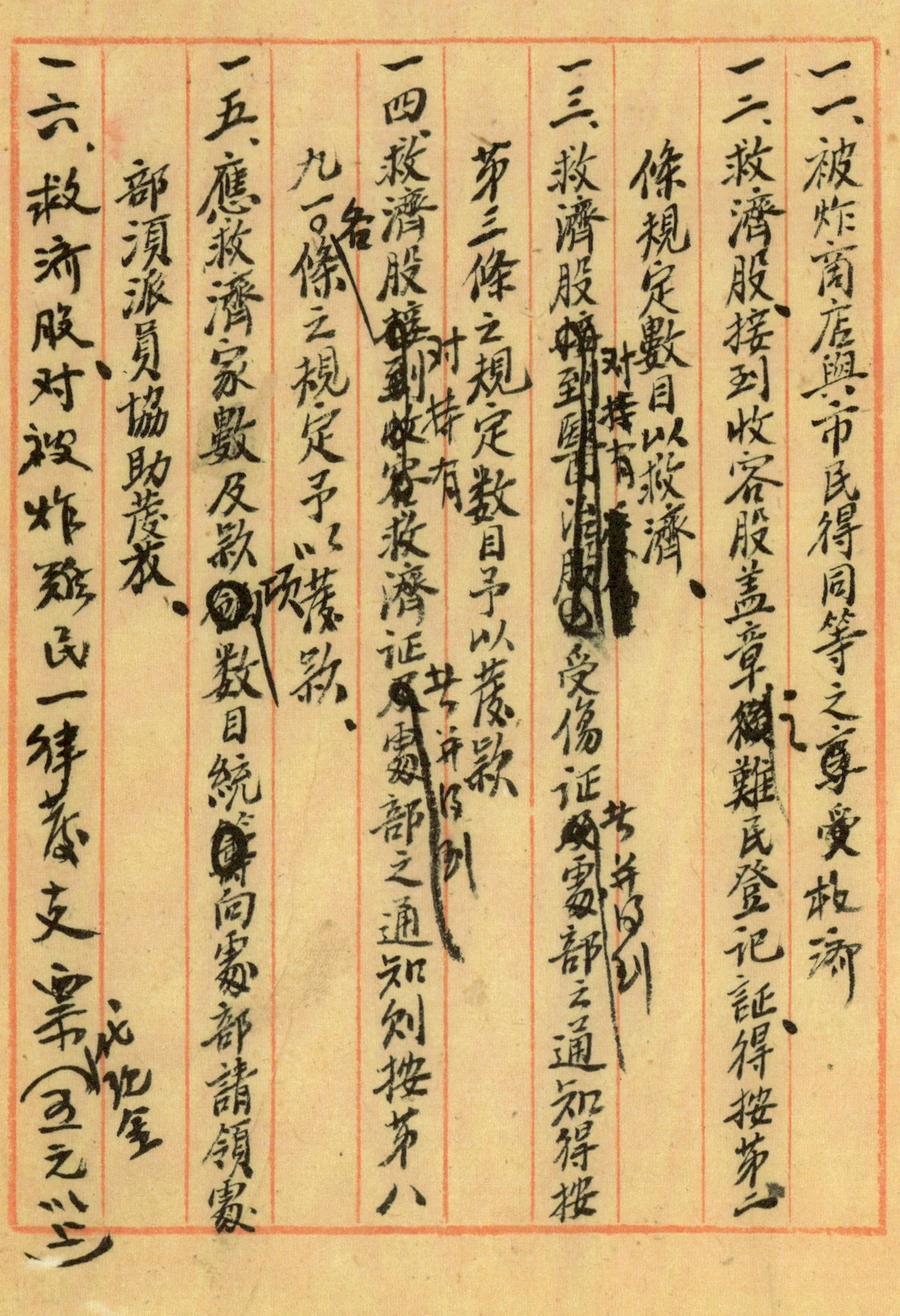

Z8

一一、被炸商店與市民得同等之尊受救济

一二、救濟股接到收容股盖章之難民登记証得按第二條規定數目以救濟、

一三、救濟股接到醫院之受傷証或處部之通知得按第三條之規定數目予以發款

一四、救濟股接到收容救濟証或處部之通知則按第八、九、十條之規定予以發款、

一五、應救濟家數及款項數目統計向處部請領處部須派員協助發放、

一六、救济股对被炸難民一律發支票（五元以上）

30

救濟股實施救濟辦法

一、衣物救濟費：

(1)查明被炸各災户須按人口之大小經保甲長證明發給大口五元小口二元（十六歲以上者爲大口十五歲以下者爲小口但疏散在外者不應列入支給）

二、粥廠之設置：（計劃另擬之）

先在適中地段開辦一處由該廠管理員憑依調查所發各災户飯票發放

三、房屋救濟費：

經保甲長證明炸平者每間拾元炸毁者每間伍元

四、受重傷家屬救濟費：

被炸受傷之家屬生活全依受傷人之負担者應於受傷者入院後發給家屬

救濟費二十元以示體恤

以上四項辦法均係不屬於其他各股之救濟

粥廠計劃書

一、人事

管理員一名辦事員二名工役一名

二、器俱

大鍋四口鐵勺八把鐵鍬四把大棍四根木棍十二根大秤一桿小秤一桿小簸箕四個

筐担二付（以上用俱係照大口一百人計算）

三、煮粥用物

豆麪十二斤白麪二十斤黄、米半升石炭十二斤木柴二把清水一担伙夫工資

31

二、物资保障与工程建设

甘肃省政府秘书处关于洽领定西县县长捐助事致兰州空袭紧急救济联合办事处的函（一九四〇年一月十八日）

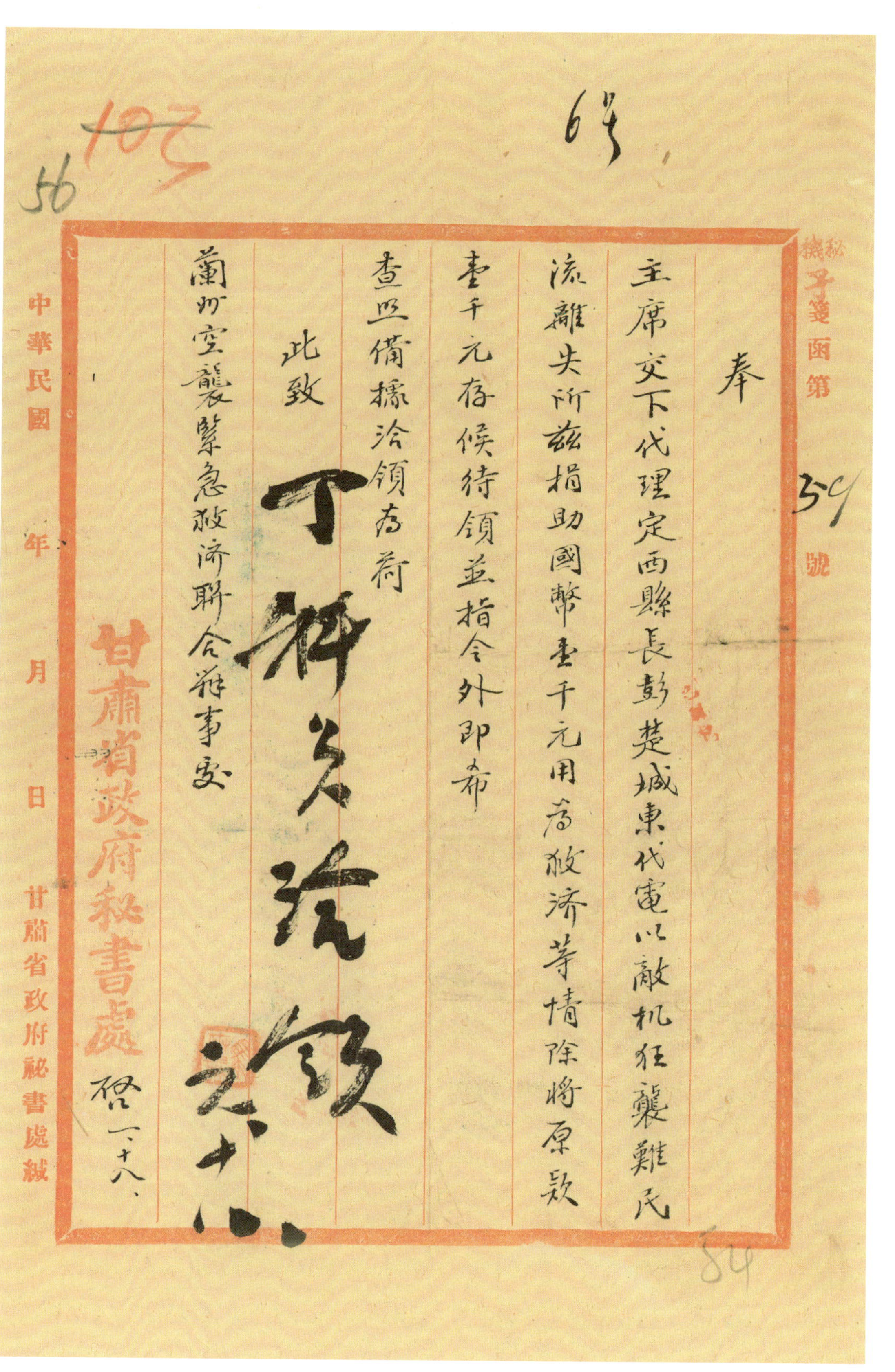
秘撫字箋函第 59 號

奉

主席交下代理定西縣長彭楚珹東代電以敵机狂襲難民流離失所兹捐助國幣壹千元用爲救濟等情除將原款壹千元存候待領並指令外即希

查照備據洽領爲荷

此致

蘭州空襲緊急救濟聯合辦事處

甘肅省政府秘書處啓 一、十八、

中華民國 年 月 日

甘肅省政府秘書處緘

兰州空袭紧急救济联合办事处关于送一九四〇年元月份经常各费册据致甘肃省政府的公函（一九四〇年二月六日）

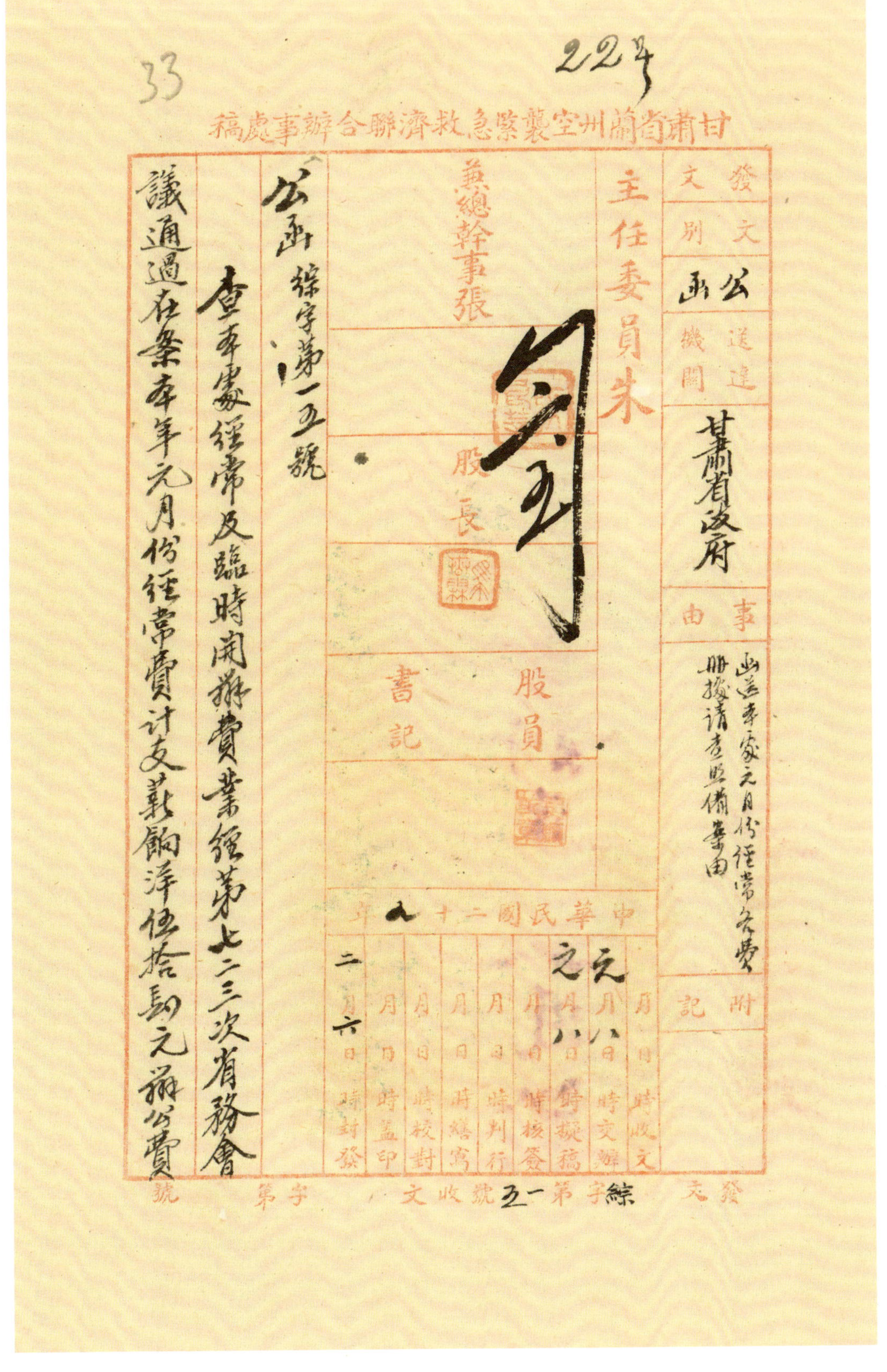
甘肃省兰州空袭紧急救济联合办事处稿

发文 文别：公函
送达机关：甘肃省政府
事由：函送本处元月份经常各费册据请查照备案由
附记

主任委员朱
兼总干事张
股长
股员
书记

中华民国二十九年
元月八日时交办
元月八日时拟稿
月日时核签
月日时判行
月日时缮写
月日时校对
月日时盖印
二月六日时封发

公函 综字第一五号

查本处经常及临时开办费业经第七二三次省务会议通过在案，本年元月份经常费计支新币洋伍拾陆元，开办费

发文 综字第一五号 收文 字第 号

34

壹佰陸拾元本年元月份開辦費貳佰元以上共支肆佰壹拾肆元正

造具薪餉証明冊一份辦公費附屬冊一份單據粘存簿貳本開辦

費附屬冊一份單據粘存簿一本相應隨函附送即希

查照備案爲荷此致

甘肅省政府

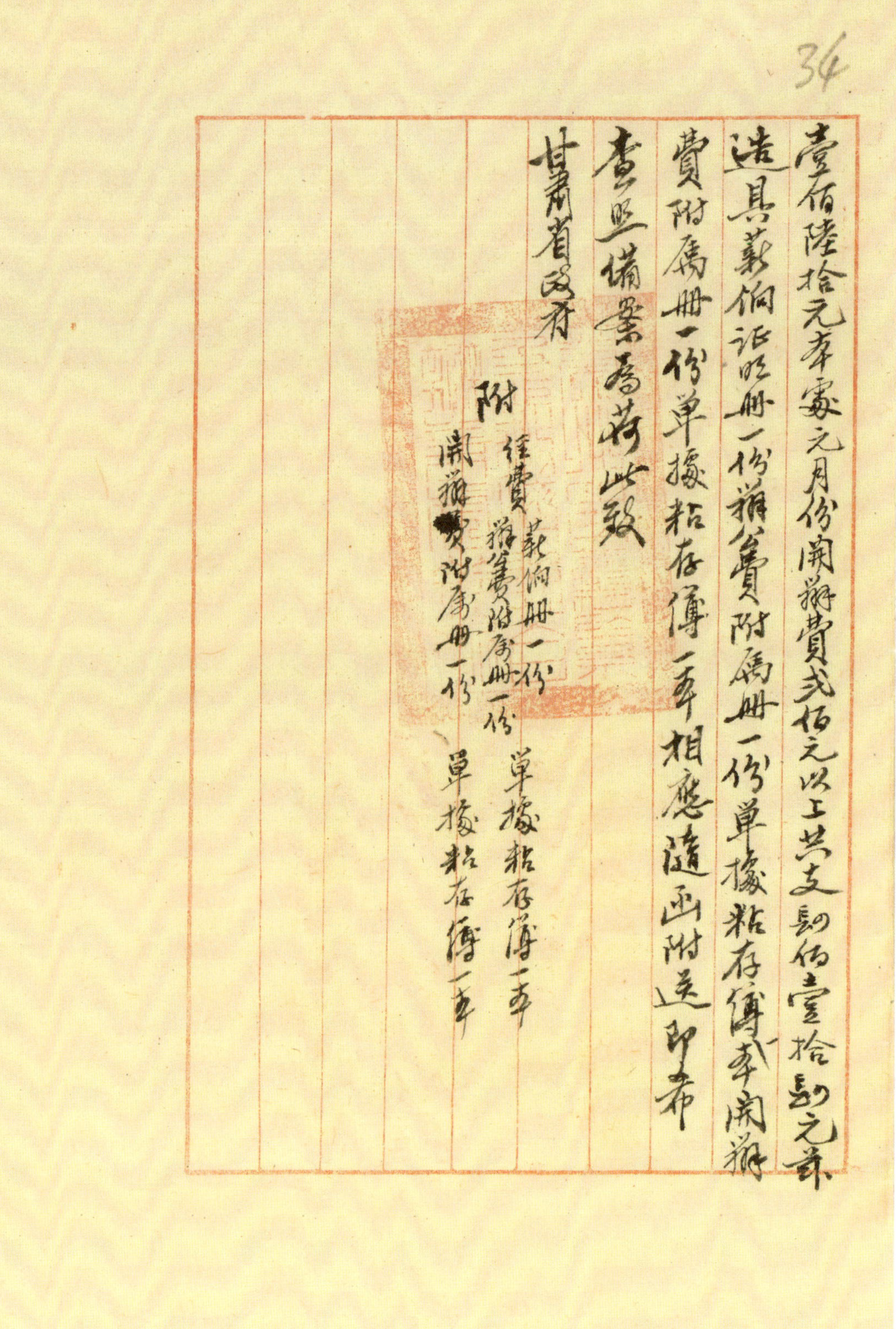

附

經費

薪餉冊一份　　單據粘存簿一本

辦公費附屬冊一份　　單據粘存簿一本

開辦費附屬冊一份　　單據粘存簿一本

附一：兰州空袭紧急救济联合办事处一九四〇年元月份开办费、经常费支出计算书（一九四〇年一月三十一日）

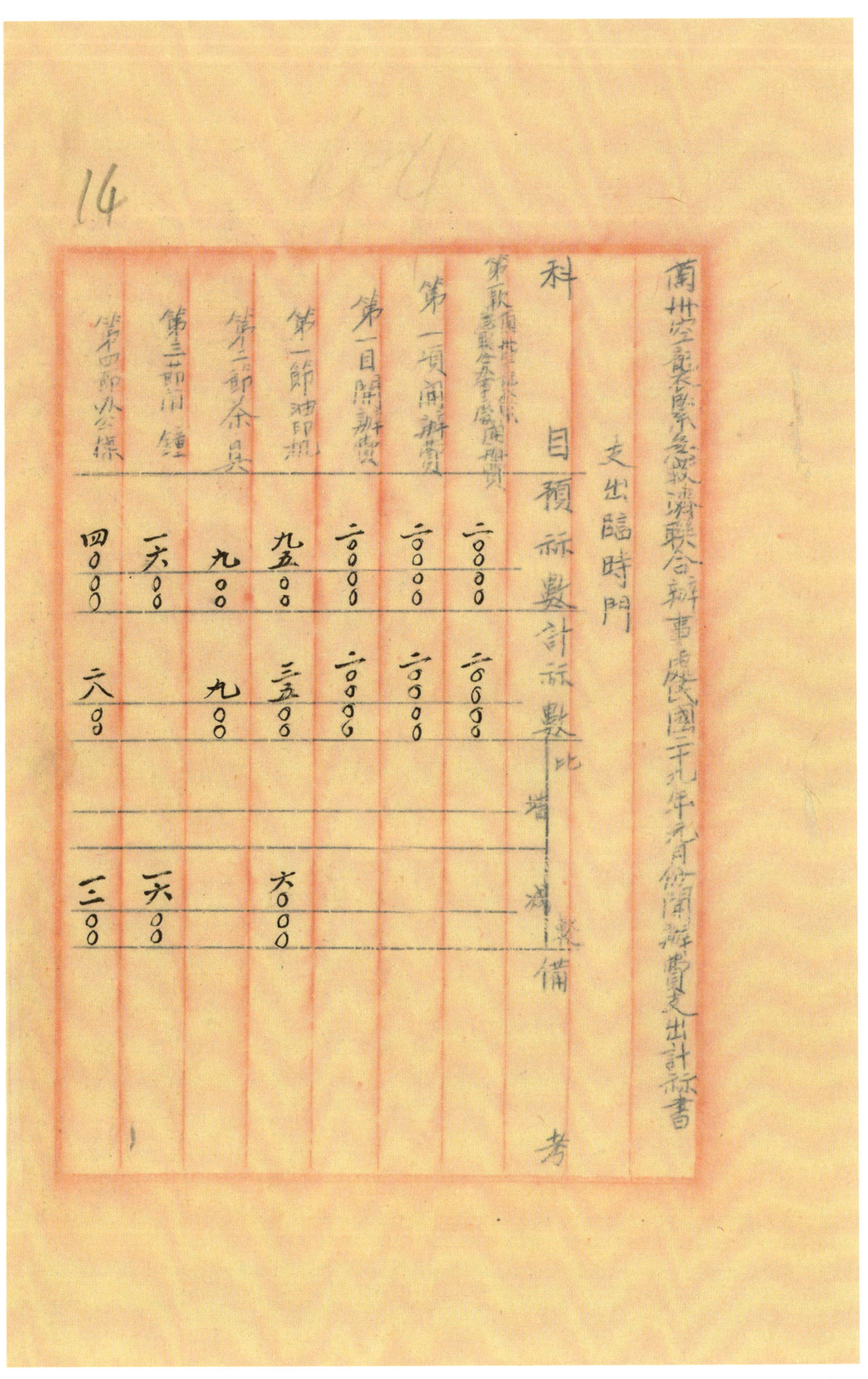

蘭州空襲緊急救濟聯合辦事處民國二十九年元月份開辦費支出計算書

支出臨時門

科目	預算數	計算數	比較 增	比較 減	備考
第一款 蘭州空襲緊急救濟聯合辦事處開辦費	二〇〇〇〇	二〇〇〇〇			
第一項 開辦費	二〇〇〇〇	二〇〇〇〇			
第一目 開辦費	二〇〇〇〇	二〇〇〇〇			
第一節 油印機	九五〇〇	三五〇〇		六〇〇〇	
第二節 茶具	九〇〇	九〇〇			
第三節 時鐘	一六〇〇			一六〇〇	
第四節 辦公棹	四〇〇〇	二八〇〇		一二〇〇	

14

第五節木楨	八〇〇	一〇〇〇		八〇〇	
第六節元德	三〇〇	一〇〇〇		二〇〇	
第七節阎根	六〇〇	二八〇〇	九八〇〇	五	歐鴻大炉电化整理办公室门窗文具及雅光登记证等費

16

蘭州空襲緊急救濟聯合辦事處民國二十九年　月份經費（開辦）支出計算附屬表

科目	摘要	金額		單據號數	備考
油印機	油印鋼板一塊	三五	〇〇	二號	
茶具		九	〇〇	三號	
辦公棹		二八	〇〇	一號	
小元橙		一〇	〇〇	仝	
鋪板		一八	〇〇	一號四號至八號	改購火爐一只電池三只修理辦公室门窗及難民登記証等費

3次

35

蘭州空襲緊急救濟聯合辦事處民國二十九年元月份經常費支出計算書

支出經常門

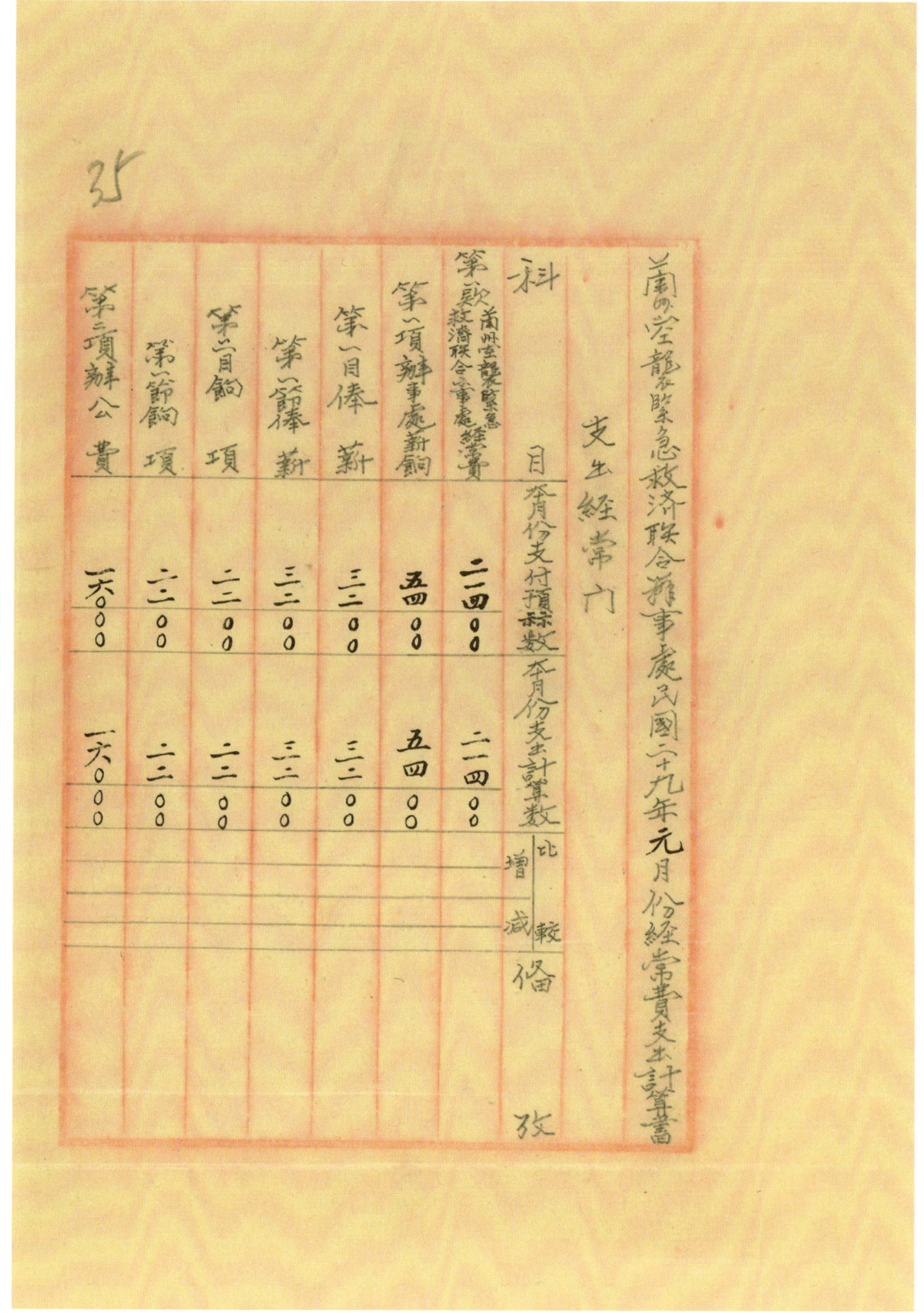

科目	本月份支付預算數	本月份支出計算數	比較（增）	比較（減）	備攷
第一款 蘭州空襲緊急救濟聯合辦事處經常費	二一四〇〇	二一四〇〇			
第一項 辦事處薪餉	五四〇〇	五四〇〇			
第一目 俸薪	三二〇〇	三二〇〇			
第一節 俸薪	三二〇〇	三二〇〇			
第二目 餉項	二二〇〇	二二〇〇			
第一節 餉項	二二〇〇	二二〇〇			
第二項 辦公費	一六〇〇〇	一六〇〇〇			

36

第一目文具費	五〇〇〇	一三八四〇八四〇
第一節文具	五〇〇〇	一三八四〇八四〇
第二目印刷費	八〇〇〇	八〇〇〇
第一節印刷	八〇〇〇	八〇〇〇
第三目消耗費	三〇〇〇	二一六〇八四〇
第一節消耗	三〇〇〇	二一六〇八四〇

附二：兰州空袭紧急救济联合办事处一九四〇年元月份开办费附属册（一九四〇年一月三十一日）

10

蘭州空襲緊急救濟聯合辦事處民國二十九年元月份開辦費附屬冊

11

蘭州空襲緊急救濟聯合辦事處民國二十九年元月份開辦費附屬冊

品名	單位	單價	合計	款實支數計	單據號數	備攷
辦公棹	二	一四〇〇	二八〇〇	二八〇〇	1	
公文箱	一	五〇〇	五〇〇	五〇〇	仝	
方櫈	四	二五〇	一〇〇〇	一〇〇〇	仝	
鋼板	一	三五〇〇	三五〇〇	三五〇〇	2	
磁茶壺	一	五四〇	五四〇	五四〇	3	
茶碗子	四	九〇	三六〇	三六〇	仝	
大號大爐	一	八〇〇	八〇〇	八〇〇	4	
大號烟筒	二〇	一〇〇	二〇〇〇	二〇〇〇	仝	

50光燈泡	三	六〇〇	一八〇〇	一八〇〇	5
修理窗門戶	一一	六〇〇 四〇〇	一〇〇〇	一〇〇〇	6
筆架	三	二〇〇	六〇〇	六〇〇	7
墨盒	三	二〇〇	六〇〇	六〇〇	仝
印泥	一	五〇〇	五〇〇	五〇〇	仝
印難民登記証	一千	四〇〇	四〇〇〇	四〇〇〇	8
合計				二〇〇〇〇	

18

13

總務股長馬春霖

庶務員薛唐

中華民國二十九年元月三十一日

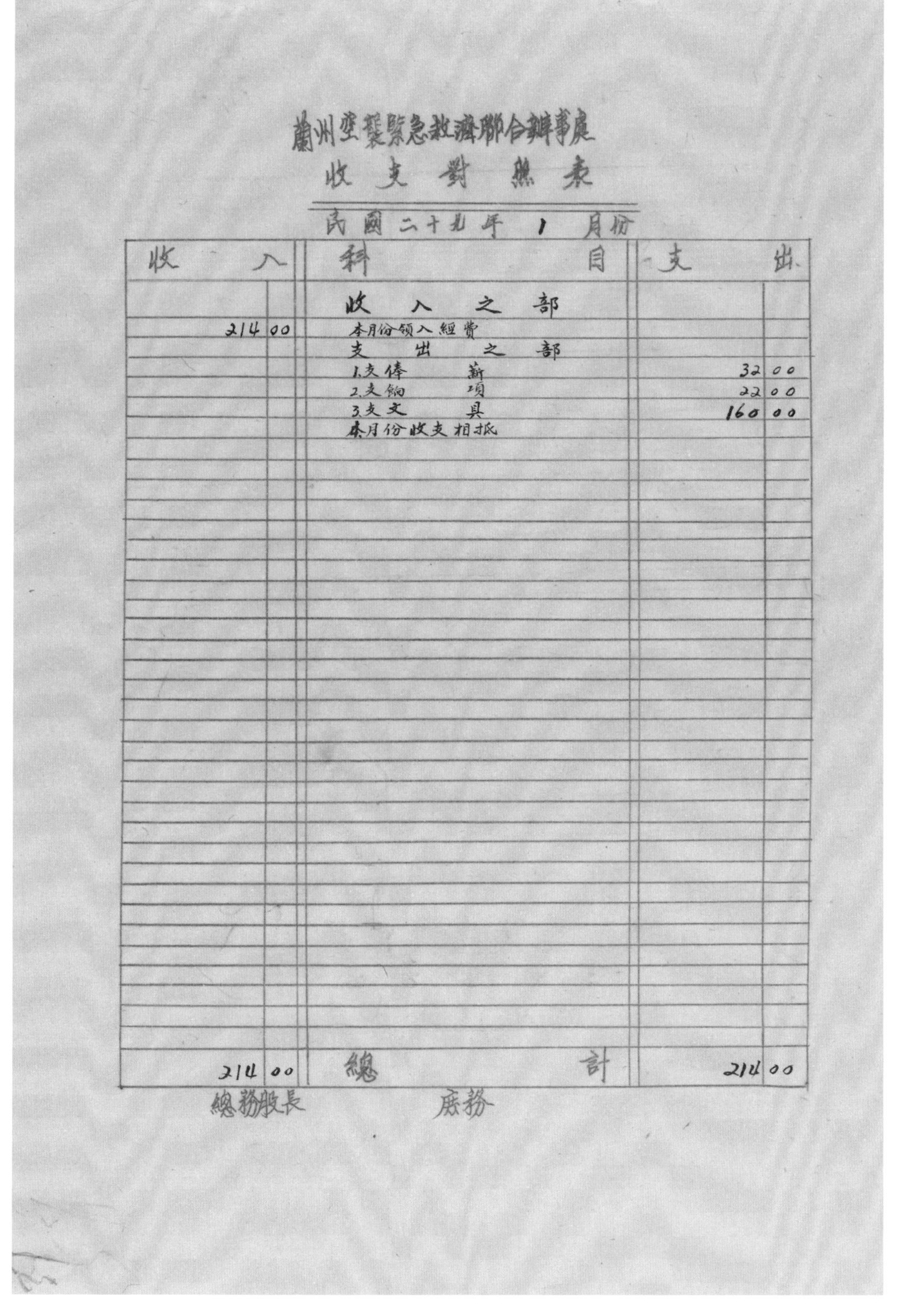

蘭州空襲緊急救濟聯合辦事處

收支對照表

民國二十九年 1 月份

收入		科目	支出	
		收入之部		
214	00	本月份領入經費		
		支出之部		
		1.支俸薪	32	00
		2.支餉項	22	00
		3.支文具	160	00
		本月份收支相抵		
214	00	總計	214	00

總務股長　　庶務

附四：兰州空袭紧急救济联合办事处一九四〇年一月份经费支出计算附属表

38

蘭州空襲緊急救濟聯合辦事處民國二十九年一月份經費支出計算附屬表

科目	摘要	金額	單據號數	備攷
薪俸		三二〇〇	第一號	
辦公費	文具	一三八四〇	一號至二十二號	
	消耗	二一六〇	二十三號至二十七號	

皋兰县政府、兰州空袭紧急救济联合办事处关于换给续拨运送特别平粜小麦一千石正式收粮收据事的往来公文（一九四〇年三月）

皋兰县政府致兰州空袭紧急救济联合办事处的呈（一九四〇年三月四日）

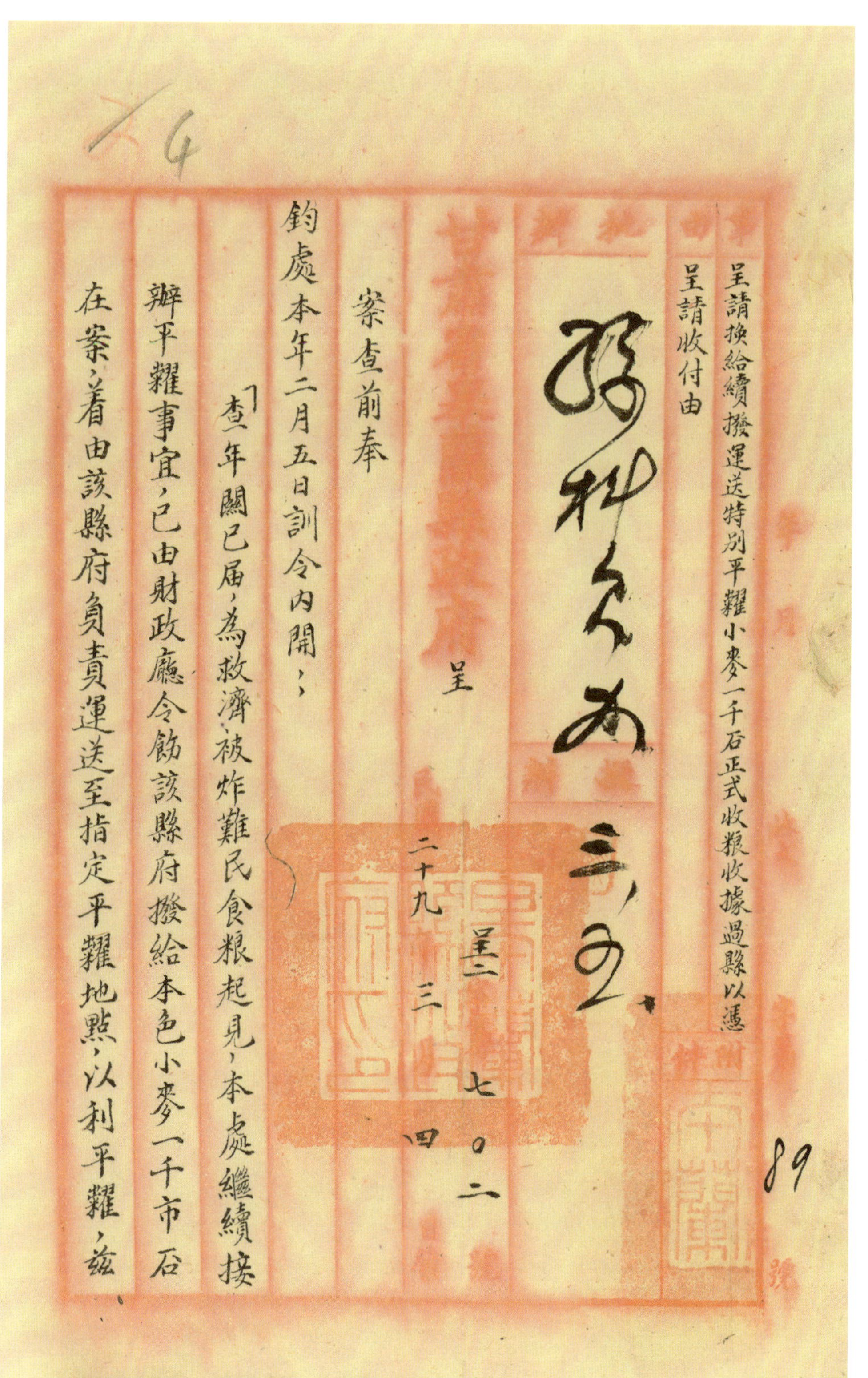

呈請換給續撥運送特别平糶小麥一千石正式收糧收據過縣以憑
呈請收付由

案查前奉
鈞處本年二月五日訓令内開：
「查年關已届，爲救濟被炸難民食糧起見，本處繼續撥
辦平糶事宜，已由財政廳令飭該縣府撥給本色小麥一千市石
在案，着由該縣府負責運送至指定平糶地點，以利平糶，兹

呈
二十九 三 四
呈二 七〇二

將運送地點及糧數，分别列後，合亟令仰該縣長尅日遵辦具

報，爲要。此令。

等因。奉此。縣長遵即僱車將奉撥上項市斗小麥一十石，如數運送

平糶地點盤收訖。並取有臨時收據一十九紙，理合檢齊收據，具文呈賫

鈞處鑒核，俯賜准予换發收糧正式收據一紙，擲給下縣，以憑呈請收

付，而清手續，實爲公便。謹呈

甘肅省蘭州空襲緊急救濟聯合辦事處

附呈　臨時收據一十九紙

代理皋蘭縣縣長何世英

第一科科長汪定球　代行

兰州空袭紧急救济联合办事处致皋兰县政府的指令（一九四〇年三月五日）

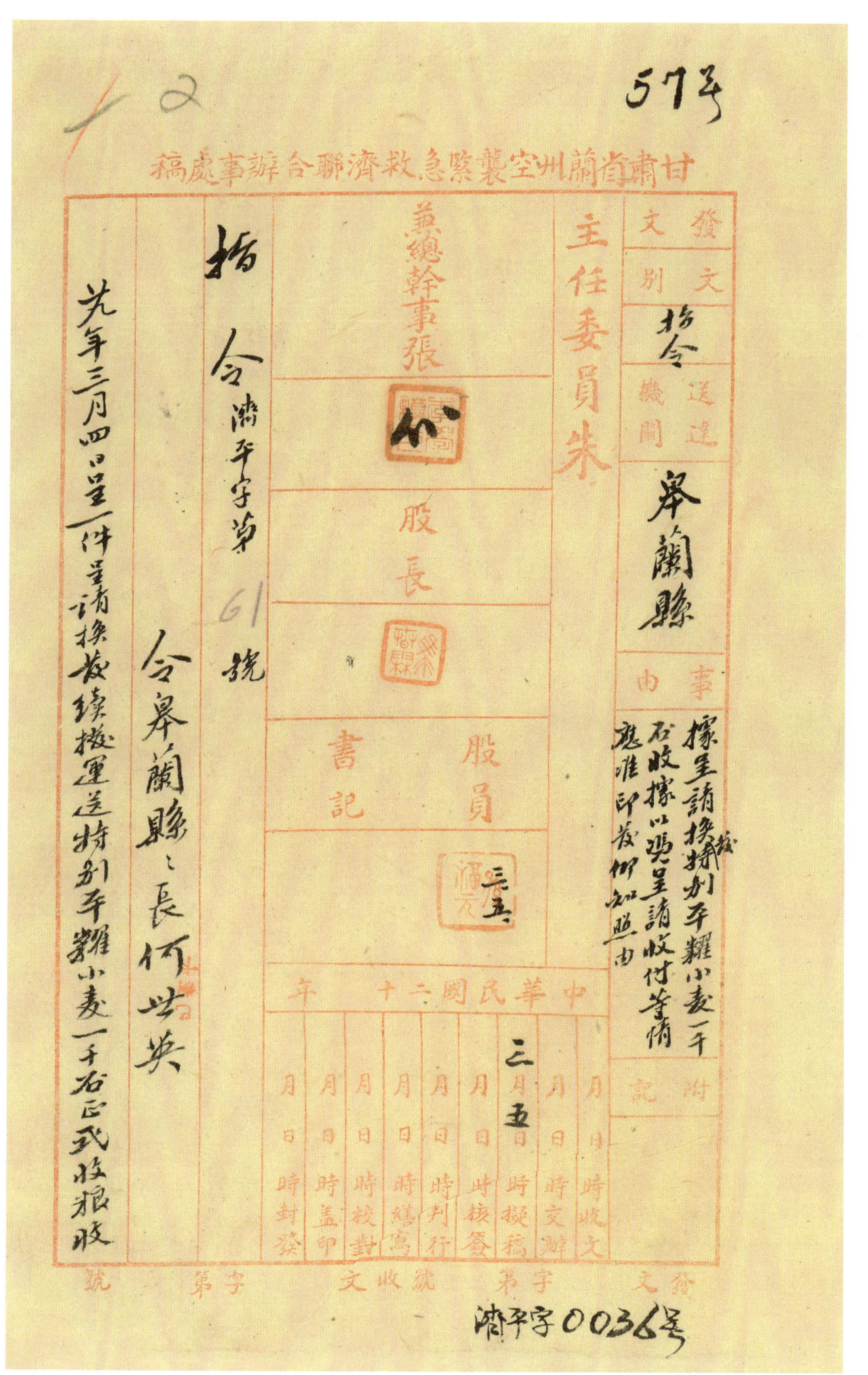
57

甘肅省蘭州空襲緊急救濟聯合辦事處稿

發文別：指令

送達機關：皋蘭縣

事由：據呈請換撥特别平糶小麥一千石收據以憑呈請收付等情應准印發仰知照由

主任委員朱

兼總幹事張

股長

股員

書記

中華民國二十 年 三月五日

指令 濟平字第61號

令皋蘭縣縣長何世英

先年三月四日呈一件呈請換發續撥運送特别平糶小麥一千石正式收粮收

濟平字0036号

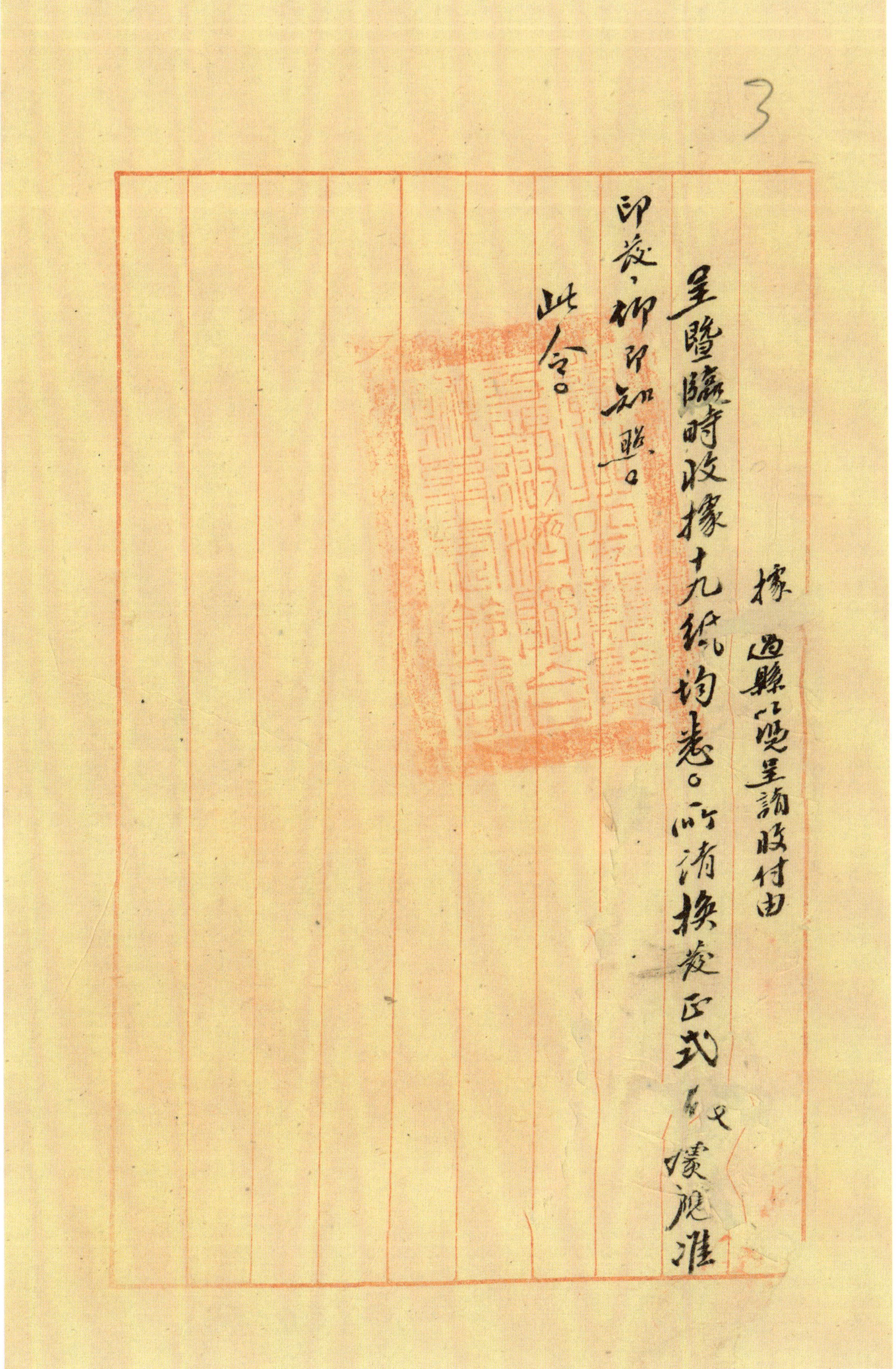

据　西县（呈）　呈请收付由

呈暨临时收据十九纸均悉。所请换发正式收据，应准印发，仰即知照。

此令。

兰州空袭紧急救济联合办事处关于报送二月份经常各费册事致甘肃省政府的公函（一九四〇年三月九日）

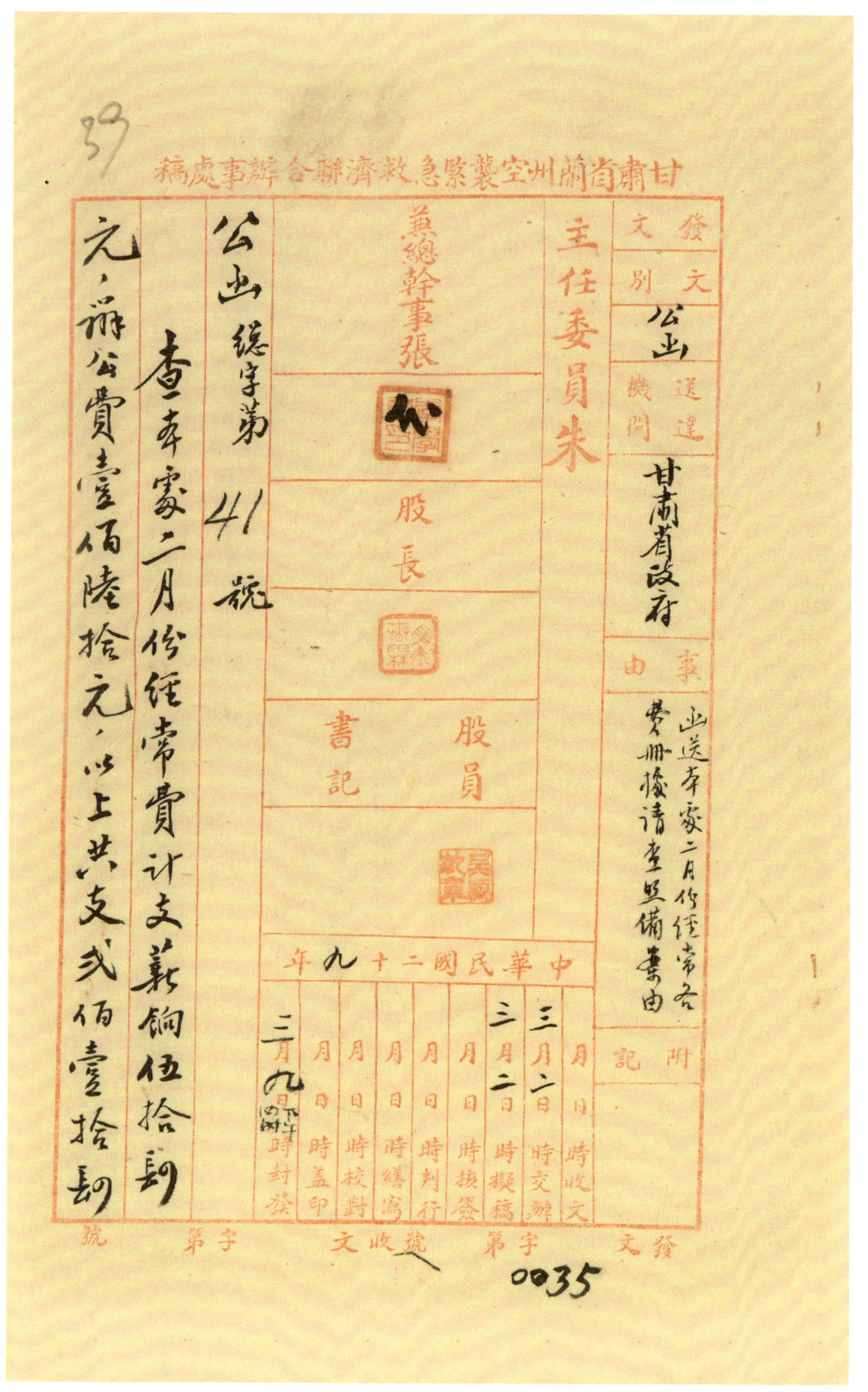
甘肃省兰州空袭紧急救济联合办事处稿

发文：文别：公函
送达机关：甘肃省政府
事由：函送本处二月份经常各费册，报请查照备案由
附记

主任委员朱
兼总干事张
股长
股员
书记

中华民国二十九年
三月二日收文
三月二日交办
三月二日拟稿
月日核签
月日判行
月日缮写
月日核对
月日盖印
三月九日下午四时封发

发文 字第 号
收文 字第 号
0035

公函 总字第41号

查本处二月份经常费计支薪饷伍拾副元，办公费壹佰陆拾元，以上共支贰佰壹拾副

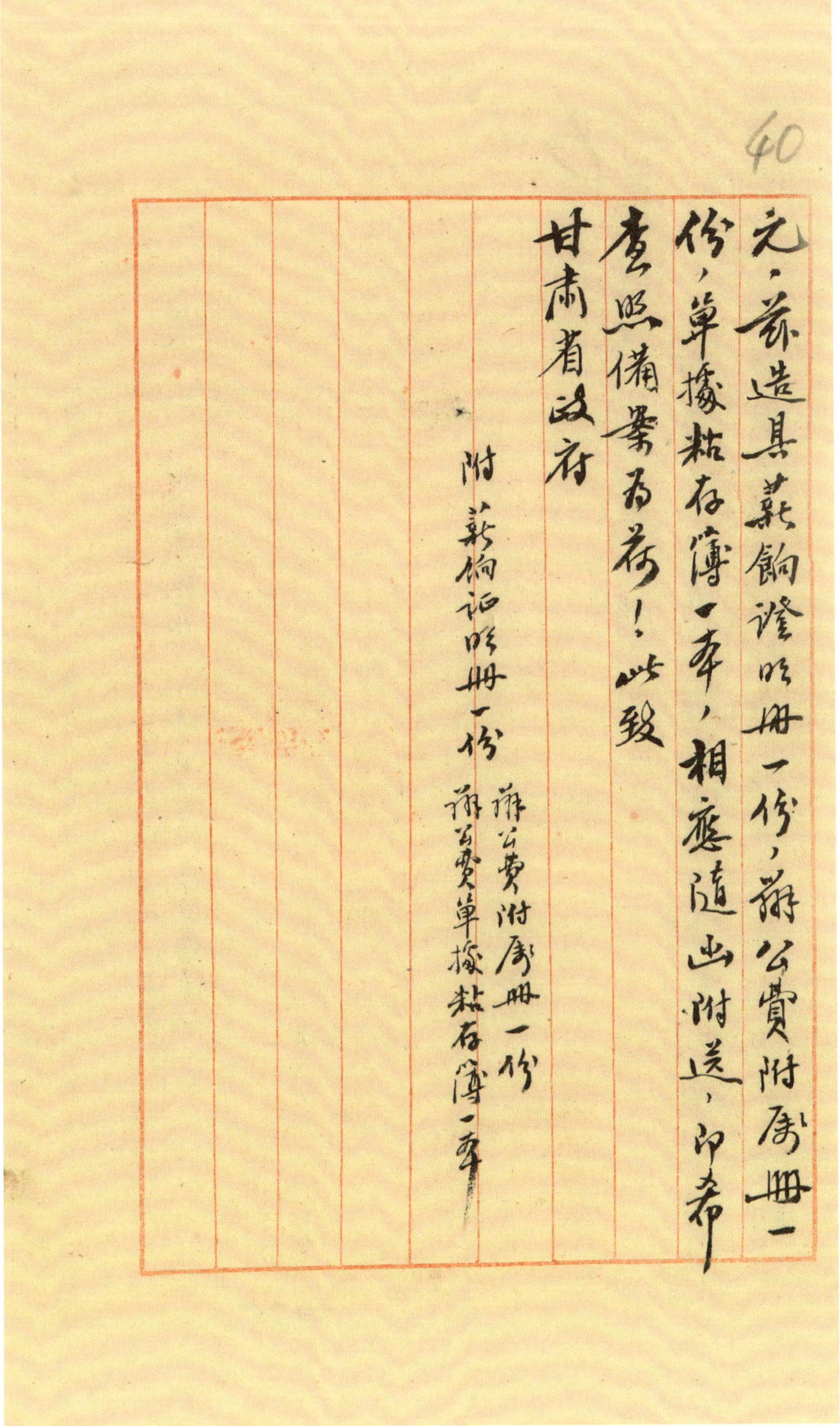

40

元，薪造具薪饷證明册一份，办公費附属册一份，单據粘存簿一本，相應隨函附送，即希
查照備案爲荷！此致
甘肅省政府

附　薪餉証明册一份
　　办公费附属册一份
　　办公费单據粘存簿一本

甘肃省政府关于预算设置专员经费由省预备费项开支一案未照准事致兰州空袭紧急救济联合办事处的指令

（一九四〇年三月十四日）

甘肅省政府指令

令蘭州市空襲緊急救濟聯合辦事處

總禮字第七號呈及附件均悉。所請未便照准，合將原預算書發還，仰遵照規定辦理。

此令。

計發還原預算書三份。

主席谷正伦
财政厅厅长陈国樑
民政厅厅长郑震宇
会计长苏发翰
监印杨文源

甘肃省政府关于呈送一九四〇年二月份经费及开办费支出册据事致兰州空袭紧急救济联合办事处的公函
（一九四〇年四月十八日）

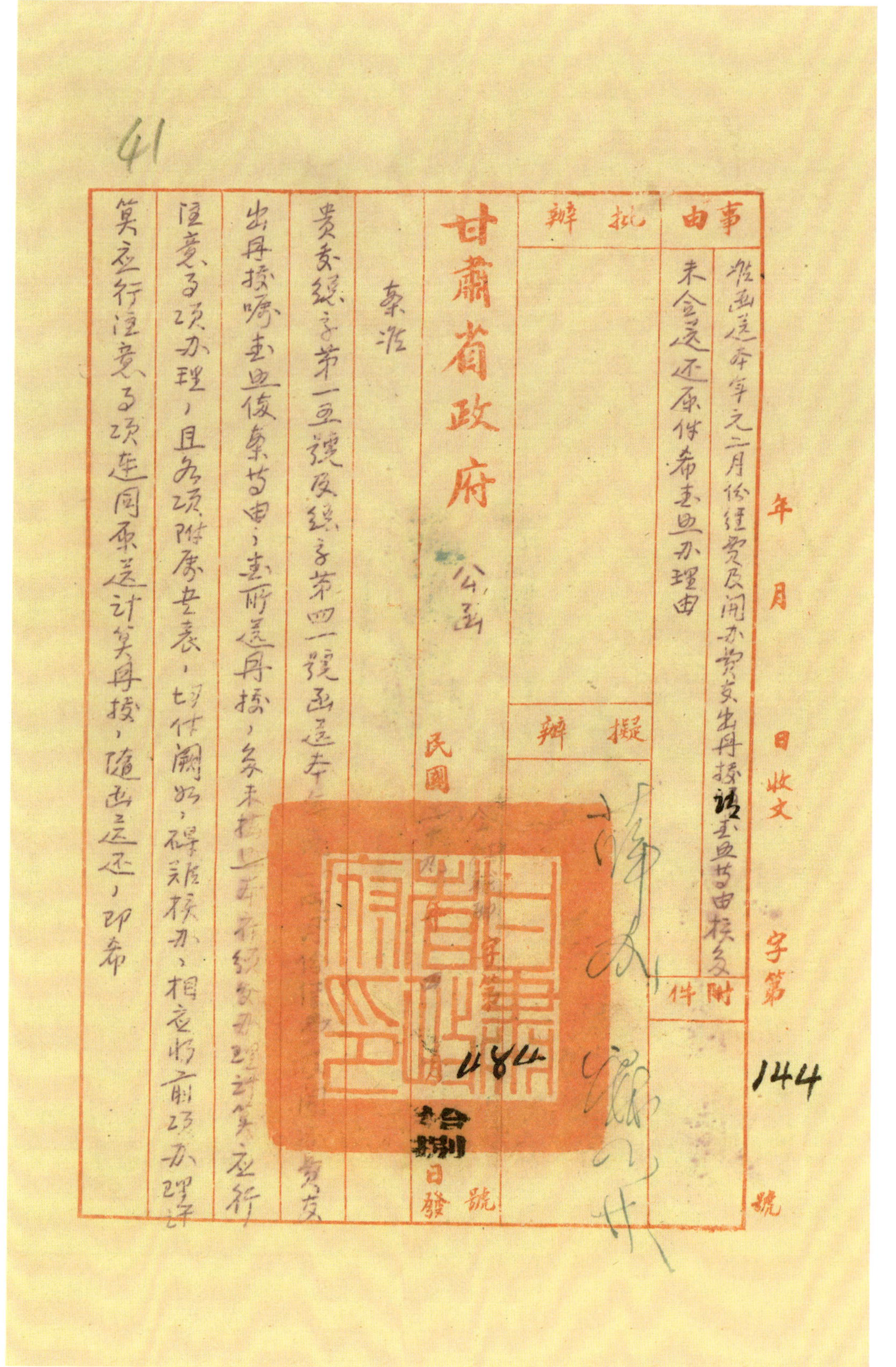
41

事由：准函送本年二月份经费及开办费支出册据请查照核复，未全，送还原件希查照办理由

年 月 日收文 字第144号

批辦

擬辦

附件

甘肃省政府公函

民國 年 月 日發 字第484號

案准

贵会总字第一五号及总字第四一号函送本年二月份经费支出册据，嘱查照核复等由；查所送册据，系未按照本府颁发办理计算应行注意各项办理，且各项附属单表，均付阙如，碍难核办，相应将前项办理计算应行注意各项连同原送计算册据，随函送还，即希

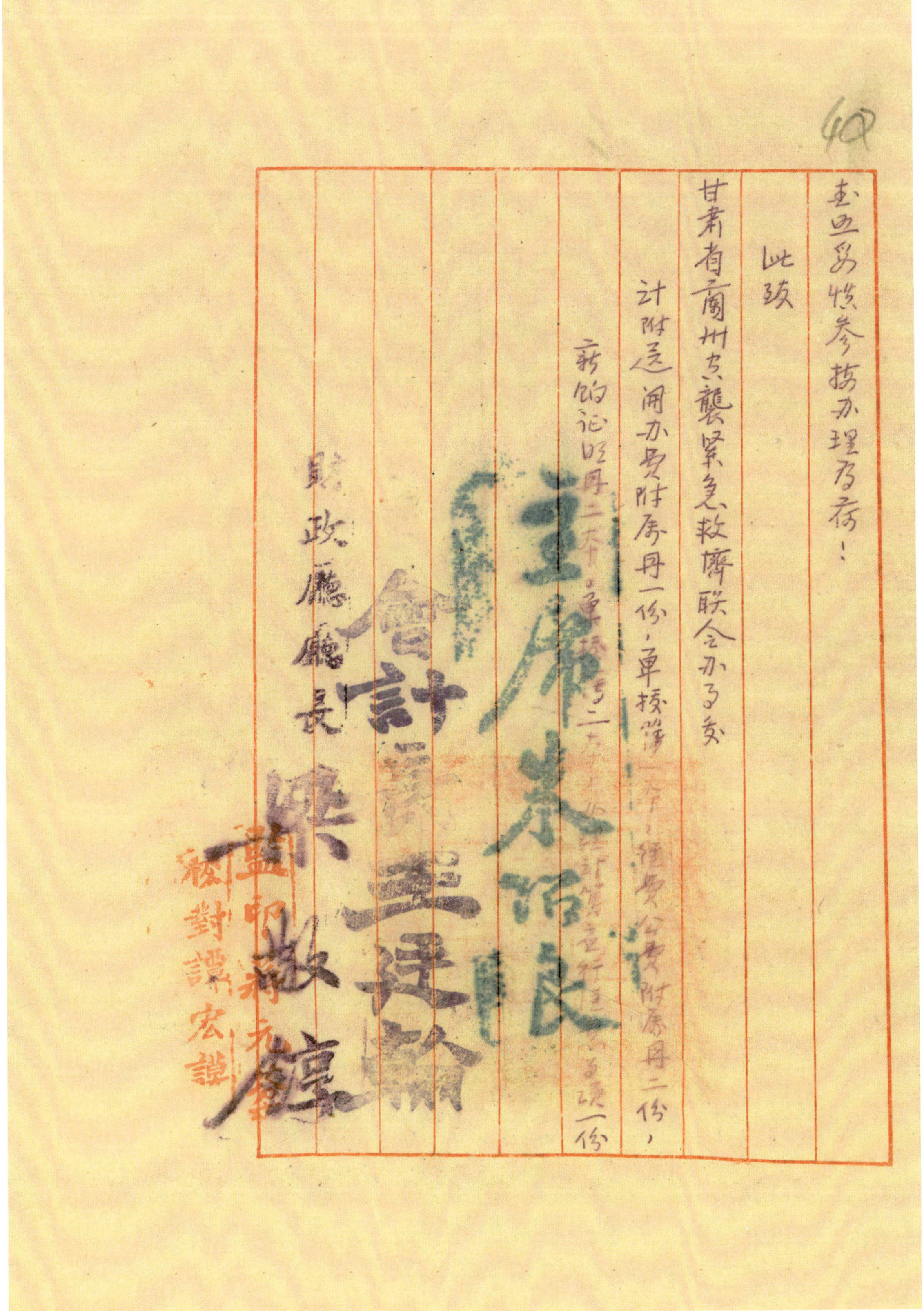

查照务恳参核办理为荷！

此致

甘肃省兰州空袭紧急救济联合办事处

计附送开办费附属册一份，单据簿一本，经费分配附属册二份，

薪饷记账册二本，单据簿二本，会计制度实行办法一份

财政厅厅长

附一：兰州空袭紧急救济联合办事处一九四〇年二月份经常费支出计算书

43

蘭州空襲緊急救濟聯合辦事處民國二十九年二月份經常費支出計算書

支出經常門

科目	本月份支付預算數	本月份支出計算數	比較 增	比較 減	備攷
第一款 蘭州空襲緊急救濟聯合辦事處經常費	二一四〇〇	二一四〇〇			
第一項 辦事處薪餉	五四〇〇	五四〇〇			
第一目 俸薪	三二〇〇	三二〇〇			
第一節 俸薪	三二〇〇	三二〇〇			
第二目 餉項	二二〇〇	二二〇〇			
第一節 餉項	二二〇〇	二二〇〇			
第二項 辦公費	一六〇〇〇	一六〇〇〇			

44

第一目文具費	五〇〇〇	一五一三〇一三	
第一節文具	五〇〇〇	一五一三〇一三	
第二目印刷費	八〇〇〇		八〇〇〇
第二節印刷	八〇〇〇		八〇〇〇
第三目消耗費	三〇〇〇	八七〇	二三
第一節消耗	三〇〇〇	八七〇	二三

蘭州空襲緊急救濟聯合辦事處

收支對照表

民國二十九年 2 月份

收入		科目	支出	
一		收入之部		
214	00	本月份領入經費		
		支出之部		
		1.支俸薪	32	00
		2.支餉項	22	00
		3.支辦公費	160	00
		本月合計	214	00
		本月收支相抵		
214	00	總計	214	00

總務股長　庶務

附三：兰州空袭紧急救济联合办事处一九四〇年二月份经费支出计算附属表

蘭州空襲緊急救濟聯合辦事處民國二十九年二月份經費支出計算附屬表

科目	摘要	金額	單據號數	備攷
薪俸		三〇〇	第一號	
辦公費	文具	一五一三〇	一號至一[illegible]號	
	消耗	八七〇	一二號至一六號	

46

甘肃省财政厅关于皋兰县拨交小麦价款事致兰州空袭紧急救济联合办事处的函（一九四〇年四月十九日）

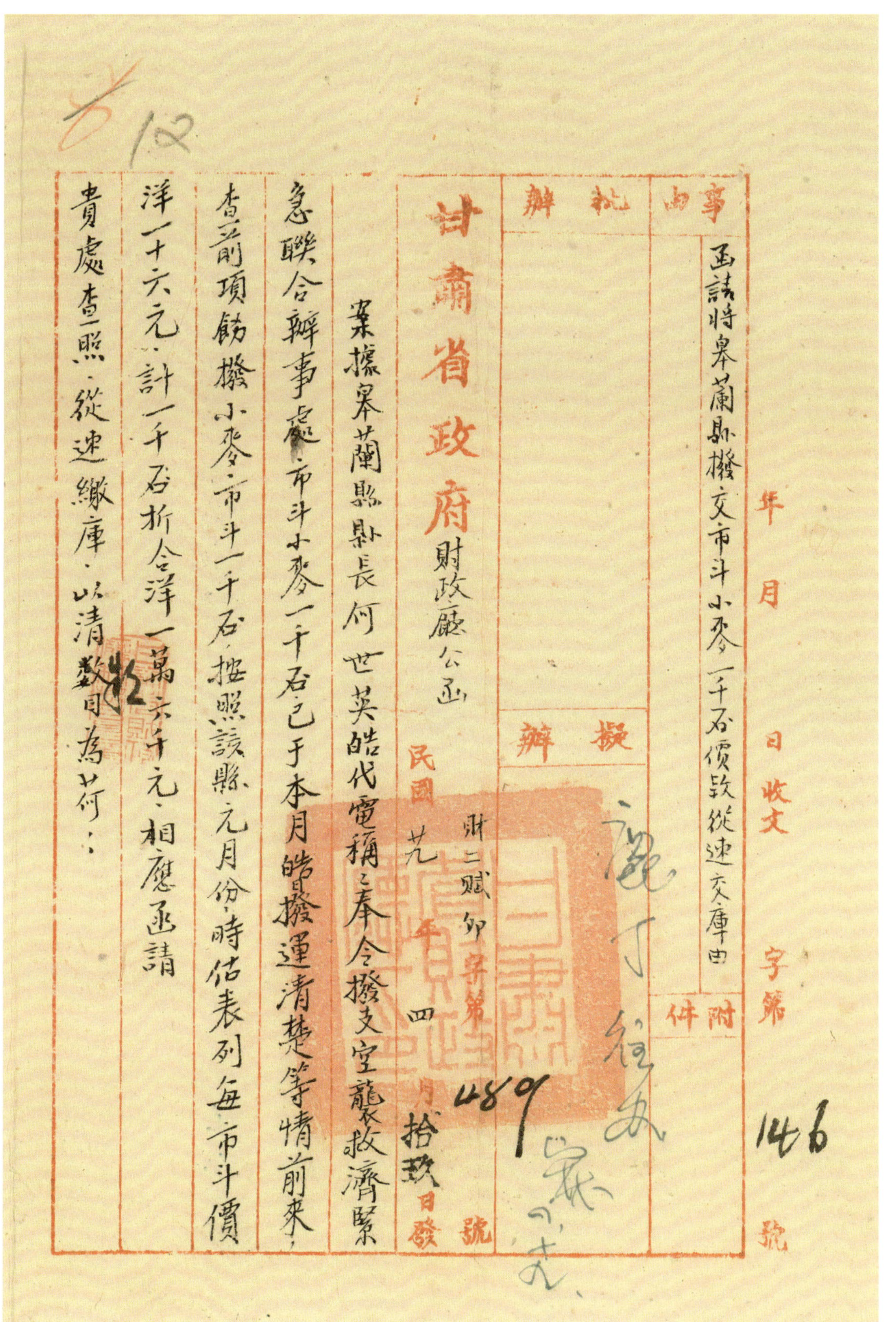
事由：函请将皋兰县拨交市斗小麦一千石价款从速交库由

甘肅省政府財政廳公函

民國廿九年四月拾玖日發

財二賦卯字第4809號

案據皋蘭縣縣長何世英皓代電稱：“奉令撥交空襲救濟緊急聯合辦事處市斗小麥一千石，已于本月皓日撥運清楚”等情前來。查前項飭撥小麥市斗一千石，按照該縣元月份時估表列每市斗價洋一十六元，計一千石折合洋一萬六千元，相應函請貴處查照，從速繳庫，以清數目為荷！

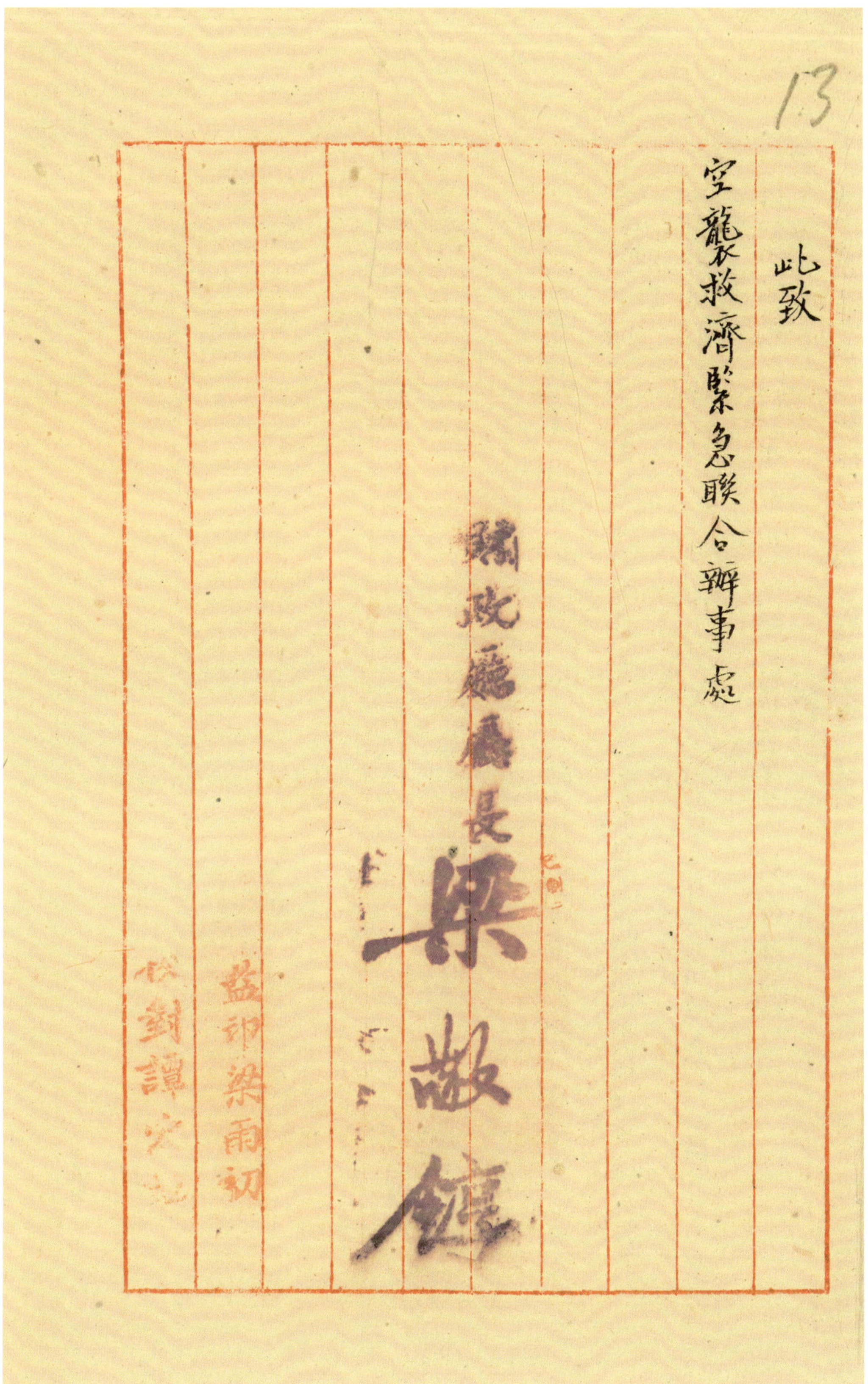

13

此致

空襲救濟緊急聯合辦事處

財政廳廳長 梁敬錞

監印梁雨初

校對譚□□

兰州空袭紧急救济联合办事处关于报送经费及开办费支出册事致甘肃省政府的公函（一九四〇年四月二十三日）

甘肃省兰州空袭紧急救济联合办事处稿

发文文别：公函

送达机关：甘肃省政府

附记：九文

主任委员朱

兼总干事张

股长

股员

书记

可

四、廿三

中华民国二十九年四月廿三日八时拟稿

公函　综字第　号

案准

贵府本年四月十八日会财稽卯字第四八四号公函，以准本

0080

21号

處函送元、二兩月份經費及開辦費支出冊據請查照在案，核稍未合，並將原件送還，囑參照辦理計算應行注意子項，分別填造更正，等由，自應照辦，惟上項規則，事前尚未奉到，故造報時，無法遵循，而辦事人員均係兼職，月支辦公費一百六十元，除五股各月領二十元外，實剩僅餘六十元，而公文往來頻繁，購置亦頗繁夥，每日開支，尚感不敷，若照按各項表冊格式，逐項印製，則該項耗費，更無從開支，為樽節公費，減省手續起見，擬請予以通融辦理，相應檢送原件，即希查核予以備案，並祈公鑒！此致

甘肅省政府

計附送開辦費附屬冊一份、單據一本，經費、公費附屬冊二份、新領該項冊二本、單據二本。

兰州空袭紧急救济联合办事处、甘肃省财政厅关于将平粜小麦按皋兰县府折征价格拨付价款事的往来公函（一九四〇年四月至五月）

兰州空袭紧急救济联合办事处致甘肃省财政厅的公函（一九四〇年四月二十五日）

710

11 15号

甘肅省蘭州空襲緊急救濟聯合辦事處稿

發文別	函
送達機關	財政廳
事由	為平糶局小麥一千市石，請仍按皋蘭縣府折征價格撥付價款由
附記	

主任委員朱

兼總幹事張

股長

股員

書記

函綏靖卯字第86號

查本處前于本月九日接准平糶局函宜、

嘗由皋蘭縣府撥給小麥壹千市石，據此……

中華民國二十年　月　日

月日時	月日時	月日時	月日時	月日時	月日時	四月廿日時	四月廿三日時
文辦	擬稿	核簽	判行	繕寫	校對	蓋印	封發

發文　字第　號　收文　字第　號

0081

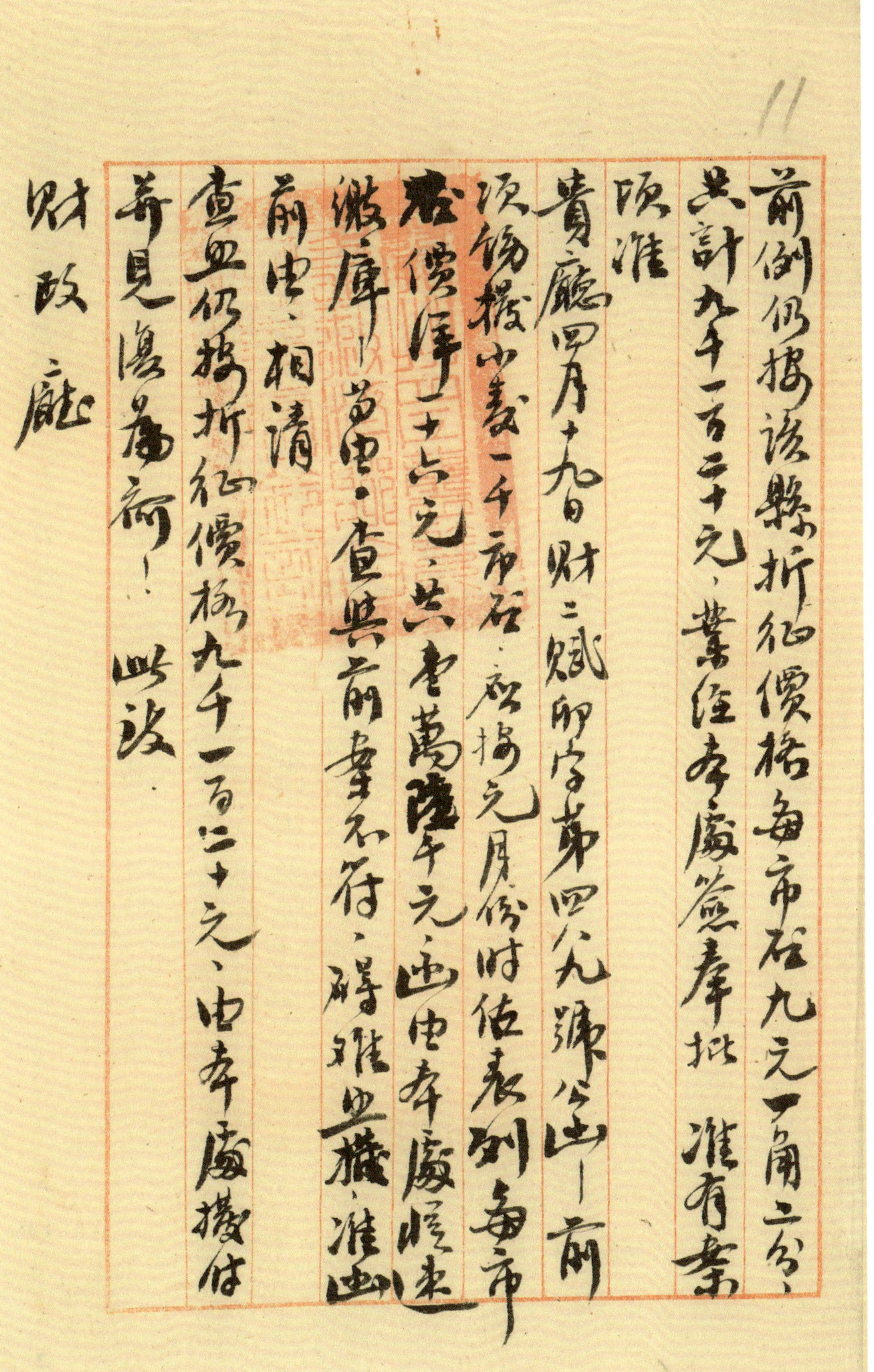

前例仍按該縣折征價格每市石九元一角二分，共計九千一百二十元，業經本廳簽奉批准有案。頃准

貴廳四月十九日財二賦卯字第四八九號公函，「前項糧撥出麥一千市石，應按元月份時估表列每市石價洋十六元，共壹萬陸千元」，函由本廳徑來繳庫」，囑查照」等由；查與前案不符，礙難照撥，准函前由，相請

查照仍按折征價格九千一百二十元，由本廳撥付，并見復為荷！此致

財政廳

甘肃省财政厅致兰州空袭紧急救济联合办事处的公函（一九四〇年五月二十二日）

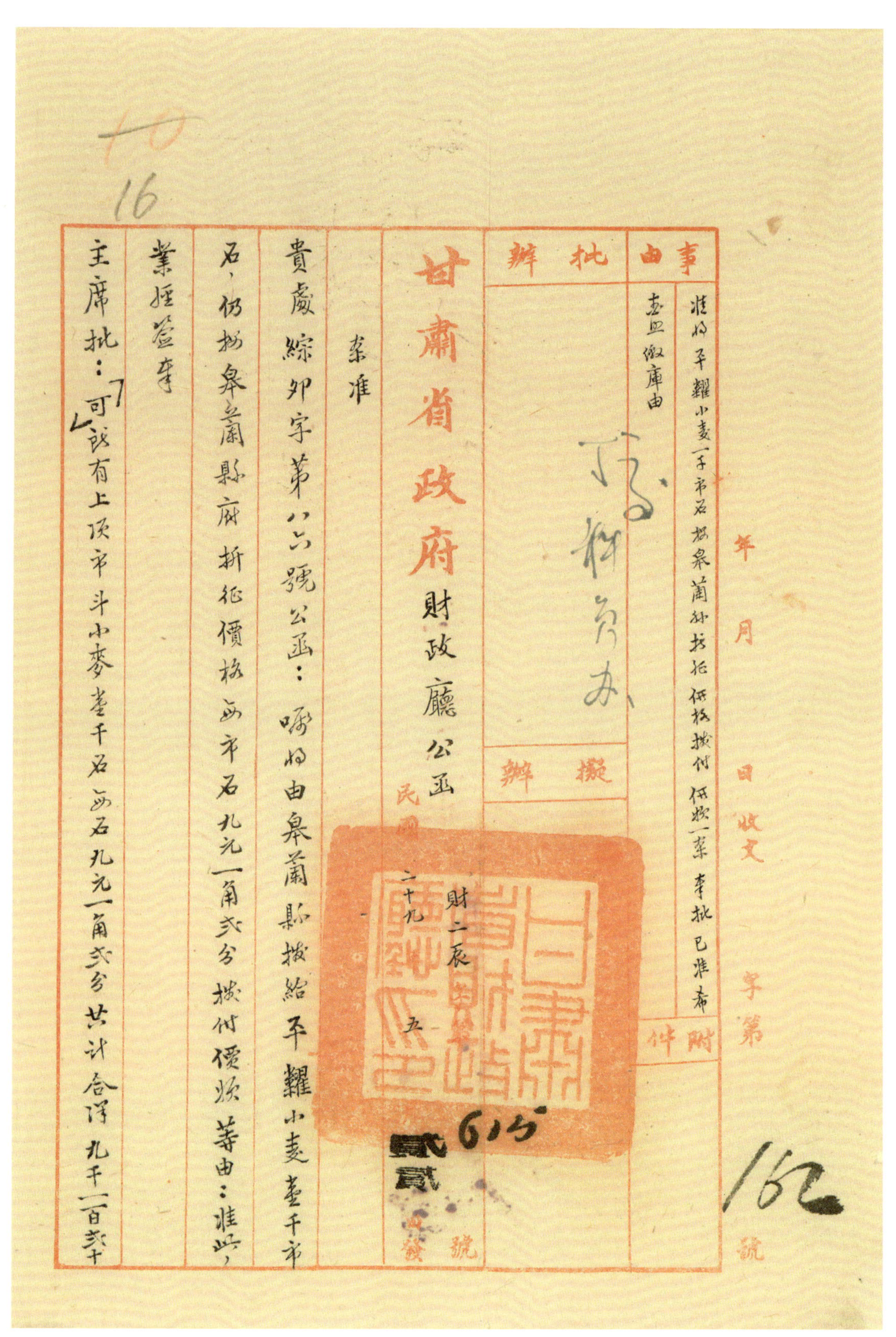

事由：准函平糶小麦一千市石，拟由皋兰县拆征价格拨付价款一案，业批已准，希查照缴库由

批办：

附件

甘肃省政府财政厅公函　民国二十九年五月　日发　财二辰字第　号

案准

贵处综卯字第八六号公函：嘱将由皋兰县拨给平糶小麦壹千市石，仍拟由皋兰县府折征价格每市石九元一角贰分拨付价款等由：准此，

业经签奉

主席批："可。"以有上项市斗小麦壹千石，每石九元一角贰分，共计合洋九千一百贰十

17.

允相应函复

查照印希 径迳（径）缴库，以清款目为荷！

此致

甘肃省兰州空袭紧急救济联合办事处

□政厅厅长 □敬铸

校对谭宏韪 监印梁雨初

附：兰州空袭紧急救济联合办事处缴款存根

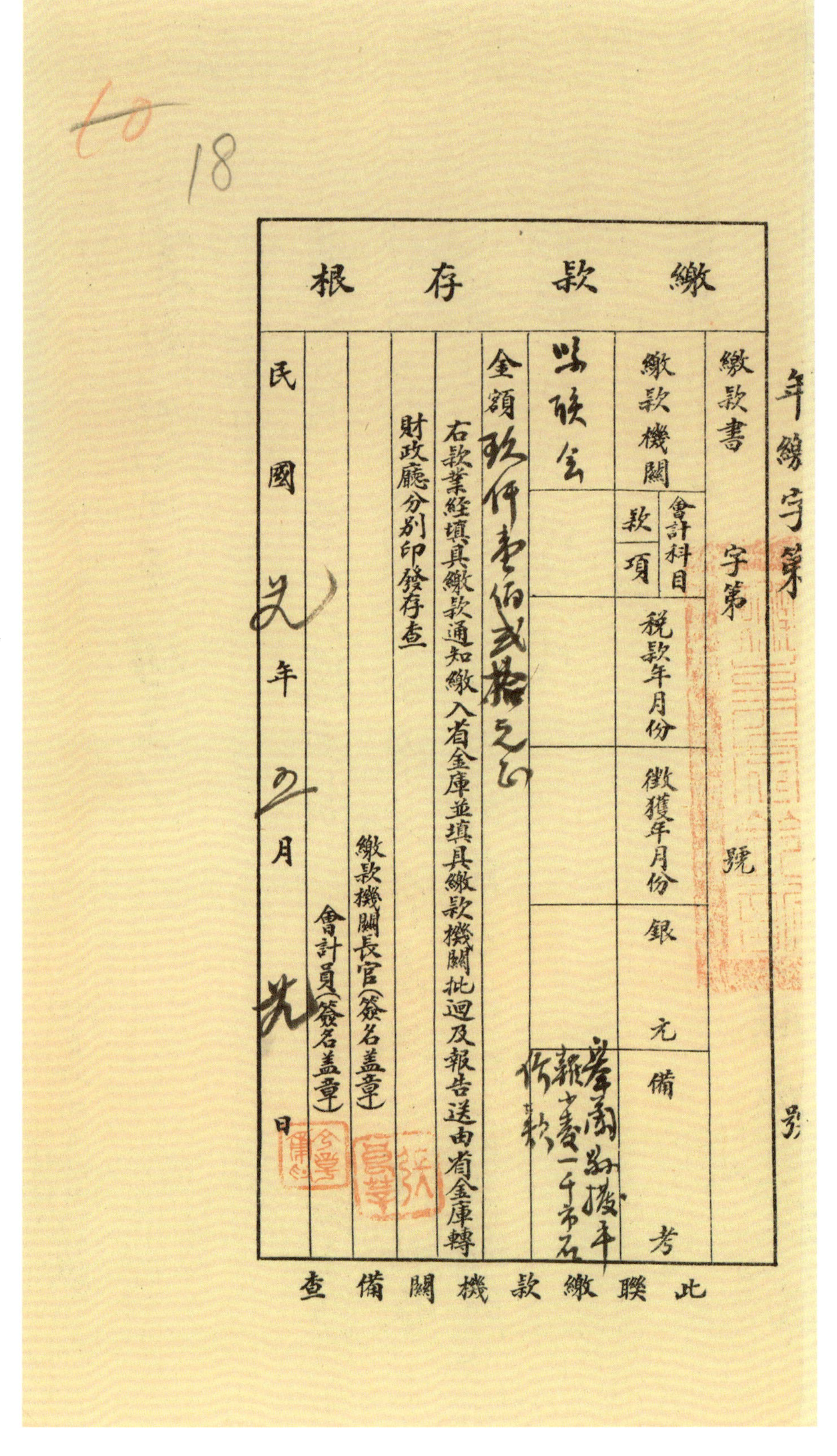

缴款存根

缴款書　字第　號

缴款機關

會計科目　款　項

稅款年月份

徵獲年月份

銀　元

備考

金額

右款業經填具缴款通知缴入省金庫並填具缴款機關批迴及報告送由省金庫轉財政廳分別印發存查

缴款機關長官（簽名蓋章）

會計員（簽名蓋章）

民國　年　月　日

此聯缴款機關備查

兰州空袭紧急救济联合办事处关于收回贷款回单事致兰州市区贷款委员会的笺函（一九四〇年四月二十五日）

4/19

箋函　総印字第19号

案准

貴会貸字第一大號函開：「原文……敘至以便注銷為荷」等由。准此，自应照辦。除將收回貸款回单一纸收存備案外，相应檢樹前生臨時收據一纸，隨函送請

查收為荷。此致

甘肃省蘭州市区貸款委員会

空聯處（代）啓　四．廿五．

四月廿四日下午發

甘肃省政府关于一九四〇年三月份经费支出册据多有未合等事宜致兰州空袭紧急救济联合办事处的公函（一九四〇年五月十四日）

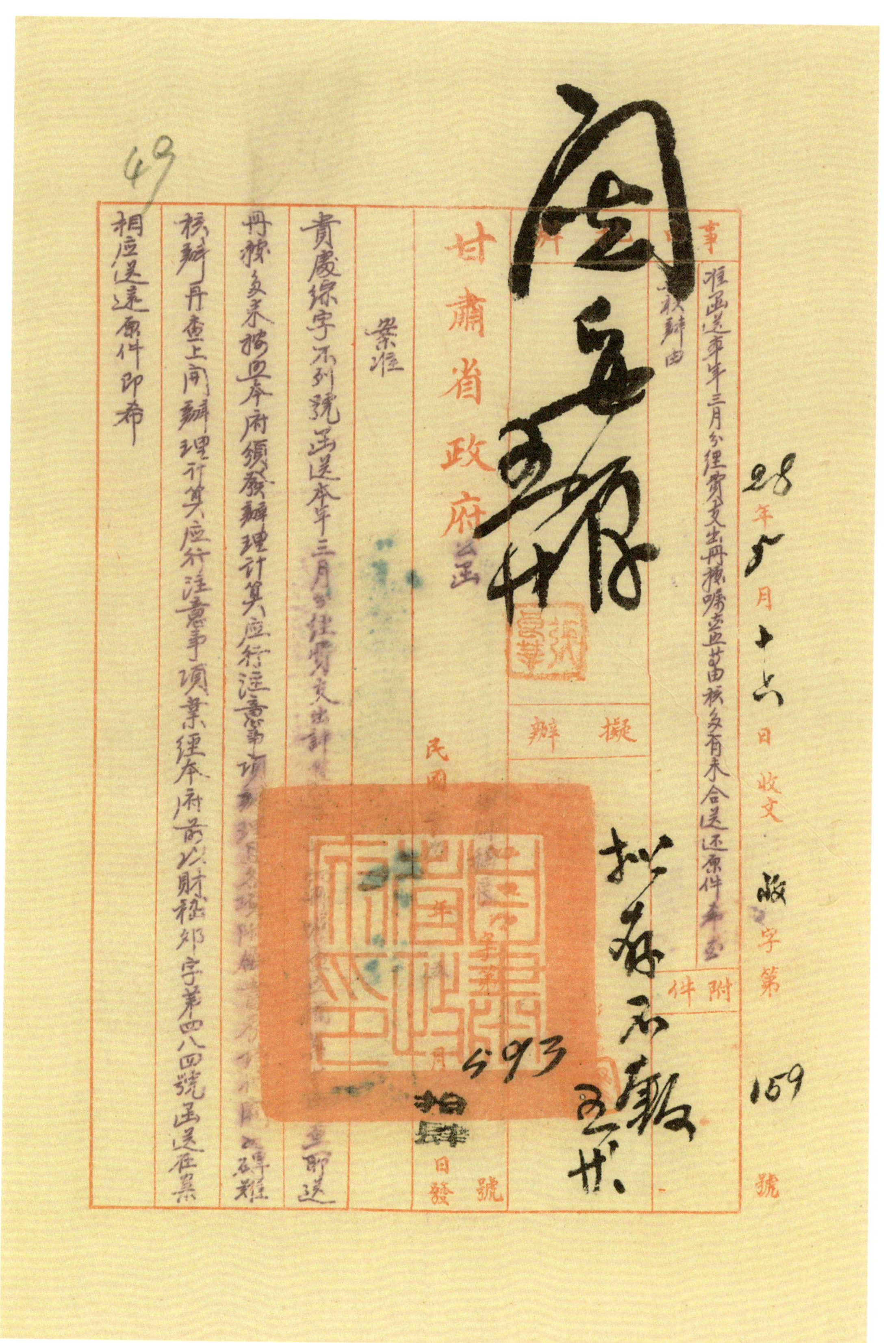

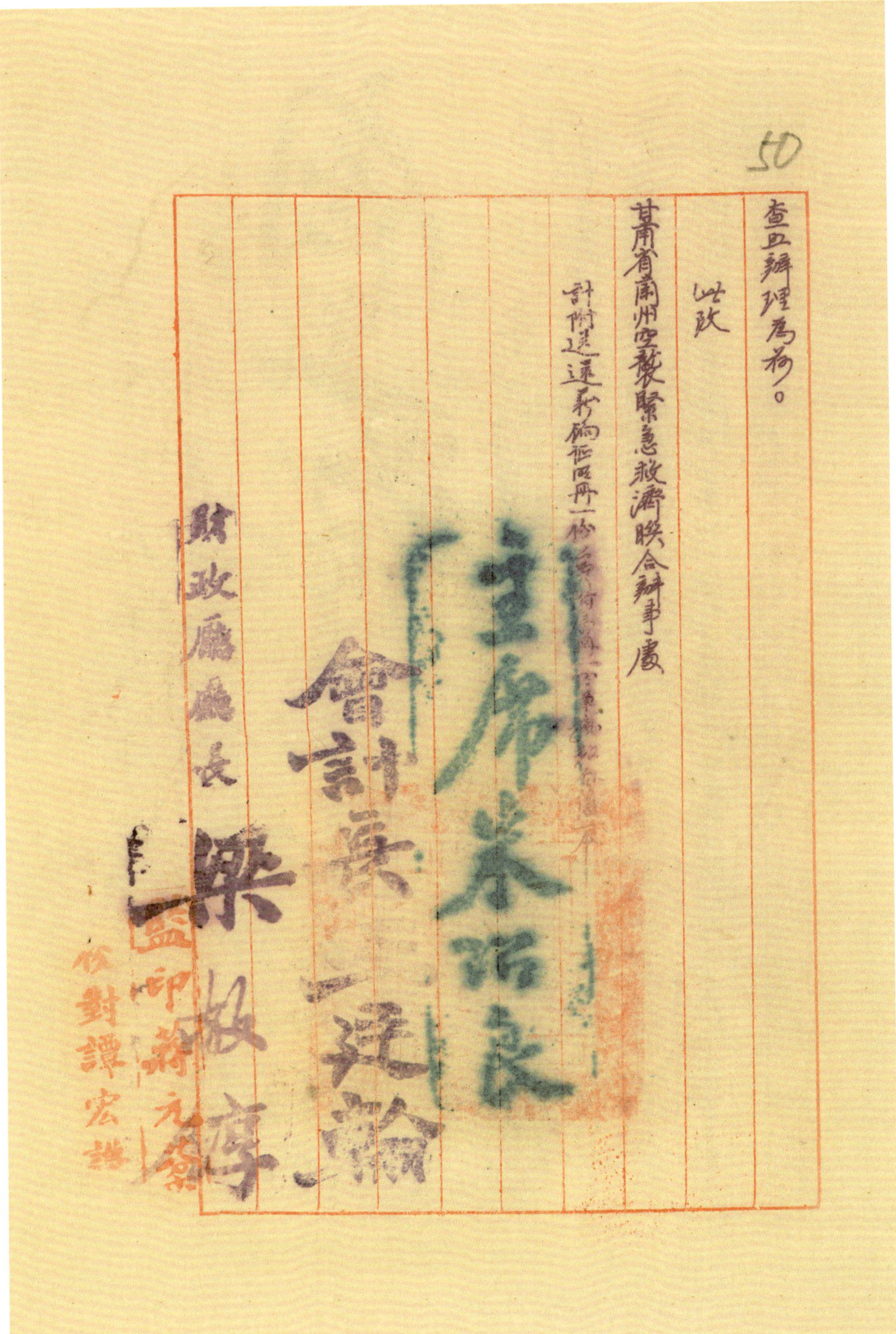

50

查照辦理爲荷。

此致

甘肅省蘭州空襲緊急救濟聯合辦事處

計附送還承領証照册一份[illegible]

主席 朱紹良

會計長 [illegible]

財政廳廳長 梁敬錞

監印 蔣元[illegible]

校對 譚宏[illegible]

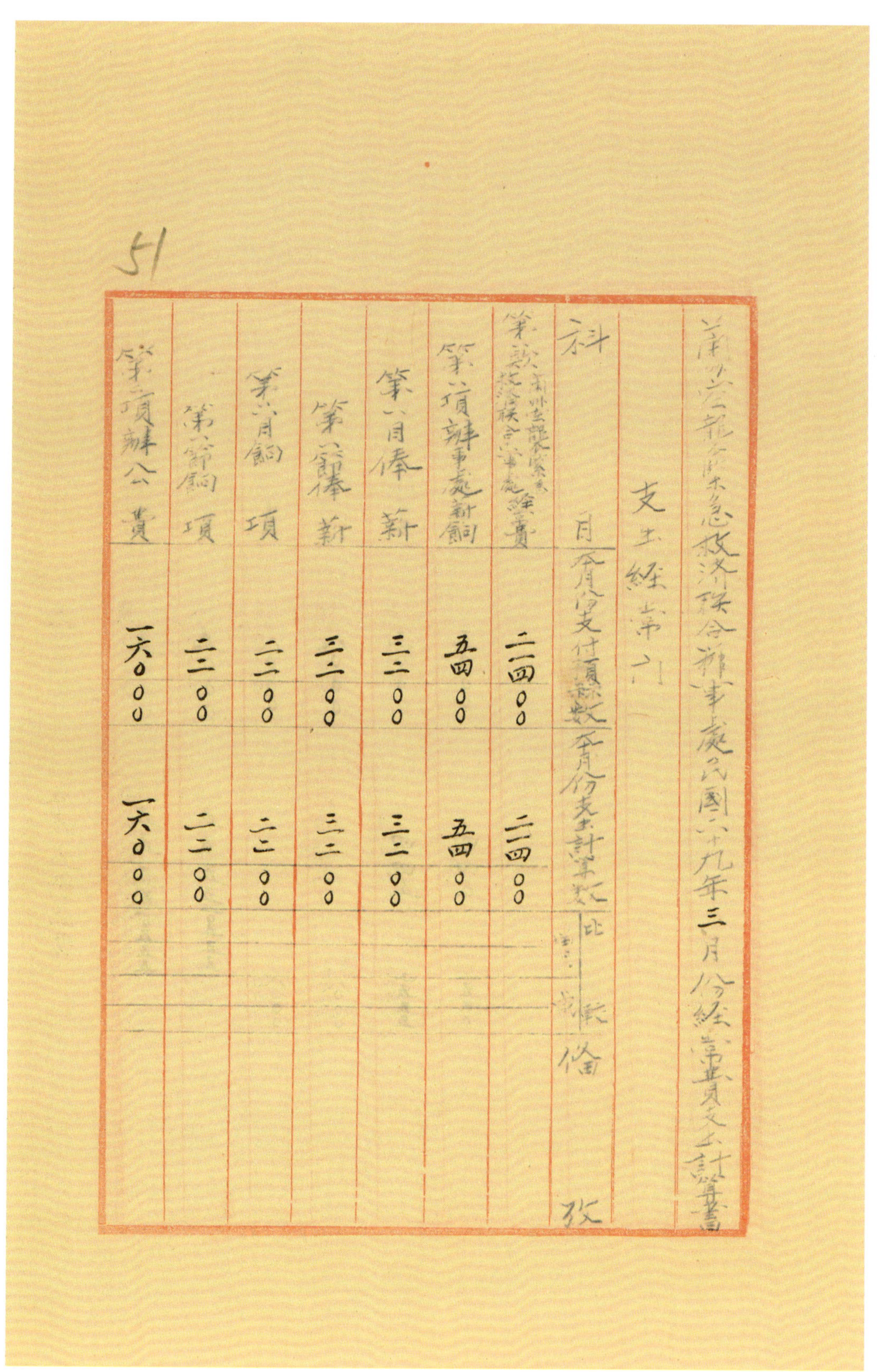

蘭州空襲緊急救濟聯合辦事處民國二十九年三月份經常費支出計算書

支出經常門

科目	本月份應支付預算數	本月份支出計算數	比較 增	比較 減	備考
第一款 蘭州空襲緊急救濟聯合辦事處經常費	二四〇〇〇	二四〇〇〇			
第一項 辦事處薪餉	五四〇〇	五四〇〇			
第一目 俸薪	三二〇〇	三二〇〇			
第一節 俸薪	三二〇〇	三二〇〇			
第二目 餉項	二二〇〇	二二〇〇			
第一節 餉項	二二〇〇	二二〇〇			
第二項 辦公費	一六〇〇〇	一六〇〇〇			

附一：兰州空袭紧急救济联合办事处一九四〇年三月份经费支出计算书

第八目文具費	五〇〇〇	一五五五五一五五五	
第一節文具	五〇〇〇	一五五五五一五五五	
第九目印刷費	八〇〇〇		八〇〇
第一節印刷	八〇〇〇		八〇〇
第十目消耗費	三〇〇〇	四四五	二五五五
第一節消耗	三〇〇〇	四四五	二五五五

52

收支對照表

民國二十九年 3 月份

收入	科目	支出
	收入之部	
214.00	本月份領入經費	
	支出之部	
	1.支俸薪	32.00
	2.支餉項	22.00
	3.支辦公費	160.00
	本月合計	214.00
	本月收支相抵	
214.00	總計	214.00

總務股長 · 庶務

附三：兰州空袭紧急救济联合办事处一九四〇年三月份经费支出计算附属表

蘭州空襲緊急救濟聯合辦事處民國二十九年三月份經費支出計算附屬表

科目	摘要	金額		單據號數	備考
薪俸		三二	〇〇	第一號	
辦公費	文具	一五五	五五	二號至一三號	
	消耗	四	四五	一四號至一六號	

55

甘肃省兰州市区设计委员会关于梁家庄房屋从速付款致兰州空袭紧急救济联合办事处的公函
（一九四〇年六月一日）

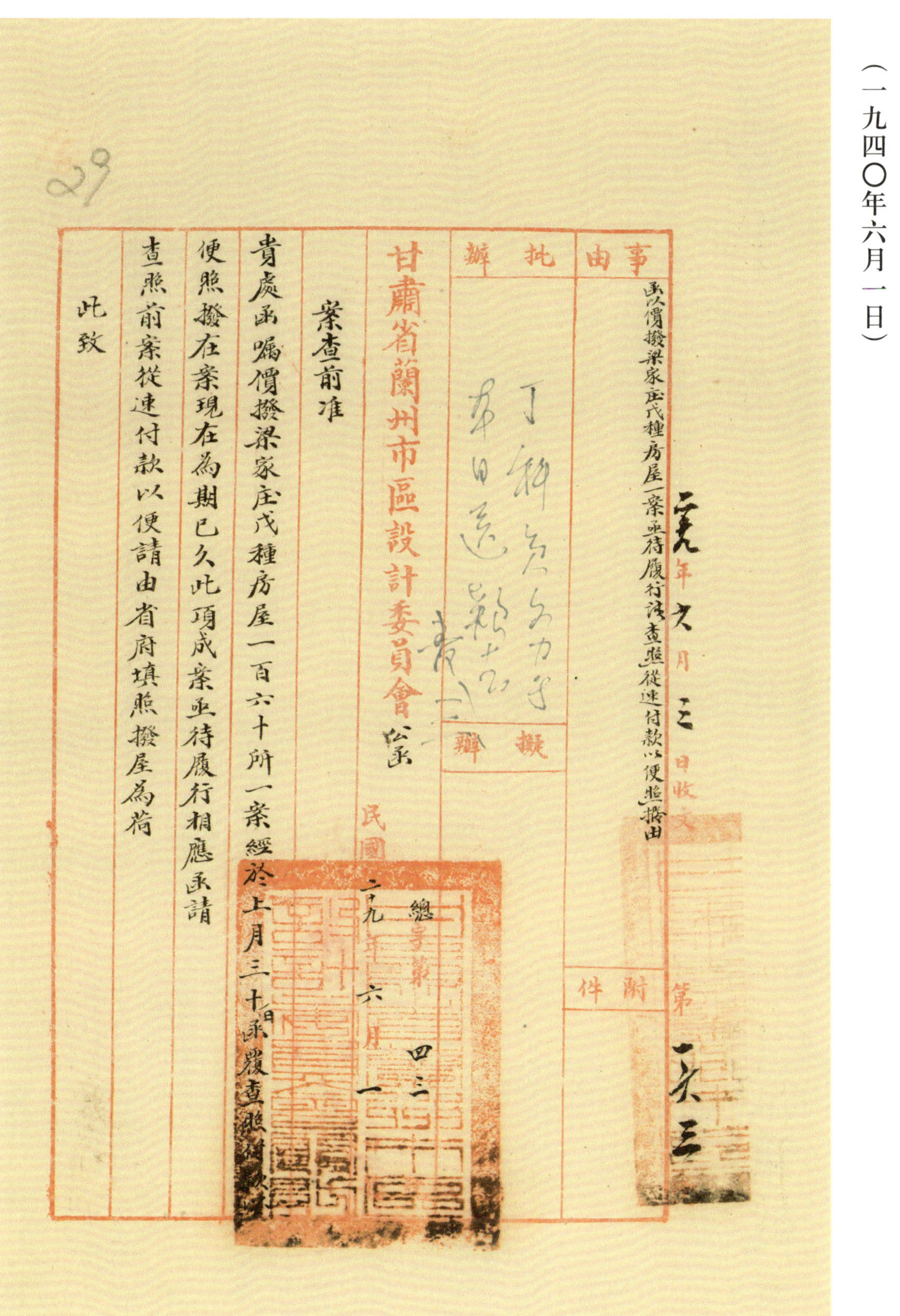

事由：函以價撥梁家庄戊種房屋一案亟待履行請查照從速付款以便照撥由

二十九年六月三日收文第一六三

案查前准

貴處函囑價撥梁家庄戊種房屋一百六十所一案經於上月三十日函覆查照付款以便照撥在案現在為期已久此項戊案亟待履行相應函請

查照前案從速付款以便請由省府填照撥屋為荷

此致

甘肅省蘭州市區設計委員會 公函

民國二十九年六月一日 總字第四三一

甘肃省蘭州空襲緊急救濟聯合辦事處
主任委員 朱紹良
監辦 景秉乾

皋兰县政府关于发给车夫运费等事致兰州空袭紧急救济联合办事处的呈（一九四〇年六月二十日）

事由：呈請發給車夫運費價洋粘簿花名表，祈鑒核由

批辦：

擬辦：

皋蘭縣政府呈

民國二十九年六月二十日發　皋二字第183號

案查接管卷内何前縣長任内奉令由倉儲徵獲本色粮内撥支貴處市斗小麥一千石辦理特别平糶一案。前奉

鈞處本年二月五日訓令内開：

「查年關已届，爲救濟被炸艱民食粮起見，本處繼續接辦平糶事宜，已由財政廳令飭該縣府撥給本色小麥一千石在案，着由

該縣府負責運送至指定平糶地點，以利平糶，茲將運送地點及糧數，分別列後，合亟令仰該縣長尅日遵辦具報，為要，此令。小稍門平糶處三百石，廣武門平糶處二百石，西稍門三百石，河北草場二百石」。

等因；奉此。遵即覓雇大車二十輛，陸續運至指定地點平糶在案，至所需運輸車價費洋四百七十元，已如數轉發各車夫領訖，茲將取獲收據粘簿，並造具花名表一紙，具文呈賫

鈞處電鑒核銷，實為公便。謹呈

甘肅省蘭州空襲緊急救濟聯合辦事處

附呈 粘件簿一本 花名表一份

代理皋蘭縣縣長葉愷淝

收據粘件簿
8
皋蘭縣政府印

皋蘭縣政府造賷運送特别平糶粮石車夫花名運費數目

姓名	運費數目	單據號數	備考
莫中和 莫長生 杜安祥	二〇元五〇	一號	
莫吉堂 莫昌堂 杜安祥 莫中和	二一〇〇	二號	
陳靜忠 陳運	七五〇	三號	
陳壽 陳金忠 陳連 陳五良保	一九〇〇	四號	
顏泉水	五〇〇	五號	
陳孝	四〇〇	六號	
顏富貴娃	三〇〇	七號	
陳福福子	一五〇〇	八號	
陳印	一六〇〇	九號	
陳五良保	三〇〇	十號	
陳孝	二一〇〇	十一號	
陳孝 陳英 顏富貴 陳福福子 陳五十娃 共自芳 陳敬中	三三五〇	十二號	
陳五良保	三五〇	十三號	
杜安祥 莫長生 莫吉堂 莫中和	二一〇〇	十四號	
杜安祥 莫長生 莫吉堂 莫中和	二〇五〇	十五號	
陳英 陳五十娃 共自芳	一二五〇	十六號	
陳英 陳五十娃 陳富富子 顏富貴娃 共自芳	二五〇〇	十七號	
陳五十娃	七四〇	十八號	
杜安祥 莫中和 莫吉堂 莫長生	六八〇	十九號	
杜安祥 莫中和 莫吉堂 莫長生	一六八〇	二十號	
杜安祥 莫中和 莫吉堂 莫長生	一六八〇	二十一號	
盧厚齊	四八〇	二十二號	
陳壽 陳英 陳五十娃 共自芳 陳福福子	一六四〇	二十三號	
莫積堂 杜安祥 莫中和	一三二〇	二十四號	
莫長生 莫中和	四八〇	二十五號	
杜安祥 莫中和 莫吉堂 莫長生	一六四〇	二十六號	
龔自芳	五六〇	二十七號	
陳英 共自芳 陳嘉忠 陳福福子 陳五十娃 陳孝 陳連 顏富貴	三九〇〇	二十八號	
陳五良保 莫吉堂 顏富貴 莫長生 共自芳 莫中和	二二五〇	二十九號	
顏富貴 陳英 陳福福子 陳連 共自芳 陳孝 陳五十娃 陳金忠 陳五良保	三八五〇	三十號	

合計洋肆百柒拾元正

附記

中華民國二十九年三月二十日

69

兰州空袭紧急救济联合办事处关于报送一九四〇年六月份经费支出计算书表事致甘肃省政府的函
（一九四〇年七月十三日）

甘肅省蘭州空襲緊急救濟聯合辦事處稿

發文 別文：函
送達機關：甘肅省政府
事由：為函送六月份經費支出計算書表，希查照辦理予照備案由。

主任委員 朱
兼總幹事 翁

中華民國二十九年

查本處廿九年一月至五月經臨各費，已於六月廿六日按照辦理計算手續補送，并以嫌字第99號函送在案。茲查六月份經費支出計算書類，計支薪餉捌拾九元，支公費一百六十元，共支二百四十九元

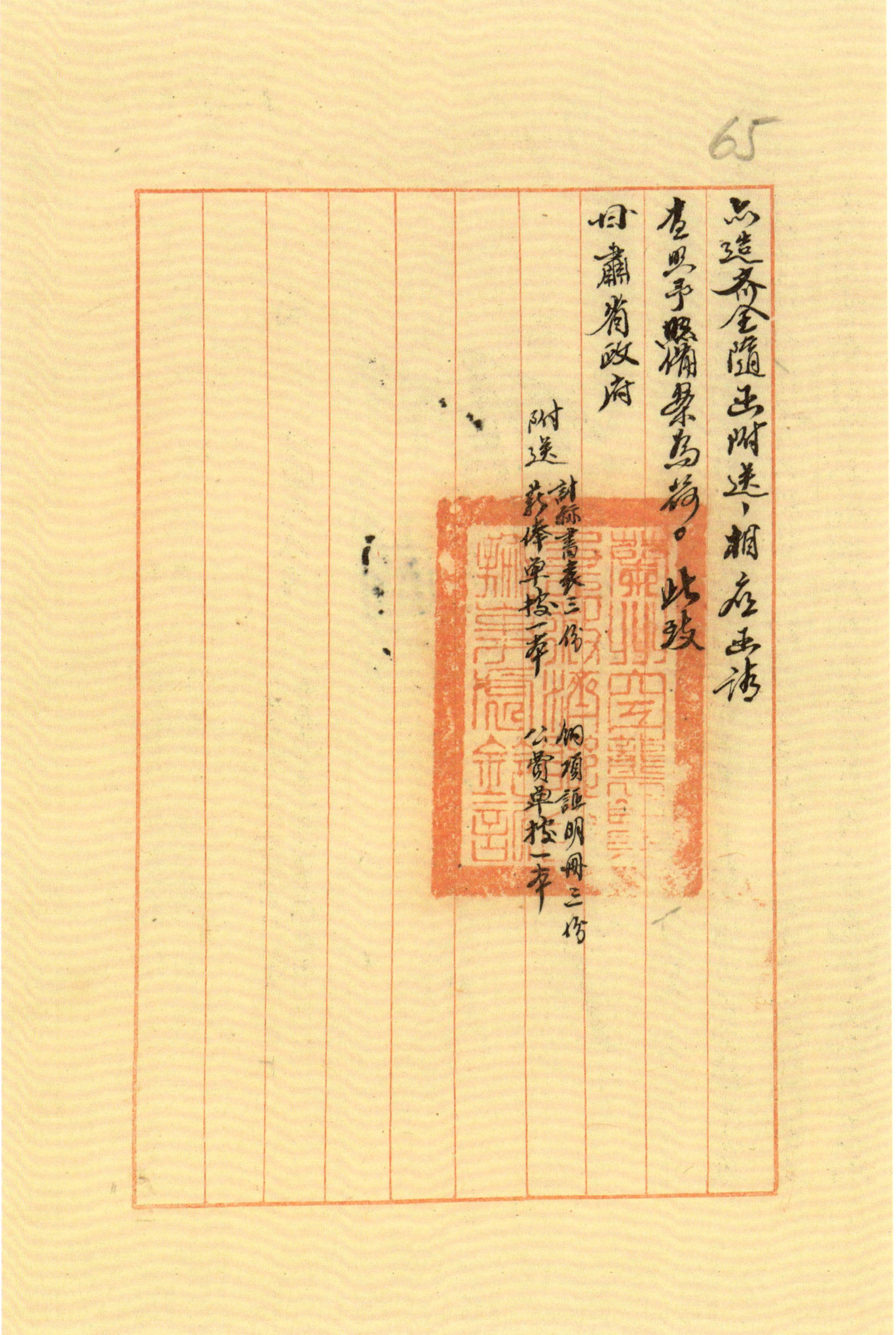

亦造齐全随函附送，相应函请

查照予照备案为荷。此致

甘肃省政府

附送　计称书表三份　纲项证明册二份

　　　薪俸单据一本　公费单据一本

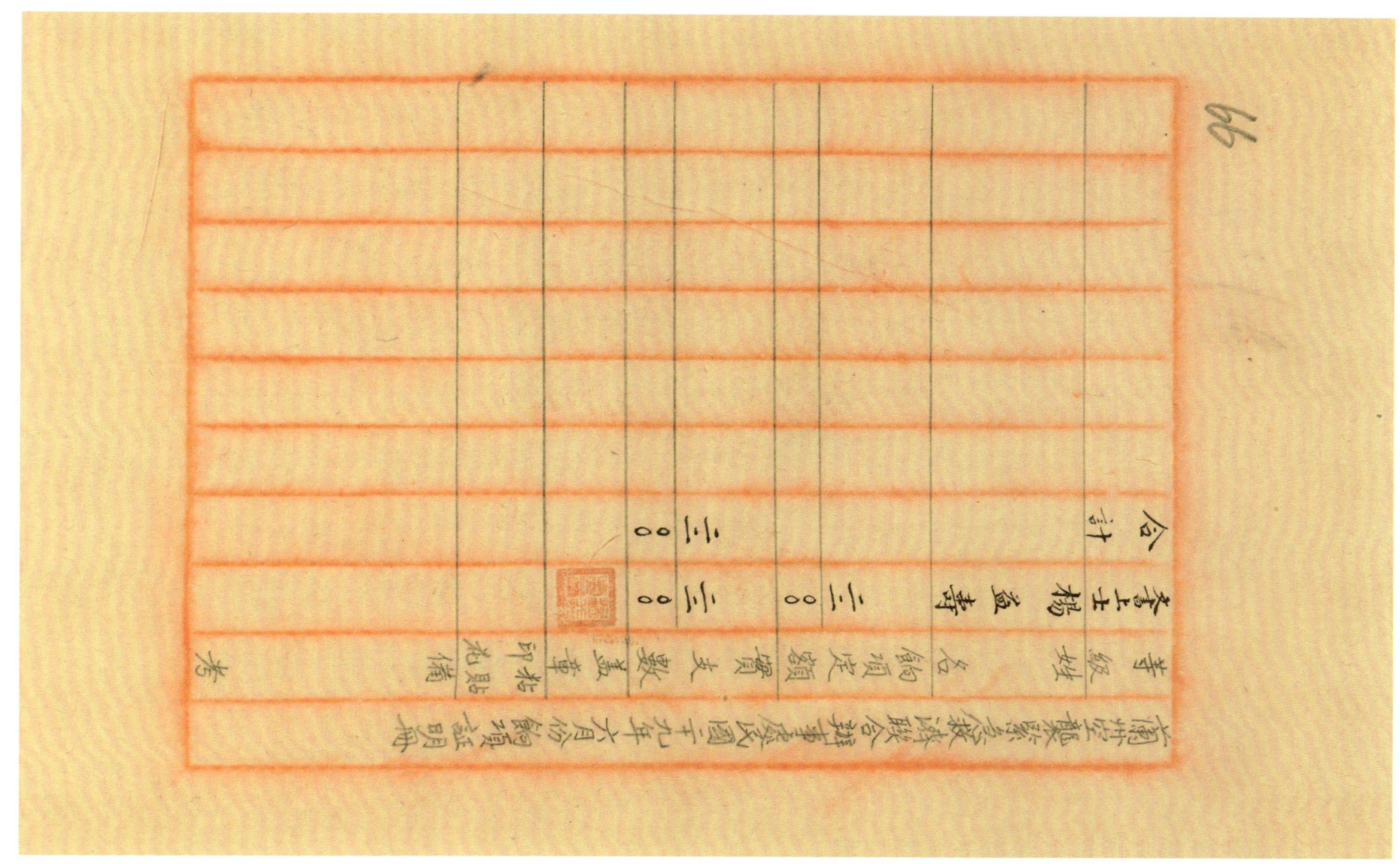

蘭州空襲緊急救濟聯合辦事處民國二十九年六月份餉項證明冊

等級	姓名	餉項定額	實支數	蓋章	印花粘貼	備考
書士	楊益壽	二〇〇	二〇〇			
合計			二〇〇			

99

附：兰州空袭紧急救济联合办事处一九四〇年六月份饷项证明册及经费支出计算书等

67

蘭州空襲緊急救濟聯合辦事處民國二十九年六月份經常費支出計算書

支出經常門

科目	本月份支付預算數	本月份支出計算數	比較 增	比較 減	備考
第一款 蘭州空襲緊急救濟聯合辦事處經常費	二四九〇〇	二四九〇〇			
第一項 辦事處薪餉	八九〇〇	八九〇〇			
第一目 俸薪	六七〇〇	六七〇〇			
第一節 俸薪	六七〇〇	六七〇〇			
第二目 餉項	二二〇〇	二二〇〇			
第一節 餉項	二二〇〇	二二〇〇			
第二項 辦公費	一六〇〇	一六〇〇			

改

第八目文具費	五〇〇〇	一五一六〇	三〇六〇	
第八節文具	五〇〇〇	一五一六〇	三〇六〇	
第二目印刷費	八〇〇〇			八〇〇〇
第二節印刷	八〇〇〇			八〇〇〇
第三目消耗費	三〇〇〇	八三〇		二一七〇
第一節消耗	三〇〇〇	八三〇		二一七〇

68

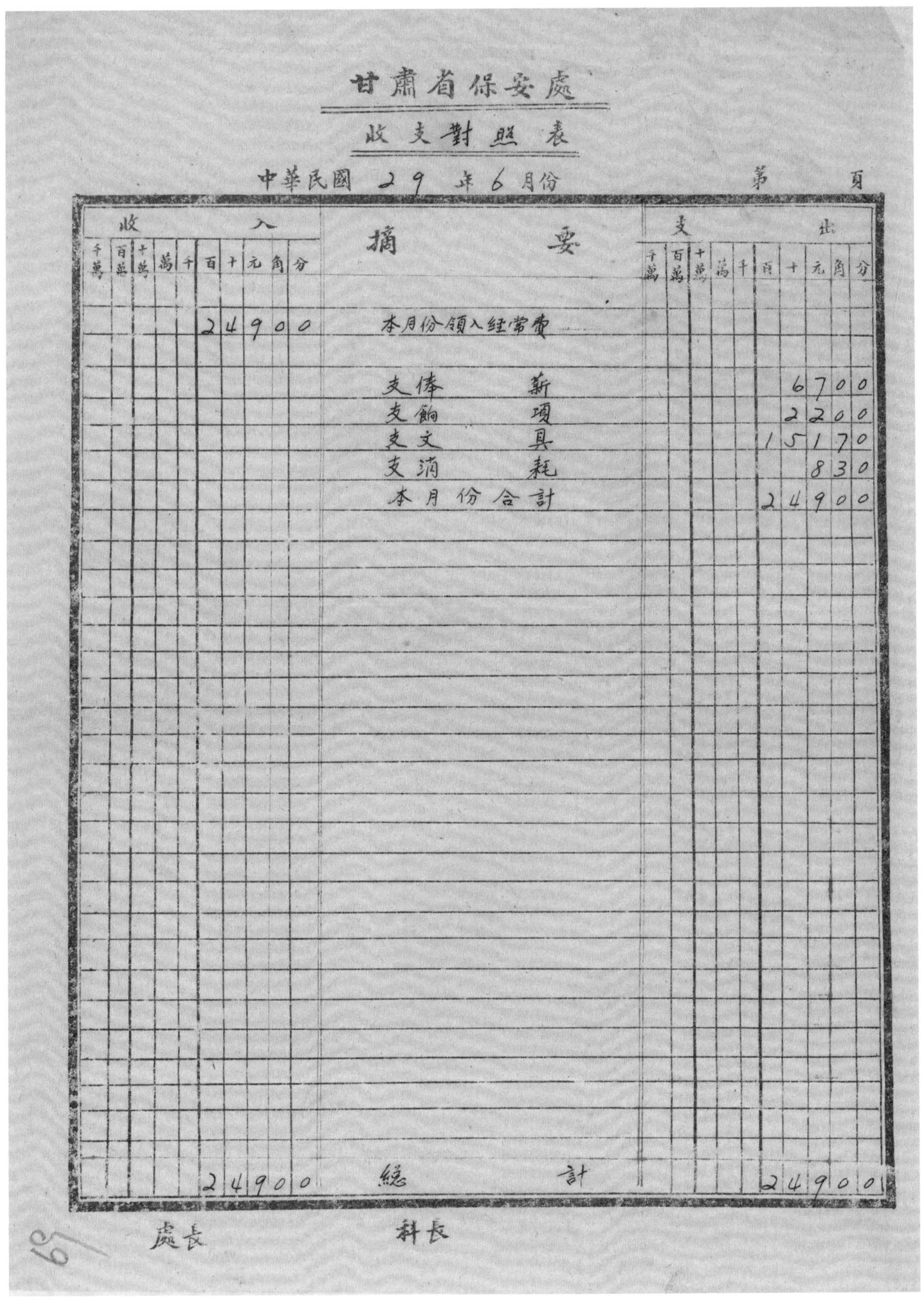

甘肅省保安處

收支對照表

中華民國 29 年 6 月份　　　　第　　頁

收入（千萬 百萬 十萬 萬 千 百 十 元 角 分）	摘要	支出（千萬 百萬 十萬 萬 千 百 十 元 角 分）
24900	本月份領入經常費	
	支俸薪	6700
	支餉項	2200
	支文具	15170
	支消耗	830
	本月份合計	24900
24900	總計	24900

處長　　　　科長

69

兰州空袭紧急救济联合办事处关于报送一九四〇年七月份经费计算书类事致甘肃省政府的公函
（一九四〇年八月三日）

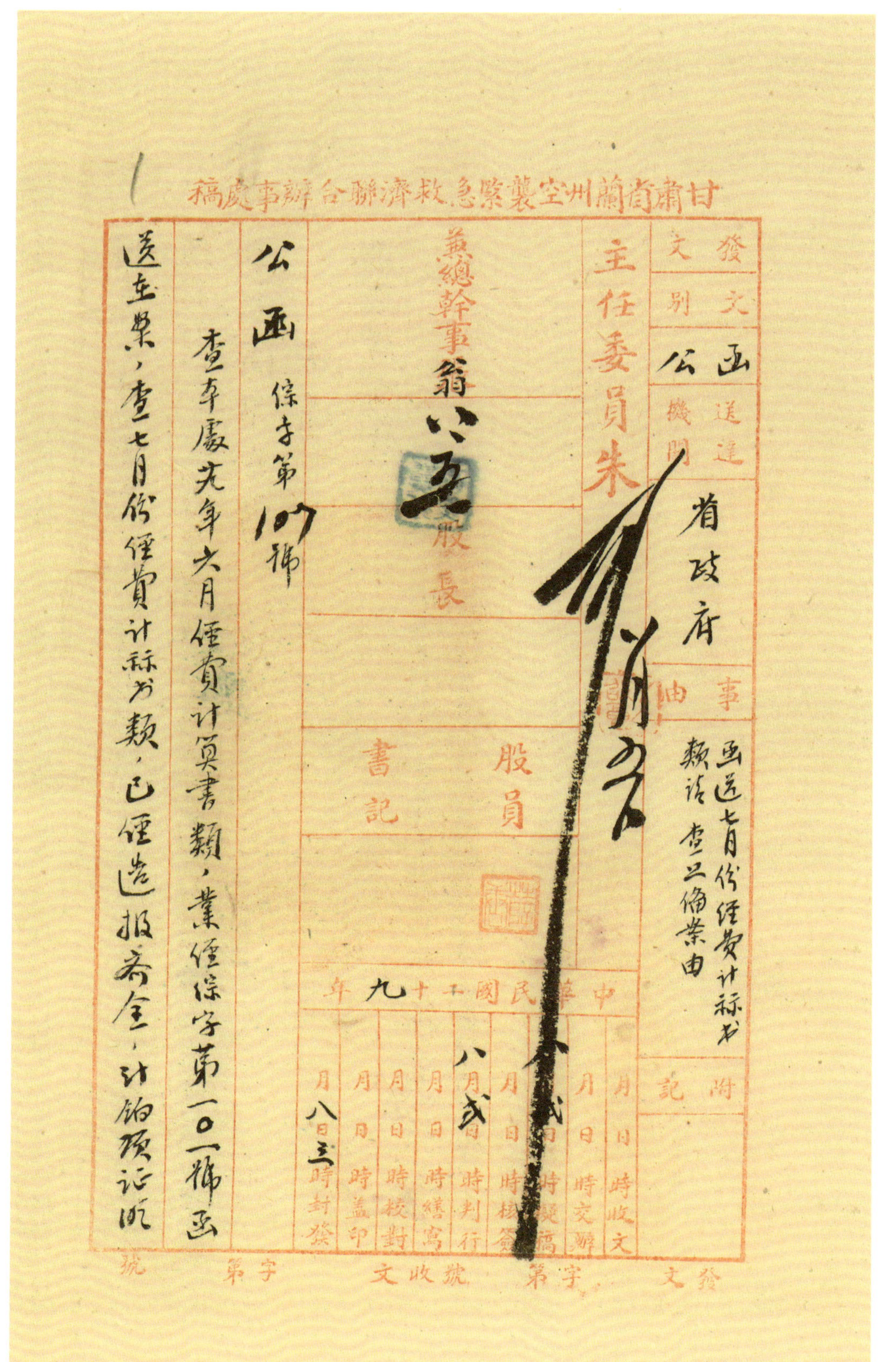

甘肅省蘭州空襲緊急救濟聯合辦事處稿

發文別	公函
送達機關	省政府
事由	函送七月份經費計算書類請查照備案由
附記	

主任委員朱
兼總幹事翁　八、五
股長
股員
書記

中華民國二十九年
月　日　時收文
月　日　時交辦
月　日　時擬稿
月　日　時核簽
八月六日時判行
月　日　時繕寫
月　日　時校對
月　日　時蓋印
八月三日時封發

公函　保字第107號

查本處去年六月經費計算書類，業經保字第一〇一號函送在案，查七月份經費計算書類，已經造報齊全，計飭須證明

發文　字第　號　收文　字第　號

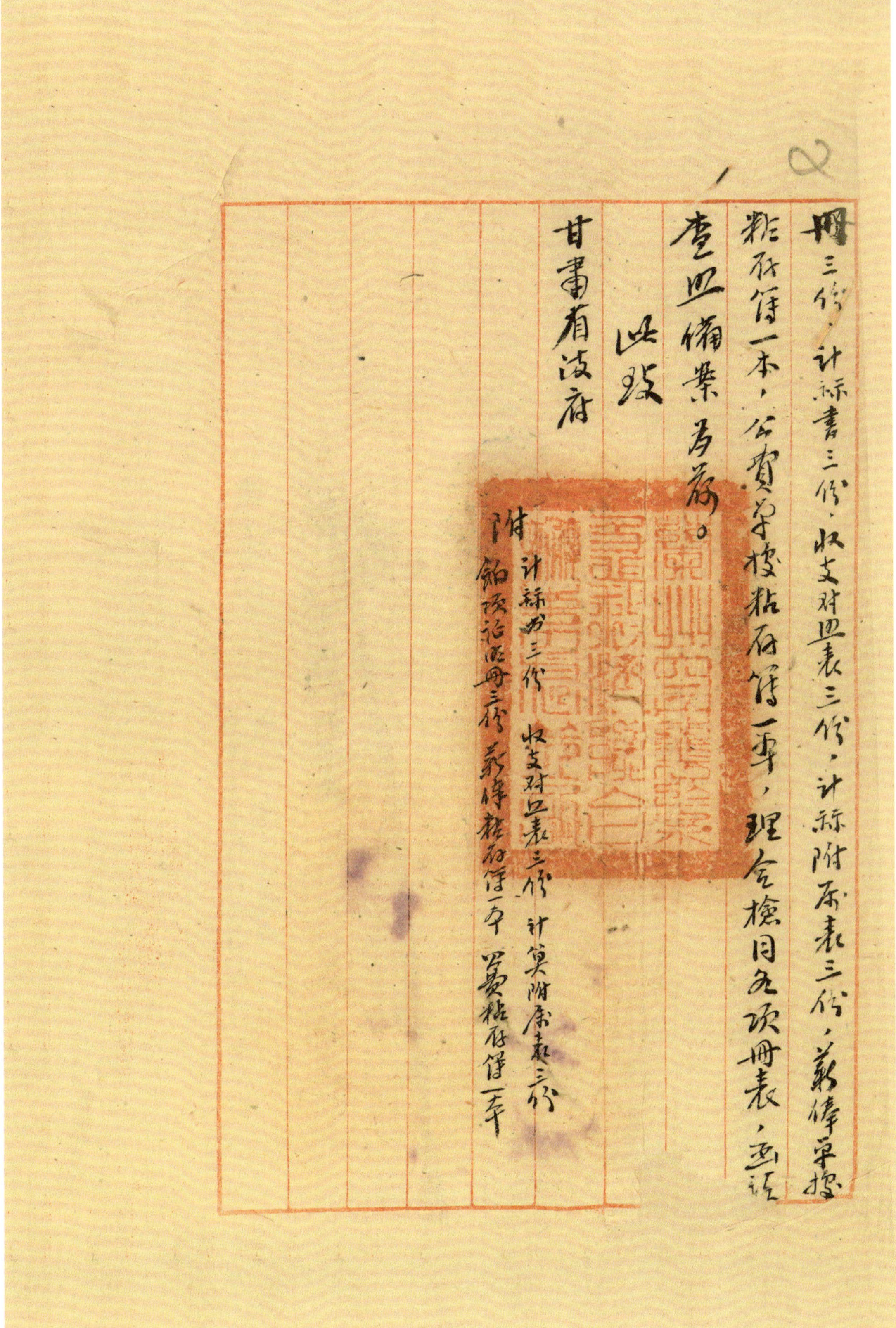

册三份，计算书三份，收支对照表三份，计算附属表三份，薪俸单据粘存簿一本，公费单据粘存簿一本，理合检同各项册表，赍请

查照备案为荷。

此致

甘肃省政府

附

计算书三份　收支对照表三份　计算附属表三份

铅项清册三份　薪俸粘存簿一本　公费粘存簿一本

（二）

速印

本市疏建計劃綱要 附担任主辦機關

甲、疏散目的：估計本市現住人口約十一萬人，為使大家安全，以免無謂犧牲起見，至少疏散百分之六十以上。

乙、疏散方法——分期疏散：

第一期（自九月一日起至九月三十日止）用宣傳勸導及限制方法，其疏散對象1、各機關之眷屬 2、工廠學校 3、商號堆棧 4、老弱婦孺及無特殊業務者 5、限制旅客及居民遷入市區。

宣傳勸導——由戰區政治部或省党部主辦，警察局防空司令部皋蘭縣政府縣商會協辦之，並由主辦機關擬具宣傳計劃與建築防空壕同時宣傳。

第二期（自十[illegible]月一日起至十[illegible]月三十日止）用強制手段，先由警察局調查，應

16

否疏散之人民，并由保安處製備市民住留証，至期除發有住留証者外，一律強制出境，並指定遷散區域，其執行機關，由保安處警察局、憲兵營、皋蘭縣府，共同担任。

限制及強制疏散——由保安處主辦，並召集有關機關，擬具實施辦法施行之。

丙、疏散地點：各縣鎮及本市近郊，較安全之處。

疏散地區——由市區建設委員會主辦，並擬具實施辦法施行之。

丁、疏散準備：

1.疏散區內，應建設合乎防空之住宅、學校、醫院、商店及公共機關應用之房屋。

由市建會主辦，擬訂實施辦法，召集有關機關討商決定施行之。

2.疏散區內，應設警察派出所及駐軍與防護支隊之分駐，以維治安。

17

由保安處主辦，市建會防部四十八師警察局皋蘭縣政府協辦，並由主辦機關擬具施實辦法施行之。

3、疏散區内之糧食及日用物品等供給，須分設各種商店及合作社。由保安處主辦，市建會市商會警察局皋蘭縣府協辦之，并由主辦機關擬具實施辦法施行之。

4、疏散區内，應分設小學民衆學校及各種娛樂場所。由教育廳主辦，民廳建廳皋蘭縣府協辦，並由教廳擬具實施辦法施行之。

5、疏散區内，在可能範圍，應盡量修築交通道路及建設郵電等通訊連絡線。由戰區長官部主辦，建設廳公路局戰區運輸處電報局郵政局省會工務所皋蘭縣府防部協辦之。

6、疏散區内，應分設醫院分院及診療分所等設備。由衛生處主辦，省立醫院西北防疫處及各醫務機關協辦之。

7、疏散時期，應盡量設法運輸工具及規定運輸價格。

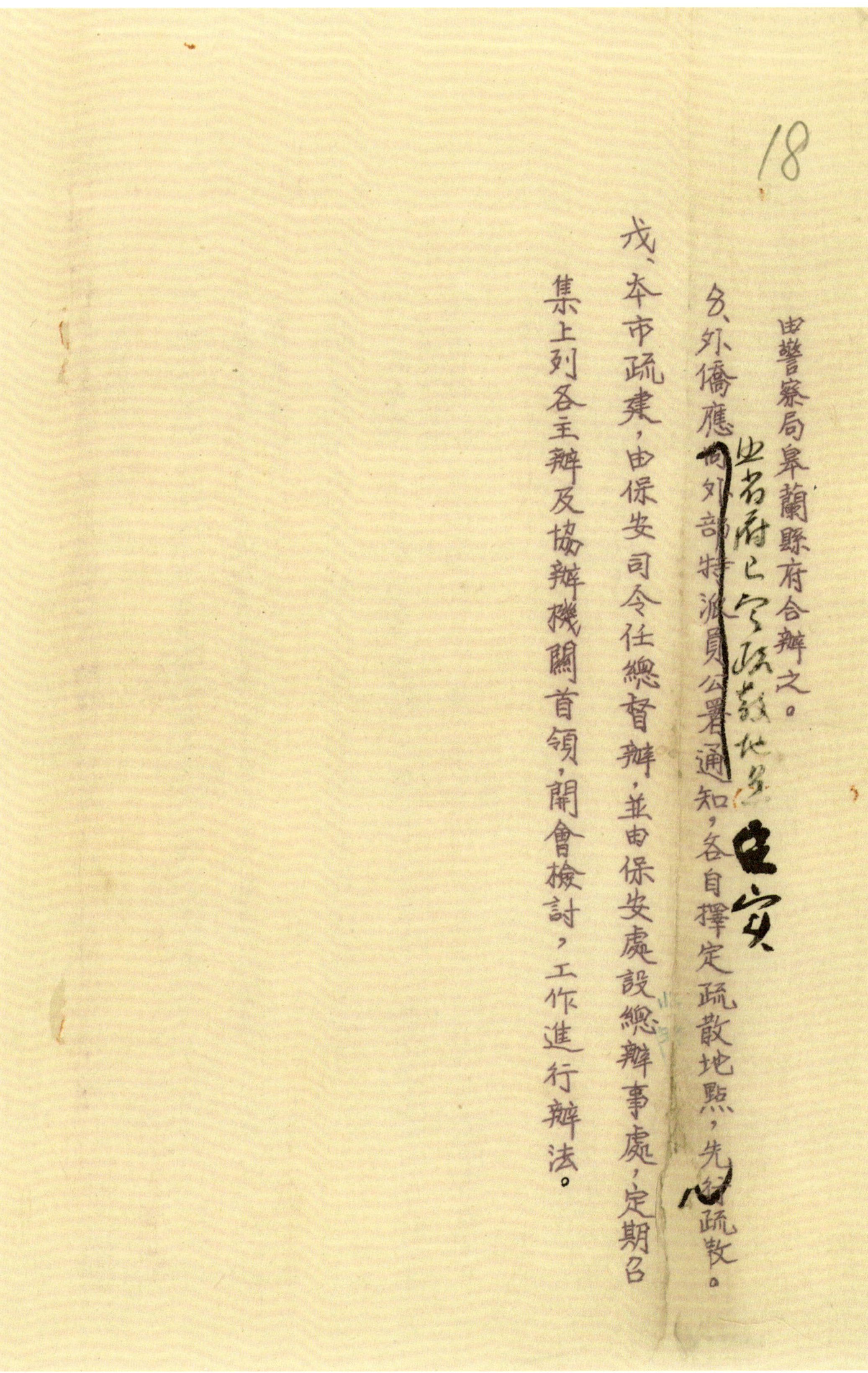

18

由警察局皐蘭縣府合辦之。

丁、外僑應由外部特派員公署通知，各自擇定疏散地點，先行疏散。

戊、本市疏建，由保安司令任總督辦，並由保安處設總辦事處，定期召集上列各主辦及協辦機關首領，開會檢討，工作進行辦法。

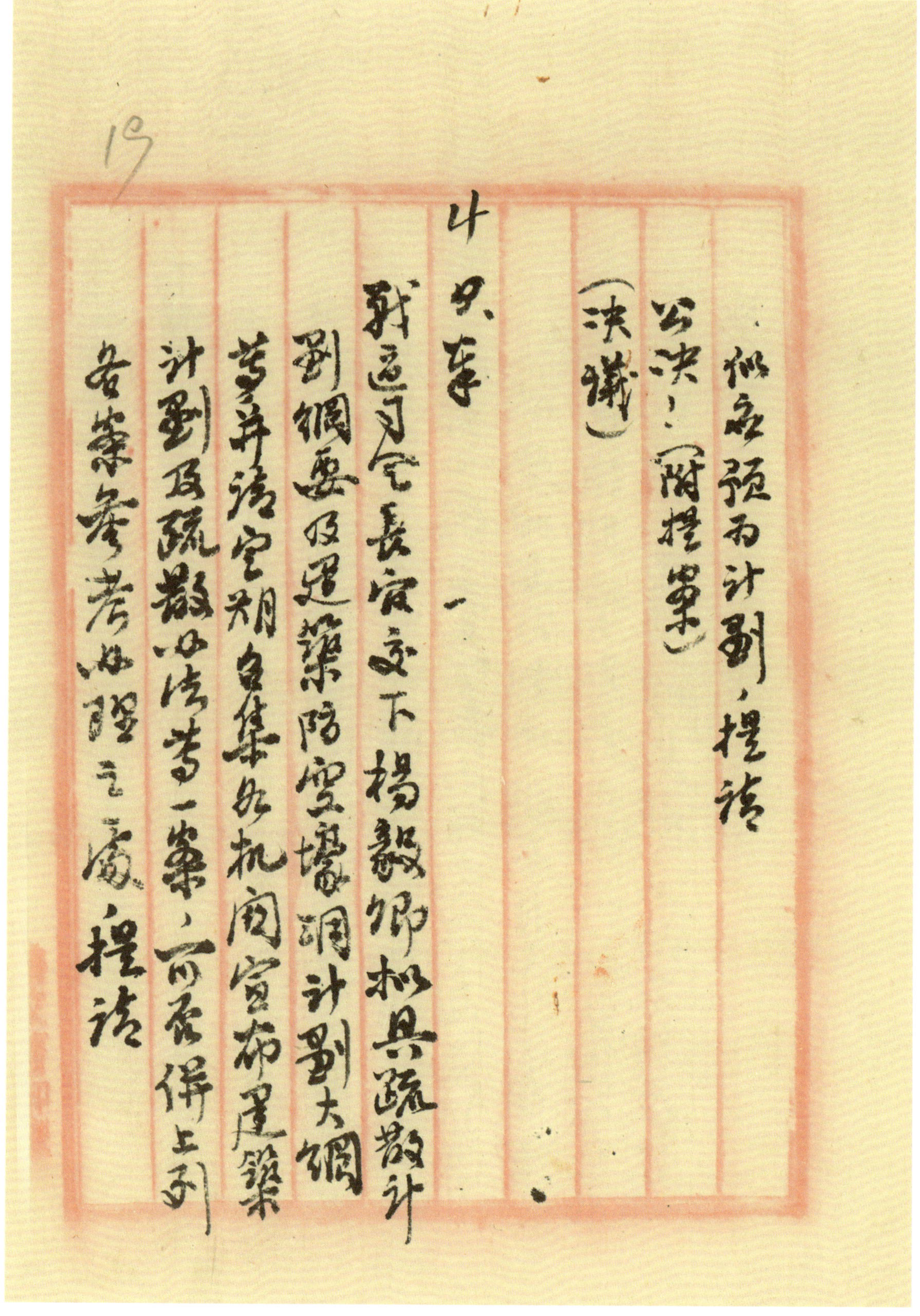

19

似應頒爲計劃，提請

公決！（附提案）

（決議）

十四、本　一

戰區司令長官委下楊毅卿擬具疏散計

劃綱要及建築防空壕調計劃大綱

等并請定期召集各機關宣布建築

計劃及疏散必須帶一案，可否併上列

各案參考辦理之處，提請

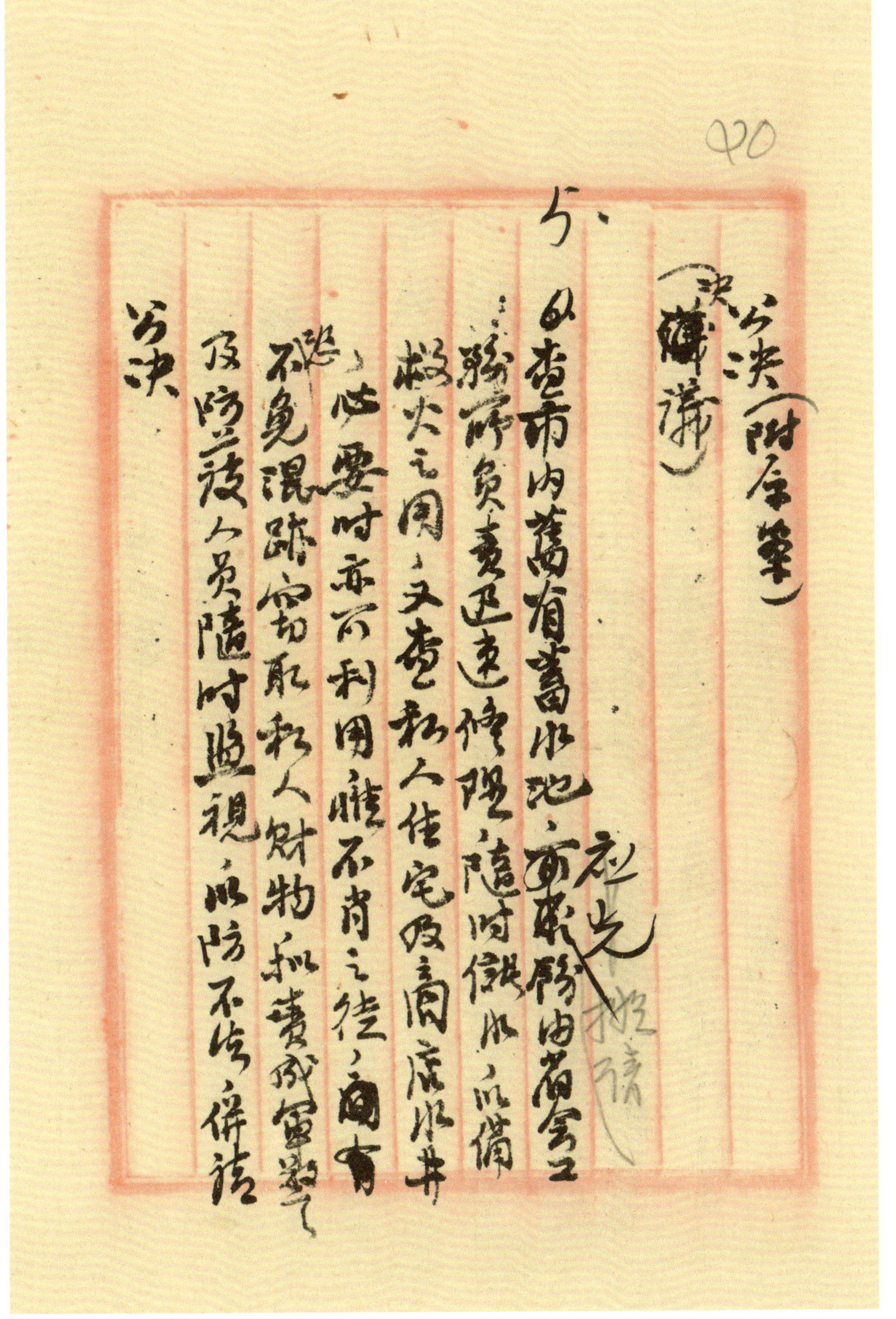

公決（附原案）
決（辦法）

五、

以查市内舊有蓄水池，前歸由商會工務所負責，迄未修理，隨時儲水，以備救火之用。又查私人住宅及商店水井，必要時亦可利用，惟不肖之徒，每有恐不免混跡竊取私人財物，擬責成警察及防護人員隨時監視，以防不虞，併請

公決

討論第五案

查市內舊有蓄水池　擬飭由當會之務所負責迅速修理　隨時儲水　以備救火之用　又查私人住宅及商店水井　火災時亦可利用　惟不肖之徒恐不免混臨搶奪私人財物　擾害民宅　應及防護　公安隨時警誡　以防不法　可決

交建設廳辦理

八廿四

兰州空袭紧急救济联合办事处关于防空设备购置资金事致赵书记长等人的函（一九四〇年八月二十五日）

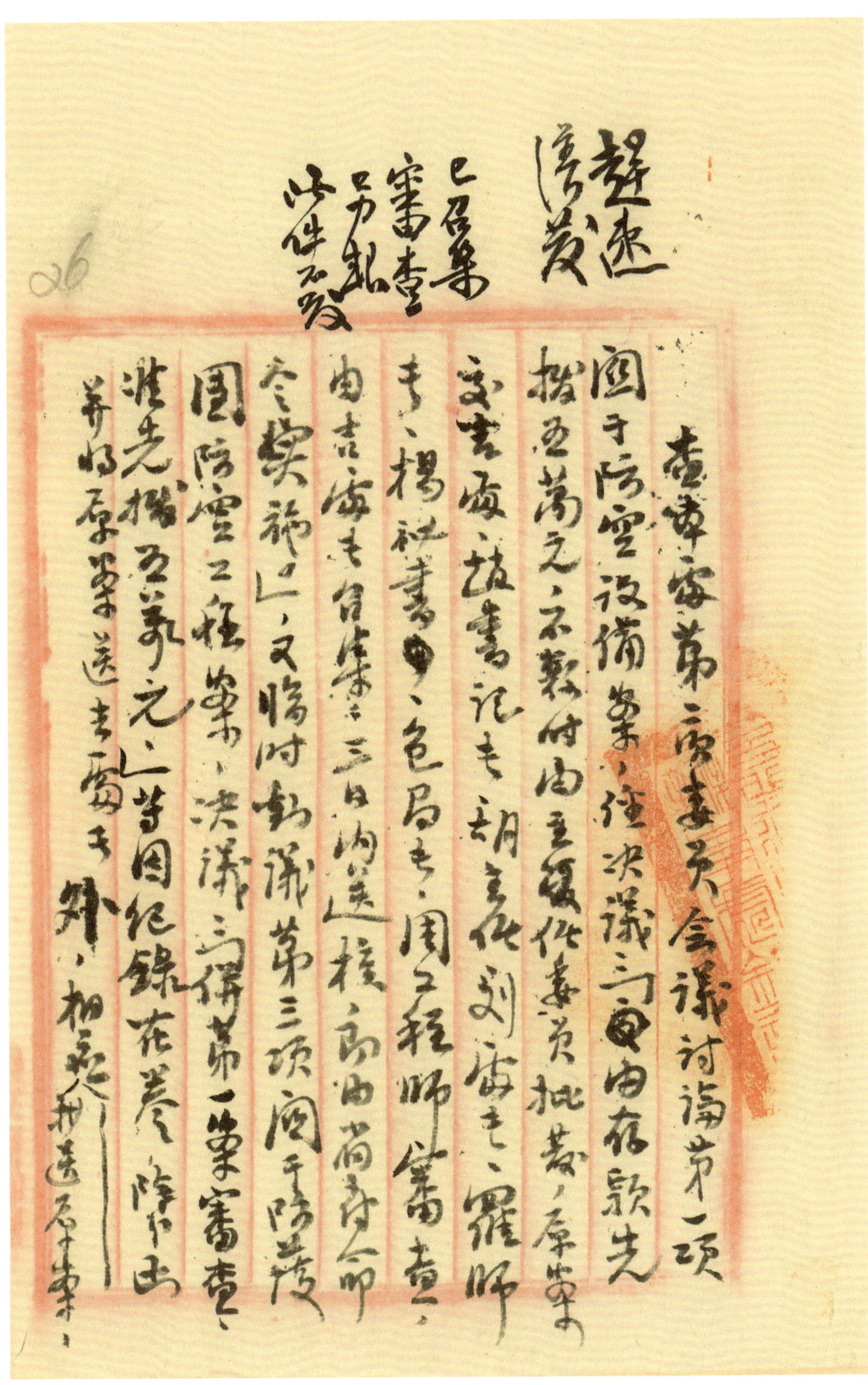
趕速發

已召集审查另报，此件不发

查本会第一次委员会议讨论第一项関于防空设备案，经决议：（一）由存款先拨五万元，分发付由主任委员批发，原案交秦厅长、赵书记长、胡主任、刘厅长、罗师长、杨社[illegible]、包局长、周工程师审查，由赵书记长召集，三日内送核，交由省政府会核实施行。又临时动议第三项関于防空设备、防空工程案，决议：与第一案审查，准先拨五万元之，等因纪录在卷。除分函外，相应抄送原案，函达[illegible]

函請
查照辦理見復為荷。此頌
諸書記長、胡主任、劉秘長、四維師長、楊社
書記長、周工程師
吉脩長

附原案兩件（送吉脩長）

主任委員朱〇〇

行 [illegible]

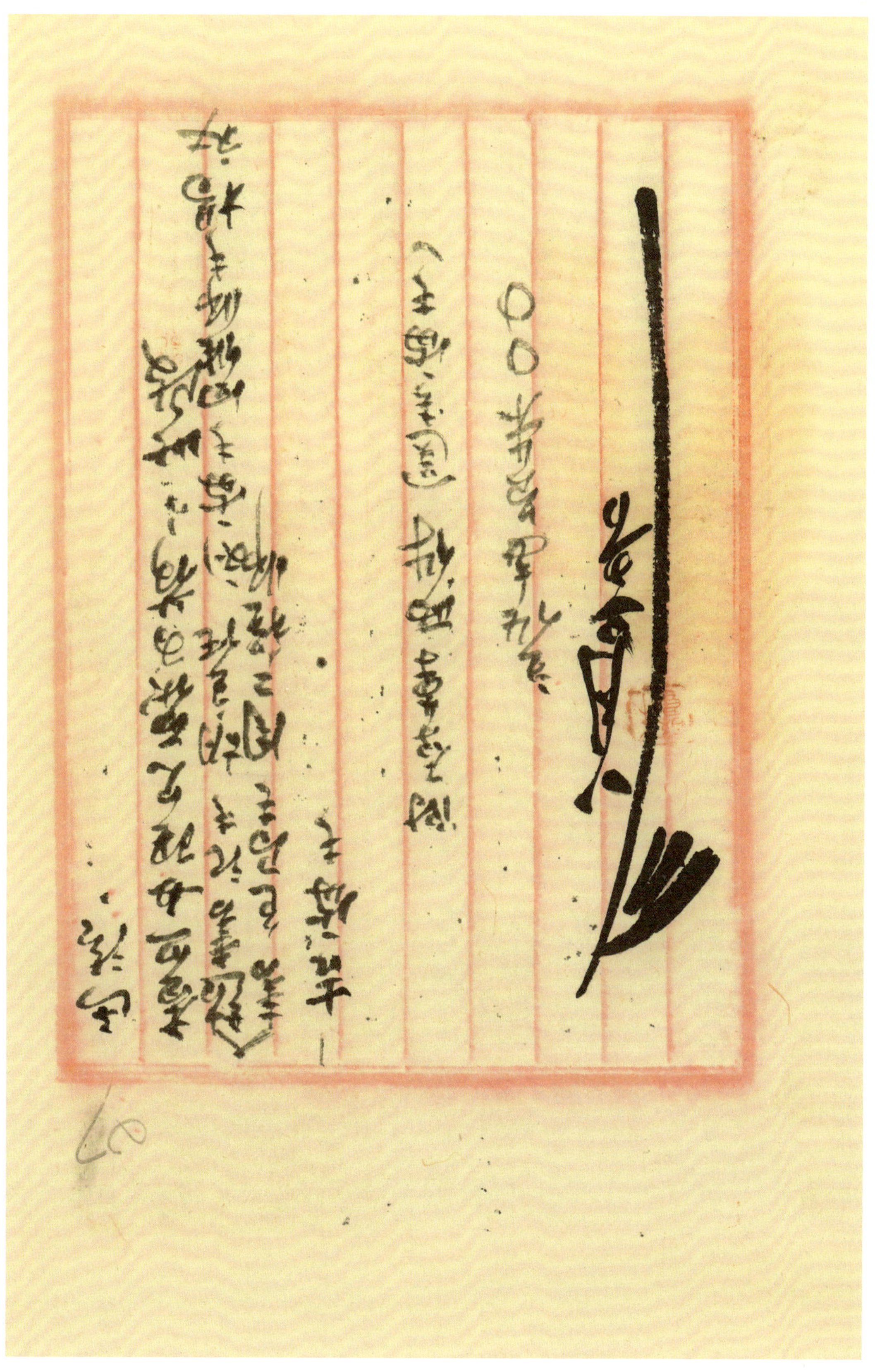

甘肃省政府、兰州空袭紧急救济联合办事处关于日机空袭时派车街巷巡查事的往来公文（一九四〇年八月至九月）

兰州空袭紧急救济联合办事处致甘肃省政府的呈（一九四〇年八月二十八日）

甘肃兰州空袭紧急救济联合办事处呈　第一〇八号

查本处第二次委员会议，以过去空袭时，曾发现小街僻巷，有宵小窃贼乘各住户避难之际，窃取财物情事，现值防空之际，自应严密注意，当经决议：请钧府令饬警察局于空袭时派巡逻车队在各街小巷，不时巡查，以资防范，并先期布告民众，如有乘机抢劫或窃盗财物情事，即按军法从事，俾资惩儆。理合呈请鉴核施行，实为公便。谨呈

甘肅省政府

主任委員朱〇〇

函　第一二一號

貴市府第二次委員會議主任委員提議：「查市内舊有蓄水池三（[illegible]），備救火之用」一案，經決議交建設廳辦理等由。相應函達，即希查照辦理為荷。此致

建設廳

主任委員朱〇〇

甘肃省政府致兰州空袭紧急救济联合办事处的指令（一九四〇年九月十七日）

事由：据呈空袭时派警巡查以防乘机抢劫窃盗一案令仰知照由

附件

二九年北十六　字第二〇二号

甘肃省政府指令　民國廿九年九月十七日發

令兰州空袭紧急救济联合办事处

本年八月廿六日呈一件，据呈空袭时饬警察局派队巡查以防乘机抢劫窃盗由

呈悉。除令仰省会警察局、省会军警督察处分饬遵办外，仰即知照。此令。

2652

臺灣保安司令朱紹良

保安處處長彭孟緝

監印蔣元

甘肃省政府兰州市区建设委员会关于垫拨公共防空工程费事致兰州空袭紧急救济联合办事处的公函（一九四〇年九月四日）

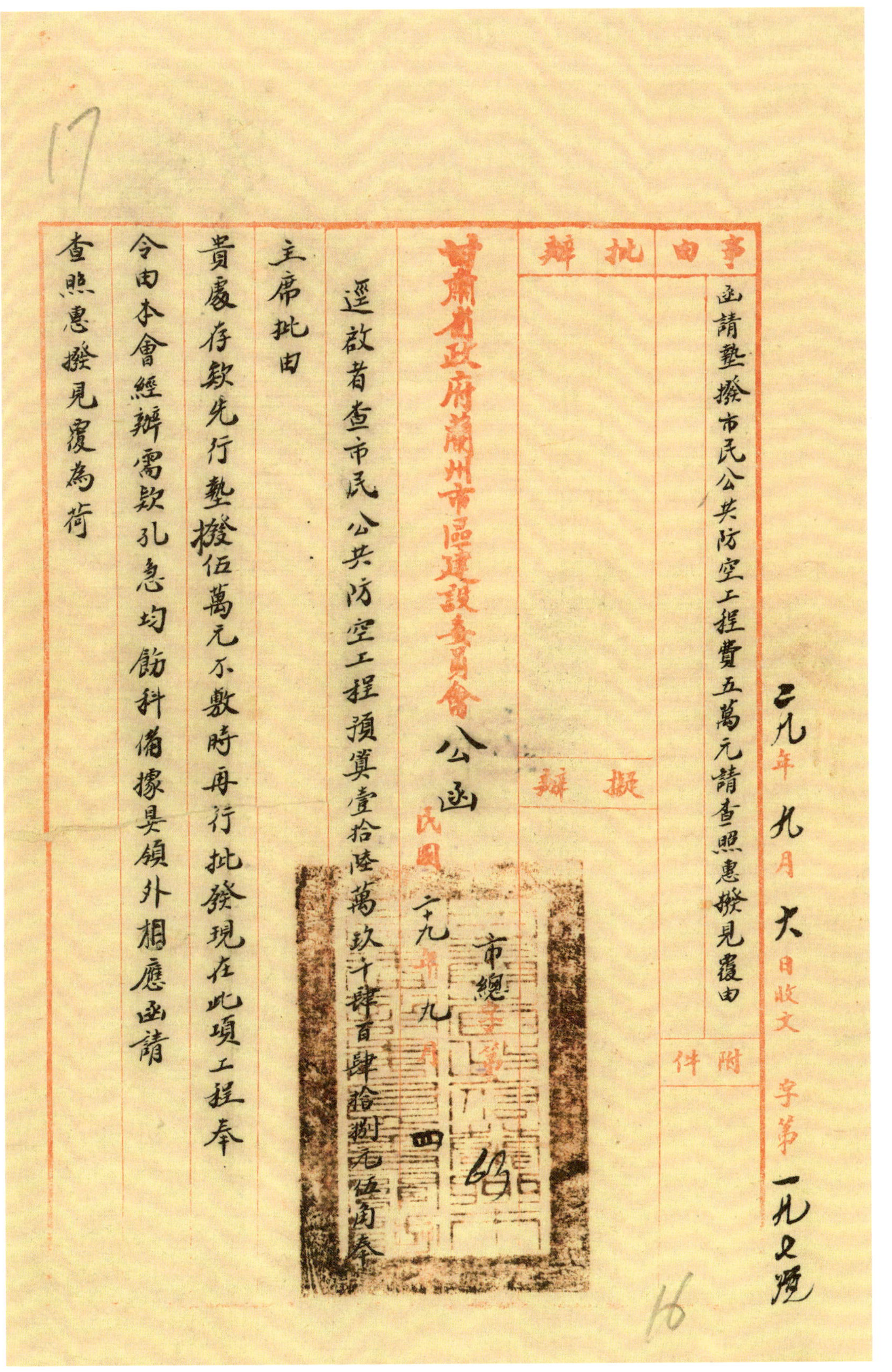

二九年九月大日收文字第一九七号

事由：函請墊撥市民公共防空工程費五萬元請查照惠撥見覆由

甘肅省政府蘭州市區建設委員會公函

民國二十九年九月四日　市總字第四八號

逕啟者：查市民公共防空工程預算壹拾陸萬玖千肆百肆拾捌元伍角，奉

主席批由

貴處存款先行墊撥伍萬元，不敷時再行批發。現在此項工程奉

令由本會經辦，需款孔急，均飭科備據具領外，相應函請

查照惠撥見覆為荷。

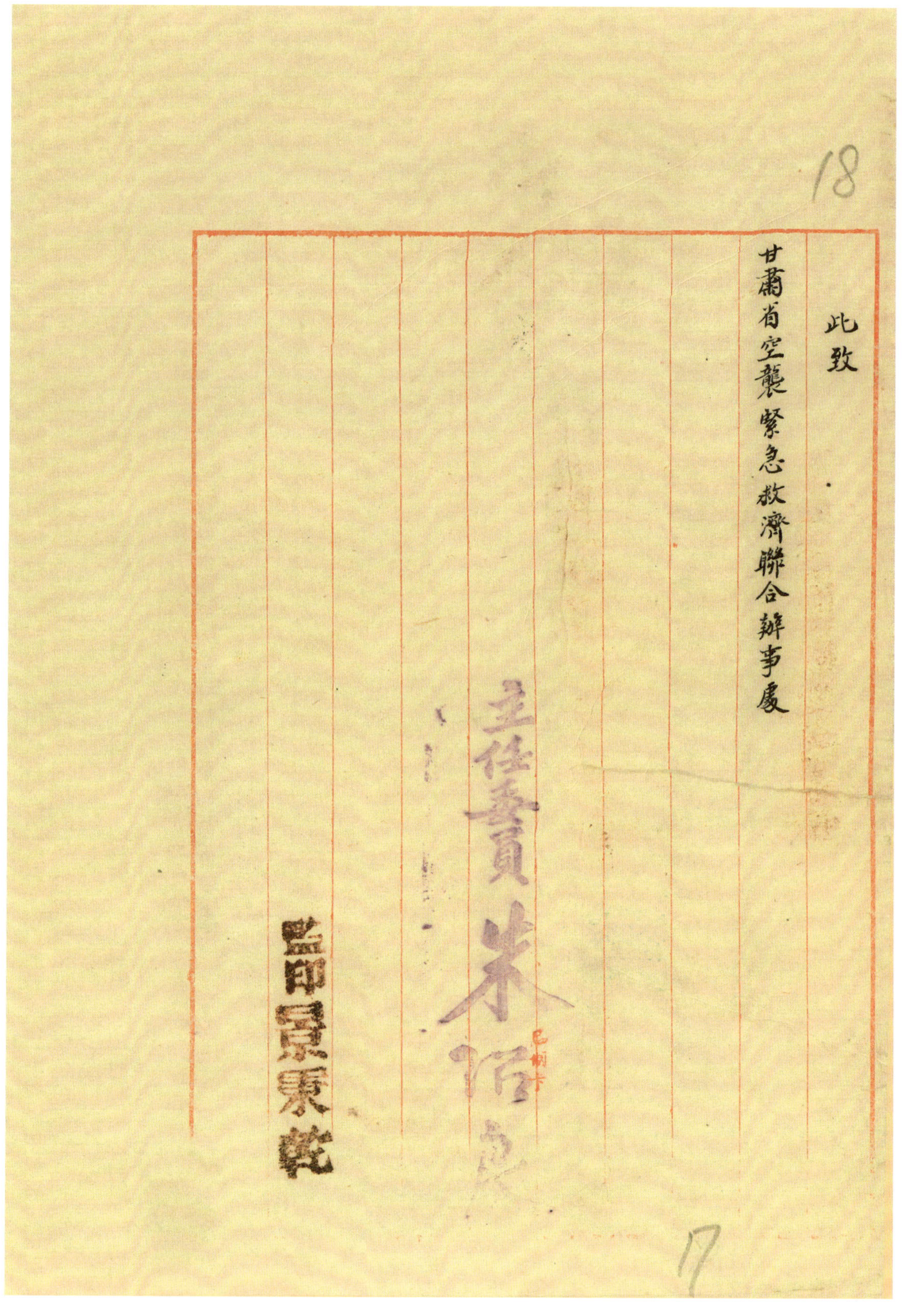

此致

甘肅省空襲緊急救濟聯合辦事處

主任委員 朱紹良

監印 景秉乾

18

17

甘肃省政府兰州市区建设委员会关于召集有关机关讨论防空壕洞工程会议记录（一九四〇年九月四日）

甘肅省政府蘭州市區建設委員會召集有關機關策動防空壕洞工程會議紀錄

一、時間 九月四日上午八時

二、地點 省府船亭

三、出席 包際春

黃維德 憲兵營

李瑜書

張璉

張毅為 參謀

彭亞民 防空司令部

蘇有智

周聞慶 戰區政治部

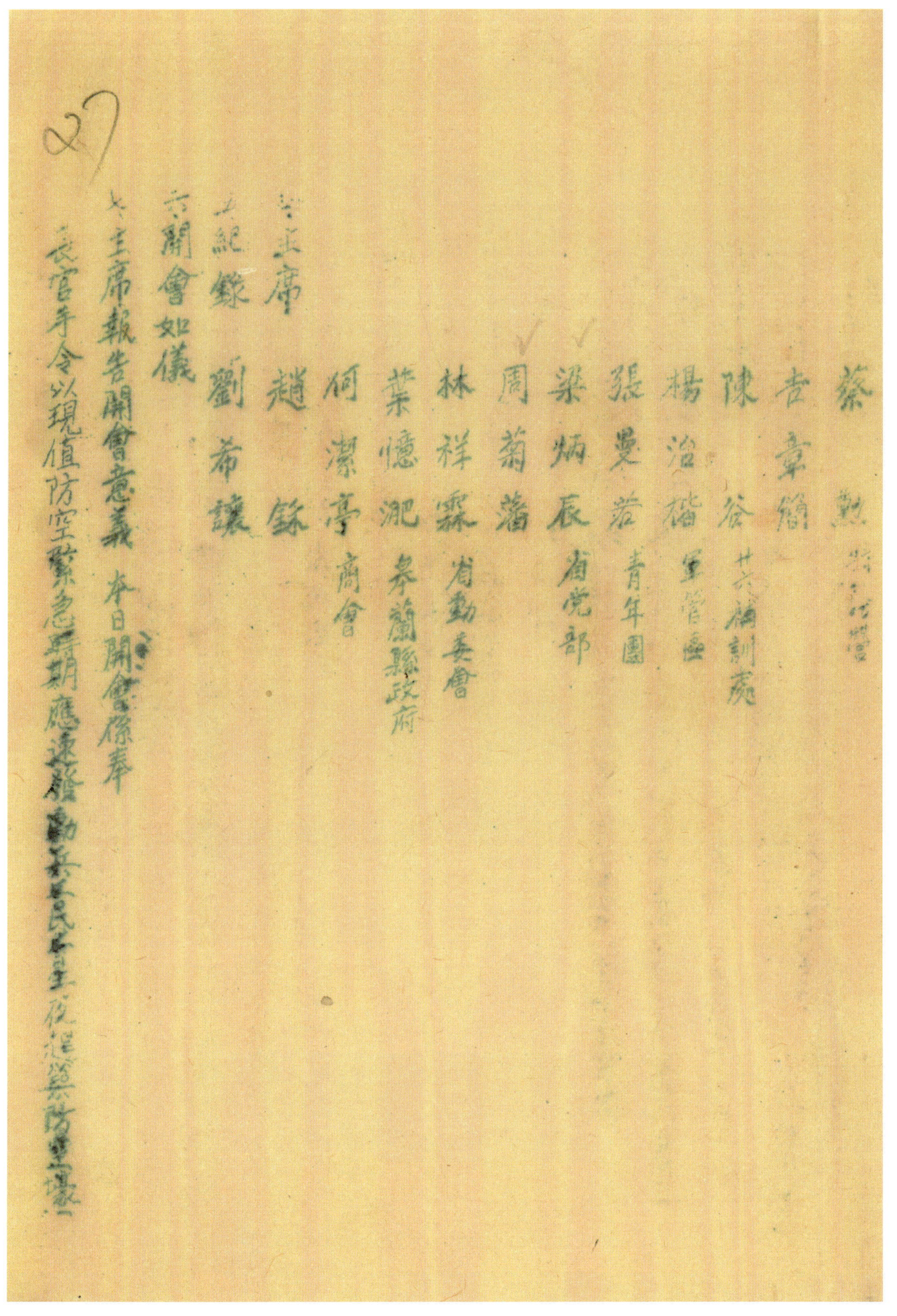

蔡　勲　特?務營

杏章爵

陳　谷　廿六補訓處

楊治楷　軍管區

張曼若　青年團

梁炳辰　省黨部

周菊潘

林祥霖　省動委會

葉憶淝　參蘭縣政府

何潔亭　商會

趙　錄

劉希讓

三、主席

四、紀錄

六、開會如儀

七、主席報告開會意義　本日開會係奉

長官手令以現值防空緊急時期應速發動各縣民眾全從速築防空壕

27

以防萬一戰區司令部及省府為最高機關緊聯處為統籌機關防空司令部及市區建設委員會為負責辦理機關則負責機關在此緊急命令之下自須仰賴各部隊各機關各團體通力合作共商有效切實辦法以期分途進行達到下午或明日起即能分頭興工此為個人所應報告及所希望于各位的務望各抒所見以資解決一切云云下畧

討論

一、關於構築市民公共防空工程應即策動事項

（一）建築地點及數量由防空司令部劃分決定之

（二）宣傳方面由省党部按照計劃召集有關機關組織辦理之

（三）工程督導方面由戰區政治部按照計劃召集有關機關組織工程督導隊辦之

二、關於動員兵工民工事項

（一）并知戰區司令部建委會

（二）兵工 按照蘭市公共防空□□建築計劃大綱及附表分配區域分別担任已到會之各部隊機關出席代表人分別抄錄附表劃分地點即日開始

二、民工 (甲)警察管轄區域内由警察局會同商會辦理 (乙)皋蘭縣管轄區域由縣政府主持均於即日擬具發動民工具体辦法送會審核至每壕洞須用民工若干由建委會工務科估計預算分送警察局商會及皋蘭縣府參考

三、壕洞驗收辦法

無論部隊機關團体構築者須呈報戰區司令部再由下列機關担任之

一、兵工構築者由防空司令部驗收

二、各機關學校團体自行構築者由省府驗收

三、警察管轄區域内民工構築者由警察局驗收

四、皋蘭縣境内民工構築者由縣政府驗收

五、各機關之驗收應會同工程督導隊辦理并將驗收結果[illegible]報戰區司令部

28

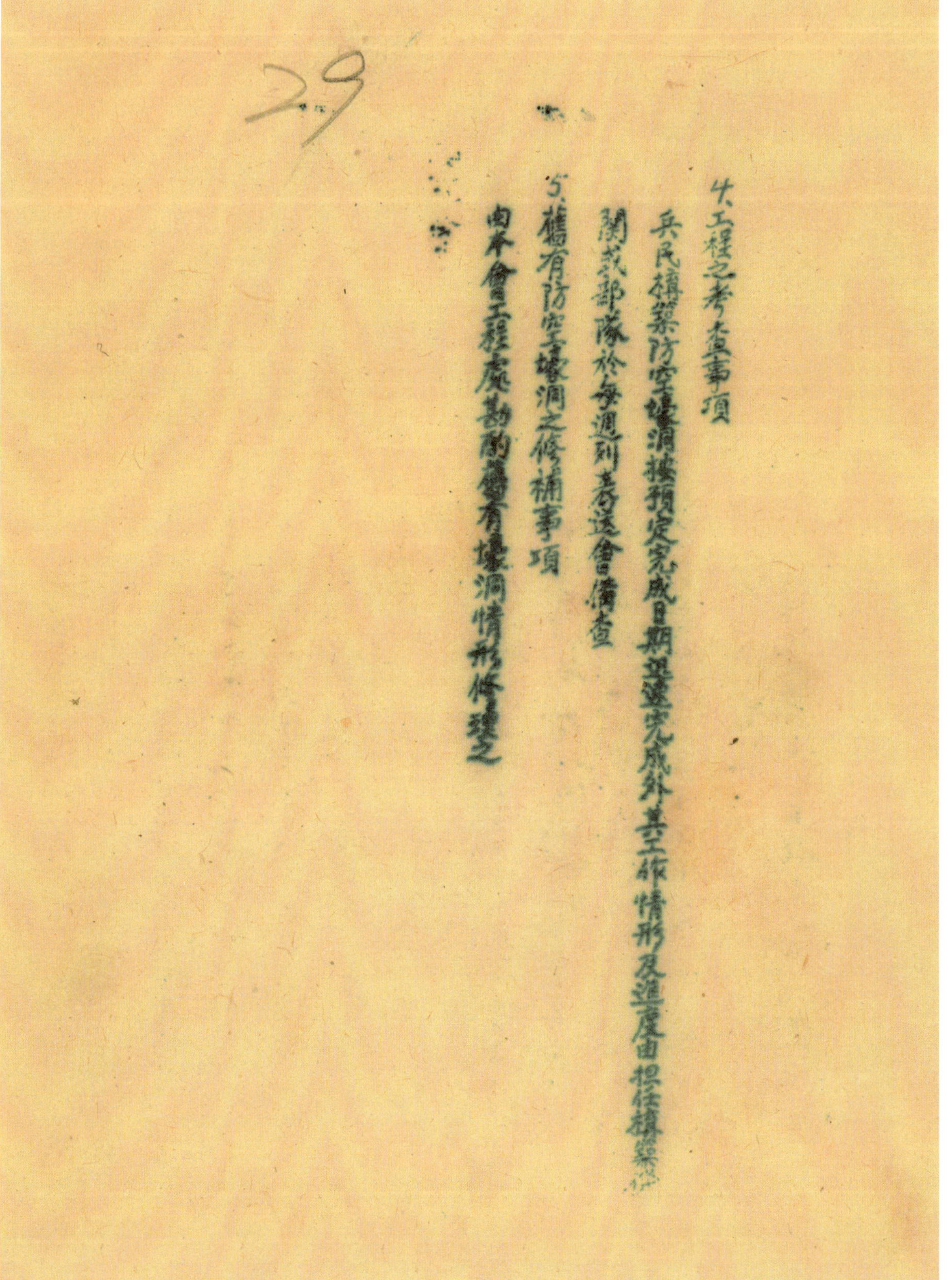
4、工程之考查事項
兵民構築防空壕洞按預定完成日期迅速完成外其工作情形及進度由担任構築機
關或部隊於每週列表送會備查
5、舊有防空壕洞之修補事項
由本會工程處勘酌舊有壕洞情形修建之

甘肃省卫生处代理处长等关于空袭时医疗设备经费事致兰州空袭紧急救济联合办事处的笺函
（一九四〇年九月四日）

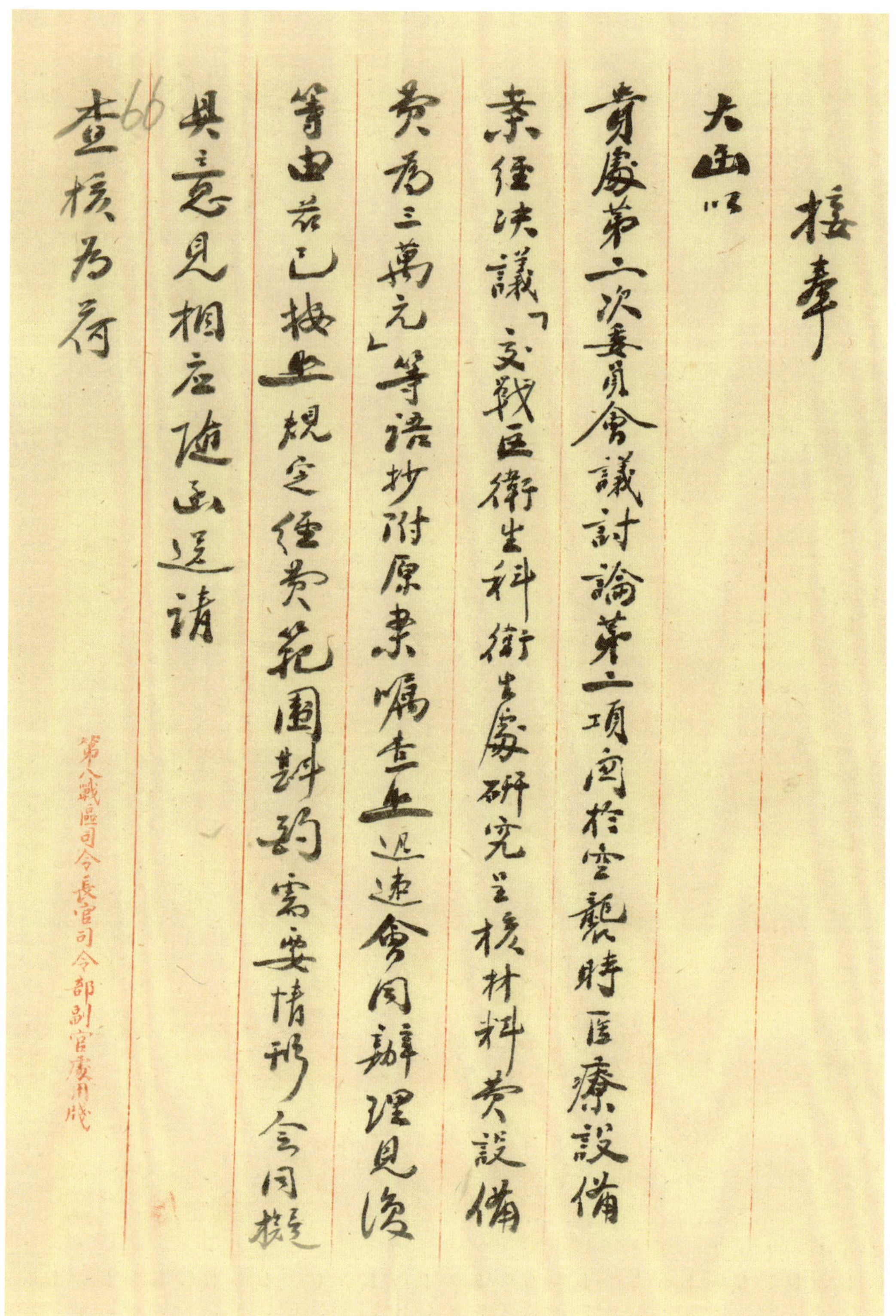
接奉
大函以
贵处第二次委员会议讨论第二项关于空袭时医疗设备
案经决议「交战区卫生科、卫生处研究并核材料费、设备
费为三万元」等语，抄附原案，嘱查照迅速会同办理见复
等由。兹已按照规定经费范围，斟酌需要情形，会同拟
具意见，相应随函送请
查核为荷

第八戰區司令長官司令部副官處用箋

此致

蘭州空襲緊急救濟聯合辦事處

附空襲區療設備意見一件

甘肅省衛生處代理處長楊樹信

第八戰區司令部衛生課長儲晋芳

九月四日

67

兰州空袭紧急救济联合办事处兼总干事关于防空工程费垫拨事致主任委员的签呈（一九四〇年九月六日）

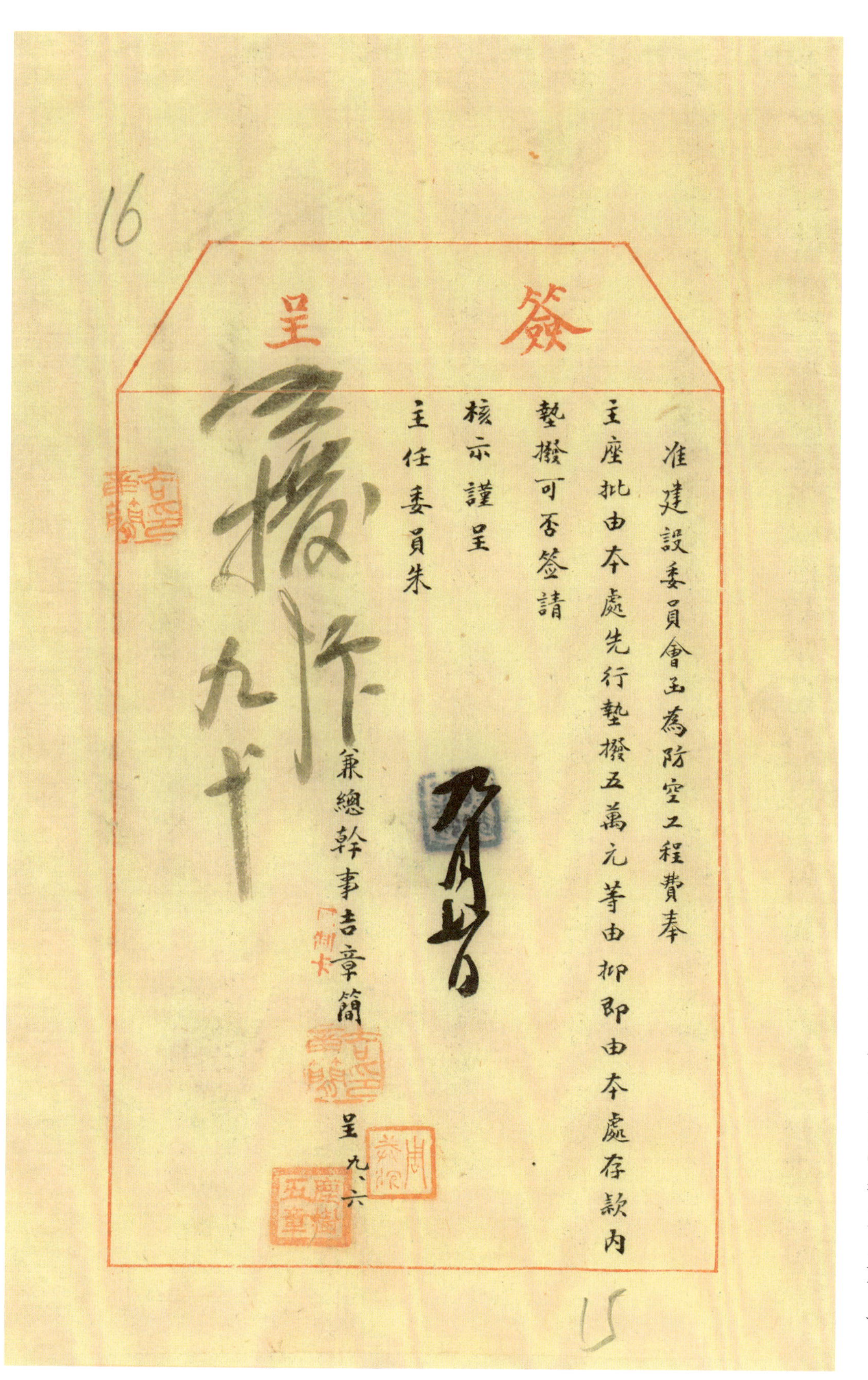

16

簽呈

准建設委員會函爲防空工程費奉

主座批由本處先行墊撥五萬元等由即由本處存款内

墊撥可否簽請

核示謹呈

主任委員朱

兼總幹事吉章簡 呈 九、六

15

甘肃省政府兰州市区建设委员会关于审查防空工程图样、计划表等事致兰州空袭紧急救济联合办事处的笺函（一九四〇年九月八日）

案奉

戰區司令長官朱手令以現值防空緊急應速策動兵工民工星夜趕築防空防壕洞即由防空司令部及市區建委會會同各有關機關負責辦理等因遵即召集各有關機關開會商討比將防空工程計劃圖樣預算表等呈報交由貴處審查修正簽准施行在案其建築地區及數量責由防空司令部規定工程事項責由本會設計工程督導隊責由戰區政治部主持組織宣傳事項責由省党部主持辦理現正分途工作以期如限完成除分行外相應將奉令辦理趕築防空壕洞工程情形附抄策動兵工民工命令案一件及蘭州市公共防空工程

甘肅省政府蘭州市區建設委員會用箋

建築計劃草案并防空洞防空井防空壕圖樣各一份隨函送達即希

查照為荷此致

蘭州空襲緊急救濟聯合辦事處

附　抄發動員工民工命令一件　公共防空工程計劃草案及防空洞防空壕防空井圖樣

會議紀錄及防空壕洞計劃表各一份

甘肅省政府蘭州市區建設委員會（印）

啟　九月　日

12

甘肅省政府蘭州市區建設委員會用箋

附一：策动兵工民工命令的抄件

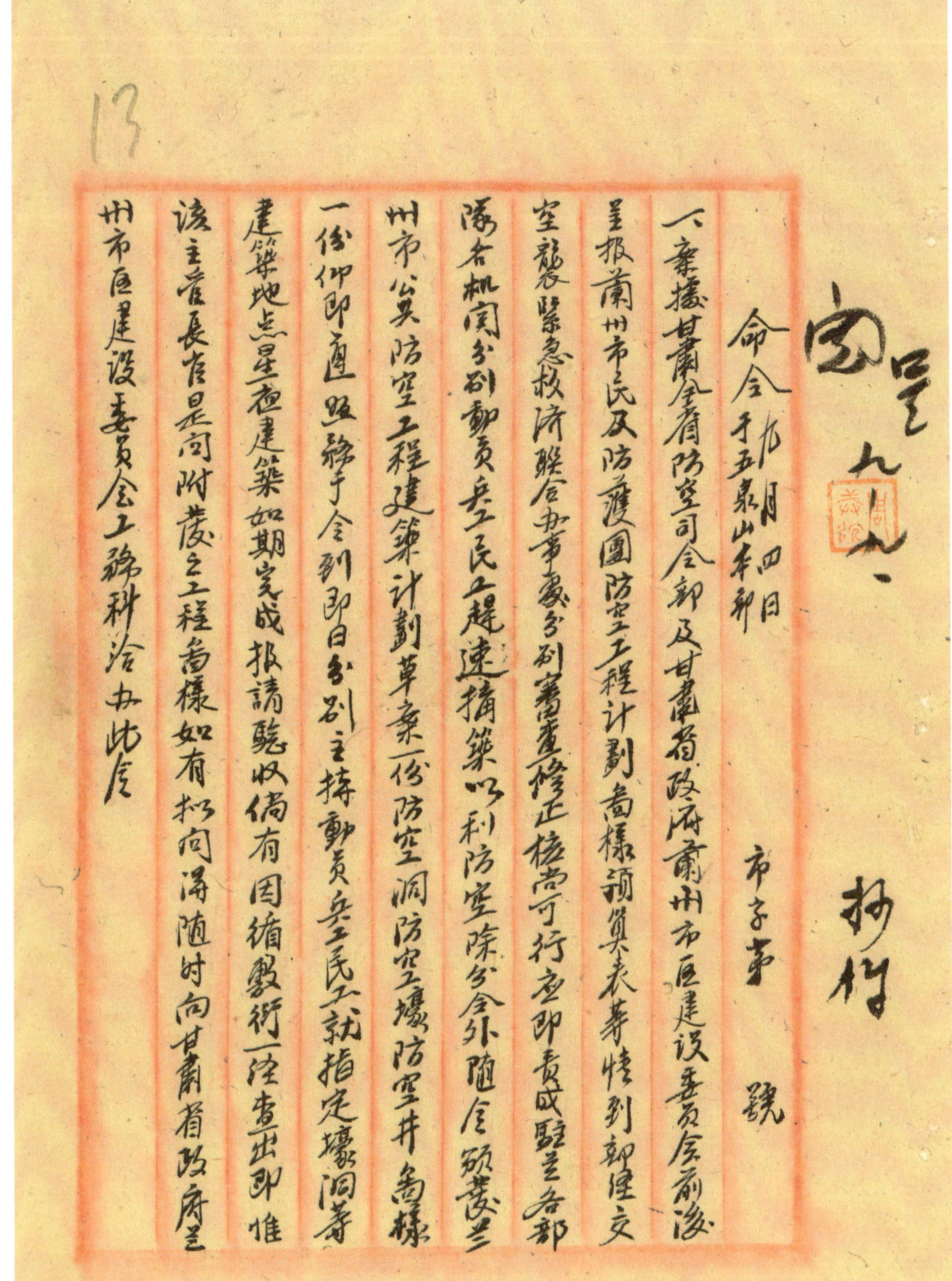

抄件

密呈九八

命令　九月四日　于五泉山本部　市字第　號

一、案據甘肅全省防空司令部及甘肅省政府、蘭州市區建設委員會前後呈報蘭州市民及防護團防空工程計劃、圖樣、預算表等情到部，經交空襲緊急救濟聯合辦事處分別審查修正，核尚可行，應即責成駐蘭各部隊、各機關分別動員兵工民工趕速構築，以利防空。除分令外，隨令頒發蘭州市公共防空工程建築計劃草案一份、防空洞防空壕防空井圖樣一份，仰即遵照辦理。令到即日分別主持動員兵工民工就指定壕洞等建築地點星夜建築，如期完成，報請驗收。倘有因循敷衍，一經查出，即惟該主管長官是問。附發之工程圖樣如有不明瞭處，得隨時向甘肅省政府呈州市區建設委員會工務科洽辦。此令。

14

附发兰州市公共防空工程建筑计划草案一份

防空洞防空井防空壕图样一份

右令

附二：市郊防空工程计划表

市郊挖防空洞壕计划表

地点	挖洞壕井数目 主洞	壕	井	担任挖壕之机关团体	担任督导之机关人	备考
五泉山附近	五〇	一〇〇	二〇〇	战区特务营		沿上至皋兰山两旁多建筑
中山林附近	五〇	二〇〇	三〇〇	战区特务营、四二军补充团		自中山林沿两路旁应多建筑
皋兰山顶		三〇	五〇	战区特务营、炮兵三连		
红泥沟	三〇	三〇	五〇	四八师四三营		
红山根一带	五〇	五〇	一〇〇	四八师四四二团		
皋兰县府	二	二	一〇	四十八师		
公共体育场附近		四〇	三〇	四八师一四二团		
土门墩附近		三〇	五〇	四八师四三营炮连		
河北草场一带	三〇	三〇	六〇	四八师兵工营		
金城关以西至徐家湾一带	五〇	五〇	一〇〇	四八师兵工营		
庙滩子一带	三〇	二〇	五〇	四八师四四三连		
拱星墩		五〇	八〇	[illegible]		
雀家崖	二〇	二〇	五〇	四八师一四三团九连		
徐家湾一带		二〇	五〇	四八师一四三团八连		
五里铺		三〇	五〇	四八师一四三团机连		
九条路口	一〇	二〇	三〇	四八师一四三团三连		
[illegible]		五〇	四〇	四二军补充团		路两旁多建筑
南稍门、西稍门、东稍门、小西门、南门		一〇〇	二〇〇	四二军补充团		[illegible] 路两旁多建筑
下沟一带		二〇	五〇	东路总指挥部特务连		
西城坪山上		二〇	一〇〇	高射炮连		
北塔山上	三〇	一〇	二〇	高射炮连		
新桥滩坪		三〇	六〇	监测队		
农校附近		三〇	六〇	监测队		

雨部平均分担

市郊挖防空洞壕計劃表

地點	挖洞壕井數目 土洞	壕	井	担任挖壕之機關團体	担任督導人員	備考
糧米台附近		二〇	三〇	測量隊		
東教場洸窩子一帶		三〇	三〇	中央軍校軍官訓練團		平均分配工作
雁灘		一〇〇	一〇〇	中央軍校西北訓練團		
水磨溝五里鋪至八里窑	三〇	二〇	三〇	西北交通司令部		
華林山一帶		三〇	一〇〇	三六補充處		
上下西園一帶	三〇	三〇	一〇〇	蘭州警備司令部		
北塔山一帶	一〇	一〇	三〇	警官學校		
畢家崖	一〇	二〇	三〇	警察訓練所		
七里河一帶		二〇	二〇	皋蘭縣政府常備隊		
省府附近	五	二〇	二〇	省府警衛隊		

市郊挖防空洞壕调查表

地点	土洞	壕	井	指定担任挖壕之机关团体	担任监导实施者	备考
省府花园及操场	三	五	一〇	省府各厅处		
孝友街城墙	二			回民教育促进会		
黄家园空地		一	五	抗敌后援会		
前通巷城墙及空地	一	一	二	电灯局		
仝上	一	一	二	电政管理局		
萃英门口空地	一	一	四	甘肃学院		
仝上	一	一	四	工业学院		
仝上	一	一	四	卫生处		
仝上	一	一	四	盐务局		
仝上	一	一	四	制造厂		
贡元巷城墙及空地	一	二	三	军械局		
仝上	二	二	三	宪兵营		
仝上	二	二	三	皋兰县民兵团		
县门空地		二	五	邮政局		
南关外门城墙	五	五	一〇	中中交农四行处 省银行平市官钱局		
仝上	二	二	一〇	皋兰县党部		
行宫隧道	五	五	三〇	公路管理局		
小西湖		一	一〇	西北防疫处		
西园隧道	一	一	二	外交特派员公署		
郑家庄隧道		五	一〇	公路运输处		
广武门外空地		五	二〇	空军司令部		
中山林一带		五	一〇	民众教育馆		
仝上		五	一〇	国民日报社		

[illegible]市防空洞壕計劃表

地 點	洞	壕	容量	擔任挖掘之機關團體	擔任督導工程人員	備 考
中山林前道		五	一〇〇	西北日報社		
仝 上		五	一〇〇	[illegible]		
仝 上		五	一〇〇	省黨部		
高等法院門口空地		一	五〇	高等法院		
仝 上		一	五〇	地方法院		
趙家莊一帶		三	一五〇	戰區政治部		
[illegible]		一	四〇	製呢廠		
仝 上		一	四〇	蘭州中學		
仝 上		一	四〇	蘭州師範		
仝 上		一	四〇	青年營		
官廳後空地		二	一〇〇	車駝管理局		
行宮前道		二	六〇	汽車站		
仝 上		二	六〇	汽車站		
雁灘空地		二	一〇〇	農業改進所		
醫院後城牆及空地	三	二	一〇〇	青年團		
上下兩園	一	五	一五〇	戰區政治部		
鹽場堡一帶	一	一	一五〇	女子師範		
畢家營一帶	二	五	一五〇	甘肅學院		
十里店一帶	一	五	一〇〇	工訓練班		

18

19

市郊挖防空洞總計副表

地点	挖洞數 已成工洞	未達工	共	担任挖掘之機關團體	担任督導之負責人	附攷
候府街	八			第一聯保第一保甲公所		
馬坊門	六			仝上		
木塔巷	七			仝上		
北門街	五			仝上		
後候街	三			仝上		
賢後街	五			仝上		
前大街	三			仝上		
西門甕城	七			仝上		

5

市郊[illegible]調查[illegible]判表

施[illegible]處	[illegible]	[illegible]	[illegible]	[illegible]	担任[illegible]導[illegible]會	備
東紙識	一	[illegible]	一〇	一保甲公所		
公若慧	[illegible]	[illegible]	一〇	全	上	
東大街	五			全	上	
田岸	二		一	全	上	
轅門街	九		一〇	全	上	
西桐子	四			全	上	
元之倉	文			全	上	
曹家丁	[illegible]		一〇	全	上	
貢元巷	五			全	上	
道門街	二			全	上	
南大街	一〇			全	上	
中山街	六			全	上	
部門街	六			全	上	
學院街	一			全	上	
道井巷	三			全	上	
西城巷	六		五	全	上	
百子樓	一			全	上	
繡[illegible]	二		五	全	上	
南康街	[illegible]			全	上	

20

市鄉堤防溝渠計劃表

地名	堤防溝渠數目				担任挖修之機關	担任督導之人員	備考
	[illegible]	[illegible]	[illegible]	计			
王家山一带	十個	三十個	一二〇		第[illegible]分保甲负担		還有地段
一[illegible]溝山上一带	二十個	三十個	一三〇		仝		參閱[illegible]處地
西金城濠外上一带	二十個	三十個	一三〇		仝		仝
馬家窯	一〇〇	五〇	一〇〇		徐家湖[illegible]保甲负担		
五里舖	一二〇	八〇	一五〇		仝左		
[illegible]一带	三〇	六〇	一〇〇		[illegible]		參閱[illegible]地
大沙坪	三〇		一〇〇		[illegible]		仝
上沙溝	五〇		三〇		[illegible]		仝
徐家坪		五〇	五〇		[illegible]		仝
中沙溝	五	一〇	三〇		[illegible]		仝
徐家灣上面	一一	一五	三〇		[illegible]		仝
灣上徐家灣下	一〇	一五	五〇		仝左		仝
西山上一带	一一	一八	三〇		仝左		仝
上西灣一带	一四	一五	三〇		仝左		仝
[illegible]一带	四〇	八〇	一五〇		十里店保甲[illegible]		仝
十里店	一二〇	三〇	五〇		仝左		仝
[illegible]		二〇	三〇		[illegible]		
陳家[illegible]		三〇	五〇		仝左		
陳家[illegible]		三〇	五〇		仝左		
街上頭[illegible]		一〇	三〇		仝左		
[illegible]		一〇	三〇		仝左		
[illegible]		二〇	三〇		仝左		
[illegible]		三〇	五〇		仝左		

市郊挖防空洞壕計劃表

地點	挖洞壕井數目			担任挖壕之機關團体	担任督導之委員會	備考
	大洞	壕	井			
橋子濟	一〇〇		一〇〇	仝右		
上濟灣子	二〇〇		一〇〇	仝右		
東路灣子	五〇		一〇〇	寺前熊家東鎮灣子保甲辦公處		
東濟	一五〇		二〇〇	東濟保甲辦公處		
崔家崖附近		二〇	三〇	崔家崖保甲辦公處		
馬灘		四〇	五〇	馬灘保甲辦公處		
大里家濟	五〇	五	五〇	大里家濟保甲辦公處		
小里家濟	二〇	五	三〇	小里家濟保甲辦公處		
穴崖子	五〇	一〇	五〇	穴崖子保甲辦公處		
亂莊子	五〇	一〇	五〇	亂莊子保甲辦公處		
范家坪	二〇〇	二〇	一〇〇	范家坪保甲辦公處		
彭家坪	一〇〇	一〇	一〇〇	彭家坪保甲辦公處		
五龜巷	一〇〇	一〇	一〇〇	由當地保甲辦公處		
深濟	二〇〇		一〇〇	仝右		
楊家崖頭	五〇	一〇	八〇	仝右		
葉家灣	五〇	一〇	八〇	仝右		
石家濟	二〇〇		一〇〇	仝右		
何家台	五〇	一〇	五〇	仝右		
路家台	五〇	一〇	五〇	仝右		
石家濟	五〇	一〇	五〇	仝右		
路家濟	五〇		五〇	仝右		
後五泉	二〇		五〇	仝右		
紅崖灣	三〇	一〇	五〇	仝右		

市郊挖防空洞壕計劃表

地點	挖洞壕井數目：土洞	壕	井	担任挖壕之機關（防護團体）	担任督導工程之負責人	備考
劉家磨	五〇	一〇	五〇	仝右		
龔家磨頭	一〇〇	一〇	一〇〇	仝右		
第二分團東城壕	一	一	一〇	第二分團第二保甲公所		
北城壕	一	一	一〇	仝		
洞水道		三		仝		
廣武前街三叉路口		二	二〇	仝		
水車園		五	五〇	仝		
魚池子		五		仝		
南城根		三		仝		
上[illegible]園		二	一〇	仝		
下[illegible]園		二	三	仝		
[illegible]安門外	二	二	6	第三分團第三保甲公所		
西城壕	一	三	一〇	仝		
孝友街	窨十四			防護第三分團第三保甲公所		
仝				仝		
南灘街	八			仝		
仝				仝		
井兒街	六			仝		
仝				仝		
仝				仝		
福祿街	五			仝		
仝				仝		

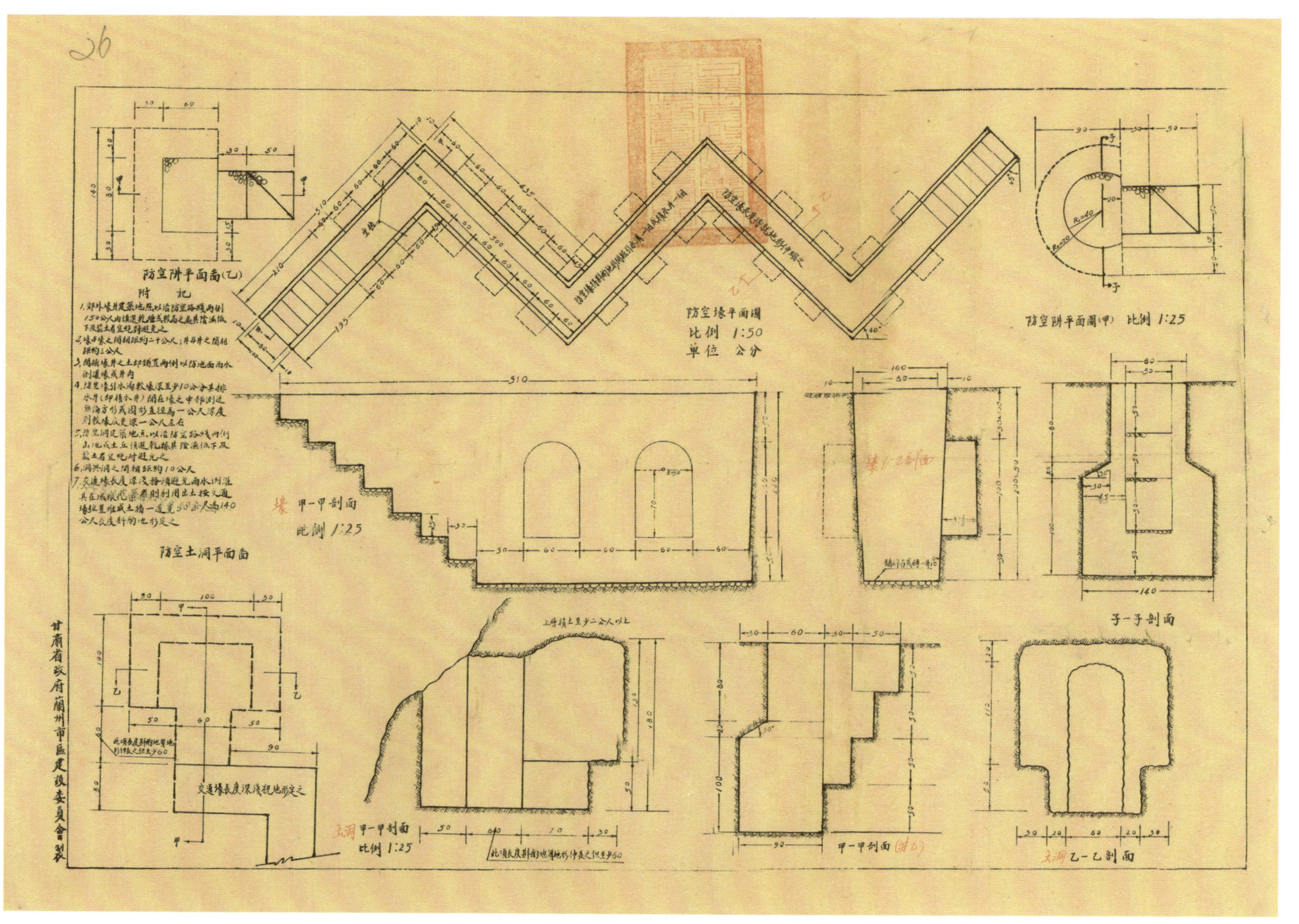

防空阱平面圖(甲) 比例 1:25
子—子剖面
防空壕平面圖
比例 1:50
單位 公分
防空阱平面圖(乙)
附記
1.郊外壕井建築地點以沿防空路線兩側150公尺內擇選乾燥或較高之處其陰濕低下及鬆土者宜絕對避免之
2.壕與壕之間相距約二十公尺；井與井之間相距約三公尺
3.開掘壕井之土即鋪置兩側以防地面雨水倒灌壕或井內
4.防空壕引水溝較壕深至少10公分其排水井(即積水井)開在壕之中部測定無論方形或圓形直徑爲一公尺深度則較壕底更深一公尺左右
5.防空洞建築地點以沿防空路線兩側山地或土丘擇選乾燥其陰濕低下及鬆土者宜絕對避免之
6.洞與洞之間相距約10公尺
7.交通壕長度深淺務須避免雨水倒灌其在城根挖築者則利用出土按交通壕位置堆成土牆一道寬58公尺高140公尺長度斟酌地形定之
防空土洞平面圖
壕 甲—甲剖面
比例 1:25
壕 乙—乙剖面
交通壕長度深淺視地形定之
上層積土至少二公尺以上
主洞 甲—甲剖面
比例 1:25
甲—甲剖面(附右)
主洞 乙—乙剖面
甘肅省政府蘭州市區建設委員會製

兰州空袭紧急救济联合办事处兼总干事关于医疗设备材料费用事致主任委员的签呈（一九四〇年九月十五日）

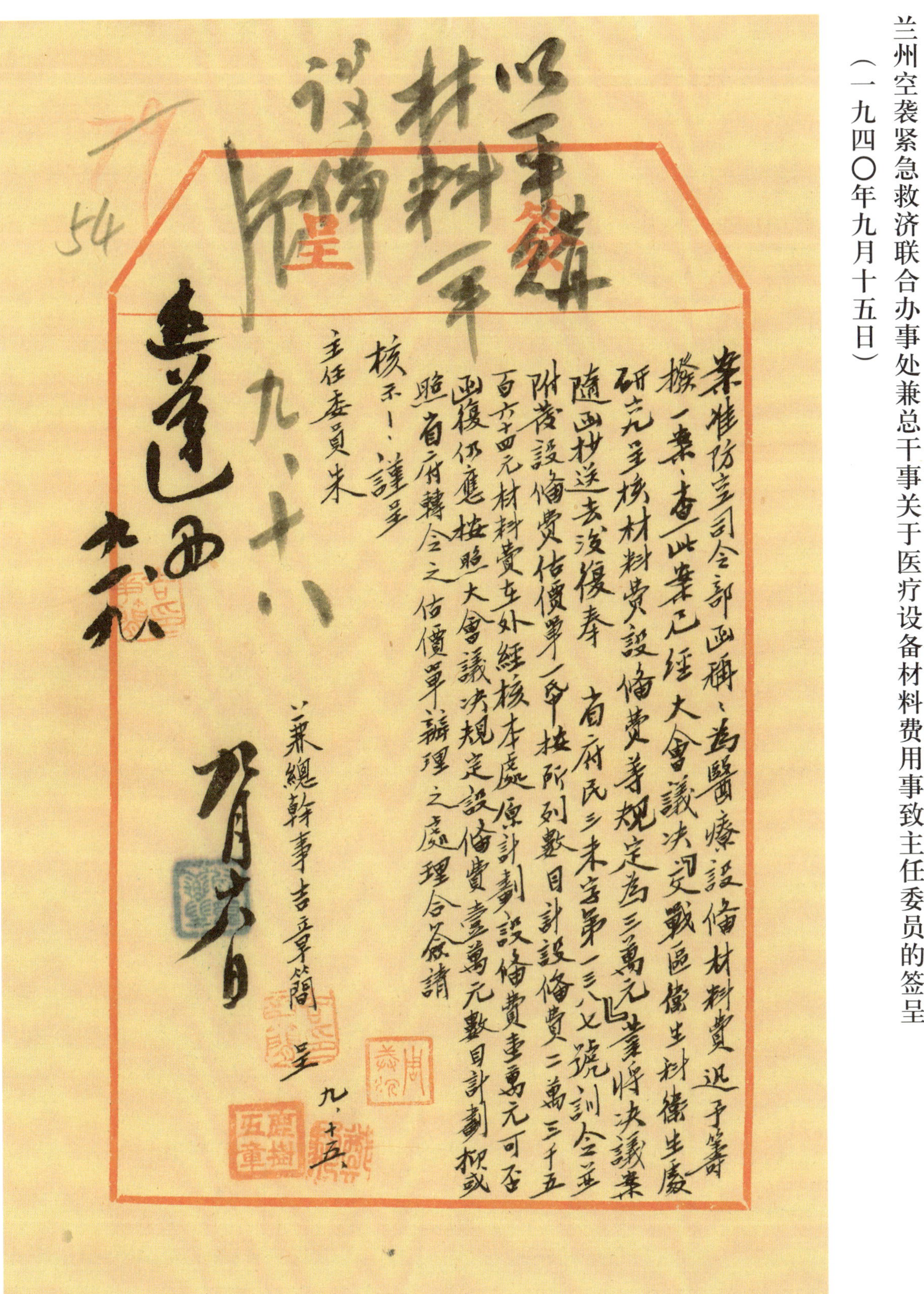

案准防空司令部函稱：為醫療設備材料費迅予籌撥一案。查此案已經大會議決，包交戰區衛生材料衛生處研究呈核材料費設備費等規定為三萬元，並將決議案隨函抄送去後，復奉

省府民三未字第一三八七號訓令，並附發設備費估價單一份。按所列數目，計設備費二萬三千五百六十四元，材料費在外。經核本處原計劃設備費壹萬元，可否函復仍應按照大會議決規定設備費壹萬元數目計劃，抑或照省府轉令之估價單辦理之處，理合簽請

核示！謹呈

主任委員朱

兼總幹事吉章簡 呈

九、十五

九、十八

兰州空袭紧急救济联合办事处总务股长关于购买桌凳费用事致主任委员的签呈（一九四〇年十月三日）

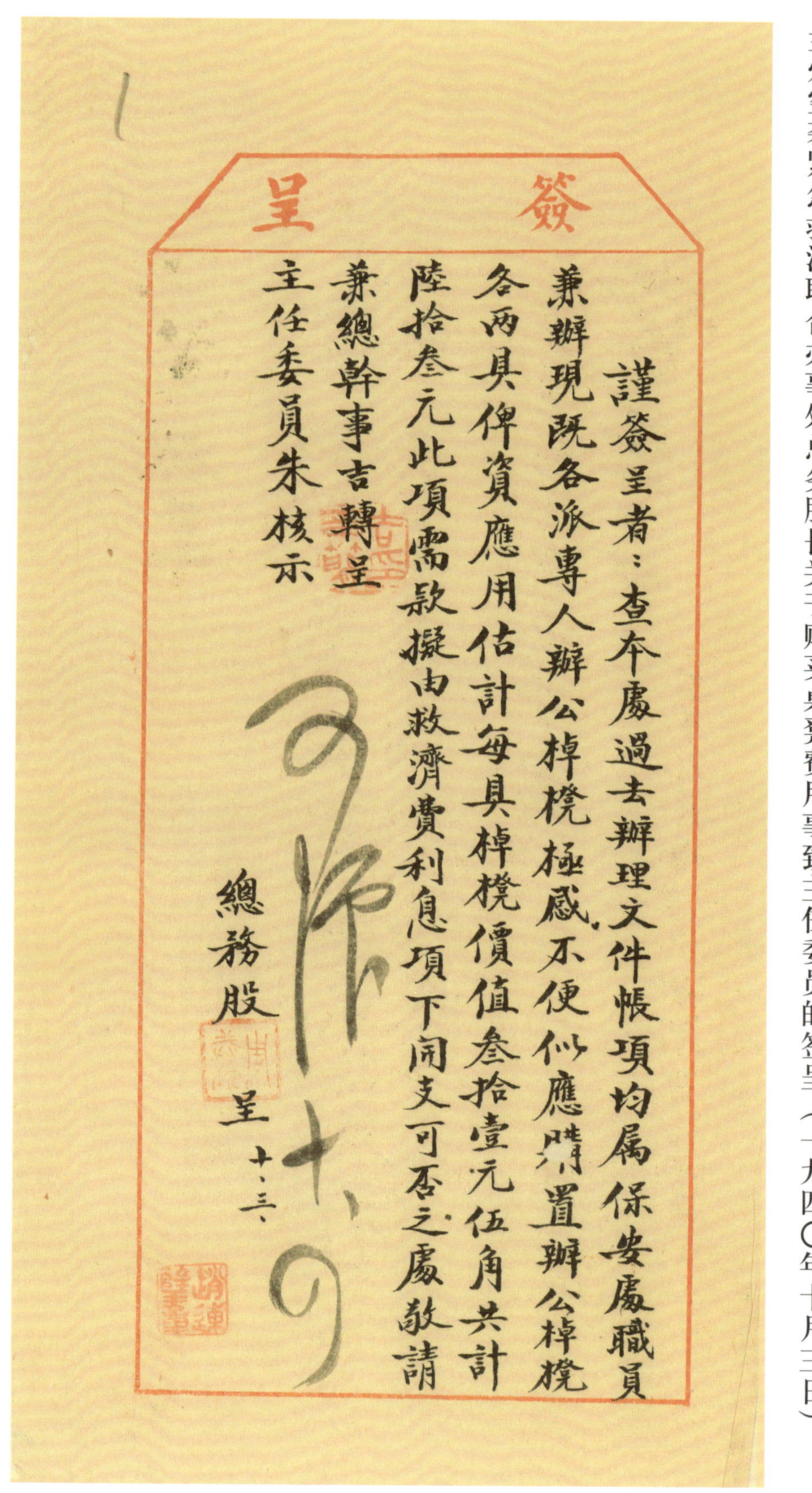

簽呈

謹簽呈者：查本處過去辦理文件帳項均屬保安處職員兼辦，現既各派專人辦公，桌櫈極感不便，似應購置辦公桌櫈各兩具，俾資應用。估計每具桌櫈價值叁拾壹元伍角，共計陸拾叁元。此項需款擬由救濟費利息項下開支，可否之處，敬請

兼總幹事吉轉呈

主任委員朱核示

總務股呈

十、三

附：总务股关于购买桌凳费的抄呈

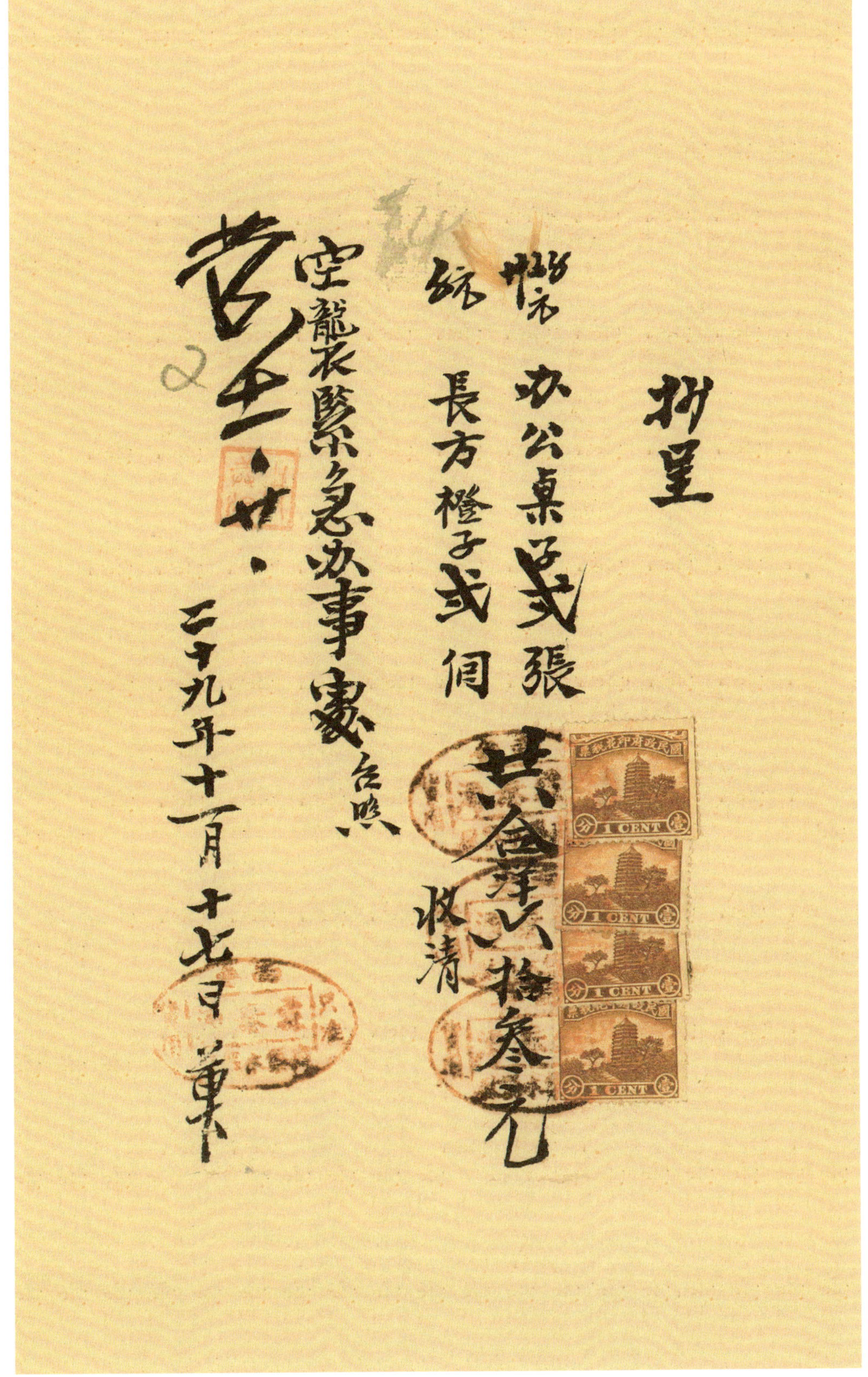

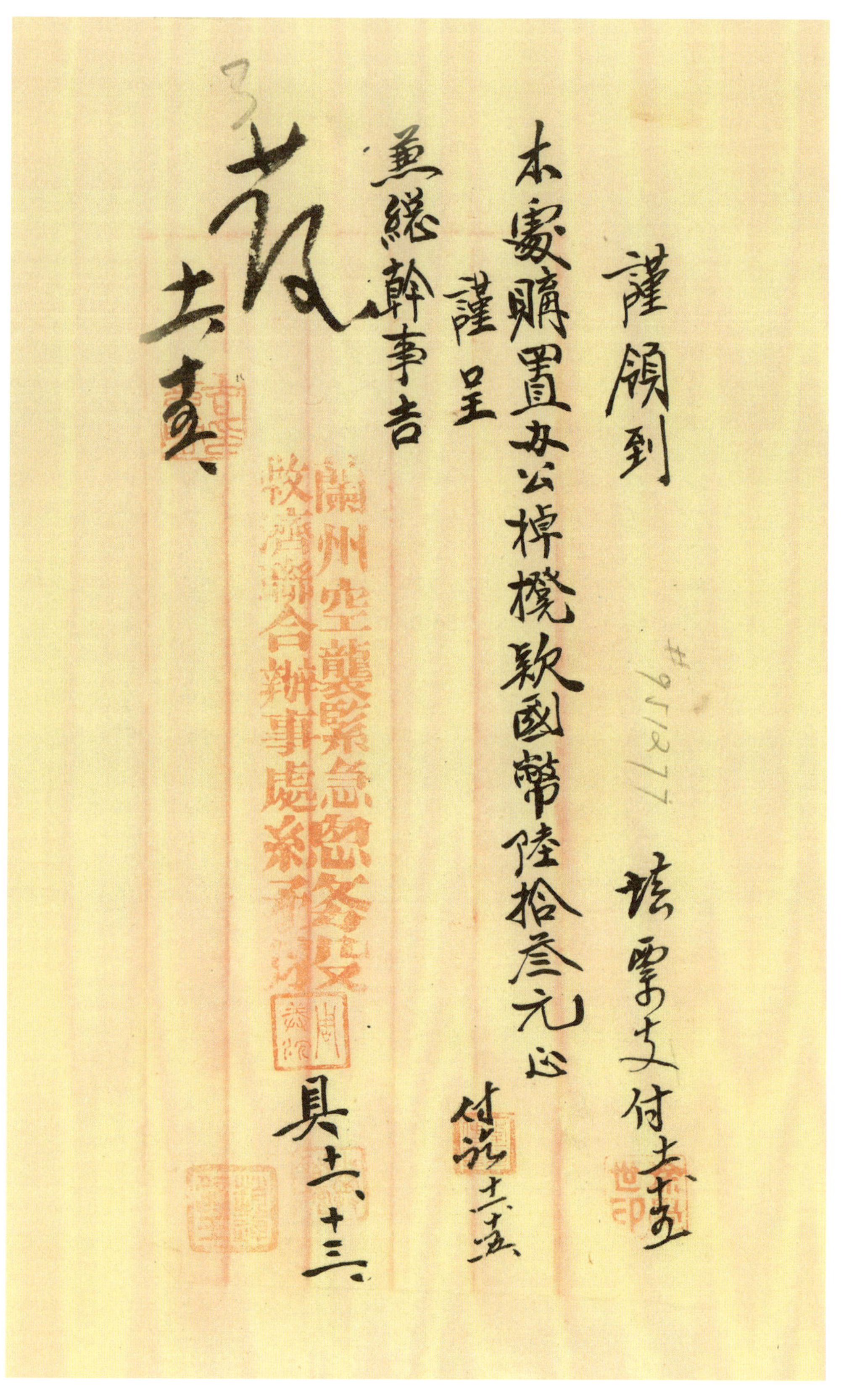
謹領到

本處購置辦公桌櫈款國幣陸拾叁元正

謹呈

兼總幹事吉

蘭州空襲緊急救濟聯合辦事處總務股

具十二、十三

付訖十二、十五

璩霖支付十二、十五

#951277

甘肃省政府关于战区交通处复函无车可拨致兰州空袭紧急救济联合办事处的训令（一九四〇年十月四日）

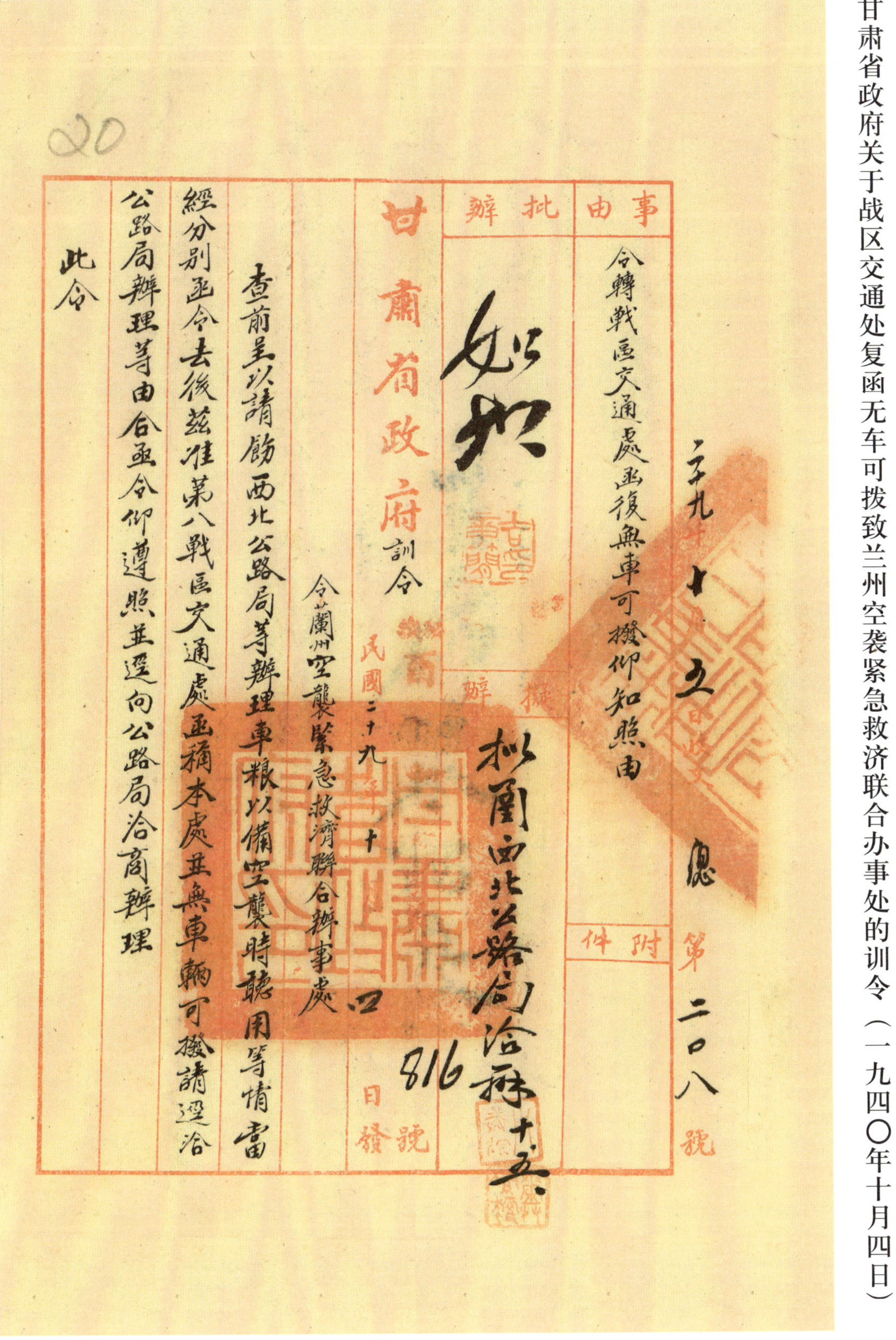

事由：令转战区交通处函复无车可拨，仰知照由

甘肃省政府训令

民国二十九年十月　日發　第二〇八號

令兰州空袭紧急救济联合办事处

查前呈以请饬西北公路局等办理车粮，以备空袭时听用等情，当经分别函令去后。兹准第八战区交通处函称：本处并无车辆可拨，请迳洽公路局办理等由。合函令仰遵照，并迳向公路局洽商办理。

此令。

21
主席蔣中正
監印蔣元䓗

甘肃省政府关于经费支出计算书等事致兰州空袭紧急救济联合办事处的公函（一九四〇年十月五日）

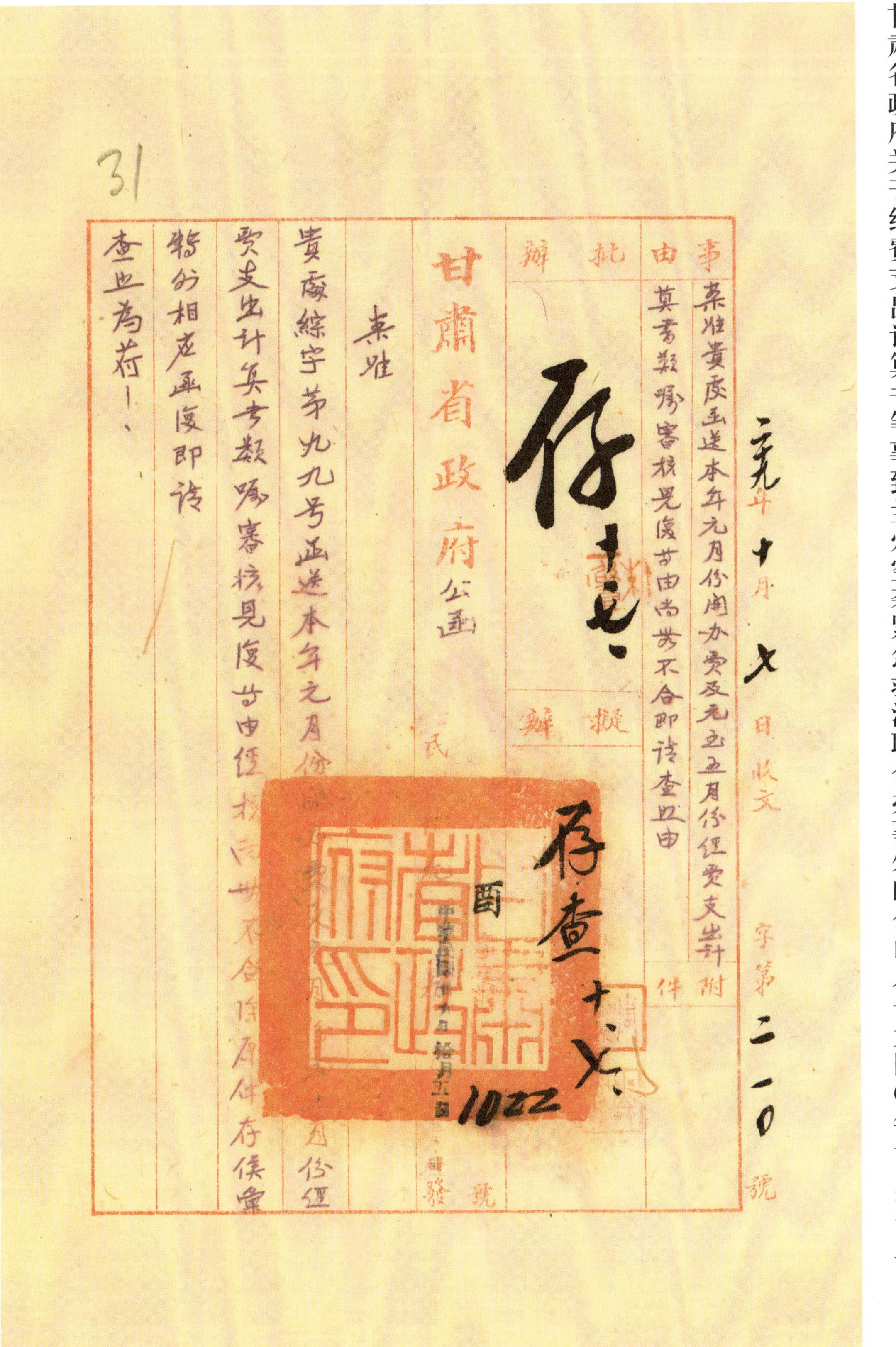

甘肃省政府公函

案准

贵处综字第九九号函送本年九月份经费支出计算书据簿嘱审核见复等由经核尚有不合除原件存候

将分相应函复即请

查照为荷！

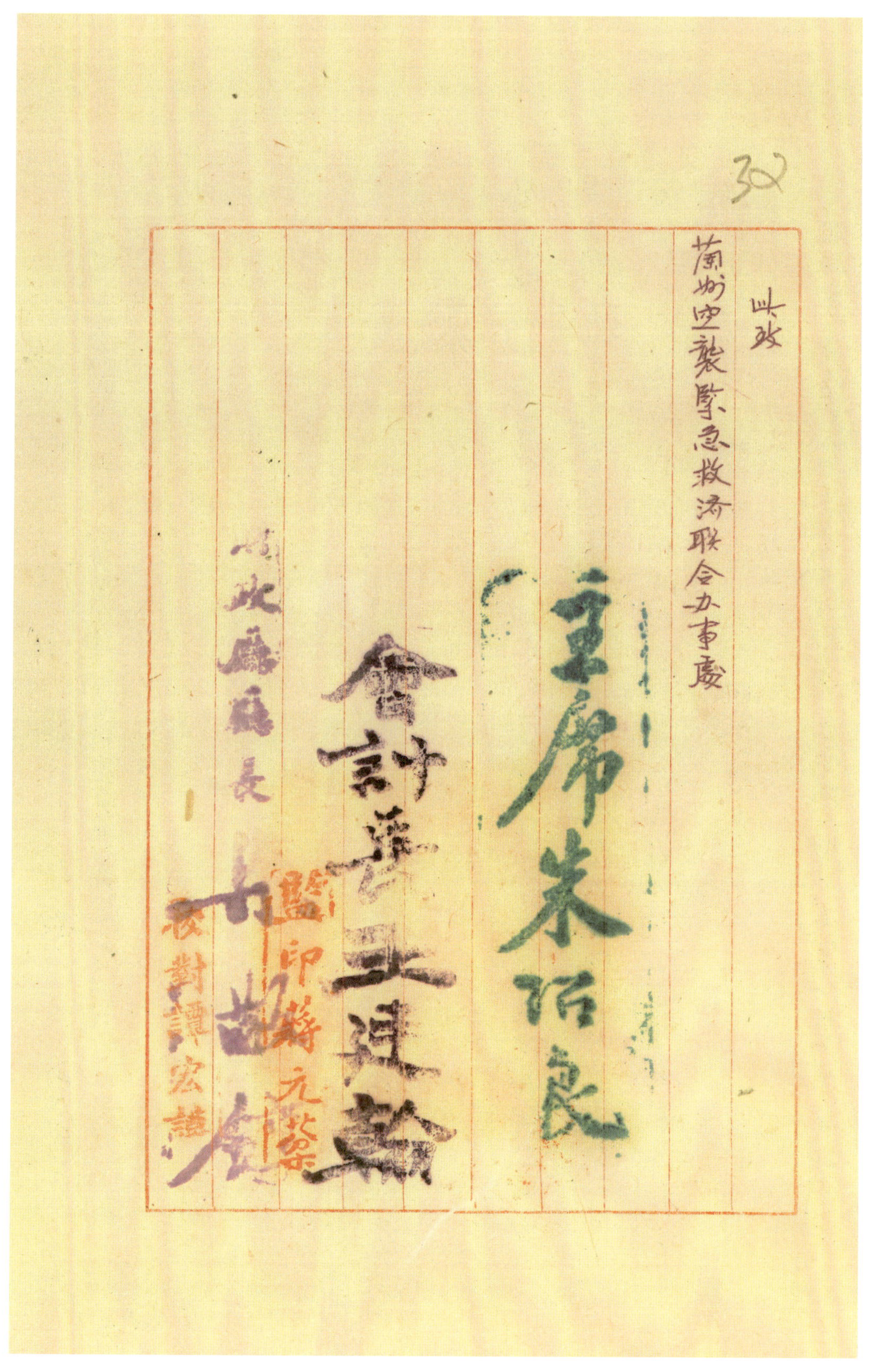
32

此致

蘭州空襲緊急救濟聯合办事處

主席朱紹良

會計長王建猷

總務處處長何鶴（？）

監印蔣元棨

校對譚宏謨

甘肃皋兰县商会关于防空面粉七十万斤无法办理事致甘肃省政府的呈（一九四〇年十月十六日）

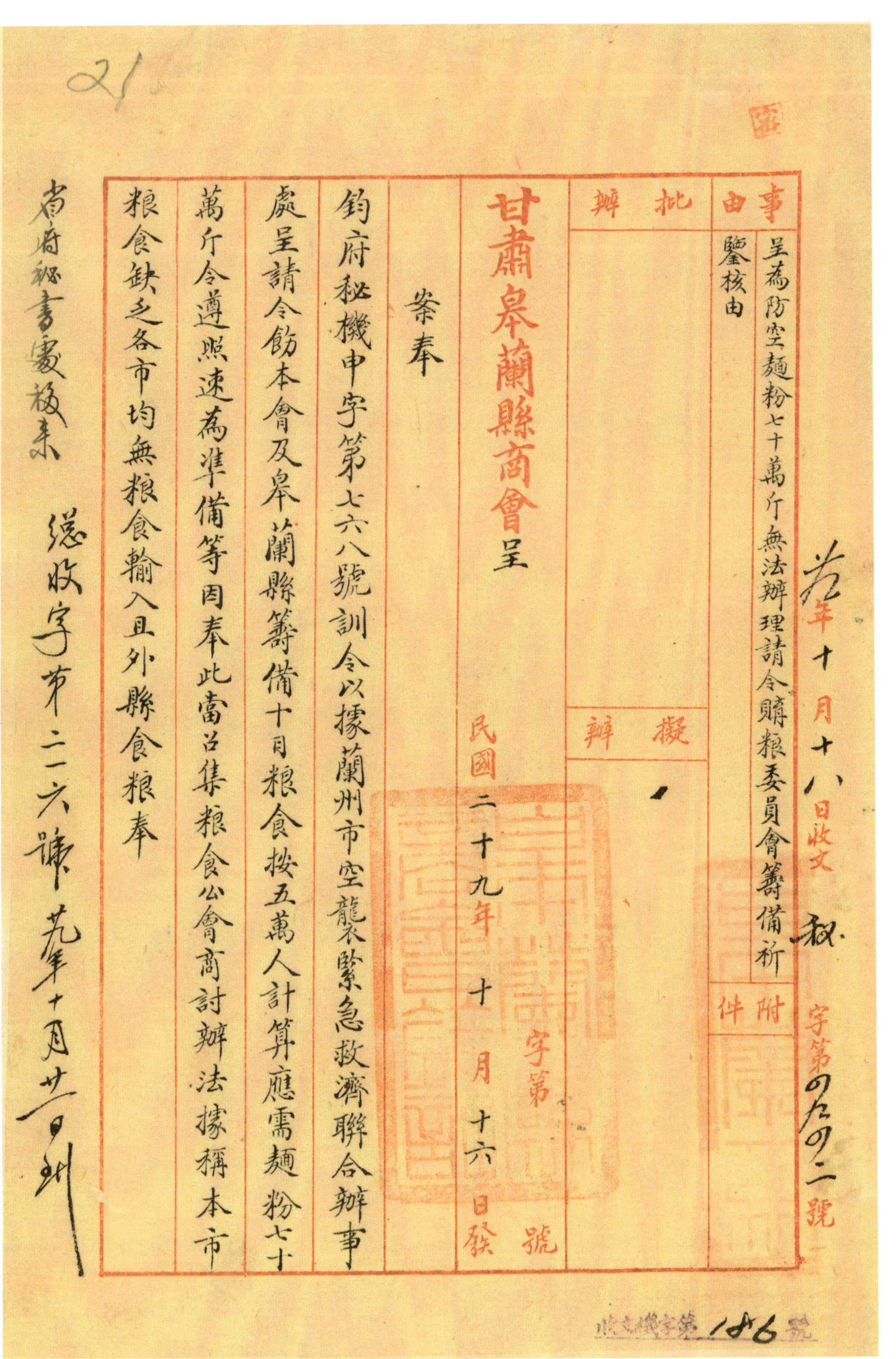

事由：呈為防空麵粉七十萬斤無法辦理請令購糧委員會籌備祈鑒核由

附件

擬辦

批辦

甘肅皋蘭縣商會呈

民國二十九年十月十六日發 字第 號

案奉

鈞府秘機中字第七六八號訓令以據蘭州市空襲緊急救濟聯合辦事處呈請令飭本會及皋蘭縣籌備十月糧食按五萬人計算應需麵粉七十萬斤令遵照速為準備等因奉此當召集糧食公會商討辦法據稱本市糧食缺乏各市均無糧食輸入且外縣食糧奉

廿九年十月十八日收文 字第四七〇二號

收文機字第186號

令制止擅購擅運以致各粮店毫無存粮請轉呈等語查麵粉七十萬斤

爲數甚鉅来源缺乏不易籌備現在粮食既經統制理合呈請

鈞府令購粮委員會籌備以免困難實爲公便。

謹呈

甘肅省政府

皋蘭縣商會主席何潔亭

兰州空袭紧急救济联合办事处总务股文书董绍狐等关于空袭救济捐款款项事致股长的签呈

（一九四〇年十月十八日）

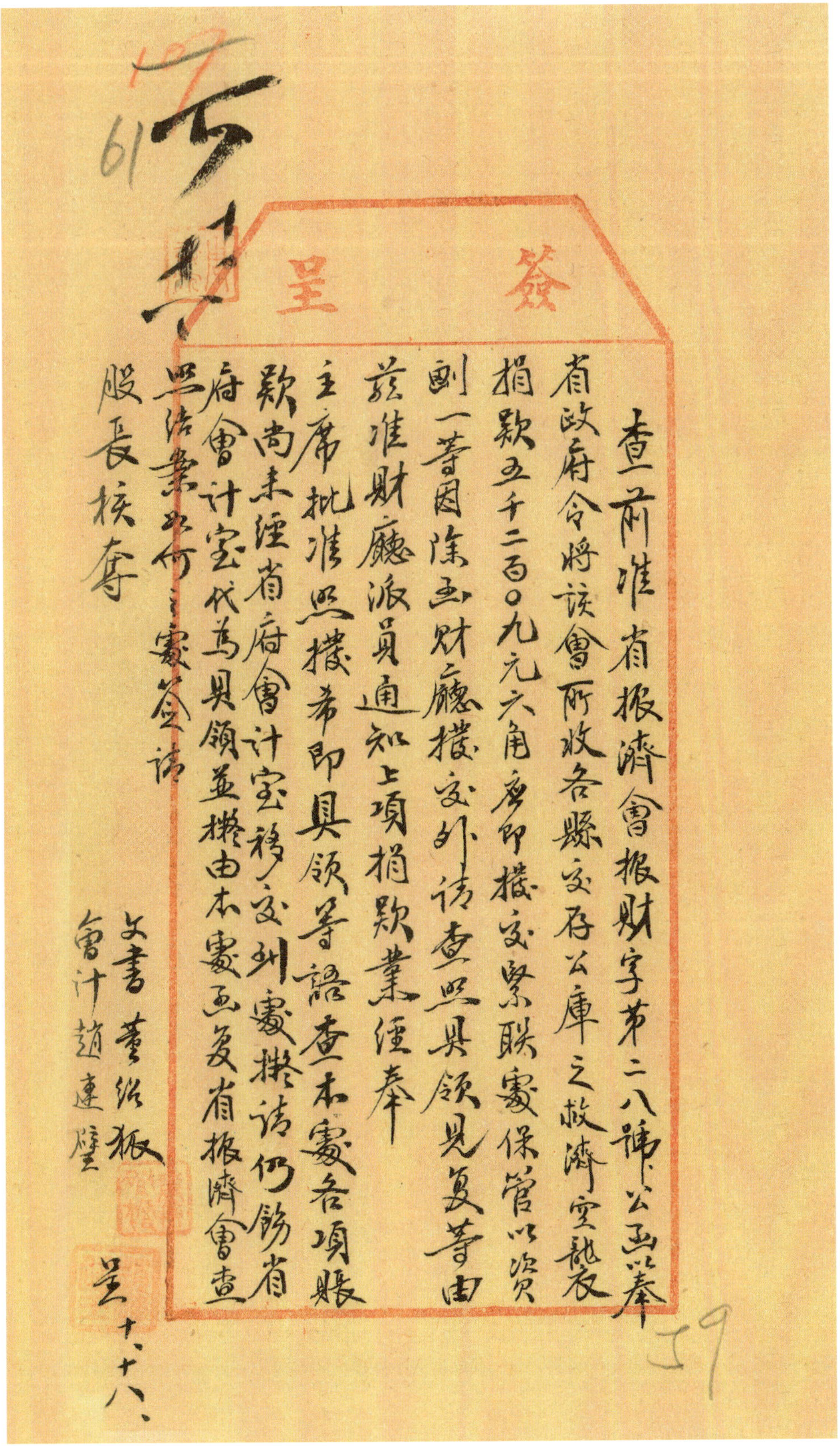

簽呈

查前准省振濟會振財字第二八號公函，以奉
省政府令將該會所收各縣交存公庫之救濟空襲
捐款五千二百〇九元六角，應即撥交緊聯處保管，以資
劃一等因，除函財廳撥交外，請查照具領見復等由。
茲准財廳派員通知上項捐款業經奉
主席批准照撥，希即具領等語。查本處各項賑
款尚未經省府會計室移交到處，擬請仍飭省
府會計室代為具領，並擬由本處函復省振濟會查
照。洽案如何之處，簽請

股長核奪

文書 董紹振
會計 趙達璧
呈 十、十八、

兰州空袭紧急救济联合办事处关于在指定地点找房或公地修理使用事致甘肃省卫生处的公函
（一九四〇年十月二十日）

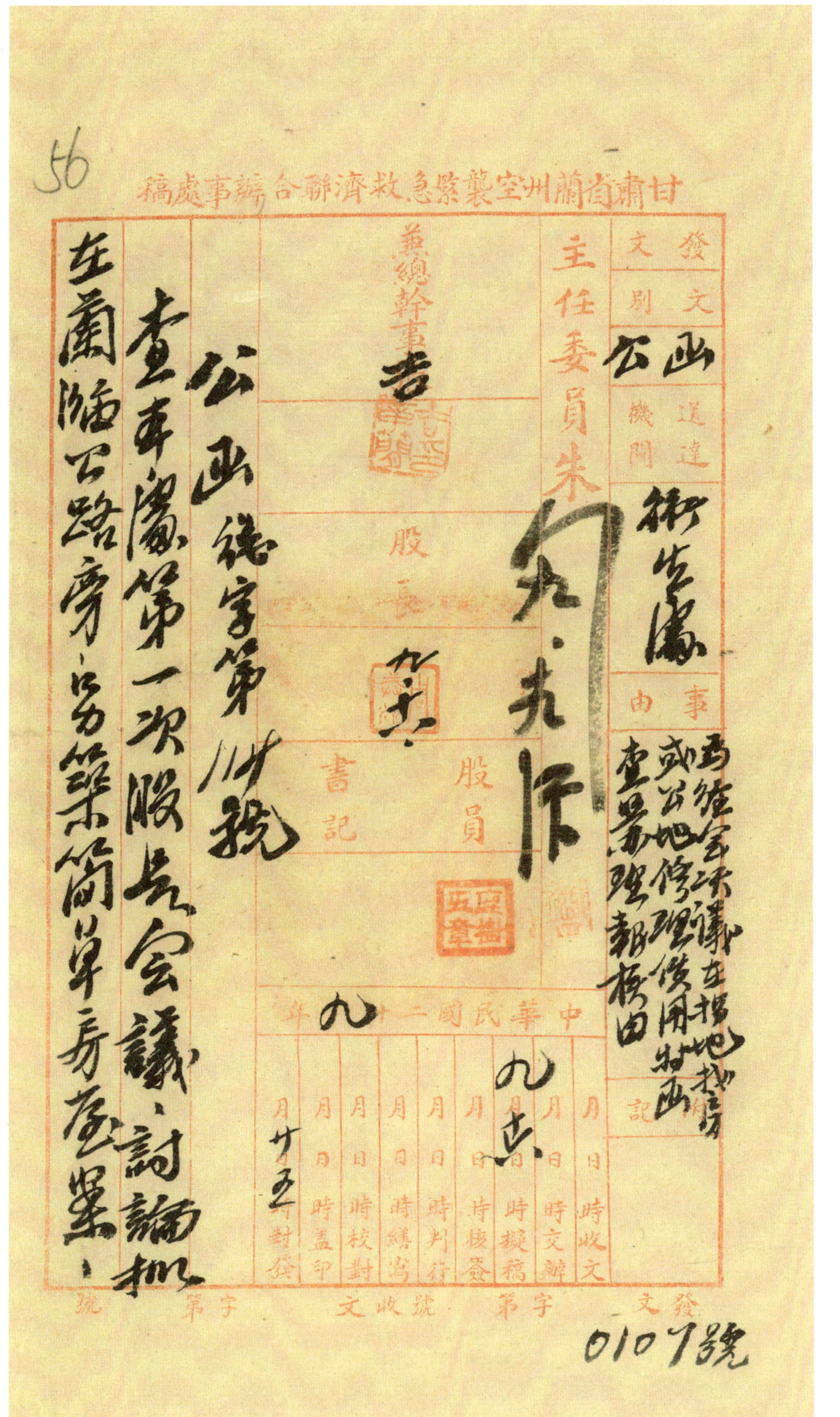
甘肅省蘭州空襲緊急救濟聯合辦事處稿

發文	文別	送達機關	事由
	公函	衛生處	為准會議在指定地點找房或公地修理使用由

主任委員朱　兼總幹事吉　股長　股員　書記

中華民國二十九年九月

公函　總字第卅號

查本處第一次股長會議，討論：

在蘭臨公路旁，另築簡單房屋案，

0107號

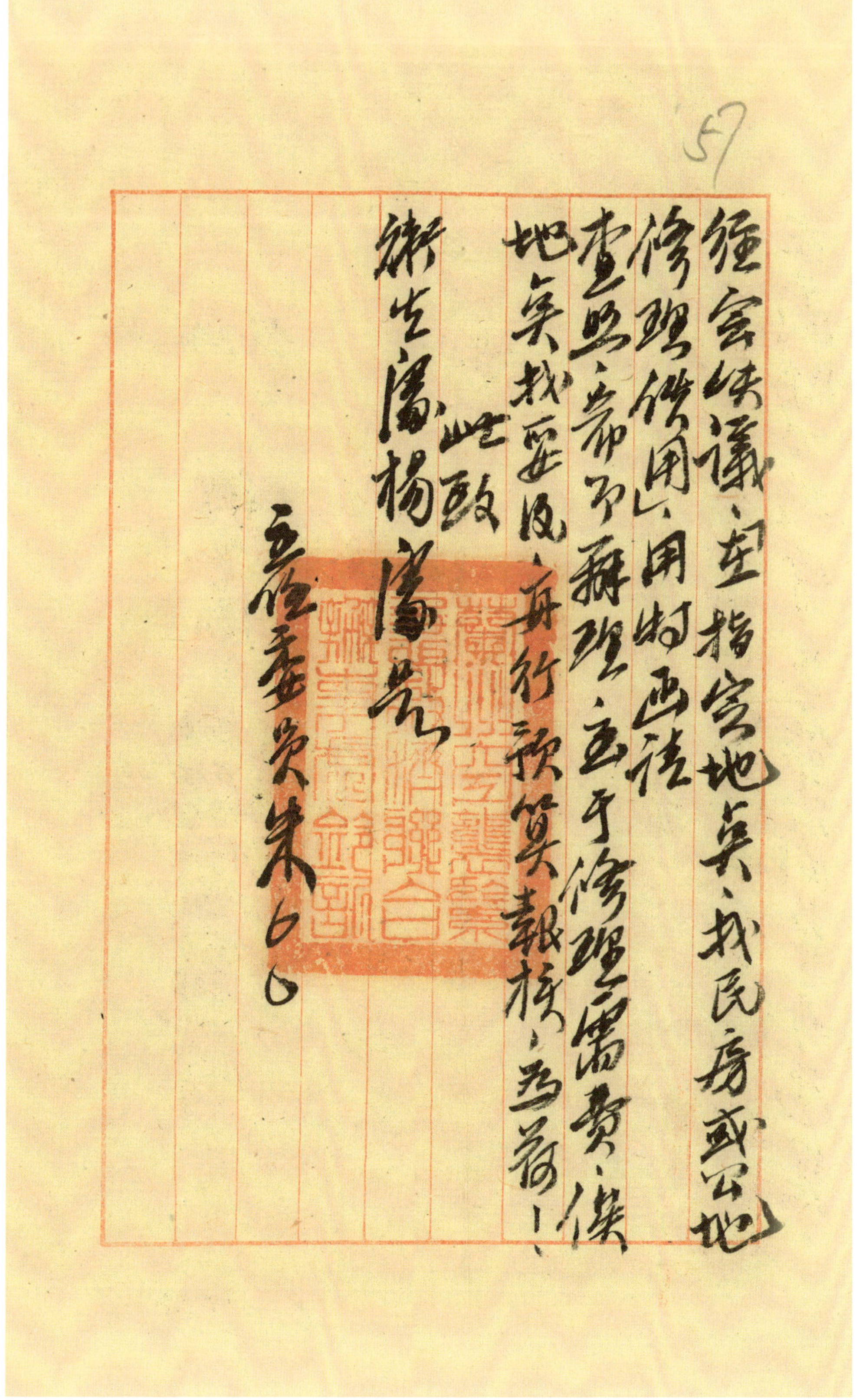

经会续议，暂指定地点，或民房或公地修理，修理费用，由卫处函请查照，希即办理，至于修理需费，俟地点找妥后，再行预算报核，为荷。

此致

卫生处杨处长

主任委员朱○○

兰州空袭紧急救济联合办事处关于皋兰县筹备粮食事致甘肃省政府主席的呈（一九四〇年十一月一日）

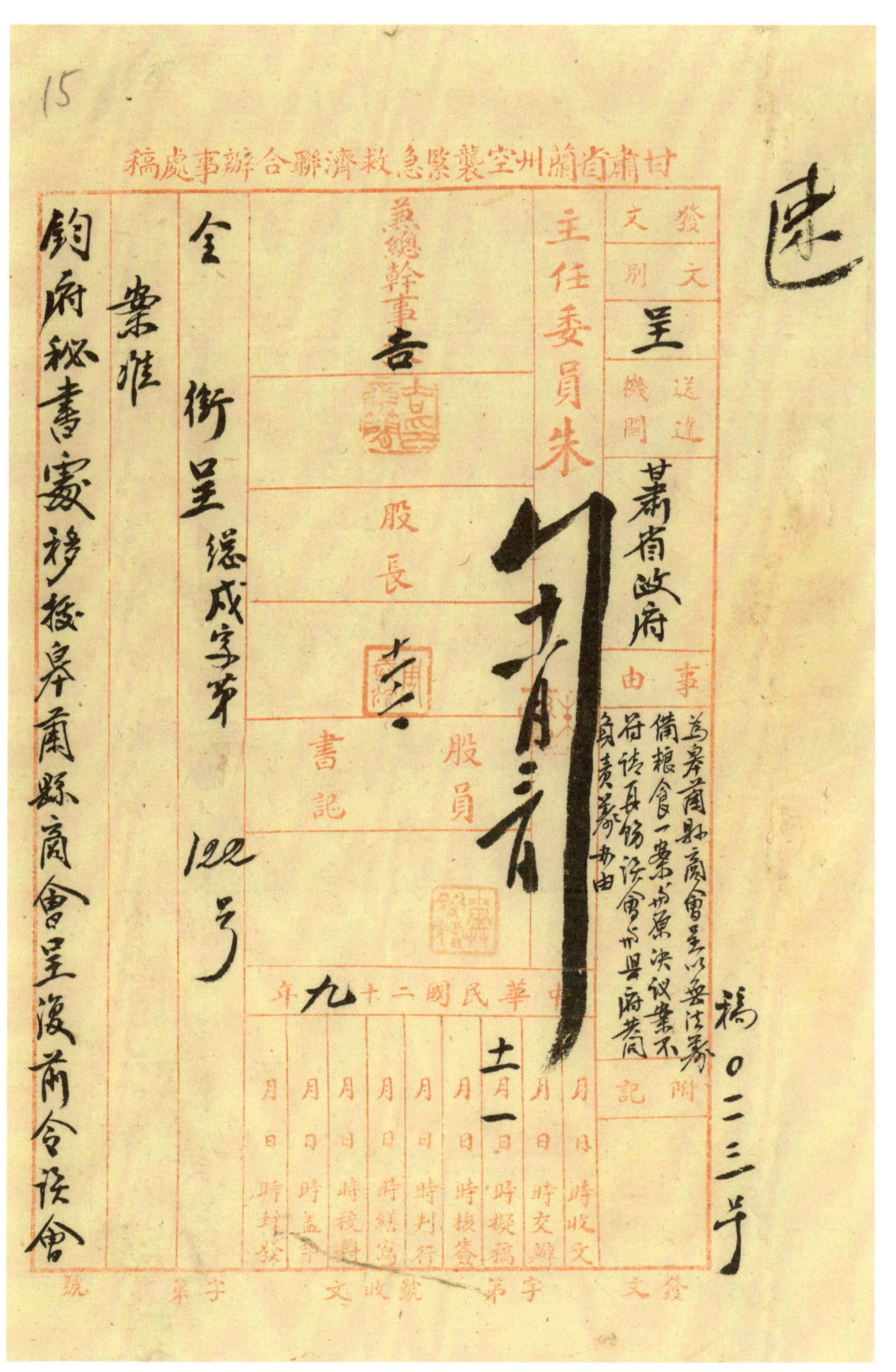
甘肅省蘭州空襲緊急救濟聯合辦事處稿

發文 文別：呈

送達機關：甘肅省政府

主任委員 朱

兼總幹事 ［章］

股長 ［章］

股員

書記

事由：為臯蘭縣商會呈以無法籌備糧食一案［illegible］

中華民國二十九年十一月一日

稿 0二三号

鈞府秘書處移按臯蘭縣商會呈復前令該會

案准

全銜呈 總戍字第122号

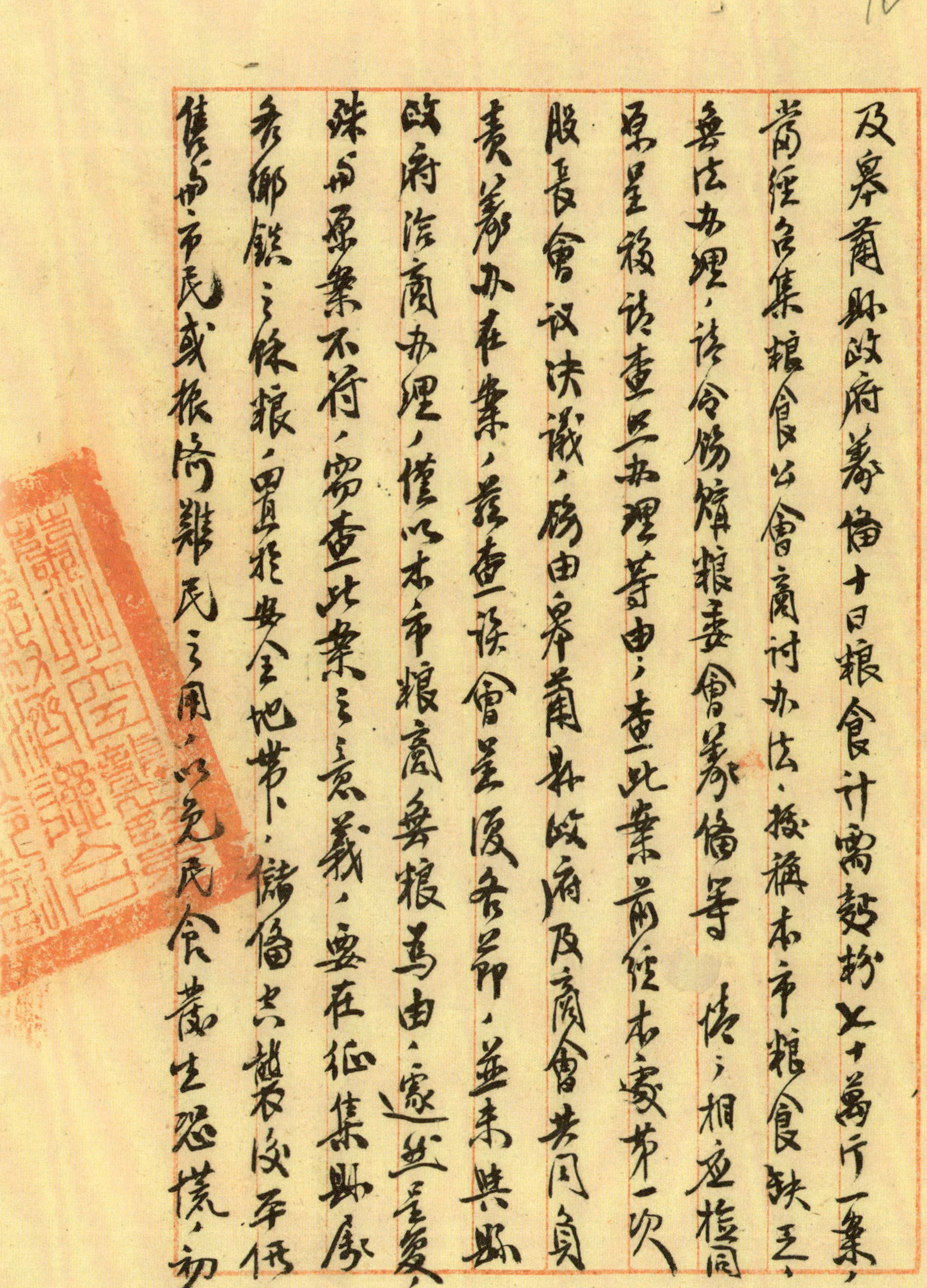

16

及皋蘭縣政府籌備十日糧食計需麪粉七十萬斤一案，前經召集糧食公會商討办法，據稱本市糧食缺乏，無法办理，請令飭儲糧委會籌備等情，相應據情函復請查照办理等由，查此案前經本處第一次股長會议決議，務由皋蘭縣政府及商會共同負責籌办在案，茲查該會呈復各節，並未與縣政府洽商办理，僅以本市糧商無糧為由，遽並呈覆，殊與原案不符，竊查此案之意義，要在徵集縣屬各鄉鎮之餘糧，囤貯非安全地帶，儲備出，雖發平價售與市民或救濟難民之用，以免民食發生恐慌，初

17

非市內籌備糧食之意，再查此案前經併飭皋蘭
縣政府籌辦有案，迄未據復，擬請再飭皋蘭縣商會
遵照原案，速與縣政府洽商共同負責籌辦毋自
以備需要，而便民食，實爲公便。

謹呈

甘肅省政府主席朱

主任委員朱○○
兼總幹事吉○○

附：董绍狐致周戒沉转吉章简的签呈

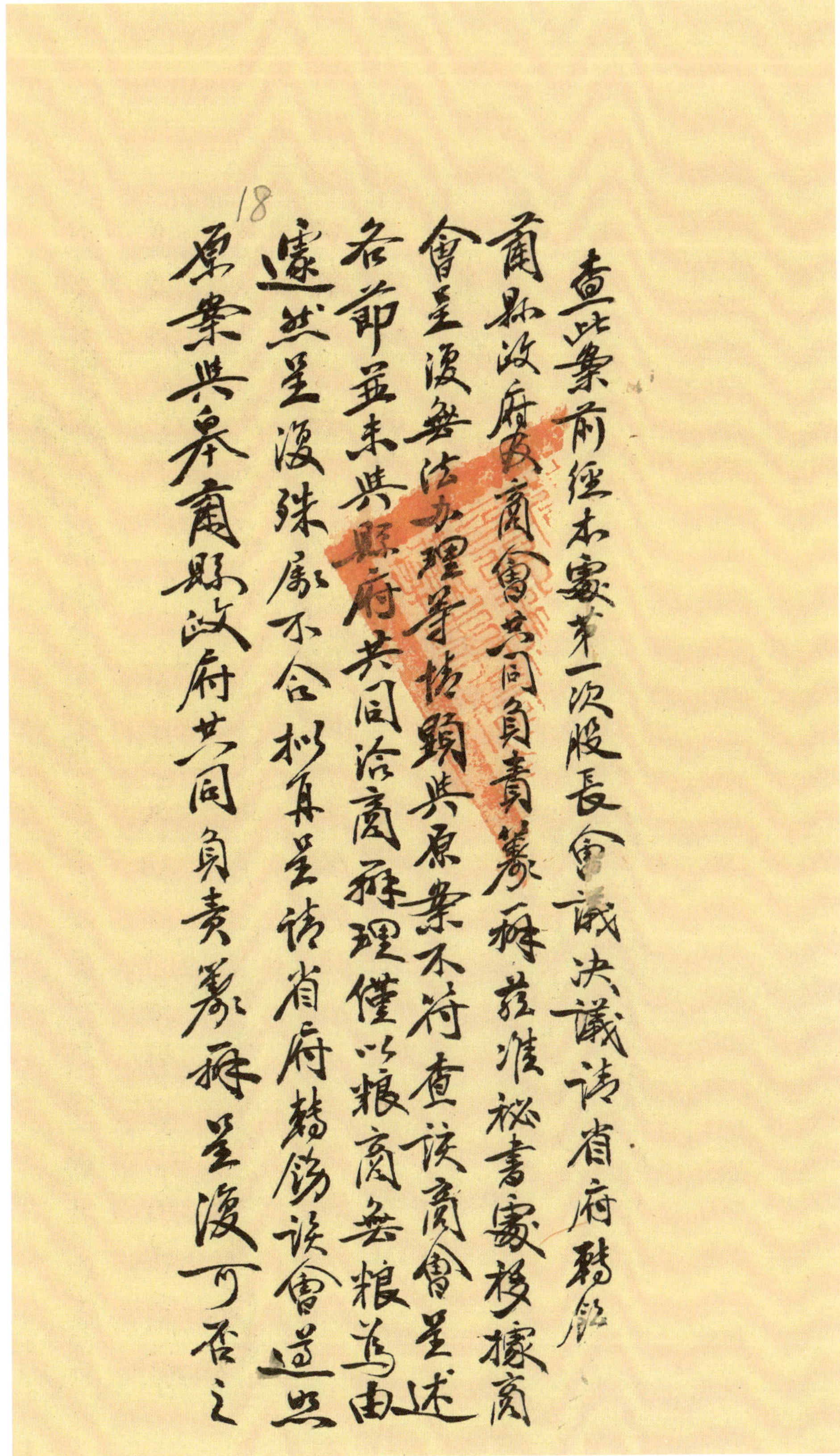
查此案前經本處第一次股長會議決議請省府飭
商縣政府及商會共同負責籌辦，並准秘書處移據商
會呈復無法辦理等情，核與原案不符，查該商會呈述
各節並未與縣府共同洽商辦理，僅以糧商無糧為由
遽然呈復，殊屬不合，擬具呈請省府轉飭該會遵照
原案與各商縣政府共同負責籌辦呈復可否之

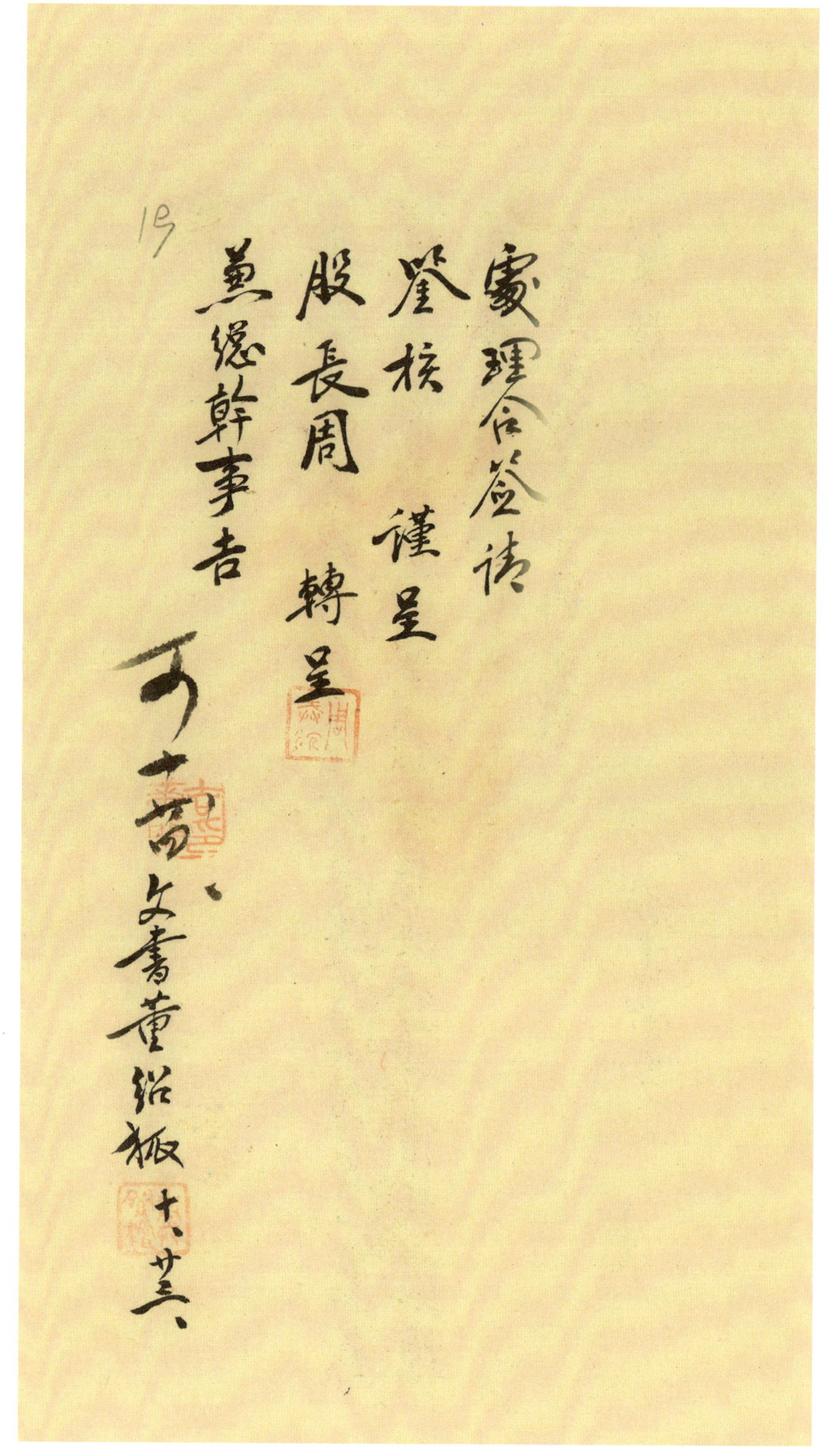

處理合簽請
鑒核 謹呈
股長周 轉呈
兼總幹事吉

于右文、書董紹振 十、廿六、

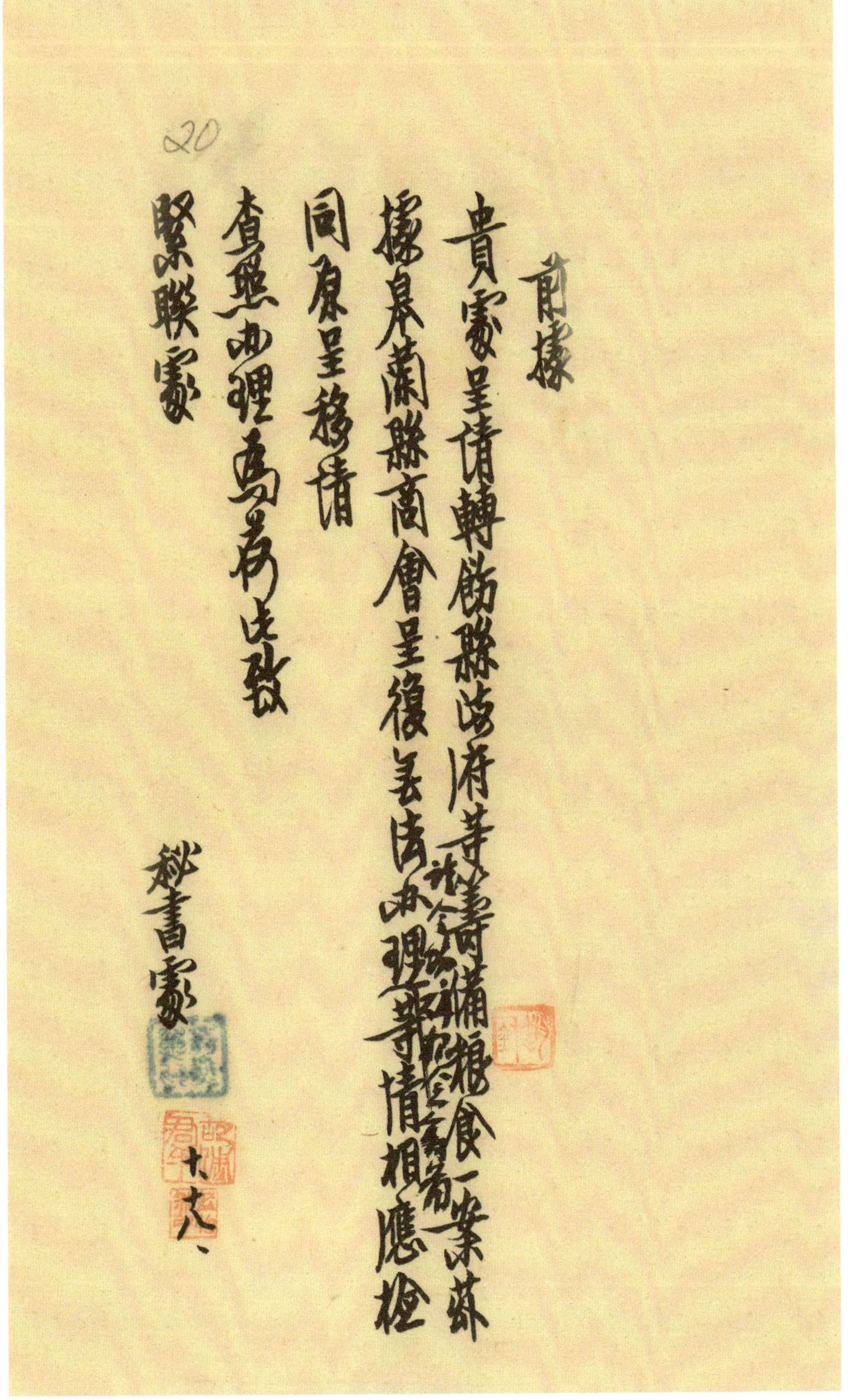

20

前據

貴處呈請轉飭縣政府籌備糧食一案，茲[illegible]

據皋蘭縣商會呈復妥速辦理等情，相應檢

同原呈，移請

查照辦理為荷。此致

緊聯處

秘書處

十、廿八、

兰州空袭紧急救济联合办事处、兰州市贷款委员会关于房屋贷款款项的一组公文（一九四〇年十一月）

兰州空袭紧急救济联合办事处致兰州市贷款委员会的笺函（一九四〇年十一月十七日）

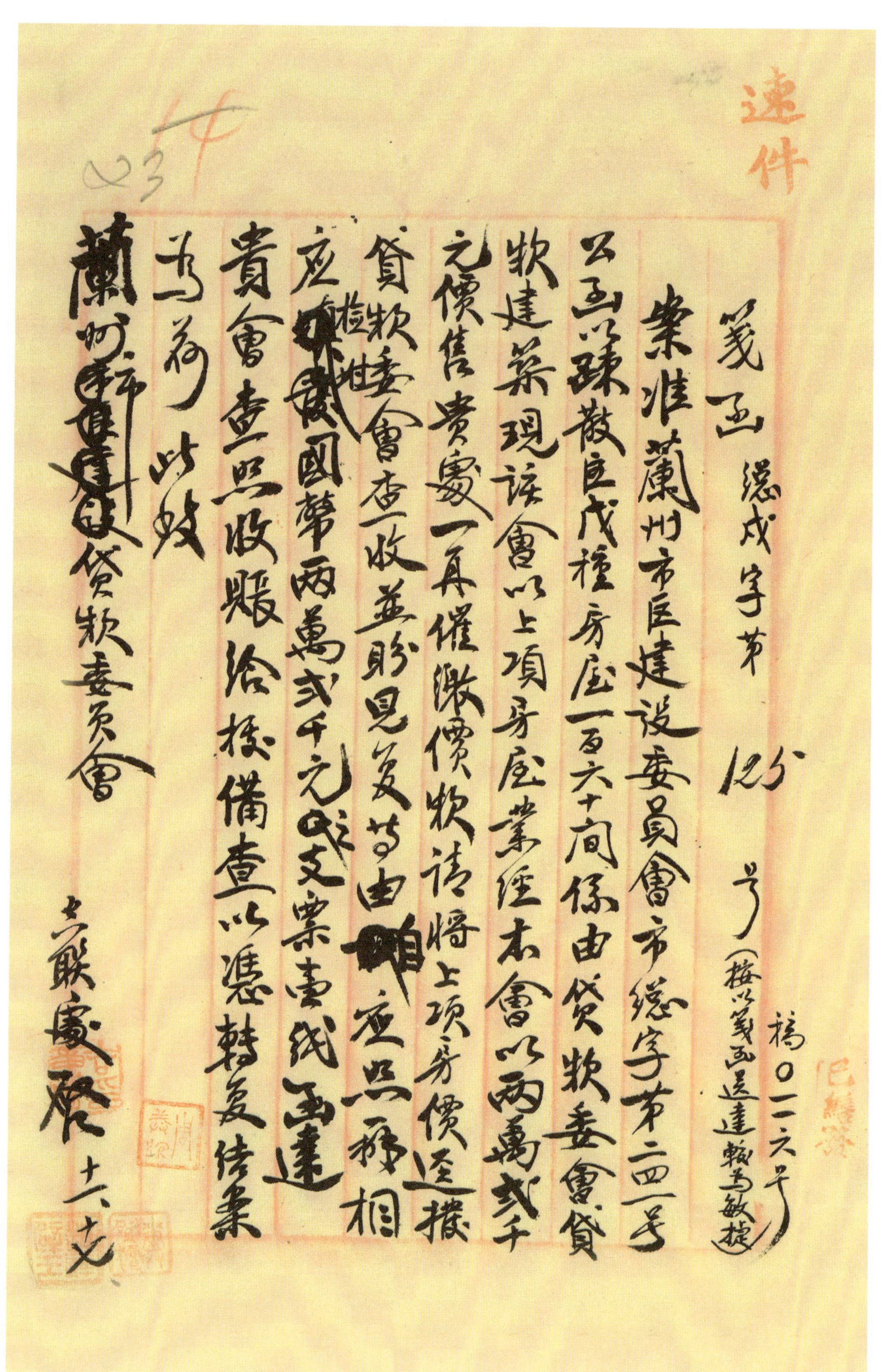

速件

箋函　總戌字第125号

（稿〇一一六号）（按以箋函送達　賴馬敏拟）

案准蘭州市區建設委員會市總字第二四一号公函以疏散區戌種房屋一百六十間係由貸款委員會貸款建築現該會以上項房屋業經本會以兩萬貳千元價售貴處一再催繳價款請將上項房價逕撥貸款委員會查收並聲明見復等由自應照辦相應將國幣兩萬貳千元之支票壹紙函達貴會查照收賬給據備查以憑轉復結案為荷　此致

蘭州市房屋貸款委員會

空襲緊急救濟聯合辦事處啟　十一、十七

兰州市区贷款委员会致兰州空袭紧急救济联合办事处的公函（一九四〇年十一月二十三日）

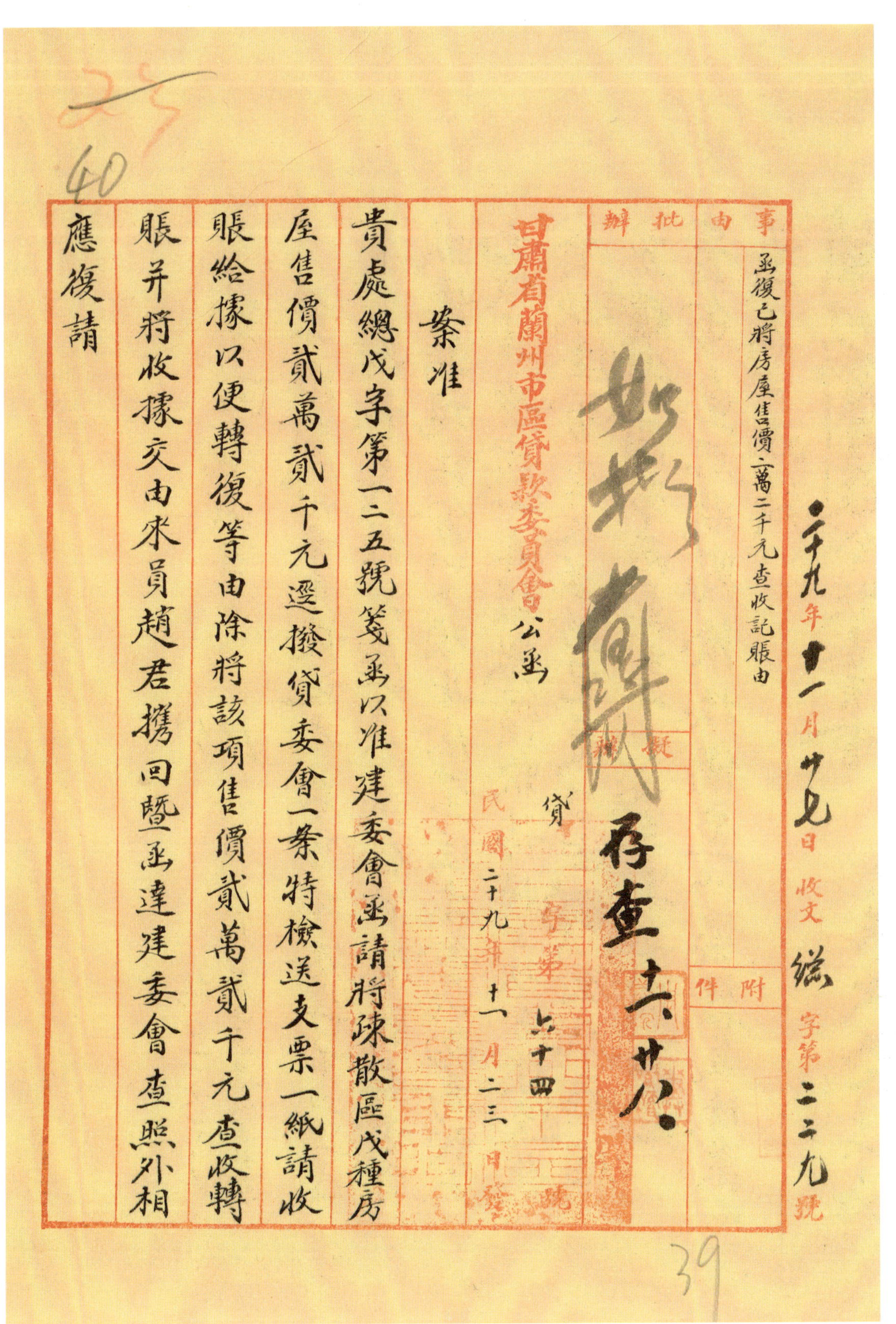

事由：函復已將房屋售價二萬二千元查收記賬由

甘肅省蘭州市區貸款委員會公函

貸字第六十四號

民國二十九年十一月二十三日發

案准

貴處總戊字第一二五號箋函以准建委會函請將疏散區戊種房屋售價貳萬貳千元逕撥貸委會一案特檢送支票一紙請收賬給據以便轉復等由除將該項售價貳萬貳千元查收轉賬并將收據交由來員趙君携回暨函達建委會查照外相應復請

二十九年十一月廿九日收文總字第二二九號

存查 十一、廿八

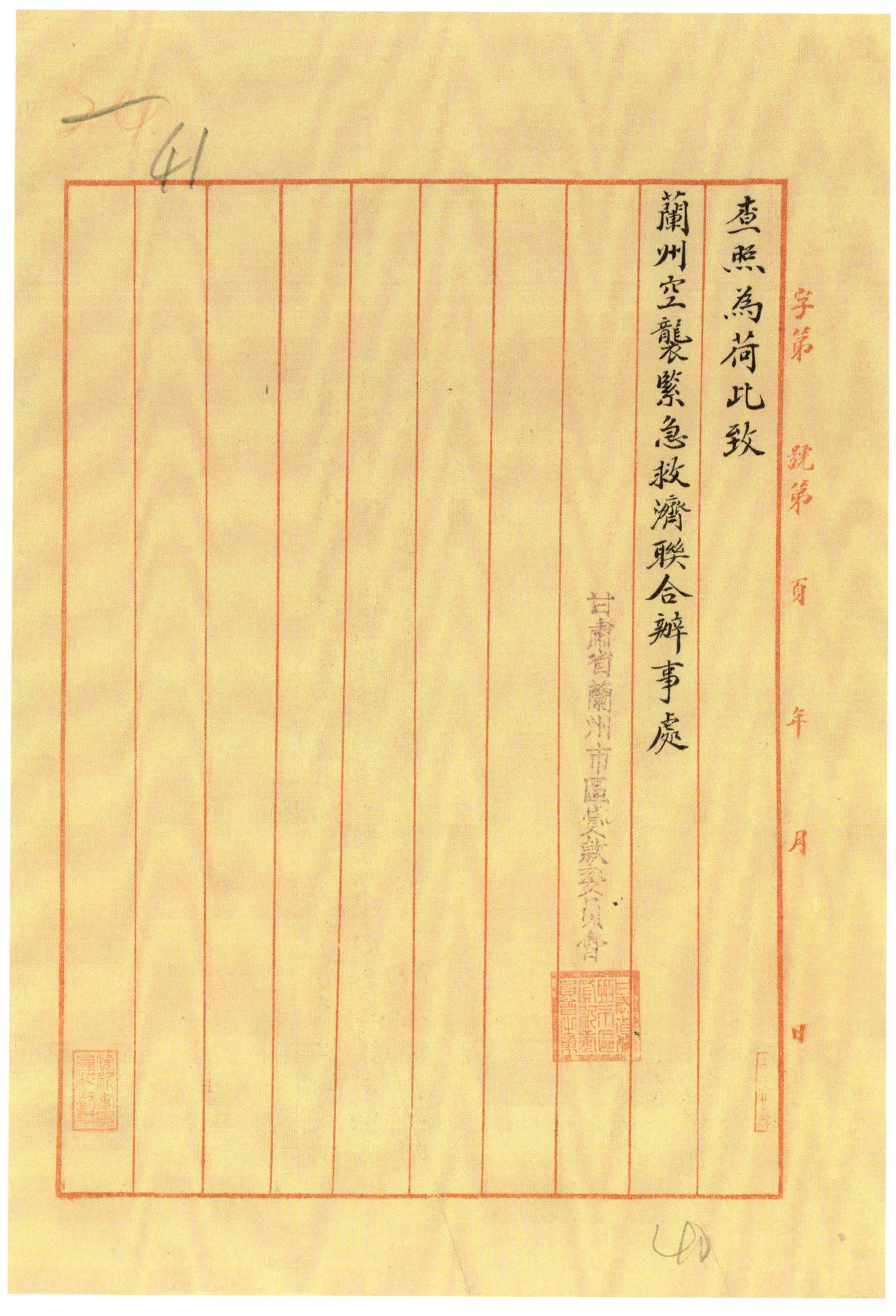

字第　號第　頁　年　月　日

查照爲荷此致

蘭州空襲緊急救濟聯合辦事處

甘肅省蘭州市區賑款委員會

兰州空袭紧急救济联合办事处兼总干事关于拨发防空节大会慰问金事致主任委员的签呈（一九四〇年十一月十八日）

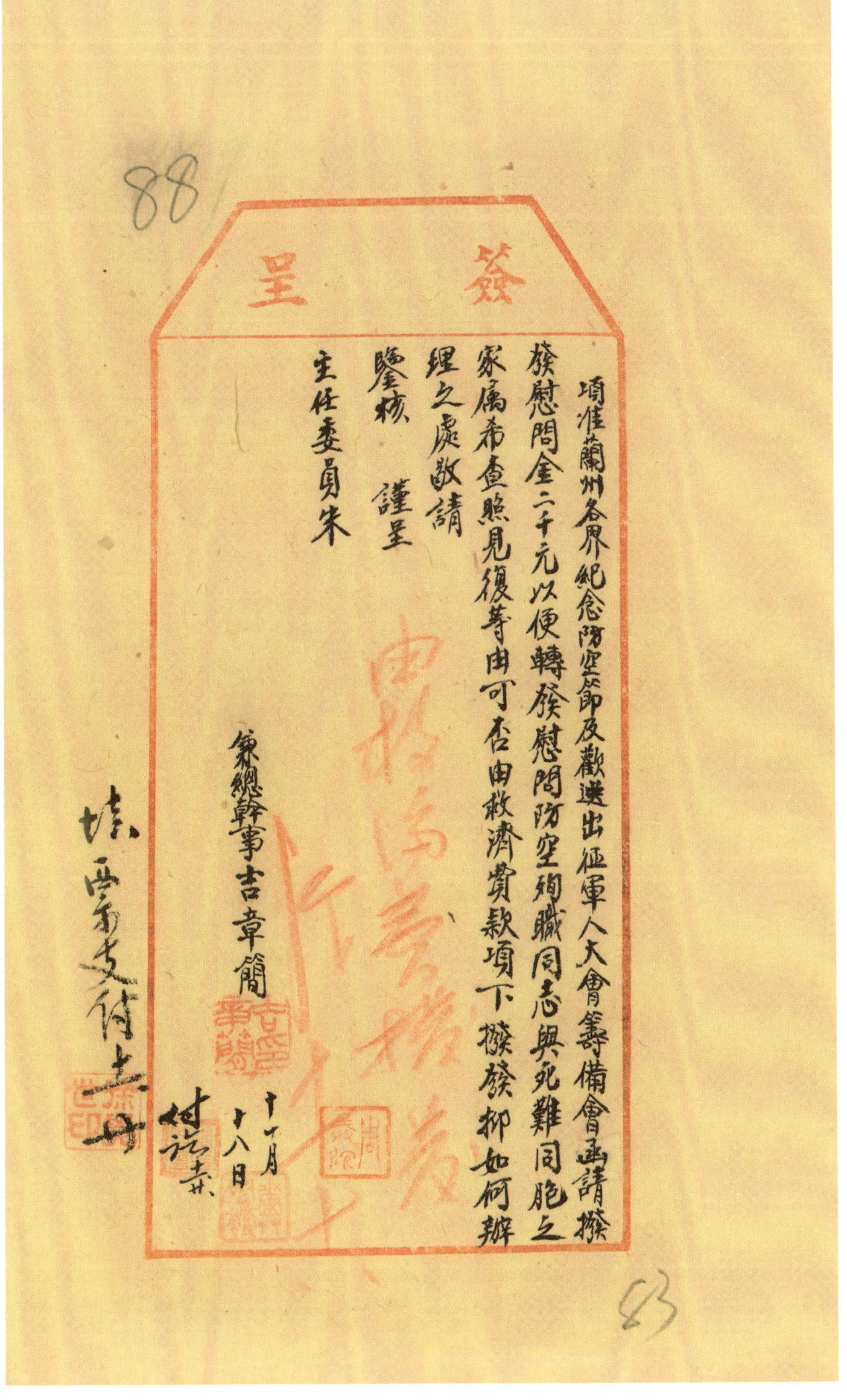
签呈

顷准兰州各界纪念防空节及欢送出征军人大会筹备会函请拨发慰问金二千元以便转发慰问防空殉职同志与死难同胞之家属希查照见复等由可否由救济费款项下拨发抑如何办理之处敬请

鉴核　谨呈

主任委员朱

兼总干事吉章简

十一月十八日

兰州空袭紧急救济联合办事处总务股关于购置火炉烟筒事致兼总干事转主任委员的签呈（一九四〇年十一月十八日）

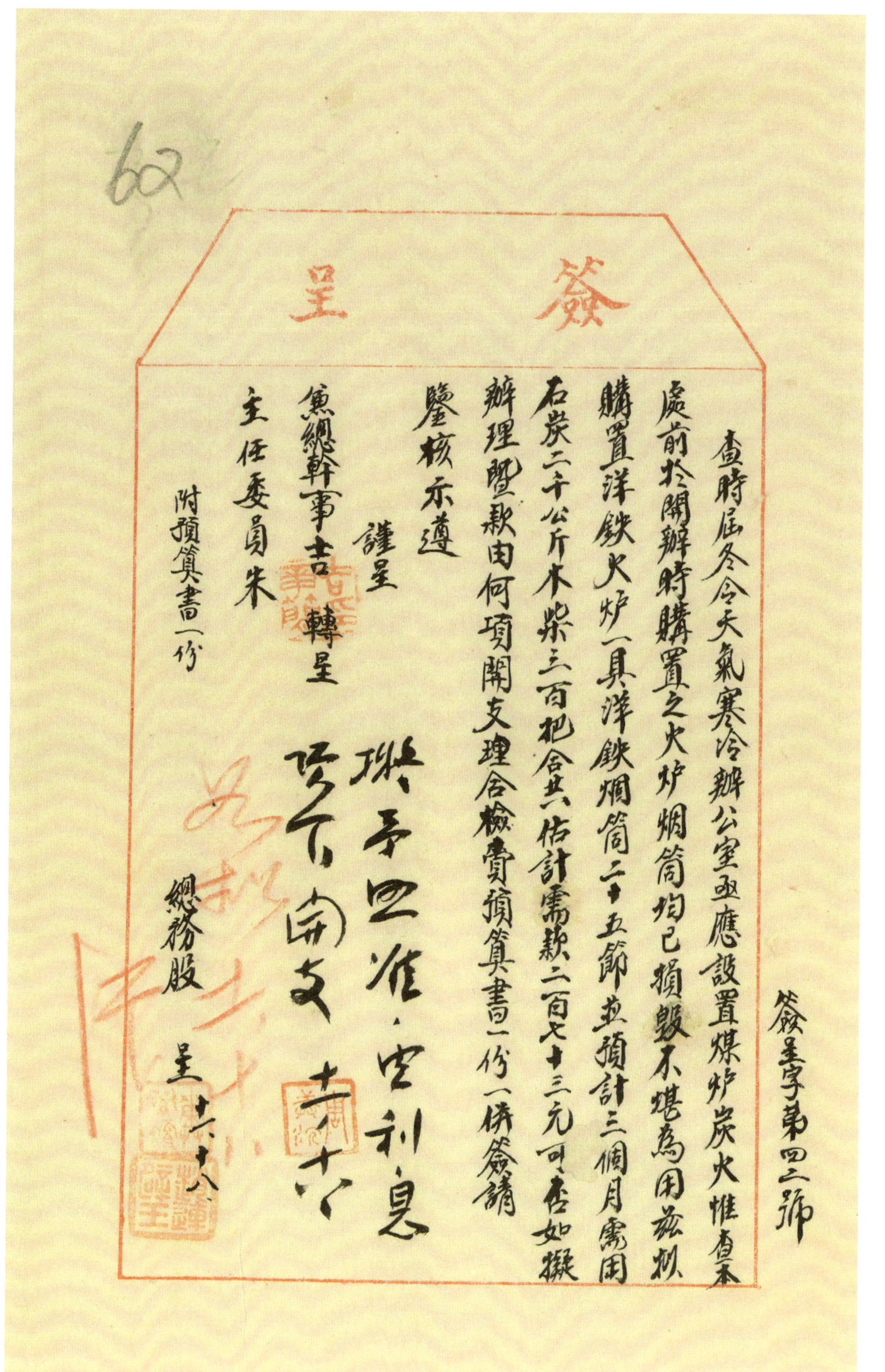
签呈字第四二号

签呈

查时届冬令天气寒冷办公室亟应设置煤炉炭火惟查本处前于开办时购置之火炉烟筒均已损毁不堪为用兹拟购置洋铁火炉一具洋铁烟筒二十五节并预计三个月需用石炭二千公斤木柴三百把合共估计需款二百七十三元可否如拟办理暨款由何项开支理合检赍预算书四一份一併签请

鉴核示遵

谨呈

兼总干事 吉 转呈

主任委员 朱

附预算书一份

总务股

呈 十一、十八

附：总务股关于冬季火炉炭资预算书

蘭州空襲緊急救濟聯合辦事處冬季火炉炭資預算書

品名	數量	單價	總計	備攷
洋鉄火炉	一具	一八〇〇	一八〇〇	
洋鉄烟筒	二十五節	一八〇	四五〇〇	
石炭	二千公斤	一〇〇〇	二〇〇〇〇	
木柴	三百把	一〇〇	一〇〇〇	每元三十把合計如上數
合計			二七三〇〇	

甘肃省政府关于一九四〇年七月份经费支出计算书类核数相符事致兰州空袭紧急救济联合办事处的公函（一九四〇年十一月二十一日）

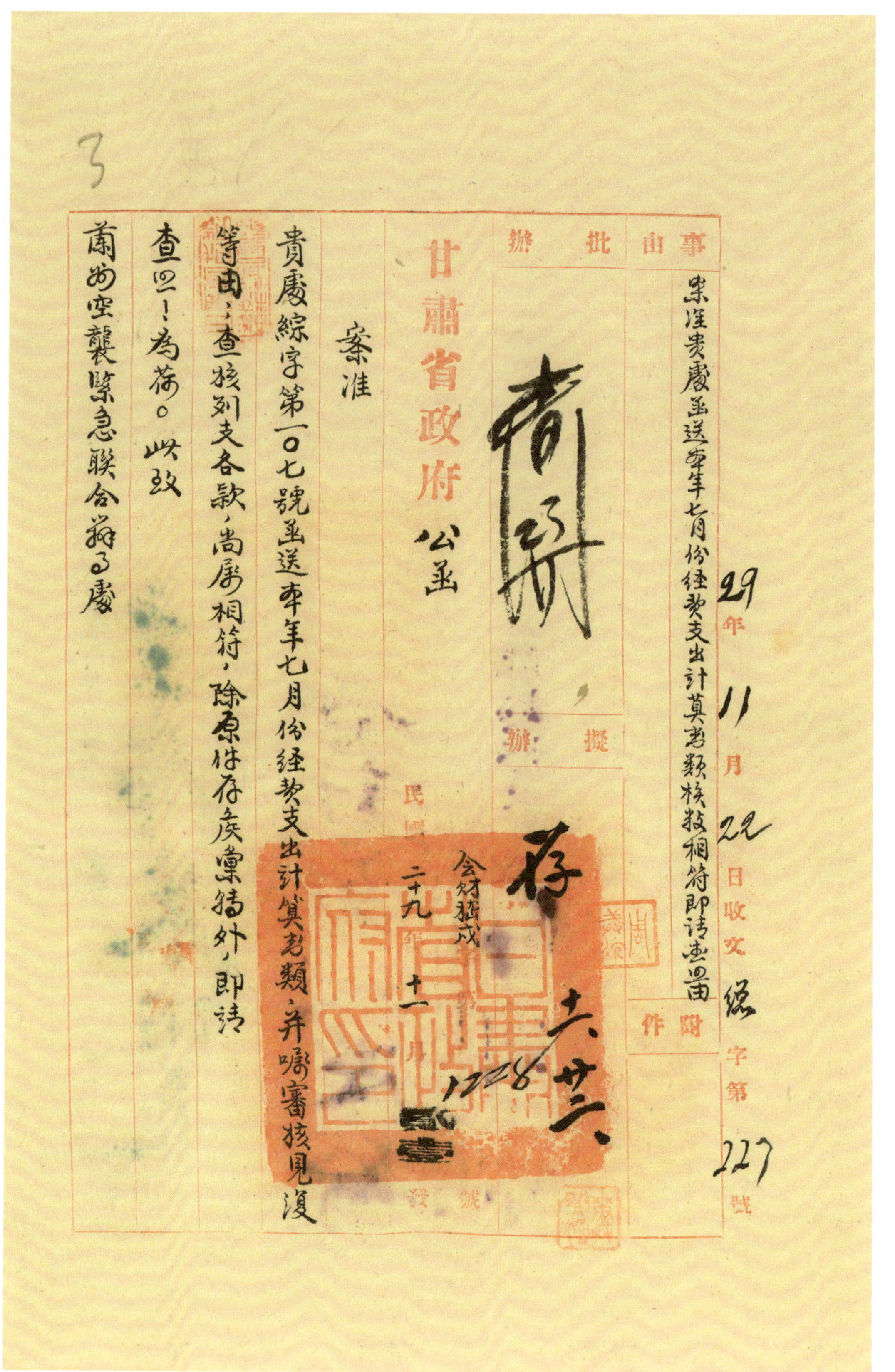

事由：案准贵处函送本年七月份经费支出计算书类核数相符即请查照由

民国29年11月22日收文综字第227號

甘肅省政府公函

案准

貴處綜字第一〇七號函送本年七月份經費支出計算書類，並囑審核見復等由；查核列支各款，尚屬相符，除原件存處彙轉外，即請

查照！為荷。此致

蘭州空襲緊急聯合辦事處

4

主席朱紹良

會計長[illegible]

財政廳廳長陳國梁

監印蔣元鑾

校對劉世[illegible]

蘭州空襲緊急救濟聯合辦事處民國二十九年七月份經常費支出計算書

支出經常門

科目	本月份支付預算數	本月份支出計算數	比較 增	比較 減	備攷
第一款 蘭州空襲緊急救濟聯合辦事處經常費	二四九〇〇	二三八六三		一〇三七	
第一項 辦公處薪餉	六七〇〇	五六六三		一〇三七	
第一目 俸薪	六七〇〇	五六六三		一〇三七	
第一節 俸薪	六七〇〇	五六六三		一〇三七	
第二目 餉項	二〇〇	二〇〇			
第一節 餉項	二〇〇	二〇〇			
第二項 辦公費	一六〇〇	一六〇〇			

附一：甘肃省政府关于案准一九四〇年七月份经费支出计算书

第八目文具费	八〇〇〇	一四九六〇	六九六〇	
第一节文具	八〇〇〇	一四九六〇	六九六〇	
第二目印刷费	五〇〇〇			五〇〇〇
第一节印刷	五〇〇〇			五〇〇〇
第三目消耗费	三〇〇〇	一〇四〇		一九六〇
第一节消耗	三〇〇〇	一〇四〇		一九六〇

6

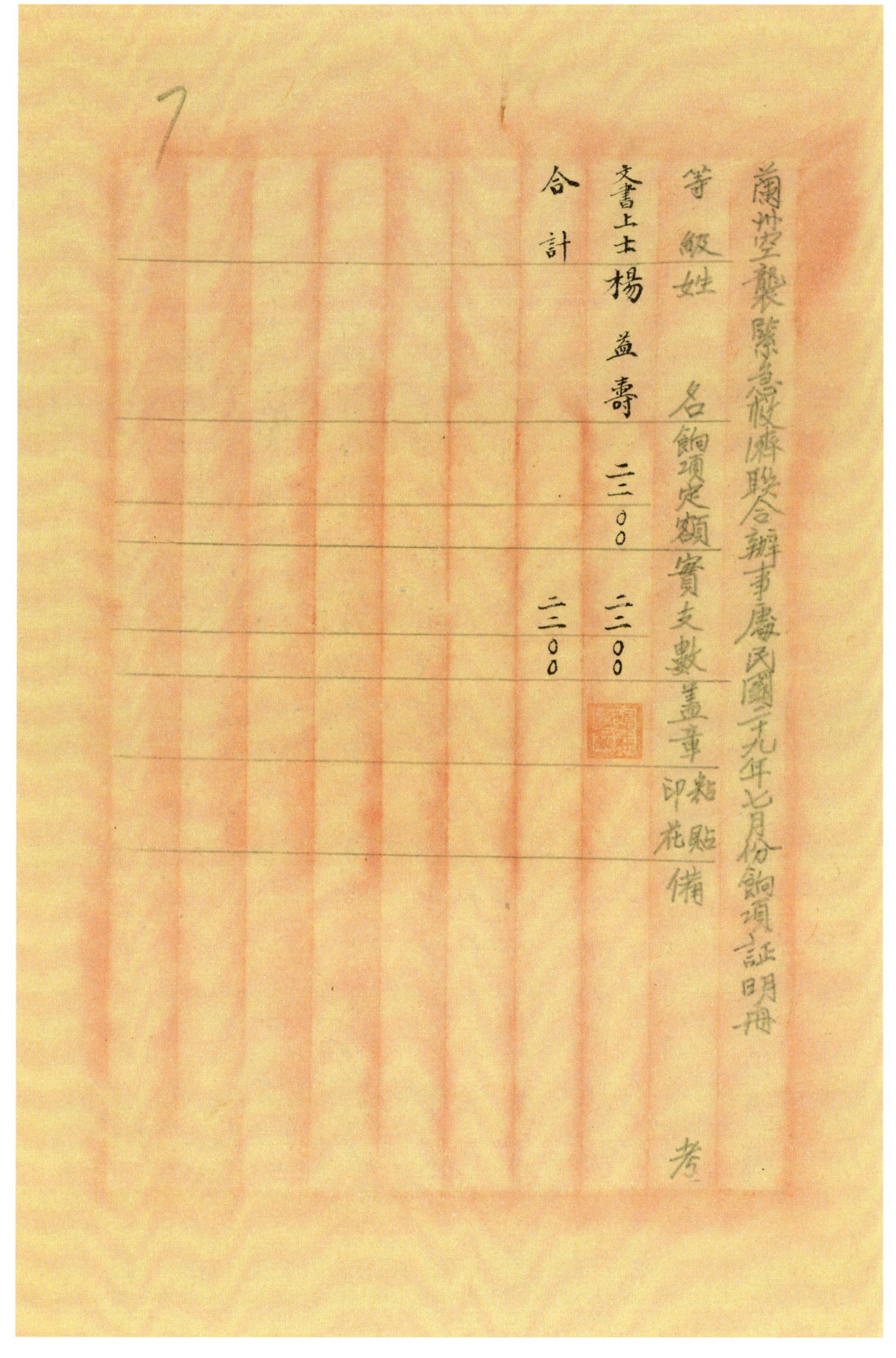

蘭州空襲緊急救濟聯合辦事處民國二十九年七月份餉項証明冊

等級	姓名	餉項定額	實支數	蓋章	貼印花	備考
文書上士	楊益壽	二二〇〇	二二〇〇			
合計			二二〇〇			

附三：甘肃省政府关于案准一九四〇年七月份经费支出报告

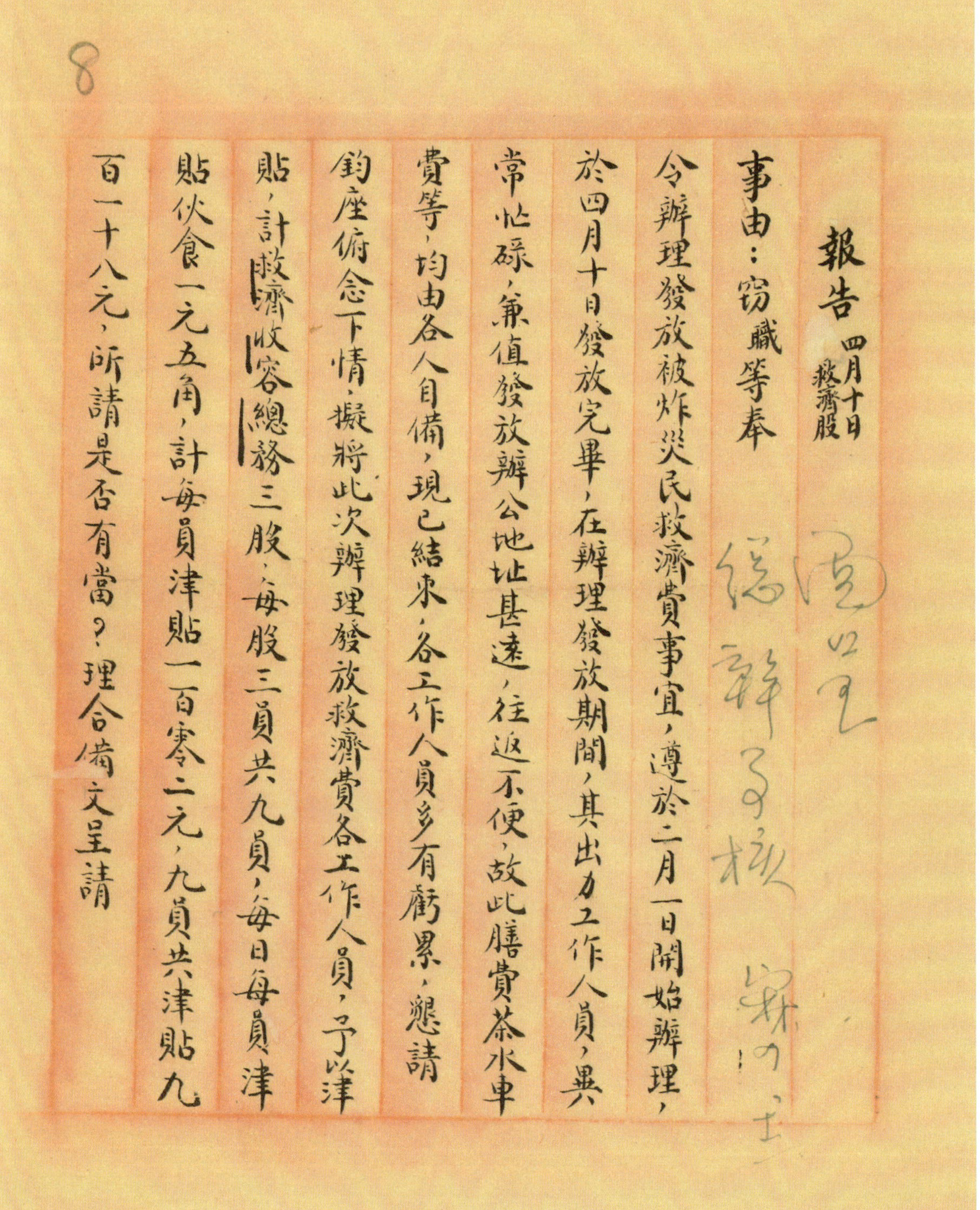

報告 四月十日 救濟股

事由：竊職等奉

令辦理發放被炸災民救濟費事宜，遵於二月一日開始辦理，於四月十日發放完畢，在辦理發放期間，其出力工作人員，異常忙碌，兼值發放辦公地址甚遠，往返不便，故此膳費茶水車費等，均由各人自備，現已結束，各工作人員多有虧累，懇請鈞座俯念下情，擬將此次辦理發放救濟費各工作人員，予以津貼，計救濟收容總務三股，每股三員共九員，每日每員津貼伙食一元五角，計每員津貼一百零二元，九員共津貼九百一十八元，所請是否有當？理合備文呈請

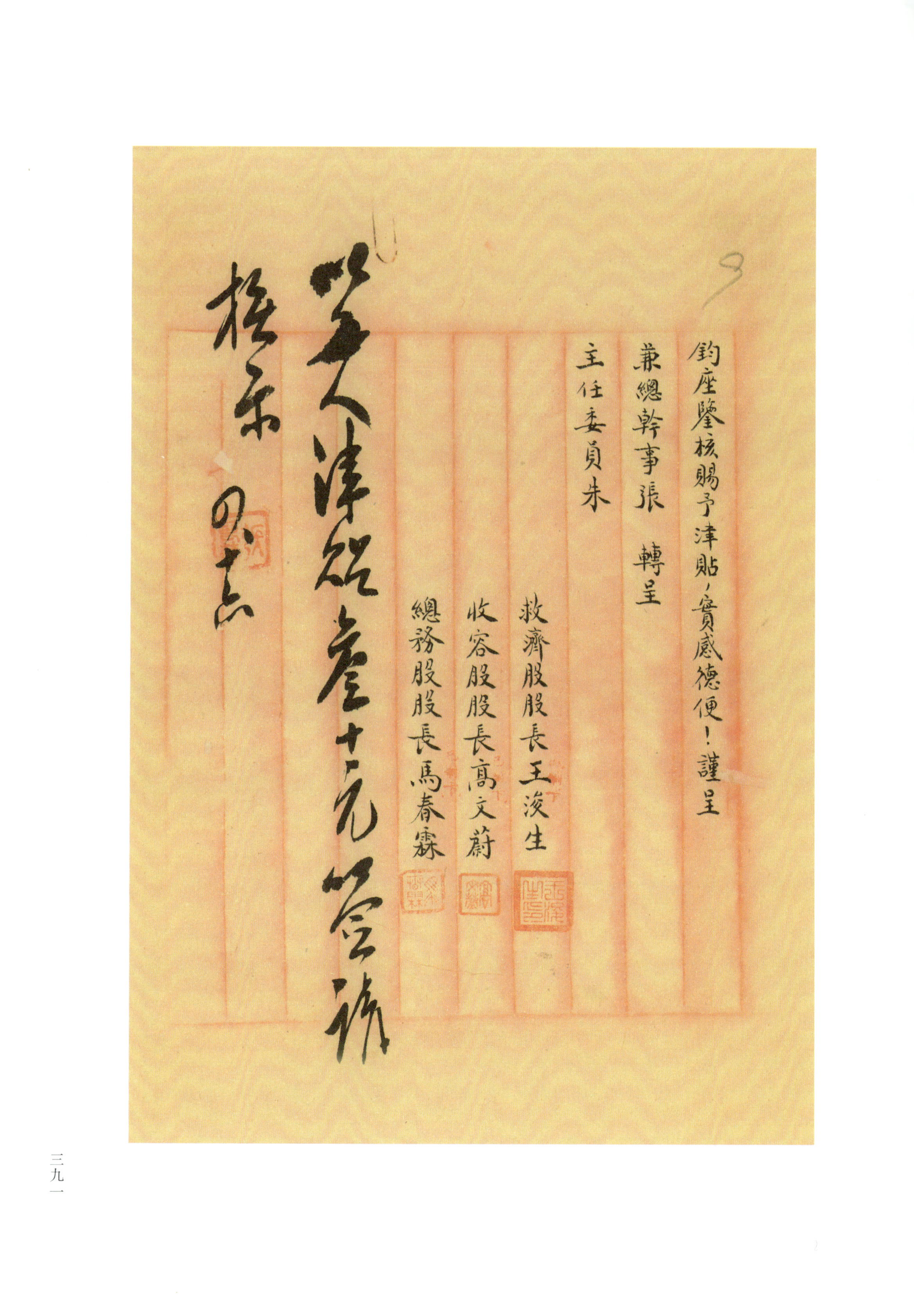

鈞座鑒核，賜予津貼，實感德便！謹呈

兼總幹事張　轉呈

主任委員朱

救濟股股長王浚生

收容股股長高文蔚

總務股股長馬春霖

蘭州空襲緊急救濟聯合辦事處民國二十九年七月份經費支出計算附屬表

科目	摘要	金額	單據號數	備考
俸薪		五六六三	一號至二號	內准衛司書一員於本月二十[illegible]日長假
辦公費	文具	四九六〇	一號至八號	
	消耗	一〇四〇	八號至九號	

附四：兰州空袭紧急救济联合办事处一九四〇年七月份经费支出附属表

附五：兰州空袭紧急救济联合办事处一九四〇年七月份收支对照表

兰州空袭紧急救济联合办事处

~~甘肅省保安處~~

收支對照表

中華民國 29 年 7月份　　　　第　　頁

收入 千萬	百萬	十萬	萬	千	百	十	元	角	分	摘要	支出 千萬	百萬	十萬	萬	千	百	十	元	角	分
					2	3	8	6	3	本月份領入經常費										
										1.支俸薪							5	6	6	3
										2.支餉項							2	2	0	0
										3.支文具						1	4	9	6	0
										4.支消耗							1	0	4	0
										本月支出合計						2	3	8	6	3
					2	3	8	6	3	總計						2	3	8	6	3

處長　　　　科長

兰州空袭紧急救济联合办事处关于报送一九四〇年八至十月份经费支出计算书类事致甘肃省政府的笺函
（一九四〇年十一月二十一日）

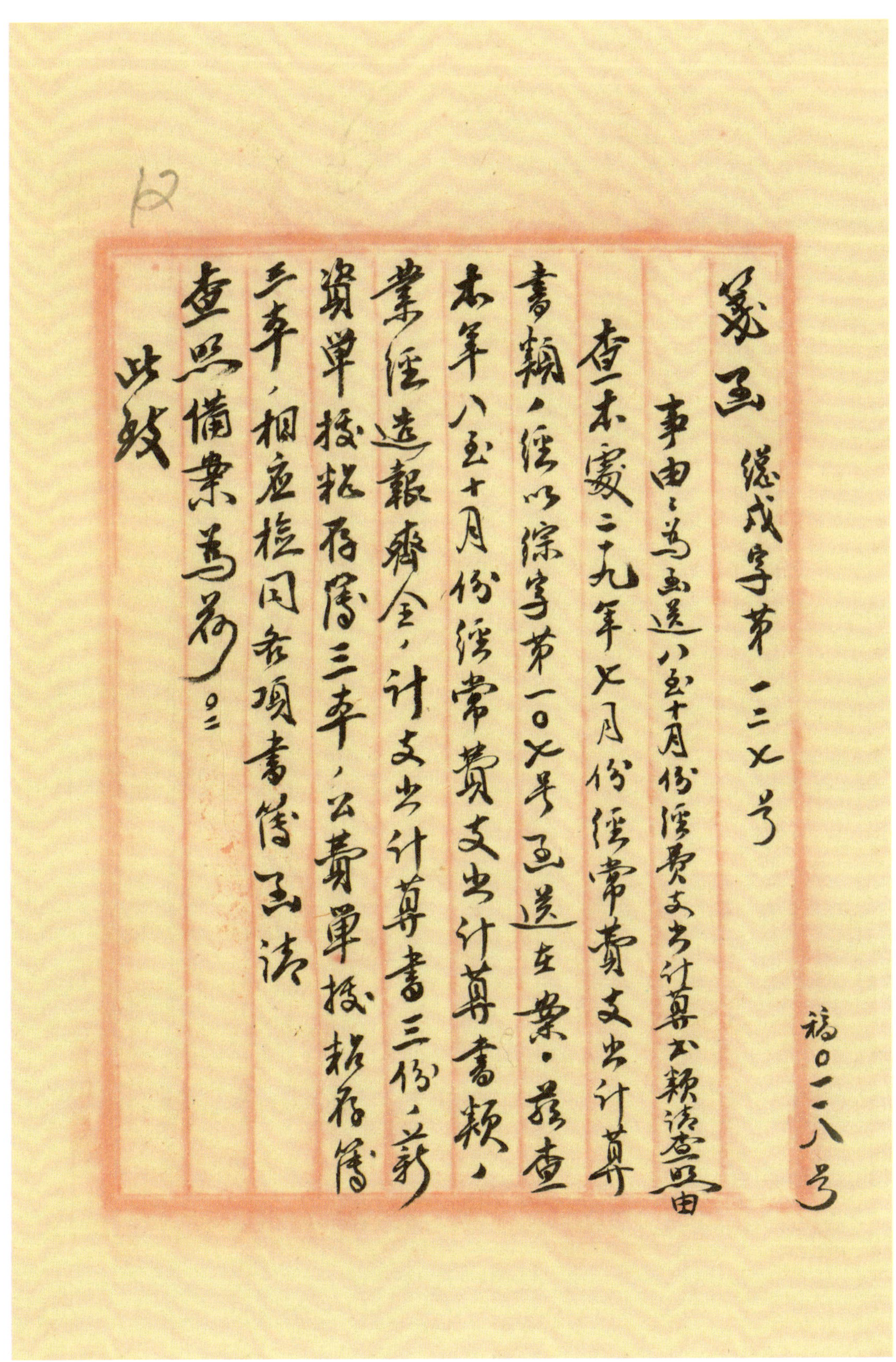

福〇一一八号

箋函　總戌字第一二七号
事由：為函送八至十月份經費支出計算書類請查照由
查本處二十九年七月份經常費支出計算
書類，經以總字第一〇七号函送在案。茲查
本年八至十月份經常費支出計算書類，
業經造報齊全，計支出計算書三份、薪
資單據粘存簿三本、公費單據粘存簿
三本，相應檢同各項書簿函請
查照備案為荷。
此致

13

甘肃省政府

附 支出计算书三份、薪资单据粘存簿三本

公费单据粘存簿三本

[illegible]啓 十、廿六

附一：兰州空袭紧急救济联合办事处一九四〇年八月份经常费支出计算书

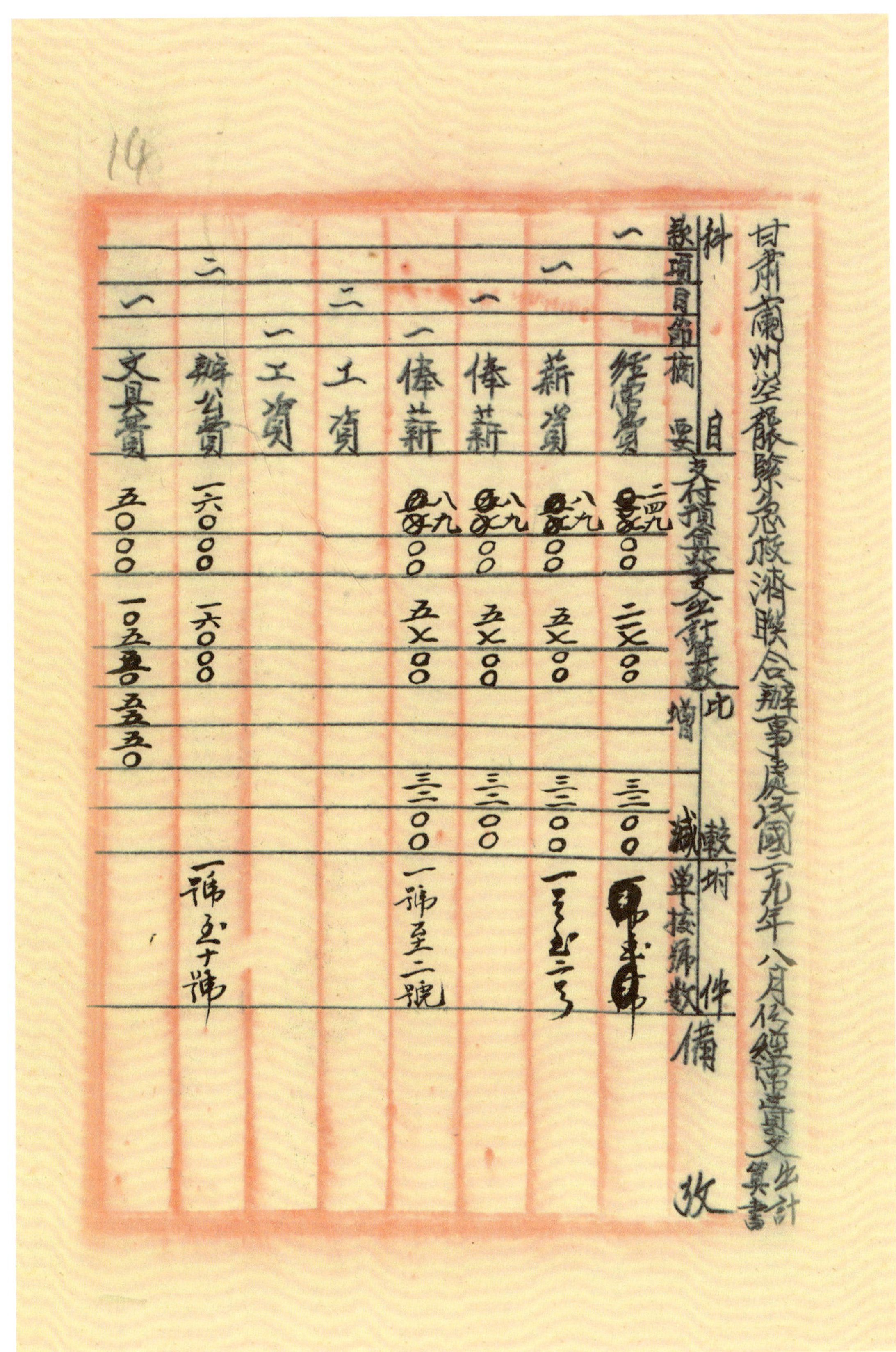

甘肃兰州空袭紧急救济联合办事处民国二十九年八月份经常费支出计算书

款	项	目	节	摘要	支付预算数	支出计算数	比较 增	比较 减	单据张数	备考
一				经常费	二四九〇〇	二七〇〇		三二〇〇	一號至二十號	
	一			薪资	八九〇〇	五七〇〇		三二〇〇	一號至二號	
		一		俸薪	八九〇〇	五七〇〇		三二〇〇		
			一	俸薪	八九〇〇	五七〇〇		三二〇〇	一號至二號	
		二		工资						
			一	工资						
	二			办公费	一六〇〇〇	一六〇〇〇			一號至十號	
		一		文具费	五〇〇〇	一〇五五〇	五五五〇			

15

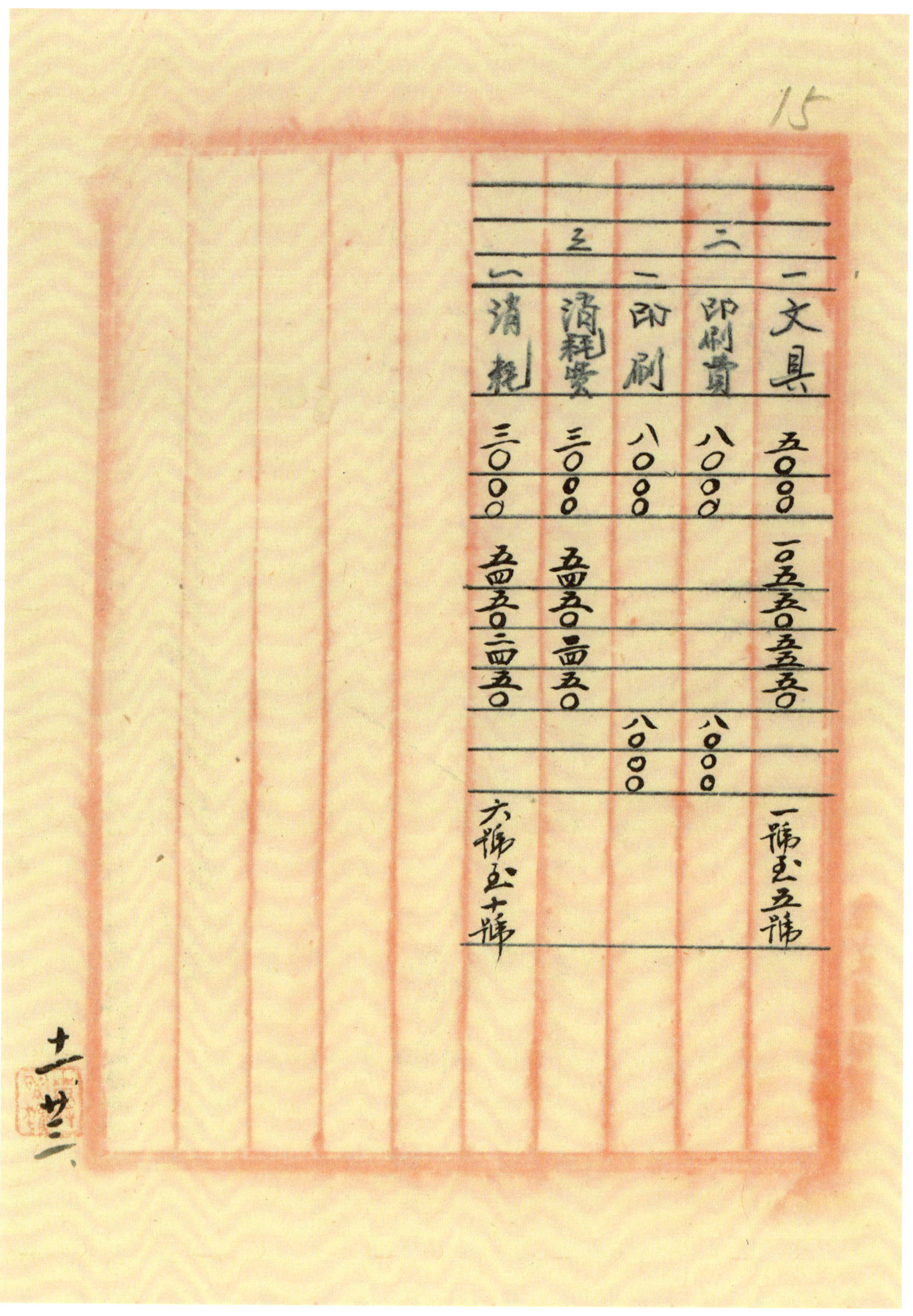

一	文具	五〇〇〇	一〇五 五〇 五五 五〇		一號至五號
二	印刷費	八〇〇〇		八〇〇〇	
一	印刷	八〇〇〇		八〇〇〇	
三	消耗費	三〇〇〇	五四 五〇 四 五〇		
一	消耗	三〇〇〇	五四 五〇 二四 五〇		六號至十號

十二廿二

附二：兰州空袭紧急救济联合办事处一九四〇年八月份经费票据

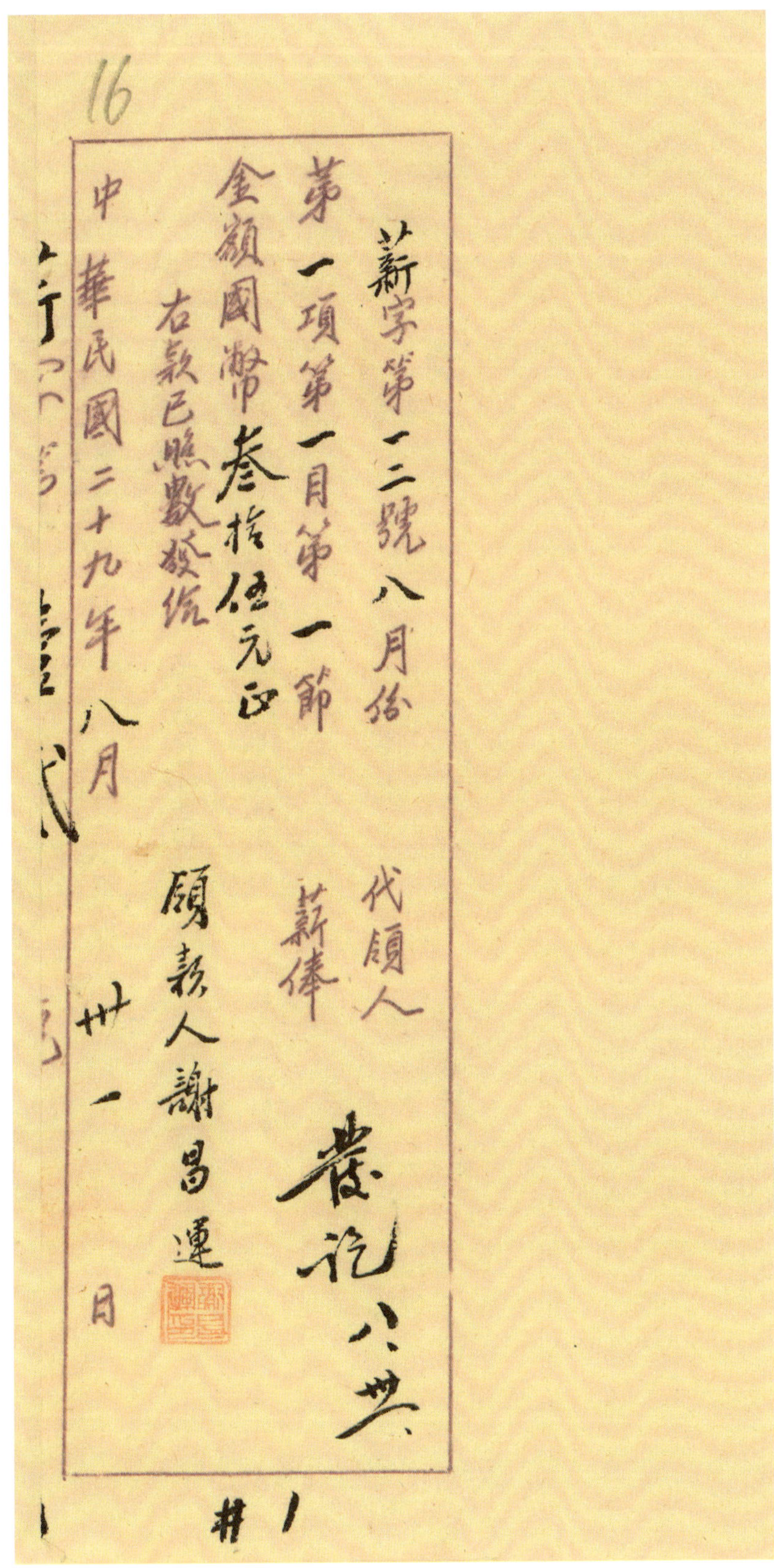
16
薪字第一二號八月份
第一項第一目第一節
金額國幣叁拾伍元正
右款已照數發訖
代領人 薪俸 費記八卅
領款人謝昌運
中華民國二十九年八月卅一日

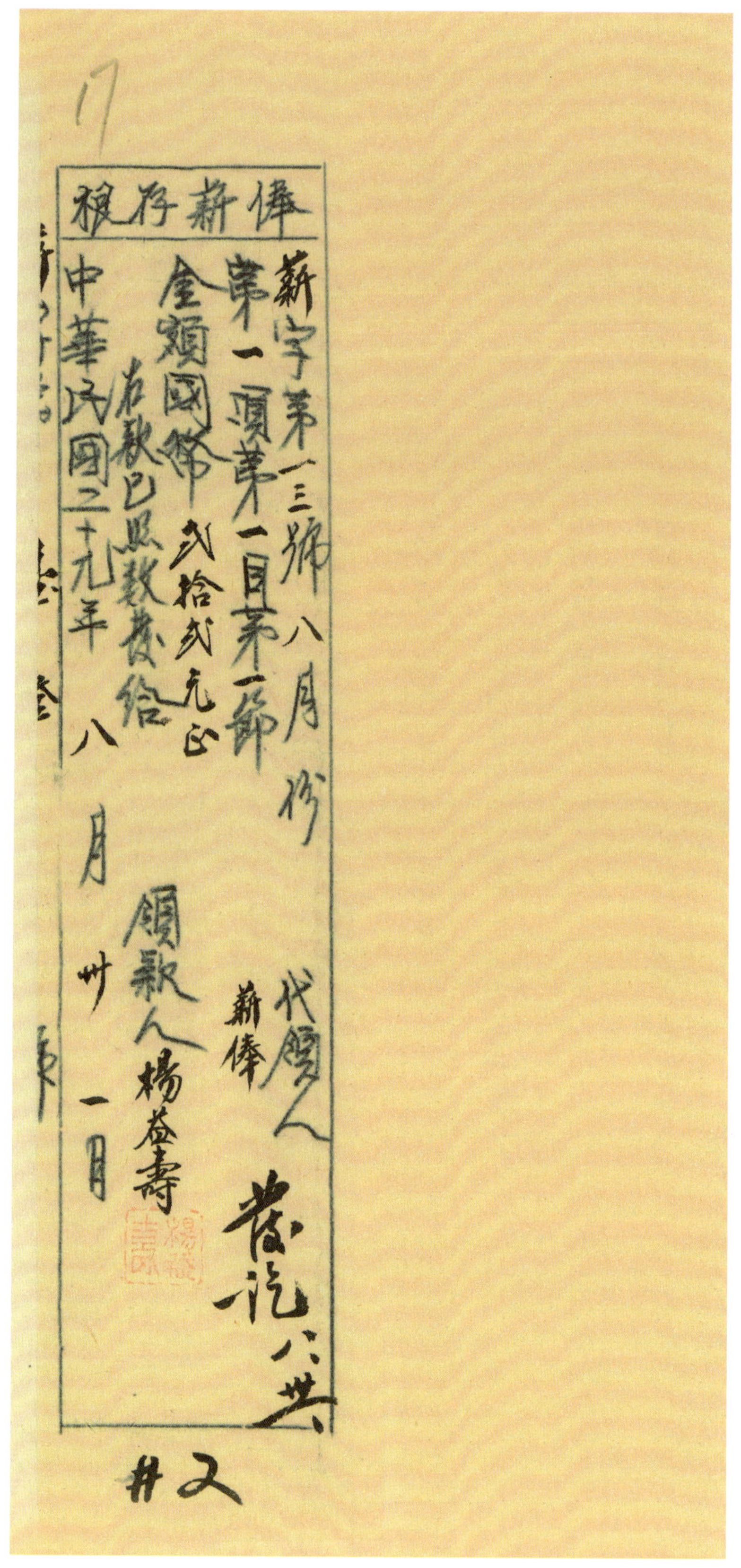

17

俸薪存根

薪字第一三號　八月份　代領人

第一項第一目第一節　薪俸

金額國幣貳拾貳元正　領款人楊蔭壽

右款已照數發給

中華民國二十九年　八月　卅一日

#2

附三：兰州空袭紧急救济联合办事处一九四〇年九月份经常费支出计算书

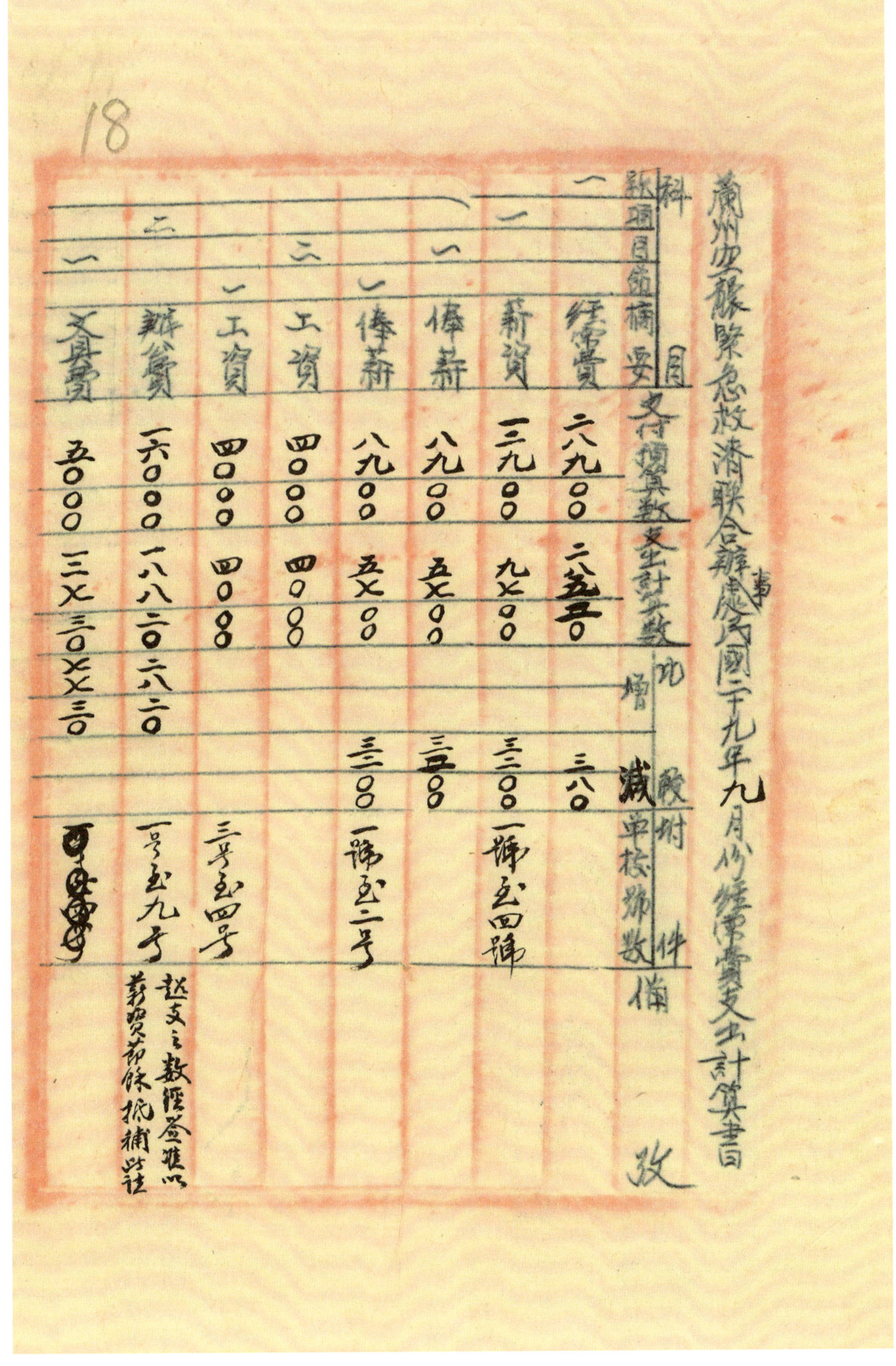

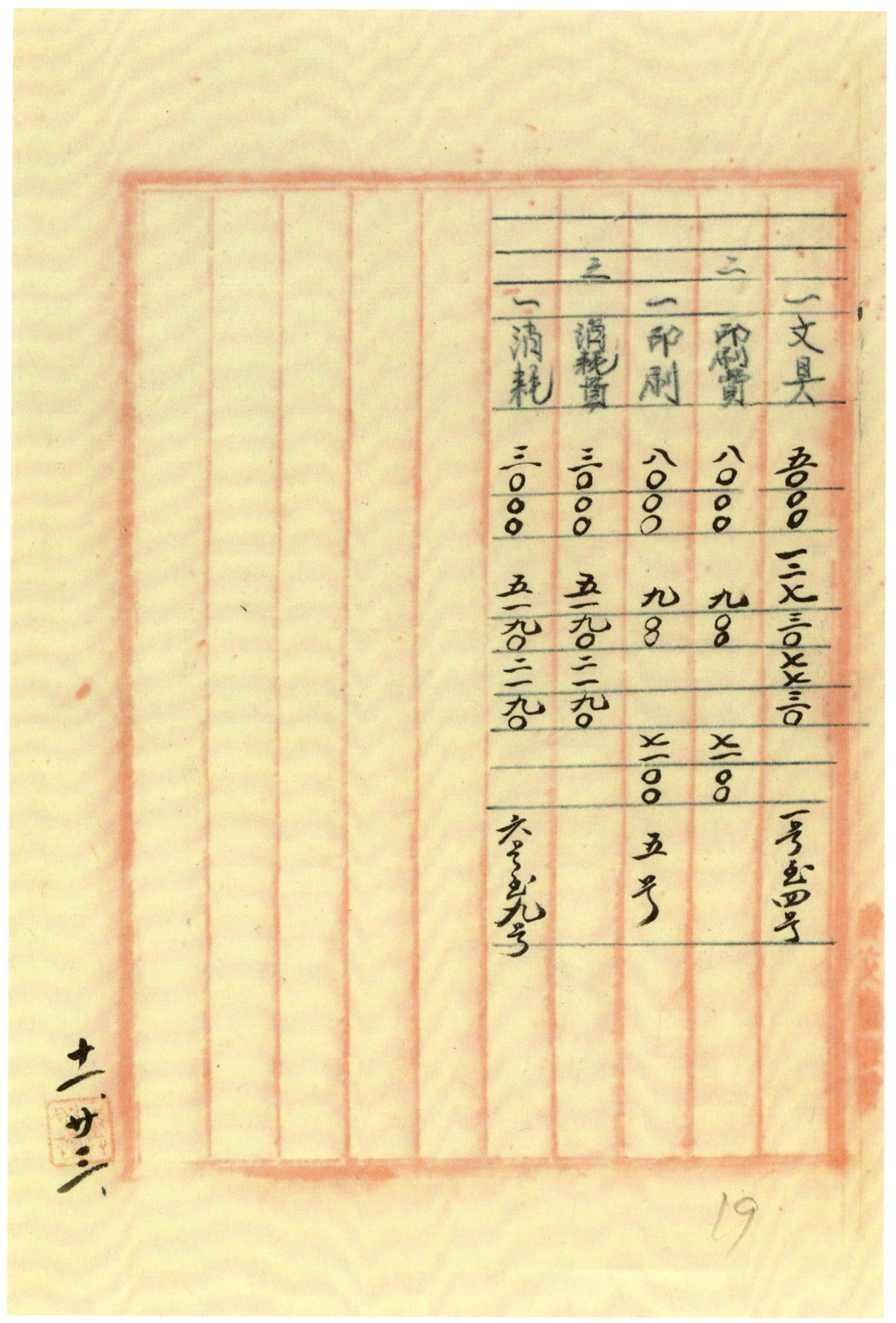

一 文具
一号至四号
二 印刷費
一 印刷
五号
二 消耗費
一 消耗
六号至九号
十一、廿三、

附四：兰州空袭紧急救济联合办事处一九四〇年九月份经费票据

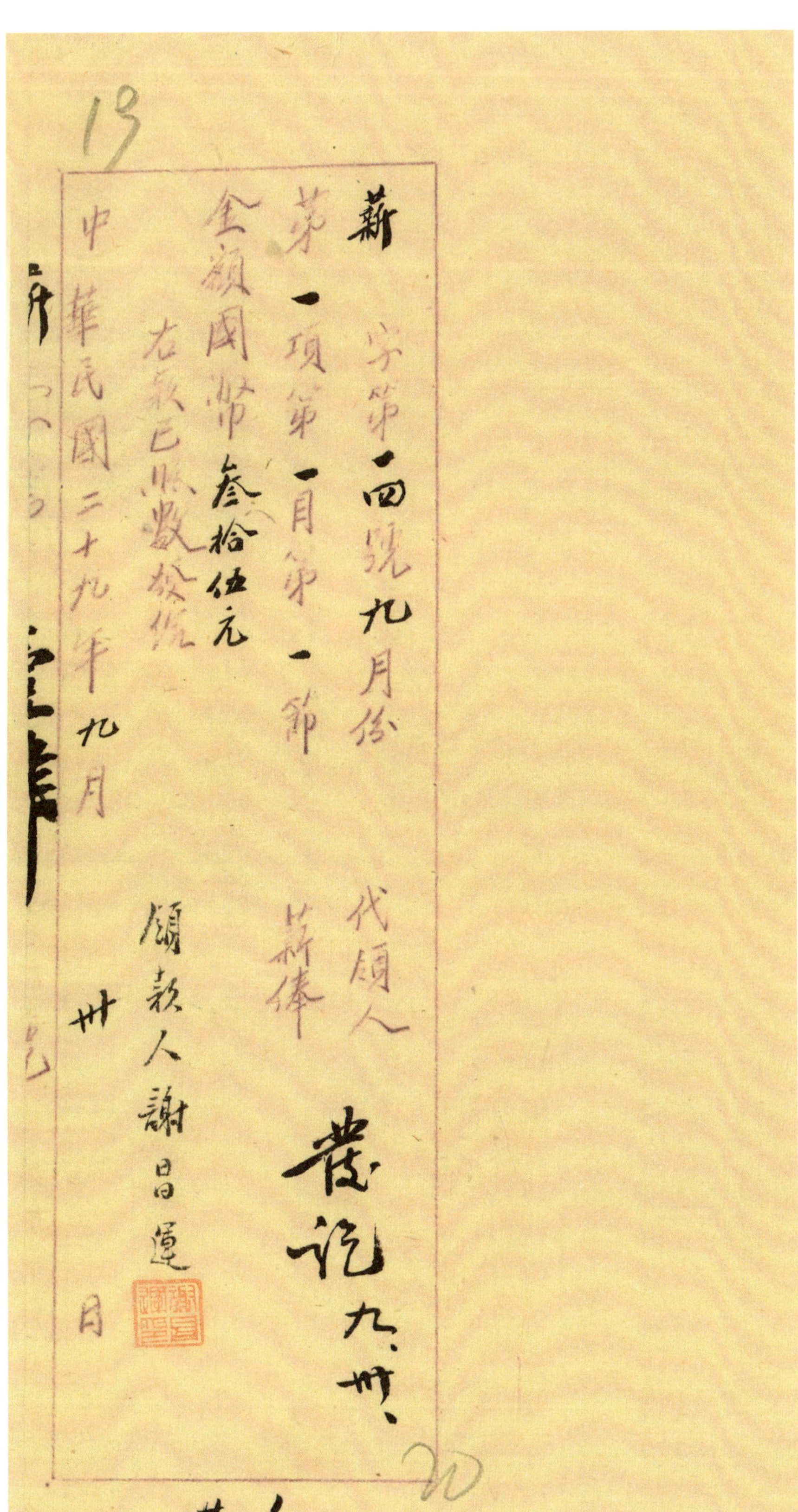
薪字第一四號九月份

第一項第一目第一節

金額國幣叁拾伍元

右款已照數收訖

代領人

薪俸

費記 九、卅

領款人謝昌運

中華民國二十九年九月卅日

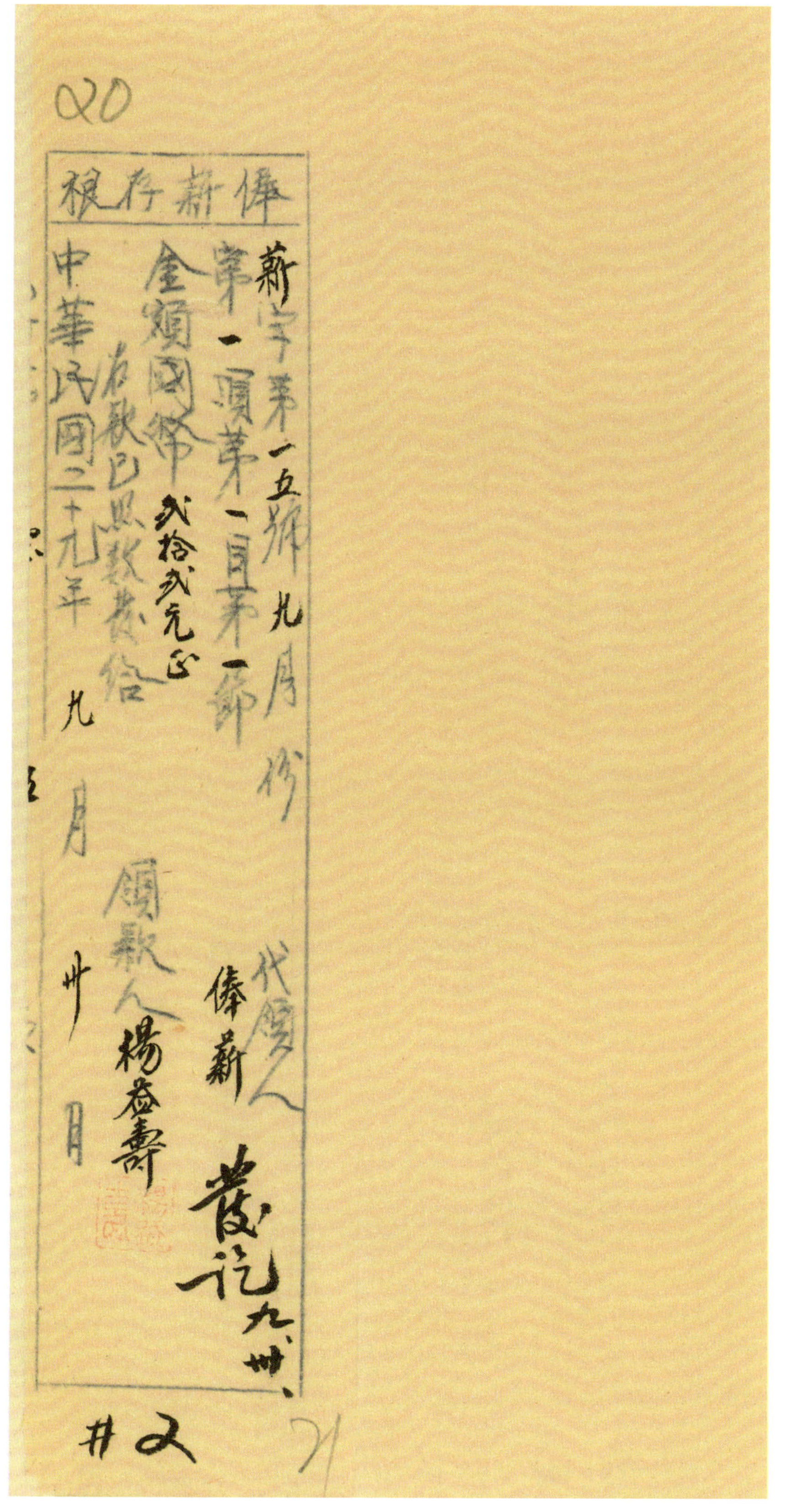

Q0

俸薪存根

薪字第一五號　九月份　代領人

第一項第一目第一節　俸薪

金額國幣貳拾貳元正

右款已照數發給　領款人楊益壽

中華民國三十九年　九　月　卅　日

發訖九、卅、

#文　71

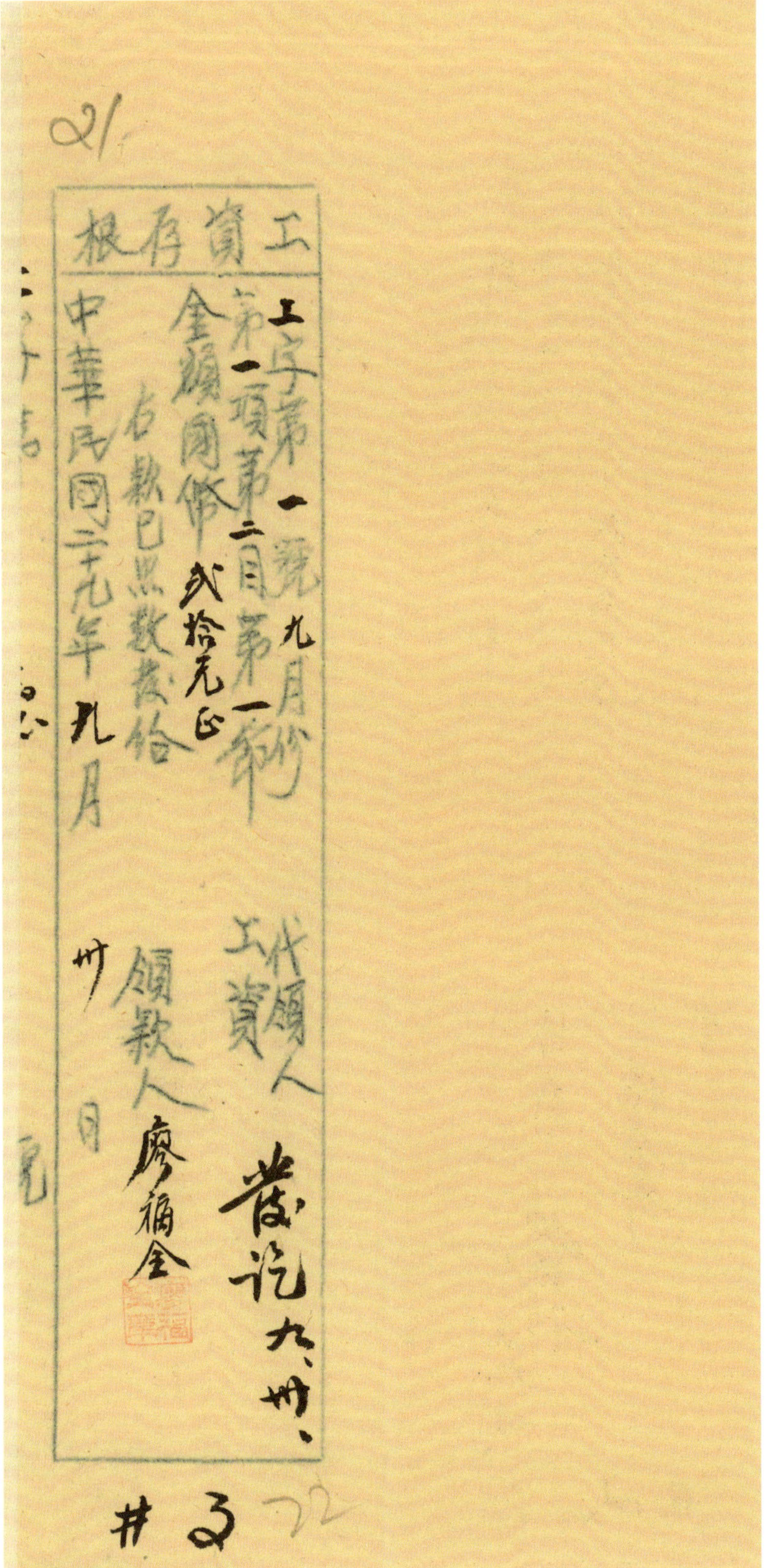

工资存根

上字第一号 九月份

第一项第二目第一节

金额国币 贰拾元正

右款已照数发给

代雇人 工资

领款人 廖福全

中华民国二十九年 九月 卅 日

发讫 九、卅、

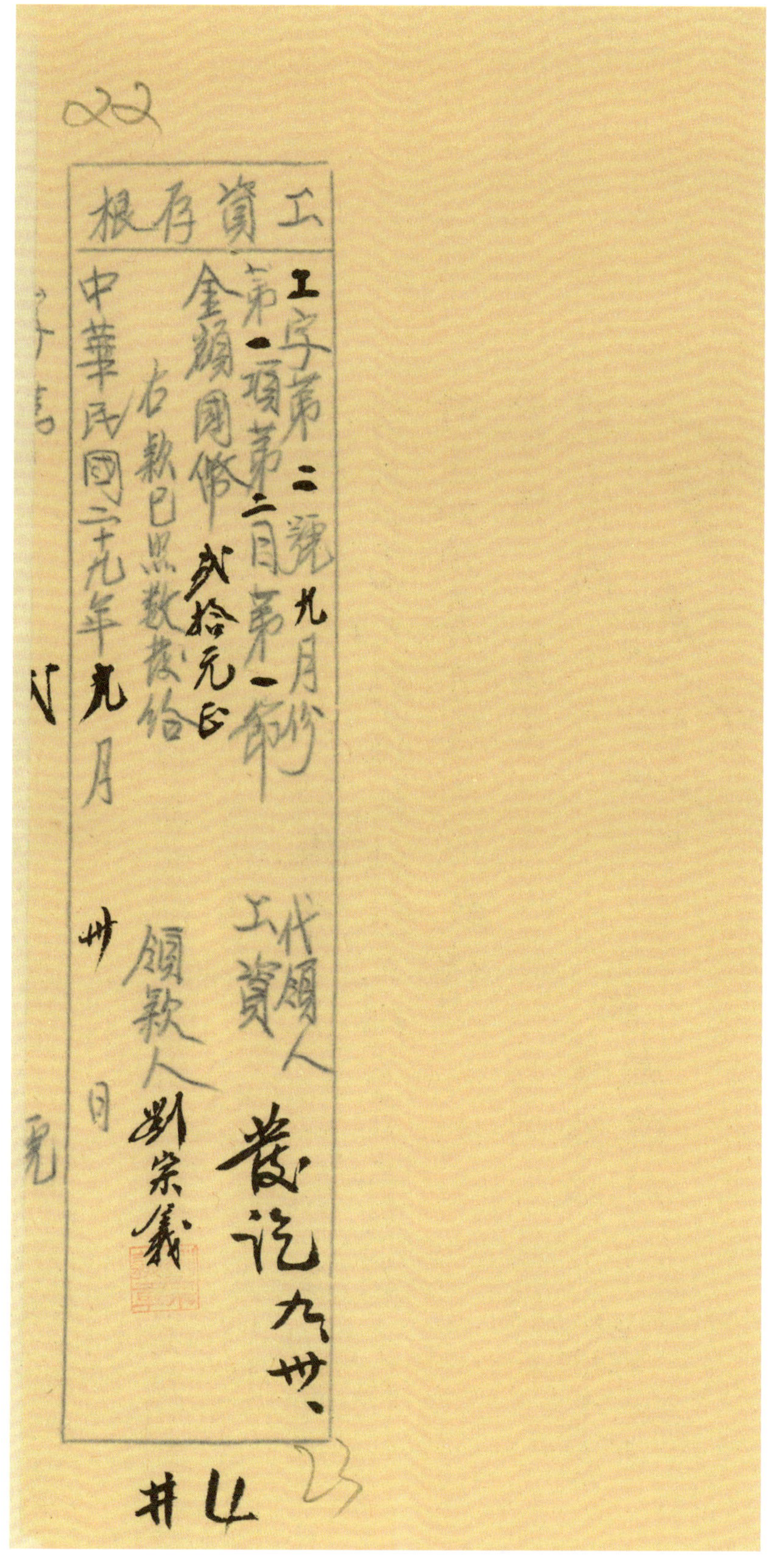
22
工資存根
工字第二號九月份
第二項第二目第一節
金額國幣貳拾元正
右款已照數發給
代領人
工資
領款人劉宗義
中華民國二十九年九月卅日
費記九卅、
卅L
23

附五：董绍狐、赵连壁关于经费支出事宜致周戒沉的签呈

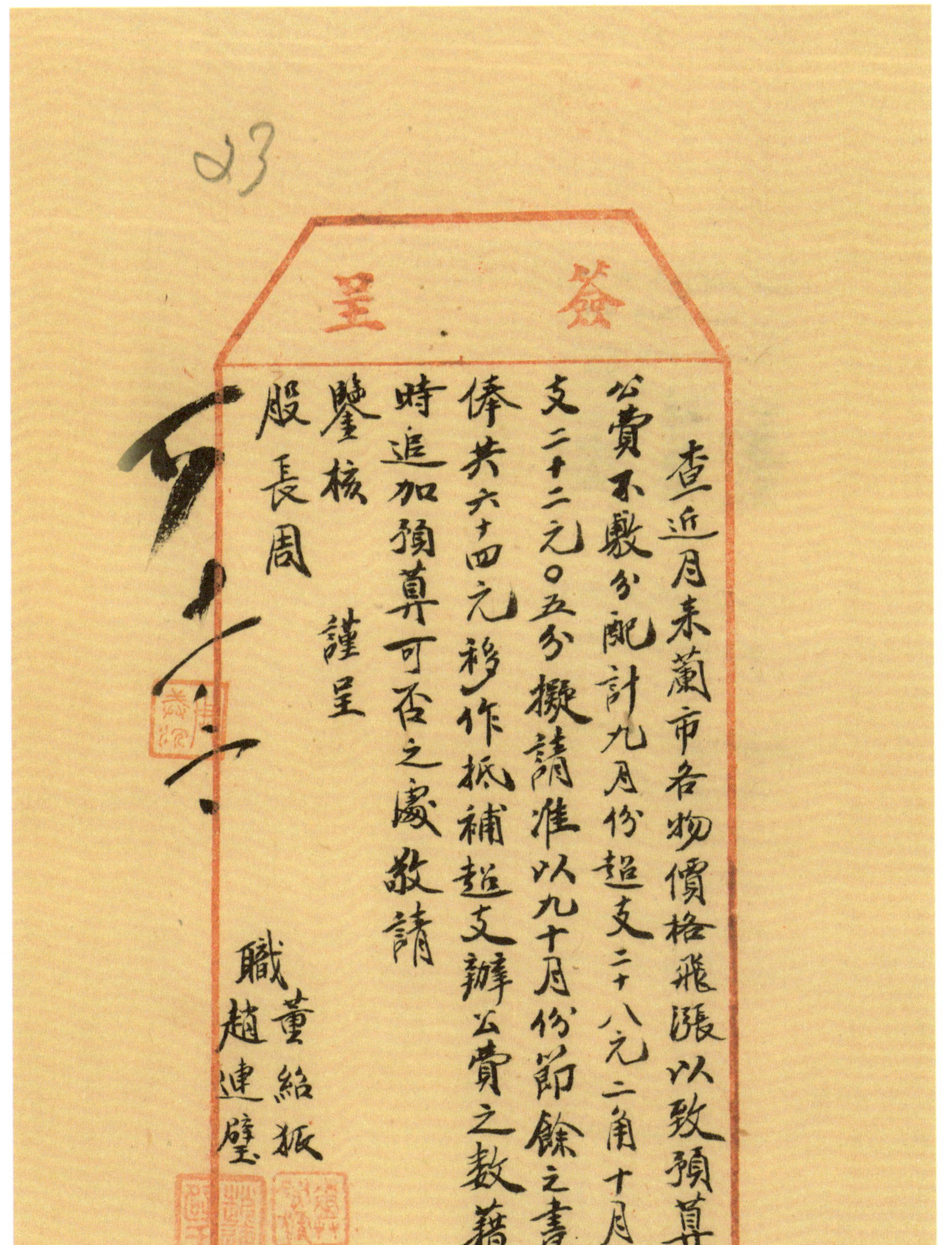
簽呈

查近月來蘭市各物價格飛漲以致預算之辦
公費不敷分配計九月份超支二十八元二角十月份超
支二十二元〇五分擬請准以九十月份節餘之書記薪
俸共六十四元移作抵補超支辦公費之數藉免臨
時追加預算可否之處敬請
鑒核 謹呈
股長周

職 董紹振
趙連壁
簽 十一月一日

附六：兰州空袭紧急救济联合办事处一九四〇年十月份经常费支出计算书

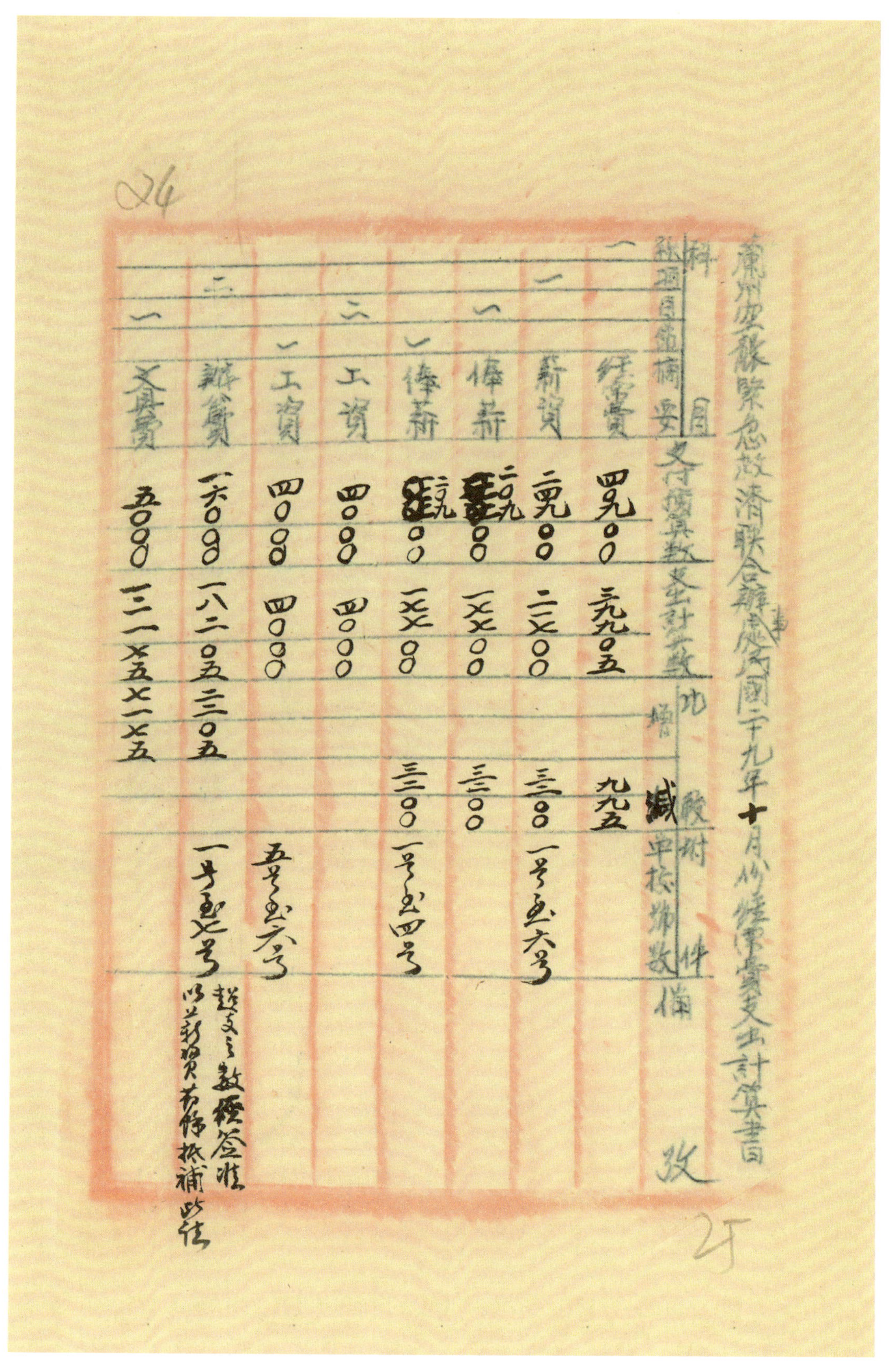

兰州空袭紧急救济联合办事处民国二十九年十月份经常费支出计算书

款	项	目	节	摘要	支付预算数	支出计算数	比较增	比较减	附件单据张数	备考
一				经常费	四九〇〇	三九〇五		九九五		
	一			薪资	二九〇〇	二〤〇〇		三〇〇	一号至六号	
		一		俸薪	二九〇〇	一〤〇〇		三〇〇		
			一	俸薪	二九〇〇	一〤〇〇		三〇〇	一号至四号	
		二		工资	四〇〇	四〇〇				
			一	工资	四〇〇	四〇〇			五号至六号	
	二			办公费	一六〇〇	一八二五三二〇五			一号至七号	超支之数经签准以薪资节余抵补此注
			一	文具费	五〇〇	三一〤五〤一〤五				

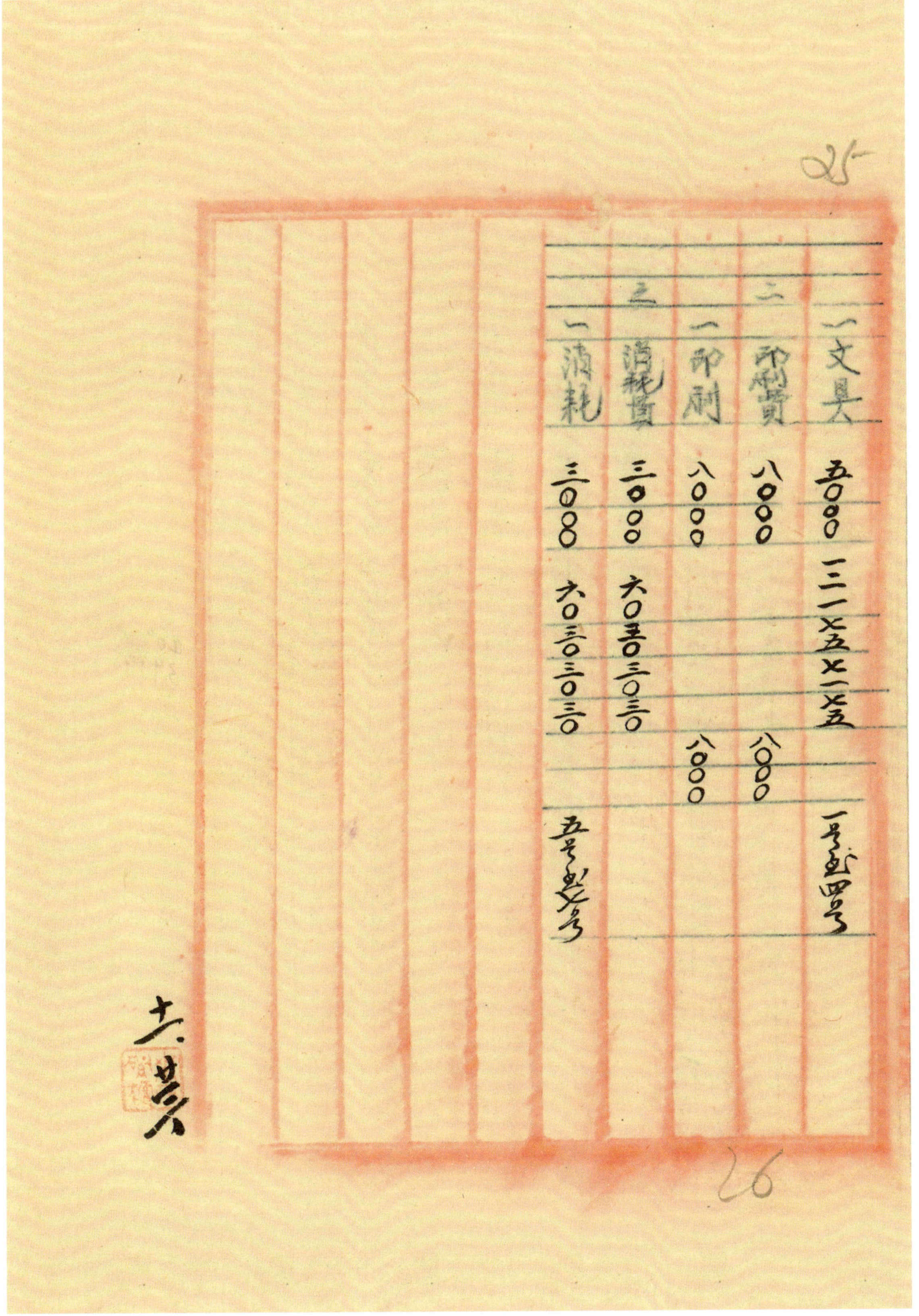

一 文具	五〇〇	一二一×五×一×五		一号至四号
二 印刷费	八〇〇		八〇〇	
一 印刷	八〇〇		八〇〇	
三 消耗费	三〇〇	六〇三〇三〇三		
一 消耗	三〇〇	六〇三〇三〇三		五号至七号

十六 廿三

附七：兰州空袭紧急救济联合办事处一九四〇年十一月份经费票据

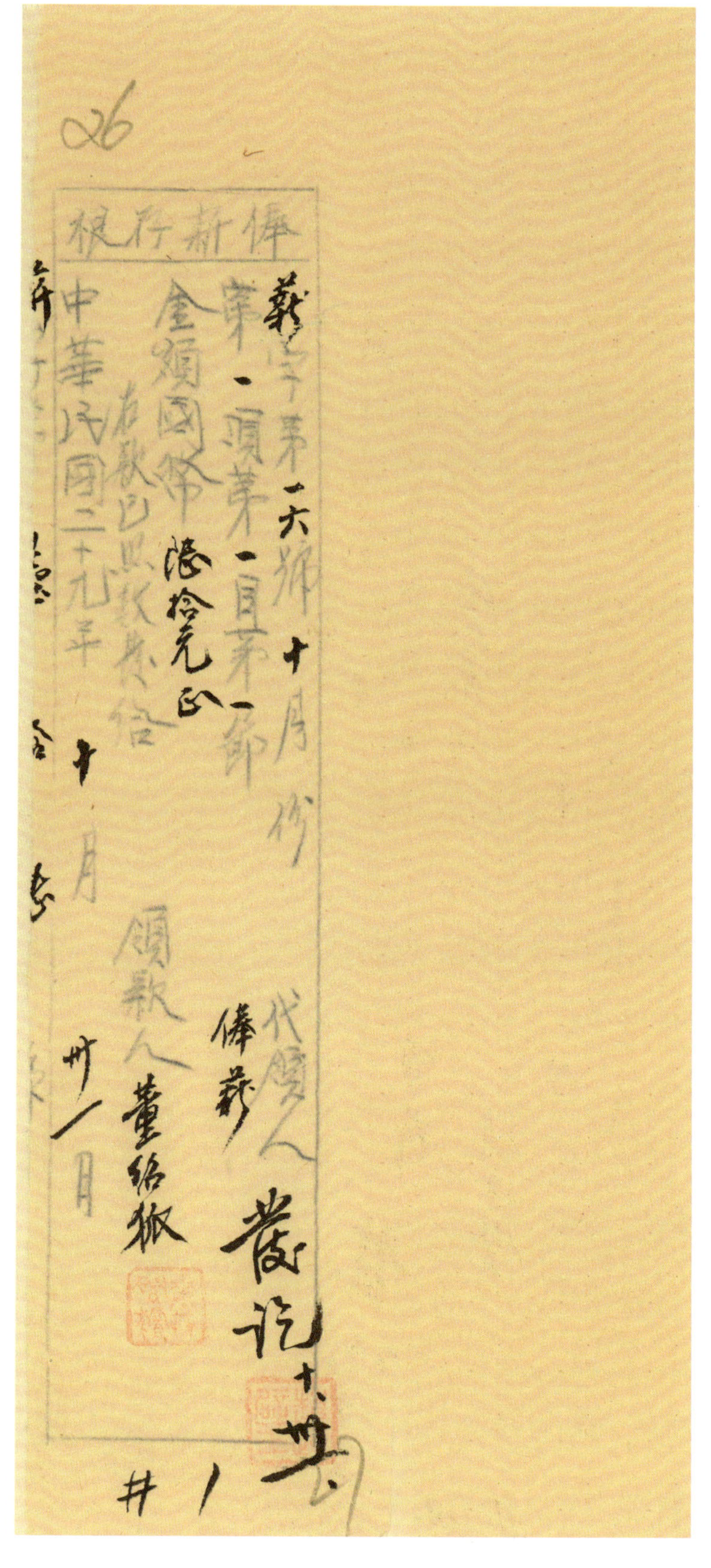

俸薪存根

薪字第一六号 十月份

第一项第一目第一节

金额国币陆拾元正

右款已照数收讫

中华民国二十九年十月卅一日

代领人

领款人 董绍振

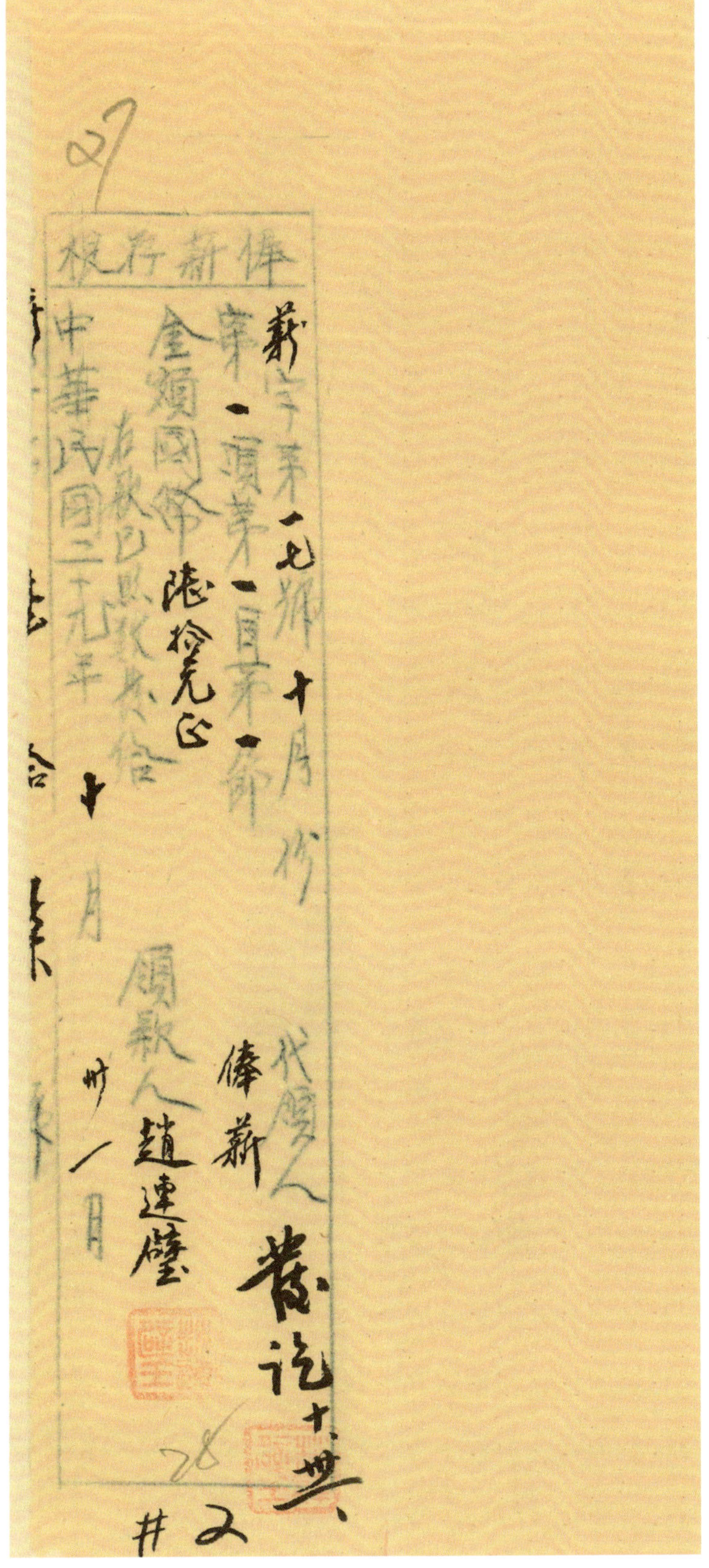

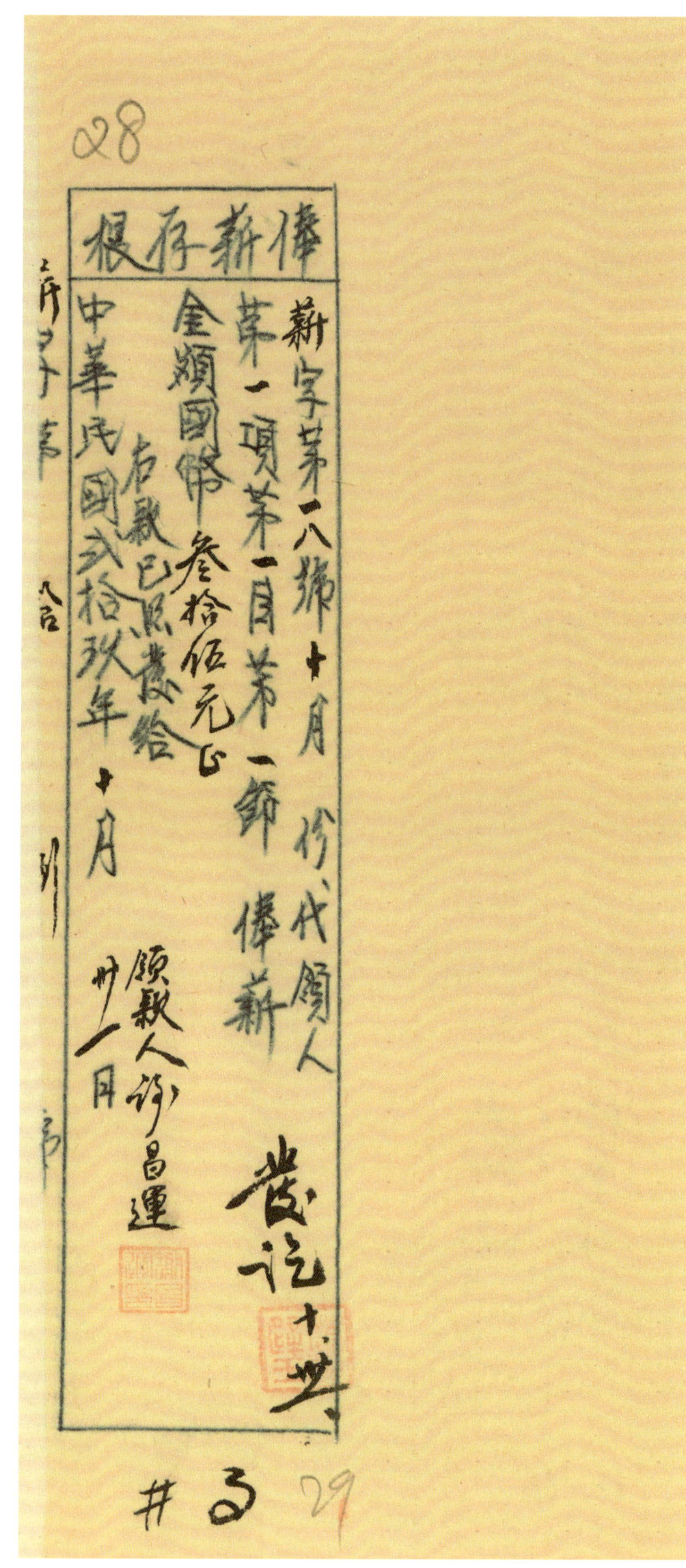

28

俸薪存根

薪字第一八號十月份代領人

第一項第一目第一節俸薪

金額國幣叁拾伍元正

右款已照數發給

中華民國貳拾玖年十月卅一日

領款人許昌運

發訖十、卅

#2 29

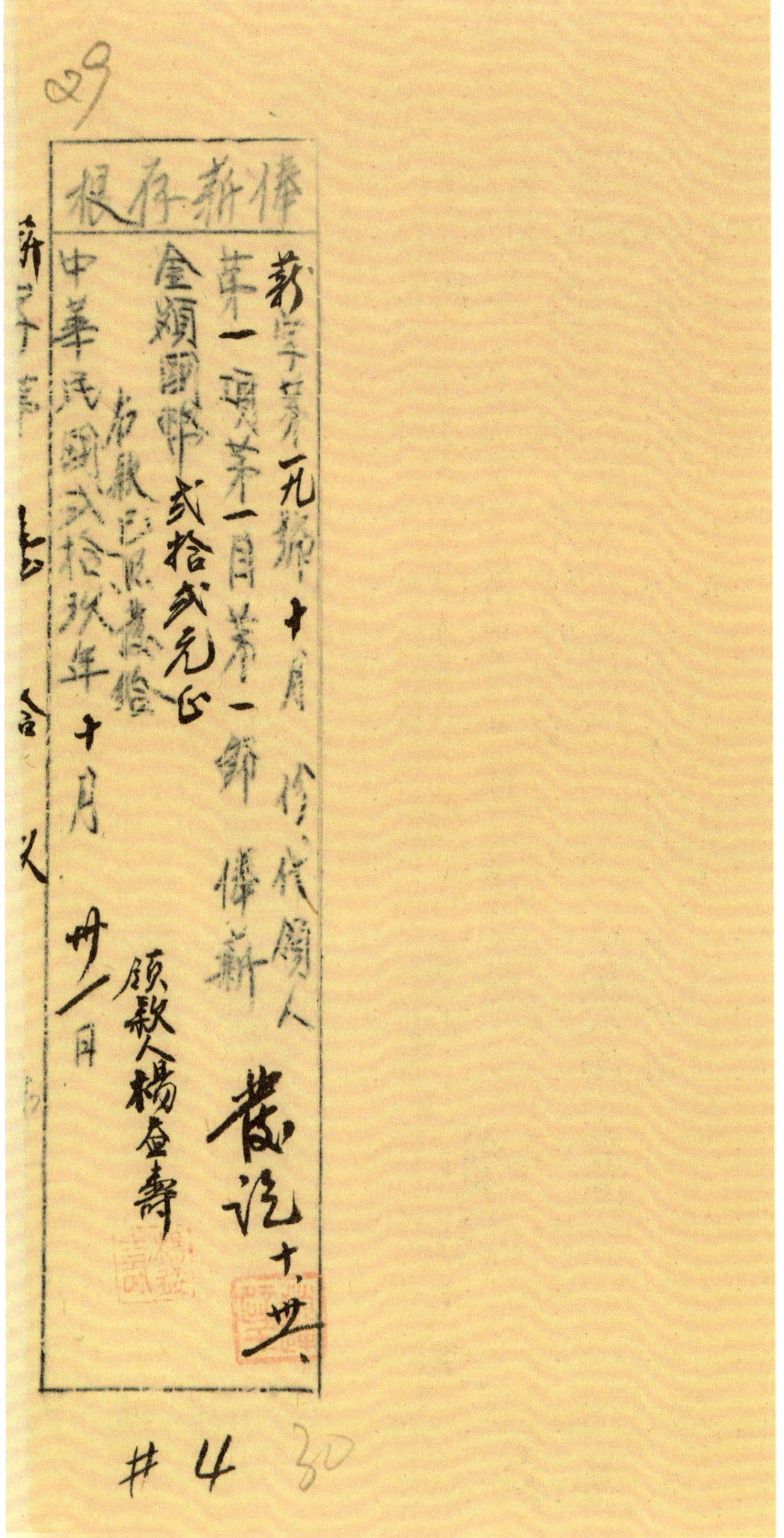

俸薪存根

薪字第一九號 十月份代領人 叢鋭十、卅、

第一項第一目第一節俸薪

金額國幣貳拾貳元正

右款已照數收訖

領款人楊金壽

中華民國貳拾玖年十月卅一日

薪字第 號 領 人

#4

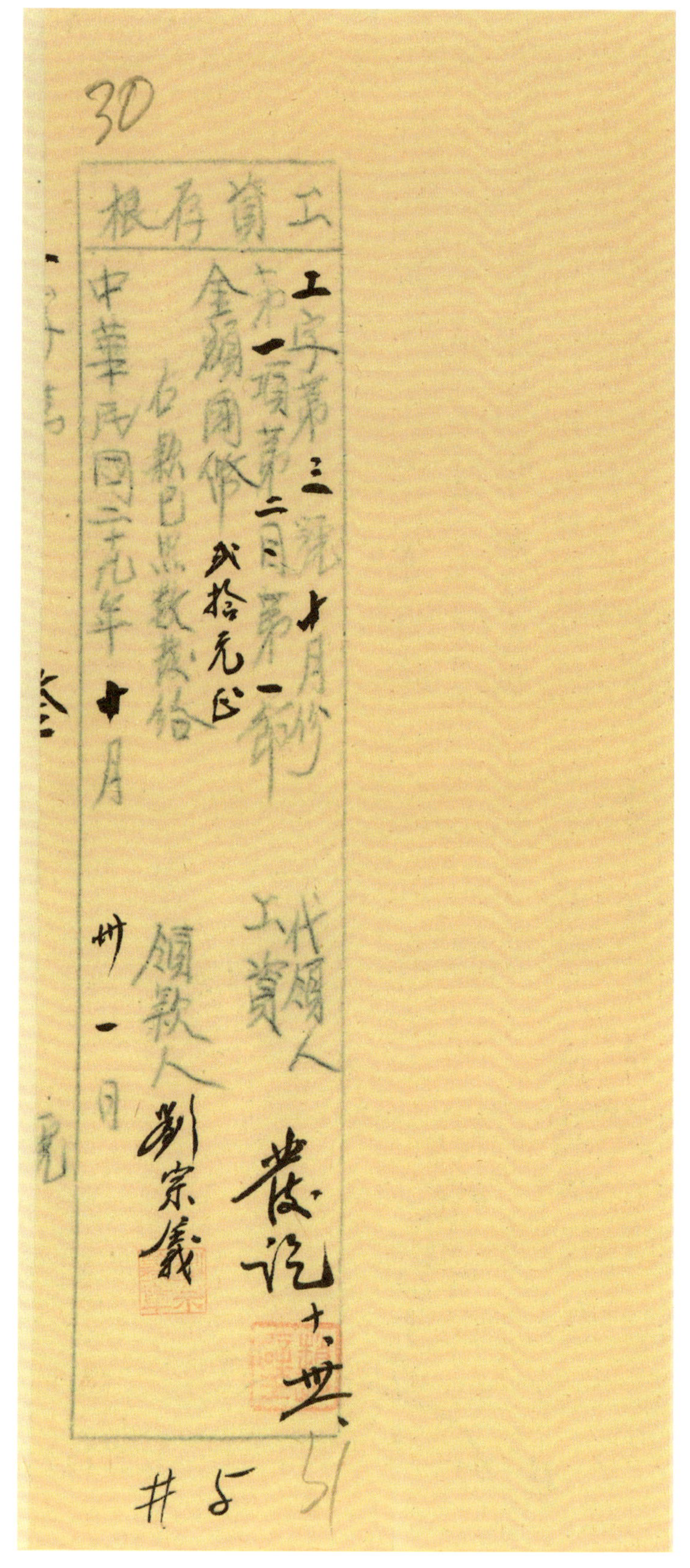
30

工資存根

工字第三號　十月份

第一項第二目第一節

金額國幣　貳拾元正

右款已照數撥給

代領人　費記　十、卅、

工資

領款人　劉宗義

中華民國二十九年　十　月　卅一　日

#5

51

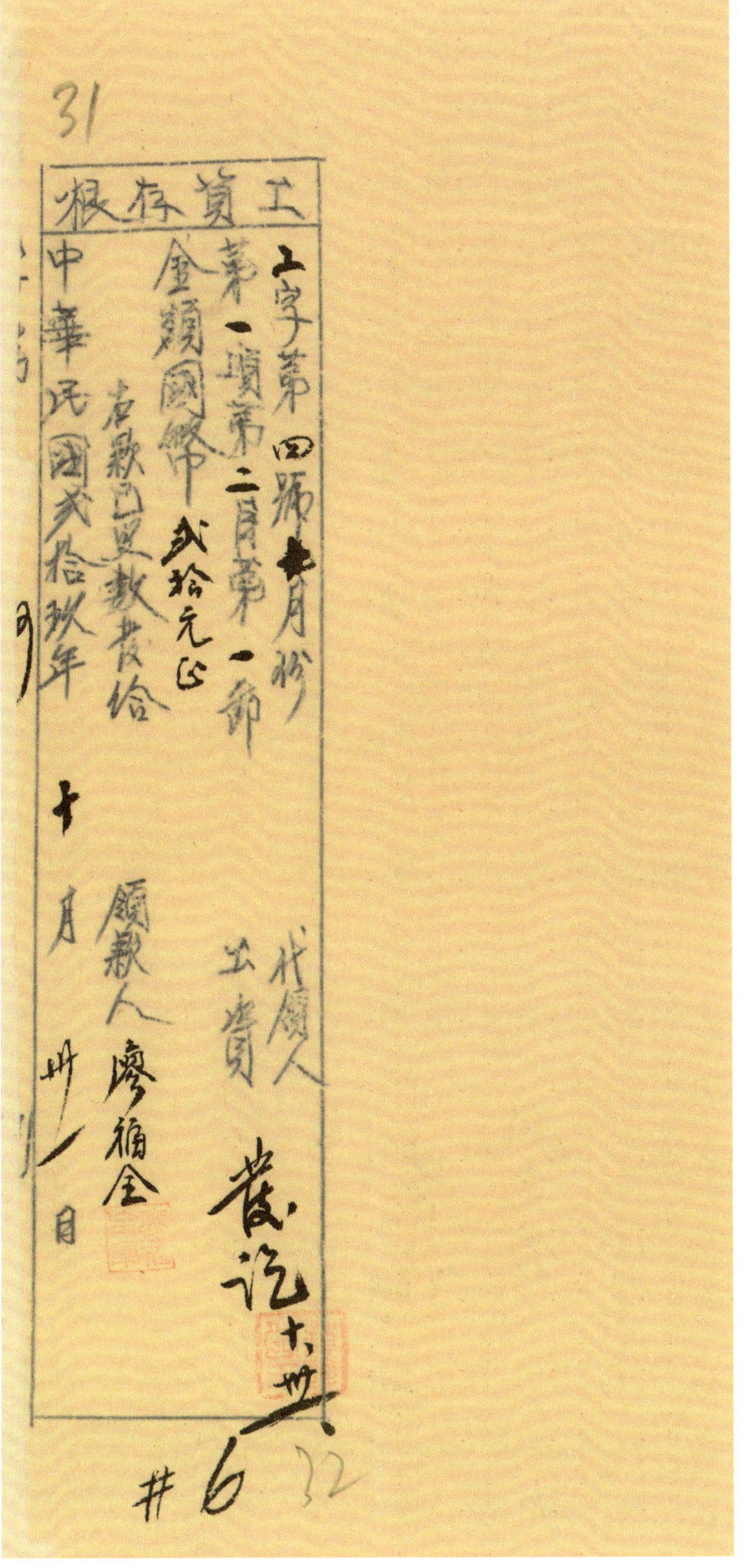
31

工資存根

工字第四號十月份

第一項第二目第一節

金額國幣貳拾元正

右款已照數發給

代領人

出賣

領款人 廖福全

中華民國貳拾玖年 十 月 卅一 日

黄記 十、卅一

#6

兰州空袭紧急救济联合办事处关于报送一九四〇年十一月份经费支出计算书类事致甘肃省政府的笺函（一九四〇年十二月十四日）

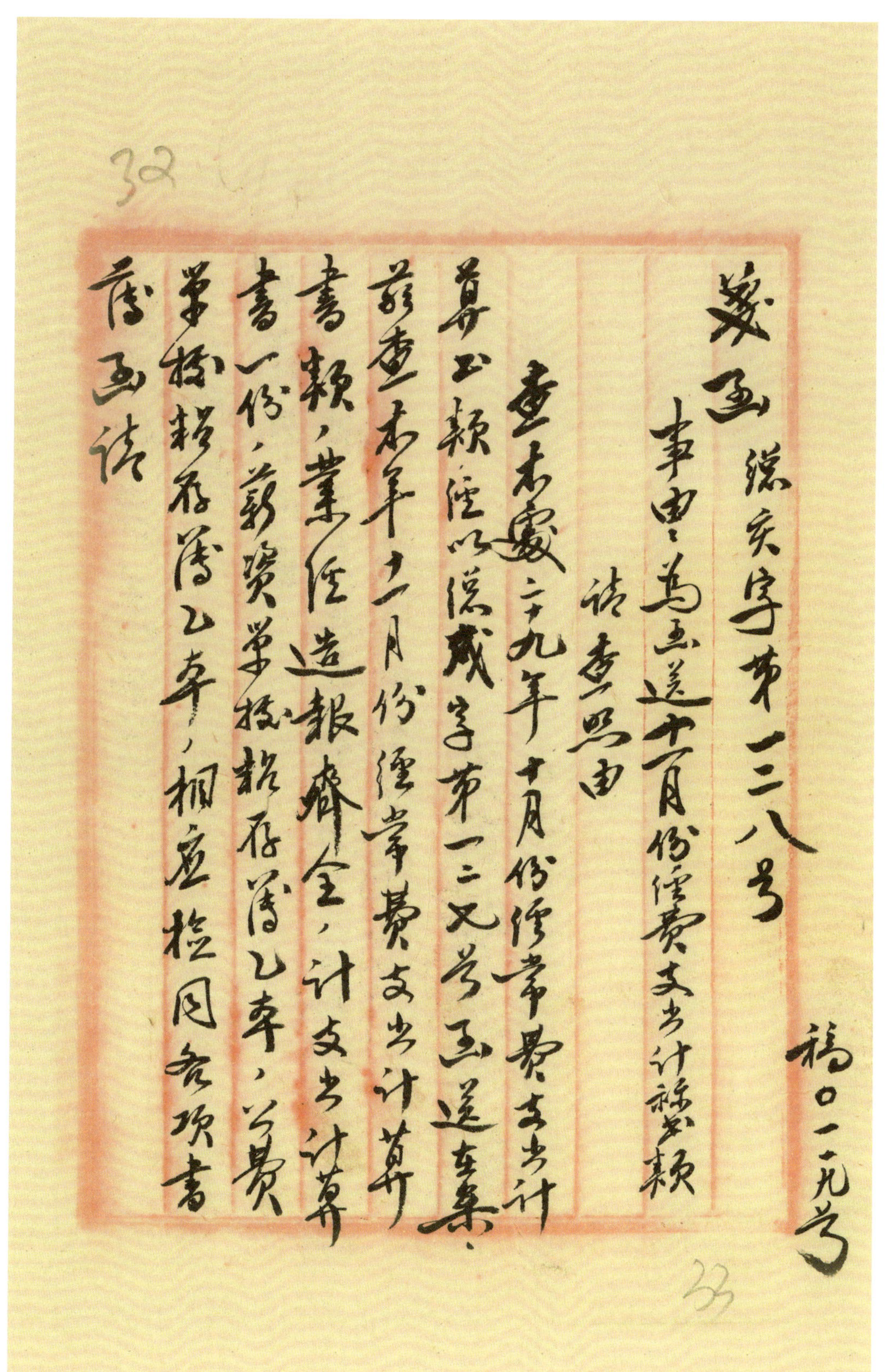

笺函　總戾字第一二八号　稿〇一一九号

事由：为函送十一月份经费支出计算书类请查照由

查本处二十九年十月份经常费支出计算书类，业经以總戾字第一二七号函送在案。兹查本年十一月份经常费支出计算书类，业经造报齐全，计支出计算书一份，薪资单据粘存簿乙本，公费单据粘存簿乙本，相应检同各项书类函请

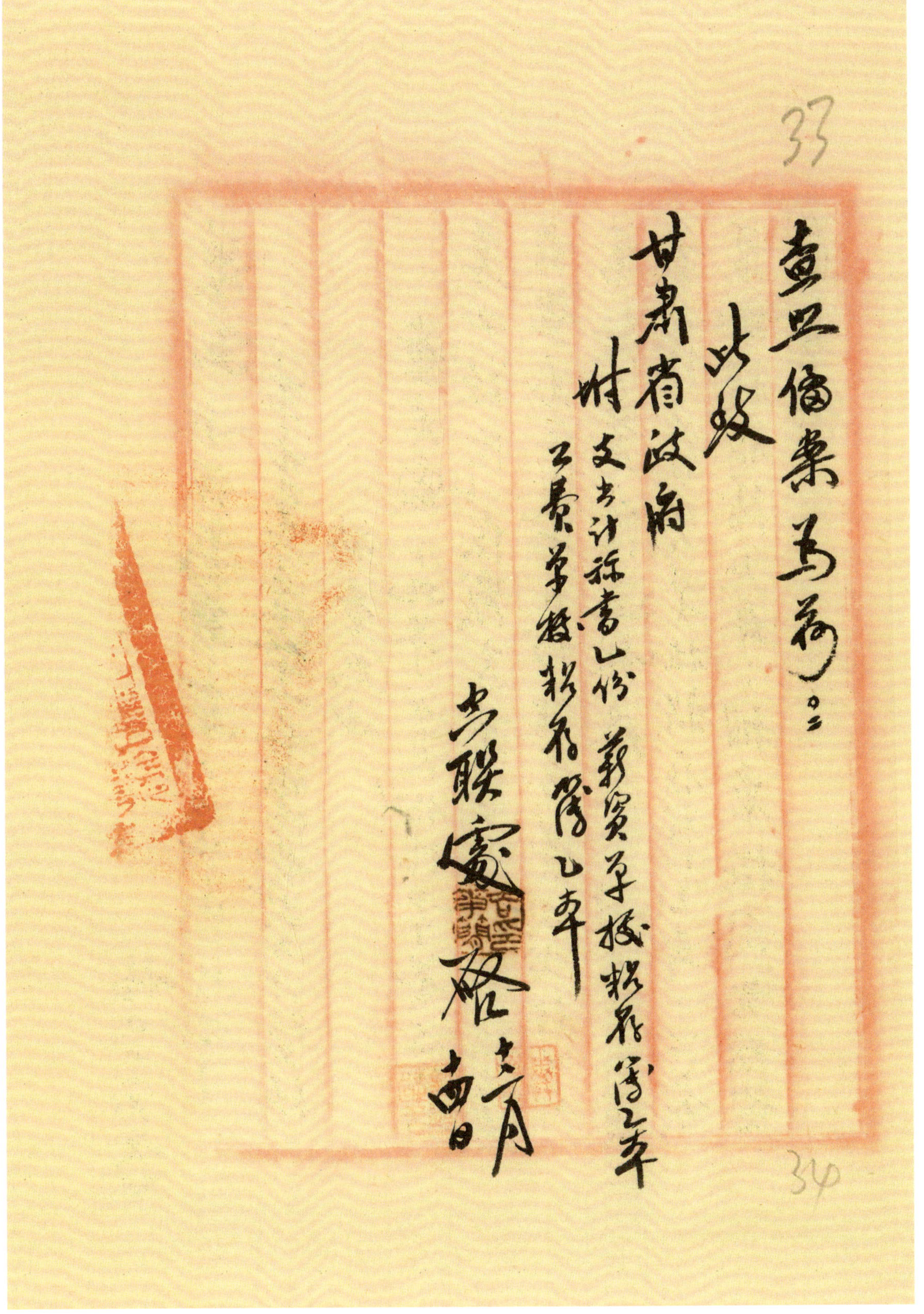

查照備案爲荷。

此致

甘肅省政府

附支出計算書乙份 薪資單據粘存簿乙本 公費單據粘存簿乙本

本聯處 啓

十二月 日

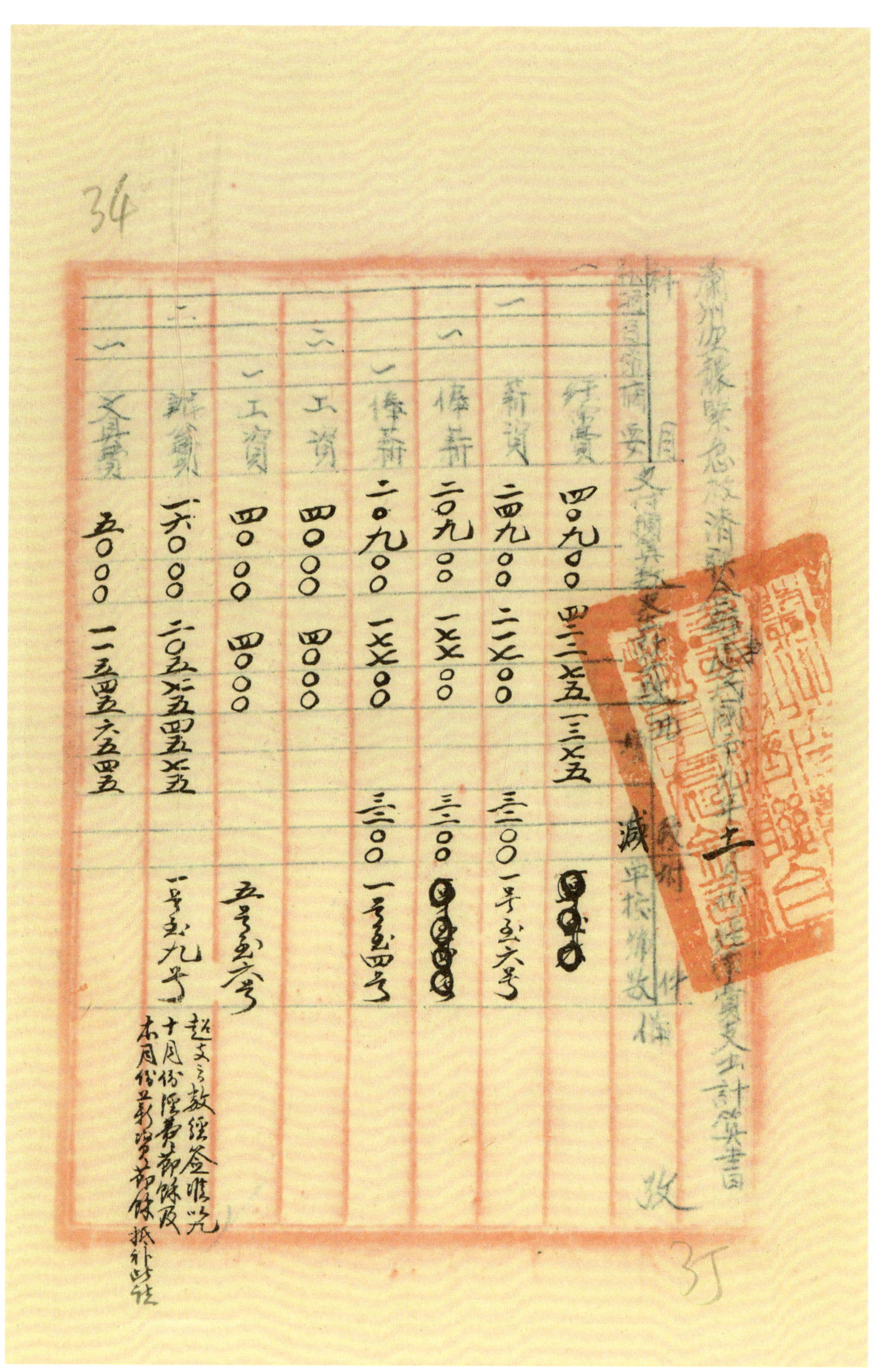

附一：兰州空袭紧急救济联合办事处一九四〇年十一月份经费支出计算书

35

一文具 五〇〇 二五四五六五四五 一号至四号

二 印刷费 八〇〇 八〇〇

一印刷 八〇〇 八〇〇

三 消耗费 三〇〇 九〇三六〇三

一消耗 三〇〇 九〇三六〇三 五号至九号

十、卅、

36

附二：兰州空袭紧急救济联合办事处一九四〇年十一月份经费支出票据

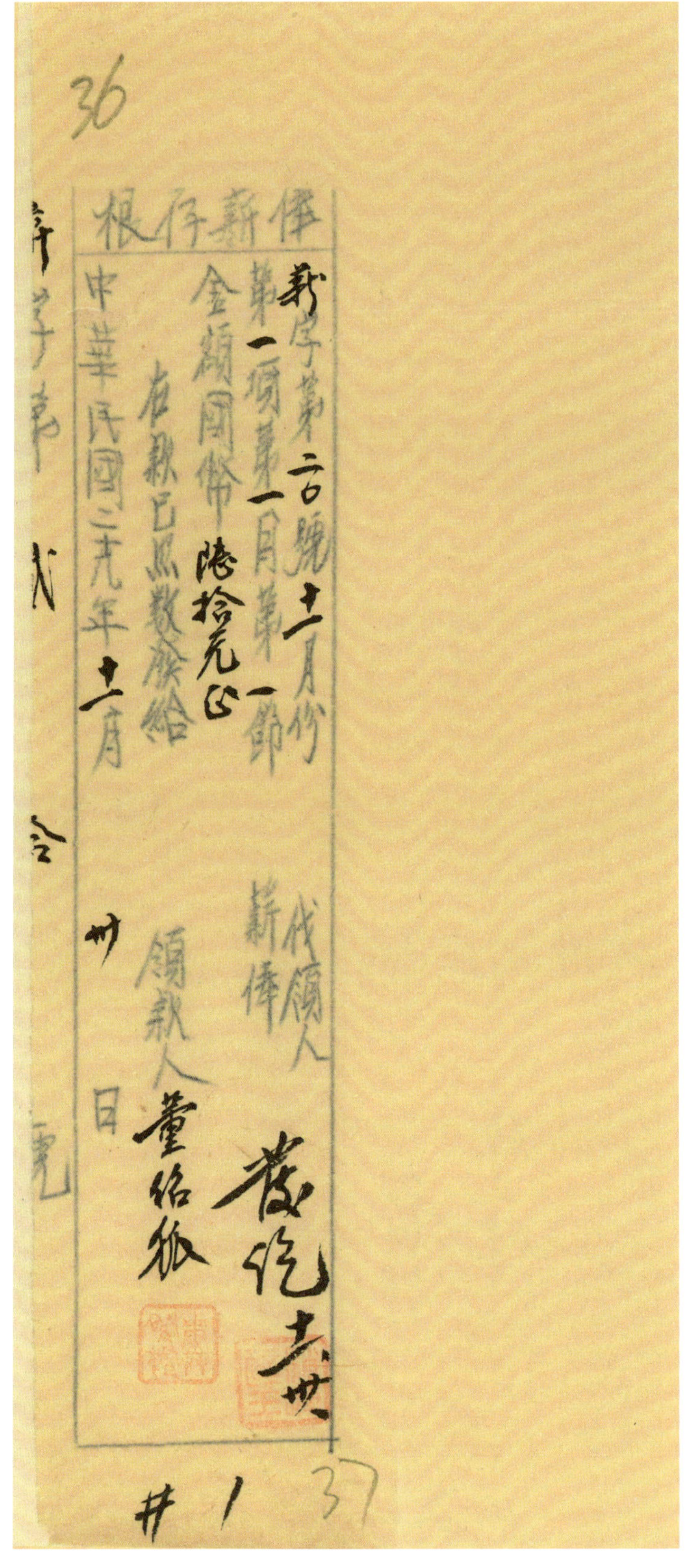

薪俸存根

新字第十二號 十一月份

第一項第一目第一節

金額國幣陸拾元正

右款已照數發給

中華民國二九年十一月卅日

新俸 代領人 [illegible]

領款人 董紹振

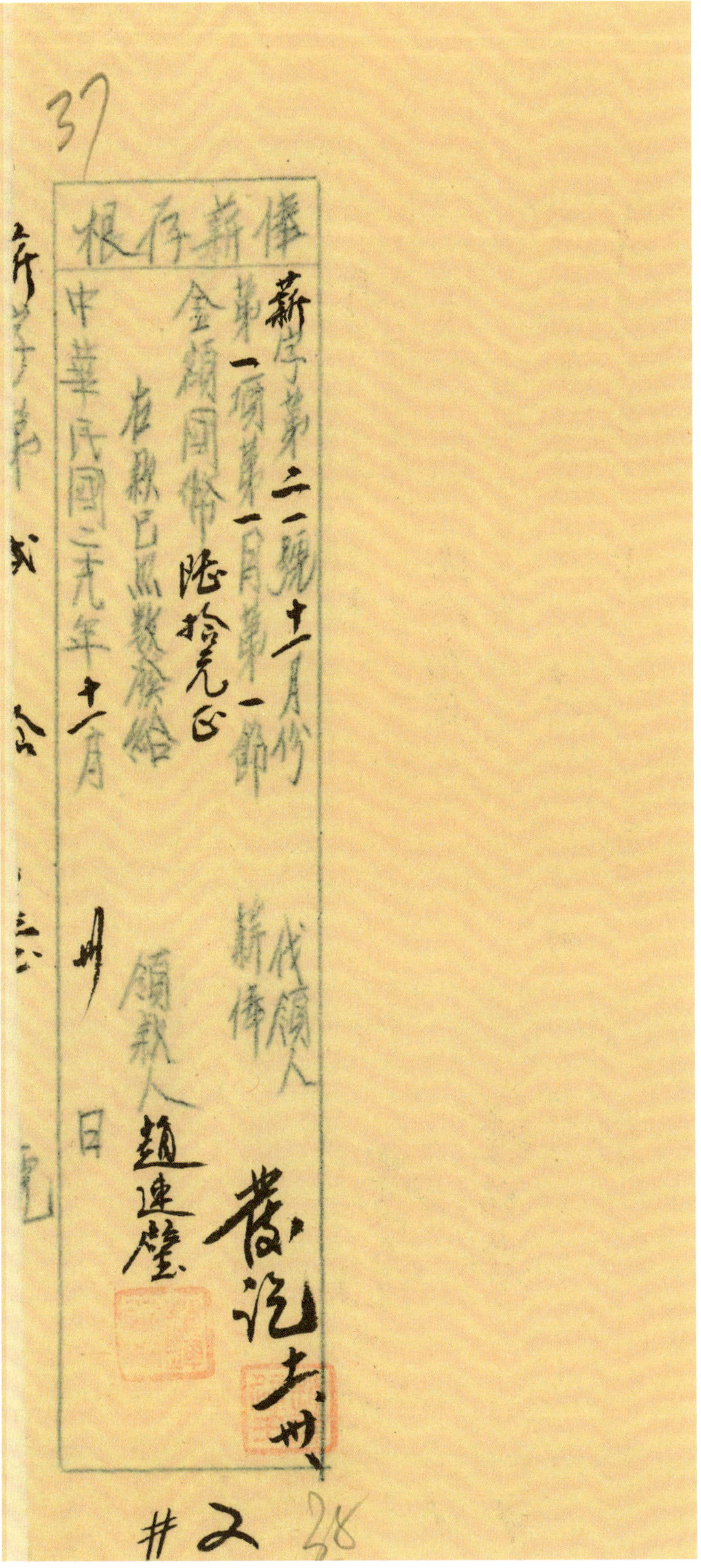

37

俸薪存根

薪字第二一號十一月份

第一項第一目第一節

金額國幣陸拾元正

右款已照數發給

中華民國二十九年十一月　日

代領人　薪俸　領款人　趙連璧　費從先

#2

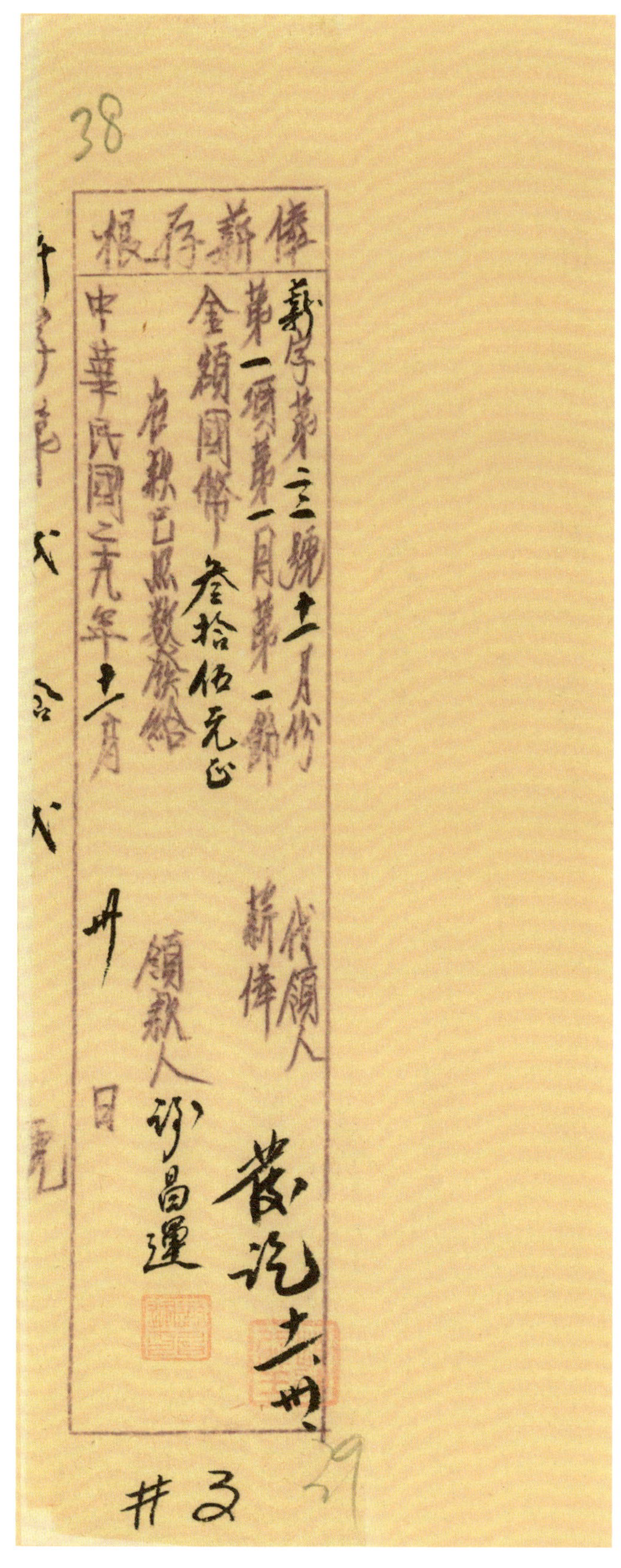
俸薪存根
薪字第三三號十二月份 代領人
第一類第一目第一節 薪俸
金額國幣叁拾伍元正 領款人孫昌運
本款已照數發給
中華民國三十九年十二月廿日

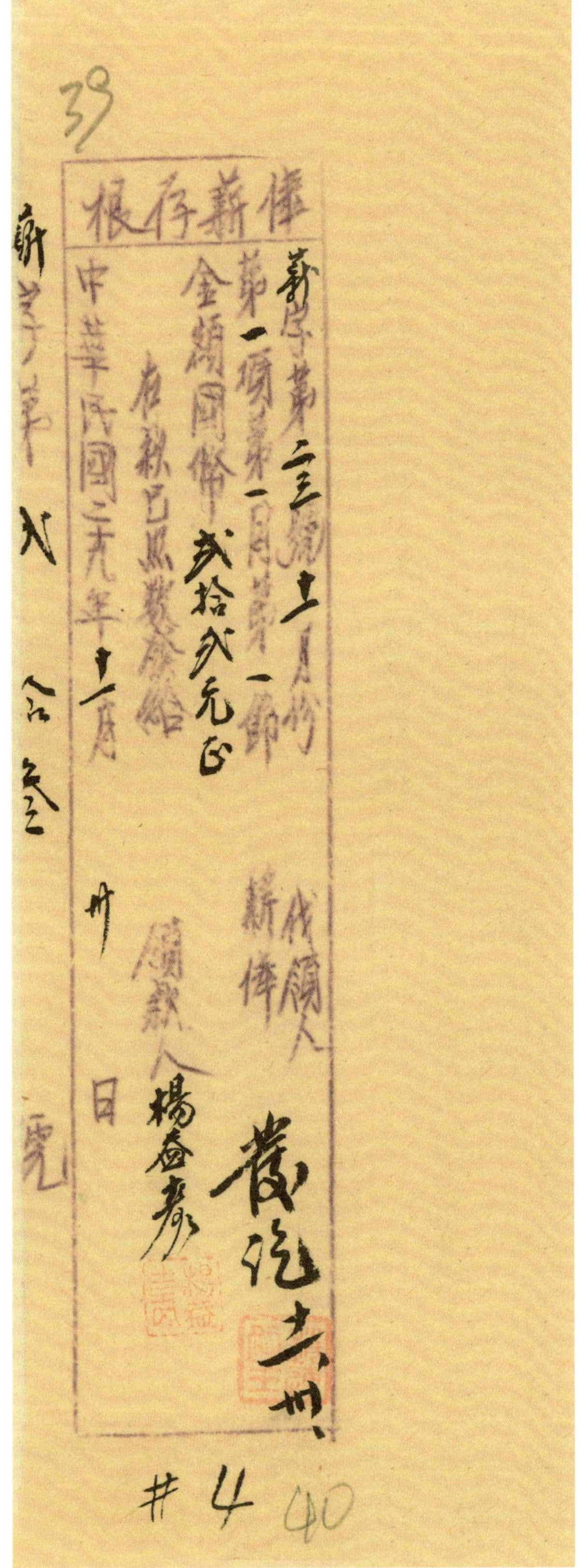

39

俸薪存根

薪字第二三号十一月份

第一项第一目第一节

金额国币贰拾贰元正

在款已照数发给

中华民国二十九年十一月 廿 日

代领人 薪俸 费范

领款人 杨益寿

薪字第 N 号 合 叁 元

费范十二、卅、

#4 40

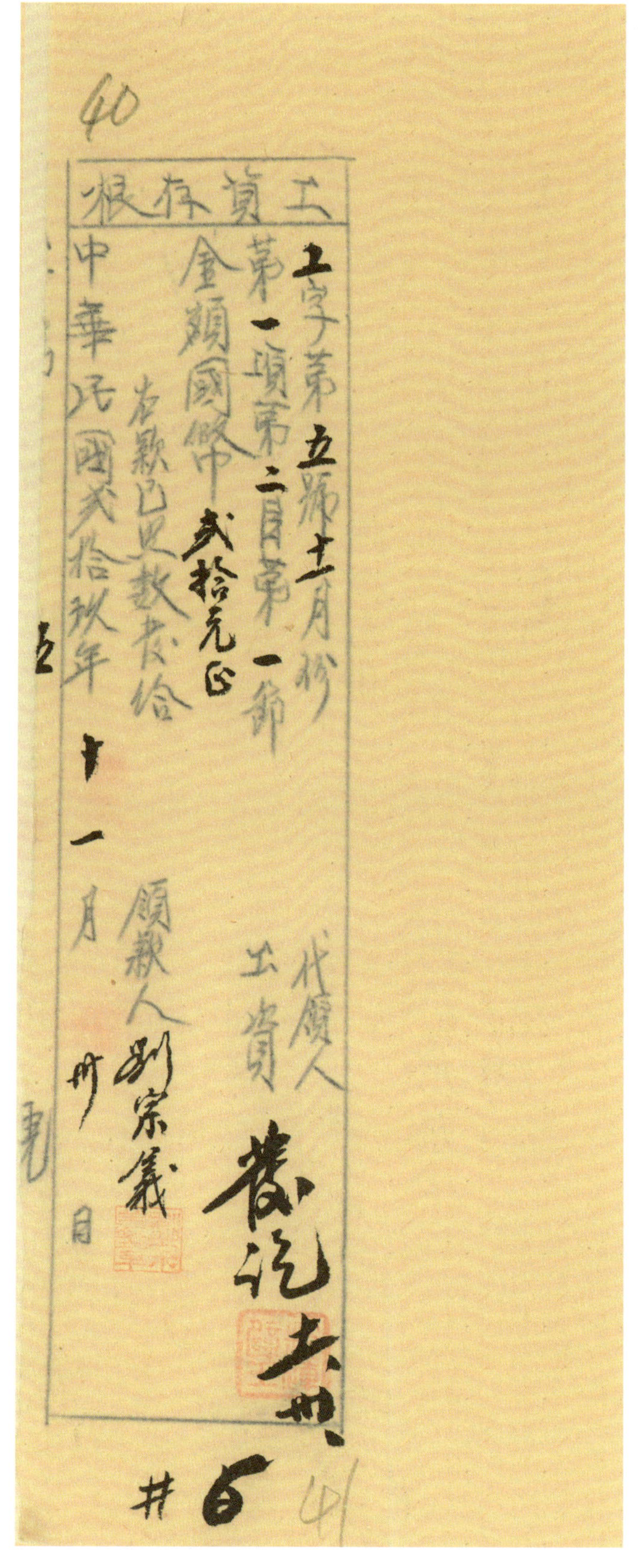

工資存根

土字第五號十一月份

第一項第二目第一節

金額國幣貳拾元正

右款已照數發給

代領人

工資

領款人劉宗義

中華民國貳拾玖年十一月卅日

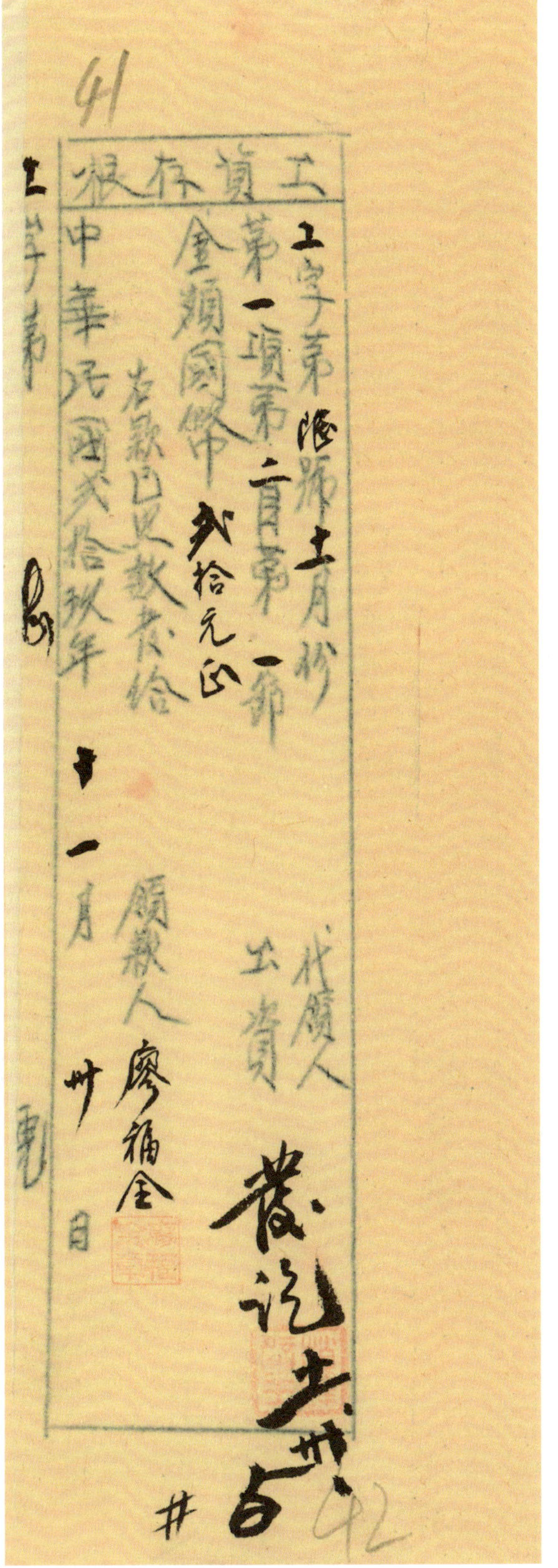

41

工资存根

工字第陆号十一月份

第一项第二目第一节

金额国币贰拾元正

右款已如数发给

中华民国贰拾玖年十一月廿日

领款人 廖福全

代领人

附三：董绍狐、赵连璧关于一九四〇年十一月份预算办公费不敷分配事致周戒沉的签呈（一九四〇年十一月三十日）

簽呈

竊查本月份各物價格較前又漲本處所用文具及消耗物品均非平價之貨以致預算之辦公費不敷分配計超支四拾伍元柒角五分擬請准以九十月份經費節餘共十三元柒角五分連同本月份節餘書記之薪俸叁拾貳元一併移抵超支之數藉免臨時再行追加預算可否之處敬祈鑒核謹呈

服長周

職 董紹狐 趙連璧 呈

十一、卅

兰州空袭紧急救济联合办事处、四行联合办事处及其兰州分处关于购粮贷款事的往来公文（一九四一年一月至二月）

兰州空袭紧急救济联合办事处致四行联合办事处的公函（一九四一年一月十日）

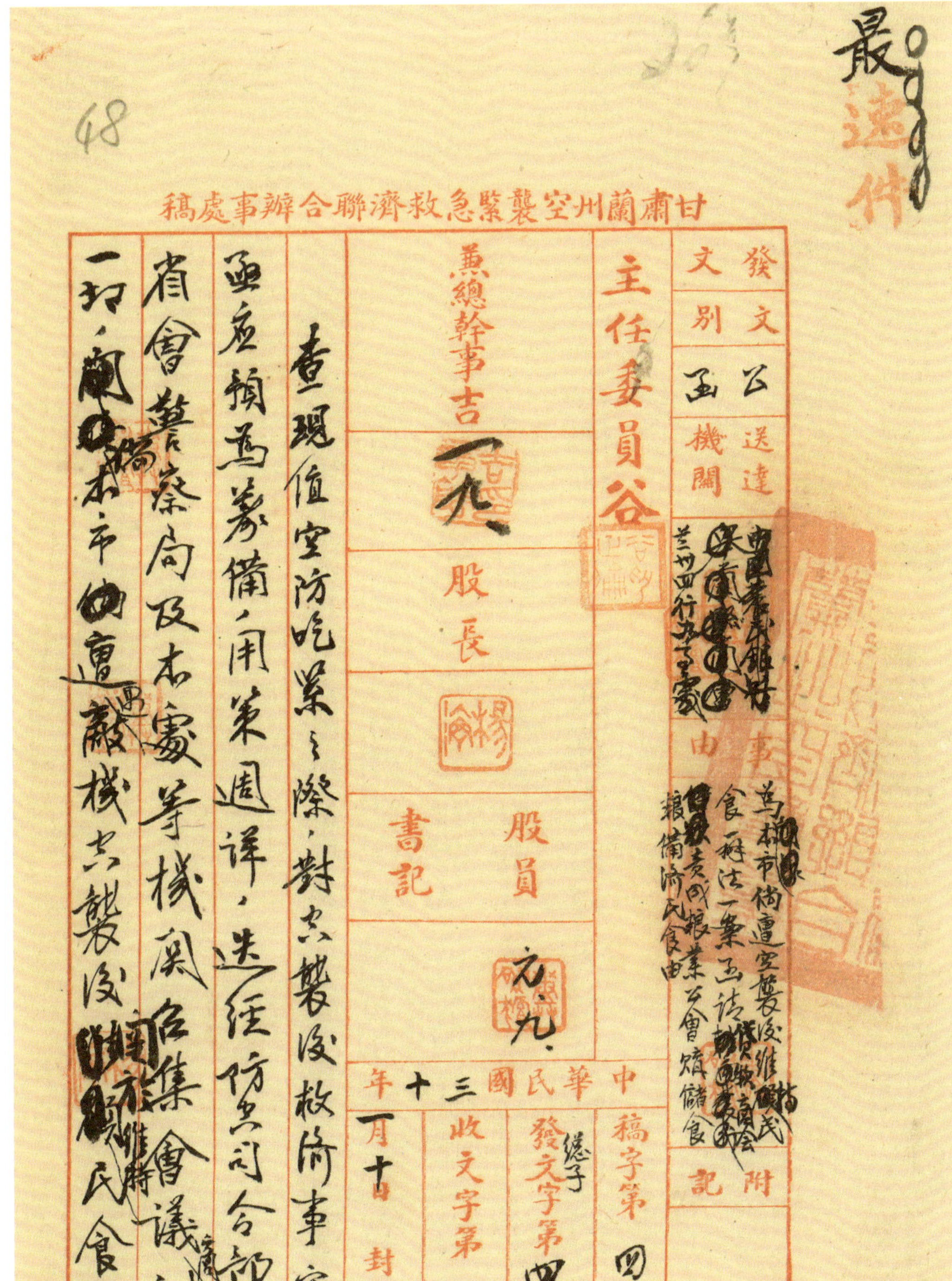
最速件

甘肅蘭州空襲緊急救濟聯合辦事處稿

發文	文別	公函
送達	機關	中國農民銀行兰州四行办事处
事由		為本市倘遭空襲後維持民食，解決一案，函請貸款，由商會購儲食糧備濟民食由
附記		

主任委員 谷

兼總幹事 吉 一、九

股長

股員 元、九

書記

中華民國三十年一月十日

稿字第 四 號

發文字第 總字 四 號

收文字第 號

封發

查現值空防吃緊之際，對於襲後救濟事宜，亟應預為籌備，用策周詳。迭經防空司令部、省會警察局及本處等機關召集會議討論一切，關於本市由遭敵機空襲後維持民食

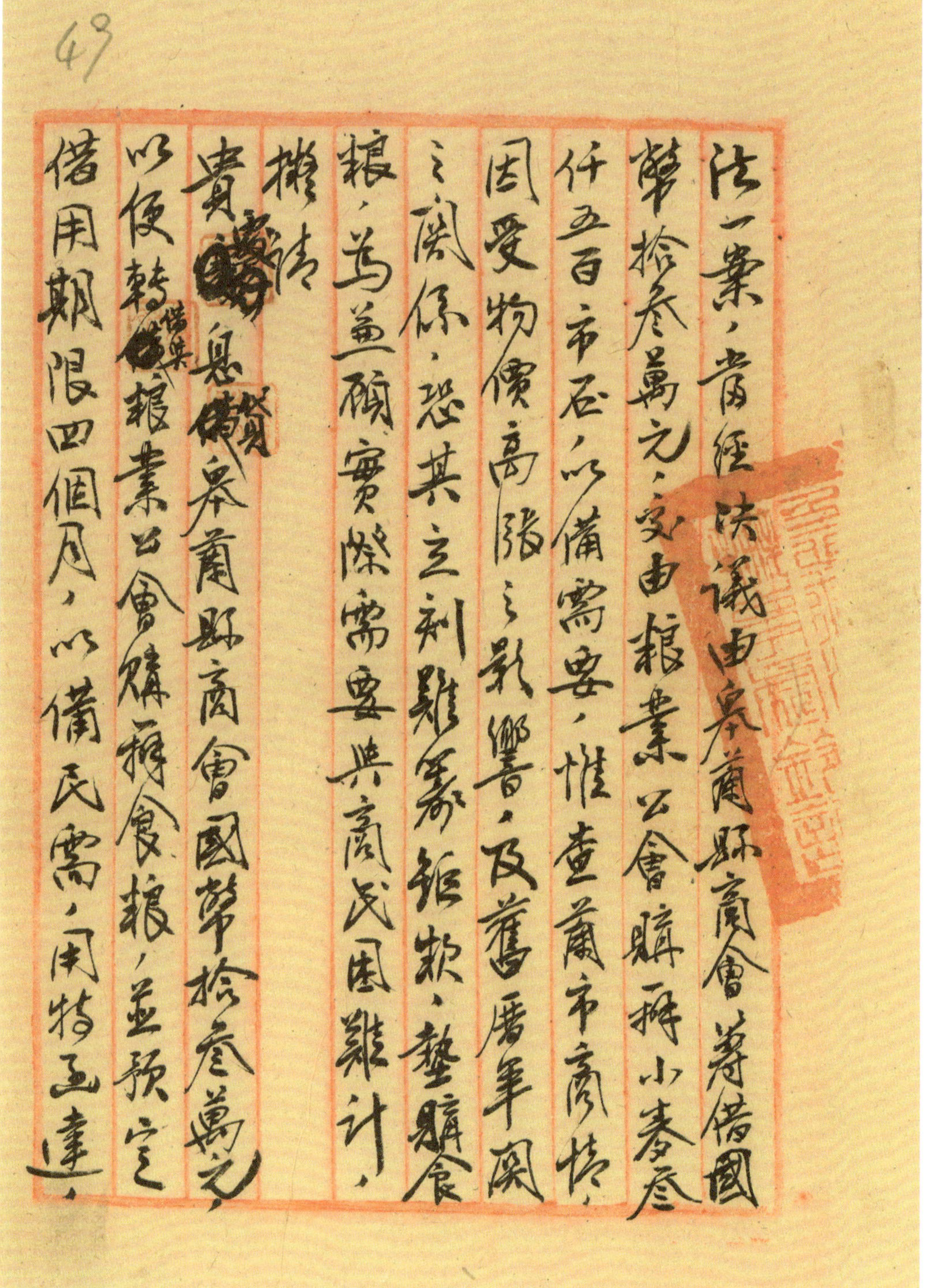

法一案，當經決議由奉蘭縣商會籌借國幣拾叁萬元，交由糧業公會購辦小麥叁仟五百市石，以備需要，惟查蘭市商情，因受物價高漲之影響，及舊曆年關之關係，恐其立刻難籌鉅款，整購食糧，爲並顧實際需要與商民困難計，擬請

貴會息借（貸）奉蘭縣商會國幣拾叁萬元，以便轉借（與）糧業公會購辦食糧，並預定借用期限四個月，以備民需，用特函達，

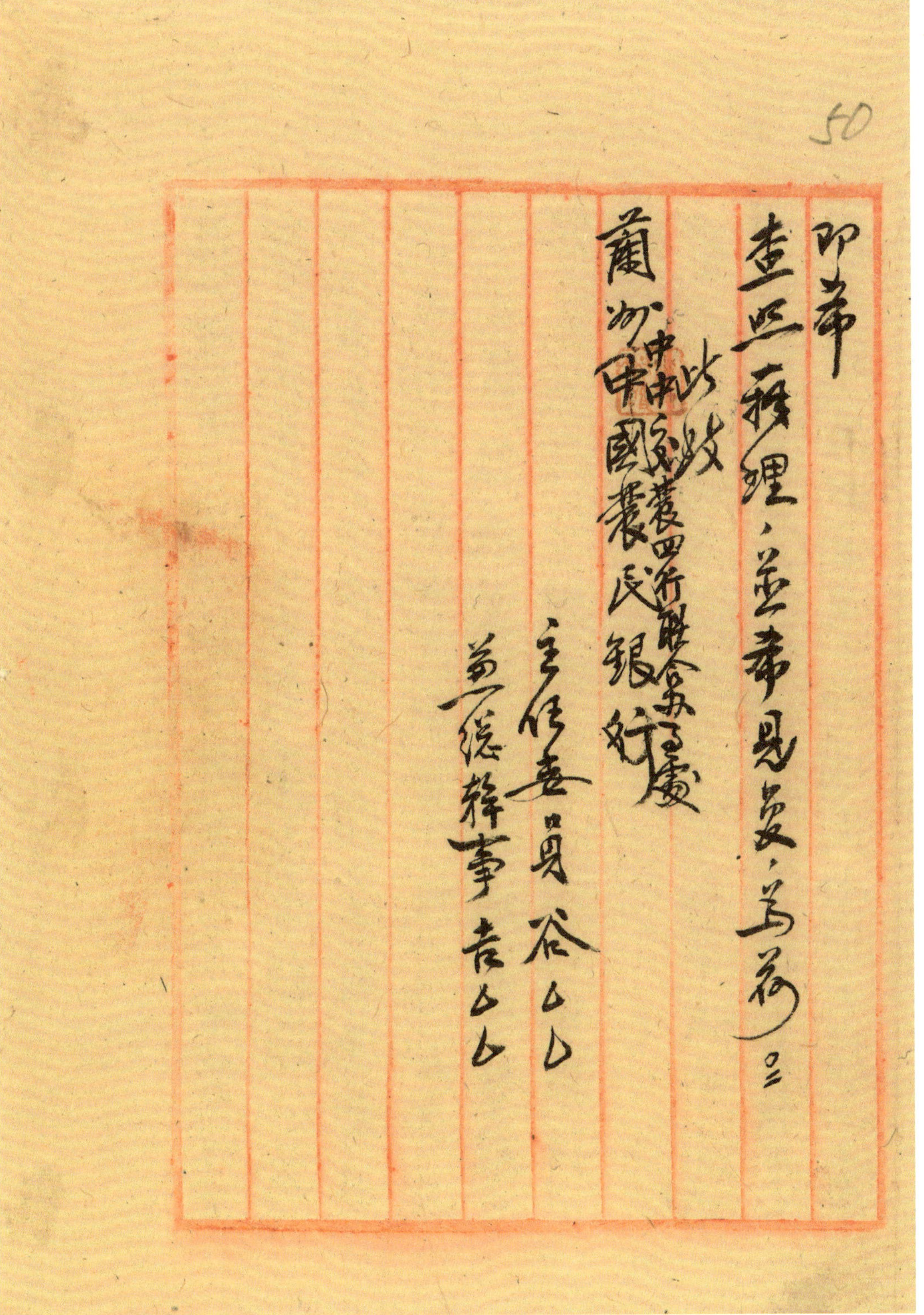

印存

查照辦理，並希見復，為荷。

此致

蘭州中中交農四行聯合辦事處

中國農民銀行

主任委員 谷△△

總辦事 者△△

四行联合办事处兰州分处致兰州空袭紧急救济联合办事处的笺函（一九四一年二月二十八日）

中中交農四行聯合辦事處蘭州分處用箋

総字第143號　第全頁

案准

貴處一月十日総字第四號函以預籌本市空襲後民食請貸皋蘭縣商會購麥款十三萬元等由，准此，此經轉陳敝總處核示去後，茲奉復示開：「電悉。查購屯空襲後民食係屬地方應辦事項，所需款項應向甘肅省銀行商借，將來如確有不敷，可再以購到糧麥向四行商做貼放，希洽照」等因，奉此，相應函達，即希查照辦理為荷。此致

甘肅省蘭州空襲緊急救濟聯合辦事處

中央 中國 交通 中國農民 銀行聯合辦事處蘭州分處

中華民國三十年二月二十八日

卅年三月六日收文總字第28號

兰州空袭紧急救济联合办事处关于送一九四〇年十二月份经费支出计算书类事致甘肃省政府的笺函
（一九四一年一月十二日）

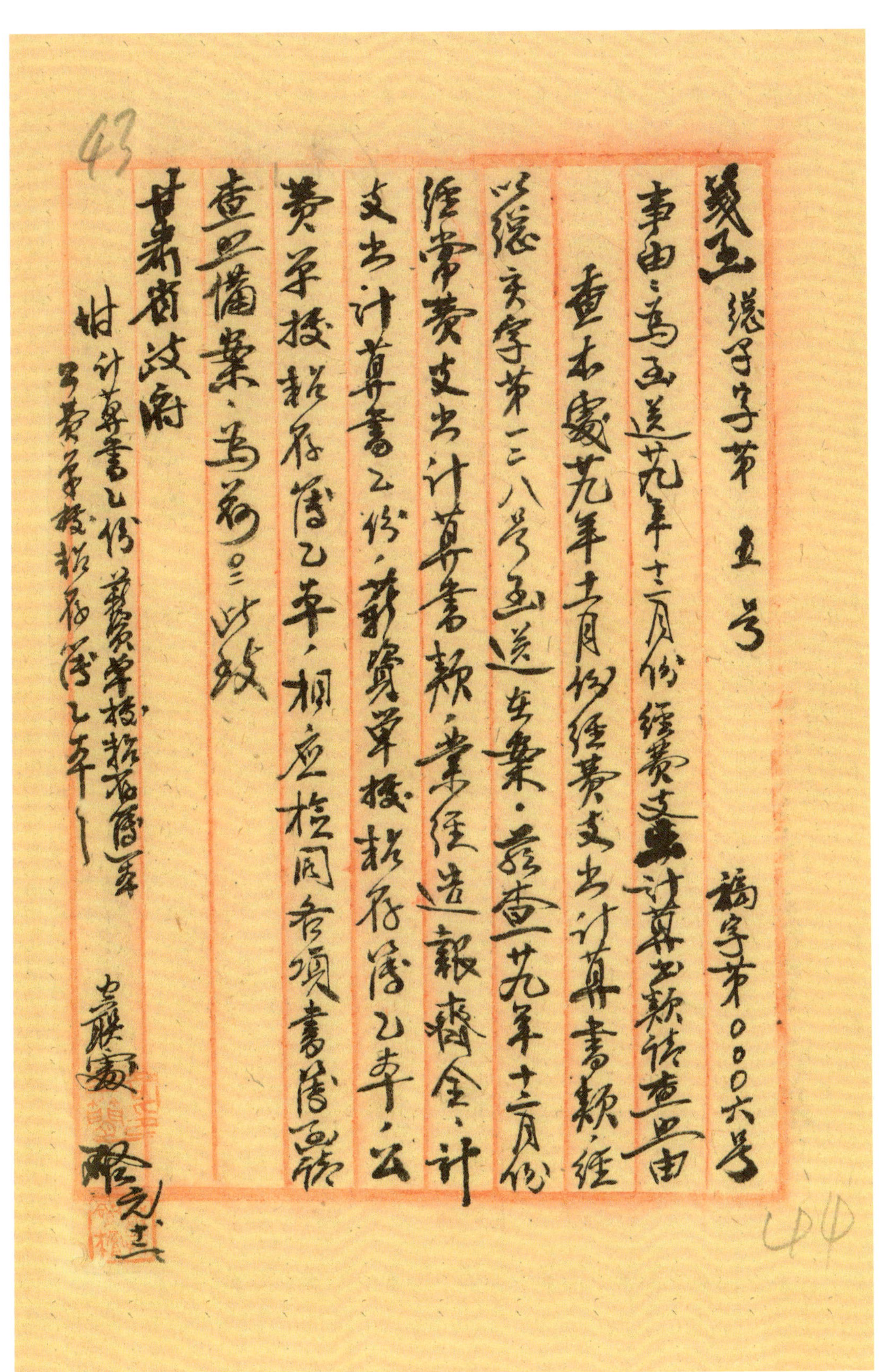
笺函 总字第 五 号　稿字第〇〇〇六号

事由：为函送廿九年十二月份经费支出计算书类请查照由

查本处廿九年十一月份经费支出计算书类，经以总交字第一二八号函送在案。兹查廿九年十二月份经常费支出计算书类、事业经费造报齐全，计支出计算书乙份，薪资单据粘存簿乙本，公费单据粘存簿乙本，相应检同各项书簿函请查照备案，为荷。此致

甘肃省政府

附计算书乙份，薪资单据粘存簿乙本，公费单据粘存簿乙本

处长 [illegible]

蘭州空襲緊急救濟聯合辦事處民國二十九年十二月份經常費支出計算書

款	項	目	節	摘要	支付預算數	支出計算數	比較 增	比較 減	附件 單據號數	備考
一				經常費	四〇九〇〇	四〇九〇〇				
	一			薪資	二四九〇〇	二一七〇〇		三二〇〇	一至六號	
		一		俸薪	二〇九〇〇	一七七〇〇		三二〇〇		
			一	俸薪	二〇九〇〇	一七七〇〇		三二〇〇	一至四號	
		二		工資	四〇〇〇	四〇〇〇				
			一	工資	四〇〇〇	四〇〇〇			五至六號	
	二			辦公費	一六〇〇〇	一九二〇〇	三二〇〇·		一至八號	按超支之數經簽准照前例以本月份薪俸節餘抵補此註
		一		文具費	五〇〇	一四三〇	五四三〇			

一、文具	五〇〇	一四三〇五四三〇		一至五号
二、印刷費	八〇〇		八〇〇	
一、印刷	八〇〇		八〇〇	
三、消耗費	三〇〇	八七七〇五七七〇		
一、消耗	三〇〇	八七七〇五七七〇		六至八号

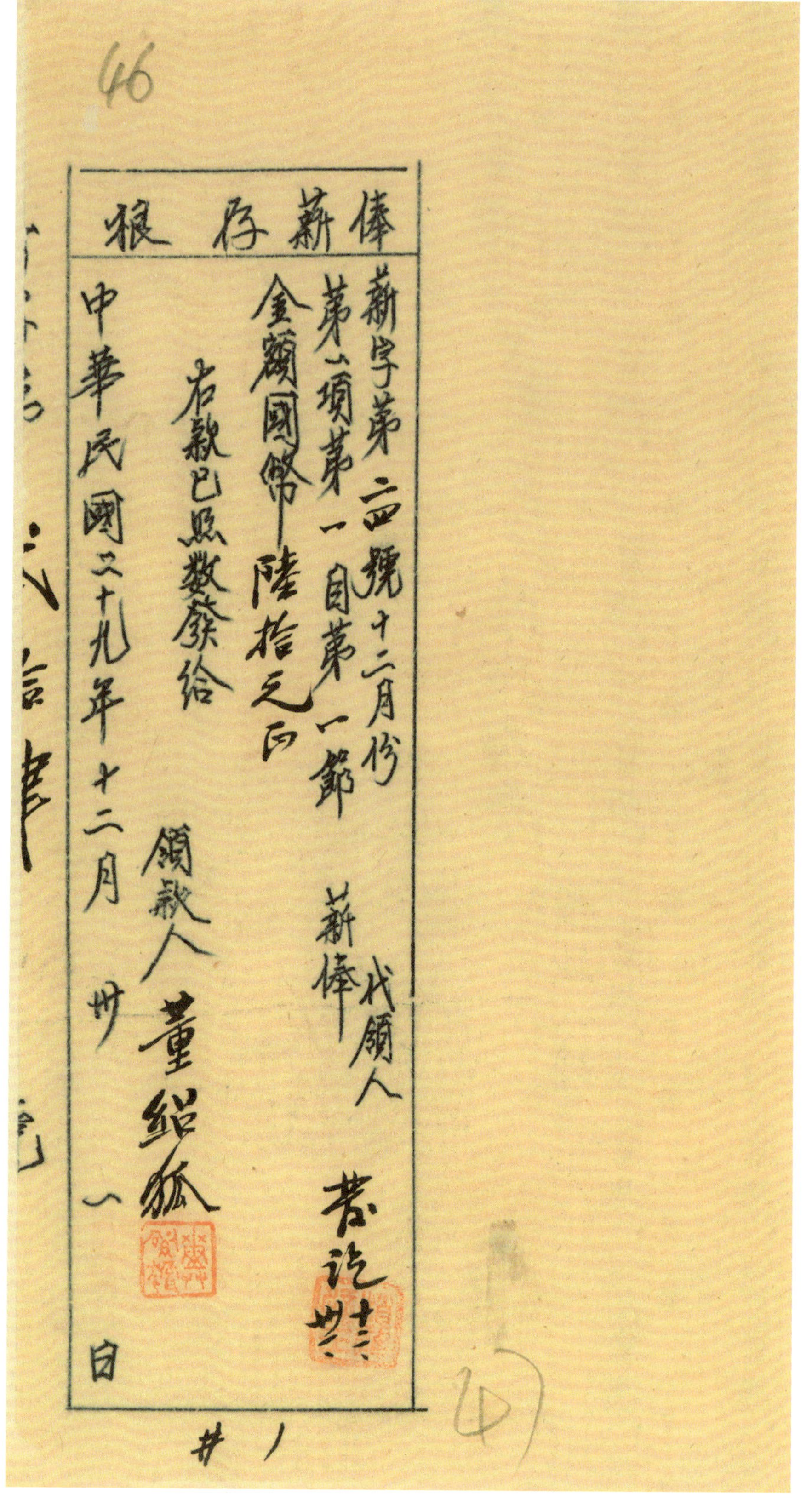

46

俸薪存根

薪字第二四號十二月份

第二項第一目第一節 薪俸

金額國幣陸拾元正

右款已照數發給

代領人 [illegible]

領款人 董紹狐

中華民國三十九年十二月卅一日

#1

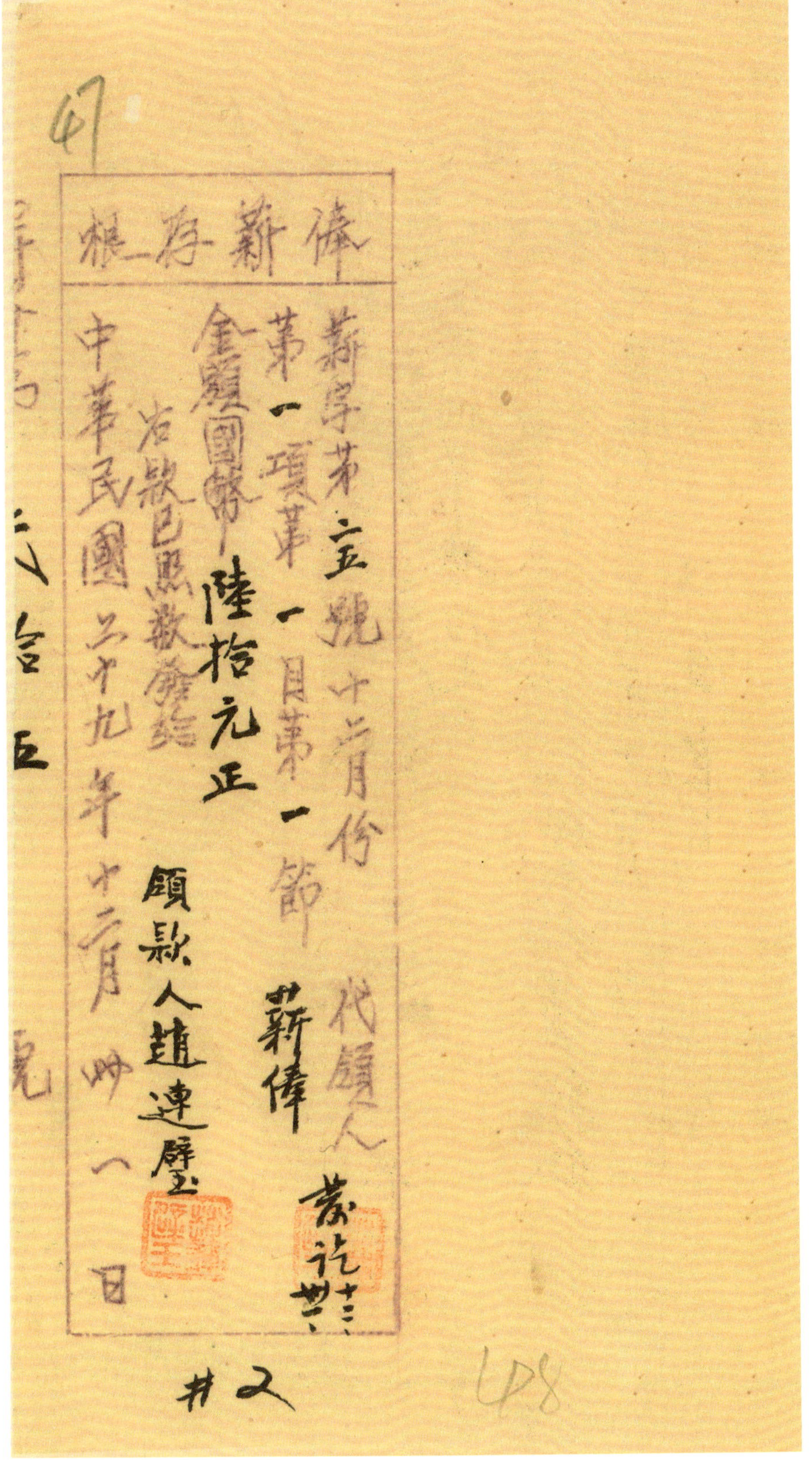
47
俸薪存根
薪字第五号廿六月份　代領人
第一項第一目第一節　薪俸　黄訖甚
金額國幣陸拾元正
右款已照數發給
領款人趙連璧
中華民國廿九年十二月卅一日
#2
408

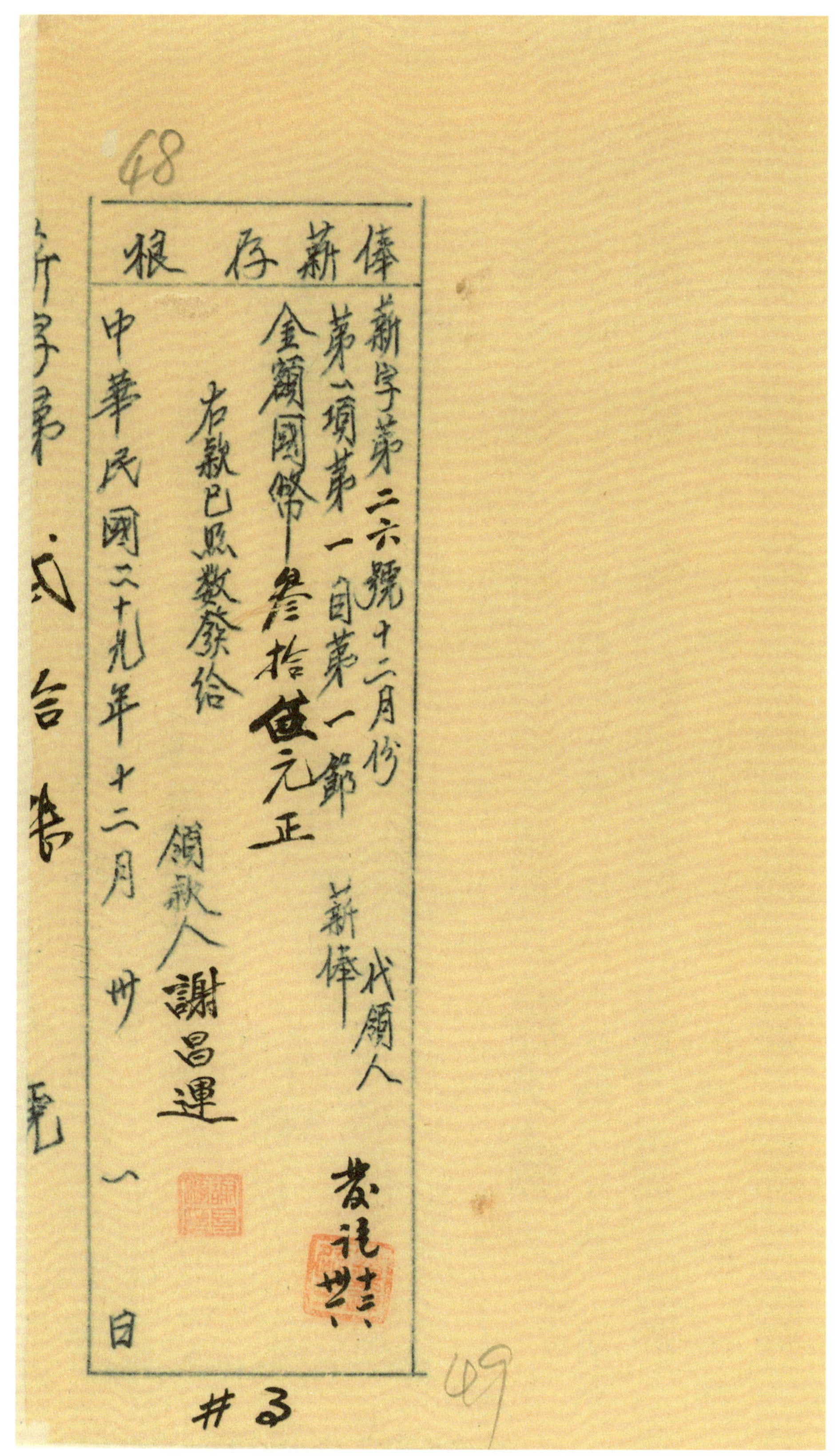

俸薪存根

薪字第二六號十二月份
第一項第一目第一節
金額國幣一叁拾伍元正
右款已照數發給
新俸代領人 黄龍興
領款人謝昌運
中華民國二十九年十二月卅一日

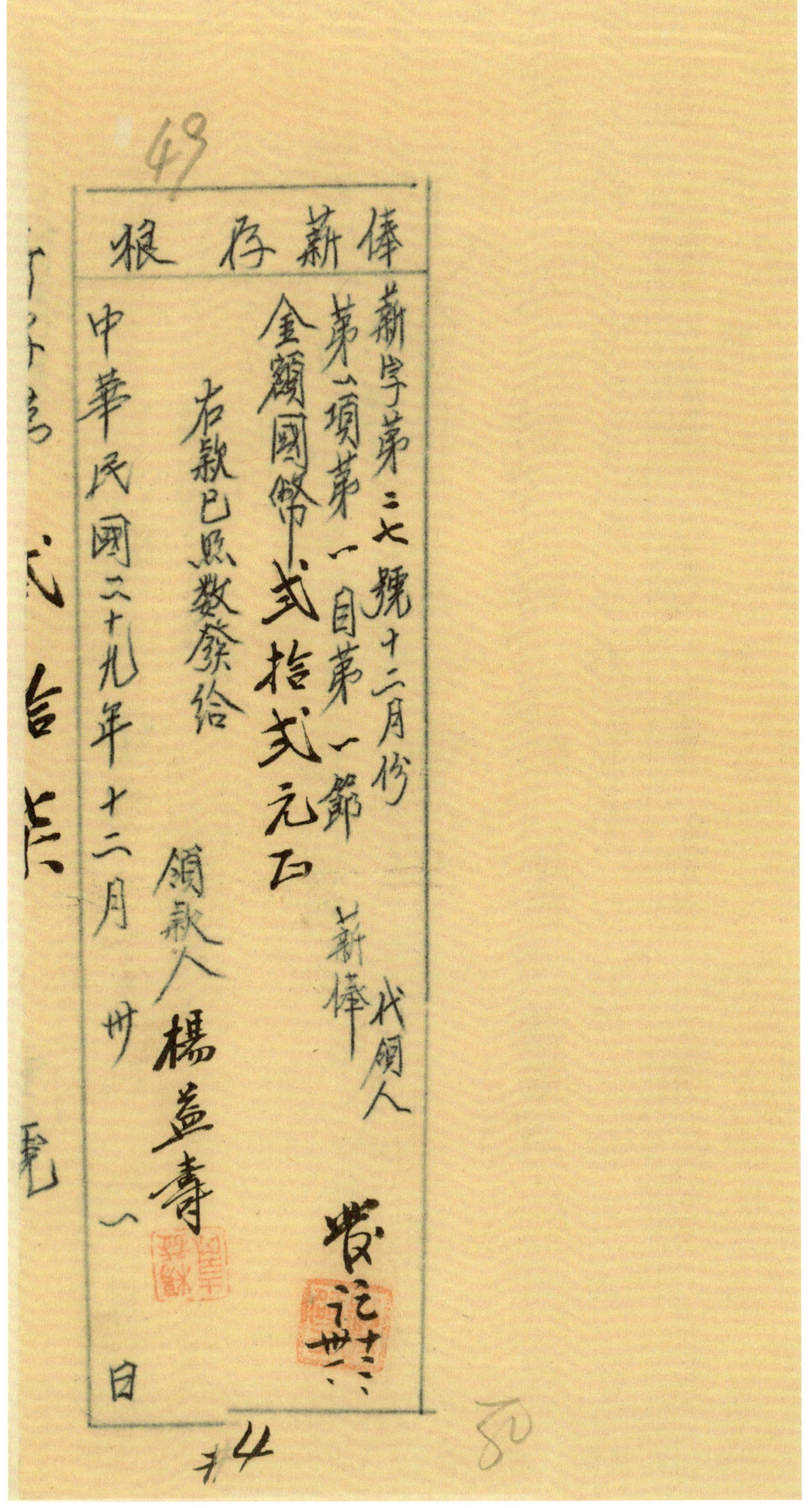

俸薪存根

薪字第二七號十二月份

第二項第一目第一節 薪俸

金額國幣弍拾弍元正

右款已照数發給

代領人 曾□□

領款人 楊益壽

中華民國二十九年十二月卅一日

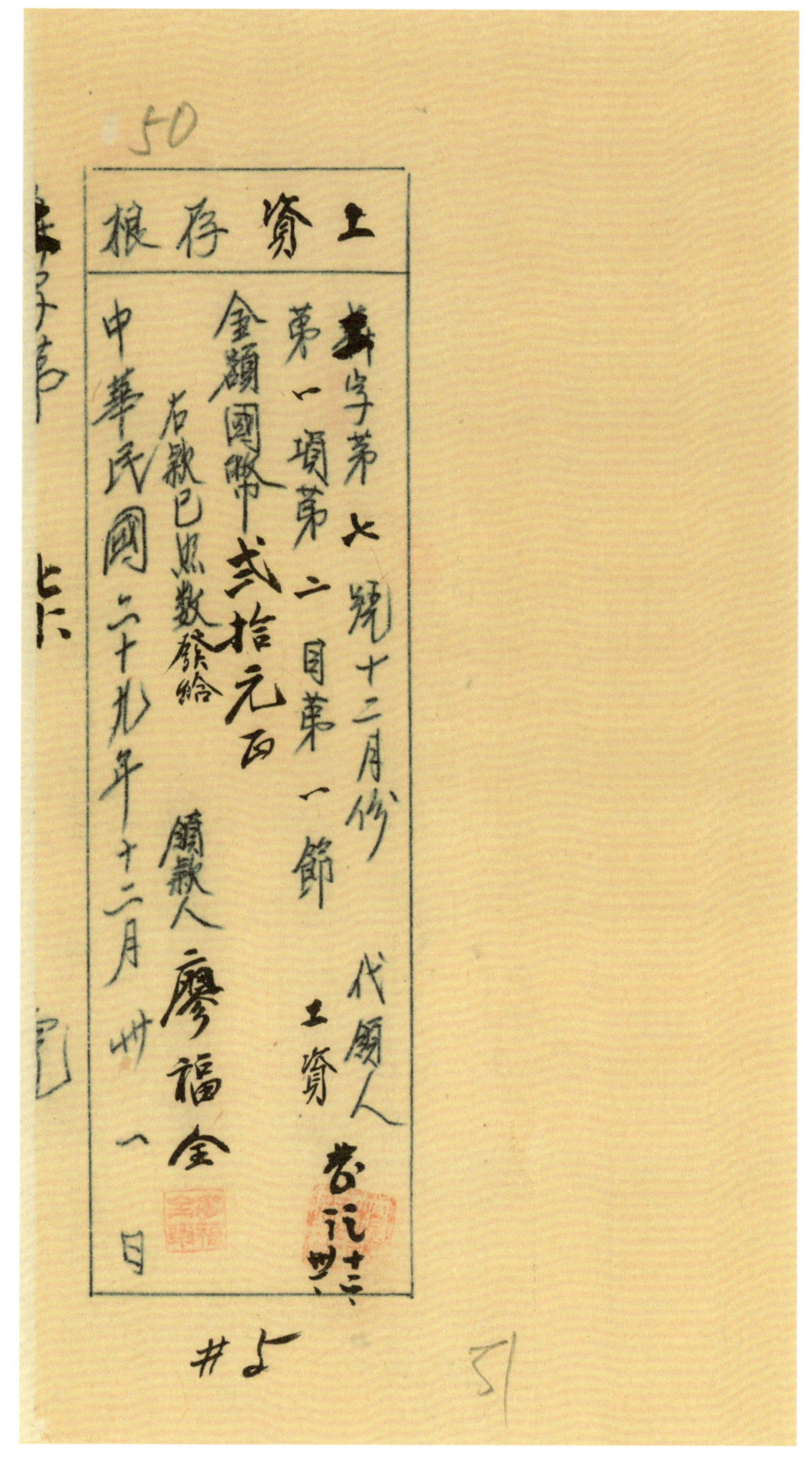

50

工資存根

華字第七號十二月份　代僱人　工資

第一項第二目第一節

金額國幣弍拾元正

右款已照數發給

領款人廖福金

中華民國二十九年十二月卅一日

#5

51

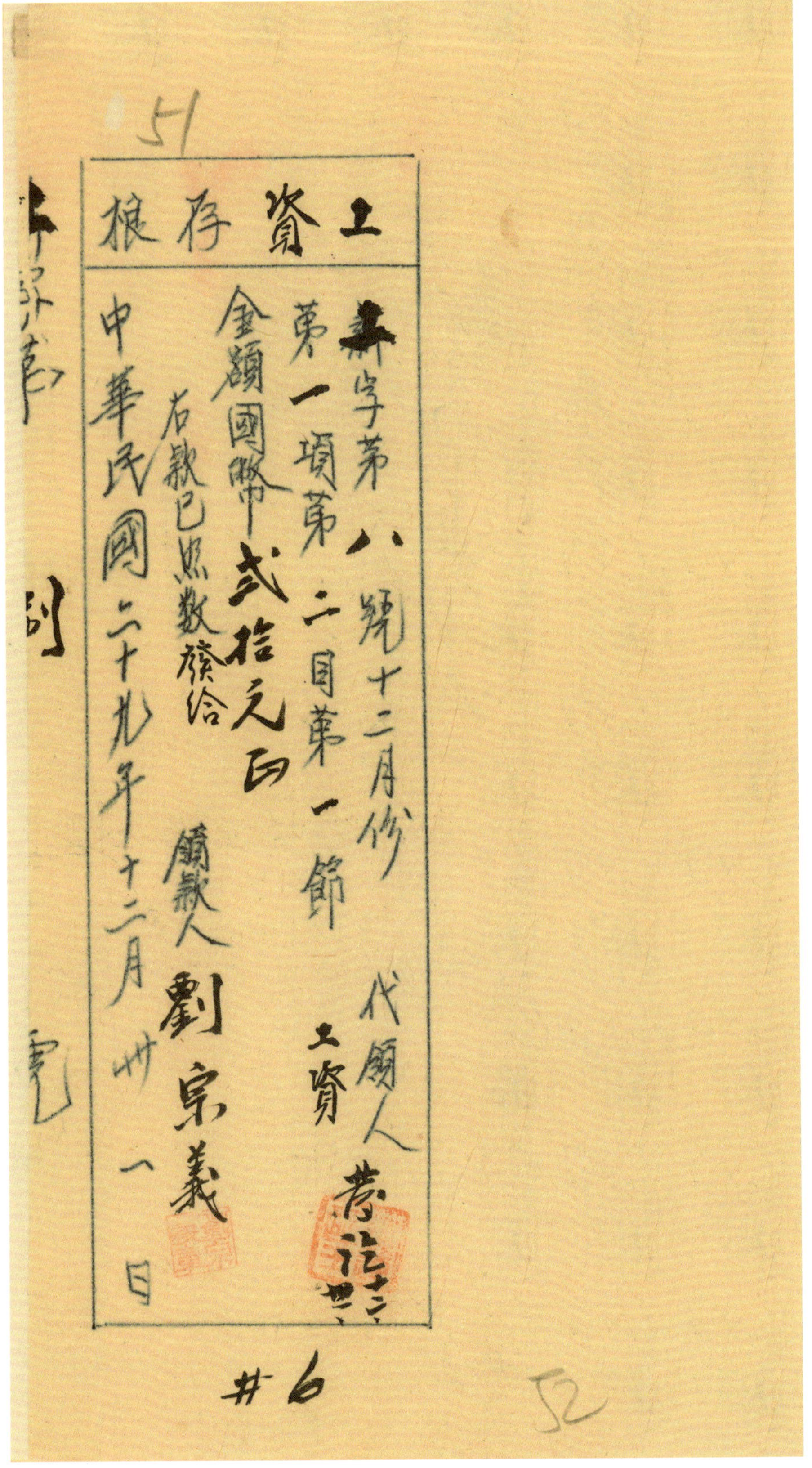

工資存根

卄字第八號十二月份　代領人　黄注典

第一項第二目第一節　工資

金額國幣弍拾元正

右款已照数發給　領款人　劉宗義

中華民國二十九年十二月卅一日

卄6

皋兰县粮食商业同业公会、兰州空袭紧急救济联合办事处关于准备及发放粮食的往来公文（一九四一年一月）

皋兰县粮食商业同业公会致兰州空袭紧急救济联合办事处的呈（一九四一年一月十三日）

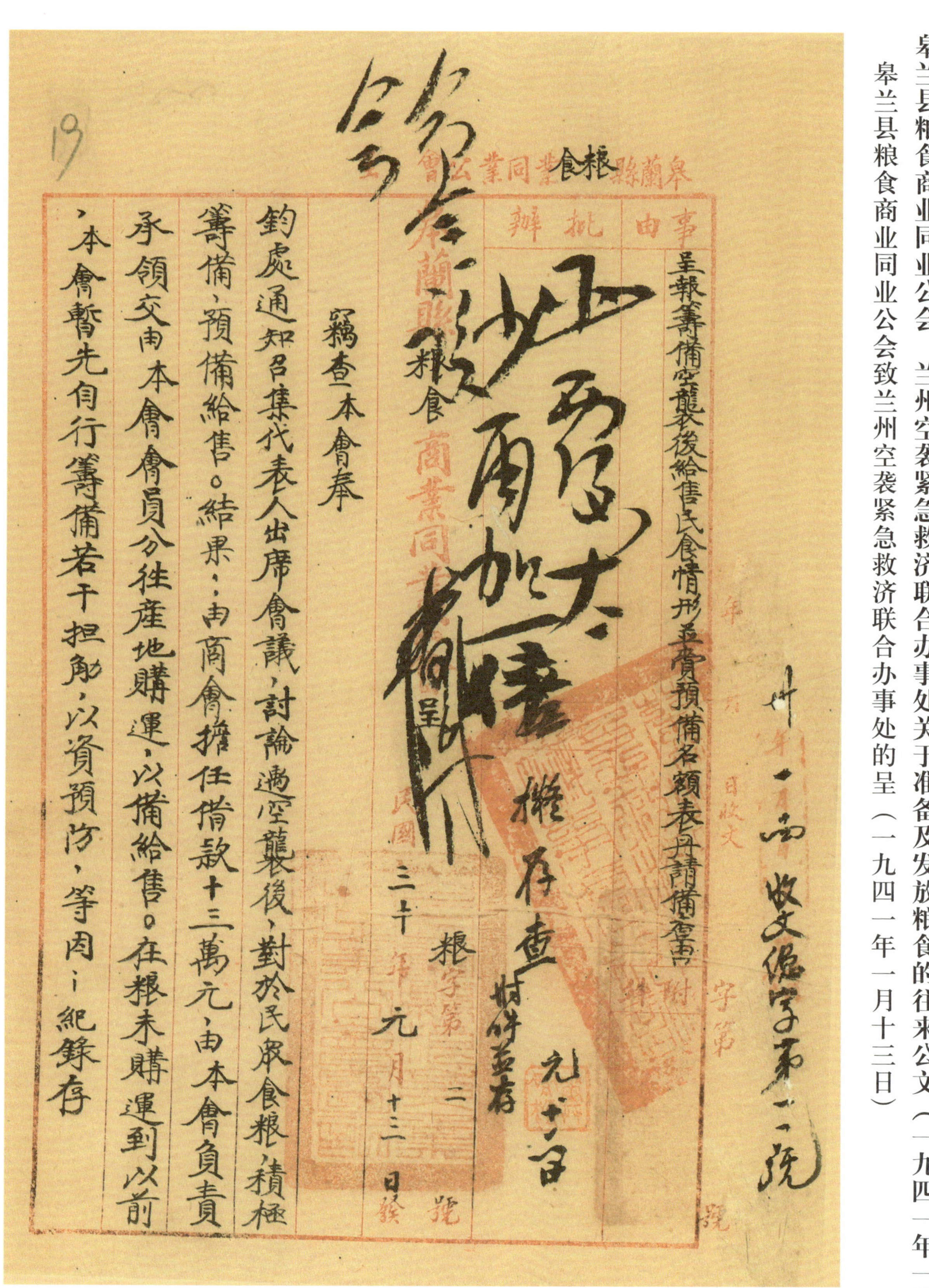

皋蘭縣糧食業同業公會

事由：呈報籌備空襲後給售民食情形並賫預備名額表，再請備查由

竊查本會奉

鈞處通知召集代表人出席會議，討論遇空襲後，對於民眾食糧，積極籌備、預備給售。結果：由商會擔任借款十三萬元，由本會負責承領，交由本會會員分往產地購運，以備給售。在糧未購運到以前，本會暫先自行籌備若干担斛，以資預防，等因；紀錄存

民國三十年元月十三日發

糧字第二號

鈞處在案。除將與商會接洽借領款項，並已派負責人分向東西南北各產地購運小麥等事，積極進行外，理合先將當時預備糧石麵粉數目及負責會員姓名住址繕造表冊二份，具文呈賫

鈞處鑒核備查，實爲公便。謹呈

甘肅蘭州空襲緊急救濟聯合辦事處

呈賫表冊二份

皋蘭縣糧食商業同業公會主席周漢卿

附一：皋兰县粮食商业同业公会面组会员备售空袭后民食面斤表册

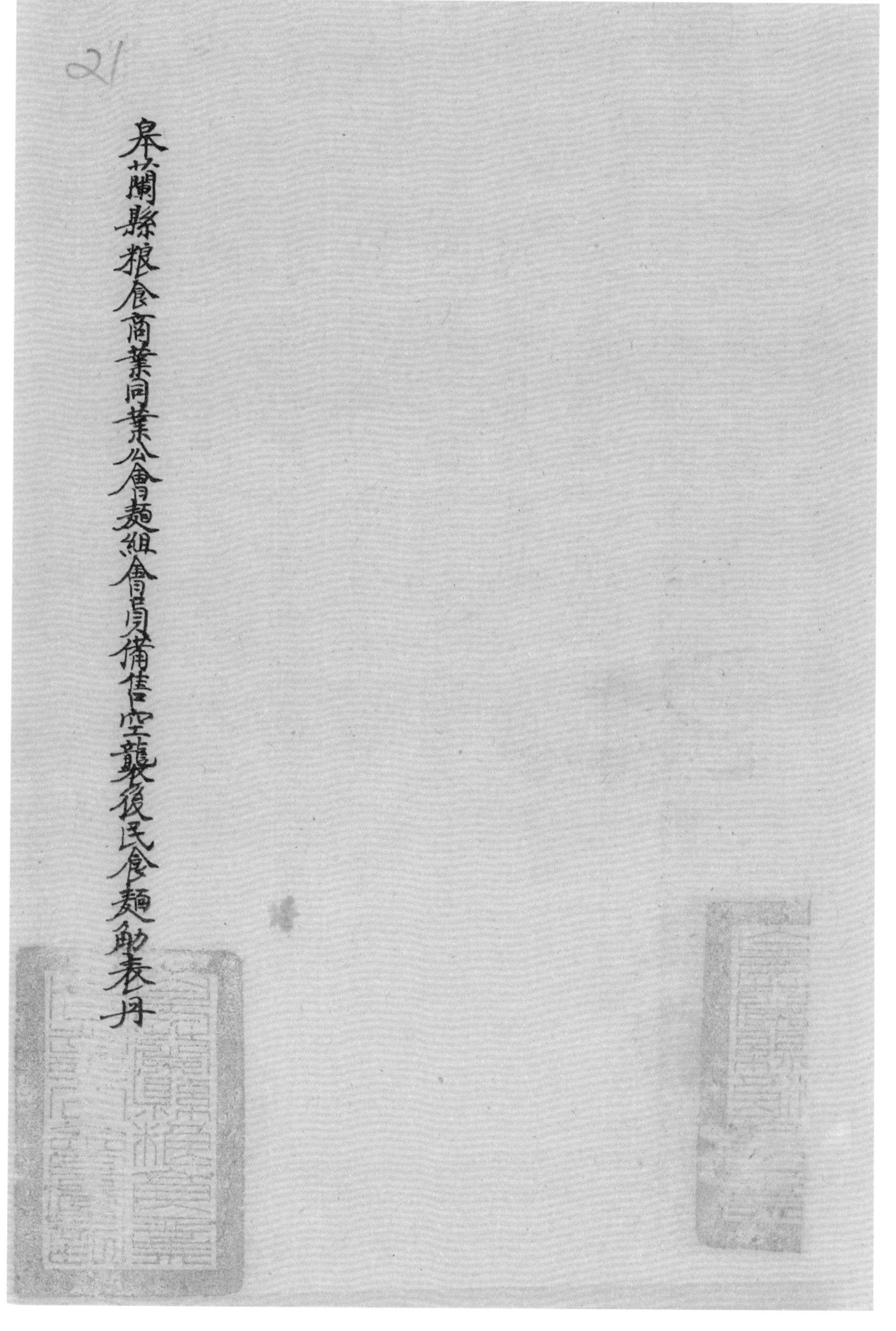

皋蘭縣粮食商業同業公會麵組會員備售空襲後民食麵觔表冊

牌號	經理姓名	住址門牌	現在預備麵觔數	備考
集源通	路明齋	南關一三六號	二千斤	
致和祥	王子厚	下東關一四號	一千斤	
忠和昶	談濟川	東關八六號	〃	
天錫福	周世熙	〃八四號	〃	
天泰源	譚盛	横街子二一號	〃	
德盛源	史正恒	〃三八號	〃	
義興合	黄子繩	南關一六三號	〃	
同盛西	趙子升	亭子樓三三號	〃	

永聯麵莊	田永福	道井巷二八號	〃
斌發祥	侯成斌	南關一三七號	七百斤
德發昌	方喜發	福祿街一三一號	〃
俊盛永	侯相如	南關一三二號	〃
元亨昌	周世誠	東關一〇二號	〃
同豐源	常信卿	〃一〇八號	〃
長發祥	方尚發	〃四八號	〃
忠興永	荆鏡如	〃四七號	〃
天順明	王常五	〃二八號	〃
濟豐恒	孫應侯	〃六〇號	〃

24

聚豐泰	董柳橋	官園九六號	〃
華德厚	李子厚	下東關一三九號	〃
全盛永	張子和	橫街子一四號	〃
周麵房	周世鈺	橋門街一四九號	〃
泉長泰	鄭夢蘭	南關一五四號	〃
東華號	楊鴻音	〃	〃
張子文		新南門一七二號	〃
郭學文		百子樓二六號	四百斤
唐文華		〃一三號	〃
福盛昌	劉延福	縣門街四一號	〃

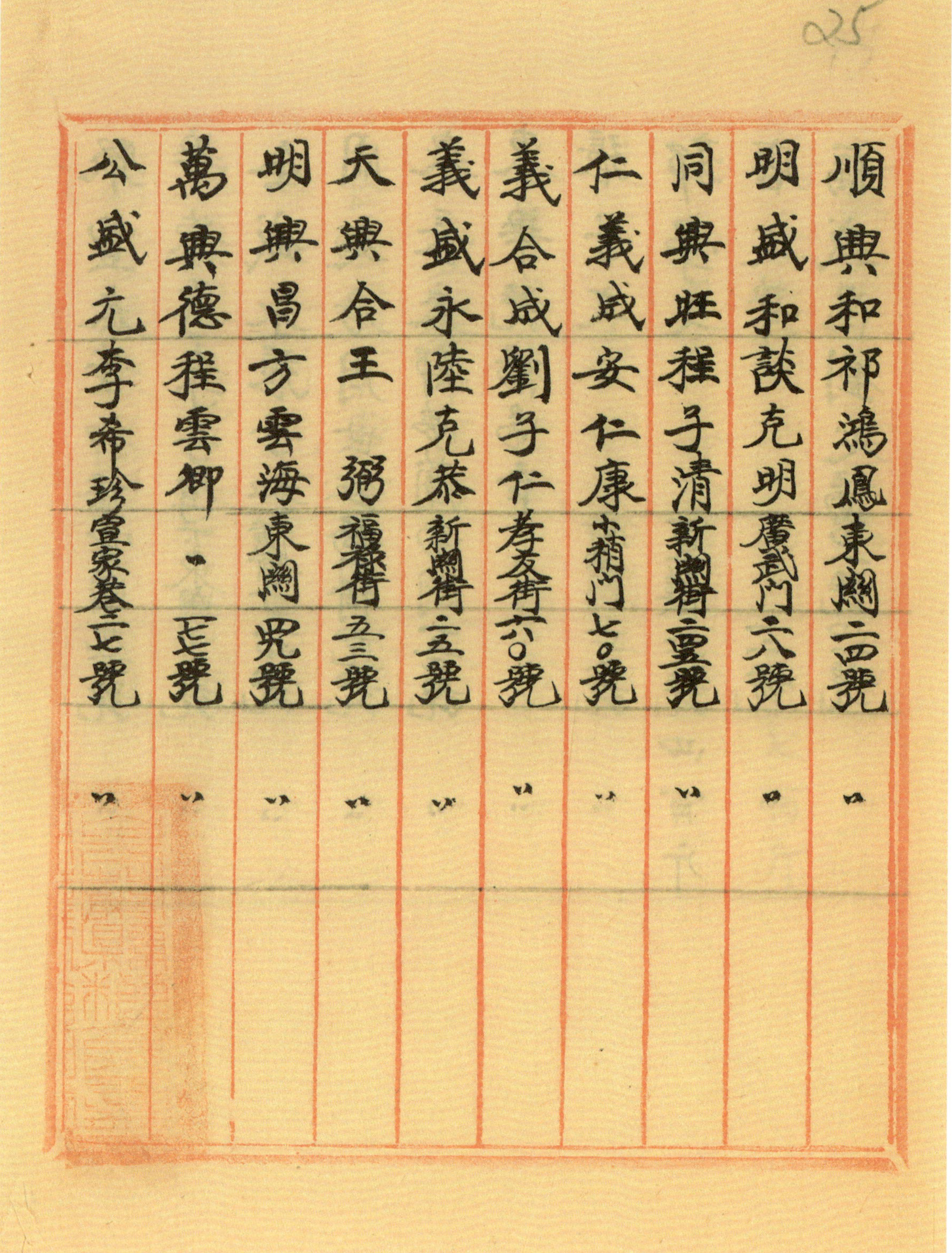

順興和祁鴻鳳東關二四號

明盛和談克明廣武門六八號

同興旺程子清新關街一〇五號

仁義成安仁康小稍門七〇號

義合成劉子仁孝友街六〇號

義盛永陸克恭新關街二五號

天興合王弼福馨街五三號

明興昌方雲海東關四九號

萬興德程雲卿一一七號

公盛元李希珍宣家巷二七號

振興昶	王子俊	横街子四〇號	〃
永和祥	馮以禎	〃	一五六號	〃
德發祥	蔣吉臣	〃	六〇號	〃
俊元和	張樂禮	東大街一三號	〃
公發成	石遠琳	小倉街一〇號	〃
慶餘號	王吉堂	部門街三〇號	〃
玉泰昌	馮發科	東府街八二號	〃
永豐號	張豐科	部門街五三號	〃
祿盛祥	馮祥祿	東關一七號	〃
華懋號	王懋軒	鶴巷口八一號	〃

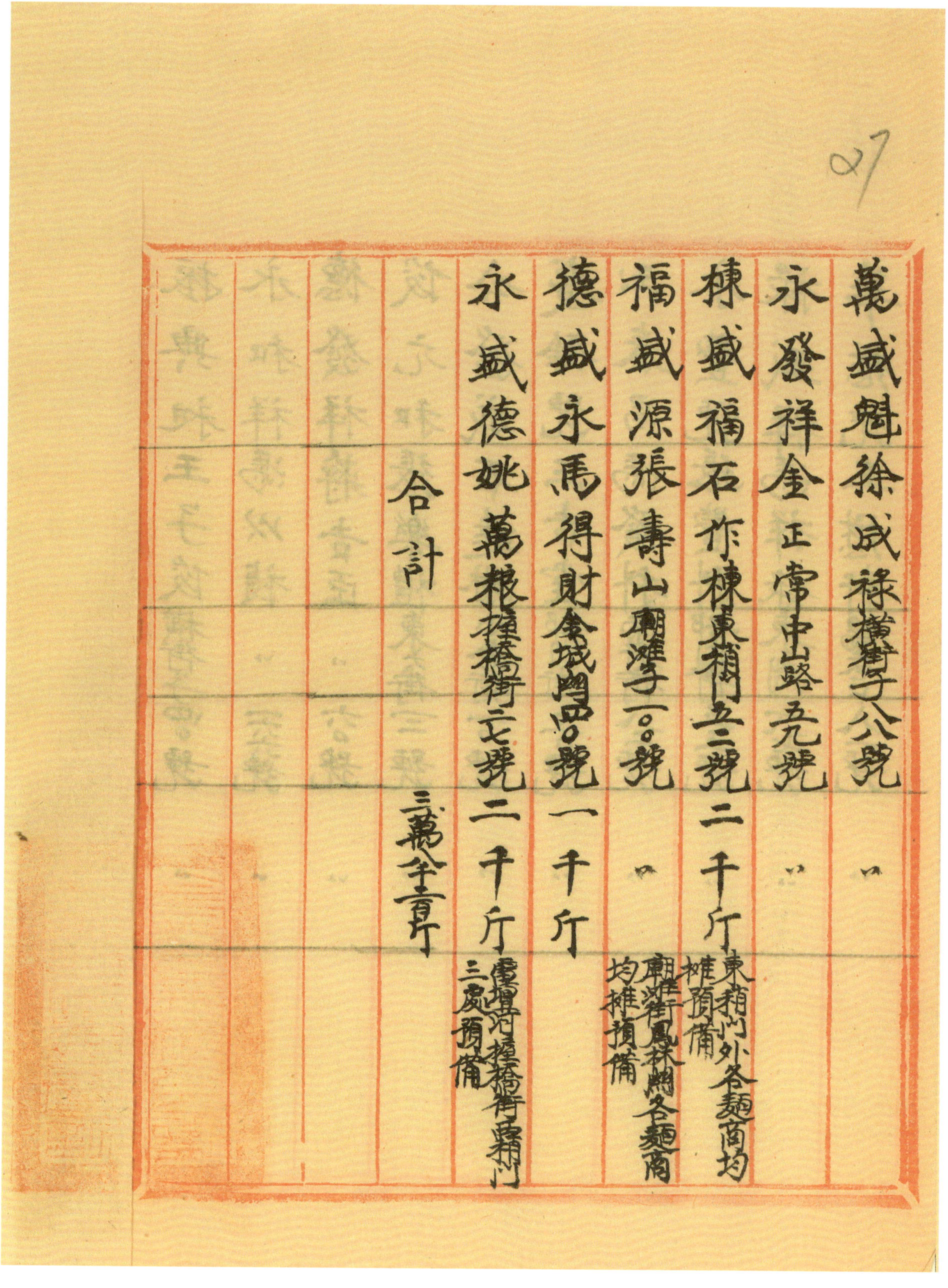

萬盛魁	徐成祿	横街子八八號	〃	
永發祥	金正常	中山路五九號	〃	
棣盛福	石作棣	東稍門五三號	二千斤	東稍門外各麵商均攤預備
福盛源	張壽山	廟灘子一〇〇號	〃	廟灘子街鳳林關各麵商均攤預備
德盛永	馬得財	金城關四四〇號	一千斤	
永盛德	姚萬粮	握橋街二七號	二千斤	盧增河握橋街西稍門三處預備
	合計		三萬八千一百斤	

附二：皋兰县粮食商业同业公会粮组会员备售空袭后民食粮石表册

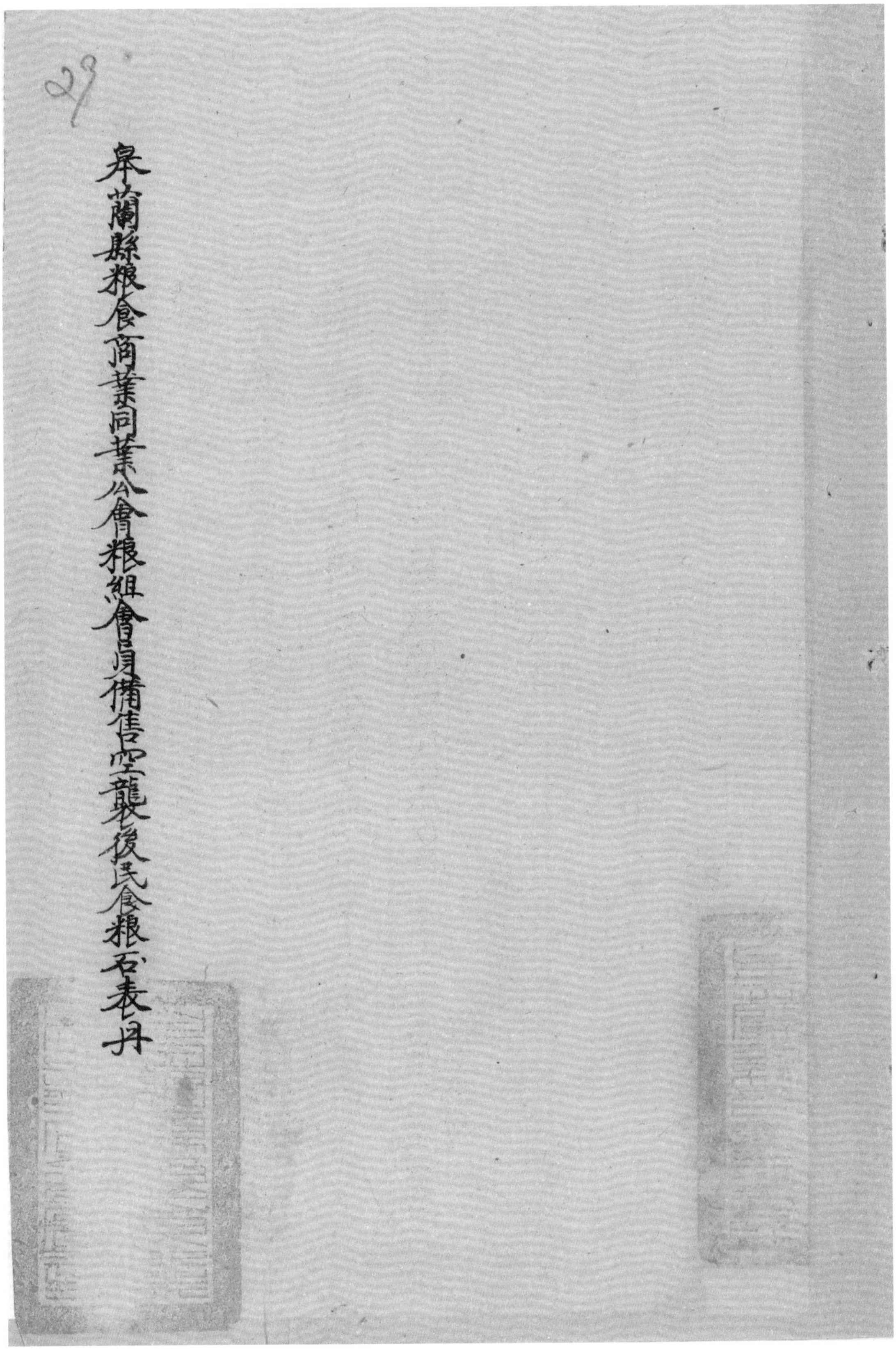

23

皋蘭縣粮食商業同業公會粮組會員備售空襲後民食粮石表册

呼蘭縣糧食商業同業公會報組會員備售空襲後民食糧石表冊

牌號	經理姓名	住址門牌	現在預備糧石數	備考
德盛和	王有讓	樓街子一六七號	六斗	
天泰源	譚盛	〃一二號	〃	
全盛永	張全魁	〃一四號	四斗	
長興泰	陸翰元	〃一六號	六斗	
萬盛元	劉漢忠	〃一四〇號	〃	
德盛源	施正亨	〃三八號	四斗	
義興福	陶明偉	〃四一號	〃	
榮昌泰	趙玉菴	〃一三號	二斗	

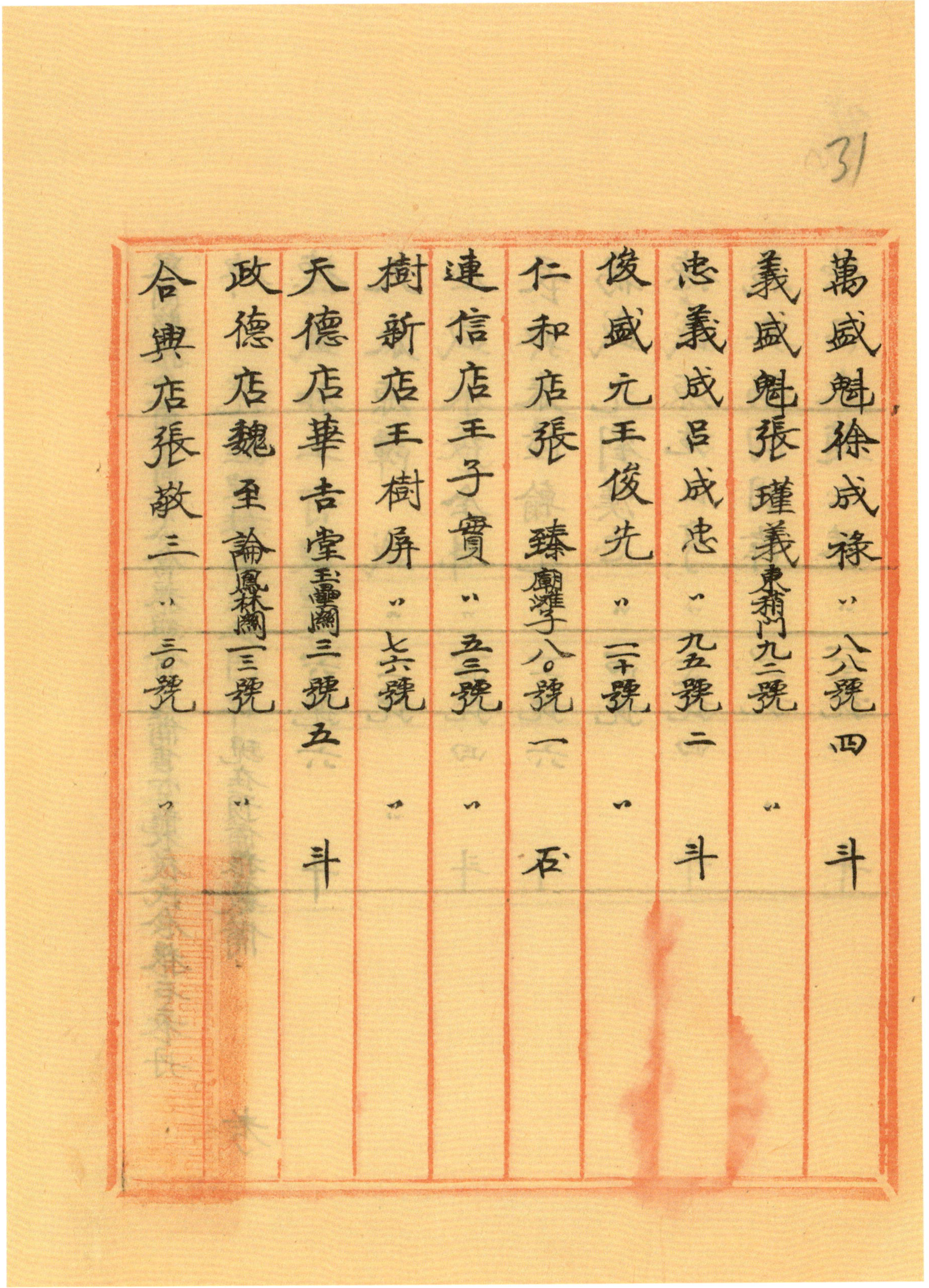
萬盛魁徐成祿 〃 八八號 四 斗
義盛魁張瑾義 東稍門九二號 〃
忠義成呂成忠 〃 九五號 二 斗
俊盛元王俊先 〃 一十號 〃
仁和店張臻 廟灘子八〇號 一 石
連信店王子賓 〃 五三號 〃
樹新店王樹屏 〃 七六號 〃
天德店華吉堂 玉壘關三號 五 斗
政德店魏至論 鳳林關一三號 〃
合興店張敬三 〃 三〇號 〃

天益店楊文卿〃二三號〃

德盛店焦級三玉壽衚四號三斗

茂盛店王茂盛鳳林衚九號〃

天福店張子俊西衚一五九號五斗

天復店王精亭〃一五八號〃

永福店穆育蓀〃八七號〃

林泰店王建基〃九〇號〃

源興成唐尚德〃八九號〃

林發店王琢如〃一三號〃

復盛店韓蘭齋〃一四九號〃

33

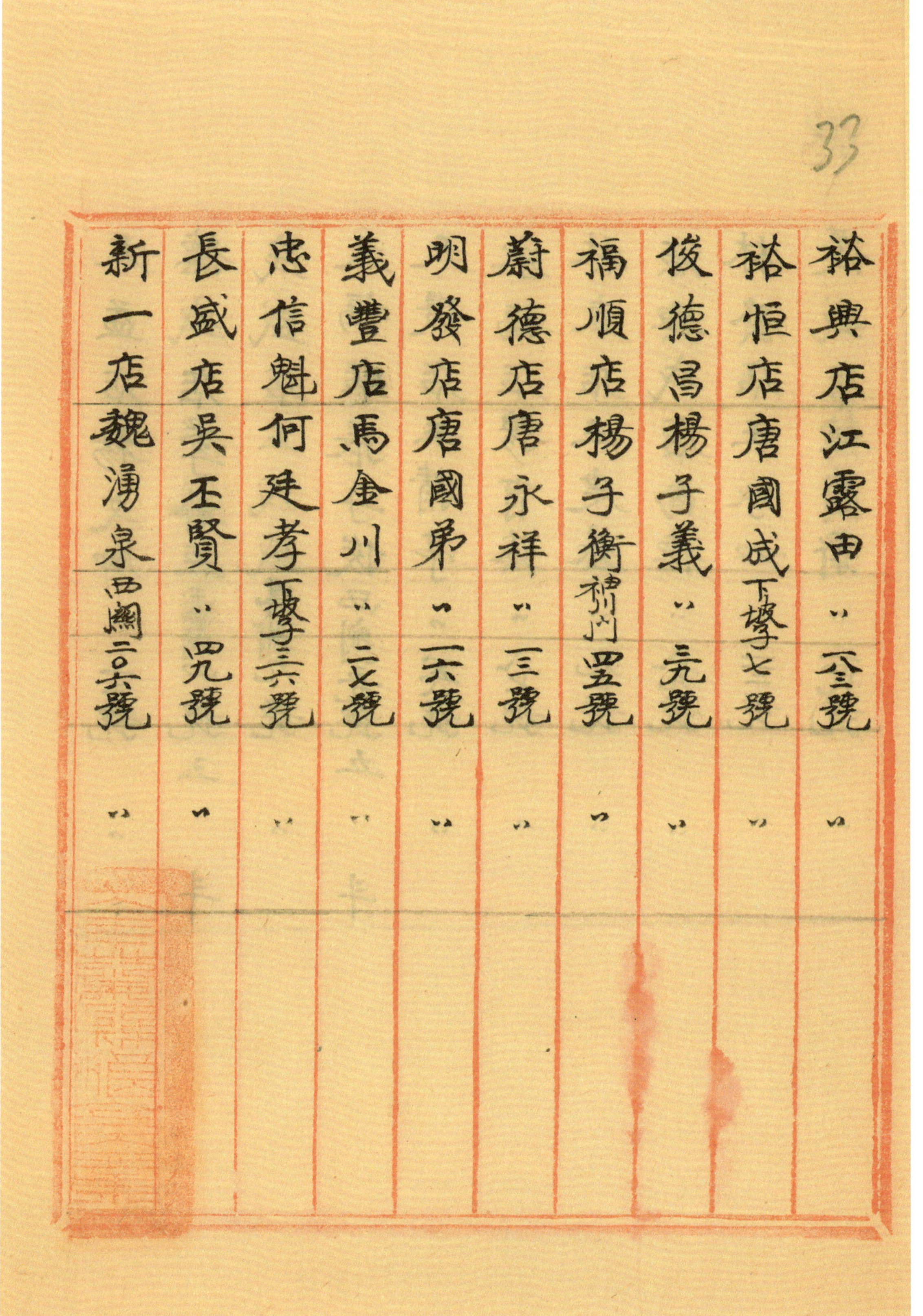

裕興店	江露田	〃	一八三號	〃
裕恒店	唐國成	下墖子	七號	〃
俊德昌	楊子義	〃	三九號	〃
福順店	楊子衡	袖川門	四五號	〃
蔚德店	唐永祥	〃	一三號	〃
明發店	唐國弟	〃	一六號	〃
義豐店	馬金川	〃	二七號	〃
忠信魁	何廷孝	下墖子	三六號	〃
長盛店	吳玉賢	〃	四九號	〃
新一店	魏湧泉	西關	二〇六號	〃

祥記店	毛錫齡	〃一三九號	〃
復玉祥	馬祥臣	神川街五一號	〃
興盛隆	滕克珍	西關八號	〃
聚成店	孔繙臣	〃五二號	〃
德盛店	李正昌	〃八四號	〃
合計			二十一石六斗

均係舊斗合新市石為二百一十六石

兰州空袭紧急救济联合办事处致皋兰县粮食商业同业公会的指令（一九四一年一月十七日）

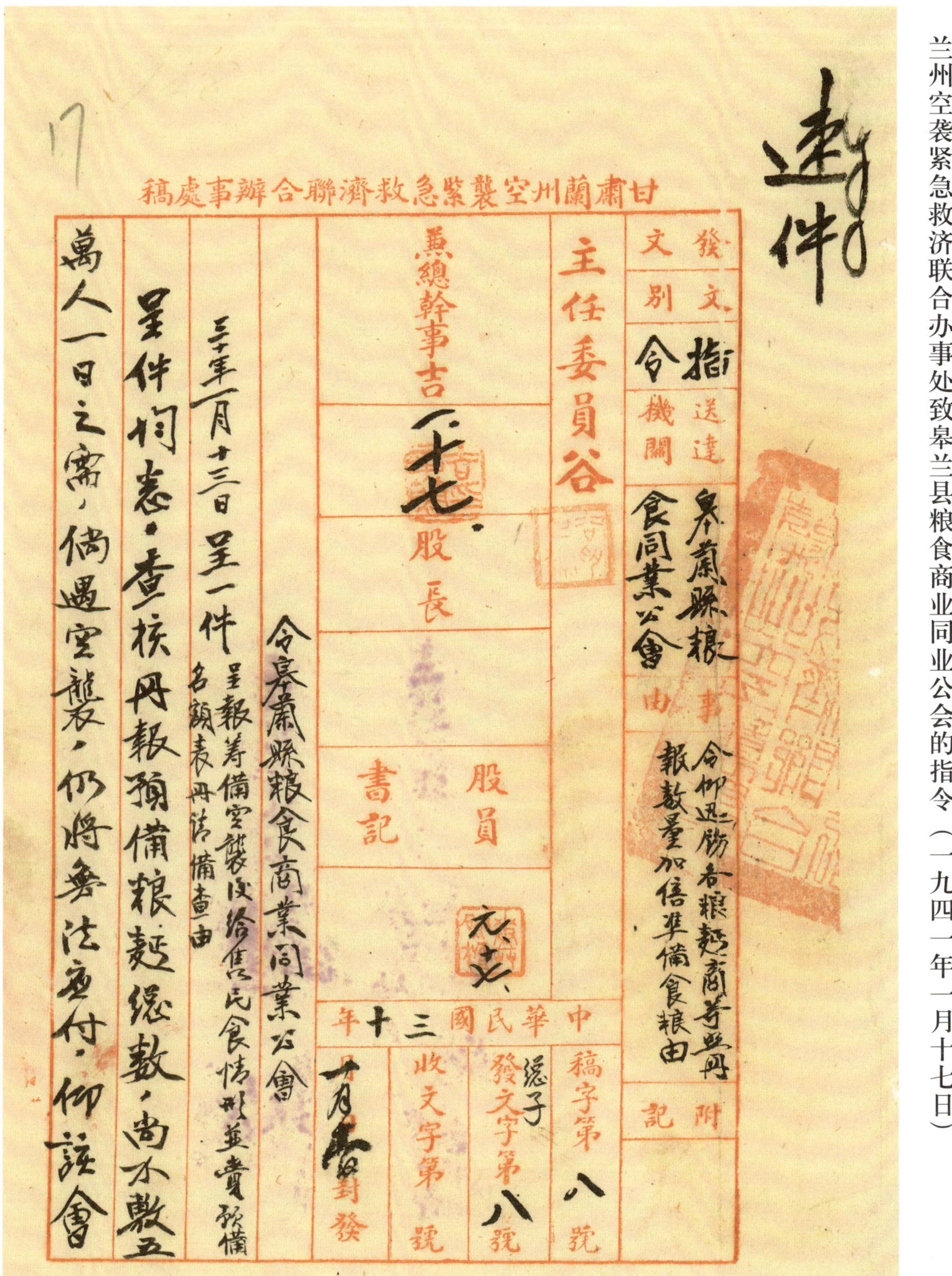

速件

甘肅蘭州空襲緊急救濟聯合辦事處稿

發文別	文 令 指
送達機關	皋蘭縣糧食同業公會
事由	令仰迅飭各糧麩商籌照冊報數量加倍準備食糧由
附記	

主任委員 谷
兼總幹事 吉（一、十七）
股長
股員
書記 （一、十七）

中華民國三十年 稿字第八號 發文字第八號 緩子 收文字第 號 一月廿日封發

令皋蘭縣糧食商業同業公會

三十年一月十三日呈一件 呈報籌備空襲後給售民食情形並責成備名額表冊請備查由

呈件均悉。查核冊報預備糧麩總數，尚不敷五萬人一日之需，倘遇空襲，仍將無法應付，仰該會迅即通飭各糧麪商等，最低限度應照冊報數量加倍之準備，並仰將再次分配數量及將來平價發售辦法等項，詳擬計劃，具報查核。附件存。

此令。

主任委員谷正倫

兼總幹事吉章簡

兰州空袭紧急救济联合办事处关于预购粮食请予协办致第八战区购粮委员会的公函（一九四一年一月十三日）

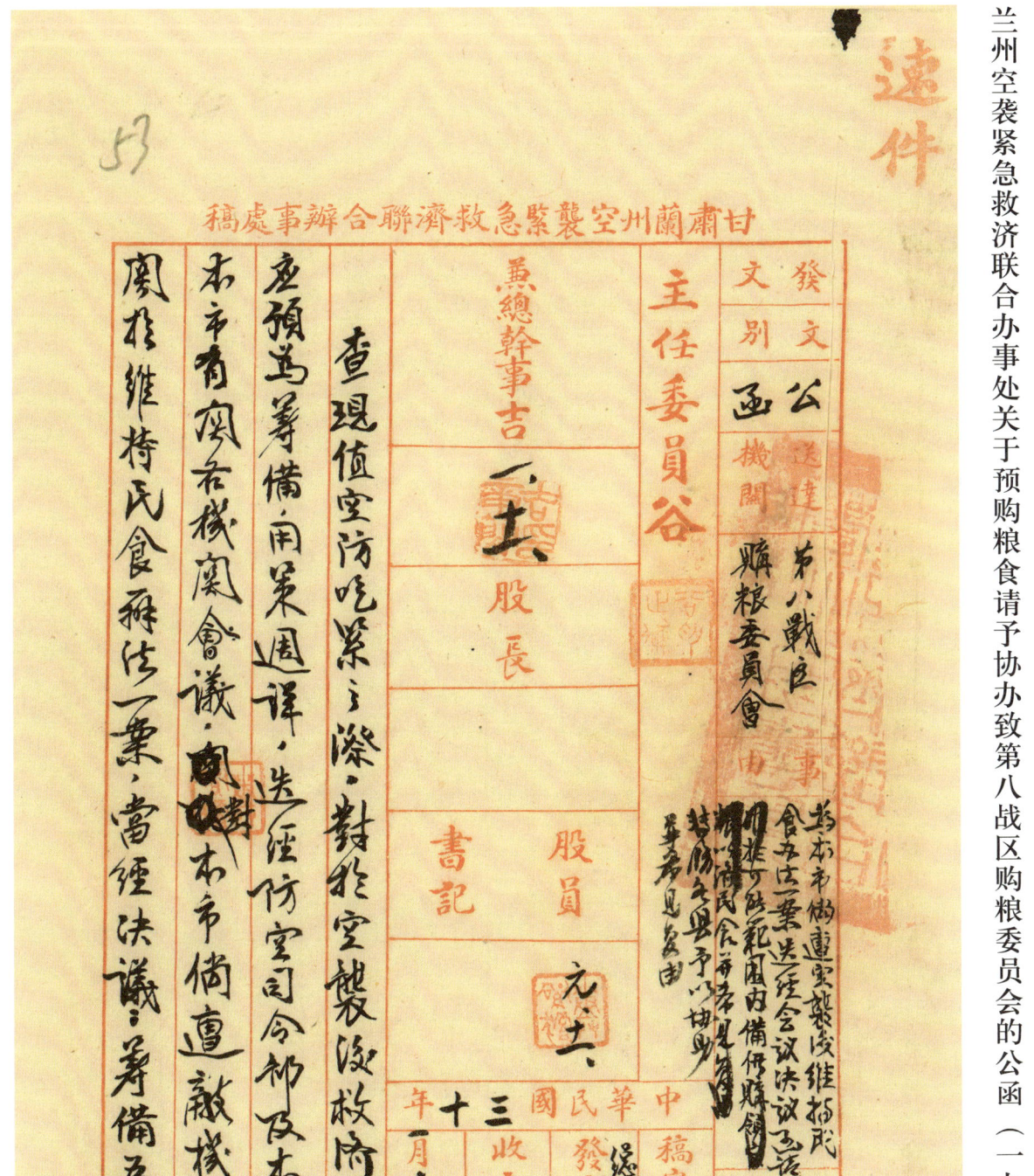

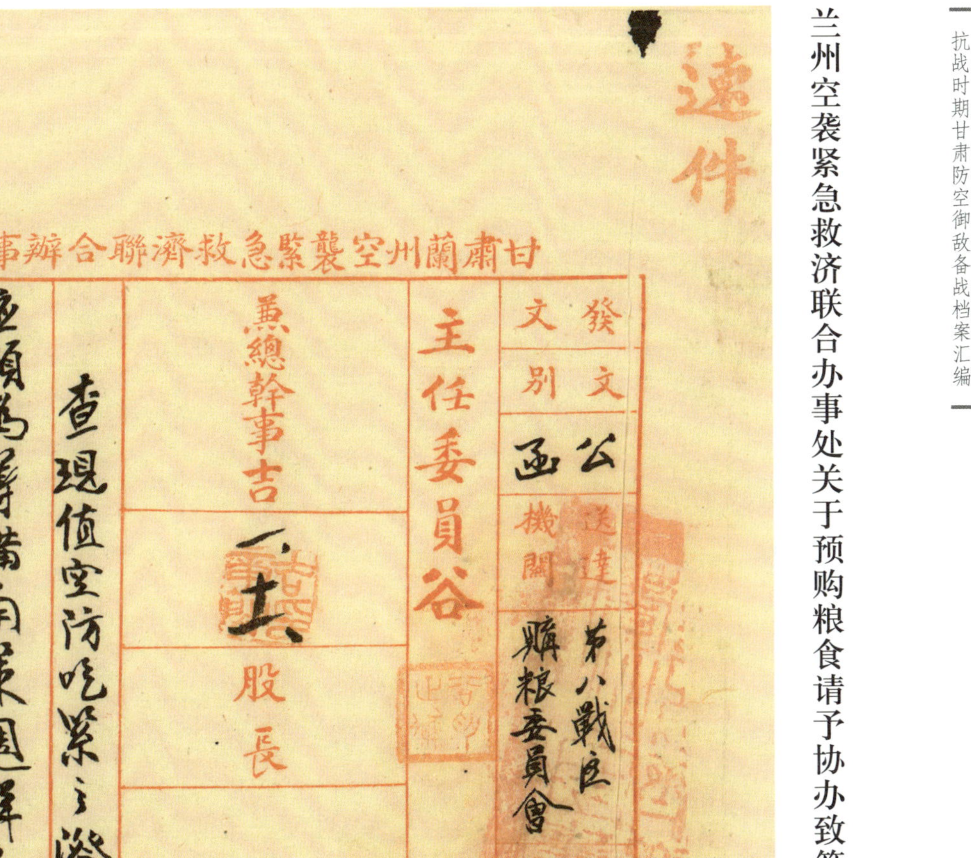

远件

甘肃兰州空袭紧急救济联合办事处稿

发文文别	公函
送达机关	第八战区购粮委员会
事由	为本市倘遭空袭后维持民食办法一案，送经会议决议函请转陈战区将本市划入购粮范围内，备价购买，以维民食，希查照协助见复由
主任委员	谷
兼总干事	吉 一．十六
股长	
股员	元．十六
书记	
附记	

中华民国三十年一月十三日封发

稿字第五号　发文字第十六号　收文字第　号

查现值空防吃紧之际，对于空袭后救济事宜，亟应预为筹备，前经本处邀集本市有关各机关会议，对于本市倘遭敌机空袭后关于维持民食办法一案，当经决议：筹备五万人五日

之食糧，約需小麥叁千五百市石，並由本處會同省會警
察局另行召集皋蘭縣商會糧業公會及各糧商等
商討購糧辦法，咸以本市糧食，早經統制，於市郊
鄉鎮購辦大量食糧，諸感困難，當經決定（由商會及糧業公會派定）皋
蘭榆中定西等三縣區域內分別採購小麥三千五
百市石，計皋蘭區購辦壹千市石，榆中區購辦五百
市石，定西區購辦貳千市石，統限短期內辦妥裝運
來蘭，囤儲於蘭垣四郊鄉鎮，以期安全，並為購
糧人員便於採辦計，擬請
貴會函飭各該縣政府及（派駐各縣）購辦軍糧人員，相機

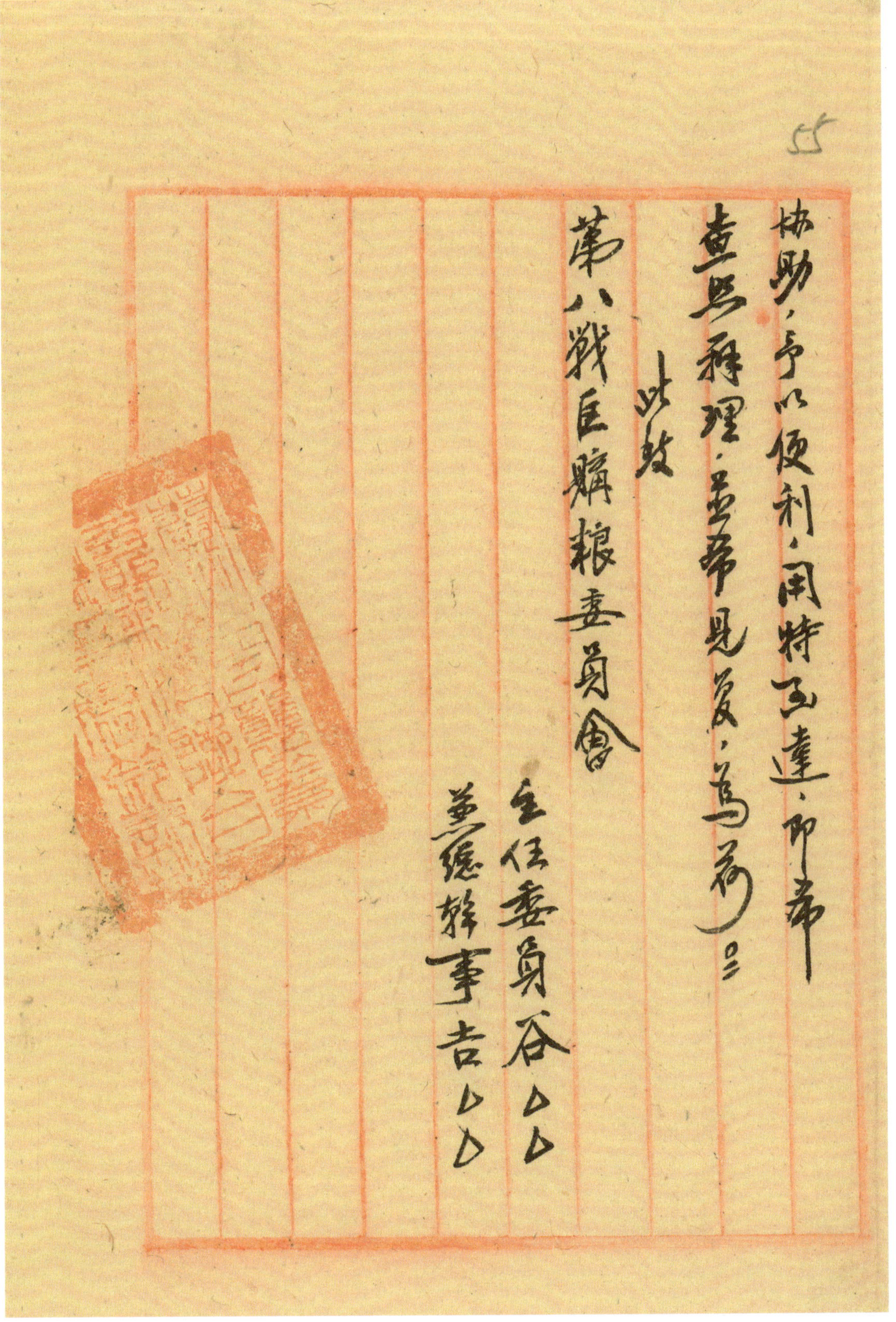
55

协助，予以便利，用特函达，即希

查照办理，并希见复，为荷！

此致

第八战区购粮委员会

主任委员谷△△

兼总干事李吉△△

兰州空袭紧急救济联合办事处关于日机空袭后粮食售卖问题致皋兰县粮业同业公会的笺函

（一九四一年一月十四日）

箋函 總字第七號 稽字第七號

事由：函請糧業公會將空襲後自動平價售

麵粉之分配辦法列表報核由

查本月九日上午十時省會警察局召集

各麵粉商等開會討論籌辦食糧準備

空襲後維持民食一案，經即決議辦法十一項，

記錄在案。茲查該項辦法第八項之規定：「在

本批糧食未由以前，如遇敵機空襲時，糧

業公會應負責督同業自動平價

充分供給市民必需之糧食」等語。惟查

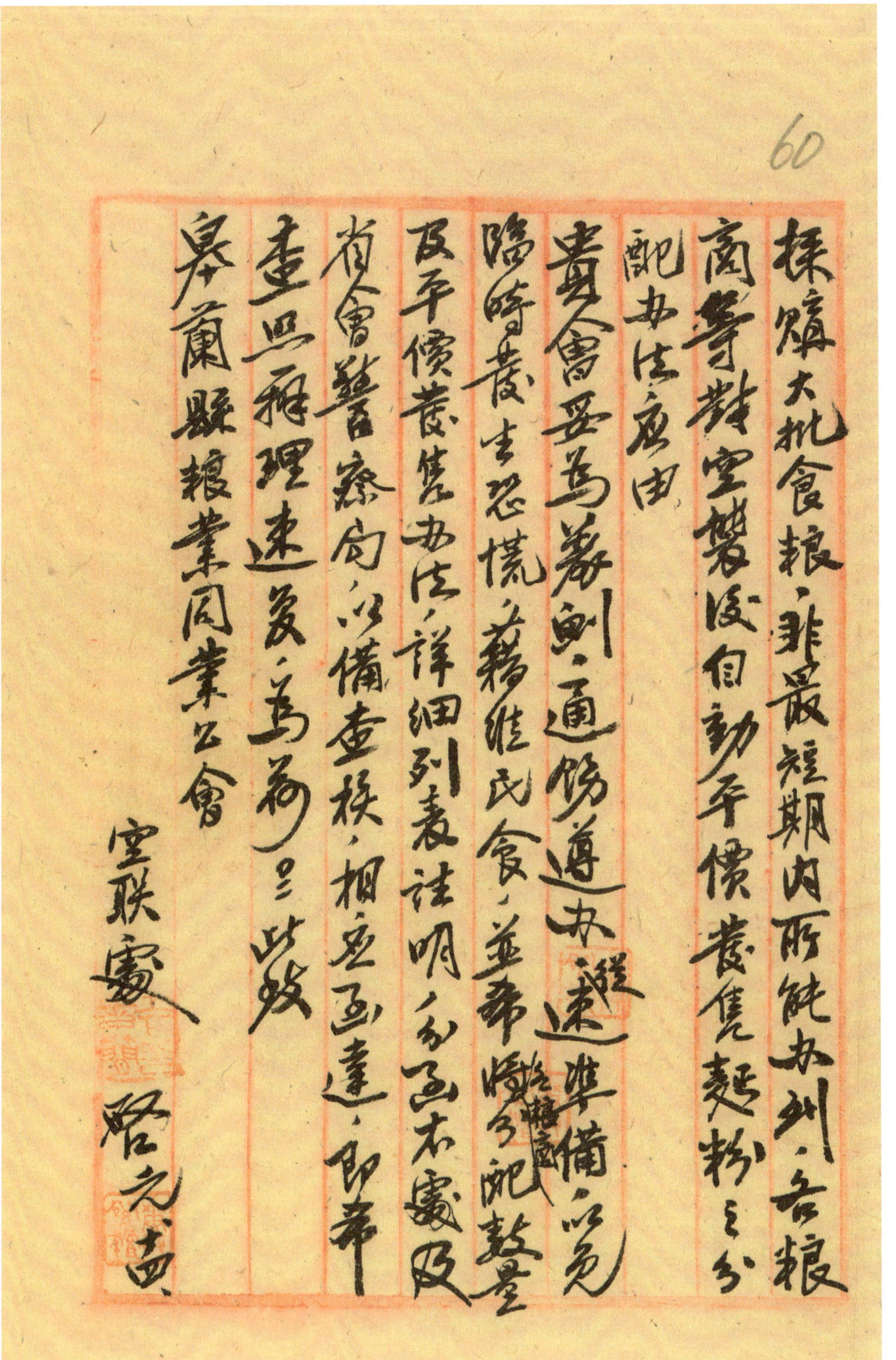

採購大批食粮，非最短期内所能办到。各粮商等對空襲後自動平價發售麵粉之分配办法，應由
貴會妥為籌劃，通飭遵辦（從速）準備，以免臨時發生恐慌，藉維民食。並希將分配數量及平價發售办法，詳細列表註明，分函本處及省會警察局，以備查核。相應函達，即希
查照辦理速復，為荷！此致
皋蘭縣粮業同業公會

空联處 啓 元、六

兰州空袭紧急救济联合办事处关于协助粮业公会购粮事致榆中、皋兰、定西县政府的公函
（一九四一年一月十七日）

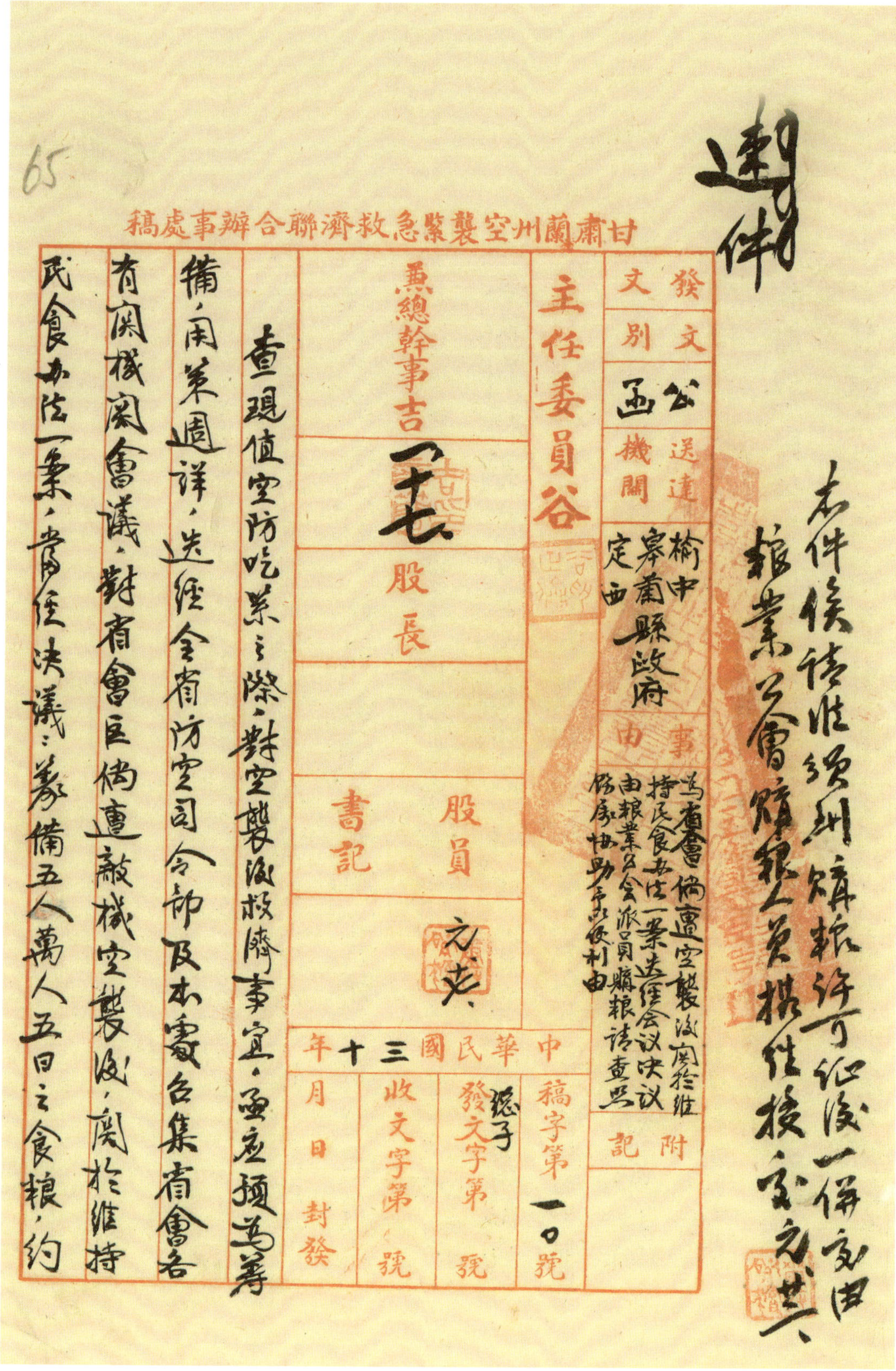

甘肅蘭州空襲緊急救濟聯合辦事處稿

發文	文別	公函
送達機關		榆中、皋蘭縣政府、定西
事由		為查省會倘遭空襲後，関於維持民食辦法一案，迭經会议决议由粮業公会派員購粮，請查照協助，以便利由
附記		

主任委員　谷
兼總幹事　吉
股長
股員　文光
書記

中華民國三十年　月　日　封發
稿字第一〇號
發文字第　號
收文字第　號

查現值空防吃緊之際，對空襲後救濟事宜，亟應預為籌備。関於某週詳，迭經全省防空司令部及本處召集省會各有関機関會議，對省會區倘遭敵機空襲後，関於維持民食辦法一案，當經決議：籌備五萬人五日之食粮，约

本件俟請准縣府許可後，一併交由粮業公會購粮人員持往接洽。文光

速件

需小麦叁千五百市石，并由本处会同省会警察局另行召集皋兰县商会粮业公会及各粮商等商讨购粮办法，咸以省会粮食，早经统制，短期内购办大批食粮，诸感困难，当经决定由粮业公会派员在皋兰榆中定西等三县境域内分别采购小麦三千五百市石，计在皋兰县全家崖购办五百市石，在榆中县甘草店购办一千市石，在定西县购办二千市石，统限短期内办妥装运来兰，囤储于兰垣四郊乡镇，以期安全，并为保护购粮人员便于采办计，请即转饬所属各乡镇联保主任、保甲长等对于购粮人员采办粮食，催雇车驮人伕装载运输等事宜，相机切实协助，并予

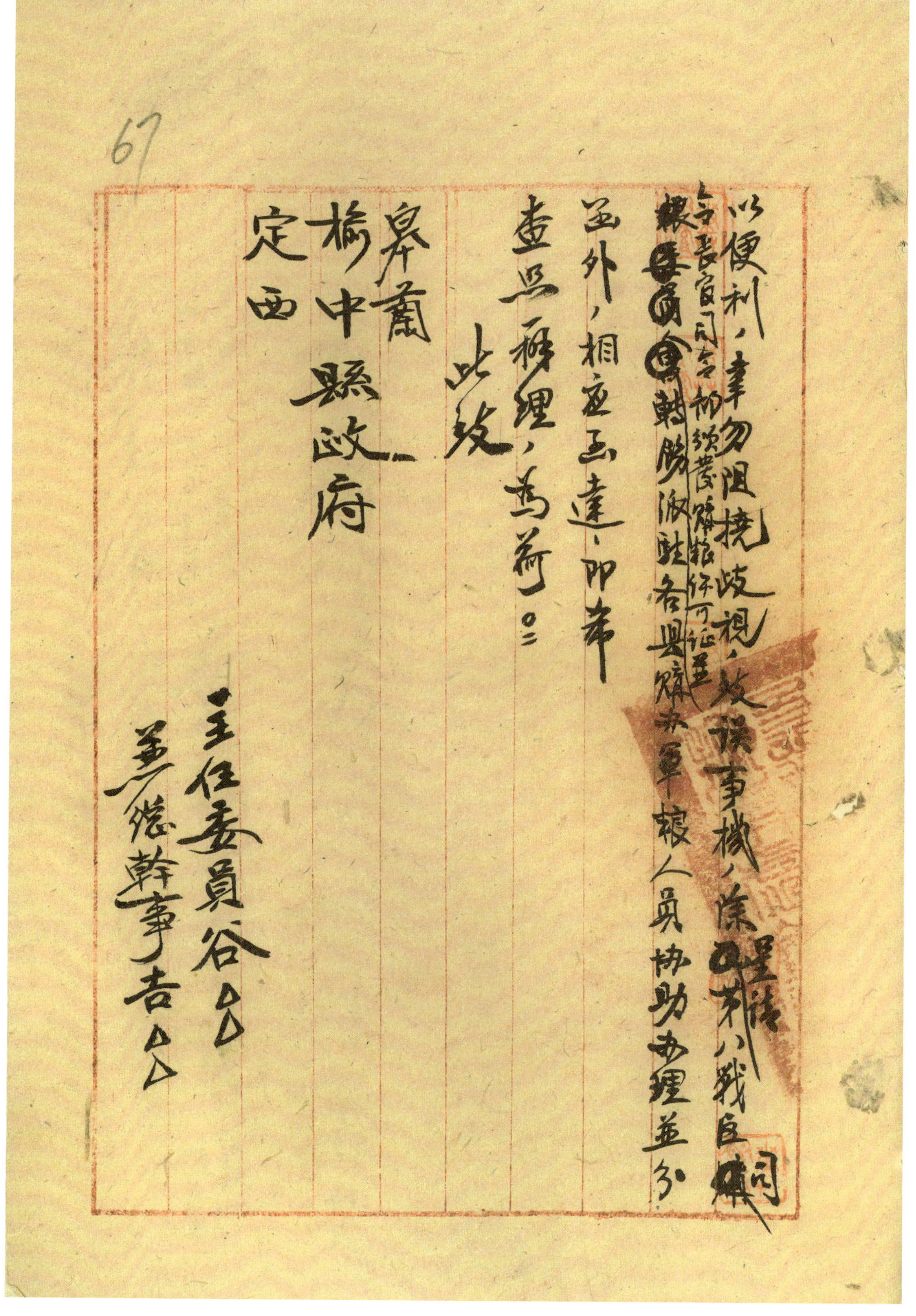

以便利，幸勿阻撓歧視，致誤事機，除呈請第八戰區司令長官司令部加發營糧採購許可証並糧委員會轉飭派駐各縣辦理軍糧人員協助辦理並分函外，相應函達，即希查照辦理，爲荷。

此致

皋蘭、榆中縣政府

定西

主任委員谷△△

兼總幹事吉△△

军事委员会甘肃省购粮委员会关于核发购粮许可证致兰州空袭紧急救济联合办事处的公函（一九四一年一月二十一日）

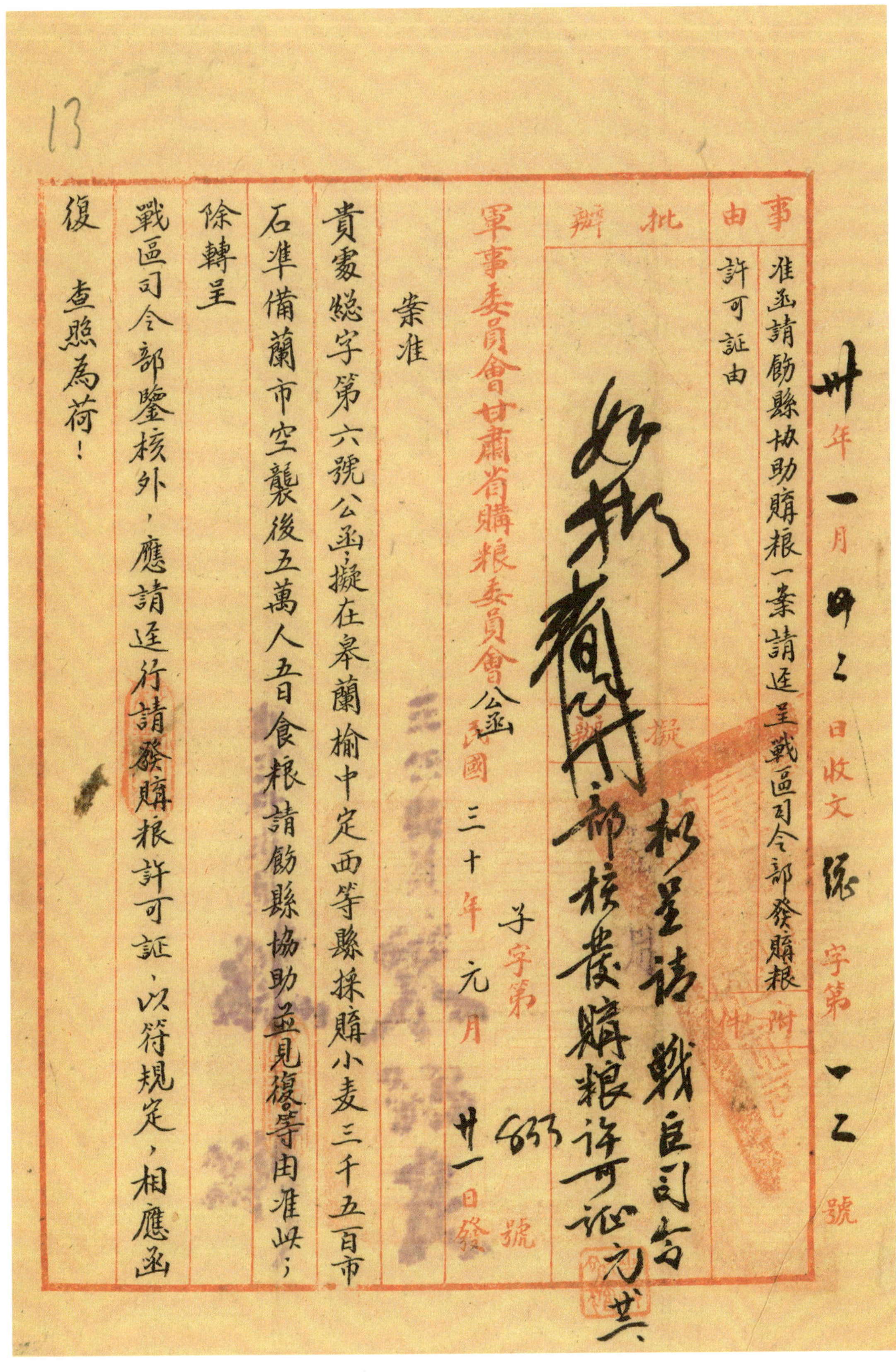

卅年一月廿二日收文　字第一二號

事由：准函請飭縣協助購糧一案，請廷呈戰區司令部發購糧許可証由

批辦：付［朱］

擬辦：奉批呈請戰區司令部核發購糧許可證

軍事委員會甘肅省購糧委員會公函　民國三十年元月廿一日發　　字第　號

案准

貴處總字第六號公函：擬在皋蘭、榆中、定西等縣採購小麥三千五百市石，準備蘭市空襲後五萬人五日食糧，請飭縣協助並見復等由准此；除轉呈

戰區司令部鑒核外，應請逕行請發購糧許可証，以符規定，相應函

復，查照為荷！

此致

甘肅省蘭州空襲緊急救濟聯合辦事處

主任委員 朱紹良

副主任委員 林[illegible]

監印 唐澤霖

校對 史元鈞

兰州空袭紧急救济联合办事处、第八战区司令长官司令部关于协助皋兰等县核发购粮事的往来公文

（一九四一年一月至二月）

兰州空袭紧急救济联合办事处致第八战区司令长官司令部的呈（一九四一年一月二十六日）

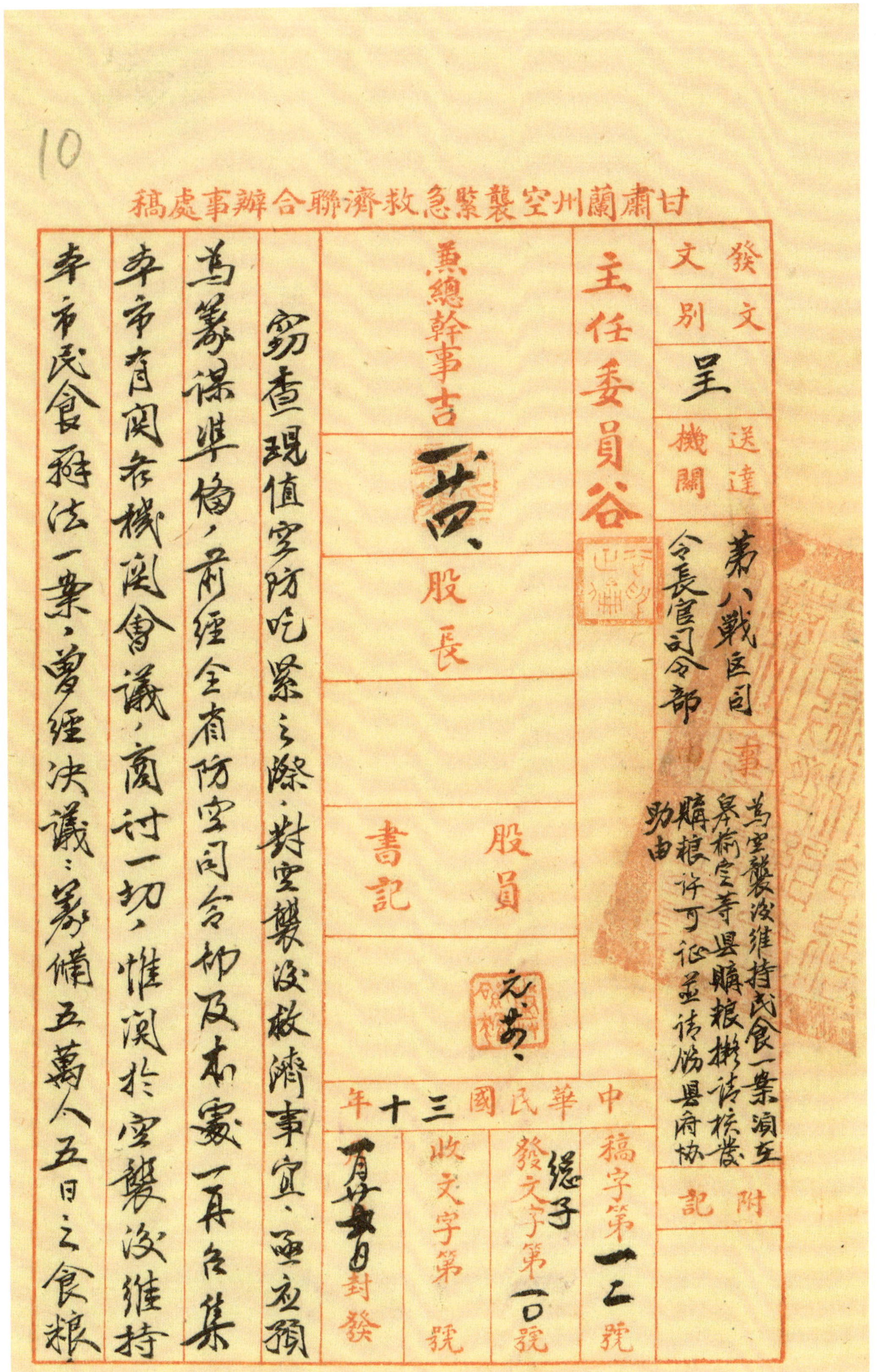

甘肅蘭州空襲緊急救濟聯合辦事處稿

發文	文別	呈	送達機關	第八戰區司令長官司令部
主任委員 谷	兼總幹事 吉 黄	股長	股員 元安	書記
事由	為空襲後維持民食一案須在皋蘭等縣購糧擬請核發購糧許可證並請飭縣府協助由			
附記				
中華民國三十年	稿字第一二號	發文字第一〇號	收文字第　號	一月廿六日封發

竊查現值空防吃緊之際，對空襲後救濟事宜，亟應預為籌謀準備。前經全省防空司令部及本處一再召集本市有關各機關會議，商討一切。惟關於空襲後維持本市民食辦法一案，曾經決議：籌備五萬人五日之食糧

11

約需麵粉三十五萬斤（計合小麥三千五百市石）以備空襲後由糧麵商店照成本平價售給民衆需用，第因本市缺糧，購辦大量糧食，諸感困難，經即决定由皋蘭縣商會及糧業公會派人分在皋蘭、榆中、定西等三縣境内採購小麥三千五百市石，計皋蘭區購办壹千市石，榆中區購办五百市石，定西區購办弍千市石，惟查本省糧食，早經統制，未便擅自採購，擬請准發購糧許可証三紙，俾便轉發糧業公會，憑証購辦，藉符功令，並請轉飭各該縣政府及購办軍糧人員等相機協助，而利進行，除分函各該縣政府查照外，理合

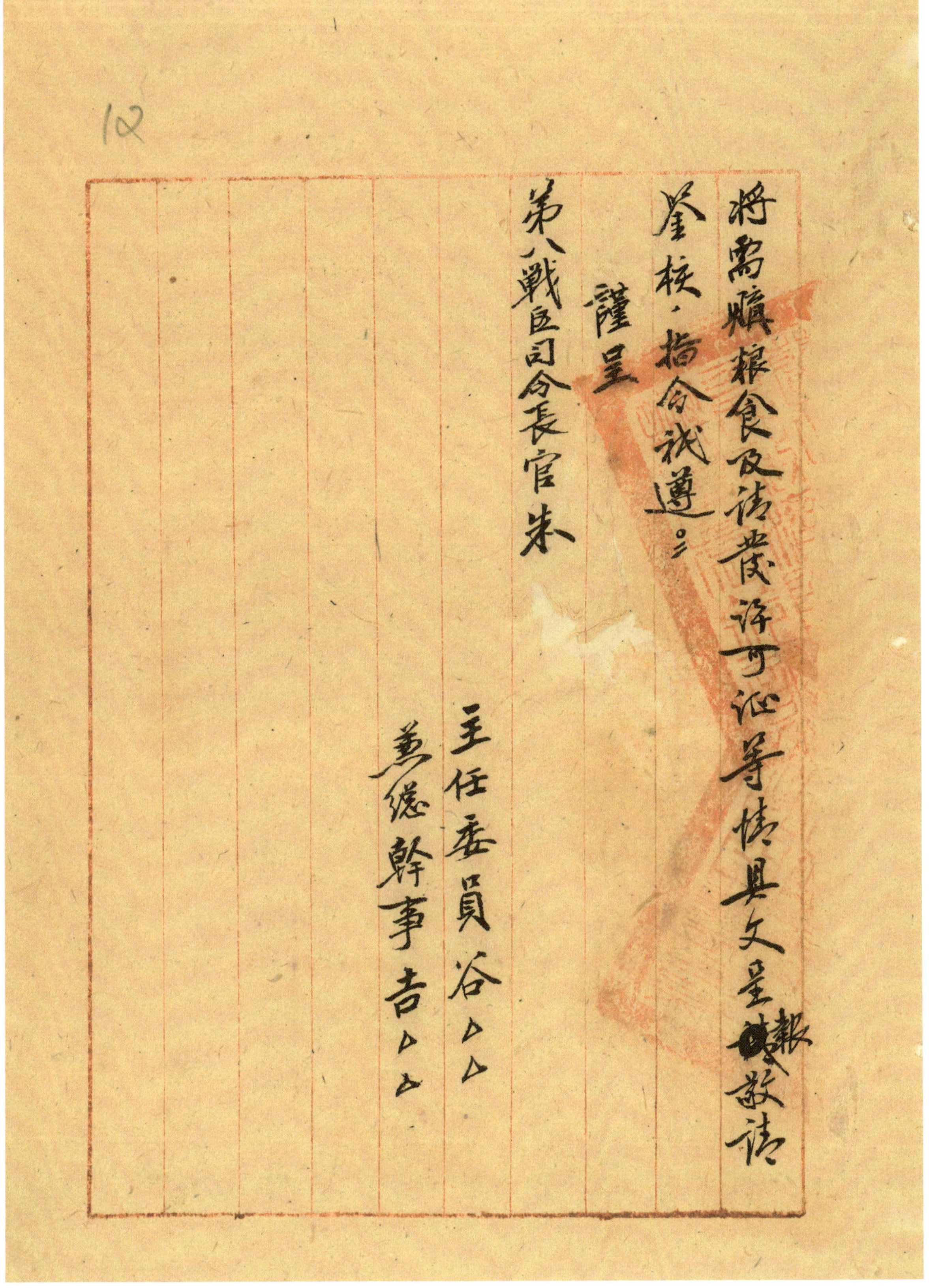

12

將需賑糧食及請發許可證等情具文呈報敬請

鑒核、指令祗遵。

謹呈

第八戰區司令長官朱

主任委員谷△△

兼總幹事吉△△

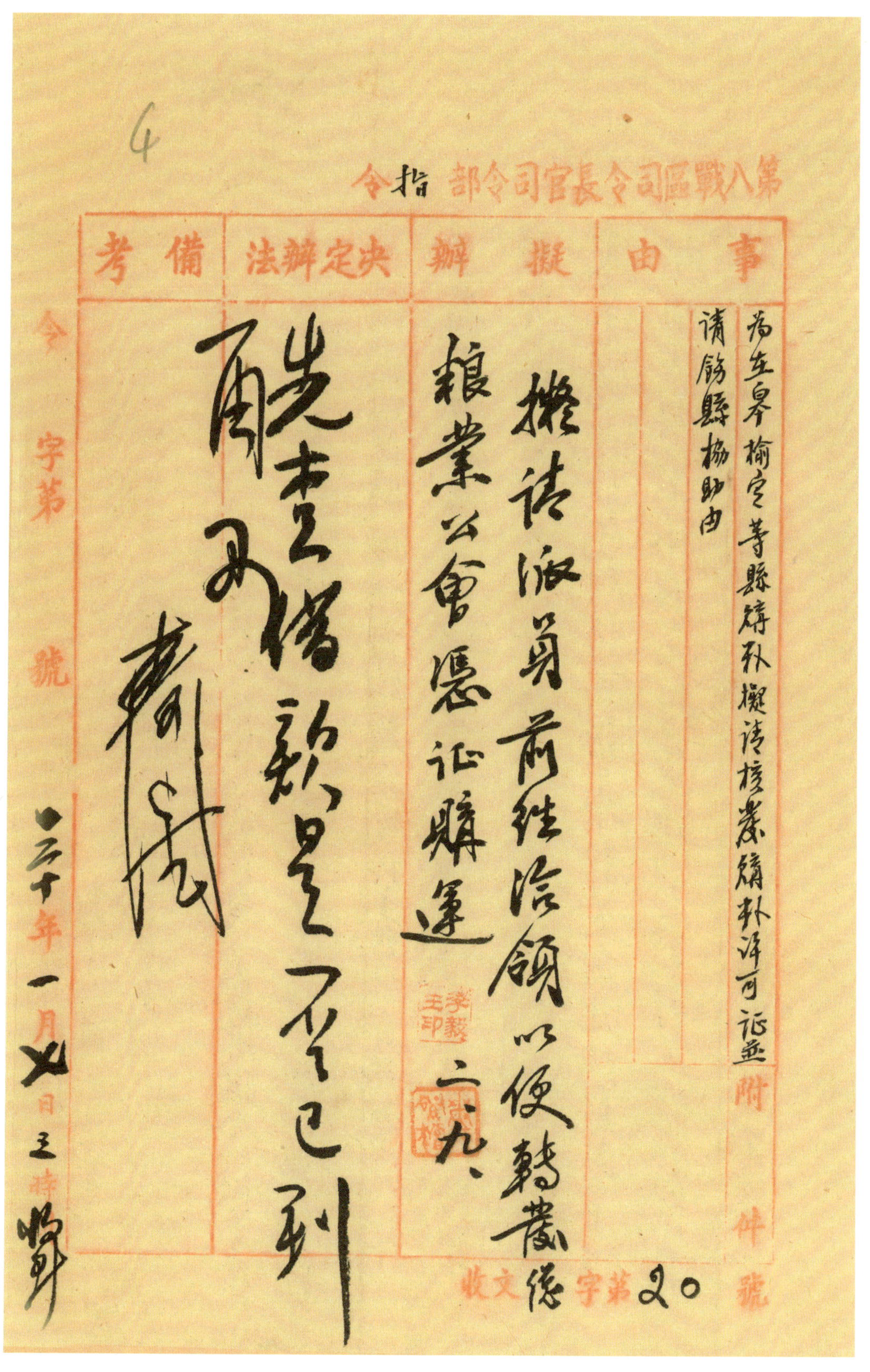

第八戰區司令長官司令部指令

事由	擬辦	決定辦法	備考
為皋蘭榆中等縣續孙擬請核發續补津可证並請飭縣協助由	擬請派員前往洽領，以便轉農粮業公會憑证購運。		

二、九、

先查又續款是否已到

收文字第20號

令　字第　號

三十年二月五日

第八战区司令长官司令部致兰州空袭紧急救济联合办事处的指令（一九四一年二月五日）

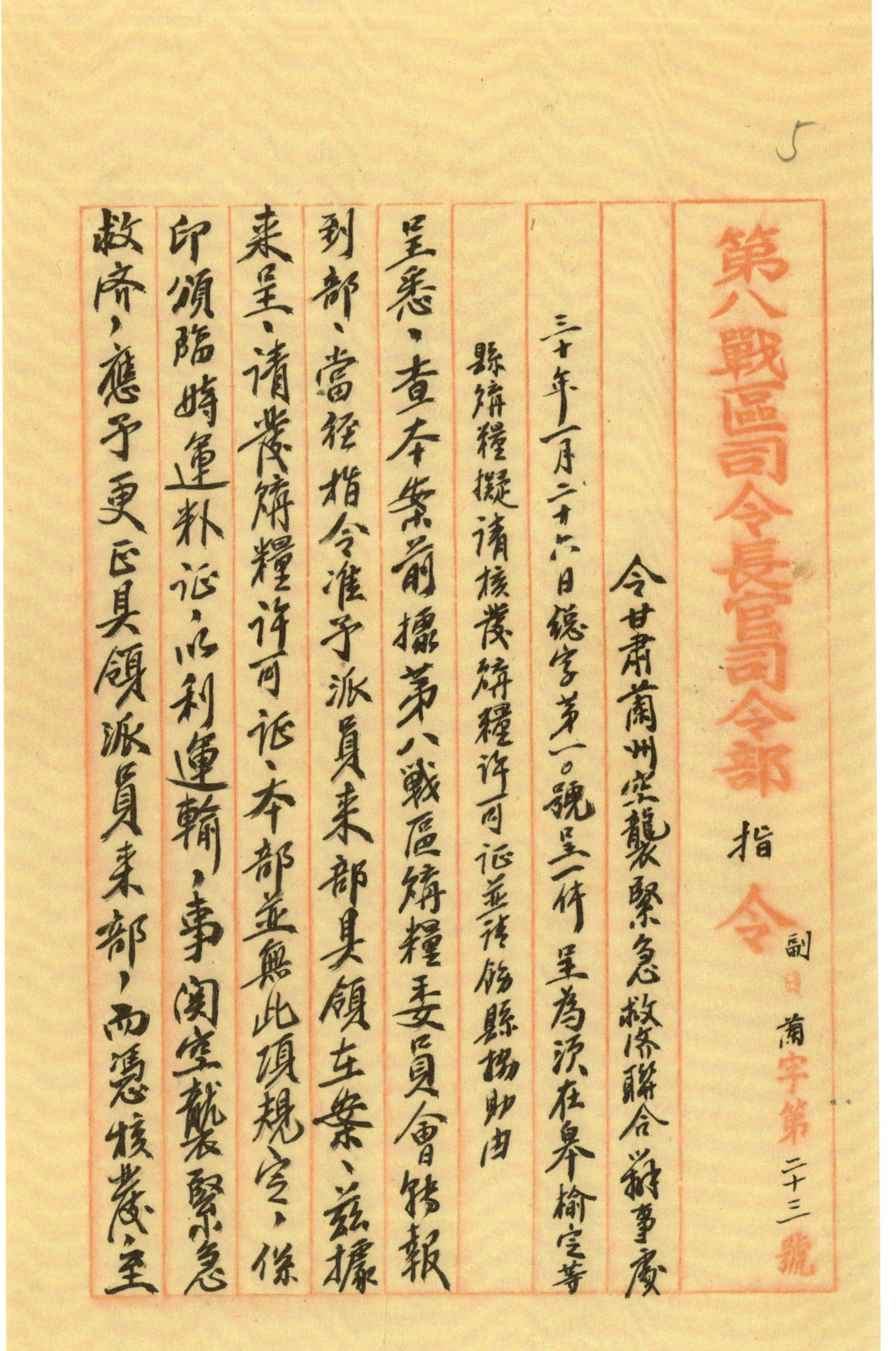

第八戰區司令長官司令部指令　副日蘭字第二十三號

令甘肅蘭州空襲緊急救濟聯合辦事處

三十年一月二十六日總字第一〇號呈一件，呈為派在皋榆定等縣籌糧擬請核發籌糧許可證並請飭縣協助由

呈悉。查本案前據第八戰區籌糧委員會轉報到部，當經指令准予派員來部具領在案。茲據來呈，請發籌糧許可證，本部並無此項規定，係印領臨時運糧證，以利運輸，事關空襲緊急救濟，應予更正，具領派員來部，而憑核發，至

6

請飭皋榆定各縣政府及籌辦軍糧人員相機協助一節，既由該處令行，應毋庸議，仰即知照。

此令

司令長官朱紹良

中華民國三十一年二月五日

甘肃省政府关于报送支出计算书类、决算书致兰州空袭紧急救济联合办事处的公函（一九四一年二月四日）

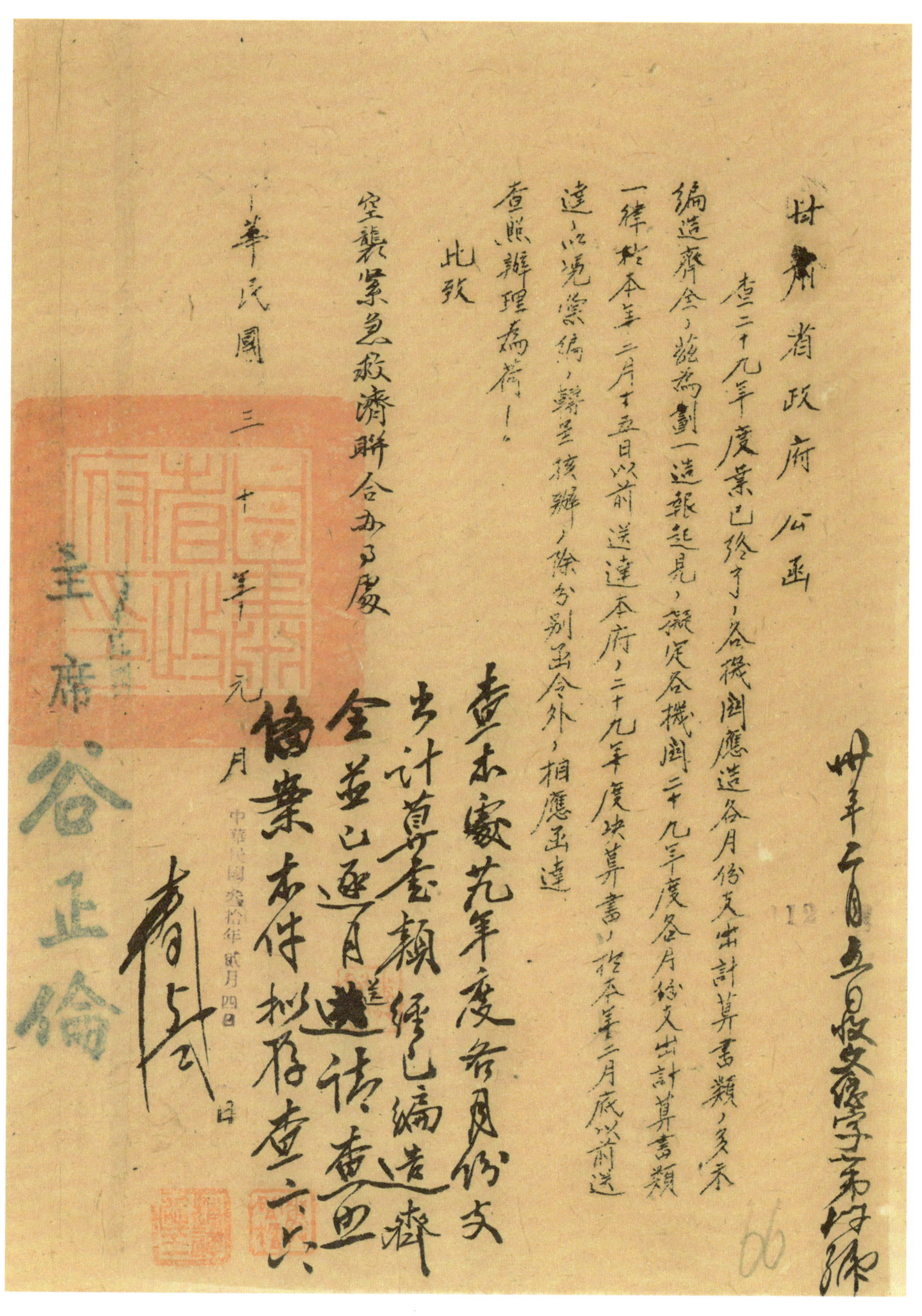

卅年二月五日收文總字第[illegible]號

甘肅省政府公函

查二十九年度業已終了，各機關應造各月份支出計算書類，多未編造齊全，茲為劃一造報起見，擬定各機關二十九年度各月份支出計算書類一律於本年二月十五日以前送達本府，二十九年度決算書，於本年三月底以前送達，以憑彙編，轉呈核辦，除分別函令外，相應函達

查照辦理為荷！

此致

空襲緊急救濟聯合辦事處

主席 谷正倫

中華民國三十年元月 日

中華民國叁拾年貳月四日

查本處廿九年度各月份支出計算書類經已編造齊全，並已函送[illegible]，[illegible]查照，[illegible]檔案。本件擬存查。

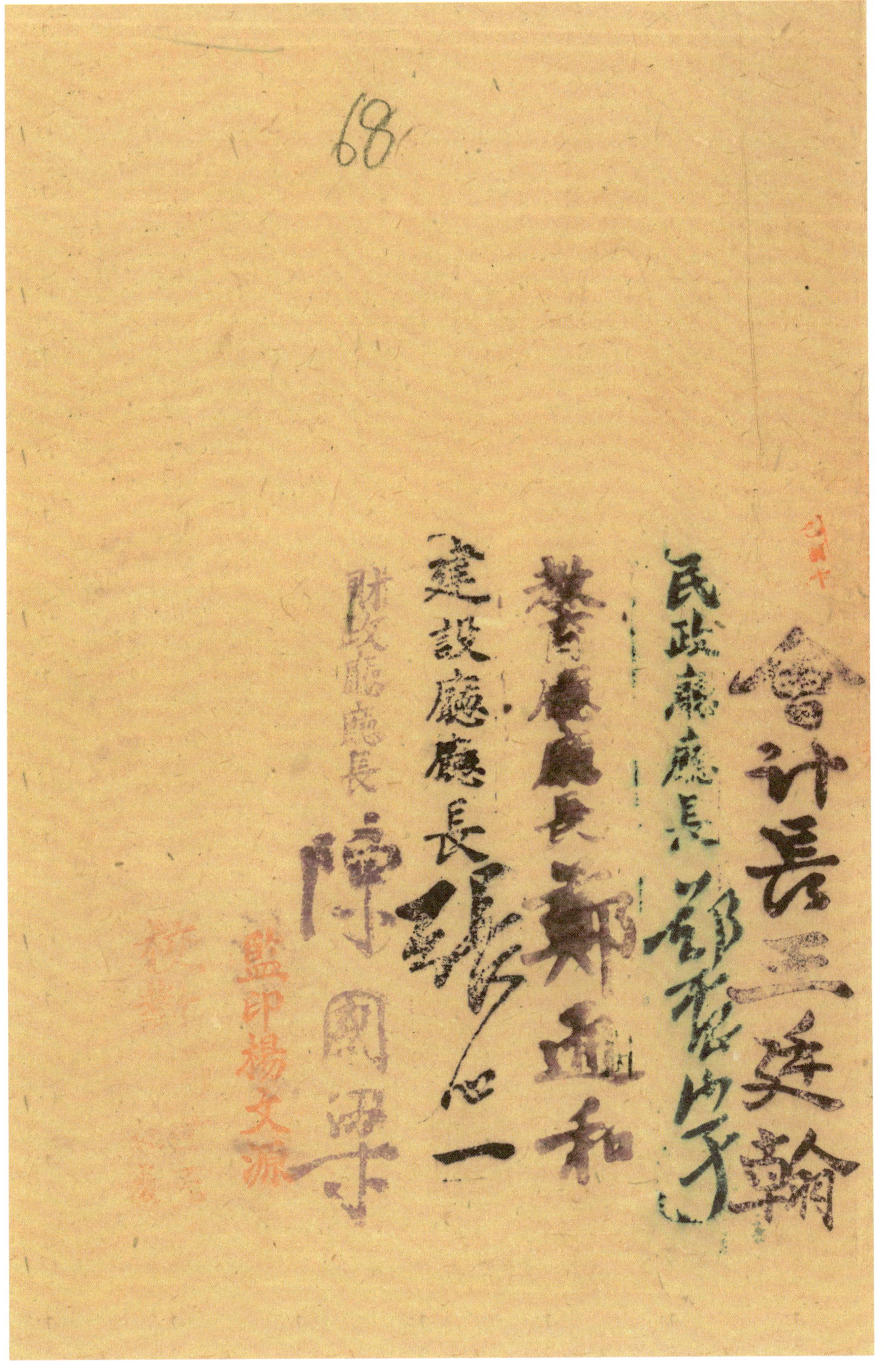

68

會計長王廷翰

民政廳廳長鄭震宇

教育廳廳長鄭通和

建設廳廳長張心一

財政廳廳長陳國梁

監印楊文源

經費類現金出納表

中華民國　年　月　日起至　年　月　日止（　年度）（第　號）第　頁

科目及摘要	金額 小計	金額 合計	金額 總計
收項			
Ⅰ 上期結存			160000
1.現金——經費存留數		15000	
2.經費存款户		140000	
3.零用金		5000	
Ⅱ 本期收入			555000
1.預領經費		50000	
2.請計領用數		500000	
3.代收款（如代收所得稅等）		5000	
收項總計			715000
付項			
Ⅰ 本期支出			100000
1.歲出分配數		70000	
① 俸給費	30000		
② 辦公費	20000		
③ 購置費	20000		
2.暫付款		20000	
3.押金		10000	
Ⅱ 本期結存			615000
1.現金——經費存留數		45000	
2.經費存款户		570000	
付項總計			715000
存款地點：			
本機關		45000	
銀行		570000	
合計			615000

機關長官　　主辦會計人員　　主辦出納人員

69

附二：经费累计表

歲出預算……門

經費累計表

中華民國　年　月　日起至　年　月　日止　（　年度）

第　頁

第　號

科目				分配數		支出數					未支出之分配數	備考
				本月份分配數	截至本月份止分配數	支出憑證		本月份實支數	截至本月份止累計支數	應支數		
款	項	目	名稱	百十萬千百十元角分	百十萬千百十元角分	字	起訖號數	百十萬千百十元角分	百十萬千百十元角分	百十萬千百十元角分	百十萬千百十元角分	
1			某機關經費	500000	1500000			470000	1470000		90000	
	1		俸給費	370000	1110000			340000	1020000			
		1	俸薪	330000	990000			300000	900000			
		2	工餉	40000	120000			40000	120000			
	2		辦公費	100000	300000			100000	300000			
		1	文具	20000	60000			20000	60000			
		2	郵電	10000	30000			10000	30000			
		3	消耗	20000	60000			20000	60000			
		4	印刷	5000	15000			5000	15000			
		5	租賦	5000	15000			5000	15000			
		6	修繕	5000	15000			5000	15000			
		7	旅運費	15000	45000			15000	45000			
		8	雜支	20000	60000			20000	60000			
	3		特別費	30000	90000			30000	90000			
		1	特別辦公費	30000	90000			30000	90000			

機關長官　　　　主辦會計人員　　　　製表員

68

歲入類現金出納表

中華民國　年　月　日起至　年　月　日止（　年度）（第　頁　字　號）

科目及摘要	金額：小計	金額：合計	金額：總計
收項			
Ⅰ.上期結存			100000
1.現金——歲入存留數		15000	
2.專户存款（如保管款等）		85000	
Ⅱ本期收入			1800000
1.歲入實收數——本年度		1500000	
田賦收入	1000000		
地丁 7500— 糧折 1000— 草折 500— 糧石變價 1000—			
契稅收入	500000		
賣稅 4500— 契紙稅 500—			
2.歲入實收數——以前年度		100000	
二十九年度牙行營業稅 二十八年度地丁	20000 80000		
3.暫收款		200000	
收項合計			1900000
付項			
Ⅰ本期支出			1840000
1.歲入納庫數		1835000	
2.歲入退還數——以前年度		5000	
Ⅱ本期結存			60000
1.現金——歲入存留數 2.專户存款		10000 50000	
付項合計			1900000
存款地點			
本機關		10000	
銀行		50000	
合計			60000

機關長官　　主辦會計人員　　主辦出納人員

兰州空袭紧急救济联合办事处总务股关于购买各项文具致兼总干事的签呈（一九四一年二月五日）

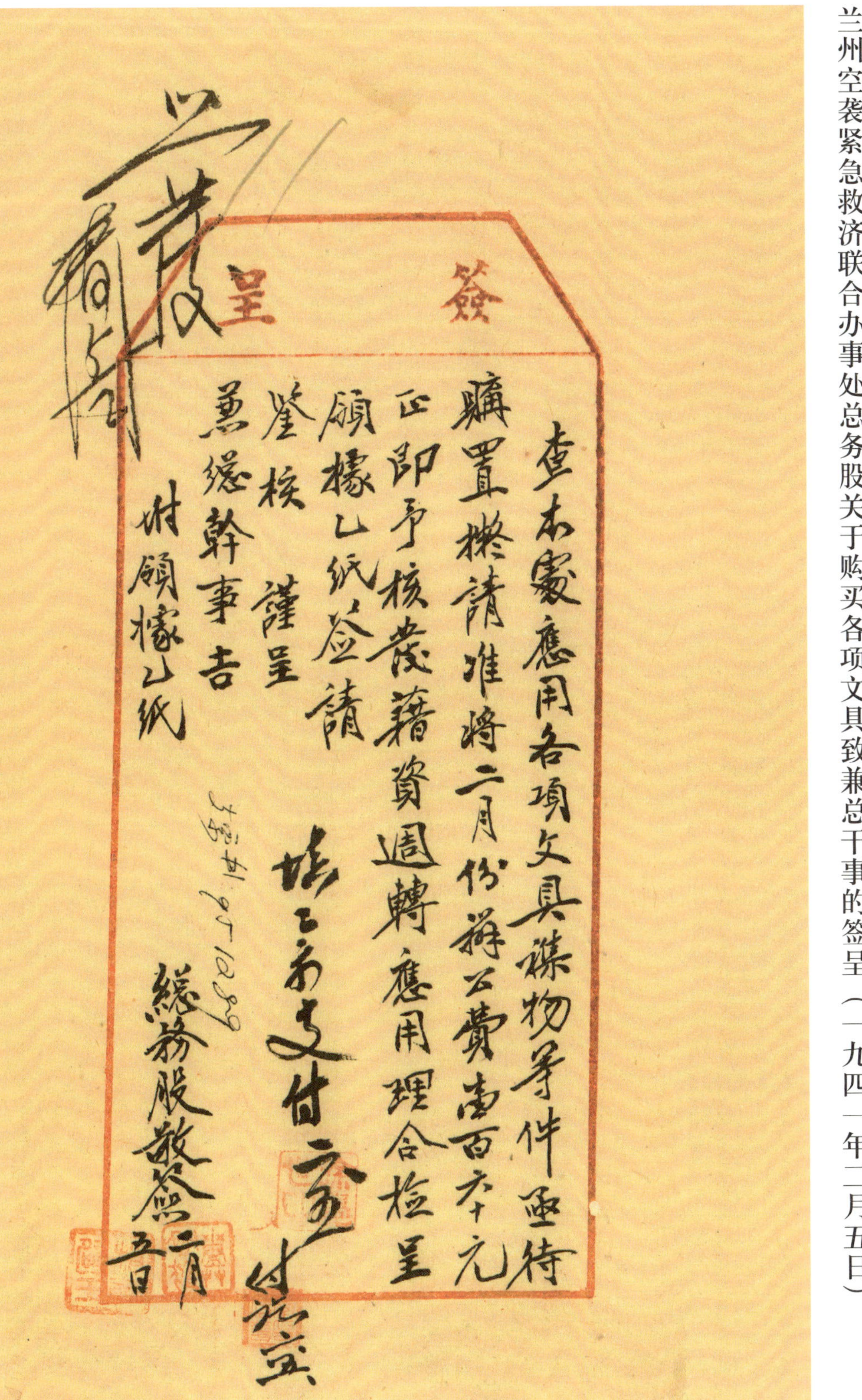

签呈

查本处应用各项文具杂物等件亟待
购置拟请准将二月份办公费壹百叁十元
正即予核发藉资周转应用理合检呈
领据一纸签请
鉴核 谨呈
兼总干事吉
附领据一纸

总务股敬签 二月五日

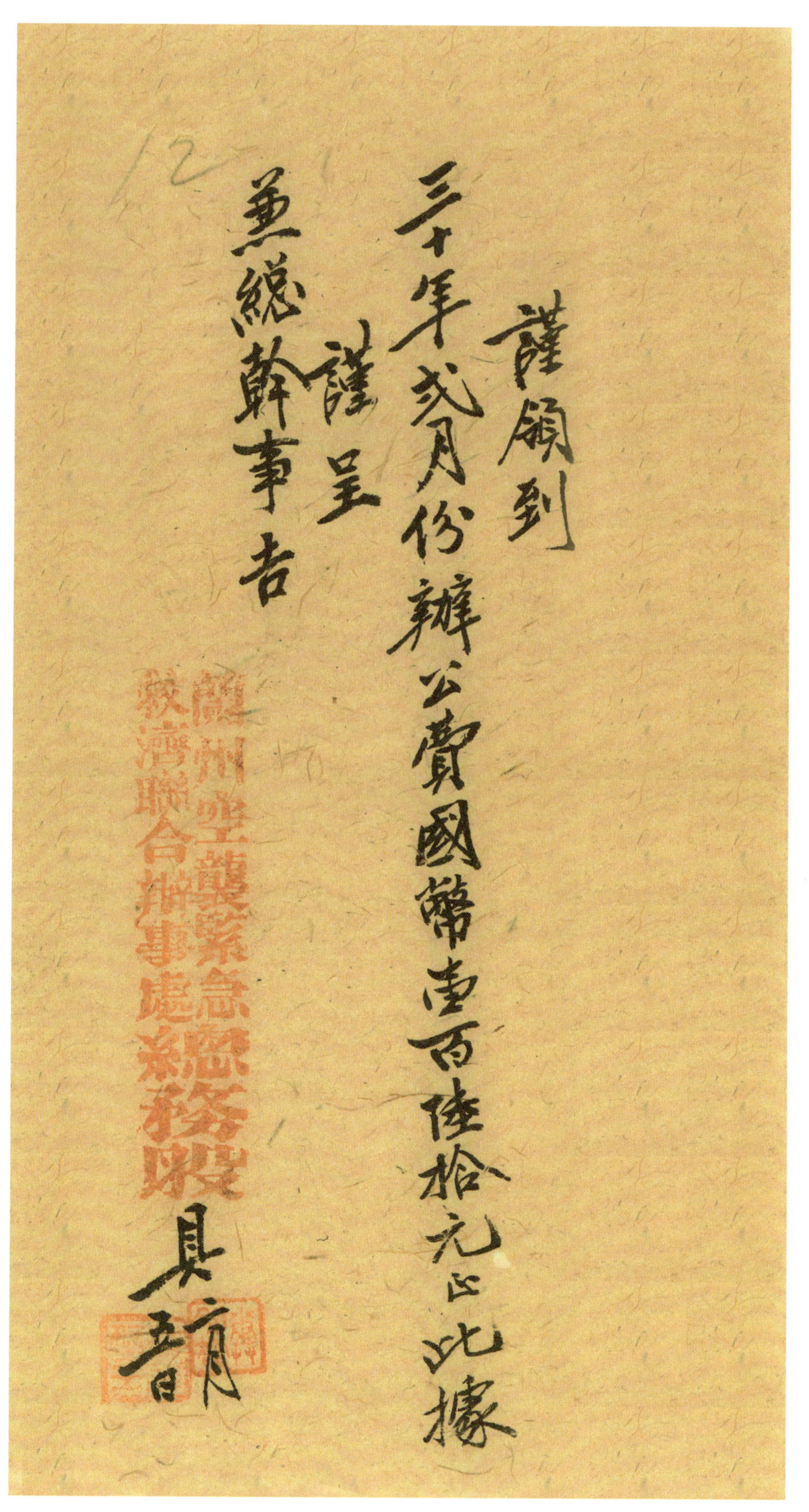

謹領到

三十年弍月份辦公費國幣壹百陸拾元正此據

謹呈

兼總幹事吉

蘭州空襲緊急救濟聯合辦事處總務股　具

五日

附：兰州空袭紧急救济联合办事处总务股一九四一年二月份办公费用领条

军事委员会甘肃省购粮委员会关于派员领购粮许可证致兰州空袭紧急救济联合办事处的公函（一九四一年二月六日）

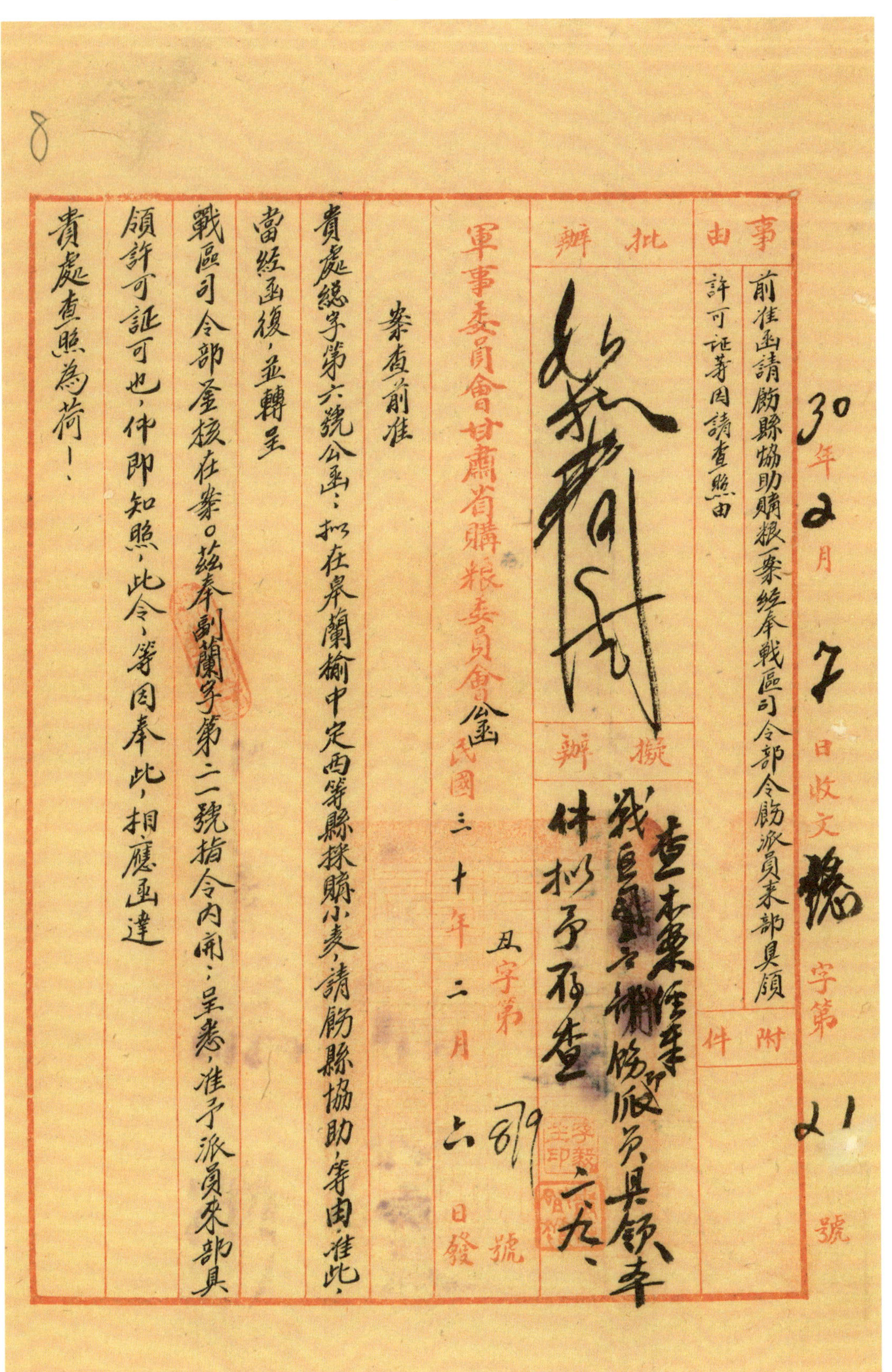

事由：前准函请饬县协助购粮一案，经奉战区司令部令饬派员来部具领许可证等因，请查照由

30年2月7日收文 字第21号

軍事委員會甘肅省購粮委員會公函 丑字第 號 民國三十年二月六日發

案查前准

貴處總字第六號公函，擬在皋蘭、榆中、定西等縣採購小麦，請飭縣協助等由。准此，當經函復，並轉呈

戰區司令部查核在案。茲奉副蘭字第二一號指令內開：「呈悉，准予派員來部具領許可證可也。」仰即知照。此令。等因，奉此，相應函達

貴處查照為荷！

此致

甘肅蘭州空襲緊急救濟聯合辦事處

兰州空袭紧急救济联合办事处关于报送一九四〇年收支情况致甘肃省民政厅的函（一九四一年二月九日）

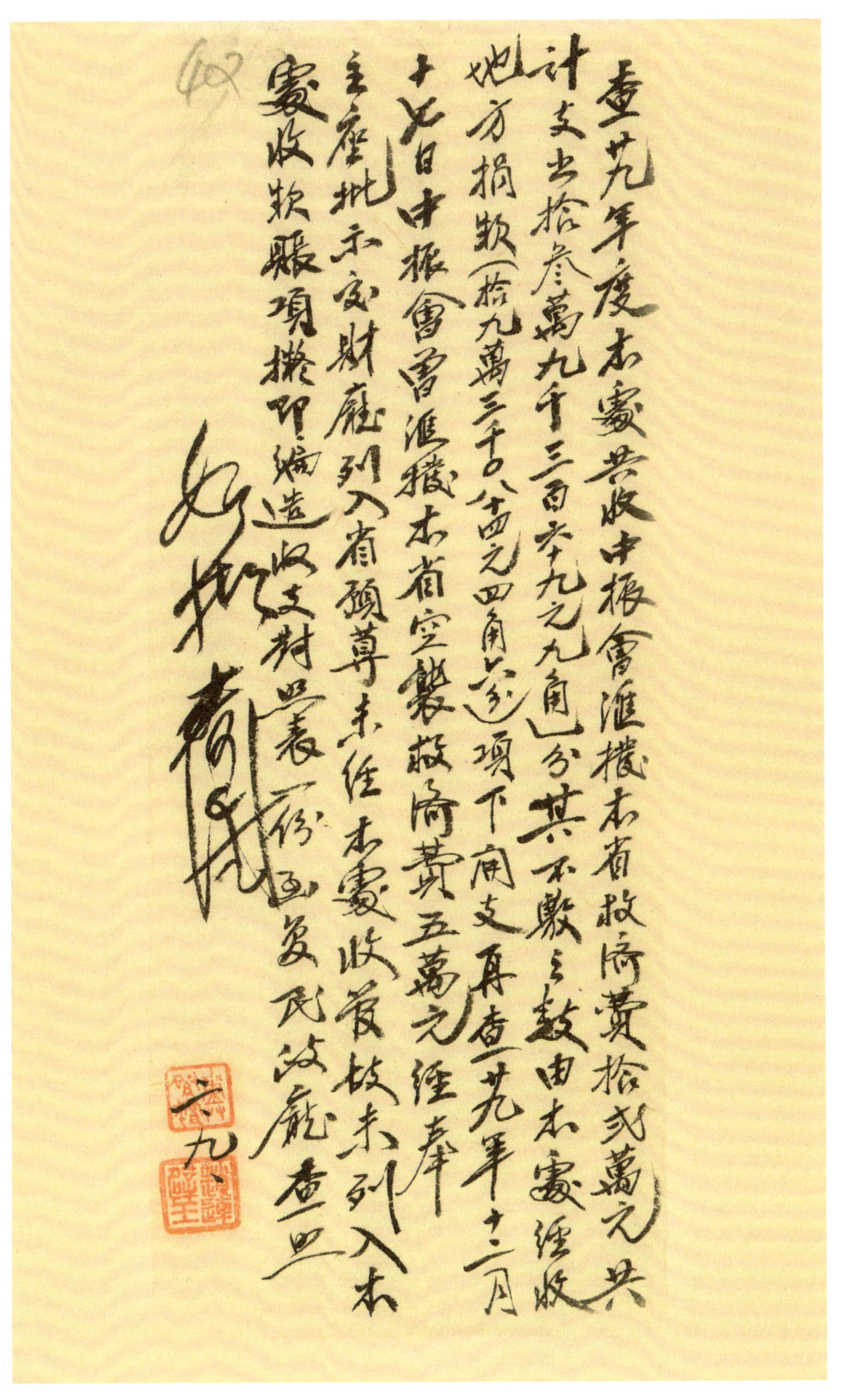
查廿九年度本处共收中振会汇拨本省救济费拾贰万元，共计支出拾叁万九千三百六十九元九角[illegible]分，其不敷之数由本处经收地方捐款（拾九万三千〇八十四元四角六分）项下开支。再查廿九年十二月十七日中振会曾汇拨本省空袭救济费五万元，经奉主座批示，交财厅列入省预算，未经本处收发，故未列入本处收款账项。兹即编造收支对照表一份，函复民政厅查照。

兰州空袭紧急救济联合办事处关于送一九四〇年度收支对照表致甘肃省民政厅的笺函（一九四一年二月十日）

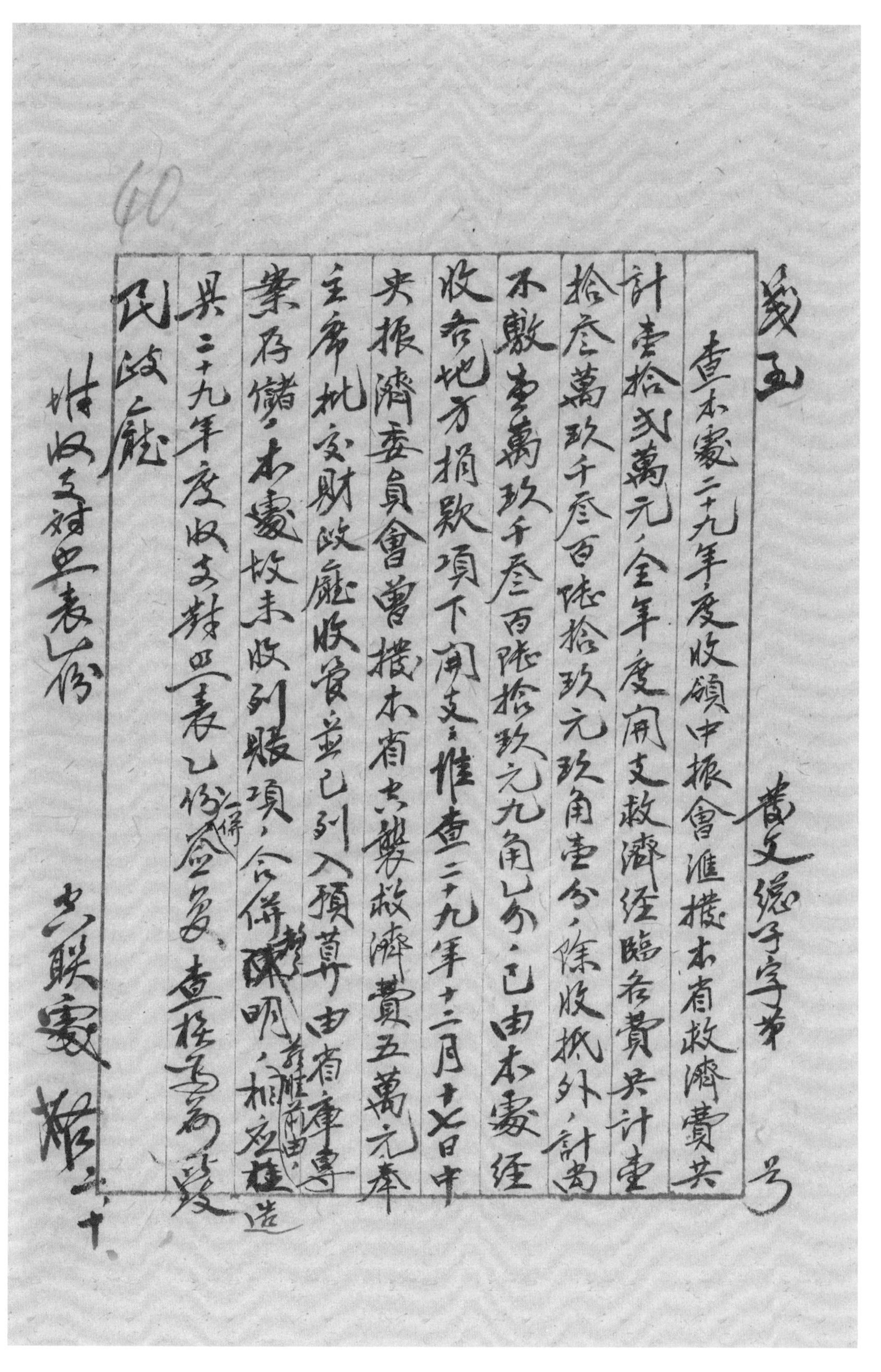

黄支总字第　号

笺函

查本处二十九年度收领中振会汇拨本省救济费共计壹拾贰万元，全年度开支救济经临各费共计壹拾叁万玖千叁百陆拾玖元玖角壹分，除收抵外，计尚不敷壹万玖千叁百陆拾玖元九角壹分，已由本处经收本地方捐款项下开支。惟查二十九年十二月十七日中央振济委员会曾拨本省空袭救济费五万元，奉主席批交财政厅收管并已列入预算由省库专案存储，本处迄未收到该项。合并陈明，相应检造具二十九年度收支对照表乙份，一并函送，查核为荷。此致

民政厅

附收支对照表乙份

空联处　启　二十

附：兰州空袭紧急救济联合办事处一九四〇年收支对照表

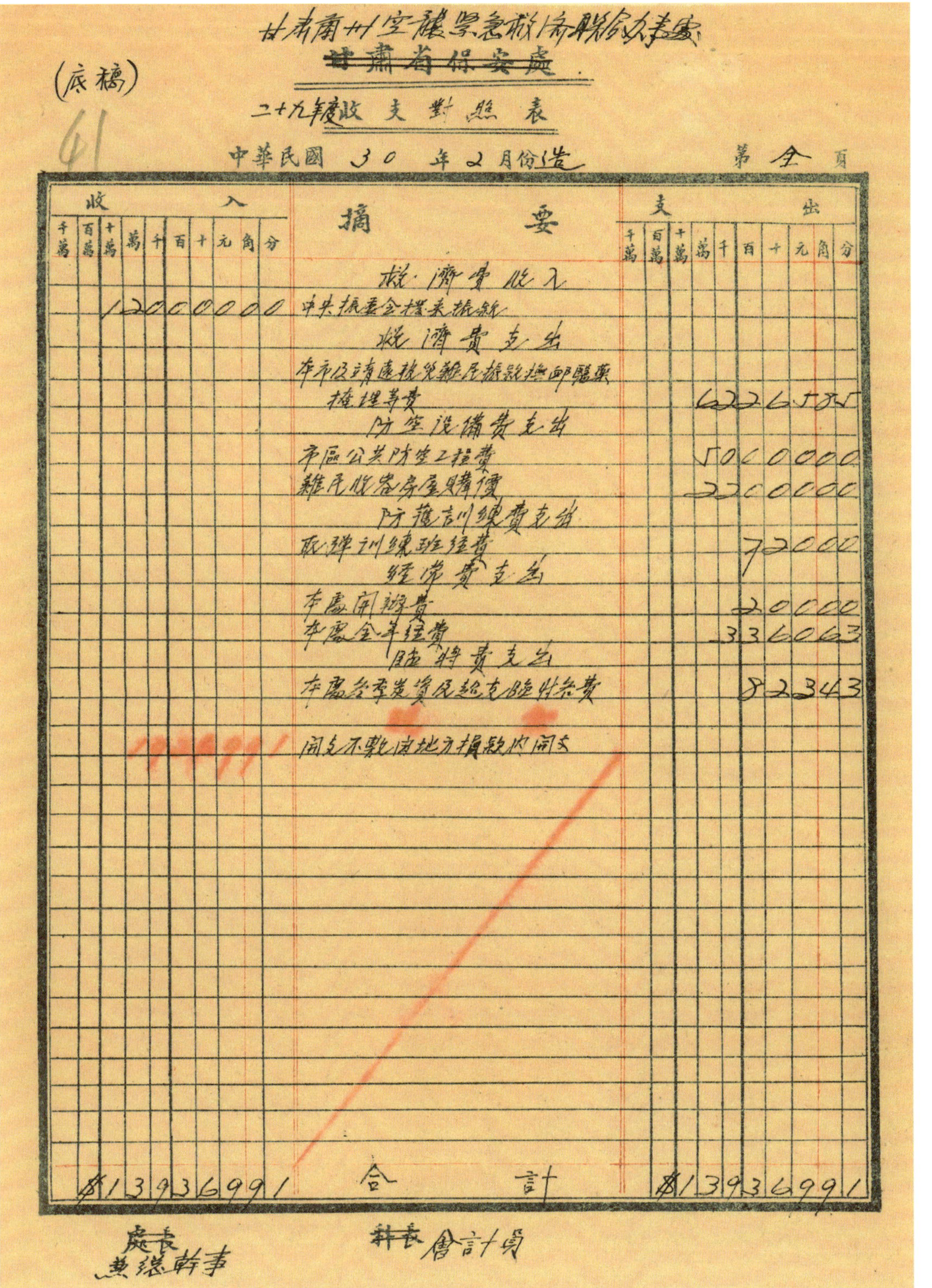

甘肃兰州空袭紧急救济联合办事处
~~甘肃省保安处~~

（底稿）

41

二十九年度收支對照表

中華民國 30 年 2 月份造　　第 全 頁

收入	摘要	支出
	救濟費收入	
12000000	中央振委會撥來振款	
	救濟費支出	
	本市及請遣救党難民振款撫卹醫藥掩埋等費	6226585
	防空設備費支出	
	市區公共防空工程費	5060000
	難民臨時房屋賠償	2200000
	防護訓練費支出	
	取彈訓練班經費	72000
	經常費支出	
	本處開辦費	20000
	本處全年經費	336063
	臨時費支出	
	本處各季獎資及超支臨時各費	82343
[illegible]991	開支不敷由地方捐款內開支	
$13936991	合計	$13936991

處長兼總幹事　　~~科長~~ 會計員

甘肃省兰州市区贷款委员会关于收回贷款回单并退还临时收据致兰州空袭紧急救济联合办事处的公函
（一九四一年二月十一日）

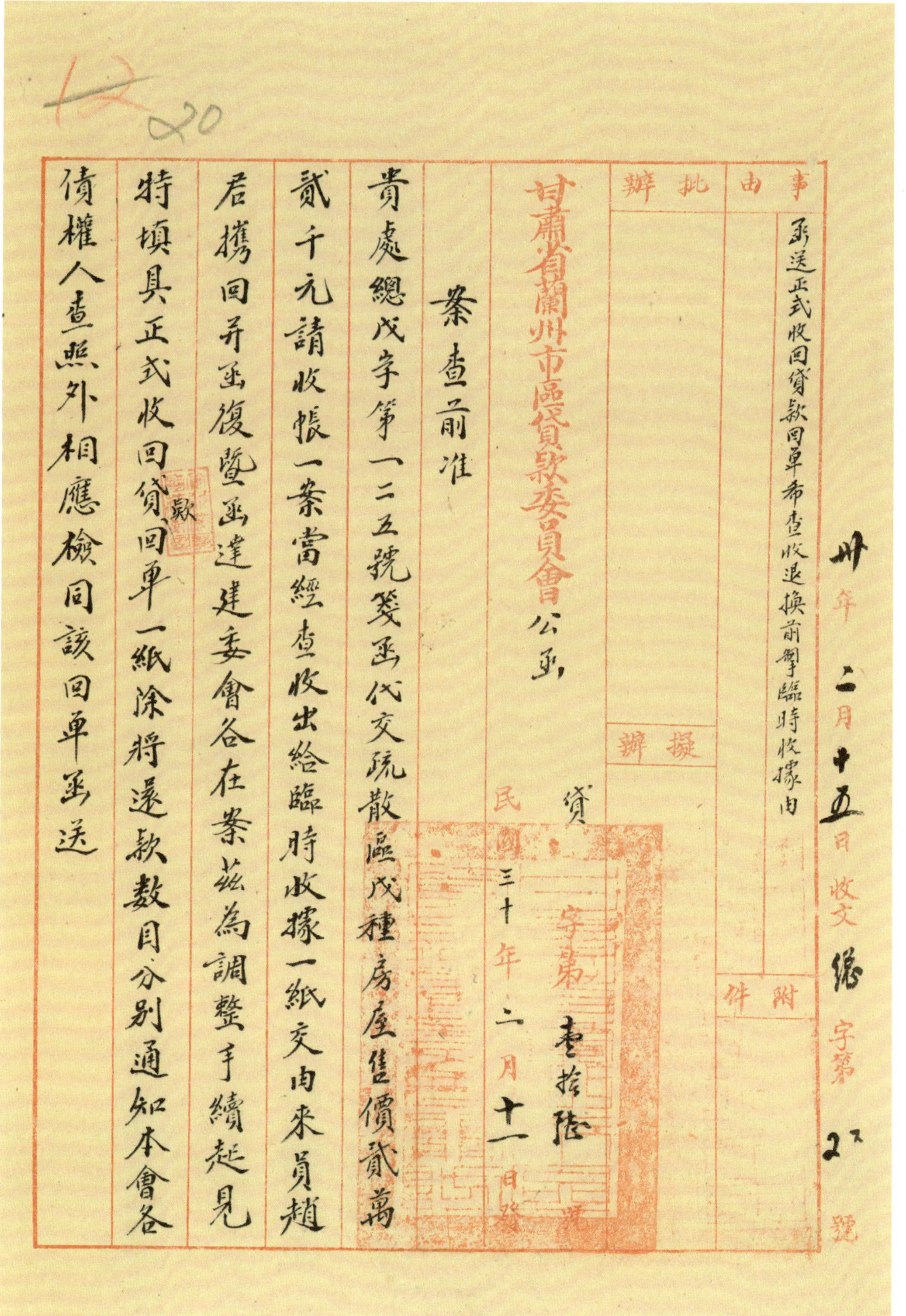
卅年二月十五日收文总字第2X号

事由：函送正式收回贷款回单希查收退换前掣临时收据由

甘肃省兰州市区贷款委员会公函　贷字第　號

案查前准

贵處總戊字第一二五號笺函代交疏散區戊種房屋售價貳萬貳千元請收帳一案當經查收出給臨時收據一紙交由來員趙君携回并函復暨函達建委會各在案茲為調整手續起見特填具正式收回貸款回單一紙除將還款數目分别通知本會各債權人查照外相應檢同該回單函送

主任委员　李　　陸

民國三十年二月十一日發

字第　號第　頁　年　月　日

貴處查收并希將前製臨時收據函送過會以便註銷爲荷

此致

蘭州空襲緊急救濟聯合辦事處

計送回單一紙

甘肅省蘭州市區保甲委員會

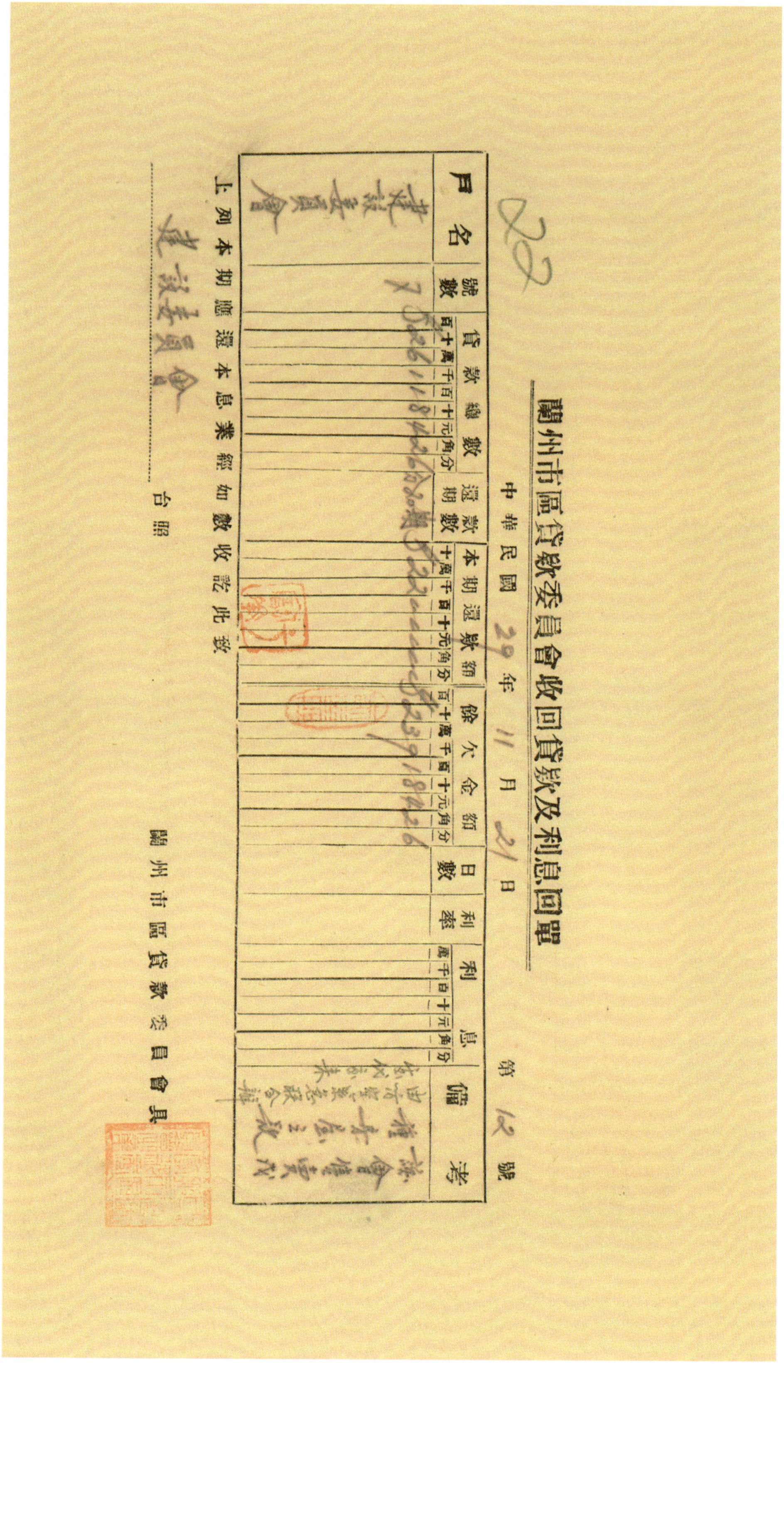

蘭州市區貸款委員會收回貸款及利息回單

第 12 號

中華民國 29 年 11 月 21 日

戶名	號數	貸款總數	還款期數	本期還款額	餘欠金額	日數	利率	利息	備考
建設委員會	7	5026118426	20期	5220000	523918426				[illegible]

上列本期應還本息業經如數收訖此致

建設委員會 台照

蘭州市區貸款委員會具

附：兰州市区贷款委员会收回贷款及利息回单

甘肃省政府关于废除支出计算书暨计算书附属表事致兰州空袭紧急救济联合办事处的公函（一九四一年二月十三日）

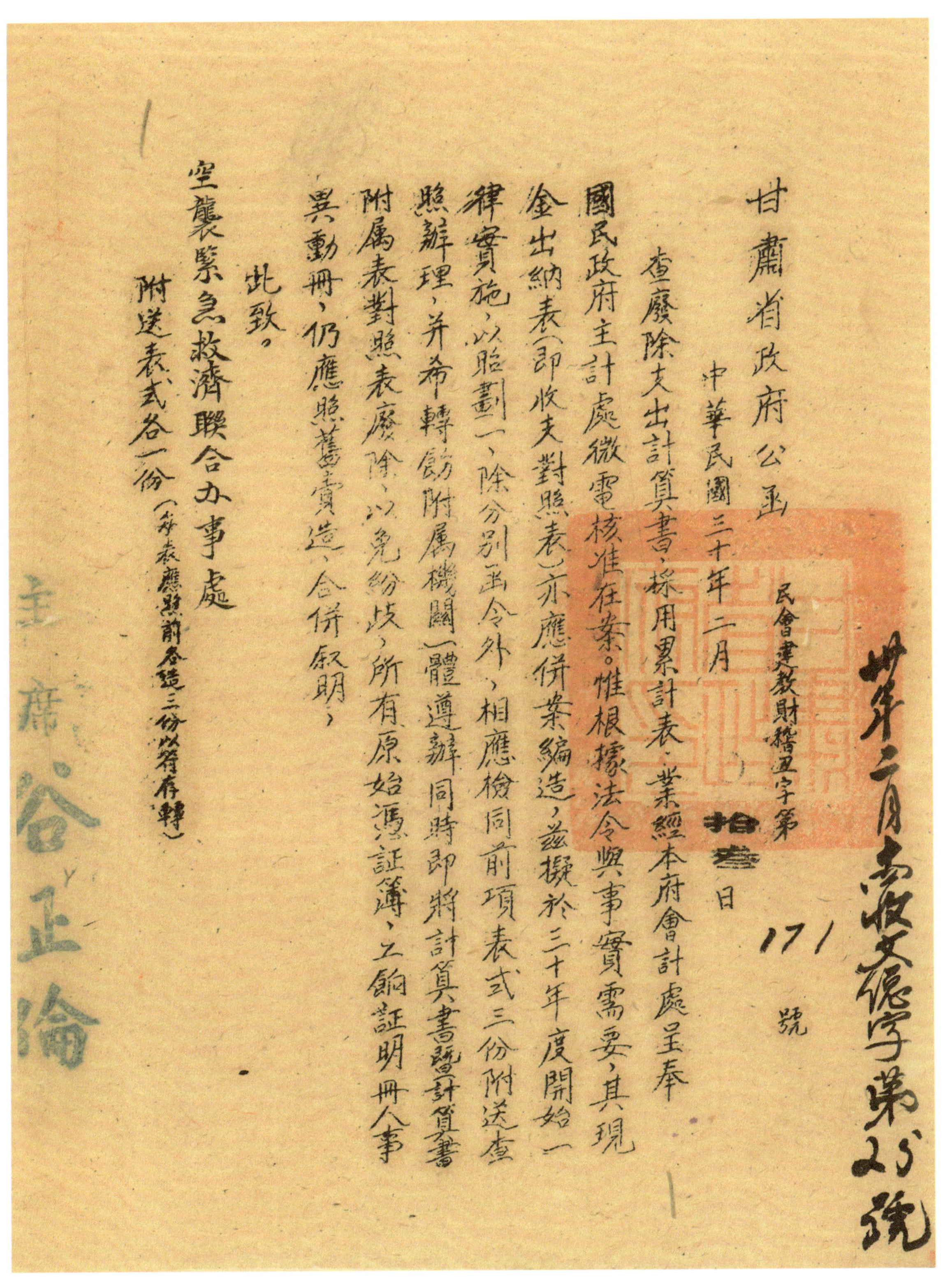

卅年二月十五收文總字第215號

171

甘肅省政府公函

民會建教財稽丑字第 拾叁 日 號

中華民國三十年二月

查廢除支出計算書，採用累計表，業經本府會計處呈奉

國民政府主計處微電核准在案。惟根據法令與事實需要，其現金出納表（即收支對照表）亦應併案編造，茲擬於三十年度開始一律實施，以貽劃一。除分別函令外，相應檢同前項表式三份附送查照辦理，并希轉飭附屬機關一體遵辦。同時即將計算書暨計算書附屬表對照表廢除，以免紛歧。所有原始憑証簿、工餉証明冊、人事異動冊，仍應照舊賡造，合併敘明。

此致

空襲緊急救濟聯合办事處

附送表式各一份（本表應照前各造三份以符存轉）

主席 谷正倫

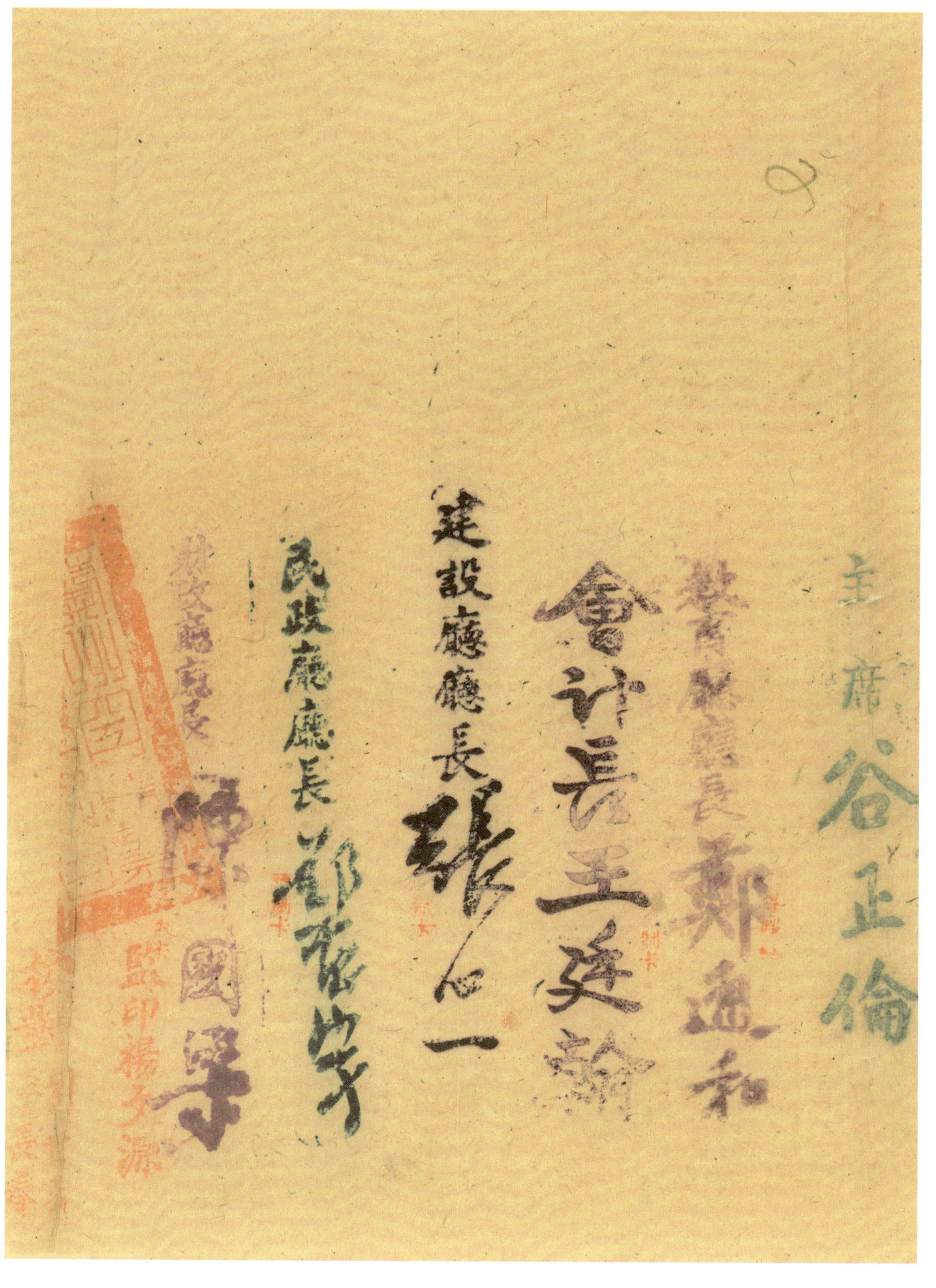
主席谷正倫
教育廳廳長鄭通和
會計長
建設廳廳長張心一
民政廳廳長鄭震宇
財政廳廳長
監印楊子源

甘肃省政府关于执行动支经临费用办法致兰州空袭紧急救济联合办事处的公函（一九四一年三月三日）

42

甘肃省政府公函　會財稽丑字第　276　號

中華民國三十年三月　日

查本省自實行預算制度以來，各機關開支經費及造報計算手續，尚多與規定不符，殊失計政原理。現三十年度開始，所有省内外各機關一切經臨支出，均已分别列入省縣概算，呈報中央核定，嗣後款項之收支、計算書類之編造，亟應明白規定，嚴格執行，以期省縣財政，納入正軌。兹經擬定甘肅省政府所屬各機關動支經臨費用及造報手續暫行辦法十條，提交本府委員會第八百二十四次會議議决，紀録在案，除通令並分行外，相應檢同辦法，函請

查照辦理，並希轉行直轄機關一體遵照爲荷！

此致

空襲緊急救濟聯合辦事處

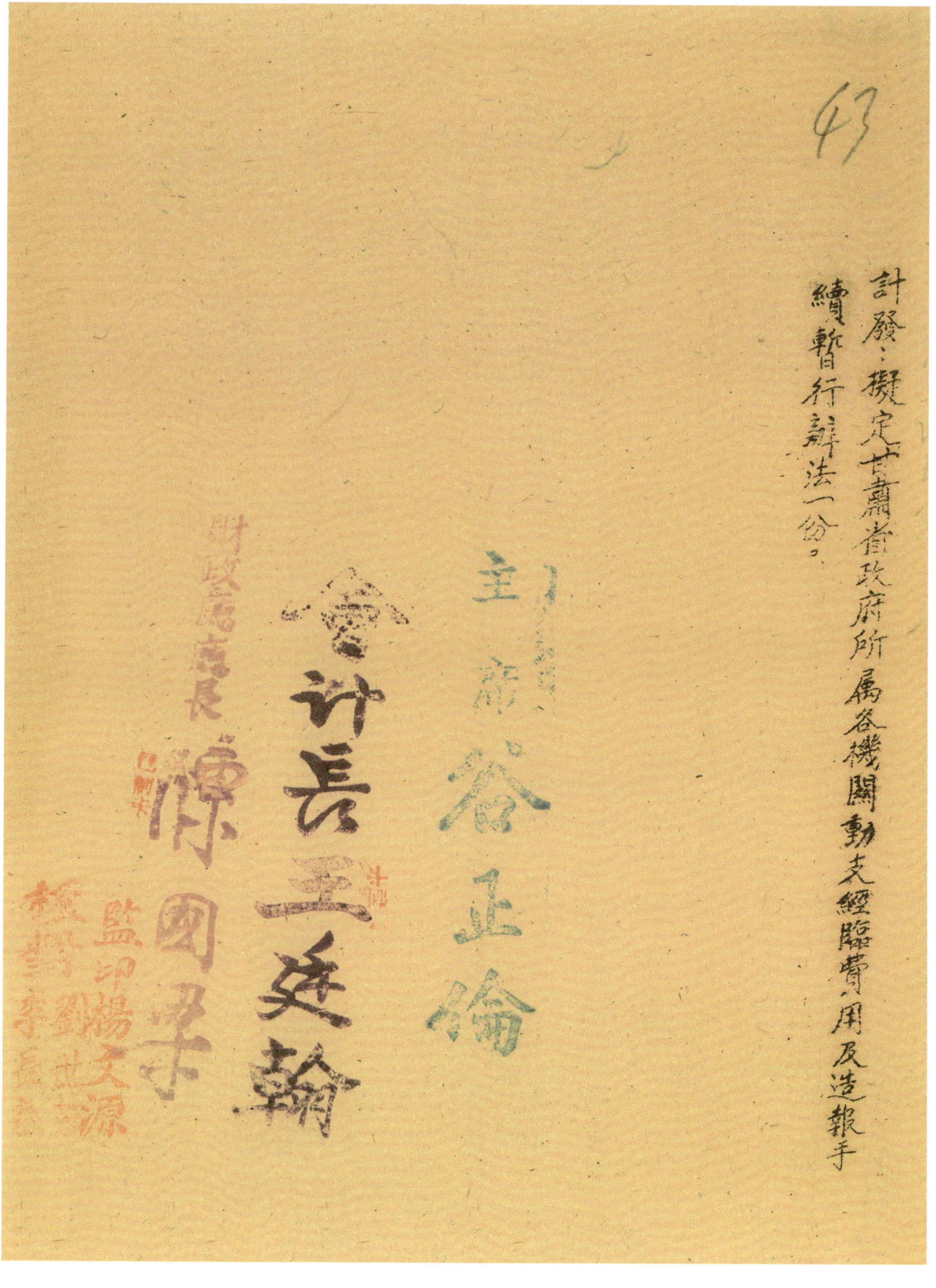
43
計發：擬定甘肅省政府所屬各機關動支經臨費用及造報手續暫行辦法一份。
主任秘書 谷正倫
會計長 王廷翰
財政廳廳長 陳國子
監印 楊文源
校對 劉世[illegible]
李長[illegible]

附：甘肃省政府所属各机关动支经临费用及造报手续暂行办法

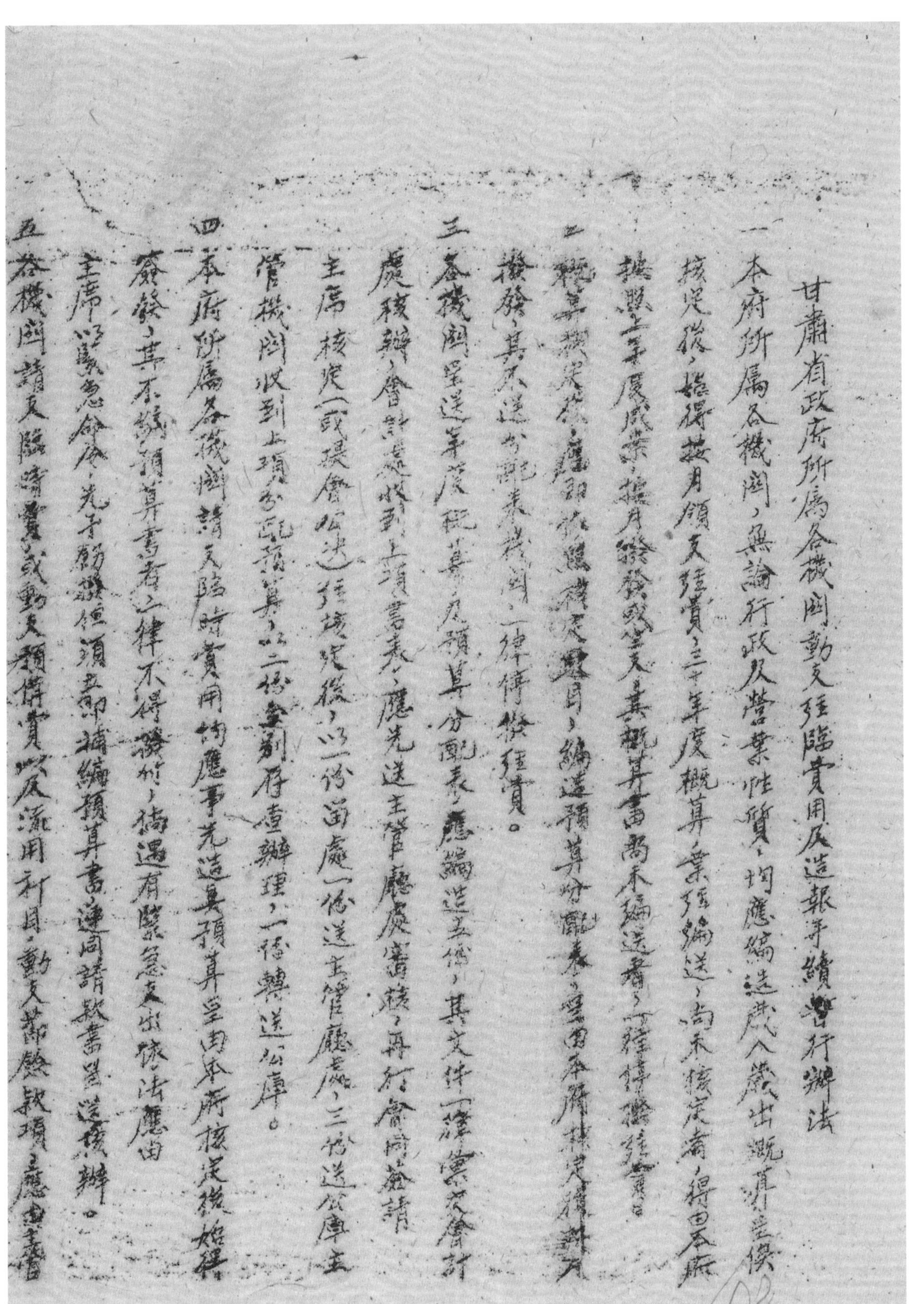

甘肅省政府所屬各機關動支經臨費用及造報手續暫行辦法

一、本府所屬各機關，無論行政及營業性質，均應編造歲入歲出概算，呈候核定後，始得按月領支經費。三十年度概算業經編送、尚未核定者，得由本府按照上年度成案，按月發給經費，其概算尚未編送者，一律停發經費。

二、概算核定後，應即按照核定數目，編造預算分配表，呈由本府核定轉發，其不送分配表之機關，一律停發經費。

三、各機關呈送年度概算及預算分配表，應編造五份，其支付一律由會計處核辦，會計處收到上項書表，應先送主管廳處審核，再行會同簽請主席核定（或提會公决），經核定後，以一份留處，一份送主管廳處，三份送公庫。主管機關收到上項分配預算，以二份分別存查辦理，一份轉送公庫。

四、本府所屬各機關請支臨時費用，均應事先造具預算，呈由本府核定後，始得發給，其不編預算書者，一律不得撥付，倘遇有緊急支出，依法應由主席以緊急命令，先予動撥，但須如期補編預算書，連同請款書呈送核辦。

五、各機關請支臨時費，或動支預備費，及流用科目，動支節餘款項，應由主管

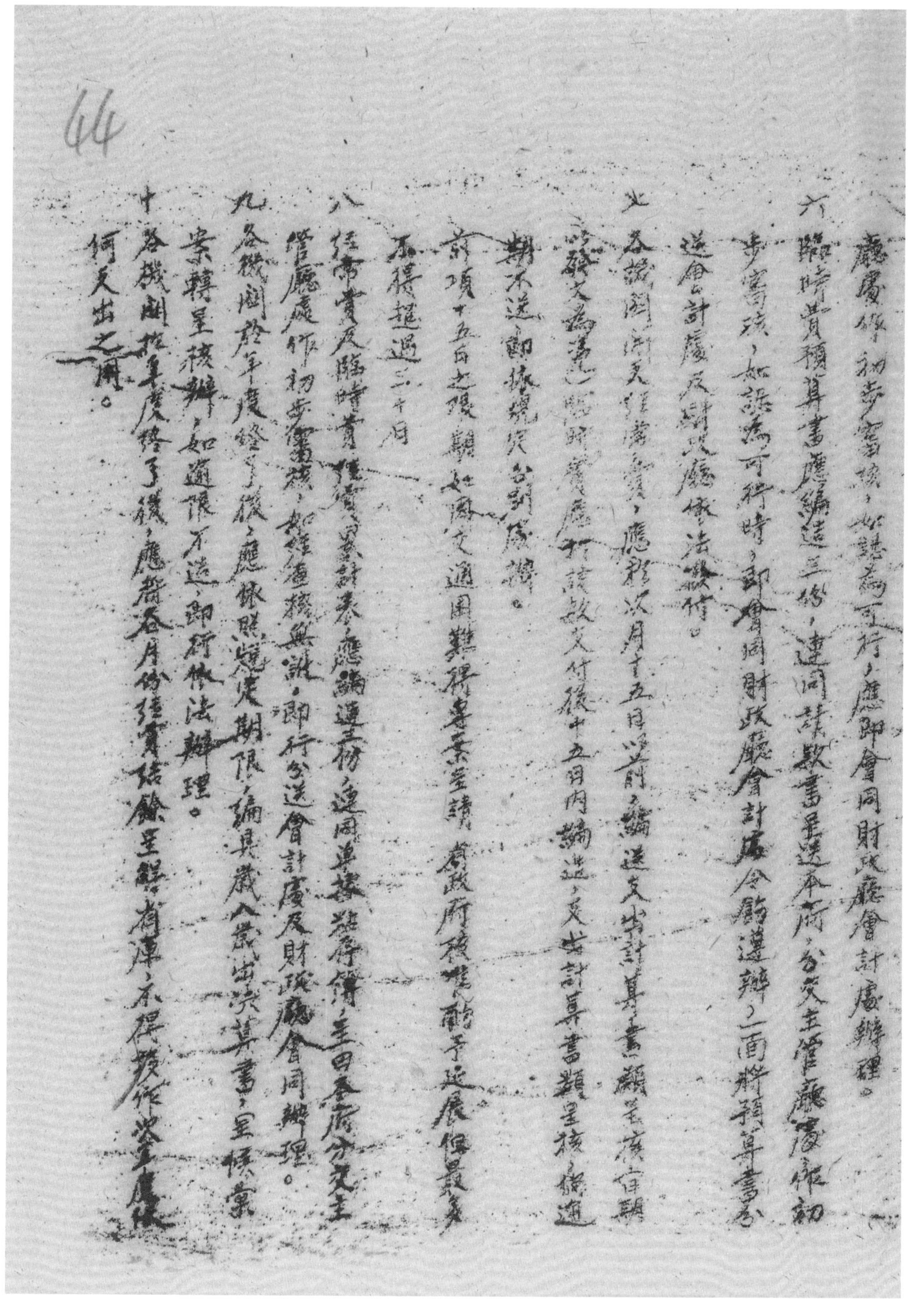

廳處作初步審核，如認爲可行，應即會同財政廳會計處辦理。

六、臨時費預算書應編造三份，連同説明書呈送本府，分交主管廳處依初步審核，如認爲可行時，即會同財政廳會計處，令飭遵辦，一面將預算書分送會計處及財政廳依法撥付。

七、各機關經常費，應於次月十五日以前，編送支出計算書類呈核，（將發支爲憑）臨時費應於該款支付後十五日內，編造支出計算書類呈核，逾期不送，即依據規定分别處辦。

前項十五日之限期，如因交通困難稽延者，呈請省政府核准，酌予延展，但最多不得超過二十日。

八、經常費及臨時費計算書，應編造三份，連同單據粘存簿，呈由本府分交主管廳處作初步審核，如經審核無訛，即行分送會計處及財政廳會同辦理。

九、各機關於年度終了後，應依照規定期限，編具歲入歲出決算書，呈候彙案轉呈核辦，如逾限不送，即行依法辦理。

十、各機關於年度終了後，應將各月份經費結餘呈繳省庫，不得挪作任何支出之用。

甘肃省政府、兰州空袭紧急救济联合办事处关于一九四〇年八月至十月经费支出计算书核算不合请另行编造事的往来公函（一九四一年四月）

甘肃省政府致兰州空袭紧急救济联合办事处的公函（一九四一年四月十六日）

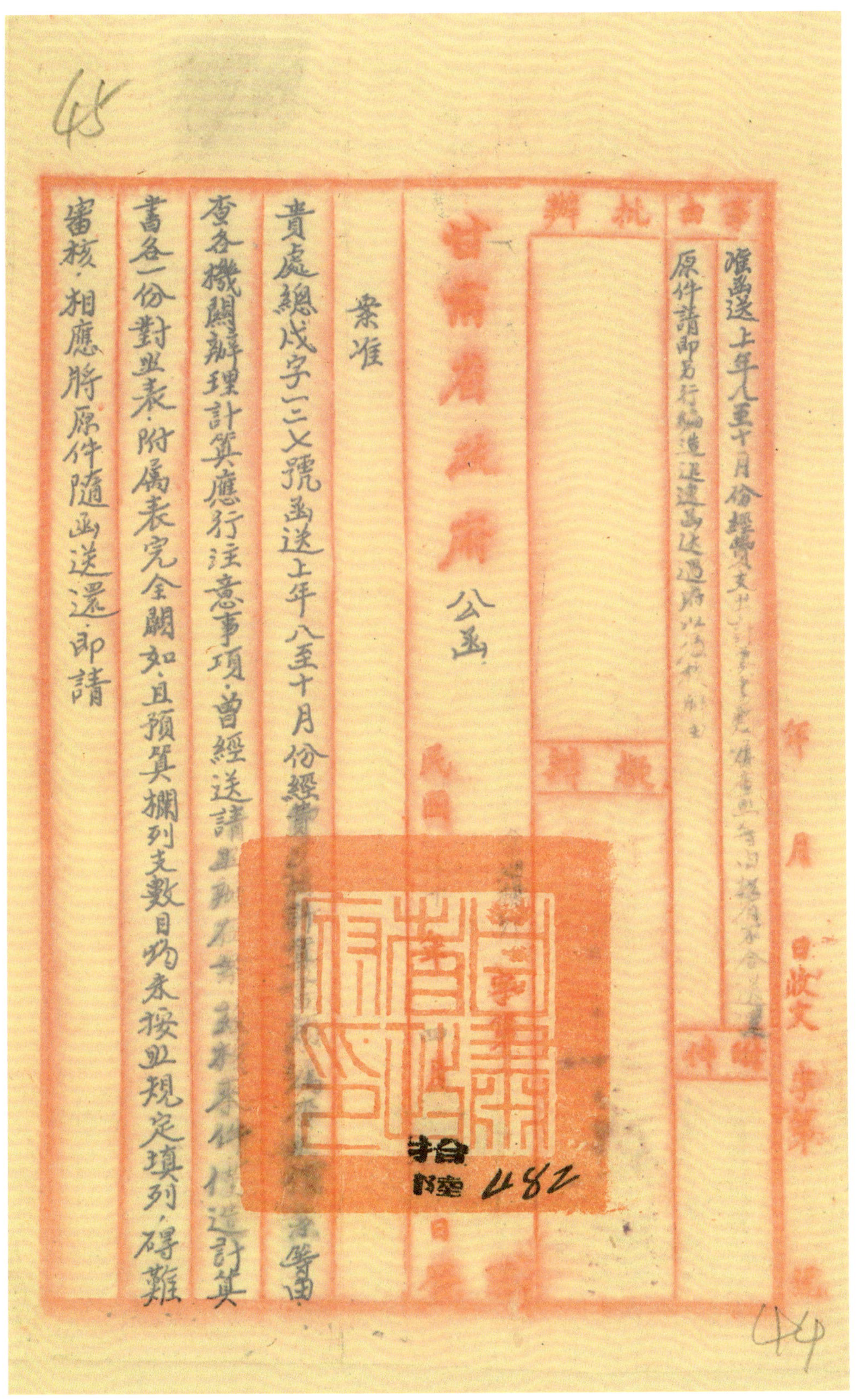

查照另行編造，迅速函送過府，以憑核辦為荷！

此致

甘肅省蘭州空襲緊急救濟聯合辦事處

附發還支出計算書三份　薪資單據粘存簿三本　公文單據粘存簿三本

主席　谷正倫

會計長　王廷翰

財政廳廳長

監印　楊文源

兰州空袭紧急救济联合办事处致甘肃省政府的公函（一九四一年四月二十八日）

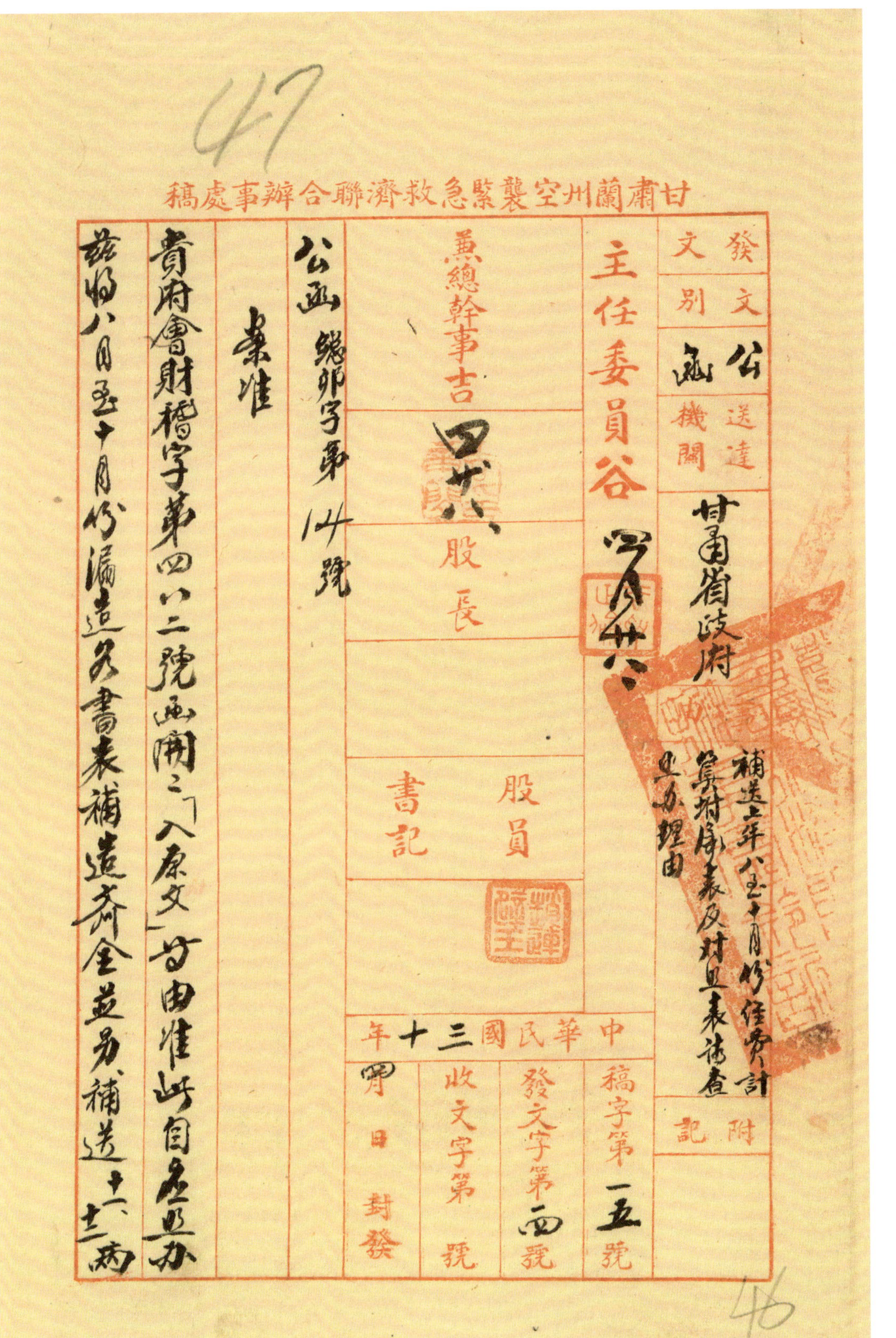

甘肅蘭州空襲緊急救濟聯合辦事處稿

發文文別：公函
送達機關：甘肅省政府
附記：補送上年八至十月份經費計算書類表及材旦表請查旦辦理由

主任委員谷 四月廿六
兼總幹事吉 四廿六
股長
股員
書記

中華民國三十年
稿字第一五號
發文字第一四號
收文字第　號
　月　日封發

公函 總卯字第14號

案准

貴府會財稽字第四八二號函開之「（原文）」等由，准此，自應照辦。茲將八月至十月份漏造各書表補造齊全，並另補送十八、十九兩

月份漏造各書表一併送請查核至預算數不符一節，係上年八月廿四日奉主任委員核准增加一百八十元，合併叙明，即希

查照辦理爲荷。此致

甘肅省政府

附經費支出計算書十五份、公費單據粘存簿三本、薪資單據粘存簿三本

附一：兰州空袭紧急救济联合办事处一九四〇年八月收支对照表

蘭州空襲緊急救濟聯合辦事處

收支對照表

中華民國29年8月份　　第全頁

收入	摘要	支出
	收入之部	
217.00	本月份領入經費洋	
	支出之部	
	俸薪	57.00
	文具費	105.50
	消耗費	54.50
217.00	合計	217.00

兼總幹事　　會計員

附二：兰州空袭紧急救济联合办事处一九四〇年九月收支对照表

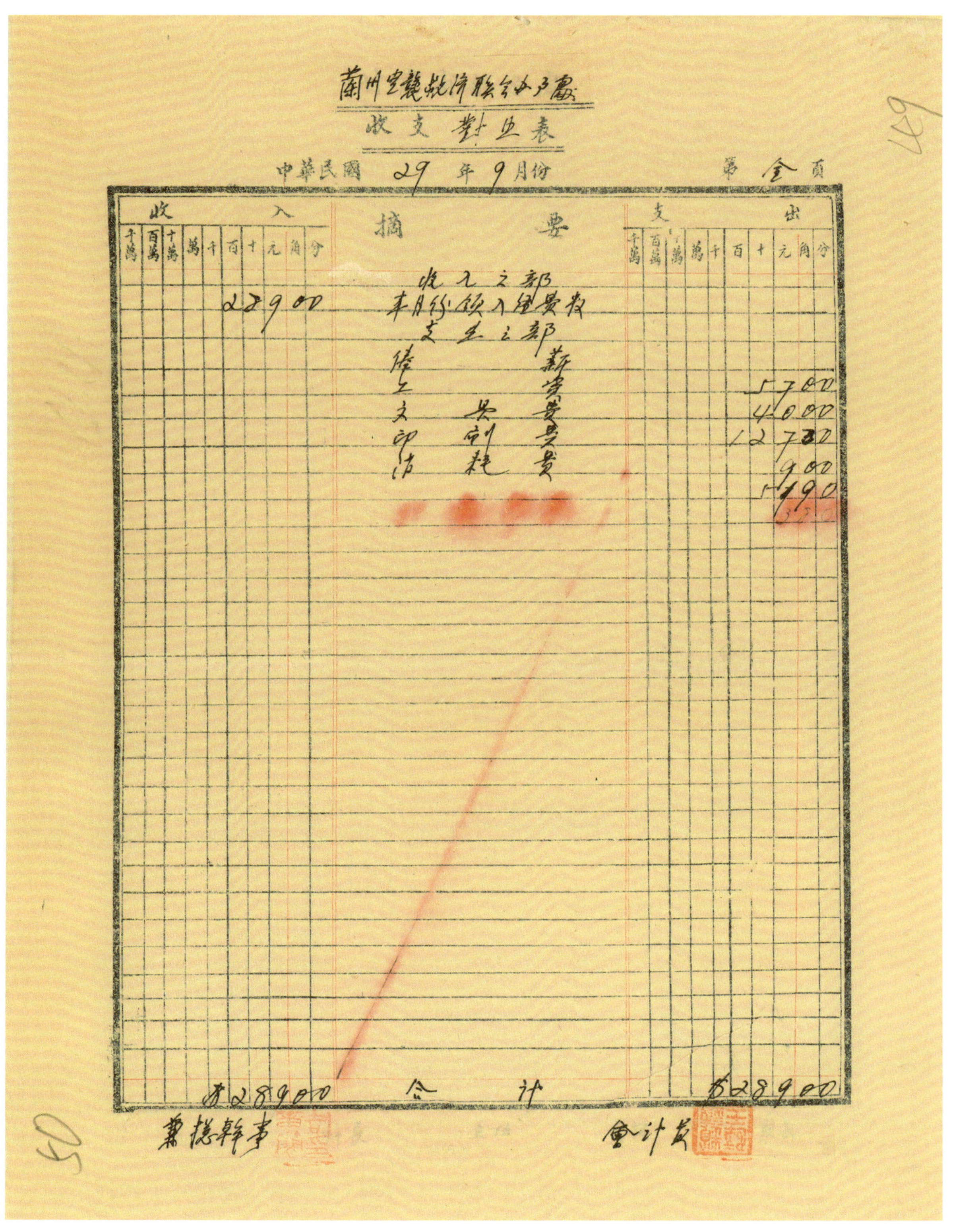

兰州空袭救济联合办事处

收支对照表

中华民国 29 年 9月份　　第 全 页

收入	摘要	支出
	收入之部	
289 00	本月份领入经费收	
	支出之部	
	薪俸	
	工资	57 00
	文具费	40 00
	印刷费	127 30
	消耗费	9 00
		51 90
289 00	合计	289 00

兼总干事　　会计员

附三：兰州空袭紧急救济联合办事处一九四〇年十月收支对照表

蘭州空襲緊急救濟聯合辦事處

收支對照表

中華民國 29 年 10 月份　　第　頁

收入	摘要	支出
	收入之部	
40900	本月份領入經費款	
380	上月份結存經費節餘款	
	支出之部	
	俸　薪	17700
	工　資	4000
	文具費	12175
	消耗費	6030
	結存節餘	1375
$41280	合計	$41280

兼總幹事　　　　會計員

附四：兰州空袭紧急救济联合办事处一九四〇年十一月收支对照表

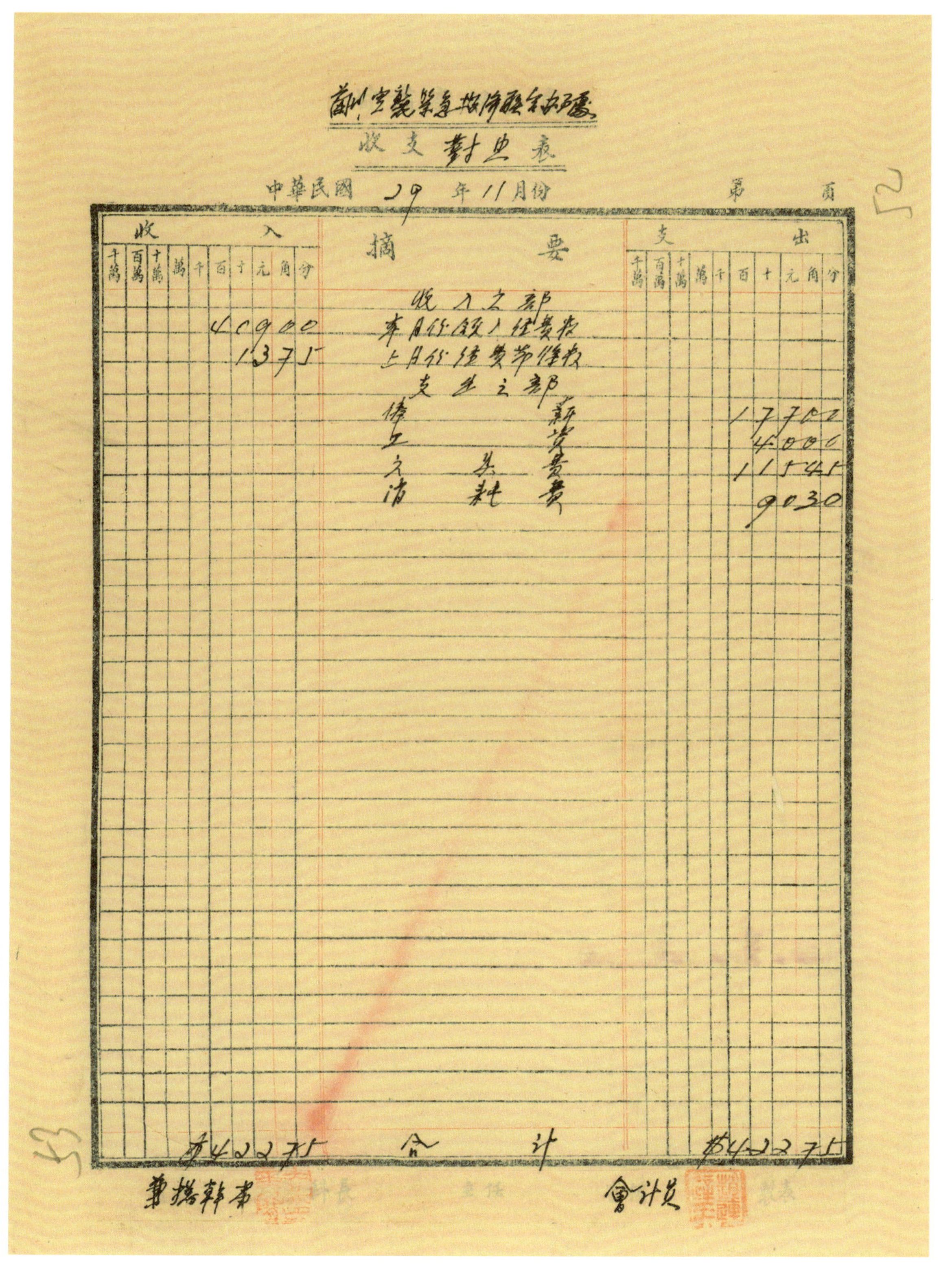

蘭州空襲緊急救濟聯合辦事處

收支對照表

中華民國 29 年 11 月份　　　　第　　頁

收入	摘要	支出
	收入之部	
40900	本月份領入經費款	
1375	上月份經費節餘款	
	支出之部	
	俸薪	17700
	工資	4000
	文具費	11545
	消耗費	9030
$42275	合計	$42275

兼總幹事　科長　主任　會計員　製表

附五：兰州空袭紧急救济联合办事处一九四〇年十二月收支对照表

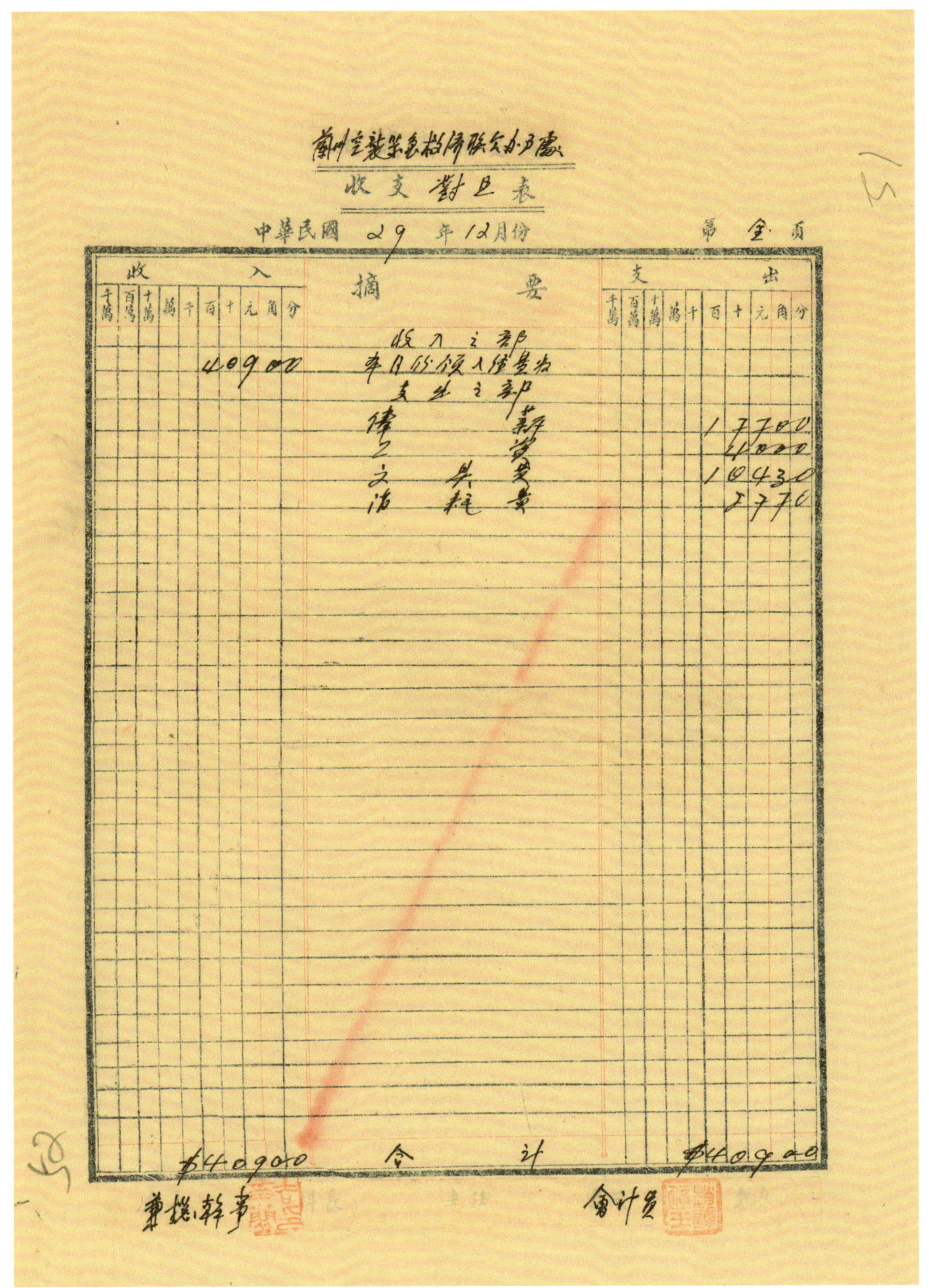

蘭州空襲緊急救濟聯合辦事處

收支對照表

中華民國 29 年 12 月份　第 全 頁

收入	摘要	支出
	收入之部	
409.00	本月份領入經費洋	
	支出之部	
	俸薪	177.00
	工資	70.00
	文具費	104.30
	消耗費	57.70
$409.00	合計	$409.00

兼總幹事　　會計員

兰州空袭紧急救济联合办事处关于报送一九四一年一、二月份经费累计表致甘肃省政府的公函
（一九四一年五月一日）

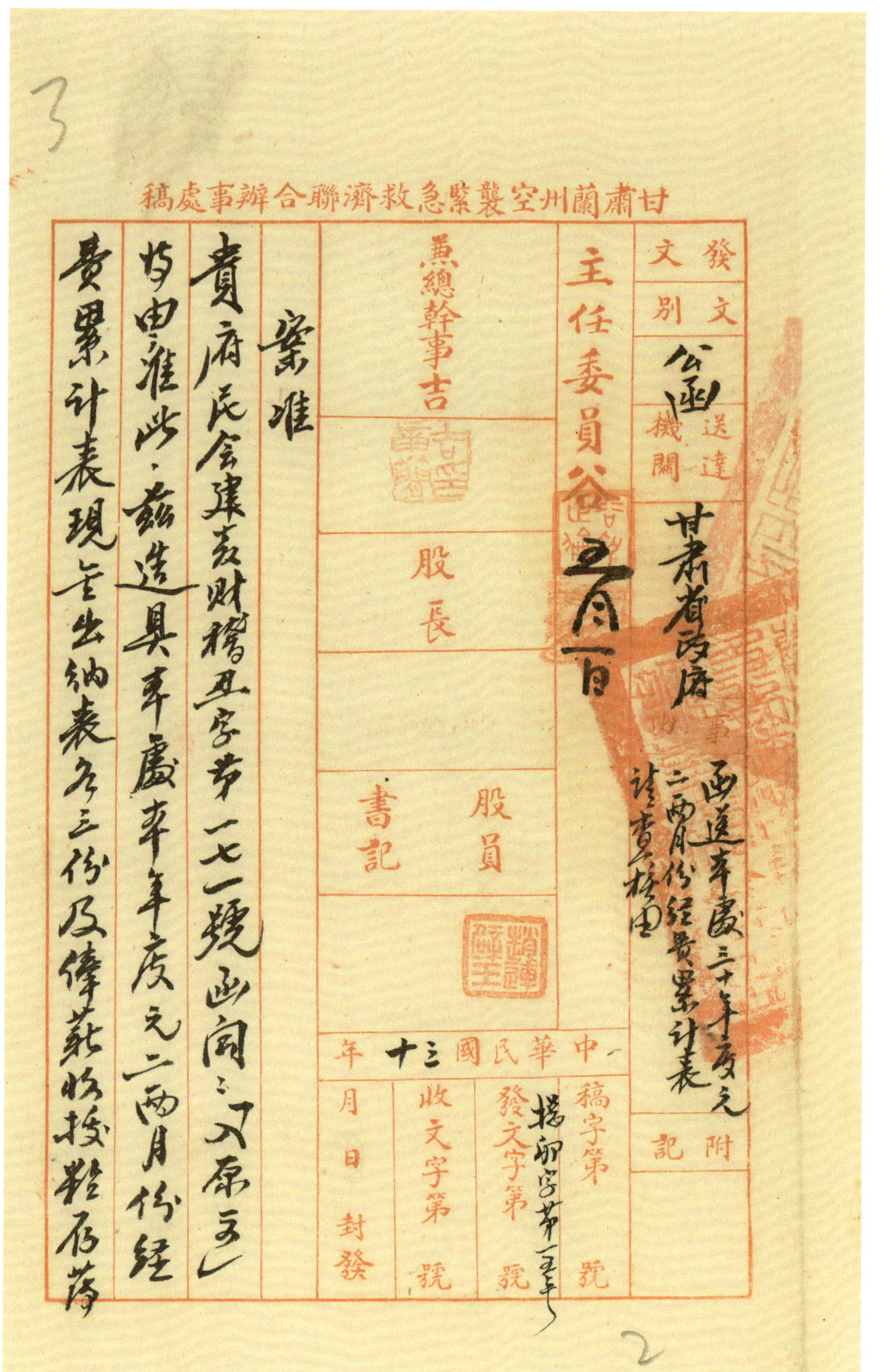
甘肅蘭州空襲緊急救濟聯合辦事處稿

發文 文別：公函

送達機關：甘肅省政府

事由：函送本處三十年度元二兩月份經費累計表請查核由

附記

稿字第 號
發文字第 號 揭卯字第一三五号
收文字第 號

中華民國三十年 五月一日 封發

主任委員
兼總幹事 吉
股長
股員
書記

案准
貴府民会建表財稽丑字第一七一號函開：「（原文）」等由；准此，茲造具本處本年度元二兩月份經費累計表暨出納表各三份及傳票收據粘存簿

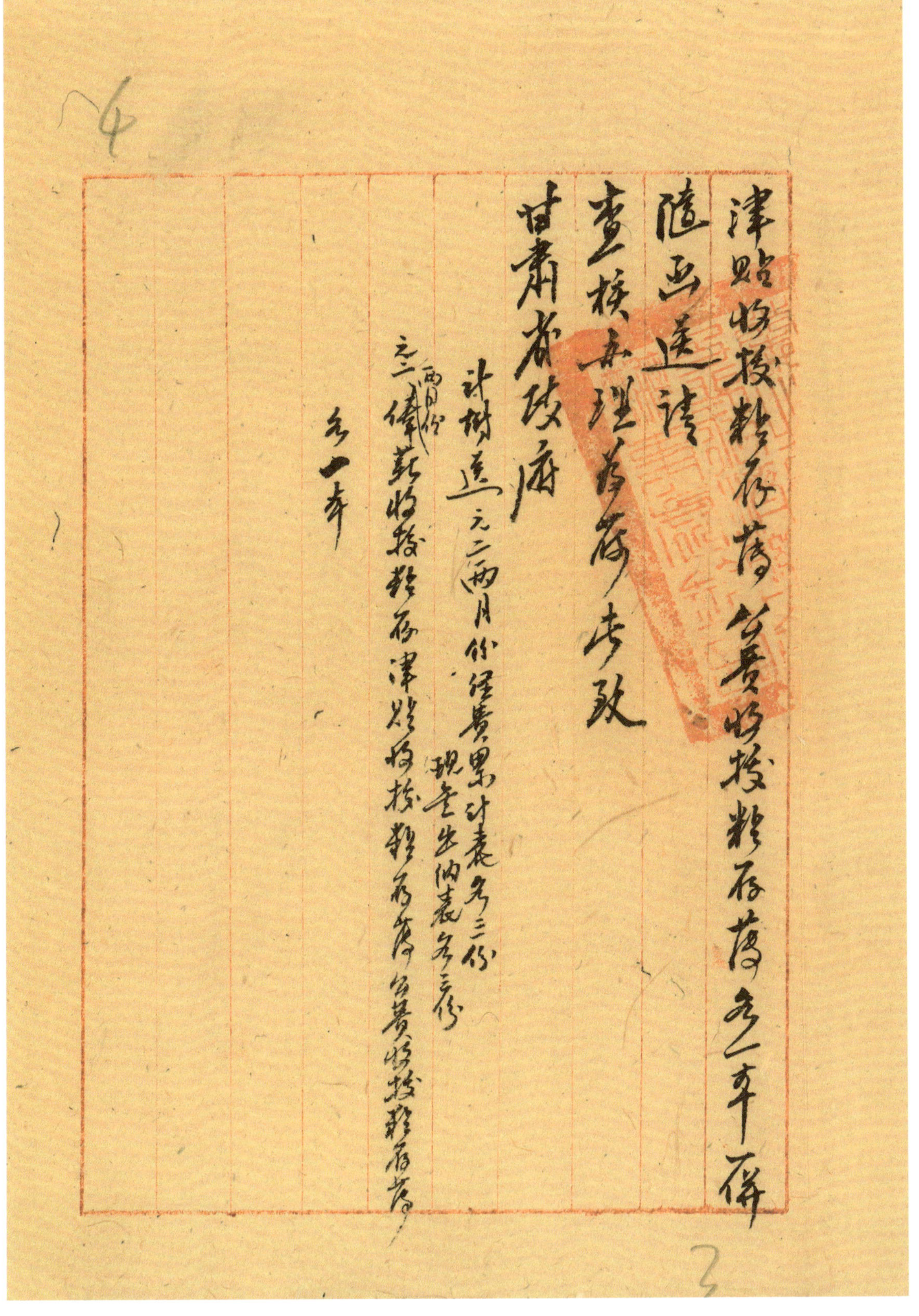

津贴收据存查暨经费收据存查各一本，并

随函送请

查核办理为荷。此致

甘肃省政府

计附送：元二两月份经费累计表各三份

现金出纳表各三份

元三两月份俸薪收据存查、津贴收据存查、经费收据存查

各一本

附一：兰州空袭紧急救济联合办事处一九四一年一月份经费累计表

甘肅省蘭州空襲緊急救濟聯合辦事處

經費累計表

歲出預算經常門

中華民國30年1月1日起至30年1月31日止（13保夜）

第全頁
第1號

款	項目	名稱	分配數 本月份分配數	分配數 截至本月份止分配數	支出 憑證 字	支出 憑證 號數	支出數 本月份實支數	支出數 截至本月份止實支數	未支數	未支出之分配數	備考
			百十元角分	百十元角分			百十元角分	百十元角分		百十元角分	
1		空襲緊急救濟聯合辦事處	51900	51900			51875	51875		25	
	1	俸給費	35900	35900			32700	32700			
	1	俸薪	20900	20900	薪	[illegible]	17700	17700			
	2	工餉	4000	4000	工	[illegible]	4000	4000			
	3	特別津貼	11000	11000	津	[illegible]	11000	11000			內工友一名每月不給津貼
	1	辦公費	16000	16000			19175	19175			辦公費超出部分照准以俸薪節餘抵支
	2	文具	9000	9000		[illegible]	7535	7535			
	3	消耗	5000	5000		[illegible]	6800	6800			
	4	印刷									
	5	租賦									
	6	修繕									
	7	旅運費									
	8	雜支	2000	2000		[illegible]	4840	4840			
3		特別費									
	1	特別辦公費									

兼總幹事　　會計員　　製表員

附二：兰州空袭紧急救济联合办事处一九四一年一月三十一日经费类现金出纳表

蘭州空襲緊急救濟聯合辦事處
經費類現金出納表　第全頁
中華民國30年1月31日起至30年1月31日止（30年度）（第1號）

科目及摘要	金額		
		合計	總計
收項			
Ⅰ 上期結存			
1 現金——經費存留數		0	
Ⅱ 本期收入			51900 ~~40900~~
1 領入經費		51900 ~~40900~~	
收項總計			51900 ~~40900~~
付項			
Ⅰ 本期支出			41875
1 米差公旅費		41875	
(1) 俸給費	21700		
(2) 戰時津貼	11000		
(3) 办公費	19175		
Ⅱ 本期結存			25
1 現金——經費存留數		25	
付項總計			51900
存款地點、本機關		25	
銀行			
合計			25

總務幹事　會計員

附三：兰州空袭紧急救济联合办事处一九四一年二月份经费累计表

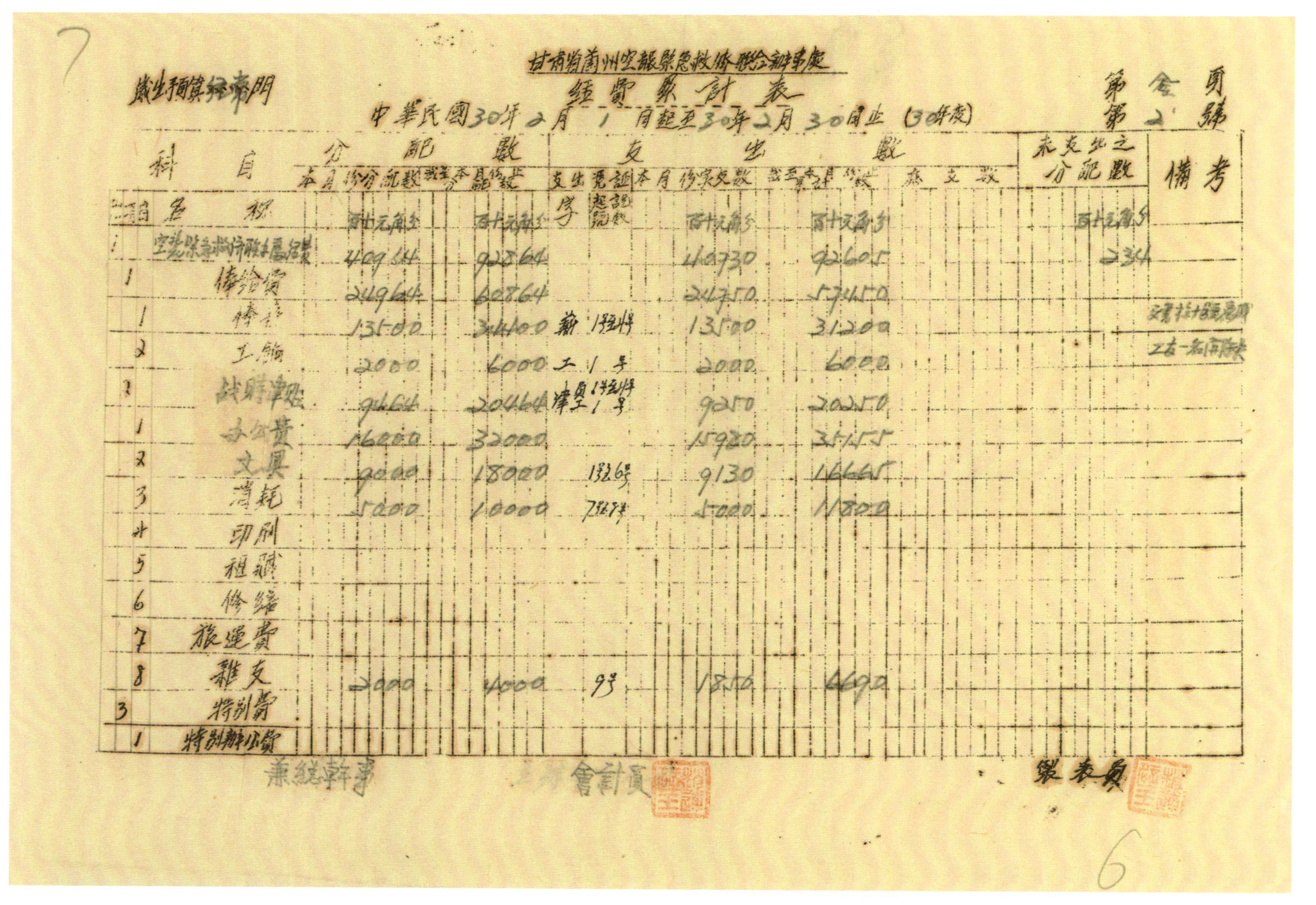

7

甘肅省蘭州空襲緊急救濟聯合辦事處

經費累計表

歲出預算經常門

中華民國30年2月1日起至30年2月30日止（30年度）

第全頁
第2號

款	項	目	名稱	分配數：本月份分配數	分配數：截至本月份止分配數	支出數：支出憑證 字	支出數：支出憑證 起訖號數	支出數：本月份實支數	支出數：截至本月份止實支數	支出數：未支數	未支出之分配數	備考
				百十元角分	百十元角分			百十元角分	百十元角分		百十元角分	
1			空襲緊急救濟聯合辦事處經費	40964	92864			40730	92605		234	
	1		俸給費	24964	60864			24750	57450			
		1	俸薪	13500	34400	薪	1號至件	13500	31200			文書於十日請長假
		2	工餉	2000	6000	工	1號	2000	6000			工友一名同時辭去
		3	戰時津貼	9464	20464	津員 津工	1號至件 1號	9250	20250			
	1		辦公費	16000	32000			15920	35155			
		2	文具	9000	18000		1號至6號	9130	16665			
		3	消耗	5000	10000		7號至件	5000	11800			
		4	印刷									
		5	租賦									
		6	修繕									
		7	旅運費									
		8	雜支	2000	4000		9號	1850	4690			
	3		特別費									
		1	特別辦公費									

兼總幹事　　主辦會計員　　製表員

6

附四：兰州空袭紧急救济联合办事处一九四一年二月经费类现金出纳表

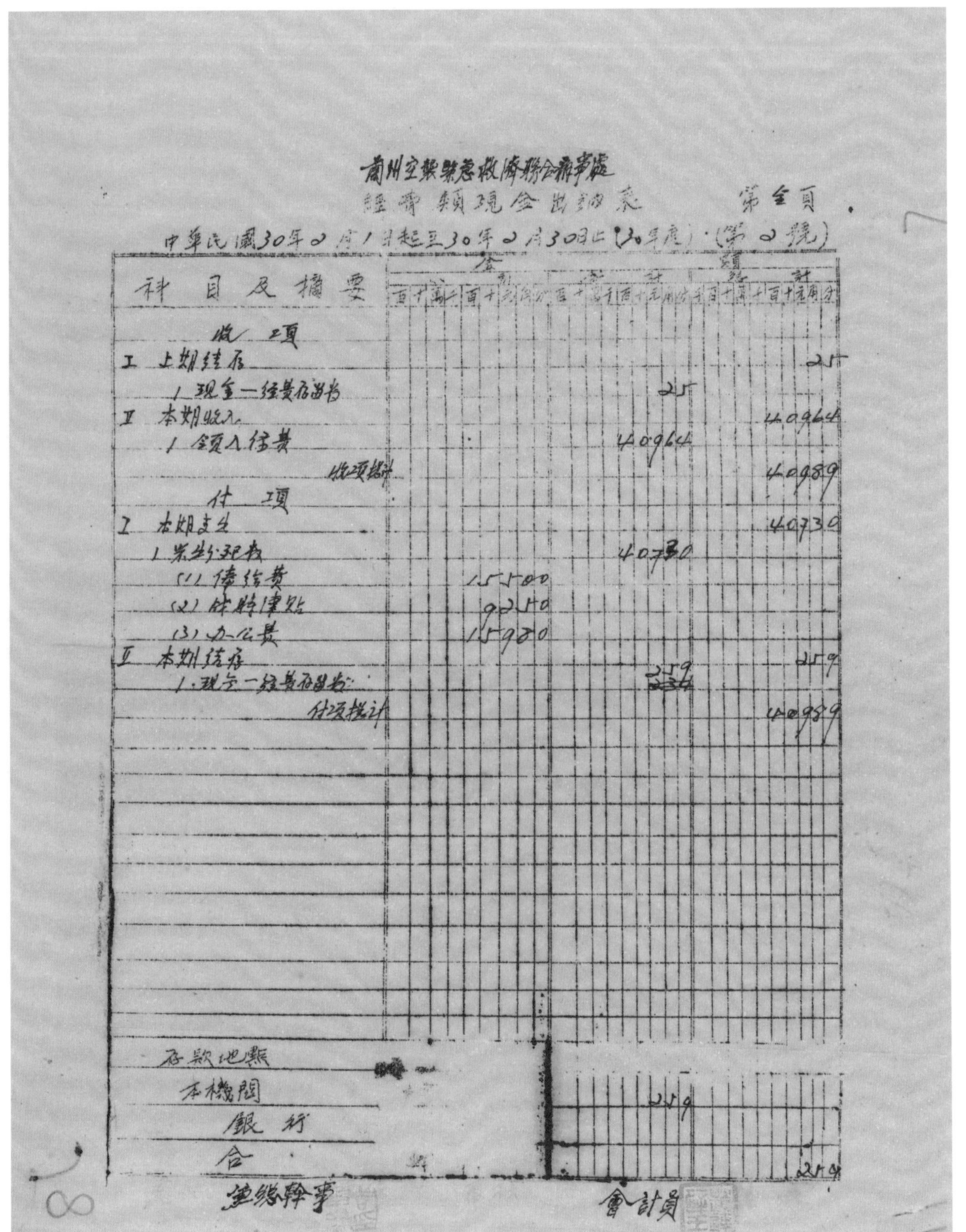

蘭州空襲緊急救濟聯合辦事處
經費類現金出納表　第全頁

中華民國30年2月1日起至30年2月30日止（30年度）·（第2號）

科目及摘要	金額		
	細數	分計	總計
收項			
I 上期結存			25
1 現金—經費存出		25	
II 本期收入			40964
1 領入經費		40964	
收項總計			40989
付項			
I 本期支出			40730
1 業務支出		40730	
(1) 俸給費	15500		
(2) 餘時津貼	9250		
(3) 辦公費	15980		
II 本期結存			259
1 現金—經費存出		259	
付項總計			40989
存款地點			
本機關		259	
銀行			
合計			259

總幹事　　會計員

兰州空袭紧急救济联合办事处为迅饬各麦商准备粮食致皋兰县粮业同业公会的训令（一九四一年五月十七日）

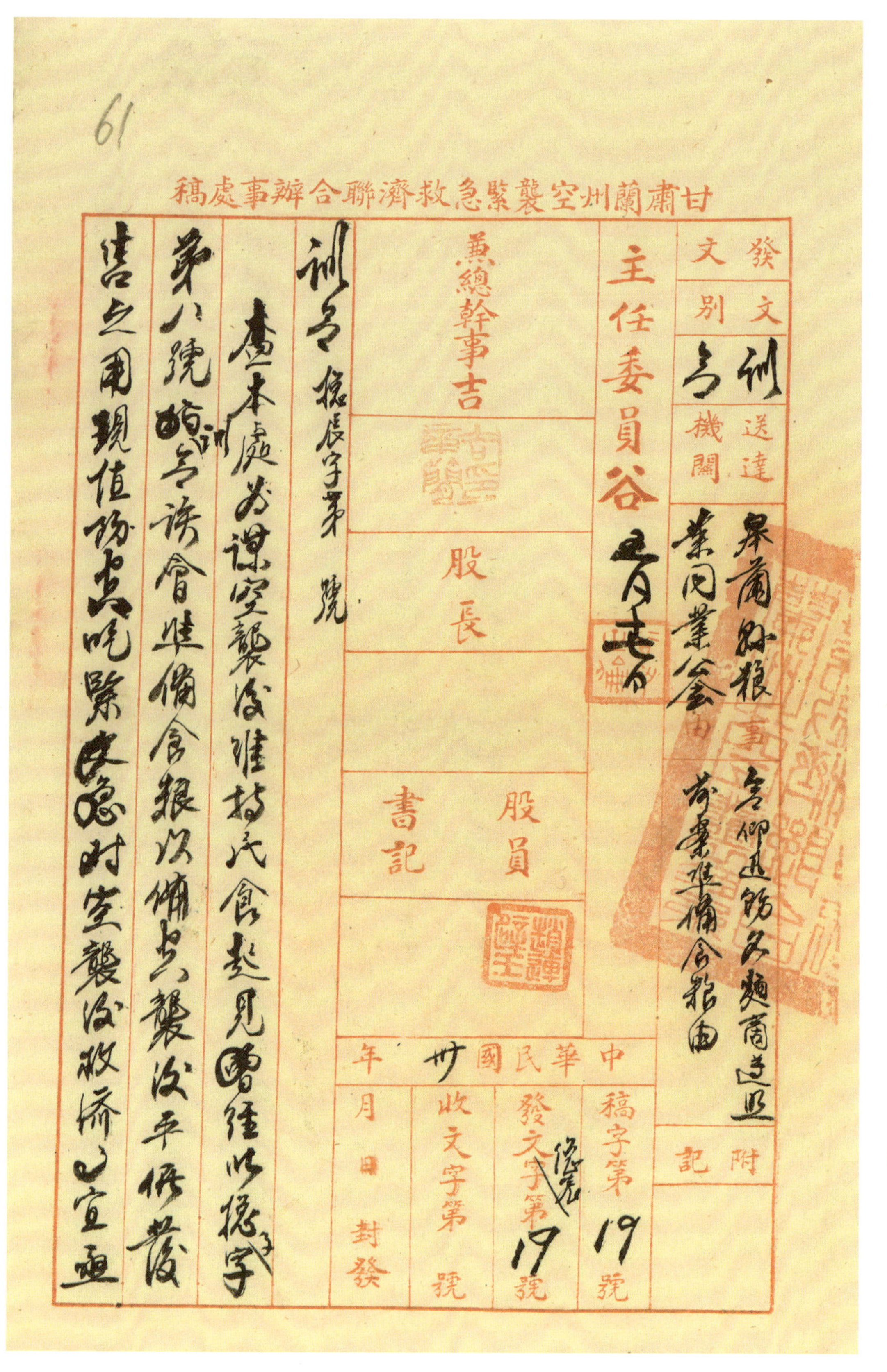
61

甘肅蘭州空襲緊急救濟聯合辦事處稿

發文：訓令
文別：訓令
送達機關：皋蘭縣糧業同業公會
事由：令仰迅飭各麵商迅即準備食糧由
主任委員：谷（五月十七）
兼總幹事：吉
股長
股員
書記
附記
中華民國卅年五月十七日
稿字第19號
發文字第17號
收文字第　號
封發

訓令　總長字第　號

查本處為謀空襲後維持民食起見，曾經以總字第八號訓令該會準備食糧，以備空襲後平價發售之用。現值防空吃緊，為急時空襲後救濟之宜，亟

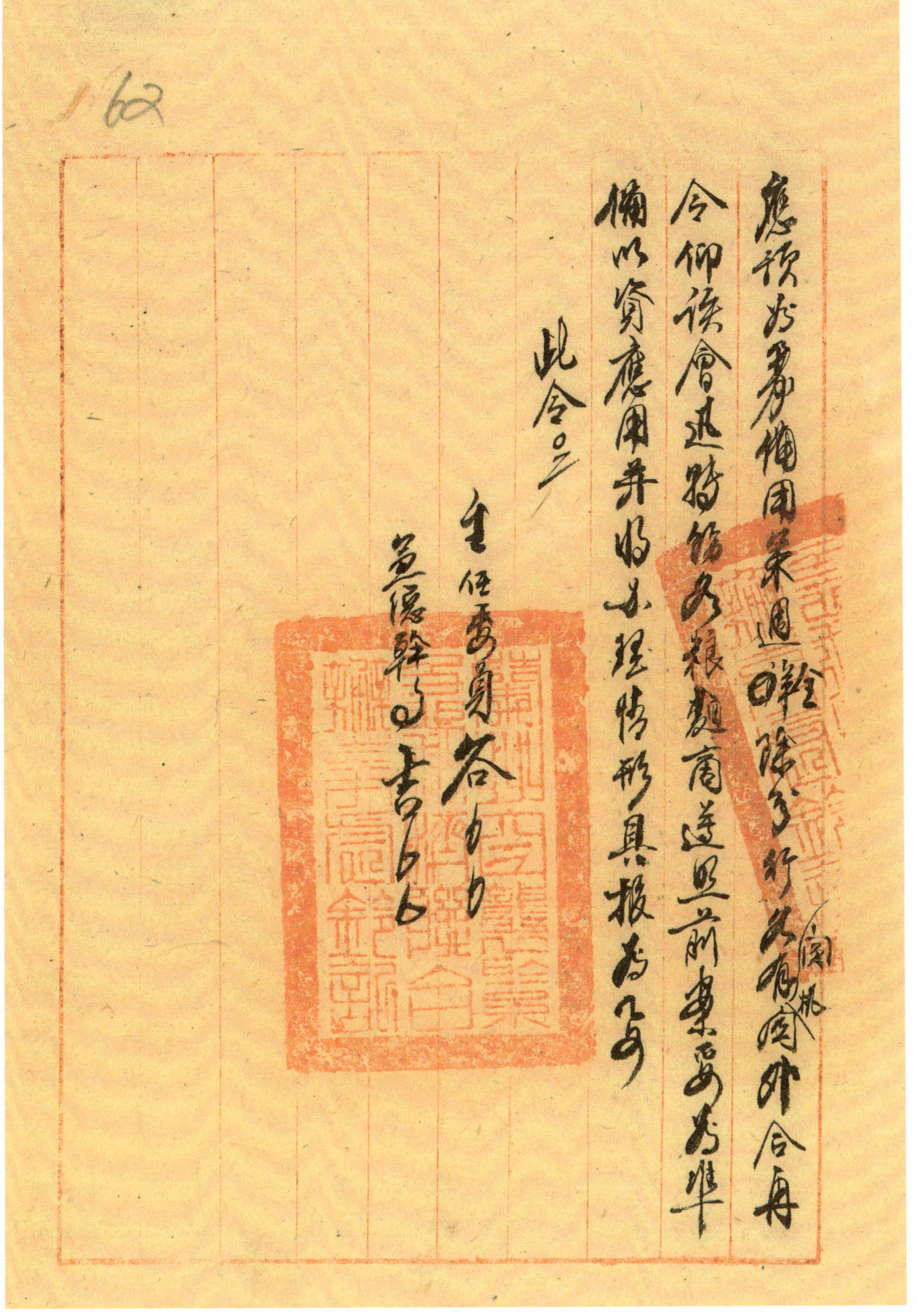

162

應預為籌備周密週詳，除分行各有關機關外，合再令仰該會迅將餘存糧麵商遵照前案妥為準備，以資應用，并將辦理情形具報為要。

此令。

主任委員 谷正倫

兼總幹事 高[illegible]

甘肃省政府秘书处第二科庶务股、兰州空袭紧急救济联合办事处关于炭火费事的往来笺函（一九四一年六月）

甘肃省政府秘书处第二科庶务股致兰州空袭紧急救济联合办事处的笺函（一九四一年六月六日）

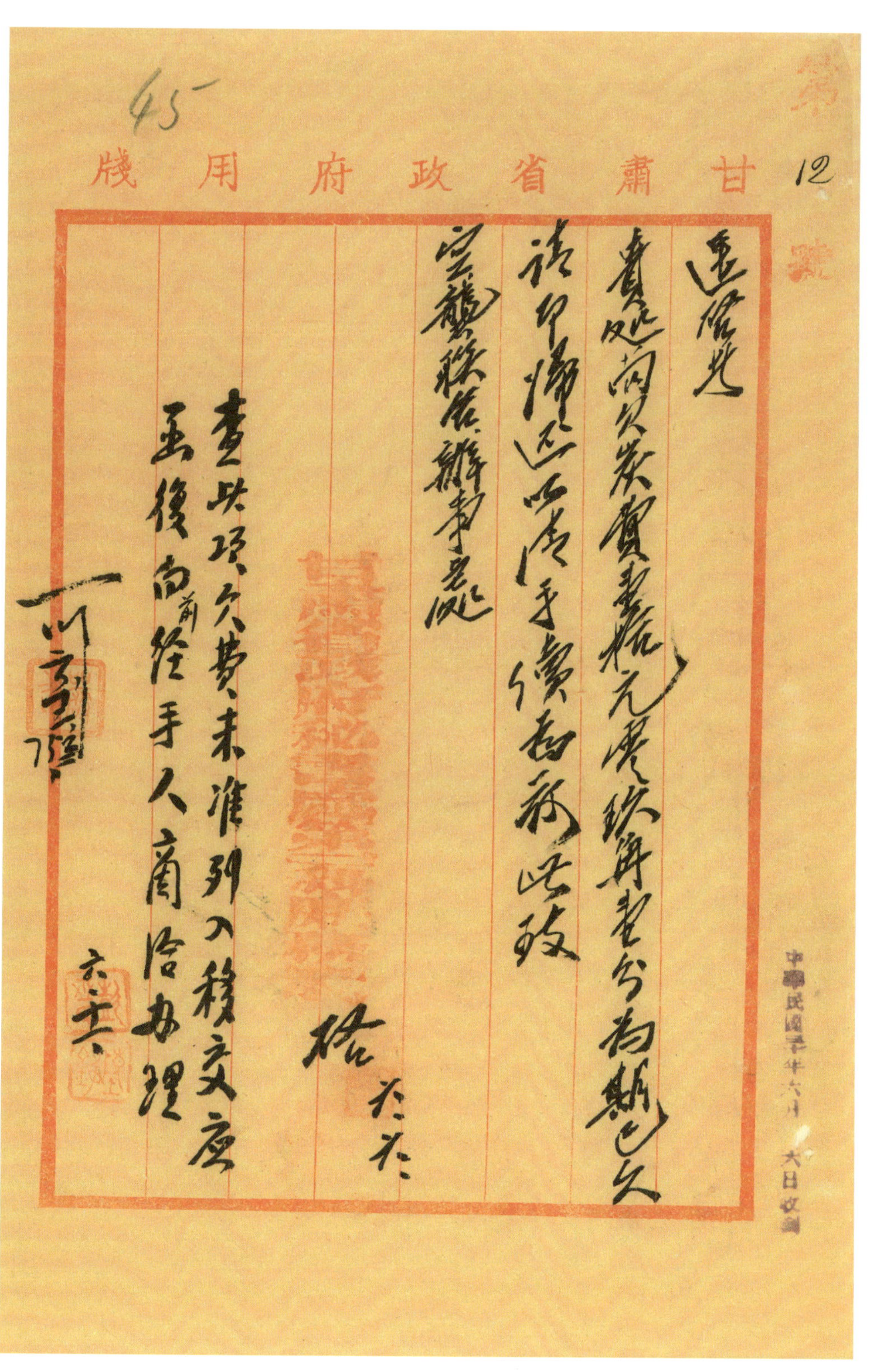
甘肅省政府用牋

逕啟者：

貴處前欠炭費壹拾元零玖角壹分，為數已久，

請即歸還，以清手續為荷。此致

空襲緊急救濟聯合辦事處

啟 六六

查此項欠費未准列入移交，應丞後由前經手人商洽辦理。

六．十六

兰州空袭紧急救济联合办事处致甘肃省政府秘书处第二科庶务股的笺函（一九四一年六月十四日）

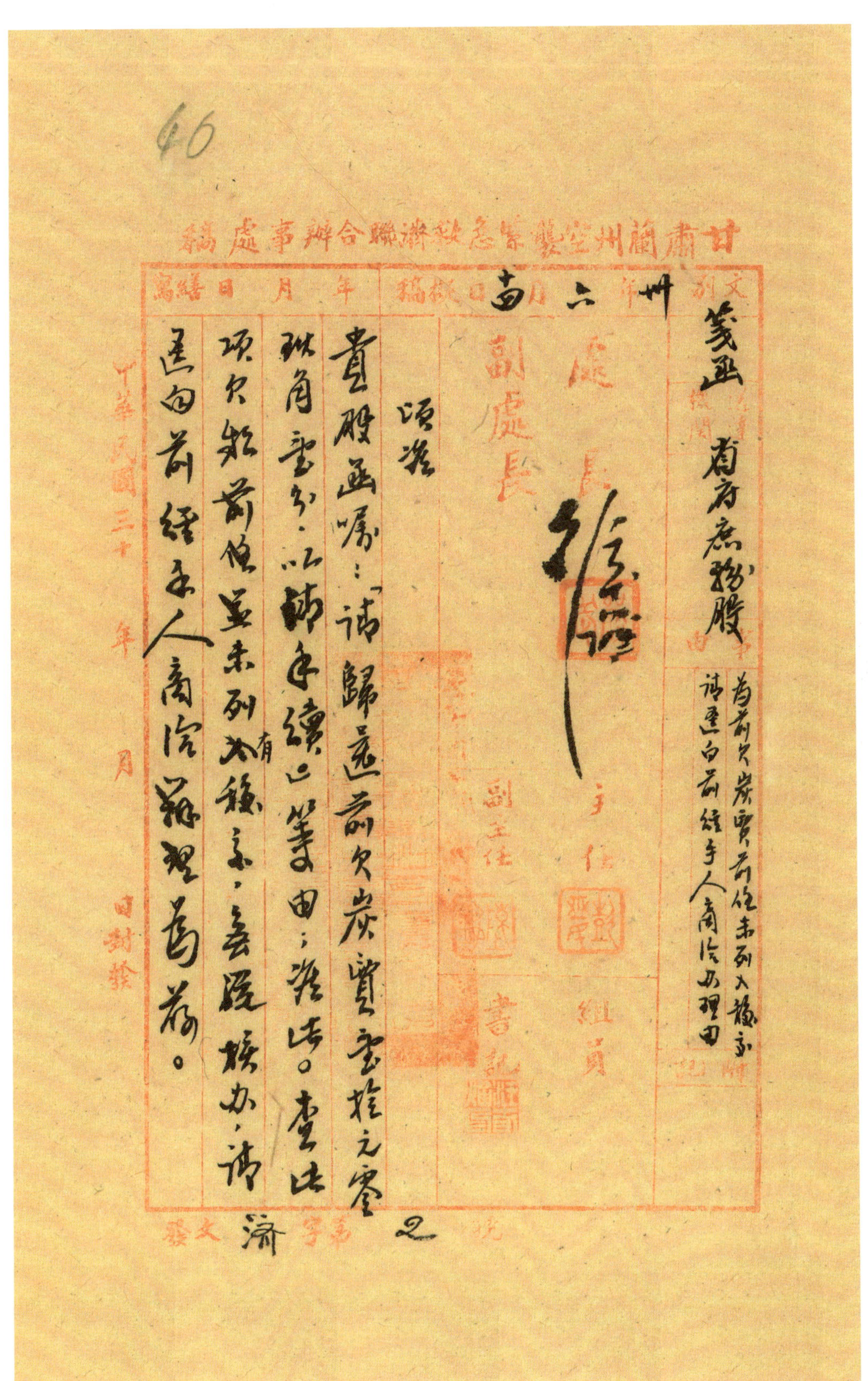

甘肃兰州空袭紧急救济联合办事处稿

文别：笺函

卅年六月十四日

事由：为前欠炭费前任未列入移交，请径函前经手人商洽办理由

省府庶务股：

顷准

贵股函嘱：「请归还前欠炭费叁拾元零玖角叁分，以清手续」等由；准此。查此项欠款前任并未列入移交，无从核办，请径函前经手人商洽办理为荷。

发文济字第2号

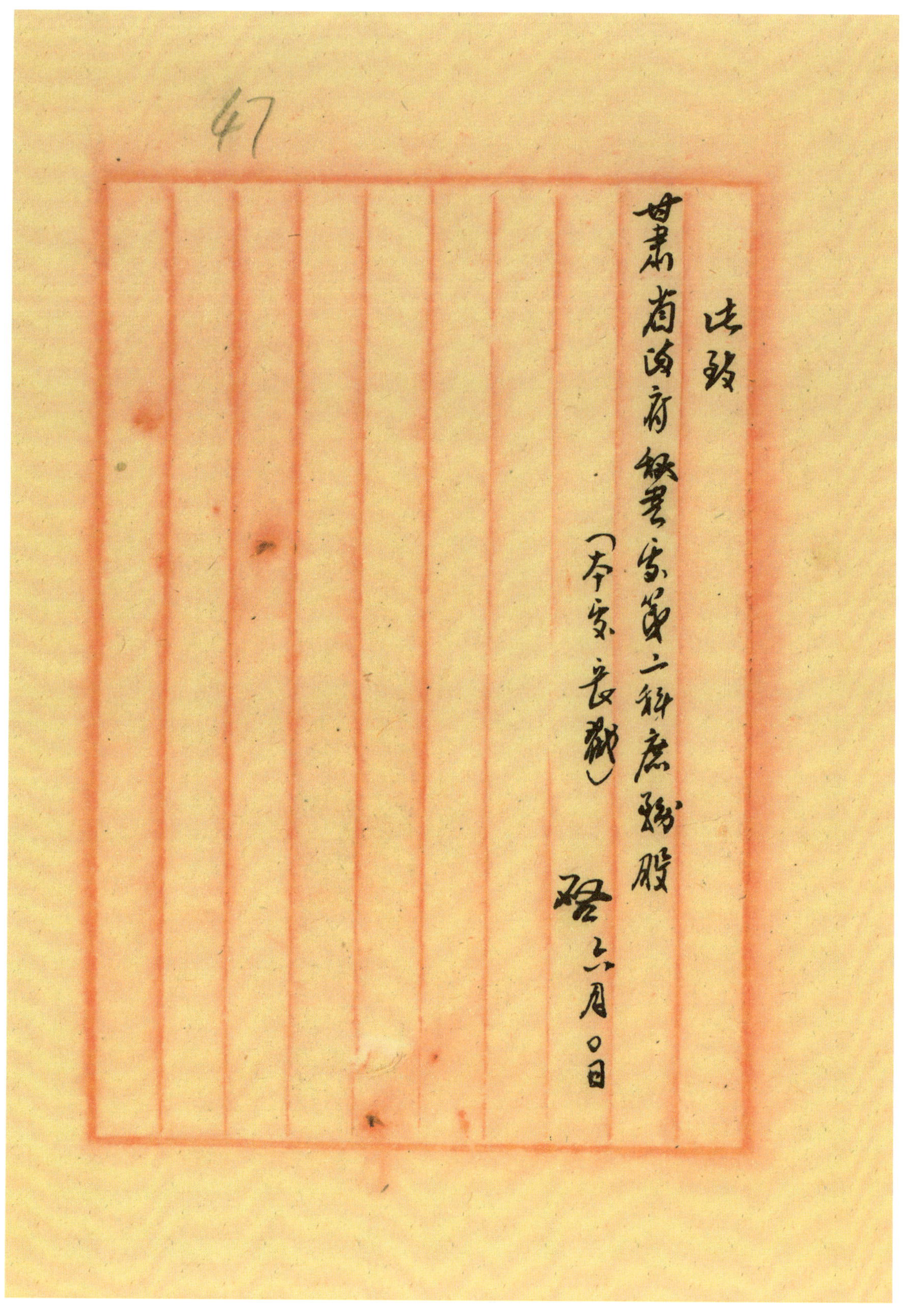
47

此致

甘肃省政府秘书处第二科庶务股

（本处长戳）

启 六月〇日

甘肃省振济会关于拨发空袭准备金事致兰州空袭紧急救济联合办事处的呈（一九四一年七月二十一日）

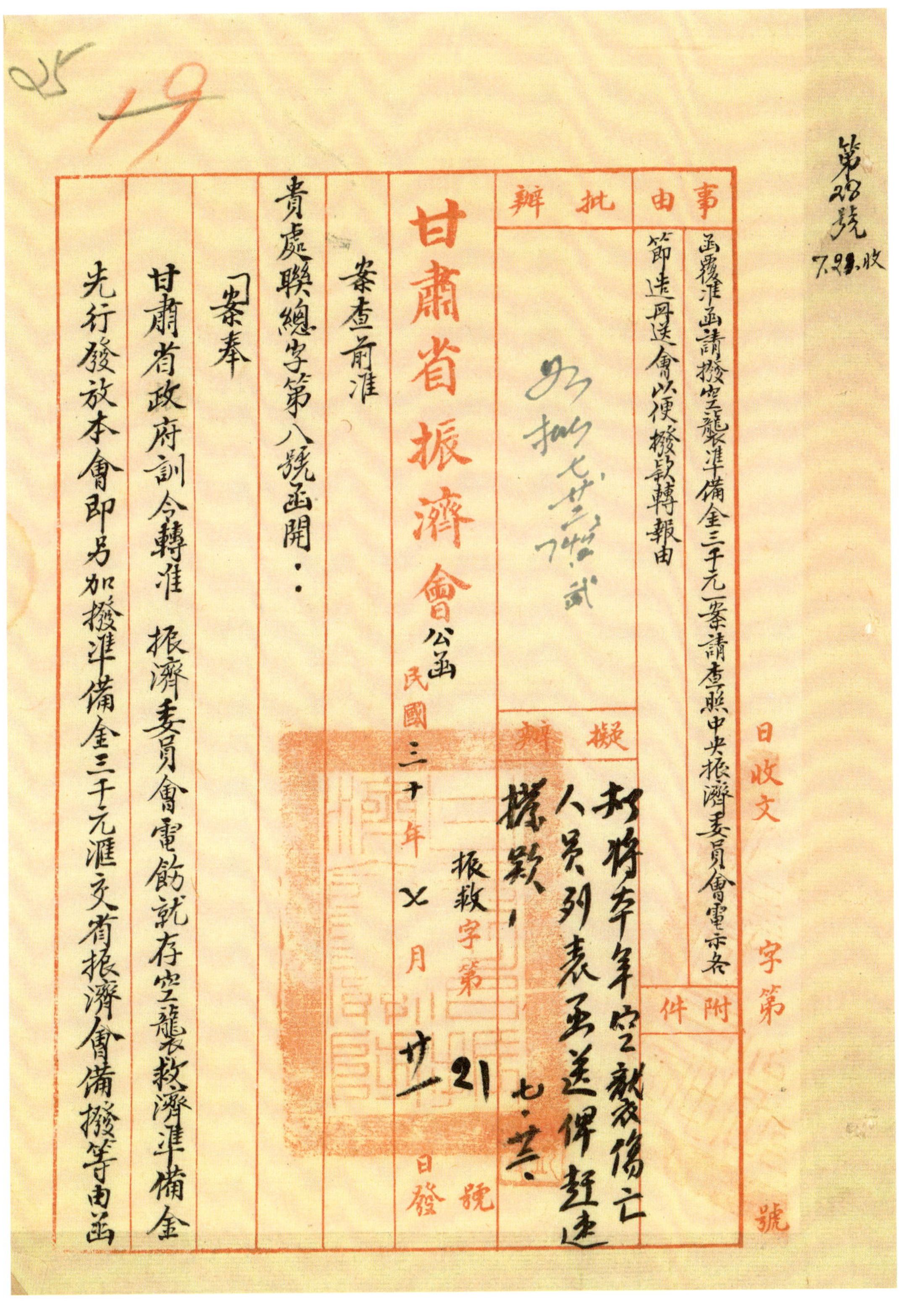

第28號
7.23收

事由：函覆准函請撥空襲準備金三千元一案請查照中央振濟委員會電示各節逕再送會以便撥款轉報由

批辦：如擬 七、廿三 7.23 武

擬辦：拟将本年空袭伤亡人员列表函送俾赶速拨款。 七、廿六

附件

收文 字第 號 日

甘肅省振濟會公函

民國三十年七月廿一日發 振救字第21號

案查前准

貴處聯總字第八號函開：

「案奉

甘肅省政府訓令轉准

振濟委員會電飭就存空襲救濟準備金

先行發放本會即另加撥準備金三千元滙交省振濟會備撥等由函

請貴會查照撥交本處準備發放」

等由准此並奉

中央振濟委員會渝乙救字第乙〇二一四七零七號代電開：

「查各縣市空襲傷亡救濟費自本年五月份起一律由各省振濟會

撥發月終彙報本會歸墊前經通行在案茲撥發該省空襲救

濟準備金叁萬元仍應專款存儲不得移作別用凡遭受空襲

災害或被敵炮射擊之死傷人民該管縣市政府或空襲緊急

救濟聯合辦事處立即查明死亡重傷輕傷照章墊款先行發

放毋報省振濟會撥款歸墊一面塡具死亡重輕傷人數簡表逕

報本會備查如被炸後七日內不迅速辦理該事者所有報銷將

来不予核转除款另汇并分电外，特再明定限期，电仰切实遵照，并分饬所属一体遵照。

各等因，奉准此，相应函达

贵处查照，希照前电所示各节查明死亡、重伤、轻伤人数造册送会，以便拨款转报为荷。

此致

兰州空袭紧急救济联合办事处

甘肃省政府关于省会防护团拟购买粮食备空袭平粜致兰州空袭紧急救济联合办事处的指令

（一九四一年七月二十四日）

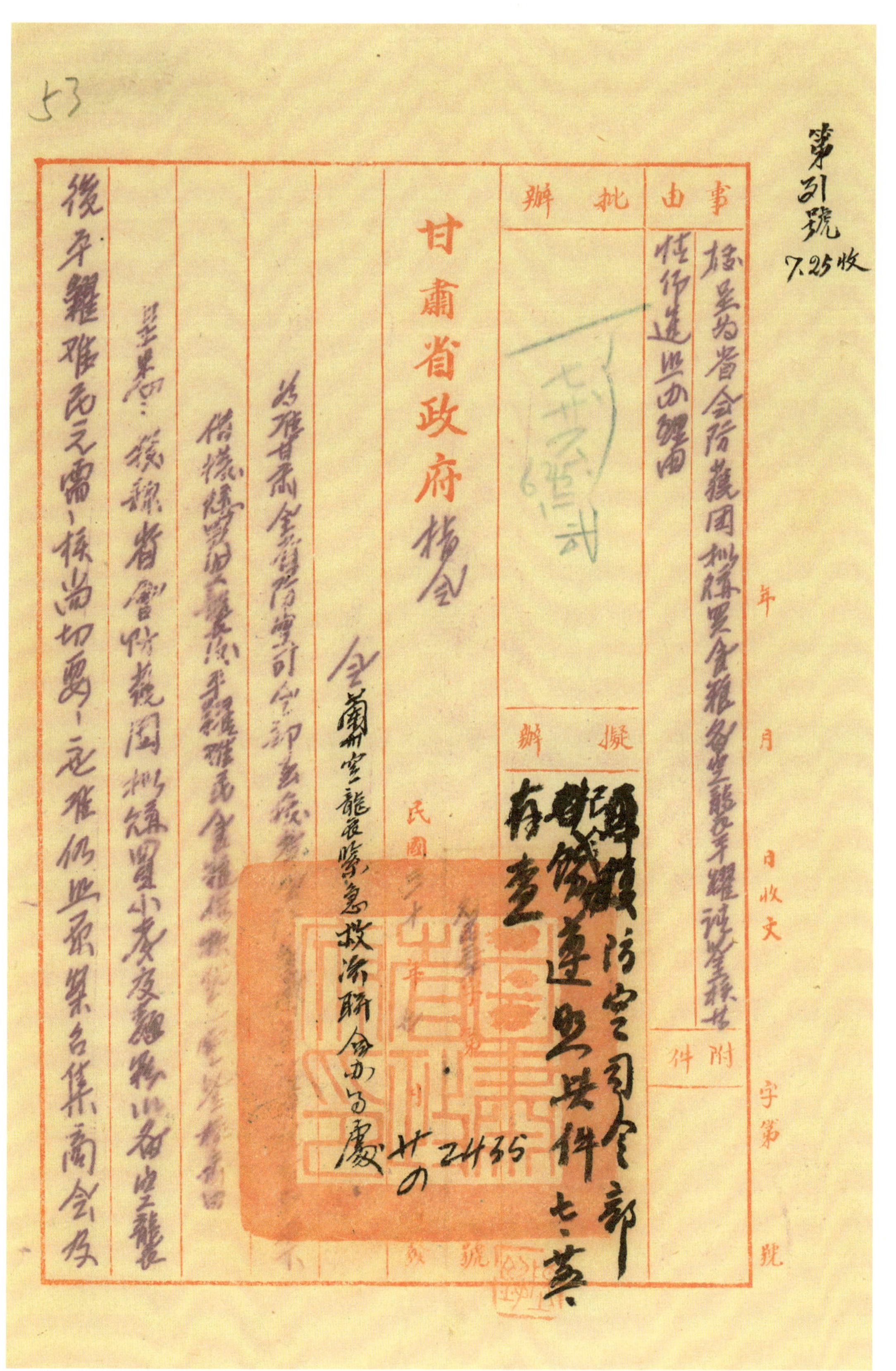

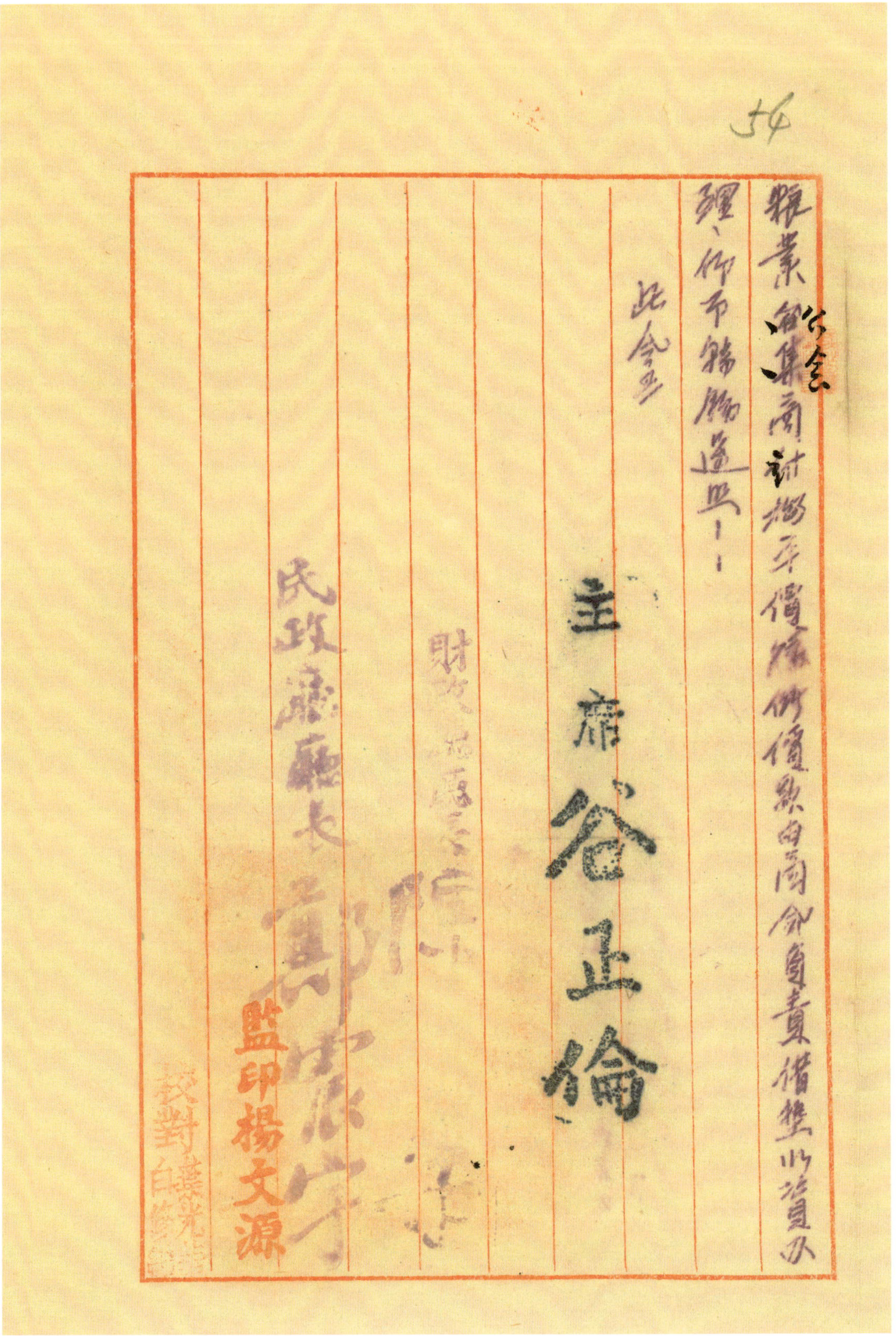
54

粮业公会集商讨拟平价办法，价款由商会负责借垫，以资办理，仰即转饬遵照！！

此令。

主席 谷正伦

民政厅厅长 〔郑震宇〕

财政厅厅长 〔陈〕

监印 杨文源

校对 〔龚自光〕

甘肃省政府关于函送一九四〇年十二月份经费支出计算书致兰州空袭紧急救济联合办事处的公函（一九四一年九月三日）

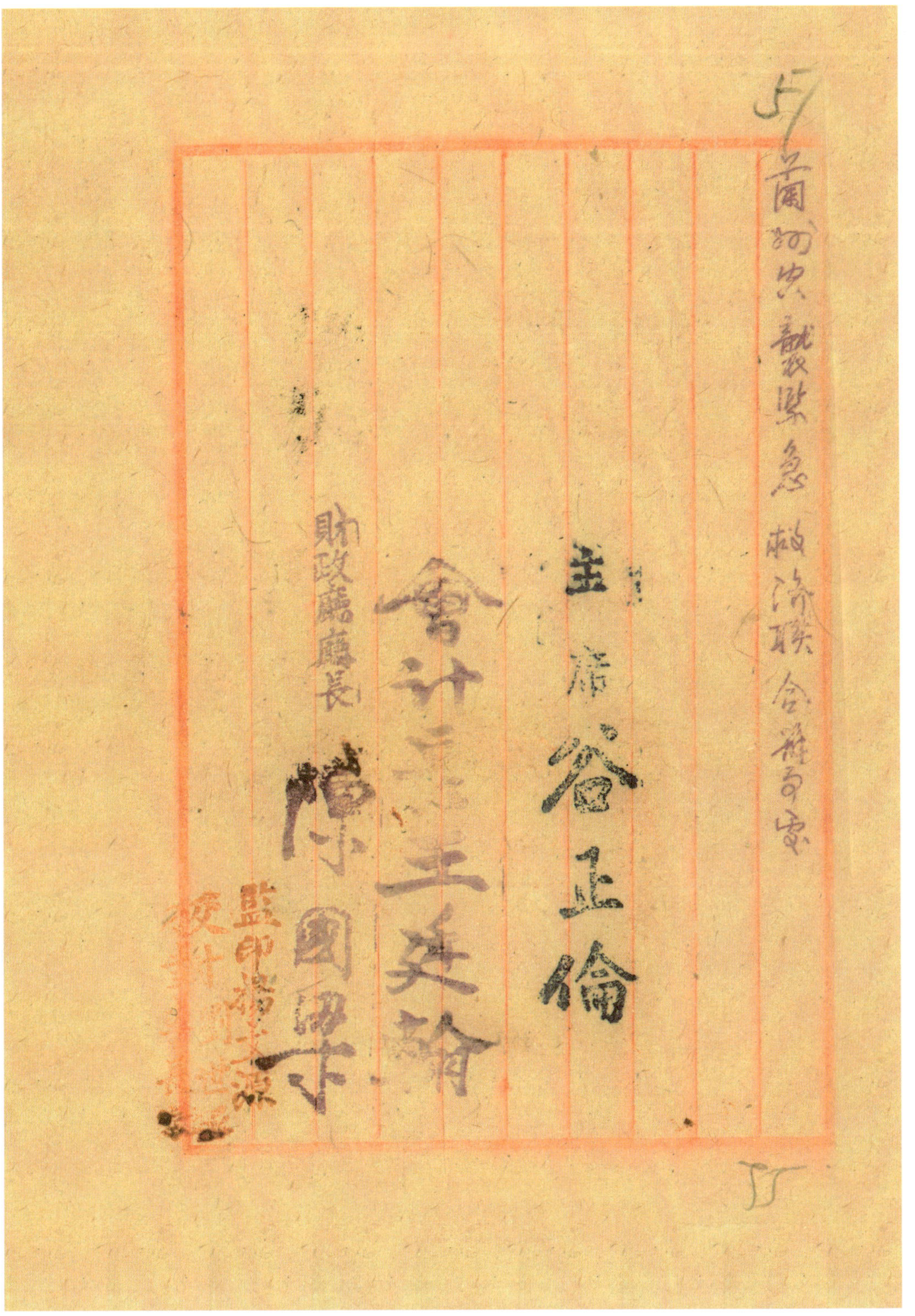
兰州空袭紧急救济联合办事处
主席 谷正伦
会计 王廷瀚
财政厅厅长 陈国钧
监印 杨文源
校对 刘世瑞

甘肃省政府秘书处关于市区建委会建筑防空洞工程费事致兰州市政府的笺函（一九四一年十一月二十八日）

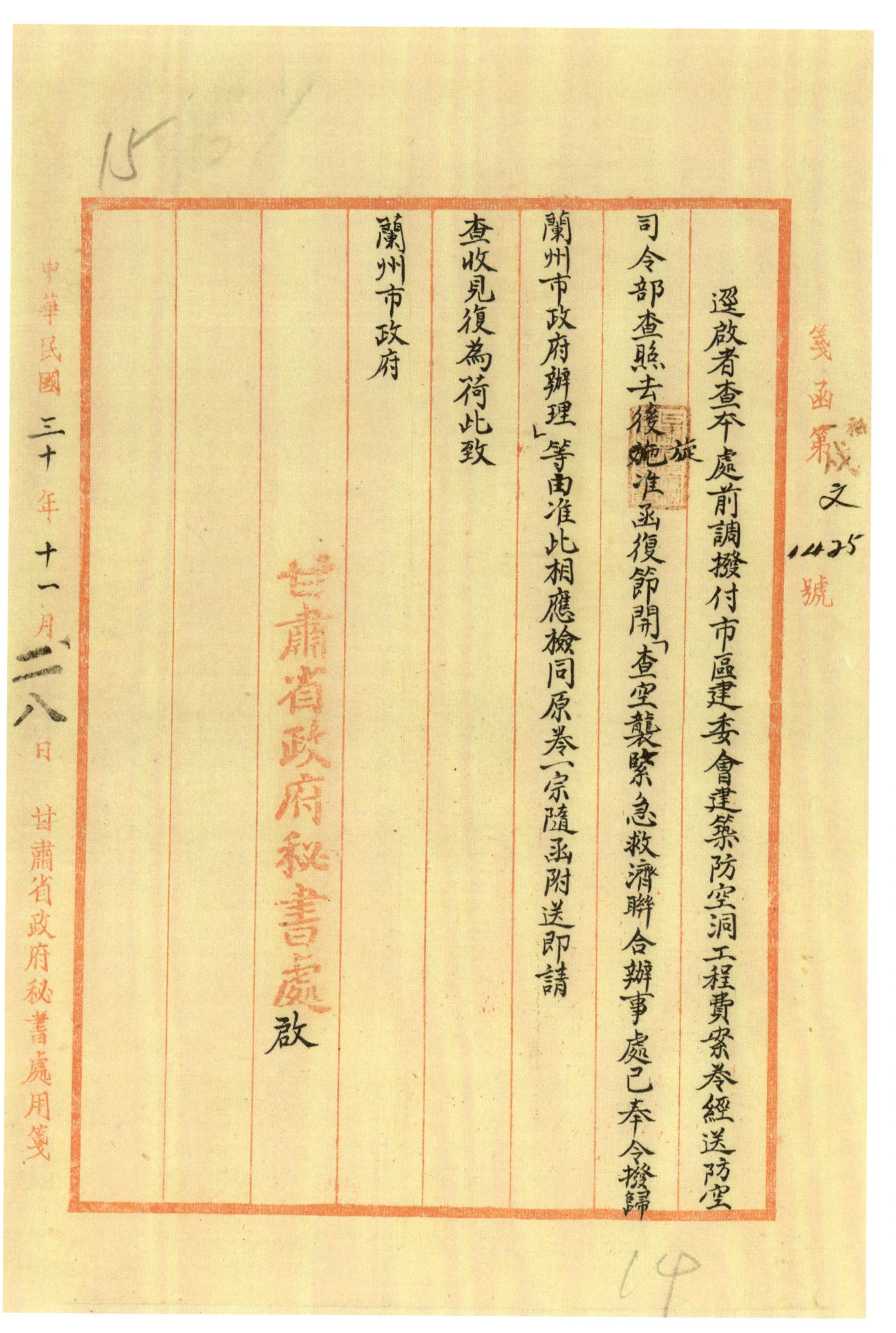

箋函秘第戍之1425號

逕啟者查本處前調撥付市區建委會建築防空洞工程費案卷經送防空司令部查照去後，旋准函復節開「查空襲緊急救濟聯合辦事處已奉令撥歸蘭州市政府辦理」等由准此，相應檢同原卷一宗隨函附送，即請

查收見復為荷。此致

蘭州市政府

甘肅省政府秘書處啟

中華民國三十年十一月二十八日

甘肅省政府秘書處用箋

甘肃省政府关于催交经费支出计算书类致兰州空袭紧急救济联合办事处的快邮代电（一九四一年十二月三十一日）

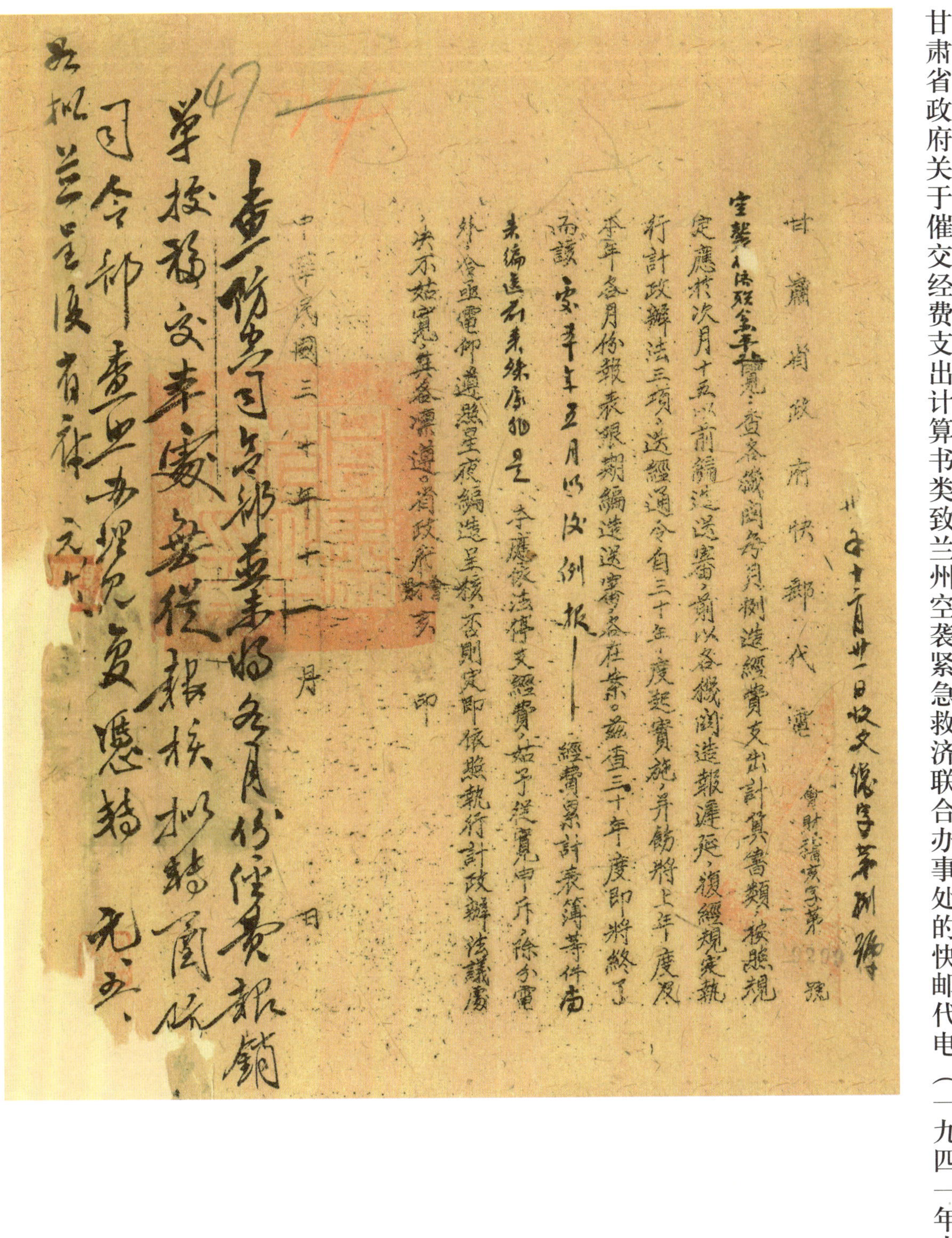

卅年十二月卅一日收文

甘肅省政府快郵代電　會財稽丙字第　號

宝鋆〇法聯合辦事處覽：查各機關務須按月造經費支出計算書類，按照規定應於次月十五以前編送送審，前以各機關造報遲延，復經規定執行計政辦法三項，送經通令自三十年度起實施，并飭將上年度及本年各月份報表限期編造送審各在案。茲查三十年度即將終了，而該處本年五月以後例報——經費累計表簿等件，尚未編送，殊屬非是。本應依法停支經費，姑予從寬申斥，除分電外，合亟電仰遵照，星夜編造呈核，否則定即依照執行計政辦法議處，決不姑寬。并希遵照。省政府財會亥印

中華民國三十年十二月　日

兰州空袭紧急救济联合办事处、甘肃省政府、甘肃全省防空司令部关于报送经费事的一组公文（一九四二年一月）

兰州空袭紧急救济联合办事处关于甘肃全省防空司令部未报核五月份以后各月经费事致甘肃省政府的公函
（一九四二年一月十四日）

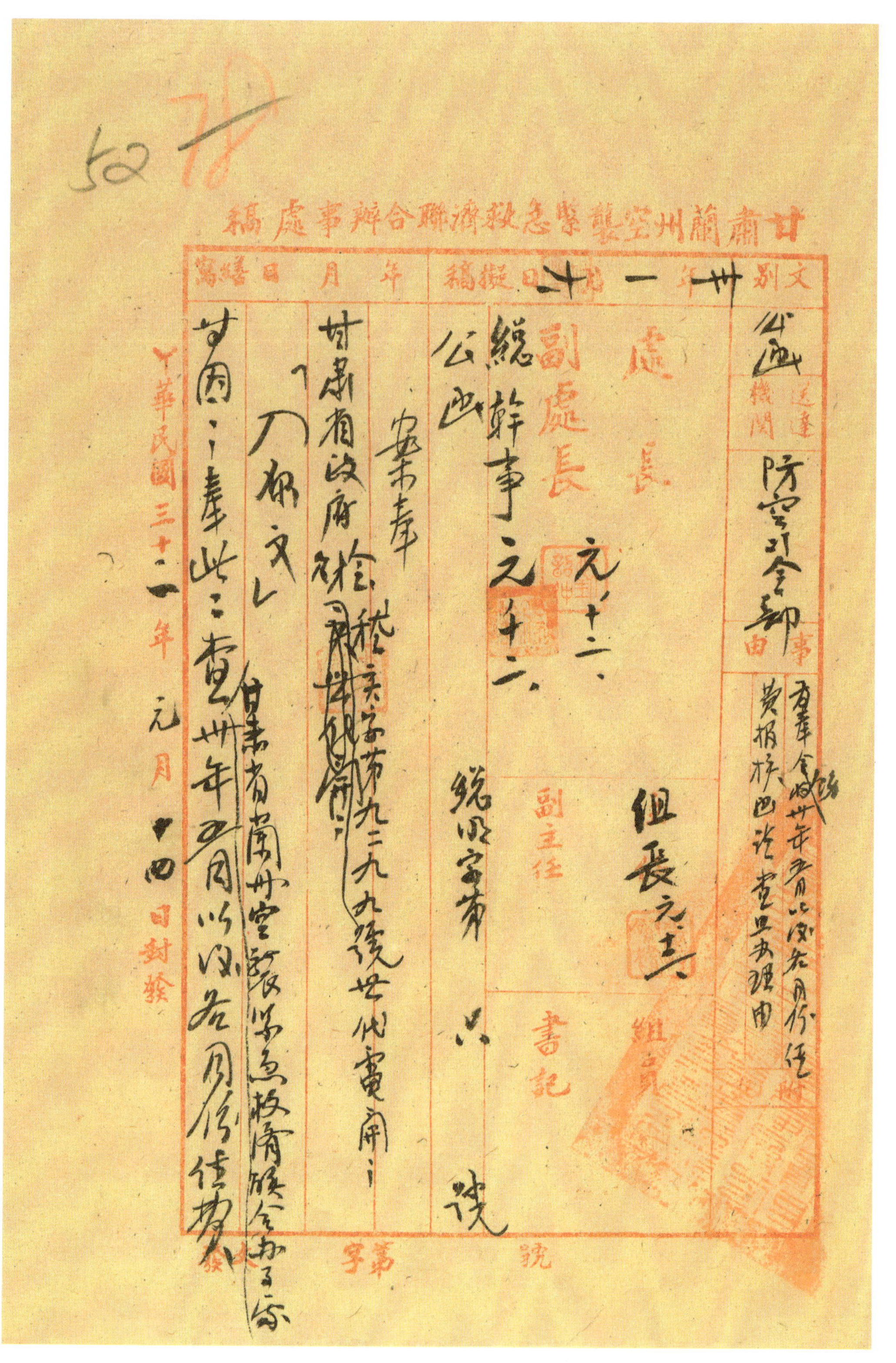

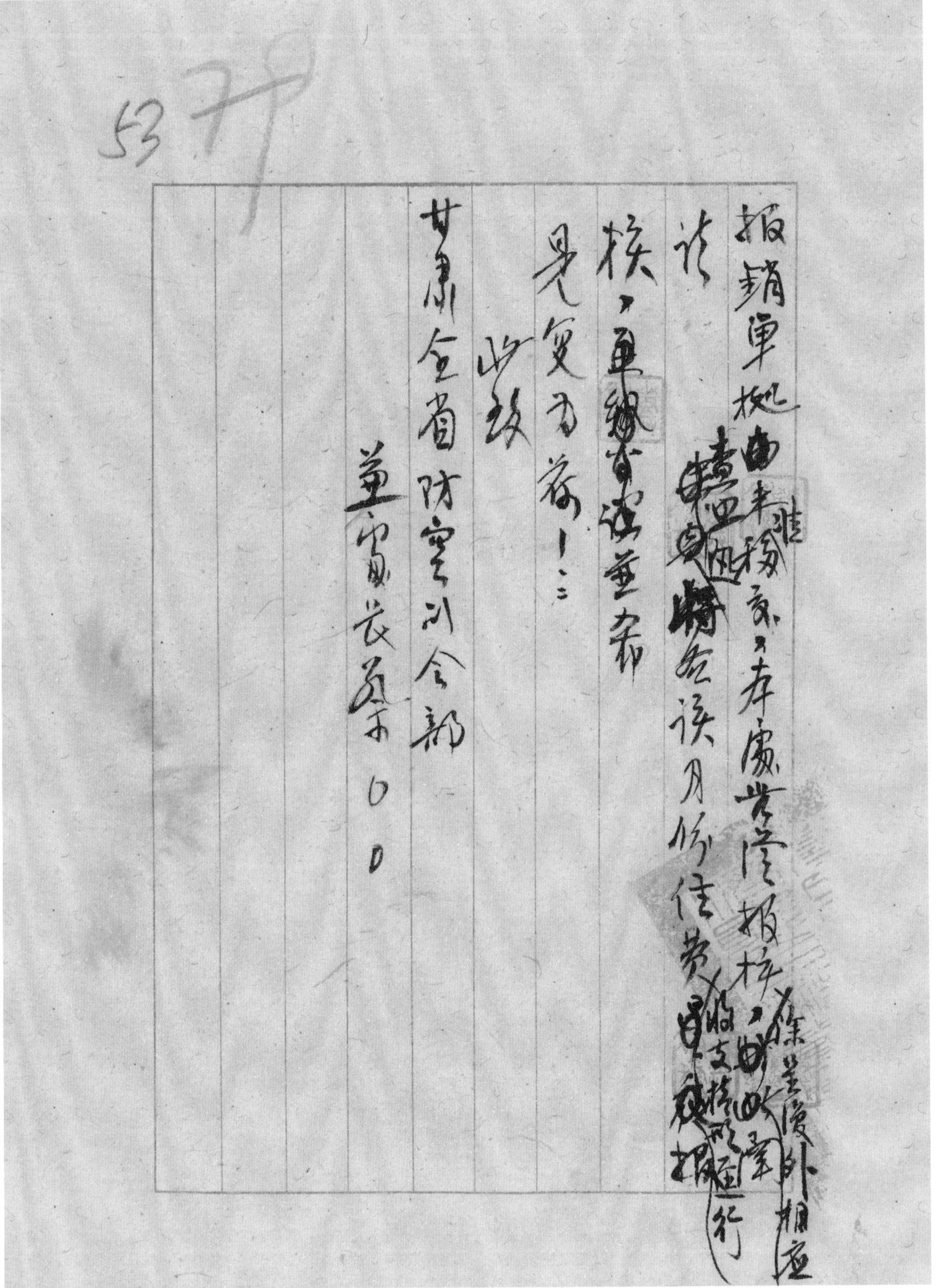

报销单据由[illegible]来，本处业经报核，除[illegible]外，相应

函请

核，并[illegible]查照备案

见复为荷！

此致

甘肃全省防空司令部

兼处长 蔡○○

兰州空袭紧急救济联合办事处致甘肃省政府的呈（一九四二年一月十四日）

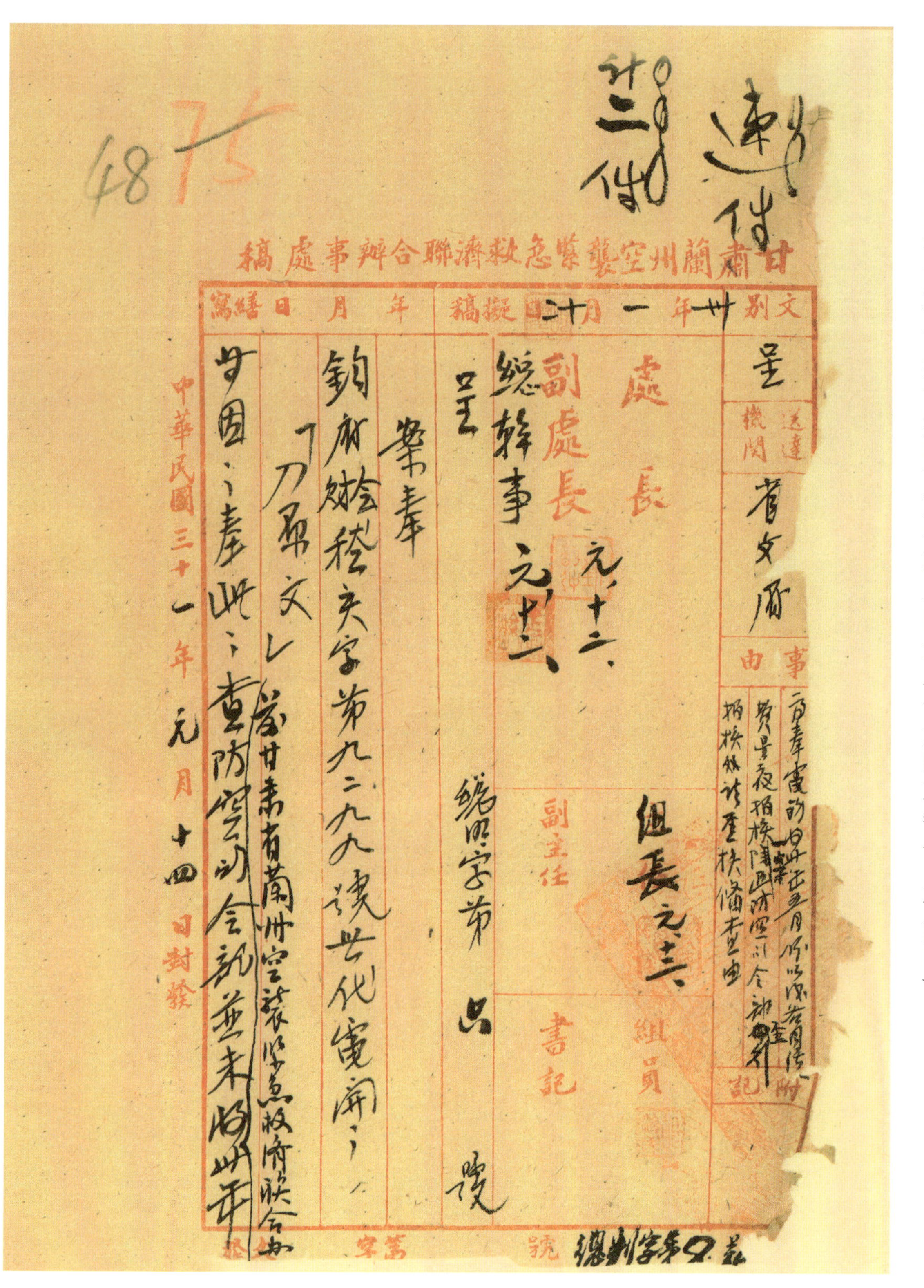

甘肅蘭州空襲緊急救濟聯合辦事處稿

文別：呈

送達機關：省政府

擬稿：卅一年一月十二日

處長

副處長

總幹事

中華民國三十一年元月十四日封發

第九二九九號

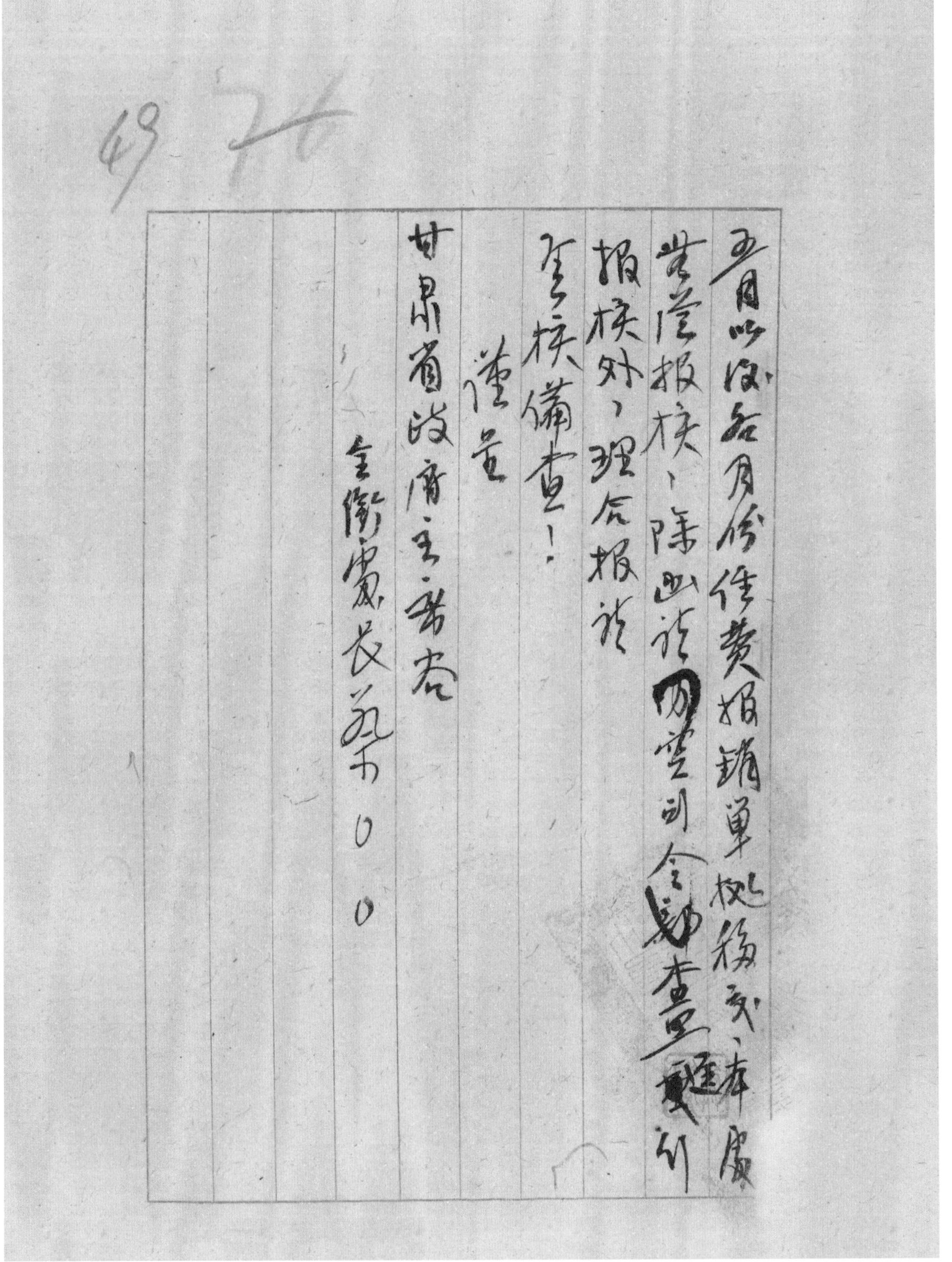

49 76

五月以後各月份經費報銷單據務祈本處
當營報核，除函請甘肅全省防空司令部查照轉行
報核外，理合報請
鑒核備查！
謹呈
甘肅省政府主席谷
全衛處長蘇〇〇

甘肃全省防空司令部关于一九四一年六月至十月十日经费报销已报送致兰州空袭紧急救济联合办事处的公函（一九四二年一月二十日）

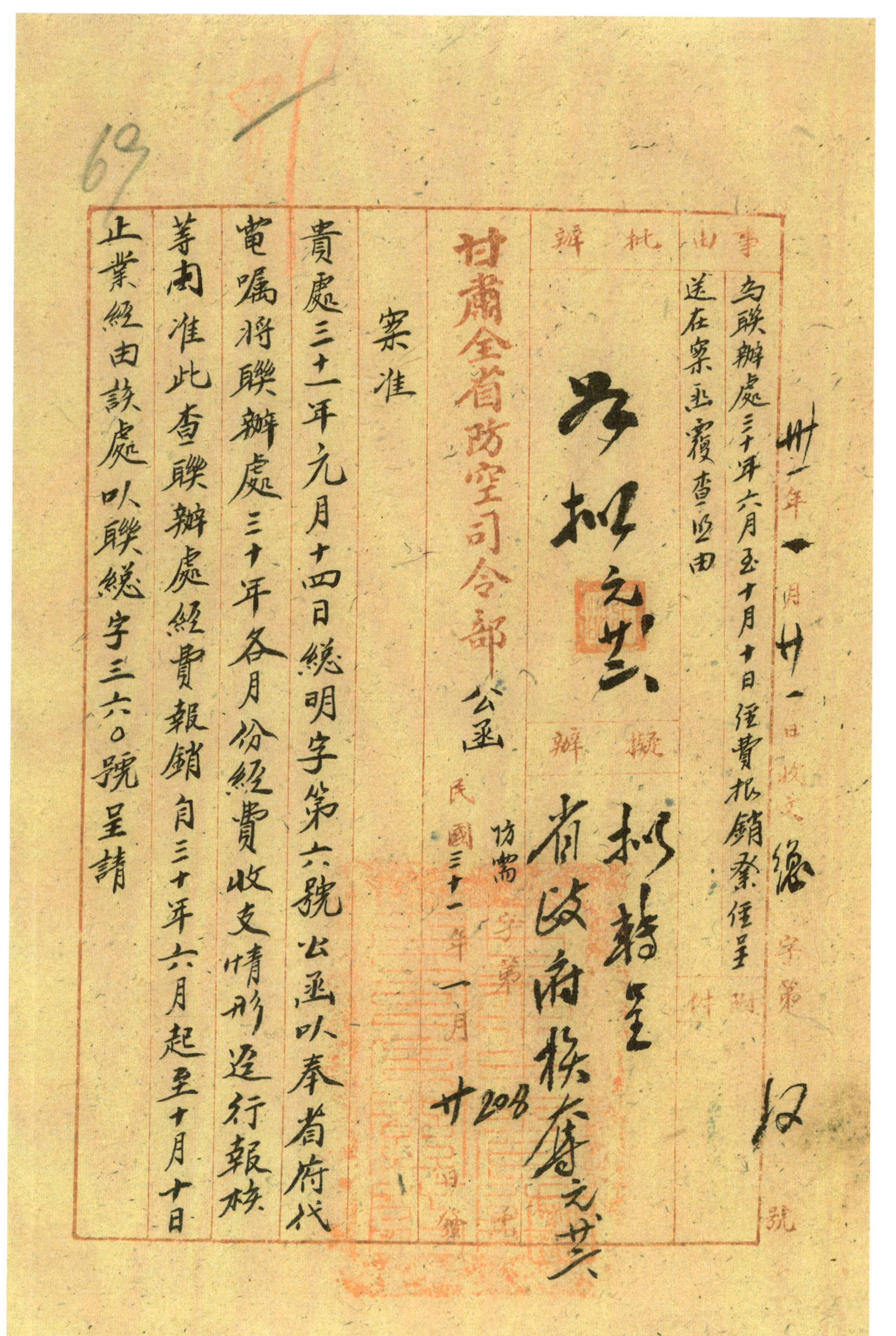

卅一年一月廿一日收文 總字第 12 號

事由：為聯辦處三十年六月至十月十日經費報銷案任呈送在案函覆查照由

批：如擬 元芸

擬辦：擬轉呈省政府核奪 元芸

甘肅全省防空司令部 公函

民國三十一年一月廿 防甯字第208號

案准

貴處三十一年元月十四日總明字第六號公函以奉省府代電囑將聯辦處三十年各月份經費收支情形迅行報核等由；准此，查聯辦處經費報銷自三十年六月起至十月十日止業經由該處以聯總字三六〇號呈請

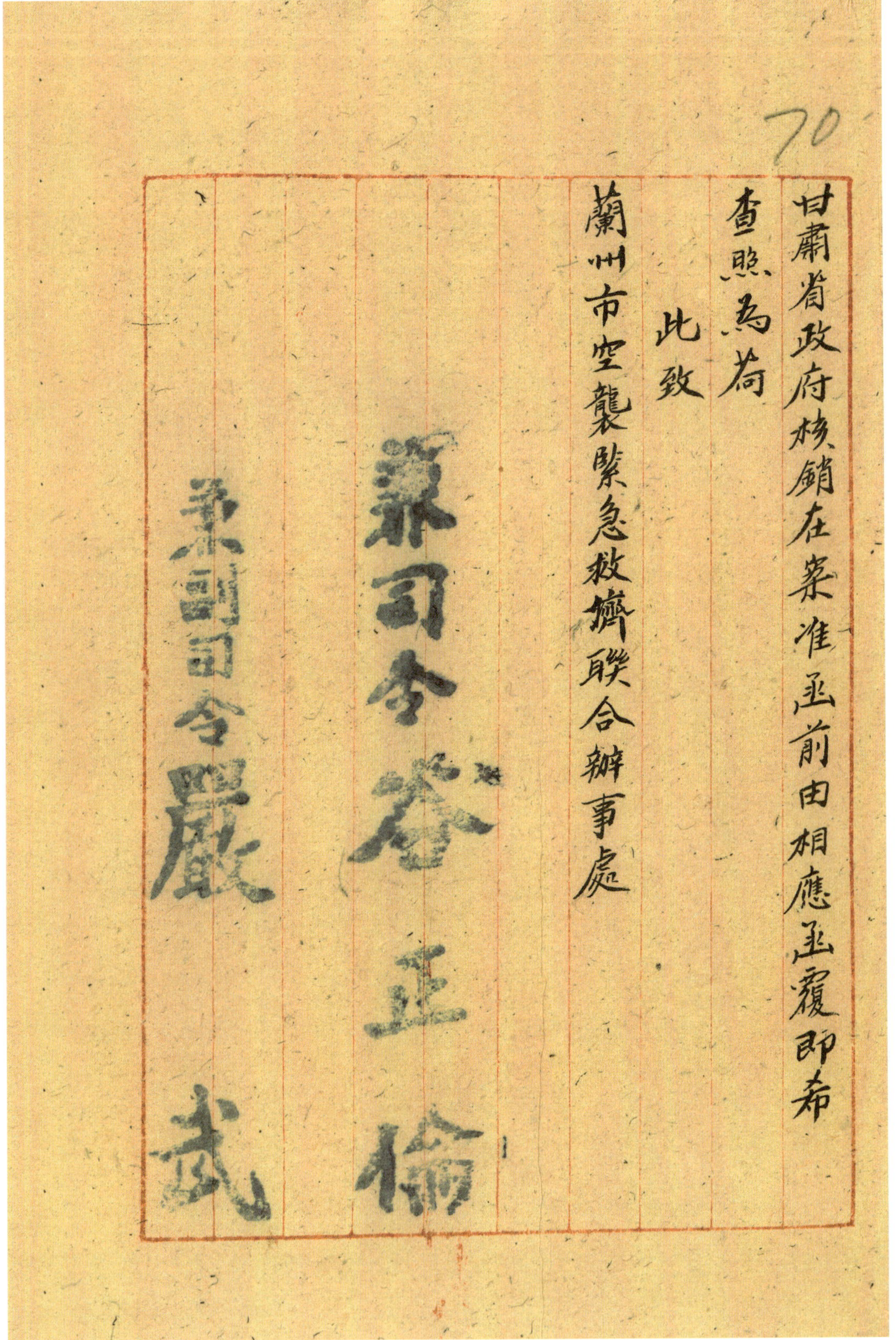

70

甘肅省政府核銷在案准函前由相應函覆即希

查照為荷

此致

蘭州市空襲緊急救濟聯合辦事處

兼司令 谷正倫

兼副司令 嚴武

兰州空袭紧急救济联合办事处关于一九四二年度经费预算致甘肃省政府的呈（一九四二年一月十五日）

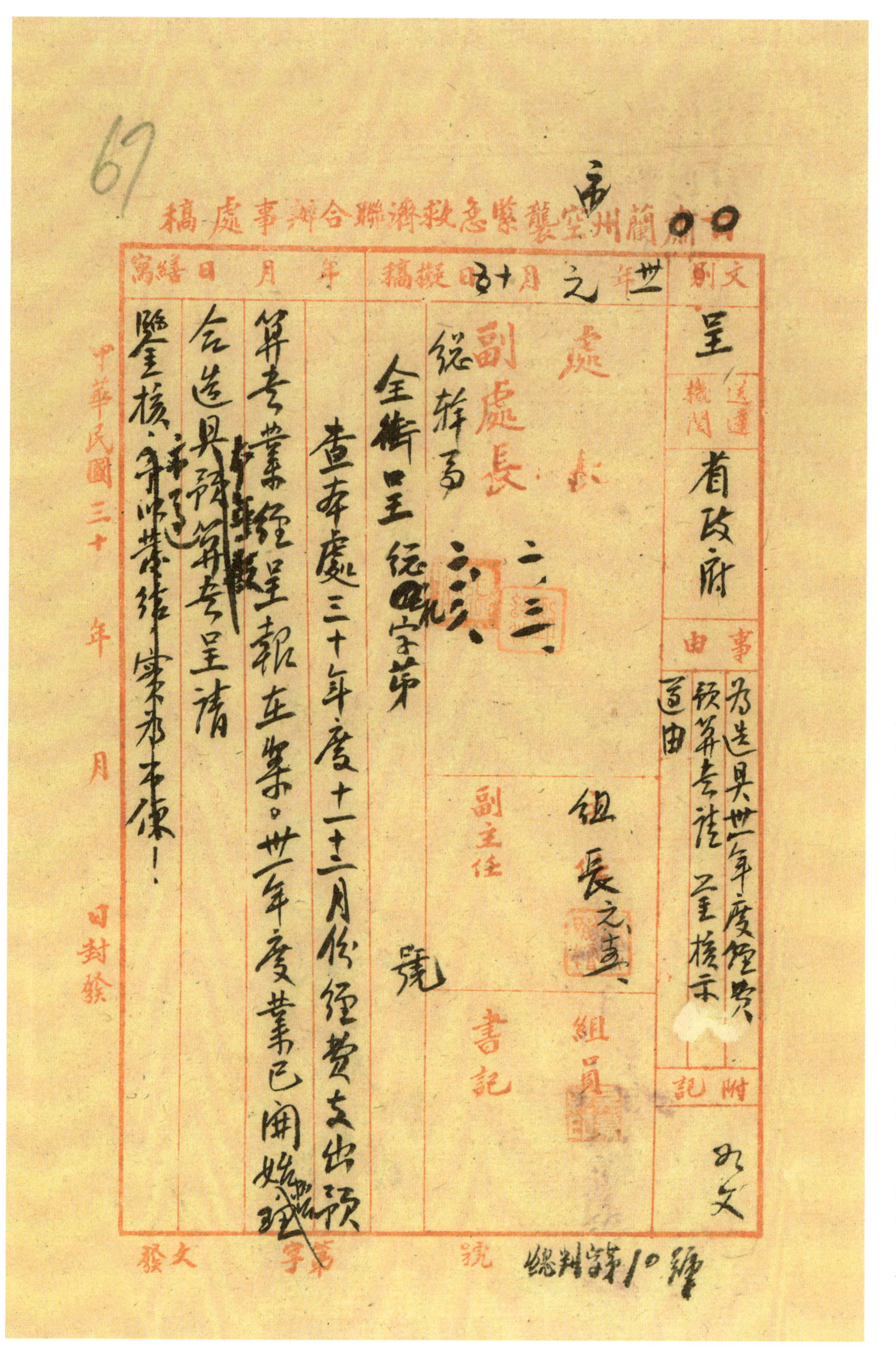

兰州空袭紧急救济联合办事处稿

文别：呈

送达机关：省政府

事由：为造具卅一年度经费预算书请鉴核示遵由

附记：叫文

拟稿：卅年一月十五日

处长

副处长

总干事

组长之

副主任

书记

组员

全衔 呈 总（卅一）字第二三六号

查本处三十年度十一、十二月份经费支出预算书业经呈报在案。卅一年度业已开始，理合造具该年预算书呈请鉴核，并予转咨财部，实为公便！

中华民国三十 年 月 日封发

发文 总判字第10号

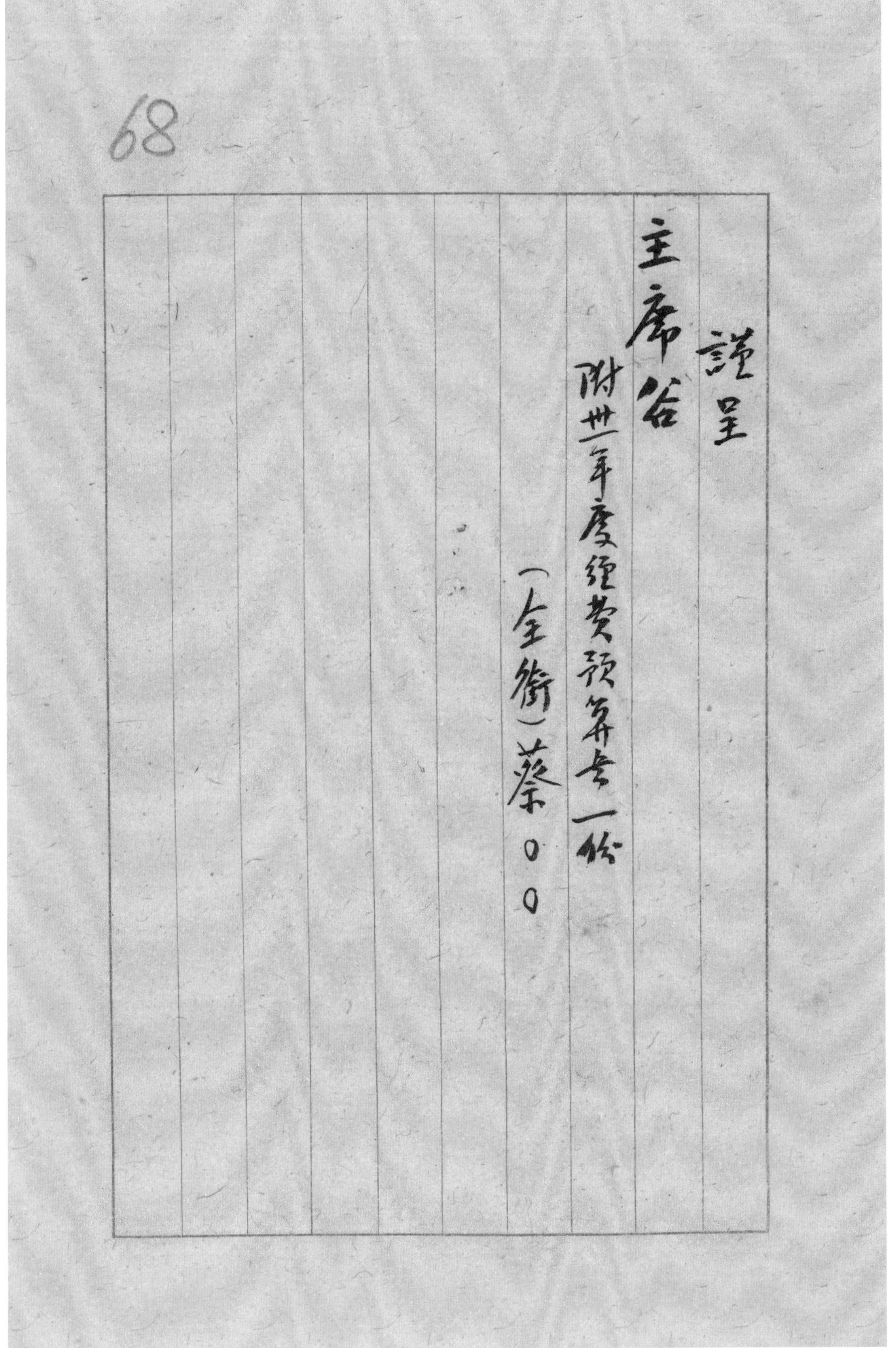

68

謹呈

主席谷

附卅一年度經費預算書一份

（全銜）蔡〇〇

甘肃省政府关于催办一九四〇年经临费节余交库事致兰州市政府的训令（一九四二年六月九日）

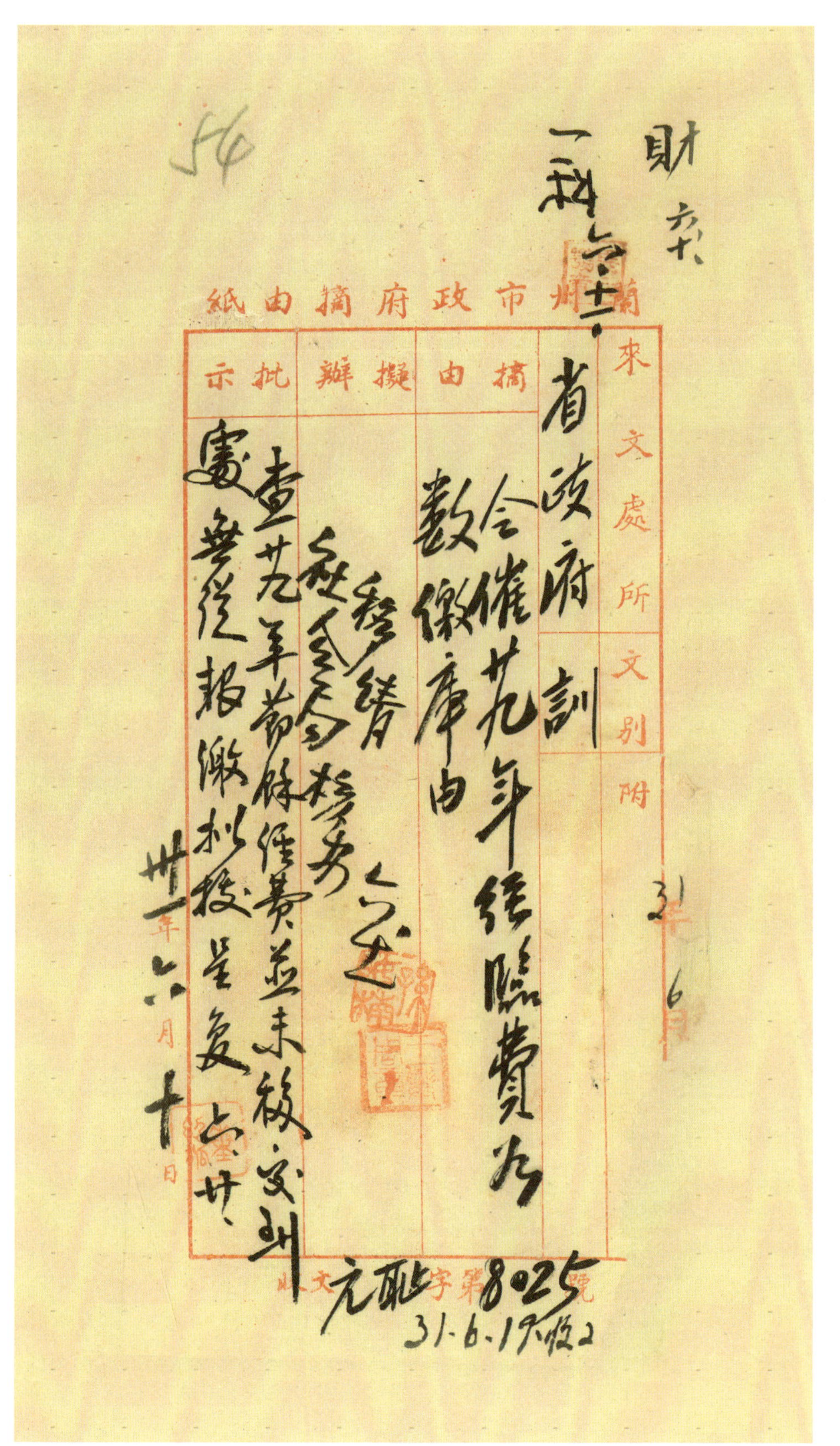

蘭州市政府摘由紙

來文處所	省政府	文別	訓	附	
摘由	令催廿九年經臨費節餘數繳庫由				
擬辦					
批示					

卅一年六月十日

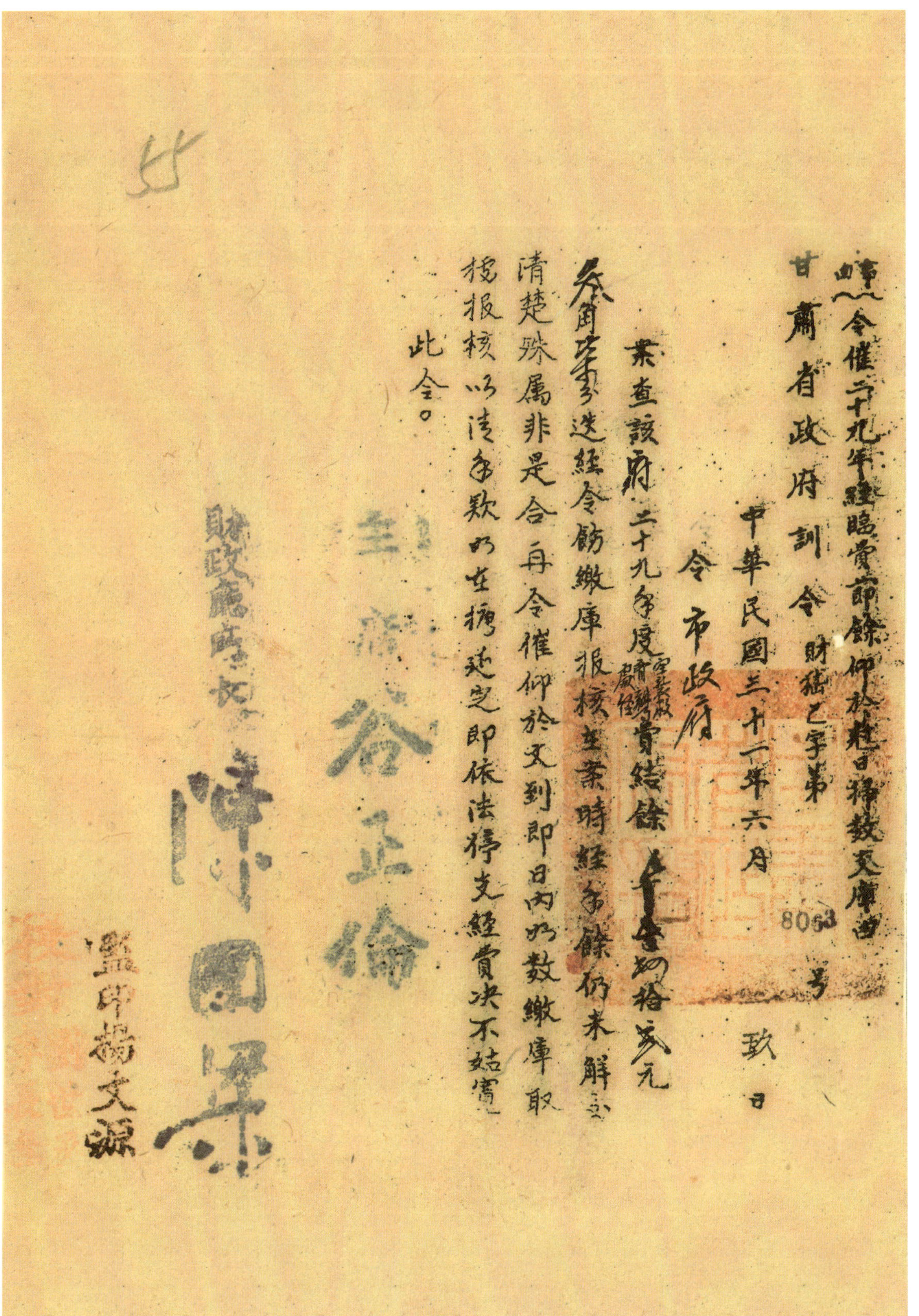

甘肅省政府訓令　財稽乙字第8063號

中華民國三十一年六月　日

事由：令催二十九年經臨費節餘仰於[illegible]日將數交庫由

令市政府

案查該府二十九年度[illegible]費結餘[illegible]元，[illegible]迭經令飭繳庫報核在案。時經年餘，仍未解交清楚，殊屬非是。合再令催，仰於文到即日內如數繳庫，取據報核，以清年款。如再稽延，定即依法停支經費，決不姑寬。

此令。

主席　谷正倫

財政廳廳長　陳[illegible]

監印　楊文源

后记

本书编纂工作在《抗日战争档案汇编》编纂出版工作领导小组和编纂委员会的具体领导下进行。

本书编者来自甘肃省档案馆，国家档案局政策法规司编研处石勇处长审阅了书稿，提出了重要修改意见。

本书在编纂、修改过程中，诚邀兰州大学历史文化学院张克非教授、八路军兰州办事处纪念馆原馆长朱永光、《档案》杂志原总编姜洪源等一批专家学者，负责书稿编纂的咨询审议工作。中华书局对本书的编纂出版工作给予了鼎力支持，谨向上述单位和同志致以诚挚的感谢！

编　者

二〇二四年十二月